Le guide des meilleurs VINS de France

2023

Olivier Poussier (Meilleur sommelier du monde 2000) - Pierre Citerne - Jérémy Cukierman - Caroline Furstoss - Alexis Goujard - Christian Martray - Roberto Petronio - Olivier Poels - Jean-Emmanuel Simond - Karine Valentin - Pierre Vila Palleja

LA REVUE DU vin DE FRANCE

Et si on
vieillissait
ensemble ?

Le bon goût

À l'amateur curieux, au passionné, les vins de France offrent une diversité inégalée. Leurs saveurs nous enchantent et nous voyons bien que l'intérêt culturel, esthétique, émotionnel qu'ils suscitent va bien au-delà de la simple boisson.

La sélection que nous vous proposons de découvrir ici, celle des plus grands vins de France, naît d'une histoire ancienne, plus que millénaire, qui est en même temps l'histoire éternellement recommencée de la nouvelle saison, du nouveau millésime, des nouvelles générations. L'histoire de la terre et de la sève, le mouvement de la vie.

Vins issus de la viticulture traditionnelle, vins bio, pas bio, plus que bio, presque bio, vins nature ou biodynamiques, vins d'artisans, vins d'appellation, vins d'IGP, flacons labélisés « Vin de France »... Nous avons tout goûté sans préventions ni œillères, avec enthousiasme. À vos côtés, le seul camp que nous défendons est celui du bon goût.

Là réside l'intérêt de la dégustation collégiale de ces richesses. L'éclectisme de notre comité, réunion de sensibilités et de parcours divers fait émerger une palette de vins et de domaines moirée, ondoyante, infiniment nuancée. Explorer la fine fleur de nos vignobles est une odyssée.

Dans le souci d'affiner nos choix, nous décernons cette année une quatrième étoile aux domaines dont la production touche à la perfection, au rêve, au mythe... Par définition exceptionnelle, elle récompense l'alliance de l'excellence, du raffinement et de la longévité.

Nous savons aussi que bien des amateurs sincères se sentent exclus par l'envolée tarifaire – parfois indécente – qui touche certains crus. Nous y avons réfléchi.

Vous trouverez au fil de ces pages de grands vins à des prix restés abordables, tels ces rieslings issus des plus telluriques terroirs alsaciens, ces mondeuses de Savoie réinventées par quelques paysans un peu artistes, les immortels sauternes, les inimitables et mystérieux vins jaunes du Jura. Et puis les belles affaires du Bordelais, de la vallée du Rhône, du Languedoc, de la vallée de la Loire bien sûr, de la Provence, du vaillant Sud-Ouest et même de notre chère Bourgogne et de la Champagne.

À chacune et chacun d'entre vous, il nous reste à souhaiter d'inspirantes dégustations et découvertes.

Les auteurs

www.larvf.com
 La Revue du vin de France
@LaRVF_mag
 larvf_mag

« Si c'est Diam, je dis Oui ! »

3 NIVEAUX D'ÉCHANGES GAZEUX
Très faible - faible - moyen.

PAS DE RISQUE D'OXYDATION
Vieillissement en bouteille homogène.

PRÉSERVATION DU SO_2 LIBRE
grâce à une perméabilité maitrisée.

Diam, un bouchon incomparable.
Retrouvez tous les avantages de Diam :

RÉDACTION

Les auteurs : Olivier Poussier, Pierre Citerne, Jérémy Cukierman, Caroline Furstoss, Alexis Goujard, Christian Martray, Roberto Petronio, Olivier Poels, Jean-Emmanuel Simond, Karine Valentin et Pierre Vila Palleja

Relecture éditoriale : Pierre Citerne

Chef d'édition : Jean-Romain Blanc
Secrétaires de rédaction : Quentin Lefrère et Justine Knapp
Assistante éditoriale : Gabrielle Chalvidal
Organisation des dégustations : Coraline Roussel et Athénaïs de Gove
Couverture et maquette : Gilles Grman et Carole Schilling
Photos : Thierry Legay (sauf mention)
Cartographie : Romuald Belzacq, Légendes Cartographie
Mise en page : Didier Naulevade, NRS

DIRECTION ET ÉDITION

Directeur général délégué du Groupe Marie-Claire et président de La RVF : Amalric Poncet
Éditeur délégué : Thomas Herson
Directeur de la rédaction : Denis Saverot
Rédacteur en chef : Jérôme Baudouin

FABRICATION

Directeur de la fabrication : Christophe Bennot
Chef de fabrication adjoint : Emmanuel Dezert
Impression et façonnage : Elcograf, Italie

DIFFUSION

Responsable marketing-diffusion-abonnement : Ingrid Cambour
Diffusion : Interforum Editis et NAP Investissement

INTERNET ET DIGITAL

Développeurs analyse de données : Ludovic Sallet, David Kapola

PUBLICITÉ

Directeurs de clientèle : Raffaello Torricelli, Florian Muller
et Sophie Steinloff
Cheffe de publicité : Aurélia Chauvin
Chargé de communication et évenementiel : Corentin Bureau
Coordination technique : Marie-Hélène Dargouge

Le Guide des meilleurs vins de France est édité
par la Société d'information et de créations (SIC) :
RCS Nanterre, 302 114 509 – SARL au capital de 3 822 000 euros –
10, boulevard des Frères-Voisin – 92130 Issy-les-Moulineaux
Direction : Thierry Lamarre

Président du Groupe Marie-Claire et directeur de la publication : Arnaud de Contades

Engagement et indépendance

NOTRE MÉTHODE

L'objectif : présenter à nos lecteurs le palmarès le plus exhaustif possible de l'élite de la viticulture française. Tous les vins notés et commentés dans ce guide ont été dégustés par les auteurs (portraits pages 12 et 13) entre les mois de mars et de juin 2022, dans les locaux de La Revue du vin de France. L'immense majorité des vins nous a été fournie spontanément par les producteurs. Toutefois, certains domaines n'ayant pas souhaité nous adresser d'échantillons, les auteurs ont intégré dans ce guide des notes de vins dégustés par eux-mêmes lors de dégustations privées ou de visites dans le vignoble pour La Revue du vin de France.

LA NOTATION DES DOMAINES

Tous les domaines de ce guide sont classés de 0 à 4 étoiles.
Ce classement tient compte du potentiel de terroir, de la faculté qu'a le vigneron à l'exploiter et également de l'homogénéité de sa production sur les derniers millésimes.
Ces critères sont valables pour toutes les régions. Une étoile a donc la même valeur en Alsace, dans la Loire ou à Bordeaux.
Nous rappelons que ce guide est un palmarès. À ce titre, tous les domaines cités dans ces pages, même sans étoile, représentent à nos yeux l'excellence de la production française.

LA NOTATION DES VINS

Tous les vins sont notés sur une échelle de 100 points. Cette notation établit une hiérarchie au sein d'une appellation et d'un même millésime. Il faut en effet comprendre qu'il n'est pas cohérent de comparer un sylvaner sec d'Alsace 2021 et un liquoreux de Bordeaux 2010. Seuls les vins ayant obtenu une note supérieure ou égale à 84/100 figurent dans ce guide.

LES PRIX

Dans la mesure du possible, nous publions les prix que nous ont fournis les domaines. Il s'agit de prix TTC départ domaine.
Aux vignerons ne vendant pas de vin en direct, nous avons toutefois demandé de fournir un prix indicatif constaté chez les cavistes ou sur les sites internet de ventes de vins (mention (c), comme caviste).
Pour les grands crus de Bordeaux, nous publions des prix constatés auprès du négoce spécialisé.
Tous les prix mentionnés sont évidemment susceptibles de varier en fonction des circuits de distribution et de l'évolution de la demande.

Comment lire ce guide ?

LES DOMAINES ÉTOILÉS

★★★★

La quatrième étoile est attribuée pour la première fois cette année. Par définition exceptionnelle, elle récompense l'alliance de l'excellence et du raffinement entretenus dans le temps long.

★★★

Ils représentent l'élite du vignoble français. Les meilleurs terroirs exploités par de grands vignerons. Déguster leur vin est toujours une expérience mémorable.

★★

Ces valeureux domaines, souvent bâtis sur des terroirs fabuleux, sont des incontournables qui, par leur régularité et la qualité de leur production, se doivent de figurer dans la cave des amateurs.

★

Futurs grands ou vignerons de qualité à la production de bon niveau. Vous serez enchantés en dégustant les vins de ces domaines.

LE BARÈME DE NOTATION

99 à 100 : vin exceptionnel
96 à 98 : grand vin
92 à 95 : très bon vin
88 à 91 : bon vin
84 à 87 : vin correct

LES SIGNES ET ABRÉVIATIONS

vin rouge
vin rosé
vin blanc
labellisé bio
labellisé biodynamique

VDN : vin doux naturel
VT : vendanges tardives
SGN : sélection des grains nobles
IGP : indication géographique protégée
VDF : vin de France

LES TARIFS

10 € : le prix TTC départ propriété de ce vin est égal à 10 €, sauf mention (c).
(c) : prix TTC relevés auprès de cavistes.
N.C. : prix non communiqué.
Les circuits de distribution étant très nombreux (domaine, caviste, restaurant, enchères, vente en ligne, etc.), les prix mentionnés le sont à titre indicatif. La plupart du temps, il s'agit de prix de vente TTC en direct au domaine pour les particuliers. Ils peuvent donc être plus élevés chez les cavistes, auprès des distributeurs et naturellement au restaurant.

Des vins notés sur 100

UN BARÈME UNIVERSEL

Depuis le lancement du guide en 1996, les vins ont successivement été notés de zéro à cinq verres (1996-2001) puis de 12/20 à 20/20 (2002-2020). Depuis 2021, nous avons adopté la notation sur 100 (entre 84/100, note minimale et 100/100, note maximale). Ce barème de notation sur 100 est en effet devenu la référence au niveau mondial. Les notes sur 100 attribuées par nos experts sont plus aisément compréhensibles et comparables au-delà de nos frontières. Pour le lecteur habitué à la notation sur 20, la conversion s'effectue très simplement, selon l'échelle ci-dessous.

GRILLE DE CONVERSION

NOTE SUR 20	NOTE SUR 100
12	84
12,5	85
13	86
13,5	87
14	88
14,5	89
15	90
15,5	91
16	92
16,5	93
17	94
17,5	95
18	96
18,5	97
19	98
19,5	99
20	100

Comment lire un commentaire

❶ ★★★ ↗

❷ LE CHÂTEAU DE MA MÈRE

❸ Cette belle propriété provençale, édifiée sous le Second Empire par un bourgeois de Marseille au pied du Garlaban, produit des mourvèdres et surtout des rolles qui chantent dans le verre tels une compagnie de bartavelles ! Le fameux écrivain phocéen Marcel Pagnol ne s'y est pas trompé. Tombé sous le charme du lieu et de ses vins lors de vacances en famille, il a racheté le domaine et ses 30 ha en 1932, recruté une équipe de professionnels réputés (Orane Demazis à la direction et l'œnologue Lili des Bellons comme chef de cave) et entrepris de révolutionner les vinifications. Les vins, certifiés bio, sont élevés en fût de cade, dans une petite grotte lovée sous le Taoumé, gîte favori des hiboux grands-ducs. Nous attribuons cette année au domaine une troisième étoile bien méritée.

❹ **Les vins** : grâce à l'accent mis sur le travail parcellaire, à l'usage de levures indigènes et à des élevages au cordeau, les vins de la propriété livrent une interprétation somptueuse de ce terroir calcaire brûlé par le soleil. La cuvée Aubagne, le lieu-dit le plus important en hectares, est un rouge plein et puissant, qui fera merveille sur des côtelettes au feu de bois. Plus fin, longiligne et tendu, le blanc Fanny sera prêt dans cinq ans : mariez-le à une belle brochette de grives chassées à la glue. Le rosé Escaouprès est à boire sur son fruit gorgé de soleil, avec un pâté de lièvre. Précatori vieillira encore trois ans.

❺

▬	VDF Aubagne 2019	De 32 à 40 € (c)	93
▭	VDF Fanny 2018	45 €	94
▬	VDF Escaouprès 2018	25 €	91

❻ Le coup de cœur ♥

▭	VDF Précatori 2016	65 €	98

❼ **Rouge** : 25 hectares.
Mourvèdre 50 %, Grenache noir 50 %
Blanc : 3 hectares.
Rolle 70 %, Grenache blanc 30 %

❽ **Production moyenne** : 110 000 bt/an

❾ LE CHÂTEAU DE MA MÈRE ♣

❿ 56, traverse de la Buzine, 13011 Marseille
● marcel.lhermitte@marius.fr ●
Vente et visites : sur RDV.

⓫ De 16h à 19h.
Propriétaire : Marcel Pagnol
Directrice : Orane Demazis

⓬ **Maître de chai** : Jules Muraire
Œnologue : Lili des Bellons

❶ Classement du domaine en 2023.
Les domaines sont classés en cinq familles : sans étoile, avec une étoile, deux étoiles, trois étoiles ou quatre étoiles. La flèche ascendante signifie le gain d'une étoiles .

❷ Le nom du producteur ou de la propriété.
Il peut s'agir d'un domaine, d'une cave coopérative ou d'une maison de négoce produisant un ou plusieurs vins différents chaque année.

❸ Notre commentaire sur le domaine, la maison de négoce ou la cave coopérative.
Nous présentons le domaine, son histoire, ses propriétaires, le style et le caractère de la production et nous donnons notre avis.

❹ Les vins sélectionnés et commentés.
Les vins présentés ici sont les meilleurs vins disponibles soit à la propriété, soit dans le commerce. Pour certains crus majeurs, nous présentons des millésimes antérieurs, que l'amateur peut posséder dans sa cave. Prix en euros et notes sur 100. Nous avons limité à dix le nombre de cuvées notées par domaine ; nos abonnés retrouveront sur larvf.com les gammes complètes de vins notées et commentées.

❺ La couleur du vin, la cuvée, le prix et notre notation.
Le prix : prix indicatif à la propriété communiqué par le producteur, sauf mention (c) qui indique des prix moyens relevés auprès de cavistes. S'il n'est pas communiqué (« N.C. »), c'est que le vin n'est plus disponible, ou que son prix n'est pas encore fixé.
La disponibilité : si le prix est suivi de la mention « épuisé », ce vin n'est plus disponible chez le producteur. On peut le trouver dans le commerce de détail.

❻ Le coup de cœur.
Ce coup de cœur attribué à un vin représente pour nous la plus belle illustration du savoir-faire du vigneron cette année.

❼ La surface et l'encépagement de son vignoble.
Nous donnons le nombre d'hectares en production et les variétés de cépages plantées pour les vins rouges et les vins blancs.

❽ Le nombre total de bouteilles produites.
Il s'agit d'une moyenne annuelle correspondant à tous les vins produits par le domaine.

❾ Domaine bio ou en biodynamie.
Ce logo indique si le domaine pratique une viticulture écologique. Le trèfle ♣ identifie les domaines certifiés bio ; la lune ☾ les domaines certifiés en biodynamie.

❿ L'adresse du producteur, son téléphone, son mail et/ou son site internet.

⓫ Les horaires de visite.
Attention : il est toujours préférable de prendre rendez-vous au préalable avec le producteur. Lorsque celui-ci ne reçoit pas de visiteurs, nous l'indiquons.

⓬ Le nom du propriétaire ou du responsable avec qui vous pouvez entrer en contact.
Il peut s'agir du propriétaire, du directeur d'exploitation ou du responsable de la production, selon les domaines.

Les auteurs

Olivier Poussier • Vallée du Rhône Sud • Champagne

Millésime 1964. Meilleur sommelier du monde, sacré à Montréal en 2000. Dégustateur universel par excellence. Parisien, formé à La Tour d'Argent puis en Angleterre, il a consacré sa vie à explorer la diversité viticole de la planète. Capable de s'enthousiasmer pour un fief vendéen, un bordeaux classé ou un assyrtiko du Péloponnèse, Olivier se distingue par sa discipline et son intégrité.

Olivier Poels • Médoc • Vallée du Rhône Nord

Millésime 1971. Né à Bruxelles, il a découvert enfant les caves bourguignonnes sur la route des vacances vers la Méditerranée, son père n'omettant jamais de s'arrêter entre Nuits-Saint-Georges et Beaune. Amoureux de la Côte-d'Or, il a aussi le goût des grands bordeaux, des vins de Champagne et d'Alsace. Fine fourchette, Olivier anime des chroniques sur Europe 1 et LCI.

Pierre Citerne • Pomerol • Graves • Jura • Savoie

Millésime 1973. Tous les dégustateurs qui l'ont affronté lors de concours de dégustation à l'aveugle savent à quel point cet universitaire, spécialiste des peintures rupestres préhistoriques, possède un palais affûté. Établi au pied des Pyrénées, ce passionné de littérature consacre l'essentiel de sa vie à déguster, voyager et découvrir ce monde du vin qui le fascine.

Jean-Emmanuel Simond
Alsace • Chablis • Côte de Nuits • Corse

Millésime 1971. Fils et petit-fils de montagnards à Chamonix, diplômé de Sciences Po Paris où il enseigne, Jean-Emmanuel s'est très tôt passionné pour les grands vins français, mais aussi d'ailleurs. Gueule d'acteur et palais subtil, il a créé sa société d'importation de vins fins et sillonne les vignobles de l'Alsace, de la Bourgogne, de la Corse sans oublier la vaste Italie.

Caroline Furstoss • Languedoc • Roussillon

Millésime 1982. Née à Colmar, Caroline grandit dans le village de Mittelwihr, dans les vignes. Les parfums des premiers jus qui fermentent bercent sa jeunesse. Devenue sommelière, elle enchaîne les beaux postes en restauration : Auberge de l'Ill, Hameau Albert Ier, Méridien Dubaï, Apicius, Shangri-La, Jean-François Piège puis crée son propre site, sommelierparticulier.com.

Pierre Vila Palleja • Beaujolais

Millésime 1987. Sommelier et restaurateur, il a fait du restaurant de ses parents, Le Petit Sommelier, face à la gare Montparnasse, l'une des adresses du vin à Paris. Ambitieux et méthodique, passé par le Ritz, le Crillon et Lasserre, Pierre a une solide connaissance des vins étrangers. Il aime aussi la Bourgogne, le Beaujolais, le Rhône et les bordeaux qui sortent des sentiers battus.

du guide

Alexis Goujard · Champagne · Provence · Loire

Millésime 1987. Né à Rouen, passionné de vin depuis toujours, Alexis est titulaire d'un master en commerce international du vin décroché à Avignon. Il intègre La Revue du vin de France en 2010. Suivant de près la révolution bio, allergique aux vins surboisés et aux vinifications trop techniques, il poursuit sa mise en avant des expressions les plus naturelles du vin.

Christian Martray · Côte chalonnaise · Mâconnais

Millésime 1968. Élevé en Beaujolais, il a conquis dans les caves l'affectueux surnom de « petit tonneau ». Sommelier à 19 ans, Christian franchit la Saône et débute à Vonnas, chez Georges Blanc, puis s'envole vers Orlando (Floride), chez Paul Bocuse. Après la Suisse et dix ans au Hameau Albert Ier à Chamonix, il traque aujourd'hui les bonnes affaires pour le site ventealapropriété.com.

Roberto Petronio · Sauternes · Côte de Beaune

Millésime 1963. Un tempérament volcanique. Issu d'une famille d'origine sicilienne, élevé dans le sud de Paris, passionné de musique et de photographie, il a la fougue de Mario Cavaradossi, le peintre amant de Tosca. Les vins, il les aborde guidé par son instinct et sa passion, toujours épris de liberté. Ses jugements sans concession sont recherchés par les propriétaires.

Karine Valentin · Bordeaux · Saint-Émilion · Sud-Ouest

Millésime 1963. Une vigneronne journaliste, le profil est rare. Élevée au sein d'une famille de producteurs de Cogolin, Karine rêve d'une autre vie : Paris ! Ses débuts dans la banque l'ennuient : elle renoue avec le vignoble en rejoignant Cuisine et Vins de France puis aujourd'hui La Revue du vin de France, pour laquelle elle déniche des vins à l'écart des codes de la mondialisation.

Jérémy Cukierman · Languedoc · Roussillon

Millésime 1975. Né en Île-de-France, il est « media planner » lorsqu'il change de vie pour vendre du vin, sa passion. Il se forme, enchaîne les niveaux du WSET puis s'attaque à l'Anapurna du dégustateur, le Master of Wine (MW), conquis en 2017. Marchand, consultant, coach, auteur et directeur de la Kedge Wine School de Bordeaux, il aime la Bourgogne, les vieux bordeaux, les chenins de Loire et les vins fortifiés.

LES VIGNERONS À SUIVRE EN 2023

Tout au long de la saison, nos dégustateurs sillonnent le vignoble, à la recherche de vins d'auteurs et d'émotions particulières. Voici les vigneronnes et vignerons qui les ont émus et qu'ils recommandent de suivre de près cette année.

Antoine Kreydenweiss

DOMAINE MARC KREYDENWEISS, À ANDLAU

D.R.

À ANDLAU, CHEZ LES MAÎTRES DE LA BIODYNAMIE

Les Kreydenweiss sont présents depuis treize générations dans le village d'Andlau, niché au pied du massif des Vosges, protégé des vents et entouré de vignes. Marc Kreydenweiss prend la relève de son père René en 1971, défriche et plante plusieurs vignobles, parfois en complantation, comme le Clos du Val d'Eléon, et devient précurseur de la biodynamie à la fin des années 1980. C'est son fils Antoine, âgé de 41 ans, qui reprend en 2007 les commandes du domaine. Doté d'une solide formation en Bourgogne (Pierre Morey, Domaine Trapet), le jeune homme affirme vite sa vision singulière et instinctive de vins vivants et libres, qui doivent refléter au plus près les terroirs d'Andlau. Travail considérable à la vigne, comme sur le coteau escarpé du grand cru Kastelberg, planté à 10 000 pieds à l'hectare, qui interdit toute mécanisation, pressurages lents, élevages longs, diminution du soufre, tout est mis en œuvre pour atteindre plus de stabilité et de vitalité dans les vins. Curieux et déterminé, Antoine Kreydenweiss laisse aujourd'hui pleinement éclater son talent dans ses vins nourrissants, expressifs et formidablement digestes, travail que nous récompensons cette année avec ferveur par une troisième étoile. **Jean-Emmanuel Simond**

Sonja, Claude-Édouard, Evelyne et Claude-Vincent Geoffray

CHÂTEAU THIVIN, À ODENAS

D.R.

LA DYNASTIE DU MONT BROUILLY

Aujourd'hui dynamisé par le couple Sonja et Claude Geoffray, Château Thivin démontre qu'il est possible de conserver une identité forte, respectant les traditions et ses origines, tout en faisant évoluer une propriété familiale implantée sur les flancs du mont Brouilly depuis 1877. Cette renaissance a été portée par les efforts en bio, mais aussi par des élevages de plus en plus affinés et l'attention portée au travail des sols. Derrière une étiquette au charme suranné, le style des vins restitue le muscle typique du cru. Tout en préservant la gourmandise des gamays de la région, cette "buvabilité" que l'on aime et qui séduit à coup sûr. Depuis quelques millésimes, les blancs ont gagné en éclat et en précision, atteignant leur plus haut niveau. Quant aux rouges, ils associent ici un caractère plein, bien défini et un côté très ouvert, libéré qui fait tout leur charme. De la cuvée Sept Vignes, fringante et joviale, à l'icône Zaccharie, en passant par les parcellaires, ce domaine d'Odenas mérite notre attention et fait à coup sûr partie des plus belles expressions du vignoble français. Par petites touches successives et réfléchies, le domaine ne cesse de ciseler le legs de son terroir et se voit récompensé cette année par une troisième étoile. **Pierre Vila Palleja**

Émilie Faniest

CHÂTEAU ROCHEBELLE, À SAINT-LAURENT-DES-COMBES

D.R.

L'ESPRIT BOURGUIGNON À SAINT-ÉMILION

Philippe Faniest inventa l'œnotourisme il y a trente ans, en imaginant le légendaire petit train de Saint-Émilion qui promène les touristes entre les murs du plateau. Sa fille, Émilie, a repris en 2019 la propriété familiale de Rochebelle : 3 hectares qui faisaient jadis un tout avec La Mondotte. Elle a fait ses armes en Bourgogne, vinifiant en blanc du côté de la Maison Champy avant de filer dans les vignes d'Afrique du Sud. Ont suivi quatorze années passées à la direction technique du château La Pointe, à Pomerol, d'où elle continue de suivre l'évolution de Rochebelle avec son père : « *Nos 3 hectares, par rapport aux 22 de La Pointe, c'est du* jardinage. *Cela me rappelle la Bourgogne : on a peu de marge de manœuvre et quand on fait de nouvelles plantations, on compte en nombre de rangs.* » Le château est accueillant. Depuis vingt ans, la cave est ouverte sept jours sur sept. Si Rochebelle reste commercialisé par la place de Bordeaux, les clients aiment venir chiner les vieux millésimes oubliés dans les carrières creusées par l'arrière-grand-père. « *On boit trop de vins jeunes, la complexité arrive avec le temps* », dit-elle. Depuis 2018, le domaine pratique une viticulture raisonnée, tout en se réservant une frange de liberté compte tenu de la petitesse du vignoble. **Karine Valentin**

Charles Philipponnat

D.R.

LE SENS DU GRAND CHAMPAGNE DE TABLE

Cette maison historique de la vallée de la Marne mérite une troisième étoile. Il faut saluer le chemin parcouru depuis sa reprise par le groupe Lanson-BCC en 1997 et surtout l'impulsion et l'énergie apportés par Charles Philipponnat, à sa tête depuis 2000. Descendant d'une famille engagée dans le vin de Champagne depuis 1522, cet esprit méticuleux, féru de gestronomie, cisèle des champagnes vineux de grand raffinement, à dominante de pinot noir. Si la maison fête cette année les 500 ans des Philipponnat en Champagne, c'est la qualité des vins, leur cohérence, que nous saluons ici. Les champagnes non millésimés, piliers fondateurs de toute maison, sont remarquables. La version extra-brut Royale Réserve (base 2017, dégorgé en 2022) affiche la puissance des pinots et une belle persistance. Très tactile, longiligne, le chardonnay du Grand Blanc 2012 impressionne. Issu d'une parcelle vertigineuse exposée plein sud, le fameux Clos des Goisses prend toute son envergure avec le millésime 2012, qui restitue magistralement la dimension crayeuse du terroir (à garder de côté quelques temps en bouteille). Des cuvées vineuses, une grande fraîcheur : voilà la définition contemporaine de la Champagne. **Olivier Poussier**

Bruno Lorenzon

DOMAINE LORENZON, À MERCUREY

Jon Wyand

DE BEAUX BOURGOGNES ACCESSIBLES, MERCI !

Le biologiste et œnologue Jacques Puisais le rappelait sans cesse : *« Le vin doit avoir la gueule de l'endroit, de l'année et les tripes du bonhomme qui l'a fait »*. À Mercurey, Bruno Lorenzon élabore des vins fuselés tout en les dotant d'une endurance à nul autre pareille. Son passé de globetrotteur dans les vignes de l'hémisphère sud et ses années de consultants pour la tonnellerie de Mercurey ont affiné sa vision du vin. Bruno sublime le chardonnay et le pinot noir en développant leur musculature mais naturellement, sans dopage ! Avec 40 millésimes au compteur, il livre la partition la plus précise et épurée de Mercurey et Montagny. Haute densité dans les vignes, viticulture bio, petits rendements, maturités au cordeau, boisés ad hoc, sa recherche de minéralité, de pureté dans chaque premier cru n'est pas un vain mot. Il se définit lui-même comme *« un homme de blancs qui fait des rouges avec un esprit blanc. »* Tout est dit. Les 2020 nous ont bluffés par leur grip unique, leur énergie. Et en plus, ils sont accessibles, Bruno y tient : *« Je veux que mon boucher puisse boire mes vins ! »*. Son fils Gautier le rejoindra en 2024 après son BTS viti-oeno. Partageant la passion du vin et celle du cyclisme, ces deux sportifs sont taillés pour mener les échappées au bout ! **Christian Martray**

Élisabeth Quilichini

D.R.

RENAISSANCE EN VALLÉE DE L'ORTOLO

Le cadre majestueux de la vallée de l'Ortolo, au sud de Sartène, est le terroir béni des dieux où est installé le Castellu di Baricci, château moyen-âgeux qui surplombe la vallée. Laurence, la grand-mère d'Élisabeth, hérite dans les années 1970 d'une propriété de 150 hectares, qu'elle transmet en 2000 à sa petite-fille. Cette dernière, aidée de son père Paul, s'investit dans la reprise du vignoble entouré de garrigues et d'oliviers. Les bâtiments du XIXe siècle sont réhabilités, on installe un chai. Mère de quatre enfants, la jeune femme ne ménage pas ses efforts, apprend vite et met en valeur les sciaccarellu, niellucciu et vermentino, qui composent la majorité de l'encépagement. Certifiée en bio dès 2005, la production a considérablement gagné en régularité et finesse ces dernières années, avec un excellent blanc charnu et surtout l'arrivée d'une cuvée de rouge de haute volée, Réserve Perpétuelle, qui assemble plusieurs millésimes. Ce vin éminemment méditerranéen compte parmi les plus grands rouges de Corse, doté d'une profondeur et d'une élégance hors du commun. Le travail réalisé par cette jeune femme passionnée se voit cette année récompensé par une première étoile dans notre guide. **Jean-Emmanuel Simond**

Étienne Thiébaud

DOMAINE DES CAVARODES, À SAINT-VIT

D.R.

LE GÉNIE DES CÉPAGES RARES DU JURA

Étienne Thiébaud ne fait pas partie de ces vignerons qui recherchent la lumière. Il laisse ses vins parler pour lui. La création de son domaine, grâce au financement participatif, remonte à 2007. Le jeune homme aux dreadlocks cultive aujourd'hui 7,5 hectares répartis en plusieurs îlots du Jura viticole et couvrant trois appellations distinctes : Arbois (du nord au sud), Côtes-du-Jura (vignes plantées sur éboulis calcaires sur la commune de Mouchard) et IGP Franche-Comté, sur les sols calcaires kimmeridgiens de la commune de Liesle, où il élabore des cuvées d'assemblage incluant d'anciens cépages complantés.

Cette diversité de vignes et de sols se retrouve dans la multiplicité des goûts que proposent les cuvées. Les rouges, notamment, capturent le génie particulier des cépages locaux, des vins plus en parfum qu'en matière. Ces cuvées artisanales sonnent juste, conjuguant la profondeur et l'humilité des grandes interprétations du Jura. On sent l'attention portée à chaque vin, un travail en délicatesse, intuitif, un propos privilégiant le naturel des expressions, avec une référence constante aux gestes simples qui faisaient du métier de vigneron une école de sagesse et du vin le plus sain des aliments. **Pierre Citerne**

Jean-Baptiste Granier

LES VIGNES OUBLIÉES, À SAINT-JEAN-DE-LA-BLAQUIÈRE

D.R.

PLÉNITUDE DU LANGUEDOC D'ALTITUDE

Ses vieilles vignes sont perchées à plus de 300 mètres d'altitude. Sur les pentes du cirque de la Blaquière, près de Montpeyroux, dans l'Hérault, Jean-Baptiste Granier les bichonne avec un parti pris écologique. 14 hectares au total, où les rendements sont naturellement bas. L'organisation roule ici depuis une quinzaine d'années, à la façon d'une micro-coopérative privée puisque Jean-Baptiste ne possède qu'une partie des vignes. Le projet débute en 2007 : jeune ingénieur agronome fraîchement diplômé à Montpellier, il rencontre le célèbre vigneron Olivier Jullien, chez qui il fait un stage. Une visite du vignoble presque à l'abandon de Saint-Privat, sur les hauteurs des Terrasses du Larzac, donne envie à ce Languedocien pure souche, fils et petit-fils de vigneron, d'y faire son vin. Ce sera possible grâce à Olivier Jullien, avec qui il s'associe jusqu'en 2011 avant de voler de ses propres ailes. Une première cave est construite en 2012, le chai suit en 2021, à Saint-Jean-de-la-Blaquière. Et les vins ? La plénitude est là. En bouche, on ressent l'empreinte de ce lieu magique grâce à une vinification sans artifices. En progression constante, ayant signé de belles réussites ces derniers millésimes, ce vigneron discret méritait une deuxième étoile. C'est fait. **Caroline Furstoss**

Anne-Charlotte Genet et Kévin Fontaine

DOMAINE CHARLES JOGUET, À SAZILLY

D.R.

RÉSURRECTION À CHINON

Créé en 1957, le domaine Charles Joguet reste intimement lié à son fondateur, dont les vins résonnent encore dans le cœur et au palais des amoureux du cabernet franc. Son clos de la Dioterie 1989 figure au panthéon des rouges de la vallée de la Loire. Rachetée en 1997 par Jacques Genet, à l'époque expert-comptable, cette propriété située à Sazilly, sur la rive gauche de la Vienne, s'était éloignée de l'élégance racée que nous recherchons dans les rouges de Chinon. Certaines cuvées denses, trop extraites et des boisés d'élevage démonstratifs déroutaient. Au fil des années, Anne-Charlotte Genet, la fille, épaulée par le directeur technique Kévin Fontaine, a rectifié le tir. Les vins retrouvent justesse et finesse. Cette précision dans le travail fait tout le style des 2020 (Petites Roches, La Cure, Les Charmes et Varennes du Grand Clos) et des 2019 (Clos du Chêne Vert et Clos de la Dioterie). Trente ans après le légendaire 1989, Clos de la Dioterie 2019, archétype du grand chinon profond et raffiné, retrouve sa place au sommet des cabernets francs ligériens. Comme son aïeul, il promet d'évoluer avec sérénité dans les prochaines décennies. Un domaine en pleine forme à qui nous décernons une deuxième étoile cette année. **Alexis Goujard**

Raimond de Villeneuve

CHÂTEAU DE ROQUEFORT, À ROQUEFORT-LA-BÉDOULE

Thierry Legay

UNE PROVENCE PERSONNELLE

Une page se tourne dans cette propriété provençale historique, détenue par la famille Villeneuve-Flayosc depuis 1812. Le changement climatique, la sécheresse sont harassants, les difficultés de transmission aussi. Raimond de Villeneuve veut se séparer de cette propriété située à Roquefort-la-Bédoule, sur les hauteurs de Cassis. Hélas ! Ce vigneron laissera un vide en Provence. Saluons son œuvre. Revenu au domaine au milieu des années 1990, Raimond de Villeneuve, soixante printemps cette année, a fait rayonner les Côtes de Provence. Sa rigueur, sa sensibilité ont libéré les expressions nuancées d'un vignoble niché à plus de 360 mètres d'altitude. Son rosé Corail, d'abord : une référence de rosé moderne, net et bien ficelé. Ses rouges ensuite : Gueule de Loup nous livre un vin joyeux, détendu et très friand. Une rareté en Provence. Sa cuvée Les Mûres ensuite, qui se distingue par sa finesse tannique et son potentiel de garde, alors que tant de rouges victimes de sécheresse et de coups de chaud durcissent en bouteille. Pour finir notre coup de cœur : ses blancs. Peu de vins affichent autant d'éclat et de franchise que Petit Salé et Les Genêts. Bon vent Raimond, à bientôt, peut-être en Italie !
Alexis Goujard

Adrien Roustan

DOMAINE D'OURÉA, À VACQUEYRAS

D.R.

ASCENSION FULGURANTE EN RHÔNE SUD

Saluons l'entrée dans le guide d'un domaine tout neuf. La qualité des vins proposés nous conduit à le promouvoir dès la première année. Le voilà même "coup de cœur" dans la réputée vallée du Rhône. Après avoir fourbi ses armes dans les vignobles bourguignon et californien, Adrien Roustan crée le domaine d'Ouréa en 2009, incorporant une partie des plants de son grand-père : 20 hectares de vignes répartis sur des géologies diverses. Le vignoble est certifié bio depuis 2012 et la conversion en biodynamie est engagée depuis 2020. À la fois gracieux et concentrés, les vins du domaine séduisent par leur finesse, les rouges sont infusés et la puissance de Vacqueyras et Gigondas est bien équilibrée. La vendange entière, totale ou partielle en fonction des cuvées, est parfaitement gérée, les vins ne subissent pas et affichent des allonges remarquables. La vinification et l'élevage sont en cuve béton. La cohérence des vins est superbe dès les entrées de gamme avec cette cuvée de soif qui répond au nom de Tire-bouchon. Le côtes-du-rhône n'est pas en reste avec une syrah dominante et juteuse. Il ne faudra pas oublier le blanc, délicieux, composé majoritairement de clairette avec une pointe de bourboulenc. **Olivier Poussier**

Nicolas Raffy

MAS AMIEL, À MAURY

D.R.

LES NOUVEAUX ATOURS D'UN GRAND DE CATALOGNE

En charge de l'historique domaine Mas Amiel, propriété d'Olivier Decelle depuis 1999, le Catalan Nicolas Raffy a su préserver la tradition des grands vins doux naturels tout en insufflant un vent de fraîcheur sur la gamme des vins secs. Cet enfant du cru veille avec talent sur pas moins de 152 hectares, cultivés intégralement en biodynamie. La magie des maurys mutés ne se dément pas. Des vintages toujours très justes, suaves et digestes aux oxydatifs d'une rare complexité, exprimant toute la profondeur du rancio : la gamme est splendide. Mais c'est sur les vins secs que les progrès sont le plus impressionnants.

Précis et méthodique, Nicolas Raffy a identifié et isolé les meilleurs terroirs pour y produire de nouvelles cuvées, d'une grande énergie, sapides et salivantes. Les raisins sont récoltés à juste maturité, pour conserver vivacité et tension. Les élevages sont justes, les extractions douces, afin de privilégier des tactiles soyeux et de l'allonge en fin de bouche. Il y a de l'orange sanguine, du pomelo et du floral dans les rouges, une vraie pureté saline dans les blancs. Les derniers millésimes sont de haut vol. Nicolas Raffy ? Un vigneron inspiré qui a su tirer le meilleur des calcoschistes et granites sur son terroir catalan. **Jérémy Cukierman**

Anne-Sophie, Frédéric, Roland et Romain Bonnard

MAISON BONNARD, À SEILLONNAZ

D.R.

REDÉCOUVREZ LA SINCÉRITÉ DU BUGEY

Voilà le Bugey à nouveau présent dans les pages du Guide des meilleurs vins de France. Et ce n'est qu'un début. Ce retour récompense en effet l'effervescence de toute une région viticole. Cette émulation ne concerne pas que les bulles du singulier cerdon et de pétillants blancs pleins de caractère produits les vignerons du département de l'Ain. Nous sommes fiers de distinguer ici le domaine de la famille Bonnard, situé à Crept, dans la zone du cru Montagnieu. L'histoire est celle d'une reconquête qui symbolise avec force l'histoire tourmentée du Bugey viticole, une renaissance qui débute en 1988 lorsque deux frères, Roland et Frédéric plantent un petit hectare de vignes sur les terres familiales, vouées à la polyculture. Aujourd'hui, la surface exploitée en vignes atteint 16 hectares certifiés en agriculture biologique depuis 2016, ce qui sur des pentes argilo-calcaires atteignant parfois 70 % n'est pas anodin. Stimulé par la jeune génération, Anne-Sophie et Romain, le domaine offre aujourd'hui une palette de cuvées enthousiasmantes, enracinées, d'une sincérité absolue, qui illustrent à la fois la polarité savoyarde, avec d'exceptionnelles altesses et mondeuses, et le lien avec la Bourgogne, avec des pinots et chardonnays de haute expression. **Pierre Citerne**

Iban, Téo, Michel et Thérèse Riouspeyrous

DOMAINE ARRETXEA, À IROULÉGUY

© Antonin Bonnet

RELÈVE GAGNANTE À IROULÉGUY

Au début, il y avait Michel et Thérèse, à une époque où l'évocation du mot irouléguy soulevait un sourcil interrogateur. Dans cette genèse, seuls quelques bars à vin des quartiers branchés de la capitale avaient eu vent des exaltants petits mansengs, gros mansengs et autres courbus qui, sur les flancs des Pyrénées, savaient fraîcheur garder. Puis est venu Iban. En 2017, le gamin rentre au bercail après sept ans en vinification chez le grand vigneron Jean-Marc Grussaute, de l'autre côté du col d'Osquich, à Jurançon, au domaine Camin Larredya. Téo suit l'année d'après. Lui a vinifié en Amérique du Sud, puis chez Elian Da Ros, à Marmande. Toujours le Sud-Ouest. Avec l'arrivée des garçons, le couple lâche du lest, conservant la partie commerciale. Le domaine s'agrandit avec des vignes récupérées chez les oncles, ajoutant au grès et schistes du début un nouveau terroir d'orphite, du volcanique pur. Arretxea, fameux pour ses blancs, se révèle désormais dans les rouges, c'est nouveau. Le matériel végétal tout en massales – le domaine a mutualisé un conservatoire de cépages – permet de rentrer des raisins à forte personnalité, vinifiés en cuves béton et inox. Voilà pourquoi nous distinguons ici pour la seconde fois le domaine Arretxea, ce qui est rarissime. **Karine Valentin**

Quels sont les vins les moins chers de ce guide ?

Chez qui trouver de belles bulles à moins de 20 euros ?

Quels flacons mettre en cave dès aujourd'hui pour les 20 ans de votre aîné ?

Quels sont les meilleurs rapports qualité/prix/plaisir en bio ?

Nos sélections d'achat sont là pour vous aider.

Petit guide pour

BIEN BOIRE ET ACHETER MALIN

CENT VINS POUR SE FAIRE PLAISIR À PRIX (TRÈS) DOUX

Région par région, notre sélection des vins les moins chers du guide. De quoi remplir sa cave les yeux fermés sans se ruiner !

ALSACE

DOMAINE BOEHLER
Alsace Molse Blanc 2021 - 8 €

DOMAINE ÉMILE BOECKEL
Alsace Pinot Blanc 2020 - 9 €

DOMAINE ÉRIC ROMINGER
Alsace Riesling 2020 - 9 €

CAVE DE RIBEAUVILLÉ
Crémant d'Alsace Brut Giersberger
10 €

DOMAINE SCHOFFIT
Alsace Chasselas Vieilles Vignes
10 €

DOMAINE FRÉDÉRIC MOCHEL
Alsace Pinot noir Rouge 2019
11 €

DOMAINE HURST
Gewurztraminer
Vieilles Vignes 2019 - 12 €

BEAUJOLAIS

DOMAINE DE NUGUES
Beaujolais-Village
Lancié rouge 2020 - 9 €

**CHÂTEAU BELLEVUE
(MORGON)**
Fleurie Montgenas 2020 - 12 €

DOMAINE DANIEL BOULAND
Morgon
Bellevue Cailloux rouge 2020 - 12 €

GRÉGOIRE HOPPENOT
Chiroubles Châtenay - 12 €

GRÉGOIRE HOPPENOT
Fleurie Origines 2020 - 12 €

DOMAINE DES TERRES DORÉES
Beaujolais
Chardonnay Classic 2020 - 12 €

JULIEN DUPORT
Brouilly La Folie 2020 - 12 €

BORDEAUX

CHÂTEAU BELLE-GARDE
Bordeaux Clairet 2021 - 6 €

CHÂTEAU LE PIN BEAUSOLEIL
Bordeaux Supérieur
Le Petit Soleil rouge 2020 - 8 €

CHÂTEAU LES CHARMES-GODARD
Francs Côtes de Bordeaux
rouge 2019 - 8€

CHÂTEAU BRÛLESÉCAILLE
Côtes de Bourg blanc 2020 - 9 €

CHÂTEAU MARJOSSE
Bordeaux blanc 2021 - 9 €

CLOS MANOU
Médoc Petit Manou rouge 2019
12 €

CHÂTEAU FRANC BAUDRON
Montagne-Saint-Émilion rouge
13 €

BOURGOGNE

DOMAINE STÉPHANE MAGNIEN
Coteaux Bourguignons Pur Pinot
Noir rouge 2020 - 10€

DOMAINE
COTEAUX DES MARGOTS
Mâcon-Pierreclos blanc 2019 - 10 €

DOMAINE D'ÉLISE
Chablis blanc 2020 - 13€

CHÂTEAU DE CHAMILLY
Montagny Les Bassets 2020
13 €

DOMAINE JEAN-CLAUDE
REGNAUDOT ET FILS
Maranges rouge 2020
13 €

DOMAINE BART
Marsannay rouge 2020 - 14 €

DOMAINE GABIN
ET FÉLIX RICHOUD
Irancy rouge 2018 - 14 €

CHAMPAGNE

GATINOIS
Brut Grand cru Tradition blanc - 21 €

A. MARGAINE
Brut blanc - 23 €

GONET-MÉDEVILLE
Brut Premier Cru Tradition
28 €

ÉTIENNE CALSAC
Extra-Brut L'Échappée Belle blanc
29 €

HURÉ FRÈRES
Brut Invitation - 30 €

LANCELOT-PIENNE
Brut Accord Majeur blanc - 30 €

PALMER ET CO
Brut Réserve - 30 €

CORSE

DOMAINE MONDANGE
IGP Île-de-Beauté Primizia blanc
2021 - 8 €

DOMAINE RENUCCI
Corse Calvi Vignola rosé 2021 - 10 €

DOMAINE DE TORRACCIA
Corse Porto-Vecchio rouge 2017
11 €

CANTINA DI TORRA -
NICOLAS MARIOTTI BINDI
Patrimonio Cantina di Torra
blanc 2021 - 12 €

CLOS NICROSI
Coteaux du Cap Corse Stecaja
blanc 2021 - 13 €

DOMAINE VICO
Corse Le Bois du Cerf blanc 2021
14 €

CLOS FORNELLI
Corse La Robe d'Ange blanc 2021
15 €

JURA

DOMAINE
ROLET PÈRE ET FILS
Arbois Tradition rouge 2019
12 €

LE CELLIER DES TIERCELINES -
VINS JÉRÔME ARNOUX
Arbois Initial blanc 2019
12 €

DOMAINE BERTHET-BONDET
Côtes du Jura
La Poirière blanc 2020 - 15 €

LULU VIGNERON
Côtes du Jura
Chardonnay BB1 blanc - 15 €

DOMAINE
DE MONTBOURGEAU
L'Étoile Pied de Mont-Augy
blanc 2020 - 17 €

DOMAINE JEAN MACLE
Côtes du Jura Chardonnay
Sous Voile blanc 2015 - 18 €

LUCIEN AVIET ET FILS -
CAVEAU DE BACCHUS
Arbois Melon Cuvée des Docteurs
blanc 2020 - 18 €

LANGUEDOC

DOMAINE CANET VALETTE
Saint-Chinian Antonyme
rouge 2020 - 9 €

DOMAINE DE SAUMAREZ
Languedoc
S de Saumarez rouge 2020 - 9€

CLOS L'ANHEL
Corbières
Le Lolo de l'Anhel rouge 2020 - 10 €

DOMAINE DE LA PROSE
Languedoc Cadières rouge 2019
10 €

MAS LOU
IGP Côtes de Thongue
Amboro rouge 2021 - 10 €

CHÂTEAU PECH-REDON
Languedoc Les Cades rouge 2021
11 €

CHÂTEAU OLLIEUX ROMANIS
Corbières Classique blanc 2021
12 €

DOMAINE LE CONTE
DES FLORIS
Coteaux du Languedoc
Six Rats Noirs rouge 2019 - 12 €

LOIRE

DOMAINE BENOIT MONTEL
Côtes d'Auvergne
Châteaugay rouge 2021
8 €

DOMAINE DE LA PÉPIÈRE
Muscadet Sèvre et Maine sur lie
blanc 2021 - 9 €

DOMAINE
LE PETIT SAINT-VINCENT
Saumur-Champigny rouge 2020
10 €

DOMAINE PATRICE COLIN
Coteaux du Vendômois
Pierre-François rouge 2020
10 €

DOMAINE VINCENT RICARD
Touraine Pierre à Feu blanc 2021
10 €

CLOS SAINT-FIACRE
Orléans blanc 2020 - 10 €

DOMAINE BERNARD BAUDRY
Chinon Les Granges rouge 2021
11 €

PROVENCE

DOMAINE RAY-JANE
IGP Var rouge 2019 - 8 €

CHÂTEAU DE ROQUEFORT
*IGP Bouches-du-Rhône Gueule de
Loup rouge 2021*
11 €

DOMAINE GAVOTY
*Côtes de Provence Cuvée Grand
Classique blanc 2021*
11 €

DOMAINE DU DEFFENDS
*Coteaux Varois en Provence
Champs du Bécassier rouge 2021*
13 €

CHÂTEAU DE ROQUEFORT
Côtes de Provnce Corail rosé 2021
14 €

CHÂTEAU REVELETTE
*Coteaux d'Aix-en-Provence
blanc 2021*
15 €

RHÔNE

DOMAINE PIQUE-BASSE
*Côtes du Rhône
La Brusquembille rouge 2020 - 8 €*

DOMAINE DE LA MONARDIÈRE
*Côtes du Rhône
Les Calades rouge 2020 - 10 €*

CHÂTEAU PESQUIÉ
Ventoux Les Terrasses rouge 2020
11 €

DOMAINE CHAUME-ARNAUD
Côtes du Rhône blanc 2021
11 €

DOMAINE DES ESCARAVAILLES
*Cairanne
Le Ventabren rouge 2019 - 11 €*

DOMAINE MARCEL RICHAUD
*Côtes du Rhône
Terre de Galets rouge 2020 - 11 €*

BASTIDE DU CLAUX
Luberon Poudrière rosé 2021
12 €

ROUSSILLON

DOMAINE SEMPER
*Côtes du Roussillon-Villages
Lesquerde Squerda rouge 2021*
6 €

**DOMAINE
DES CHÊNES**
*IGP Côtes Catalanes
Les Olivettes blanc 2021*
8 €

DOMAINE DES SCHISTES
IGP Côtes Catalanes blanc 2021
8 €

MAS MUDIGLIZA
*Côtes du Roussillon-Villages
Coume des Loups rouge 2021*
9 €

DOMAINE DE LA MEUNERIE
*IGP Côtes Catalanes
Impromptu blanc 2021*
12 €

DOMAINE DE DEPEYRE
*Côtes du Roussillon-Villages
Tradition rouge 2020*
12 €

DOMAINE LAGUERRE
*Côtes du Roussillon
EOS rouge 2021 - 12 €*

SAVOIE

DOMAINE DE CHEVILLARD
Vin de Savoie Jacquère blanc 2019
9 €

DOMAINE FABIEN TROSSET
Vin de Savoie Le Roc blanc 2021
9 €

**DOMAINE J.-P. ET J.-F.
QUÉNARD**
*Vin de Savoie
Chignin Vers Les Alpes blanc 2021*
9 €

CHÂTEAU DE LUCEY
*Roussette de Savoie
L'Originel blanc 2019 - 10 €*

**DOMAINE
DUPASQSUIER**
*Vin de Savoie
Chardonnay blanc 2018*
10 €

**DOMAINE
JEAN MASSON ET FILS**
*Vin de Savoie Apremont
Nicolas blanc 2020*
10 €

**DOMAINE PASCAL
ET ANNICK QUENARD**
*Vin de Savoie Chignin
L'Epure blanc 2020*
10 €

SUD-OUEST

**DOMAINE
MOUTHES LE BIHAN**
*Côtes du Duras
L'Aimé Chai rouge 2018*
7 €

CHÂTEAU PONZAC
*Cahors Maintenant ou Jamais
rouge 2021 - 8 €*

CHÂTEAU VIELLA
Madiran Tradition rouge 2020
8 €

CLOS DE GAMOT
Cahors Le Gamotin rouge 2020
9 €

**CHÂTEAU
LES HAUTS DE CAILLEVEL**
*Bergerac
Fleur de Roche blanc 2020*
9 €

**CHÂTEAU
TIRECUL LA GRAVIÈRE**
*Monbazillac
1, 2, 3 Soleil blanc 2020*
9 €

**CHÂTEAU
TOUR DES GENDRES**
*Bergerac
Cantalouette rouge 2021*
9 €

Shutterstock

VINGT BELLES CUVÉES BIO À MOINS DE 20 EUROS

Nos bons plans pour boire naturel tout au long de l'année.

DOMAINE J.-B. ARENA
Patrimonio
Grotte di Sole blanc 2021 - **17€**

CELLIER DE LA BARATERIE
Vin de Savoie Saint-Jean de la
Porte Mondeuse rouge 2020 - **17€**

DOMAINE BERNARD BAUDRY
Chinon Les Grézeaux rouge 2020
17€

CHÂTEAU DU CÈDRE
Cahors rouge 2020 - **17 €**

DOMAINE GILLES MORAT
Saint-Véran
Roche Mer blanc 2020 - **17 €**

LA CHABLISIENNE
Chablis
Les Vénérables blanc 2019 - **17 €**

JEUNES POUSSES
Chénas Les Brureaux rouge 2020
17 €

DOMAINE ÉRIC ROMINGER
Riesling Grand Cru
Zinnkoepflé blanc 2020 - **18 €**

DOMAINE LAGUERRE
Côtes du Roussillon
Le Ciste blanc 2019
18 €

CLOS LARROUYAT
Jurançon Sec
Météore blanc 2020
18 €

BORDAXURIA
Irouléguy blanc 2020 - **18 €**

DOMAINE LES EMINADES
Saint-Chinian
Sortilège rouge 2019 - **18 €**

DOMAINE DE MONTVAC
Gigondas Adage rouge 2020 - **18 €**

DOMAINE PLAGEOLES
Gaillac
Muscadelle blanc 2019 - **18,50 €**

DOMAINE LE SANG DES CAILLOUX
Vacqueyras
Doucinello rouge 2020
18 €

MAS HAUT-BUIS
Coteaux du Languedoc
Les Agrunelles blanc 2020
19€

DOMAINE MIRABEL
Pic Saint-Loup
Les Éclats rouge 2020
19 €

DOMAINE CLAUDE RIFFAULT
Sancerre blanc 2020 - **19 €**

DOMAINE DE CÉBÈNE
Faugères Les Bancèls rouge 2019
20 €

CHÂTEAU LA TOUR DE BY
Médoc rouge 2019 - **20 €**

Tout le monde a un endroit préféré, même les vins.

Vous avez probablement une pièce où vous vous sentez le mieux dans votre maison. Pour vos vins les plus précieux, c'est une cave à vin Liebherr. Grâce aux deux zones de température, des vins différents peuvent être stockés à leur température idéale de dégustation. Ils sont ainsi toujours prêts à régaler vos papilles. Découvrez toutes nos caves sur **liebherr-electromenager.fr**

LIEBHERR

Caves à vin

Shutterstock

BIODYNAMIE NE RIME PAS AVEC VINS CHERS

Sélection de vins d'auteur gourmands, avec la promesse du cosmos en plus.

DOMAINE COSSE MAISONNEUVE
Cahors Solis rouge 2018 - 13 €

DOMAINE HURST
*Alsace Pinot noir
Vieilles Vignes rouge 2019 - 13,90 €*

CHÂTEAU FOUGAS
*Côtes de Bourg Maldoror
rouge 2020 - 14,90 €*

CHÂTEAU DE VAUX - VIGNOBLES MOLOZAY
Moselle Maddalena blanc 2020 - 14,90 €

DOMAINE D'AUPILHAC
*Languedoc Aupilhac blanc 2021
15 €*

MAS DES CAPRICES
Fitou Ze Fitou rouge 2020 - 15 €

DOMAINE CHAUME-ARNAUD
*Côtes du Rhône-Villages
La Cadène 2021 - 16 €*

DOMAINE FABRICE GASNIER
*Chinon La Queue de Poëlon
rouge 2019 - 16 €*

DOMAINE GIACHINO
*Vin de Savoie Primitif blanc 2021
16 €*

LE SOULA
VDF Trigone N°21 blanc - 17 €

DOMAINE SÉROL
*Côte Roannaise
Les Millerands rouge 2020 - 17,50 €*

CHÂTEAU CAZEBONNE
*Graves Le Grand Vin rouge 2019
18 €*

DOMAINE LE FAY D'HOMME
*Muscadet Sèvre et Maine
Gorges blanc 2019 - 18 €*

DOMAINE DES POTHIERS
*IGP d'Urfé Hors Pistes blanc 2020
18 €*

DOMAINE KIRRENBOURG
*Alsace Riesling
Roche Granitique blanc 2019 - 18 €*

DOMAINE JEAN-YVES MILLAIRE
*VDF A Fleur de Peau blanc 2021
18 €*

DOMAINE DU CELLIER DES CRAY
*Vin de Savoie Chignin
La Cuvée des Gueux blanc 2021
19 €*

MAS D'ALEZON
*Faugères Montfalette rouge 2021
20 €*

CHÂTEAU JEAN FAUX
*Bordeaux Supérieur rouge 2019
20 €*

DOMAINE LA SOUFRANDIÈRE
*Bourgogne
Aligoté Aligato blanc 2020 - 20 €*

VINGT BOUTEILLES POUR LES 20 ANS DU PETIT

Oubliez-les dans votre cave, elles répondront présent le jour venu !

DOMAINE DE TERREBRUNE
Bandol rouge 2019 **- 34 €**

MAS JULLIEN
Terrasses du Larzac Carlan
rouge 2020 **- 38 €**

DOMAINE DU VIEUX DONJON
Châteauneuf-du-Pape
rouge 2020 **- 40 €**

CHÂTEAU COUTET
Barsac blanc 2019 **- 42 €**

CHÂTEAU PÉDESCLAUX
Pauillac rouge 2019 **- 45 €**

DOMAINE DU CLOS NAUDIN
Vouvray Moelleux
Réserve blanc 2018 **- 48 €**

DOMAINE DU COLLIER
Saumur
La Charpentrie rouge 2018 **- 65 €**

CHÂTEAU SOUTARD
Saint-Émilion Grand Cru
rouge 2019 **- 65 €**

CLOS DES PAPES
Châteauneuf-du-Pape
rouge 2020 **- 67 €**

DOMAINE BILLAUD-SIMON
Chablis Grand cru Les Preuses
blanc 2020 **- 79 €**

DOMAINE BERTHAUT-GERBET
Vosne-Romanée Premier Cru
Les Petits Monts rouge 2020 **- 80 €**

DOMAINE FRANÇOIS VILLARD
Côte-Rôtie La Brocarde rouge 2019
89,25 €

DOMAINE FRANÇOIS ROUSSET-MARTIN
Château-Chalon Vigne aux Dames
Voile N°10 blanc 2012 **- 100 €**

CHÂTEAU LÉOVILLE BARTON
Saint-Julien rouge 2019 **- 105 €**

DOMAINE STÉPHANE MAGNIEN
Charmes-Chambertin Grand Cru
rouge 2020 **- 116 €**

DOMAINE MICHEL BOUZEREAU ET FILS
Meursault Premier Cru Perrières
blanc 2020 **- 150 €**

AGRAPART
Champagne Brut Nature Grand cru
Blanc de Blancs Vénus **- 150 €**

DOMAINE JEAN-LOUIS CHAVE
Hermitage rouge 2019 **- 180 €**

LOUIS ROEDERER
Champagne Brut Cristal
blanc 2014 **- 230 €**

CHÂTEAU TROTANOY
Pomerol rouge 2019 **- 275 €**

Shutterstock

VINGT GRANDS BLANCS À MOINS DE 25 EUROS

Ou comment surprendre vos amis sans martyriser votre portefeuille !

CAMIN LARREDYA
Jurançon Sec La Virada 2019 - **25 €**

DOMAINE LAURENT BARTH
Alsace Gewurztraminer Grand Cru
Marckrain 2019 - **22 €**

DOMAINE BELLUARD
Vin de Savoie Altesse
Grandes Jorasses 2019 - **20 €**

DOMAINE FRANTZ CHAGNOLEAU
Saint-Véran La Roche 2020 - **22 €**

DOMAINE BERNARD GRIPA
Saint-Péray Les Figuiers 2020 - **25 €**

LA CROIX GRATIOT
Picpoul-de-Pinet
Bréchallune 2015 - **15 €**

DOMAINE DE LA CHAUVINIÈRE
Muscadet Sèvre et Maine
Les Bêtes Curieuses Château-Thébaud 2017 - **18 €**

DOMAINE D'ÉLISE
Chablis Premier Cru
Côte de Léchet 2019 - **20 €**

DOMAINE JEAN MACLE
Côtes du Jura 2016 - **20 €**

DOMAINE DENIZOT
Sancerre Damoclès 2019 - **25 €**

CHRISTOPHE CURTAT
Saint-Joseph
Sous l'Amandier 2020 - **25 €**

DOMAINE SIMON BIZE ET FILS
Savigny-lès-Beaune 2019 - **25 €**

DOMAINE FRANÇOIS CHIDAINE
Montlouis-sur-Loire Demi Sec Clos
Habert Blanc 2019 - **24 €**

DOMAINE LAURENT BARTH
Alsace Gewurztraminer Grand Cru
Marckrain 2019 - **22 €**

ÉRIC FOREST
Pouilly-Fuissé Ame Forest 2020 - **24 €**

SAUTA ROC
Languedoc In Bilico 2019
20 €

DOMAINE MARC KREYDENWEISS
Alsace Riesling Au-Dessus
de la Loi 2020 - **20 €**

CLOS MARIE
Languedoc Manon 2020
22 €

DOMAINE DANIEL CROCHET
Sancerre Chêne Marchand 2019
22 €

DOMAINE CORINNE ET JEAN-PIERRE GROSSOT
Chablis Premier Cru
Les Fourneaux 2020 - **23 €**

DOMAINE JACQUES SAUMAIZE
Pouilly-Fuissé Le Haut
de la Roche 2020 **25 €**

Shutterstock

1JOUR1VIN

Vins &
Champagnes

DÉCOUVREZ NOS
SÉLECTIONS
RECOMMANDÉES PAR

LA REVUE DU
vin
DE FRANCE

**UNE SÉLECTION
D'EXPERTS !**

**EN DIRECT DES
DOMAINES !**

**VINS AU
MEILLEUR PRIX !**

www.1jour1vin.com

Shutterstock

VINGT BULLES POUR FAIRE LA FÊTE À PRIX LÉGER

Pas nécessaire de se ruiner pour partager de belles bulles. Merci les crémants !

CAVE DE RIBEAUVILLÉ
Crémant d'Alsace Brut Giersberger
blanc - 10 €

JEAN-BAPTISTE ADAM
Crémant d'Alsace Brut
Les Natures blanc - 11 €

DOMAINE RIEFLÉ
Crémant d'Alsace Brut Formula
blanc - 12 €

DOMAINE ROLET PÈRE ET FILS
Crémant du Jura Brut blanc - 12 €

DOMAINE L'ENCLOS DES BRAVES
Vin Mousseux Sors de ta bulle !
rosé 2021 - 12,70 €

**CHÂTEAU TIRECUL
LA GRAVIÈRE**
Vin Mousseux Brut Nature
Jo blanc - 13 €

DOMAINE DE BRIN
VDF Méthode Ancestral
DBulles blanc 2021 - 14 €

DOMAINE D'ÉDOUARD
Crémant de Bourgogne Extra-Brut
Les Collines de Vaux blanc 2017
14 €

**LE CELLIER DES TIERCELINES -
VINS JÉRÔME ARNOUX**
Crémant du Jura Élégance blanc
14 €

**DOMAINE J.-P. ET J.-F.
QUÉNARD**
Crémant Brut Entre Amis
blanc 2019 - 15 €

DOMAINE SCHOFFIT
Crémant d'Alsace Extra-Brut
blanc 2019 - 15 €

DOMAINE PIGNIER
Crémant du Jura blanc 2020
15,50 €

DOMAINE BARMÈS-BUECHER
Crémant d'Alsace Brut Nature
blanc 2019 - 16 €

DOMAINE DES BÉRIOLES
Vin Mousseux Brut Nature
Tressallier blanc 2020 - 16 €

DOMAINE FRANÇOIS PINON
Vouvray Brut Non Dosé
blanc 2018 - 16 €

DOMAINE WACH
Crémant d'Alsace Brut Rosé rosé
16,20 €

DOMAINE PLAGEOLES
Gaillac Mauzac Nature
blanc 2020 - 16,50 €

DOMAINE DE MOUSCAILLO
Crémant de Limoux Harmonia
rosé 2018 - 17 €

DOMAINE LES HAUTES TERRES
Crémant de Limoux Brut Nature
Joséphine blanc - 19 €

DOMAINE PIGNIER
Crémant du Jura L'Autre
blanc 2018 - 20 €

43

Les Grandes Tables les ont choisies

Riches de leur histoire, elles font partie du patrimoine français. Leur minéralité est unique, on les apprécie pour leurs qualités gustatives en parfait accord avec les mets les plus fins. Les eaux minérales **Thonon, Chateldon & Vals** apportent le raffinement et l'authenticité qui ont su séduire les grandes tables.

pourquoi pas vous ?

THONON CHATELDON VALS

Shutterstock

VINGT ROUGES CROQUANTS À SIROTER ENTRE COPAINS

Digestes, légers mais aussi délicats, ces vins se débouchent à toute heure.

CHÂTEAU PENIN
Bordeaux Natur rouge 2019 **- 9,20 €**

DOMAINE PATRICE COLIN
Coteaux du Vendômois
Pierre-François rouge 2021 **- 10 €**

CAVE DES VIGNERONS D'ESTÉZARGUES
Côtes du Rhône Domaine Des Fées
rouge 2020 **- 10 €**

DOMAINE LE PETIT SAINT-VINCENT
Saumur-Champigny rouge 2020
10 €

MAS DES BROUSSES
IGP Saint-Guilhem-le-Désert
Chasseur des Brousses
rouge 2021 **- 11 €**

COMBEL-LA-SERRE
Côtes du Lot La Vigne Juste
Derrière Chez Carbo rouge 2021
11 €

DOMAINE BENOÎT MONTEL
Côtes d'Auvergne Châteaugay
Bourrassol rouge 2021 **- 11 €**

CHÂTEAU DE ROQUEFORT
Bouches-du-Rhône Gueule de Loup
rouge 2021 **- 11 €**

DOMAINE L'ANCIENNE CURE
Pécharmant Jour de Fruit
rouge 2020 **- 11,50 €**

DOMAINE YANNICK AMIRAULT
Bourgueil Cote 50 rouge 2021
12 €

JULIEN DUPORT
Brouilly La Folie rouge 2020
12 €

DOMAINE NAVARRE
VDF Ribeyrenc rouge 2020
12 €

DOMAINE ROLET PÈRE ET FILS
Arbois Tradition rouge 2019 **- 12 €**

LES VINS DE LA MADONE
Côtes du Forez Dacite
rouge 2021 **- 13 €**

DOMAINE GABIN ET FÉLIX RICHOUX
Irancy rouge 2018 **- 14 €**

DOMAINE FABIEN TROSSET
Vin de Savoie Arbin Mondeuse
Hors Piste rouge 2020 **- 14,50 €**

DOMAINE MONDANGE
Corse Laudria rouge 2019 **- 15 €**

DOMAINE GUY BRETON
Beaujolais-Villages rouge 2021
16 €

MAS D'ESPANET
IGP Cévennes Pinôt rouge 2020
17 €

DOMAINE MATROT
Maranges Rouge 2020
20 €

ARTCURIAL

RÉVÉLEZ LA VALEUR
DE VOTRE CAVE
Ventes aux enchères de vins fins
& spiritueux toute l'année

Contact :

Laurie Matheson
Luc Dabadie
Marie Calzada

vins@artcurial.com
artcurial.com

Agrément CVV Du 25/10/2001 - Commissaire priseur : Stéphane Aubert
L'abus d'alcool est dangereux pour la santé, à consommer avec modération

PARTEZ HORS DES SENTIERS BATTUS !

Ils ne sont pas les plus connus mais ces vins ne vous décevront pas. Goûtez !

DOMAINE RENUCCI
Corse Calvi Vignola rouge 2018
11 €

DOMAINE DE LA MEUNERIE
IGP Côtes Catalanes Impromptu blanc 2021 - 12 €

CLOS DE L'ANHEL
Corbières Les Terrassettes rouge 2019 - 14,50 €

CLOS DES AUGUSTINS
Pic Saint-Loup Le Gamin rouge 2020 - 16 €

CHÂTEAU FRANC BAUDRON
Montagne-Saint-Émilion Mirande rouge 2021 - 17 €

DOMAINE D'OURÉA
Vacqueyras rouge 2020 - 17,50 €

DOMAINE DES BOISSIÈRES
Marcillac Lias rouge 2020 - 19,50 €

DOMAINE SAINTE BARBE - JEAN-MARIE CHALAND
Viré-Clessé Perrière blanc 2020
19 €

MAISON BONNARD
Bugey Racine de Mondeuse rouge 2020 - 19,30 €

DOMAINE DUPRÉ GOUJON
Côte de Brouilly 6.3.1 rouge 2019
20 €

CHÂTEAU DE PLAISANCE
Anjou Ronceray blanc 2020
20€

CHÂTEAU CAZEBONNE
VDF La Macération blanc 2020
22 €

DOMAINE HOFFMANN-JAYER
Bourgogne Hautes-Côtes de Beaune rouge 2020 - 22 €

DOMAINE GÉRARD NEUMEYER
Alsace Riesling Grand Cru Bruderthal blanc 2019 - 22 €

CHÂTEAU DOMEYNE
Saint-Estèphe rouge 2019 - 24 €

DOMAINE DENIZOT
Sancerre Damoclès blanc 2019
25 €

MOUSSÉ FILS
Champagne Extra-Brut L'Or d'Eugène blanc
33 €

DOMAINE VINCENT PARIS
Cornas Granit 60 rouge 2020
35 €

DOMAINE BENOÎT MOREAU
Chassagne-Montrachet Premier Cru Les Champs-gain blanc 2020
109 €

Thierry Legay

La cave idéale d'Alexis Goujard

POUR UN BUDGET SERRÉ

48 bouteilles pour 500 euros

Proposés à près d'une dizaine d'euros le flacon, ces vins seront bus dans leur jeunesse. Notre conseil : gardez toujours ces bouteilles à portée de main !

12 blancs rafraîchissants à boire à tout moment

Il est essentiel d'avoir une réserver de vins blancs à déboucher à tous moments.

● *Par exemple : Vignola corse du domaine Renucci, le muscadet-sèvre-et-maine du domaine de la Pépière, le jurançon sec du domaine de Castera, le mâcon-pierreclos du domaine Coteaux des Margots, un chignin de J.-P. et J.-F. Quénard.*

6 blancs réconfortants pour l'automne et l'hiver

Lorsqu'arrivent les premiers frimas, rien de tel qu'un beau blanc au gras rassurant.

● *Par exemple : un pinot gris alsacien d'Émile Beyer, un bergerac blanc de Julien Auroux, le luberon Barraban de Bastide du Claux, le côtes-du-rhône-villages la Cadène du domaine Chaume-Arnaud.*

6 rouges de Loire à boire légèrement frais

Presque tous les domaines de Loire offrent un rouge joyeux sur le fruit en toutes circonstances.

● *Par exemple : Ignoranda du domaine des Bouches à Bourgueil, Dacite des Vins de la Madone en Côtes du Forez, la côte roannaise du domaine des Pothiers, le sancerre du domaine Denizot.*

6 rosés à boire toute l'année

Pour l'apéritif entre amis.

● *Par exemple : le languedoc du mas des Brousses, le coteaux-d'aix-en-provence du domaine Les Bastides, le cassis du domaine du Bagnol, le côtes-du-rhône du domaine Charvin, le Nuits Blanches de Haut-Bergey.*

6 muscadets de coquillages

De délicieux blancs pour les fruits de mer.

● *Parmi les beaux classiques prêts à éveiller les papilles : le côtes-de-provence Petit Salé du château de Roquefort, les Gautronnières de Bonnet-Huteau, les Gras Moutons de la Haute-Févrie, les Quinze Hommées du domaine de la Chauvinière.*

6 bordeaux classiques

Loin des caricatures concentrées et boisés, voici des bordeaux affriolants pour séduire vos convives, aussi bien votre meilleure amie ainsi que vos beaux-parents.

● *Par exemple : le côtes-de-bourg Maldoror du château Fougas, le blaye-côtes-de-bordeaux du château Bel Air la Royère, le francs-côtes-de-bordeaux du château Charmes Godard.*

6 rouges gorgés de soleil

Pour les plats de Méditerranée (couscous, légumes farcis, pissaladière...), il sera bon dénicher des rouges attachants gorgés de saveurs ensoleillées de garrigue, de tapenade d'olive noire...

● *Par exemple : le côtes-du-rhône du domaine des Bernardins, de Tardieu-Laurent, des Escaravailles, le cairanne de Rabasse-Charavin, vacqueyras du domaine d'Ouréa.*

La cave "tout-terroir" d'Olivier Poels

POUR NE JAMAIS S'ENNUYER

48 bouteilles pour 1000 euros

À côté des crus prestigieux, des vignobles moins connus produisent des vins magnifiques. Sélection de flacons autour d'une vingtaine d'euros.

6 bouteilles de riesling d'Alsace
Choisies chez les meilleurs producteurs, ces cuvées accessibles font partie des meilleurs rapports qualité-prix qui soient.
● *Par exemple : un granit de Laurent Barth ou une belle cuvée de Dirler-Cadé.*

6 bouteilles de blanc de Loire
Chenin ou sauvignon, choisissez votre camp... Ici, les bonnes affaires ne manquent pas.
● *Par exemple : un sancerre Florès de Vincent Pinard ou un saumur du Château de Villeneuve.*

6 bouteilles de côte chalonnaise
Encore accessible, cette région du sud de la Bourgogne offre de jolis rouges de demi-garde.
● *Par exemple : le classique rully de chez Jacquesson ou un mercurey de chez François Raquillet.*

6 bouteilles de beaujolais
Appellation encore sous-cotée, elle possède des terroirs d'exception qui donnent naissance à de très grandes cuvées aptes à une longue garde.
● *Parmi les plus enthousiasmants : un morgon de chez Mee Godard ou un fleurie des Terres Dorées.*

3 bouteilles de champagne de vignerons
Des champagnes qui ne flambent pas...
● *Par exemple : Gatinois Grand Cru Tradition ou Lancelot-Pienne Accord Majeur.*

6 bouteilles de bordeaux
En marge des grands châteaux, Bordeaux regorge également de bonnes affaires dont il faut savoir profiter.
● *Par exemple : château Domeyne ou la cuvée la Côte du château Tire-Pé.*

6 bouteilles de rouges de caractère du Languedoc
Diversité de terroirs et de cépages, il y en a ici pour tous les goûts.
● *Par exemple : un saint-chinian du domaine Navarre ou les Terrasses du Larzac du Mas des Brousses.*

6 rouges de Savoie
Effet bluffant garanti en servant une de ces cuvées à la fois délicates et profondes, loin des clichés.
● *Par exemple : les mondeuses du domaine des Côtes Rousses ou des Fils de Charles Trosset.*

3 bouteilles vins doux naturels du Roussillon
Voici des vins de caractère, à servir en fin de repas, idéalement sur le fromage.
● *Par exemple : un maury de Mas Amiel ou un banyuls du domaine de la Rectorie.*

La cave sérieuse d'Alexis Goujard

ÉPATEZ VOS INVITÉS

48 bouteilles pour 2 000 euros

Alexis réunit ici de belles étiquettes fédératrices pour faire mouche lors de vos dîners et des étoiles montante. Succès garanti en toute sécurité.

12 bouteilles des jeunes talents que l'on veut voir grandir

Il est passionnant de voir évoluer ces vins à travers le temps.
- Par exemple : château Malherbe en Côtes de Provence, Simon Colin à Chassagne-Montrachet, Julien Auroux à Bergerac, Moussé et Fils en Champagne, domaine des Cavarodes dans le Jura, domaine Denizot à Sancerre, le domaine d'Ouréa à Vacqueyras, Dupré Goujon en Beaujolais.

6 bouteilles de champagne millésimés

Les champagnes millésimés mûrissent paisiblement plusieurs années avant de quitter les caves des maisons et nous révéler une expression en plein épanouissement.
- Par exemple : Gatinois 2012, Gentilhomme 2013 d'AR Lenoble, Le Cran 2014 de Bérêche & fils, clos des Goisses 2012 de Philipponnat, Vénus 2016 d'Agrapart, De Caurés à Mont Aigu 2014 de Guiborat, Dizy Corne Bautray 2012 de Jacquesson, Les Fervins 2016 de Mouzon-Leroux.

6 bouteilles de chenin de référence

Aussi bien sur les schistes d'Anjou, le tuffeau de Saumur que sur les argiles à silex de Touraine, en sec, demi-sec et moelleux, les multifacettes du chenin nous enchantent.
- Par exemple : vouvray moelleux Réserve 2018 du Clos Naudin, montlouis-sur-loire Rive Gauche 2020 de François Chidaine, saumur blanc 2020 du château Yvonne ou du clos de l'Écotard, Lune Noire de la Ferme de la Sansonnière en Anjou, Savennières-Roche-aux-Moines 2019 du domaine aux Moines.

6 bouteilles de rouge de Châteauneuf-du-Pape

La myriade de sols et de cépages que possède Châteauneuf-du-Pape cisèle des vins profondément méditerranéens, raffinés et taillés pour une longue garde.
- Par exemple : domaine du Vieux Donjon, Clos des Papes, Le Puy Rolland du château Le Font du Loup, les Quartz du clos du Caillou, Paule Courtil du domaine L'Or de Line, domaine du Vieux Télégraphe.

6 pinots noirs bourguignons contemporains

Qui peut prétendre détenir une cave sans rouges de Bourgogne ?
- Par exemple : un mercurey premier cru Les Puillets du château de Chamilly, le corton de Chandon de Briailles, beaune premier cru les Bressandes de Chanterêves, chambolle-musigny premier cru Les Sentiers du domaine Arlaud.

6 bouteilles de sauternes de très longue garde

Ces grands liquoreux sont des merveilles qui offrent d'infinies nuances au fil des décennies.
- Par exemple : châteaux Coutet, Fargues, Raymond Lafond, La Tour Blanche ou du domaine de l'Alliance.

6 bouteilles de champagne blanc de noirs

Une sélection de champagnes profondément vineux pour l'hiver.
- Par exemple : les blancs de noirs d'Égly-Ouriet et Benoît Lahaye, Fleury et Gonet-Médeville, les Maillerettes de Pierre Paillard. Et en version meunier : Prohibition de Guiborat et ADN de Christophe Mignon.

La cave de prestige d'Olivier Poels

GRANDS CLASSIQUES ET BEAUX TERROIRS

96 bouteilles pour 5 000 euros

Une cave qui en impose, construite sur des références classiques avec une seule constante : le prestige des grands terroirs.

6 bouteilles de vin blanc du Jura

On choisira trois vins jaunes intemporels et trois cuvées plus accessibles en côte du Jura.
● Par exemple : les vins de chez Macle, Tissot ou des Marnes Blanches.

12 bouteilles de grands bourgognes rouges

De Vosne-Romanée à Volnay, une sélection des plus grands pinots noirs du monde.
● Par exemple : les grands crus du domaine Bart, les savignys de Chandon de Briailles ou les nuits-saint-georges de chez Henri Gouges.

12 bouteilles de vins du Médoc et des Graves

Des grands crus classés pour faire un fond de cave classique.
● Par exemple : les châteaux Haut-Bailly, Brane-Cantenac ou Léoville Barton.

6 bouteilles de chablis grand cru

Abordables, mais pas toujours faciles à trouver, ces vins ne s'expriment bien qu'avec le temps.
● Par exemple : le grand cru Les Clos de chez Droin ou Valmur de chez Bessin.

6 bouteilles de grands vins du Languedoc

La région recèle quelques trésors, tout à fait dignes de figurer dans une cave d'exception.
● Par exemple : les vins de Mas Jullien ou du domaine d'Aupilhac.

6 bouteilles de blancs de la Côte de Beaune

Meursault, puligny-montrachet, chassagne-montrachet premiers crus, voire quelques grands crus.
● Par exemple : les meursaults de chez Buisson-Charles, les puligny de chez Étienne Sauzet ou les saint-aubin de chez Hubert Lamy.

6 bouteilles de grands vins de Saint-Émilion et de Pomerol

Des étiquettes de prestiges, ces vins, dans les derniers millésimes, atteignent des sommets.
● Par exemple : les châteaux Figeac, Clos Fourtet, Vieux Château Certan ou Clinet.

12 bouteilles de champagne

On choisira bouteilles de belles maisons et des champagnes signés par des vignerons.
● Par exemple : Roederer, Jacquesson ou Bérèche.

6 bouteilles de vins de sancerre ou de pouilly-fumé

Les plus nobles expressions du sauvignon sur des terroirs qui en magnifient la tension et l'éclat.
● Par exemple : les grands vins du domaine Dagueneau, Vincent Pinard ou Gérard Boulay.

12 bouteilles de rouges de la Vallée du Rhône

Du nord au sud, de Châteauneuf à la Côte-Rôtie, une sélection des meilleurs vignerons.
● Par exemple : un châteauneuf-du-pape du Clos du Mont-Olivet, un cornas de Chez Clape ou une côte-rôtie de Stéphane Ogier.

6 bouteilles de sauternes

Vins intemporels, les sauternes et barsacs se doivent de figurer dans toute cave d'exception.
● Par exemple : les châteaux Coutet, Nairac ou Sigalas Rabaud.

6 bouteilles de riesling grand cru

La quintessence de l'Alsace, surtout lorsqu'ils sont vinifiés par les artistes-vignerons de la région.
● Par exemple : un grand cru de chez Albert, Weinbach, Ostertag ou Zind-Humbrecht.

LA REVUE DU VIN DE FRANCE
4 SUPPORTS pour rester informé

12 NUMÉROS/AN
+ 2 n° spéciaux
+ 2 hors-séries

UN ESPACE RÉSERVÉ AUX ABONNÉS

+ Les articles en exclusivité
+ Un accès au numéro en cours
+ Accès aux archives depuis 1971, soit près de 600 parutions
+ L'accès à tous les Guides RVF en consultations illimitée

L'APPLICATION

184 000 VINS notés et commentés dans votre poche !

LE GUIDE DES MEILLEURS VINS DE FRANCE 2023

La 28ème édition du Guide des meilleurs vins de France 2023, référence des amateurs et des professionnels, est l'outil indispensable pour constituer sa cave, dénicher des pépites et acheter en toute confiance. Toujours indépendant et réalisé par 10 auteurs issus de différents univers : journalistes dégustateurs, cavistes, restaurateurs et sommeliers.

LE N°1 DES GUIDES D'AUTEURS CONSACRÉ AU VIN DEPUIS 1996. PROPOSE UN MILLÉSIME TRÈS ENRICHI.

7000 vins produits par 1150 domaines français.
1000 vins de qualité à moins de 15 €.
3500 vins Bio le tout dans un format relié.
Les 4 étoilés représentent les domaines stars du vignoble français.

Les bonnes adresses région par région.
Les meilleurs rapports qualité/prix.
100 cuvées à acheter en priorité.
Les cartes des vignobles mises-à-jour.
Les clés des accords mets et vins.

RETROUVEZ TOUTES NOS OFFRES D'ABONNEMENT

Avec votre abonnement à larvf.com
POURSUIVEZ L'EXPÉRIENCE !

ACCÈS EN ILLIMITÉ

à l'intégralité des commentaires et des notes du Guide des meilleurs vins de France et des magazines, enrichis des informations sur les domaines et les vins : encépagement, superficie, nombre de bouteilles produites, cuvées, horaires des visites, etc…

EN AVANT-PREMIÈRE, LA NEWSLETTER ABONNÉS
VOUS DÉVOILE LES MEILLEURS CUVÉES

CONTENUS ET ARTICLES EXCLUSIFS ABONNÉS
AUTOUR DU VIN (L'ACTU DU SECTEUR, CONCOCTÉE PAR ET POUR LES PASSIONNÉS, LES CARNETS DES DÉGUSTATIONS), LES NOTES ET COMMENTAIRES, L'ŒNOTOURISME, LES ACCORDS METS-VINS.

-15% DE REMISE SUR TOUTES NOS OFFRES

CAVISTES

Les bonnes adresses où se ravitailler

Florilège de lieux sympathiques où sont pratiqués des tarifs très convenables, proches de ceux de la propriété.

AIN

LE CAVEAU
2, chemin du Journans, 01170 Cessy. 04 50 41 59 66
1 600 étiquettes. Des vins français, italiens et suisses, souvent bio et biodynamiques.

AISNE

LA FONTAINE DES SENS
27, rue Carnot, 02400 Château-Thierry. 03 23 69 82 40
300 étiquettes. Un penchant pour les vins bio, biodynamiques. Épicerie fine.

ALLIER

QUI L'EUT CRU ?
13, place du Maréchal-Foch, 03500 Saint-Pourçain-sur-Sioule.
06 63 35 84 50
300 étiquettes. Le temple des vins de Saint-Pourçain.

ALPES-MARITIMES

LA PART DES ANGES
17, rue Gubernatis, 06000 Nice. 04 93 62 69 80
400 étiquettes. La Cave de l'année 2020 de La RVF initie aux vins "nature" depuis 1998.

FLACONS DIVINS
6, rue du Docteur-Rostan, 06600 Antibes. 04 97 04 70 40
450 étiquettes. 90 références en dégustation permanente.

ARDÈCHE

L'AVEN D'ORGNAC
2240, route de l'Aven, 07150 Orgnac-l'Aven.
04 75 38 65 10
1000 bouteilles en élevage dans cette cave spectaculaire, située à... 120 mètres de profondeur.

ARIÈGE

GRANDES HALLES SAINT-VOLUSIEN
12, rue du 19-Mars-1962, 09000 Foix. 05 34 09 85 23
1 200 étiquettes. Languedoc et Sud-Ouest y sont mis en avant.

AUBE

AUX CRIEURS DE VINS
4-6, place Jean-Jaurès, 10000 Troyes. 03 25 40 01 01
500 étiquettes. Bistrot-cave aux assiettes délicieuses.

AUDE

LES VINS SUR LE FRUIT
10, place de la Halle, 11220 Lagrasse. 04 68 49 80 76
300 étiquettes. Les vins locaux et le bio en bonne place.

AVEYRON

LA CAVE DE SERGIO
11, rue du Faubourg, 12210 Laguiole. 05 65 44 98 70.
500 étiquettes. Sélection signée Sergio Calderon, figure de la sommellerie hexagonale.

BAS-RHIN

VINO STRADA
1, rue du Temple-Neuf, 67000 Strasbourg.
03 88 22 31 00
3 500 étiquettes, dont un très beau catalogue de vins de Savoie et du Jura.

BOUCHES-DU-RHÔNE

PLUS BELLE LA VIGNE
36, cours Julien, 13006 Marseille. 04 91 63 11 91
450 étiquettes. 100 % vins "nature", 130 magnums et la crème des eaux-de-vies.

CALVADOS

LES METS CHAIS
26 rue des Jacobins, 14000 Caen. 02 31 26 20 34
500 étiquettes. Parti-pris affirmé pour le bio et le nature.

Xavier Dinet, un caviste aux petits soins pour ses clients, à Antibes.

Corse et au-delà, Christophe Talon, aux Vents d'Anges, a de tout !

FEUILLE DE VIGNE

24, rue du Dauphin,
14600 Honfleur.
02 31 98 78 96
800 étiquettes. Vins biodynamiques, spiritueux, coin épicerie et un bar à vin.

CANTAL

MAISON DESPRAT

10, avenue Jean-Baptiste-Veyre, 15000 Aurillac.
04 71 48 58 44
1 200 étiquettes. Une mine de cuvées de toutes les régions, des vins étrangers et une centaine de spiritueux.

CHARENTE

LA CAVE DES ROCHERS

ZE Recoux, Chemin de la Cave, 16800 Soyaux. 05 45 92 13 08
1 200 étiquettes. Bio et biodynamie sont en majesté. 150 spiritueux en rayon

CHARENTE-MARITIME

LA CALE

1, rue de Courbiac,
17100 Saintes. 05 46 90 69 03
350 références. 1 000 spiritueux, dont les cognacs de la maison Grosperrin, propriétaire.

AUX TOURS DES VINS

13, rue du Pas-du-Minage,
17000 La Rochelle.
05 46 28 64 68
650 étiquettes. Des crus de France et grands vins de Porto.

CHER

BONJOUR MARCEL

11, place des Quatre-Piliers,
18000 Bourges. 02 48 16 67 32
80 étiquettes. 50 % de références ligériennes : à emporter ou boire sur place.

CORRÈZE

LA MAISON DU VIN

7, rue du docteur-Massénat,
19100 Brives-la-Gaillarde.
05 55 24 49 16
2 000 étiquettes. On y milite pour Bordeaux, le Sud-Ouest, le Languedoc et la Loire.

LES VINS D'OLIVIER

26, Grande-Rue Alexis-Jaubert,
19600 Larche. 06 64 43 57 33
400 étiquettes. Un millier de références en plus attendent dans une cave du XVIIIe siècle non loin de la boutique.

CORSE DU SUD

LE CHEMIN DES VIGNOBLES

16, avenue Noël-Franchini,
20090 Ajaccio.
04 95 51 46 61
4 000 étiquettes. Choix bluffant de vins insulaires et de partout (400 champagnes).

L'ORRIU

5, cours Napoléon,
20137 Porto-Vecchio.
04 95 70 26 21
300 références. Que des vins corses, avec les meilleurs domaines insulaires. Bar à vins, épicerie fine aussi...

CORSE DU NORD

L'EMPREINTE DU VIN

4, avenue Maréchal-Sébastiani,
20200 Bastia.
04 95 65 31 13
2000 références. La Corse, le Rhône, le Bordelais, la Loire ou la Champagne...

AUX VENTS D'ANGES

40, avenue Paul Doumer,
20220 l'Île Rousse.
04 95 48 87 15
200 étiquettes. Christophe Talon n'a pas d'œillères, sa sélection balaie le meilleur de la Corse et du continent.

CÔTE-D'OR

L'ATHÉNAEUM

5, rue de l'Hôtel-Dieu,
21200 Beaune.
03 80 25 08 30
500 étiquettes. L'une des plus belles librairies françaises sur le vin.

LE GOÛT DU VIN

37, rue d'Auxonne, 21000 Dijon.
03 80 67 36 95
1 500 étiquettes. La Bourgogne est à l'honneur.

CAVES CARRIÈRE

12, rue de Skopje, 21000 Dijon.
03 45 81 20 20
3000 étiquettes. L'ex-footballeur va droit au but dans sa cave. Une bonne adresse.

CÔTE-D'ARMOR

LA CAVE SAINT-GRÉGOIRE

80, rue de Brest, 22100 Dinan.
02 96 39 67 44
400 étiquettes. De la petite cuvée aux grands crus, il y a de quoi faire plaisir à tout le monde !

DORDOGNE

LA CAVE D'EYMET

23, place Gambetta,
24500 Eymet. 06 22 56 19 80
300 étiquettes. Mitch O'Sullivan partage sa passion des vins bio et biodynamiques.

Nos cavistes de l'année, Régine et Hervé Lestage, chez Feuille de Vigne !

À Milly-la-Forêt, la Cave d'O, Hervé Gomas tient un lieu incontournable.

VIN BLANC ROUGE

3, avenue de la Préhistoire, 24620, Les Eyzies-de-Tayac
2 000 références. Grands vins et cuvées plus confidentielles. Beaucoup de bio à l'affiche.

DOUBS

AU BON ÉCHANSON

66, rue de la République, 25300 Pontarlier. 03 81 46 52 93
1 350 étiquettes. Des cuvées de toutes les régions, et 45 références d'absinthe.

DRÔME

LE VIN EST UNE FÊTE

22, place Frédéric-Autiero, 26110 Nyons. 04 75 26 43 23
300 étiquettes. 80 % de la sélection appartient à la famille bio-biodynamie-"nature".

EURE

CAVAVIN VERNON

2, rue Sainte-Geneviève, 27200 Vernon. 02 32 21 50 16
350 étiquettes. Une belle sélection de 200 spiritueux.

EURE-ET-LOIRE

LA CAVE DU MARCHÉ

13, rue des Changes, 28000 Chartres. 02 37 21 43 10
1 500 étiquettes. Large sélection de grands vins et de séduisants vieux millésimes.

ESSONNE

CAVE D'O

1, place du Colombier, 91490 Milly-la-Forêt.
01 64 98 71 71
1 200 références. Une sélection de vins à la fois riche et éclectique (de 5 à 3 000 euros).

FINISTÈRE

SOIF DE VINS

49, rue Louis-Pasteur, 29200 Brest. 02 98 48 19 87
400 étiquettes. Ici on boit "nature" et on initie à la dégustation.

GARD

LES PLAISIRS DE LA TABLE

1, rue Racine, 30000 Nîmes.
04 66 36 26 06
1 200 références. L'institution. Une sélection passionnante.

GERS

BAR DU MARCHÉ

2, boulevard du Général-Ballon, 32800 Eauze. 06 75 24 57 65
40 étiquettes. Une cave à vins et à manger magique.

GIRONDE

AUTRES CHÂTEAUX

29, cours Portal, 33000 Bordeaux.
05 57 30 92 24
1 000 références. Vins d'artisans bio et biodynamiques.

LA CAVE D'ULYSSE

2, rue de la Trémoille, 33460 Margaux.
05 57 88 79 94
500 références. Homérique ! Les grands crus bordelais sont à l'honneur.

HAUT-RHIN

AU MONDE DU VIN

23, avenue de Bâle, 68300 Saint-Louis.
03 89 69 22 22
3 500 étiquettes. Bio et biodynamie, mais sans dogmatisme. 100 rhums et 150 whiskies.

LA SOMMELIÈRE

19, place de la Cathédrale, 68000 Colmar. 03 89 41 20 38
800 étiquettes. Sélection très inspirée des meilleurs vins alsaciens, et des autres vignobles !

HAUTE-CORSE

L'EMPREINTE

4, avenue Maréchal-Sébastiani, 20200 Bastia. 04 95 65 31 13
2 000 étiquettes. L'une des meilleures caves de l'île.

HAUTE-GARONNE

LE TEMPS DES VENDANGES

9, place de l'Estrapade, 31000 Toulouse. 05 61 42 94 66
400 étiquettes. Au chapitre bio-nature, tout simplement l'une des adresses les plus sérieuses de France. Même rigueur côté table de cette cave à manger.

QUE DU BONHEUR

62, avenue des Pyrénées, 31240 L'Union. 06 70 24 10 95
550 étiquettes. Le meilleur de la tendance "nature" est ici.

HAUTE-LOIRE

CAVES MOLIÈRE

19, avenue Georges-Clémenceau, 43200 Yssingeaux. 04 71 65 71 45
650 étiquettes. Depuis trois générations, le top à Yssingeaux. Whiskies et rhums rares.

Éric Cuestas, au Temps des Vendanges, à Toulouse, a été caviste de l'année de la RVF, encore un !

Aude Legrand, l'héritière d'une dynastie du vin vous attend à Issy-les-Moulineaux.

HAUTE-SAVOIE

LE NEZ EN L'AIR

4, route de la Piaz, 74340 Samoëns. 04 50 18 60 85
550 références dont 150 rien que pour la Savoie dans cette cave haut perchée.

LES PASSIONNÉS DU VIN

99, route des Rutys, 74370 Annecy. 04 50 57 30 65
2 000 étiquettes. Une sélection ultra-soignée de vins d'auteurs.

LA JAVA DES FLACONS

49, avenue du Petit-Port, 74940 Annecy-le-Vieux. 04 50 23 31 39
3 000 références dans cette cave gérée par Bruno Bozzer, meilleur caviste français selon La RVF en 2014.

HAUTE-VIENNE

VINOTHÈQUE DE CARNOT

54, rue de Belfort, 87100 Limoges. 05 57 77 02 20
2 400 étiquettes. Toutes les régions sont représentées, complétées de 400 spiritueux.

HAUTES-ALPES

CAVE DE LA TONNELLE

6, rue du Colonel-Bonnet, 05200 Embrun.
04 92 43 26 31
400 étiquettes. Une préférence pour la Provence, le Rhône, le Languedoc. 150 spiritueux.

HAUTS-DE-SEINE

LE CHEMIN DES VIGNES

113 bis, avenue de Verdun, 92130 Issy-les-Moulineaux. 01 46 38 90 51
650 étiquettes. Un bistrot-cave en surplomb d'une parcelle de vignes en terrasse. Unique !

HÉRAULT

VINS DU PIC ET D'AILLEURS

37, avenue Louis-Cancel, 34270 Saint-Mathieu-de-Tréviers. 04 99 58 40 36
120 références locales au coeur du terroir du Pic Saint-Loup, d'obédience bio pour la majorité.

LE GRAIN DE RAISIN

19, rue Jules-Ferry, 34170 Castelnau-le-Lez. 04 67 79 59 50
600 étiquettes. Des vins au minimum en bio ou en biodynamie. Épicerie fine.

LE CHAMEAU IVRE

15, place Jean-Jaurès, 34500 Béziers. 04 67 80 20 20
3 500 étiquettes. Le caviste de l'année 2016 de La RVF connaît chaque recoin du Languedoc.

ILLE-ET-VILLAINE

HISTOIRES DE VINS

47, rue Vasselot, 35000 Rennes. 02 99 79 18 19
700 étiquettes. Une excellente cave avec un sérieux tropisme pour le "nature".

CÔTÉ VIGNOBLE

22, place Toullier, 35120 Dol-de-Bretagne. 02 99 48 19 72
700 étiquettes. 300 spiritueux, vins bio, épicerie fine et crémerie, bières artisanales.

BREIZH CAFÉ

6, rue de l'Orme, 35400 Saint-Malo. 02 99 56 96 08
60 références de cidre, venues de Bretagne, de Normandie et d'ailleurs.

INDRE

CAVES RAFFAULT

12, rue de la Poste, 36000 Châteauroux. 02 54 27 18 75.
800 étiquettes. 450 spiritueux.

INDRE-ET-LOIRE

L'HÉDONISTE

16, rue Lavoisier, 37000 Tours. 02 47 05 20 40
150 étiquettes. Une bonne cuisine arrosée de cuvées bio-biodynamie-"nature".

ISÈRE

L'ÉCHANSON

1, rue Lakanal, 38000 Grenoble. 04 76 85 05 17
1 800 étiquettes. Outre les vins, 450 whiskies, des bas-armagnacs et de vieux rhums.

JURA

EPICUREA

5, place des Déportés, 39800 Poligny. 03 84 37 16 05
150 références. Inégalable qualité des fromages et vins du Jura.

LANDES

CAVE ARDONEO

768, avenue du Président-Kennedy, 40280 Saint-Pierre-du-Mont. 05 58 75 56 03
600 étiquettes. Belle sélection de vins bio et biodynamiques.

Aux Vins du Pic et d'Ailleurs, l'Héraultais Xavier Delcros fait la part belle au bio.

Laurent et Sabine Brochard,
à Orléans, sont aussi restaurateurs !

LOIR-ET-CHER

LE PALAIS GOURMET

4, place de la Paix,
41200 Romorantin.
02 54 76 82 34
700 étiquettes. La Loire en haut
de l'affiche. 200 spiritueux.

LOIRE

DEMAIN LES VINS

1 bis, cours Jovin-Bouchard,
42000 Saint-Etienne.
09 86 19 97 37
500 références. De toutes les
régions de France, mais aussi de
l'étranger.

LES VINS DE SYLVAIN

52, avenue de Paris,
42300 Roanne.
04 77 78 00 15
600 étiquettes. Cave moderne
au cœur de Roanne.

LOIRE-ATLANTIQUE

LE GARAGE À VINS

20, boulevard de l'Atlantique,
44510 Le Pouliguen.
02 40 70 49 85.
600 références. Du bio et une
belle sélection venue de toutes
les régions de France.

LA NOUVELLE CAVE

17, quai de la Fosse,
44000 Nantes.
02 53 78 46 94
300 références. Le Top of the
Pop ligérien s'y est donné
rendez-vous.

VINS ET INDÉPENDANCE

8, rue Léon-Gaumont – ZAC
de la Pentecôte, 44700 Orvault.
02 40 63 46 94.
550 références. Beaucoup
de flacons de Loire et de vins
respectueux de l'environnement.

LOIRET

VER DI VIN

2, rue des Trois-Maries,
45000 Orléans. 02 38 54 47 42
450 étiquettes. La Loire
à l'honneur, mais aussi
90 références de vins du monde.

LOT

PLAISIRS DU VIN

548, avenue Anatole-de-Monzie,
46000 Cahors. 05 65 21 75 12
1 000 références. Un choix ultra-
solide et complet de cuvées de
toutes les régions.

MAINE-ET-LOIRE

LE GOÛT DES VINS

10, rue Botanique,
49100 Angers. 09 67 71 00 46
500 étiquettes. Plein de vins
à moins de 10 euros ; whiskies
français et bons gins.

AUX SAVEURS
DE LA TONNELLE

4, rue de la Tonnelle,
49400 Saumur. 02 41 52 86 62
500 références. Cave et bar à
vin se lient pour une sélection
remarquable, et pas seulement
ligérienne.

MANCHE

AU PLAISIR DU PALAIS

31, rue Lecampion,
50000 Granville. 02 33 51 81 69.
350 étiquettes. Toutes
les régions à saisir !

MARNE

LES CAVES DU FORUM

10, rue Courmeaux,
51000 Reims. 03 26 19 15 15
3 000 étiquettes. Cave de
l'année 2017 de La RVF. La crème
des vignerons locaux.

AU 36...

36, rue Dom-Pérignon,
51160 Hautvillers. 03 26 51 58 37
300 références. N'y manquez
pas les spécialités culinaires
champenoises !

MAYENNE

CAVISTES DES BOZÉES

225, route de Tours,
53000 Laval. 02 43 56 27 26
700 étiquettes. Conseils pointus
sur l'accord mets et vins.

MEURTHE-
ET-MOSELLE

LES DOMAINES NANCY

2, rue Claude-Charles,
54000 Nancy. 03 83 30 53 39
850 étiquettes. Toutes les
régions sont représentées.
350 whiskies du monde entier.

L'ÉCHANSON

9-10, rue de la Primatiale,
54000 Nancy. 03 83 35 51 58
1 000 références remarquables –
et une ambiance rassembleuse
côté bar à vins.

MORBIHAN

L'AMPÉLOGRAPHE

4, rue Louis-Blériot,
Zone de Toul Garros,
56400 Auray. 02 97 14 47 43
1 000 références. Une sélection
bio à 95 % mais aussi "nature".

Énorme choix à Reims, dans la cave
de Fabrice Parisot et Cédric Pilot.

Cave Vintage & Cie, l'écrin parisien de vieux vins de Louis Duquesne.

CAVE PUR JUS

8, impasse Forbin,
56270 Ploemeur.
09 67 45 97 34
650 étiquettes. Brillant casting, avec quelques échappées vers l'Espagne, l'Australie, le Chili.

MOSELLE

LA VIGNE D'ADAM

105, rue des Trois-Épis,
57050 Plappeville.
03 87 30 36 68
300 étiquettes. Le vignoble français par les chemins de traverse.

NIÈVRE

UNE NOTE DE VIN

60, rue de Nièvre,
58000 Nevers. 03 86 37 79 90
100 étiquettes. Bonne charcuterie et large gamme.

NORD

CAVE DU PARVIS SAINT-MAURICE

98, rue Pierre-Mauroy,
59000 Lille. 03 20 13 76 68.
950 étiquettes. La cave garde en réserve de vieux millésimes.

OISE

IN VINO LA CAVE À BOIRE

1, place de l'Ancien-Hôpital,
60200 Compiègne.
03 44 40 60 75
400 étiquettes. priorité aux vins bio, biodynamie et "nature".

ORNE

VINS & TRADITIONS

7, rue de la Halle-aux-Toiles,
61000 Alençon. 02 33 32 15 07

600 références. Nombreux spiritueux, superbes calvados.

LA VIE EN ROUGE

31, rue Sainte-Croix,
61400 Mortagne-au-Perche
120 étiquettes, cachées derrière la façade rouge pétard. Orientation bio et nature.

PARIS

CAVES LEGRAND FILLES ET FILS

1, rue de la Banque,
75002 Paris. 01 42 60 07 12
3 000 étiquettes. L'une des plus vieilles caves de Paris organise de nombreuses dégustations.

CAVES BOSSETTI

34, rue des Archives,
75004 Paris. 01 48 04 07 77
800 étiquettes. Beaucoup de bourgognes au générique, et de très belles chartreuses.

CAVE BARRECA

21, rue du Val-de-Grâce,
75005 Paris. 01 44 27 02 32
500 étiquettes. La maison conjugue au pluriel son amour pour ses deux pays, la France et l'Italie.

CAVE VINTAGE & CIE

199, rue du Faubourg Saint-Honoré, 75008 Paris.
01 40 70 98 43
900 étiquettes. Belle sélection sur 150 mètres carrés. Vieux millésimes et eaux-de-vie de référence. 400 spiritueux en sus.

LA CAVE DE LA GRANDE ÉPICERIE

38, rue de Sèvres,
75007 Paris. 01 44 39 81 00
2 400 étiquettes. L'une des caves les plus complètes de France.

LA CAVE DU CHÂTEAU

31, avenue Franklin Delano Roosevelt, 75008 Paris.
01 82 82 33 33
2 000 étiquettes. Cette cave située au rez-de-chaussée de l'immeuble de l'hôtel Dillon, à Paris, se prolonge par un site de vente en ligne.

LA NEW CAVE

33, boulevard Malesherbes,
75008 Paris. 01 49 24 97 02
1 000 étiquettes. beaucoup de nouveaux talents. Spécialiste des terroirs de Champagne.

LE VERRE VOLÉ

67, rue de Lancry, 75010 Paris.
01 48 03 17 34
400 étiquettes. Toutes régions. Du vin naturel, à accompagner de la cuisine du jour.

CHAI SOPHIE COTTÉ SUD

22, rue de Cotte, 75012 Paris.
01 43 47 30 26
350 étiquettes. Une majorité de languedocs et roussillons.

CAVE BALTHAZAR

16, rue Jules-Guesde,
75014 Paris. 01 43 22 24 45
1 000 étiquettes. Inscrivez-vous au club d'achats de vins !

LA VIGNE AU VERRE

12, rue Saint-Ferdinand,
75017 Paris. 01 45 72 39 48.
550 étiquettes. Vins français de petits artisans, pour la plupart en biodynamie.

LE TABLIER ROUGE

40, rue de la Chine, 75020 Paris.
01 46 36 18 30
150 références. Du côté de Ménilmontant, cette cave-bistrot propose une sélection de vins bio-nature-biodynamique.

Christian Dournel et Kriss Meneuvrier, à La vigne au Verre, à Paris, à fond sur les vins en biodynamie !

Vincent Damestoy, à Biarritz, met le cap sur les bios !

PUY-DE-DÔME

LES CAVES TISSANDIER

10, boulevard Desaix, 63000 Clermont-Ferrand. 04 73 35 39 97
3 000 étiquettes. Cave riche, sélection magnifique.

MAISON DESPRAT

9, rue des Chazots, 63170 Aubière. 04 73 19 47 69
1 200 étiquettes. Large sélection de vins, sans compter les spiritueux et l'épicerie fine.

PYRÉNÉES-ATLANTIQUES

CHÉRI BIBI

50, rue d'Espagne, 64200 Biarritz. 05 59 41 24 75
120 étiquettes. Cuisine de marché et vins "nature".

VINS DE VINCENT

Villages des artisans, RD 918, 64780 Osses. 05 59 37 76 15
1 000 références dans cette cave qui offre un panorama sur les vins modernes et les vignerons de pointe.

PYRÉNÉES-ORIENTALES

VINS D'AUTEURS

6, place du Général-Leclerc, 66190 Collioure. 04 68 55 45 22
200 étiquettes. Sélection pointue de vins du Roussillon.

EL XADIC DEL MAR

11, avenue du Puig-del-Mas, 66650 Banyuls-sur-Mer. 04 68 88 89 20
50 étiquettes. Un joli bout de cave à manger à deux pas de la mer.

RHÔNE

Ô VINS D'ANGES

2, place Bertone, 69004 Lyon. 09 51 88 20 99
1 000 étiquettes. Spécialisation dans les vins naturels, en provenance de France, d'Italie, de Slovénie et d'Autriche.

VERCOQUIN

33, rue de la Thibaudière, 69007 Lyon. 04 78 69 43 87
350 étiquettes, pour cette cave parmi les toutes meilleures en "bio-nature".

DE L'OR EN CÔTE RÔTIE

98, boulevard des Allées, 69420 Ampuis. 04 74 56 72 29
500 étiquettes. De beaux classiques en vallée du Rhône et des pépites issues d'autres régions.

LE PROMENOIR DES VINS

113, rue d'Anse. 69400 Villefranche-sur-Saône. 04 74 69 03 12
700 étiquettes. La sélection est éclectique ; des cours d'initiation à l'œnologie sont proposés.

SAÔNE-ET-LOIRE

AU PLAISIR DIT VIN

19, rue Mercière, 71250 Cluny. 03 85 59 16 29
500 étiquettes. Classiques bourguignons et pépites bio.

LA BOUTIQUE JEAN LORON

71570 La Chapelle-de-Guinchay. 03 85 36 81 20
20 étiquettes. Adossée à la Maison Jean Loron, la cave dispose de nombreux anciens millésimes rares du Beaujolais et de la Bourgogne.

SARTHE

LE BAR À VIN

3, rue du Cornet, 72000 Le Mans. 02 43 23 37 31
240 étiquettes. Cuisine rassembleuse, jolis vins.

SAVOIE

LES 400 CRUS

11, place de l'Hôtel-de-Ville, 73000 Chambéry. 04 79 85 61 65
400 étiquettes. Les amoureux des vins bio ou nature s'en donneront à cœur joie !

SEINE-ET-MARNE

CAVE ARNOLD

4, rue des Sablons, 77300 Fontainebleau. 01 64 22 26 87
1 500 étiquettes. Belle sélection bourguignonne et 300 références de spiritueux.

CAVE SEPTEMBRE

2, Les Chaises, 77160 Vulaines-les-Provins. 06 16 12 12 81
250 étiquettes. Le Bordelais, la Bourgogne et la Champagne : les régions phares de Claire Kolosa.

SEINE-MARITIME

LA CAVE DE BACCHUS

41, rue Armand-Carrel, 76000 Rouen. 09 50 70 59 98
800 étiquettes. Cette cave partage son goût pour les vins en bio, biodynamie ou "nature".

Belle sélection nature par Maxime Lefèvre, aux 400 crus, à Chambéry.

Reconversion réussie pour Benoît Caranobe, à Noisy-le-Grand.

SEINE-SAINT-DENIS

DIX-SEPT SUR VIN

1, rue du Marché, 93160 Noisy-le-Grand. 01 43 04 65 82
550 étiquettes. Cave tenue par Benoît Caranobe, médaillé de bronze en gym aux J.O. de Pékin.

LA P'TITE CAVE

76, allée de Montfermeil, 93340 Le Raincy. 09 83 79 93 48
400 étiquettes. Choix unique de grands noms dans le 93.

TARN

LA CLEF DES VINS

9 ter, place Lapérouse, 81000 Albi. 05 63 76 83 51
1 200 étiquettes. Sud-Ouest, Languedoc, Rhône... Une curiosité tout azimut !

VAL-DE-MARNE

ARÔMES

5, rue Pierre-Leroux, 94140 Alfortville. 01 56 29 16 90
3 000 étiquettes. Large choix de de France et de Navarre.

VIGNES ET SAVEURS

26, av. du Gal-Gallieni, 94340 Joinville-Le-Pont. 06 35 43 37 16
500 étiquettes. Belle gamme de vins corses. Spiritueux pointus.

LA CAVE D'IVRY

40, rue Marat, 94200 Ivry-sur-Seine. 01 46 58 33 28
900 références. Des vins d'auteurs, bio ou «nature».

VAL-D'OISE

AUX CAVES D'ENGHIEN

30, bd d'Ormesson. 95880 Enghien-les-Bains. 01 34 17 59 18
700 étiquettes. Languedoc, Rhône, Loire, Bourgogne, Bordeaux sont en bonne place.

VAR

MARIE ANTOINETTE

11, rue Pasteur, 83830 Bargemon. 09 83 57 85 70
130 étiquettes. Derrière la belle vanture à l'ancienne, vins bios, biodynamiques et naturels sont mis à l'honneur.

LES QUILLES

6, place d'Armes, 83000 Toulon. 04 94 24 23 53
250 étiquettes. Une cave sous influence bio-biodynamie-"nature", rhums jamaïcains.

LES CAVES DE LA POSTE

157, avenue du 11 novembre, 83150 Bandol. 04 94 29 45 27
600 références, dont tous les domaines qui comptent à Bandol. Bonne humeur garantie.

VAUCLUSE

L'ENCLAVE VINOTHÈQUE

Quartier Saint-Urbain, 84600 Valréas. 06 12 95 55 12
2 000 étiquettes. Un vaste choix de 400 magnums. Le paradis pour les fans de vins du Rhône.

VENDÉE

LA CAVE SE REBIFFE

45, promenade Georges-Clemenceau, 85100 Les Sables-d'Olonne. 06 95 30 48 49
400 étiquettes. Avec vue sur la mer, une sélection 100% bio.

LE CHAI DES COPAINS

46, av. de la Plage, 85160 Saint-Jean-de-Monts. 06 16 48 43 30
300 étiquettes. Bio et "nature".

YVELINES

LE CARAFON

20, rue du Maréchal-Foch, 78110 Le Vésinet. 01 39 76 20 50
400 étiquettes. L'offre de vins est pointue, et s'assortit d'une belle gamme de produits en épicerie fine, en spiritueux... On se régale !

LA CAVE DE MAREIL

17, place du Vieux Pressoir, 78124 Mareil-sur-Mauldre. 01 30 90 66 88
250 étiquettes. Languedoc, Rhône, Loire, et de nombreuses quilles à moins de 10 €.

CAVE DE L'ÉPICERIE DE LONGUEIL

28, avenue de Longueil, 78600 Maisons-Laffitte. 01 39 62 00 50
1 500 étiquettes. Dans cette institution fondée en 1880, la gamme est éclectique.

LA VIGNERY

1, allée de la pomme, 78100 Saint-Germain-en-Laye. 01 34 51 83 39
1 500 références de vins et champagnes, 250 whiskies et rhums ainsi que 200 bières dans cette grande cabane en bois peinte en rouge !

YONNE

LES AGAPES

13, rue de Preuilly, 89000 Auxerre. 03 86 52 15 22
1 200 étiquettes. Étonnants coffrets-cadeaux, et une sélection actualisée.

La Cave de l'épicerie de Longueil, à Maisons-Laffitte, un must !

VENTE EN LIGNE

Nos bons plans en un clic

—

De plus en plus de cavistes migrent vers le web.
Découvrez notre panel d'adresses en ligne fiables.

IDEALWINE

La variété des crus proposés, telle cette collection exceptionnelle de VDN remontant jusqu'en 1874, affolera les passionnés. Toutes les bouteilles sont photographiées, expertisées et décrites avec soin. La possibilité d'acheter aux enchères ouvre la porte aux bonnes affaires.

VINS ET MILLÉSIMES

Plus de 3 500 étiquettes sont en stock chez ce spécialiste des grands vins à maturité, avec plus de 2 500 millésimes antérieurs à 2009. La moitié de son catalogue vient directement des domaines viticoles. L'autre moitié provient d'achats de caves. On peut rechercher de vieux millésimes dès la page d'accueil, c'est pratique !

LA CAVE DU MARCHÉ

Cette cave de Chartres propose de nombreux vins de Bourgogne. Et pas n'importe lesquels ! Leroy, Méo-Camuzet, Groffier sont au catalogue. On peut ici s'offrir des vieux flacons à prix attractifs (120 crus à moins de 50 euros).

SODIVIN

Avec 2 000 références de dix ans d'âge et 92 % des bouteilles affichant plus de vingt ans, Sodivin revendique d'être "le" site spécialisé dans la vente de très vieux millésimes. Aux deux-tiers bordelais, Sodivin fourmille de cuvées de prestige : Yquem 1929, Mouton-Rotschild 1945, Pétrus 1982...

MILLÉSIMA

2 000 crus de plus de dix ans, des grands bordeaux et des champagnes de grandes maisons en quantité. La traçabilité est impeccable, mais l'obligation d'acheter les vins par caisse fait vite monter la facture.

MILLÉSIMES

La traçabilité impeccable des vins, garantie par l'expert Aubert Bogé, fait la force de ce site qui propose plus de 3 500 références, souvent prestigieuses et surtout bordelaises, à prix attractifs. Les vins sont livrés rapidement.

VINS GRANDS CRUS

Les bordeaux occupent ici une place de choix : 70 % de l'offre sur 3 850 étiquettes âgées de plus de dix ans. Neuf bouteilles sur dix ont été achetées auprès de particuliers. Le site est agréable de navigation, la livraison rapide.

LAVINIA

Davantage tourné vers les jeunes talents, Lavinia reste solide sur les vieux millésimes et le web : 900 références de plus de dix ans, une belle diversité (dont 20 % de vins étrangers). Les vins sont tous achetés en direct dans les propriétés. Le site pourrait toutefois se montrer plus facile d'accès.

LA CAVE DU CHÂTEAU

À portée de tire-bouchon du Clarence, cette cave située au rez-de-chaussée de l'hôtel Dillon, à Paris, se prolonge par un site de vente en ligne. Sélection 100 % française. Bonne diversité des régions avec une majorité de bordeaux.

BELGIUM WINE WATCHERS

Ce site propose 1 900 références de vieux millésimes, une large palette de vins français et étrangers, de grands noms (Léoville Las Cases 1947...) et des crus beaucoup plus surprenants.

CAVES CARRIÈRE

L'ancien footballeur professionnel Éric Carrière a ouvert en 2010 cette cave forte de 4 000 références (55 % Bourgogne, 10 % Rhône). Avec son équipe, il a développé un site de qualité qui propose aussi bien des cuvées prestiges que de belles découvertes.

Didier Frayssou et Nacim Tilliouine : ces deux rois des vieux flacons animent avec brio le site Vins et Millésimes.

Steeve René-Corail, Nicolas Chimot et William Simeray : la nouvelle équipe de Lavinia, à Paris, mise résolument sur la vente sur Internet.

Et aussi...

Autres sites distingués lors de nos enquêtes :

LES PASSIONNÉS DU VIN
Une sélection soignée de 2 000 références. Le site offre de nombreux vins d'auteurs (50 % en bio). Prix attractifs. Livraison en France et dans 26 pays européens.

1 JOUR 1 VIN
Site de vente privée simple d'utilisation, coloré et agréable. 2 000 références de toutes les régions. Nombreux vins bio, biodynamiques et nature. Classiques à prix doux (prix moyen d'une bouteille : 14 euros) et étiquettes plus confidentielles.

VENTE À LA PROPRIÉTÉ
10 000 références sélectionnées avec soin par deux sommeliers bien connus de nos lecteurs, Olivier Poussier et Christian Martray. Le site mise sur un éclectisme éclairé, avec des vins à prix doux : prix moyen d'un flacon : 15 euros.

CHAIS D'ŒUVRE
Club en ligne, créé par Manuel Peyrondet. Moyennant cotisation, le client reçoit chaque mois une sélection de vins signés par les meilleurs talents du vignoble. Ventes privées.

WINEANDCO
5 000 références au catalogue, prix moyen du flacon : 20 euros. Vente en direct et en primeur, vente privée et foires aux vins.

GRANDS BOURGOGNES
Catalogue riche et éclectique. Sélection de haut vol en Bourgogne, nombreuses références et millésimes. Les autres régions sont aussi représentées, à tous les prix.

VINATIS
Ce spécialiste des vins à petits prix compte 3 000 références. Très fort sur les vins de milieu de gamme (prix moyen d'une bouteille : 10 euros). Spiritueux et bières.

LA CAVE D'ULYSSE
La version online de la Cave d'Ulysse se spécialise dans la vente en ligne de vieux millésimes.

VITIS-EPICURIA
Le site est spécialisé dans l'offre de vins et de services haut de gamme.

CDISCOUNT
6 000 références annoncées, prix moyen de 10 euros. Fioles de 2 cl disponibles pour les clients qui souhaitent déguster avant d'acheter.

CHATEAUNET ET CHATEAUPRIMEUR
Les deux sites du négociant Duclot. Deux références pour les achats bordelais.

LA ROUTE DES BLANCS
Vins blancs et champagnes uniquement. Ventes privées.

VEEPEE
Offre plétorique, mais insuffisamment hiérarchisée.

LE PETIT BALLON
Deux bouteilles de vin chaque mois, fiche de dégustation et conseils.

SAMEDIVIN
Chaque samedi, des vins de qualité en vente privée.

CAVISSIMA
Ce site propose d'acheter des vins, mais aussi de gérer sa cave à distance.

LA GRANDE CAVE
Créé par les négociants bordelais Borie Manoux. Une sélection 100 % Bordeaux, un large choix de grands crus et une provenance directe propriété. Une valeur sûre.

VINS FINS DE LA CRAU
Site à l'ancienne : commande par téléphone ou e-mail, pas de paiement en ligne... Mais la sélection de Liz et Mike Berry est brillante : 615 étiquettes, livraison express, remboursement si problèmes.

Olivier Marchal, patron d'1 jour 1 vin. L'adresse s'est imposée parmi les références sur la toile.

ARCADIA

Amiens ENCHERES Abbeville
Département Grands vins

VENDEZ VOS GRANDS VINS AUX ENCHERES AVEC ANONYMAT DU VENDEUR ORIGINEL GARANTI

0% FRAIS VENDEU!

Pour les vins des
Grands Domaines
consultez l'expert

QUATRE VENTES AUX ENCHÈRES DE PRESTIGE PAR AN AVEC EXPOSITION DES LOTS RETRANSMISES EN LIVE SUR DROUOTDIGITAL.

POUR Y INCLURE VOS VINS, CONSULTEZ L'EXPERT, ESTIMATIONS GRATUITES DE VOS VINS SANS ENGAGEMENT.

Possibilité enlèvement gratuit par l'expert, sous réserve.

Maître Frédéric DELOBEAU	**Emilie GORRETEAU**
Commissaire-Priseur	**Expert en vins non marchand**
Arcadia ovv 2002-254	Contact pour toute information
237 rue Jean Moulin • 80000 AMIENS	T. : 06 82 93 23 12 • Fax : 095 578 1855
T. : 03 22 95 20 15	Email : cabinex@cabinex.eu

Réserves climatisées à Amiens et à Nanterre.

L'abus d'alcool est dangereux pour la santé, à consommer avec modération.

À BOIRE OU À GARDER ?

Quand faut-il ouvrir vos belles bouteilles ? Région par région, retrouvez ici l'appréciation générale des derniers millésimes et le potentiel de garde des vins.

	2020	2019	2018	2017	2016	2015	2014
Alsace	96	96	94	93	92	89	91
Beaujolais	96	94	98	92	93	95	92
Bordeaux rouge	98	97	96	92	99	97	93
Bordeaux blanc	95	95	94	93	92	93	92
Bourgogne rouge	96	98	94	93	97	96	93
Bourgogne blanc	96	98	97	94	96	93	94
Champagne			92	90	94	88	94
Corse	94	92	88	91	93	93	90
Jura	97	95	96	93	95	93	91
Languedoc	94	93	92	95	90	91	93
Loire rouge	93	95	93	92	97	92	93
Loire blanc	93	95	92	91	97	92	95
Provence	91	97	88	94	95	95	92
Rhône nord	98	96	97	94	95	93	91
Rhône sud		94	91	94	95	94	90
Roussillon	93	92	90	92	90	93	89
Savoie	97	95	96	92	90	93	91
Sud-Ouest	97	98	95	92	92	92	91

92 À boire dans les 3 ans, millésime noté 92/100

93 À garder de 3 à 10 ans, millésime noté 93/100

96 À garder plus de 10 ans, millésime noté 96/100

LA CARTE DES ACCORDS

POUR BIEN MARIER LES METS ET LES VINS

METS	CÉPAGES ET RÉGIONS
LES COQUILLAGES ET CRUSTACÉS	
LANGOUSTINE	Blanc de Bourgogne / Blanc de Loire - Centre
HOMARD	Rouge de Champagne / Rouge d'Anjou-Saumur
HUÎTRE	Blanc d'Anjou-Saumur / Blanc de Bourgogne
PALOURDE	Blanc de Loire - Pays Nantais / Blanc de Provence
NOIX DE SAINT-JACQUES	Blanc de Bourgogne / Blanc de Loire - Pays Nantais
LES POISSONS ET LE MOLLUSQUE	
SARDINE	Blanc de Corse / Rosé du Sud-Ouest
MAQUEREAU	Blanc de Loire - Pays Nantais / Blanc du Roussillon
ANGUILLE	Blancs de Loire - Pays Nantais
THON	Rouge du Médoc / Rosé du Roussillon
HARENG	Blanc de l'Yonne-Chablisien / Blanc de Loire
TARAMA	Champagne / Blanc de Loire - Pays Nantais
POULPE	Rosé de Provence / Blanc du Langedoc
LA CHARCUTERIE	
JAMBON BLANC	Rouge du Beaujolais
PÂTÉ EN CROÛTE	Blanc du Rhône Sud / Gamay du Beaujolais
CHORIZO	Rosé de Touraine
PRISUTTU CORSE	Blanc de la Côte de Beaune
PATA NEGRA IBÉRIQUE	Rouge du Languedoc / Rouge du Rhône Nord
LES VIANDES	
AGNEAU	Rouge d'Anjou-Saumur / Rouge de Provence
CÔTE DE BŒUF	Rouge du Rhône Nord
LAPIN MIJOTÉ	Rouge du Beaujolais / Rouge de Corse
ROGNON DE VEAU	Vin Jaune du Jura / Rouge de Touraine
VOLAILLE	Rouge de Bordeaux / Gamay du Beaujolais
FOIE DE VEAU	Gamay du Beaujolais / Rouge du Languedoc
LANGUE DE BŒUF OU DE VEAU	Gamay de Loire - Centre / Rouge de la Côte de Nuits
PERDREAU À CHAIR BLANCHE	Rouge du Libournais / Rouge du Rhône Sud
BOUDIN NOIR	Gamay d'Anjou / Grolleau d'Anjou
GRILLADE AU BARBECUE	Rouge de Provence / Rosé de Provence
TÊTE DE VEAU	Blanc de Bourgogne / Pinot Auxerrois d'Alsace
RIS DE VEAU	Blanc de la Côte de Beaune / Blanc du Rhône Nord

LA CARTE DES ACCORDS
POUR BIEN MARIER LES METS ET LES VINS

SUGGESTIONS DE VINS

LES COQUILLAGES ET CRUSTACÉS

Chablis de Samuel Billaud / Sancerre Les Romains du domaine Vacheron

Coteaux Champenois de Yann Alexandre / Saumur-Champigny Clos de la Bienboire du château de Villeneuve

Savennières de Terra Vita Vinum / Chablis du domaine Pattes Loup

Muscadet Sèvre et Maine sur lie Clos de la Févrie du domaine Haute Févrie / Bandol blanc de Terrebrune

Pouilly-Fuissé Sur La Roche du domaine Jacques Saumaize / Muscadet du domaine Michel Brégeon

LES POISSONS ET LE MOLLUSQUE

VDF Faustine du domaine Comte Abbatucci / Irouléguy rosé du domaine Arretxea

Fief Vendéens Brem Les Clous du domaine Saint-Nicolas / Côtes Catalanes de Le Soula

Muscadet Sèvre et Maine sur lie du domaine de la Pépière / Anjou-Villages du domaine Ogereau

Margaux du château Cantenac-Brown / Rosé du domaine Gardiés

Chablis de Samuel Billaud / Muscadet Sèvre et Maine Excelsior Goulaine du domaine Luneau-Papin

Brut Nature Terre de Vertus de Larmandier-Bernier / Muscadet Sèvre et Maine sur lie du domaine de la Pépière

Côtes de Provence Tibouren Prestige Caroline du Clos Cibonne / Coteaux du Languedoc de Montcalmès

LA CHARCUTERIE

Morgon de Marcel Lapierre / Morgon du domaine Mee Godard

Châteauneuf-du-Pape du domaine Saint-Préfert / Brouilly du château Thivin

Coteaux du Vendômois Gris du domaine Patrice Colin

Saint-Aubin Premier Cru du domaine de Montille

Pic Saint-Loup Les Métairies du Clos du Clos Marie / Côte-Rôtie du domaine Jamet

LES VIANDES

Saumur-Champigny du Clos Rougeard / Saumur-Champigny de domaine Milan

Côte-Rôtie du domaine Jamet

Beaujolais En Besset du domaine de Fa / Tarra Di Sognu du Clos Canarelli

Vin jaune du domaine des Marnes Blanches / Chinon Clos de la Dioterie du domaine Charles Joguet

Bordeaux du Château Marjosse / Fleurie du Clos de la Roilette

Fleurie du domaine Foillard / Faugères du Mas d'Alezon

Côte Roannaise Perdrizière du domaine Sérol / Passetoutgrain du domaine Confuron-Cotetidot

Fronsac du Château La Rousselle / Cairanne L'Ebrescade du domaine Marcel Richaud

Chant de la Pierre de Terra Vita Vinum / Val de Loire Grolleau du Clau de Nell

Bandol rosé du domaine Tempier / Bandol rouge du château de Pibarnon

Saint-Véran du domaine Guffens-Heynen / Pinot Auxerrois H Vielles Vignes du domaine Josmeyer

Puligny-Montrachet du domaine Leflaive / Saint-Joseph Les Oliviers du domaine Gonon

LA CARTE DES ACCORDS
POUR BIEN MARIER LES METS ET LES VINS

METS	CÉPAGES ET RÉGIONS
LES LÉGUMES	
AVOCAT	Muscat d'Alsace / Blanc de Loire - Centre
CÈPE	Blanc du Rhône Nord / Rouge du Médoc
MORILLE	Blanc du Rhône Nord
SALSIFI	Rouge de Provence / Vin orange du Roussillon
ARTICHAUT	Blanc de Loire - Pays Nantais / Blanc de Provence
FLEUR DE COURGETTE	Blanc de Provence / Blanc du Rhône Sud
POIS CHICHE	Viognier du Rhône Nord / Rosé du Languedoc
PANAIS ET TOPINAMBOUR	Chardonnay de Bourgogne / Blanc sec de Loire
PRINTANIÈRE DE LÉGUMES	Rouge de Loire - Centre / Rouge d'Anjou-Saumur
RADIS	Blanc de Bourgogne / Champagne
LES PLATS TRADITIONNELS	
BLANQUETTE DE VEAU	Blanc de la Côte de Beaune
TOMATE FARCIE	Rouge du Languedoc
STEAK TARTARE	Gamay de Loire / Syrah du Rhône Nord
CEVICHE	Blanc de Loire - Centre / Blanc d'Alsace
CUISSE DE GRENOUILLE	Blanc de l'Yonne-Chablisien / Clairette de Provence
ESCARGOT À L'AIL	Chardonnay aligoté de Bourgogne / Blanc de Loire
FOIE GRAS	Blanc sec de Bourgogne / Blanc liquoreux de Bordeaux
LES FROMAGES	
CAMEMBERT ET BRIE	Champagne / Chardonnay de Chablis
ROQUEFORT	Barsac / Jurançon
COMTÉ	Blanc de Bourgogne / Rouge du Beaujolais / Vin du Jura
OSSAU-IRATY	Blanc du Sud-Ouest
TOMME DE SAVOIE	Blanc de Savoie
SALERS	Vin Jaune / Chardonnay du Jura
LES DESSERTS	
RHUBARBE	Gamay du Beaujolais
CHOCOLAT	Pinot Gris d'Alsace / Syrah du Rhône Nord
MELON	Muscat d'Alsace / Blanc du Roussillon
CERISE	Rouge de Bourgogne / Gamay du Beaujolais
MARRON	Vin ambré du Roussillon
FORÊT NOIRE	Rouge du Roussillon
TARTE AUX FRAISES	Gamay du Beaujolais / Rouge du Roussillon

LA CARTE DES ACCORDS

POUR BIEN MARIER LES METS ET LES VINS

SUGGESTIONS DE VINS

LES LÉGUMES

Grand Cru Saering Elément Eau du domaine Dirler-Cadé / Sancerre Chêne Marchand du domaine Vincent Pinard

Saint-Joseph Les Oliviers du domaine Gonon / Saint-Julien du château Branaire-Ducru

Saint-Joseph Berceau du domaine Bernard Gripa

Le Grand Rouge du château Revelette / VDF La Macération du Soula de Le Soula

Muscat Sèvre et Maine du domaine de la Chauvinière / Côtes de Provence blanc Clarendon du domaine Gavoty

Coteaux d'Aix-en-Provence Galinette du domaine de Sulauze / Ventoux du château Pesquié

Le Pied de Samson du domaine Georges Vernay / Coteaux du Languedoc de Mas Jullien

Puligny-Montrachet du domaine Leflaive / Savannières Roche-aux-Moines du domaine aux Moines

Saint-Pourçain du domaine des Bérioles / Saumur-Champigny Clos de la Bienboire du château de Villeneuve

Bourgogne aligoté du domaine Chanterêves / Extra-Brut de Christophe Mignon

LES PLATS TRADITIONNELS

Grand Cru Corton-Charlemagne du domaine Rapet Père et Fils / Meursault du domaine Ballot Millot et Fils

Les Petits Pas du domaine du Pas de l'Escalette

Côte Roannaise Clos du Puy du domaine des Pothiers / Crozes-Hermitage du domaine Combier

Sancerre Guigne-Chêvre du Domaine Vacheron / Riesling Grand Cru Wineck-Schlossberg du domaine Meyer-Fonné

Chablis Premier Cru Montmains du domaine Bessin Tremblay / Bouches du Rhône du château de Roquefort

Aligoté Centenaire de Alice et Olivier de Moor / Menetou-Salon du domaine Pellé

Chassagne-Montrachet de la Maison Vincent Girardin / Sauternes du château de Fargues

LES FROMAGES

Brut Nature Premier Cru Blanc de Blancs de Veuve Fourny et Fils / Chablis du domaine Bessin Tremblay

Barsac du château Nairac / Jurançon moelleux du domaine Castéra

Vieux meursault d'Antoine Jobard / Morgon du domaine Mee Godard / Savagnin du domaine Tissot

Irouléguy Hegoxuri du domaine Arretxea / Gaillac du domaine Plageoles

Chignin-Bergeron de La Combe des Grand'Vignes / Roussette de Savoie du château de Mérand

Arbois Vin Jaune du domaine Ganevat / Arbois Chardonnay Le Clos de la Tour de Curon du domaine Tissot

LES DESSERTS

Morgon du domaine Jean Foillard / Morgon du domaine Daniel Bouland

Pinot Gris du domaine Jean Sipp / Cornas Billes Noires du domaine du Coulet

Lieu-dit Katzenthal du domaine Meyer-Fonné / Côtes du Roussillon La D18 du domaine Olivier Pithon

Bourgogne du domaine Georges Roumier / Beaujolais Les Griottes du domaines Chermette

Rivesaltes Ambré du domaine de Rancy / VDF Supernova du domaine Danjou-Banessy

Banyuls du domaine de la Rectorie / Maury sec du Mas Amiel

Coeur de Vendanges des domaines Chermette / Maury Vintage du Mas Amiel

Les dix commandements

CONNAÎTRE SON GOÛT. Si la vue est le sens dominant chez l'homme, le goût apporte bien des satisfactions au fil de l'existence. Des médecins en témoignent : une fois dans le très grand âge, lorsque le corps s'affaiblit, le goût, en particulier celui des vins aimés chez ceux qui en buvaient, apporte encore du plaisir ! Connaître son goût est donc essentiel, d'autant que cette aptitude permet d'échapper à la tyrannie des modes. Face à l'acidité conquérante, face à la montée en puissance de la sucrosité qui accompagne le succès des sodas, la vérité du grand vin est ailleurs, surtout à table. L'infinie palette des amers ouvre des horizons merveilleux, les notes salines de certains crus aussi. S'ouvrent de nouveaux champs d'exploration comme l'umami, une saveur salée qui se distingue à la fois par sa longueur en bouche, sa persistance et son caractère enveloppant, salivant, d'une grande douceur. Un univers passionnant.

CHOISIR LE BON VERRE. On sait depuis les travaux de Georg Riedel, célèbre verrier autrichien, que la forme du verre, ses dimensions, l'épaisseur du buvant, jusqu'à son poids ou l'épaisseur de son pied influent sur la perception du vin. Il est admis aujourd'hui que les vins rouges réclament des verres plus larges et profonds que les blancs. Mais beaucoup de choses restent à explorer. Choisir un grand calice pour que le vin s'exprime n'est pas sans conséquences. Dans La RVF, Roberto Petronio a démontré que les verres larges se réchauffaient plus vite et libéraient en effet plus rapidement les parfums du vin. Ils sont donc plus indiqués pour favoriser l'expression de vins jeunes, encore en muscles, plutôt compacts. À l'inverse, des cuvées hautes en alcool et à faible acidité comme certains vieux châteauneuf-du-pape se dégusteront mieux dans des verres plus étroits.

DÉCANTATION ET CARAFAGE. Les manuels anciens regorgent de conseils sur l'art de la décantation. Il s'agissait alors, lorsqu'on servait un vieux vin, de séparer les dépôts tombés au fond de la bouteille. Le rituel était immuable : une fois la bouteille tirée de la cave, on vidait précautionneusement le vin dans une carafe sous une bonne source de lumière, en l'occurrence l'éclat d'une bougie allumée, afin de surveiller et d'empêcher la remontée des dépôts vers le goulot, pour qu'ils ne tombent pas dans le verre. Cette opération mythique est devenue désuète, car les vins modernes (à partir des années 1990), davantage filtrés et collés, comportent moins de dépôts. On peut aussi faire confiance aux épaules des bouteilles : plus carrées, celles des bordeaux permettent, lorsqu'on sert le vin doucement, de contenir les dépôts. Le simple carafage lui, doit être pratiqué avec modération, plutôt sur des vins jeunes. Pour juger un vin en toute objectivité, servons-le dans un verre approprié en lui donnant le temps de s'ouvrir naturellement à table, cela vaudra toujours mieux que de le bousculer.

PRATIQUER LE TEST DE L'AÉRATION. L'art du critique consiste à déceler le potentiel de vieillissement d'un vin. Pour cela, les dégustateurs procèdent par association, en puisant dans leur mémoire, rapprochant le profil du vin qu'ils sont en train de goûter de tel ou tel millésime ancien. Cela leur permet d'imaginer de quelle façon il va évoluer. Il existe une autre méthode, plus simple, pour mesurer le potentiel d'un vin. Ouvrir une bouteille, goûter le vin puis le laisser reposer 24 heures dans un lieu frais. Le résultat est spectaculaire : certains vins croquants la veille se révèlent éventés le lendemain, d'autres qui semblaient plus fermes livreront des arômes et une texture nouvelle, complexe. Ce sont ces vins-là qui sont taillés pour la garde. Nicolas Joly, propriétaire de La Coulée de Serrant, recommande d'ailleurs d'ouvrir ses bouteilles 48 heures à l'avance. Il a bien raison : les notes racinaires, la texture onctueuse et unique de La Coulée ne se dévoilent guère lorsque le vin est jeune.

S'INITIER AUX VIEUX VINS. C'est ce qui distingue le grand vin de l'ordinaire : seul le premier s'affine avec le temps. Il faut une dizaine d'années pour qu'un meursault exhale ses notes de fruits secs, de sous-bois, d'épices. Château Latour ? Ses notes de cèdre, d'humus, de cuir s'affirment au bout de vingt ans. Seulement voilà, cette culture est en danger. Parce que les grands vins coûtent de plus en plus cher, les restaurants n'ont plus les moyens de porter des stocks longtemps. Ne parlons pas des écoles de sommellerie où l'on ne goûte plus que des vins de l'année ou presque. En ville, beaucoup de jeunes, faute de place, renoncent à la culture de la cave. Et pourtant... Il faut avoir gardé quelques années en cave un Dom Ruinart, un Comtes de Champagne de Taittinger pour être renversé par les arômes briochés sensuels portés par les grands blancs de blancs qui, alors, deviennent alors incomparables.

de la dégustation

PRIVILÉGIER LA BONNE COMPAGNIE. Le vin dans le verre est par définition le centre de l'attention de l'amateur. Mais de nombreux paramètres perturbent son jugement. La lumière d'abord : seule une lumière naturelle permet de bien juger la robe d'un vin. Le lieu ensuite : il faut éviter les atmosphères confinées, les parfums portés par madame ou monsieur. La chaleur, le bruit ne sont pas davantage recommandés. Par dessus tout, la qualité de la compagnie s'avère déterminante, car les grandes émotions se partagent. Nous avons tous des souvenirs particuliers. Un château Bel Air Marquis d'Alligre partagé avec un ami dans le compartiment de 1ère classe qui nous emmenait vers Milan ; ce magnum de Bandol rosé d'un certain âge lors d'un homérique concours de pétanque, un samedi d'été en Lozère chez un chef étoilé. Les vins qui restent sont ceux que l'on a partagés, nommés, salués, critiqués.

ALLER À LA RENCONTRE DES VIGNERONS. La belle étiquette dévoilée à table renforce le plaisir de celle ou de celui qui goûte le vin. Un autre paramètre est décisif : connaître le vigneron. Qui goûte un Costa Blanca du domaine Camin Larredya, en AOP Jurançon, après avoir rencontré Jean-Marc Grussaute ne lui trouvera plus jamais le même goût. Le tempérament de cet homme, son énergie sont contagieux et subliment la pureté, les amers nobles de ses vins. On ne sort jamais indemne d'un échange avec ce passionné. Même chose avec Michel Chapoutier, le charisme incarné en vallée du Rhône ou encore avec Jean-Marie Guffens, le Flammand à la tête dure qui signe de si beaux vins du Mâconnais. Connaître le vigneron, c'est donner au vin une nouvelle dimension, un supplément d'âme.

À LA RECHERCHE DES VINS «DÉTENDUS». Les vins sont comme les hommes, certains apparaissent crispés, d'autres pas. Les dégustateurs sont attentifs à ce point. Alexis Goujard, par exemple : « Je suis très sensible aux vins détendus, je les oppose aux vins durs. Instinctivement, je recherche toujours une sensation coulante en bouche, la rigidité me rebute.» Quels sont ces facteurs de dureté, de rigidité ? Alexis Goujard en distingue au moins trois, liés au travail de l'homme. L'abus de soufre lors des vinifications ou lors de la mise en bouteille pour commencer transmet une raideur, une fermeté caractéristiques en fin de bouche. Les raisins récoltés en sous-maturité ensuite, qui favorisent amertume et sécheresse en finale. Les boisés trop marqués enfin, qui assèchent les fins de bouche. « La salivation que procure le vin est un critère : elle doit être légère et stimulante. Lorsqu'on a envie de boire de l'eau après un verre de vin, c'est toujours mauvais signe », assure Alexis Goujard.

NE PAS CONFONDRE DÉGUSTATION À L'AVEUGLE ET À TABLE. Ah la dégustation à l'aveugle ! L'exercice est festif mais toujours difficile, c'est son intérêt. Il a aussi ses limites, comme le relevait Olivier Poels dans un numéro récent de La RVF. Lorsqu'on goûte 50 ou 60 vins dans une demi-journée, ce qui est le lot d'un critique professionnel, l'exercice devient fatigant. Si, au milieu de la série, l'expert tombe sur un vin plus tendu, plus cristallin, doté d'une forte acidité, il sera tenté de le distinguer. Or servi à table, le même vin pourra se montrer décevant. Les vins blancs et surtout les champagnes sont concernés, notamment des plats tels que des volailles ou des poissons blancs servis avec une sauce crémée. Faites l'expérience : un turbot, un saint-pierre appellent plutôt des blancs riches et sensuels, voire un champagne confortable, plutôt qu'un vin tendu comme un arc.

LA TEMPÉRATURE DE SERVICE. Au restaurant, à la maison, la température de service fait la différence : un vin servi trop chaud apparaît vite lourdaud tandis qu'un vin glacé se présente muet, ses arômes comme pétrifiés. Les fondamentaux sont connus : un vin blanc ou un champagne se sert entre 12 et 13 degrés, un vin rouge deux ou trois degrés en dessous de la température ambiante de la pièce, le plus souvent entre 15 et 18 degrés. Attention : un vin tiré de la cave se réchauffe très vite dans le verre, gagnant jusqu'à un degré toutes les deux minutes. Il reste donc préférable de servir un vin trop frais - mais jamais glacé - plutôt qu'un vin trop chaud. Pour les connaisseurs, la température de service est un sujet d'inspiration inépuisable. Dans La RVF, Roberto Petronio s'est amusé à comparer la perception d'un même vin refroidi au réfrigérateur, dans un seau à glace ou dans une chaussette réfrigérante. Son verdict : le seau à glace respecte mieux l'identité du vin.

LES DOMAINES QUI PROGRESSENT CETTE ANNÉE

La qualité des vins de ces producteurs leur
permet de gagner une étoile supplémentaire. Bravo.

ILS ONT DÉSORMAIS ★★★★

Alsace, **Domaine Zind Humbrecht**

Bordeaux, **Château Ausone**

Bordeaux, **Château Cheval Blanc**

Bordeaux, **Château d'Yquem**

Bordeaux, **Château Figeac**

Bordeaux, **Château Haut-Brion**

Bordeaux, **Château Lafite Rothschild**

Bordeaux, **Château Lafleur**

Bordeaux, **Château Latour**

Bordeaux, **Château Léoville Las Cases**

Bordeaux, **Château Margaux**

Bordeaux, **Château Mouton Rothschild**

Bordeaux, **Petrus**

Bourgogne, **Domaine Armand Rousseau**

Bourgogne, **Domaine d'Auvenay**

Bourgogne, **Domaine de la Romanée-Conti**

Bourgogne, **Domaine J.-F. Mugnier**

Bourgogne, **Domaine Leroy**

Champagne, **Jacques Selosse**

Champagne, **Krug**

Rhône, **Domaine Jamet**

Rhône, **Domaine J.-L. Chave**

ILS ONT DÉSORMAIS ★★★

Alsace, **Domaine Marc Kreydenweiss**

Beaujolais, **Château Thivin**

Bordeaux, **Château Le Pin**

Bordeaux, **Château Les Carmes-Haut Brion**

Bordeaux, **Château Pichon Longueville Comtesse de Lalande**

Bourgogne, **Domaine Bessin Tremblay**

Bourgogne, **Domaine de Montille**

Champagne, **Philipponnat**

Provence, **Château Pradeaux**

Roussillon, **Clos du Rouge Gorge**

Savoie, **Domaine Partagé Gilles Berlioz**

Rhône, **Domaine Charvin**

ILS ONT DÉSORMAIS ★★

Alsace, **Agathe Bursin**

Alsace, **Domaine Agapé**

Alsace, **Domaine Paul Ginglinger**

Alsace, **Mélanie Pfister**

Beaujolais, **Domaine Mee Godard**

Bordeaux, **Château La Violette**

Bordeaux, **Château Latour-Martillac**

Bordeaux, **Château Rochebelle**

Bordeaux, **Château Troplong Mondot**

Bourgogne, **Château de Béru**

Bourgogne, **Domaine Bart**

Bourgogne, **Domaine Christian Moreau**
Père et Fils

Bourgogne, **Domaine Frantz Chagnoleau**

Bourgogne, **Domaine Méo-Camuzet**

Bourgogne, **Domaine Morey-Coffinet**

Bourgogne, **Domaine Paul Pillot**

Bourgogne, **Domaine Roblet-Monnot**

Bourgogne, **Éric Forest**

Champagne, **De Sousa**

Corse, **Domaine Leccia**

Jura, **Domaine François Rousset-Martin**

Languedoc, **Les Vignes Oubliées**

Loire, **Domaine Charles Joguet**

Provence, **Domaine Richeaume**

Rhône, **Domaine de la Ferme Saint-Martin**

Roussillon, **Domaine de la Rectorie**

Savoie, **Domaine P. et A. Quénard**

Sud-Ouest, **Mas Del Perié**

Sud-Ouest, **Julien Auroux**

ILS ONT DÉSORMAIS ★

Alsace, **Domaine Boehler**

Alsace, **Domaine Hurst**

Alsace, **Domaine Maurice Schoech**

Alsace, **Domaine Rieflé**

Bordeaux, **Château Cos Laboury**

Bordeaux, **Château Coutet à Saint-Émilion**

Bordeaux, **Château de Valois**

Bordeaux, **Château Grée Laroque**

Bordeaux, **Château Haut-Bergey**

Bordeaux, **Château Marjosse**

Bordeaux, **Château Mazeyres**

Bordeaux, **Clos du Clocher**

Bourgogne, **Domaine Amiot-Servelle**

Bourgogne, **Domaine Bernard Millot**

Bourgogne, **Domaine Gabin**
et Félix Richoux

Bourgogne, **Domaine Jean Collet et Fils**

Bourgogne, **Domaine Julien Brocard**

Bourgogne, **Domaine Marc Roy**

Bourgogne, **Domaine M. et J. Ecard**

Champagne, **J-M Sélèque**

Champagne, **Mouzon-Leroux et Fils**

Corse, **Castellu di Baricci**

Corse, **Domaine Zuria**

Languedoc, **Clos des Reboussiers**

Languedoc, **Domaine de la Réserve d'O**

Languedoc, **Domaines Les Eminades**

Languedoc, **La Croix Gratiot**

Languedoc, **Prieuré**
de Saint-Jean-de-Bébian

Languedoc, **Domaine des Schistes**

Languedoc, **Domaine**
Paul Meunier Centernach

Loire, **Domaine de la Cotelleraie**

Loire, **Thomas Batardière**

Rhône, **Bastide du Claux**

Rhône, **Clos du Caillou**

Rhône, **Domaine de Montvac**

Rhône, **Domaine François et Fils**

Rhône, **Éric Texier**

Sud-Ouest, **Château Ponzac**

Sud-Ouest, **Clos Larrouyat**

ILS ENTRENT DANS LE GUIDE CETTE ANNÉE

Félicitations aux nouveaux lauréats ! Tous ces domaines ont particulièrement bien travaillé ces dernières années et sont ici récompensés.

★★★★

DOMAINES 4 ÉTOILES
Mythiques

ALSACE

Domaine Zind Humbrecht 93

BORDEAUX

Château Ausone 196

Château Cheval Blanc 197

Château d'Yquem 264

Château Figeac 197

Château Haut-Brion 252

Château Lafite Rothschild 222

Château Lafleur 182

Château Latour 223

Château Léoville Las Cases 223

Château Margaux 223

Château Mouton Rothschild 224

Petrus 182

BOURGOGNE

Domaine Armand Rousseau 300

Domaine d'Auvenay 341

Domaine de la Romanée-Conti 300

Domaine Jacques-Frédéric Mugnier 299

Domaine Leroy 298

CHAMPAGNE

Jacques Selosse 409

Krug 409

RHÔNE NORD

Domaine Jamet 619

Domaine Jean-Louis Chave 619

★★★

DOMAINES 3 ÉTOILES

L'excellence française

★★

DOMAINES 2 ÉTOILES
Les grands domaines de référence

ALSACE

Agathe Bursin	99
Domaine Agapé	98
Domaine André Kientzler	102
Domaine Bott-Geyl	99
Domaine Dirler-Cadé	100
Domaine du Clos Saint-Landelin-Véronique et Thomas Muré	100
Domaine Émile Beyer	98
Domaine Kirrenbourg	103
Domaine Meyer-Fonné	104
Domaine Paul Ginglinger	101
Domaine Schoffit	105
Domaine Trapet	105
Domaine Valentin Zusslin	107
Josmeyer	102
Mélanie Pfister	104
Trimbach	106
Vignoble des 3 Terres - Domaine Mann	103

BEAUJOLAIS

Château des Jacques	135
Domaine Daniel Bouland	132
Domaine de la Grand'Cour	135
Domaine des Terres Dorées	137
Domaine Jean-Marc Burgaud	132
Domaine Jules Desjourneys	134
Domaine Mee Godard	135
Domaine Paul Janin et Fils	136
Domaines Chermette	133
Domaine Th. Liger-Belair	136
Georges Descombes	134

BORDEAUX

Château Angélus	198
Château Batailley	227
Château Beau-Séjour Bécot	199
Château Beauséjour Héritiers Duffau-Lagarrosse	199
Château Belair-Monange	200
Château Beychevelle	227
Château Branaire-Ducru	228
Château Brane-Cantenac	228
Château Calon-Ségur	228
Château Canon	200
Château Canon-La-Gaffelière	201
Château Cantenac-Brown	229
Château Clinet	184
Château Cos d'Estournel	229
Château d'Aiguilhe	171
Château d'Issan	231
Château Doisy Daëne	266
Château Gazin	185
Château Gilette	266
Château Giscours	229
Château Grand-Puy-Lacoste	230
Château Guiraud	266
Château Haut-Marbuzet	230
Château Hosanna	186
Château L'Évangile	185
Château La Clotte	201
Château Lafaurie-Peyraguey	267
Château La Fleur-Pétrus	185
Château La Gaffelière	202
Château Larcis-Ducasse	202
Château La Tour Blanche	269
Château Latour-Martillac	254
Château La Violette	187
Château Léoville Poyferré	231

DOMAINES I ÉTOILE
Allez-y les yeux fermés

BOURGOGNE

CHAMPAGNE

VALLÉE DE LA LOIRE ET CENTRE

LES MEILLEURS vins

d'Alsace

PAR JEAN-EMMANUEL SIMOND,
en charge des vins d'Alsace au sein du comité
de dégustation de La Revue du vin de France

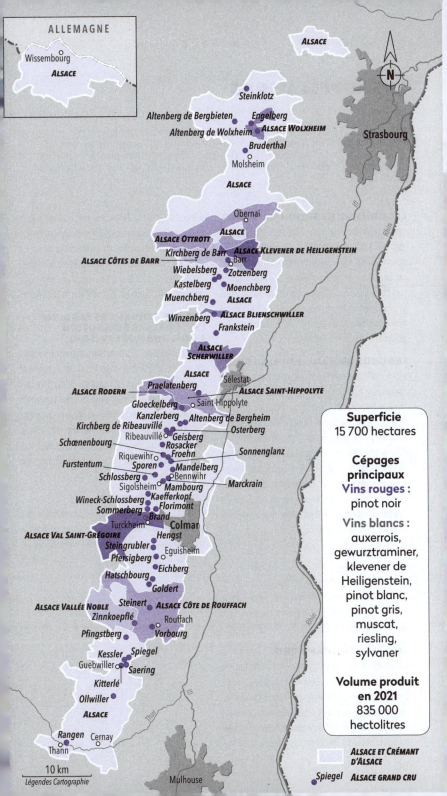

ALLEMAGNE

Wissembourg

ALSACE

ALSACE

Strasbourg

Steinklotz

Altenberg de Bergbieten   Engelberg
                    ALSACE WOLXHEIM
Altenberg de Wolxheim
              Bruderthal
          Molsheim

ALSACE

Obernai

ALSACE

ALSACE OTTROTT
              Kirchberg de Barr   *ALSACE KLEVENER DE HEILIGENSTEIN*
ALSACE CÔTES DE BARR ───   Barr
              Wiebelsberg   Zotzenberg
          Kastelberg   Moenchberg
          Muenchberg   *ALSACE*
              Winzenberg   *ALSACE BLIENSCHWILLER*
                    Frankstein

ALSACE SCHERWILLER

ALSACE
              Sélestat
              Praelatenberg
ALSACE RODERN   *ALSACE SAINT-HIPPOLYTE*
      Gloeckelberg   Saint-Hippolyte
      Kanzlerberg   Altenberg de Bergheim
Kirchberg de Ribeauvillé   Osterberg
Schœnenbourg   Ribeauvillé   Geisberg
            Rosacker
      Riquewihr   Froehn   Sonnenglanz
Furstentum   Sporen   Mandelberg
Schlossberg   Bennwihr
      Sigolsheim   Mambourg   Marckrain
Wineck-Schlossberg   Kaefferkopf
Sommerberg   Florimont
            Brand
      Turckheim   Colmar
ALSACE VAL SAINT-GRÉGOIRE   Hengst
      Steingrubler
      Pfersigberg   Eguisheim
            Eichberg
      Hatschbourg
            Goldert
ALSACE VALLÉE NOBLE   Steinert   *ALSACE CÔTE DE ROUFFACH*
      Zinnkoepflé   Rouffach
Pfingstberg   Vorbourg
      Kessler   Spiegel
Guebwiller   Saering
      Kitterlé
Ollwiller
ALSACE

Rangen   Cernay
Thann

10 km
Légendes Cartographie

Mulhouse

Superficie
15 700 hectares

**Cépages
principaux**
Vins rouges :
pinot noir

Vins blancs :
auxerrois,
gewurztraminer,
klevener de
Heiligenstein,
pinot blanc,
pinot gris,
muscat,
riesling,
sylvaner

**Volume produit
en 2021**
835 000
hectolitres

   *ALSACE ET CRÉMANT
   D'ALSACE*

● Spiegel   *ALSACE GRAND CRU*

LES APPELLATIONS

—

Si l'Alsace met surtout en avant ses cépages, le vignoble compte trois types d'appellations : l'AOC Alsace, l'AOC Alsace Grand Cru, qui compte 51 terroirs identifiés, et le crémant d'Alsace. Il existe enfin deux mentions complémentaires, pour les vins moelleux et liquoreux, les Vendanges tardives (VT) et les Sélections de grains nobles (SGN).

LES CRUS DU BAS-RHIN (AU NORD)

Les vins du Bas-Rhin sont, par nature, plus discrets que ceux du Haut-Rhin. Ils peuvent parfois atteindre des sommets de finesse (terroir d'Andlau) ou de puissance (terroir de Barr). Les sylvaners en retirent souvent une distinction inconnue ailleurs. Les rieslings se plaisent sur ces microclimats plus froids, tandis que les gewurztraminers manquent parfois de panache mais évitent la lourdeur.

LES CRUS DU HAUT-RHIN (AU SUD)

Le nord du département, de Bergheim à Kaysersberg, donne les vins d'Alsace les plus équilibrés et les plus séduisants. Les rieslings sont fins et racés, les pinots gris et les gewurztraminers plus élégants que puissants. Le microclimat de Colmar favorise la pourriture noble et l'opulence des textures, ce qui convient particulièrement aux gewurztraminers et aux pinots gris. Le sud est souvent trop chaud pour les rieslings, à l'exception des terroirs gréseux de Guebwiller ou des célèbres laves du Rangen, à Thann.

AOC ALSACE

Cette appellation peut être ou non suivie du nom de l'un des cépages autorisés. Dans ce cas, le vin est vinifié exclusivement à partir des raisins de ce cépage. Les vins d'assemblage sont aussi classés dans cette appellation.

AOC ALSACE GRAND CRU

Cinquante-et-un terroirs peuvent prétendre à l'appellation Grand Cru. Et quatre cépages nobles peuvent accéder à ce niveau de terroir : le riesling, le muscat, le pinot gris et le gewurztraminer. Le sylvaner peut également être autorisé, mais uniquement sur le terroir de Zotzenberg. De plus, les terroirs de l'Altenberg de Bergheim et du Kaefferkopf peuvent revendiquer l'appellation Grand Cru, même s'ils sont issus d'un assemblage de cépages nobles définis et réglementés. À compter du millésime 2022, l'appellation Grand Cru reconnaît les rouges de pinot noir pour le Hengst et le Kirchberg de Barr.

ALSACE VENDANGES TARDIVES (VT) ET ALSACE SÉLECTION DE GRAINS NOBLES (SGN)

Ces appellations se placent au sommet en matière de qualité, grâce à un contrôle strict du raisin et du vin, soumis à une dégustation obligatoire. Les VT sont élaborées à partir de raisins riches en sucre naturel et conservent en général un peu de sucre résiduel. Les SGN, comme leur nom l'indique, relèvent d'un tri sélectif de raisins atteints de pourriture noble ; ils rivalisent avec les plus grands vins liquoreux du monde.

CRÉMANT D'ALSACE

Ces vins effervescents sont élaborés selon des techniques identiques à celles utilisées pour le champagne. Une appellation en constante progression et qui représente aujourd'hui près de 30 % de la production totale des vins d'Alsace.

LES CÉPAGES
—

L'Alsace est le seul vignoble français à mettre en avant ses cépages avec les appellations. Dix variétés de raisin sont autorisées dans l'élaboration des vins, dont un rouge.

LE RIESLING

Cépage roi d'Alsace, le riesling occupe 20 % de la production du vignoble. Il se révèle sous de multiples facettes. Le plus souvent, les vins sont nerveux et tendus, possèdent une grande fraîcheur et jouissent d'une capacité exceptionnelle à exprimer les nuances de leur terroir. Toutefois, le niveau reste très inégal, la largesse des rendements et la sous-maturité des raisins pénalisent la typicité et la grandeur de ce cépage.

LE PINOT BLANC

Représentant 25 % de la production du vignoble, il est très utilisé pour l'élaboration du crémant. Il offre une palette aromatique proche de celle du chardonnay, une bouche plus ronde et moins nerveuse que le sylvaner. Il est souvent assemblé avec l'auxerrois, mais l'étiquette ne renseigne pas sur leurs pourcentages respectifs. Les deux cépages sont de la même famille, mais l'auxerrois donne des vins plus riches et plus suaves.

LE GEWURZTRAMINER

Représentant 12 % de la production globale du vignoble, le gewurztraminer donne des vins originaux, parmi les plus parfumés d'Alsace (des plus communs aux plus raffinés). Le cépage se transfigure sous l'effet de la pourriture noble et peut donner un nectar comparable aux grands sauternes.

LE PINOT GRIS

D'origine bourguignonne, ce cépage aux grains roses est capable d'enrichir sa saveur grâce à la surmaturité ou à la pourriture noble. Il représente 17 % de la production du vignoble alsacien. Si le pinot gris est ramassé à faible maturité, il donne des vins insignifiants, mais en vendanges tardives ou en sélection de grains nobles, il peut atteindre des sommets de qualité et une longévité inimaginable.

LE PINOT NOIR

Les vins rouges alsaciens sont exclusivement issus de ce cépage qui représente 12 % de la production du vignoble. C'est avec lui que les vignerons alsaciens ont réalisé les progrès les plus notables.

LE SYLVANER

Franc, délicat, léger, le sylvaner donne des vins frais. Représentant 8 % de la production du vignoble, fréquemment banalisé, il apparaît souvent mince et dilué à cause des hauts rendements. Privilégiez les cuvées de vieilles vignes des meilleurs vignerons.

LE MUSCAT D'ALSACE ET L'OTTONEL

Occupant 2,3 % de la surface du vignoble, ce sont en fait deux muscats qui sont implantés et autorisés en Alsace : la variété à petits grains, dit muscat d'Alsace, et l'ottonel, présent en Europe centrale, qui livre des vins plus moelleux. Résultat, des cuvées aromatiques en sec, parfaites pour l'apéritif.

L'AUXERROIS

Quelques vignerons le vinifient séparément. L'auxerrois donne un vin plus ample et plus gras que le pinot blanc, avec une texture et un équilibre entre l'alcool, l'acidité et le sucre qui le rapprochent d'un pinot gris.

LE KLEVENER DE HEILIGENSTEIN

C'est un savagnin rose présent sur le village de Heiligenstein et dans ses alentours, sur environ 80 hectares.

BALADE DANS LA VALLÉE DES CÉPAGES NOBLES

—

CHAMBRES D'HÔTES

LE GOURMET

Ce gîte bénéficie d'une vue exceptionnelle sur la Forêt-Noire. Entourée d'un jardin et des vignes du grand cru Froehn, la maison dispose de trois belles chambres aménagées avec goût.
4, route d'Ostheim, 68340 Zellenberg
Tél : 06 07 39 59 06
www.vinsbecker.com

GÎTES LES BAINS

Dans l'ancien bâtiment des bains municipaux de Riquewihr, trois ravissants appartements accueillent les visiteurs. On y profite de l'architecture préservée du XVIIe siècle de la maison et d'une décoration raffinée.
À partir de 60 € la nuit.
6, rue de la Première-Armée, 68340 Riquewihr
Tél : 03 89 47 98 30
www.gites-les-bains-riquewihr.com

CAVISTES

ŒNOSPHÈRE

Ce bar à vins dispense aussi des cours d'œnologie : 30 € pour deux heures de cours, six vins dégustés à l'aveugle et des grignotages.
33, rue de Zurich, 67000 Strasbourg
Tél : 03 88 36 10 87
www.oenosphere.com

CAVE DES GRANDS CRUS

Jean-Philippe Venck explique le vin. Ses cours prennent la forme de dégustation de six à huit vins, avec de petits plats en accords mets-vins. Comptez 35 à 40 €.
Place de l'Hôtel de Ville, 68500 Guebwiller
Tél : 03 89 76 59 31
www.cavedesgrandscrus.fr

RESTAURANTS

AU VIEUX PORCHE

C'est dans un ancien domaine viticole du XVIIIe siècle, à deux pas du centre historique d'Eguisheim, qu'Eddy Fischer et Betty Zinck accueillent les gourmets. La carte varie selon les saisons et les arrivages du marché. Une jolie terrasse fleurie ouvre dès les premiers beaux jours. Menus à partir de 28 €. Il est également possible de louer un chalet au cœur du Parc naturel des Vosges, avec une vue imprenable sur la vallée de Munster.
16, rue des Trois-Châteaux, 68420 Eguisheim
Tél : 03 89 24 01 90
www.auvieuxporche.fr

LE BOUC BLEU

Romain Hertrich, en cuisine, et Romain Lambert, en sommellerie, ont insufflé un vent de fraîcheur à cette institution située le long de la route des vins. Des vignerons locaux, tel Jean-Christophe Bott, se prêtent au jeu des accords mets et vins lors de soirées spéciales. Comptez de 16 à 54 €.
2, rue du 5-Décembre, 68980 Beblenheim
Tél : 03 89 47 88 21
www.aubergeleboucbleu.com

LE BISTRO DES SAVEURS

Au menu de Thierry Schwartz, chevalier du Mérite agricole, une cuisine naturelle au feu de cheminée, appuyée sur des produits de première classe, et une cave comptant 1 025 références de vins naturels. Pain et fermentations sur place. Menus à 45 (déjeuner), 75, 95 ou 120 €.
35, rue de Sélestat, 67210 Obernai
Tél : 03 88 49 90 41
www.bistro-saveurs.fr

NOTRE COUP DE ♥

LE BON COIN

Gilles et Thibaud Haeffelin tiennent solidement cette table incontournable, spécialisée dans la cuisine traditionnelle alsacienne. Cuisses de grenouille et filet de sandre au riesling, rognons de veau et bien sûr choucroute ! Avec une exceptionnelle carte de vins à prix doux, récompensée par la RVF, riche de références de toutes les régions de France.
4, Rue du Logelbach, 68920 Wintzenheim
Tél : 03 89 27 48 04

ŒNOTOURISME

VÉLO'VIGNES

Un vélo électrique permet d'aller de terroirs en domaines, entre Pfaffenheim, Rouffach, Westhalten et Soultzmatt, accompagné d'un audio-guide (trilingue). Dégustations prévues dans les caves du domaine Rieflé. Comptez 45 € la journée.
Tél : 03 89 78 52 21
www.riefle.com

LA BIODYNAMIE POUR LES NULS

Quelle différence entre bio et biodynamie ? À quoi sert un préparat à base de bouse de corne ? Francine et Clément Klur vous initient aux arcanes de la biodynamie, appliquée sur leur domaine depuis plus de quinze ans. Comptez 140 € par personne (dîner et nuitée).
105, rue des Trois-Épis, 68230 Katzenthal.
Tél : 03 89 80 94 29
www.klur.net

★★★★ ↗
DOMAINE ZIND HUMBRECHT

Infatigable ambassadeur de ses vins et de la région, Olivier Humbrecht, premier Français titulaire du Master of Wine, a compris depuis longtemps l'importance du travail à la vigne. Il a converti le domaine à la biodynamie en 1999, dont il est un des meilleurs ambassadeurs, étant par ailleurs président du label Biodyvin. Ce type de culture lui a permis de s'affranchir du botrytis et de réduire les degrés d'alcool. Les vins ont évolué au fil des ans et affirment désormais un style résolument sec, et les grands foudres les patient à plusieurs mètres sous terre. Comme tous les grands vins d'Alsace, ils prennent leur dimension après quelques années ou décennies de garde. Le Clos Windsbuhl est un incontournable et le Rangen de Thann s'impose avec le temps. Pierre-Emile, le fils d Pierre-Emile, le fils d'Olivier, vient de rejoindre le domaine. L'excellence de cette production, respectée de tous, permet à cette propriété emblématique d'accéder au panthéon de notre guide avec une quatrième étoile.

Les vins : à ce niveau d'excellence, les cuvées font partie de la petite élite des plus grands vins de France. À la fois tendre dans son fruit et nerveux dans sa trame calcaire, Heimbourg exprime une vigueur saline particulièrement désaltérante. La tension granitique du Brand a façonné un vin d'une droiture inflexible à la persistance magistrale, à la fois monumental dans ses proportions et sa profondeur de saveurs, et délicat dans son éclat cristallin. Si le gewurztraminer du Hengst se définit comme un vin moelleux, ses grands amers structurants et sa solaire vitalité de saveurs viennent composer un extrait sec qui masque complètement les sucres. Très aromatique, le pinot gris Rotenberg livre une expression sans fard de son terroir, infusé de sels minéraux et d'un éclat presque métallique dans sa chair nerveuse. Lumineux, inspiré, il redouble d'intensité en finale et allie souffle et concentration : un athlète de haut niveau. Formidable trilogie du Clos Windsbuhl : un riesling rigoureux, rectiligne, dominé par une salinité mûre, tout en subtilité et précision de texture ; un pinot gris totalement sec, d'une grande rectitude et profondeur de saveurs, rendu vibrant par son acidité éclatante ; et un gewurztraminer à l'admirable moelleux débordant de saveurs épicées et de petits amers vivifiants, au profil sans concession et parfaitement équilibré grâce à l'intégration modèle de ses sucres. La trilogie du Rangen est au sommet : le gewurztraminer est vertical, parfaitement sec et marqué du sceau du terroir, son marqueur de pierre ponce et de fumé le rend inimitable et glorieux ; incomparable énergie dans le pinot gris, au profil fuselé et délicatement grillé, qui rayonne avec une pénétrante intensité, dans laquelle tous les curseurs sont poussés ; et un riesling imposant mais serein, d'une justesse de saveurs inouïe, qui emplit la bouche d'une vague de fraîcheur épicée et fumée.

Gewurztraminer Clos Windsbuhl 2020	69 €	96
Gewurztraminer Grand Cru Hengst 2020	69 €	96
Gewurztraminer Grand Cru Rangen de Thann Clos Saint-Urbain 2020	100 €	97
Pinot Gris Clos Windsbuhl 2020	69 €	96
Pinot Gris Grand Cru Rangen de Thann Clos Saint-Urbain 2020	100 €	98
Pinot Gris Rotenberg 2020	46 €	95
Riesling Clos Windsbuhl 2020	75,50 €	97
Riesling Grand Cru Brand 2020	84 €	98
Riesling Grand Cru Rangen de Thann Clos Saint-Urbain 2020	100 €	99
Riesling Heimbourg 2020	48,30 €	94

Rouge : 0,3 hectare.
Blanc : 39,7 hectares.
Production moyenne : 180 000 bt/an

DOMAINE ZIND HUMBRECHT ☾
4, route de Colmar, 68230 Turckheim
03 89 27 02 05 ● www.zindhumbrecht.fr ●
Vente et visites : sur RDV.
Propriétaire : Olivier Humbrecht

★★★ DOMAINE BARMÈS-BUECHER

Maxime Barmès, épaulé au domaine par sa mère Geneviève et sa sœur Sophie, confirme et poursuit le travail mis en place depuis près de trente ans pour maintenir la qualité des vins au plus haut niveau. Un travail rigoureux à la vigne, en biodynamie, et un bon suivi en cave font de ce domaine l'un des plus sérieux de la région. De nouveaux espaces d'accueil voient le jour en 2022. Les derniers millésimes sont exemplaires : quel que soit le cépage, les vins ont gagné en précision et les grands crus relèvent du cercle restreint des grands vins, avec une tenue exceptionnelle à l'air, capables de se bonifier sur plusieurs jours. Dans un style franc et spontané, la formidable qualité des vins du domaine a permis l'an dernier l'accession à la troisième étoile.

Les vins : excellent équilibre dans le crémant, sans artifice, très friand, digeste et plus complexe qu'il n'y paraît avec son allonge savoureuse et pure. La nouvelle cuvée de macération Mue séduit par sa délicatesse de texture, son caractère infusé et sa sobriété de saveurs, dans un style raffiné et vineux. Élevé 11 mois en foudres, Sand est un vibrant hommage à la grandeur méconnu du pinot blanc. Élancé, consistant, apaisé et lumineux, il s'appuie sur de fins amers et se montre très appétent. Profil charnu et ample dans le sylvaner, d'une grande douceur de texture et dont la trame juteuse se prolonge de délicieuses saveurs finement poivrées. Le gewurztraminer Hengst déploie une grande générosité et vigueur épicée, qui savent admirablement contenir ses sucres résiduels digestes : sa profondeur solaire s'exprime sans la moindre lourdeur. Quatre grands rieslings : Rosenberg, expressif, pur et sapide ; Clos Sand, cristallin et épuré, tout en transparence de saveurs ; Steingrubler extraverti et distingué, harmonieux et plongeant dans la roche caillouteuse pour y puiser des saveurs salines ; et Hengst, épicé, structuré et puissant, à la carrure et profondeur impressionnantes, plein de vitalité avec sa mâche saline. Nez de cassis dans le pinot noir Vieilles Vignes, encore immature, mais parfaitement équilibré et juste dans sa trame tannique élancée. Sa fraîcheur enfouie, son moelleux de texture et sa persistance signent un rouge alsacien majeur.

Alsace Sand 2020	21 €	93
Crémant d'Alsace Brut Nature 2019	16 €	92
Gewurztraminer Grand Cru Hengst 2020	33 €	95
Riesling Clos Sand 2020	25 €	94
Riesling Grand Cru Hengst 2020	33 €	96
Riesling Grand Cru Steingrubler 2020	28 €	95
Riesling Rosenberg 2020	21 €	93
Sylvaner Rosenberg 2020	16 €	93
VDF Mue 2020	30 €	93
Pinot Noir Vieilles Vignes 2020	36 €	95

Rouge : 1 hectare.
Blanc : 17 hectares.
Production moyenne : 120 000 bt/an

DOMAINE BARMÈS-BUECHER ☾
30, rue Sainte-Gertrude, 68920 Wettolsheim
03 89 80 62 92 ● www.barmes-buecher.com
● Vente et visites : sur RDV.
Propriétaire : Geneviève, Sophie et Maxime Barmès
Œnologue : Maxime Barmès

★★★ DOMAINE ALBERT BOXLER

Jean Boxler, juché sur les hauteurs de Niedermorschwihr, confirme avec les derniers millésimes sa réputation de producteur très exigeant. Il donne toute sa noblesse au grand cru Sommerberg, cirque granitique dont le coteau très pentu rend le travail particulièrement difficile. La maison en possède 4 hectares,

et 1,9 hectare dans le grand cru Brand. Différentes cuvées issues de plusieurs parcelles sont proposées ; toutes atteignent désormais un niveau exceptionnel, et en explorer les nuances s'avère un exercice fascinant !

Les vins : le niveau des 2020 est exceptionnel. Profil aérien et lancinant dans le parcellaire Kirchberg du Brand, parsemé d'éclats minéraux salivants, dont la chair douce et lumineuse enveloppe l'extrait sec et s'épanouit en une finale radieuse. Grande pureté aromatique dès le simple Sommerberg, vin juteux dont les saveurs de fruits mûrs et l'éclat en finale composent un blanc structuré et complet. Les trois rieslings parcellaires du Sommerberg se distinguent : notes de chlorophylle au nez du Vanne, plus discret aromatiquement, dont la chair assez ample mais fuselée se fait vibrante et caressante en même temps ; profil plus aiguisé et tendu dans Dudenstein, vin ferme et tranchant, qui se fait svelte et sapide, sans concession, rigoureux sans être strict ; le raffinement aromatique du Eckberg provoque le ravissement, entre le jasmin, la fleur d'oranger et la fève Tonka, la bouche explose de saveurs pures et scintillantes, associant dynamisme et gourmandise en un final virevoltant. Les pinots gris ne sont pas en reste : magnifique chair épicée et moelleuse dans le Sommerberg, vin formidablement tonique qui évoque un torrent frais et cristallin dont la puissance contenue rayonne de mille feux ; plus réservé, le Brand se montre plus joufflu et enrobé, avec un profil de moelleux léger dont les sucres s'intègrent admirablement. Épuré, très parfumé, le gewurztraminer du Brand décline de magnifiques amers nobles et un souffle épicé hors du commun. La puissance du terroir reste parfaitement contenue, avec une grande douceur de texture en finale. Enfin, le pinot gris SGN est une rare gourmandise, aux saveurs de caramel et de kumquat.

Gewurztraminer Grand Cru Brand 2020	50 €	96
Pinot Gris Grand Cru Brand 2020	50 €	94
Pinot Gris Grand Cru Brand SGN 2018	90 €	95
Pinot Gris Grand Cru Sommerberg W 2020	60 €	96
Riesling Grand Cru Brand K 2020	60 €	98
Riesling Grand Cru Sommerberg 2020	55 €	95
Riesling Grand Cru Sommerberg D 2020	60 €	96
Riesling Grand Cru Sommerberg E 2020	60 €	98

Riesling Grand Cru Sommerberg V
2020   60 € 96

Rouge : 1 hectare. Pinot noir 100 %
Blanc : 18 hectares. Riesling 38 %, Pinot
blanc 20 %, Pinot gris 17 %,
Gewurztraminer 15 %, Muscat à petits grains
blancs 5 %, Sylvaner 5 %
Production moyenne : 60 000 bt/an

DOMAINE ALBERT BOXLER
78, rue des Trois-Épis,
68230 Niedermorschwihr
03 89 27 11 32 ● domaine@albertboxler.fr ●
Vente et visites : sur RDV.
Propriétaire : Jean-Marc et Jean Boxler

★★★ DOMAINE MARCEL DEISS

Mathieu Deiss succède à son père Jean-Michel
à la tête de ce vénérable domaine de Bergheim.
La complantation est toujours le fil conducteur,
jusque sur les grands crus. Même si le procédé
est ancestral dans la région, il reste très peu
suivi et divise fortement les vignerons. Les Deiss
avancent toujours plus loin dans cette démarche et livrent des vins convaincants, complexes,
dotés d'une intensité de saveur merveilleuse et
d'un équilibre incroyable. Mathieu a aussi créé
le Vignoble du Rêveur à partir des vignes mater-
nelles, situées à Bennwihr (il y produit notamment des vins oranges de haute volée). Les
vins sont hors-norme pour la région, ce qui est
un peu déroutant pour le consommateur, mais le
résultat est magnifique. Quelques années de
recul permettent d'analyser la précision des
définitions de terroir et la capacité de ces vins
à gérer leur propre équilibre. À découvrir au
domaine : l'expérience inédite de la dégustation
géo-sensorielle, qui permet de comprendre la
relation unissant les caractéristiques du vin et
le terroir qui l'a vu naître.

Les vins : la gamme des lieux-dits est toujours
aussi aboutie : avec Engelgarten tonique et
désaltérant ; Schoffweg, très sec et généreux
mais qui se prolonge en une finale aiguisée et
vibrante, avec des notes de vanille et de fruits
confits. Gruenspiel déploie une matière sphérique et épicée, transfigurée par une vibration
presque tellurique. Avec ses notes de gentiane
et d'anis étoilé en finale, sa personnalité hors
du commun rappelle certains vermouth. Grasberg est doté de sucres très friands, sa finale
rappelle la marmelade d'agrumes : le dialogue
des amers et des sucres s'avère passionnant.
Deux nouveaux vins de macération, la Colline
Rouge (Rotenberg) et Le jeu des Verts (Gruenspiel) illustrent la pertinence des expressions de
terroir avec ce type de vin, le premier plus gracieux avec ses tanins friands, le second plus

ferme et imposant. Les grands crus sont rayonnants : Altenberg très pur et moelleux dans son
équilibre ; Mambourg à l'intensité cinglante, dont
la qualité des amers et l'umami évoquent avec
insistance un grand saké. Avec son nez de pierre
ponce et de fumé, Schlossberg est ciselé et
radieux, et s'affranchit vite de sa réserve pour
briller de tous ses feux. Formidable fraîcheur et
nez virevoltant, très raffiné, dans le magnifique
Schoenenbourg, à l'équilibre presque sec et à la
trame profilée et à l'allonge majestueuse.

Alsace Berckem 2018   21 € 92
Alsace Engelgarten 2019   30 € 93
Alsace Grand Cru Altenberg de Bergheim
2019   65 € 95
Alsace Grand Cru Mambourg
2019   70 € 96
Alsace Grand Cru Schlossberg
2019   75 € 97
Alsace Grand Cru Schoenenbourg
2019   70 € 97
Alsace Grasberg (Bergheim) 2018   37 € 95
Alsace Gruenspiel 2018   31 € 94
Alsace La Colline Rouge 2020   29 € 94
Alsace Le Jeu des Verts
2020   29,50 € 93
Alsace Schoffweg 2018   37 € 94

Rouge : 8 hectares.
Blanc : 24 hectares.
Production moyenne : 170 000 bt/an

DOMAINE MARCEL DEISS ☾
15, route du Vin, 68750 Bergheim
03 89 73 63 37 ● www.marceldeiss.com ●
Visites : sans RDV.
Propriétaire : Jean-Michel et Mathieu Deiss

★★★ ↗ DOMAINE MARC KREYDENWEISS

Antoine, le fils de Marc Kreydenweiss, est depuis
2007 aux commandes de ce domaine situé à
Andlau, parmi les pionniers de la biodynamie en
Alsace. La variété des terroirs en propriété et
leur interprétation subtile a toujours été ici un
point fort, renforcé par les changements mis
en place par Antoine (pressurage plus lent et
élevages prolongés sur lies). Les risques pris
en vinifiant nombre de cuvées sans soufre (ou
avec des niveaux minimes) sont payants et
n'engendrent pas le moindre défaut. Une petite
gamme de négoce en achats de raisins bio voit
le jour sous l'intitulé Lune à Boire. Le pinot noir
et les vins de macération (non notés) sont au
plus haut niveau. Le degré d'exigence est revenu
au plus haut avec des vins d'une rare vitalité, et
ne cesse de s'approfondir, avec d'ambitieux élevages de quatre années sur les rieslings grands

crus 2017. Ces vins enthousiasmants, d'une rare vitalité, permettent cette année au domaine, l'obtention de la troisième étoile.

Les vins : franc et juteux, le pinot blanc Kritt livre un fruit lumineux parsemé de petits amers incisifs. Le riesling Au-Dessus de la Loi est le nouveau nom de la cuvée Andlau, un vin pur et citronné, rayonnant, dont la chair limpide regorge d'umami. Tonique et ferme, tout en extrait sec, Clos Rebberg se montre serré et salin et profond, d'une noble austérité. Deux superbes pinots gris : Lerchenberg très frais et sec, équilibré et racé, aux notes de mandarine et de zeste d'agrumes ; et le grand cru Moenchberg, issu d'une semaine de macération, formidablement digeste, juteux et épicé, dont les tanins soyeux ne présentent aucune dureté, redéfinissant l'expression de ce style de vin. Nez de safran et d'immortelles, relevé d'une touche grillée dans le complexe et épanoui Clos du Val d'Eléon, tout en éclat et densité, qui monte en puissance et est fait vibrant et revigorant, porté par toute la rectitude des schistes. Quatre années d'élevage en foudres ont façonné le frais et caressant Wiebelsberg, aux notes de cédrat et de verveine, un vin encore introverti mais tout en subtilité et d'une rare délicatesse dans ses amers. Même élevage pour le monumental Kastelberg, dense et pénétrant, pourvu d'un incroyable éclat cristallin et d'une mâche explosive : avec son formidable extrait sec, ce vin majestueux se prolonge d'une allonge mentholée. Un montrachet alsacien !

Alsace Clos du Val d'Eléon 2019	24,50 €	95
Alsace Lune à Boire Blanc	13 €	90
Pinot Blanc Kritt 2020	17 €	92
Pinot Gris Grand Cru Moenchberg 2019	48,50 €	94
Pinot Gris Lerchenberg 2020	21 €	94
Riesling Au-Dessus de la Loi 2020	20 €	93
Riesling Clos Rebberg 2019	32 €	95
Riesling Grand Cru Kastelberg 2017	69,50 €	98
Riesling Grand Cru Wiebelsberg 2017	47 €	95

Rouge : 0,5 hectare.
Blanc : 13 hectares.
Production moyenne : 100 000 bt/an

DOMAINE MARC KREYDENWEISS ☾
12, rue Deharbe 67140 Andlau
03 88 08 95 83 ● www.kreydenweiss.com ●
Vente et visites : sur RDV.
Propriétaire : Antoine Kreydenweiss

★★★ DOMAINE ALBERT MANN

Le domaine, né de l'union des familles Mann et Barthelmé, deux grandes lignées de vignerons depuis le XVIIe siècle, livre depuis déjà quelques années des vins de très haute volée, emblème de ce que l'Alsace peut produire de plus grand. Maurice, biodynamiste inspiré et sourcier à ses heures, a su apporter de la pureté dans les vins, grâce à un travail méticuleux à la vigne. Jacky et son fils Antoine ont un sens de la vinification très pointu pour les blancs comme pour les rouges. L'équilibre des vins, leur côté digeste et leur profondeur en font des modèles pour tous les amateurs. Leurs quatre rouges sont au sommet de la production alsacienne et parmi les plus beaux de France. Ce succès en fait désormais des vins rares.

Les vins : le crémant est frais et précis. Grand riesling Schlossberg, dont le grain roule sur la langue et dont le fruité gourmand enrichit la matière. Excellents gewurztraminers, en particulier le Furstentum, infusé de fins amers savoureux, vin harmonieux et inspiré. Les pinots noirs 2018 ne déçoivent pas : Clos de la Faille associe une chair moelleuse et suave à la vigueur de sève apportée par son terroir, Grand H est un vin mûr à la magnifique envergure veloutée, parsemée de notes d'oranges sanguines, dont la justesse de définition, la fraîcheur préservée et le soyeux des tanins forcent le respect. Plus épicé, Grand P est voluptueux dans sa texture, pourvu de tanins grenus qui apportent un relief dynamique, avec un élevage plus perceptible. Les Saintes Claires, à la matière ferme mais gracile, est sans doute le plus nuancé et profond des rouges du domaine. Deux très belles vendanges tardives, le riesling fin et délicat, proche d'un équilibre de spätlese allemand, et le pinot gris, pur et aérien.

Crémant d'Alsace Extra-Brut 2019	17 €	92
Gewurztraminer Grand Cru Steingrubler 2020	40 €	95
Pinot Gris Grand Cru Furstentum 2020	37 €	95
Riesling Grand Cru Furstentum 2020	60 €	97
Riesling Grand Cru Schlossberg 2020	60 €	96
Riesling Grand Cru Wineck-Schlossberg 2020	50 €	92
Pinot Noir Clos de la Faille 2019	50 €	93
Pinot Noir Grand H 2019	Épuisé - 65 €	95
Pinot Noir Grand P 2019	Épuisé - 65 €	94

➤ Pinot Noir Les Saintes Claires
2019   Épuisé - 80 € **96**

Rouge : 4 hectares.
Blanc : 21 hectares.
Production moyenne : 120 000 bt/an

DOMAINE ALBERT MANN ☽

13, rue du Château 68920 Wettolsheim
03 89 80 62 00 ● www.albertmann.com ●
Vente et visites : sur RDV.
Propriétaire : Famille Barthelmé

★★★ DOMAINE OSTERTAG

2018 a signé un tournant au domaine avec la prise en mains d'Arthur, le fils d'André Ostertag. D'une sensibilité aussi aiguisée que son père pour les blancs, il a apporté sa touche dès 2016 et impulse un nouvel élan, avec une équipe renouvelée qui va se mettre en place petit à petit. La famille exploite de belles parcelles dans les terroirs de Zellberg et du Fronholz, sur le grand cru Muenchberg, sans oublier le Clos Mathis, sur le Hagel, à Ribeauvillé. Tout amateur d'Alsace se doit de connaître ce domaine, dont les vins procurent beaucoup de plaisir. La tenue dans le temps de l'ensemble des cuvées est indéniable, mais l'accessibilité du fruit reste immédiate pour la gamme Jardins, par exemple. Le résultat d'un travail de la vigne en biodynamie depuis vingt ans, complété par une vinification toujours précise et pure. Une récente visite au domaine nous a permis de mieux comprendre les évolutions en cours.

Les vins : doté de grands amers savoureux, le sylvaner Vieilles Vignes est un vin iodé et profond qui prend des saveurs umami : il provient de raisins bien mûrs et ne manque ni de tranchant ni de persistance, mais conserve une fraîcheur enviable. Plusieurs très beaux rieslings : floral, infusé et délicat, Les Jardins présente des amers un peu appuyés en finale ; plus délicat, assez lumineux, Le Berceau est doté d'une finale épicée et solaire, et d'une personnalité rayonnante ; finesse aromatique, saveurs épanouies de fruits jaunes dans le sec et dynamique Heissenberg, qui a conservé une chair très gourmande : ferme mais décontracté, il brille dans la salinité de sa finale ; noble austérité dans le racé Muenchberg, aux notes de bergamote, d'iris et de verveine, à la bouche serrée et nerveuse, très intense. En pinot gris, Les Jardins allie fraîcheur, relief et éclat, avec une finale digeste et beaucoup de tension. Fronholz présente une attaque suave et des saveurs de fruits jaunes, très tendu mais équilibré, parfaitement sec et ciselé, dans lequel l'alcool est parfaitement intégré : la bouche se fait réglissée et se prolonge de notes d'agrumes et de rhubarbe. Les Aventures de l'Agneau Masqué est un vin de macération qui assemble gewurztra-

miner, pinot gris, riesling et sylvaner rouge, qui se met tranquillement en place et a progressé depuis l'an dernier.

➪ Alsace Les Aventures de l'Agneau Masqué
2019   22 € **92**

➪ Pinot Gris Fronholz
2020   de 31 à 34 € (c) **93**

➪ Pinot Gris Les Jardins 2020   21 € **92**

➪ Riesling Grand Cru Muenchberg
2019   de 50 à 55 € (c) **95**

➪ Riesling Heissenberg 2020   39 € **94**

➪ Riesling Le Berceau
2020   de 30 à 32 € (c) **93**

➪ Riesling Les Jardins 2020   N.C. **91**

➪ Sylvaner Vieilles Vignes 2020   18 € **92**

Rouge : 2 hectares.
Blanc : 13 hectares.
Production moyenne : 80 000 bt/an

DOMAINE OSTERTAG ☽

87, rue Finkwiller, 67680 Epfig
03 88 85 51 34 ● domaine-ostertag.fr/ ●
Vente et visites : sur RDV.
Propriétaire : Famille Ostertag
Directeur : Arthur Ostertag

★★★ DOMAINE WEINBACH

Le Clos des Capucins fait partie de ces endroits magiques, insaisissables et hors du temps. Il est rare de trouver un lieu avec tant d'énergie et d'histoire, produisant des vins d'une telle pureté. Épaulée par ses deux fils, Eddy et Théo, Catherine Faller est à la tête du domaine, déployant une énergie rare pour conserver la qualité des vins au plus haut et garder un accueil chaleureux au domaine. Son fils Théo porte beaucoup d'attention à la vigne, conduite en biodynamie depuis 2005 sur l'ensemble du domaine, alors que Ghislain Berthiot, présent depuis quelques années, est en charge de la vinification. Eddy vient épauler sa mère sur la partie commerciale. On peut déguster ici une des plus belles expressions du grand cru Schlossberg, sur différents niveaux de maturité. Sa limpidité et sa précision nous bluffent, s'approchant souvent de la perfection. Le gewurztraminer trouve ses terroirs de prédilection aux alentours. Le domaine vient de racheter 6 hectares de vignes, dont 1 hectare en grand cru Furstentum.

Les vins : fraîcheur et précision dans le ciselé pinot blanc, assez étincelant mais doté d'un fruit charnu : une magnifique expression du cépage, qui se livre ici sans fard. Le riesling Cuvée Colette offre un profil lancinant et limpide, d'un grand raffinement naturel : avec sa magnifique qualité salivante en finale, c'est un modèle de distinction et de plénitude. Riche en extrait sec, enrobé d'un léger moelleux de texture qui encadre son inflexible trame puisée dans la roche granitique, le Schlossberg Sainte-Catherine est un vin d'orfèvre qui allie puissance et finesse, en un final virtuose qui ne veut pas vous lâcher. Juteux et profilé, le sensuel et harmonieux gewurztraminer Altenbourg n'offre aucune lourdeur et séduit par sa complexité de saveurs, évoquant le thé matcha comme la menthe poivrée. Onctueux mais sec, plus épuré et aérien que par le passé, le pinot gris gagne en précision millimétrée sans perdre en caractère. Sa finale étoffée livre de lancinantes notes épicées, sans aucune sensation solaire. Avec ses sucres aériens et sa formidable fraîcheur acidulée, le pinot gris Vendanges Tardives constitue un tour de force, tant sa richesse et sa délicatesse de saveurs composent un ensemble à l'harmonie radieuse.

Gewurztraminer Altenbourg 2020	35 €	95
Pinot Blanc 2020	18 €	92
Pinot Gris Altenbourg VT 2019	120 €	97
Pinot Gris Sainte-Catherine 2020	35 €	94
Riesling Cuvée Colette 2019	35 €	95
Riesling Grand Cru Schlossberg Sainte-Catherine 2020	85 €	97

Rouge : 3 hectares.
Blanc : 35 hectares.
Production moyenne : 145 000 bt/an

DOMAINE WEINBACH ☾

Clos des Capucins, 25, route du Vin
68240 Kaysersberg Vignoble
03 89 47 13 21 ●
www.domaineweinbach.com ● Vente et
visites : sur RDV.
Propriétaire : Famille Faller
Directeur : Catherine Faller
Maître de chai : Ghislain Berthiot

★★ ⚲ DOMAINE AGAPÉ

Ce domaine de 10 hectares, créé par Vincent Sipp en 2007, est désormais très régulier et doté de terroirs prestigieux : Schoenenbourg, Rosacker et Osterberg. Nous aimons le style et le profil de ses vins épurés, précis et gourmands. La gamme se répartit en trois grandes familles : les Expression, des vins qui unissent le fruit et la gourmandise, à boire dès leur prime jeunesse ; les grands crus, qui offrent une bonne lecture du terroir et s'inscrivent aujourd'hui parmi les grandes réussites du secteur de Riquewihr ; Hélios, pour les vendanges de belle maturité et les tries plus confites. La certification bio arrive avec les 2020. La qualité des derniers vins présentés permet au domaine de décrocher cette année une seconde étoile.

Les vins : plusieurs très beaux rieslings : très floral, Expression J se montre expressif, élancé et délicat, porté par une trame acide mûre et

une grande douceur de texture ; pur et sans aspérités, Osterberg offre une attaque ample et tendre, qui se prolonge par une finale aciculée et joyeuse ; effilé comme une lame mais très ferme, le Rosacker impose son envergure épurée et un pedigree irréprochable dès le premier nez. Il se déploie sereinement et possède de grandes réserves. Salivant, ciselé, le pinot gris Expression parfaitement sec est un modèle du genre avec son caractère tonique. Le pinot gris Osterberg séduit par sa précision de saveurs, sa texture épanouie et la sensation de fraîcheur qui se dégage en finale. Très subtil dans son aromatique, le gewurztraminer Osterberg s'est débarrassé de toute exubérance, privilégiant un caractère suave et réservé. Juteux et précis, éclatant et élancé, le pinot noir B se fait velouté et bien mûr, évoquant l'orange sanguine.

Gewurztraminer Grand Cru Osterberg 2020	24 €	93
Pinot Blanc Expression 2020	10 €	89
Pinot Gris Expression 2020	13 €	92
Pinot Gris Grand Cru Osterberg 2019	21 €	93
Riesling Expression J 2020	16 €	92
Riesling Grand Cru Osterberg 2020	19 €	93
Riesling Grand Cru Rosacker 2020	26 €	95
Pinot Noir B 2020	26 €	93

Rouge : 1,65 hectare.
Blanc : 9,35 hectares.
Production moyenne : 65 000 bt/an

DOMAINE AGAPÉ ♣

10, rue des Tuileries, 68340 Riquewihr
03 89 47 94 23 ● www.alsace-agape.fr ●
Vente et visites : sur RDV.
Propriétaire : Vincent Sipp

★★ DOMAINE ÉMILE BEYER

Vignerons passionnés, Valérie et Christian Beyer continuent à faire briller le domaine familial en produisant une excellente gamme de vins, précis et digestes comme nous les aimons. Ils œuvrent pour la reconnaissance des appellations communale et premier cru. Il faudra encore quelques années de patience avant de goûter le riesling Clos Lucas Beyer, planté plein sud dans le cœur du Pfersigberg. Ce domaine en pleine forme, avec en prime un caveau refait à neuf pour l'accueil des visiteurs, est désormais certifié en biodynamie et offre une gamme impressionnante de régularité.

Les vins : belle finesse dans le gourmand crémant extra-brut, plus de fraîcheur et de complexité dans Émile Victor. En riesling, Eguisheim tire son envergure des marnes et argiles du village, avec la finesse pointue des grès en finale. Complet, sapide, infusé de sels minéraux et nourrissant, le Pfersigberg est toujours aussi brillant, encore introverti mais majestueux. La découverte du pinot gris Hohrain est prioritaire pour tous ceux qui ignorent le niveau auquel ce cépage peut prétendre : fruit croquant, net et juteux aux saveurs de poire et de brugnon, déroulé frais et lumineux et finale scintillante, et seulement 13 % d'alcool. Deux beaux pinots noirs : Eguisheim, mûr et généreux où pointe l'empreinte du bois avec une légère séche-resse ; et Sundel, plus juteux et énergique, avec un fruit moelleux et des tanins très soyeux.

⊂▭ Crémant d'Alsace Blanc de Blancs	14 €	91
⊂▭ Crémant d'Alsace Émile Victor 2016	17 €	92
⊂▭ Pinot Gris Eguisheim 2019	16 €	92
⊂▭ Pinot Gris Hohrain 2019	de 23 à 25 € (c)	94
⊂▭ Riesling Eguisheim 2019	16 €	92
⊂▭ Riesling Grand Cru Pfersigberg 2019	33 €	95
◖▬ Pinot Noir Eguisheim 2019	de 16 à 18 € (c)	91
◖▬ Pinot Noir Sundel 2019	37 €	93

Rouge : 2,29 hectares.
Blanc : 14,7 hectares.
Production moyenne : 120 000 bt/an

DOMAINE ÉMILE BEYER ♣

7, place du Château Saint-Léon, 68420 Eguisheim
03 89 41 40 45 ● www.emile-beyer.fr ● Vente et visites : sur RDV.
Propriétaire : Christian et Valérie Beyer

★★ DOMAINE BOTT-GEYL

Le perfectionniste Jean-Christophe Bott fait par-tie des grands vignerons alsaciens. Il s'investit dans un travail rigoureux au chai comme à la vigne, cultivée en biodynamie. Alors qu'il ne comptait que 4 hectares à sa création en 1953, le domaine en possède aujourd'hui 15, répartis sur sept communes. Les vins sont ici amples et suaves, leur richesse bien maîtrisée, sans la moindre lourdeur, en particulier dans les pinots gris, qu'il faut absolument redécouvrir. Chaque cuvée possède à la fois puissance et allonge de bouche, deux qualités qui conduisent à la plé-nitude. Pour couronner le tout, le domaine pro-pose à la vente des millésimes avec un peu d'âge et loue depuis peu des gîtes.

Les vins : quelle superbe série de vins ! Avec ses notes d'angélique et de confiserie, sa bulle fine et gourmande, le superbe crémant déploie une belle énergie et une allonge très savoureuse pleine de relief. Séveux, tonique et mûr, le pinot

noir doit intégrer ses bons amers. Les rieslings grand crus sont brillants : Mandelberg « sec-tendre » et nuancé, tout en éclat et fraîcheur ; Schlossberg, tendu et richement constitué, rayonnant en finale ; Schoenenbourg, dynami-que et complexe avec une fine empreinte saline ; et la nouvelle cuvée de Furstentum ciselé et épicé, tout en saveurs limpides. Solaire et vigoureux, le pinot gris Furstentum est un rien opulent avec son équilibre de moelleux. Juteux, vibrant et éclatant, le gewurztraminer Sonnenglanz est admirable. Magnifiques Ven-danges Tardives et Sélection de Grains Nobles, cette dernière est monumentale d'équilibre et de précision de saveurs.

⊂▭ Crémant d'Alsace Extra-Brut Absolu	26 €	93
⊂▭ Gewurztraminer Grand Cru Sonnenglanz 2018	32 €	95
⊂▭ Pinot Gris Grand Cru Furstentum 2018	32 €	93
⊂▭ Pinot Gris Grand Cru Sonnenglanz SGN 2017	50 €	97
⊂▭ Riesling Grand Cru Furstentum 2018	36 €	95
⊂▭ Riesling Grand Cru Mandelberg 2018	36 €	93
⊂▭ Riesling Grand Cru Schlossberg 2018	36 €	94
⊂▭ Riesling Grand Cru Schoenenbourg 2018	36 €	95
⊂▭ Riesling Grand Cru Sporen Très Vieilles Vignes Vendange Tardive 2015	95 €	95
◖▬ Pinot Noir Galets Oligocène 2018	31 €	93

Rouge : 0,7 hectare.
Blanc : 14,3 hectares.
Production moyenne : 80 000 bt/an

DOMAINE BOTT-GEYL ♣

1, rue du Petit-Château, 68980 Beblenheim
03 89 47 90 04 ● www.bott-geyl.com ● Vente et visites : sur RDV.
Propriétaire : Jean-Christophe Bott

★★ ↗ AGATHE BURSIN

Agathe Bursin compte une quinzaine de millé-simes dans ce domaine familial. Depuis le début, elle n'a cessé de progresser par petites touches, toujours au service de ses terroirs qui s'éten-dent autour de Westhalten. Le style des vins s'affine pour arriver aujourd'hui à des rieslings secs et des expressions de sols justes. Plus du tiers de l'exploitation est situé sur le grand cru Zinnkoepflé. À la vigne ou à la cave, elle maîtrise parfaitement son sujet et ses vins. Les derniers millésimes montrent qu'elle sait s'adapter aux différents profils et aux caprices de la nature ! Concrétisant le travail rigoureux à la vigne, la certification bio est acquise en 2020. La qualité des vins est telle que la deuxième étoile s'impose cette année.

Les vins : les cuvées n'ont jamais été meilleures. L'As de B assemble six cépages complantés en un vin lisse et savoureux agrémenté de quelques sucres. Remarquable muscat sec, nuancé et vigoureux. Très bien constitué, le riesling du Bollenberg voit son caractère solaire habilement tempéré par l'éclat du fruit et la sensation juteuse qui se dégage de la finale. Matière large, caressante, fruits jaunes et épices distinguent le beau riesling du Zinnkoepflé, dont le tempérament fougueux devrait s'assagir assez vite, mais qui conservera cette force calcaire prégnante qui envahit la finale. Le superbe Vendanges Tardives est lumineux, et le gewurztraminer onctueux et énergique. En pinot noir, Strangenberg a digéré son élevage, doté d'une sève de petits tanins aiguisés, et Lutzeltal, tendre et poivré, est resté proche du fruit.

⊏ Alsace L'As de B 2020	11 €	90
⊏ Gewurztraminer Grand Cru Zinnkoepflé 2020	25 €	93
⊏ Muscat Bollenberg 2020	15 €	92
⊏ Riesling Bollenberg 2020	15 €	93
⊏ Riesling Grand Cru Zinnkoepflé 2020	25 €	94
⊏ Riesling Grand Cru Zinnkoepflé VT 2020	37 €	94
▬ Pinot Noir Lutzeltal 2020	25 €	93
▬ Pinot Noir Strangenberg 2020	25 €	92

Rouge : 1,03 hectare.
Blanc : 5,87 hectares.
Production moyenne : 35 000 bt/an

AGATHE BURSIN ♣

11, rue de Soultzmatt, 68250 Westhalten
03 89 47 04 15 ● agathe.bursin@wanadoo.fr
● Vente et visites : sur RDV.
Propriétaire : Agathe Bursin

★★ DOMAINE DU CLOS SAINT-LANDELIN-VÉRONIQUE ET THOMAS MURÉ

Ce domaine comprend le Clos Saint-Landelin, monopole de 12 hectares situé à l'extrémité sud du grand cru Vorbourg, dont il est le fleuron. Il est aujourd'hui dirigé par Véronique et son frère Thomas Muré, les enfants de René. La culture du vignoble et la maîtrise des vinifications sont exemplaires depuis longtemps, et la nouvelle génération ne s'encombre plus de sucres résiduels. Le domaine s'est recentré sur la production des vins issus de ses propres vignobles, abandonnant progressivement l'activité de négoce lancée il y a plus de trente ans. Les

vignes sont certifiées en biodynamie. Une visite récente nous a permis de mieux comprendre les équilibres des vins du domaine.

Les vins : excellent crémant vieilli cinq ans sur lattes, charnu, sapide et structuré. Deux nouvelles cuvées font leur apparition : vinifié sans aucun intrant, le riesling Nature exprime des notes de cire fraîche et de fleurs séchées et se montre gourmand mais dense ; très parfumée, la macération de gewurztraminer est élancée et très persistante. Avec sa chair déliée et charnue, le riesling Clos Saint-Landelin offre des saveurs de noyau et des amers discrets en finale. Solaire, marqué par les fleurs séchées, le riesling du Zinnkoepflé affiche une trame presque tannique. Beau muscat vendanges Tardives élancé, très contenu, structuré par ses amers avec des sucres très intégrés. Beaucoup de gourmandise dans les saveurs miellées du riche et consistant pinot gris Vendanges Tardives, et le riesling Sélection de Grains Nobles est toujours aussi exceptionnel. Parmi les pinots noirs, le Clos Saint-Landelin se distingue, profond et frais, évoquant le noyau et le graphite.

⊏ Crémant d'Alsace Grand Millésime 2016	25 €	93
⊏ Gewurztraminer Macération 2019	15 €	93
⊏ Muscat Clos Saint-Landelin VT 2017	47 €	93
⊏ Pinot Gris Clos Saint-Landelin VT 2017	36 €	93
⊏ Riesling Clos Saint-Landelin 2020	33 €	92
⊏ Riesling Clos Saint-Landelin SGN 2016	75 €	96
⊏ Riesling Grand Cru Zinnkoepflé 2017	39 €	93
⊏ Riesling Nature 2020	16 €	92
▬ Pinot Noir Clos Saint-Landelin 2020	51 €	93
▬ Pinot Noir V 2020	37 €	92

Rouge : 4 hectares.
Blanc : 21 hectares.
Production moyenne : 95 000 bt/an

DOMAINE DU CLOS SAINT-LANDELIN-VÉRONIQUE ET THOMAS MURÉ ☾

Route du Vin, 68250 Rouffach
03 89 78 58 00 ● www.mure.com ●
Visites : sans RDV.
Propriétaire : Véronique et Thomas Muré

★★ DOMAINE DIRLER-CADÉ

Vignerons sensibles et chevronnés, Jean Dirler et son épouse Ludivine tiennent parfaitement les rênes de ce domaine fondé en 1871, transmis de père en fils depuis cinq générations et en biodynamie depuis 1998. Quel que soit le cépage, la justesse des vins, leurs densités et maturités n'ont jamais été aussi abouties : une gamme impressionnante de grands vins blancs secs culmine avec les magnifiques expressions des grands crus Spiegel, Saering, Kessler et Kitterlé, qu'il faut absolument découvrir, et qui sont désormais désignés d'après les quatre éléments (feu, air, terre, eau). Cette maison trop discrète propose un accueil remarquable, et de nombreux vins sont disponibles dans des millésimes plus anciens.

Les vins : les vins n'ont jamais été aussi intenses et aboutis. Le simple riesling évoque le caillou avec son allonge salivante. Le grand cru Saering offre un muscat de haut vol, construit avec rigueur et dynamisme, et un riesling Élément Eau vibrant, digeste, qui laisse exploser en bouche une myriade de saveurs millimétrées, entre le poivre blanc, le fenouil et la bergamote. Les accents fumés du terroir gréseux du Kitterlé agrémentent la complexité aromatique du très limpide riesling Élément Terre. La pureté et la fraîcheur des agrumes infusent l'aérien riesling Spiegel 2020, au raffinement exceptionnel, désaltérant et éclatant jusque dans les fins amers de sa petite mâche. Plus solaire, le 2019 n'a pas la même complexité. Tout en retenue et subtilité, le riesling Kessler offre un caractère singulier, associant l'envergure des argiles au grain vibrant et salin des grès. Sa version HW se fait plus ample, profond et pénétrant, avec une exceptionnelle allonge mentholée qui lui insuffle une fascinante énergie. Cohérente, très harmonieuse, la Vendanges Tardives s'apparente à une marmelade d'orange, ses sucres en haute voltige grâce à ses amers nobles.

Gewurztraminer Grand Cru Kessler VT 2018	41,30 €	94
Muscat Grand Cru Saering Élément Eau 2019	25,30 €	94
Pinot Gris Schimberg 2020	20 €	92
Riesling 2020	16,50 €	92
Riesling Grand Cru Kessler HW Élément Feu 2020	39 €	97
Riesling Grand Cru Kessler Élément Feu 2020	27 €	95
Riesling Grand Cru Kitterlé Élément Terre 2020	31,50 €	95
Riesling Grand Cru Saering Élément Eau 2019	32,80 €	96
Riesling Grand Cru Spiegel Élément Air 2019	33,10 €	94
Riesling Grand Cru Spiegel Élément Air 2020	33 €	96

Rouge : 2 hectares.
Blanc : 15 hectares.
Production moyenne : 80 000 bt/an

DOMAINE DIRLER-CADÉ ☽
13 rue d'Issenheim 68500 Bergholtz
03 89 76 91 00 ● www.dirler-cade.com ●
Vente et visites : sur RDV.
Propriétaire : Jean et Ludivine Dirler

★★ ⚑ DOMAINE PAUL GINGLINGER

Avec plus de 400 ans d'histoire, ce domaine est une des belles références de la région. C'est aujourd'hui Michel Ginglinger qui, après une expérience internationale, en tient les rênes avec rigueur et conviction. Depuis son arrivée en 2000, il approfondit avec intelligence le travail parcellaire : il faut donc être attentif aux informations sur la contre-étiquette. La régularité des vins et leur montée en gamme est patente sur les derniers millésimes, en particulier sur les grands crus, et permet cette année au domaine de décrocher une deuxième étoile.

Les vins : la gamme présentée est irréprochable, à commencer par le sylvaner, vif et rectiligne. Sec et raffiné, le pinot gris Eichberg fait preuve de justesse d'expression, de retenue et de distinction. Fraîcheur et élégance dans le gewurztraminer Pfersigberg, à la chair délicate et caressante. Les rieslings sont superbes : Drei Exa aiguisé et plein de vitalité, Eicherg puissant, structuré et profond, dont les nuances évoquent la pierre ponce et le citron confit. Trois versions du riesling Pfersigberg : Ortel charnu et élancé ; sa structurée version Vieilles Vignes, qui déploie une carrure supplémentaire et une mâche savoureuse et très poivrée ; enrobé et parfumé, Hertacker est moins vigoureux mais plus fédérateur. Le pinot noir les Rocailles se croque comme un petit fruit rouge, avec un grain de tanins soyeux.

Alsace GGG Folies 2021	18 €	92
Gewurztraminer Grand Cru Pfersigberg 2020	24 €	93
Pinot Gris Grand Cru Eichberg 2019	24 €	94
Riesling Drei Exa 2020	16 €	92
Riesling Grand Cru Eichberg 2020	24 €	94
Riesling Grand Cru Pfersigberg Hertacker 2020	24 €	93
Riesling Grand Cru Pfersigberg Ortel 2020	24 €	93
Riesling Grand Cru Pfersigberg Ortel Vieilles Vignes 2020	24 €	94
Sylvaner Bodenacker 2020	12 €	91
Pinot Noir Les Rocailles 2018	24 €	94

Rouge : 1 hectare.
Blanc : 11 hectares.
Production moyenne : 80 000 bt/an

DOMAINE PAUL GINGLINGER ♣

8, place Charles-de-Gaulle, 68420 Eguisheim
03 89 41 44 25 ● www.paul-ginglinger.fr ●
Visites : sans RDV.
Propriétaire : Michel Ginglinger

★★ JOSMEYER

C'est aujourd'hui la cinquième génération qui tient les rênes de ce domaine fondé en 1854 : Céline à la direction, et Isabelle aux vinifications. Ce duo efficace continue à porter la qualité des vins, certifiés en biodynamie, vers l'excellence : on ne négligera surtout pas ici le pinot blanc et l'auxerrois, qui brillent comme rarement. L'art est omniprésent dans la famille, avec des poèmes et des dessins des deux sœurs, tantôt sur les étiquettes ou sur les foudres... Il faut ouvrir grand les yeux pour ne rien rater lors de la visite de ce domaine modèle. Le style des vins, tout en élégance naturelle, nous séduit, avec une gamme de haute volée qui enchantera les amateurs de vins nuancés, droits et secs. Les grands crus Hengst et Brand s'expriment ici au sommet !

Les vins : la gamme est toujours aussi enthousiasmante. La macération de gewurztraminer Libre sous le Ciel est une gourmandise qui dévoile une finesse insoupçonnée à l'aération et une allonge fort salivante. Nourrissant, l'Auxerrois H offre un beau relief aromatique et une matière patinée, avec une finale très sapide et légèrement fumée. Marqué par les agrumes, avec un caractère avenant et épicé, Le Dragon est un vin vif et doté d'une saine énergie. Matière ample et cristalline dans le Kottabe, au fruit éclatant et plein, qui scintille en bouche et se montre proche du raisin. Avec son profil froid et lumineux, Les Pierrets occupe une place singulière dans la gamme du domaine : sa précision millimétrée et sa myriade de petits amers en font un vin captivant. Fleurs séchées et notes racinaires dans le riesling Hengst, dont la matière ferme et les vastes proportions composent un vin ample et racé, qui évoluera lentement. Le Brand donne un vin longiligne et cristallin, nerveux et très épicé, d'une noble austérité. Salin et sec, le Fromenteau est un vin tonique, expression sur le fil du pinot gris qui se donne dans son croquant de fruit. Fumé et iodé, le pinot gris Hengst se déploie avec grâce, assez vibrant dans sa texture, sobre dans ses saveurs mais parsemé de zests d'agrumes en finale.

⊂ Pinot Auxerrois H Vieilles Vignes 2019	25,80 €	92
⊂ Pinot Gris Grand Cru Hengst 2019	40 €	95
⊂ Pinot Gris Le Fromenteau 2019	20,80 €	92
⊂ Riesling Grand Cru Brand 2019	45 €	96
⊂ Riesling Grand Cru Hengst 2019	45 €	95
⊂ Riesling Le Dragon 2020	26,90 €	93
⊂ Riesling Le Kottabe 2020	20,50 €	93
⊂ Riesling Les Pierrets 2020	29,50 €	94
⊂ VDF Chante Pinot	16,90 €	90
⊂ VDF Libre sous le Ciel 2020	26,50 €	93

Rouge : 0,5 hectare. Pinot noir 100 %
Blanc : 24,2 hectares. Riesling 28 %, Pinot blanc 24 %, Pinot gris 21 %, Gewurztraminer 19 %, Sylvaner 5 %
Production moyenne : 160 000 bt/an

JOSMEYER ☾

76, rue Clemenceau, 68920 Wintzenheim
03 89 27 91 90 ● www.josmeyer.com ●
Visites : sans RDV.
Propriétaire : Famille Meyer
Directeur : Céline Meyer
Œnologue : Isabelle Meyer

★★ DOMAINE ANDRÉ KIENTZLER

Ce domaine s'impose depuis de nombreuses années comme une des références alsaciennes, notamment sur le grand cru Geisberg (qui ne compte que quatre propriétaires). Arrivé en 2000, Thierry Kientzler poursuit le travail de son père, épaulé par Éric, son frère cadet. La ligne de conduite n'a pas bougé, les vins sont de style sec, racé, et parfois marqués par l'austérité typique du secteur de Ribeauvillé ; il ne faut pas être impatient avec ces blancs, qui vieillissent bien. Le travail à la vigne est admirable et le domaine pourrait être certifié en bio, si les petites parcelles du Geisberg en terrasses n'étaient pas si difficiles à manœuvrer. La gamme est revenue au meilleur niveau avec des vins ciselés, d'une grande précision. Un vin rouge va bientôt compléter la liste grâce à un surgreffage de pinot noir sur des parcelles idéalement exposées, dont la certification bio est en cours.

Les vins : bon crémant, assez robuste mais digeste. Précision et délicatesse caractérisent le gewurztraminer du Osterberg, doté de la finesse un peu réservée typique du cru. En riesling, Muhlforst se montre très expressif, entre la menthe poivrée et l'écorce d'agrumes, doté d'une excellente vivacité et fraîcheur. La délicatesse de texture, l'éclat des saveurs et la persistance lancinante et ciselée du Geisberg sont admirables. Kirchberg se montre très ferme et consistant, doté d'une vaste mâche savoureuse et de très fins amers. Encore austère, ce vin vertical ira loin mais se montre déjà chatoyant. Peu expressif, le Schoenenbourg fait preuve d'une grande tension acide et d'une magnifique profondeur, avec une finale de grande envergure.

Crémant d'Alsace Brut Nature
2017   19 €   **90**

Gewurztraminer Grand Cru Osterberg
2019   27 €   **93**

Riesling Grand Cru Geisberg
2020   36 €   **95**

Riesling Grand Cru Kirchberg
2020   32 €   **95**

Riesling Grand Cru Schoenenbourg
2020   32 €   **94**

Riesling Muhlforst 2020   20 €   **93**

Blanc : 13 hectares.
Production moyenne : 70 000 bt/an

DOMAINE ANDRÉ KIENTZLER

50, route de Bergheim, 68150 Ribeauvillé
03 89 73 67 10 ● www.vinskientzler.com ●
Vente et visites : sur RDV.
Propriétaire : Thierry Kientzler

★★ DOMAINE KIRRENBOURG

Après le rachat de la maison Martin Schaetzel, Marc Rinaldi a installé son chai à Kientzheim, et jouit d'une vue imprenable sur son terroir de prédilection : le Schlossberg. Comme l'intégralité des vins proviennent de terroirs en grand cru, notamment du lieu-dit Kirrenbourg, c'est tout naturellement que le domaine a été rebaptisé. En un peu plus de cinq ans, il a connu une ascension hors-norme, avec pour maîtres d'œuvre Ludovic Merieau, le maître de chai, et le talentueux Samuel Tottoli. 2017 a signé un tournant avec une montée en puissance de la qualité des vins, tant les rieslings que les rouges. La gamme peut encore progresser en homogénéité et régularité.

Les vins : issu du Brand, le sylvaner prend une dimension supplémentaire sur ce grand terroir : épuré, limpide, il impose sa marque, avec une vibration cristalline en finale. Note de fruits jaunes et fine réduction dans le pinot gris, au profil strict et ciselé. Cette réduction se retrouve dans certains rieslings, ce qui les amoindrit légèrement : Roche granitique est bien défini, salin et vigoureux. Intense mais peu aimable, le Schlossberg nous déçoit un peu, nous lui décelons un caractère un peu dur et végétal. Sa version K offre plus de tension et d'intensité, vin dense et ouvragé, porté par une sève minérale et une finale bien salivante. Délicatesse de texture, saveurs de poire et notes finement exotiques dans le Brand : un grand vin ciselé, déjà très savoureux, à l'envergure juteuse et à la persistance racée. Parmi les trois rouges, la cuvée Mathieu est friande et tendre. Dommage qu'un boisé un peu strict en finale vienne imposer son empreinte. L'élevage est plus harmonieusement intégré dans Terroir B, dont la matière plus large

s'appuie sur des tanins réglissés : un rouge moderne, assez soyeux et consensuel. Sur le terroir marno-calcaire, Jardin des Oiseaux arrondit les angles et prend de délicieuses saveurs sanguines : le plus raffiné, complexe et persistant des rouges du domaine.

Riesling Grand Cru Brand 2019   40,50 €   **95**

Riesling Grand Cru Schlossberg
2019   40,50 €   **92**

Riesling Grand Cru Schlossberg K
2019   47 €   **93**

Riesling Roche Granitique 2019   18 €   **92**

Riesling Terroir S 2019   27 €   **91**

Pinot Noir Jardins des Oiseaux
2019   63 €   **94**

Pinot Noir Mathieu 2019   32,50 €   **91**

Pinot Noir Terroir B 2019   40,50 €   **92**

Rouge : 2,2 hectares.
Blanc : 8,1 hectares.
Production moyenne : 45 000 bt/an

DOMAINE KIRRENBOURG ☾

15 C, route du Vin, Ban de Kientzheim,
68240 Kaysersberg
03 89 47 11 39 ● www.domainekirrenbourg.fr
● Vente et visites : sur RDV.
Propriétaire : Famille Rinaldi
Directeur : Samuel Tottoli

★★ VIGNOBLE DES 3 TERRES - DOMAINE MANN

Arrivé il y a tout juste dix ans au domaine familial, Sébastien Mann lui a donné une nouvelle impulsion. Sa patte est aujourd'hui perceptible dans les vins. Ses expériences chez Vouette et Sorbée lui ont permis de créer des bulles en brut nature, dont une partie est élevée en barriques. Un travail minutieux est mené sur ces cinquante parcelles cultivées en biodynamie : les deux grands crus Eichberg et Pfersigberg s'expriment très bien. Signalons la belle progression des vins rouges, plus structurés et très prometteurs, ainsi qu'un choix payant de pinots gris secs sur certaines parcelles en blanc. Une nouvelle structure d'accueil voit le jour en 2019 pour le plus grand plaisir des visiteurs. Les vins se montrent tous précis et intègres, ce qui a permis au domaine de gagner l'an dernier la deuxième étoile.

Les vins : le pinot noir Chemin de Pierres nous séduit par ses saveurs d'orange sanguine, assez libre dans son propos et doté d'un magnifique fruit moelleux et nuancé. Expressif, juteux et acidulé, le muscat est un régal de fruit frais, désarmant de franchise. Très bons rieslings : tonalité mûre et fraîche dans l'excellent Altengarten, parfaitement sec et salivant. Plus large et charnu dans ses saveurs de fruit bien mûr,

Logelberg se fait plus complexe, prolongé d'excellents amers. Encore peu expressif dans sa jeunesse, la Pfersigberg se montre très intense et tonique, d'une grande fermeté de texture, avec des saveurs d'écorce de pamplemousse. Le pinot gris Eichberg, encore sur la réserve, est doté d'une magnifique intensité de saveurs : parfaitement sec, il déborde de vitalité et s'illustre par son allonge, entre fumé et coing frais. La gourmandise des sucres résiduels équilibre à merveille le gewurztraminer Pfersigberg, dont le fruit juteux illumine l'ensemble. Liquoreux d'exception issu de passerillage, l'extraverti Fruit de la Passion porte bien son nom : sa succulence de fruits exotiques est irrésistible et trouve le juste équilibre avec sa richesse. Impressionnante matière suave et confite dans le gewurztraminer SGN, liquoreux exubérant qu'on ne pourra boire qu'à très petites doses.

⟶ Auxerrois 2019	20 €	92
⟶ Pinot Gris Grand Cru Eichberg 2019	33 €	94
⟶ Pinot Gris Letzenberg 2019	20,20 €	91
⟶ Pinot Gris Rosenberg 2019	20,80 €	93
⟶ Pinot Gris SGN 2016	39 €	92
⟶ Riesling Altengarten 2020	20,20 €	93
⟶ Riesling Grand Cru Pfersigberg 2020	39,50 €	93
⟶ Riesling Vieilles Vignes 2020	Épuisé - 17,20 €	93
⟶ Pinot Noir Chemin de Pierres 2020	39,50 €	93
⟶ Pinot Noir Chemin du Soleil 2020	24 €	92

Rouge : 0,8 hectare.
Blanc : 12 hectares.
Production moyenne : 65 000 bt/an

VIGNOBLE DES 3 TERRES - DOMAINE MANN ☾

11, rue du Traminer, 68420 Eguisheim
03 89 24 26 47 ● www.vins-mann.com ●
Vente et visites : sur RDV.
Propriétaire : Sébastien Mann

★★ DOMAINE MEYER-FONNÉ

En quelques années, Félix Meyer s'est forgé une solide réputation en Alsace. Ce n'est pas un hasard : la viticulture est de qualité, avec des rendements très surveillés, et les vinifications s'effectuent sur lies fines dans de grands foudres. Arrivé au domaine familial en 1992, Félix révèle avec talent les terroirs granitiques de Katzenthal. Ne négligez pas chez lui le gewurztraminer, qui n'accuse aucune lourdeur et acquiert une pureté cristalline, séduisant même les détracteurs de ce cépage trop souvent pom-

madé. Le domaine s'est agrandi de 3,5 hectares en 2019, et 2021 a vu l'arrivée de la certification bio.

Les vins : dans la gamme Réserve, le pinot gris se montre un peu austère, et le pinot noir reste pour l'instant marqué par son élevage. Le pinot gris Dorfburg est charnu et vif, mais la grande réussite réside dans le Kaefferkopf, sec et tout en carrure, à l'énergie juteuse et épicée. Très belle série de rieslings : Pfloeller pur et campé sur sa trame acide ; Mandelberg éclatant, dense et concentré ; et Kaefferkopf, encore compact et salin. Notre préférence va au Wineck-Schlossberg, vin en apesanteur, très fin et précis, serein et ciselé, et au Schoenenbourg à la fraîcheur mentholée et à la puissance contenue, dont une vibration salivante vient infuser la vaste envergure de chair. Magistral équilibre dans le gewurztraminer Furstentum, fuselé, enjôleur et digeste, habillé de quelques sucres épars.

⟶ Gewurztraminer Grand Cru Furstentum 2020	23 €	95
⟶ Pinot Gris Dorfburg 2019	17,50 €	91
⟶ Pinot Gris Grand Cru Kaefferkopf 2020	21 €	94
⟶ Pinot Gris Réserve 2020	N.C.	90
⟶ Riesling Grand Cru Kaefferkopf 2020	30 €	93
⟶ Riesling Grand Cru Mandelberg Vieilles Vignes 2020	30 €	93
⟶ Riesling Grand Cru Schoenenbourg 2020	32 €	95
⟶ Riesling Pfoeller 2020	23 €	92
⟶ Pinot Noir Réserve 2020	13 €	90

Le coup de ♥

⟶ Riesling Grand Cru Wineck-Schlossberg 2020	25 €	94

Rouge : 1,9 hectare.
Blanc : 16,8 hectares.
Production moyenne : 110 000 bt/an

DOMAINE MEYER-FONNÉ ♣

24, Grand-Rue, 68230 Katzenthal
03 89 27 16 50 ● www.meyer-fonne.com ●
Visites : sans RDV.
Propriétaire : Félix et François Meyer

★★ ✦ MÉLANIE PFISTER

Arrivée à la tête du domaine en 2008, après des études d'ingénieur agronome et d'œnologie, Mélanie représente la huitième génération de la famille Pfister. Située à quelques kilomètres de Strasbourg, cette maison offre une gamme d'un très bon niveau, avec beaucoup de pureté, et donne l'occasion de découvrir l'Engelberg, ce grand cru signifiant "le coteau des anges". Cette jeune femme dynamique est aussi à l'initiative des Divines d'Alsace, association régionale réunissant les femmes du vin. En conversion bio, le domaine confirme depuis 2015 sa régularité et la montée en puissance de la qualité de ses vins, et travaille en biodynamie à partir de 2021. La qualité des de la gamme permet au domaine d'obtenir cette année sa deuxième étoile.

Les vins : le crémant est frais et plein d'allant, avec un tonus communicatif et des bulles fines. Mel et Paar sont deux vins d'assemblage droits et nerveux, le premier plus harmonieux et tendu. Deux excellents rieslings : Berg, juteux, salivant, revigorant et plein de vitalité ; et Engelberg, vibrant, ciselé dans le calcaire, enchantera les amateurs de grands riesling secs et tranchants, dans un esprit presque plus germanique (Rheingau) qu'alsacien. En pinot gris, nous préférons Furd, précis, velouté et bien sec, au plus beurré et boisé Silb. Rahn est un pinot noir croquant et sobre, tout en délicatesse, et Hüt exprime un fruit très pur et juste, avec un équilibre irréprochable et une allonge juteuse, radieuse, délicieusement acidulée.

▷ Alsace Mel 2020	19 €	92
▷ Alsace Paar 2020	13 €	91
▷ Crémant d'Alsace Breit	17 €	92
▷ Pinot Gris Furd 2020	17 €	91
▷ Pinot Gris Silb 2019	25 €	89
▷ Riesling Berg 2020	17 €	92
▶ Pinot Noir Hüt 2019	31 €	94
▶ Pinot Noir Rahn 2019	31 €	92

Le coup de ♥

▷ Riesling Grand Cru Engelberg 2019	31 €	94

Rouge : 1 hectare.
Blanc : 9 hectares.
Production moyenne : 60 000 bt/an

MÉLANIE PFISTER ♣
53, rue Principale, 67310 Dahlenheim
03 88 50 66 32 ● www.melaniepfister.fr ●
Vente et visites : sur RDV.
Propriétaire : Mélanie Pfister

★★ DOMAINE SCHOFFIT

Le domaine Schoffit est installé à l'intérieur de Colmar, ce qui est inhabituel, mais s'explique par l'importance du vignoble de la Harth dans l'histoire de la ville. Entre l'extension urbaine et le maintien de la forêt, la Harth a perdu de son importance viticole. Le domaine s'est déployé au sud dès 1986, sur le célèbre grand cru Rangen, d'où il tire aujourd'hui l'essentiel de ses grands vins. Il se partage entre trois terroirs relativement distants : les cailloutis de la plaine de la Harth, le granite du grand cru Sommerberg et le sol volcanique du Rangen, à Thann. Bernard Schoffit s'est vu confier la vinification du clos

de la ville de Thann, une parcelle replantée dans le haut du Rangen. Le domaine est en cours de conversion Demeter et Alexandre Schoffit, 34 ans, incarne la nouvelle génération.

Les vins : plus mûr et épicé qu'à l'accoutumée, le chasselas offre beaucoup de générosité, mais reste sapide et croquant. Petite déception avec le riesling du Harth, un peu réduit et manquant d'un peu de fraîcheur. Grande envergure de chair dans Sommerberg, ouvragé et intègre, qui transmet toute l'énergie minérale des arènes granitiques du cru : son allonge est phénoménale. Très vigoureux, le riesling du Rangen se présente tout en concentration, encore très immature : sa finale très étoffée et tonique signe son pedigree. Avec un équilibre proche d'un moelleux, le gewurztraminer du Rangen possède le tonus et la vibration de ce grand terroir. Superbe nez de pollen, d'infusion, de pêche de vigne et de bonbon au miel dans le pinot gris VT, un vin irrésistible de gourmandise dont la chair délicatement sirupeuse regorge de fraîcheur et d'un éclat mentholé en finale : magistral.

▷ Chasselas Vieilles Vignes 2020	10 €	91
▷ Crémant d'Alsace Extra-Brut 2019	15 €	90
▷ Gewurztraminer Grand Cru Rangen Clos Saint-Théobald 2020	36 €	95
▷ Pinot Gris Grand Cru Rangen Clos Saint-Théobald 2020	32 €	95
▷ Riesling Grand Cru Rangen Clos Saint-Théobald 2020	36 €	96
▷ Riesling Harth Vieilles Vignes 2020	15 €	91

Le coup de ♥

▷ Muscat Grand Cru Rangen Clos Saint-Théobald 2020	32 €	96

Rouge : 0,9 hectare.
Blanc : 16,1 hectares.
Production moyenne : 80 000 bt/an

DOMAINE SCHOFFIT ♣
68, Nonnenholzweg, 68000 Colmar
03 89 24 41 14 ● domaine.schoffit@free.fr ●
Vente et visites : sur RDV.
Propriétaire : Famille Schoffit

★★ DOMAINE TRAPET

Épouse du célèbre vigneron bourguignon Jean-Louis Trapet, Andrée n'a jamais voulu renoncer à ses origines alsaciennes. Aussi a-t-elle choisi, depuis 2002, de reprendre les vignes familiales et de développer ce domaine, situé à Riquewihr. Leurs deux fils, Pierre et Louis, se sont beaucoup impliqués, replantant en haute densité en échalas la plupart des parcelles (12 à 16 000 pieds/ha). Culture en biodynamie, vinifications soignées dans divers contenants, les vins possèdent de forts caractères. La gamme montre la légitimité de la hiérarchisation par commune et de la mise en avant des terroirs. La progression qualitative a permis l'an dernier au domaine de décrocher la deuxième étoile.

Les vins : dominante d'auxerrois complété de sylvaner dans A Minima, désaltérant et intègre. En riesling, Beblenheim est digeste et énergique, Riquewihr plus profond et épicé. Grand raffinement aromatique dans le Schlossberg, pénétrant et intense, lumineux et déjà très nuancé, pourvu d'une énergie communicative. Le Schoenenbourg s'appuie sur de grands amers salivants et d'une allonge subtilement épicée : un vin solaire mais délicat, puissant mais juteux. Le gewurztraminer Sonnenglanz est un concentré d'énergie, un vin vitaminé que le temps saura assagir : la juste intégration des 67 grammes de sucre est une leçon d'équilibre. Très abouti, Ambre illustre les bienfaits d'une macération virtuose sur le gewurztraminer : profil sec et nerveux, éclat du fruit et persistance lancinante, complété d'arômes d'écorces d'agrumes et d'une finale un peu maltée.

▷ Alsace A Minima 2020	15 €	**92**
▷ Gewurztraminer Ambre Orange 2020	25 €	**94**
▷ Gewurztraminer Grand Cru Sporen 2019	45 €	**92**
▷ Riesling Beblenheim 2019	18 €	**93**
▷ Riesling Grand Cru Schlossberg 2019	70 €	**94**
▷ Riesling Grand Cru Schoenenbourg 2019	70 €	**96**
▷ Riesling Riquewihr 2019	18 €	**93**

Rouge : 1 hectare.
Blanc : 14 hectares.
Production moyenne : 40 000 bt/an

DOMAINE TRAPET ☾

14, rue des Prés, 68340 Riquewihr
03 80 34 30 40 ● www.trapet.fr ● Vente et visites : sur RDV.
Propriétaire : Famille Trapet

★★ TRIMBACH

Maison incontournable qui s'élève fièrement dans la belle cité des ménétriers, Trimbach fait le bonheur des amateurs avec ses cuvées mythiques Frédéric-Émile et Clos Sainte-Hune. Au gré des millésimes, Pierre Trimbach vinifie le riesling dans la verticalité, toujours de style sec. Son frère Jean pilote les ventes dans le monde. Ils sont désormais épaulés par la nouvelle génération, Anne et Frédérique (les filles de Pierre) et Pauline et Julien (les enfants de Jean). La famille vinifie près de 60 hectares en propriété et une centaine en achat de raisins. Certains grands crus sont revendiqués depuis

2009 et directement alloués en petites quantités par Jean Trimbach aux plus belles tables du monde. La maison contribue indéniablement à la valorisation des vins d'Alsace avec des cuvées emblématiques au niveau international, tout en produisant des vins d'entrée de gamme de qualité constante. La gamme des pinots noirs a encore une marge de progression.

Les vins : beaucoup de régularité dans les entrées de gamme Réserve : un muscat un peu austère mais droit et précis ; un pinot gris nerveux et sapide ; un riesling rectiligne et franc, archétype du style maison qui allie rigueur et classicisme. Légèrement fumé, nuancé et fin, le pinot noir fait preuve de délicatesse, avec ses tanins soyeux et sa droiture épurée. La série des rieslings est très convaincante : Sélection de Vieilles Vignes très incisif et salin, sans concessions et encore très réservé ; Geisberg très ciselé se donne avec vigueur, et raconte les saveurs cristallines et entêtantes de ce terroir calcaro-gréseux. Belle envergure de saveurs et droiture dans Frédéric-Emile, très énergique et épuré, vin ouvragé et lancinant, qui exprime un caractère brillant et particulièrement soigné : il ira loin dans le temps. Serein et vertical, le Clos Saint-Hune s'illustre, comme à son habitude, par son exceptionnelle intensité et persistance de saveurs, où le citron vert domine à ce stade. Sa grande concentration de texture s'épanouit en de fins amers structurants de fin de bouche.

▷ Muscat Réserve 2020	17 €	**91**
▷ Pinot Gris Réserve Personnelle 2017	30 €	**91**
▷ Riesling Clos Sainte-Hune 2017	199 €	**96**
▷ Riesling Frédéric-Emile 2014	55 €	**94**
▷ Riesling Grand Cru Geisberg 2017	58 €	**93**
▷ Riesling Réserve 2020	21 €	**91**
▷ Riesling Sélection de Vieilles Vignes 2019	26 €	**92**
▶ Pinot Noir Réserve Cuve 7 2017	21,30 €	**91**

Rouge : 13 hectares.
Blanc : 120 hectares.
Production moyenne : 1 100 000 bt/an

TRIMBACH

15, route de Bergheim, 68150 Ribeauvillé
03 89 73 60 30 ● www.trimbach.fr ●
Visites : sans RDV.
Propriétaire : Famille Trimbach
Directeur : Pierre et Jean Trimbach
Maître de chai : Pierre Trimbach

★★ DOMAINE VALENTIN ZUSSLIN

Le travail de Jean-Paul et Marie Zusslin, qui poursuivent la tradition viticole familiale née en 1691, est exemplaire depuis déjà quelques années. Installés à Orschwihr, sur un très joli vignoble, ils forment un duo passionné, charismatique et soucieux du travail bien accompli. Et multiplient les projets : agro-foresterie, mise en place de dizaines de ruches et nichoirs dans les parcelles… Chacun a son rôle : Marie à la commercialisation, Jean-Paul dans les vignes et à la cave. Une viticulture en biodynamie depuis 1997, une vinification soignée et un élevage précis résument le travail de ce domaine de référence, où l'esprit parcellaire est omniprésent, même dans les crémants. Avec quelques petits réglages, l'excellence de la gamme peut laisser présager une progression dans notre classement !

Les vins : soigné, persistant, le crémant présente hélas un peu de réduction. Le pur auxerrois Au'Rigine offre une chair sapide et un volume moelleux et caressant. Les rieslings tutoient les sommets : Clos Liebenberg raffiné et serein, d'une grande franchise, et Pfingstberg 2015 tout en énergie solaire, rayonnant et lancinant en finale. Sa version 2017 pousse les curseurs ; une intensité saline irradie sa chair ouvragée. Voici un vin de grande concentration, d'une intensité phénoménale, dont la mâche presque tannique indique le très grand potentiel de garde. Patiné et pourvu d'amers nobles, le gewurztraminer Bollenberg est un moelleux à l'allonge électrique. Macération de pinot gris assemblé au pinot noir, Ophrys se montre fringant et joyeux, à la fois tendre et accessible, salivant à souhait et éminemment désaltérant avec ses notes de grenade. Les deux pinots noirs Luft et Neuberg impressionnent, le premier plus froid et réservé, aiguisé dans ses tanins par un élevage millimétré, le second plus immédiatement éclatant, infusé et soyeux, tout en fruits rouges et texture friande.

⌐ Alsace Kammerlas 2018	150 €	96
⌐ Crémant d'Alsace Bollenberg 2014	36 €	93
⌐ Crémant d'Alsace Clos Liebenberg 2013	38 €	92
⌐ Riesling Clos Liebenberg 2018	38 €	94
⌐ Riesling Grand Cru Pfingstberg 2018	68 €	96
⌐ Riesling Les Chapelles 2020	22 €	92
◣ Alsace Ophrys 2020	29 €	92
◣ Pinot Noir Bollenberg 2018	32 €	93
◣ Pinot Noir Bollenberg Luft 2018	80 €	95
◣ Pinot Noir Bollenberg Neuberg 2018	75 €	94

Rouge : 4 hectares.
Blanc : 14 hectares.
Production moyenne : 80 000 bt/an
DOMAINE VALENTIN ZUSSLIN ☾
57, Grand-Rue, 68500 Orschwihr
03 89 76 82 84 • www.zusslin.com • Vente et visites : sur RDV.
Propriétaire : Famille Zusslin
Directeur : Marie et Jean-Paul Zusslin

★ DOMAINE LAURENT BARTH

Installé depuis 2004 à Bennwihr, où il a repris le petit domaine familial, Laurent Barth conduit en bio son vignoble principalement installé sur des coteaux. Certaines cuvées, telle que l'assemblage de pinots, peuvent être vinifiées avec peu ou pas de soufre. La cuvée Vignoble de Kientzheim provient d'achat de raisins bio. Les vins sont revenus au meilleur niveau, et ce domaine très attachant est appelé à progresser dans les étoiles.

Les vins : juteux, accrocheur, le riesling Vignoble de Kientzheim est un vin sincère et de belle envergure. Éclat du fruit, matière vibrante et saline, trame assez ferme et amers en finale qui évoquent les agrumes dans le riesling Granite. Fumé et tonique, le simple pinot gris est un vin sec revigorant aux saveurs pures. Profil épuré et digeste dans le pinot gris Altenbourg, dont les sucres aériens s'épanouissent en saveurs de sucre d'orge, de cannelle et de pamplemousse rose : difficile de résister à une telle gourmandise. Deux superbes gewurztraminers : un élégant et élancé Vieilles Vignes, où les sucres se métamorphosent en une saveur umami raffinée ; et Marckrain, ciselé par la pureté du botrytis, tourbillon de saveurs en apesanteur et délicieusement exotique : une leçon d'harmonie. Très bons pinots noirs : S05 P164 juteux, acidulé et doté de tanins fins ; et la cuvée M plus ferme, dense et généreuse.

⌐ Gewurztraminer Grand Cru Marckrain 2019	22 €	95
⌐ Gewurztraminer Vieilles Vignes 2020	16 €	93
⌐ Pinot Gris 2020	13 €	92
⌐ Pinot Gris Altenbourg 2019	20 €	94
⌐ Riesling Granite 2020	24 €	92
⌐ Riesling Vignoble de Kientzheim 2020	20 €	91
◣ Pinot Noir M 2020	25 €	92
◣ Pinot Noir S05 P164 2020	18 €	92

Rouge : 0,45 hectare.
Blanc : 3,25 hectares.
Production moyenne : 20 000 bt/an

DOMAINE LAURENT BARTH ♣

3, rue du Maréchal-de-Lattre,
68630 Bennwihr
03 89 47 96 06 ● laurent.barth@wanadoo.fr
● Vente et visites : sur RDV.
Propriétaire : Laurent Barth

★ DOMAINE JEAN-MARC BERNHARD

Trois générations se sont succédé dans ce domaine fondé en 1802 : le grand-père Germain Bernhard, le père Jean-Marc et le fils Frédéric. Ce dernier a fait monter d'un cran le niveau des vins, qui étaient déjà de bonne facture. Ils se caractérisent par leur fraîcheur et leur digestibilité, reflétant avec justesse les terroirs et le climat. Les tarifs sont doux et l'ensemble des vins est certifié en agriculture biologique depuis le millésime 2016.

Les vins : les entrées de gamme – sylvaner, muscat, riesling – sont de bonne tenue, en particulier le pinot gris précis et fumé, parfaitement sec. En grand cru, le Wineck-Schlossberg déroule son grain salivant, légèrement fumé : il possède un relief salin et de belles saveurs de fruits à noyau, et sa vibration en finale signe son origine granitique. Le pinot gris Furstentum est un rien chaleureux mais presque sec, assez charnu et puissant, avec un nez de chlorophylle. Équilibre moelleux dans le Mambourg, qui puise dans ses petits amers la fraîcheur bienvenue pour équilibrer sa finale un peu cossue. Joli Vendanges Tardives assez exubérante. Les pinots noirs se montrent un peu secs et comprimés.

⇨	Gewurztraminer Grand Cru Mambourg 2020	15 €	92
⇨	Gewurztraminer VT 2020	23 €	92
⇨	Muscat d'Alsace 2020	9 €	90
⇨	Pinot Gris 2019	9 €	91
⇨	Pinot Gris Grand Cru Furstentum 2018	18 €	92
⇨	Riesling 2020	9 €	89
⇨	Riesling Grand Cru Wineck-Schlossberg 2020	18 €	92
⇨	Sylvaner Vignoble de Katzenthal 2020	9 €	89
➤	Pinot Noir 2019	10 €	89
➤	Pinot Noir Hinterburg 2020	18 €	89

Rouge : 1 hectare.
Blanc : 10,5 hectares.
Production moyenne : 65 000 bt/an

DOMAINE JEAN-MARC BERNHARD ♣

21, Grand-Rue 68230 Katzenthal
03 89 27 05 34 ● www.jeanmarcbernhard.fr
● Vente et visites : sur RDV.

Propriétaire : Famille Bernhard
Directeur : Anne-Caroline et Frédéric Bernhard

★ DOMAINE PAUL BLANCK

Avec leur approche très originale de la vinification, Bernard et Marcel Blanck s'étaient déjà fait remarquer. La nouvelle génération, composée au volubile Philippe au service commercial et du discret Frédéric à la vinification, s'est installée en 1985. La surface du domaine dépasse aujourd'hui 35 hectares, dont 30 % sont représentés par cinq grands crus. Le vignoble est cultivé manuellement, sans désherbant ni pesticide, ni engrais chimique. Toujours habilement vinifiés, les vins de la maison expriment un style soigné, un peu clinique mais tendu et précis.

Les vins : la gamme est régulière et aboutie. L'Auxerrois est souple et croquant, un peu épicé, et le riesling Rosenbourg précis et subtil, un peu acidulé. En grand cru, Schlossberg se montre sapide et sobre, charnu et caressant, bâti pour la garde. Plus ouvragé, le Furstentum est rafraîchissant, précis et très juste. Profil demi-sec pour le pinot gris Furstentum 2017, encore un peu joufflu, un rien chaleureux en finale : le 2016 est plus incisif et mellifère. Finesse de texture et style épuré dans le savoureux pinot gris Wineck-Schlossberg, doté d'une chair ciselée et de notes de caramel salé et de poire au sirop. Ferme et intense, le gewurztraminer Altenbourg se montre épicé et équilibré, avec des sucres discrets. La Vendanges Tardives du Furstentum possède une grande gourmandise de saveurs et une chair onctueuse, relevée de notes de kumquat et de grands amers poivrés. Notes de fumé et de noyau dans le pinot noir, moelleux en attaque mais resté strict en finale.

⇨	Gewurztraminer Altenbourg 2018	19 €	92
⇨	Gewurztraminer Grand Cru Furstentum VT 2018	de 38 à 40 € (c)	93
⇨	Pinot Auxerrois Vieilles Vignes 2019	15 €	91
⇨	Pinot Gris Grand Cru Furstentum 2016	de 26 à 30 € (c)	92
⇨	Pinot Gris Grand Cru Wineck-Schlossberg 2017	26 €	93
⇨	Riesling Grand Cru Furstentum 2018	27 €	93
⇨	Riesling Grand Cru Schlossberg 2018	27 €	92
⇨	Riesling Rosenbourg 2018	18 €	90
➤	Pinot Noir F 2015	de 27 à 35 € (c)	90

Rouge : 3 hectares.
Blanc : 21 hectares.
Production moyenne : 120 000 bt/an

DOMAINE PAUL BLANCK ♣

32, Grand-Rue, Kientzheim
68240 Kaysersberg
03 89 78 23 56 ● www.blanck.com ● Vente
et visites : sur RDV.
Propriétaire : Frédéric et Philippe Blanck
Maître de chai : Frédéric Blanck

★ ↗ DOMAINE BOEHLER

Julien Boehler, 30 ans, est revenu en 2016 sur le domaine familial de 8 hectares, situé à Molsheim. Riche de diverses expériences, il entame la conversion bio, effective en 2021 : gros labour car les vignes, toutes en coteaux, sont divisées en près de 40 parcelles. Plusieurs lieux-dits sont isolés et mis en valeur, et le fleuron du domaine reste le grand cru Bruderthal, planté en riesling et gewurztraminer. Nous apprécions la sincérité et le charme de ses vins, élevés sur lies et fermentés en levures indigènes. La première étoile s'impose !

Les vins : très mûr et dense, le pinot noir offre un caractère un peu figué de surmaturation. Jolie pureté de saveurs et vivacité dans le sylvaner Leimen, un vin scintillant à la matière assez charnue. Parmi les cuvées d'assemblage, Schaefferstein se montre prometteur, expressif et frais, évoquant la chlorophylle et le poivre vert. Le nerveux et expressif Thomen offre volume, saveurs juteuses et épicées, associant Auxerrois et Sylvaner. En riesling, Holderlust se fait nuancé, séducteur et épanoui, tout en générosité tonique. Nez de pierre ponce, trame salivante dans le superbe Hahnenberg, vin complexe et plein de vitalité, qui se livre avec franchise et possède beaucoup de réserves. Grande envergure et tension incisive dans le Bruderthal, vin très vibrant mais encore introverti, dont la fine granulosité saline apporte une fraîcheur presque mentholée en finale.

▭ Alsace Molse 2021	Épuisé - 8 €	**90**
▭ Alsace Schaefferstein 2020	14 €	**91**
▭ Alsace Thomen 2020	12 €	**92**
▭ Riesling Grand Cru Bruderthal 2020	25 €	**95**
▭ Riesling Hahnenberg 2020	16 €	**93**
▭ Riesling Holderhurst 2020	12 €	**93**
▭ Sylvaner Leimen 2020	12 €	**91**
▬ Pinot Noir Saint-Georges 2020	Épuisé - 10 €	**88**

Rouge : 0,9 hectare.
Blanc : 7,8 hectares.
Production moyenne : 35 000 bt/an

DOMAINE BOEHLER

4, Place de la liberté, 67120 Molsheim
03 88 38 53 16 ● www.domaine-boehler.com
● Vente et visites : sur RDV.
Propriétaire : Julien Boehler

★ DOMAINE LÉON BOESCH

Fervents défenseurs de la biodynamie depuis plus de dix ans, Matthieu et son épouse Marie représentent la onzième génération du domaine Léon Boesch, au cœur de la Vallée Noble. Ici, le grand cru Zinnkoepflé est maintenant voué au gewurztraminer, de manière à le hisser comme une référence dans un style sec et charpenté. Le domaine travaille en agriculture biodynamique depuis 2000, et la cave inaugurée à Westhalten en 2010 est un modèle bioclimatique. Les vins possèdent de la profondeur et expriment au mieux les terroirs du secteur. Quelques petits ajustements permettront au domaine de décrocher prochainement la deuxième étoile.

Les vins : quelle justesse et sincérité dans tous les vins, à commencer par le gourmand et désaltérant pinot blanc ! En riesling, les Grandes Lignes se montre intègre, sobre et retenu, Luss allie droiture et mâche saline en un vin sans fard pourvu d'une noble austérité, et Breitenberg se fait limpide et épuré, avec une myriade de petits amers aux saveurs d'agrumes. En pinot gris, le Coq est svelte et nerveux, et Clos Zwingel une définition de pinot gris mûr et profilé, sans la moindre sucrosité. Précis gewurztraminer les Fous, vendangé "al dente", sans rien de végétal, et bon Zinnkoepflé, salin et vertical, un rien juste en maturité. Les pinots noirs sont magnifiques, vinifiés en raisins entiers, Les Jardins charmeur et friand, et Luss plus dense mais ouvragé et radieux, avec sa trame de petits tanins savoureux.

▭ Gewurztraminer Grand Cru Zinnkoepflé 2020	29,20 €	**92**
▭ Gewurztraminer Les Fous 2020	15,80 €	**92**
▭ Pinot Blanc La Cabane 2020	11,90 €	**91**
▭ Pinot Gris Clos Zwingel 2020	18,90 €	**93**
▭ Pinot Gris Le Coq 2020	15,30 €	**91**
▭ Riesling Breitenberg 2020	19,80 €	**93**
▭ Riesling Les Grandes Lignes 2020	12,60 €	**92**
▭ Riesling Luss 2020	18,20 €	**93**
▬ Pinot Noir Les Jardins 2020	17,70 €	**93**
▬ Pinot Noir Luss 2020	27,60 €	**94**

Rouge : 1,75 hectare.
Blanc : 13 hectares.
Production moyenne : 90 000 bt/an

DOMAINE LÉON BOESCH ☾

6, rue Saint-Blaise, 68250 Westhalten
03 89 47 01 83 ● www.domaineboesch.fr ●
Vente et visites : sur RDV.
Propriétaire : Gérard, Colette, Marie et Matthieu Boesch
Maître de chai : Marie et Matthieu Boesch

★ DOMAINE PIERRE FRICK

Figurant parmi les pionniers des vins "nature" en France, le domaine est en bio depuis 1970. Aidé de son épouse Chantal et de son fils Thomas, Pierre Frick vinifie une grande partie de ses cuvées sans soufre. Sa pratique de la macération fait la signature de la maison. Ce style convient particulièrement au grand cru Vorbourg, un sol dominé par les marnes, le calcaire et le grès. Depuis 2002, tous les vins sont mis en bouteille en capsule inox. La régularité de la gamme peut varier, mais l'intensité de saveur des vins et leur tenue à l'air plusieurs jours après ouverture sont dignes d'éloges.

Les vins : le niveau d'ensemble est remarquable, avec des vins précis et singuliers. Raffiné, le muscat évoque un jardin d'agrumes, avec une bouche sobre et juteuse prolongée d'une noble amertume salivante. Le riesling Carrière en macération est un peu déroutant, mais reste frais et nerveux. La macération de pinot gris du Vorbourg offre un magnifique kaléidoscope aromatique, entre l'orange sanguine, la tomate confite et une note de cannelle : un vin inspiré, à la fois suave et tellurique, qui explore des horizons passionnants. Grains Cendrés est un exercice de style qui explore le passerillage, très concentré mais avec des sucres toniques. Grande délicatesse tactile et fraîcheur d'un fruit infusé, aérien et sanguin, dans l'excellent pinot noir Rot-Murlé.

⊂▸ Muscat Grand Cru Steinert 2018	25 €	93
⊂▸ Pinot Gris Grand Cru Vorbourg Macération Pur Vin 2020	24 €	94
⊂▸ Riesling Carrière Macération Pur Vin 2020	19 €	92
⊂▸ Riesling Grains Cendrés 2020	31 €	93
⊂▸ Sylvaner Bergweingarten Pur Vin 2020	19 €	90
◂▬ Pinot Noir Rot Murlé 2020	24 €	92

Rouge : 2 hectares.
Blanc : 10 hectares.
Production moyenne : 65 000 bt/an

DOMAINE PIERRE FRICK ☾
5, rue de Baer, 68250 Pfaffenheim
03 89 49 62 99 ● www.pierrefrick.com ●
Vente et visites : sur RDV.
Propriétaire : Chantal, Jean-Pierre Frick

★ DOMAINE HENRY FUCHS

Paul Fuchs gère d'une main de maître ce domaine familial depuis une dizaine d'années. Épaulé par sa sœur Julie pour la commercialisation depuis peu, il profite d'un beau patrimoine de vieilles vignes dans le réputé secteur de Ribeauvillé. Puriste et consciencieux, il produit des vins précis, dans un style sec, et nous pouvons témoigner d'une belle progression depuis son arrivée au domaine. La certification Ecocert, obtenue en 2011, est le résultat d'un travail des sols rigoureux, sans trop d'interventions en cave. Le pinot noir est fort bien maîtrisé et peut produire de très grands vins selon les millésimes. Très homogène, toute la gamme des vins blancs est juste, avec des vins appétents qui relatent parfaitement les différents terroirs du secteur.

Les vins : quelques vins s'avèrent un peu décevants, comme le pinot gris ou le simple riesling, qui manque d'éclat et de vivacité. Le sylvaner est tonique et acidulé. En riesling, Equinoxe séduit par sa fine mâche calcaire et sa finale saline. Beaucoup de tension et de tranchant dans le nerveux Hagel, avec une assise large en finale. Le Kirchberg de Ribeauvillé est brillant : le riesling, ciselé et ferme aux notes de coriandre, assez lancinant, d'une persistance remarquable ; et le gewurztraminer, raffiné, poivré et plein de vitalité, aux sucres fins et croquants. Encore immature, le pinot noir se distingue par sa fraîcheur croquante et prend des accents de cassis et de cerise noire.

⊂▸ Crémant d'Alsace Extra-Brut 2019	13 €	89
⊂▸ Gewurztraminer Grand Cru Kirchberg de Ribeauvillé 2020	23 €	93
⊂▸ Pinot Blanc Auxerrois 2020	9 €	89
⊂▸ Pinot Gris 2020	11 €	88
⊂▸ Riesling 2020	11 €	89
⊂▸ Riesling Equinoxe 2020	15 €	91
⊂▸ Riesling Grand Cru Kirchberg de Ribeauvillé 2020	26 €	93
⊂▸ Riesling Hagel 2020	20 €	92
⊂▸ Sylvaner Vieilles Vignes 2020	10 €	90
◂▬ Pinot Noir Rouge Comme Renard 2020	26 €	92

Rouge : 1 hectare.
Blanc : 9 hectares.
Production moyenne : 50 000 bt/an

DOMAINE HENRY FUCHS ♣
8, rue du 3-Décembre, 68150 Ribeauvillé
03 89 73 61 70 ● www.henryfuchs.fr ● Vente
et visites : sur RDV.
Propriétaire : Famille Fuchs
Directeur : Paul Fuchs

★ DOMAINE RÉMY GRESSER

Rémy Gresser, vigneron emblématique, dirige son vignoble sur la commune d'Andlau depuis plusieurs décennies. Travaillées avec des pratiques biodynamiques depuis 2000, les vignes sont certifiées bio depuis 2010. Le domaine recherche avant tout à produire des vins secs et la variation des trois grands crus d'Andlau est un "must have". Des sols sablonneux aux schistes, Rémy traduit au mieux ses terroirs et ne se contente pas du riesling ; c'est d'ailleurs le seul à proposer du pinot gris sur le grand cru Wiebelsberg. En plus des millésimes prêts à boire, en vente à des prix abordables, le domaine propose aussi d'excellents moelleux et liquoreux. L'ensemble des vins se montre frais et salin, d'une grande franchise.

Les vins : si l'on excepte le gewurztraminer Kritt, très variétal, les entrées de gamme sont très soignées, avec un crémant nerveux, un muscat croquant et un très énergique pinot blanc, mené par la tension des sols de schistes. Les grands crus se distinguent : Moenchberg épuré et cinglant en riesling, pourvu d'amers de quinquina et d'herbes séchées, poivré et salin en gewurztraminer, aux sucres fondus. Le marqueur du grès rose des Vosges domine dans le pinot gris Wiebelsberg, avec son grain très affiné et salin. Assez discret mais très raffiné, il brille par son intensité en finale en 2017, un peu plus chaleureux en 2015. La fermeté des schistes du Kastelberg rend pour l'instant le riesling un peu muet : sa fine granulosité saline et son allonge salivante faite de petits amers nobles lui confèrent un très grand potentiel. Patience requise !

▭ Crémant d'Alsace Brut	14 €	91
▭ Gewurztraminer Grand Cru Moenchberg 2018	27 €	93
▭ Gewurztraminer Kritt 2020	14 €	88
▭ Muscat Brandhof 2020	14 €	90
▭ Pinot Gris Grand Cru Wiebelsberg 2015	de 26,50 à 28,30 € (c)	92
▭ Riesling Grand Cru Kastelberg 2019	37 €	94
▭ Riesling Grand Cru Moenchberg 2018	26,50 €	93

Rouge : 0,63 hectare.
Blanc : 9,54 hectares.
Production moyenne : 60 000 bt/an

DOMAINE RÉMY GRESSER ♣

2, rue de l'École, 67140 Andlau
03 88 08 95 88 ● www.gresser.fr ●
Visites : sans RDV.
Propriétaire : Rémy Gresser

★ FAMILLE HEBINGER

Denis Hebinger est une locomotive pour les vignerons de sa génération et prend ses marques avec le départ prochain de ses parents. Sa curiosité en sont esprit vif l'amènent à des essais de vins sans soufre et de macération, dans un esprit non-interventionniste. Dotée de moyens performants, la maison est certifiée par Demeter depuis 2011. Partisan des appellations communales pour Eguisheim et du classement de certains terroirs en premier cru d'Alsace, ce domaine propose plusieurs lieux-dits et grands crus, et multiplie les expérimentations avec les macérations et des variétés de cépages anciens.

Les vins : profil très sain, précis et gourmand dans le pinot gris E, parsemé de quelques sucres délicats qui lui apportent du relief, avec une sensation croustillante en finale. Le riesling Frohnenberg allie fine salinité et savoureuses notes d'agrumes frais : un régal désaltérant. Le simple pinot noir se fait gourmand et concentré avec des saveurs de framboise confite, et Wintzenheim S45-164 s'appuie sur un élevage encore prégnant, qui lui confère une assise solide mais aussi un léger manque de fraîcheur. Perséphone est un très beau vin de macération, avec des tanins affirmés, une mâche savoureuse et une densité accrue. Le riesling Hengst en macération est un ovni qui enchantera les amateurs curieux : à l'intersection d'une macération et d'un vin de voile, il voit l'énergie de son fruit resté frais et dense renforcée par sa fine trame oxydative.

▭ Alsace Grand Cru Persephone 2020	28 €	93
▭ Pinot Gris Eguisheim 2020	15 €	91
▭ Riesling Frohnenberg Vieilles Vignes 2020	19 €	92
▭ Riesling Hengst Macéré Semi-Oxydatif 2019	45 €	93
▬ Pinot Noir 2020	14 €	91
▬ Pinot Noir Wintzenheim S45-164 2018	30 €	91

Rouge : 2,46 hectares.
Blanc : 10,84 hectares.
Production moyenne : 60 000 bt/an

FAMILLE HEBINGER ♣

14, Grand-Rue, 68420 Eguisheim
06 84 42 16 77 ● www.vins-hebinger.fr ●
Vente et visites : sur RDV.
Propriétaire : Denis Hebinger

NOUVEAU DOMAINE

★ DOMAINE HURST

Ce domaine de Turckheim a été racheté en 2016 par l'entrepreneur Marc Rinaldi, également propriétaire du domaine Kirrenbourg. L'œnologue Samuel Tottoli suit ces deux domaines, et Christophe Ehrhart, consultant en biodynamie, a mené la transition, avec la certification en 2019. La grande force du domaine Hurst, ce sont ses 7 hectares dans le grand cru Brand, décliné en riesling, muscat et pinot gris. S'y trouvent également une vigne âgée de sélections massales de pinot noir, qui donne la cuvée Cœur de Dragon. La qualité des vins présentés justifie l'entrée dans notre guide avec une première étoile.

Les vins : deux beaux pinots noirs, la cuvée Vieilles Vignes avec sa grande envergure de chair moelleuse et franche, et Cœur de Dragon aux saveurs un peu fumées, un vin sain et moelleux, bien persistant, servi par un élevage très soigné. Généreux, extraverti, cristallin, le muscat du Brand est une superbe réussite : un vin friand et pur, étoffé et mûr, qui a conservé une excellente fraîcheur et une allonge épicée. En riesling, la cuvée Vieilles Vignes se fait sobre et profonde, mais cède le pas devant le Brand, ample et nuancé, au fruit juteux et plein, dont la fermeté granitique ne bride pas la gourmandise de chair et dont l'allonge épicée signe la race de son terroir. Raffiné, le pinot gris du Brand regorge de saveurs de fruits jaunes et de coriandre, et incarne parfaitement le style juste et contemporain vers lequel ce cépage doit tendre. Enfin, la Sélection de Grains Nobles offre un botrytis très pur.

▭	Auxerrois Rotenberg 2020	12,50 €	89
▭	Gewurztraminer Vieilles Vignes 2019	12 €	89
▭	Muscat Grand Cru Brand 2019	24 €	93
▭	Pinot Gris Grand Cru Brand 2019	24 €	94
▭	Pinot Gris Grand Cru Brand SGN 2017	32 €	93
▭	Riesling Grand Cru Brand 2019	26 €	94
▭	Riesling Vieilles Vignes 2020	13,50 €	92
▰	Pinot Noir Cœur de Dragon 2019	26 €	93
▰	Pinot Noir Vieilles Vignes 2019	13,90 €	92

Rouge : 1,4 hectare.
Blanc : 8,1 hectares.
Production moyenne : 50 000 bt/an

DOMAINE HURST ☾

8, rue de la Chapelle 68230 Turckheim
03 89 27 40 22 ● www.hurst-shop.fr ● Vente et visites : sur RDV.
Propriétaire : Famille Rinaldi
Directeur : Samuel Tottoli

★ ↗ DOMAINE PAUL KUBLER

Philippe Kubler propose depuis quelques millésimes une gamme cohérente qui retransmet au mieux l'aspect grillé et torréfié des vins de Soulzmatt. Il gère avec efficacité son vignoble, dont quelques parcelles en grand cru Zinnkoepflé, incluant un excellent Sylvaner, la cuvée Z La Petite Tête au Soleil. Classées en vin de France, deux nouvelles cuvées originales viennent de voir le jour. Plus homogène que l'an dernier, le

niveau des vins progresse en expressivité et dynamisme, aussi accordons-nous de nouveau une étoile au domaine.

Les vins : issu du cépage auxerrois, complété de pinot gris, Les Panetiers constitue une forte belle entrée de gamme, grâce à la fraîcheur de ses saveurs précises et son grain salivant. Le pinot gris Les Combes atteint un équilibre parfaitement sec, finement épicé, tout en s'appuyant sur un fruit mûr et tonique : un vin qui fait mouche. Limpide, le riesling Les Pierriers se montre bien équilibré, alors que Breitenberg demeure un peu trop acidulé. Juteuse et droite, finement fumée, parsemée de petits amers, la cuvée Z prouve toute la légitimité du sylvaner sur le terroir du Zinnkoepflé. Sur ce même terroir, le gewurztraminer se présente moelleux et épicé, et le pinot gris VT est une vraie friandise avec sa texture onctueuse et son acidité électrique. Bon pinot noir, Weingarten, concentré et mûr, gagnerait à être un peu plus tonique.

▭	Alsace Z La Petite Tête au Soleil 2018	21 €	92
▭	Gewurztraminer Grand Cru Zinnkoepflé 2019	21 €	92
▭	Gewurztraminer Nuances de Neroli 2019	15 €	91
▭	Pinot Gris Grand Cru Zinnkoepflé VT 2019	35 €	93
▭	Riesling Breitenberg 2019	21 €	90
▭	Riesling Les Pierriers 2020	14 €	91
▭	VDF Les Combes 2020	15 €	91
▭	VDF Les Panetiers 2020	12 €	90
▰	Pinot Noir Weingarten 2020	22 €	91

Rouge : 1 hectare.
Blanc : 9 hectares.
Production moyenne : 60 000 bt/an

DOMAINE PAUL KUBLER

103, rue de la Vallée, 68570 Soultzmatt
03 89 47 00 75 ● www.paulkubler.com ●
Vente et visites : sur RDV.
Propriétaire : Philippe Kubler

★ DOMAINE LOEW

Depuis quelques années, ce domaine nous séduit par la régularité de sa production et le très bon niveau des vins. Étienne Loew a su trouver la clé pour appréhender les terroirs proches de Westhoffen, et défend ce vignoble un rien isolé comme un garde surveille son rempart ! Sa patte est sûre, sa réflexion ouverte et ses vins se distinguent par leur élégance, leur style spontané et naturel. Dans cette gamme homogène, quelques cuvées sans soufre se démarquent. Si les vins demeurent très fiables, nous aimerions retrouver l'intensité et la profondeur de saveurs que d'autres producteurs savent aller chercher. À regret, nous retirons cette année une étoile, pour plus de conformité avec notre ressenti.

Les vins : le niveau général est plutôt bon, mais le domaine nous a habitué à mieux. La cuvée Pinots est gourmande et parfumée, le muscat croquant, nerveux et printanier. En pinot gris, Clos Marienberg est solide mais manque de fraîcheur, et Le Menhir, nerveux et mûr, affiche un profil « sec-tendre ». En riesling, Ostenberg se montre sobre et consistant, avec sa large assise calcaire. Le dynamique Clos des Frères s'appuie sur de beaux amers salins et une finale juteuse. Parfaitement sec, l'Altenberg se fait élancé et subtil, compensant par son allonge un relatif manque de profondeur. Bons gewurztraminer, Ostenberg étoffé et généreux, et Altenberg assez sec et délicat, aux accents originaux de fruits confits et de rhubarbe.

Alsace Pinots 2019	16,20 €	**92**
Gewurztraminer Grand Cru Altenberg de Bergbieten 2018	26 €	**93**
Gewurztraminer Ostenberg 2017	16,90 €	**92**
Muscat Les Marnes Vertes 2020	14,90 €	**92**
Pinot Gris Bruderbach Clos Marienberg 2017	16,90 €	**90**
Pinot Gris Bruderbach Le Menhir 2019	16,90 €	**92**
Riesling Bruderbach Clos des Frères 2019	17,20 €	**93**
Riesling Grand Cru Altenberg de Bergbieten 2020	30,20 €	**93**
Riesling Ostenberg 2019	17,20 €	**92**

Rouge : 1 hectare.
Blanc : 12 hectares.
Production moyenne : 50 000 bt/an

DOMAINE LOEW ☾
28, rue Birris, 67310 Westhoffen
03 88 50 59 19 ● www.domaineloew.fr ●
Vente et visites : sur RDV.
Propriétaire : Caroline et Étienne Loew

★ DOMAINE JEAN-LUC MADER

Au cœur du charmant village d'Hunawihr, Jérôme Mader monte discrètement en puissance. Sa rigueur et sa volonté de produire des vins précis payent avec une gamme très attachante, éloignée de toute technicité, surtout composée de rieslings exemplaires, issus de terroirs différents, ce qui ne rend pas la dégustation monotype. Son vignoble entretenu en bio s'est légèrement agrandi au cours des derniers millé-

simes. La quasi-totalité de la gamme est bouchée en capsules à vis. Il reste à caler pinot gris et pinot noir pour que le domaine aille encore plus loin.

Les vins : déception avec le gewurztraminer, aux sucres épais et à l'expression variétale. Le pinot blanc est tonique et pur, désaltérant et finement poivré. Parmi les rieslings de lieux-dits, nous préférons Haguenau, au caractère affirmé dans ses amers et notes de fleurs séchées, au Muhlforst, tendre et salivant mais plus simple. Le grand vin du domaine est incontestablement le riesling du Rosacker : il impose dès le premier nez son raffinement distingué, puise dans le caillou sa droiture et son énergie, et dessine un vin de très grandes dimensions, sans la moindre lourdeur. Assez fumé et marqué par son élevage, le pinot noir se montre fin, dans un style un peu austère et strict, légèrement asséchant en finale.

Gewurztraminer 2020	11,80 €	**88**
Pinot Blanc 2020	9 €	**90**
Pinot Gris 2020	10,50 €	**89**
Riesling 2020	11,80 €	**90**
Riesling Grand Cru Rosacker 2020	30 €	**94**
Riesling Haguenau 2020	Épuisé - 28 €	**91**
Riesling Muhlforst 2020	17 €	**90**
Pinot Noir Muhlforst 2020	Épuisé - 17 €	**89**

Rouge : 1 hectare.
Blanc : 10 hectares.
Production moyenne : 55 000 bt/an

DOMAINE JEAN-LUC MADER ♣
13, Grand-Rue, 68150 Hunawihr
03 89 73 80 32 ● www.vins-mader.com ●
Vente et visites : sur RDV.
Propriétaire : Jérôme Mader

★ ⚘ DOMAINE RIEFLÉ

Dans la famille Rieflé, Thomas s'occupe de la vigne, Paul assure la commercialisation et Jean-Claude, le père, vinifie, dans un dialogue quotidien qui fait avancer le domaine. Le millésime 2011, marqué par le rachat du célèbre domaine Seppi Landmann, coïncide avec le début d'une vinification à la recherche de plus de pureté : davantage de gras et de texture, mais sans les sucres, et un élevage un peu plus long sur lies fines. Sobres et raffinés, les vins permettent cette année au domaine de décrocher une étoile.

Les vins : parmi les crémants, notre préférence va à la cuvée Alpha, qui se distingue par sa finesse de bulles et sa fraîcheur. Les lieux-dits Bihl et surtout Luss sont les plus réussis, ce dernier magnifiant le gewurztraminer avec fraîcheur et douceur de texture. Les grands crus imposent leur supériorité : complexité aromatique dans le riesling Zinnkoepflé, qui évoque les fruits blancs à noyau et la glycine. Sa trame revigorante et dynamique se déploie avec une superbe envergure et persistance. Une pointe de caramel frais et des accents fumés agrémentent le pinot gris Steinert, vin sec et tendu au caractère fuselé et très affirmé, qui fera merveille à table. Avec son nez délicat, le pinot noir Strangenberg offre une superbe chair ouvragée, paré d'une guirlande de petits tanins juteux et vifs. Son équilibre, sa persistance et sa fraîcheur méritent des éloges.

Alsace Côte de Rouffach 2020	14 €	91
Alsace Lieu-dit Bihl 2020	17 €	91
Alsace Lieu-dit Luss 2020	21 €	91
Alsace Lieu-dit Steinstück 2020	21 €	88
Crémant d'Alsace Brut Alpha	28 €	92
Crémant d'Alsace Brut Formula	12 €	88
Pinot Gris Grand Cru Steinert 2019	26 €	93
Riesling Grand Cru Zinnkoepflé 2020	28 €	93
Alsace Côte de Rouffach 2020	21 €	89
Alsace Lieu-dit Strangenberg 2020	26 €	93

Rouge : 2 hectares.
Blanc : 21 hectares.
Production moyenne : 160 000 bt/an

DOMAINE RIEFLÉ ♣

7, rue du Drotfeld BP43 68250 Pfaffenheim
03 89 78 52 21 ● www.riefle.com ● Vente et visites : sur RDV.
Propriétaire : Jean-Claude Rieflé
Directeur : Paul et Thomas Rieflé

★ DOMAINES SCHLUMBERGER

Séverine et Thomas Schlumberger incarnent la nouvelle génération de ce très ancien domaine, dont la moitié du vignoble est plantée en grands crus sur le Kitterlé, le Kessler, le Saering et le Spiegel. Adhérent à la charte Tyflo depuis 2003, le domaine pratique une viticulture respectueuse de l'environnement ; une trentaine d'hectares sont même cultivés en bio et biodynamie. Après deux décennies vouées au travail du vignoble, les propriétaires ont décidé d'investir dans un nouvel espace d'accueil, qui rappelle avec élégance les matériaux liés au vin.

Les vins : la gamme les Princes Abbés propose des vins précis et assez consensuels, avec un riesling nerveux et acidulé, un pinot gris friand

et croquant, d'équilibre demi-sec, comme le savoureux gewurztraminer. Belle série de grands crus, avec un riesling Saering ciselé mais vigoureux, qui séduira par son allonge vibrante et sa justesse de saveurs, relevé de notes d'écorces d'agrumes et d'anis. Avec ses arômes de poivre vert et de rhubarbe, le riesling Kitterlé reste sur la retenue, mais affiche envergure et carrure. Des notes d'épices, de foin et de fleurs séchées agrémentent le Kessler, vin ample et aérien, très subtil dans sa texture, dont nous admirons la définition et l'allonge vibrante. Les saveurs de réglisse et de cassonade du moelleux pinot gris Kitterlé résonnent longtemps en bouche, portées par de très fins amers en finale. Généreux et solaire, le gewurztraminer Kessler habille ses sucres d'extrait sec et d'amers nobles.

Gewurztraminer Christine VT 2018	42 €	93
Gewurztraminer Grand Cru Kessler 2018	28 €	93
Gewurztraminer Les Princes Abbés 2020	16 €	90
Pinot Blanc Les Princes Abbés 2019	11 €	88
Pinot Gris Grand Cru Kitterlé 2015	28 €	93
Pinot Gris Les Princes Abbés 2019	14 €	91
Riesling Grand Cru Kessler 2018	27 €	94
Riesling Grand Cru Kitterlé 2018	28 €	92
Riesling Grand Cru Saering 2019	26 €	93
Riesling Les Princes Abbés 2020	14 €	90

Rouge : 8,72 hectares.
Blanc : 115 hectares.
Production moyenne : 650 000 bt/an

DOMAINES SCHLUMBERGER

3, rue des Cours-Populaires,
68500 Guebwiller
03 89 74 27 00 ●
www.domaines-schlumberger.com ● Vente et visites : sur RDV.
Propriétaire : Famille Schlumberger
Directeur : Thomas Schlumberger
Maître de chai : Alain Freyburger

★ ↗ DOMAINE MAURICE SCHOECH

Les premiers Schoech sont arrivés d'Autriche en 1650. Ils ont été charpentiers, tonneliers puis courtiers, jusqu'à Maurice, qui a bâti sa cave au cœur du village d'Ammerschwihr en 1973. Une lignée d'artisans qui se prolonge avec deux fils, Jean-Léon, arrivé en 1989, et Sébastien, revenu six ans plus tard. Les parcelles du domaine sont idéalement placées en coteaux, la gamme comprend une belle variété de grands crus et de lieux-dits, certifié bio depuis 2014. Les entrées de gamme représentent de belles affaires et le domaine s'impose comme l'un des meilleurs producteurs sur le Kaefferkopf. Une première étoile vient cette année récompenser ces efforts.

Les vins : belle définition et finesse de bulles dans le crémant, dont la fraîcheur et la pureté de saveurs sont à l'unisson. Harmonieux, tonique et ample, l'excellent riesling Sonnenberg se fait vigoureux et frétillant : un vin qui désaltère et fait saliver. Avec ses saveurs de pomme au four et de sucre d'orge, le riesling Kaefferkopf s'appuie sur une chair bien mûre mais restée précise, sans aucun excès solaire ni manque de tonus. Le pinot gris Schlossberg offre un équilibre de demi-sec et s'appuie sur une trame lancinante qui illumine sa finale et met en exergue la qualité sapide de ses amers. Plus épicé, entre cannelle et muscade, le pinot gris Mambourg se fait caressant et juteux, doté de superbes saveurs d'orange sanguine, dont l'éclat parvient à faire oublier les sucres. Parangon d'un style bonhomme, profond et puissant – qui correspond assez à l'identité du terroir –, le gewurztraminer du Kaefferkopf conjugue efficacement amers nobles et envergure épicée.

- Alsace Grand Cru Kaefferkopf 2019 — 17 € — 91
- Crémant d'Alsace Extra-Brut Bulles de Granite 2019 — 12 € — 90
- Gewurztraminer Grand Cru Kaefferkopf 2020 — 17 € — 93
- Pinot Auxerrois Vieille Vigne 2020 — 9 € — 88
- Pinot Gris Cuvée Justin 2019 — 15 € — 88
- Pinot Gris Grand Cru Mambourg 2019 — 17 € — 93
- Pinot Gris Grand Cru Schlossberg 2019 — 17 € — 93
- Riesling 2020 — 9,50 € — 89
- Riesling Grand Cru Kaefferkopf 2020 — 21 € — 93
- Riesling Sonnenberg 2019 — 14 € — 92

Rouge : 1 hectare.
Blanc : 17 hectares.
Production moyenne : 80 000 bt/an

DOMAINE MAURICE SCHOECH ♣

4, route de Kientzheim, 68770 Ammerschwihr
03 89 78 25 78 ● www.domaineschoech.com ● Visites : sans RDV.
Propriétaire : Jean-Léon et Sébastien Schoech

★ SCHŒNHEITZ

Seul vignoble alsacien classé en zone de montagne, le Val Saint Grégoire regroupe plusieurs communes de la vallée de Munster. Le domaine Schœnheitz est l'unique metteur en bouteille à Wihr-au-Val. Henri Schœnheitz, dont le père, qui s'appelait également Henri, a aidé à la replantation du vignoble après la guerre, est aujourd'hui propriétaire de parcelles exposées sud/sud-est, dont un point culminant pour l'appellation Alsace à 550 mètres. Son fils Adrien est à la tête du domaine et, diplôme d'œnologie en poche, il s'essaie à vinifier quelques cuvées en barrique bourguignonne. Un peu à l'écart de la Route des vins d'Alsace, ces coteaux escarpés, qui réussissent merveilleusement aux cépages alsaciens depuis le Moyen Âge, méritent le détour.

Les vins : crémant et pinot blanc sont de bonne facture et accessibles. Macération de gewurztraminer et riesling, Métis se fait assez discret et délicat. Il séduit par sa fraîcheur épicée et la délicatesse de ses tanins. En riesling, Audace est comprimé par le marqueur des barriques d'acacia et de mûrier de son élevage, Holder est gourmand mais sa finale est végétale. Nous préférons le désaltérant et charnu Linsenberg, que la tension granitique fait vibrer, et Herrenreben, doté d'une superbe envergure et d'une trame acide très sapide et éclatante : un vin pénétrant et ciselé. Délié, finement compoté mais adossé à des tanins fermes, le pinot noir est un peu réglissé et devrait bien évoluer.

- Alsace Mètis 2020 — 18 € — 92
- Crémant d'Alsace — 10 € — 89
- Pinot Blanc Val Saint-Grégoire 2020 — 9 € — 90
- Riesling Audace 2019 — 18 € — 89
- Riesling Herrenreben 2020 — 15 € — 93
- Riesling Holder 2020 — 16 € — 90
- Riesling Linsenberg 2020 — 14 € — 93
- Pinot Noir Saint Gregoire 2020 — 19 € — 92

Rouge : 2,5 hectares.
Blanc : 14,5 hectares.
Production moyenne : 85 000 bt/an

SCHŒNHEITZ

1, rue de Walbach 68230 Wihr-au-Val
03 89 71 03 96 ● www.vins-schoenheitz.fr ● Vente et visites : sur RDV.
Propriétaire : Adrien, Dominique et Henri Schœnheitz

★ DOMAINE VINCENT STOEFFLER

Vincent Stoeffler fait partie de cette poignée de vignerons résistants à Barr, coincés entre les maisons de négoce et les caves coopératives. Aux vignes familiales de cette zone prestigieuse du Bas-Rhin, s'ajoute un vignoble en coteaux dans le Haut-Rhin, autour de Ribeauvillé. Aujourd'hui, le vignoble est cultivé avec soin, certifié en bio avec beaucoup de préceptes biodynamiques et quelques cuvées sans soufre. La gamme a gagné en homogénéité et le domaine est en pleine forme. Les prix sont particulièrement doux.

Les vins : crémant et riesling Tradition sont précis et accessibles. Gourmand et sincère, le pinot gris évoque les fruits jaunes, le sésame et le miel de châtaignier. Le gewurztraminer est expressif et confortable, et la macération Tout Feu Tout Flamme sonne juste, dotée d'un large spectre aromatique. Grande franchise dans le riesling Kronenburg, qui fait mouche avec son fruit lumineux et sobre. Muhlforst est gourmand et dense, articulé autour de fins amers en finale. Le Kirchberg de Barr se décline tout en nuances et fraîcheur délicatement saline : c'est un vin sans fard, très sincère et généreux. On attendra un peu le pinot noir XXC, vin intègre et profond, d'une belle souplesse de texture.

Crémant d'Alsace Brut 2018	13,80 €	90
Gewurztraminer Grand Cru Kirchberg de Barr 2020	18 €	92
Pinot Gris Salzhof 2020	12,40 €	92
Riesling Grand Cru Kirchberg de Barr 2020	18 €	93
Riesling Kronenburg 2020	12 €	92
Riesling Terroir Muhlforst de Hunawihr 2020	12 €	92
Riesling Tradition 2020	9,40 €	90
Alsace Tout Feu Tout Flamme 2020	14 €	93
Pinot Noir XXC 2019	28 €	92

Rouge : 3 hectares.
Blanc : 13,5 hectares.
Production moyenne : 120 000 bt/an

DOMAINE VINCENT STOEFFLER ♣
1, rue des Lièvres, 67140 Barr
03 88 08 52 50 ● www.vins-stoeffler.com ● Visites : sans RDV.
Propriétaire : Vincent Stoeffler

★ DOMAINE ZINCK

En une décennie, Philippe Zinck a trouvé son chemin et son rythme. Les vignes sont concentrées autour d'Eguisheim et sur plusieurs grands crus, dont Eichberg, Pfersigberg et Goldert. 2021 valide la certification en agriculture biologique et biodynamique (Ecocert et Demeter). Le vigneron se concentre sur ses 90 parcelles : un terrain de jeu qu'il maîtrise avec une petite équipe jeune et dynamique. Le style s'est affiné pour laisser place à des vins purs et francs, vinifiés en inox, sauf la gamme Terroir et les grands crus, vinifiés en foudre de chêne des Vosges.

Les vins : les entrées de gamme s'expriment avec franchise et simplicité, comme le pinot blanc, le pinot gris ou le riesling Wasserfall. Parmi la collection des grands crus, le riesling Eichberg allie épices et fruits jaunes, prolongé d'amers savoureux en finale, mais sa richesse est un peu chaleureuse. Nous lui préférons le Pfersigberg qui se présente tout en tension et droiture saline : un vin strict mais nuancé, enrobé d'un bon fruit mûr et lumineux. En gewurztraminer, Goldert se montre frais et ouvert, avec des saveurs de brugnon, notes mellifères et fleurs séchées. Intense et épicé, Eichberg déploie envergure et puissance, sa chair ample et généreuse reste gourmande et intègre bien ses quelques sucres : un vin solide et complet. Le pinot noir offre une finale acidulée, un peu vernissée.

Gewurztraminer Grand Cru Eichberg 2017	25 €	92
Gewurztraminer Grand Cru Goldert 2013	25 €	92
Pinot Blanc Terroir Holzweg 2020	15 €	90
Pinot Gris Terroir Talmatten 2020	17 €	90
Riesling Grand Cru Eichberg 2019	25 €	91
Riesling Grand Cru Pfersigberg 2020	25 €	93
Riesling Terroir Wasserfall 2020	17 €	90
Pinot Noir 2020	15 €	90

Rouge : 2 hectares.
Blanc : 12 hectares.
Production moyenne : 100 000 bt/an

DOMAINE ZINCK ♣
18, rue des Trois-Châteaux, 68420 Eguisheim
03 89 41 19 11 ● www.zinck.fr ● Visites : sans RDV.
Propriétaire : Philippe Zinck

JEAN-BAPTISTE ADAM

La famille Adam combine une activité de négoce et une production issue de ses propres vignobles. Depuis plusieurs années, Jean-Baptiste affine son travail parcellaire, accompagné de sa fille Laure et du mari de celle-ci, Emmanuel Bogen, chef de culture. La famille est engagée dans la voie de la biodynamie, certifiée Demeter pour une partie de la gamme, et tend à ajouter le moins de soufre possible dans la bouteille, tout en gardant de la netteté et de l'éclat dans les vins.

Les vins : les crémants sont soignés, en particulier le Brut Nature Génération 16, issu d'une solera de pinot noir, vineux, frais et affiné. L'auxerrois possède de l'éclat, de la sève et un caractère énergique et tendu. Assemblage de riesling et gewurztraminer, la cuvée Grand K manque de tension et s'alanguit un peu dans ses sucres. Nous apprécions le pinot gris de macération Empreinte, vin fin et précis, pétulant et plein de vitalité. Avec son profil demi-sec, relevé de notes d'épices, d'angélique et d'agrumes confits, le gewurztraminer Kaefferkopf offre un équilibre très juste. Deux très beaux rieslings grand cru en 2019 : le Wineck-Schlossberg séduit par sa précision et sa justesse de définition, faisant la part belle à l'expression granitique et lancinante du terroir ; et le Kaefferkopf tout en vigueur et envergure moelleuse, un vin intense, bien sec et nerveux qui dompte très habilement la générosité solaire du cru.

- Alsace Grand Cru Kaefferkopf Le Grand K 2019   21 €   89
- Crémant d'Alsace Brut Les Natures   11 €   89
- Crémant d'Alsace Brut Nature Génération 16   18,50 €   91
- Crémant d'Alsace Brut Prestige Émotion   12,90 €   90
- Gewurztraminer Grand Cru Kaefferkopf Vieilles Vignes 2019   20,50 €   91
- Pinot Auxerrois Vieilles Vignes 2020   11 €   90
- Pinot Gris Letzenberg Vin de Gastronomie 2020   19,50 €   90
- Pinot Gris de Macération Empreinte 2019   15 €   91
- Riesling Grand Cru Kaefferkopf Vieilles Vignes 2019   20 €   93
- Riesling Grand Cru Wineck-Schlossberg 2019   20 €   93

Rouge : 3 hectares.
Blanc : 18 hectares.
Production moyenne : 180 000 bt/an

JEAN-BAPTISTE ADAM ♣

5, rue de l'Aigle 68770 Ammerschwihr
03 89 78 23 21 ● www.jb-adam.com ●
Visites : sans RDV.
Propriétaire : Jean-Baptiste Adam

DOMAINE ÉMILE BOECKEL

Installé à Mittelbergheim, ce domaine familial depuis 400 ans est aujourd'hui géré par Jean-Daniel et Thomas Boeckel. Les vignes sont certifiées bio, et le domaine complète sa production par des achats de raisin. Une large batterie de vieux foudres est employée pour l'élevage des lieux-dits et grands crus. Fierté du domaine, les vignes âgées situées sur le Zotzenberg, le seul grand cru autorisé, depuis 2005 pour le sylvaner, qui y donne un vin plein de caractère et de longévité.

Les vins : si le crémant et le pinot blanc manquent un peu de caractère, les autres vins se distinguent. En riesling, Clos Eugénie offre une carrure calcaire étoffée, et le Wiebelsberg livre déjà de savoureuses nuances de pamplemousse : sa vibration en finale, la qualité de ses fins amers et son élégance acidulée le caractérisent. Précis, assez linéaire et charnu, le pinot gris du Zotzenberg se fait douillet et présente une jolie tenue. Avec sa personnalité hors du commun, le sylvaner prend sur le Zotzenberg une dimension insoupçonnée mais toujours digeste, dans laquelle fraîcheur épicée (poivre vert, coriandre) et fruits jaunes croquants composent un ensemble harmonieux. Plusieurs beaux pinots noirs, dont le K issu du Kirchberg, au grain de tanin très fin, et les Terres Rouges 2019 qui séduit par sa délicatesse et la justesse de ses saveurs, vin harmonieux et apaisé.

- Crémant d'Alsace Extra-Brut Chardonnay 2018   17,45 €   88
- Pinot Blanc Midelberg 2020   9 €   88
- Pinot Gris Grand Cru Zotzenberg 2019   22 €   91
- Riesling Clos Eugénie 2018   22 €   91
- Riesling Grand Cru Wiebelsberg 2020   26 €   93
- Pinot Noir K 2020   Épuisé - 31,10 €   92
- Pinot Noir Les Terres Rouges 2018   36 €   92
- Pinot Noir Les Terres Rouges 2019   36 €   93
- Pinot Noir Oberpfoeller 2020   Épuisé - 18 €   90

Le coup de ♥

- Sylvaner Grand Cru Zotzenberg 2019   22 €   93

Rouge : 3 hectares.
Blanc : 22 hectares.
Production moyenne : 250 000 bt/an

DOMAINE ÉMILE BOECKEL ♣

2, rue de la Montagne, 67140 Mittelbergheim
03 88 08 91 02 ● www.boeckel-alsace.com/ ●
Vente et visites : sur RDV.
Propriétaire : Famille Boeckel
Directeur : Thomas et Jean-Daniel Boeckel

JEAN-CLAUDE BUECHER

Le crémant est ici à l'honneur depuis la création du domaine par Jean-Claude et Sylviane Buecher dans les années 1980, le seul d'Alsace à ne proposer que des bulles. Rejoignant la propriété en 2005, Franck, le fils des propriétaires, agrandit l'espace de stockage pour assurer un élevage sur lattes entre 24 et 36 mois. Les vins sont toujours dosés en extra-brut, les levures indigènes de rigueur. La plupart des vignes sont situées sur les coteaux marno-calcaires de Wettolsheim, mais aussi sur le granite de Walbach, dans la vallée de Munster. 2019 est le premier millésime certifié bio.

Les vins : avec les vieillissements sur lattes qui augmentent, la gamme progresse chaque année. Le rosé Murmure se montre généreux et fin. Esquisse est une entrée de gamme tonique et précise. Plus profond et complexe, Reflets s'adosse à de bons amers. Le pinot blanc Fleur de Lys se fait persistant, avec une confortable envergure de saveurs. Le chardonnay Empreinte, aux notes de brioche et de praline, progresse en profondeur. Ample et épanoui, le pinot noir Sang Froid est resté frais et se prolonge en une noble amertume, soulignée par une bulle millimétrée. Insomnia ne plaira pas à tout le monde, avec ses notes de rancio et de croûte de fromage, mais c'est une belle illustration du savoir-faire du domaine.

Crémant d'Alsace Empreinte 2016	20 €	**92**
Crémant d'Alsace Esquisse 2019	12 €	**90**
Crémant d'Alsace Fleur De Lys 2016	26 €	**92**
Crémant d'Alsace Insomnia 2005	50 €	**93**
Crémant d'Alsace Insomnia 2012	30 €	**91**
Crémant d'Alsace La Petite Sauvage 2015	39 €	**92**
Crémant d'Alsace Reflets 2017	14 €	**92**
Crémant d'Alsace Sang Froid 2016	39 €	**93**
Crémant d'Alsace Murmure 2018	15 €	**91**

Rouge : 2,7 hectares.
Blanc : 7,3 hectares.
Production moyenne : 45 000 bt/an

JEAN-CLAUDE BUECHER ♣
31, rue des Vignes, 68920 Wettolsheim
03 89 80 14 01 ● www.cremant-buecher.fr ●
Vente et visites : sur RDV.
Propriétaire : Jean-Claude Buecher
Directeur : Franck Buecher

FAMILLE HUGEL

Grande maison de négoce, dont l'activité viticole débute en 1639, Hugel est devenu une marque importante, présente dans le monde entier. On trouve d'un côté les cuvées d'entrée de gamme, tel que le Gentil, représentant la plus grande partie de la production mais dont la qualité s'avère moyenne. Et de l'autre côté, les terroirs de Riquewihr, Sporen et Schoenenbourg qui n'ont pas de secrets pour Marc Hugel. Le temps fait la force de ces vins de coteaux, qui peuvent se montrer peu expressifs dans leur jeunesse. Nous apprécions les vins de la gamme Grossi Laüe, commercialisés après quelques années de vieillissement. Moelleux et liquoreux offrent de belles émotions et restent un point fort de la maison.

Les vins : le domaine ne nous ayant pas fait parvenir ses vins pour cette édition, nous sommes amenés à reconduire les notes de l'an dernier.

Gewurztraminer Classic 2018	15,50 €	**89**
Gewurztraminer Grossi Laüe 2012	38,90 €	**92**
Gewurztraminer Hugel VT 2012	38 €	**92**
Pinot Gris Estate 2016	22,90 €	**90**
Riesling Classic 2019	14,40 €	**89**
Riesling Estate 2017	21,60 €	**89**
Riesling Grossi Laüe 2012	43,20 €	**91**
Riesling Hugel VT 2012	55,40 €	**90**
Riesling SGN "S" 2015	175 €	**94**
Pinot Noir Grossi Laüe 2013	38,90 €	**89**

Rouge : 1,5 hectare.
Blanc : 28 hectares.
Production moyenne : 850 000 bt/an

FAMILLE HUGEL
3, rue de la Première-Armée,
68340 Riquewihr
03 89 47 92 15 ● www.hugel.com ● Vente et visites : sur RDV.
Propriétaire : Famille Hugel
Directeur : Marc Hugel

VIGNOBLE KLUR

Après avoir quitté la coopération en 1999 pour se lancer dans l'aventure de la biodynamie, Clément Klur avait développé son vignoble pour atteindre environ 8 hectares de vignes. En 2017, un deuxième virage a été initié. Il a conservé seulement 1,5 hectare : de belles parcelles du Hinterburg pour le pinot noir et des vignes sur les coteaux de Katzenthal, principalement le grand cru Wineck-Schlossberg. Elisa, la fille de Clément, est arrivée en 2019 au domaine, en parallèle de sa formation d'orfèvre-bijoutière. Ici, on prend le temps de faire le vin, en menant un travail de puriste à la vigne comme en cave, sans ajout de soufre. Les cuvées montrent de l'éclat, de la pureté. Cette nouvelle voie originale et prometteuse nous réjouit.

Les vins : les vins ont gagné en précision. Le pétillant naturel et le rosé sont accrocheurs. En riesling, Appel d'R est un vin peu protégé, qui pourra dérouter par sa liberté de saveurs. On aime sa limpidité et sa sincérité, dans une approche résolument tonique. O Grand R s'est assagi depuis l'an dernier, vin nuancé et bien sec dont la finale oscille entre orge et touches racinaires. Or dans l'Air associe muscat et gewurztraminer en macération. Son profil robuste et ses amers appuyés plaident pour deux ou trois ans de garde, afin qu'il se détende, mais sa fraîcheur est appréciable. Le pinot noir est excellent, très expressif, doté d'un savoureux moelleux de fruit, d'une belle fraîcheur et de tanins affinés qui roulent sur la langue. On se régalera dès maintenant de ce vin très digeste.

Riesling Appel D'R 2019	21 €	91
Riesling Grand Cru Wineck-Schlossberg O Grand R 2017	29 €	91
VDF Il y a de l'Or… dans l'Air 2020	27 €	90
VDF Pet en l'Air 2020	19 €	90
VDF Tête en l'Air 2020	19 €	90
Pinot Noir Air de Famille 2020	25 €	92

Rouge : 0,6 hectare.
Blanc : 1,2 hectare.
Production moyenne : 8 000 bt/an

VIGNOBLE KLUR 🌙
105, rue des Trois-Épis, 68230 Katzenthal
03 89 80 94 29 ● www.klur.net ● Vente et visites : sur RDV.
Propriétaire : Elisa Klur
Maître de chai : Clément Klur

KUENTZ-BAS

Perché dans le village d'Husseren-les-Châteaux, Kuentz-Bas, nom historique dans le vignoble, retrouve ses lettres de noblesse depuis le rachat en 2004 par Jean-Baptiste Adam. Le label Trois Châteaux regroupe la production de vins en biodynamie, le domaine comptant également une partie en négoce. S'ajoutent depuis peu quelques crus notables du secteur de Ribeauvillé. Les derniers vins présentés nous laissent assez dubitatifs et justifient pleinement la perte d'une étoile cette année : une reprise en main s'impose.

Les vins : le pétillant naturel est agréable mais reste simple, le muscat grand cru ne présente pas l'éclat et la persistance attendus. La macération Fruit du Péché manque un peu d'envergure et présente une note végétale. Nous

aimerions plus de fraîcheur dans les pinots gris, le Eichberg est mou et alourdi par ses sucres. En riesling, Geisberg est simple et court, pas au niveau d'un grand cru, et Pfersigberg plus franc, ample et robuste, manquant un peu de finesse. Noir de Roche est un agréable pinot noir vinifié en blanc, qui séduit par la fraîcheur de ses saveurs de fruits rouges. Réduit, le pinot noir l'Étincelle manque de fruit, et Trois Châteaux s'avère mieux construit, mais un peu strict et sec.

Alsace Le Fruit du Péché 2020	18,90 €	89
Alsace Noir de Roche Trois Châteaux 2020	18,90 €	91
Muscat Grand Cru Pfersigberg 2018	18,90 €	89
Pinot Gris Grand Cru Eichberg 2018	24,90 €	90
Pinot Gris Trois Châteaux 2018	15,90 €	89
Riesling Grand Cru Geisberg 2018	24,90 €	89
Riesling Grand Cru Pfersigberg Trois Châteaux 2019	24,90 €	92
VDF Pét' Nat' Jean… Ça Bulle	14,90 €	89
Pinot Noir L'Étincelle 2019	11,90 €	87
Pinot Noir Trois Châteaux 2019	24,90 €	90

Rouge : 0,8 hectare.
Blanc : 10 hectares.
Production moyenne : 90 000 bt/an

KUENTZ-BAS 🌙
5 rue de l'Aigle 68770 Ammerschwihr
03 89 49 30 24 ● www.kuentz-bas.fr ● Vente et visites : sur RDV.
Propriétaire : Jean-Baptiste Adam
Directeur : Olivier Raffin

DOMAINE DU MANOIR

À cheval entre les communes de Turckheim et d'Ingersheim, se trouve un trésor bien gardé par la famille Thomann : le Clos du Letzenberg. Cet ensemble de 7 hectares, tout à fait unique dans la région, embrasse à l'horizontale le mouvement élégant d'une colline, qui commence à l'est et finit au sud, sur des sols d'argiles et surtout de calcaire. Les cépages nobles sont plantés sur de minuscules terrasses, qui offrent une vue vertigineuse et abrupte, et ne permettent pas de labours partout. C'est la seule contrainte qui empêche la certification en bio pour Jean, en charge du domaine depuis 2003, et son frère cadet Nicolas. On produit ici de beaux vins, toujours dans un style sec pour le riesling ; l'élevage en barrique des pinots noirs et pinots gris mérite d'être affiné.

119

Les vins : généreusement boisé, rehaussé d'une note vernissée et fumée, le pinot noir se montre un peu sec, trop raide dans son assise tannique. Nous aimons le crémant, friand et finement exotique. Fruit croquant, touches de caramel frais et de fruits exotiques dans le gourmand pinot gris, aux sucres très discrets. Nous le préférons à la cuvée Victoria, qui gagne en enrobage ce qu'il perd en fraîcheur et naturel d'expression. Un rien exotique mais très sobre, le gewurztraminer est digeste. Vin sobre et nuancé, le riesling séduit par sa subtilité de texture et la délicatesse de sa palette aromatique (réglisse, gentiane, glycine...). Sa douce persistance se fait nourrissante, avec un éclat désaltérant en finale.

Crémant d'Alsace	8,80 €	91
Gewurztraminer Clos du Letzenberg 2020	11 €	90
Pinot Gris Clos du Letzenberg 2020	11 €	91
Pinot Gris Clos du Letzenberg Cuvée Victoria 2020	12,30 €	90
Riesling Lieu-dit Letzenberg 2020	10,50 €	92
Pinot Noir Clos du Letzenberg 2020	15,50 €	88

Rouge : 0,8 hectare.
Blanc : 9,7 hectares.
Production moyenne : 25 000 bt/an

DOMAINE DU MANOIR

56, rue de la Promenade, 68040 Ingersheim
03 89 27 23 69 ● www.domainedumanoir.fr
● Vente et visites : sur RDV.
Propriétaire : Marina Thomann
Maître de chai : Jean Thomann

DOMAINE FRÉDÉRIC MOCHEL

Depuis 2001, Guillaume Mochel perpétue avec passion la tradition familiale à Traenheim. Cette belle région aux portes de Strasbourg offre des terroirs profonds et riches. La moitié des parcelles se situe à Traenheim et l'autre à Bergbieten, fameux pour son grand cru Altenberg. Rares sont les metteurs en bouteille sur la commune, en raison de la présence d'une grande cave coopérative. La certification bio sera acquise avec les vins de 2021, et la biodynamie est à l'essai.

Les vins : quelques vins s'avèrent décevants, comme le muscat, à l'amertume trop prononcée. Le gewurztraminer du grand cru Altenberg est nuancé mais un peu trop solaire. Le riesling cuvée Henriette ne manque pas de tonus et droiture, mais sa finale un peu herbacée et chaleureuse témoigne d'une maturité de raisin un peu juste. Deux beaux pinots noirs, en particulier la cuvée Réserve, au fruit frais et pulpeux, subtilement compoté avec une agréable note de cendre froide.

Gewurztraminer Grand Cru Altenberg de Bergbieten 2019	17,60 €	90
Klevner Pinot Blanc 2020	7,60 €	88
Muscat 2020	11,20 €	86
Riesling Grand Cru Altenberg de Bergbieten Cuvée Henriette 2020	17,60 €	90
Pinot Noir 2019	11 €	90
Pinot Noir Réserve 2020	23 €	93

Rouge : 0,8 hectare.
Blanc : 9 hectares.
Production moyenne : 70 000 bt/an

DOMAINE FRÉDÉRIC MOCHEL ♣

56, rue Principale, 67310 Traenheim
03 88 50 38 67 ● www.mochel.alsace ●
Vente et visites : sur RDV.
Propriétaire : Guillaume Mochel

NOUVEAU DOMAINE

DOMAINE GÉRARD NEUMEYER

Jérôme Neumeyer, aidé de sa sœur Marie, a repris en 2016 la responsabilité du domaine familial, certifié bio en 2012 et en biodynamie en 2021. Implanté sur les coteaux de Molsheim, le domaine témoigne d'un travail sérieux, récompensé par une qualité de raisin toujours parfaite en termes de maturité. Les vins sont généreux et digestes, quel que soit le cépage. Le grand cru Bruderthal, avec son terroir marno-calcaire coquillier, constitue le fleuron de la maison : riesling, gewurztraminer et pinot gris s'y révèlent particulièrement expressifs.

Les vins : la gamme est cohérente et appelée à progresser. Si le muscat ottonel présente trop d'alcool, le sylvaner séduit par sa fraîcheur et son intensité. Les trois meilleurs vins proviennent du grand cru Bruderthal : belle envergure dans la chair épanouie et nuancée du riesling, qui sait contenir son caractère solaire et rester gourmand, avec la persistance de ses fins amers en finale ; très beau gewurztraminer également, vin moelleux et élégant dont la chair caressante et finement poivrée vient titiller les papilles, avec une allonge enviable ; notes de fruits jaunes et de rhubarbe dans le pinot gris, doté d'une belle envergure et d'une finale carrée et réglissée : un beau vin de gastronomie pour un plat relevé. Si le nez reste un peu pointu, la bouche du pinot noir Berger se fait plus gourmande dans son expression de fruits bien mûrs et de notes cendrées et épicées : c'est un rouge sérieux, assez séveux mais un peu chaleureux, capable de bien évoluer.

Gewurztraminer Grand Cru Bruderthal 2020	22 €	92
Gewurztraminer Taureau Stierkopf 2017	13 €	91
Muscat Grand Cru Bruderthal 2018	22 €	90
Muscat Ottonel 2018	11 €	87
Pinot Gris Chartreux Hahnenberg 2017	14 €	89
Pinot Gris Grand Cru Bruderthal 2017	22 €	91
Riesling Grand Cru Bruderthal 2019	22 €	92
Riesling Pinsons Finkenberg 2020	13 €	89
Sylvaner Générations 2019	11 €	90
Pinot Noir Berger Schaefferstein 2020	16 €	90

Rouge : 2 hectares.
Blanc : 14 hectares.
Production moyenne : 75 000 bt/an

DOMAINE GÉRARD NEUMEYER ♣

29, rue Ettore Bugatti 67120 Molsheim
03 88 38 12 45 ● www.neumeyer.fr ● Vente et visites : sur RDV.
Propriétaire : Jérôme Neumeyer

CAVE DE RIBEAUVILLÉ

La plus ancienne cave coopérative de l'Hexagone a fêté ses 125 ans en 2020. Elle offre l'une des plus grandes diversités de terroirs que l'on puisse trouver dans la région. Propriétaire de dix grands crus et de huit lieux-dits, dont le monopole du clos du Zahnacker, vignoble en complantation, la cave s'appuie sur une charte de qualité sérieuse, avec des rendements revus à la baisse par rapport au décret. C'est aussi la seule cave coopérative d'Alsace où la totalité des raisins est vendangée à la main, sur 225 hectares !

Les vins : les crémants sont soignés mais restent simples, et le pinot noir demeure pataud, habillé d'un boisé terne et sec. Plusieurs beaux rieslings de lieux-dits : volume juteux, amers bien vifs et trame élancée dans Haguenau ; matière tendue et nerveuse, très précise, saveurs de pierre à fusil en finale dans le Silberberg de Rorschwihr. En grand cru, le structuré Osterberg voit son attaque ample laisser vite place à une matière incisive et pénétrante. Avec son nez de paille et de fleurs séchées, le Kirchberg se fait profond, encore très immature et serré. Complexité et envergure de saveurs, le

safran, les fruits jaunes et le noyau se complètent avec bonheur dans le salivant Clos du Zahnacker, à la personnalité très affirmée.

Alsace Clos du Zahnacker 2016	30,50 €	93
Crémant d'Alsace Brut Giersberger	10 €	88
Crémant d'Alsace Brut Grande Cuvée	20,40 €	90
Gewurztraminer Bergheim 2018	14,80 €	88
Gewurztraminer Grand Cru Altenberg de Bergheim 2017	22,50 €	91
Riesling Grand Cru Kirchberg de Ribeauvillé 2019	21,50 €	92
Riesling Grand Cru Osterberg 2019	21,50 €	92
Riesling Haguenau 2017	11,45 €	91
Riesling Lieu-dit Silberberg de Rorschwihr Cuvée des 125 ans 2017	16,20 €	91
Pinot Noir Rodern 2017	19,80 €	88

Rouge : 22 hectares.
Blanc : 213 hectares.
Production moyenne : 2 000 000 bt/an

CAVE DE RIBEAUVILLÉ

2, route de Colmar, 68150 Ribeauvillé
03 89 73 61 80 ● www.vins-ribeauville.com ● Vente et visites : sur RDV.
Propriétaire : Cave de Ribeauvillé
Directeur : Yves Baltenweck
Maître de chai : Yves Ortlieb
Œnologue : Evelyne Bleger-Cognacq

DOMAINE ROLLY-GASSMANN

Pierre Gassmann signe des vins d'une rare intensité. Il ne bénéficie d'aucune certification mais a recours à la biodynamie la plupart du temps et prépare lui-même les plantes pour le traitement. Le village de Rorschwihr ne compte pas de grands crus, mais le domaine propose une diversité de lieux-dits à faire perdre la tête, dont une micro-parcelle de gewurztraminer sur l'Altenberg de Bergheim depuis 2011. Un million de bouteilles est immobilisé au domaine, permettant une offre large et précieuse de vieux millésimes. Une nouvelle cave en biothermie, creusée à flanc de coteau sur 28 mètres de profondeur, permet aux visiteurs de profiter d'une vue imprenable sur le vignoble et le Haut-Kœnigsbourg. La maturité est toujours largement atteinte et le sucre résiduel souvent balancé par l'acidité s'estompe plus ou moins vite. Ces vins riches et profonds savent vieillir mais ne tiennent pas toujours leurs promesses, manquant parfois de fraîcheur, ce qui nous conduit à retirer l'étoile cette année.

Les vins : certaines des cuvées se montrent lourdes, manquant de fraîcheur, avec des sucres épais et fatigants. Avec son élevage appuyé, le pinot noir présente des saveurs de bacon et des tanins un peu secs. Le généreux gewurztraminer de l'Altenberg est bien réussi, charnu, floral, de belle envergure et exotique, aux sucres savoureux, se terminant par des amers salivants. Le riesling Vendanges Tardives est resté frais et acidulé, avec des sucres bien fondus. Le pinot gris Sélection de Grains Nobles offre une chair riche et épanouie, les sucres sont plus agréablement fondus, l'ensemble est persistant, complet, d'excellent niveau.

⊂ Gewurztraminer Grand Cru Altenberg de Bergheim 2012	39 €	92
⊂ Muscat VT 2015	22 €	88
⊂ Pinot Gris Rorschwihr SGN 2005	45 €	94
⊂ Pinot Gris Rotleibel de Rorschwihr 2013	15 €	89
⊂ Pinot Gris Réserve 2010	22 €	90
⊂ Riesling Rorschwihr Yves VT 2010	26 €	93
⊂ Riesling de Rorschwihr Réserve 2019	21 €	87
⊂ Sylvaner Weingarten de Rorschwihr 2011	11 €	87
⊂ Pinot Noir Rorschwihr 2018	37 €	89

Rouge : 3,27 hectares.
Blanc : 51,39 hectares.
Production moyenne : 200 000 bt/an

DOMAINE ROLLY-GASSMANN

15, Grand-Rue, 68590 Rorschwihr
03 89 73 63 28 ● www.rollygassmann.fr ●
Vente et visites : sur RDV.
Propriétaire : Pierre Gassmann

DOMAINE ÉRIC ROMINGER

Désormais seule à bord de ce domaine créé avec son mari, Claudine Rominger Sutter continue avec sa force naturelle un travail en biodynamie dans la vigne, et précise son travail en cave. Le vignoble d'une douzaine d'hectares s'articule autour de Westhalten avec des lieux-dits expressifs en riesling et pinot noir et de belles réussites sur le grand cru Zinnkoepflé. Les vins peuvent encore progresser.

Les vins : le sylvaner se présente un peu lactique et évolué, et le pinot gris est légèrement crissant, en limite de maturité à force de vouloir être sec à tout prix. Si le riesling Schwarberg est précis, il reste un peu strict et végétal. Nous lui préférons le riesling du Zinnkoepflé, alliant fraîcheur et tension solaire, mais il pourrait être plus gourmand. Digeste et moelleux, Ozmose se montre assez éclatant. Nous apprécions les gewurztraminers, en particulier la cuvée Les Sin-

nelles, moelleux et intense, restée digeste et parfumée. L'Exception est également convaincant, sobre et revigorant, avec des sucres discrets.

⊂ Alsace Ozmose 2020	23 €	91
⊂ Gewurztraminer Grand Cru Zinnkoepflé Les Sinnelles 2020	19 €	93
⊂ Gewurztraminer Grand Cru Zinnkoepflé VT 2018	29 €	91
⊂ Gewurztraminer L'Exception 2019	13 €	91
⊂ Pinot Gris Schwarzberg 2020	14 €	89
⊂ Riesling 2020	9 €	89
⊂ Riesling Grand Cru Zinnkoepflé 2020	18 €	91
⊂ Riesling Schwarzberg 2020	14 €	90
⊂ Sylvaner L'Insolite 2020	9 €	89

Rouge : 1 hectare.
Blanc : 10 hectares.
Production moyenne : 60 000 bt/an

DOMAINE ÉRIC ROMINGER ♣

16, rue Saint-Blaise, 68250 Westhalten
03 89 47 68 60 ● www.domainerominger.fr/
● Visites : sans RDV.
Propriétaire : Famille Rominger
Directeur : Claudine Rominger Sutter

NOUVEAU DOMAINE

DOMAINE FRANÇOIS SCHMITT

Situé à Orschwihr, ce domaine de 13 hectares est entre les mains de Frédéric Schmitt et de son épouse Myriam. La plus grande partie des vignes se situe sur les coteaux de l'exceptionnel site du Bollenberg, du grand cru Pfingstberg. Un petit quart de la superficie est plantée en pinot noir, cépage qui se distingue particulièrement dans la superbe cuvée Cœur de Bollenberg, élevée en barriques et née sur un sol marno-calcaire, où la roche affleure. Le millésime 2019 est également celui de la certification biodynamique. Nous accueillons avec plaisir le domaine dans notre guide.

Les vins : le crémant est énergique, même si sa bulle manque un peu de finesse. Bollenberg blanc assemble sept cépages : un vin sain, croquant et sobre. Bon sylvaner tendu et ferme, bâti sur des amers énergiques. Jolis rieslings : Effenberg, corpulent mais franc ; Pfingstberg, généreux et persistant, un peu sage ; plus nuancé et complexe dans sa version Paradis, étoffé d'une mâche calcaire. Bons gewurztraminers du Pfingstberg, vin élancé aux saveurs pures de coing frais, et du Zinnkoepflé, vin très sec et nerveux, solaire mais pourvu d'une lancinante acidité. Cœur de Bollenberg est un pinot noir poudré, très parfumé, à la matière ouvragée, où les tanins fermes mais friands servent d'écrin à un fruit franc et très persistant.

Alsace Bollenberg 2019	11,50 €	90
Crémant d'Alsace Blanc de Noirs	15,50 €	89
Gewurztraminer Grand Cru Pfingstberg 2017	20 €	92
Gewurztraminer Grand Cru Zinnkoepfle 2020	28,50 €	93
Pinot Gris Le Maréchal 2020	17 €	89
Riesling Effenberg 2019	20 €	91
Riesling Grand Cru Pfingstberg 2017	20 €	92
Riesling Grand Cru Pfingstberg Paradis 2017	25 €	93
Sylvaner Effenberg 2019	20 €	91
Pinot Noir Cœur de Bollenberg 2020	28,50 €	93

Rouge : 2,5 hectares.
Blanc : 10 hectares.
Production moyenne : 90 000 bt/an

DOMAINE FRANÇOIS SCHMITT ♣

19, rue de Soultzmatt, 68500 Orschwihr
03 89 76 08 45 ● www.francoisschmitt.fr ●
Vente et visites : sur RDV.
Propriétaire : Frédéric Schmitt

DOMAINE ÉTIENNE SIMONIS

Étienne Simonis a signé en 2016 son vingtième millésime à la tête de ce domaine familial. C'est sous son impulsion qu'arriva, en 2008, la certification biodynamique Demeter. Les vins sont dotés d'une belle maturité de fruit, volume et puissance n'étant pas en reste. Depuis quelques millésimes, Étienne Simonis a fait progresser les vins vers plus de pureté, mais les entrées de gamme restent encore un peu trop disparates.

Les vins : charnu et précis, séducteur et énergique, le sylvaner fait mouche, prolongé d'une agréable finale poivrée. Assemblage de quatre cépages de la famille de pinots, Et Cetera fait preuve de caractère, bien cadré par son élevage en barriques, avec une jolie envergure en finale. Précis, assez mûr, le riesling Les Moulins est bien cadré. Vivacité et pureté de saveurs dans le Clos des Chats, qui va à l'essentiel dans une allonge tout en retenue minérale : le grain salin de ce terroir de gneiss imprime au vin un caractère marqué. Deux très beaux gewurztraminers, le Kaefferkopf Armand dont le fruit ample regorge de saveurs de fruits mûrs, et le Marckrain assez exubérant, épicé et volubile, avec une allonge vibrante en finale qui estompe ses sucres résiduels.

Alsace Et Cetera 2020	18 €	90
Gewurztraminer Grand Cru Kaefferkopf Armand 2020	19,80 €	92
Pinot Blanc Vieilles Vignes 2020	9,80 €	89
Pinot Gris 2019	11 €	88
Riesling Clos des Chats 2020	16,90 €	91
Riesling Les Moulins 2020	13,40 €	90
Sylvaner Vieilles Vignes 2020	9,70 €	90

Le coup de ❤

Gewurztraminer Grand Cru Marckrain 2020	19,80 €	93

Rouge : 1,21 hectare.
Blanc : 6,02 hectares.
Production moyenne : 40 000 bt/an

DOMAINE ÉTIENNE SIMONIS ☾

2, rue des Moulins, 68770 Ammerschwihr
03 89 47 30 79 ● www.vins-simonis.fr ●
Visites : sans RDV.
Propriétaire : Étienne Simonis

DOMAINE JEAN SIPP

Jean-Guillaume Sipp est à la tête du domaine depuis 2013. Sous son impulsion, le travail des sols est encore plus poussé qu'auparavant et les vins ont gagné en précision, et la certification bio est en cours. La famille possède un large choix de terroirs, situés sur cinq communes, avec les trois grands crus Kirchberg, Osterberg et Altenberg de Bergheim comme fleurons. De très belles cuvées parcellaires sont apparues en 2014, notamment le Grossberg et le Haguenau. Celles-ci offrent un bon compromis entre les cuvées génériques et les grands crus. La gamme présentée est de qualité, les rieslings étant le point fort du domaine, mais certains vins pèchent par des sucres un peu lourds. Les derniers vins nous déçoivent un peu, nous retirons l'étoile cette année.

Les vins : le crémant est plein de peps et possède de la mâche et de la structure. Aromatique, le gewurztraminer Carole se présente assez robuste et ferme, dotée de sucres un peu exotiques. Assez joufflu, le pinot gris Hagel se montre très mûr et manque un peu de vivacité. Optimus est plus équilibré, bien sec, ample et persistant. Parmi les rieslings, Haguenau est porté par une acidité tonique qui souligne ses saveurs de fruits jaunes ; Grossberg allie tension et maturité et se montre sapide et gourmand ; Kirchberg sait préserver, par le biais de grands amers, beaucoup de fraîcheur et une élégance naturelle. Déception avec les pinots noirs, au boisé lardé et cendré : Osmose est le plus ambitieux et a su garder du tonus.

Crémant d'Alsace Évidence	19 €	90

Gewurztraminer Carole 2018	26 €	90
Pinot Gris Hagel 2019	17 €	89
Pinot Gris Optimus 2019	21 €	91
Riesling Grand Cru Kirchberg Ribeauvillé 2018	26 €	93
Riesling Grossberg 2019	17 €	91
Riesling Haguenau 2019	17 €	90
Riesling Vieilles Vignes 2018	12 €	89
Pinot Noir Barrique 2018	17 €	89
Pinot Noir Osmose 2018	37 €	91

Rouge : 4 hectares.
Blanc : 21 hectares.
Production moyenne : 100 000 bt/an

DOMAINE JEAN SIPP ♣

60, rue de la Fraternité, 68150 Ribeauvillé
03 89 73 60 02 ● www.jean-sipp.com ●
Visites : sans RDV.
Propriétaire : Jean-Guillaume Sipp

LOUIS SIPP

Passionné par ses terroirs, Étienne Sipp exploite en bio un vaste vignoble dont deux jolis grands crus : le Kirchberg de Ribeauvillé et l'Osterberg, vinifiés dans un esprit de garde, toujours épurés. Le travail parcellaire mené depuis quelques années est très appréciable.

Les vins : habillé par le bois, le pinot noir peine à exprimer son fruit. Les deux gewurztraminers manquent un peu de tonus. Les rieslings sont les vins les plus aboutis : parmi les lieux-dits, le tendu Hagel est un vin au grain très délicat et fin, peu expressif à ce stade, à l'austérité sapide. Muehlforst est doté d'une vivacité désaltérante : un vin droit qui sait associer volume et fraîcheur croquante. En grand cru, l'épuré et intense Osterberg convainc par sa rectitude et sa nervosité, tout en persistance et précision. Kirchberg de Ribeauvillé conserve sa profondeur épicée et offre un relief salivant. Sa réserve et sa persistance indiquent bien le potentiel à venir.

Alsace Hagenau 2016	18 €	89
Gewurztraminer Grand Cru Osterberg 2017	28 €	91
Gewurztraminer Gruenspiel 2019	19 €	90
Pinot Blanc Ribeauvillé 2020	10 €	88
Riesling Grand Cru Kirchberg de Ribeauvillé 2020	29 €	93
Riesling Grand Cru Osterberg 2020	27 €	93
Riesling Hagel 2020	19 €	91
Riesling Muehlforst 2019	16 €	92
Pinot Noir Grossberg 2019	28 €	88

Rouge : 3 hectares.
Blanc : 33 hectares.
Production moyenne : 200 000 bt/an

LOUIS SIPP ♣

5, Grand-Rue, 68150 Ribeauvillé
03 89 73 60 01 ● www.sipp.com ● Vente et visites : sur RDV.
Propriétaire : Famille Sipp
Directeur : Étienne Sipp

AMÉLIE & CHARLES SPARR

Ce domaine est né en 2017, constitué de l'héritage de vignes réunies par le couple formé par Amélie Buecher, issue d'une longue lignée de vignerons, et de Charles Sparr, enfant d'une famille de négociants. Certifié en biodynamie en 2019, leur vignoble compte quatre grands crus et propose une gamme très régulière de vins sincères et sans esbroufe. Voilà une belle découverte que nous sommes heureux d'accueillir dans notre guide.

Les vins : assez généreux mais d'esprit sec, le muscat se montre équilibré et savoureux. En riesling, Sentiment séduit par sa justesse, sa fraîcheur et sa finale accrocheuse et nerveuse. Profondeur aromatique et éclat du fruit illuminent le Brand, à l'allonge fumée. Précision et équilibre caractérisent le riesling Schoenenbourg, avec une douceur en attaque qui contraste avec la vigueur de sève de la finale. Plusieurs excellents pinots noirs, retenons Vogelgarten, minéral et anguleux dans l'expression de ses tanins, Altenbourg, tout en finesse, dentelle de fruit délicat et épicé, et surtout Amour Interdit, d'une grande gourmandise de chair, sphérique et juteux, habilement serti d'un boisé doux. L'aération révèle sa trame énergique et la justesse de son fruit qui évoque le noyau de cerise.

Gewurztraminer Grand Cru Brand Clos de la Légende 2019	42 €	89
Muscat Fruit Défendu 2019	20 €	90
Riesling Altenbourg 2020	24 €	90
Riesling Grand Cru Brand Légende 2020	34 €	93
Riesling Grand Cru Schoenenbourg Révélation 2020	42 €	93
Riesling Sentiment 2020	17 €	91
Pinot Noir Amour Interdit 2020	34 €	93
Pinot Noir Jardin d'Eden Altenbourg 2020	29 €	92
Pinot Noir Jardin d'Eden Vogelgarten 2020	29 €	92
Pinot Noir Montagne des Roses 2020	29 €	92

Rouge : 4 hectares.
Blanc : 16 hectares.
Production moyenne : 100 000 bt/an

AMÉLIE & CHARLES SPARR ☾

21, rue Sainte-Gertrude, 68920 Wettolsheim
03 89 30 12 80 • hello@ac-sparr.fr • Vente et
visites : sur RDV.
Propriétaire : Amélie et Charles Sparr

CHÂTEAU DE VAUX - VIGNOBLES MOLOZAY

L'appellation Moselle, presque disparue dans
les années 1970, connaît une belle renaissance
avec presque 70 hectares de vignes aujourd'hui,
sur des coteaux le long de la rivière éponyme.
Norbert Molozay et son épouse Marie-Geneviève
y ont repris en 1999 cette belle propriété située
à proximité de Metz. Depuis 2011, le vignoble,
disséminé sur 26 parcelles sur 7 communes, est
certifié en biodynamie (Demeter). On trouvera ici
une quinzaine de vins différents, en monocépage ou en assemblage. Ce représentant du
vignoble mosellan a intégré notre guide l'an dernier, et devrait bientôt progresser dans notre
hiérarchie.

Les vins : expressif, Les Gryphées est un blanc
friand et vif, de bonne facture. Beaucoup de
raffinement dans Maddalena, un vin original et
plein de peps, prolongé d'une note de bergamote en finale. Pinot gris, auxerrois et müller-
thurgau composent Septentrion, vin original et
savoureux dont la chair généreuse reste fraîche
et épicée. Saveurs mellifères et acidité éclatante donnent au superbe Pylae une envergure
et une tension saline du meilleur effet. On aime-
rait retrouver plus fréquemment en Alsace des
pinots gris de ce calibre ! Bien mûr et profond,
le rouge Pylae s'appuie sur un élevage un peu
épais qui alourdit la matière. Nous lui préférons
le pulpeux Les Clos, dont l'élevage ambitieux en
fûts neufs respecte davantage le fruit.

Moselle Les Gryphées 2021	9,50 €	91
Moselle Maddalena 2020	Épuisé - 14,90 €	92
Moselle Septentrion 2020	Épuisé - 13,80 €	92
Vin Mousseux Extra-Brut Xb.	15,90 €	89
Moselle Les Clos 2020	19,30 €	92
Moselle Les Hautes-Bassières 2020	Épuisé - 14 €	89
Moselle Pylae Pinot Noir 2020	24,80 €	90

Le coup de ♥

Moselle Pylae Pinot Gris 2019	22,20 €	93

Rouge : 7 hectares.
Blanc : 7 hectares.
Production moyenne : 80 000 bt/an

CHÂTEAU DE VAUX - VIGNOBLES MOLOZAY ☾

21, rue de Moulins, 57160 Scy-Chazelles
03 87 60 20 64 • chateaudevaux.com • Pas
de visites.
Propriétaire : Marie-Geneviève et Norbert
Molozay

DOMAINE WACH

Le jeune vigneron Pierre Wach représente la
nouvelle génération à la tête du domaine familial depuis 2015. Il a tout d'abord enclenché les
changements à la vigne, avec une certification
bio en cours, puis en cave, lançant des essais
de pinot noir sans soufre et sans déviance. Un
nouvel élan est donné, mais quelques petits
réglages sont nécessaires en cave pour préserver toute la précision et fraîcheur des saveurs.

Les vins : plusieurs vins déçoivent : les crémants restent simples, Séduction affiche des
sucres épais, le gewurztraminer Andlau manque
de tonus et le pinot gris de macération se
montre un peu chaud en finale. Vigoureux et
ferme, le sylvaner est équilibré. Le plaisir et la
complexité arrivent avec les rieslings grand cru :
douceur de texture et allonge acidulée dans
Wiebelsberg, ponctué d'une finale salivante. Les
schistes du Kastelberg rayonnent dans le 2017,
vin complet et profond qui s'articule autour
d'une mâche assez ferme et d'amers aiguisés.
Sa noble austérité est garante d'une longue
évolution.

Alsace Séduction 2020	12,83 €	87
Crémant d'Alsace	14,85 €	88
Gewurztraminer Andlau 2020	13,50 €	88
Muscat Andlau 2020	13,50 €	89
Pinot Gris Macération 2020	13,50 €	89
Riesling Grand Cru Kastelberg 2017	32,40 €	93
Riesling Grand Cru Wiebelsberg 2017	27 €	91
Sylvaner Duttenberg 2020	10,80 €	90
Crémant d'Alsace Brut Rosé	16,20 €	88

Rouge : 0,7 hectare.
Blanc : 8,1 hectares.
Production moyenne : 50 000 bt/an

DOMAINE WACH

5, rue de la Commanderie, 67140 Andlau
03 88 08 93 20 • www.guy-wach.fr • Vente
et visites : sur RDV.
Propriétaire : Pierre Wach

LES MEILLEURS VINS

du
Beaujolais

PAR PIERRE VILA PALLEJA,
en charge des vins du Beaujolais au sein du comité
de dégustation de La Revue du vin de France

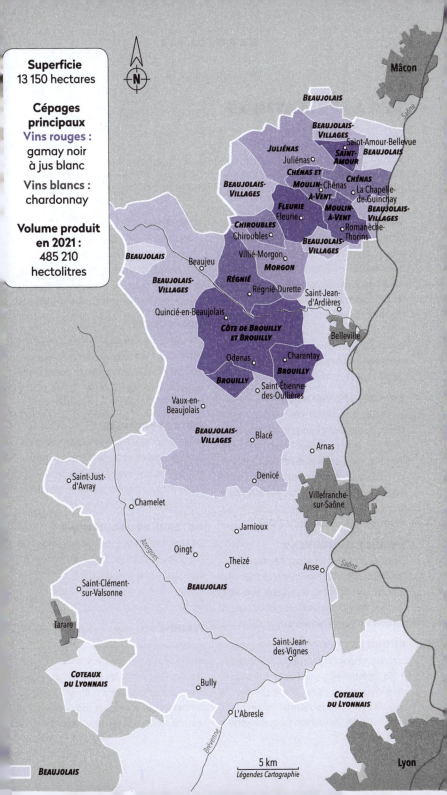

Superficie
13 150 hectares

Cépages principaux
Vins rouges :
gamay noir
à jus blanc

Vins blancs :
chardonnay

Volume produit en 2021 :
485 210
hectolitres

N

Beaujolais

Mâcon

Beaujolais-Villages

Saint-Amour-Bellevue

Juliénas
Juliénas

Saint-Amour

Beaujolais

Chénas et Moulin-à-Vent
Chénas

Chénas
La Chapelle-de-Guinchay

Beaujolais-Villages

Fleurie
Fleurie

Moulin-à-Vent

Beaujolais-Villages

Romanèche-Thorins

Chiroubles
Chiroubles

Villié-Morgon

Morgon

Beaujolais-Villages

Beaujolais

Beaujeu

Beaujolais-Villages

Régnié
Régnié-Durette

Saint-Jean-d'Ardières

Quincié-en-Beaujolais

Belleville

Côte de Brouilly et Brouilly

Odenas

Charentay

Brouilly

Saint-Étienne-des-Oullières

Vaux-en-Beaujolais

Beaujolais-Villages
Blacé

Arnas

Saint-Just-d'Avray

Denicé

Villefranche-sur-Saône

Chamelet

Jarnioux

Oingt

Theizé

Anse

Saint-Clément-sur-Valsonne

Beaujolais

Tarare

Saint-Jean-des-Vignes

Coteaux du Lyonnais

Bully

Coteaux du Lyonnais

L'Abresle

Lyon

5 km
Légendes Cartographie

Beaujolais

LES APPELLATIONS
—

Le vignoble du Beaujolais s'étend du sud de Mâcon jusqu'au nord de Lyon, sur 14 500 hectares. Si les AOC régionales sont plutôt situées dans le sud, les AOC communales (les crus) sont concentrées dans la partie septentrionale du Beaujolais.

BEAUJOLAIS

Cette appellation est répartie en deux zones géographiques distinctes : la partie principale, dans le sud du vignoble, et une bande presque continue s'étirant de Villefranche-sur-Saône jusqu'à la Saône-et-Loire, au nord du vignoble. Par ailleurs, environ 200 hectares sont également consacrés à la production de l'AOC Beaujolais blanc. Ces parcelles de chardonnay sont situées à l'extrême nord du vignoble, aux limites du Mâconnais, et dans le sud, autour des villages de Liergues, Le Bois-d'Oingt et Bully.

BEAUJOLAIS-VILLAGES

Trente-huit communes ont droit à cette appellation. Elles sont situées dans les départements du Rhône (31 villages) et de la Saône-et-Loire (sept villages), dans trois zones produisant des vins à la typicité différente : la zone sud, adossée aux monts de la Haute-Azergue, la zone centrale, jouxtant les AOC Brouilly et Régnié, et une troisième zone, au nord, autour des AOC Fleurie, Juliénas, Chénas et Moulin-à-Vent.

BEAUJOLAIS NOUVEAU

Elle se superpose aux deux précédentes appellations régionales. L'AOC Beaujolais produit les deux tiers des beaujolais nouveaux. Cette dénomination représente un tiers de la production totale du vignoble, soit environ 28 millions de bouteilles.

BROUILLY

La plus vaste appellation communale du Beaujolais (1 263 hectares) est aussi la plus méridionale et s'étend sur six communes. Brouilly ne compte qu'un seul climat, Pisse-Vieille (22 ha sur la commune de Cercié). Ses vins sont ronds et souples.

CHÉNAS

La plus petite appellation du Beaujolais (227 hectares) s'étend sur deux communes, Chénas, dans le Rhône, et La Chapelle-de-Guinchay, en Saône-et-Loire. Avec élégance et des accents épicés, il célèbre le gamay avec caractère et enthousiasme.

CHIROUBLES

Chiroubles (314 hectares) est la plus élevée des appellations du Beaujolais. Ses parcelles sont plantées entre 250 et 450 mètres d'altitude. Cette appellation beaujolaise produit des vins qui sont parmi les plus expressifs de la région.

CÔTE DE BROUILLY

Encerclée par l'AOC Brouilly, cette petite appellation (323 hectares) doit sa spécificité aux métadorites, roche d'origine volcanique, plus connue sous le nom de pierre bleue de la Côte de Brouilly. Elle donne des vins musclés et fougueux.

COTEAUX BOURGUIGNONS

Créée en 2011, cette appellation s'étend sur la Bourgogne et le Beaujolais et permet de produire des rouges ou des rosés élaborés à partir de pinot noir ou de gamay, vinifiés seuls ou assemblés, et des blancs issus de chardonnay.

FLEURIE

L'appellation Fleurie s'étend sur 810 hectares, uniquement sur la commune éponyme. Elle donne des vins d'une grande finesse et compte également treize climats différents produisant autant de vins typés. Du nord au sud, se succèdent ainsi Les Labourons, Poncié, Les Moriers, La Roilette, Les

LES CÉPAGES
—

Garants, Montgenas, La Chapelle des Bois, La Côte, Le Bon Cru et Champagne.

JULIÉNAS

Située sur des sols granitiques, maigres et arides, l'appellation Juliénas (554 hectares) s'étend sur quatre communes des départements du Rhône et de la Saône-et-Loire. Elle donne des vins plus tendus, davantage axés sur la fraîcheur.

MORGON

Cette vaste appellation (1127 ha) s'étend uniquement sur la commune de Villié-Morgon, sur des roches friables de schiste pyriteux. L'AOC comporte six climats : Grand Cras, Les Charmes, Côte de Py (le plus réputé de tous), Corcelette, Les Micouds et Douby.

MOULIN-À-VENT

Cette appellation tire son nom du moulin du XVe siècle qui la domine. Moulin-à-Vent s'étend sur deux villages, Romanèche-Thorins et Chénas, et couvre 642 hectares. Ses vins complexes et puissants vieillissent avec majesté.

RÉGNIÉ

Il a fallu dix ans aux vignerons de Régnié pour faire reconnaître les spécificités de leur cru. Créé en 1988, Régnié (428 hectares) s'étend principalement sur le village de Régnié-Durette.

SAINT-AMOUR

Cette petite appellation (304 hectares) est située à l'extrême nord du vignoble, sur la commune éponyme, et donne des vins délicats et fruités. Elle compte douze climats dont certains s'accordent à merveille avec le nom de l'AOC : À La Folie ou En Paradis.

LE GAMAY NOIR

Le gamay a trouvé sa terre d'élection sur les sols argilo-calcaires et granitiques du Beaujolais, où 70 % de la production mondiale se concentre. Jusqu'à l'invasion du phylloxéra, à la fin du XIXe siècle, il était l'un des cépages les plus répandus dans le vignoble hexagonal et couvrait plus de 160 000 hectares, soit un dixième de la surface totale plantée de vignes en France. On le retrouve d'ailleurs encore dans le Val de Loire et dans le sud de la Bourgogne (Mâconnais). Sur les sols variés du Beaujolais, le gamay excelle à retranscrire l'identité des terroirs. C'est un cépage précoce, qui donne des vins peu colorés, mais très aromatiques. Dans le Beaujolais, il couvre 99 % du vignoble. Il exprime ses arômes de fruits rouges dans les beaujolais primeurs, mais se complexifie sur les grands terroirs communaux de la région et vieillit admirablement.

LE CHARDONNAY

Le chardonnay est également présent dans le nord du Beaujolais, mais de façon marginale. Il occupe à peine 269 hectares de vigne sur les 14500 que compte la région. Il est dédié à la confidentielle production de beaujolais blanc et de beaujolais-villages blanc. Les vins sont aromatiques, en particulier dans la zone des Terres Dorées, mais n'atteignent ni la finesse, ni la noblesse, des plus grands bourgognes blancs.

PETITES SUCRERIES DANS LA PATRIE DU GAMAY

CHAMBRES D'HÔTES

LA FERME DU POULET

Cet ancien monastère du XVᵉ siècle, typique du Beaujolais, vous accueille au cœur de ses pierres dorées. Charme de l'ancien, confort contemporain, Catherine et Olivier Degand tiennent aussi le restaurant qui vaut le détour.

180, rue Georges-Mangin, 69400 Villefranche-sur-Saône
Tél : 04 74 62 19 07
www.lafermedupoulet.com

DOMAINE DU CLOS DES GARANDS

Quatre chambres dans une propriété de 6 hectares, avec vue sur les vignes du cru de Fleurie. Comptez de 107 à 127 €, petit-déjeuner compris.

Clos des Garands, 69820 Fleurie
Tél : 04 74 69 80 01
www.closdesgarands.fr

RESTAURANTS

EMA

La vue panoramique sur la campagne beaujolaise vaut à elle seule le détour. La cuisine gouteuse à prix d'amis incite à revenir. Les assiettes sont garnies par les producteurs locaux dont les hôtes pointent la localisation du bout du doigt depuis la terrasse. Même principe pour la carte des vins, établie avec grand soin parmi les noms régionaux. Dès le jeudi soir, les tapas accompagnent leurs cuvées. Une partie épicerie fine et caviste permet de prolonger le plaisir. Menu midi à 22 €, vin au verre à partir de 4 €.

Le Bourg, 69430 Avenas
Tél : 04 74 69 85 29

AUBERGE DE CLOCHEMERLE

Cette table étoilée est tenue par Delphine Barthe, sommelière, et son mari Romain, aux fourneaux. Leur cuisine raffinée met en scène les produits et les vins locaux. Sur la carte des vins, on retrouve tous les grands beaujolais, mais aussi des dizaines de références de Bourgogne et du Rhône. Menu à partir de 48 €.

173, rue Gabriel-Chevallier, 69460 Vaux-en-Beaujolais
Tél : 04 74 03 20 16
www.aubergedeclochemerle.fr

AUBERGE DU CEP

Au cœur du vignoble de Fleurie, cette table entretient une longue tradition gastronomique et un rapport qualité-prix irréprochable. Sous la houlette de Camille et Aurélien Merot, l'auberge propose une cuisine du terroir. En cave, les crus du Beaujolais y sont bien représentés. De 16 à 60 €.

Place de l'Eglise, 69820 Fleurie
Tél : 04 74 04 10 77

CAVISTE

LE PROMENOIR DES VINS

Une sélection éclectique de plus de 700 cuvées, dont de nombreuses références du Beaujolais. La cave propose également des cours d'initiation à l'œnologie, en soirée, toute l'année.

113, rue d'Anse, 69400 Villefranche-sur-Saône
Tél : 04 74 69 03 12
www.lepromenoirdesvins.com

ŒNOTOURISME

LE HAMEAU DUBOEUF

Imaginé par le roi du beaujolais-nouveau, Georges Dubœuf, ce parc thématique sur le vin permet d'explorer en famille l'univers de la vigne. Installé dans une ancienne gare, ce lieu ludique plaît autant aux parents qu'aux enfants. Billets : de 6 à 10 € (enfants) et de 10 à 18 € (adultes).

796, route de la Gare, 71570 Romanèche-Thorins
Tél : 03 85 35 22 22
www.hameauduvin.com

NOTRE COUP DE ♥

L'O DES VIGNES

Dans ce village de 350 habitants, Sébastien Chambru, Meilleur ouvrier de France en 2007, reçoit dans sa maison d'hôtes de cinq chambres. Pour goûter à sa cuisine, deux lieux : le restaurant gastronomique (menu de 27 € le midi à 72 € pour le menu cinq services) et un bar à vins pensé comme un bistrot de campagne (menu midi à 17 €). Un fumoir accueille les amateurs de cigare, l'autre passion du chef.

Rue du Bourg, 71960 Fuissé
Tél : 03 85 35 22 40
www.lodesvignes.fr

FÊTE VIGNERONNE

LES SARMENTELLES DE BEAUJEU DU 16 AU 20 NOVEMBRE 2022

Fête du beaujolais-nouveau, ce rendez-vous international est organisé à l'honneur de la mise en consommation du nouveau millésime. Pendant cinq jours, suivez les dîners prestiges, les bals et les défilés hauts en couleur. Cette année, un concert des Forbans est au programme !

www.sarmentelles.com

★★★ DOMAINE LOUIS CLAUDE DESVIGNES

Quiconque a posé ses lèvres dans un vin du duo fraternel Claude-Emmanuelle et Louis-Benoît Desvignes a ressenti une émotion particulière. Ici, la recherche esthétique se tourne vers la fine expression des lieux-dits (principalement à Morgon), la matière juste en fonction des millésimes et la capacité de garde, provenant d'une viticulture attentionnée, d'une vinification sensible, loin des dogmes, et d'un élevage épuré sans bois. La troisième étoile est épinglée depuis quelques années sur la veste du domaine, et au regard de la régularité et de la cohérence de la gamme, nous devinons qu'elle y restera de belles années.

Les vins : le domaine confirme sa bonne forme avec une magnifique cohérence de gamme. En guise de porte d'entrée, La Voûte Saint-Vincent est une cuvée de plaisir immédiat, tout en étant signée par les mains assurées des Desvignes. Montpelain est classiquement réservé de par son exposition est. La bouche est ronde, tout en épousant la roche, donnant un style plus austère. À déboucher dans deux à trois années. Château-Gaillard est jovial, accessible et tout en fruits. Sa matière pulpeuse et ses tanins veloutés nous tentent à en profiter dès maintenant. Côte du Py est une magnifique interprétation du lieu, avec fruit éclatant, une grande définition tannique et une finale saline appétante. Javernières est un bijou de roche. Il rappelle le fusain, la crème de fruits noirs et le zan. L'avenir en cave est radieux. Javernières aux Pierres est une nouvelle parcellaire. Les vignes ont été reprises récemment. Le soin qui leur sera apporté permettra de révéler tout le potentiel de ce lieu. Les Impénitents continue à être l'une des plus grandes cuvées du Beaujolais, avec une rare concentration de minéral et de fruits. Potentiellement austère pour certains, il faut la déboucher d'ici quelques années pour profiter de son potentiel.

▬ Morgon Château-Gaillard 2020	15 €	93
▬ Morgon Corcelette 2020	Épuisé - 15 €	93
▬ Morgon Côte du Py 2020	Épuisé - 22 €	96
▬ Morgon Javernières 2020	Épuisé - 20 €	97
▬ Morgon Javernières Aux Pierres 2020	25 €	93
▬ Morgon Javernières Les Impénitents 2020	Épuisé - 40 €	98
▬ Morgon La Voûte Saint-Vincent 2020	15 €	92
▬ Morgon Montpelain 2020	Épuisé - 15 €	93

Rouge : 14,5 hectares. Gamay noir à jus blanc 100 %
Achat de raisins.
Production moyenne : 79 999 bt/an

DOMAINE LOUIS CLAUDE DESVIGNES
135, rue de la Voûte, 69910 Villié-Morgon
04 74 04 23 35 ●
www.louis-claude-desvignes.com ● Vente et visites : sur RDV.
Propriétaire : Claude-Emmanuelle et Louis-Benoît Desvignes

★★★ ↗ CHÂTEAU THIVIN

Derrière une étiquette au charme suranné, c'est toute une famille qui incarne le vignoble de la Côte de Brouilly et un Beaujolais traditionnel. Claude Geoffray a transmis en 2007 les rênes de la vinification à son fils Claude-Édouard, secondé par son épouse, Sonja, œnologue tout comme lui. Par petites touches, le domaine est resté au sommet avec un plus grand travail du sol (replantantion à 1,80 m, vignes palissées, taille en cordon) et des élevages allongés. Les cuvées sont devenues identitaires. L'accueil au caveau, dans un cadre à la fois rustique et romanesque, est un des meilleurs de la région. Nous sommes séduits par la constance de la gamme, l'émotion qu'elle procure, conservant l'identité forte du Beaujolais et de ses crus. La progression des derniers millésimes, grâce notamment à l'approche en bio, la justesse des élevages, la grandeur des cuvées parcellaires, nous conforte dans la nouvelle position à trois étoiles du domaine.

Les vins : les 2020 ont été signés d'une main de maître. Des vins précis, voluptueux et scintillants. Clos de Rochebonne allie la maturité du millésime et la fraîcheur salutaire, le nez restitue des notes de pommes au four, de pain grillé et d'amande douce. Marguerite est le trait d'union entre la Bourgogne (poire fraîche, beurre, pain grillé) et le Rhône (amande douce, abricot). La bouche est ample, éclatante. Reverdon offre une expression ample et définie ; ce brouilly interpelle par son éclat et sa définition. Les Griottes nous régale par son caractère épanoui et sa maturité haute, distillant des notes de forêt noire et de mine de crayon. Les 7 Vignes nous régale encore : le nez est un panier de fruits rouges, fringant. La bouche est de demi-corps, avec des tanins intégrés et fins. Clos Bertrand a besoin d'air pour s'exprimer pleinement ; il y dévoile rapidement des notes de petites baies noires, de sureau et de gentiane. Godefroy arrive à nouveau à nous envoûter par la qualité de son fruit et par son intensité, mais la cuvée a aussi gagné un éclat qui lui confère encore plus de noblesse. La Chapelle domine littéralement l'ensemble de l'appellation avec son éclat, la définition de son fruit et ses senteurs de fruits noirs et de gentiane. La progression dans la viticulture a hissé Zaccharie à un très haut niveau, grâce à un élevage ambitieux mais adapté, laissant transparaître une belle qualité de fruit et une franche noblesse de style.

Beaujolais Clos de Rochebonne 2020		Épuisé - 16,50 €	90
Beaujolais-Villages Marguerite 2020		16 €	90
Brouilly Reverdon 2020		Épuisé - 13,60 €	93
Côte de Brouilly Clos Bertrand 2020		Épuisé, - 18,50 €	93
Côte de Brouilly Godefroy 2020		Épuisé - 21,50 €	96
Côte de Brouilly La Chapelle 2020		Épuisé - 21,50 €	97
Côte de Brouilly Les 7 Vignes 2020		Épuisé - 15,50 €	93
Côte de Brouilly Les Griottes de Brulhié 2020		Épuisé - 18,50 €	93
Côte de Brouilly Zaccharie 2020		Épuisé - 32,50 €	97

Rouge : 25 hectares.
Blanc : 2 hectares.
Production moyenne : 140 000 bt/an

CHÂTEAU THIVIN

630, route du Mont-Brouilly, 69460 Odenas
04 74 03 47 53 ● www.chateau-thivin.com/ ●
Vente et visites : sur RDV.
Du lundi au samedi de 9h à 12h et de 14h à 18h.
Propriétaire : Famille Claude Geoffray
Œnologue : Claude et Sonja Geoffray

★★ DOMAINE DANIEL BOULAND

Ce vigneron discret est installé dans le hameau de Corcelette, siège de l'un des meilleurs terroirs du cru morgon. Il enchante les œnophiles par une gamme de crus aux robes intenses et aux fruités imparables de velouté, qui conservent la fraîcheur et la typicité des sols. L'ensemble crée ce que l'on nomme "la digestibilité" : cette caractéristique qui transperce d'autres appellations quand le vin est servi à l'aveugle. Nous n'hésitons pas à dire que vous trouverez ici l'un des meilleurs rapports qualité-prix en vin rouge du Guide Vert. Une réservation est plus que conseillée.

Les vins : les notes de poires fraîches et d'amandes douces font du chardonnay une friandise. Chiroubles est légèrement serré par ses arômes de fruits rouges et ses notes finement végétales. Pré Jourdan est juteux à souhait, avec ses arômes de clafoutis très attirants. De son côté, Bellevue Sable offre une belle densité, sur les fruits noirs frais et quelques accents végétaux. Les fins tanins et la finale saline plongent Bellevue Cailloux dans une phase austère, mais de grand avenir. Corcelette Sable met en avant un style effilé et subtil, avec des notes de fruits cuits. Corcelette Cailloux est magnifique, dense, caressant et noble ; nul doute que ce vin ira loin. Tout en caresse avec un fruit doux et délicat, Delys est déjà approchable. Il est splendide, caressant, émouvant d'intensité et de strates de saveurs ; il vieillira au moins 30 ans. Aujourd'hui, le côte-de-brouilly est évidement austère et renfermé : sa densité, son énergie et sa définition le feront aller loin.

Beaujolais 2020		9 €	89
Côte de Brouilly Mélanie 2020		12 €	94
Morgon Bellevue Cailloux 2020		12 €	92
Morgon Bellevue Sable 2020		12 €	92
Morgon Corcelette Vieilles Vignes Cailloux 2020		13 €	96
Morgon Corcelette Vieilles Vignes Sable 2020		13 €	93
Morgon Delys Vieilles Vignes 2020		13 €	95
Morgon Les Delys 2020		12 €	93
Morgon Pré Jourdan 2020		12 €	93

Rouge : 9 hectares. Gamay noir à jus blanc 100 %
Production moyenne : 70 000 bt/an

DOMAINE DANIEL BOULAND

1139, route de Corcelette,
69910 Villié-Morgon
04 74 69 14 71 ● bouland.daniel@free.fr ●
Vente et visites : sur RDV.
Propriétaire : Daniel Bouland

★★ DOMAINE JEAN-MARC BURGAUD

Depuis la création de son domaine en 1989, Jean-Marc Burgaud est devenu une valeur sûre de notre guide. De son apprentissage bourguignon, il a retenu le travail en cuvées parcellaires, un élevage parfois allongé à deux hivers, ou encore l'égrappage adapté en fonction de l'année et du vin. Sa vinification apporte toujours un regard de velours au gamay, fixé par un élevage en fût (très peu de neuf) ajusté en fonction de chaque climat (la majorité se situant sur différents terroirs de Morgon). Il produit aussi du régnié et du beaujolais-villages sur les sols granitiques de Lantignié. Le style s'est ouvert avec le temps, sans perdre de vue l'expression du lieu.

Les vins : nous sommes une nouvelle fois marqués par la recherche de sapidité et de volume des vins. Lantignié est signé par des notes de fruits rouges frais et de petites baies. La bouche est légère, friande, terminant avec de fins tanins. Grands Cras est légèrement marqué par des notes végétales, le toucher de bouche est mûr tout en étant infusé. Complet, le côte-du-py repose sur des tanins précis, propose un nez noble, une finale sapide et saline qui apporte une belle gourmandise. Javernières est dominé par la pierre bleue, avec ses notes de terre chaude, de fusain et violette. La bouche est traçante, énergique, aux tanins scintillants qui promettent une belle garde. La cuvée James est en réelle progression, avec la même noblesse d'origine, mais dotée d'un élevage plus adapté, donnant un style profond mais plus accessible.

Morgon Côte du Py 2020	18 €	**92**
Morgon Côte du Py James 2020	26 €	**95**
Morgon Côte du Py Javernières 2020	23 €	**93**
Morgon Grands Cras 2020	15 €	**90**

Rouge : 17,2 hectares. Gamay noir à jus blanc 100 %
Blanc : 0,8 hectare. Chardonnay 100 %
Production moyenne : 100 000 bt/an

DOMAINE JEAN-MARC BURGAUD

1060, route du Cru, 69910 Villié-Morgon
04 74 69 16 10 ●
www.jean-marc-burgaud.com ● Vente et visites : sur RDV.
Propriétaire : Jean-Marc Burgaud

★★ DOMAINES CHERMETTE

Le slogan du domaine, "l'art de faire le vin au plus près du raisin", reflète parfaitement la gamme de l'artisan-vigneron qu'est Pierre-Marie Chermette, aujourd'hui rejoint par Jean-Étienne, un de ses fils. L'homme a commencé son métier sur les 10 hectares de ses parents, dans le sud du Beaujolais, avant d'acquérir 20 hectares dans les crus Fleurie et Moulin-à-Vent, puis à Brouilly en 2008. Les vins tournent autour d'un noyau de fruit patiné qui charme tout en respectant l'identité des terroirs. Signe de qualité, les vins vieillissent avec grâce même dans les millésimes difficiles.

Les vins : l'hétérogénéité du domaine nous interpelle. La dimension crayeuse et iodée signe le nez du chardonnay 2021, ce qui lui confère beaucoup d'allant et d'équilibre. En bouche, on retrouve la générosité du millésime. Le viognier est une belle expression de ce cépage rhodanien, soulignée par une fine amertume. Le fleurie nous fait effleurer le granite avec un nez qui rappelle la pierre chaude, la guigne et le sureau. La bouche est serrée, dotée de tanins précis et effilés, mais aussi d'une belle longueur saline. Cœur de Vendanges possède un nez réservé, sur le fruit à noyau qui se dévoile timidement. La bouche est fine, légère, avec des tanins poudrés jusqu'à une finale modeste. L'élégance du saint-amour saute au nez avec le burlat et le bois précieux. Le toucher de bouche infusé souligne la belle qualité de tanins. Décoction de roche, avec une sensation de pierre prédominante, le brouilly Pierreux porte bien son nom, mais aura besoin de temps pour s'épanouir. Le nez du Poncié est dominé par la fraise des bois et les fleurs bleues. Désaltérante malgré son muscle, la bouche reste dynamique, avec des tanins poudrés et une sucrosité fine qui le rend très approchable. Le nez diffuse à la volée des parfums de pot-pourri, de fruits noirs et d'épices douces. Le toucher délicat est magnifié par des tanins précis et fleuris.

Beaujolais Chardonnay 2021	12,70 €	**87**
VDF En Fay Viognier 2021	11,80 €	**87**
Beaujolais Cœur de Vendanges 2021	12 €	**91**
Beaujolais Les Griottes 2021	8,95 €	**87**
Brouilly Pierreux 2021	15,30 €	**89**
Fleurie Les Garants 2021	16,90 €	**91**
Fleurie Poncié 2021	15,30 €	**90**
Moulin-à-Vent La Rochelle 2019	28 €	**91**
Saint-Amour Les Champs Grillés 2021	16,90 €	**91**
VDF Champs Blancs Pinot Noir 2021	11,80 €	**88**

Rouge : 46,6 hectares. Gamay noir à jus blanc 100 %
Achat de raisins.
Blanc : 6,6 hectares. Chardonnay 100 %
Achat de raisins.
Production moyenne : 400 000 bt/an

DOMAINES CHERMETTE

775, route du Vissoux, 69620 Saint-Vérand
04 74 71 79 42 ● www.chermette.fr ● Vente et visites : sur RDV.
Propriétaire : Pierre-Marie Chermette
Directeur : Martine Chermette
Maître de chai : Jean-Étienne Chermette
Œnologue : Pierre-Marie et Jean-Étienne Chermette

★★ GEORGES DESCOMBES

Les beaujolais dits "nature" ont plusieurs maîtres. Georges Descombes est l'un d'eux. Son histoire commence en 1988 avec la reprise du domaine familial. Tout en gardant sa philosophie et son style peu interventionniste, le vigneron a fait évoluer les vins vers davantage de pureté et de franchise, chacun exprimant la dimension des crus et son terroirs : une véritable leçon. La capacité de garde est bluffante et l'on prédit de beaux jours au domaine.

Les vins : le morgon est une très belle expression du cru : le nez subtil, raffiné, avec des notes de pot-pourri, de zestes d'orange et de cerise fraîche s'ouvre sur une bouche fine, voluptueuse et précise. Le régnié, puissant, demandera du temps pour se libérer. Son côté encore serré, avec son nez sur les fruits des bois, le balsamique et la guigne, lui promet une belle garde. Dans un esprit libre et posé, le brouilly séduit par la délicatesse de ses parfums tout en nuances, avec le panier de fruits rouges, la violette et la pierre chaude. La bouche est gourmande, veloutée, avec des notes de moka qui emportent la finale.

Brouilly Vieilles Vignes 2020	19 €	94
Morgon Vieilles Vignes 2019	19 €	94
Régnié Vieilles Vignes 2020	19 €	93

Rouge : Gamay noir à jus blanc 100 %
Achat de raisins.
Blanc : Chardonnay 100 %
Achat de raisins.

GEORGES DESCOMBES

131, impasse du Puits-Vermonts,
69910 Villié-Morgon
04 74 69 16 67 ●
descombesgeorges@orange.fr ● Vente et visites : sur RDV.
Propriétaire : Georges et Ghislaine Descombes
Œnologue : Laboratoire Le Morgon

★★ DOMAINE JULES DESJOURNEYS

Installé depuis le millésime 2007, Fabien Duperray a, dès ses débuts, mis le travail du sol en avant : pas de chimie, que de l'huile de coude ! Ce travail a un prix, plus élevé que la moyenne, mais en harmonie avec le plaisir apporté. En association avec Christophe Thibert, vigneron à Fuissé, il produit désormais une gamme restreinte, mais épurée, de mâconnais, en reprenant les principes de travail appliqués aux beaujolais. Le style des vins est millimétré, défendant une esthétique très définie, un peu austère de prime abord, mais d'une grande pureté. Les élevages tournés désormais vers la cuve, complétés par un soin méticuleux à la vigne et à la cave, ont fait progresser l'ensemble de la gamme.

Les vins : derrière chaque cuvée, on devine un style de grande définition ; mais ces vins ne récompenseront que les patients. Le mâcon-verzé est légèrement pris par la réduction, la pureté de son fruit nous séduit. La bouche est fine, ponctuée par de légers tanins rappelant le thé vert. Le toucher de bouche épuré distingue le pouilly-fuissé, à la finale évoquant l'ananas frais, le beurre et le citron vert. Vignes de la Côte est serti de tonalités de fruits confits, de rhum-raisin, de lard fumé et de poire fraîche. La bouche est précise, vive, avec quelques tanins qui donnent du corps. Vignes Blanches est encore serré par une réduction et son élan minéral. La bouche est épurée, loin des codes classiques de Pouilly-Fuissé. Malgré une certaine rectitude, ce vin vieillira avec grâce. Le Jugement Dernier est un gamay de haute définition, au style un peu léger. Le fleurie offre une grande maturité, de cerises à l'eau-de-vie, de datte et de figue. Il aura besoin de temps pour s'épanouir. Malgré une légère phase de fermeture, le morgon laisse percevoir une rare énergie et une superbe définition. Le nez se compose de fruits bleus, de fougère et de pivoine ; la bouche est tramée, énergique, aux tanins précis. Le Styx est facile, aux tanins délicats et accessibles. Les notes grillées prennent ensuite le dessus. Les Michelons nous charme par ses notes de fleurs fraîches, de guigne et de gentiane, mais aussi par son toucher tout en dentelle.

Mâcon-Verzé 2019	31 €	91
Pouilly-Fuissé 2019	55 €	92
Pouilly-Fuissé Vignes Blanches 2019	70 €	93
Pouilly-Fuissé Vignes de la Côte 2019	70 €	92
Chénas Le Jugement Dernier 2019	36 €	92
Fleurie Noli Me Tangere 2019	70 €	92
Morgon 2019	36 €	93
Moulin-à-Vent Le Styx 2019	75 €	92
Moulin-à-Vent Les Michelons 2019	60 €	92

Rouge : 15 hectares. Gamay noir à jus blanc 100 %
Blanc : 13 hectares. Chardonnay 100 %
Production moyenne : 65 000 bt/an

DOMAINE JULES DESJOURNEYS ♣

75, rue Jean-Thorin, Pontanevaux 71570 La Chapelle-de-Guinchay
03 85 33 85 88 ● www.julesdesjourneys.fr/ ● Visites : sur RDV aux professionnels.
Propriétaire : Fabien Duperray

★★ 🏹 DOMAINE MEE GODARD

Œnologue de formation mais sans histoire vigneronne, Mee réalise son rêve en reprenant seule en février 2013 les parcelles d'un vigneron sans suite. Son domaine de poche est composé de très vieilles vignes dans les meilleurs terroirs de Morgon (Corcelette, Grand Cras, Côte du Py). Une cuvée de moulin-à-vent est venue enrichir la gamme en 2016. Avec ses vins libres, mais bien définis, Mee Godard monte en puissance ! On sent à la fois une maîtrise, mais aussi une sensibilité accrue, qui mène naturellement à la deuxième étoile.

Les vins : en entrée de gamme, le beaujolais-villages étonne par son sérieux et sa qualité. La bouche, puissante, mais sans excès, est à l'image du millésime 2020. Corcelette nous séduit par la spontanéité de son fruit et la complexité de ses parfums, entre fruits à noyau, framboise fraîche et bois fin. Il faut encore attendre un peu pour profiter au mieux de Grand Cras, à la bouche ample mais ponctuée par des tanins encore un peu vifs. Mee Godard interprète à merveille le terroir de la Côte du Py. Entre précision et envoûtement, cette superbe cuvée nous conquiert par son expression mûre et fraîche et sa finale éclatante. Une grande garde l'attend. Plus noble et aristocratique, Au Michelon présente un nez aux senteurs de fruits noirs, de terre humide et de pot-pourri. Il aura besoin de temps pour se révéler. Enfin, Passerelle dénote de la gamme : sa maturité, haute mais juste, le bois précieux et les fruits à noyau suggèrent le Rhône. La bouche offre à la fois une belle maturité de fruits et un élan minéral saisissant.

🍷 Beaujolais-Villages 2020	15 €	91
🍷 Morgon Corcelette 2020	de 23 à 25 € (c)	93
🍷 Morgon Grand Cras 2020	de 26 à 28 € (c)	93
🍷 Morgon Passerelle 2020	de 50 à 52 € (c)	95
🍷 Moulin-à-Vent Au Michelon 2020	31 €	93

Le coup de ♥

🍷 Morgon Côte du Py 2020	32 €	94

Rouge : 7,25 hectares. Gamay noir à jus blanc 100 %
Achat de raisins.

Blanc : 0,75 hectare. Chardonnay 100 %
Achat de raisins.

Production moyenne : 33 000 bt/an

DOMAINE MEE GODARD
921, route de Morgon, 69910 Villié-Morgon
06 66 47 00 64 ● www.meegodard.com ●
Vente et visites : sur RDV.
Propriétaire : Mee Godard

★★ DOMAINE DE LA GRAND'COUR

Un léger accent du cru, la main enveloppante et le regard joyeux, Jean-Louis Dutraive incarne une génération qui a appris, puis transmis. Sa sensibilité attachante lui permet d'accoucher de cuvées d'exception où la finesse du fruit dispute à l'élégance des terroirs solaires de Fleurie. Adeptes des levures indigènes, des longues macérations, des élevages sous bois mais aussi de bio et d'un usage minimal, voire inexistant, de soufre, ses vins sont des modèles de pureté de jus. S'ils peuvent, une fois carafés, être bus jeunes, c'est après cinq ans qu'ils dispensent la noblesse de leur terroir. La production étant limitée, il faut réserver.

Les vins : voici une cuvée qui montre tout ce que l'on aime du grand vin de Fleurie, à la fois libre et marqué par son terroir, avec ces notes de cerise juteuse, d'humus, mêlant la pivoine et les dattes. La bouche est veloutée et crémeuse, portée par des tanins magnifiquement intégrés.

🍷 Fleurie Clos de la Grand Cour 2020	Épuisé - 20 €	93

Rouge : 11,5 hectares. Gamay noir à jus blanc 100 %
Production moyenne : 30 000 bt/an

DOMAINE DE LA GRAND'COUR ♣
La Grand Cour 69820 Fleurie
04 74 69 81 16 ●
www.domainedelagrandcour.fr ● Pas de visites.
Propriétaire : Jean-Louis Dutraive

★★ CHÂTEAU DES JACQUES

Depuis son acquisition en 1996 par la maison beaunoise Louis Jadot, la signature domaine est totalement acquise et "Les Jacques" rayonne comme un modèle de beaujolais de garde, tout en continuant de s'appuyer sur des méthodes bourguignonnes. Passée l'époque Guillaume de Castelnau (directeur de 2000 à 2014), Pierre-Henri Gagey a redonné les clefs en 2016 à Cyril Chirouze, ingénieur agronome et œnologue, qui y avait vinifié entre 2007 et 2013. Les cuvées parcellaires demandent un minimum de cinq ans de garde pour exprimer pleinement l'identité de leur sol. On sent que la transition vers le bio et la construction de la nouvelle cuverie ont permis de passer un nouveau cap dans la définition des crus. Nous suivrons de près cette progression.

Les vins : nous sommes surpris par les interprétations du millésime 2020 : les rouges souffrent du bois, les blancs sont engoncés. En blanc, le beaujolais est riche et le bourgogne serré par son soufre. Du côté des rouges, le fleurie laisse percevoir des notes de moka et de marc de café. Le morgon suggère le poivre vert mais demeure serré. Le côte-du-py est fermé mais la bouche puissante présage une belle garde. Le moulin-à-vent délivre des notes pâtissières et toastées. Clos du Grand Carquelin offre un touché somptueux, une grande garde est à prévoir. Clos de Rochegrès dénote de la gamme, mais la bouche offre beaucoup d'énergie et de suavité. Clos des Thorins offre un toucher en taffetas au crémeux délicieux. Un grand devenir se dessine. Tout en intensité minérale et en noblesse de fruit, Le Moulin tient son rang.

⬜	Beaujolais Clos de Loyse 2020	11,80 €	88
⬜	Bourgogne Clos de Loyse 2020	15 €	88
🟪	Fleurie 2020	17,80 €	91
🟪	Morgon 2020	14,20 €	91
🟪	Morgon Côte du Py 2020	26,50 €	92
🟪	Moulin-à-Vent 2020	17,80 €	92
🟪	Moulin-à-Vent Clos de Rochegrès 2020	26,50 €	93
🟪	Moulin-à-Vent Clos des Thorins 2020	26,50 €	94
🟪	Moulin-à-Vent Clos du Grand Carquelin 2020	26,50 €	93
🟪	Moulin-à-Vent Le Moulin 2020	35,50 €	95

Rouge : 61 hectares. Gamay noir à jus blanc 99 %, Syrah 1 %

Blanc : 9 hectares. Chardonnay 100 %

Production moyenne : 300 000 bt/an

CHÂTEAU DES JACQUES

Les Jacques, 147, rue des Jacques
71570 Romanèche-Thorins

03 85 35 51 64 ● www.chateau-des-jacques.fr
● Vente et visites : sur RDV.
De 8h30 à 17h30.

Propriétaire : Famille Kopf
Directeur : Cyril Chirouze
Maître de chai : Alexandre Pipilis

★★ DOMAINE PAUL JANIN ET FILS

La localisation et l'âge des vignes ne font pas tout. Encore faut-il avoir le bon sens paysan et la finesse d'analyse d'un Éric Janin pour faire naître de grands gamays, concentrés et frais. Depuis sa première vendange en 1983, l'homme a conservé une vinification qui met en valeur des climats majoritairement situés sur le cru Moulin-à-Vent. Certaines vignes, comme Les Greneriers, ont connu les deux guerres mondiales. Éric Janin a créé en 2017 une activité de négoce avec des vignerons partenaires. Chénas, Brouilly et Beaujolais-Villages complètent ainsi sa gamme.

Les vins : 2020 confirme la bonne forme du domaine, qui parvient à dompter la puissance du millésime tout en gardant la typicité du cru. Héritage est d'un grand niveau : profond, voluptueux et complexe, il vieillira avec bonheur au moins 20 ans. Les Vignes du Tremblay reste sur la réserve, privilégiant pour l'instant les arômes de roche. Il convient de l'attendre encore deux ou trois ans pour en profiter pleinement. Les Greneriers est une gourmandise, propulsée par des notes de fèves de tonka et d'orange sanguine. Argiles est une belle porte d'entrée dans les blancs de la région, avec une remarquable justesse de vendange.

⬜	Beaujolais-Villages Argiles 2020	13 €	89
🟪	Moulin-à-Vent Héritage 2020	25 €	96
🟪	Moulin-à-Vent Les Greneriers 2020	35 €	94
🟪	Moulin-à-Vent Les Vignes du Tremblay 2020	18 €	95

Rouge : 7,85 hectares. Gamay noir à jus blanc 100 %

Blanc : 0,6 hectare. Chardonnay 100 %

Production moyenne : 35 000 bt/an

DOMAINE PAUL JANIN ET FILS

651, rue de la Chanillière,
71570 Romanèche-Thorins
03 85 35 52 80 ● www.domaine-paul-janin.fr
● Vente et visites : sur RDV.

Propriétaire : Éric Janin

★★ DOMAINE TH. LIGER-BELAIR

Par amour du gamay et aussi pour explorer de nouveaux horizons viticoles, Thibault Liger-Belair a acquis depuis 2009 quelques parcelles idéalement placées en Moulin-à-Vent, auxquelles il applique les mêmes méthodes qu'à ses grands crus de la Côte de Nuits (biodynamie, labour...). Adepte de l'égrappage et de l'élevage en pièce bourguignonne, il produit une gamme de moulin-à-vent parcellaires qui peuvent être appréciés dans leur jeunesse ou attendus pour davantage de complexité. Une récente dégustation verticale a montré la progression de la gamme. Nous sommes conquis par le respect du fruit et la maîtrise de l'élevage dont fait preuve le vigneron, qui porte haut les couleurs du Beaujolais avec son style et son savoir-faire. Cohérence, profondeur, sapidité et potentiel de garde pour la gamme.

Les vins : 2020 confirme la bonne forme du domaine, présentant des vins typés et très ancrés dans leurs lieux-dits. Les Vieilles Vignes nous ravit, avec son délié et ses tanins fondus, malgré une finale encore fougueuse marquée par son immense allonge minérale. Délicieusement accompagné par son fin élevage, Les Perrelles offre un fruit subtil, précis, avec des notes de pierres chaudes, le tout délivré avec beaucoup d'éclat. La Roche tire la quintessence de ses vignes âgées, restituant une intensité minérale folle qui prend le dessus sur l'expression du fruit. La bouche est tranchante comme une lame de rasoir, dictée par une salinité interminable.

Moulin-à-Vent La Roche 2020	26 €	95
Moulin-à-Vent Les Perrelles 2020	24 €	93
Moulin-à-Vent Les Vieilles Vignes 2020	20 €	92

Rouge : 12 hectares. Gamay noir à jus blanc 100 %
Production moyenne : 30 000 bt/an

DOMAINE TH. LIGER-BELAIR ♣

32, rue Thurot, 21700 Nuits-Saint-Georges
03 80 61 51 16 • www.thibaultligerbelair.com
• Vente et visites : sur RDV.
Propriétaire : Thibault Liger-Belair

★★ DOMAINE DES TERRES DORÉES

Depuis le pays lumineux des Pierres Dorées, Jean-Paul Brun, un des précurseurs du renouveau du Beaujolais, fait rayonner sa région, du primeur jusqu'aux crus réputés. qu'il a acquis patiemment, grâce à son travail du côté des beaujolais du sud. Ici, l'identité des terroirs est aussi forte que la digestibilité de cuvées dans lesquelles on retrouve la patte de velours du vinificateur. Preuve que l'on peut faire des cuvées importantes en volume et de haute qualité. En blanc comme en rouge (et aussi en effervescent), le plaisir de l'amateur est très souvent au rendez-vous, comme la régularité des vins,

l'interprétation personnelle et savoureuse des terroirs. Il vient d'être rejoint récemment par Tristan Larsen afin de l'épauler.

Les vins : le chardonnay Classic est déjà prêt à boire, avec des notes de rhum-raisin et de thé. Un vin dont il faut profiter à l'apéritif. Fûts de Chêne offre des notes grillées de poires mûres et de tabac blond, quelques mois en cave affineront sa finale chaude. Marqué par le millésime, Le Ronsay est fringuant et évanescent : le poivre, la violette, la petite cerise et le maraschino s'invitent au nez. L'Ancien est à la fois de demi-corps aux tanins précis et ciselés, et combiné à une intensité de roche qui donne la trame de l'ensemble. Le côte-de-brouilly offre une matière légère, avec une vivacité qui apporte un dynamisme, souligné par une impression de roches intenses. Le saint-amour est une très belle interprétation du cru, notamment sur un millésime compliqué : il offre un joli nez, floral, avec une note de camphre, de papier d'Arménie, de fraise au sucre et une bouche légèrement ronde, gourmande avec des tanins poudrés. Le morgon suggère des notes de fougères, de petites cerises et poudre de granite. La bouche est délicate, de demi-corps, étirée par une sensation de roche. Gourmand, plein, avec un alcool sucrant, le fleurie enrobe des tanins saillants. Le moulin-à-vent nous plonge dans le raisin cuit et le réglisse. À la fois gourmand et profond, il profite d'une grande qualité de bois, qui donne des tanins délicats et des notes de sureau noir. La Rochelle est dans une petite fermeture, liée à une réduction qui demandera du temps pour se fondre. On note une grande qualité de fruits, à la fois subtile et clinquante.

Beaujolais Chardonnay Classic 2020	12 €	88
Beaujolais Fûts de Chêne 2020	17,50 €	89
Beaujolais L'Ancien 2021	12 €	91
Beaujolais Le Ronsay 2021	8,50 €	90
Côte de Brouilly 2021	14,50 €	91
Fleurie 2020	16,50 €	92
Morgon 2020	15 €	92
Moulin-à-Vent 2020	17 €	93
Moulin-à-Vent La Rochelle 2019	25,50 €	93
Saint-Amour 2021	18 €	92

Rouge : 44 hectares. Gamay noir à jus blanc 95 %, Pinot noir 5 %
Achat de raisins.
Blanc : 9 hectares. Chardonnay 90 %, Roussanne 10 %
Achat de raisins.
Production moyenne : 300 000 bt/an

DOMAINE DES TERRES DORÉES
565, route d'Alix,
69380 Charnay-en-Beaujolais
04 78 47 93 45 ● contact@terresdorees.fr ●
Vente et visites : sur RDV.
Propriétaire : Jean-Paul Brun

★ CHÂTEAU DES BACHELARDS

Diplômée d'œnologie, Alexandra de Vazeilles a acquis cette jolie propriété en 2014. Elle a fait ses armes dans des domaines prestigieux en Bourgogne et dans le Bordelais. L'ensemble du vignoble, âgé de 60 à plus de 100 ans, est certifié en biodynamie depuis 2015. Elle recherche la densité dans les vins, tout en gardant une vraie finesse. Les vinifications, qui s'adaptent au millésime, le permettent.

Les vins : 2018 renoue avec la qualité connue par le passé, avec des vins à la fois profonds, sapides, et élevés avec une juste ambition. Le moulin-à-vent est d'approche très abordable, entre sapidité et un délié bienvenu. Le saint-amour est sérieux, à la bouche dense, mais sans excès, des tanins précis et une grande saveur. Un vin de garde, assurément. Dommage que nous n'ayons pas pu commenter le coeur de gamme avec les Fleurie.

➤ Moulin-à-Vent 2018	30 €	92
➤ Saint-Amour 2018	28 €	93

Rouge : 13 hectares. Gamay noir à jus blanc 100 %
Blanc : 1 hectare. Chardonnay 100 %
Production moyenne : 36 500 bt/an

CHÂTEAU DES BACHELARDS ♣
Lieu-dit Les Bachelards, Château des Bachelards 69820 Fleurie
09 81 49 47 00 ● www.bachelards.com ●
Vente et visites : sur RDV.
De 10h à 18h.
Propriétaire : Alexandra de Vazeilles
Œnologue : Stéphane Derenoncourt et Simon Blanchard

★ DOMAINE GUY BRETON

Le bien nommé "P'tit Max" fait partie de cette génération de vignerons "nature" qui ont su garder un style défini, sans tomber dans les déviances extrêmes. Encouragé par Marcel Lapierre, il s'installe en 1988, avec l'envie de produire des vins respectueux des crus, dans un style plus léger et légèrement infusé. Une proposition pure, friande, et typée du vin du Beaujolais, qui a su rester régulière au travers des années.

Les vins : le beaujolais-villages joue la carte de la friandise, présentant des notes de fruits rouges acidulés. Le chiroubles offre une belle expression du cru, au fruit délicat et des notes nobles de torréfaction. Encore dans un stade de fermeture, le côte-de-brouilly profite d'une classe et d'une précision qui le porteront loin. Plus athlétique, porté par sa haute maturité, le fleurie s'appuie sur l'équilibre et l'allonge apportés par le terroir du lieu-dit Les Garants. Le morgon est d'un haut raffinement, ce qui ne gâche pas sa gourmandise. P'tit Max est un vin noble, tout en nuances, avec un fruit de haute maturité qui annonce une longue garde.

➤ Beaujolais-Villages 2021	16 €	89
➤ Chiroubles Léa 2019	23 €	91
➤ Côte de Brouilly 2020	23 €	91
➤ Fleurie 2020	25 €	93
➤ Morgon P'tit Max 2020	31 €	94
➤ Morgon Vieilles Vignes 2020	25 €	93

Rouge : 11 hectares. Gamay noir à jus blanc 100 %
Achat de raisins.
Production moyenne : 70 000 bt/an

DOMAINE GUY BRETON
252, rue Pasteur, 69910 Villié-Morgon
06 16 24 76 70 ● ptitmax@sfr.fr ● Vente et visites : sur RDV.
Le matin sur rendez-vous.
Propriétaire : Guy Breton

★ DOMAINE CHAMONARD

Jean-Claude Chanudet, alias Le Chat, fait partie de la première génération de producteurs de vins "nature", avec Foillard, Descombes et Lapierre. Chez lui, la maîtrise se combine à l'authenticité. Après une première carrière dans l'embouteillage, ce fils de vigneron reprend dès 1989 le domaine de son beau-père. Il veut valoriser les vieilles vignes avec son bon sens paysan, sa sensibilité vinificatrice libre et précise, de longues macérations et des élevages en vieux fûts. Le style est éclatant, précis et donne aux vins une capacité de garde insoupçonnée. Le domaine, que sa fille Jeanne, vétérinaire de formation, se destine à reprendre, regorge de vieux millésimes à la vente.

Les vins : Le morgon 2018 fera partie des bouteilles de référence du domaine. Son style évanescent, tourné autour du pot-pourri et de la fleur séchée, est remarquable. Une longue garde l'attend. Droit de Veto subit son millésime, dans un style à la fois riche et végétal, dont il faut profiter dans la jeunesse. La Madone offre un abord plus compoté, avec des notes de fruits cuits et de chocolat.

- Fleurie Droit de Veto 2020   18 €   **89**
- Fleurie Madone 2020   17,50 €   **91**
- Morgon 2018   16,50 €   **93**

Rouge : 5,5 hectares. Gamay noir à jus blanc 100 %
Production moyenne : 35 000 bt/an

DOMAINE CHAMONARD
585, chemin de la Grenouille, Le Clos de Lys, Corcelette, 69910 Villié-Morgon
04 74 69 13 97 ●
domainechamonard@gmail.com ● Vente et visites : sur RDV.
Propriétaire : Geneviève et Jeanne Chanudet
Directeur : Jeanne Chanudet
Maître de chai : Jean-Claude Chanudet

★ DOMAINE CHIGNARD

Depuis sa reprise du domaine familial en 2007, Cédric Chignard fait partie des "vignerons héritiers" qui font évoluer leur domaine par des ajustements de qualité. Des macérations beaujolaises, il a conservé le modèle paternel et se montre plus précis en vinification tout en poursuivant le travail des sols sur un vignoble âgé de plus de soixante ans en moyenne. Principalement issus du secteur des Moriers, au nord de l'appellation, les vins livrent des parfums très floraux qu'accompagne un grain de tanin fin. Ils vieillissent avec noblesse en suivant la marque du millésime.

Les vins : au nez signé par une haute maturité, Le Petit Impermanant 2020 est riche de parfums de cerises confites, d'herbe coupée et de pivoine. En 2018, le vin séduit par les notes de petites baies, de réglisse, de kirsch et d'orange sanguine. Beauvernay distille des tonalités de cerises à l'eau-de-vie, de zan et de pierres chaude. La bouche musclée est typique de Juliénas. Le pedigree des Moriers domine l'expression dans ce 2020, au style profond, évanescent et raffiné. En 2019, Les Moriers est en phase d'évolution et se dirige vers des notes plus nuancées de paniers de fruits rouges, d'agrumes frais et de pierres chaudes. La bouche très raffinée s'offre un peu de dynamisme avec sa forte empreinte minérale.

- Beaujolais-Villages Le Petit Impermanant 2018   13 €   **89**
- Beaujolais-Villages Le Petit Impermanant 2020   13 €   **88**
- Fleurie Le Cochonnier 2018   25 €   **88**

- Fleurie Les Moriers 2019   17 €   **92**
- Fleurie Les Moriers 2020   17 €   **91**
- Juliénas Beauvernay 2019   16 €   **88**

Rouge : 10 hectares. Gamay noir à jus blanc 100 %
Production moyenne : 45 000 bt/an

DOMAINE CHIGNARD
830 route du Point-du-Jour, 69820 Fleurie
04 74 04 11 87 ●
domaine.chignard@wanadoo.fr ● Vente et visites : sur RDV.
Propriétaire : Cédric Chignard

★ CLOS DE LA ROILETTE

Le Clos de la Roilette est aux mains de la famille Coudert depuis 1967, Alain ayant signé sa première vendange en 1982. Composé de 14 hectares, le domaine s'est agrandi en 2005, avec la reprise d'une parcelle de Brouilly, située sur le village de Saint-Lager. À Fleurie, les vieilles vignes entourent la cave. Notons également 3 hectares dans le secteur de Champagne, situé au sud-ouest du village. Le style des vins est sans fioriture. Au programme, vinification classique en vendange entière et élevage en foudre de chêne usagé. La cuvée Les Griffes du Marquis subit un élevage de douze mois en barrique. Ces vins au joli potentiel de garde se montrent denses et charnus.

Les vins : malgré la légèreté annoncée de 2021, ce fleurie étonne par sa fraîcheur végétale et friande au nez, mais aussi par sa bouche plus contrastée, avec son toucher en taffetas, tramée par des tanins saillants. Une jolie garde l'attend.

- Fleurie 2021   10,20 €   **91**

Rouge : 14 hectares. Gamay noir à jus blanc 100 %
Production moyenne : 60 000 bt/an

CLOS DE LA ROILETTE
358, route de La Roilette, 69820 Fleurie
04 74 69 84 37 ●
clos-de-la-roilette@wanadoo.fr ● Vente et visites : sur RDV.
De 8h à 12h et de 14h à 18h.
Propriétaire : Alain Coudert

★ DOMAINE JEAN FOILLARD

Jean Foillard fait partie des noms incontournables du paysage beaujolais. Connu pour son style "nature", Jean a fait ses armes dans le domaine familial dès 1981. D'une main ferme, il a conservé un style libre, mais sans déviance, dont découlent des vins très réguliers et très profonds. Viticulture bio, vinification sans soufre, vendange entière et élevage en fût ne sont pas les seules clés du succès, bien sûr. Car pour produire ces vins "libres" mais précis, le suivi minutieux au microscope est l'un des paramètres fondamentaux. Jean Foillard transmet doucement le témoin à son fils, Alex. Après avoir voyagé dans le monde et repris quelques hectares de vignes en son nom propre, celui-ci reprend pas à pas les rênes avec la volonté de poursuivre l'œuvre paternelle, tout en insufflant sa propre sensibilité. On sent une progression notable dans les derniers millésimes dégustés.

Les vins : 2020 a été bien interprété, ne tombant dans aucun des pièges du millésime. Il faut profiter d'Eponym dans sa jeunesse : il s'avère d'ores et déjà très accessible, floral et croquant. Corcelette possède quelques notes de balsamique, de rose fanée et de papier d'Arménie, le tout mis en valeur par un style délicat et friand. Réservé, le magnifique côte-du-py est conduit par une sensation de pierre chaude. Sa longue garde promet des merveilles. Le fleurie est quelque peu marqué par des notes de moka et de crème de fruits. Sa bouche dense, rappelant le rhum-raisin et la datte, met en lumière une grande capacité de vieillissement.

🍷	Fleurie 2020	30 €	92
🍷	Morgon Corcelette 2020	27 €	91
🍷	Morgon Côte du Py 2020	N.C.	93
🍷	Morgon Eponym 2020	27 €	92

Rouge : 22 hectares. Gamay noir à jus blanc 100 %
Achat de raisins.

DOMAINE JEAN FOILLARD ♣
Le Clachet, 69910 Villié-Morgon
04 74 04 24 97 ● jean.foillard@orange.com ●
Vente et visites : sur RDV.
Propriétaire : Jean Foillard

cellaire. Les clefs de la cave sont confiées à Nadine Gublin et celle des vignes à Michel Rovere. La vinification dite "bourguignonne" (égrappage puis élevage en fût) donne des vins aux tanins pleins mais suaves, qui vieillissent en beauté.

Les vins : la richesse du millésime 2020 convient bien au style ample et mûr du domaine. Cœur de Terroirs est une entrée en matière sérieuse, offrant des accents rhodaniens, avec son fruit plein et ses notes de poivre. Pointé de tonalités de mine de crayon et la pierre chaude, Le Carquelin est dicté par la minéralité. La bouche est large, caressante, portée par élevage ambitieux mais juste. Champ de Cour sera une belle bouteille, mais elle se présente aujourd'hui avec retenue. On apprécie la définition tannique, donnant beaucoup d'allonge et soulignant la salinité. Le pédigree de la parcelle de Le Clos ressort dès le nez, affirmant la noblesse du fruit. La bouche est précise, ciselée et vibrante. Encore marqué par son bois, il promet une belle garde.

🍷	Moulin-à-Vent Champ de Cour 2020	23 €	93
🍷	Moulin-à-Vent Cœur de Terroirs 2020	18 €	91
🍷	Moulin-à-Vent Le Carquelin 2020	26 €	92
🍷	Moulin-à-Vent Le Clos du Moulin-à-Vent 2020	37 €	94

Rouge : 14 hectares. Gamay noir à jus blanc 100 %
Production moyenne : 58 400 bt/an

DOMAINE LABRUYÈRE
310, rue des Thorins
71570 Romanèche-Thorins
03 85 20 38 13 ●
www.domaine-labruyere.com ● Vente et visites : sur RDV.
De 8h30 à 12h et de 14h à 17h.
Propriétaire : Famille Labruyère
Directeur : Édouard Labruyère
Maître de chai : Michel Rovere
Œnologue : Nadine Gublin

★ DOMAINE LABRUYÈRE

La famille Labruyère détient ce château depuis 1850. Également propriétaire du domaine Jacques Prieur à Meursault et du château Rouget à Pomerol, Jean-Pierre Labruyère en a confié en 2008 les clefs à son fils Édouard. La cuverie a été modernisée, le domaine agrandi. En 2000, le Clos du Moulin-à-Vent est venu s'ajouter au par-

★ DOMAINE LAFARGE-VIAL

Riche d'expériences et de savoir, la famille Lafarge, du domaine éponyme de Volnay, a créé en 2014 cette propriété avec pour ambition de produire des vins à la maturité assumée et précise. Travaillé en biodynamie par Chantal et Frédéric dès sa création, le domaine acquiert pas à pas des parcelles dans les crus, donnant la part belle à Fleurie. Ceux-ci sont égrappés et élevés pendant près d'un an. Cet élevage ambitieux et précis donne des vins denses, qui séduisent par leur typicité et leur accessibilité.

Les vins : le chiroubles se présente plutôt musclé pour ce cru, et surprend par ses notes de fruits confits et de thé noir. La bouche riche, fluide, annonce un vin que l'on doit déguster dans sa jeunesse. Clos Vernay nous séduit par son raffinement et sa délicatesse au nez, avant une bouche aérienne, étirée par la finale acidulée, qui annonce une grande garde. Enfin, Joie du Palais porte bien son nom et nous envoûte par ses saveurs de fruits doux et de pierres chaudes, avec définition et éclat. La bouche est scintillante, tramée par des tanins poudrés et une énergie minérale forte.

Chiroubles 2020	24 €	89
Fleurie Clos Vernay 2020	32 €	92
Fleurie Joie du Palais 2020	30 €	93

Rouge : 5,5 hectares.
Production moyenne : 25 000 bt/an

DOMAINE LAFARGE-VIAL ☾

66, chemin de Propières, Bel-Air,
69820 Fleurie
0474604832 ●
www.domainelafargevial.com ● Visites : sur RDV aux professionnels.
Propriétaire : Chantal et Frédéric Lafarge
Directeur : Eddie Lachaux

_____

★ MARCEL LAPIERRE

Depuis que Marcel Lapierre est décédé, sa femme Marie, son fils Mathieu et sa fille Camille pérennisent l'esprit des vins "nature" dont il fut l'un des pionniers. La force des Lapierre réside dans leur très beau parcellaire cultivé en bio depuis 1981 qui permet de créer un morgon représentatif de l'appellation, complété également par un "sans soufre" au plaisir immédiat et un julienas plus confidentiel. Pour faire face à la demande, le domaine achète également du raisin. Le vin est élevé sans soufre en moyenne neuf mois, en fûts de trois à treize ans, ainsi que dans de vénérables foudres. Le domaine est entré dans une ère permettant de produire des vins "nature" avec régularité, sans débordé.

Les vins : en 2020, on retrouve le style fringant du domaine, avec du nature maîtrisé. L'arsenal typique du cru est de retour dans le morgon Vieilles Vignes : robe rubis, nez évanescent de cerise fraîche et de roche chaude. La bouche est délicate, aux tanins quasi absents, sans que celle-ci succombe à la richesse du millésime. La cuvée Camille, provenant du Py, offre les

mêmes atouts, dans un style plus monolithique. Avec des vins issus de mises plus tardives, les vins s'en trouvent grandis.

Morgon Cuvée Camille 2020	25,70 €	91
Morgon Vieille Vigne 2020	19,70 €	92

Rouge : 16,5 hectares. Gamay noir à jus blanc 100 %
Achat de raisins.
Production moyenne : 150 000 bt/an

MARCEL LAPIERRE ♣

Les Chênes, BP4, 69910 Villié-Morgon
04 74 04 23 89 ● www.marcel-lapierre.com
● Vente et visites : sur RDV.
Propriétaire : Mathieu et Camille Lapierre

_____

★ DOMAINE LAURENT MARTRAY

Installé en 1987, Laurent Martray peut aujourd'hui être fier du chemin parcouru. Sa formation bourguignonne a affiné des bases apprises auprès de son père qui avait un métayage sur le château de la Chaize. Ses 5 hectares sont répartis en Brouilly et Côte de Brouilly. Davantage de travail du sol devrait conduire à des cuvées d'une plus forte authenticité. Partiellement égrappés, suivant les cuvées, les raisins connaissent un élevage allongé en fût de chêne français, jamais neuf. Les vins en sortent pleins, structurés. Les brouillys sont des vins "de côte", destinés à la cave. La disparition de la cuvée Combiaty au profit de la cuvée Pierreux correspond à l'arrêt du métayage au château de la Chaize.

Les vins : le domaine confirme sa montée en puissance, avec une précision accrue dans des derniers millésimes. Le brouilly Corentin est superbe, animé par des notes intenses de fruits à noyau. Son muscle le fera aller loin. Sur Pierreux offre différentes maturités, avec des notes végétales et de fruits cuits, qui le destinent à la gastronomie. L'énergie de La Folie reste maîtrisée avec précision, avec des nobles notes végétales qui équilibrent la richesse du millésime. Les Feuillées demeure austère, raffiné, aux nuances de fraises au sucre et de clafoutis.

Brouilly Corentin 2020	20 €	93
Brouilly La Folie 2020	17 €	92
Brouilly Sur Pierreux 2020	17 €	91
Côte de Brouilly Les Feuillées 2020	17 €	93

Rouge : 5 hectares. Gamay noir à jus blanc 100 %
Production moyenne : 25 000 bt/an

DOMAINE LAURENT MARTRAY
749, route du Mont-Brouilly, 69460 Odenas
06 14 42 04 74 ●
www.domainelaurentmartray.com ● Vente
et visites : sur RDV.
Propriétaire : Laurent Martray

★ CHÂTEAU DU MOULIN-À-VENT

Depuis son acquisition par la famille Parinet en 2009, ce vaste domaine s'est doté de moyens humains importants afin de rajeunir les ailes du Moulin-à-Vent, comme le Château des Jacques à son époque. Dans un style de gamay moderne, avec des élevages sous bois longs et bien gérés, les nombreuses cuvées parcellaires expriment la complexité et la diversité des sols. Avec 2016 apparaissent les premières vignes blanches (4,5 hectares) du domaine en appellation Mâcon et Pouilly-Fuissé sous le nom de Roc des Boutires.

Les vins : malgré une production de bon niveau, les 2020 sont actuellement dans une phase de fermeture, mais le temps leur permettra de s'exprimer au mieux. Le moulin-à-vent est une belle porte d'entrée du domaine, dans un style accessible qui ne délaisse pas la profondeur de l'appellation. Dans Couvent des Thorins, des tonalités de guigne, de sureau et de notes grillées emplissent le nez. Suit une bouche vive, aux tanins serrés qui dynamisent l'ensemble. Encore légèrement serré par son bois, Champ de Cour séduit, porté par une délicate impression salivante. Le toucher charnel et l'allonge sur la pierre à fusil promettent une grande carrière en cave. Les Vérillats est encore pris par une fine réduction et des touches légèrement végétales. Le vin se veut évanescent, à la puissance mesurée, avec un toucher de bouche délicat qui témoigne de l'empreinte granitique dans la finale. Le message minéral du nez de La Rochelle pose un vin au profil austère et élégant. La bouche est aérienne, aux tanins poudrés et à la puissance mesurée. Le vin s'épanouira au mieux d'ici trois ou quatre ans.

- Moulin-à-Vent 2020   de 14 à 19 € (c)   91
- Moulin-à-Vent Champ de Cour 2020   de 24 à 30 € (c)   93
- Moulin-à-Vent Couvent des Thorins 2020   de 12 à 15 € (c)   92
- Moulin-à-Vent La Rochelle 2020   de 27,20 à 34 € (c)   93
- Moulin-à-Vent Les Vérillats 2020   de 22,40 à 28 € (c)   92

Rouge : 33 hectares. Gamay noir à jus blanc 100 %
Production moyenne : 100 000 bt/an

CHÂTEAU DU MOULIN-À-VENT
4, rue des Thorins,
71570 Romanèche-Thorins
03 85 35 50 68 ●
www.chateaudumoulinavent.com ● Vente et
visites : sur RDV.
Propriétaire : Édouard et Jean-Jacques Parinet
Directeur : Édouard Parinet
Maître de chai : Brice Laffond

★ DOMAINE DOMINIQUE PIRON

Depuis son association avec Julien Revillon, le bouillonnant Dominique Piron a axé son activité sur la commercialisation et sur la politique locale, devenant en 2017 le nouveau président de l'interprofession de Beaujolais. Le duo a recruté un jeune chef de culture en la personne de Thibaud Lemaître, ce qui devenait nécessaire pour veiller sur un domaine qui représente 90 hectares et peut encore grandir. La cave est tenue par un jeune œnologue, Pierre Meunier. Ces efforts ont permis d'améliorer la qualité des raisins et la sélection parcellaire engagée commence à porter ses fruits. Nous sommes séduits par la régularité de la gamme et ses pierres angulaires : spontanéité du fruit, friandise et définition précise de chaque cru.

Les vins : nous sommes séduits tant par la cohérence de la gamme que par le respect des crus et des lieux-dits. Le beaujolais-villages Lantignié est une entrée en matière gourmande, avec un fruit infusé, accessible, très beaujolais. Le chiroubles nous offre une approche mentholée, avec une finale rappelant la pierre chaude. De son côté, Quartz est en retrait, avec un nez peu expressif mais une tension vive. Il a juste besoin de temps pour nous donner tout son potentiel. La Chanaise est une belle cuvée pour découvrir la fringance de Morgon. Il est ouvert, pulpeux et délicat. Poursuivons avec Les Charmes, qui concilie la classe du climat avec un fruit mûr et étincelant. Il vieillira avec panache. Grand Cras est dans une phase d'austérité, avec un fruit un peu trop masqué par des notes végétales, mais la bouche précise et sapide promet tout de même une belle garde. Croix Penet propose un style surprenant, avec des notes végétales et de feuilles de tomates. La bouche demeure un peu mate. Il faut en profiter dans sa jeunesse. Grâce notamment à son travail d'assemblage judicieux, Côte du Py est une belle réussite, offrant profondeur et allonge. Une grande garde est à prévoir. Le moulin-à-vent est séveux, réservé et délicieux, conservant un tanin précis, accrocheur, jouant comme un exhausteur de goût. Aux Pierres est dans une phase de fermeture, avec un fruit peu expressif, mais son allonge et sa haute intensité minérale promettent une belle expression dans un futur proche.

Beaujolais-Villages Lantignié Fructus Agapè 2020	13 €	88
Chiroubles 2020	11,50 €	89
Chénas Quartz 2019	16,50 €	91
Morgon Aux Pierres 2018	40 €	92
Morgon Côte du Py 2020	19 €	93
Morgon Grand Cras 2020	15 €	-91
Morgon La Chanaise 2020	12 €	89
Morgon Les Charmes 2020	15 €	91
Moulin-à-Vent 2020	16,50 €	92
Régnié Croix Penet 2019	15 €	89

Rouge : 30 hectares. Gamay noir à jus blanc 99 %, Gamaret 1 %
Achat de raisins.
Blanc : 2 hectares. Chardonnay 80 %, Viognier 20 %
Achat de raisins.
Production moyenne : 450 000 bt/an

DOMAINE DOMINIQUE PIRON
1216, route du Cru, 69910 Villié-Morgon
04 74 69 10 20 ● www.maison-piron.fr ●
Vente et visites : sur RDV.
Du lundi au vendredi de 9h à 18h. Samedi sur rendez-vous.
Propriétaire : Julien Revillon

★ CHÂTEAU DE PONCIÉ

La rangée d'arbres centenaires posée sur la ligne de crête n'est pas seulement une carte postale du Beaujolais : elle matérialise le château et fixe la limite avec Moulin-à-Vent, qui s'y situait à une époque. La pente des coteaux peut atteindre 60 % et 410 mètres comme sur la parcelle des Hauts du Py. Les 49 hectares du plus vaste domaine de Fleurie ont été repris par la famille Henriot qui, depuis le millésime 2009, se donne les moyens du renouveau. Joseph Bouchard est en charge des vignes ; Frédéric Weber, qui s'occupe de la partie technique de la maison Bouchard, à Beaune, suit les vins.

Les vins : le blanc est très parfumé, avec des notes d'amandes et de sève. La bouche est un peu légère, et l'alcool prenant. 949 a besoin de temps pour se révéler pleinement : le nez est encore fermé et, en bouche, les tanins sont en retrait. Quelques années d'attente seront bénéfiques pour qu'il puisse exprimer tout son potentiel. Les Moriers est marqué son terroir, avec des senteurs de graphite. Ses fins tanins accrocheurs lui promettent un bel avenir. Les Hauts

du Py est légèrement marqué par son bois, mais on perçoit un fruit lumineux. Le tout a besoin de temps pour se fondre et s'offrir pleinement.

Beaujolais-Villages 2020	13,50 €	87
Fleurie 949 2020	13 €	89
Fleurie Les Hauts du Py 2020	18 €	90
Fleurie Les Moriers 2020	25 €	91

Rouge : 31,13 hectares. Gamay noir à jus blanc 100 %
Blanc : 2,16 hectares. Chardonnay 100 %
Production moyenne : 120 000 bt/an

CHÂTEAU DE PONCIÉ ♣
1087, route de Poncié, 69820 Fleurie
04 74 69 83 33 ● www.chateaudeponcie.fr ●
Visites : sans RDV.
Propriétaire : Jean-Loup Roge
Directeur : Marion Fessy
Maître de chai : Joseph Bouchard

★ JULIEN SUNIER

Bourguignon de naissance, Julien Sunier crée son domaine dans le Beaujolais en 2008, après un long périple à parcourir les vignobles dans le monde entier, puis des passages au domaine Roumier, à Chambolle-Musigny, et chez Albert Mann, en Alsace. Trois appellations sont élaborées ici. Le chai se situe à 750 mètres d'altitude sur les hauteurs d'Avenas. Toutes les vignes sont travaillées manuellement, même dans le secteur pentu et difficile de Niagara (Fleurie). Suivant les principes de Jules Chauvet, les vins sont peu extraits et brillent par leur sapidité et leur fraîcheur. La méthode : raisins entiers en semi-macération carbonique, élevage en fût bourguignon sans bois neuf.

Les vins : 2020 est une belle réussite pour le domaine, dans un style pur et établi, mais est encore marqué par une fine réduction qui incite à la patience. Tout en dentelle, Régnié s'ouvre sur une sensation intense de roche. Fleurie est plus athlétique, à la chair ronde et riche. De grande garde, le morgon est un vin complet, aux tanins précis.

Fleurie 2020	19 €	91
Morgon 2020	18 €	92
Régnié 2020	14 €	90

Rouge : 8,5 hectares. Gamay noir à jus blanc 100 %
Achat de raisins.
Production moyenne : 60 000 bt/an

JULIEN SUNIER ♣
750, chemin Les-Noisetiers, Avenas,
69430 Deux-Grosnes
0474699174 ● www.julien-sunier.com ● Pas
de visites.
Propriétaire : Julien Sunier

CHÂTEAU BELLEVUE (MORGON)

Propriété de la maison Jean Loron depuis 2009, Bellevue, autrefois nommé Château des Lumières et possédé par Louis Jadot, est un trésor bien caché dans le paysage de Morgon. Riche de 18 hectares de vignes idéalement situées, ce domaine niché dans un château du XIXᵉ siècle est chapeauté depuis 2017 par Tristan Larsen. La viticulture est bio, sans certification. Les macérations sont volontairement longues, les raisins vendangés en partie entiers en fonction des crus ; la vinification en cuve et les extractions douces permettent de mieux faire ressortir les nuances des lieux-dits. Les cuvées parcellaires, de garde, sont élevées en fût. On prédit un bel avenir à cette propriété aux mains d'un homme aussi passionné qu'attentionné. Au regard de la minutie du domaine et de la qualité du parcellaire, le domaine pourrait passer un cap en mettant la technique de côté et en libérant les expressions.

Les vins : la dernière année au domaine de Tristan Larsen est signée par la réussite et la bonne gestion du millésime, avec un style assez crémeux. Le blanc offre une belle maturité, sans excès, avec des notes d'ananas au sucre, de rhum-raisin et de pierres chaudes. Le fleurie est dominé par une légère réduction donnant des notes grillées et de mûres fraîches. La bouche déliée le rend très accessible. Les Charmes est une cuvée voluptueuse, au taninpoudré et aux notes de génoise au chocolat. Grands Cras présente d'abord des notes de pier- res chaudes et de fusain, puis s'invite sur le fruit, gourmand et velouté. Déjà savoureux. Côte du Py est séduisant, aromatique, mais tout en élégance. Le tanin est précis, friand, donnant une fine accroche appelant la table. Le corcelette affiche un joli pédigree, donnant beaucoup d'allant, avec des notes d'agrumes, de cerises fraîches et de sauge.

Beaujolais Princesse Lieven 2020	14 €	88
Fleurie Montgenas 2020	12 €	91
Morgon Corcelette Le Clos 2020	20 €	93
Morgon Côte du Py 2020	15 €	92
Morgon Grand Cras 2020	15 €	91
Morgon Les Charmes 2020	13 €	91

Rouge : 19,7 hectares. Gamay noir à jus blanc 100 %
Blanc : 1,3 hectare. Chardonnay 100 %
Production moyenne : 25 000 bt/an

CHÂTEAU BELLEVUE (MORGON)
Bellevue, 69910 Villié-Morgon
04 74 66 98 88 ● www.chateau-bellevue.fr ●
Vente et visites : sur RDV.
De 10h à 12h30 et de 14 à 18h.
Propriétaire : Maison Jean Loron
Directeur : Philippe Bardet

DOMAINE LES CAPRÉOLES

Cédric Lecareux fait partie de ces néo-vignerons qui font bouger le Beaujolais. Directeur technique d'un grand négociant languedocien durant six récoltes, il s'installe à Régnié avec son épouse Catherine, ingénieure agronome comme lui, sur un domaine à l'abandon. Dès leur arrivée, en 2014, ils s'engagent dans une certification biologique, confirmée en 2017. Adeptes de la maxime "La règle, c'est qu'il n'y en a pas", ils adaptent l'égrappage et l'élevage suivant chaque année.

Les vins : la cuvée L'Amourgandise porte bien son nom, dans un style friand, léger et estival. Alio Pacto offre ses lettres de noblesse à Lantignié : sa haute maturité est ponctuée d'une finale saline. Sur des notes de liqueur de fruits, de forêt noire, Diaclase affiche une grande densité qui appelle à la garde. Chamodère demeure marqué par la richesse du millésime, mais dans un style doux. Il convient d'en profiter dans la jeunesse. Sous la Croix profite d'une noble origine qui lui donne beaucoup d'élégance, mais l'approche boisée la marque encore fortement, prenant aujourd'hui le pas sur la matière.

Beaujolais-Villages Alio Pacto 2020	25 €	89
Beaujolais-Villages L'Amourgandise 2021	11 €	88
Régnié Chamodère 2020	de 12,90 à 13 € (c)	89
Régnié Diaclase 2019	15,50 €	90
Régnié Sous la Croix 2020	de 22,50 à 23 € (c)	90

Rouge : 6 hectares. Gamay noir à jus blanc 100 %
Achat de raisins.
Blanc : 1 hectare. Chardonnay 100 %
Achat de raisins.
Production moyenne : 35 000 bt/an

DOMAINE LES CAPRÉOLES ♣

108, impasse du Muguet, Lieu-dit La Plaigne,
69430 Régnié-Durette
04 74 65 57 83 ● www.capreoles.com ●
Vente et visites : sur RDV.
Propriétaire : Cédric et Catherine Lecareux

MANOIR DU CARRA

La famille Sambardier est installée depuis
1850 au cœur des Pierres Dorées. Depuis leur
bastion, une grande bâtisse évoquant une ferme
vigneronne toscane, deux frères, Frédéric et
Damien, veillent sur le vignoble. Lutte raisonnée,
égrappage et élevage en fût ou en cuve adaptés
suivant chaque parcelle : tout concorde vers la
qualité. Bien que large, la gamme est cohérente
et d'une qualité très régulière.

Les vins : commençons par le blanc, mûr sans
excès, avec des notes de poires fraîches. Signé
par quelques notes végétales, Non filtré
demeure ferme. À la fois gourmand, suave et
noble, Les Burdelines s'appréciera encore mieux
après quelques années en cave. Tout comme le
fleurie, au style plein, dense et enveloppé. Le
brouilly est encore sur la réserve, mais sa qualité
de tanins et sa fine minéralité dessinent un
vin vibrant. Le juliénas est délicieux, posé, mis
en valeur par les notes de fruits noirs et de
torréfaction qui caractérisent ce joli vin de
gastronomie.

🍾	Beaujolais 2020	9,50 €	87
🍷	Beaujolais-Villages Non filtré 2020	9 €	87
🍷	Brouilly Terre de Combiaty 2020	14 €	89
🍷	Fleurie Clos des Déduits 2020	14 €	91
🍷	Juliénas Les Demi-Muids Cuvée Nature Sans Soufre 2020	16 €	91
🍷	Moulin-à-Vent Les Burdelines 2020	16 €	90

Rouge : 32 hectares. Gamay noir à jus
blanc 100 %
Blanc : 8 hectares. Chardonnay 100 %
Production moyenne : 220 000 bt/an

MANOIR DU CARRA
Le Carra 69640 Denicé
04 74 67 38 24 ● www.manoir-du-carra.com
● Vente et visites : sur RDV.
Propriétaire : Damien et Jean-Frédéric
Sambardier

CHÂTEAU DE LA CHAIZE

En rachetant ce domaine en 2017, Christophe
Gruy a décidé de réveiller une belle endormie.
Propriété historique de Brouilly, auparavant cultivée par des métayers, La Chaize profite d'un
propriétaire qui en a désormais pris la mesure :
de grands investissements ont été entrepris sur
les plans viticole (programme de replantation
et transition vers le bio), technique (les installations de vinification font l'objet d'un chantier
pharaonique) et humains (Pierre-Jean Villa en
conseil, le vigneron Boris Gruy, neveu de Christophe, nommé directeur) pour hisser les
150 hectares du château à leur meilleur niveau.
Couronnant le tout, le nouveau propriétaire projette une production "zéro déchet". La gamme
s'inscrit dans un style gourmand et spontané
pour les "petites" cuvées, sérieux, profond et
maîtrisé pour les parcellaires.

Les vins : nous regrettons de ne pas avoir pu
déguster les premières cuvées du domaine et
de n'avoir qu'une vision partielle du travail de la
propriété. Les Frairies est légèrement engoncé
par un élevage qui lui attribue des arômes de
sureau et de pomelos, on entrevoit par la suite
les notes de petits fruits rouges et de mine
de crayon. Vers les Pins possède l'ambition
d'une noble cuvée et la délicatesse d'une longue
extraction sans extrême. La Chapelle des Bois
présente un style en retrait, austère. Ce fleurie
demandera du temps pour s'ouvrir. Le Clos de
La Chapelle des Bois est sombre, marqué par
le bâton de réglisse ; il faut de l'aération pour
entrevoir le fruit, car le minéral prend aujour-
d'hui le dessus. Ce même élan minéral promet
une grande garde. La Chaize Monopole est enveloppé et légèrement boisé, la matière subit
aujourd'hui un élevage très aromatisant, avec
l'agrume, la crème de café et le pain toasté. Clos
de la Chaize est une cuvée ambitieuse, offrant
un nez de haute maturité avant une bouche
ample, voluptueuse. Champagne est marqué par
son bois au nez, mais perce avec des nuances
de fruits des bois et du verger. Combiliaty signe
un vin riche et intense, avec une touche de
réduction. Le nez rappelle la forêt noire, l'orange
sanguine et le café. Chavannes souligne une
matière de juste concentration. La bouche offre
un calibre, une envergure de grand pédigree.
Avec Bruhlier, on pressent un vin d'un niveau
supérieur : des fruits à noyau de belle maturité
s'entremêlent de fleurs de montagne et de feuilles de tomate. La bouche est majestueuse,
grâce à une puissance diffuse, un tanin précis
et étiré, et une longue finale douce.

🍷	Brouilly 2020	16 €	91
🍷	Brouilly Combiliaty 2020	N.C.	91
🍷	Brouilly La Chaize Monopole 2020	30 €	90

145

Brouilly Le Clos de La Chaize Monopole 2020	53 €	92
Brouilly Les Frairies 2020	Épuisé - 20 €	91
Brouilly Vers les Pins Monopole 2020	28 €	92
Côte de Brouilly Brûlhier 2020	N.C.	93
Côte de Brouilly Chavannes 2020	Épuisé - 20 €	88
Fleurie La Chapelle des Bois 2020	30 €	91
Fleurie Le Clos de La Chapelle des Bois 2020	53 €	91

Rouge : 150 hectares.
Production moyenne : 300 000 bt/an

CHÂTEAU DE LA CHAIZE ♣

500, route de La Chaize, 69460 Odenas
04 74 03 41 05 ● www.chateaudelachaize.fr ●
Vente et visites : sur RDV.
Propriétaire : Famille Gruy
Directeur : Boris Gruy

CLOS DE MEZ

S'il y avait un panneau au Clos de Mez, on pourrait y lire "Marie-Élodie Zighera vigneronne-artisane" ! Son vignoble (certifié bio en 2019) se divise en deux crus dont Fleurie est le centre. Pasionaria de la vendange entière, elle n'a pas acheté de raisin malgré les grêles récentes qui ont touché ses fleuries. Depuis son premier millésime, en 2006, elle a évolué vers des cuvées toujours structurées, mais laissant davantage de place à la digestibilité. Un hiver en fût, un en masse et un en bouteille, voilà pourquoi ces millésimes semblent anciens au milieu de la course au vin facile.

Les vins : le style précis du fleurie Mademoiselle M 2020 offre dores et déjà une expression spontanée et déjà très agréable, offrant de fines notes végétales rafraîchissantes. Le bouquet fleuri de La Dot offre des senteurs de pot-pourri, de rose fanée et d'encens. On pourra conserver cette bouteille une dizaine d'années. Le morgon Château Gaillard offre le style classique du cru, d'un abord facile, mais ses notes de pivoine et de fruits cuits lui donnent de l'allonge.

Fleurie La Dot 2019	22 €	92
Fleurie Mademoiselle M 2020	14 €	90
Morgon Château Gaillard 2019	22 €	90

Rouge : 5,3 hectares. Gamay noir à jus blanc 100 %
Production moyenne : 20 000 bt/an

CLOS DE MEZ ♣

467, route des Raclets, 69820 Fleurie
06 03 35 71 89 ● www.closdemez.com ●
Vente et visites : sur RDV.
Propriétaire : Marie-Élodie Zighera-Confuron

JULIEN DUPORT

Enfant, ce natif du Forez se voyait "pompier-vigneron". Aujourd'hui, il a réussi à éteindre la soif de gamay de nombre d'amateurs ! Julien Duport a repris en 2003 le vigneronnage qui est dans sa famille depuis 1916. Partisan du labour, même dans ses terroirs les plus pentus, comme sur le sol vertigineux de La Boucheratte, il ne fait rien à moitié. Il plante en haute densité, enherbe les rangs de vigne et passe les gamays qu'il replante en cordon de Royat double. Moitié en Brouilly et moitié en Côte de Brouilly, ses crus sont denses et dignes de vivre en cave.

Les vins : après un millésime 2019 en demi-teinte, le domaine renoue en 2020 avec la qualité qu'on lui connaissait précédemment. Les Balloquets est un vin croquant, au style plein, aux senteurs de fruits noirs et de laurier. Dans un style à la fois puissant et infusé, La Folie profite de la profondeur de ce lieu-dit, proposant un fruit défini de qualité, rappelant la crème de mûre et la cerise maraschino. Lieu-dit Brouilly demeure légèrement marqué par son bois, mais le gamay pulpeux perce en fond. La qualité de ce terroir et la dimension solaire de 2020 font un duo réussi.

Brouilly La Folie 2020	12 €	92
Brouilly Les Balloquets 2020	12 €	89
Côte de Brouilly Lieu-dit Brouilly 2020	12 €	92

Rouge : 7 hectares. Gamay noir à jus blanc 100 %
Blanc : 0,5 hectare. Chardonnay 100 %
Production moyenne : 25 000 bt/an

JULIEN DUPORT

56, route de la Chapelle, Brouilly,
69460 Odenas
04 74 03 44 13 ● jul.duport@wanadoo.fr ●
Visites : sans RDV.
Propriétaire : Julien Duport

DOMAINE DUPRÉ GOUJON

Le duo Sébastien Dupré et Guillaume Goujon a affirmé en quelques millésimes un style assuré et ambitieux. Amis de longue date, ils ont affiné leurs connaissances avec Frédéric Pourtalié au domaine de Montcalmès pendant huit ans, remplaçant le cousin Vincent Guizard. Après quelques expériences, ils signent leur premier millésime en 2015, avec la cuvée emblématique 6.3.1 issue de l'assemblage de leurs parcelles (60 % L'Héronde, 30 % Le Pavé, 10 % Brûlhier). Ils ont aussi à cœur d'isoler la beauté des terroirs de la Côte de Brouilly, nuançant L'Héronde, très sudiste, aux accents rhodaniens, Le Pavé, plus bourguignon, élevé en cuve béton et demi-muids, puis Brûlhier, d'une puissance plus diffuse. Attendant le passage en biodynamie d'ici la fin d'année 2022, ils offrent une vinification peu interventionniste, avec des niveaux de soufre modérés mais d'une grande précision. On attend avec impatience une future cuvée parcellaire en blanc.

Les vins : si certains élevages mériteraient d'être moins marqués, nous sommes séduits par l'interprétation des rouges. Le Clos Des Muriers offre des notes rhodaniennes, avec ses touches d'amande douce, d'aiguille de pin et d'abricot frais. Un vin dont il faut profiter dans sa jeunesse. Le côte-de-brouilly 6.3.1 délivre un magnifique travail de composition, regroupant de belles parcelles du cru. Le nez est complexe, précis, avec la tombée de cerises et la mine de crayon. La bouche est pleine, savoureuse et longue. L'Héronde entremêle le sérieux du lieu-dit et une forte ambition. La bouche serrée annonce un vin qui a besoin de temps pour s'arrondir. Avec son nez encore fougueux et ses touches de gentiane et de menthe, Le Pavé est dans une phase d'adolescence. La bouche offre une concentration juste, mais encore dissociée de son élevage. Le temps harmonisera l'ensemble.

Beaujolais-Villages Le Clos Des Muriers 2020	de 17 à 19 € (c)	88
Côte de Brouilly 6.3.1 2019	de 20 à 22 € (c)	90
Côte de Brouilly L'Héronde 2019	de 26 à 28 € (c)	90
Côte de Brouilly La Rose De Brouilly 2017	de 32 à 34 € (c)	90
Côte de Brouilly Le Pavé 2019	de 26 à 28 € (c)	91

Rouge : 10,5 hectares. Gamay noir à jus blanc 100 %
Blanc : 5,5 hectares. Chardonnay 83 %, Aligoté 17 %
Production moyenne : 60 000 bt/an

DOMAINE DUPRÉ GOUJON ♣
404, montée de l'Écluse, 69220 Saint-Lager
06 24 06 57 33 ● dupregoujon.fr ● Vente et visites : sur RDV.
Propriétaire : Sébastien Dupré & Guillaume Goujon

DOMAINE DE FA

Tandis que nombre de vignerons du Rhône nord achètent au sud, Antoine et Maxime Graillot, viticulteurs reconnus sur Crozes-Hermitage, sont partis au nord. En 2013, ils reprennent 5 hectares de coteaux très caillouteux sur granite, dans les hauteurs de Saint-Amour qu'ils conduisent en biodynamie. En parallèle, ils font l'acquisition de 3 hectares au nord de Fleurie sur le lieu-dit Roche Guillon. Vinifiés en grappe entière et en cuve béton, les vins sont ensuite élevés en foudre de 20 et 30 hl. La gamme est dictée par un style "nature" maîtrisé, rendant les vins très accessibles, mais aussi parfois un peu trop "libres".

Les vins : la gamme envoyée cette année par le domaine ne nous ayant pas convaincue, nous sommes amenés à reconduire les notes de notre édition précédente.

Saint-Véran Les Crais 2019	26 €	93
Beaujolais En Besset 2019	15 €	92
Fleurie Roche Guillon 2019	22 €	92
Saint-Amour 2019	24 €	89

Rouge : 8 hectares. Gamay noir à jus blanc 100 %
Blanc : 0,6 hectare. Chardonnay 100 %
Production moyenne : 35 000 bt/an

DOMAINE DE FA ♣
974, route de Vers, Faye, 71700 Boyer
04 75 84 67 52 ●
contact@domainegraillot.com ● Visites : sur RDV aux professionnels.
Propriétaire : Antoine et Maxime Graillot

DOMAINE LAURENT GAUTHIER

Le domaine familial Gauthier fait partie de ces noms connus mais discrets du paysage de Morgon. Il a su se révéler grâce à un trio composé d'un père, Laurent, vigneron expérimenté, et de ses deux fils Jason et Elie, qui ont su apporter leur sensibilité. Ces hommes de terrain, pragmatiques et sensibles, ont à cœur de montrer les nuances des terroirs de leur magnifique parcellaire, notamment avec le splendide Javernières. Ils le mettent en avant grâce à une viticulture méticuleuse, une vinification peu interventionniste et faible en sulfites, mais aussi grâce à des élevages en foudres centenaires, permettant d'obtenir des matières brillantes, définies et sapides. Nous prédisons un bel avenir à ce domaine.

Les vins : Javernières, signé par des notes de balsamique, est digne du pédigree de ce lieu-dit d'exception. Nous sommes séduits par l'impact des pierres bleues, donnant un relief minéral superbe. Côte du Py allie la gourmandise du lieu-dit et la richesse du millésime. Grand Gras est particulièrement approchable et sensuel ; la bouche est délicate, avec une finale infusée. Le chiroubles est dans un style plus consensuel, bouche ronde et tanins patinés, le rendant très accessible.

Chiroubles Châtenay 2021	12 €	90
Morgon Côte du Py 2020	16 €	91
Morgon Grands Cras 2020	12 €	90
Morgon Javernières 2017	21 €	91

Rouge : 20 hectares. Gamay noir à jus blanc 100 %
Blanc : 1 hectare. Chardonnay 100 %
Production moyenne : 140 000 bt/an

DOMAINE LAURENT GAUTHIER
948, route de Morgon, 69910 Villié-Morgon
06 38 79 57 89 ● www.laurent-gauthier.com
● Visites : sur RDV aux professionnels.
Propriétaire : Laurent Gauthier

GRÉGOIRE HOPPENOT

Installé depuis 2018, Grégoire Hoppenot exprime cette année encore tout son talent. Après des expériences aux domaines Chermette, à la Maison Trénel ou encore à la cave des vignerons de Bel-Air, il a su constituer un parcellaire de grand niveau parmi les meilleurs lieux-dits du cru. Les vinifications douces en grappes entières sont suivies d'élevage combinant cuve et bois déjà utilisé, permettant de refléter au mieux les nuances, mais aussi de garder un caractère digeste et fin. Les 2018 se sont avérés prometteurs, les 2019 sont particulièrement réussis. Nous avons hâte de découvrir les prochaines cuvées.

Les vins : une belle entrée en matière avec Origines qui respecte la typicité de Fleurie et témoigne d'une belle maîtrise du millésime. Indigène continue de séduire par la qualité et la spontanéité de son fruit. Clos de l'Amandier a subi le millésime 2020 : le stress hydrique se traduit par des notes végétales et des tanins plus fermes.

Les Moriers est encore marqué d'une fine réduction, mais il s'exprimera au mieux dans quelques années. Austère, Corcelette conserve une fine définition, un bon carafage le rendra très accessible.

Fleurie Clos de l'Amandier 2020	Épuisé - de 20 à 23 € (c)	90
Fleurie Indigène 2020	Épuisé - de 16 à 19 € (c)	91
Fleurie Les Moriers 2020	de 20 à 23 € (c)	92
Fleurie Origines 2020	de 12 à 15 € (c)	91
Morgon Corcelette 2020	Épuisé - de 20 à 23 € (c)	92

Rouge : 9,3 hectares. Gamay noir à jus blanc 100 %
Production moyenne : 50 000 bt/an

GRÉGOIRE HOPPENOT ♣
1079, route des Roches, 69820 Fleurie
07 85 60 02 01 ●
www.domainehoppenot.com ● Vente et visites : sur RDV.
Propriétaire : Grégoire Hoppenot

JEUNES POUSSES

Ce domaine est une idée innovante de Thibault Liger-Belair. Fraîchement installé à Moulin-à-Vent, il décide de prêter des vignes en mettant le pied à l'étrier de jeunes vignerons pendant trois années afin d'exploiter et d'expérimenter des vignes en Beaujolais Villages. Nous avons été séduits par l'expression franche et libre des vins, provenant d'une viticulture bio et d'une vinification douce et infusée. Un domaine à suivre de près, dont nous saluons l'initiative et félicitons la régularité des vins. Le temps est venu pour Angela Quiblier et Hugo Foizel de passer le relais à Thaïs Lamy, qui débute son aventure avec le millésime 2022.

Les vins : l'intensité et l'éclat séduisent dans La Croix, avec ses senteurs florales élégantes. Le toucher de bouche est infusé et pur. Nous apprécions le caractère délicat d'Aux Chânes, dans un style nature maîtrisé. Le nez distille des notes de pot-pourri, de coulis de framboises et de granite. Les Brureaux allie le style libéré et précis du domaine avec un terroir donnant du muscle et de la structure. La bouche est sérieuse, lumineuse, ponctuée par une fine amertume racinaire désaltérante.

Beaujolais-Villages Aux Chânes 2020	17 €	91
Beaujolais-Villages La Croix 2020	Épuisé - 14 €	91

🍷 Chénas Les Brureaux
2020 Épuisé - 17 € **92**

Rouge : 5,26 hectares. Gamay noir à jus blanc 100 %
Production moyenne : 15 000 bt/an

JEUNES POUSSES ♣

912, route de la Cime, Lieu-dit Les Rayaud 69840 Emeringes
06 82 25 54 51 ●
domainejeunespousses@gmail.com ● Vente et visites : sur RDV.
Propriétaire : Ivan Massonnat, Thibault Liger-Belair
Directeur : Angela Quiblier et Hugo Foizel

DOMAINE DE LA MADONE

Cette propriété familiale offre un style de vin saisissant dans le vignoble escarpé et impressionnant du Perréon. La viticulture y est héroïque ; les vins, sincères, purs, dessinés avec précision grâce aux élevages en cuve et à la vinification bourguignonne pratiqués depuis l'arrivée des trois frères Olivier, Frédéric et Bruno Bererd. Leur modestie est inversement proportionnelle à la qualité des vins, mis en lumière par des prix très intéressants.

Les vins : le blanc Les Plasses est un vin immédiat qui nous séduit par sa juste maturité, se traduisant par des notes de pêche rôtie, de rhubarbe et de poire. Tout aussi abordable, la Vinif à Papa s'appuie sur des notes poivrées et végétales. Tradition recèle un léger côté perlant qui donne un toucher de bouche raffermi, signe d'un vin qui a besoin de s'aérer en carafe. Superbe interprétation du millésime, Le Perréon présente une maturité juste, au toucher léger et précis, de très bon niveau pour un beaujolais-villages.

🍷 Beaujolais-Villages Les Plasses
2020 12 € **89**
🍷 Beaujolais-Villages Le Perréon Bio
2021 12 € **91**
🍷 Beaujolais-Villages Tradition 2021 8 € **90**
🍷 Beaujolais-Villages la Vinif à Papa
2021 12 € **89**

Rouge : 26 hectares. Gamay noir à jus blanc 100 %
Blanc : 2,5 hectares. Chardonnay 100 %
Production moyenne : 160 000 bt/an

DOMAINE DE LA MADONE

118, boulevard Crozet-Mansard, 69640 Le Perréon
04 74 03 21 85 ● bruno.bererd@orange.fr ●
Vente et visites : sur RDV.
Propriétaire : Famille Bererd
Directeur : Bruno Bererd

DOMAINE DE LA MADONE (FLEURIE)

Jean-Marc Després est un vigneron discret qui vous parle avec le regard… et avec ses vins ! Son fils Arnaud le rejoint en 2005. Il reprend alors les vignes de son arrière-grand-père qu'il distribue sous l'étiquette Domaine Niagara, modifie la conduite de la vigne et plante de nouvelles parcelles dont du viognier sur granite. Pour la qualité de son accueil, la franchise des ses vins et la gourmandise de son auberge, La Madone est une étape heureuse en Beaujolais.

Les vins : les cépages rhodaniens se plaisent de plus en plus en Beaujolais, à l'image du viognier. Le nez allie l'exubérance du cépage (abricot, pêche, miel) et une tension plus minérale. Pour Grille-Midi, le côté extrême du lieu se ressent, de par une maturité haute, avec la fraise au sucre et la cerise burlat ; le tout malgré une végétalité assez marquée. Madone subit la richesse du millésime : un côté cuit, le réglisse, la tomate séchée et le goudron. Pour 1889, l'ambition encore un peu marquée de l'élevage est justifiée par la densité et la profondeur. Le nez est riche, au fruit éclatant, c'est un boisé de grand calibre.

🍷 Fleurie 1889 2015 35 € **95**
🍷 Fleurie Dame de La Pétoche
2020 18 € **90**
🍷 Fleurie Domaine Niagara 2020 10 € **87**
🍷 Fleurie Grille Midi 2018 12 € **90**
🍷 Fleurie La Dame Nature 2020 12 € **89**
🍷 Fleurie Madone 2020 10 € **89**
🍷 Fleurie Madone Vieilles Vignes
2020 14 € **92**

Rouge : 17,4 hectares. Gamay noir à jus blanc 100 %
Blanc : 0,6 hectare. Viognier 100 %
Production moyenne : 100 000 bt/an

DOMAINE DE LA MADONE (FLEURIE)

1230, route de la Madone, 69820 Fleurie
04 74 69 81 51 ●
www.domaine-de-la-madone.com ● Vente et visites : sur RDV.
Propriétaire : Arnaud Després
Maître de chai : Arnaud Després

149

DOMAINE DES MARRANS

Mathieu Mélinand a repris les 20 hectares familiaux en 2008, après des expériences dans l'hémisphère sud. Chacun des quatre crus avoue un âge mûr, entretenu par une replantation annuelle de pieds manquants. Tous les vins sont vinifiés avec des levures indigènes et élevés en grand foudre. Ils possèdent des textures pulpeuses, mais pas extraites.

Les vins : les 2020 sont une belle réussite globale, et mettent un accent sur la maturité. Le beaujolais-villages est généreux et plein pour son appellation, tout en restant abordable et friand. Le chiroubles est impressionnant de par son attaque musclée, mais reste modeste en finale. Le morgon corcelette, quant à lui, possède des notes de cerises fraîches, de fusain et de petites prunes. Son approche gourmande le rend très accessible. Clos du Pavillon est tout en muscle et en largeur, avec un fruit rappelant le pruneau et une touche chaleureuse en finale. Les Marrans est dans une phase de fermeture, qui s'explique par l'intensité de son expression minérale. La qualité de son fruit le fera vieillir au moins dix ans. Noir de Blanc a été rebaptisé suite à une mésaventure avec la Champagne qui a aussi le nom du lieu-dit. Cette cuvée riche est encore dominée par des notes de chocolat et de fruits kirschés. Il vous faudra attendre deux à trois bonnes années de cave pour en profiter pleinement.

Beaujolais-Villages 2020	11 €	88
Chiroubles Aux Côtes 2020	15 €	89
Fleurie Clos du Pavillon 2020	21 €	90
Fleurie Les Marrans 2020	15,50 €	92
Fleurie Noir de Blanc 2020	18 €	91
Morgon Corcelette 2020	16,50 €	90

Rouge : 19 hectares. Gamay noir à jus blanc 100 %
Blanc : 0,5 hectare. Chardonnay 100 %
Production moyenne : 100 000 bt/an

DOMAINE DES MARRANS
109, route des Marrans, 69820 Fleurie
04 74 04 13 21 ●
www.domainedesmarrans.com ● Vente et visites : sur RDV.
Propriétaire : Famille Mélinand
Directeur : Camille et Mathieu Mélinand

DOMAINE DES NUGUES

Au carrefour des crus, la famille Gelin produit majoritairement des beaujolais-villages (23 hectares) sur la commune de Lancié. Quelques parcelles à Morgon (1 hectare), Fleurie (5,5 hectares), Moulin-à-Vent (1,88 hectare) et Beaujolais (2,4 hectares) complètent une gamme qui va du Vin de France à la crème de cassis. Les vins, riches en couleur avec un tanin fruité, se livrent dans le temps. Le blanc est un chardonnay métronome en Beaujolais-Villages. Le style est classique, de bon ton et bordé.

Les vins : le beaujolais-villages blanc offre des accents rhodaniens étonnants, mais qui savent rester gourmands. Le beaujolais Sans Soufre manque de définition, et délivre un goût de souris. Lancié joue la carte du fruit juteux, avec des tanins de qualité et une trame acidulée. Le morgon séduit sur le moka et sa haute maturité du fruits. Le moulin-à-vent se distingue par sa classe et sa définition. Les Burdelines subit son élevage, il demandera du temps pour se fondre. Fleurie est à la fois solaire et riche, mais aussi végétal, typique du millésime 2020. L'élevage a encore besoin de se fondre dans Les Côtes, mais le vin révèle une très belle interprétation de Fleurie. Quintessence du Gamay est sur le déclin, marqué par des notes de chocolat et de fruits cuits.

Beaujolais-Villages 2020	12 €	87
Beaujolais-Villages Lancié Rosé 2021	8 €	87
Beaujolais-Villages Lancié 2020	9 €	89
Beaujolais-Villages Quintessence du Gamay 2015	16 €	89
Beaujolais-Villages Sans Soufre 2021	9,50 €	83
Fleurie 2020	14,50 €	90
Fleurie Les Côtes 2018	25 €	92
Morgon 2020	14,50 €	90
Moulin-à-Vent 2019	15,50 €	92
Moulin-à-Vent Les Burdelines 2018	25 €	92

Rouge : 32,61 hectares. Gamay noir à jus blanc 98 %, Syrah 2 %
Blanc : 3,68 hectares. Chardonnay 100 %
Production moyenne : 240 000 bt/an

DOMAINE DES NUGUES
Les Pasquiers, 40, rue de la Serve, 69220 Lancié
04 74 04 14 00 ●
www.domainedesnugues.com ● Vente et visites : sur RDV.
Propriétaire : Gilles Gelin

DOMAINE DE LA GROSSE PIERRE

En seulement quelques millésimes, Pauline Passot a réussi à tracer sa voie, dictée par une envie de mettre en lumière les terroirs de Chiroubles. Elle arrive sereinement dans le guide après un parcours singulier pour la région : d'abord sommelière à Lyon et en Irlande, elle parfait son savoir des vins, mais c'est grâce à des séjours en Nouvelle-Zélande et au Chili qu'elle affine ses connaissances sur la vinification. De retour au domaine familial en 2016, elle reprend l'intégralité du domaine en 2018 avec une recette payante : conversion bio, levures indigènes, extraction douce, élevage en cuve béton. Le but étant de faire ressortir les différents lieux-dits de Chiroubles. Un domaine à suivre de près.

Les vins : le domaine a très bien su gérer le millésime, malgré quelques empreintes de végétal noble. Grosse Pierre est lumineux, avec des notes cerise à l'eau-de-vie, de forêt noire. La bouche est pleine, salivante, aux tanins précis. Morgon est dans un style austère et sombre, avec des notes de fleurs fanées, de violette et de chocolat noir. Bouche dynamique, marquée d'une salinité qui illumine l'ensemble avec longueur.

- Chiroubles La Grosse Pierre 2020 13 € 91

- Morgon Douby 2020 15 € 91

Rouge : 9 hectares. Gamay noir à jus blanc 100 %

Production moyenne : 50 000 bt/an

DOMAINE DE LA GROSSE PIERRE

409, route de la Grosse-Pierre
69115 Chiroubles

04 74 69 12 17 ●
www.domainedelagrossepierre.fr ● Vente et visites : sur RDV.

Propriétaire : Pauline Passot

LES MEILLEURS VINS

VINS

de Bordeaux

PAR PIERRE CITERNE,
ROBERTO PETRONIO, OLIVIER POELS
ET KARINE VALENTIN,

en charge des vins de Bordeaux au sein du comité
de dégustation de La Revue du vin de France

LES APPELLATIONS

—

Très vaste région viticole, Bordeaux peut être découpé en différents secteurs géographiques. Chacun d'entre eux propose des vins aux profils différents. Voici les principales zones de production.

L'ENTRE-DEUX-MERS

Cette zone est située dans ce vaste triangle très vallonné, entre la Dordogne et la Garonne. L'AOC Entre-deux-Mers produit des vins blancs secs, floraux et frais ; l'AOC Cadillac Côtes de Bordeaux, dont les vignes sont plantées sur les coteaux dominant la Garonne, depuis Bordeaux jusqu'à Cadillac, produit des vins rouges simples et fruités. Les appellations Cadillac, Loupiac et Sainte-Croix-du-Mont, situées face au Sauternais, sur la rive droite de la Garonne, livrent des vins liquoreux qui peuvent donner, dans les bonnes années, de très belles bouteilles à des prix doux. Enfin, l'AOC Bordeaux Haut-Benauge au cœur de l'Entre-deux-Mers produit des vins moelleux et quelques blancs secs et rouges.

LES CÔTES DE BORDEAUX

Cet ensemble regroupe cinq appellations situées sur les coteaux le long de la Dordogne et de l'estuaire de la Gironde. Blaye Côtes de Bordeaux, Côtes de Bourg et Castillon Côtes de Bordeaux sont les plus renommées grâce à leurs vins rouges pleins et gourmands. Les meilleurs vins de Castillon peuvent rivaliser avec les crus de Saint-Émilion. Francs Côtes de Bordeaux est un petit vignoble en progrès, où quelques domaines sont au-dessus du lot. Sainte-Foy Bordeaux se révèle petit à petit.

LE LIBOURNAIS

Les appellations situées autour de la ville de Libourne comptent, à l'ouest, Fronsac et Canon-Fronsac, dont les vins rouges charnus et profonds rappellent ceux de Pomerol au vieillissement. Les satellites de Saint-Émilion (Lussac Saint-Émilion, Montagne Saint-Émilion, Puisseguin Saint-Émilion, Saint-Georges Saint-Émilion) élaborent des vins d'un style comparable, mais moins fin que celui des crus de Saint-Émilion. Au nord de Pomerol, l'AOC Lalande de Pomerol progresse grâce à quelques producteurs dynamiques dont les vins sont très proches de bons pomerols. Les AOC Saint-Émilion et Saint-Émilion grand cru s'étendent sur 5 331 hectares au profil géographique contrasté : une partie méridionale située sur une plaine sablonneuse et une autre, plus intéressante, au nord, en côte et en plateau. À leur meilleur niveau, les vins de Saint-Émilion possèdent à la fois une structure bien définie et une chair étoffée et gourmande. Enfin, Pomerol, appellation très prestigieuse, et pourtant fort hétérogène, se situe au nord de Saint-Émilion. Mais une nouvelle dynamique amorcée par les plus prestigieux crus montre tout le potentiel de l'appellation. Les plus grands déploient un corps et un bouquet majestueux au vieillissement.

MÉDOC ET HAUT-MÉDOC

La presqu'île du Médoc compte deux vastes appellations régionales, l'AOC Médoc, située au nord de Saint-Estèphe, et l'AOC Haut-Médoc, qui se situe entre Blanquefort, à la périphérie de Bordeaux, et Saint-Estèphe. Leur qualité globale est inévitablement hétérogène. De très nombreux crus bourgeois de bon niveau s'illustrent.

LES COMMUNALES DU MÉDOC

Les appellations communales sont parmi les plus prestigieuses de Bordeaux. Les AOC Moulis et Listrac, contiguës et situées un peu en retrait à l'intérieur des terres entre Margaux et Saint-Julien, produisent de bons vins, moins fins cependant que ceux des crus voisins. Du sud au nord, le long de l'estuaire de la Gironde, on découvre Margaux, réputée pour la finesse de ses vins dont les meilleurs ne manquent pas de corps ; Saint-Julien, aux cuvées structurées et harmonieuses, qui concentre une très grande majorité de crus classés ; Pauillac, ses vins de grande structure, racés et puissants, austères dans leur jeunesse ; et Saint-Estèphe, qui présente des vins charpentés, charnus et possédant, pour les meilleurs, une race similaire à celle de leurs voisins de Pauillac.

PESSAC-LÉOGNAN ET GRAVES

L'appellation régionale des Graves s'étend de Portets jusqu'au sud de Langon, à la limite du Lot-et-Garonne. Se caractérisant par son terroir de graviers appelés graves, elle produit des vins rouges équilibrés, fruités mais sans commune mesure avec ceux de Pessac-Léognan, et des vins blancs de grande qualité, pleins de personnalité. Malgré des progrès, le niveau d'ensemble demeure très hétérogène. Au nord des Graves, Pessac-Léognan jouxte Bordeaux et englobe tous ses crus classés, livrant des vins rouges sérieux et harmonieux, à la texture serrée, et des blancs en net progrès, gras, riches et frais. La petite appellation Cérons, intégrée dans une partie du vignoble des Graves, peut produire, dans les meilleurs millésimes, des vins liquoreux de belle finesse.

SAUTERNES

Cette région se caractérise par ses vins liquoreux de grande race issus des appellations Barsac et Sauternes et vieillissant magnifiquement. D'un style plus nerveux et plus frais, les vins de Barsac peuvent choisir de s'appeler soit Barsac, soit Sauternes, soit Sauternes-Barsac. Le niveau

d'ensemble a très nettement progressé dans les années 1980, mais ces vins qui nécessitent des coûts et des soins de production énormes ne tolèrent pas la médiocrité.

LES CÉPAGES

LES CÉPAGES ROUGES

Le principal cépage rouge de Bordeaux est le **merlot** (66 % de la superficie viticole). On le retrouve majoritairement dans les appellations de la Rive droite et dans le Libournais, et de manière minoritaire dans le Médoc et les Graves. Le **cabernet-sauvignon** (23 % de la superficie viticole) se cultive principalement dans le Médoc et les Graves. Il confère toute leur distinction aux grands vins de Pauillac, Margaux et Saint-Julien. Le **cabernet franc** (9,5 % de la superficie) se concentre à Saint-Émilion et à Pomerol. Il est le cépage majoritaire d'Ausone et de Cheval Blanc. Plus marginaux, le **petit verdot** est planté dans le Médoc et le **malbec** reste encore présent du côté de Blaye et de Bourg.

LES CÉPAGES BLANCS

Le vignoble blanc de Bordeaux est devenu marginal et représente moins de 20 % de l'encépagement. Aujourd'hui, le principal cépage employé est le **sémillon** (47 % de l'encépagement), qui fait le charme des vins secs des Graves et surtout la grandeur des liquoreux de Sauternes. Le deuxième cépage employé est le **sauvignon**, notamment pour les blancs secs. On le retrouve également pour les blancs de l'Entre-deux-Mers. La **muscadelle** (5 % de l'encépagement) apporte des notes musquées. Enfin, plus rarement, l'on retrouve les cépages communs du Sud-Ouest comme le **colombard**, l'**ugni blanc**, le **merlot blanc** et le **sauvignon gris**.

LES CLASSEMENTS

—

Système hiérarchique traditionnel du vignoble bordelais, le premier classement officiel a été réalisé à l'occasion de l'Exposition universelle de Paris de 1855, à la demande de l'empereur Napoléon III. Ce classement consacre les crus du Médoc, en intégrant le château Haut-Brion, situé dans les Graves, et ceux du Sauternais. Il existe aussi le classement de Saint-Émilion créé en 1956 et révisable tous les dix ans, le dernier est celui de 2022. Enfin, le classement des vins de Graves a été créé en 1955 et révisé en 1959.

LE CLASSEMENT DU MÉDOC EN 1855

Premiers crus • Château Haut-Brion, Château Lafite Rothschild, Château Latour, Château Margaux, Château Mouton Rothschild.

Seconds crus • Château Brane-Cantenac, Château Cos d'Estournel, Château Ducru-Beaucaillou, Château Durfort-Vivens, Château Gruaud-Larose, Château Lascombes, Château Léoville-Barton, Château Léoville-Las-Cases, Château Léoville-Poyferré, Château Montrose, Château Pichon-Longueville Baron, Château Pichon-Longueville Comtesse de Lalande, Château Rauzan-Ségla, Château Rauzan Gassies.

Troisièmes crus • Château Boyd-Cantenac, Château Calon-Ségur, Château Cantenac-Brown, Château Desmirail, Château Ferrière, Château Giscours, Château d'Issan, Château Kirwan, Château La Lagune, Château Lagrange, Château Langoa Barton, Château Malescot Saint-Exupéry, Château Marquis d'Alesme-Becker, Château Palmer.

Quatrièmes crus • Château Beychevelle, Château Branaire, Château Duhart-Milon, Château Lafon-Rochet, Château La Tour Carnet, Château Marquis de Terme, Château Pouget, Château Prieuré-Lichine, Château Saint-Pierre, Château Talbot.

Cinquièmes crus • Château d'Armailhac, Château Batailley, Château Belgrave, Château Camensac, Château Cantemerle, Château Clerc Milon, Château Cos Labory, Château Croizet-Bages, Château Dauzac, Château Grand-Puy Ducasse, Château Grand-Puy-Lacoste, Château Haut-Bages Libéral, Château Haut-Batailley, Château Lynch-Bages, Château Lynch-Moussas, Château Pédesclaux, Château Pontet-Canet, Château du Tertre.

LE CLASSEMENT DU SAUTERNAIS EN 1855

Premier cru supérieur • Château d'Yquem.

Premiers crus • Château Climens, Château Clos Haut-Peyraguey, Château Coutet, Château Guiraud, Château Lafaurie-Peyraguey, Château Rabaud-Promis, Château de Rayne Vigneau, Château Rieussec, Château Sigalas Rabaud, Château Suduiraut, Château La Tour Blanche.

Seconds crus • Château d'Arche, Château Broustet, Château Caillou, Château Doisy-Daëne, Château Doisy-Dubroca, Château Doisy-Védrines, Château Filhot, Château Lamothe (Guignard), Château de Malle, Château Myrat, Château Nairac, Château Romer du Hayot.

LE CLASSEMENT DE SAINT-ÉMILION EN 2012

Premiers grands crus classés A Château Angélus, Château Ausone, Château Cheval Blanc, Château Pavie.

Premiers grands crus classés B Château Beauséjour (Duffau-Lagarosse), Château Beau-Séjour Bécot, Château Belair-Monange, Château Canon, Château Canon-la-Gaffelière, Château Figeac, Clos Fourtet, Château La Gaffelière, Château Larcis-Ducasse, Château La Mondotte, Château Pavie Macquin, Château Troplong-

Mondot, Château Trottevieille, Château Valandraud.

Grands crus classés

Château L'Arrosée, Château Balestard-La-Tonnelle, Château Barde-Haut, Château Bellefont-Belcier, Château Bellevue, Château Berliquet, Château Cadet-Bon, Château Capdemourlin, Château Le Châtelet, Château Chauvin, Château Clos de Sarpe, Château La Clotte, Château La Commanderie, Château Corbin, Château Côte de Baleau, Château La Couspaude, Château Couvent des Jacobins, Château Dassault, Château Destieux, Château La Dominique, Château Faugères, Château Faurie de Souchard, Château De Ferrand, Château Fleur-Cardinale, Château La Fleur Morange, Château Fombrauge, Château Fonplégade, Château Fonroque, Château Franc-Mayne, Château Grand Corbin, Château Grand Corbin-Despagne, Château Grand-Mayne, Château Les Grandes Murailles, Château Grand-Pontet, Château Guadet, Château Haut-Sarpe, Clos des Jacobins, Château Jean Faure, Château Laniote, Château Larmande, Château Laroque, Château Laroze, Clos la Madeleine, Château La Marzelle, Château Monbousquet, Château Moulin du Cadet, Clos de L'Oratoire, Château Pavie-Decesse,

Château Péby-Faugères, Château Petit-Faurie-de-Soutard, Château de Pressac, Château Le Prieuré, Château Quinault L'Enclos, Château Ripeau, Château Rochebelle, Château Saint-Georges-Côte-Pavie, Clos Saint-Martin, Château Sansonnet, Château La Serre, Château Soutard, Château Tertre-Daugay, Château La Tour-Figeac, Château Villemaurine, Château Yon-Figeac.

LE CLASSEMENT DES GRAVES EN 1959

En blanc : Château Bouscaut, Château Carbonnieux, Domaine de Chevalier, Château Couhins-Lurton, Château Laville Haut-Brion, Château Malartic-Lagravière, Château Olivier, Château La Tour-Martillac.

En rouge : Château Bouscaut, Château Carbonnieux, Domaine de Chevalier, Château Fieuzal, Château Haut-Brion, Château Haut-Bailly, Château Latour Haut-Brion, Château La Mission Haut-Brion, Château Malartic-Lagravière, Château Olivier, Château Pape Clément, Château Smith-Haut-Lafitte, Château La Tour-Martillac.

LES CRUS BOURGEOIS DU MÉDOC

Créé en 1932, le classement a été révisé en 2003. Contesté en justice en 2007, une nouvelle forme de classement, révisée chaque année et basée sur la dégustation en bouteille, a été mise en place depuis 2008.

La plupart des crus bourgeois refusent de s'y soumettre, ce qui dévalorise cette classification annuelle.

ASSIETTES GIRONDES AU BORD DE LA GARONNE

CHAMBRES D'HÔTES

LE LOGIS DE LA CADÈNE

Repris en 2013 par la famille de Boüard (château Angélus), les lieux abritent une table étoilée. L'hôtel a été entièrement rénové et agrandi pour un confort haut de gamme tout en gardant le charme des maisons du village (à partir de 207 € la nuit). Menus à partir de 39 €.
3, place du Marché-au-Bois, 33330 Saint-Émilion
Tél : 05 57 24 71 40
www.logisdelacadene.fr

LA SAUTERNAISE

Didier Galhaud, infatigable ambassadeur du Sauternais dans le monde, et son épouse, ont transformé l'ancien office de dégustation du village en une charmante maison d'hôtes. Quatre chambres toutes équipées d'un élément de spa (hammam, sauna, balnéo, etc.), et une jolie terrasse. À partir de 120 € la nuit.
22, rue Principale, place de l'Église, 33210 Sauternes
Tél : 06 78 00 64 18
www.chambres-sauternes.com

CHÂTEAU LE PAPE

Cette chartreuse du XVIIIe siècle fut rachetée par Robert G. Wilmers, propriétaire de Haut-Bailly décédé en 2017, compte cinq chambres de 39 à 70 m², une piscine et même une vinothèque où l'on peut déguster tranquillement les vins du château. Comptez à partir de 220 € par nuit, le petit-déjeuner et la visite-dégustation de Haut-Bailly étant inclus.
25, chemin-le-Thil, 33850 Léognan
Tél : 05 56 64 75 11
www.chateaulepape.com

RESTAURANTS

L'UNIVERRE

La carte des vins regroupe plus de 1 300 références et s'impose comme l'une des meilleures de Bordeaux. On y mange généreusement, sur le pouce ou à table. La cave de l'Universe propose aussi un rayon d'épicerie fine.
40, rue Lecoq, 33000 Bordeaux
Tél : 05 56 23 01 53
www.univerre-restaurant.com

[AU] MARQUIS DE TERME

Ouverte en 2021 dans l'enceinte du château Marquis de Terme, cette table créée par Grégory Coutanceau est devenue un incontournable de la région. D'ailleurs, les vignerons locaux y prennent leur habitudes. Cuisine du marché de haute volée et carte des vins mettant en avant tous les vignobles de France, ainsi que ceux de Margaux. Une belle découverte.
Marquis de Terme, 3 route de Rauzan, 33460 Margaux
Tél : 05 57 08 25 33
www.au-marquis-de-terme.com

CAVISTES

L'ESSENTIEL

Créé par Jean-Luc Thunevin, le propriétaire du château Valandraud, L'Essentiel est tout autant un caviste qu'un bar à vins. On peut y déguster les principaux grands crus classés de Bordeaux au verre, et y découvrir de nombreux vins rares, français comme étrangers.
6, rue Guadet, 33330 Saint-Émilion
Tél : 05 57 24 39 76

LA CAVE D'ULYSSE

À Margaux, cette cave tout bonnement homérique propose une bonne partie des grands crus bordelais ainsi qu'une belle sélection de vins étrangers et d'autres régions de France. Mais le caviste se décline également en ligne, avec ses spécialités comme les grands formats, sans oublier les alcools et spiritueux, tout à fait recommandables.
2, rue de la Trémoille, 33460 Margaux
Tél : 05 57 88 79 94
www.caveulysse.com

LE JARDIN

Au sein du château Petit Faurie de Soutard, cette belle table, où l'on déguste des filets de bœufs d'Écosse ou d'Espagne à tomber, profite d'une carte des vins exceptionelle. Pour les moins carnivores, de délicates assiettes gourmandes vous sont proposées.
Château Petit Faurie de Soutard, 33330 Saint-Émilion
Tél : 05 57 51 12 78

ET AUSSI...

ESCAPE GAME CHEZ RAYNE VIGNEAU

Le directeur du premier grand cru classé, Vincent Labergère, a imaginé avec Vincent Gallé, chargé du tourisme au château, une activité d'un nouveau genre à Sauternes : un "Sweet Escape". Sur le principe des "escape games" à succès, il s'agit ici de retrouver, dans le temps imparti, et grâce à des indices disséminés dans une pièce, des pierres semi-précieuses cachées par un ancien propriétaire de Rayne Vigneau. De 15 à 38 € par personne.
4, Le Vigneau, 33210 Bommes
Tél : 05 56 76 64 05
www.raynevigneau.fr

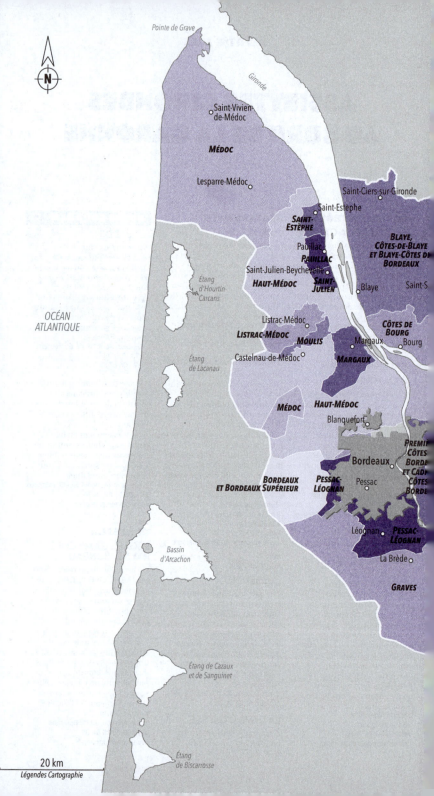

Superficie
110 000 hectares

Cépages principaux
Vins rouges :
cabernet franc,
cabernet-sauvignon,
carmenère,
malbec, merlot,
petit verdot

Vins blancs :
muscadelle,
sauvignon,
sémillon

Volume produit en 2021
3 900 000 hectolitres

BORDEAUX ET BORDEAUX SUPÉRIEUR

Isle

MONTAGNE-SAINT-ÉMILION

LUSSAC-SAINT-ÉMILION

FRONSAC

LALANDE-DE-POMEROL

FRANCS-CÔTES DE BORDEAUX

-FRONSAC

POMEROL

PUISSEGUIN-SAINT-ÉMILION

FRONSAC

Libourne

SAINT-GEORGES-SAINT-ÉMILION

Jayres

Saint-Émilion

GRAVES DE VAYRES

SAINT-ÉMILION

CASTILLON-CÔTES DE BORDEAUX

Castillon-la-Bataille

Dordogne

Sainte-Foy-la-Grande

SAINTE-FOY BORDEAUX

Créon

ENTRE-DEUX-MERS

Pellegrue

ILLAC-TES DE DEAUX ADILLAC

Targon

ENTRE-DEUX-MERS-HAUT-BENAUGE ET BORDEAUX-HAUT-BENAUGE

Sauveterre-de-Guyenne

Cadillac

ONS

LOUPIAC

CÔTES-DE-BORDEAUX-SAINT-MACAIRE

BARSAC

SAINTE-CROIX-DU-MONT

La Réole

Garonne

Langon

SAUTERNES

BORDEAUX ET BORDEAUX SUPÉRIEUR

BORDEAUX, BORDEAUX SUPÉRIEUR ET CRÉMANT DE BORDEAUX

BORDEAUX

★ CLOS DES LUNES

Ce domaine démontre la capacité des grands blancs secs dans le Sauternais. Une idée originale et singulière que nous devons à l'entreprenant Olivier Bernard et à sa famille, propriétaires du domaine de Chevalier à Léognan. Pourquoi ne pas produire, sur ce grand terroir de blanc, de grands vins secs ? C'est chose faite depuis le millésime 2011. Trois cuvées de vins blancs secs sont donc aujourd'hui sur le marché, à dominante de vieux sémillon et de sauvignons blancs plantés sur les cinq communes du Sauternais, sur des sols de graves et d'argilo-calcaires. Les raisins sont intégralement vendangés à la main par tries successives au gré de la maturité. La grande cuvée Lune d'Argent provient des meilleurs lots, dont 25 % sont élevés en barrique. Aujourd'hui, c'est Hugo Bernard, le fils d'Olivier, qui dirige cette ambitieuse propriété.

Les vins : le sémillon sur graves donne aux blancs secs un profil dynamique et une aromatique bien particulière. Si les fleurs sont présentes, la finesse du 2019 évoque aussi les fruits à chair blanche, les amandes fraîches et l'anis. La bouche vibrante du au souffle, la finale plus florale se pare d'amertume pour souligner la fraîcheur. C'est un grand vin blanc. Le 2020 n'a pas encore basculé dans la délicatesse, il reste un peu bourru mais la matière est si dense, si percutante, qu'il lui suffira de quelques mois pour trouver le chemin de l'épure.

▭ Bordeaux Lune d'Argent 2019   12 €   92
▭ Bordeaux Lune d'Argent 2020   12 €   92

Blanc : 60 hectares. Sémillon 70 %, Sauvignon blanc 30 %
Production moyenne : 250 000 bt/an

CLOS DES LUNES

Lieu-dit Cap Lanne, 33210 Sauternes
05 56 64 16 16 ● www.closdeslunes.com ●
Visites : sur RDV aux professionnels.
Propriétaire : Famille Bernard
Directeur : Hugo Bernard

★ CHÂTEAU FLEUR HAUT-GAUSSENS

À partir du vignoble familial de la rive droite situé à Vérac, près de Fronsac, Hervé Lhuillier a créé une vraie marque de bordeaux supérieur, dont les fondamentaux sont la profondeur, l'authenticité et un boisé soigné. De nouvelles vignes de sauvignon, malbec et petits verdot, plantées sur des calcaires affleurants (les carrières se visitent), entreront bientôt en production. Si la machine à tri densimétrique a apporté plus de précision au 2018, nous restons sur notre soif quant aux extractions et à l'élevage quelque peu caricaturaux. Laissons aux vins le temps de se poser avant d'envisager de supprimer l'étoile.

Les vins : les deux bordeaux supérieurs sont d'une relative puissance mais présentent une certaine aspérité. Les tanins se développent en arrière bouche, avec de l'amertume. Fleur Haut Gaussens 2020, au nez fermé, se délie en bouche sur un fruit noir assez flatteur et un tanin marqué par le bois. L'année langoureuse affirme la personnalité du vin. Le grand vin s'ouvre sur les épices et le cacao avec des touches de cerises juteuses. La bouche marquée par l'élevage reste toutefois fondante. Les deux cuvées parcellaires sont toutes deux marquées par le fruit et la puissance. La Viminière 2020, dans son costume de malbec bien ajusté, s'exprime sur des odeurs grillées et boisées, avant que la cerise et la myrtille ne distillent leurs parfums. La bouche conserve la profondeur du millésime, le tanin est alerte. Bergeronnette 2020, pur cabernet franc, parvient à conserver la fraîcheur du millésime malgré une extraction poussée et un boisé affirmé.

◗ Bordeaux Supérieur 2020   8,50 €   90
◗ Bordeaux Supérieur Cabernet Franc Bergeronnette 2020   15 €   92
◗ Bordeaux Supérieur Grand Vin 2020   27 €   90
◗ Bordeaux Supérieur Malbec La Viminière 2020   15 €   91

Rouge : 33 hectares. Merlot 85 %, Malbec (cot) 5 %, Cabernet franc 5 %, Cabernet-Sauvignon 5 %
Blanc : 2 hectares. Sauvignon blanc 100 %
Production moyenne : 220 000 bt/an

CHÂTEAU FLEUR HAUT-GAUSSENS

11, Les Gaussens, 33240 Vérac
06 08 99 10 97 ●
www.chateau-fleurhautgaussens.com ●
Vente et visites : sur RDV.
Propriétaire : Hervé Lhuillier

★ ↗ CHÂTEAU GRÉE LAROQUE

Arnaud et Patricia Benoît de Nyvenheim ont acquis le domaine Laroque en 1981. Situé tout au nord du département de la Gironde, il a été baptisé du nom de jeune fille de Patricia. Cette petite propriété est répartie en trois parcelles, cultivées en bio (sans certification). Elle compte une part importante de vieilles vignes sur des argiles sableuses et calcaires, ainsi que des molasses du Fronsadais. Arnaud, ancien barman, élabore un vin d'une admirable définition

vec une constitution bluffante pour cette
ppellation, et doté d'une véritable capacité de
arde. Depuis 2011, la propriété élabore un
econd vin baptisé Le Second de Grée.

es vins : le nez déjà est une caresse, même s'il
e manque pas de puissance et de complexité
ir la mûre, la prune, la figue, le sarment brûlé
les épices. En bouche, la puissance vibra-
ire du vin se déroule le long d'un tanin soyeux,
gnature d'une extraction réalisée dans les
gles. Le fruit s'étend tout au long de la dégus-
tion. La finale développe une énergie parti-
ulière : un bordeaux épatant à conseiller
ortement.

e coup de ♥

▬ Bordeaux Supérieur 2018	Épuisé - 19 €	**93**

uge : 1,6 hectare.
oduction moyenne : 10 000 bt/an

HÂTEAU GRÉE LAROQUE ♣

25, rue Laroque, 33910 Saint-Ciers-d'Abzac
6 87 23 21 14 ● www.greelaroque.com ●
ente et visites : sur RDV.
opriétaire : Patricia et Arnaud Benoît de
yvenheim
ecteur : Arnaud Benoît de Nyvenheim

★ CHÂTEAU L'ISLE FORT

ette propriété de 70 hectares était à l'abandon
rsque Sylvie Douce et François Jeantet l'ont
hetée en 2000. Fondateur du Salon du cho-
lat et du Grand Tasting, le couple évolue dans
phère du goût. Lorsqu'il tombe sur l'Isle Fort,
ntrevoit illico le potentiel de cette thébaïde,
ccession de prairies, de coteaux et de forêts,
sont désormais plantés les 8 hectares de
gnes. Deux lacs sont intégrés au paysage, à la
is pour favoriser la faune et la flore et pour
endre hommage au passé de pisciculture de
propriété. Stéphane Derenoncourt conseille
epuis la première heure cette propriété, qui
roduit un bordeaux supérieur racé, vinifié en
uve béton et élevé intégralement en bois, réus-
ssant profondeur, envergure, équilibre, dou-
ur, finesse… Une nouvelle déclinaison
tiquettes très réussie, reprenant les codes
turels de la propriété, habille la cuvée.

s vins : des cuves béton adaptées au maillage
rcellaire accueillent le cabernet-sauvignon et
merlot de la cuvée château. Elle s'anime
ne fraîcheur veloutée, d'une douceur tracée
lumière, d'un voile de fruits sur une trame
néreuse. Cuvée Précieuse, issue d'une vinifi-
tion minutieuse, forme un vin tout aussi
louté et rafraîchi. Il se dote d'une puissance et
n costume tannique savoureux qui, dans le
ond de la finale, distille un fruit rouge insolent.

▬ Bordeaux Supérieur Cuvée Précieuse 2019	17 €	**92**
▬ Bordeux Supérieur 2019	9,60 €	**91**

Rouge : 8,2 hectares. Merlot 58 %, Cabernet
franc 28 %, Cabernet-Sauvignon 14 %
Production moyenne : 25 000 bt/an

CHÂTEAU L'ISLE FORT

33, route de l'Entre-deux-Mers,
33360 Lignan-de-Bordeaux
06 23 30 37 50 ● www.lislefort.com ● Vente
et visites : sur RDV.
Propriétaire : Sylvie Douce et François
Jeantet
Œnologue : Stéphane Derenoncourt

★ CHÂTEAU JEAN FAUX

Après avoir développé pendant plus de vingt ans
la tonnellerie Saury, Pascal Collotte est depuis
2007 installé à plein temps sur les coteaux de
Saint-Radegonde où il a fait de Jean Faux un des
bijoux de l'Entre-deux-Mers. La signature des
terroirs est révélée par une agriculture en biodynamie, accompagnée par les conseils de Stéphane Derenoncourt. Privilégiant l'équilibre et les
maturités justes, les vins, élevés dans les meilleures conditions, conservent une fraîcheur particulière et donnent à goûter l'énergie du sol.
Son blanc figure dans le groupe de tête des
blancs bordelais avec lesquels ils faut désormais compter : issu de sauvignons plantés sur
des argiles à éboulis calcaires et vinifiés en
barrique, il ouvre une nouvelle voie pour l'Entre-
deux-Mers. La première étoile attribuée l'année
dernière est amplement méritée.

Les vins : grâce aux calcaires du sol, à la biodynamie et à une vinification respectueuse du
fruit, les blancs possèdent une énergie rarement
perçue dans les blancs de bordeaux. Aussi bien
dans le bordeaux blanc 2020, pointé d'une tension mentholée, que dans Les Pins Francs à la
tension minérale. S'y épanouissent : fleur, fruit
tendre et complexe, notes de citrus et d'agrumes. Le tout chargé d'une belle énergie, d'un
grain salin et d'une finale salivante. Un fruit mûr
et complexe se libère dans le bordeaux supérieur rouge. Légèrement fumé, son palais est
distingué, frais, avec une légère austérité qui
signe sa jeunesse et lui laisse envisager un futur
radieux. Le fruit percutant de la cuvée Les Sources signe une maturité au plus juste et les
tanins généreux associent le vin à une longue
et belle garde.

▭ Bordeaux 2020	20 €	**90**
▭ Bordeaux Les Pins Francs 2020	15 €	**91**
▬ Bordeaux Supérieur 2019	20 €	**91**

161

━ Bordeaux Supérieur Les Sources 2019   15 €   **92**

Rouge : 10 hectares. Merlot 80 %, Cabernet franc 20 %
Blanc : 2 hectares. Sauvignon blanc 85 %, Sémillon 15 %
Production moyenne : 72 000 bt/an

CHÂTEAU JEAN FAUX ☾

Chateau Jean Faux 33350 Sainte-Radegonde
05 57 40 03 85 ● www.chateaujeanfaux.com
● Vente et visites : sur RDV.
Propriétaire : Pascal Collotte
Œnologue : Stéphane Derenoncourt

★ ↗ CHÂTEAU MARJOSSE

Pierre Lurton a plus d'un château à son actif : directeur d'Yquem et de Cheval Blanc, il est propriétaire d'une chartreuse construite par Victor Louis, l'architecte du Grand Théâtre de Bordeaux, et de son vignoble attenant de 20 hectares. Après le rachat de l'intégralité de la propriété à sa famille, Pierre Lurton insiste maintenant sur l'évolution de la production, qui depuis 2018 lâche un ris dans la voiture. Aidés par la trilogie de rêve 18-19-20, Pierre et son équipe font grimper la marche de la finesse et de l'élégance aux différentes cuvées. Le meilleur plan de l'Entre-deux-Mers qui lui vaut cette année une première étoile.

Les vins : les meilleurs parcelles de sauvignon blanc, sauvignon gris et de sémillon s'assemblent dans la cuvée Palombe. Elle est fermentée en fûts et demi-muids à l'image de ce qui se fait actuellement dans le bordelais. Le 2019 est expansif, riche et pointé en finale d'une tension minérale qui évoque les herbes fraîches et le agrumes. Le 2020, pas encore débarrassé du fruit variétal, suit cependant son aîné sous une couverture de sève. Le tout auréolé d'une tension remarquable. Marjosse rouge 2020 se pique d'une gourmandise de fruits frais, de tanins délicats et d'une finale sablée. Le vin élevé en 400 litres révèle une sapidité parfaite et une amabilité sensible. La finale rafraîchissante rend compte des argilo-calcaires du sol. En rouge également, Ortolan affiche un fruit sérieux et vibrant, sur une tension puisée dans le sol argilo-calcaire.

◻ Bordeaux 2021   9 €   **88**
◻ Bordeaux Palombe 2019   25 €   **91**
◻ Bordeaux Palombe 2020   25 €   **92**
━ Bordeaux 2020   9,50 €   **91**

━ VDF Ortolan 2019   25 €   **91**

Rouge : 30 hectares. Merlot 80 %, Cabernet franc 8 %, Cabernet-Sauvignon 8 %, Malbec (cot) 4 %
Blanc : 10 hectares. Sémillon 45 %, Sauvignon blanc 35 %, Sauvignon gris 15 %, Muscadelle 5 %
Production moyenne : 250 000 bt/an

CHÂTEAU MARJOSSE

640, route de Mylord, 33420 Grézillac
05 57 55 57 80 ● contact@marjosse.com ●
Vente et visites : sur RDV.
Propriétaire : Pierre Lurton
Directeur : Jean-Marc Domme
Maître de chai : Stéphane Guionie
Œnologue : Jean-Marc Domme

★ CHÂTEAU MOUTTE BLANC

À Macau, dans le sud du Médoc, Patrice de Bortoli vinifie trois appellations : Bordeaux supérieur, provenant des paluds, Haut-Médoc et Margaux. Les vins, élaborés avec un minimum de technologie, offrent une grande personnalité et beaucoup de singularité, comme en témoigne l'excellente cuvée Moisin, un pur petit verdot. Les élevages en bois sont fort bien mesurés, sans excès, et laissent une grande place à l'expression du raisin, tout en jouant leur rôle d'affineur de tanins. Une production qui vaut le détour pour ses superbes rapports prix-plaisir.

Les vins : que l'on soit en présence du bordeaux supérieur 2019 ou du 2020, ce qui saute au premier nez, c'est la pureté du vin. Rien ne vient altérer le fruit franc du 2019, jus concentré de myrtille et de cassis. L'attaque signe la grande disposition du vin à aller loin dans le temps. La fraîcheur dominante et l'éclat particulier du fruit se posent sur un tanin fondant et gracieux, parfaitement bien extrait. 2020, encore sous un boisé présent, est dans la même veine : équation parfaite de fruit et fraîcheur. La cuvée Moisin relève d'un petit verdot de 100 ans, en massales. Lumineuse, elle est une concentrée de fruits noirs. Le tanin est frais, serré, à la pointe de l'épice douce, promesse d'une belle disposition à la garde. Un Grand Amour est issu d'une parcelle complantée de plusieurs cépages. Comme dans une grande famille, chacun se soutient, l'un compensant les défauts de l'autre par les qualités du voisin. Un vin profond et soyeux, dans le style des autres cuvées, typé bordeaux supérieur. Le domaine produit aussi un margaux offrant sensualité et panache.

━ Bordeaux Supérieur 2019   13 €   **91**
━ Bordeaux Supérieur 2020   13 €   **90**
━ Bordeaux Supérieur Moisin 2020   18 €   **90**

- Bordeaux Supérieur Un Grand Amour
2019   20 €   **90**
- Margaux 2020   28 €   **92**

Rouge : 6,5 hectares. Merlot 60 %, Petit Verdot 25 %, Cabernet-Sauvignon 15 %
Production moyenne : 28 000 bt/an

CHÂTEAU MOUTTE BLANC

6, impasse de la Libération, 33460 Macau
06 03 55 83 38 ● www.moutte-blanc.fr ●
Vente et visites : sur RDV.
Propriétaire : Patrice de Bortoli
Œnologue : Édouard Lambert (labo Boissenot)

★ CHÂTEAU LE PIN BEAUSOLEIL

Michel Halek, le propriétaire allemand du Pin Beausoleil, a réuni autour du romantique manoir du XIVᵉ siècle, autrefois résidence ponctuelle des ducs d'Aquitaine, un vignoble de 7,5 hectares, parmi lesquels un plateau de 4,5 hectares aux sols argilo-calcaires et à l'aération remarquables. En deuxième année de conversion en agriculture biologique, le domaine, conseillé par l'équipe Derenoncourt, profite d'un sol frais où s'épanouissent des merlots et, plus récemment, des cabernets francs, dont la proportion augmente. La classe indéniable de ce terroir permet au château de profiter de raisins de qualité qu'une vinification soignée transforme en deux cuvées toujours valorisées par d'excellentes notes.

Les vins : planté sur un jus de framboises, combiné à des tanins frais à l'épure louable, le second vin du château, Le Petit Soleil, présente le profil des bordeaux modernes et désaltérants. Sa légèreté est son atout, tout autant que sa personnalité très merlot mûr. Plus construit dans son ensemble aromatique, le grand vin expose des effluves d'épices et de boisé chic. Une mousse de fruits rouges se concentre sous une matière tannique qui se dresse à l'aplomb d'une finale rafraîchissante.

- Bordeaux Supérieur 2019   24 €   **91**
- Bordeaux Supérieur Le Petit Soleil
2019   8 €   **89**

Rouge : 7,5 hectares. Merlot 77 %, Cabernet franc 20 %, Cabernet-Sauvignon 3 %
Production moyenne : 40 000 bt/an

CHÂTEAU LE PIN BEAUSOLEIL

33420 Saint-Vincent-de-Pertignas
05 57 84 02 56 ● www.lepinbeausoleil.com ●
Vente et visites : sur RDV.
Propriétaire : Ingrid et Michael Hallek
Directeur : Igor Leclere

★ CHÂTEAU TIRE PÉ

Tout au bout des coteaux de Saint-Macaire, près de la Réole, le terroir de la petite propriété d'Hélène et David Barrault est une curiosité. Le sol garni de calcaire presque affleurant, sur lesquels sont plantés les très classiques merlot, malbec et cabernet franc, possède une identité remarquable. De surcroît, le couple a planté en 2012 des sélections massales de rares cépages, dénichés au plus profond de l'ampélographie girondine. Ce ne fut pas une mince affaire pour trouver les plants mais le résultat en bouteille est à la hauteur des espérances. Rien n'est ordinaire sur le domaine, pas plus cet encépagement que les modes d'élevage en demi-muid, cuve béton et jarre.

Les vins : l'ensemble des cuvées forment un quadrilatère original, puisé dans l'histoire des raisins bordelais. Le domaine maîtrise à la perfection la vinification sans soufre : le délié fruité de la cuvée Tire'Vin Vite en offre une version originale et délectable. David Barrault sait aussi tirer des raisins bordelais une trame particulière, notamment dans Tire Pé, assemblage de malbec et cabernet franc, élevé 2 ans en cuve béton. Celui-ci joue sur la largesse des deux cépages. Il se pare d'atouts gourmands dans une structure fraîche, un long fourreau de soie rouge au rayonnement alerte. L'Échappée n'est que castets, le vieux raisin bordelais. En 2019, il conserve une acidité qu'il faut louer, posée sur un ensemble juteux. Enfin, La Nomade associe 2019 et 2020, pur pineau d'Aunis, pour l'anecdote rafraîchissante de la gamme, sur des fruits rouges, un velours côtelé et un tanin croquant.

- Bordeaux 2019   15 €   **91**
- Bordeaux Tire'Vin Vite 2021   9,50 €   **89**
- VDF L'Échappée 2019   22 €   **91**
- VDF La Nomade 2019   18 €   **90**

Rouge : 12 hectares.
Production moyenne : 50 000 bt/an

CHÂTEAU TIRE PÉ ♣

1, Puderne, 33190 Gironde-sur-Dropt
05 56 71 10 09 ● tirepe.com ● Vente et visites : sur RDV.
Propriétaire : David Barrault

AD VITAM ÆTERNAM

Né en 2005, ce micro-domaine vinifie une seule cuvée à partir d'une petite parcelle d'un peu moins de 2 hectares. C'est aux Billaux, village au cœur du vignoble du Fronsadais, que l'ancien propriétaire du château de la Rivière, Xavier Péneau, en association avec Xavier Buffo, cultive cette vigne de merlot (90 %) et de cabernet franc (10 %). Comme pour toute micro-cuvée, les rendements demeurent faibles, la recherche de maturité poussée, les extractions longues et les élevages se font en barrique (jusqu'à vingt mois pour certains millésimes).

Les vins : une année n'aura pas fondu entièrement le boisé du 2018. Il est cependant plus diffus : son nez commence à capituler et laisse échapper des notes de fruits rouges, d'olives noires, d'épices et de graphite. Sa complexité aura eu raison d'un élevage un peu poussé. Au palais, la chaleur de l'année se fait sentir sur une touche de cacao. Dans le 2019, la même chaleur n'a pas éteint le dynamisme du merlot de ce terroir du fronsadais. Il est touché d'épices sur une tessiture au tanin civilisé et une matière en parfait équilibre. Très mûr et très extrait, le 2020 offre toutefois une certaine pureté en finale.

Bordeaux 2018	20 €	90
Bordeaux 2019	21 €	91
Bordeaux 2020	21 €	89

Rouge : 1,9 hectare. Merlot 90 %, Cabernet franc 10 %
Production moyenne : 8 000 bt/an

AD VITAM ÆTERNAM

36, rue des Gauthiers, 33500 Les Billaux
05 57 74 66 36 ● www.vin-advitam.fr ●
Vente et visites : sur RDV.
Propriétaire : Xavier Buffo et Xavier Péneau

CHÂTEAU DE BEL

L'aventure d'Olivier Cazenave débute en 2003, sur un vignoble de paluds au bords de la Dordogne, à Arveyres, avant de s'étendre sur une petite surface à Pomerol. En Bordeaux, les sols légers près de la rivière mettent en valeur la sensibilité du style digeste, qui rend le fruit éclatant, précis et mélodieux. En VDF, le malbec gourmand offre une version au velouté inédit du raisin, et la muscadelle vinifiée en demi-muid met n'importe quel dégustateur au défi. Deux cuvées uniques, qui voisinent avec des étiquettes plus classiques. La gamme montre depuis longtemps que Bordeaux peut évoluer. Si le cœur du domaine bat sur les bords de la Dordogne, Olivier Cazenave vinifie aussi à Pomerol, Saint-Émilion, Montagne-Saint-Émilion et dans le Médoc, offrant un panorama inter-rives de son talent.

Les vins : le meilleur des parcelles de merlots, vinifié en foudres et en cuves béton, compose le bordeaux supérieur La Capitane. Il rayonne d'un fruit gorgé de sève. Associé à un palais racé finement, il est serti d'un tanin vibrant et frais. Joli millésime au potentiel encore splendide. Le château, en 2016, possède encore un tanin carré et une finale janséniste manquant un peu de glamour. Ce qui est loin d'être le cas du même vin en 2018, profondément ancré dans une matière au charme ravageur, aux tanins sapides et langoureux, à l'expressivité forte. La cuvée Aux Plantes s'étire vers une finale juteuse. On peut la déboucher sur le champ. Elle exprime tout le talent du vigneron.

Bordeaux Supérieur La Capitane 2018	12,50 €	92
Bordeaux supérieur 2016	de 9,70 à 10 € (c)	89
Bordeaux supérieur 2018	N.C.	91
Montagne-Saint-Émilion L'Enclos des Graves 2018	15,50 €	89
Saint-Émilion Grand Cru Aux Plantes 2019	de 25 à 28 € (c)	89

Rouge : 11 hectares. Merlot 94 %, Cabernet franc 6 %
Blanc : 3 hectares. Muscadelle 70 %, Sauvignon blanc 30 %
Production moyenne : 60 000 bt/an

CHÂTEAU DE BEL ☾

1, Malbâtit 33500 Arveyres
05 24 24 69 96 ● www.chateaudebel.com ●
Vente et visites : sur RDV.
Propriétaire : Olivier Cazenave

CHÂTEAU BELLE-GARDE

Éric Duffau démontre que les cépages bordelais vendangés à bonne maturité, vinifiés avec soin et élevés sobrement donnent des cuvées irréprochables pour un niveau de prix excellent dans les trois couleurs. Les terroirs d'argile sur socles calcaires, situés essentiellement à Génissac et Moulon, rendent toutes leurs saveurs aux cuvées, dont un boisé trop excessif peut masquer la spontanéité du fruit.

Les vins : le bordeaux 2019 conçu à partir de merlot, cabernet-sauvignon et cabernet franc impose son classicisme farouche sur un fruit détendu, pointé au nez de touches de chlorophylle. Le millésime lui octroie un velouté soyeux et une belle maturité. L'élevage en fûts de chêne offre un boisé chic encore un peu marqué. Le fleuron de la gamme : la cuvée L'Excellence s'ouvre sur un boisé floral et se fond dans une bouche aux tanins assouplis. Le bois est présent, certes, mais agit comme le liant de cette matière amplement fruitée. Le blanc est très sauvignon, variétal et mentholé, mais possède aussi du coffre. Le clairet, soyeux et épicé, s'avère bien plus intéressant que le rosé.

Bordeaux 2021	6 €	88
Bordeaux 2021	6 €	86
Bordeaux 2019	N.C.	89
Bordeaux Clairet 2021	6 €	88

- Bordeaux Cuvée élevée en Fût de Chêne 2020   7,50 €   **89**
- Bordeaux Supérieur L'Excellence 2020   10 €   **90**

Rouge : 41 hectares. Merlot 80 %, Cabernet franc 10 %, Cabernet-Sauvignon 10 %
Blanc : 5 hectares. Sauvignon blanc 70 %, Sémillon 20 %, Sauvignon gris 10 %
Production moyenne : 250 000 bt/an

CHÂTEAU BELLE-GARDE

2692, route de Moulon, 33420 Génissac
05 57 24 49 12 ●
www.vignoble-belle-garde.com ● Vente et visites : sur RDV.
Propriétaire : Éric Duffau
Œnologue : Nicolas Guichard

CHÂTEAU BOLAIRE

Dans les paluds de Macau, au lieu-dit Le Bout de l'Île, l'équipe du château Belle-Vue (Haut-Médoc) élabore un bordeaux supérieur de très belle facture. Sa spécificité tient à un apport non négligeable de petit verdot (60 % de l'assemblage), qui donne au vin un caractère épicé et mentholé tout à fait pertinent. De récolte tardive, vinifiés à basse température (extraction de couleur et d'expression fruitée) avec un élevage en barrique (bois neuf pour 30 %) parfois un peu trop dominant au détriment du fruit, les derniers millésimes, plus frais, séduisent par leur profil séducteur et leur grande longueur en bouche.

Les vins : bizarrement, le domaine a présenté des millésimes anciens et pas des meilleurs ! Il y aurait donc des stocks ? Si 2012 semble évolué, son fruit est dissimulé entre les notes de sous-bois et de camphre. Les tanins en bouche restent secs. Toujours mieux que le 2013 qui apparaît assez fluet, sans grande expressivité. Enfin 2014 sauve la trilogie : millésime à boire, il présente au nez un fruit mûr bordé par un boisé chic, une petite touche florale, des épices et du cacao. En bouche, le millésime est savoureux, plus riche qu'il n'y paraît et concentré autour d'un tanin raffiné, passant outre l'austérité de l'année.

- Bordeaux Supérieur 2012   10 €   **88**
- Bordeaux Supérieur 2013   8,50 €   **87**
- Bordeaux Supérieur 2014   10 €   **91**

Rouge : 7 hectares. Petit Verdot 60 %, Merlot 35 %, Cabernet-Sauvignon 5 %
Production moyenne : 12 000 bt/an

CHÂTEAU BOLAIRE

103, route de Pauillac, 33460 Macau
05 57 88 19 79 ● www.chateau-belle-vue.com

● Vente et visites : sur RDV.
Propriétaire : Héritiers Vincent Mulliez
Œnologue : Christophe Coupez

DOMAINE DE COURTEILLAC

La société chinoise d'importation et de distribution de vins Daohe Wines & Spirits, basée à Guangzhou est propriétaire de ce cru qui fut une référence de l'appellation Bordeaux Supérieur. Pourtant, malgré la modernisation de l'outil de travail et la restructuration du vignoble, les vins, qui ont joui longtemps d'une excellente réputation, s'empâtent et ne prennent pas le chemin des bordeaux modernes. Ils demeurent de facture très classique et taillés pour la garde. La réputation est sauvée par la rigueur du 2016.

Les vins : dans le 2018, la sucrosité de bois dans le milieu de bouche s'installe et allonge la dégustation, plus juteuse et cinglante. Le vin reste cependant très classique dans sa définition boisée. Le 2016 est carré, comme il se doit, sur une matière bordée de tanins sérieux. La liaison entre le bois et le vin est toutefois bien gérée et sauve l'ensemble. Le fruit noir délicieux tire le jus sur un croquant sapide et finit sur une matière au fruit affirmé. Un bordeaux classique sans surprise.

- Bordeaux Supérieur 2016   10,50 €   **91**
- Bordeaux Supérieur 2018   10,50 €   **89**

Rouge : 27 hectares. Merlot 70 %, Cabernet franc 20 %, Cabernet-Sauvignon 10 %
Production moyenne : 150 000 bt/an

DOMAINE DE COURTEILLAC

2, lieu-dit Courteillac, 33350 Ruch
05 57 40 79 48 ●
www.domainedecourteillac.com ●
Visites : sur RDV aux professionnels.
Propriétaire : Courteillac Vineyard Holding Company
Directeur : Emma-Xin Lebail
Maître de chai : Françoise Mainil
Œnologue : Stéphane Derenoncourt

CHÂTEAU PENIN

Classée HVE3, ce cru est une des belles références en Bordeaux et Bordeaux Supérieur. Penin affine sa gamme, en se rapprochant des sols de calcaire et de graves, tout en conservant la finesse d'un fruit qui plaît au plus grand nombre. Sous l'étiquette Natur', le domaine produit un rosé, un clairet et un rouge et fait quelque peu bouger les codes du bordeaux classique.

Les vins : Penin blanc a du coffre et du gras. On passera très vite sur le rosé, pâle sans grande vertu, pour filer du côté du clairet. Nez de fruits rouges, de fraises des bois et de groseilles, la bouche pulpeuse est à peine tendue par un petit tanin fin et croquant. Natur 2019 a le profil pur et le pimpant des vins naturels. La cuvée Les Cailloux, parcellaire d'argile recouvert de 50 cm de cailloux, suggère la maturité du merlot, rafraîchi par le sous-sol, enjôleur et capiteux. Déjà dans le bouquet du cabernet franc, on croque un fruit ardent, une cerise juteuse, puis l'ensemble se pose sur une structure au fruit dominant enrobé d'un tanin souple. La cuvée Tradition 2018 s'ouvre sur la puissance d'un fruit noir, de cassis et de myrtille, très expressif et distingué. La rondeur du milieu de bouche et la finale aux tanins fondus participent à l'équilibre distingué de ce bordeaux supérieur. Enfin dans Grande Sélection 2018, s'exprime toute la palette de fruits rouges mûrs des merlots juteux. La tension parfaite des tanins enserre le vin d'une gangue soyeuse et promise à un bel avenir.

Bordeaux 2020	9,80 €	88
Bordeaux 2021	7,40 €	86
Bordeaux Cabernet Franc 2019	8,40 €	89
Bordeaux Natur 2019	9,20 €	89
Bordeaux Supérieur Grande Sélection 2018	10 €	91
Bordeaux Supérieur Les Cailloux 2019	15,50 €	90
Bordeaux Supérieur Tradition 2018	7,95 €	89

Rouge : 46,5 hectares. Merlot 75 %, Cabernet franc 15 %, Cabernet-Sauvignon 5 %, Malbec (cot) 5 %
Blanc : 3,5 hectares. Sauvignon blanc 60 %, Sauvignon gris 20 %, Sémillon 20 %
Production moyenne : 300 000 bt/an

CHÂTEAU PENIN

39, impasse Couponne, 33420 Génissac ●
05 57 24 46 98 ● www.chateaupenin.com ●
Visites : sans RDV.
Propriétaire : Patrick Carteyron
Maître de chai : Yves Le Corre

CHÂTEAU LA RAME

Les deux propriétés dirigées par la famille Armand possèdent des expositions parfaitement opposées. La Rame jouit de coteaux superbes en pente raide face au sud : ces sols argilo-calcaires avec huîtres à fossiles sont un socle vertueux pour le sainte-croix-du-mont, qui gagne en complexité et en allure jusqu'à ressembler à un beau sauternes. A contrario, c'est sur des parcelles orientées au nord que la Caussade, première propriété de la famille, signe de jolis liquoreux et un rouge appétissant parfaitement construit. Les deux propriétés sont classées HVE3 depuis 2017.

Les vins : la tessiture de ténor du cadillac rouge La Caussade est légèrement secouée par un tanin sec, mais le potentiel fruité et la richesse de la matière nous conduisent à penser que les choses vont aller en s'améliorant avec des mois d'élevage. En attendant, on débouche le sainte-croix-du-mont du même millésime, construit sur un nez exotique aux parfums abricotés, de miel, d'acacia et de nougat glacé. Le tout chapeaute une bouche à la liqueur marquée par l'acidité. À déguster dans le temps aussi.

Sainte-Croix-du-Mont Château La Caussade 2020	13 €	89
Cadillac Côtes de Bordeaux Château La Caussade 2020	9,99 €	89

Rouge : 25 hectares. Merlot 60 %, Cabernet-Sauvignon 40 %
Blanc : 25 hectares. Sémillon 80 %, Sauvignon blanc 20 %
Production moyenne : 200 000 bt/an

CHÂTEAU LA RAME

33410 Sainte-Croix-du-Mont
05 56 62 01 50 ● www.chateaularame.fr ●
Visites : sans RDV.
Propriétaire : Famille Armand
Directeur : Angélique Armand et Olivier Allo
Œnologue : Lucien Llorca

CHÂTEAU DE REIGNAC

Yves et Stéphanie Vatelot ont fêté cette année leurs 30 ans à la tête de Reignac. Depuis le début, le couple a misé gros pour positionner leurs bordeaux supérieurs au meilleur niveau en suivant les conseils de Michel Roland. Avec l'arrivée du directeur Nicolas Lesaint en 2009, les modes de culture ont évolué pour se rapprocher du bio. Un travail qui commence à se lire dans les vins, malgré un élevage encore intrusif. Les extractions sont plus précises grâce aux six petites cuves tronconiques pour coller au parcellaire.

Les vins : en étant de plus en plus précis sur les travaux à la vigne, Yves Vatelot et son équipe font progresser d'année en année le domaine qui trône déjà au sommet des bordeaux. Le blanc vibre d'une belle énergie et développe un nez au boisé diffus, sur une matière minérale et croquante. Les fleurs et les fruits s'intercalent dans un ensemble tenu par une vinification en bois et en œufs béton. En 2018, le bordeaux supérieur affiche de jolis proportions du bordeaux classique, avec un boisé dissimulé derrière le fruit. Après avoir inventé l'épilateur électrique, Yves Vatelot a mis au point une méthode de vinification intégrale brevetée : la cuvée Balthus en résulte avec son fruit mûr et ses notes d'épices. Dans le détail, une touche de sous-bois émerge, ainsi qu'une note de graphite, signature de l'âge du vin. Un fruit soigné aux petits oignons révèle la mise en valeur du terroir. R de Reignac est l'archétype des nouveaux bordeaux que l'on déguste sur un fruit franc, sans bois, simple, frais et savoureux. Le plaisir est immédiat pour ce cabernet franc vinifié en cuve inox tronconique. Il garde une réserve de fraîcheur palpitante pour la finale.

Bordeaux 2020	21 €	**90**
Bordeaux Supérieur Balthus 2015	60 €	**92**
Bordeaux Supérieur Grand Vin de Reignac 2018	21,50 €	**89**
Bordeaux Supérieur R de Reignac 2020	18 €	**91**

Rouge : 73,5 hectares. Merlot 75 %, Cabernet-Sauvignon 20 %, Cabernet franc 5 %
Blanc : 3,5 hectares. Sauvignon blanc 80 %, Sauvignon gris 10 %, Sémillon 10 %
Production moyenne : 380 000 bt/an

CHÂTEAU DE REIGNAC
38, chemin de Reignac, 33450 Saint-Loubès
05 56 20 41 05 ● reignac.com/ ● Visites : sans RDV.
Propriétaire : Yves Vatelot
Directeur : Nicolas Lesaint
Maître de chai : Olivier Prevot
Œnologue : Michel Rolland

CHÂTEAU REYNON

Cette propriété se situe sur les contreforts de la vallée de la Garonne, à Beguey, commune voisine de Cadillac. C'est ici que l'œnologue Denis Dubourdieu avait élaboré et défini le style de ses rouges, mais surtout de ses fameux blancs secs qui ont contribué à sa renommée dans le monde, et tout aussi largement participé à l'évolution des blancs bordelais. Son fils Jean-Jacques, épaulé par son frère Fabrice, dirige aujourd'hui Reynon, dont les vins proposent une version affinée du sauvignon de Gironde.

Les vins : le sauvignon blanc 2021 de Reynon présente une belle connivence entre le raisin et le bois, finement associée à des notes de mirabelle, de pêche et d'agrumes. Tendrement minéral, il bouscule les codes du sauvignon et prend des allures identitaires du château. En bouche, la trace d'une macération pelliculaire rend l'attaque veloutée. La tension citronnée évoque une extraction parfaite de la vivacité du millésime. Le 2019 côtes-de-bordeaux résulte de l'union des merlots, cabernet-sauvignons et petit-verdots. Si le nez demeure introverti, le palais, ponctué d'un tanin raffiné, offre des tonalités fruitées et racées.

Bordeaux 2021	9,65 €	**92**

Cadillac Côtes de Bordeaux 2019	13,25 €	**90**

Rouge : 20,5 hectares. Merlot 81 %, Petit Verdot 13 %, Cabernet-Sauvignon 6 %

Blanc : 12,8 hectares. Sauvignon blanc 87 %, Sémillon 13 %

Production moyenne : 50 000 bt/an

CHÂTEAU REYNON

15, Gravas, 33720 Barsac

05 56 62 96 51 ● www.denisdubourdieu.fr ● Vente et visites : sur RDV.

Propriétaire : Florence Dubourdieu

Directeur : Jean-Jacques Dubourdieu

Maître de chai : Ludovic Bernard

Œnologue : Fabrice Dubourdieu

BLAYAIS ET BOURGEAIS

★ CHÂTEAU BEL-AIR LA ROYÈRE

Repris en 1992 par sa famille, le domaine est dirigé par Corine Chevrier-Loriaud depuis 2011. Elle initie en 2016 la conversion bio pour valoriser ses sols d'argilo-calcaires, de marnes à huîtres et d'argiles vertes et bleues. Depuis le rachat, les rendements ont toujours été maîtrisés. La forte proportion de malbecs, rescapée d'une époque où les autres crus les arrachaient, donne une signature aux étiquettes, dont certaines appartiennent aujourd'hui à la nouvelle vague des bordeaux savoureux à découvrir. L'ensemble de la gamme coiffe de panache le vignoble du Blayais.

Les vins : la discrétion des élevages honore l'ensemble des étiquettes du domaine, dont les vignes sont plantées sur des sols argilocalcaires et baignées par le souffle de la Gironde. La vinification peu interventionniste donne des vins qui évoquent le plus souvent l'infusion ; les raisins sont cueillis à très juste maturité. L'ensemble de la gamme offre des profils juteux et pulpeux, une fraîcheur intense. Le blanc au fruit ligérien se distingue par une note de végétal radieuse. La cuvée Gourmandise est un pur jus de fruit rouge, bien calibré et digeste. La cuvée du château est un classique d'une parfaite élégance, au fruit mûr, aux notes d'épices douces en finale ; L'Esprit est aussi d'une grande et belle précision. Le malbec Fig 10 est le vin le plus réjouissant, profond, sensuel et construit, d'une originalité assumée et d'une grande justesse de fruit.

▭	Blaye Côtes de Bordeaux 2021	20 €	**90**
▬	Blaye Côtes de Bordeaux 2020	26,50 €	**92**
▬	Blaye Côtes de Bordeaux Gourmandise 2020	11 €	**90**
▬	Blaye Côtes de Bordeaux L'Esprit de Bel-Air La Royère 2019	16,50 €	**90**

Le coup de ♥

▬	Blaye Côtes de Bordeaux Fig 10 2020	30 €	**93**

Rouge : 11 hectares.
Blanc : 1 hectare.
Production moyenne : 60 000 bt/an

CHÂTEAU BEL-AIR LA ROYÈRE ♣

1, Les Ricards, 33390 Cars
05 57 42 91 34 ● chateaubelairlaroyere.com/
● Vente et visites : sur RDV.
Propriétaire : Corinne Chevrier
Œnologue : Éric Delacroix

★ CHÂTEAU FALFAS

Pionnier de la biodynamie dans la région (certifié en 1989), Falfas est l'une des valeurs sûres de l'appellation. Il élabore sur ses parcelles, remarquablement situées sur un socle de calcaire à astéries, des vins toujours très capiteux et charpentés. L'addition du mode de culture et de vinification (levures indigènes) avec l'encépagement donne un caractère tout à fait singulier aux vins.

Les vins : Les Demoiselles se construit sur une ambiance florale, aux touches de violette, où le fruit revient en demi-teinte. Les tanins sont fins, souples, mais le vin manque un poil de profondeur. Le côtes-de-bourg du château, au nez fumé-grillé, sur le fruit mûr, offre un profil particulier, manquant toutefois de précision. Il s'avère plus classique dans une bouche aux fruits noirs et aux tanins imposants.

▬	Côtes de Bourg 2019	18,50 €	**90**
▬	Côtes de Bourg Les Demoiselles de Falfas 2020	13,50 €	**89**

Rouge : 20 hectares. Merlot 55 %, Cabernet-Sauvignon 30 %, Cabernet franc 10 %, Malbec (cot) 5 %
Production moyenne : 70 000 bt/an

CHÂTEAU FALFAS ☾

34, route de Coudart,
33710 Bayon-sur-Gironde
05 57 64 80 41 ● www.chateaufalfas.com ●
Vente et visites : sur RDV.
Propriétaire : Véronique Cochran

★ CHÂTEAU FOUGAS

Acquis en 1976 par la famille Béchet, Fougas est situé sur une croupe bénéficiant d'une forte diversité de sols combinant sables, argiles (blanches et rouges), graves et molasses. L'influence de la biodynamie, certifiée depuis 2008, signe la progression constante du château. Soulignons que les millésimes de haute maturité révèlent de la meilleure manière la qualité de ce terroir et sa fraîcheur, en particulier les millésimes 2018, 2019 et 2020.

Les vins : le millésime 2020 arrive pour clore une trilogie victorieuse, qui révèle avec une grande maîtrise le terroir des Côtes de Bourg. De gourmandes notes de cerise, de mûre et de fraises écrasées composent un bouquet savoureux complété d'une touche torréfiée délicate et très élégante. L'énergie du vin s'expose dans un tanin droit, franc, vibrant, qui encadre une bouche très raffinée, évoquant la violette et associée à un saveur réglissée. La finale est très racée.

🍾 Côtes de Bourg Maldoror
2020   14,90 €   **93**

Rouge : 23 hectares. Merlot 75 %,
Cabernet-Sauvignon 25 %
Production moyenne : 100 000 bt/an

CHÂTEAU FOUGAS ☾

Fougas, 33710 Lansac
05 57 68 42 15 ● www.fougas.com ● Vente et
visites : sur RDV.
Propriétaire : Jean-Yves Béchet
Œnologue : Thomas Duclos

★ CHÂTEAU LES JONQUEYRES

À cheval sur deux communes, Saint-Paul et
Saint-Martin-Lacaussade, le domaine jouit de
très vieilles vignes, de plus de 50 ans, plantées à haute densité sur des argiles sableuses
(livrant des vins de petite garde) et sur des
argiles bleues et grises (donnant des crus généreux, taillés pour vieillir plus longtemps). Largement dominant sur la propriété, le merlot donne
ici de beaux résultats.

Les vins : le 2018 (fraises écrasées, cassis, mûre
et notes de graphite) s'ouvre sur une belle tran-
che de fruits frais. Le vin se pose avec souplesse et franchise sur une trame savoureuse,
bien équilibrée, aux tanins croquants : un bordeaux savoureux. Le 2019 pose un corps svelte
sur une matière encore en réserve ; les tanins
sont pour l'instant un peu secs. Il évoluera bien
sur quelques années. À L'Enfer 2018, évoquant
la truffe et le cassis, est un beau rouge aux
tanins profonds, bien équilibrés et très frais.

🍾 Blaye Côtes de Bordeaux
2018   18,50 €   **87**
🍾 Blaye Côtes de Bordeaux 2019   18,50 €   **89**
🍾 Blaye Côtes de Bordeaux À L'Enfer
2018   33 €   **91**

Rouge : 10 hectares. Merlot 75 %,
Cabernet-Sauvignon 18 %, Malbec (cot) 7 %
Blanc : 0,22 hectare. Vermentino 45 %,
Viognier 45 %, Clairette 10 %
Production moyenne : 40 000 bt/an

CHÂTEAU LES JONQUEYRES ♣

7, Courgeau, 33390 Saint-Paul-de-Blaye
05 57 42 34 88 ●
www.chateaulesjonqueyres.com ● Vente et
visites : sur RDV.
Propriétaire : Pascal Montaut
Œnologue : Éric Delacroix

★ CHÂTEAU ROC DE CAMBES

Voici une propriété qui attise la curiosité des
amateurs à la recherche d'un style bordelais
singulier. Inspirée par François Mitjavile, du château Tertre Roteboeuf à Saint-Émilion, la production se compose du domaine de Cambes
(Bordeaux, situé dans les paluds) et du Château Roc de Cambes (Côte-de-Bourg, sur les
coteaux). Celui-ci se définit par des raisins à
haute maturité, élevés classiquement, avec les
meilleurs produits de la tonnellerie Radoux. Les
vins, reconnaissables entre mille, aux nez intenses et très boisés dans la jeunesse, vieillissent avec charme, mais peuvent fatiguer
certains palais à la recherche d'un flacon frais
et désaltérant. Les "petits millésimes", avec des
niveaux de maturité plus bas, ressortent souvent comme de vraies réussites, à l'image de
2007. Un style singulier, mais parfois clivant.

Les vins : le domaine ne nous ayant pas fait parvenir ces vins, nous sommes amenés à reconduire les notes de notre édition précédente.

🍾 Bordeaux Domaine de Cambes
2018   N.C.   **90**
🍾 Côtes de Bourg 2018   74 € (c)   **93**

Rouge : 10 hectares. Merlot 80 %,
Cabernet-Sauvignon 15 %, Malbec (cot) 5 %
Production moyenne : 47 000 bt/an

CHÂTEAU ROC DE CAMBES

3, Roc, 33710 Bourg-sur-Gironde
05 57 74 42 11 ● www.roc-de-cambes.com ●
Vente et visites : sur RDV.
Propriétaire : François Mitjavile
Directeur : Nina Mitjavile

CHÂTEAU BRÛLESÉCAILLE

Brûlesécaille jouit d'un vignoble bien situé dans
l'appellation Côtes de Bourg, en surplomb de
l'estuaire de la Gironde. On y produit avec régularité des vins plaisants et distingués, dotés
d'une séduction immédiate grâce à un assemblage intéressant de merlot (majoritaire), de
cabernet franc et de cabernet-sauvignon. La
bonne exposition de ces deux derniers permet
d'obtenir, sur ce terroir, une excellente maturité,
ce qui explique le velouté de texture et le fondu
des tanins des meilleurs millésimes du domaine.

Les vins : le millésime 2020 sied au blanc issu
de sauvignon gris et sauvignon blanc aux notes
de fruits du verger, mêlés de touches de reine-
claude et de menthe. Le vin rafraîchit et entonne
un beau refrain à la gloire de cette propriété qui
signe depuis des années le meilleur rapport prix/
plaisir du Bourgeais. Constat confirmé par la
dégustation du rouge 2018, au nez abouti et

fondu (cédrat, épice et fruit mûr), à la bouche structurée et fraîche, comme avec le 2019 : une gourmandise juteuse cernée d'un tanin mûr et enrobant. Associant malbec et merlot, Sans Soufre Ajouté possède un fruit délié. Tauriacus, assemblage de merlot et de cabernet franc élevé 14 mois en amphore, supporte un fruit très mûr, à l'ancienne, préambule à une bouche plus croquante dynamisée par la jarre, presque crayeuse, encore un peu sèche en finale. Château la Gravière, l'autre étiquette du domaine, pâtit d'un manque de profondeur et d'une légère sécheresse en finale.

🍷 Côtes de Bourg 2020	9 €	89
🍷 Côtes de Bourg 2018	12 €	91
🍷 Côtes de Bourg 2019	12 €	90
🍷 Côtes de Bourg Château La Gravière 2018	9 €	88
🍷 Côtes de Bourg Cuvée Sans Soufre Ajouté 2021	9 €	87
🍷 Côtes de Bourg Tauriacus Amphores 2020	11 €	90

Rouge : 26,3 hectares.

Blanc : 2,35 hectares.

Production moyenne : 140 000 bt/an

CHÂTEAU BRÛLESÉCAILLE

29, route des Châteaux, 33710 Tauriac

05 57 68 40 31 ● www.brulesecaille.com ● Vente et visites : sur RDV.

Propriétaire : Famille Rodet

Directeur : Guillaume Rodet

Maître de chai : Guillaume et Jacques Rodet

Œnologue : Stéphane Beuret

LIBOURNAIS

★★ DOMAINE DE L'A

En 1999 naissait à Sainte-Colombe le domaine de l'A, fruit du désir émis par Stéphane Derenoncourt et sa femme Christine de produire un grand vin. Plus de vingt ans après, c'est une réussite à tous les niveaux. La mise en valeur des calcaires et des coteaux par le travail des sols et la conversion bio, en route depuis 2017, apporte la preuve que le couple ne s'arrête pas en chemin, même si ce dernier les a déjà menés au sommet ! Toujours dans l'optique d'une mise en valeur du terroir bordelais, le chardonnay planté à 12 000 pieds l'hectare est une exception que tout amateur doit absolument goûter. Stéphane et Christine ne laisse à personne le soin de cette parcelle de calcaire flanquée en sommet de coteaux. Avant de commencer leur journée chez Derenoncourt Consultants, l'entreprise fondée par Stéphane, pépinière de jeunes œnologues talentueux et avant-gardistes, l'un ou l'autre soigne ce jardin dès potron-minet.

Les vins : on ne résiste pas à l'envie d'évoquer le 2014, goûté chaque année. Il semble que l'âge n'a pas de prise sur ce millésime, la tension est parfaite, le fruit préservé ; cette bouteille à la délicatesse épanouie est née d'un millésime en équilibre, ni trop chaud, ni froid : parfait. Dans la même veine, 2016 est un joli canon aux épaules carrées, bien construit, à l'élégance fondue mais toujours avec une certaine puissance. Le blanc élevé en partie en globe de verre sent en 2020 le chèvrefeuille et le fruit frais, offre en bouche une touche aérienne de poire : beau profil ligérien.

🍷 VDF 2020	N.C.	94
🍷 Castillon Côtes de Bordeaux 2014	N.C.	95
🍷 Castillon Côtes de Bordeaux 2016	39 €	94

Rouge : 11,8 hectares. Merlot 80 %, Cabernet franc 20 %

Blanc : 0,2 hectare. Chardonnay 100 %

Production moyenne : 40 000 bt/an

DOMAINE DE L'A ♣

11, lieu-dit Fillol, 33350 Sainte-Colombe

05 57 24 92 43 ● www.domainedela.com ● Vente et visites : sur RDV.

Propriétaire : Christine et Stéphane Derenoncourt

★★ ⚑ CHÂTEAU D'AIGUILHE

La taille du vignoble de 82 hectares n'entache en rien l'excellence de ce castillon qui ne rend aucun compte à certains crus mieux nés... soi-disant. Le vignoble de Castillon possède parmi les plus intéressants calcaires du Libournais et les vignes de massales en profitent amplement. Lorsque Stephen Von Neipperg rachète la propriété le 31 décembre 1998, elle ne compte que 27 hectares ; sa renommée ne retombera jamais. Le lieu est unique, bordé d'un étang dans lequel se jettent six sources et d'une forteresse dont certains vestiges remonte du XIIIe siècle, laquelle culmine au sommet d'un plateau bordé de forêts. Le bois neuf a été réduit et les contenants ont grandi : de nombreux tonneaux de 400 litres ont été introduits dans le chai et, depuis une poignée d'années, les fermentations malolactiques ne se font plus dans le bois. Le vin en sort plus affiné que jamais, avec un équilibre précis, juteux, et côté ciselé qui marque l'ensemble de la production. Nous accordons au cru la deuxième étoile.

Les vins : la rondeur fondue du grand vin d'Aiguilhe 2019 s'expose sur un socle bien frais, tendu d'élégance et d'une intime sensualité de fruit ; en finale, élevant la dégustation, on retrouve l'acidité des calcaires, bienvenue dans ce millésime à la chair tendre.

Le coup de ♥

- Castillon Côtes de Bordeaux
  2019   20 €   93

Rouge : 85 hectares.
Blanc : 5 hectares.
Production moyenne : 500 000 bt/an

CHÂTEAU D'AIGUILHE
1, Aiguilhe Sud, Vignobles Comtes von Neipperg 33350 Saint-Philippe-d'Aiguilhe
05 57 40 63 56 ● www.neipperg.com ● Vente et visites : sur RDV.
Propriétaire : Comtes von Neipperg
Directeur : Stephan von Neipperg

★★ CLOS PUY ARNAUD

Depuis 2000, Thierry Valette est propriétaire de ce domaine de Castillon. Réalisé avec soin, le vin s'est imposé dès le début comme l'un des crus les plus intéressants de l'appellation, dans un style profond et éminemment racé. Le vignoble, cultivé en biodynamie, fut l'un des premiers à proposer des bordeaux à boire sur le fruit en préambule d'une gamme plus puissante et concentrée. Ainsi les cuvée Bistrot et Rouge sont deux bordeaux de consommation rapide. Il faut noter la cohérence de la gamme et la volonté de faire à la fois des vins de plaisir

immédiat et des crus de grande profondeur, qui manquent cependant un peu de précision dans les derniers millésimes.

Les vins : l'énergie de la biodynamie gagne l'ensemble de la gamme, les vins possèdent une luminosité particulière, aussi bien dans les cuvées courantes à boire sur leur fruit que dans les castillon-côtes-de-bordeaux, plus intenses. Au premier niveau, la cuvée Bistrot, en vin de France, expose un joli fond, une texture juteuse malgré un fruit en retrait ; un jus évoquant la groseille et la framboise. La même dynamique habite le castillon. Si l'intensité, la luminosité et la profondeur sont au rendez-vous, la bouche manque légèrement de pureté ; elle est marquée par son élevage pour partie en amphore. Les Ormeaux est un merlot friand au fruit digeste et bien équilibré par la biodynamie dans ce millésime 2020 qui reste, malgré la chaleur, pulpeux et enjôleur. On regrette toutefois une certaine sécheresse dans la finale de cette cuvée élevée uniquement en cuve béton non recouverte.

- Castillon Côtes de Bordeaux
  2019   38 €   91
- Côtes de Castillon Cuvée Les Ormeaux
  2020   24 €   91
- VDF Cuvée Bistrot 2021   13 €   87

Rouge : 15,5 hectares. Merlot 70 %, Cabernet franc 25 %, Cabernet-Sauvignon 5 %
Production moyenne : 65 000 bt/an

CLOS PUY ARNAUD ☾
985, route des Vignes,
33350 Belvès-de-Castillon
05 57 47 90 33 ● www.clospuyarnaud.com ●
Vente et visites : sur RDV.
Propriétaire : Thierry Valette
Maître de chai : Nicolas Legrand

★ VIGNOBLES PAUL BARRE

Paul Barre résonne comme l'un des noms les plus emblématiques de Bordeaux. Considéré par beaucoup comme le père de la biodynamie dans la région, il a apporté ses lettres de noblesse à Fronsac et à Canon-Fronsac. Aujourd'hui repris par son fils Gabriel et sa femme Édith, le domaine s'inspire intelligemment du passé, tout en développant un style nouveau, sur la pureté du fruit, un brin libre parfois. Il faut noter l'énergie et la brillance grâce notamment à une viticulture sensible, une vinification délicate et aux élevages en vieux contenants. Les vins sont réguliers, éclatants de fruits, respectueux des terroirs et dotés d'un beau potentiel de garde.

Les vins : la belle carrure du millésime apporte à cette cuvée un charme particulier. Le style des vinifications trace la ligne dorsale du vin. La

Grave est doté d'un bouquet évocateur de parfums peu commun en 2019 : des senteurs de feuille de tabac, de cerise juteuse, de réglisse et la touche de menthe avant que la bouche ne confirme une belle extraction. L'attaque demeure juteuse et fraîche. Le milieu de bouche est profond et la finale, quant à elle, évoque les tanins racés et les épices. Tout est réuni pour produire un des fronsacs les plus doué de sa génération.

🍷 Fronsac Château La Grave 2019   16 €   **94**

Rouge : 6,9 hectares. Merlot 63 %, Cabernet franc 35 %, Malbec (cot) 2 %
Production moyenne : 33 000 bt/an

VIGNOBLES PAUL BARRE 🌙

13 B, route de Libourne, Lieu-dit La Vierge 33126 Fronsac
05 57 51 31 11 ● www.paulbarrevindefronsac.fr ● Vente et visites : sur RDV.
Propriétaire : Edith et Gabriel Barre
Maître de chai : Gabriel Barre
Œnologue : Claire Lepage

★ FAMILLE BERROUET

Le nom de Jean-Claude Berrouet résonne dans le monde viticole comme comme celui d'un des orfèvres de Bordeaux, grâce notamment à ses plus belles interprétations de Petrus. Avec le temps, il a acquis Vieux Château Saint-André, en 1979 et Château Samion, en 1982. Tout le savoir-faire acquis à Pomerol est complété par la sensibilité de son fils, Jean-François, qui reprit les deux domaines en 2002. Mais l'une des différences, hormis l'appellation, ce sont les vieilles vignes de merlot, âgés de 40 ans à Montagne et de 50 ans à Lalande. Outre leurs appellations, les deux crus se caractérisent par la qualité de leurs sols d'argiles, plus fins pour Samion, plus frais pour Vieux Château Saint-André.

Les vins : la qualité des argiles du cru se perçoit dans la bouche texturée de ce 2018 concentré et finement enrobé d'un tanin qui, de carré, commence à s'arrondir et deviendrait presque poudré. Il laisse perdurer une belle sensation de fraîcheur tout au long de la dégustation. Ce montagne-saint-émilion s'élève plus qu'il ne s'élargit au fil de la dégustation, affirmant la distinction du millésime 2018. Les merlots de Samion affichent un fruit noir et des notes de baies sauvages, une légère touche d'épices douces. Plus exotique que Vieux Château Saint-André, il offre un jus moderne, peu extrait et un milieu de bouche pulpeux. Les deux crus reflètent l'exceptionnelle qualité des merlots sur argiles du Libournais, grâce à des vinifications adaptées qui soignent le fruit avant tout.

🍷 Lalande-de-Pomerol Château Samion 2018   17 €   **92**

🍷 Montagne-Saint-Émilion Vieux Château Saint-André 2018   15 €   **93**

Rouge : 24 hectares. Merlot 90 %, Cabernet franc 10 %
Production moyenne : 55 000 bt/an

FAMILLE BERROUET

2, route de Saint-Georges, 33570 Montagne
05 57 74 59 80 ● vignoblesberrouet.com ● Vente et visites : sur RDV.
Propriétaire : Jean-François et Olivier Berrouet
Directeur : Jean-François Berrouet
Œnologue : Jean-Claude Berrouet

★ CHÂTEAU CANON PÉCRESSE

Avant d'être directeur de Radio Classique et éditorialiste aux Échos, Jean-Francis Pécresse est vigneron. Ses aïeux, venus de Corrèze, avaient acquis un petit cru sur le plateau de Saint-Michel-de-Fronsac, dont il a toujours suivi de très près la progression. Conseillé par Hannah Fiegenschuh (pépinière Derenoncourt), le cru grimpe chaque année une marche et a entamé depuis trois ans la conversion au bio. Jadis outsider des grands fronsadais, Canon Pécresse se place à leurs côtés, avec une définition de plus en plus affirmée de son terroir de calcaires dégradés ; les vins allient charme, pureté et fraîcheur.

Les vins : nous avons eu la chance de goûter la trilogie 2018, 2019 et 2020 et constater l'impact indéniable du millésime sur le grand terroir bordelais. Si les trois années présentent des atouts indéniables, chaque millésime a sa propre personnalité et ne tient pas les mêmes promesses d'évolution. La justesse de l'équilibre du 2018 en fait le plus séduisant à goûter sur le champ. Tous les feux sont au vert, la minéralité des calcaires du sol perce déjà au nez, le velouté de l'attaque signe une extraction pointue et la belle maturité des raisins. Un cran au-dessus, 2019, plus joufflu et plus concentré, affiche un fruit généreux sur le cassis et la mûre ; la tension du sol passe derrière l'harmonie fruitée pour servir une bouche aux tonalités graphite et tanins séveux, repères pour la garde. Premier millésime bio, le 2020, encore sous l'emprise du bois, ne livre pas toute sa carrure, le fruit reste mat et la bouche rétrécie. Malgré cela, l'amplitude des tanins laissent imaginer un millésime affûté par une extraction modérée, respectueuse des équilibres de maturité.

🍷 Canon-Fronsac 2018   Épuisé - 19 €   **92**
🍷 Canon-Fronsac 2019   19,50 €   **94**

▬ Canon-Fronsac 2020   19,50 €   **92**

Rouge : 4 hectares. Merlot 70 %, Cabernet franc 30 %
Production moyenne : 19 000 bt/an

CHÂTEAU CANON PÉCRESSE ♣

Château Canon Pécresse,
33126 Saint-Michel-de-Fronsac
05 57 24 98 67 ●
www.chateau-canon-pecresse.fr ● Vente et visites : sur RDV.
Propriétaire : Famille Pécresse
Directeur : Jean-Francis Pécresse
Maître de chai : Alain Joubert
Œnologue : Stéphane Derenoncourt et Hannah Fiegenschuh

★ CHÂTEAU DE CARLES

Le château de Carles est la propriété d'une même famille depuis 1900. La quatrième génération, actuellement propriétaire du cru, est représentée par Constance Chastenet de Castaing et son époux Stéphane Droulers, rejoints par leur deux filles, Oriane et Éléonore. Les vins sont un radieux reflet de la noblesse du terroir, composé d'une dalle de calcaire affleurant, d'un plateau calcaire et de coteaux argileux. En 1994, Stéphane Droulers crée la cuvée Haut-Carles à partir d'une parcelle ; fronsac plus moderne sans tomber dans la caricature, il soutient le premier vin du château, au style déjà peu ordinaire.

Les vins : une matière de toute beauté enrobe le grand vin en 2019, au fruit riche et prononcé, au velouté avéré, où le terroir s'expose sous une vinification respectueuse des équilibres et un élevage modéré. Haut-Carles, c'est la puissance maîtrisée sur un volume dense aux tanins sapides, riches, profonds, et calibrés. La finale racée se dote d'une géniale pointe d'amertume qui exalte les saveurs. Mais ce vin est encore beaucoup trop jeune pour l'ouvrir dès aujourd'hui.

▬ Fronsac 2019   17 €   **93**
▬ Fronsac Haut-Carles 2019   32 €   **94**

Rouge : Merlot 90 %, Malbec (cot) 5 %, Cabernet franc 5 %
Production moyenne : 60 000 bt/an

CHÂTEAU DE CARLES

Saillans, 33141 Saillans
05 57 84 32 03 ● www.hautcarles.com ●
Vente et visites : sur RDV.
Propriétaire : Stéphane et Constance Droulers
Directeur : Yannick Reyrel
Maître de chai : Philippe Thomas
Œnologue : Hubert de Boüard Consulting

★ CHÂTEAU LES CHARMES-GODARD

Nicolas et Cyrille Thienpont, père et fils, naviguent de conserve à la barre de trois domaines : Alcée, 3 hectares constituant l'un des meilleures côtes-de-castillon du moment, acheté en 2011 ; La Prade, le plateau calcaire et les coteaux de Saint-Cibard, en Côtes de Francs ; et le vaisseau amiral, Les Charmes-Godard, dont le terroir en conversion bio abrite quelques-uns des plus jolis sémillons et sauvignons, sur le plateau de calcaires et molasses du Fronsadais des Côtes de Francs. Voici une entité familiale qui offre trois châteaux de haute identité, qui chacun coiffe avec panache leur appellation, tout en conservant de très bons rapports qualité-prix.

Les vins : de belles argiles et un merlot en solo pour le château Les Charmes-Godard 2019, rouge construit sur le charme savoureux d'une texture parfumée de fruits mûrs d'épices et de poivre, pointé en finale de la touche lardée d'un boisé franc. En blanc, le sémillon présente toute sa droiture, associé au sauvignon, vinifié sur lie et en barrique, pour offrir de belles notes de cire d'abeille et de résine. Le fruit distingué de Château Alcée s'exprime sur la douceur d'une matière mûre mais marquée par les calcaires du plateau de Saint-Philippe-d'Aiguilhe, et posée sur des tanins savamment liés au bois. Depuis 2019, une nouvelle plantation de cabernets francs en massale est entrée dans l'assemblage du château La Prade 2019, pour l'heure peu bavard mais soutenu par la fraîcheur des calcaires du plateau.

▭ Francs Côtes de Bordeaux 2019   14 €   **92**
▬ Castillon Côtes de Bordeaux Château Alcée 2019   20 €   **92**
▬ Francs Côtes de Bordeaux 2019   8 €   **91**
▬ Francs Côtes de Bordeaux Château La Prade 2019   14 €   **89**

Rouge : 22 hectares. Merlot 90 %, Cabernet franc 10 %
Blanc : 6,5 hectares. Sémillon 57 %, Sauvignon blanc 23 %, Sauvignon gris 20 %
Production moyenne : 110 000 bt/an

CHÂTEAU LES CHARMES-GODARD

Lieu-dit Lauriol 33570 Saint-Cibard
05 57 56 07 47 ● www.nicolas-thienpont.com
● Vente et visites : sur RDV.
Propriétaire : Nicolas Thienpont
Maître de chai : Grégory Bertet
Œnologue : Julien Lavenu (Derenoncourt Consultants)

★ CHÂTEAU DALEM

Cette propriété située sur les plus beaux terroirs du Fronsadais, entre les plateaux et bords de coteaux de Saillans, n'a rien à envier à ses voisins. Largement au niveau, les vins restent à des prix doux ; ils misent sur le fruit avec des élevages fins. C'est dans ce but qu'un nouveau cuvier a été construit : les cuves inox permettent de travailler avec davantage de précision les différentes parcelles. Le Château de La Huste qui signifie "bosse" (d'après le relief de ce domaine de 15 hectares) est aussi la propriété de Brigitte Rullier-Loussert. Les deux fronsacs sont parfaitement complémentaires, exprimant toute l'élégance et le progrès effectué par l'ensemble de l'appellation au cours des dernières années.

Les vins : toujours aussi savoureux, le château de la Huste expose une sucrosité de milieu de bouche qui met en valeur une structure tannique parfaitement intégrée et mûre. Le vin gagne en profondeur dans ce millésime 2019, posant un fruit facile et digeste en bouche. L'élégance d'un merlot racé et la fraîcheur des argiles de Dalem apportent toute sa richesse à un 2019 qui s'exprime sur un fruit très affûté, à la pointe minérale, à la finesse savoureuse. L'intensité se précise dans un tanin ciselé, laissant vibrer une finale où le fruit du merlot revient en fanfare.

▬ Fronsac 2019	29,50 €	93
▬ Fronsac Château de la Huste 2018	15,50 €	89

Rouge : 22 hectares.
Production moyenne : 100 000 bt/an

CHÂTEAU DALEM
1, Dalem, 33141 Saillans
05 57 84 34 18 ● www.chateaudalem.com ●
Vente et visites : sur RDV.
Propriétaire : Brigitte Rullier-Loussert
Directeur : Pierre Lenain
Œnologue : Eric Boissenot

★ CHÂTEAU FONTENIL

Dany et Michel Rolland, célèbres œnologues bordelais, avaient acheté quelques hectares sur la commune de Saillans sur un coteau plein sud. C'était en 1986, Fontenil naissait, portant le nom de l'une des parcelles. Tenu avec autant de soins qu'un cru majeur de la rive droite, le vignoble de merlot est travaillé suivant les canons classique du bordelais, élevé en bois neuf. En 2019 a été produit le premier blanc, issu d'un hectare planté de sauvignon, sémillon, muscadelle et chardonnay, et vinifié séparément en œuf, barrique et cuve inox. Marie et Stéphanie, les filles du couple, ont rejoint le domaine en même temps que le cabinet d'œnologie fondé par leurs parents.

Les vins : une très longue et douce macération et un élevage soutenu marquent le rouge 2019 de Fontenil pour créer un classique chaleureux. La bouche large se dote d'un fruit mûr et noir, et la cuvée puise son élégance dans le croquant des tanins à l'extraction maitrisée et dans le boisé soigné. Classique et savoureux, Fontenil est un must de Fronsac quel que soit le millésime. Pour le blanc, la vinification en barrique et en œuf en béton est adaptée à chacun des cépages ; sauvignon, sémillon et chardonnay. La combinaison harmonieuse des trois raisins compose un blanc séveux à l'équilibre parfait. La cuvée en vin de France, riche et soyeuse, possède un profil bourguignon, aux arômes d'agrumes et à la pointe infusée.

▭ VDF 2020	49 €	91
▬ Fronsac 2019	30 €	93

Rouge : 9 hectares. Merlot 100 %
Blanc : 1,23 hectare. Sauvignon blanc 32 %, Sémillon 26 %, Chardonnay 21 %, Sauvignon gris 16 %, Muscadelle 5 %
Production moyenne : 42 000 bt/an

CHÂTEAU FONTENIL
Cardeneau Nord, 33141 Saillans
05 57 51 52 43 ● www.rollandcollection.com
● Vente et visites : sur RDV.
Propriétaire : Michel et Dany Rolland
Œnologue : Michel Rolland

★ CHÂTEAU MARSAU

Cette propriété appartenant à Jean-Marie Chadronnier est passée depuis 2012 à son fils Mathieu, sur la partie commerciale, et sa femme, Anne-Laurence, en cave. Elle se situait déjà dans le peloton de tête du Libournais en 2017, année où le couple rachète définitivement la propriété. En 2018, ils lancent la conversion en agriculture biologique, mais perdent malheureusement une partie de la récolte et ne produiront que 9 hectolitres à l'hectare. Les millésimes se succèdent et contre gel et mildiou, le couple maintient le cap de la qualité sur ce plateau d'argiles profondes où le merlot, le seul cépage, est conduit et vinifié dans un souci de gourmandise. Quel que soit le soyeux des tanins et le profil savoureux de chaque millésime, le merlot de Marsau garde sa capacité à bien évoluer, voire très bien, 2016 en témoigne.

Les vins : le second vin Prélude exploite tout le potentiel savoureux du cru : peu élevé et sans bois, il dispose d'un fruit intense, énergique et croquant, délicatement ourlé d'une fraîcheur puisée dans les sols d'argiles. Ensuite, c'est Prairie, une nouveauté du millésime 2019, millésime tellement artistique que le couple décide d'isoler la parcelle nommée Prairie et d'en faire un vin sans soufre : la structure est accrocheuse et la chair libérée du soufre expose un fruit vibrant. Pour Marsau 2019, on commence sur la pâte de fruit de cassis, qui signale la maturité du raisin, puis la personnalité des argiles fondent le vin sur un socle concret, velouté, stylé et épatant d'équilibre. Enfin, il faut ouvrir 2016, même si le vin n'est pas encore au bout de son discours de merlot aristocrate, coiffé d'un fruit distingué sur un corps harmonieux, encore jeune et frais.

- Francs Côtes de Bordeaux 2016   20 €   **93**
- Francs Côtes de Bordeaux 2017   20 €   **91**
- Francs Côtes de Bordeaux 2019   22 €   **92**
- Francs Côtes de Bordeaux Prairie 2019   Épuisé - 17 €   **90**
- Francs Côtes de Bordeaux Prélude 2019   12 €   **90**

Rouge : 12 hectares. Merlot 100 %
Production moyenne : 50 000 bt/an

CHÂTEAU MARSAU ♣

475, route de la Bernarderie, 33570 Francs
05 57 40 67 23 ● www.chateaumarsau.com ●
Vente et visites : sur RDV.
Propriétaire : Anne-Laurence et Mathieu Chadronnier
Directeur : Anne-Laurence Chadronnier

★ CHÂTEAU PUYGUERAUD

Surplombant la vallée de la Dordogne, ce domaine en polyculture fait partie des meilleures propriétés des Côtes de Bordeaux, repris par la famille Thienpont en 1946, puis dirigé aujourd'hui par Nicolas Thienpont et Cyrille, son fils. Une viticulture engagée y est appliquée, et des restructurations sont en cours, avec un soin tout particulier au matériel végétal (massales et porte-greffe). Bienheureux seront les amateurs patients : les blancs et les rouges vieillissent à merveille.

Les vins : le franc-côtes-de-bordeaux rouge 2019 est amputé de ses malbecs, il ne sera donc que merlot et cabernet franc, encore balbutiant dans son costume de grand rouge de garde. Il campe aujourd'hui sur l'intensité grillé et le cacao sur un tracé de bouche profond au fruit dense et à la matière soudée par des tanins concentrés. Le blanc 2019, association de sauvignons gris et blanc, s'ouvre sur une énergie singulière et la profondeur du millésime pointe dans une finale scintillante. Produit à partir des jeunes vignes du domaine, Château Lauriol se nourrit du millésime 2019 et compose un bordeaux classique.

- Francs Côtes de Bordeaux 2019   12 €   **89**
- Francs Côtes de Bordeaux 2019   15 €   **91**
- Francs Côtes de Bordeaux Château Lauriol 2019   9 €   **88**

Rouge : 42 hectares. Merlot 80 %, Cabernet franc 15 %, Malbec (cot) 5 %
Blanc : 5 hectares. Sauvignon blanc 54 %, Sauvignon gris 46 %
Production moyenne : 150 000 bt/an

CHÂTEAU PUYGUERAUD

Lieu-dit Puygueraud, 33570 Saint-Cibard
05 57 56 07 47 ● www.puygueraud.com ●
Vente et visites : sur RDV.
Propriétaire : Héritiers George Thienpont
Directeur : Nicolas et Cyrille Thienpont
Maître de chai : Grégory Bertet
Œnologue : Stéphane Derenoncourt

★ CHÂTEAU LA ROUSSELLE

Viviane et Jacques Davau ont façonné La Rousselle grâce aux conseils de l'équipe Derenoncourt Consultant. À la mort de Jacques, Viviane continue seule l'exploitation du domaine, riche de vieilles vignes situées sur un terroir de coteaux calcaires formant un amphithéâtre qui domine la vallée de la Dordogne. La belle histoire aurait pu s'arrêter là, les filles de Viviane ne souhaitant pas reprendre le cru ; elle vend celui-ci à l'homme d'affaire belge Joris Ide, (propriétaire de Lucia, saint-émilion grand cru "moderne"). Daniel Garrigue dirige les deux propriétés pour le compte de la famille et Enzo Ide reprend le flambeau après son père. Le micro-cru s'agrandit de cette passation avec deux hectares de merlot en plantation et l'acquisition d'une parcelle superbe de vieilles vignes qui entrera dans le 2020. La production reste d'une variété et d'une finesse rares. Les bouquets gagnent en complexité et les bouches texturées s'affinent en révélant la dimension calcaire du terroir de Fronsac. Le velouté des tanins est servi par des élevages judicieux.

Les vins : le soupçon de bois qui régit encore le nez du 2019 s'estompe au profit d'un fruit racé, élégant et pointé de fraîcheur. La bouche est souple et fondue, avec une profondeur suave, tout en conservant le ton Fronsac dans un déroulé de tanins fermes et concentrés. Le primeur 2021 se place parmi les réussites de ce millésime.

- Fronsac 2019   22 €   **93**

Rouge : 4,03 hectares. Merlot 65 %, Cabernet franc 35 %
Blanc : 1,35 hectare.
Production moyenne : 12 000 bt/an

CHÂTEAU LA ROUSSELLE

1, Rousselle, 33126 La Rivière
05 57 51 83 31 ● lucia33@orange.fr ● Vente et visites : sur RDV.
Propriétaire : Enzo Ide
Directeur : Daniel Garrigue
Œnologue : Julien Lavenu (Derenoncourt Consultants)

★ CHÂTEAU LA VIEILLE CURE

Avec un vignoble d'un seul tenant, réparti entre plateau et côte, et un joli patrimoine de vieilles vignes, La Vieille Cure a tout pour produire de beaux merlots. Ces derniers possèdent le caractère racé et gourmand du terroir, dans un style enrobé et frais. Le cru s'est agrandi en 2019 en rachetant une propriété sur Fronsac de 17 hectares La superficie en production sera donc plus importante dans les années à venir.

Les vins : dans la veine du 2018, le 2019 profite des bienfaits du climat ; un fronsac exempt de toute rigidité, calé sur un fruit séduisant et bordé d'un tanin finement ajusté à la matière dodue du millésime. L'ensemble conserve la signature des merlots distingués et bien travaillés, auxquels le cru nous habitue depuis plusieurs années, sur les conseils de Jean-Philippe Fort.

━ Fronsac 2019   25 € 92

Rouge : 35 hectares. Merlot 80 %, Cabernet franc 15 %, Cabernet-Sauvignon 5 %
Production moyenne : 100 000 bt/an

CHÂTEAU LA VIEILLE CURE

Coutreau, 33141 Saillans
05 57 84 32 05 ● www.la-vieille-cure.com ● Vente et visites : sur RDV.
Propriétaire : SCEA Château La Vieille Cure
Directeur : Jérôme Pignard
Maître de chai : Frédéric Labatut
Œnologue : Jean-Philippe Fort

★ CHÂTEAU VRAI CANON BOUCHÉ

Après le rachat par la Française REM à l'homme d'affaires néerlandais Philip de Hasseth-Möllern, c'est la famille Labrune, propriétaire de la Dauphine, qui préside aux destinées de l'une des propriétés les mieux loties du fronsadais. Un nouveau cuvier gravitationnel donne encore plus de précisions aux merlots du plateau de Canon-Fronsac, installés sur des calcaires décomposés, affleurants par endroit, et les argiles légères. Le chai à barrique a aussi fait peau neuve. Guidé par les conseils de l'équipe Derenoncourt, le domaine s'est installé au sommet

de l'appellation. C'est maintenant Julien Viaud, du cabinet de Michel Rolland, qui épaule le cru. Même si nous n'avons pas goûté le 2020, le terroir nous semble à la hauteur d'une seconde étoile.

Les vins : les vins sont depuis toujours à la hauteur du grand terroir du plateau de Fronsac et mériteraient une seconde étoile ; compte tenu du changement de propriétaire, nous attendons les prochains millésimes. Le second vin, Le Tertre de Canon 2019, constitue l'un des meilleurs rapports qualité-plaisir du Libournais. Construit sur une chair veloutée, il pioche dans la fraîcheur de la rivière une énergie simple et dans les calcaires de son terroir une touche de menthe, avant de composer une bouche florale aux tanins pleins et gourmands. Imposant, le grand vin en 2019 possède toute la race de son terroir, posé sur un fruit mûr à souhait, d'une profondeur particulière. L'amplitude du vin se fonde aussi sur la dimension sapide et fraîche de sa texture, et sur son potentiel d'évolution.

━ Canon-Fronsac 2019   21 € 93
━ Canon-Fronsac Le Tertre de Canon 2019   10 € 90

Rouge : 13 hectares. Merlot 70 %, Cabernet franc 30 %
Production moyenne : 50 000 bt/an

CHÂTEAU VRAI CANON BOUCHÉ

1, le Tertre de Canon, 33126 Fronsac
05 57 74 06 61 ●
contact@chateau-dauphine.com ● Pas de visites.
Propriétaire : Famille Labrune
Directeur : Stéphanie Barousse
Maître de chai : Julien Schaus
Œnologue : Julien Viaud

DOMAINE SIMON BLANCHARD

L'œnologue Simon Blanchard, l'un des associés de l'entreprise Derenoncourt Consultant avec Stéphane Derenoncourt, s'est lancé seul en appellation Montagne-Saint-Émilion. Une première année de gel n'a pas eu raison de sa détermination à faire des cuvées hors normes qui révèlent le style de ce terroir, qui mérite qu'on lui laisse le loisir de l'expression. La production intime de 6000 bouteilles se divise en trois cuvées parcellaires, l'une faire la part belle au merlot, l'autre met le cabernet franc en majesté et la dernière assemble les deux. Des vinifications simples, peu interventionnistes, et des élevages originaux participent de la montée en puissance du domaine.

Les vins : le rouge Guitard 2019 est doté d'une belle dynamique et d'une amplitude de fruit qui donnent envie de faire un tour du côté de ce satellite de Saint-Émilion. La chair généreuse du vin et les tanins pointés d'épices complètent le profil moderne du vin. Un fruit profond répond à la belle dynamique d'ensemble de la cuvée Au Champ de la Fenêtre 2019, un 100 % merlot. Porté par un fruit facile, une fraise écrasée et une chair pointue, encore sous l'emprise du bois, Village 2019 associe cabernet franc et merlot.

- Montagne-Saint-Émilion Au Champ de la Fenêtre 2019   21 €   **92**
- Montagne-Saint-Émilion Guitard 2019   30 €   **91**
- Montagne-Saint-Émilion Village 2019   17 €   **90**

Rouge : 1,36 hectare. Merlot 67 %, Cabernet franc 33 %
Production moyenne : 6 000 bt/an

DOMAINE SIMON BLANCHARD ♣

162, avenue Georges-Clémenceau, SCEA SB Vignobles 33500 Libourne
06 89 10 69 63 ●
www.domainesimonblanchard.com ● Vente et visites : sur RDV.
Propriétaire : Simon Blanchard

CHÂTEAU CLARISSE

Ancien directeur du grand hôtel parisien La Réserve, Didier Le Calvez est aussi un passionné de vins. Il a acquis cette petite propriété de Puisseguin-Saint-Émilion, où il élabore deux cuvées de très belle facture : une cuvée classique, dont on peut profiter dans sa jeunesse, et une cuvée Vieilles Vignes, plus profonde (extraction par pigeages, fermentation malolactique en barrique...) et présentant une marque de terroir qui s'impose en bouche, avec un bon potentiel de garde. La production gagne en précision et en éclat.

Les vins : le rouge puisseguin représente la majorité du vignoble de Clarisse. En 2019, un boisé asséchant marque ce merlot très mûr élevé douze mois en barriques neuves et barriques d'un vin ; il faudrait que le bois s'estompe, c'est tout ce que l'on peut souhaiter à ce vin. La cuvée Vieilles Vignes, dans le même millésime, a notre préférence. Issue d'un merlot de 75 ans épaulé de cabernet franc et de carménère, elle sait garder sa fraîcheur sur un relief encore très boisé. Premier millésime en bio, le castillon 2019 est aussi le premier issu de la collaboration entre Clarisse et le consultant Julien Viaud, qui a repris le cabinet Rolland. Si le nez demande à s'épanouir, la bouche de ce 100 % merlot exposé au sud se révèle souple, avec un fruit un peu poivré cadencé d'un tanin croquant.

- Castillon Côtes de Bordeaux 2019   28 €   **91**
- Puisseguin-Saint-Émilion 2019   25 €   **89**
- Puisseguin-Saint-Émilion Vieilles Vignes 2019   48 €   **90**

Rouge : 18 hectares.
Blanc : 1,5 hectare.
Production moyenne : 50 000 bt/an

CHÂTEAU CLARISSE ♣

Lieu-dit Croix de Justice, Longues Règes 33570 Puisseguin
09 67 02 76 49 ● www.chateau-clarisse.com
● Vente et visites : sur RDV.
Propriétaire : Olivia et Didier Le Calvez
Maître de chai : Vincent Bussière
Œnologue : Julien Viaud

CLOS LOUIE

C'est en 2003 que tout commence à Castillon pour Pascal et Sophie Lucin. Pascal vinifie alors à Saint-Émilion pour d'autres et hérite d'un lopin de 80 ares de vignes préphylloxériques sur argiles rouges plantées en foule avec merlot, malbec, cabernets franc et sauvignon, qu'il travaillera seul, en bio. En 2012, le vignoble prend de l'ampleur et grimpe jusqu'à 5 hectares avec une grande partie de vieilles vignes de cabernet franc. Pascal s'investit à plein temps sur son mini domaine, passe en biodynamie, vinifie en souplesse dans le respect des équilibres et élève en foudres. Par sa fraîcheur, la production signe le retour en grâce de ce vignoble qui prolonge le saint-émilionnais.

Les vins : le 2020 du domaine vibre à l'unisson de ses malbecs et vieux merlots. Dans un écrin de fraîcheur, le nez est sanguin, mentholé et à la pointe de graphite. La pureté fruitée du nez se décale dans une attaque concentrée, le milieu de bouche reste capiteux et la finale posée sur un tanin maturé. Lumineux et vibrant, ce castillon tient la dragée haute à bien des saint-émilion.

- Castillon Côtes de Bordeaux 2020   39 €   **94**

Rouge : 4,3 hectares.
Production moyenne : 10 000 bt/an

CLOS LOUIE ♣

1, Terres Blanches, 33350 Saint-Gènes-de-Castillon
06 89 63 33 59 ● clos louie@orange.fr ●
Vente et visites : sur RDV.
Propriétaire : Pascal & Sophie Lucin-Douteau
Directeur : Pascal Lucin-Douteau
Œnologue : Claude Gros

CHÂTEAU DE LA DAUPHINE

La Dauphine Marie-Josèphe de Saxe donnera naissance à trois rois : Louis XVI, Louis XVIII et Charles X. Elle laissera de son passage à Fronsac un nom à la postérité des vignoble : La Dauphine, où elle séjourna sur invitation de son propriétaire de l'époque Jean de Richon, conseiller à la cour de Versailles. La propriété acquise par la famille Labrune en 2015, année de sa conversion en agriculture biologique, se démarque par son architecture qui l'ancre dans un vénérable passé. Son vignoble de 53 hectares sur les bords de la Dordogne possède les terroirs clefs du fronsadais. Les argiles et les calcaires à astéries produisent l'archétype du vin de Bordeaux classique, largement dominé dans sa jeunesse par un boisé structurant qui s'affine avec l'âge.

Les vins : le second vin Delphis est un 100 % merlot qui frise la gourmandise sur une matière un peu fluette mais offrant un fruit noir concentré et bien mûr. Le grand vin propose délicatesse et complexité sur les notes de cacao et de cerise à l'eau-de-vie, présentant un profil généreux sur un déroulé de tanins profond au fruit glamour. Le vin reste classique et encore marqué par la sucrosité du bois, mais offre toutes les qualités pour devenir une belle bouteille à l'avenir.

- Fronsac 2019 25 € 92
- Fronsac Delphis 2019 11 € 88

Rouge : 66 hectares. Merlot 85 %, Cabernet franc 15 %
Production moyenne : 250 000 bt/an

CHÂTEAU DE LA DAUPHINE ♣

5 Rue Poitevine, 33126 Fronsac
05 57 74 06 61 ●
www.chateau-dauphine.com ● Vente et visites : sur RDV.
Propriétaire : Famille Labrune
Directeur : Stéphanie Barousse
Maître de chai : Julien Schaus

CHÂTEAU LA FLEUR DE BOÜARD

Hubert de Bouärd rachète la propriété en 1998 avec ses enfants : il la porte au sommet de l'appellation avant de la laisser à sa fille Coralie. Après des études d'œnologie à Bordeaux, et onze ans passés aux côtés de son père à l'Angélus, elle dirige La Fleur de Bouärd pendant dix ans. Après la prise de participation d'un actionnaire dans la propriété, Coralie quitte La Fleur de Bouärd pour se consacrer pleinement à son autre domaine de Montagne Saint-Émilion, le château Clos de Bouärd. Les derniers

millésimes de la vigneronne présentent de beaux profils, même si le bois est encore un peu trop marqué dans le grand vin. Mais Le Plus, cuvée d'exception, le supporte avec brio.

Les vins : sous l'emprise d'un boisé très expressif, le vin peine à dévoiler son fruit que l'on suppute mûr, dense noir et profond dans le grand vin en 2019. La finale plus tendue, fraîche et relâchée, rend le vin désirable et séduisant. Le Plus de la Fleur de Bouärd, en 2018, propose un merlot construit, dense, à la chair profonde, et un fruit noir désirable que l'on peut encaver pour des années. Le boisé se fond peu a peu dans la masse du vin et l'élégance du sujet rend compte d'une extraction interventionniste, mais la matière au départ est là, et elle le supporte amplement.

- Lalande-de-Pomerol 2019 40 € 90
- Lalande-de-Pomerol Le Lion de La Fleur de Bouärd 2019 15 € 89
- Lalande-de-Pomerol Le Plus de La Fleur de Bouärd 2018 100 € 91

Rouge : 35 hectares.
Production moyenne : 130 000 bt/an

CHÂTEAU LA FLEUR DE BOÜARD

12, Bertineau, 33500 Néac
05 57 25 25 13 ● www.lafleurdebouard.com ●
Vente et visites : sur RDV.
Propriétaire : Hubert de Bouärd de Laforest
Directeur : Philippe Nunes
Maître de chai : Loureiro Joao

NOUVEAU DOMAINE

CHÂTEAU FRANC BAUDRON

Montagne-Saint-Émilion, c'est l'outsider qui a tout bon : ses vallons callipyges, ses argiles et sols sablo-limoneux, doublés d'une tempérance qui va bien aux merlot, cabernet franc et malbec. Une assemblée de vignerons commence à faire valoir une production qui défie l'arrogant clocher de Saint-Émilion, offrant à goûter la fine fleur du Libournais pour des prix plus raisonnables. En porte étendard de ce mouvement : Sophie Guimberteau et Charles Foray, ancien chef de culture de Marcel Deiss, avec leur château Franc Baudron, propriété familiale de 32 hectares. Depuis 2010, le domaine est en agriculture biologique et, en cave, l'intervention est limitée au maximum pour laisser vivre les fruits, définissant un style moderne et juteux.

Les vins : les deux bordeaux en blanc et rouge qui ouvrent la gamme affichent des profils néo-classiques ; ils ont l'atout d'une maturité des plus justes. Le château en 2019 marque une jolie tension dans ce millésime chaud sur un boisé un peu sec. Il y a ensuite Authentique, merlot dominant sur cabernet franc, une cuvée construite sur un fruit épuré. Baudron arbore une tête de bélier car un troupeau pâture sur la parcelle ainsi nommée. Celui-là possède une pointe de cabernet franc, un nez plus construit aux parfums de cuir et résine sur une bouche au fruit juteux et tanins frais. L'Audacieux, issu d'un assemblage de merlot et de cabernet franc plantés il y a plus de 60 ans, épouse les rondeurs de Montagne-Saint-Émilion, mais s'impose sur des tanins plus verticaux en fin de bouche. Enfin, Mirande est issu d'une parcelle calcaire et de raisins travaillés essentiellement manuellement, sans soufre ni collage. De maintien droit, le vin se cale sur un tanin profond et un fruit radieux. Une chair savoureuse en bouche, ponctuée de fruit noir et d'épices, laisse dans la finale une perception minérale rafraîchissante.

🥂	Bordeaux Verso 2020	de 7,70 à 9,50 € (c)	90
🍷	Bordeaux Recto 2019	de 7,70 à 9,50 € (c)	89
🍷	Montagne-Saint-Émilion 2019	de 13 à 15 € (c)	89
🍷	Montagne-Saint-Émilion Authentique 2019	de 10,50 à 12 € (c)	90
🍷	Montagne-Saint-Émilion Baudron 2021	de 14 à 17 € (c)	90
🍷	Montagne-Saint-Émilion L'Audacieux 2018	de 19 à 22 € (c)	91
🍷	Montagne-Saint-Émilion Mirande 2021	de 17 à 19 € (c)	91

Rouge : 41,7 hectares. Merlot 70 %, Cabernet franc 29 %
Blanc : 2,65 hectares. Sémillon 45 %, Sauvignon blanc 30 %, Sauvignon gris 12 %, Colombard 9 %, Muscadelle 4 %
Production moyenne : 160 000 bt/an

CHÂTEAU FRANC BAUDRON ♣

1, impasse de Baudron, 33570 Montagne
05 57 74 62 65 ●
www.chateau-franc-baudron.com ● Vente et visites : sur RDV.
Propriétaire : Famille Guimberteau-Foray

DOMAINE DE GALOUCHEY

En 2002, sur un sol vierge de toute vigne de moins d'un hectare, trois copains, Jean Terrade, Gérard Pantanacce et Marco Pelletier (ancien chef du Taillevent et du Bristol et propriétaire du restaurant Vantre à Paris), décident de planter tous les cépages rouges et blancs du Bordelais. Au fil des années, les vignes vieillissent, toujours sans engrais ni pesticides, et le profil du vin se dessine, vendangé à la main et vinifié par infusion, sans pigeage ni boisé à outrance : un pur jus de fruit, résultat d'une vinification juste et sans soufre. Ce Vin de Jardin, bordeaux différent, met la région sur une piste d'avenir.

Les vins : le cabernet franc domine l'assemblage de 65 %, puis les autres raisins bordelais s'associent dans la cuvée, qui autorise un bref aperçu de l'ampélographie bordelaise : cabernet-sauvignon, merlot, carmenère, petit verdot, malbec, sauvignon, sémillon et muscadelle. Et tout ça planté en foule. Chaque raisin compense les défauts ou profite des qualités de l'autre pour composer une cuvée à la stupéfiante originalité. Malgré un léger problème de pureté, ce 2018 s'enrichit d'une chaire savoureuse sur une pointe de réglisse en milieu de bouche. Le bouquet fait le grand écart entre le cuir et la cerise, adossé à un tanin moelleux et une part de végétal noble qui rafraîchit la cuvée.

🍷	VDF Vin de Jardin 2018	de 21 à 24 € (c)	92

Rouge : 0,94 hectare. Merlot 70 %, Cabernet-Sauvignon 12 %, Cabernet franc 10 %, Carmenère 4 %, Petit Verdot 4 %
Blanc : Muscadelle 25 %, Sauvignon blanc 25 %, Sauvignon gris 25 %, Sémillon 25 %
Production moyenne : 4 500 bt/an

DOMAINE DE GALOUCHEY

1, route de Galouchey, Lesparre
33750 Beychac-et-Caillau
06 21 14 07 18 ● www.vindejardin.com ●
Vente et visites : sur RDV.
Propriétaire : Jean Terrade

CHÂTEAU HOSTENS-PICANT

Hostens-Picant s'impose comme l'un des meilleurs vins de Sainte-Foy. Il a bénéficié du travail patient et obstiné de Nadine et Yves Hostens-Picant, qui passent doucement le relais à leurs filles Valentine et Charlotte. D'ailleurs deux nouvelles cuvées de soif ; une en blanc et l'autre rouge ont été créées à leur effigie et sous leur impulsion un nouveau chai parcellaire a été construit, tout comme la conversion bio en marche. Les vins sont élaborés avec beaucoup d'ambition et bénéficient des conseils avertis de Stéphane Derenoncourt. À côté de la cuvée rouge classique, de juste extraction, la cuvée Lucullus se dévoile, ambitieuse, et propose dans les derniers millésimes un élevage beaucoup plus discret.

Les vins : la douceur des vallons des confins du Bordelais se lit dans la personnalité du blanc. Cuvée des Demoiselles se place depuis ses débuts parmi les meilleurs du Bordelais, de par sa densité, son éclat et son style bourguignon. Le 2020, à la pointe saline sur des notes de fruits frais, pêche, nèfle, se finit dans une belle osmose énergique et sèveuse, simplement éclatant. Le même vin en 2017, un peu étroit, est à boire. En rouge, le jus régulier du 2016, au fruit saillant dans un tanin un peu rigoureux, peut se déboucher ou attendre. La cuvée Lucullus, dans le même millésime, possède encore les stigmates d'une extraction poussée et d'un boisé appuyé. Les cuvées Charlotte, en blanc, et Valentine, en rouge, sont une parenthèse légère dans la gamme : vibrantes d'un fruit frais, elles se dégustent sans esbroufe.

▷ Sainte-Foy Côtes de Bordeaux Cuvée Charlotte 2019   12,80 € 88
▷ Sainte-Foy Côtes de Bordeaux Cuvée des Demoiselles 2017   22 € 89
▷ Sainte-Foy Côtes de Bordeaux Cuvée des Demoiselles 2020   24 € 92
◗ Sainte-Foy Côtes de Bordeaux 2016   24 € 90
◗ Sainte-Foy-Bordeaux Cuvée Valentine 2016   13 € 90
◗ Sainte-Foy-Bordeaux Cuvée d'Exception Lucullus 2016   35 € 91

Rouge : 30 hectares. Merlot 70 %, Cabernet franc 30 %
Blanc : 10 hectares. Sauvignon blanc 65 %, Sémillon 30 %, Muscadelle 5 %
Production moyenne : 220 000 bt/an

CHÂTEAU HOSTENS-PICANT

Grangeneuve Nord, 33220 Les Lèves-et-Thoumeyragues
05 57 46 38 11 ●
www.chateauhostens-picant.fr ● Vente et visites : sur RDV.
Propriétaire : Yves et Nadine Hostens-Picant
Directeur : Yves Hostens-Picant
Maître de chai : Jimmy Velghe
Œnologue : Simon Blanchard (Derenoncourt Consultants)

CHÂTEAU DES LAURETS

Le château des Laurets, situé sur le plateau à astéries de Puisseguin-Saint-Émilion, acheté en 2003 par le Benjamin de Rothschild, est longtemps resté dans l'ombre comme la petite appellation satellite de Émilion et ne soulevait pas un engouement particulier. Depuis une paire d'années, le cru a pris une autre dimension, se fondant sur ses merlot, cabernet-sauvignon et cabernet franc, issus d'une refonte d'une ving-

taine d'hectares arrachés et replantés. L'exposition sud et les argiles favorisent une expression profonde et racée des merlots du domaine qui, sous la direction de Fabrice Bandiera, poursuit son programme de restructuration. Les trois derniers millésimes sont trois belles réussites libournaises.

Les vins : en 2019, deux cuvées nous ont séduits par l'élégance de leur structure et le boisé fondu maîtrisé de l'ensemble. C'est un joli fumé qui se dégage du puisseguin-saint-émilion, où la prune et le cassis s'exposent avec grâce et finesse. L'amplitude soyeuse et la rondeur du vin participe à cet équilibre qui revient sur la fraîcheur en finale, avec une touche de menthe fraîche et de réglisse. Sélection Parcellaire affiche une une franchise délicate, sur des notes de chlorophylle, et la bouche s'épanouit sur un fruit d'une belle distinction. La précision des vinifications et la qualité du fruit s'affinent encore plus dans cette cuvée d'exception.

◗ Puisseguin-Saint-Émilion 2019   21 € 91
◗ Puisseguin-Saint-Émilion Baron Edmond de Rothschild Sélection Parcellaire 2019   47 € 92

Rouge : 72 hectares.
Production moyenne : 400 000 bt/an

CHÂTEAU DES LAURETS

BP 12, 33570 Puisseguin
05 56 56 38 00 ●
www.edmondderothschildheritage.com ●
Pas de visites.
Propriétaire : Exploitation Vinicole Benjamin de Rothschild
Directeur : Fabrice Bandiera
Maître de chai : Denis Patrouilleau

DOMAINE JEAN-YVES MILLAIRE

Avec aujourd'hui presque 50 hectares de vignes cultivées en biodynamie, Jean-Yves Millaire fait mentir ceux qui imaginent encore que, parce que l'on est petit, on est forcément meilleur. Les extractions un peu forcées du début ont été remplacées par des infusions. Ses élevages font aussi bouger les lignes : surtout des foudres, quelques amphores et des barriques pour coller au mieux aux différents profils de sols, qui sont capables de recevoir de vieux cépages oubliés, comme le castet, et des raisins d'autres vignobles, comme le petit manseng, le colombard, le cinsault ou le manseng. En attendant que tous ces plantiers produisent, la valeur de la production se juge à ses canon-fronsac et fronsacs, qui affirment le style énergique et la capacité des vins à vibrer déjà dans leur jeunesse.

Les vins : le blanc A Fleur de Peau 2021 est un vin issu de macération tendre et salin, superbement désaltérant. Il est suivi du bordeaux rouge Château Cavale, qui s'ouvre sur un cassis bien mûr, concentré, et riche d'un équilibre juteux. On file ensuite du côté de Fronsac, avec le Château La Rose Garnier 2019, vaillant rouge qui commence sa tendre évolution sur un tanin d'une grande sapidité. La biodynamie apporte un supplément d'énergie au Château Lamarche-Canon 2018, qui, tout en gardant le jus radieux de son fruit primaire, s'enrobe de touches florales, de poivre et d'épices. Volcelest, c'est la signature Millaire sur un grand terroir ; le canon-fronsac en vinification intégrale se perche sur un tanin concentré, une puissance redoutable atténuée par la délicatesse de la structure tannique. La même cuvée Volcelest en blanc, sauvignon pointé de riesling et élevé en œuf et foudres de 300 litres, offre un boisé fin et délicat sur une matière élancée et vibrante. Concluons avec Loupiot, le bordeaux rouge sans soufre, à déguster sans complexe, qui préside la liste de ces nouveaux vins qui feront mentir les hérauts du bordeaux-bashing.

▭ VDF A Fleur de Peau 2021	18 €	**91**
▭ VDF Volcelest 2020	23 €	**93**
▬ Bordeaux Château Cavale 2020	9,50 €	**89**
▬ Canon-Fronsac Château Lamarche-Canon 2018	16 €	**92**
▬ Canon-Fronsac Volcelest 2019	29 €	**93**
▬ Fronsac Château La Rose Garnier 2019	14 €	**92**
▬ VDF Loupiot Rouge 2021	9,50 €	**88**

Rouge : 43,85 hectares. Merlot 73 %, Cabernet franc 12 %, Petit Verdot 5 %, Marselan 4 %, Castets 1 %, Cinsault 1 %, Manseng noir 1 %
Blanc : 4,7 hectares. Chenin 30 %, Sauvignon blanc 26 %, Riesling 14 %, Sauvignon gris 13 %, Petit Manseng 8 %, Colombard 8 %
Production moyenne : 180 000 bt/an

DOMAINE JEAN-YVES MILLAIRE ⌣

21, Gazau Lamarche, 33126 Fronsac
05 57 24 94 99 ● www.vins-millaire.fr/ ●
Vente et visites : sur RDV.
Propriétaire : Jean-Yves et Christine Millaire
Directeur : Jean-Yves Millaire
Maître de chai : Jérémy Duresse
Œnologue : Marc Quertinier et Julien Bell

CHÂTEAU SIAURAC

Couvrant 46 hectares, la plus grande propriété de l'appellation est passée du groupe Pinault au groupe Arkéa et intègre la filiale Les terroirs de Survenir, en même temps que le saint-émilion grand cru classé Château Le Prieuré. Pénélope Godefroy vinifie sous les conseils de Jean-Claude Berrouet et réussit à extraire le potentiel de ce grand vignoble et d'une trilogie de sols d'argiles, de graves et sableux. La conversion bio est en cours.

Les vins : largement ouvert sur un fruit rouge bien mûr, légèrement épicé d'une touche de bois, le nez très merlot est avenant, tout en restant bien dynamique. La chair pulpeuse signe une belle extraction, dans la douceur, qui rend le vin désirable. La fermeté et la race des tanins laissent toutefois envisager une belle évolution future. La touche épicée de la finale aux airs sudistes donne au vin son caractère particulier.

▬ Lalande-de-Pomerol 2019	24 €	**90**

Rouge : 46,18 hectares. Merlot 74 %, Cabernet franc 20 %, Malbec (cot) 6 %

Production moyenne : 150 000 bt/an

CHÂTEAU SIAURAC

Siaurac, 33500 Néac

05 57 51 64 58 ● www.siaurac.com ● Vente et visites : sur RDV.

Propriétaire : Les Terroirs de Suravenir

Directeur : Vincent Millet

Maître de chai : Pénélope Godefroy

Œnologue : Jean-Claude Berrouet

POMEROL

★★★★ ⚲ CHÂTEAU LAFLEUR

Avec son épouse Julie, Baptiste Guinaudeau poursuit le travail de ses parents en conduisant avec passion et méticulosité cette toute petite propriété culte de Pomerol. Un heureux caprice de la nature a accumulé sur ce carré de vignes, lui-même découpé en quatre carrés, toutes les graves des alentours, ce qui permet au cabernet franc de mûrir comme nulle part ailleurs. Ce cépage entre judicieusement pour moitié dans l'encépagement, l'autre moitié étant réservée aux somptueux merlots qui bénéficient, comme sur l'ensemble du haut plateau de Certan, d'argiles profondes directement sous les graves. Lafleur vieillit à la perfection et affiche une cohérence stylistique sans faille ces dernières années. Hélas, ce vin demeure très difficile à trouver. Issu d'une sélection décidée dès la vigne, Les Pensées offre une personnalité singulière, plus proche d'une autre interprétation du génie des lieux que d'un second vin.

Les vins : d'année en année, l'exigence de la famille Guinaudeau vise à améliorer la qualité du cru, déjà au sommet de l'appellation en termes de cohérence stylistique et de perfection formelle. 2018, 2019 et 2020 s'imposent comme les vins les plus formidablement purs de Pomerol, surpassant peut-être une trilogie 2015-2016-2017 déjà sans équivalent. Rive droite 2021 en primeur domine sereinement les débats dans ce millésime tourmenté. L'investissement humain montre ici sa supériorité esthétique, et poétique, sur la surenchère technologique. Ayant eu le temps de se poser en bouteille, 2017 se goûte aujourd'hui comme un incontestable grand millésime. Dans une veine longiligne, extrêmement raffinée, il annonce 2019. La saveur naissante s'articule avec une grâce suprême entre floralité et fumé minéral des graves. À chaque nouveau millésime Les Pensées creuse un peu plus son sillon d'originalité ; c'est l'un des quatre ou cinq plus grands pomerols que nous ayons goûtés dans le millésime 2021.

▬ Pomerol 2017   N.C. **98**

Rouge : 4,5 hectares. Cabernet franc 50 %, Merlot 50 %
Production moyenne : 20 000 bt/an

CHÂTEAU LAFLEUR
Grand-Village, 33240 Mouillac
05 57 84 44 03 ● Vente et visites : sur RDV.
Propriétaire : Jacques et Sylvie Guinaudeau

★★★★ ⚲ PETRUS

Propriété de la famille Moueix (branche Jean-François), le vin le plus mythique du monde n'a pas fini de fasciner ceux qui ont la chance de le déguster. Issu à 100 % de merlot planté sur des sols d'argiles profondes, Pétrus bénéficie d'un terroir singulier pour Pomerol. Certes, tous les millésimes produits durant les années 1980 ou 1990 ne sont peut-être pas à la hauteur de l'attente qu'un tel cru peut susciter. Mais le vieillissement du vignoble et l'attention portée ces dernières années au vin ont permis de produire quelques bouteilles de légende, comme le seront, à n'en pas douter, les 2000, 2005, 2009 et 2010 et …pratiquement tout les derniers millésimes. Olivier Berrouet, qui en assure la vinification, a parfaitement pris la mesure du terroir, et le nouveau cuvier, permettant d'affiner la précision de la vinification, constitue pour lui un outil de travail magnifique. Bénéficiant de sa propre structure de distribution, Pétrus est plus en forme que jamais !

Les vins : si la sensibilité d'Olivier Berrouet dans l'extraction juste et suffisante de la structure fait merveille dans les derniers millésimes au profil riche et solaire, elle a aussi permis la naissance d'un 2021 aérien, déroutant au premier abord mais brillant et absolument juste. 2020, par sa grâce, associe la distinction de la structure et la proximité palpitante du raisin, il nous a procuré la plus forte émotion du millésime. On entrevoit la perfection du vin ! 2018 comme 2019 dominent avec majesté les débats stylistiques pomerolais. 2017 exploite brillamment les contraintes de l'année et 2016 impose comme une évidence la séduction et le velouté attendus d'un très grand pomerol.

▬ Pomerol 2016   de 3 600 à 4 200 € (c) **99**

Rouge : 11,3 hectares.
Production moyenne : 30 000 bt/an

PETRUS
3, route de Lussac, 33500 Pomerol
05 57 51 17 96 ● ndebono@petrus.com ● Pas de visites.
Propriétaire : Jean-François Moueix
Directeur : Olivier Berrouet

★★★ ⚲ CHÂTEAU LE PIN

Avec beaucoup d'intelligence, Jacques Thienpont a su créer un type de vin parfaitement accordé au goût moderne, à l'appel immédiat et voluptueux, tout en étant porteur du charme indéfinissable des grands pomerols. Au bout de dix ans, au début des années 1990, le vin était devenu une légende et ses prix grimpaient à des hauteurs vertigineuses. Contrairement à bien d'autres crus de garage dont le succès a été éphémère, Le Pin a gagné ses lettres de noblesse au fil des ans, grâce à un évident potentiel de vieillissement ; son style s'est affiné, devenant moins démonstratif et plus profond. Depuis 2011, il s'est doté d'un nouveau chai, parfaitement adapté à des vinifications sur mesure permettant de gagner encore en définition de goût. Nous sommes d'autant plus heureux d'accueillir à nouveau Le Pin dans les pages du guide que les derniers millésimes sont à notre sens porteurs d'une distinction et une complexité inédites, sans rien perdre de leur légendaire volupté.

Les vins : grande réussite du millésime, vin étonnant de fraîcheur et de grâce, 2021 marque l'implication de Guillaume Thienpont, neveu de Jacques, dans la vinification. En bouteille, 2018 et 2019 atteignent des sommets. 2018 irradie des vagues de séduction, confit et vibrant à la fois, d'une complexité aromatique chatoyante ponctuée d'épices et de résines précieuses. La matière de ce vin monumental saisit le dégustateur par son opulence mais aussi par sa profondeur de goût. Comparativement plus frais, plus sanguin, plus nerveux, le 2019 possède lui aussi une complexité innée, une distinction que nous ne trouvons pas à un tel niveau dans les millésimes précédents goûtés au même âge.

Pomerol 2018	N.C.	99
Pomerol 2019	N.C.	98

Rouge : 2,2 hectares. Merlot 98 %, Divers noir 2 %
Production moyenne : 8 000 bt/an

CHÂTEAU LE PIN
Les Grands-Champs, 33500 Pomerol
00 32 55 31 17 59 ● Vente et visites : sur RDV.
Propriétaire : Jacques Thienpont

★★★ CHÂTEAU TROTANOY

Le cru, situé au cœur du plateau de Pomerol, bénéficie d'un terroir composé pour moitié de graves et pour l'autre d'argiles. Exploité par la famille Moueix (branche Christian), Trotanoy livre un vin d'une profondeur immense, qui avec le temps dépasse parfois en raffinement Pétrus lui-même. Apte au très long vieillissement, toujours idéalement équilibré, sans jamais surjouer ni la maturité du fruit ni l'élevage, il est d'une régularité exemplaire. Il appartient au cercle restreint des plus grands vins de Bordeaux et d'ailleurs.

Les vins : le 2018 ressemble beaucoup au 2015 ; peut-être est-il plus monumental encore. Il y a une grande pureté dans cette expression profonde, aux notes de résine et de menthe fraîche.

La matière est souveraine, dans son écho terrien elle prend le dessus sur la puissance solaire du millésime. Sa vie sera d'au moins un demi-siècle. Très complet mais moins massif, 2019 est un grand Trotanoy. Tout aussi profond, il se déliera plus vite que son aîné. De tous les millésimes récents, c'est celui qui nous frappe le plus par sa distinction innée, son sens de l'harmonie et par l'immense raffinement aromatique dont il fait preuve à un stade si précoce.

Pomerol 2018	330 €	97
Pomerol 2019	de 275 à 300 € (c)	99

Rouge : 7,2 hectares.
Production moyenne : 20 000 bt/an

CHÂTEAU TROTANOY
54, quai du Priourat, BP 129 33502 Libourne Cedex
05 57 51 78 96 ● www.moueix.com ● Pas de visites.
Propriétaire : SC du Château Trotanoy
Directeur : Christian et Edouard Moueix
Maître de chai : Laurent Descos
Œnologue : Éric Murisasco

★★★ VIEUX CHÂTEAU CERTAN

Situé au cœur du plateau de Certan, sur des parcelles tantôt graveleuses, tantôt argileuses, Vieux Château Certan possède un exceptionnel patrimoine de vieilles vignes. Alors que l'assemblage est classiquement dominé par le merlot, ce sont les cabernets qui lui donnent un cachet unique, tout en le pénalisant parfois lors des dégustations en primeur – le vin n'ayant pas le charnu immédiat de quelques-uns de ses voisins. Il ne s'amaigrit cependant pas au cours de l'élevage et gagne même en définition après cinq ans. Il vieillit ensuite comme un grand médoc, en conservant une fabuleuse fraîcheur. Depuis 2011, Guillaume Thienpont, œnologue et ingénieur, a rejoint son père Alexandre pour gérer la propriété familiale. Le cru fait preuve d'une régularité exceptionnelle et les derniers millésimes lui ont permis d'obtenir une troisième étoile plus que méritée.

Les vins : sans le moindre faux-pas, Vieux Château Certan continue son impressionnante série de succès. En bouteille 2019, avec sa pointe de cabernet-sauvignon, confirme sa très grande élégance ; c'est un vin hautement racé, plus en finesse qu'en déflagration de fruit, qui grandira pendant longtemps. 2018, en primeur, s'affichait incontestablement dans le trio de tête de Pomerol. Il confirme en bouteille sa stature héroïque, alliant insigne finesse et présence majestueuse. C'est un vin de longue garde, il sera passionnant pour les générations futures de le comparer au grand 2016, qui confirme son ampleur et sa richesse hors norme. 2020 affiche une stature comparable, avec une conjonction inédite de moelleux et de fraîcheur ! Et 2021 fait partie des réussites les plus brillantes du millésime.

🍷 Pomerol 2018   294 €   **98**
🍷 Pomerol 2019   N.C.   **96**

Rouge : 14 hectares. Merlot 60 %, Cabernet franc 30 %, Cabernet-Sauvignon 10 %
Production moyenne : 55 000 bt/an

VIEUX CHÂTEAU CERTAN
1, route de Lussac, 33500 Pomerol
05 57 51 17 33 ●
www.vieuxchateaucertan.com ● Vente et visites : sur RDV.
Propriétaire : Famille Thienpont
Directeur : Alexandre Thienpont

★★★ CHÂTEAU L'ÉGLISE-CLINET

Esthète du vin et vigneron talentueux, Denis Durantou nous a quitté en mai 2020. Pomerol perd l'un de ses interprètes les plus singuliers, qui, en quelques lustres, a porté L'Église-Clinet au sommet de l'appellation. Noémie Durantou, en tandem avec le fidèle maître de chai Olivier Gautrat, perpétue désormais le travail et la vision de son père. Le vignoble est idéalement implanté sur un terroir d'argiles et de graves argileuses, dont une partie a résisté au terrible gel de 1956, puis à ceux de 1985 et de 1987. L'âge moyen du vignoble dépasse ainsi les 40 ans. Vinifiés avec rigueur et justesse dans un esprit qui mêle classicisme et modernité, privilégiant l'élégance, les vins sont taillés pour la garde. L'Église-Clinet commence en effet à révéler tout son potentiel à partir de dix ou douze ans d'âge. Malheureusement, les quantités produites sont faibles et le vin atteint des prix très élevés en raison de son succès. Il est toujours possible de se consoler avec l'autre pomerol du domaine, La Petite Église, qui partage l'esprit de finesse et d'élégance de son grand frère.

Les vins : les millésimes récents brillent par la pureté de leur expression aromatique et la complexité de leur saveur, avec un tranchant presque acidulé qui, parmi les grands pomerols, n'appartient qu'à L'Église-Clinet. En primeur 2021 apparaît très vif, presque cinglant, mais remarquablement intense ; la propriété voit son style corroboré, renforcé, par celui du millésime. Dans un millésime beaucoup plus généreux, 2020 affiche avec un éclat singulier la permanence de ce style si personnel. 2018 et 2019 sont bien placés dans le peloton de tête de l'appellation. La puissance du 2016 est latente, rien n'est forcé : une richesse et un potentiel énormes mais beaucoup d'élan et de fraîcheur. La floralité prend place dans le verre, peu à peu, la violette perce derrière la compacité du fruit.

🍷 Pomerol 2016   N.C.   **98**

Rouge : 5,5 hectares. Merlot 90 %, Cabernet franc 10 %
Production moyenne : 15 000 bt/an

CHÂTEAU L'ÉGLISE-CLINET
33500 Pomerol
05 57 25 96 59 ● www.eglise-clinet.com ●
Vente et visites : sur RDV.
Propriétaire : Famille Durantou

★★ CHÂTEAU CLINET

La famille Laborde, propriétaire du cru depuis 1999, produit un pomerol de grande plénitude, dense, coloré, toujours charmeur mais qui a su ces dernières années se faire plus élégant, collant ainsi davantage à l'air du temps après une période de modernité un peu outrancière. Il faut dire que le cru dispose d'un superbe terroir, au cœur du haut plateau de Pomerol, sur des sols argilo-graveleux qui confèrent au vin puissance et intensité. Autre atout, le château est doté d'un outil de vinification dernier cri.

Les vins : le style de Clinet s'est considérablement affiné dans les derniers millésimes. 2018 a en bouteille remarquablement intégré l'ampleur de sa structure tannique. C'est un pomerol intense et distingué, hédoniste, solaire, mais gardant sa part de mystère chthonien. Avec son 2019, le plus riche en cabernet-sauvignon depuis les années 70, Ronan Laborde semble être parvenu à une synthèse idéale de la richesse crémeuse pour laquelle Clinet était renommé – volupté tant appréciée outre-Atlantique – et de l'inflexion vers davantage de finesse et de fraîcheur amorcée en 2015. C'est un des vins du millésime à Pomerol. 2020 en primeur manifestait une richesse, une haute maturité solaire plus proche du 2018.

🍷 Pomerol 2018   N.C.   **96**

Rouge : 9 hectares.
Production moyenne : 40 000 bt/an

CHÂTEAU CLINET
16, chemin de Feytit, 33500 Pomerol
05 57 25 50 00 ● www.chateauclinet.com ●
Vente et visites : sur RDV.
Propriétaire : Famille Laborde
Directeur : Ronan Laborde

★★ CHÂTEAU L'ÉVANGILE

Idéalement situé entre Pétrus et Cheval Blanc, L'Évangile, qui appartient majoritairement à la société Domaines Barons de Rothschild (Lafite), a connu une profonde restructuration et une reprise en main du vignoble ces dernières années, avec, entre autres, l'acquisition de nouvelles parcelles. 2018, année si éprouvante du point de vue cultural, marque le passage du vignoble en conduite biologique. Juliette Couderc a pris en 2020 la direction technique à la suite de Jean-Pascal Vazart, dont le long mandat aura marqué l'Évangile.

Les vins : la patte de la nouvelle directrice est d'emblée perceptible, avec, en 2021 (le millésime allant dans ce sens) et même en 2020 (extrêmement prometteur !) des vins plus axés sur la fraîcheur du fruit, à la maturité un peu moins exubérante. 2018 a finalement livré un vin de haute volée, rare et consolateur qui s'exprime dans le style flamboyant du cru : une matière solaire, suggestive et gourmande (marmelade de fraise légèrement caramélisée, poivre fraîchement moulu...), dense, réglissée, veloutée et surtout animée par des tanins savoureux, extraits avec une judicieuse retenue. Le second vin, Blason de l'Evangile, affiche en 2018 un profil velouté, opulent, civilisé, dans l'esprit suave et capiteux de son grand frère, avec une belle densité de chair mais évidemment moins de structure.

Pomerol 2018	N.C.	**97**
Pomerol Blason de l'Evangile 2018	N.C.	**92**

Rouge : 22 hectares.
Production moyenne : 60 000 bt/an

CHÂTEAU L'ÉVANGILE

33500 Pomerol
05 57 55 45 55 ● www.lafite.com ● Vente et visites : sur RDV.
Propriétaire : Famille de Rothschild
Directeur : Olivier Tregoat
Maître de chai : Charbel Abboud

★★ CHÂTEAU LA FLEUR-PÉTRUS

Voisin de Pétrus et de Lafleur, comme le suggère son nom, La Fleur-Pétrus ne jouit pas du même prestige. Si le château a produit de très jolis vins, notamment dans les années 1970, il ne s'est pas toujours montré à la hauteur de son fantastique pedigree. Son terroir est désormais multiforme car composé de trois grandes parcelles aux caractéristiques pédologiques différentes. Une nouvelle impulsion a été donnée en 1995 quand le vignoble s'est agrandi par l'ajout d'une parcelle de 4 hectares de vieilles vignes provenant

du château Le Gay, ce qui a renforcé la puissance du vin. Très adroitement vinifié par l'équipe de la maison Jean-Pierre Moueix, ce pomerol possède un style tout en finesse et en harmonie. Le vignoble a été restructuré récemment (2015 marque la première intégration dans l'assemblage d'une infime proportion de petit verdot) et les derniers millésimes apparaissent particulièrement brillants, avec davantage de profondeur. La deuxième étoile est aujourd'hui parfaitement justifiée.

Les vins : très prometteurs, plus complets et puissants que naguère, les derniers millésimes se positionnent dans le sillage de Trotanoy. 2018 s'est refermé, il montre néanmoins une grande finesse structurelle, la richesse alcoolique est bien contenue, la forme élégante. L'expression aromatique demeure à fleur de la structure, encore très discrète. En bouteille, 2019 affiche une finesse superlative, le caractère du millésime convient magnifiquement au style du château. Le toucher est voluptueux tout en restant aérien, les nuances aromatiques déjà chatoyantes, éminemment racées. Un grand La Fleur-Pétrus !

Pomerol 2018	275 €	**95**
Pomerol 2019	de 230 à 250 € (c)	**97**

Rouge : 18,7 hectares.
Production moyenne : 60 000 bt/an

CHÂTEAU LA FLEUR-PÉTRUS

54, quai du Priourat, BP 129 33502 Libourne Cedex
05 57 51 78 96 ● www.moueix.com ● Pas de visites.
Propriétaire : SC du Château La Fleur-Pétrus
Directeur : Christian et Edouard Moueix
Maître de chai : Laurent Descos
Œnologue : Eric Murisasco

★★ CHÂTEAU GAZIN

Avec 26 hectares Gazin est le plus vaste des crus de Pomerol situés sur les terroirs argilo-graveleux du plateau. Nicolas de Bailliencourt y produit, avec régularité, un vin à la trame classique, sans aucun effet de style, qui vieillit admirablement. Les derniers millésimes nous paraissent particulièrement convaincants et Gazin s'impose comme une valeur sûre, un archétype de la distinction pomerolaise, à des prix qui ont su rester raisonnables. Ce beau travail sur le fond et sur la forme, cette tension vers un idéal esthétique impermable aux modes éphémères méritent la deuxième étoile attribuée il y a deux ans.

Les vins : Gazin n'est certes pas le pomerol le plus facile à goûter en primeur, ni le plus volubile dans sa jeunesse. Le 2019 apparaît encore serré, un peu comprimé, mais la matière est bien là, focalisée, dynamique ; le vin va se mettre progressivement en place, au fil des ans, pour devenir l'un des plus élégants de l'appellation. Pur, raffiné, le 2018 évolue très sereinement en bouteille. Tout est là, mais ce profil ne bombe jamais le torse. La structure est ferme sans excès, la chair qui l'entoure mobile et juteuse : comme le 2019 il regarde vers un avenir pouvant se compter en lustres.

Pomerol 2018	Épuisé - 87 €	95
Pomerol 2019	Épuisé - 77 €	93

Rouge : 24 hectares.
Production moyenne : 80 000 bt/an

CHÂTEAU GAZIN

I, chemin de Chantecaille, 33500 Pomerol
05 57 51 07 05 ● www.gazin.com ● Vente et visites : sur RDV.
Propriétaire : Famille de Bailliencourt dit Courcol
Directeur : Mickaël Obert
Maître de chai : Rémy Beauché
Œnologue : Mickaël Obert et Thomas Duclos

★★ CHÂTEAU HOSANNA

La propriété est issue de la division de l'ancien château Certan Giraud, survenue en 1999. Rachetée par la famille Moueix, la moitié du vignoble a ainsi été rebaptisée Hosanna. Le cru associe un corps plein, une grande maturité de fruit et souvent un caractère plus torréfié que ses plus proches et très prestigieux voisins. Le temps lui permet ensuite de gagner en définition et en rectitude.

Les vins : goûté à plusieurs reprises pendant l'élevage, 2018, très intense, s'annonçait comme une réussite majeure du cru. Après un an de bouteille, c'est un vin massif, sanguin, sombre, dont la sucrosité des tanins déborde sur la chair. Presque aussi dense que Trotanoy, il se laisse, contrairement à ce dernier, aujourd'hui un peu dominer par le caractère solaire du millésime. Il faudra lui laisser du temps. En 2019 Hosanna apparaît aussi particulièrement intense, mûr et solaire, avec beaucoup de profondeur, mais, par rapport à La Fleur-Pétrus notamment, un côté encore brut, dans sa gangue.

Pomerol 2018	150 €	94
Pomerol 2019	150 €	93

Rouge : 4,5 hectares.
Production moyenne : 18 600 bt/an

CHÂTEAU HOSANNA

54, quai du Priourat, BP 129 33502 Libourne Cedex

05 57 51 78 96 ● www.moueix.com ● Pas de visites.
Propriétaire : Ets Jean-Pierre Moueix
Directeur : Christian Moueix
Maître de chai : Laurent Descos
Œnologue : Eric Murisasco

★★ CHÂTEAU NÉNIN

La famille Delon, propriétaire de l'illustre château Léoville Las Cases à Saint-Julien et du château Potensac en Médoc, a racheté ce grand domaine en 1997, mettant tout en œuvre pour renouer avec la plus haute qualité. Elle y a engagé d'importants travaux, une nouvelle étape ayant été franchie en 1999, avec l'agrandissement du vignoble par le rachat de la moitié de l'ancien château Certan Giraud (l'autre moitié appartenant à la maison Jean-Pierre Moueix, sous le nom d'Hosanna). La qualité des vins ne cesse de progresser, au prix d'une sélection sévère (généralement 30 à 40 % de la production seulement entrent dans le grand vin). Les vins produits ici affichent un profil droit et ferme, classique mais pas toujours dans le sens du charme particulier des grands pomerols ; ils se montrent souvent un peu stricts durant leur jeunesse. S'ils peuvent évoluer remarquablement, il y a trop de phases de fermeture dans les millésimes que nous goûtons régulièrement pour que la deuxième étoile apparaisse totalement légitime.

Les vins : le château nous a renvoyé ses 2017, dont nous observons attentivement l'évolution. Le cabernet franc occupe une place historique dans l'assemblage du grand vin : 42 %. Droit et long, il affiche une belle densité pour le millésime, un caractère fumé élégant, mais la légère rigidité de l'an dernier semble malheureusement s'être accentuée. Il ne possède pas le délié, la souplesse, la cambrure que l'on attend d'un grand pomerol. Le second vin, Fugue de Nénin, affiche lui aussi une bonne densité, avec un caractère ferrugineux marqué qui ne parvient pas à rendre le sourire à un fruit un peu mat.

Nénin 2017	75 €	90
Pomerol Fugue de Nénin 2017	35 €	87

Rouge : 28 hectares.
Production moyenne : 60 000 bt/an

CHÂTEAU NÉNIN

66, route de Montagne, 33500 Pomerol
05 57 51 00 01 ● www.domaines-delon.com ● Vente et visites : sur RDV.
Propriétaire : Jean-Hubert Delon
Directeur : Michael Georges
Œnologue : Éric Boissenot

★★ ⚲ CHÂTEAU LA VIOLETTE

Cette petite propriété au terroir de rêve, en plein cœur du plateau de Pomerol, doit sa résurrection à la regrettée Catherine Péré-Vergé, également propriétaire à Pomerol des châteaux Le Gay et Montviel. Elle en avait fait un véritable laboratoire de vinification, poussant très loin le souci de chaque détail : rendements très bas, égrainage des raisins à la main, vinification intégrale en barrique. Il en résulte un vin de haute couture, pur merlot, qui va chercher sa séduction langoureuse très loin dans la maturité, et dont la production s'avère malheureusement confidentielle. L'aventure continue et La Violette n'a pas fini de charmer les amateurs chanceux qui pourront y accéder. La qualité des derniers millésimes, qui manifestent un surcroît de tenue et d'autorité dans la structure sans abandonner une once de volupté, justifie l'attribution d'une deuxième étoile. Plus que jamais, La Violette offre une expérience unique à Pomerol.

Les vins : le contact du 2018 est sensuel, caressant, ludique, presque décadent mais sans lourdeur. Les tonalités sont enjôleuses, allant de la confiture de lait à la violette confite en passant par la crème brûlée, le piment rôti et le coulis de framboise… Dans la même veine extravertie, unique, 2019 livre un corps suave, enrobé mais sans donner à aucun moment l'impression d'être flasque ; la tension dynamique de la bouche est bien là, électrisant les saveurs confites, orientales, déjà un peu truffées. Ce vin est un festin, il y a dans ses couleurs à la fois du Delacroix et du Gustave Moreau !

▬ Pomerol 2018	350 €	95
▬ Pomerol 2019	350 €	96

Rouge : 1,68 hectare.
Production moyenne : 5 100 bt/an

CHÂTEAU LA VIOLETTE

1, impasse de Bordes, 33500 Pomerol
03 20 64 49 66 ●
www.vignoblespereverge.com ● Vente et visites : sur RDV.
Propriétaire : Famille Parent
Directeur : Henri Parent
Maître de chai : Florian Pesquier
Œnologue : Michel Rolland

★ CHÂTEAU BEAUREGARD

Cette vaste et belle propriété a été vendue en 2013 par le groupe Banque Populaire-Caisse d'Épargne aux familles Moulin (Galeries Lafayette) et Cathiard (Smith Haut-Lafitte). Minoritaires, ces derniers en assurent néanmoins l'exploitation. Vincent Priou est toujours à la tête de ce cru qu'il maîtrise très bien, élaborant des vins de belle facture, dans un style moderne, suave et expansif, mais qui vieillissent avec bonheur. Un nouveau chai a été inauguré en 2015 et les millésimes suivants devraient bénéficier de cet outil pour gagner en profondeur et en précision.

Les vins : le millésime 2020 semble marquer un cap, tant l'échantillon primeur montrait de distinction. Privilégiant la pureté et la sobriété, 2019 indiquait déjà en primeur une inflexion vers un style plus classique, moins démonstratif, moins dépendant de l'apport aromatique du bois. Avec ses notes fumées, celui-ci marque néanmoins le vin après un an de bouteille, une matière gracieuse, plus en délicatesse qu'en puissance, qui heureusement, se recentre sur le fruit au bout de plusieurs heures d'aération, ce qui est bon signe. Le second vin n'est pas avare en saveur mais semble un peu apprêté. Nous lui préférons le lalande, d'une belle intensité en 2019 et développant déjà de jolis accents floraux.

▬ Lalande-de-Pomerol Château Pavillon Beauregard 2019	23 €	89
▬ Pomerol 2019	66 €	91
▬ Pomerol Le Benjamin de Beauregard 2019	25 €	88

Rouge : 28,5 hectares.
Production moyenne : 120 000 bt/an

CHÂTEAU BEAUREGARD ♣

73, rue de Catusseau, 33500 Pomerol
05 57 51 13 36 ●
www.chateau-beauregard.com/ ● Vente et visites : sur RDV.
Propriétaire : Familles Moulin et Cathiard
Directeur : Vincent Priou
Maître de chai : Guillaume Fredoux
Œnologue : Michel Rolland

★ CHÂTEAU LE BON PASTEUR

Cette propriété, qui appartenait à la famille Rolland, a été vendue en 2013 à un groupe d'investissement chinois de Hong Kong. Benoît Prévot en a pris la direction technique et les célèbres œnologues Michel et Dany Rolland continuent de suivre les vinifications de très près. C'est ici qu'ils ont développé depuis de nombreuses années les techniques et les recettes qui ont fait leur succès : vendange de raisins très mûrs, rendements limités, élevage luxueux et vinification intégrale avec fermentation alcoolique des raisins dans les barriques. Une approche permettant de tirer le meilleur parti de ce terroir de graves et d'argile, situé dans le secteur de Maillet, en dehors de la zone la plus réputée de l'appellation. Séduisant dans sa jeunesse, le vin peut également vieillir de façon convaincante, développant de beaux arômes truffés après une dizaine d'années en cave. Les derniers millésimes, en primeur comme en bouteille, continuent d'offrir un caractère boisé dominant qui n'est plus dans l'air du temps. Cela se ressent d'autant plus dans les dégustations collectives. Ceci nous amène à retirer l'étoile, à regret.

Les vins : 2018 campe sur un profil très barrique, avec un parfum de biscotte et de moka qui demeure univoque. La trame est nette cependant, et cette dominante aromatique n'obère ni le moelleux ni la chair du fruit. Même constat pour le 2019, velouté, flatteur, sans aucun défaut de construction ni d'équilibre, mais au boisé épicé et toasté quelque peu saturant, qui renforce l'impression chaleureuse laissée par le vin.

Pomerol 2018	108 €	90
Pomerol 2019	80 €	90

Rouge : 6,6 hectares.
Production moyenne : 25 000 bt/an

CHÂTEAU LE BON PASTEUR
10, chemin de Maillet, 33500 Pomerol
05 57 24 52 58 •
www.chateaulebonpasteur.com • Vente et visites : sur RDV.
Propriétaire : Sutong Pan
Directeur : Benoit Prevot
Maître de chai : Brice Gaillot
Œnologue : Michel et Dany Rolland

★ CHÂTEAU BOURGNEUF

C'est désormais Frédérique Vayron (la fille de Dominique et Xavier) qui, après des études de philosophie, dirige cette propriété très attachante (anciennement baptisée Bourgneuf-Vayron), située non loin de Trotanoy. Sans bouleverser l'esprit qui règne ici depuis plusieurs décennies, et qui a permis d'élaborer de nombreux vins suaves et séduisants (somptueux 1985 !), elle apporte par petites touches sa patte. Un courageux programme de renouvellement du vignoble est entrepris depuis quelques années. Des prix sages et une régularité difficile à prendre en défaut font de Bourgneuf une des belles affaires de l'appellation, dans un style classique, distingué et plein, très apte au vieillissement. Les derniers millésimes ont progressé dans l'expression immédiate de l'éclat du fruit, les vins ont par ailleurs gagné en volume et profondeur.

Les vins : 2019 comme 2020 en primeur se montraient extrêmement prometteurs. 2019 en bouteille confirme les espoirs placés en lui, avec une expression déjà admirablement articulée, une matière pleine mais très bien proportionnée, harmonieuse avec une saveur nuancée et dis-

tinguée. Il propose une belle définition de ce que pourrait être le classicisme pomerolais. Concentré, sérieux et pur, avec une chair étoffée, des tanins garnis, du gras autour de muscles abondants, 2018 confirme toutes les qualités mises en lumière l'an passé, se posant en pomerol complet, voué à la garde mais déjà fin.

Pomerol 2018	54 €	94
Le coup de ♥		
Pomerol 2019	52 €	93

Rouge : 9 hectares.
Production moyenne : 38 000 bt/an

CHÂTEAU BOURGNEUF
1, chemin de Bourgneuf, 33500 Pomerol
05 57 51 42 03 •
www.chateaubourgneuf.com • Vente et visites : sur RDV.
Propriétaire : Famille Vayron
Directeur : Frédérique Vayron

★ CHÂTEAU CERTAN DE MAY

Fort bien située sur le plateau de Certan, cette belle propriété a tout en main pour produire des vins de haut niveau, d'autant que la famille Barreau ne manque pas d'ambition. Il manquait au cru encore un peu de constitution pour égaler les meilleurs ; les derniers millésimes comblent ce retard avec des expressions fruitées de grande fraîcheur et de grande classe, qui ont permis au château de décrocher une première étoile. L'avenir s'annonce radieux, d'autant que les important travaux (chai à barrique, cuvier) sont désormais terminés.

Les vins : 2018, premier millésime vinifié dans le nouveau cuvier, avec un meilleur contrôle des températures, confirme cette pente ascendante. Si le vin campe sur sa réserve, sa texture conjugue opulence et finesse, laissant entrevoir une race digne de ses prestigieux voisins. En primeur, les millésimes suivants se sont tous montrés très convaincants. Le 2019 affiche après la mise un très beau potentiel, une personnalité enlevée, savoureuse, organique, avec une matière tramée en profondeur mais déjà déliée.

Pomerol 2018	N.C.	94
Pomerol 2019	105 €	92

Rouge : 5 hectares. Merlot 70 %, Cabernet franc 25 %, Cabernet-Sauvignon 5 %
Production moyenne : 24 000 bt/an

CHÂTEAU CERTAN DE MAY
33500 Pomerol
05 57 51 41 53 • Vente et visites : sur RDV.
Propriétaire : Famille Barreau-Badar

★ ♪ CLOS DU CLOCHER

Bénéficiant de parcelles situées au cœur du plateau de Pomerol, au pied de l'église, ce cru est dirigé par Jean-Baptiste Bourotte, dont la famille est également propriétaire du château Bonalgue. Avec les conseils de Michel Rolland, le vin réalisé est très classique, bien constitué, structuré ; il se singularise en outre par une tension acide supérieure à la moyenne, qui lui permet d'évoluer avec grâce. Il a gagné en chair et en volume au cours des deux dernières décennies, affichant désormais une bonne régularité. La profondeur et la distinction des derniers millésimes de ce pomerol de garde justifient pleinement l'attribution d'une première étoile.

Les vins : ce vignoble de plateau dominé par l'argile supporte bien les millésimes de grosse chaleur, comme 2020 (aussi intense qu'affriolant en primeur !), 2018 ou 2016. Deux ans après la mise, le 2018 conserve un fruit noir compact, saturé, mais pur et très distingué, d'où commence à émerger de subtiles touches florales. Particulièrement intense et serré dans le contexte du millésime, décidé, le 2019 manifeste la même distinction et la même saine ambition, avec un élevage qui est déjà revenu à sa place.

Pomerol 2018	78 €	**94**
Pomerol 2019	85 €	**93**

Rouge : 5,9 hectares.
Production moyenne : 20 000 bt/an

CLOS DU CLOCHER
35, quai du Priourat, BP 79, 33502 Libourne
05 57 51 62 17 ● www.closduclocher.com ●
Vente et visites : sur RDV.
Propriétaire : Famille Bourotte-Audy
Directeur : Jean-Baptiste Bourotte

★ CHÂTEAU DU DOMAINE DE L'ÉGLISE

Ce joli domaine situé non loin de l'église de Pomerol, comme son nom l'indique, appartient à la famille Castéja. À ce titre, les vinifications sont conseillées, à l'instar des autres propriétés de la maison, par l'équipe mise en place par le regretté Denis Dubourdieu. Jamais très démonstratifs lors des dégustations primeurs, les vins possèdent néanmoins une belle race et vieillissent avec grâce, dans un esprit très classique.

Les vins : le cru affiche une forme resplendissante. 2017 offre une interprétation particulièrement sensible du millésime. Avec sa petite pointe chlorophyllienne bien intégrée à l'expression du fruit et son corps subtil, tout en finesse, il a développé en bouteille une harmonie distinguée dont la séduction outrepasse nos prévisions. Malgré la richesse du millésime,

2018 présente lui aussi un profil distingué, classique. Finesse et plénitude le situent au meilleur niveau. L'élevage laisse un petit sillage épicé et grillé, sans jamais prendre le pas sur l'expression nuancée de la saveur. On retrouve tout à fait ce style dans le 2019 : nuancé, entremêlant touche florale, sous-bois et fin moka. La chair est subtilement confite, de belle concentration, remarquablement articulée. Grand charme dans ce vin qui colle si bien à l'esprit du millésime !

Pomerol 2017	46 €	**93**
Pomerol 2018	51 €	**94**
Le coup de ♥		
Pomerol 2019	54 €	**94**

Rouge : 7 hectares.
Production moyenne : 30 000 bt/an

CHÂTEAU DU DOMAINE DE L'ÉGLISE
88, quai de Bacalan, 33300 Bordeaux
05 56 00 00 70 ●
www.domainedeleglise.com/ ● Pas de visites.
Propriétaire : Philippe Castéja
Maître de chai : Christophe Dussutour

★ CHÂTEAU FEYTIT-CLINET

Pas de château spectaculaire ni de chai dernier cri ici. Voilà pourtant plus d'une décennie que ce cru, auparavant quelconque, s'est hissé au niveau des belles références de l'appellation. Il faut dire que son terroir de graves sur argiles est joliment situé (voisin de Clinet et de Latour à Pomerol) et que Jérémy Chasseuil, qui en a pris les rênes en 2000, soigne avec talent les vinifications. Dotés d'un bon potentiel de garde, les vins combinent distinction et profondeur, avec une certaine exubérance mais sans tapage. La qualité des derniers millésimes est régulière et les prix restent accessibles.

Les vins : particulièrement séduisant, 2020 montre énormément de promesses ; 2021 s'annonce en primeur comme une réussite dans le cadre de ce difficile millésime. 2016 est le premier millésime vinifié dans le nouveau cuvier, ce qui a permis d'affiner la sélection parcellaire et d'extraire sur de plus petits volumes. Le vin confirme sa grande réussite, avec un caractère moelleux et surtout richement épicé.

Pomerol 2016	de 65 à 75 € (c)	**95**

Rouge : 6,3 hectares. Merlot 90 %, Cabernet franc 10 %
Production moyenne : 30 000 bt/an

CHÂTEAU FEYTIT-CLINET
Chemin de Feytit, 33500 Pomerol
05 57 25 51 27 ● jeremy.chasseuil@orange.fr

• Vente et visites : sur RDV.
Propriétaire : Jérémy Chasseuil

★ CHÂTEAU GOMBAUDE GUILLOT

Très bien situé et doté d'un important patrimoine de vieilles vignes, voici un cru atypique, qui à première vue détonne dans l'ambiance feutrée pomerolaise, mais qui, surtout, montre des voies nouvelles du plus haut intérêt. Claire Laval, qui le conduit depuis 1983, y applique avec conviction une agriculture biologique prolongée par une approche très "naturelle" de la vinification. Son fils Olivier Techer vinifie depuis 2010, allant encore plus loin dans la voie initiée par ses parents, notamment en baissant radicalement les doses de soufre ajoutées aux vins (depuis 2014 autour de 25 mg/litre à la mise seulement). Doté d'une grande franchise d'expression, ainsi que d'un profond sens du lieu, Gombaude Guillot vieillit en outre très bien, comme l'a prouvé une récente dégustation verticale. Les derniers millésimes du cru nous semblent particulièrement intéressants et justifient (très) largement l'étoile.

Les vins : élevée en jarres, la cuvée Pom n'Roll 2019 (pur merlot cette année) fait valoir dans la même veine libre et onctueuse que le grand vin un fruit encore plus immédiat, délicat et moelleux, aux accents ferrugineux. Saluons à nouveau la grande profondeur du 2018, son fruit sanguin, pénétrant, magnifique d'éclat et de naturel, qui n'élude pas le souffle chaleureux du millésime. Les bases tanniques sont solides mais harmonieuses, la saveur laisse un emblématique sillage de violette. C'est indubitablement un grand pomerol et c'est un vin peu sulfité (20 mg/l total), de quoi faire réfléchir l'ensemble de l'appellation. 2017 est remarquablement réussi à Gombaude Guillot, un fruit à la fois croquant et d'une belle suavité, enjôleur et frais, très savoureux. Regoûté cette année, le 2016, que nous avions jusqu'ici beaucoup apprécié, interroge davantage, l'aération révélant dans un nez certes très libre une dominante animale suspecte, corroborée par une fin de bouche qui tend à sécher. Cela amène à nouveau à réfléchir au dosage du soufre…

Pomerol 2017	69 €	93
Pomerol 2018	69 €	94
Pomerol Pom n'Roll 2019	39 €	91

Rouge : 7,6 hectares.
Production moyenne : 35 000 bt/an

CHÂTEAU GOMBAUDE GUILLOT ♣

4, Les Grands-Vignes, 33500 Pomerol
05 57 51 17 40 •
www.chateau-gombaude-guillot.fr • Vente et visites : sur RDV.

Propriétaire : Claire Laval et Olivier Techer
Directeur : Olivier Techer

★ CHÂTEAU LATOUR À POMEROL

Ce cru, exploité en fermage par les établissements Moueix, se situe au cœur du plateau de l'appellation. Les vignes sont implantées sur deux parcelles, l'une près de l'église de Pomerol, sur des sols de graviers, l'autre sur des sols plus légers. Les amateurs, qui ont eu la chance de déguster les millésimes légendaires du cru tels que 1961, 1959 et 1947, savent à quel point ce château est ponctuellement capable de produire des vins extraordinaires, égalant les meilleurs crus classés de Bordeaux. Souvent un peu difficile à juger dans sa jeunesse, le vin évolue généralement très bien, gagnant en volume et en raffinement.

Les vins : dans la foulée d'un 2018 d'une densité tannique supérieure aux mensurations habituelles du cru, Latour à Pomerol a produit un 2019 de grande envergure et de grande distinction, un de ces millésimes où le cru vient troubler l'officieuse hiérarchie des ténors du Plateau. Après un an de bouteille, ce vin issu du seul merlot offre un profil rigoureux mais délicatement détouré dans le fruit, très racé, complet, avec une fraîcheur qui accompagne la dégustation de bout en bout. Un futur classique promis à une longue et belle carrière.

Pomerol 2018	100 €	93
Pomerol 2019	de 80 à 100 € (c)	94

Rouge : 8 hectares.
Production moyenne : 30 000 bt/an

CHÂTEAU LATOUR À POMEROL

54, quai du Priourat, BP 129,
33502 Libourne
05 57 51 78 96 • www.moueix.com • Pas de visites.
Propriétaire : Foyer de charité de Châteauneuf-de-Galaure
Directeur : Christian et Edouard Moueix
Maître de chai : Laurent Descos
Œnologue : Éric Murisasco

★ ∱ CHÂTEAU MAZEYRES

Situé à l'entrée nord de Libourne ce grand domaine est dirigé par Alain Moueix. Il y applique la même philosophie culturale qu'à Saint-Émilion au château Fonroque. Le vignoble a donc été certifié en bio en 2015, puis en biodynamie en 2018. Portés à l'élégance et à la mesure par la nature même du terroir de Mazeyres, les vins ont franchi un palier dans les derniers millésimes. Nous sommes sous le charme de ces pomerols harmonieux, civilisés et naturels en même temps, d'une époustouflante finesse de saveur. L'heure de la première étoile est arrivée.

Les vins : même dans les millésimes les plus solaires, les vins conservent une admirable fraîcheur. Mazeyres 2018 en constitue un brillant exemple, s'inscrivant parfaitement dans cette dynamique de primauté du fruit. Déjà très avenant, le vin possède néanmoins un réel potentiel d'évolution. 2019 lui emboîte le pas, animé par une vibration séveuse, chlorophyllienne, alors même que le fruit noir évoque la grande maturité et que l'alcool atteint des niveaux non négligeables. Le naturel du passage en bouche et le caractère enlevé de la finale sont un ravissement.

Pomerol 2018	28 €	94
Le coup de ♥		
Pomerol 2019	38 €	94

Rouge : 25,57 hectares.
Production moyenne : 120 000 bt/an.

CHÂTEAU MAZEYRES ☾

56, avenue Georges-Pompidou,
33500 Libourne
05 57 51 00 48 ● www.chateaumazeyres.net
● Vente et visites : sur RDV.
Propriétaire : SC Château Mazeyres
Directeur : Alain Moueix
Maître de chai : Thomas Cézac
Œnologue : Thomas Duclos

★ CHÂTEAU PETIT-VILLAGE

Petit-Village est passé l'an dernier entre les mains de la famille Moulin, déjà propriétaire, avec la famille Cathiard, du Château Beauregard. Sous la propriété précédente, AXA, qui a vu se succéder différentes équipes, le vin n'a pas toujours été au niveau de ce que son terroir, très bien situé, peut laisser espérer. Les derniers millésimes, sous la houlette de Diana Berrouet-Garcia, qui a désormais rejoint les vignobles Jacques Thienpont, montrent toutefois une évolution positive, avec des vins plus élégants, plus déliés, moins médocains dans leur style. Il nous semble cependant que le cru, désormais dirigé par l'expérimenté Vincent Priou, peut viser encore plus haut, le 2020 en primeur ayant momentanément replacé Petit-Village parmi les quelques noms qui font battre plus fort le cœur des amateurs de Pomerol. Une évolution à suivre avec attention !

Les vins : pur merlot, dense, direct, avec une pointe confite mais aussi une belle vigueur, de l'allant, Le Jardin de Petit-Village est un second vin très complet. Petit-Village 2018 reprend à son compte ce profil concentré et dynamique, avec

une chair ample mais serrée, armée de tanins athlétiques mais sans angulosité, un fruit profond et épicé (les 8 % de cabernet-sauvignon ?). Tout est là pour que le vin s'accomplisse au terme d'une garde conséquente. Patience !

Pomerol 2018	90 €	92
Pomerol Le Jardin de Petit-Village 2018	41 €	90

Rouge : 10,5 hectares.
Production moyenne : 30 000 bt/an.

CHÂTEAU PETIT-VILLAGE

126, route de Catusseau, 33500 Pomerol
05 57 51 21 08 ● www.petit-village.com ●
Vente et visites : sur RDV.
Propriétaire : Famille Moulin
Directeur : Vincent Priou
Maître de chai : Guillaume Fredoux
Œnologue : Stéphane Derenoncourt

★ CHÂTEAU SAINT-PIERRE (POMEROL)

Ce cru rare, issu de parcelles très bien placées sur le plateau de Pomerol, propose des vins dont la profondeur et la distinction sont évidentes. Bien constitués, ils ont besoin de temps, à l'image des excellents 2008 et 2009. Axel Pradel de Lavaux entend aller encore plus loin et repositionner le cru phare de l'écurie familiale (neuf propriétés sur la Rive droite) parmi l'élite pomerolaise ; il s'en donne depuis quelques années les moyens techniques. Nous invitons les amoureux de Pomerol à suivre de près l'évolution du Château Saint-Pierre, auquel nous avons accordé l'an passé une première étoile.

Les vins : 2018 évolue magnifiquement. On l'aborde par un grand nez de fruits rôtis, relayées par des notes florales capiteuses très séduisantes. Le style est flamboyant et la matière complète ; le vin confirme pleinement les promesses entrevues en primeur et au lendemain de la mise. On retrouve ces attributs dans le 2019, moelleux, velouté, mais abondamment armé de tanins, avec une pointe de violette confite qui vient embellir le spectre aromatique naissant. Ce sont des vins de garde, dotés et structurés, qu'il est impératif d'attendre.

Pomerol 2018	60 €	95
Pomerol 2019	52 €	94

Rouge : 3 hectares.
Production moyenne : 6 000 bt/an.

CHÂTEAU SAINT-PIERRE (POMEROL)

64, avenue du Général-de-Gaulle,
33500 Libourne
05 57 74 05 89 ● www.pradel-de-lavaux.com
● Vente et visites : sur RDV.

Propriétaire : Famille Pradel de Lavaux
Directeur : Axel Pradel de Lavaux
Maître de chai : Frédéric Perpère
Œnologue : Stéphane Derenoncourt

★ ↗ CHÂTEAU DE VALOIS

Construit pièce à pièce par les générations précédentes, le vignoble de la famille Leydet se situe à cheval sur Pomerol, avec le Château de Valois, et Saint-Émilion, avec le Château Leydet-Valentin – en tout un peu plus de 16 hectares. Frédéric Leydet a rejoint l'entreprise en 1996, à vingt-deux ans. Volontariste, viscéralement attaché à ce terroir qui l'a vu naître (la métairie de Rouilledinat, non loin du Château Figeac), il entend produire avec son épouse Stéphanie des vins tels qu'ils aiment les boire et les partager. Saluons la belle régularité de cette production, certifiée en agriculture biologique depuis 2012, et le crescendo des derniers millésimes, des vins directs, très francs, sains, non apprêtés, qui évoluent vers l'harmonie et la gourmandise. Des 2019 de très haut vol coïncident cette année avec l'attribution d'une première étoile.

Les vins : confirment l'impression très favorable laissée par la dégustation en primeur et juste après la mise, les 2018 expriment un fruit vivant autour d'une trame délicate, des arômes variés, originaux. L'Éclat de Valois se montre particulièrement intense tout en demeurant d'une admirable fraîcheur de fruit, cette cuvée de vieilles vignes, dominée par le cabernet franc, possède tout ce qu'il faut pour évoluer favorablement sur le long terme. L'articulation de caractère et d'ambition entre les deux cuvées s'avère particulièrement judicieuse. Le niveau du tandem en 2019 nous semble encore supérieur, conjuguant franchise du fruit, distinction et un éclat frais, pimpant, plein de justesse, qui sied à la définition d'un grand bordeaux contemporain. L'Éclat de Valois 2019 distille ses subtiles nuances florales au fil d'une trame absolument superbe.

Pomerol 2018	30 €	91
Pomerol 2019	31 €	92
Pomerol L'Éclat de Valois 2018	50 €	93

Le coup de ♥

Pomerol L'Éclat de Valois 2019	50 €	95

Rouge : 16,75 hectares.
Production moyenne : 90 000 bt/an.

CHÂTEAU DE VALOIS ⚜

12, chemin de Rouilledinat, 33500 Libourne
06 08 93 10 03 ● frederic.leydet@wanadoo.fr
● Vente et visites : sur RDV.
Propriétaire : EARL des Vignobles Leydet
Directeur : Frédéric Leydet
Œnologue : Julien Gobert

CHÂTEAU BONALGUE

Jean-Baptiste Bourotte, qui tient les rênes de cette propriété située non loin de l'hippodrome de Libourne, y produit des vins francs, faciles d'accès, mais d'une belle ampleur. Ce sont des pomerols tels qu'on les imagine, des vins veloutés, digestes et délicatement tramés. Ils s'avèrent délicieux après une petite dizaine d'années de cave, déployant alors de beaux arômes truffés.

Les vins : les derniers millésimes sont probants, le vin semble gagner en volume tout en conservant une structure agile et enjouée. Sous l'emprise d'un boisé empyreumatique au début de sa vie, le 2018 déploie aujourd'hui un grand charme aromatique, la violette pomerolaise est bien présente ! Texture et densité flattent le palais comme les arômes flattent le nez, on peut penser que le plaisir sera assez rapide. Dans une profonde cohérence stylistique avec son aîné, luxuriant et déjà gourmand, intense en saveur sans être très tannique ni très long, le 2019 interprète parfaitement le millésime.

Pomerol 2018	45 €	92
Pomerol 2019	50 €	91

Rouge : 9,5 hectares.
Production moyenne : 35 000 bt/an.

CHÂTEAU BONALGUE

62, quai du Priourat, BP 79 33502 Libourne
06 08 60 75 02 ●
www.chateaubonalgue.com ● Vente et visites : sur RDV.
Propriétaire : Jean-Baptiste Bourotte
Directeur : Mathieu Bonté

NOUVEAU DOMAINE

CLOS RENÉ

Malgré sa discrétion, le cru de la famille Garde est profondément ancré dans le paysage vineux et humain de Pomerol. Son étiquette délicieusement surannée est immédiatement reconnue par nombre d'amateurs avertis, qui savent qu'existent encore des beaux pomerols qui ne grèveront pas trop leurs finances. Le vin présente l'originalité d'inclure depuis longtemps une proportion non négligeable de malbec. Franc mais souvent un peu bourru dans sa jeunesse, sans fard, sans le raffinement de présentation des ténors de l'appellation, il affiche dans les derniers millésimes une belle constitution et sait remarquablement vieillir.

Les vins : encore assez rétif, le 2016 possède une robuste assise tannique, qui porte un fruit grenu, sain, entier. On retrouve cette intensité, sans que la concentration n'apparaisse à aucun moment forcée, dans le 2018, un vin solaire, riche en alcool et en tanin, qui commence à livrer un bouquet capiteux d'épices douces, de confitures et de résines. Juteux et serré, dans la lignée de ses aînés, 2019 est encore taiseux ; laissez-lui quelques années pour s'épanouir.

Pomerol 2016	30 €	91
Pomerol 2018	30 €	91
Pomerol 2019	28 €	90

Rouge : 15 hectares.
Production moyenne : 84 000 bt/an

CLOS RENÉ
3, rue du Grand-Moulinet 33500 Libourne
06 08 98 93 II ●
clos-rene-pomerol@wanadoo.fr ● Vente et visites : sur RDV.
Propriétaire : Jean-Marie Garde

CHÂTEAU LA CLÉMENCE

Le cru appartient à Christian Dauriac, depuis 1996. Ce dernier l'exploite avec le talent et la méticulosité qu'il prodigue au château Destieux (Saint-Émilion), suivant les conseils de Michel Rolland. Issus d'un assemblage de six parcelles aux profils variés, les premiers millésimes significatifs du tournant du millénaire nous ont séduits par leur plénitude. Le style, mûr et séducteur, d'un hédonisme assumé, est très au point. Si dans leur jeunesse les vins peuvent sembler dominés par un boisé parfois criard, ils vieillissent avec bonheur, truffant admirablement, comme en atteste le somptueux 1998.

Les vins : 2018 perpétue un style largement défini par l'élevage (100 % barriques neuves), avec une expression aromatique déjà bien en place, travaillée mais fine, sans vulgarité. La matière satinée annonce un vin de plaisir, construit néanmoins sur une trame très solide, avec des tanins qui appuient de façon exigeante en finale. Bien doté également, le 2019 affiche un peu plus de sécheresse dans les tanins et un boisé exotique, fumé et épicé qui prend le dessus et détonne de plus en plus lorsque on se livre à une dégustation horizontale de l'appellation.

Pomerol 2018	58 €	92
Pomerol 2019	56 €	89

Rouge : 2,29 hectares.
Production moyenne : 6 000 bt/an

CHÂTEAU LA CLÉMENCE
Château Destieux, 33330 Saint-Hippolyte
05 57 24 77 44 ● www.vignoblesdauriac.com
● Vente et visites : sur RDV.

Propriétaire : Christian Dauriac
Maître de chai : Baptiste Munné
Œnologue : Michel Rolland

NOUVEAU DOMAINE

CHÂTEAU L'ENCLOS

Centré sur le secteur de Moulinet, L'Enclos possède un vignoble de 10 ha à répartis en de nombreuses parcelles. Comme le château Fonplégade à Saint-Émilion, le cru appartient à la famille Adams, également propriétaire en Californie. Il est certifié en agriculture biologique depuis 2017. L'évolution des derniers millésimes, avec des vins à l'intelligente suavité, qui ne cherchent pas à passer en force, de plus en plus fins et expressifs, nous amène à l'accueillir au sein de notre sélection des meilleurs pomerols, chose de plus en plus méritoire au sein d'une appellation dont le niveau moyen n'a jamais été aussi élevé !

Les vins : le château L'Enclos 2019 est une grande réussite. Très parfumé, affichant une exubérance presque rhodanienne, ce vin suave possède néanmoins une structure affirmée, longiligne, bien garnie par une pulpe savoureuse. Sombre et velouté, le 2018 conserve un toucher délicat sans éluder le caractère solaire du millésime.

Pomerol 2018	56 €	92
Pomerol 2019	N.C.	94

Rouge : 9 hectares.
Production moyenne : 26 000 bt/an

CHÂTEAU L'ENCLOS ♣
20, rue du Grand-Moulinet 33500 Pomerol
05 57 74 43 II ● www.fonplegade.com ● Pas de visites.
Propriétaire : Denise et Stephen Adams
Directeur : Denise Adams
Œnologue : Stéphane Derenoncourt

CHÂTEAU LE GAY

Le château Le Gay peut être considéré comme le vaisseau amiral des vignobles Péré-Vergé à Pomerol. Depuis le rachat en 2000, les conseils de l'œnologue Michel Rolland, ainsi qu'une grande attention portée à la vigne, ont métamorphosé le cru (dont une partie était allée en 1994 enrichir le parcellaire de La Fleur-Pétrus), implanté au cœur du plateau pomerolais, non loin de Lafleur. Les vinifications sont réalisées intégralement en barrique et conduisent à des vins généreux et modernes, pour amateurs de pomerols opulents, plus en explosivité qu'en finesse. Ce cru est désormais dirigé par Henri Parent, le fils de Catherine Péré-Vergé. Certains millésimes anciens, du temps de la propriété des soeurs Robin, qui possédaient également Lafleur, attestent de la grandeur du terroir.

Les vins : 2019 confirme les belles dispositions du flamboyant 2018, avec une matière serrée, tendue, très en place, possédant à la fois un beau socle tannique et de la sève, toujours épicée par les notes grillées, empyreumatiques, d'un boisé bien présent quoique adroitement intégré. L'étoile devrait revenir très rapidement si l'élevage modère un peu sa prégnance. Le second vin du même millésime semble un peu trop extrait par rapport aux possibilités du fruit.

Pomerol 2018	180 €	94
Pomerol 2019	165 €	92
Pomerol Manoir de Gay 2019	46 €	87

Rouge : 10,5 hectares.
Production moyenne : 20 000 bt/an

CHÂTEAU LE GAY

11, chemin Chantecaille, 33500 Pomèrol
03 20 64 49 66 ●
www.vignoblespereverge.com ● Vente et visites : sur RDV.
Propriétaire : Famille Parent
Directeur : Henri Parent
Maître de chai : Florian Pesquier
Œnologue : Michel Rolland

CHÂTEAU MONTVIEL

Situé sur deux terroirs distincts, l'un près de Clinet, sur des graves argileuses, l'autre sur des graves fines du secteur de Grand-Moulinet, Montviel a été racheté en 1985 par la dynamique Catherine Péré-Vergé, qui l'avait remis en ordre de marche via un programme d'investissements conséquent, incluant la réfection du cuvier. C'est son fils, Henri Parent, qui veille désormais sur le cru. Le profil, remarquable de régularité, est celui d'un bon pomerol gourmand et d'approche facile, volubile et flatteur sans délai.

Les vins : chaleureux, rôti, capiteux, Montviel 2018 est un vin qui joue le plaisir de la texture, très velouté, de la saveur, lactique, chocolatée, solaire. 2019 prolonge sans heurt ce caractère solaire qui procure un plaisir immédiat, un vin bien pensé, bien réalisé, démonstratif de bout en bout sans être pesant.

Pomerol 2018	40 €	91
Pomerol 2019	46 €	90

Rouge : 7 hectares.
Production moyenne : 20 000 bt/an

CHÂTEAU MONTVIEL

1, impasse de Bordes 33500 Pomerol
0320642056 ●
www.vignoblespereverge.com ● Vente et visites : sur RDV.

Propriétaire : Famille Parent
Directeur : Henri Parent
Maître de chai : Florian Pesquier
Œnologue : Michel Rolland

CHÂTEAU LA POINTE

Ce cru de vieille réputation, situé à l'entrée de Pomerol, a fortement progressé depuis son rachat par la société d'assurance Generali : reprise en main du vignoble, construction d'un nouveau chai. Sous l'impulsion de son directeur Éric Monneret, le vin se montre vraiment digne d'intérêt ; il possède désormais le charme aromatique, la suavité, la chaleur et la persistance qu'on reconnaît à ses meilleurs voisins, ainsi qu'une finesse particulière qui, même en année chaude, le préserve de toute lourdeur. Une propriété à suivre de près !

Les vins : après un millésime 2017 amputé par le gel, 2018, 2019 et 2020 annoncent des vins d'une belle ampleur, dans un style dynamique. Délié, poids moyen assez tendre dans sa structure mais fidèle au caractère solaire du millésime, le 2019 manifeste, après un an de bouteille, un naturel très appréciable, qui laisse penser qu'il sera vite prêt.

Pomerol 2019	55 €	90

Rouge : 23 hectares.
Production moyenne : 100 000 bt/an

CHÂTEAU LA POINTE

18, chemin de Gardelle, BP
63 33500 Libourne
05 57 51 02 11 ● www.chateaulapointe.com ●
Visites : sur RDV aux professionnels.
Propriétaire : SCE Château La Pointe
Directeur : Éric Monneret
Maître de chai : Pierre Candelier
Œnologue : Hubert de Boüard

CHÂTEAU LA ROSE FIGEAC

Nathalie Despagne est à la tête de cette petite propriété familiale d'ancienne réputation, située au sud-est de l'appellation Pomerol, à la limite avec Saint-Émilion. Enthousiaste et passionnée, elle conduit un vignoble de 4,28 hectares certifié en agriculture biologique. Le chai, moderne et bien équipé, permet d'effectuer des vinifications précises et rigoureuses. Les derniers millésimes apparaissent très réussis. Malgré un charme assez précoce, les vins sont élaborés dans un style classique, qui privilégie l'éclat du fruit et la délicatesse des tanins.

Les vins : un échantillonnage fourni nous permet cette année de faire un point sur une production attachante, distinguée, où la personnalité de chaque millésime est admirablement individualisée. En remontant dans le temps nous avons apprécié l'évolution sereine d'un 2014 gracile et délié, d'une belle netteté de fruit, qu'il est temps de boire. On peut encore attendre le 2015, mûr, crémeux, complet, bien calé dans la typicité solaire du millésime. 2016 est un cran au-dessus et confirme son statut de grande réussite du domaine, avec un magnifique élan, une grande qualité de fruit. Il faut boire sans tarder la précoce cuvée Le Temps de la Rose Figeac 2017, aussi fine que charmeuse, issue d'un millésime cruellement gelé. Le 2018 affiche une puissance mesurée pour le millésime ; tannique sans rudesse, plein, équilibré, il s'est bien détendu en un an et commence même à truffer. Souplesse, équilibre, belle franchise du fruit à nouveau dans un 2019 qui se laisse déjà approcher. Dans ce millésime Nathalie Despagne a produit Le Bouquet, sélection mi-merlot mi-cabernet franc vinifiée en barrique de 500 litres. Le délié floral et racé du cabernet confère beaucoup de charme à cette matière très veloutée.

Pomerol 2014	42 €	90
Pomerol 2015	45 €	92
Pomerol 2016	40 €	94
Pomerol 2018	35 €	93
Pomerol 2019	35 €	92
Pomerol Le Bouquet de La Rose Figeac 2019	50 €	94
Pomerol Le Temps de la Rose Figeac 2017	20 €	91

Rouge : 4,28 hectares.
Blanc : 0,28 hectare.
Production moyenne : 22 000 bt/an

CHÂTEAU LA ROSE FIGEAC ♣

54, chemin de Lamberte, Pomerol 33500 Libourne
05 57 25 04 92 ● www.larosefigeac.com ●
Vente et visites : sur RDV.
Propriétaire : Nathalie Despagne
Maître de chai : Sébastien Xans
Œnologue : Mikaël Laizet

CHÂTEAU ROUGET

Voisin de L'Église-Clinet, Château Rouget a considérablement progressé depuis son rachat par la famille Labruyère. Édouard Labruyère, en charge du cru, ne ménage pas ses efforts pour porter la propriété vers les sommets de l'appellation. Le travail, à la vigne comme au chai, est très sérieux ; le vin possède une belle profondeur de saveur, une indéniable générosité. La politique tarifaire du château demeure raisonnable, ce qui fait de Rouget une belle affaire au sein de l'appellation, dans un style résolument moderne qui privilégie l'intensité du corps et la volupté d'un fruit flirtant avec la surmaturité.

L'interprétation des derniers millésimes solaires, dans un style confituré que l'on croyait révolu, pose question.

Les vins : le parti pris de grande maturité accentue sa marque au fil de l'évolution du 2018. La concentration et le velouté de la chair commandent l'admiration. La stabilité et l'endurance de ce fruit qui penche vers le chocolat et le pruneau interrogent davantage… Le 2019 est confit, solaire, épicé, chocolaté : son évolution précoce n'est pas faite pour nous rassurer.

Pomerol 2018	52 €	90
Pomerol 2019	47 €	88

Rouge : 18 hectares.
Production moyenne : 80 000 bt/an

CHÂTEAU ROUGET

4-6, route de St-Jacques-de-Compostelle, 33500 Pomerol
05 57 51 05 85 ● www.chateau-rouget.com ●
Vente et visites : sur RDV.
Propriétaire : Famille Labruyère
Directeur : Édouard Labruyère

CHÂTEAU DE SALES

En lisière de la ville de Libourne, prolongé par la majestueuse perspective de son parc, le château de Sales est entre les mains de la même famille depuis cinq siècles. Défiant les aléas de l'histoire et la fiscalité successorale, devenue confiscatoire pour nombre de familles vigneronnes, la plus vaste propriété viticole de l'appellation n'a jamais éprouvé le besoin d'entrer dans la surenchère, dans la course à la rotondité et à l'opulence. Avec son terroir spécifique de graves fines, le Château de Sales reste fidèle à un style étiré, classique, délicat, peu marqué par la barrique, qui revient indéniablement dans l'air du temps et mérite toute l'attention des amateurs. Si le cap stylistique semble fermement maintenu, 2017 a été le millésime du changement pour ce cru historique, avec une nouvelle présidente à la tête de la société d'exploitation réunissant de nombreux cousins, Marine Treppoz, et un nouveau directeur, le Libournais Vincent Montigaud.

Les vins : mesuré, alerte… nous aimons la primauté accordé au fruit dans le 2018. Les tanins sont fins, accompagnant la bouche sans surjouer ni la terroir ni le millésime. Malgré son profil svelte, sa vocation à la longue garde ne fait aucun doute. Fin, délié, intégrant harmonieusement une pointe chlorophyllienne, le 2019 s'inscrit dans la même voie sans tapage. Plus mince, le 2017 affirme sa droiture avec une indéniable élégance.

Pomerol 2017	27 €	89

🍷 Pomerol 2018   36 €   **93**
🍷 Pomerol 2019   34 €   **92**

Rouge : 47,61 hectares.
Production moyenne : 200 000 bt/an

CHÂTEAU DE SALES

II, chemin de Sales, 33500 Libourne
05 57 51 04 92 ● www.chateaudesales.fr ●
Vente et visites : sur RDV.
Propriétaire : SAS Château de Sales
Directeur : Vincent Montigaud
Maître de chai : Frédéric Laborde
Œnologue : Jean-Claude Berrouet

CHÂTEAU VRAY CROIX DE GAY

Acquis par la famille Guichard en 1949, le domaine a vu François Pinault (via le holding Artémis) entrer dans son capital en 2013. En octobre 2020, l'assureur Suravenir l'a racheté, ainsi que les châteaux Le Prieuré et Siaurac. Dirigé comme Le Prieuré à Saint-Emilion par Pénélope Godefroy, Vray Croix de Gay bénéficie des conseils de Jean-Claude Berrouet, l'ancien vinificateur de Pétrus, aujourd'hui retraité actif. Son excellent terroir se répartit sur trois petites parcelles, dont la plus grande se situe derrière Pétrus, à côté de Lafleur. Longtemps quelconques, et bien en-deçà du potentiel du cru, les vins s'améliorent considérablement, pour atteindre aujourd'hui un bon niveau, dans un registre plus délicat que puissant. La certification bio est arrivée en 2018.

Les vins : juste après la mise, et déjà en primeur, le 2019 exprimait une gourmandise et une subtilité de fruit inédites, il confirme un an après, avec un moelleux extrêmement séduisant mais surtout un propos d'une grande finesse ; la saveur de coulis de fraise, ponctuée de touches florales et épicées est irrésistible. C'est une grande réussite, qui se démarque pour l'instant des autres millésimes de la propriété.

🍷 Pomerol 2019   70 €   **94**

Rouge : 3,67 hectares.
Production moyenne : 9 700 bt/an

CHÂTEAU VRAY CROIX DE GAY ♣

Château Siaurac, 33500 Néac
05 57 51 64 58 ● info@siaurac.com ● Pas de visites.
Propriétaire : Les Terroirs de Suravenir
Directeur : Vincent Millet
Maître de chai : Pénélope Godefroy
Œnologue : Jean-Claude Berrouet

SAINT-ÉMILION

★★★★ ↗ **CHÂTEAU AUSONE**

Sur seulement 7 hectares idéalement situés à mi-coteaux, avec une rare collection de cabernet franc en sélection massale (qui entre au moins pour moitié dans l'assemblage final), Ausone produit un vin à la fois profond et ciselé, innervé par une grande fraîcheur et doté d'un velouté extraordinaire. Il ne révèle pleinement son potentiel qu'après une garde de dix à quinze ans et se montre alors capable, dans les grands millésimes, d'évoluer sur plusieurs décennies. Sous la conduite avisée et visionnaire de son propriétaire, Alain Vauthier, tous les millésimes depuis 1998 sont particulièrement réussis. Depuis 2005 et l'arrivée de Pauline Vauthier aux vinifications, le style d'Ausone, comme celui des autres propriétés saint-émilionnaises appartenant à la famille Vauthier, a doucement évolué vers davantage de croquant, de mise en avant de l'éclat du fruit, sans perdre sa formidable capacité à vieillir. Bien qu'au sommet, Ausone n'est pas étranger au souffle contemporain qui bruisse dans les ruelles du village, commençant en 2020 une conversation en agriculture biologique. La nouvelle génération, Pauline, Édouard et, depuis cette année, Constance, pérennise l'exemplarité du château tout en osant quelques changements, mais Ausone reste Ausone. À ce titre, pour la capacité d'adaptation du château à chacun des millésimes successifs, doublé d'une prédisposition exceptionnelle à l'évolution, tenant à la puissance de son sol et à son élevage caractéristiques, Ausone affiche désormais quatre étoiles.

Les vins : dans la carrière du château, les barriques profitent d'une atmosphère unique et renferment les millésimes qui perpétuent le style. Fraîcheur et tension dans le 2017, qui commence à peine à exposer les prémisses de sa longue vie dans le détail d'un fruit tendre aux amers délicieux en finale. Pourvu d'une intensité massive, 2018 incarne l'élégance dans la profondeur. Dans La Chapelle d'Ausone 2019, l'élégance du vin laisse une pointe minérale en bouche sur un fruit noir riche. Dans la lignées des grands millésimes d'Ausone, le livrable 2019 est parfait d'équilibre. Encore janséniste malgré la sucrosité du millésime, il possède toutes les trace du profil "ausonien" avec, en plus, une puissance inédite, celle du millésime.

🍷 Saint-Émilion Grand Cru 2019   591 €   **98**
🍷 Saint-Émilion Grand Cru La Chapelle d'Ausone 2019   180 €   **96**

Rouge : 7 hectares.
Production moyenne : 20 000 bt/an

CHÂTEAU AUSONE
Ausone, 33330 Saint-Émilion
05 57 24 24 57 ● www.chateau-ausone.fr/ ●
Pas de visites.
Propriétaire : Famille Vauthier
Directeur : Alain Vauthier

★★★★ ⚐ CHÂTEAU CHEVAL BLANC

Depuis son rachat par les hommes d'affaires Albert Frère et Bernard Arnault, la propriété a fait un retour fracassant au sein de l'élite saint-émilionnaise (au décès d'Albert Frère, ses héritiers continuent l'aventure). Depuis 2011, les vinifications se déroulent dans le nouveau et aérien chai signé par l'architecte Christian de Portzamparc et ses 55 cuves en ciment fabriquées sur mesure. Cet investissement, spectaculaire sans être ostentatoire, fait suite à une vigoureuse reprise en main de la viticulture depuis 2008, avec sa confirmation au rang de premier grand cru classé A dans le classement 2012. La grandeur de Cheval Blanc réside dans ses exceptionnelles massales de cabernet franc, dans ses vieilles vignes dont deux parcelles centenaires, dans ses 8 hectares qui ont résisté au gel de 56 et dans ses 10 unités de sols dont les lentilles d'argiles bleues. Le tout constitue un parcellaire de 31 lopins de terre laissés par la mer lorsque qu'elle se retira. Le sol et l'outil de production au meilleur niveau, il restait à l'équipe en place à retrouver un écosystème propice à la pérennité de ce vignoble d'exception. Les années 2020 seront donc marquées par la replantation de haies, la création d'un étang et l'agro-foresterie. Quelques parcelles étant consacrées au sauvignon et au sémillon, 2014 est le premier millésime commercialisé de Petit Cheval Blanc. Ceux qui ont eu la chance de goûter le mythique Cheval Blanc 1947 savent la force du terroir de la propriété qui, depuis le rachat et la construction du chai, ne cesse de progresser vers une modernité parfaite. Chaque millésime possède une expressivité particulière et une longévité caractéristique qui lui valent une quatrième étoile.

Les vins : l'onctuosité caractérise le milieu de bouche et ancre profondément le style de Cheval Blanc 2019 sur un tanin d'une intensité régulière, à la précision d'horloger suisse. Tout est en équilibre. Plus de 80 % des vignes ont produit ce 2019, donc largement dominé par les cabernets francs du domaine. La qualité des tanins, raffinés et cadrés, est due aux réserves hydriques constituées par les argiles, durant la phase de synthèse de la vigne. La vaillance du millésime se trouve renforcée par l'élevage dans des barriques aux chauffes douces. Assis sur une froideur aristocratique, 2016 est un vin terrien, aux notes d'humus et de fleurs, associé à une finale de menthe et de cerise. À l'attendre, il devient plus sanguin et se libère sur la profondeur, déploie son éventail aromatique, sans toutefois se départir de sa sobriété. Le second vin, en 2019, pose un aplomb sévère, sur un éclat de fruit équilibré par la fraîcheur et l'intensité éclatantes. Le Petit Cheval, bordeaux blanc élevé dans de très gros contenants, en foudres, plus de 20 mois sur lies totales, laisse fuser des notes fumées à la pointe chlorophylle sur l'ananas et la fleur d'acacia. Suit l'empreinte saline, en fin de bouche, qui réunit tout ce petit monde dans un ensemble texturé.

Bordeaux Le Petit Cheval 2019	140 €	**94**
Saint-Émilion Grand Cru 2016	850 €	**99**
Saint-Émilion Grand Cru 2019	840 €	**98**

Rouge : 39 hectares.
Production moyenne : 100 000 bt/an

CHÂTEAU CHEVAL BLANC
1, Cheval Blanc, 33330 Saint-Émilion
05 57 55 55 55 ●
www.chateau-cheval-blanc.com/
● Visites : sur RDV aux professionnels.
Propriétaire : Bernard Arnault et Famille Frère
Directeur : Pierre Lurton

★★★★ ⚐ CHÂTEAU FIGEAC

À partir d'un encépagement atypique, avec une parité entre cabernet franc, cabernet-sauvignon et merlot, le style unique et personnel de Figeac représente la quintessence de l'élégance et du raffinement des vins du plateau occidental que Saint-Émilion partage avec Pomerol. Figeac possède un cachet bien à lui, souvent plus austère et compact que celui de ses voisins durant sa jeunesse. Des vins d'une race exceptionnelle, digestes et longs. Figeac brille dans les millésimes chauds (comme nous le prouve le 2005) et ne se dévoile totalement qu'après une garde de dix à quinze ans. La construction du nouveau chai achevé pour les vendanges 2020 a permis d'entrer plus encore dans le détail des parcelles, voir l'intra-parcellaire et ravit Frédéric Faye par la fonctionnalité extrême des installations. Semi-enterré, et proche du château avec lequel il partage l'élégance du grand cru, ce nouvel outil qui s'insère avec majesté mais sans ostentation dans le site rafraîchit le lieu. Le château confirme ainsi l'ampleur de son classicisme "moderne", de sa droiture sans artifice, de son rang : celui des rares premiers. Son histoire ancrée dans la légende de Saint-Émilion ; les arbres préservés du parc créant un écosystème parfait ; la puissance de son terroir au relief unique et argiles extrêmement qualitatives

197

et la pertinence du nouveau chai valent à la propriété de la famille Manoncourt une quatrième étoile.

Les vins : élevé entièrement dans le bois neuf, 2016 s'affiche grandissime. Il signe une expression de fruit intense, unique, et son bouquet laisse échapper des effluves de myrtilles, de confiture de cassis, de sureau. Sa fraîcheur incisive insiste à chaque respiration sur l'équilibre de ce millésime. Il faut également compter sur la texture rassemblée, vibrante d'une énergie revigorante, et la ceinture tannique, d'un équilibre somptueux, pour comprendre qu'on tient là un grand figeac, mais qu'il faudra l'attendre. C'est par la sincérité que brille le 2019, aux tanins nobles et au fruit lumineux, profondément dense et concentré. Il tourne autour de cette touche minérale, de graphite, qui fait la signature du cru.

➤ Saint-Émilion Grand Cru 2018   N.C. **98**
➤ Saint-Émilion Grand Cru 2019   168 € **98**

Rouge : 41 hectares. Cabernet-Sauvignon 43 %, Merlot 29 %, Cabernet franc 28 %
Production moyenne : 120 000 bt/an

CHÂTEAU FIGEAC
Château Figeac, 33330 Saint-Émilion
05 57 24 72 26 ● www.chateau-figeac.com ●
Vente et visites : sur RDV.
Propriétaire : Famille Manoncourt
Directeur : Frédéric Faye
Maître de chai : Jean Albino
Œnologue : Michel Rolland

★★★ CLOS FOURTET

Ce premier grand cru classé B est idéalement situé au bord de la cité, à quelques mètres de l'église collégiale de Saint-Émilion, ancré sur le fameux plateau calcaire à astéries. Acquis, en 2001, par la famille Cuvelier (ex-papeterie Guibert), Fourtet a retrouvé son rang et se présente aujourd'hui comme l'une des icônes de Saint-Émilion, combinant une texture profondément fruitée, des tanins à l'élégance suave et une singulière race aromatique. Avec un passage progressif du vignoble en biodynamie, le cru a arraché les cabernets francs mal implantés alors que de nouvelles sélections massales entrent en production, même si le merlot demeure ultra-majoritaire. Un travail de fond entrepris avec les conseils de l'équipe de Stéphane Derenoncourt. Un nouveau cuvier a été inauguré avec le millésime 2014. Il se décline en une batterie de petites cuves inox de 40 à 70 hectolitres. La famille Cuvelier, également propriétaire du château Poujeaux (Moulis) a acheté en mars 2013 deux belles propriétés saint-émilionnaises à la famille Reiffers : leur

voisin Les Grandes Murailles (qui pourraient logiquement intégrer Clos Fourtet) et Côte de Baleau. Les derniers millésimes replacent avec autorité Clos Fourtet parmi les très grands terroirs du plateau, et donc logiquement au sommet de notre hiérarchie.

Les vins : la chair parfaite et l'éclat juste du 2019 finissent de convaincre que l'on est en présence d'un grand terroir, qui donne un vin soyeux aux notes de graphite parfaitement ajustées à la biodynamie pratiquée par la famille Cuvelier. Une touche de tabac, des fruit frais, des notes de feuille d'huître, un fond crayeux : le nez propose de la complexité, promesse de délices futurs. Le soyeux texturé du tanin ne masque pas la puissance du millésime et conserve cette allonge parfaitement identifiable du cru.

➤ Saint-Émilion Grand Cru 2019   119 € **98**

Rouge : 20 hectares. Merlot 85 %, Cabernet-Sauvignon 10 %, Cabernet franc 5 %
Production moyenne : 70 000 bt/an

CLOS FOURTET
1, Chatelet Sud, 33330 Saint-Émilion
05 57 24 70 90 ● www.closfourtet.com ●
Vente et visites : sur RDV.
Propriétaire : Philippe Cuvelier
Directeur : Emmanuel de Saint-Salvy
Maître de chai : Nathan Canal Descudé
Œnologue : Stéphane Derenoncourt et Jean-Claude Berrouet

★★ CHÂTEAU ANGÉLUS

Angélus a été promu dans le quatuor des premiers grands crus classés A lors du classement de Saint-Émilion en 2012. Aucun château n'aura parcouru autant de chemin dans la hiérarchie bordelaise en si peu de temps. Une prodigieuse ascension accomplie en deux décennies, signée Hubert de Boüard, vinificateur moderniste, grand communiquant et consultant international, homme de poids dans les instances de la viticulture locale et nationale. 2013 a vu la rénovation complète et l'embellissement du chai désormais surmonté d'un spectaculaire carillon. Après avoir restructuré le parcellaire du cru familial, se donnant tous les atouts pour atteindre les sommets qualitatifs de l'appellation, Hubert de Boüard passe la main. Thierry Grenié-de Boüard a rejoint en 2017 Stéphanie de Boüard-Rivoal à la tête du château. La huitième génération prend le pouvoir et fait sensiblement bouger les lignes. Angélus illustre la perfection formelle et sophistiquée des grands bordeaux d'aujourd'hui. À 10 kilomètres de l'Angélus, un nouveau chai servira aux vinifications du Carillon et du N°3, second et troisième vins, dotés de parcelles dédiées. Lors du millésime 2021, le château officialise sa labellisation ; et en 2022, sa décision de se retirer du classement de Saint-Émilion. Eu égard aux dernières dégustations à l'aveugle du cru, au milieu d'autres premiers crus classés, Angélus ne nous apparaît plus à la hauteur d'un trois étoiles. Il perd donc cette année une étoile.

Les vins : le château ne nous ayant pas fait parvenir ses échantillons cette année, nous avons dégusté les millésimes 2010 et 2019 au sein de notre comité de dégustation, entre décembre 2021 et janvier 2022. Le 2010 demeure cohérent, les vins du château ne le restent pas tous, avec une dynamique de fruit encore assez chic, aux parfums chocolatés et un boisé qui tire sur le caramel. Ce millésime possède encore une nette réserve de fraîcheur et séduira les amateurs d'Angélus. Un élevage posé sur une matière classique pour le 2019, qui, lui aussi, présente une fraîcheur louable sur un relief certes charpenté, mais plus velouté que d'ordinaire. Le style est à l'image du cru, imposant, et la qualité de tanins est là.

▰ Saint-Émilion Grand Cru 2010	530 €	**93**
▰ Saint-Émilion Grand Cru 2019	430 €	**95**

Rouge : 52 hectares.
Production moyenne : 100 000 bt/an

CHÂTEAU ANGÉLUS

Angelus, 33330 Saint-Émilion
05 57 24 71 39 ● www.angelus.com ● Vente et visites : sur RDV.
Propriétaire : Famille de Boüard de Laforest
Directeur : Stéphanie de Boüard-Rivoal
Œnologue : Hubert de Boüard de Laforest et Emmanuelle d'Aligny-Fulchi

★★ CHÂTEAU BEAU-SÉJOUR BÉCOT

Le domaine profite de l'homogénéité d'un terroir d'une qualité incontestable. Il est aujourd'hui entre les mains de la troisième génération de vignerons incarnée par Juliette Bécot, ingénieur agro, et son mari Julien Barthe, qui a passé douze ans aux côtés de François Lurton. Identifié lors du tout premier classement en 1955, le cru fut déclassé à cause de son assiette foncière, à moins que ce ne soit pour des questions d'hommes... Il retrouve sa place en 1996, grâce à son terroir, calcaires, argiles et molasses, et à ses pratiques bienveillantes à l'égard du merlot. Ce cépage compose toujours la majorité de l'assemblage, soutenu de cabernet franc replanté en massales ou en clones. Le soin agronomique tient compte de la nouvelle donne climatique. Ainsi, la dernière parcelle est plantée à la verticale de la pente, dans le sens nord/sud, pour éviter aux raisins d'être chauffés tout le jour. En attendant le nouveau chai qui devrait être opé-

rationnel en 2023, l'agronomie mute : les extractions deviennent infusions, le bois neuf est réduit, les grands contenants en bois et les jarres sont utilisés. En 2017, le domaine se sépare de Michel Rolland pour travailler avec Thomas Duclos.

Les vins : l'équilibre et la finesse président au remarquable 2019, qu'il a fallu ramasser à toute vitesse car les journées très chaudes de l'automne risquaient de faire basculer les raisins et de nuire au style de Beau-Séjour Bécot. Le fruit est épanoui et séduisant, sur un tanin qui se partage entre extrait sec et velouté. 2018 continue sur sa lancée. Une grande bouteille à la sève fruitée, déliée et franche, aux proportions parfaites et à la finale calcaire. Tout est en équilibre et en place pour ce top-model du plateau.

▰ Saint-Émilion Grand Cru 2018	75 €	**93**
▰ Saint-Émilion Grand Cru 2019	80 €	**95**

Rouge : 17,24 hectares.
Production moyenne : 105 000 bt/an

CHÂTEAU BEAU-SÉJOUR BÉCOT

1, lieu-dit La Carte, 33330 Saint-Émilion
05 57 74 46 87 ● www.beausejour-becot.com
● Vente et visites : sur RDV.
Propriétaire : Famille Bécot
Directeur : Juliette Bécot et Julien Barthe
Maître de chai : Willy Bouyer
Œnologue : Thomas Duclos

★★ CHÂTEAU BEAUSÉJOUR HÉRITIERS DUFFAU-LAGARROSSE

Dans la famille Duffau-Lagarrosse depuis 1847, Beauséjour (HDL pour les initiés) a été cédé l'an dernier à la famille Courtin (groupe Clarins), associée à Joséphine Duffau-Lagarrosse, ingénieur-agronome et œnologue qui possède 11 % de l'actionnariat. Son père, Vincent, a géré la propriété pour le compte des 32 héritiers, pendant que Joséphine vinifiait à l'étranger. De retour en France, elle est directrice technique au Château du Taillan, puis dans le groupe de Bernard Magrez, juste avant de reprendre le premier cru situé sur la côte-ouest et dirigé jusque-là par l'équipe Nicolas Thienpont-David Suire. Elle a donc vinifié son premier millésime en 2021, dans un cuvier béton adapté au parcellaire de ce terroir au trois types de sol, les argilo-calcaires du plateau, les argiles du coteau et une parcelle de sable. Les vins vieillissent dans les carrières sous le château.

Les vins : c'est sur un profil méditerranéen que s'ouvre le 2017 : une séduction florale, stylée, pointée de parfums de garrigue sur une bouche vibrante et précise aux tanins superbes d'élé-

199

gance. Même précision qui rend compte d'un parcellaire choyé dans un cuvier adapté pour le 2018, éloquent de franchise et d'équilibre. C'est en 2019 que se perçoit la belle acidité des sols dans cette année chaude, les tanins subtilement extraits pointent la qualité du pH. Il faut évoquer l'excellent 2010 qui a été goûté collégialement fin 2021 par les membres du comité de dégustation et a fait l'unanimité par son allure et sa finesse.

►— Saint-Émilion Grand Cru 2010	77 €	96
►— Saint-Émilion Grand Cru 2017	77 €	94
►— Saint-Émilion Grand Cru 2018	N.C.	97
►— Saint-Émilion Grand Cru 2019	109 €	97

Rouge : 6,8 hectares.
Production moyenne : 25 000 bt/an

CHÂTEAU BEAUSÉJOUR HÉRITIERS DUFFAU-LAGARROSSE

Beauséjour, 33330 Saint-Émilion
05 57 24 71 61 ● www.beausejourhdl.com ●
Pas de visites.
Propriétaire : Famille Courtin (groupe Clarins)
Directeur : Joséphine Duffau-Lagarrosse
Maître de chai : Joséphine Duffau-Lagarosse

★★ CHÂTEAU BELAIR-MONANGE

Belair a été rebaptisé Bélair-Monange en l'honneur de la grand-mère de Christian Moueix, l'entier propriétaire des lieux depuis 2008. Son fils Édouard a élu domicile dans ce premier grand cru classé B. Le jeune directeur commercial de la Maison J.-P. Moueix supervise le colossal chantier de consolidation des caves troglodytiques, qui dure depuis trois ans. Ces travaux permettent l'accès au plateau devenu trop instable pour les engins mécaniques, et ainsi de terminer des travaux titanesques d'arrachage, remodelage et replantation d'un vignoble sur lequel ont été recréées des terrasses aux murets de pierre pour maintenir la terre de cette côte abrupte. La côte sud, et surtout sud-est (6,5 hectares), joue un rôle prédominant dans la relance du grand vin depuis 2009. Le vignoble du château Magdelaine (à ne pas confondre avec le Clos La Madeleine) fait désormais partie de Bélair-Monange. 12 hectares seulement sont en production, sur 25 potentiels. Déjà doublement étoilé, le cru dispose du potentiel pour viser le sommet absolu de la hiérarchie saint-émilionnaise. Le chai en forme de bloc monolithe, semi-enterré au milieu de la côte, sera inauguré à l'automne 2022.

Les vins : la silhouette élancée et racée du 2019 signe le style du merlot sur calcaire : tex-turé, poudré, précis et brillant d'énergie sur un jus salin. L'accord entre l'année chaleureuse et le poids des calcaires et des agiles de la côte dessine un cru vineux. Les contours charnels du vin n'en oublient pas pour autant une précision métronomique. On apprécie surtout que les tanins se resserrent dans la finale, laissant entrevoir une parfaite évolution pour ce millésime.

►— Saint-Émilion Grand Cru 2019	150 €	98

Rouge : 23,5 hectares.
Production moyenne : 58 000 bt/an

CHÂTEAU BELAIR-MONANGE

54, quai du Priourat, BP 129 BP
129 33502 Libourne Cedex
05 57 51 78 96 ● www.belairmonange.com ●
Pas de visites.
Propriétaire : SC du Château Belair-Monange
Directeur : Édouard Moueix
Maître de chai : Laurent Descos
Œnologue : Éric Murisasco

★★ CHÂTEAU CANON

Il y a 250 ans, un corsaire passionné de terre fit construire Château Canon. Il y a 25 ans deux frères esthètes, épris de beauté, rachètent le château. Les Wertheimer, après avoir acquis Rauzan-Ségla à Margaux, se tournent deux ans plus tard vers la rive droite, reprenant Canon en 1996, puis en 2017 son voisin, Château Berliquet. Au fil des restructurations, et sous la direction de Nicolas Audebert, les cabernets francs deviennent plus conséquents jusqu'à composer 30 % de l'encépagement et de l'assemblage. L'homogénéité parfaite du vignoble sur les calcaires à astéries du plateau offre une constance affinée, dans le labyrinthe de carrières qui en sous-sol courent le long des vignes. Quelque que soit le millésime, Canon sort des codes : les années chaudes n'entachent pas sa superbe, le calcaire fonctionnant comme une réserve d'eau. L'allure élancée très identitaire du vin construit sa réputation.

Les vins : 2009 et 2010 se sont posés et on pourra commencer à les boire. Le premier propose une masse détendue, plantée sur un tanin extrait qui ne l'empêche pas d'évoluer avec grâce. Son successeur, 2010, se tient sur une fraîcheur saline typique des calcaires. L'onctuosité du 2014 révèle un bouquet floral, sur pointe de cacao. 2018 est gorgé d'un fruit séveux sous la pression minérale typique du cru. En 2019, le terroir prend le pas sur l'année, même dans la jeunesse du vin. Les tanins calcaires se révèlent sur la finesse, et la finale qui lie subtilement le salin et l'amertume marque l'identité du cru.

🍷 Saint-Émilion Grand Cru 2009	105 €	**96**
🍷 Saint-Émilion Grand Cru 2010	180 €	**96**
🍷 Saint-Émilion Grand Cru 2014	120 €	**94**
🍷 Saint-Émilion Grand Cru 2018	144 €	**97**
🍷 Saint-Émilion Grand Cru 2019	145 €	**96**

Rouge : 34 hectares.
Production moyenne : 130 000 bt/an

CHÂTEAU CANON

BP 22, 33330 Saint-Émilion
05 57 55 23 45 ● www.chateaucanon.com ●
Visites : sur RDV aux professionnels.
Propriétaire : Chanel
Directeur : Nicolas Audebert
Maître de chai : Stéphane Bonnasse

★★ CHÂTEAU CANON-LA-GAFFELIÈRE

La famille Von Neipperg, d'origine allemande, est devenue l'un des piliers de la cité classée au patrimoine mondial de l'Unesco depuis le rachat de Canon-La-Gaffelière en 1971. Stephan Von Neipperg, après des études politiques, entreprend l'agro de Montpellier, en sort diplômé et s'installe à Saint-Émilion sur la propriété familiale en 1983. Les évolutions culturales et œnologiques ne cesseront plus jusqu'à la conversion en 2014 en agriculture biologique. Durant quelques années, Stéphane Derenoncourt participe à la modification de la signature du cru. Mais c'est surtout la qualité du végétal et des sélections massales de cabernet franc, issues de très vieilles vignes et plantées sur les sols chauds et précoces des pieds de côtes, qui affinent le style du vin, promu premier grand cru classé en 2012. La charme discret du cru aux tanins crémeux est enthousiasmant, tout autant que la dynamique des millésimes chauds qui s'en sortent avec brio.

Les vins : le cru se révèle au mieux de sa forme dans les années sèches et chaudes grâce à la composition de ses argiles de la ceinture méridionale. L'exposition sud se révèle dans la profondeur du vin. Son fruit noir très prononcé présente une chair densifiée par un tanin qui reste frais grâce aux massales de cabernets francs. La matière riche et enrobée expose une élégante trame du début à la fin sur une pointe fumée encore sous l'emprise du bois.

🍷 Saint-Émilion Grand Cru 2019	90 €	**94**

Rouge : 19,5 hectares.
Production moyenne : 80 000 bt/an

CHÂTEAU CANON-LA-GAFFELIÈRE ♣

Vignobles Comtes von Neipperg, BP 34 33330 Saint-Émilion

05 57 24 71 33 ● www.neipperg.com ● Vente et visites : sur RDV.
Propriétaire : Comtes von Neipperg
Directeur : Stephan von Neipperg

★★ CLOS SAINT-MARTIN

Sophie Fourcade veille avec amour sur cet étonnant jardin de vignes, le plus petit des crus classés, dont elle reste l'actionnaire majoritaire après la vente des autres domaines familiaux à la famille Cuvelier en 2013. La situation est idéale, sur une petite croupe entre les deux Beauséjour. Depuis 2008, on pratique ici la fermentation en fût (et depuis 2016 en jarre de terre cuite), singularité qui permet au vin un chatoiement précoce mais n'entrave nullement son potentiel d'évolution, favorisant une vinification en tout petit contenants pour coller au parcellaire. Le terroir parle haut et fort. Hormis la taille très réduite du vignoble (deux hectares quand il sera entièrement replanté), on ne voit pas trop ce qui pourrait empêcher ce cru d'accéder au cénacle des Premiers crus.

Les vins : le boisé de la vinification intégrale et de l'élevage tend à se fondre dans ce 2018 au bouquet concentré et profond, qui devient de plus en plus savoureux à l'aération. La chair profonde du vin s'expose avec harmonie, et la sucrosité du bois et la tension des calcaires révèlent l'expression structurante et séduisante des vins du plateau. Peu concerné par cette année où le mildiou a sévi, le cru fait le plein de ses raisins pour cette année dont on jugera pleinement le potentiel d'ici cinq ans.

🍷 Saint-Émilion Grand Cru 2018	98 €	**96**

Rouge : 1,36 hectare. Merlot 85 %, Cabernet franc 8 %, Cabernet-Sauvignon 7 %
Production moyenne : 5 000 bt/an

CLOS SAINT-MARTIN 🌙

BP 20017, 33330 Saint-Émilion
05 57 24 71 09 ●
clossaintmartin.saintemilion@gmail.com ●
Vente et visites : sur RDV.
Propriétaire : Sophie Fourcade
Maître de chai : Benoit Turbet-Delof
Œnologue : Michel Rolland et Julien Viaud

★★ CHÂTEAU LA CLOTTE

C'était une adresse d'initiés, que l'on s'échangeait comme un mot de passe. Les projecteurs s'y font plus insistants depuis 2014, année du rachat par la famille Vauthier, propriétaire de l'illustre château Ausone, à la barbe de plusieurs autres investisseurs. La propriété ne couvre que 4 hectares de terrasses exposées plein sud, proches de la cité, merveilleusement étagés dans le vallon de Fongaban, dont 2,5 hectares ont été arrachés et seront replantés en cabernet franc et merlot cette année. Après les travaux structurels, notamment la réfection des murettes du vignoble, le nouveau chai demeure en chantier depuis maintenant… huit ans. Alain Vauthier, historien passionné du sous-sol saint-émilionnais, a voulu le chai dans les carrières, il a donc fallu décaisser pour faire passer les cuves. Une fois que la vendange entre dans la carrière, elle n'en sort qu'en bouteille. La race du terroir, conjuguant puissance et définition, était déjà évidente dans les millésimes de la période Moulierac (1990-2013) ; elle transparaît désormais avec un éclat de plus en plus net à chaque millésime Vauthier.

Les vins : le style se précise de plus en plus dans la trame sensuelle du cinquième millésime vinifié par Pauline Vauthier à La Clotte, peut-être le plus éclatant de la série qui deviendra mythique : 2018, 2019 et 2020. La puissance sphérique du 2019 palpite dans son fruit noir radieux assorti à des parfums de fleurs de printemps sur un ensemble qui porte l'élégante signature des sols. La bouche marie sobrement fruit et fleur et la finale profile un dynamisme épanoui.

🔖 Saint-Émilion Grand Cru 2019   N.C.   **94**

CHÂTEAU LA CLOTTE
La Clotte 33330 Saint-Émilion
05 57 24 66 85 ●
chateau-la-clotte@wanadoo.fr ● Pas de visites.
Propriétaire : Famille Vauthier
Directeur : Pauline Vauthier

★★ CHÂTEAU LA GAFFELIÈRE

Parallèlement à une profonde restructuration du vignoble, sous la férule de l'équipe Derenoncourt, Alexandre de Malet a largement investi dans la refonte technique du cuvier. Après les investissements dans les plantations depuis 2000 et un renouvellement du matériel de culture, l'outil de production de La Gaffelière est désormais au niveau de l'élite des premiers grands crus classés. À terme, le grand vin sera issu des vignes du coteau à 80 % (sous Belair), laissant au second vin, Clos La Gaffelière, les bas de côte, généreux mais moins racés. Défendant un style classique mais expressif, sans excès, construit sur la finesse de la deuxième partie de bouche, ce premier cru à la situation topographique exceptionnelle n'a pas fini de surprendre, d'autant qu'il pratique des prix encore compréhensibles. On est ici au cœur de ce qu'il y a de plus sensuel et singulier à Saint-Émilion ! La famille de Malet Roquefort a racheté

le château Puy-Blanquet, 20 hectares à Saint-Étienne-de-Lisse, sur une croupe argilo-calcaire dominant la Dordogne, qu'elle avait cédée dans les années 1960 à la famille Jacquet pour les raisons successorales.

Les vins : en dix ans, la part du merlot a diminué au profit du cabernet franc, qui atteint aujourd'hui 30 % dans l'assemblage. De nouvelles plantations approfondissent encore la chair et le style des derniers millésimes. La parfaite sucrosité du 2019, au volume expansif et équilibré, nous séduit au-delà de son fruit jusque dans une belle allonge. Frais et de parfaite tenue, le vin reste d'un classicisme avéré, et représente l'archétype du saint-émilion aristocratique et racé, sans signe ostentatoire. Château Puy-Blanquet, arrivé dans le giron familial en 2020, expose dans ce millésime une tension qui rappelle la fraîcheur du premier cru.

🔖 Saint-Émilion Grand Cru 2019   77 €   **96**

Rouge : 38 hectares. Merlot 70 %, Cabernet franc 30 %
Production moyenne : 80 000 bt/an

CHÂTEAU LA GAFFELIÈRE
Bp65 33330 Saint Emilion
+33557247215 ● lagaffeliere.com ● Vente et visites : sur RDV.
Propriétaire : Famille de Malet Roquefort
Directeur : Alexandre de Malet Roquefort
Maître de chai : Franck Darricau
Œnologue : Stéphane Derenoncourt

★★ CHÂTEAU LARCIS-DUCASSE

De son sous-sol imperméable, irrigué de sources et de bassins, sur le versant sud du plateau à astéries, le vin de Larcis-Ducasse offre une race séduisante qui l'élève au rang de premier grand cru. La famille Gratiot, propriétaire du cru en a confié depuis vingt ans la direction au tandem Nicolas Thienpont-David Suire, conseillé par Stéphane Derenoncourt. Les terrasses qui dessinent le relief sont constituées d'argiles et de calcaires, de molasses du fronsadais et d'huîtres et coquillages. L'ensemble contribue à la finesse et à l'élégance du cru qui, dans les millésimes en retrait comme dans les millésimes chauds, s'en sort toujours avec brio. De nouvelles plantations de massales sont en cours à plus de 8000 pieds l'hectare. Les vins issus des parcelles les plus calcaires vieillissent en 500 l ; celles des argiles, toujours en bordelaise.

Les vins : l'éclat sensuel du 2015 trouve son paroxysme dans les crus de la côte sud qui savent fraîcheur garder. À l'inverse, 2016 est beaucoup plus janséniste et ne livre son élégance que derrière la barrière de l'austérité. Souvent, les vins du cru ont tendance à s'ouvrir jeunes pour se refermer, comme pour donner un avant-goût de la joie future. C'est le cas du 2018, qu'on ouvrirait presque déjà : les notes zestées sont les marqueurs de sa fraîcheur. Le millésime s'avère plus élancé que le 2019, pas farouche du tout, large et concentré sur une finale qui rappelle les calcaires.

🔖 Saint-Émilion Grand Cru 2019   85 €   **96**

Rouge : 11,3 hectares. Merlot 90 %, Cabernet franc 10 %
Production moyenne : 35 000 bt/an

CHÂTEAU LARCIS-DUCASSE
1, Grottes d'Arsis
33330 Saint-Laurent-des-Combes
05 57 24 70 84 ● www.larcis-ducasse.com ●
Visites : sur RDV aux professionnels.
Propriétaire : Famille Gratiot-Attmane
Directeur : Nicolas Thienpont
Œnologue : Julien Lavenu (Derenoncourt Consultants)

★★ LA MONDOTTE

Même s'il est déjà fait mention de la parcelle de la Mondotte dans de nombreux ouvrages centenaires, ce petit morceau de terre, voisin de Troplong Mondot et des trois Pavie, n'a pas été jugé digne d'intégrer le cadastre de Canon-la-Gaffelière lors du classement de 2006. Malicieusement, Stephan von Neipperg en a donc profité pour créer un cru à part, et faire un joli pied de nez à la commission de classement. Commission qui, en 2012, n'a pu que reconnaître l'expression puissante, dense et équilibrée de ce cru et donc l'élire premier grand cru classé. Il faut dire que le vin, issu d'un vignoble ancien désormais cultivé en bio (plus de 65 ans, 75 % merlot, au rendement bas, 100 % fût neuf), s'est montré admirable dès les premiers millésimes (à partir de 1996). La signature de fraîcheur du terroir (le pH du vin est très bas) est impressionnante ; La Mondotte est capable d'affronter le temps sans sourciller.

Les vins : à l'instar des crus qui entourent le château, le profil du vin est des plus profonds, complexes et puissants. La succession des millésimes depuis 2015 rend compte de l'ampleur du vin, pointé d'une acidité parfaite. 2016 est une épure renforcée par l'acidité du millésime et du sol ; 2017 représente la distinction chic ; 2018 commence à laisser passer des prémisses de suavité ; enfin, dernier millésime goûté, 2019 possède l'austérité des calcaires et son corolaire, la fraîcheur. Le vin est en totale expansion, surpuissant dans cette jeunesse qui le renferme davantage sur lui-même que d'ordinaire. Il faut attendre que jeunesse se passe.

🔖 Saint-Émilion Grand Cru 2019   180 €   **93**

Rouge : 4,5 hectares. Merlot 75 %, Cabernet franc 25 %
Production moyenne : 20 000 bt/an

LA MONDOTTE ♣
Vignobles Comtes von Neipperg BP
34 33330 Saint-Émilion
05 57 24 71 33 ● www.neipperg.com ● Pas de visites.
Propriétaire : Comtes von Neipperg
Directeur : Stephan von Neipperg

★★ CHÂTEAU PAVIE

Acquis en 1997 par Gérard Perse, le cru vole depuis de succès en succès, en défendant un style résolument moderne de haute concentration. Rendements extrêmement bas, recherche d'une grande maturité des raisins, extraction poussée et élevage luxueux : tous les facteurs permettant l'amélioration théorique de la qualité des vins répondent présent. Et les investissements ne s'arrêtent jamais… L'impressionnante et massive extension des chais, de la cuverie et surtout la création d'une salle de réception lumineuse et versaillaise de 600 m2, inaugurée en juin 2013. La propriété ne cherche pas à élaborer des vins faciles, immédiats, mais à inscrire sa démarche dans la durée. Le terroir de la côte sud, un des tous premiers de Saint-Émilion, favorise la longévité des vins. Sans rien perdre de leur monumentalité, les derniers millésimes montrent cependant une légère inflexion dans le sens d'une plus grande flexibilité dans les premières années, avec davantage de naturel d'expression.

Les vins : en 2018, le vin s'offre plus facilement, tout en puisant dans son terroir son aptitude au vieillissement. La trame reste très traditionnelle, les tanins s'assagissent et le fruit s'expose plus fumé, perdant son exotisme du début. En 2019, le nez de violette s'oppose aux notes graphites d'un sol mis en valeur par les sources d'eau claire. Les sensations aromatiques du calcaire parviennent à s'extirper d'un boisé encore conséquent. Malgré la chaleur du millésime, le vin frôle la tension dans une finale libérée. Le style de Pavie évolue vers plus d'élégance et de souplesse.

🔖 Saint-Émilion Grand Cru 2018   395 €   **96**
🔖 Saint-Émilion Grand Cru 2019   336 €   **96**

Rouge : 37 hectares. Merlot 65 %, Cabernet franc 25 %, Cabernet-Sauvignon 10 %
Production moyenne : 88 000 bt/an

CHÂTEAU PAVIE
2, Pimpinelle, 33330 Saint-Émilion
05 57 55 43 43 ● www.vignoblesperse.com ●

Vente et visites : sur RDV.
Propriétaire : Gérard Perse

★★ CHÂTEAU PAVIE DECESSE

Comme il l'a fait avec Pavie, Gérard Perse a métamorphosé Pavie Decesse, racheté en février 1997. Ici aussi, sur ce petit parcellaire de 3,65 hectares, tout est mis en œuvre pour porter le cru au plus haut niveau. Il faut dire que le terroir le permet. Grâce à un outil de vinification moderne, le vin ne cesse de progresser. Il s'impose comme l'un des crus de Saint-Émilion le plus complet qui soit, dans le style qu'aime Gérard Perse, à savoir concentré et taillé pour une garde nécessaire afin que les tanins aigus s'arrondissent.

Les vins : déjà 2017 possédait une chair soyeuse affinée et tendre. La puissance de 2018 vient assoir encore un peu plus la profondeur du vin et mettre en valeur la finesse des calcaires jusque dans les amers de la fin de bouche. Dans la même veine, mais encore plus intense, 2019 se profile sur une sève dense aux parfums de fruits et d'épices. Porté par le millésime de chaleur, le tanin est juteux mais justement rafraîchi par le calcaire, qui rend le vin favorable à une garde rayonnante.

Saint-Émilion Grand Cru 2017	N.C.	95
Saint-Émilion Grand Cru 2018	N.C.	95
Saint-Émilion Grand Cru 2019	117 €	96

Rouge : 3 hectares. Merlot 90 %, Cabernet franc 10 %
Production moyenne : 8 000 bt/an

CHÂTEAU PAVIE DECESSE
Pavie Decesse 33330 Saint-Émilion
05 57 55 43 43 ● www.vignoblesperse.com ●
Pas de visites.
Propriétaire : Gérard Perse
Directeur : Laurent Lusseau

★★ CHÂTEAU PAVIE-MACQUIN

Une nouvelle salle d'accueil sobre, tout en verre, permet de déguster avec une vue imprenable sur le village de Saint-Émilion. Pavie-Macquin a conservé son rang de premier grand cru classé dans le classement de 2012. Une juste récompense qui vient saluer le travail remarquable réalisé au château par son gestionnaire, Nicolas Thienpont, et son conseiller Stéphane Derenoncourt. Ce duo a métamorphosé la propriété en s'inspirant largement de la biodynamie (non certifiée) depuis la fin des années 1990. Une série de vins fantastiques, combinant une magnifique intensité du fruit et une grande profondeur de bouche, est venue couronner ce travail de fond. Des vins qui se distinguent de leurs voisins Pavie et Pavie-Decesse par une matière à la fois plus en retenue et plus en souplesse, un jus profond mais toujours très vif. Valeur sûre bien connue des amateurs, Pavie-Macquin n'a commis aucune fausse note ces dernières années. Le style demeure fidèle au terroir, marqué à la fois par la puissance de la partie argileuse et la minéralité des calcaires affleurants. S'il reste un vin d'évolution lente, introspectif, exigeant, il se dirige insensiblement vers davantage d'épure.

Les vins : le fruit est d'une intensité remarquable dans ce millésime soigné par une nature généreuse, qui s'expose dans le profil lumineux de Pavie-Macquin. Les calcaires du plateau soufflent une énergie revigorante sur l'ensemble du vin, construit sur un fruit d'un grande maturité. Après 2018, qui finissait sur la rigueur, son successeur pose sa finale sur une tension réglisse au boisé léger et parfaitement géré.

Saint-Émilion Grand Cru 2019	95 €	96

Rouge : 15 hectares. Merlot 80 %, Cabernet franc 20 %, Cabernet-Sauvignon 2 %
Production moyenne : 60 000 bt/an

CHÂTEAU PAVIE-MACQUIN
Peygenestau 33330 Saint-Émilion
05 57 24 74 23 ● www.pavie-macquin.com ●
Visites : sur RDV aux professionnels.
Propriétaire : Famille Corre-Macquin
Directeur : Nicolas Thienpont
Maître de chai : Philippe Dauvey
Œnologue : Stéphane Derenoncourt

★★ ⚘ CHÂTEAU ROCHEBELLE

À l'extrémité du plateau calcaire caché derrière Troplong Mondot, Rochebelle ne couvre que 3 hectares. Qui étaient par le passé rattachés à La Mondotte… Question de succession, la famille Faniest, Philippe, le père, et maintenant Émilie, sa fille, sont les propriétaires de ce minuscule cru par la taille mais au souffle grandiose. Entourés de mastodontes sur un des socles les plus prisés du vignoble, Rochebelle est une pépite. Au départ, la renommée s'est faite sur la clientèle particulière : Philippe Faniest inventa l'œnotourisme il y a 30 ans en créant le petit train de Saint-Émilion. Le grand-père était carrier et le sous-sol du domaine voit aujourd'hui vieillir les vins dans les carrières de calcaires, celles-là même où la vigne puise son équilibre. Un équilibre préservé par une extraction réduite à quelques remontages. La finesse est à double titre, celle du terroir et celle des vinifications, aussi, nous octroyons au cru une seconde étoile.

Les vins : les habitués du domaine viennent y chercher de vieux millésimes, comme 2012 ou 2014, à qui l'élevage sous terre confère un supplément de grâce. Carré, à l'image de tous les 2016, celui de Rochebelle renferme des trésors de graphite dans une ambiance soyeuse. Le 2017 affiche la même trame séveuse stylée du cru. Le 2018 est tout en lumière et précision, sa longue trame est assumée. Enfin, le 2019 est un bloc de fraîcheur calé sur les calcaires.

🢂 Saint-Émilion Grand Cru 2017   44 €   **93**

Rouge : 3 hectares. Merlot 85 %, Cabernet franc 15 %
Production moyenne : 18 000 bt/an

CHÂTEAU ROCHEBELLE
2, Le Bourg,
33330 Saint-Laurent-des-Combes
05 57 51 30 71 ●
www.chateau-rochebelle.com ● Vente et visites : sur RDV.
Propriétaire : Philippe et Émilie Faniest
Directeur : Philippe Faniest
Œnologue : Émilie Faniest

★★ CHÂTEAU TERTRE ROTEBŒUF

Les mauvais millésimes n'existent pas dans ce vignoble en amphithéâtre, terreau du saint-émilion anticonformiste produit par la famille Mitjavile. La viticulture n'y ressemble à aucune autre : nécessitant un travailleur par hectare, elle emprunte à toutes les méthodes. La conduite très basse des vignes permet grâce à la chaleur du sol une maturation longue du raisin, et la surface foliaire très développée favorise la photosynthèse. La maturité étant poussée très loin, jusqu'à l'extrême, avant que les raisins ne basculent dans le chaos, le cycle végétatif du cru n'est pas le même que celui des autres propriétés ! En 2019, ils ont ainsi tout vendangé le 5 octobre. À la cave, l'unicité prévaut : un vin, c'est tout ; un tonnelier, Radoux. Des cuves en béton, ni levure, ni réfrigération, du bois neuf, du collage s'il en faut (ce qui est rare, eu égard aux longs élevages), un léger cliquage de temps en temps, pourquoi pas. François Mitjavile emprunte à toutes, pour produire une exception. Le domaine ne nous ayant pas fait parvenir ses vins cette année, nous enlevons une étoile après une dégustation du millésime 2019, réalisée par notre comité fin décembre 2021.

Les vins : les maturations automnales favorisent l'affinage des peaux et des pépins, sur des vignes cultivées de telle façon que la fraîcheur perdure longtemps. L'affinage thermique se fait grâce à la conduite au ras du sol, tout en favorisant la photosynthèse sur les vignes en hauteur. L'enherbement spontané et permanent est adapté aux variations locales sur un domaine qui n'utilise pas de cuivre. L'interface en vinification se passe de levure, l'extraction lente et douce favorise l'aromatique. Le 2017 sort de 18 mois d'élevage sans marque de bois, juste crémeux ; son fruit noir lumineux s'affine dans les terminaisons de réglisse et de graphite. En 2018, le vin évoque le caractère étrange de l'année : le tanin est construit sur une force saline, de celle déjà perçue dans d'autres vins du plateau. Le moka et le café, signatures de l'élevage, sont moins convaincants mais la fraîcheur pose le vin dans une finale éclatante. Le 2019 évoque un fruit dense, noir, débridé, plein et riche, miroir du millésime sur un boisé qui tarde à se fondre procédant du style Mitjavile.

🢂 Saint-Émilion Grand Cru 2017   225 €   **95**
🢂 Saint-Émilion Grand Cru 2018   de 190 à 230 € (c)   **96**
🢂 Saint-Émilion Grand Cru 2019   41 €   **94**

Rouge : 6 hectares. Merlot 85 %, Cabernet franc 15 %
Production moyenne : 27 000 bt/an

CHÂTEAU TERTRE ROTEBŒUF
1, lieu-dit Tertre,
33330 Saint-Laurent-des-Combes
000 ●
tertre.roteboeuf-roc.de.cambes@wanadoo.fr
● Vente et visites : sur RDV.
Propriétaire : François et Émilie Mitjavile

★★ 🖊 CHÂTEAU TROPLONG MONDOT

Au centre de la propriété, située sur le point culminant de Saint-Émilion, les molasses de l'Agenais parsemées de cailloux, complétées de grosses pierres à silex uniques, marquent le caractère du cru racheté en 2017 par le réassureur Scor. La diversité des sols et des expositions autour de la butte de Mondot amènent complexité et masse au vin. Aymeric de Gironde, s'attache à parceliser au maximum l'intégralité de la propriété afin de donner aux vins davantage de précision. Il les fait évoluer ainsi vers la finesse alors que c'est un style plutôt massif qui s'imposait jusqu'à peu. 2019, le troisième millésime depuis le rachat, confirme le désir d'évolution vers moins d'extraction. La puissance du terroir étant gratuite, il faut la retenir plutôt que de l'extraire. Grâce à ses 42 cuves, le nouveau chai permet d'affiner dans le détail le parcellaire. Le domaine se dispute avec Château Soutard le leadership de l'œnotourisme de luxe : les jardins, le restaurant, sa terrasse et les chambres d'hôtes feront de Troplong Mondot, jadis classique et intime propriété, un outil de pointe. Après une verticale d'une quinzaine de millésimes, et compte tenu de la progression depuis 2016, nous estimons que le château mérite une deuxième étoile.

Les vins : à l'issue d'une verticale, nous saluons la vivacité du 1998, encore fringant, et le 2004, soyeux malgré l'extraction ; le 2011 s'en sort plutôt bien ; le 2014 est dynamique ; et le 2016 déroutant, salin et séveux en finale. Malgré le terroir froid, les millésimes de chaleur ne nous séduisent pas avant la trilogie 18, 19, 20. À partir de 2017, les vins deviennent plus lumineux. Le tri optique est utilisé dès 2017, le millésime est en coup d'essai. La pointe d'orange sanguine et la vivacité du 2018 témoignent d'une recherche de terroir et non d'une expressivité forcée. Dès 2019, les fermentations malolactiques en barriques sont éradiquées. La précision, la fraîcheur et le fruit forment la nouvelle trilogie Troplong.

- Saint-Émilion Grand Cru 2018   110 €   **94**
- Saint-Émilion Grand Cru 2019   84 €   **94**

Rouge : 43 hectares. Merlot 85 %, Cabernet-Sauvignon 13 %, Cabernet franc 2 %
Production moyenne : 190 000 bt/an

CHÂTEAU TROPLONG MONDOT
1, lieu-dit Mondot, 33330 Saint-Émilion
05 57 55 32 05 ● www.troplong-mondot.com
● Vente et visites : sur RDV.
Propriétaire : Groupe Scor
Directeur : Aymeric de Gironde
Maître de chai : Rémy Monribot
Œnologue : Thomas Duclos

★★ CHÂTEAU TROTTE VIEILLE

Premier cru traditionnel de Saint-Émilion, Trotte Vieille occupe un superbe coteau un peu à l'écart de ses pairs, capable de donner des vins fins et racés, de grande longévité. Le domaine dirigé par Philippe Castéja entreprend une démarche de développement durable sur l'ensemble des propriétés du groupe familial : nichoirs, haies, nouvelles plantations vont entourer le chai totalement reconstruit durant les deux dernières années, qui a accueilli l'an dernier la vendange 2021. Le nouveau cuvier conserve la noblesse classique de la propriété. Les nouvelles cuves à double paroi ont été adaptées aux parcellaires et le chai à barriques enterrées permet une parfaite ergonomie du travail en cave. Une cuve en bois circulaire et rotative de marque Galileo sert la vinification des vieilles vignes. La propriété compte également 3 000 pieds de cabernet franc préphylloxérique qui servent à produire des massales et donnent une cuvée non commercialisée. Le cru produit un vin de facture classique, s'exprimant avec une certaine austérité en primeur, qui ne joue pas la carte de l'opulence, mais celle de la fraîcheur du grain et du fruit. On retrouve cette sapidité autant dans le premier vin que dans Dame de Trotte Vieille, le second.

Les vins : dominé par son merlot, Dame de Trotte Vieille est construit comme toujours sur un classicisme épuré, tout en proposant une belle tonicité. Le fruit sensible est soutenu par un tanin profond, à la densité presque crémeuse, et servi par la finale enrobée d'un fruit sapide. En 2019, le grand vin, issu du couple merlot/ cabernet franc, épicé en petite part par le cabernet-sauvignon, offre une consistance qui s'allonge sur une pointe minérale. Encore jeune et sous l'emprise du bois, dans la logique traditionnelle du cru, il mettra plus de temps à libérer sa profondeur vers les amers sanguins de la finale.

- Saint-Émilion Grand Cru 2019   115 €   **95**
- Saint-Émilion Grand Cru Dame de Trotte Vieille 2019   56 €   **91**

Rouge : 12 hectares. Merlot 49 %, Cabernet franc 46 %, Cabernet-Sauvignon 5 %
Production moyenne : 30 000 bt/an

CHÂTEAU TROTTE VIEILLE
88, quai de Bacalan 33300 Bordeaux
05 56 00 00 70 ● www.trottevieille.com ●
Vente et visites : sur RDV.
Propriétaire : Philippe Castéja
Maître de chai : Christophe Dussutour

★★ CHÂTEAU VALANDRAUD

C'est à partir d'un micro-vignoble de 0,6 hectare, dans le vallon de Fongaban, que Murielle Andraud et Jean-Luc Thunevin commencent en 1991 une aventure aux allures de "success-story". Le second millésime du château Valandraud, un nom issu de la contraction de leurs deux patronymes, est salué par la critique française et internationale. Les millésimes 1993 et 1994 placent le domaine parmi les caciques du Bordelais. La sucrosité des tanins, l'extrême concentration et la profondeur du vin élevé en barriques neuves composent le style particulier des cuvées de garage de l'époque. Le domaine s'agrandit ensuite avec la parcelle de Badon dans le bas de la côte Pavie, puis à Saint-Etienne-de-Lisse, dans le prolongement du plateau sur des argilo-calcaire où le merlot domine toujours à 90 %. C'est là qu'un nouveau chai circulaire est créé ; l'ancien, situé dans le village de Saint-Émilion, servira uniquement aux vinifications du second vin devenu une marque à part entière : Virginie de Valandraud, produit avec les raisins de Fongaban. Le style épaulé de Michel Rolland et aujourd'hui de Jean-Philippe Fort évolue, même qu'élevé à 100 % dans le bois neuf : les derniers millésimes, toujours généreux, se profilent plus digestes. Les calcaires plus froids de Saint-Étienne-de-Lisse contribuent à la bascule, tout comme les rendements plus importants, même si la vendange reste parmi les plus tardives. En 2016, la famille Lefèvère, propriétaire de Villemaurine, entre au capital à hauteur de 47 %.

Les vins : les blancs sont la partie de Murielle et offrent avec l'élevage des qualités remarquables, comme Virginie 2014, superbe de menthol et d'exotisme malgré une finale boisée. En rouge, si la sucrosité du 2019 laisse encore une profondeur un peu coco en bouche, la concentration du vin est tenue par une fraîcheur active, pêchée au cœur des calcaires des Saint-Étienne-de-Lisse, source de pH bas. Le 2020, encore balbutiant, expose sa chair ponctuée de tanins soyeux aux parfums de graphite et de myrtille. On ne peut que saluer la progression fulgurante de la maison passée en vingt ans de Saint-Émilion à Premier grand cru classé.

Bordeaux 2019	80 €	93
Bordeaux Virginie de Valandraud 2014	29 €	91
Saint-Émilion Grand Cru 2019	N.C.	97
Saint-Émilion Grand Cru 2020	N.C.	96

Rouge : 8 hectares. Merlot 80 %, Cabernet franc 15 %, Cabernet-Sauvignon 5 %
Blanc : 4 hectares. Sémillon 50 %, Sauvignon blanc 25 %, Sauvignon gris 25 %
Production moyenne : 38 000 bt/an

CHÂTEAU VALANDRAUD
6, rue Guadet, BP 88, 33330 Saint-Émilion
05 57 55 09 13 ● www.valandraud.com ●
Vente et visites : sur RDV.
Propriétaire : Jean-Luc Thunevin
Maître de chai : Rémi Dalmasso
Œnologue : Jean-Philippe Fort

★ CHÂTEAU BELLEVUE

La beauté des lieux, avec un merveilleux parc en bordure de plateau qui s'intègre à la ceinture méditerranéenne de Saint-Émilion, et la race du vin, qui s'exprime par à-coups, place la propriété parmi les sérieux outsiders des premiers. Partagé entre les familles Pradel de Lavaux et de Boüard, elle est conduite par l'équipe d'Angélus. Grand vin de côte, profondément calcaire, racé, tendu, il est malheureusement parfois pris dans une gangue boisée trop insistante. La surface

viticole avoisine les 7 hectares ; la décision a été prise de produire ici un pur merlot. Peut-il faire de l'ombre à Angélus ?

Les vins : le 2019 éblouit avec son jus au boisé parfaitement intégré sur une tension équilibrée et un fruit racé et sapide. Ce millésime place le cru parmi les grands du vignoble et ennobli encore son profil. En 2017, la sucrosité du vin emballe le plaisir de la dégustation, même si la matière du millésime contraint la bouche entre des tanins moins expansifs. Il reste le plaisir immédiat d'un millésime à déboucher au débotté. Suit le 2012, millésime à ouvrir sur une belle finesse de matière mais sans grande envergure.

Saint-Émilion Grand Cru 2019	36 €	93

Rouge : 6,82 hectares.
Production moyenne : 20 000 bt/an

CHÂTEAU BELLEVUE
LD Ramonet, BP 90042,
33330 Saint-Émilion
05 57 24 71 39 ● www.chateaubellevue.fr ●
Vente et visites : sur RDV.
Propriétaire : Familles Pradel de Lavaux et de Boüard de Laforest
Directeur : Hélène Pasquiet
Maître de chai : Benjamin Laforet
Œnologue : Hubert de Boüard de Laforest

★ CHÂTEAU BERLIQUET

La propriété rachetée par la famille Werthemeir en 2017 se pose comme un jardin suspendu sur la face méridionale du plateau, entre Canon et Bélair-Monange. La même équipe suit le voisin Canon, appartenant aussi aux deux frères propriétaires de Chanel. Le jardin du château, planté de cyprès, de chênes verts et d'essences méditerranéennes, donne des airs toscans en surplomb d'un coteau d'un seul tenant qui dévale la côte occidentale. Les trois types de sols - calcaire en haut, sable en bas et au centre des argiles d'une grande complexité - procurent sa finesse aérienne au vin, qui est ensuite élevé dans les carrières souterraines aménagées depuis le rachat.

Les vins : 2018 est le premier millésime de l'équipe de Nicolas Audebert et Stéphane Bonnasse. Un coup d'essai délicieux qui promet un futur radieux. Le fruit est intense et la chair du vin s'appuie sur les exceptionnelles argiles du milieu de côte. Plus infusé qu'extrait et sobrement boisé, le vin laisse le velours et le fruit s'installer et nous livrer un duo de sensuelles arabesques. Le même fruit s'étalonne dans un 2019 encore fermé, mais peut-être plus complexe, à la floralité avérée et construit sur la fraîcheur.

🍷 Saint-Émilion Grand Cru 2019   50 €   **93**

Rouge : 7,5 hectares.
Production moyenne : 25 000 bt/an

CHÂTEAU BERLIQUET

1, Berliquet, 33330 Saint-Émilion
05 57 55 23 45 ●
www.chateau-berliquet.com ● Visites : sur
RDV aux professionnels.
Propriétaire : Chanel
Directeur : Nicolas Audebert
Maître de chai : Stephane Bonnasse

★ ✈ CHÂTEAU COUTET À SAINT-ÉMILION

C'est une thébaïde discrète, propriété restée longtemps à l'écart du bouillonnement des plus grands crus classés. Son terroir dévale la pente, du plateau aux sables, face à Bordeaux dont on aperçoit la Tour Saint-Michel par temps clair. Depuis 14 générations, la famille David Beaulieu y travaille les sols et y replante des massales qui meurent centenaires. Rien n'est jamais venu perturber le cycle naturel de ce biotope formidable où l'agro-foresterie est un mode de vie depuis toujours pour la famille, qui vit sur la propriété entre tulipes sauvages et glaïeuls de Byzance. Ce lieu unique dissimule aussi des vestiges archéologiques et historiques. Parmi les curiosités : une bouteille datant de 1750, la plus ancienne bouteille de saint-émilion bouchée, a été retrouvée dans la cave. Bouchée à l'émeri (bouchon en verre coincé dans la bouteille suivant une méthode totalement hermétique), elle n'a subi aucune évaporation. Alain, Adrien et Matthieu David Beaulieu, à la tête du domaine, ont décidé d'en produire à nouveau. Cela donne Les Demoiselles, une cuvée produite sans essence et quasi sans électricité qui met un coup de projecteur sur l'excellence du domaine longtemps dissimulé sous l'épaisseur de ses taillis. Le domaine préfigure le saint-émilion néoclassique tourné écologiquement vers l'avenir et regardant à l'Ouest, posé sur un terroir à la déclinaison et au sous-sol parfaits. Autant d'atout pour une première étoile.

Les vins : aucun intrant, aucun produit chimique n'a souillé le coteau et le bout de plateau du cru. La minéralité du 2010, goûté collégialement en comité de fin d'année, rend compte des calcaires sans aucune emprise du bois. Le 2019 est d'une profondeur savoureuse, à la chair moelleuse et de belle envergure, sur une austérité de jeunesse qui lui va bien. Les Demoiselles tente de reproduire à l'identique le vin de 1750 retrouvé dans la cave du domaine. La cuvée est issue des massales de merlot et bouchet (cabernet franc) du plateau, sur le même sol, n'ayant eu aucun intrant depuis 400 ans, protégées par son altitude et par ses haies. Trié grain par gain, Les Demoiselles est un exemple de saint-émilion séveux. Sa chair est construite sur les fondamentaux du cru : minéralité et fruit, avec en finale cette pointe mentholée qui porte la tension du vin.

🍷 Saint-Émilion Grand Cru 2019   de 30 à 33 € (c)   **93**

🍷 Saint-Émilion Grand Cru Les Demoiselles 2019   de 75 à 80 € (c)   **95**

Rouge : 12,68 hectares.
Production moyenne : 55 000 bt/an

CHÂTEAU COUTET À SAINT-ÉMILION ♣

Château Coutet, 33330 Saint-Émilion
05 57 74 43 21 ● www.chateau-coutet.com ●
Vente et visites : sur RDV.
Propriétaire : Famille David Beaulieu
Directeur : Adrien David Beaulieu
Maître de chai : Matthieu David Beaulieu

★ CHÂTEAU DASSAULT

En 1955, Marcel Dassault acquiert sur un coup de coeur le château Couperie dans la partie basse de la côte nord et le rebaptise à son nom. Les millésimes successifs font grandir la propriété jusqu'à son accession au rang de grand cru classé en 1969. En 2002, le plus proche voisin, Château La Fleur est racheté par Dassault Wine Estates, puis en 2013, Petit Faurie de Souchard. Ces acquisitions successives créent un domaine presque d'un seul tenant autour de Château Dassault, avec une incursion sur les calcaires du plateau qui viennent soutenir les argiles et les sables. Un nouveau chai largement pourvu en cuves en inox devrait recueillir la vendange 2022.

Les vins : la séduction classique des vins de Saint-Émilion de sable est mise en scène sur ce terroir froid. Quand le gel ne sévit pas, les millésimes chauds en sortent glorieux, la preuve avec le 2011 au fruit fondu, harmonieux et salivant. En 2015, le charme séveux d'une chair séductrice et savoureuse en témoigne aussi. Dès 2016, la pratique de vinification intégrale donne du souffle à ce millésime carré qui s'étire sur un fruit riche et suave. Tanin en relief et jus savoureux sur une matière en expansion pour le 2018, dont une partie des vins a été élevé en amphores. Pour finir, le 2019 offre une sensation épicée et fruitée sur des tanins puissants mais frais.

🍷 Saint-Émilion Grand Cru 2019   45 €   **91**

Rouge : 24 hectares.
Production moyenne : 60 000 bt/an

CHÂTEAU DASSAULT
Lieu-dit Couperie, 33330 Saint-Émilion
05 57 55 10 00 ●
www.dassaultwineestates.com ● Vente et
visites : sur RDV.
Propriétaire : Dassault Wine Estates
Directeur : Romain Depons
Maître de chai : Jérôme Gauthier
Œnologue : Jean-Philippe Fort

★ CHÂTEAU FAUGÈRES

Vaste domaine de 37 hectares acquis par l'industriel suisse Silvio Denz en 2005, Faugères est devenu, par un geste architectural volontariste (le "chai-cathédrale" signé Mario Botta) autant que par la qualité de ses vins, un des fers de lance du renouveau de l'est de l'appellation. En plateau et en coteau exposé au sud, le vignoble est soigneusement conduit. Le vin manifeste un surcroît de vibration dans les derniers millésimes, qui nous enthousiasment par leur naturel et l'élégance de leur fruit. La distinction et la fraîcheur progressent encore, en relation avec les argiles qui donnent de l'énergie à la structure.

Les vins : le jus et la profondeur du 2018 mettent en relief l'amplitude nette et tendue du vin : les tanins sont là, sapides et profonds, à destination des amateurs de saint-émilion gourmands. Le fruit très mûr du 2019 n'est pas encore dompté par les mois de bouteille. Il possède une certaine sauvagerie, mais la bouche, en revanche, s'éclaire d'une tension dans le ton des grands terroirs. La finale savoureuse se profile toujours sur ce tanin sablé signature du cru.

Saint-Émilion Grand Cru 2018	55 €	94
Saint-Émilion Grand Cru 2019	55 €	92

Rouge : 37 hectares. Merlot 85 %, Cabernet franc 10 %, Cabernet-Sauvignon 5 %
Production moyenne : 70 000 bt/an

CHÂTEAU FAUGÈRES
Lieu-dit Faugères
33330 Saint-Étienne-de-Lisse
05 57 40 34 99 ●
www.chateau-faugeres.com ● Vente et
visites : sur RDV.
Propriétaire : Silvio Denz
Directeur : Vincent Cruege
Maître de chai : Daniel Romero
Œnologue : Michel Rolland

★ CHÂTEAU FONPLÉGADE

La famille Adams partage son temps entre les 9 hectares qu'elle cultive, depuis dix ans, en biodynamie dans la Napa Valley (ADAMVS), et le plateau de Saint-Émilion où elle a fait l'acquisition, en 2004, de Fonplégade. Denise Adams s'investit de plus en plus dans la propriété, se montrant soucieuse d'en faire un modèle de biodiversité : une ferme biodynamique (la certification a été accordée en 2019) permet au château de faire ses propres préparations. Depuis quelques millésimes, les vins témoignent d'une finesse et d'une fraîcheur nouvelles. La viticulture, respectueuse de l'environnement et des terroirs, y est pour beaucoup. Le vignoble est maintenant en place, les élevage précis en bois et terre cuite apportent un supplément de finesse qu'il faut affûter dans le sens du terroir.

Les vins : en 2019, le cœur du second vin, Fleur de Fonplégade, se promène sur le cassis et la mûre, avec une profondeur qui repose sur une belle et bonne gourmandise. La chair du millésime donne un profil juteux assorti d'un tanin réglisse. Le boisé du premier vin construit un ensemble encore fermé, sur une matière plutôt massive : le vin est en puissance là où on attendrait plus de douceur. Encore jeune, ce 2019 demande d'attendre encore pour que les différents éléments se fondent.

Saint-Émilion Grand Cru 2019	68 €	92
Saint-Émilion Grand Cru Fleur de Fonplégade 2019	43 €	90

Rouge : 18,5 hectares. Merlot 90 %, Cabernet franc 10 %
Production moyenne : 40 000 bt/an

CHÂTEAU FONPLÉGADE ♣
1, Fonplégade, 33330 Saint-Émilion
05 57 74 43 11 ● www.fonplegade.com ●
Vente et visites : sur RDV.
Propriétaire : Denise et Stephen Adams
Directeur : Denise Adams
Œnologue : Stéphane Derenoncourt et
Corinne Comme

★ CHÂTEAU FONROQUE

Fonroque est le grand ouvrage d'Alain Moueix, aux commandes depuis 2001 et qui reste en place, malgré la vente de la propriété familiale en 2017 à l'assureur Hubert Guillard. C'est ici, sur les 17 hectares de plateau déclinant vers l'ouest, à l'écart de l'agitation touristique, qu'il a pu mettre en pratique ses convictions biodynamiques. La continuité de cette philosophie semble acquise. Fonroque livre un vin au profil cohérent, sans heurt, qui ne force pas sa nature ni ne sature le dégustateur... Un vin qui ne tonitrue jamais, qui peut passer inaperçu lors de dégustations horizontales comparatives. Il n'en demeure pas moins indispensable, exemplaire dans les grands millésimes (inoubliable 2010) comme dans les petits (délicieux 2013 véritablement "bourguignon", superbe 2017 rescapé du gel) ! Dans la trilogie des millésimes chauds

(2018, 2019 et 2020), Fonroque parvient à garder de la fraîcheur, une pointe austère et un fruit remarquable.

Les vins : à l'extrémité ouest du plateau calcaire, le fruit joyeux et dynamique de Fonroque doit beaucoup à la biodynamie, qui libère les saveurs et harmonise les équilibres. Le 2018 opte pour une grande et intense fraîcheur, aux marqueurs minéraux et aux tanins bien assis sur la salinité du vin. La couleur très dense du 2019 peut dérouter pour ce cru qui nous a habitué à plus de finesse, mais ce n'est qu'un leurre. Dans ce millésime de puissance, le cru s'adoucit dans une finale à la texture soyeuse, à la pointe d'épice douce et de fruits à noyaux.

Saint-Émilion Grand Cru 2018	49 €	94
Saint-Émilion Grand Cru 2019	38 €	94

Rouge : 17 hectares. Merlot 76 %, Cabernet franc 24 %
Production moyenne : 57 000 bt/an

CHÂTEAU FONROQUE ☾

Château Fonroque, 33330 Saint-Émilion
05 57 24 60 02 ● www.chateaufonroque.net
● Vente et visites : sur RDV.
Propriétaire : Famille Guillard
Directeur : Alain Moueix

★ CHÂTEAU GRAND CORBIN-DESPAGNE

François Despagne, aux commandes depuis 1996, est à la fois un homme de science (donc de doute !) et de conviction. En résulte une alliance, logique finalement, entre conscience historique du terroir (les Despagne l'exploitent depuis sept générations), réalisme économique et choix exigeant de la viticulture biologique, labellisée en 2013. Le secteur des Corbin (si durement affecté par les gelées de 2017) est un village où l'on se serre les coudes ; il en est le meneur, et pas seulement parce qu'avec 29 hectares son vignoble est le plus grand, puisqu'il préside depuis 2019 l'association des grands crus classés de Saint-Émilion. Les vins, dotés d'une belle acidité, sont structurés, parfois carrés dans leur jeunesse. Un élevage rigoureux, mais sans abus, libère le fruit d'un raisin nickel. Chaque parcelle est traitée avec respect, et plantée sur un grand terroir qui, grâce à des argiles mirobolantes, dont une bonne part de bleues, souffre moins de la sécheresse. Les vins évoluent avec une grâce et une profondeur que beaucoup admirent.

Les vins : dans sa suavité, le petit Corbin-Despagne 2019 prend des airs toscans, qui nous permet d'apprécier la qualité des argiles, une année de plus lui permet de divulguer la fraîcheur accumulée des sols. En 2019, le grand vin

a du souffle et de l'énergie, qui répondent aux argiles, la chair se densifie et l'évocation d'un fruit riche, mûr et frais devance un tanin en profondeur et une finale à l'allonge prometteuse d'une grande garde. Le bouquet du 2018 s'est affiné sur les fleurs et la tension un peu carrée du vin le destine à la garde et le rapproche du 2016 au nez qui s'encre sur des parfums lardé-set une bouche encore sur la retenue mais tellement concentrée. Le 2015 évolue comme un millésime de chaleur dans une aromatique de fruit cuit mais toujours sous un tanin énergique. Enfin encore caché dans son bois 2020 a le profil aristocratique et le jus gansé de son terroir d'argile.

Saint-Émilion Grand Cru 2015	42 €	93
Saint-Émilion Grand Cru 2016	45 €	94
Saint-Émilion Grand Cru 2018	38 €	94
Saint-Émilion Grand Cru 2019	36 €	94

Rouge : 28,79 hectares. Merlot 75 %, Cabernet franc 24 %, Cabernet-Sauvignon 1 %
Production moyenne : 85 000 bt/an

CHÂTEAU GRAND CORBIN-DESPAGNE ♣

3, Barraillot, 33330 Saint-Emilion
05 57 51 08 38 ●
www.grand-corbin-despagne.com ● Vente et visites : sur RDV.
Propriétaire : François Despagne
Maître de chai : Pascal Llorca

★ CHÂTEAU GRAND MAYNE

En 1934, le grand-père corrézien de Jean-Antoine Nony rachète ce domaine historique au terroir de pieds de côte, armé sur 17 hectares d'un parcellaire étonnant, capable de produire des vins de grande garde. Des carnets de son grand père, Jean-Antoine exhume des écrits relatant un fort pourcentage de cabernet franc dans l'assemblage, alors que la propriété, depuis les année 1970, montait jusqu'à 90 % de merlot. Le vigneron se souvient des vieux millésimes que lui ouvrait son père, et décide de revenir au Grand Mayne initial en replantant dès 2012 des cabernets francs. En 2014, il soumet son désir d'évolution à Michel Rolland, recrute un nouveau directeur technique et fait les vins qu'il a envie de boire… Et qui nous font plaisir. Ses pieds de cabernets francs de 1957 produiront des massales et, depuis une paire d'années, les vins gagnent en saveur et en précision sans se départir de leur capacité à vieillir.

Les vins : à partir de 2018, c'est un retour vers le passé qui s'opère, puisque le mildiou a anéanti une large proportion de merlot ; le vin devient alors largement dominé par le cabernet franc. Le millésime s'en porte comme un charme : les vins sont longilignes, moins épais qu'avant, et peut-être même plus racés, perdant en complexité ce qu'ils gagnent en assise. 2019 tire son potentiel d'un volume construit sur une masse tannique puissante et une concentration ponctuée d'énergie. Deux millésimes semblent aboutis : le 2017, que l'on peut commencer à ouvrir sur son parfum romantique de fleurs fanées et sous-bois ; et le 2016, encore sous la domination du millésime austère, mais d'un bel équilibre, qui laisse passer un fruit sensible, sous le tanin qui a quitté son arrogance initiale pour affiner son caractère.

🍷 Saint-Émilion Grand Cru Filia de Grand
   Mayne 2017   21 €   **89**
🍷 Saint-Émilion Grand Cru 2016   60 €   **91**
🍷 Saint-Émilion Grand Cru 2017   45 €   **91**
🍷 Saint-Émilion Grand Cru 2018   55 €   **90**
🍷 Saint-Émilion Grand Cru 2019   55 €   **93**

Rouge : 17 hectares. Merlot 76 %, Cabernet franc 22 %, Cabernet-Sauvignon 2 %
Production moyenne : 80 000 bt/an

CHÂTEAU GRAND MAYNE

1, Château Grand Mayne,
33330 Saint-Émilion
05 57 74 42 50 ● www.grand-mayne.com ●
Vente et visites : sur RDV.
Propriétaire : Jean-Antoine et Damien Nony
Directeur : Jean-Antoine Nony
Œnologue : Pierre-Yves Petit

★ CHÂTEAU GUADET

Si le vignoble de ce petit domaine est situé sur le plateau, juste derrière la ville, le château Guadet présente la particularité d'être vinifié intra-muros. La famille Lignac, propriétaire depuis sept générations, commercialise directement, sans passer par le négoce. C'est peut-être ce qui explique le manque de notoriété du cru, outre sa petite taille. Le retour de Vincent Lignac en 2010 a certes fait évoluer le domaine, certifié biologique depuis 2013 et biodynamique depuis 2015 ; des millésimes plus anciens illustrent cependant déjà sa qualité et sa longévité. Le style peut se résumer ainsi : intensité du goût et dynamique du corps, profondément calcaires, sans gonflette ni subterfuge, des vins toujours sveltes, même dans des années de haute maturité comme 2009 et 2015, deux grandes réussites. Les derniers millésimes nous impressionnent par leur harmonie et leur vibration fraîche.

Les vins : en 2010, le cru est l'un des rares à porter aussi bien la prestance de ce millésime chaleureux : il se tient bien droit, profond et franc, sans excès, d'une stature parfaite. Un vin tout aussi équilibré que le 2019. Ce dernier, encore balbutiant dans son costume de premier

de la classe, impose ensuite sa minéralité et ses parfums graphite dominant un fruit chaleureux à la pointe mentholée. En bouche, le vin est percutant, sans rien élever à sa finesse ni à sa précision minérale. La franchise du cru et la froideur des calcaires du plateau réclament encore un peu de temps.

🍷 Saint-Émilion Grand Cru 2019   69 €   **94**

Rouge : 4,2 hectares. Merlot 75 %, Cabernet franc 25 %
Production moyenne : 20 000 bt/an

CHÂTEAU GUADET ♣

4, rue Guadet, 33330 Saint-Émilion
05 57 74 40 04 ● www.chateauguadet.fr ●
Vente et visites : sur RDV.
Propriétaire : Guy-Petrus et Vincent Lignac
Directeur : Vincent Lignac
Maître de chai : Rémy Gildas
Œnologue : Stéphane Derenoncourt

★ CHÂTEAU JEAN-FAURE

La montée en puissance du cru coincé entre Cheval Blanc, La Dominique et Ripeau tient autant à la personnalité d'Olivier Decelle qu'à sa culture du vin, qui dépasse largement le cadre du Bordelais. Haut-Maurac dans le Médoc, Mas Amiel en Roussillon et Decelle et Fils en Bourgogne sont également dans son giron. L'évolution culturale de Jean-Faure vers plus de cabernet franc en massales, vers le bio puis la biodynamie, dont la certification Biodyvin est prévue en 2023, construisent la singularité de la propriété. Le château ne cesse de progresser et devrait grimper encore avec le prochain réaménagement total du chai.

Les vins : la bascule arrive avec le millésime 2018. Le cabernet franc déboule en fanfare, le malbec ne représente plus que 5 % du vignoble et le merlot a pris le mildiou. Millésime atypique et aussi première cuvée de la nouvelle directrice Marie-Laure Latorre, qui profite de cette vendange idéale pour produire un vin d'une profonde générosité, sertie d'une puissante énergie minérale. Le 2018 est aussi généreux que le 2015, à la chair gourmande, pointée de notes de graphite. Mais c'est en 2019 que le vignoble peut s'exprimer pleinement, dans cette belle année facile à la vigne : le vin possède un bouquet entêtant, presque exotique, floral, lumineux et aux tanins séveux.

🍷 Saint-Émilion Grand Cru 2018   55 €   **94**
🍷 Saint-Émilion Grand Cru 2019   65 €   **93**

Rouge : 18 hectares. Cabernet franc 65 %, Merlot 30 %, Malbec (cot) 5 %
Production moyenne : 70 000 bt/an

CHÂTEAU JEAN-FAURE ♣

Jean Faure 33330 Saint-Émilion
05 57 51 34 86 ● www.jeanfaure.com ● Vente
et visites : sur RDV.
Propriétaire : Olivier Decelle
Directeur : Marie-Laure Latorre
Maître de chai : Louis Gadais

★ CHÂTEAU MOULIN SAINT-GEORGES

Les amateurs de bonnes affaires seraient bien inspirés de s'intéresser de près aux vins de cette propriété, dont le terroir fait face à celui d'Ausone exposé à l'ouest de l'entrée sud de Saint-Émilion et planté à 90 % de merlot de 35 ans qui reçoivent le soleil jusqu'au couchant. Pauline Vauthier, qui vinifie les deux crus, réalise à Moulin Saint-Georges un magnifique saint-émilion intense, racé, mais jamais lourd. La régularité qualitative est impressionnante depuis plus de deux décennies et les prix demeurent raisonnables. Le seul regret concerne les quantités disponibles...

Les vins : l'union des argiles profondes et du merlot dominateur rend au cru toute son intime fraîcheur. C'est le plus léger des saint-émilion de la famille Vauthier, mais aussi le plus romantique et séduisant. Le tanin conquérant du 2018 s'est assagi pour dessiner un millésime plus en finesse que son successeur 2019, dont les tanins s'appuient pourtant sur la souplesse d'un merlot rondement fruité. Plus complexe que sa structure légère laisse supposer, le vin s'épanouit sur un toucher de velours au boisé qui s'atténue.

🍷 Saint-Émilion Grand Cru 2019   N.C.   **92**

Rouge : 7 hectares. Merlot 70 %, Cabernet franc 20 %, Cabernet-Sauvignon 10 %
Production moyenne : 30 000 bt/an

CHÂTEAU MOULIN SAINT-GEORGES

Moulin Saint-Georges 33330 Saint-Émilion
05 57 24 24 57 ● www.chateau-ausone.com ●
Vente et visites : sur RDV.
Propriétaire : Famille Vauthier
Directeur : Pauline Vauthier

★ CHÂTEAU LE PRIEURÉ

Artemis, holding de François Pinault, a cédé la propriété de ce cru autour du pittoresque vallon de Fongaban au groupe Arkéa. Composé de plusieurs îlots de vignes, son vignoble assez jeune bénéficie de terroirs solaires qui peuvent donner des vins capiteux, comme en 2015. Les derniers millésimes marquent une grande progression sous la houlette de Pénélope Godefroy, œnologue, agronome et biodynamiste convain-

cue. Espérons que le style mesuré, harmonieux, sans brutalité extractive, laissant parler la générosité des terroirs, perdurera malgré le changement de propriétaire.

Les vins : ce vignoble assez jeune, exposé au sud, exprime la générosité du vallon de Fongaban dans une texture souvent veloutée. Ici, le millésime présente une chair puissante, un ensemble concentré et serré, encore sur la réserve pour l'instant. Le 2019 n'exprime pas tout son potentiel, il demeure encore serré derrière un boisé modéré. Pourtant, malgré l'exposition, le terroir communique au vin sa fraîcheur idoine.

🍷 Saint-Émilion Grand Cru 2019   65 €   **95**

Rouge : 6,24 hectares. Merlot 80 %, Cabernet franc 20 %
Production moyenne : 15 460 bt/an

CHÂTEAU LE PRIEURÉ ♣

Chemin de Fongaban, 33330 Saint-Émilion
05 57 51 64 58 ● www.chateauleprieure.com
● Vente et visites : sur RDV.
Propriétaire : Les terroirs de Suravenir
Directeur : Vincent Millet
Maître de chai : Pénélope Godefroy
Œnologue : Jean-Claude Berrouet

★ CHÂTEAU QUINAULT L'ENCLOS

Au début, Pierre-Olivier Clouet, directeur technique de Cheval Blanc ne savait pas trop quoi faire de ce cru citadin de 18 hectares à l'entrée de Libourne, racheté par Bernard Arnaud et Albert Frère en 2008, dans la suite de Cheval Blanc. Mais l'équipe est parvenue à trouver sur ce terroir de graves sableuses les clefs pour produire un vin nettement moins démonstratif que par le passé, devenant même subtil. La parcelle est très homogène, mais le paradoxe est que sa situation empêche la culture bio car le passage des engins trouble le voisinage ! Le travail du sol, pratiqué depuis plus de dix ans, permet aux racines de plonger pour récupérer l'eau en profondeur et trouver la fraîcheur qui faisait défaut aux anciens millésimes.

Les vins : en 2018, le fruit linéaire et croquant reste salivant. L'ensemble se dote d'une chair profonde, mais sans extraction autoritaire, avant de développer une finale juteuse. Il évolue à l'aération sur le cacao et le fruit, derrière des tanins profonds, et une sucrosité révélatrice du terroir de sables et de graves. Un boisé dense et une tension relative dominent le 2019 sur une chair riche et structurée, affinée par des vinifications qui essaient d'en tirer le maximum d'élégance.

Saint-Émilion Grand Cru 2019 38 € **92**

Rouge : 19 hectares. Merlot 68 %, Cabernet-Sauvignon 20 %, Cabernet franc 12 %
Production moyenne : 80 000 bt/an

CHÂTEAU QUINAULT L'ENCLOS

30, rue de Videlot, 33500 Libourne
05 57 55 55 55 ●
www.chateau-quinault-lenclos.com ● Pas de visites.
Propriétaire : Bernard Arnault et Famille Frère
Directeur : Pierre Lurton
Maître de chai : Pierre Polbos

★ CHÂTEAU SOUTARD

À l'entrée du village de Saint-Émilion, sur la côte nord qui descend doucement vers les sables, 30 hectares d'un seul tenant sur les bords du plateau calcaire composent le vignoble Soutard, propriété du groupe AG2R La Mondiale depuis 2006. Le processus agronomique a été entièrement revu depuis le rachat à la famille Des Ligneris : arrachage et replantation à 7500 pieds/ha, palissage, mode de taille, couverts végétaux, travail des sols, organisation humaine et approche bio… Véronique Corporandy, maître de chai, et Olivier Brunel, directeur d'exploitation, peuvent se féliciter du résultat. Le vignoble est aujourd'hui en place et, même dans un millésime compliqué comme 2021, le sémillant duo garde le sourire, épaulé depuis 2017 par Thomas Duclos du laboratoire Oenoteam. Millésime chaud ou millésime froid, le grand terroir de Soutard réagit en conséquence. À la pointe de l'œnotourisme, Soutard reçoit plus de 20 000 visites par an.

Les vins : les vins du château possèdent toujours une structure puissante et les derniers millésimes se signalent par plus de précision et de pureté dans les saveurs. L'éclat du 2020 en apporte la preuve. Le soin apporté à la vigne induit des extractions nettement moins prononcées qui conduisent à plus d'énergie et de sensibilité dans la chair du vin. Le gracieux mais généreux 2019 n'a pas à rougir après le tonitruant 2018, merlot à la griotte épicée et tanins poudrés pointés de menthe.

Saint-Émilion Grand Cru 2019 66 € **94**

Rouge : 30 hectares. Merlot 63 %, Cabernet franc 28 %, Cabernet-Sauvignon 7 %, Malbec (cot) 2 %
Production moyenne : 65 000 bt/an

CHÂTEAU SOUTARD

BP 4, 33330 Saint-Émilion
05 57 24 71 41 ● www.chateau-soutard.com ●
Vente et visites : sur RDV.

Propriétaire : AG2R La Mondiale
Directeur : Bertrand de Villaines
Maître de chai : Véronique Corporandy
Œnologue : Olivier Brunel

CHÂTEAU BELLEFONT BELCIER

Chine puis Malte, puis Chine à nouveau avec l'arrivée en 2018 de Peter Kwok, homme d'affaire hongkongais pétri de culture française et passionné de la rive droite… Depuis 2012, le pavillon flottant sur cette très belle propriété a plusieurs fois changé. Le domaine au terroir idéal, entre Larcis-Ducasse et Tertre Roteboeuf, est désormais l'un des vaisseaux de la flotte des Vignobles K (Tour Saint Christophe et Haut-Brisson à Saint-Émilion). Situation sublime, plein sud, dans le prolongement de la côte Pavie, vignoble complet, comprenant sur 13 hectares plateau, côte et pied de côte : Bellefont Belcier possède d'immenses atouts pour faire briller un vin solaire, complexe et séducteur. Certains millésimes récents sont marqués par un boisé tenace. L'avenir dira si le cru trouve sa voie.

Les vins : on reste encore sur le savoureux 2018, qu'on a du mal à définir si ce n'est par son caractère particulièrement rafraîchissant. Le nez tout en nuances fruitées est porté par un élan floral vers une bouche tenue par une belle tonicité aux tanins agiles. La propension gourmande du 2019 ne déroge pas au style du château, qui reste toujours frais (la magie des calcaires) et porté par le duo fruit et fleur, typique du cru. La clarté ajourée des tanins s'affiche dans un déroulé sapide à la pointe mentholée.

Saint Emilion Grand Cru 2019 51 € **91**

Rouge : 13,5 hectares.
Production moyenne : 50 000 bt/an

CHÂTEAU BELLEFONT BELCIER

1, Cassevert,
33330 Saint-Christophe-des-Bardes
05 57 24 77 15 ● www.vignoblesk.com ●
Vente et visites : sur RDV.
Propriétaire : Peter Kwok
Directeur : Jean-Christophe Meyrou
Maître de chai : Alexandre Leblois

CHÂTEAU LE CHÂTELET

Ce tout petit cru (3,18 hectares) du plateau historique possède plusieurs singularités. Tous ses voisins sont des premiers crus classés et la commercialisation se fait directement, sans passer par la place de Bordeaux. Issu de la famille Bécot, Julien Berjal, le jeune maître des lieux, se veut jardinier et affine d'année en année le profil de son vin. La vinification s'effectue désormais en barrique, et l'élevage en carrière souterraine. Le cru est en cours de conversion officielle à l'agriculture biologique. Si certains millésimes dans le passé ont pu paraître un peu durs et marqués par le bois neuf, les derniers annoncent un classicisme, une ampleur du corps et une ambition à la hauteur de la situation topographique.

Les vins : dans ce millésime 2019, le château a su constituer une remarquable réserve de fraîcheur. Marqué à la culotte par les calcaires du plateau et bien qu'encore boisé, il reste sous domination d'un fruit noir qui se fondra dans la douceur des odeurs de mûres pointées d'une touche de joli végétal, signature d'une vendange entière. La singularité du cru se lit dans le souffle ardent qui ouvre la bouche et tient jusque dans la finale.

🐟 Saint-Émilion Grand Cru 2019   65 € **93**

Rouge : 3,18 hectares. Merlot 80 %, Cabernet franc 20 %
Production moyenne : 15 000 bt/an

CHÂTEAU LE CHÂTELET
Chateau le Chatelet, 5, lieu-dit Le Chatelet, 33330 Saint-Émilion
06 72 91 09 29 ●
www.chateau-le-chatelet.com ● Vente et visites : sur RDV.
Propriétaire : Julien Berjal

CLOS DE L'ORATOIRE

Le troisième cru de l'écurie Neipperg n'est pas aussi bien loti que les deux autres premiers crus classés : Canon-La-Gaffelière et La Mondotte. Les sols sablonneux aux veines d'argiles, en bas du plateau sur la face nord du vignoble de Saint-Émilion, après Soutard, donne du coffre et un beau potentiel aromatique au vin, sans la race des calcaires du plateau. Toutefois, à l'image de ses confrères plus huppés, le Clos de L'Oratoire profite d'une restructuration qui améliore sans cesse le niveau d'agronomie de la propriété. De plus en plus de cabernets francs en massales entrent dans l'assemblage. Le moelleux est la caractéristique dominante du vin au bouquet souvent surdimensionné dans sa jeunesse. Plus roturier que les autres, le cru gagne en vieillissant la noblesse qui fait défaut aux jeunes millésimes.

Les vins : à l'agilité parfumée du 2018, dont les tanins en relief méritent qu'on attende encore, succède un 2019 moins juteux mais tout aussi insaisissable et fulgurant au nez. Il manque un poil de générosité en bouche. Ce millésime ne tient pas toutes les promesses entrevues en primeur et a tendance à se refermer sur lui-

même. On attendra qu'il veuille bien se déterminer à tomber du bon côté de la force des merlots sur sols sablonneux.

🐟 Saint-Émilion Grand Cru 2019   40 € **90**

Rouge : 13,07 hectares. Merlot 80 %, Cabernet franc 20 %
Production moyenne : 55 000 bt/an

CLOS DE L'ORATOIRE ♣
Vignobles Comtes von Neipperg BP 34 33330 Saint-Émilion
05 57 24 71 33 ● www.neipperg.com ● Vente et visites : sur RDV.
Propriétaire : Comtes von Neipperg
Directeur : Stephan von Neipperg

CLOS DES JACOBINS

Depuis son rachat par la famille Decoster en 2004, ce cru bien connu, qui a longtemps appartenu à la maison Cordier, a trouvé un nouveau lustre. Le vignoble de 8,5 hectares en pied de côte permet à l'enthousiasme de Magali et Thibaut Decoster de se concrétiser en un vin d'une grande régularité, classique mais possédant du moelleux et une fraîcheur fruitée toujours au premier plan. Les millésimes "intermédiaires" sont très réussis : goûtez le 2014, qui ne démérite aucunement face aux très complets 2015 et 2016. Les vins apparaissent faciles, pourtant, au vieillissement, ils atteignent la distinction des plus grands. Pour preuve, le 2010, grand millésime de chaleur, apparaît encore en pleine possession de ses moyens, présentant une certaine évolution et fermeté. Également propriétaire du château La Commanderie, dans le secteur de Ripeau, la famille Decoster a fait l'acquisition en 2017 du château de Candale, à l'est de Saint-Émilion, dont le restaurant sert désormais de vitrine à la production des trois propriétés.

Les vins : le 2019 n'est pas construit sur l'esbroufe, on sent une certaine raideur dans ce millésime chaleureux. Ce côté strict est un gage d'avenir, puisque tout semble réuni pour construire un grand vin de garde. Plutôt floral, sur une touche de végétal noble adossé à un fruit mat et jeune, le cru possède en bouche une réserve tannique noble et racée, faite pour durer dans le temps.

🐟 Saint-Émilion Grand Cru 2019   N.C. **91**

Rouge : 8,5 hectares. Merlot 80 %, Cabernet franc 18 %, Cabernet-Sauvignon 2 %
Production moyenne : 45 000 bt/an

CLOS DES JACOBINS
BP 67, 33330 Saint-Émilion
05 57 51 19 91 ● www.mtdecoster.com ●

Vente et visites : sur RDV.
Propriétaire : Magali & Thibaut Decoster
Directeur : Thibaut Decoster
Maître de chai : Pascal Masset
Œnologue : Hubert de Boüard

CHÂTEAU CORBIN

Depuis vingt ans qu'elle est à Corbin, Anabelle Cruse-Bardinet replante à haute densité le vignoble familial de 13 hectares situé au cœur de l'ancienne Seigneurie Corbin, sur des sols de graves sableuses à structure légère et argiles bleues. Ce mode de conduite permet à la plupart des jeunes parcelles de composer le grand vin. Vivant sur la propriété avec ses enfants, elle soigne l'écosystème. Son cuvier assemble dix-huit petites cuves béton pour vingt parcelles. Depuis, le cru, grand vin comme second, a gagné en précision jusqu'à 2019, grande démonstration de finesse et d'équilibre. Épaulée d'un nouveau maître de chais, Annabelle, œnologue elle-même, s'affranchit du conseil de Jean-Philippe Faure pour suivre son instinct, et prouve avec brio qu'elle sait y sait faire.

Les vins : que ce soient le grand cru classé ou Le Divin de Corbin, les crus d'Anabellle Cruse-Bardinet ont le fruit chevillé au corps, sur un tanin pointu mais d'une grande délicatesse, presque trop. On aimerait un peu plus de puissance dans le milieu de bouche. La sucrosité et la sapidité des tanins, délicatement tendus d'une touche de cacao, affinent la personnalité d'une gamme qui profite d'une touche saline en finale.

Saint-Émilion Grand Cru 2019   40 €   **92**
Saint-Émilion Le Divin de Corbin
2019   20 €   **88**

Rouge : 13 hectares.
Production moyenne : 50 000 bt/an

CHÂTEAU CORBIN

Corbin, 33330 Saint-Émilion
05 57 25 20 30 ● www.chateau-corbin.com ●
Vente et visites : sur RDV.
Propriétaire : Anabelle Cruse-Bardinet et Sébastien Bardinet
Directeur : Anabelle Cruse-Bardinet

CHÂTEAU CÔTE DE BALEAU

Cru discret mais de dimension non négligeable, Côte de Baleau est situé sur le plateau, entre zones argilo-calcaires et argilo-sablonneuse. D'une belle régularité, sans chercher à atteindre des sommets d'intensité, il développe assez rapidement un caractère typé, complet, expressif. Avec Les Grandes Murailles,

le domaine a été vendu par la famille Reiffers à la famille Cuvelier (Clos Fourtet) en 2013. Cette dernière a depuis signé une belle brochette de millésime, profitant de la dynamique d'un cru pour la première fois classé en 2012. Cette marque bénéficie encore d'un rapport qualité-prix très favorable.

Les vins : les argilo-calcaires et argiles sableux du plateau, à l'entrée du village de La Jurade, offrent un saint-émilion classique. On ne perçoit pas la noblesse du plateau, mais le vin présente une bonne sapidité, signe d'un raisin à la maturité juste et équilibrée. Le fruit a besoin d'air pour se livrer sur les petites baies noires. La bouche s'élève au-dessus d'un tanin ramassé, et la finale plus sévère rend cependant un joli croquant.

Saint-Émilion Grand Cru 2018   22 €   **91**

Rouge : 14,9 hectares.
Production moyenne : 60 000 bt/an

CHÂTEAU CÔTE DE BALEAU

Château Côte de Baleau,
33330 Saint-Émilion
05 57 24 71 09 ● contact@cotedebaleau.com
● Pas de visites.
Propriétaire : Philippe et Matthieu Cuvelier
Directeur : Matthieu Cuvelier
Maître de chai : Benoît Turbet Delof
Œnologue : Michel Rolland et Julien Viaud

CHÂTEAU DESTIEUX

Ce cru excentré couvrant 8 hectares d'un seul tenant a non seulement réussi à intégrer le classement des grands crus en 2006, mais il a surtout proposé un style nouveau, hédoniste et enveloppant, qui a révolutionné les ambitions de la partie orientale de l'appellation. Tout ceci, œuvre de trois décennies, est à porter au crédit du docteur Dauriac, soutenu par l'indéfectible complicité de Michel Rolland, qui a passé le relais à Julien Viaud. Ce vin réputé austère, issu d'un secteur (le plus haut de Saint-Émilion) froid et argileux, s'est mué en un vin de grand charme, très mûr, ample et séducteur. Notons l'utilisation astucieuse du cabernet-sauvignon (17 % de l'encépagement), en même proportion que le cabernet franc, qui apporte de l'épice et de la fraîcheur.

Les vins : la belle rondeur du millésime laisse filtrer un bouquet sur le fruit rouge, la cerise juteuse, révélé par la tension du terroir froid. Cette année puissante et chaude offre un beau Destieux, qu'un élevage soigné, mais pas trop appuyé, enrichit d'une note plus caillouteuse. La délicatesse de la finale assoit le charme du vin, épicé par ses cabernets.

Saint-Émilion Grand Cru 2019   41 €   **91**

Rouge : 8 hectares. Merlot 66 %, Cabernet

franc 17 %, Cabernet-Sauvignon 17 %
Production moyenne : 30 000 bt/an

CHÂTEAU DESTIEUX

I, Destieux, 33330 Saint-Hippolyte
05 57 24 77 44 ● www.vignoblesdauriac.com
● Vente et visites : sur RDV.
Propriétaire : Christian Dauriac
Maître de chai : Baptiste Munné
Œnologue : Michel Rolland

CHÂTEAU LA DOMINIQUE

Depuis la terrasse qui surplombe le chai, on peut surveiller les voisins du plateau occidental : Cheval Blanc à droite, Jean-Faure sur la gauche. Le domaine de 29 hectares se divise en sols argilo-calcaire et sableux, traversés d'une veine graveleuse qui s'en va vers Pomerol. Clément Fayat y possède le château Fayat, tout comme Clément Pichon, en Haut-Médoc. Sous la direction de Gwendoline Lucas et Yann Monties à la technique, les équipes s'attachent à la mise en valeur du vignoble en restructuration depuis une décennie. Plantation en massales, travail sur les flux de sève, plantation à 8 900 pieds par hectare : voilà pour l'extérieur. Au chai, les amphores et les globes de verres ont révélé le grand terroir de La Dominique, qui sort du ventre mou de l'appellation pour appuyer là ou ça fait du bien, dans le sens d'une profondeur aromatique rayonnante.

Les vins : le 2018 s'ouvre à peine sur la délicatesse d'une chair soyeuse, au gracieux qui équilibre la franchise presque effrontée et le regard fumé du cru. La gourmandise du fruit expose le principe d'un raisin bien traité. 2019, cinquantième millésime de la famille Fayat à La Dominique, fait figure de costaud : l'extraction poussée et la sucrosité doivent trouver leur place derrière un tanin sans esbroufe, marqué par le style des argiles graveleuses.

🔻 Saint-Émilion Grand Cru 2019   51 €   92
🔻 Saint-Émilion Grand Cru Relais de la
    Dominique 2018   19,90 €   92

Rouge : 29 hectares. Merlot 89 %, Cabernet franc 8 %, Cabernet-Sauvignon 3 %
Production moyenne : 60 000 bt/an

CHÂTEAU LA DOMINIQUE

La Dominique 33330 Saint-Émilion
05 57 51 31 36 ●
www.chateau-ladominique.com ● Vente et visites : sur RDV.
Propriétaire : Famille Fayat
Directeur : Gwendeline Lucas
Maître de chai : Romain Sapet
Œnologue : Julien Viaud

CHÂTEAU FLEUR DE LISSE

Au Château Fleur de Lisse, la famille Teychney (groupe Colisée) pianote sur une partition moderne de sables et d'argilo-calcaires. Cabernet franc, jarres, biodynamie, plantations en massales et extractions justes composent le style moderne qui prône le fruit avant tout sur une matière en équilibre. Jolie réussite pour la propriété située entre les châteaux Figeac, La Dominique et l'Étampe. Itou pour la parcelle Fontfleurie, coincée entre les meilleurs sur le plateau de Saint-Émilion. Mais l'atout majeur, ce sont les coteaux exposés sud de Saint-Étienne-de-Lisse où le château Fleur de Lisse se construit peu à peu sur une justesse de ton parfaite. 2016, premier millésime fut un tour de chauffe, 2017 a gelé, arrivent alors un éclatant 2018 et un savoureux 2019. Enfin, le 2020 sera vinifié dans la nouvelle cave équipée d'un cuvier moderne accolé à un hangar au moucharabié représentant la fleur de lisse. Nicolas Géré dirige la propriété sous les conseils de Jean-Claude Berrouet et s'appuie sur la cristallisation sensible en collaboration avec Margarethe Chapelle.

Les vins : le ton est juste et les assises du vin fondent la détermination du domaine à produire un saint-émilion racé et juteux, de facture moderne. Les meilleurs conseils sont prodigués à la famille Teycheney et le chai favorise l'expressivité d'un style moderne, construit sur le fruit à partir d'un vignoble travaillé en suivant les principes de la biodynamie (la labellisation est en cours). Après deux jolies réussites en 2018 et 2019, 2020 présente les atouts de ce troisième grand millésime sur un bouquet complexe de cassis, de mûre et de framboise. Les tanins profonds et crémeux, doublés d'une savoureuse sucrosité en milieu de bouche, portent le vin vers la finale délicatement ciselée pour partie par un élevage en amphores.

🔻 Saint-Emilion Grand Cru 2018   33,80 €   91
🔻 Saint-Émilion Grand Cru 2020   32 €   92

Rouge : 8,65 hectares. Merlot 59 %, Cabernet franc 41 %
Blanc : Sauvignon blanc 100 %
Production moyenne : 20 000 bt/an

CHÂTEAU FLEUR DE LISSE ♣

LD Gaillard, 33330 Saint-Hippolyte
05 33 03 09 30 ● www.vignoblesjade.com/ ● Vente et visites : sur RDV.
Propriétaire : Famille Teycheney
Maître de chai : Nicolas Géré
Œnologue : Jean-Claude Berrouet

CHÂTEAU FRANC MAYNE

Thomas Savare, dont la société familiale Oberthur fiduciaire est l'un des premiers imprimeurs de haute sécurité au monde, a repris le domaine pour le compte de la famille, confiant la direction à Martine Cazenave, qui après avoir mis le chateau en route cède sa place à Pierre Arnald. La direction technique est toujours sous la coupe de Sophie Mage (ex du château Grillet à Condrieu). Le changement dans la trame des vin est fulgurant. Profitant d'une tripotée de parcelles sur cinq unités de terroirs, la nouvelle équipe a lancé un programme de restructuration du vignoble désormais cultivé en bio. Les cabernets francs ont été arrachés, ils seront replantés une fois les sols débarrassés des nématodes et parasites, ennemis de la vigne. Ainsi les prochains millésimes ne seront que merlot à la "bourguignonne" issu de sélections parcellaires relayées par un aménagement pointu en cave. Intime et raffiné, Franc Mayne unit l'art de recevoir à celui de la vinification d'un cru classé qui fera vite parler de lui. Le millésime 2022 sera labélisé bio.

Les vins : malgré une extraction subtile, le merlot manque de chair dans le 2019. Dommage, car dans ce millésime, il est le seul raisin de l'assemblage, élevé en barriques, foudres et amphores. Les saveurs de terre cuite impriment une touche minérale, mais le cru n'a pas la complexité désirée. On reste sur un plaisir facile, en attendant le retour du cabernet franc dans l'assemblage. Ilex, le second vin, s'inscrit sur un merlot sapide, digeste et franc : un fruit simple, sans grande amplitude, mais bien ouvert et au boisé rigoureux.

▬ Saint-Émilion Grand Cru 2019	48 €	**88**
▬ Saint-Émilion Grand Cru Ilex 2019	24 €	**88**

Rouge : 7 hectares. Merlot 90 %, Cabernet franc 10 %
Production moyenne : 35 000 bt/an

CHÂTEAU FRANC MAYNE
14, La Gomerie, RD243, 33330 Saint-Émilion
05 57 24 62 61 ●
www.chateaufrancmayne.com ● Vente et visites : sur RDV.
Propriétaire : Famille Savare
Directeur : Pierre ARNALD
Maître de chai : Sophie Mage
Œnologue : Thomas Duclos

CHÂTEAU LES GRANDES MURAILLES

C'est un des symboles de Saint-Émilion : un pan de mur solitaire, vestige de l'église des Dominicains, au milieu des vignes d'un tout petit cru de 2 hectares clos de murs, en contrebas de

Clos Fourtet. La famille Cuvelier, propriétaire du célèbre premier cru, l'a d'ailleurs racheté en 2012. Le vin conserve son identité particulière, forgée sous l'administration de la famille Reiffers. Malgré la qualité régulière des millésimes depuis dix ans, la rondeur flatteuse et l'élevage démonstratif de ce pur merlot, vinifié dans un exigu chai souterrain et élevé en bois neuf, ne laissent pas entrevoir toute la distinction que devrait exprimer le terroir. Les choses changent en 2018, premier millésime repris par l'équipe technique de Clos Fourtet et supervisé par ses consultants, Stéphane Derenoncourt et Jean-Claude Berrouet.

Les vins : Le chai exigu dans lequel est vinifié ce mini-vignoble ne laisse pas de vraies latitudes pour travailler les vins. Pourtant, l'expression aromatique du 2019 est précisément celui des grands vins de plateau : mûr, vibrant de l'énergie que les calcaires savent communiquer. Les saveurs de terres cuites résultent d'une vinification en toutes petites cuves inox et en jarres. La profonde sucrosité du vin et la terminaison tannique sont les signes d'une distinction qui ne demande qu'à s'épanouir.

▬ Saint-Émilion Grand Cru 2019	55 €	**92**

Rouge : 2 hectares. Merlot 100 %
Production moyenne : 6 000 bt/an

CHÂTEAU LES GRANDES MURAILLES
Château Clos Fourtet 33330 Saint-Émilion
06 62 15 79 98 ●
www.lesgrandesmurailles.com ● Vente et visites : sur RDV.
Propriétaire : Philippe Cuvelier
Directeur : Emmanuel de Saint Salvy
Maître de chai : Nathan Canal-Descudé
Œnologue : Stéphane Derenoncourt & Jean-Claude Berrouet

CHÂTEAU LARMANDE

Le domaine de 20 hectares fut le premier cru acheté par le groupe AG2R la Mondiale, en 1990. Il précède Soutard, Petit Faurie de Soutard et Cadet-Piola (disparu). Il figure parmi les plus anciennes propriétés de la cité de Saint-Émilion, on dit que la Jurade y tenait séance. Comme l'ensemble des vignobles du groupe, il est dirigé par Bertrand de Villaines ; Olivier Brunel est chef de culture et Véronique Corporandy maître de chai.. Avec son terroir composé d'éboulis calcaires et de sols argilo-sableux, il fut longtemps mis au ban du temps de Parker, à cause d'un surplus de puissance. Dans les derniers millésimes, Larmande offre un cru plus simplement boisé, sur un fruit délié.

Les vins : lors du vieillissement, 18 mois en barriques de chêne et en amphores, le velouté, le fruit et la fraîcheur sont préservés. Le 2018, particulièrement tendu d'épices et porté par la sucrosité du milieu de bouche, laisse place au plus austère 2019. Dans ce dernier millésime, le vin trouve toutefois de l'expressivité dans la structure de ses tanins, qui présentent une belle disposition à la garde.

🡆 Saint-Émilion Grand Cru 2019   45 €   **91**

Rouge : 20 hectares. Merlot 70 %, Cabernet franc 25 %, Cabernet-Sauvignon 5 %
Production moyenne : 65 000 bt/an

CHÂTEAU LARMANDE

Lieu-dit Larmande, 33330 Saint-Émilion
05 57 24 71 41 ● www.chateau-larmande.fr ●
Vente et visites : sur RDV.
Propriétaire : AG2R La Mondiale
Directeur : Bertrand de Villaines
Maître de chai : Véronique Corporandy
Œnologue : Olivier Brunel

CHÂTEAU LAROQUE

La famille Beaumartin est propriétaire de ce qui fut le fleuron du vignoble de Saint-Christophe-des-Bardes. Le vignoble à 360 degrés entourant l'exceptionnel château du XVIIIe, adossé à ce qui reste d'un édifice moyenâgeux, a perdu de sa superbe au fil de son histoire, mais depuis l'arrivée de David Suire, le cru reprend la bonne direction et le sens du fruit. Le 2020 marquait un vrai retour, dans son sillage, 2021 malgré le terroir froid se présente radieux, apportant la preuve que le vignoble fonctionne aussi en année compliquée.

Les vins : le fruit rouge mûr et charnu du 2019, sur une chair aux tanins raffinés, exprime la dynamique du terroir froid et le travail en milieu réducteur qui préserve l'intégrité des parfums. Les merlots renforcent la dynamique sapide du millésime, et construisent l'avenir du vin, taillé dans le roc des trois familles d'argilo-calcaires saint-émilionnaises présentes sur le terroir.

🡆 Saint-Émilion Grand Cru 2019   39 €   **93**

Rouge : 61 hectares. Merlot 92 %, Cabernet franc 8 %
Production moyenne : 135 000 bt/an

CHÂTEAU LAROQUE

Laroque 33330 Saint-Christophe-des-Bardes
05 57 24 77 28 ● www.chateau-laroque.com ● Vente et visites : sur RDV.
Propriétaire : Famille Beaumartin
Directeur : David Suire

CHÂTEAU LA MARZELLE

La Marzelle appartient à la famille Sioen, industriels belges, depuis 1998. Le terroir, se développant comme celui de ses prestigieux voisins dans l'ancien lit de l'Isle, a été finement analysé. Le vignoble est conduit selon les préceptes de l'agriculture biologique, avec un intérêt pour la biodynamie. Les efforts consentis ont permis au cru de retrouver son classement en 2012. 2016 a marqué les esprits. Une réussite, saluée par la critique, qui pousse loin l'affirmation d'un style reconnaissable, contemporain, exaltant un fruit très pulpeux, généreux, charnu, sombre, très mûr mais réactif. La labellisation bio commence cette année et la vinification intégrale en barriques et amphores complète une batterie de techniques permettant de tirer le meilleur d'un terroir composé pour moitié de sable et pour l'autre d'argiles bleues et de graves. L'élevage en contenant minéral apporte un grain particulier à l'équilibre du vin. Le prix toutefois pourra en rebuter quelques-uns.

Les vins : nez parfumé, complexe, sur la pâte de fruit de cassis, pour Prieuré de la Marzelle 2019, au potentiel juteux. La finale un peu courte pose des saveurs plus terriennes. Le grand vin présente une robe sombre, suivie d'une bouche ferme où seul se distingue un boisé tendre, sur des notes d'encens et de pot-pourri. L'atout du vin, c'est sa fraîcheur sur une ceinture tannique salivante.

🡆 Saint-Émilion Grand Cru 2019   46 €   **91**
🡆 Saint-Émilion Grand Cru Prieuré La Marzelle 2019   25 €   **89**

Rouge : 17 hectares. Merlot 80 %, Cabernet franc 15 %, Cabernet-Sauvignon 5 %
Production moyenne : 70 000 bt/an

CHÂTEAU LA MARZELLE ♣

La Marzelle 33330 Saint-Émilion
05 57 55 10 55 ● www.lamarzelle.com ●
Vente et visites : sur RDV.
Propriétaire : Famille Sioen
Maître de chai : Sébastien Desmoulin
Œnologue : Jean-Philippe Fort et Marc Quertinier

NOUVEAU DOMAINE

CHÂTEAU PETIT FAURIE DE SOUTARD

Ce cru a été racheté en 2017 par le groupe AG2R La Mondiale. S'il était intégré à son voisin Soutard, il permettrait à ce dernier de retrouver l'assise foncière qu'il avait en 1850. En attendant une putative réunion des deux entités, des restructurations ont été entreprises, à l'instar de celles du château Soutard, lors des trois derniè-res années. Cette évolution permet de présenter un vin digne de figurer dans ce guide. La char-treuse du château est devenue un restaurant où officie le chef Stéphane Casset et dont la carte des vins éclectique traverse les frontières libournaises.

Les vins : seul 50 % du vignoble, compte tenu des arrachages, composent ce 2020 qui semble avoir été extrait sur la "pointe des pieds", tout doucement, pour dégager un joli croquant, sur une chair tout en souplesse orientée vers un fruit en devenir. En 2019, malgré un vignoble pas encore en place, le soleil a fait son œuvre sur le millésime, qui offre un fruit juteux sur un tanin frais et vif, sans grande race ni opulence, mais juste et droit.

➤ Saint-Émilion Grand Cru 2019   35 € **89**

Rouge : 8 hectares. Merlot 80 %, Cabernet franc 20 %
Production moyenne : 35 000 bt/an

CHÂTEAU PETIT FAURIE DE SOUTARD

BP 4, 33330 Saint-Emilion
05 57 24 71 41 ● contact@soutard.com ●
Vente et visites : sur RDV.
Propriétaire : AG2R La Mondiale
Directeur : Bertrand de Villaines
Maître de chai : Véronique Corporandy
Œnologue : Olivier Brunel

CHÂTEAU DE PRESSAC

Cette vaste propriété possède indéniablement beaucoup d'allure. Son vignoble se développe en terrasses sous un éperon que domine la silhouette du corps de logis néo-gothique. Souvenons-nous que pressac est le nom local du malbec, même s'il y en a peu ici car le cépage ne donne pas satisfaction à Jean-François Que-nin, propriétaire depuis 1997. Pressac produit un vin coloré, intense, démonstratif, qui s'exprime plutôt plus à la "pointe de ses argiles que dans la nuance aromatique, mais qui montre davan-tage de raffinement dans les derniers millési-mes, conséquence des importants investissements consentis à la vigne comme au chai. L'évidence d'une gestion parcellaire, compte tenu de la taille du domaine, s'est impo-sée très vite et les investissements portent leur fruit.

Les vins : la sensibilité juteuse du 2019 marque encore une marche dans l'évolution qualitative et stylistique du cru. Les tanins s'appuient sur une mâche parfaite, qui met en valeur l'extrac-tion sensible des raisins de merlot, cabernets franc et sauvignon et même carménère et mal-bec. L'ensemble est un concentré fruité et flo-ral, juteux et très plaisant. Tour de Pressac

2019 s'impose avec le charme avenant du mil-lésime, sans se départir d'une certaine rigueur à laquelle Jean-François Quenin nous a habitués et que l'on salue.

➤ Saint-Émilion Grand Cru 2019   40 € **92**
➤ Saint-Émilion Grand Cru Château Tour de Pressac 2019   20 € **90**

Rouge : 36 hectares. Merlot 71 %, Cabernet franc 16 %, Cabernet-Sauvignon 9 %, Carmenère 2 %, Malbec (cot) 2 %
Production moyenne : 180 000 bt/an

CHÂTEAU DE PRESSAC

Lieu-dit Pressac,
33330 Saint-Étienne-de-Lisse
05 57 40 18 02 ●
www.chateaudepressac.com ● Vente et visites : sur RDV.
Propriétaire : Jean-François Quenin
Directeur : Yannick Reyrel
Maître de chai : Albane Redjaimia
Œnologue : Hubert de Boüard et Alain Raynaud

CHÂTEAU QUINTUS

Les châteaux Tertre Daugay et L'Arrosée ont été réunis dès 2011 sous l'entité Quintus, consti-tuant, aux côtés d'Haut-Brion et de La Mission Haut-Brion, le troisième domaine de la société Clarence Dillon. En 2021, Château Grand Pontet, 14 hectares entre Beau-Séjour Becot et Clos Fourtet, a été racheté par le groupe, pour inté-grer Quintus, qui couvrira 42 hectares. Son pré-sident, le prince du Luxembourg, passionné de vin et de culture romaine (d'où le nom du cru), en a confié la direction à Jean-Philippe Delmas.

Les vins : jusqu'en 2016, les chauffes du parc à barriques étaient les mêmes qu'à Haut-Brion, avant d'être atténuées. Résultat, le fruit a plus de liberté dans le 2018, qui s'exprime également par des notes de feuilles de tabac, de sous-bois : un classique bien construit. La fluidité du vin marque un peu le pas avant que l'élégante finale soyeuse ne nous berce. Le même fruit imprime le 2019, confirmant la proximité stylis-tique entre les deux millésimes. Néanmoins, un léger déficit de profondeur marquent ces deux vins, mais le château profitera d'ici peu de l'ap-port du beau terroir de Grand Pontet.

➤ Saint-Émilion Grand Cru 2019   105 € **91**

Rouge : 28 hectares. Merlot 72 %, Cabernet franc 25 %, Cabernet-Sauvignon 3 %
Production moyenne : 38 400 bt/an

CHÂTEAU QUINTUS

1, Larosé, 33330 Saint-Émilion
05 57 24 69 44 ● www.chateau-quintus.com

● Vente et visites : sur RDV.
Propriétaire : Château Quintus S.A.S.
(Groupe Domaine Clarence Dillon)
Directeur : Jean-Philippe Delmas
Maître de chai : Claude Diligeart
Œnologue : Mariette Veyssière (Régisseuse)

CHÂTEAU SAINT-GEORGES CÔTE PAVIE

Cette petite propriété compte 5 hectares remarquablement situés sur la côte Pavie, coincée sous Pavie Macquin, qui dévalent d'un seul tenant du coteau exposé au sud/sud-ouest. En 1873, un marchand de bois corrézien créé le domaine à partir d'une autre parcelle d'un demi-hectares située sous Ausone, à l'entrée de Saint-Émilion. Ce clos, évincé du classement de 2012 est une pépite repérée par Philippe Masson, l'actuel propriétaire, héritier du fondateur et chef de service en pédiatrie qui, conseillé par Hannah Fiegenschuh de l'équipe Derenoncourt, a isolé la parcelle pour en faire une étiquette solo : Le Clos 1873. Les derniers millésimes signent le renouveau du coteau, qui rend aux vins la profondeur de son exposition. La vinification, respectueuse des équilibres, compose une identité davantage tournée vers la finesse que la concentration.

Les vins : ce cru particulier dessine un profil de vin particulier. On y sent la main de velours dans des vinifications visant à extraire tout en douceur. En 2019, le procédé fonctionne : le vin repose sur une fraîcheur remarquable et un fruit digeste, fraise, cassis et fleur, au parfum de rose intense. Le jus, enrobé par un boisé simple et doux, construit un grand cru classé abordable, rigoureux et tout aussi avenant que distingué. La parcelle Le Clos ne profite pas de la même exposition, cela se sent dans la froideur du vin. Il faudra un peu de recul pour apprécier cette cuvée, dont c'est la deuxième version cette année.

🍷 Saint-Émilion Grand Cru 2019	60 €	92
🍷 Saint-Émilion Grand Cru Le Clos 1873 2019	95 €	91

Rouge : 5 hectares. Merlot 80 %, Cabernet franc 20 %
Production moyenne : 20 000 bt/an

CHÂTEAU SAINT-GEORGES CÔTE PAVIE
Château Saint-Georges Côte Pavie
33330 Saint-Émilion
0642059575 ●
www.saint-georges-cote-pavie.com ● Vente et visites : sur RDV.
Propriétaire : Famille Masson
Directeur : Philippe Masson
Maître de chai : Aurélien Baylan

Œnologue : Stéphane Derenoncourt et Hannah Fiegenschuh

CHÂTEAU SANSONNET

La famille Lefévère possède ces 7 hectares d'un seul tenant depuis 1999, où le merlot domine largement les cabernet franc et cabernet-sauvignon plantés à parts égales. Très impliqué dans les propriétés saint-émilionnaises, avec une prise de participation dans Château Valandraud aux côtés de Jean-Luc Thunevin et en 2021 le rachat de Château Villemaurine, le couple Lefévère a de grandes ambitions pour ce petit cru, magnifiquement situé au sommet du plateau, proche de Trotte Vieille. Les extractions sont réalisées avec plus de doigté dans les derniers millésimes, et annoncent des vins encore plus vibrants.

Les vins : la froideur des calcaires du plateau donne au 2018 le profil traditionnel des vins du secteur : malgré une extraction encore un peu poussée, le cru se tient à la verticale sur un fruit noir précis. Il possède le coffre indispensable pour promettre une belle évolution. Même si 2019 paraît encore sous l'emprise du bois, la concentration se confirme avec des tanins construits qui assoient le cru. La chaleur du millésime n'ébranle pas la tension du vin, qui fait preuve d'éclat, dans un style qui reste classique.

🍷 Saint-Émilion Grand Cru 2018	44 €	90
🍷 Saint-Émilion Grand Cru 2019	N.C.	90

Rouge : 7 hectares. Merlot 85 %, Cabernet franc 8 %, Cabernet-Sauvignon 7 %
Production moyenne : 28 000 bt/an

CHÂTEAU SANSONNET
1, Sansonnet, 33330 Saint-Émilion
09 60 12 95 17 ●
www.chateau-sansonnet.com ● Vente et visites : sur RDV.
Propriétaire : Marie Lefévère
Directeur : Jean Trias
Œnologue : Jean-Philippe Fort

CHÂTEAU LA SERRE

Le parcellaire de la famille d'Arfeuille est on ne peut mieux placé, 7 hectares exposés plein sud entre Villemaurine, La Clotte et Trotte Vieille ; depuis la salle de dégustation surplombante la vue sur le vallon de Fongaban est magnifique. Les propriétaires ont décidé de conserver contre vents et marées un profil délicat, mesuré dans l'extraction, avec des vins qui peuvent sembler minces au milieu de leurs pairs dans certains millésimes mais possèdent toujours distinction et allure. C'est le cas du simple

2017 qui, sans se mesurer aux mastodontes que sont 2018, 2019 et 2020, nous enchante par sa finesse. Nous nous félicitons que le château demeure fidèle à sa vision, tout en acceptant la modernité agronomique et oenologique. Le cuvier a été rénové et inauguré au printemps 2019 pour accueillir ce dernier millésime élancé, aux tanins poudrés, et qui profite à merveille de l'usage modéré du bois neuf.

Les vins : l'élégante silhouette du 2018 se dresse sur la tension, signature des calcaires et du merlot, mûr et dominant. Dans un style qui reste classique, le vin s'avère bien construit autour d'un cœur de bouche sans grande profondeur mais d'une belle éloquence. Le boisé enrobe délicatement l'ensemble et tient le millésime. Le 2017, de petite structure, a nécessité beaucoup de doigté pour en extraire le potentiel fruité. Le vin s'exprime aujourd'hui avec énergie sur un toucher de bouche aux tanins fins, presque poudrés, qui caractérisent le cru. On débouchera ce millésime en demi-teinte avant 2016 et 2015.

Saint-Émilion Grand Cru 2017	45 €	90
Saint-Émilion Grand Cru 2018	50 €	91

Rouge : 7 hectares. Merlot 80 %, Cabernet franc 20 %
Production moyenne : 35 000 bt/an

CHÂTEAU LA SERRE

La Serre 33330 Saint-Émilion
05 57 24 71 38 ● www.chateaulaserre.com ●
Vente et visites : sur RDV.
Propriétaire : Luc d'Arfeuille
Directeur : Arnaud d'Arfeuille
Œnologue : Stéphane Toutoundji

CHÂTEAU LA TOUR FIGEAC

Issu de la division en 1879 du château Figeac, ce cru s'est imposé comme un des plus fiables et séduisants du secteur. Très soignée, la viticulture mise en place par Otto Rettenmaier, dont la famille est propriétaire du château depuis 1973, se distingue par des pratiques s'inspirant de la biodynamie dès 1997. Le domaine, certifié bio en 2021, affirme une volonté de privilégier le cabernet franc en sélections massales, pour arriver à terme à une parité avec le merlot : une vision claire, en phase avec le potentiel du terroir des "graves de Saint-Émilion", davantage prédestiné au charme qu'à la puissance. Les derniers millésimes offrent une séduction débridée, subtilement "pomerolaise", plus langoureuse qu'éclatante, vieillis en barriques neuves pour moitié ; en grands contenant de 400 litres et en amphores.

Les vins : charmeur, presque crémeux, puissant et structuré, le 2015 évolue un peu mat. On lui préfère le dynamisme du 2016, anguleux en finale, mais digeste. On saute 2017 pour goûter un 2018 richement pourvu de tanins élégants, racés, aux nobles extraits végétaux qui donnent sa fraîcheur à la finale épicée. La souple floralité du 2019 nous séduit par un croquant volubile et digeste, ajusté à un énorme potentiel.

Saint-Émilion Grand Cru 2015	56 €	92
Saint-Émilion Grand Cru 2018	50 €	91
Saint-Émilion Grand Cru 2019	45 €	91

Le coup de ♥

Saint-Émilion Grand Cru 2016	56 €	94

Rouge : 14,6 hectares. Merlot 60 %, Cabernet franc 40 %
Production moyenne : 50 000 bt/an

CHÂTEAU LA TOUR FIGEAC

1, lieu-dit, La Tour Figeac,
33330 Saint-Émilion
05 57 51 77 62 ● www.latourfigeac.fr ● Vente et visites : sur RDV.
Propriétaire : Otto Rettenmaier
Directeur : Pierre Blois
Maître de chai : Marie Daugieras
Œnologue : Julien Lavenu

CHÂTEAU VILLEMAURINE

Les 7 hectares du domaine frôlent les remparts sur le plateau calcaire. Dans les sous-sols de la cave, 7 autres hectares de carrière, sur trois niveaux, constituent parmi les plus belles excavations de la cité des Jurats. En avril 2021, le cru est vendu par le négociant belge Justin Onclin, qui le détenait depuis 2007, à Marie et Christophe Lefévère. Elle était pharmacienne, il est dans le BTP. C'est elle qui vinifiera comme elle le fait déjà sur son autre grand cru classé : Château Sansonnet. Parmi les premiers changements : arrêt des engrais organiques, réflexion sur l'agronomie, sélection plus drastique des jus, ajout de grands contenants de 500 l et d'amphores et constitution d'une réserve de fruit élevée en cuve.

Les vins : pas encore tout à fait débarrassé de son extraction puissante, le 2018 présente un nez floral sur une tension poudrée. Les tanins dessinent en contraste un vin à la puissance qui s'affine et donne sur une finale restée confite. La structure des vins de plateau donne plus de tonus au 2019. Sa profonde complexité, aux parfums en expansion, rend le vin étonnement expressif pour sa jeunesse. Gageons qu'il prendra vite le chemin de l'enfermement pour se ré-ouvrir avec bonheur d'ici quelques années.

Saint-Émilion Grand Cru 2018	49 €	91

🍷 Saint-Émilion Grand Cru 2019   45 €   91

Rouge : 7 hectares. Cabernet franc 80 %,
Merlot 20 %

Production moyenne : 30 000 bt/an

CHÂTEAU VILLEMAURINE

Château Villemaurine Lieu-dit Villemaurine
33330 Saint-Emilion

05 57 74 47 30 ● www.villemaurine.com ●
Vente et visites : sur RDV.

Propriétaire : Famille Lefévère

Directeur : Marie-Bénédicte Lefévère

_____

MÉDOC

★★★★ 🗡 **CHÂTEAU LAFITE ROTHSCHILD**

Une quatrième étoile est justifié pour Lafite,
qui s'impose comme le plus raffiné des vins
du Médoc lorsqu'il déploie, après quelques
années de vieillissement, ses arômes envoû-
tants de graphite et de mine de crayon. Le
déguster revient à découvrir un toucher et une
sève uniques. Vaste propriété de 178 hectares,
dont 105 plantés de vignes, Lafite appartient à
la famille Rothschild depuis 1868. Le château
peut aussi se prévaloir de posséder l'un des plus
riches patrimoines qui soit en matière de (très)
vieux millésimes, ce qui permet de mesurer à
quel point le domaine a fait preuve (à l'exception
de quelques millésimes) d'une régularité vraiment exemplaire. Saskia, fille d'Éric de Rothschild, a pris en 2018 la tête des propriétés du
groupe, tandis qu'Éric Kholer supervise les vinifications depuis 2016. À noter depuis quelques
millésimes, les progrès réalisés par le second
vin, les Carruades.

Les vins : 2018 est probablement LE vin du millésime à Bordeaux. D'un équilibre incroyable, il
gère totalement les excès climatiques de l'année pour imposer un équilibre parfait (à peine
13°) et un raffinement sublime. 2019 est lui aussi
absolument superbe, encore plus abouti, avec
ses tanins de grande race, la précision de sa
bouche et surtout sa finale interminable et fraîche. Les Carruades 2019 est certainement le
plus complet et abouti dégusté depuis longtemps, porté par une profondeur admirable, qui
lui a parfois fait défaut par le passé.

🍷 Pauillac 2018   700 €   99
🍷 Pauillac 2019   570 €   99
🍷 Pauillac Les Carruades de Lafite
   2019   365 €   95

Rouge : 116 hectares. Cabernet-Sauvignon 70 %,
Merlot 25 %, Cabernet franc 3 %, Petit
Verdot 2 %
Production moyenne : 300 000 bt/an

CHÂTEAU LAFITE ROTHSCHILD

Le Pouyalet, 33250 Pauillac
05 56 73 18 18 ● www.lafite.com ● Vente et
visites : sur RDV.
Propriétaire : Famille de Rothschild
Directeur : Éric Kohler
Maître de chai : Francis Perez
Œnologue : Christophe Congé

_____

★★★★ CHÂTEAU LATOUR

Ce cru est au sommet absolu de la hiérarchie bordelaise. Il continue à se montrer d'une régularité sans faille depuis plusieurs décennies, ce qui justifie pleinement son accession à une quatrième étoile. Difficile de prendre Latour en défaut, y compris dans les petits millésimes. Il représente l'essence même du grand pauillac : plein, riche et complet, développant avec l'âge un bouquet complexe et racé. Les millésimes légendaires ne manquent pas, et tous ceux qui ont eu la chance de déguster un jour les 1945, 1947, 1961 ou 1982 savent de quoi ce fantastique terroir est capable. Le directeur actuel, Frédéric Engerer, entretient fidèlement ce style sans concession. La refonte complète des chais et des installations techniques opérée ces dernières années, ainsi qu'une sélection drastique, ont permis au cru d'atteindre de nouveaux sommets. Les Forts de Latour s'impose également comme un cru extraordinaire, surpassant en raffinement et en profondeur bien des crus classés. Enfin, une troisième étiquette, Le Pauillac de Latour, mérite aussi l'intérêt des amateurs. À noter que depuis le millésime 2012, le château ne vend plus son vin en primeur, mais uniquement "en livrable" lorsque l'équipe estime qu'il a atteint sa maturité. Une politique commerciale unique pour un premier grand cru classé en 1855.

Les vins : nous commençons avec Le Pauillac 2017 qui se montre d'une belle élégance, un vin raffiné et fin aux jolis tanins fondus et à la finale très fraîche. Il n'y a pas d'urgence à boire Les Forts 2016, un vin épaulé et vif en bouche, au fruité toujours croquant. 2014 a donné naissance à un Latour au profil droit, précis et tendu. Plus raffiné que massif, avec une très jolie intégration des tanins.

Pauillac 2014	550 €	96
Pauillac Le Pouillac de Château Latour 2017	70 €	92
Pauillac Les Forts de Latour 2016	220 €	94

Rouge : 93 hectares. Cabernet-Sauvignon 75 %, Merlot 23 %, Petit Verdot 2 %
Production moyenne : 300 000 bt/an

CHÂTEAU LATOUR ♣

Saint-Lambert, 33250 Pauillac
05 56 73 19 80 ● www.chateau-latour.fr ●
Vente et visites : sur RDV.
Propriétaire : Artémis Domaines
Directeur : Frédéric Engerer
Maître de chai : Hélène Genin

★★★★ CHÂTEAU LÉOVILLE LAS CASES

La force de ce cru mythique réside indiscutablement dans son célèbre clos, au terroir complexe et aux parcelles diverses et complémentaires. Le grand vin est d'ailleurs issu uniquement de ce terroir, qui évoque par différents aspects celui de Château Latour. Il peut présenter, en fonction des millésimes, un profil plus droit et pauillacais ou bien jouer sur une expression plus tendre, évoquant davantage un saint-julien. Le vin arbore régulièrement une robe bleue-noire impressionnante, même en année moyenne. À son apogée (qui peut atteindre plus de vingt ans), il offre un bouquet dépassant en complexité et en noblesse de saveurs celui d'un saint-julien lambda, avec les nuances aromatiques les plus fines du cabernet-sauvignon des grands terroirs médocains. Propriété de Jean-Hubert Delon, l'un des plus fins connaisseurs bordelais de grands vins français, ce cru fait preuve d'une régularité sans faille depuis les années 1970, et le raffinement exceptionnel des derniers millésimes lui permet de décrocher une quatrième étoile.

Les vins : le grand vin est d'une définition et d'une présence en bouche impressionnantes, ce Las Cases se déploie par paliers et par vagues de saveurs. Intense, il envahit le palais et ne disparaît que plusieurs minutes après. Le Petit Lion, que ce soit en 2019 ou en 2020, est une expression évidemment plus accessible, mais avec une très belle définition qui n'est pas sans rappeler le grand frère.

Saint-Julien 2019	650 €	99
Saint-Julien Le Petit Lion 2019	60 €	92
Saint-Julien Le Petit Lion 2020	N.C.	93

Rouge : 45 hectares.
Production moyenne : 70 000 bt/an

CHÂTEAU LÉOVILLE LAS CASES

. 33250 Saint-Julien-Beychevelle
05 56 73 25 26 ● www.domaines-delon.com
● Vente et visites : sur RDV.
Propriétaire : Jean-Hubert Delon
Directeur : Michael Georges

★★★★ CHÂTEAU MARGAUX

L'un des plus célèbres crus au monde impose son style inimitable. Philippe Bascaules qui le dirige poursuit la lignée des grands vins légendaires nés ici. Déguster un grand Château Margaux à son apogée demeure une expérience unique, tant le cru se distingue au sein de son appellation par son bouquet floral caractéristique, la profondeur de ses saveurs et le soyeux de ses tanins. Autant de particularités que le cru doit à son superbe terroir, majoritairement composé de graves, qui réussit si bien aux cabernets composant le cœur de Margaux, et qui n'a pratiquement pas évolué depuis son classement. Grâce à une amélioration de l'outil de travail et à une sélection encore plus rigoureuse, les derniers millésimes semblent être les plus complets qui soient. La propriété produit également un blanc sous le nom de Pavillon Blanc qui, grâce à une plus grande exigence dans la recherche de maturité des sauvignons, est devenu l'un des meilleurs blancs de Bordeaux. Quatre étoiles viennent couronner ce parcours sans faute.

Les vins : le millésime 2019 a engendré ici des vins fantastiques, à commencer par Pavillon, d'une subtilité magnifique, tramé par une proportion plus importante de cabernet ces dernières années, ce qui lui convient à merveille. Le grand vin entrera dans la légende : il est impressionnant de puissance, mais aussi de délicatesse. Composé à 90 % de cabernet sauvignon, il déploie une incroyable intensité de saveurs fruitées et surtout son soyeux légendaire. Interminable. 100 % sauvignon, Pavillon blanc, pour son centenaire, se montre délicieux et étincelant, avec une bouche florale, des notes d'agrumes et une belle tension.

Bordeaux Pavillon Blanc du Château Margaux 2019	220 € (c)	**95**
Margaux 2019	470 €	**99**
Margaux Pavillon Rouge du Château Margaux 2019	N.C.	**94**

Rouge : 82 hectares.
Cabernet-Sauvignon 75 %, Merlot 20 %, Petit Verdot 4 %, Cabernet franc 1 %
Blanc : 12 hectares. Sauvignon blanc 100 %
Production moyenne : 280 000 bt/an

CHÂTEAU MARGAUX
CS 80150 33460 Margaux
05 57 88 83 83 ●
www.chateau-margaux.com ● Vente et visites : sur RDV.
Propriétaire : Corinne Mentzelopoulos
Directeur : Philippe Bascaules
Œnologue : Philippe Bascaules

★★★★ 🍷 CHÂTEAU MOUTON ROTHSCHILD

Philippe Sereys de Rothschild préside depuis 2014 cette emblématique propriété familiale de Pauillac. Le vin, toujours flamboyant, exhalant naturellement de généreuses notes fumées, est plus en place que jamais. Si Mouton connut un passage à vide au milieu des années 1990, il a été brillamment remis en selle au début des

années 2000. S'en suit depuis une série de millésimes grandioses qui continue à écrire la légende du seul cru classé de 1855 qui fut promu : de second, il est logiquement passé à premier en 1973. Artisan du renouveau du cru, Philippe Dhalluin a passé la main à la tête du cru à un solide duo formé d'Ariane Khaida (directrice générale) et Jean-Emmanuel Danjoy (direction technique). Mouton, doté d'un nouveau chai depuis 2013, évolue au sommet. À noter les progrès réalisés par le blanc, plus limpide et précis que jamais. Il rejoint logiquement le club des domaines à quatre étoiles.

Les vins : Petit Mouton 2019 est un vin terriblement séduisant, avec une bouche crémeuse, explosive et un fruité délicieux. Un vin déjà très en place. Mouton 2019 confirme son statut légendaire, un vin qui exprime un raffinement exceptionnel. Dès le nez, il impose sa grande classe et sa profondeur ; la bouche est immense, large, avec du gras, mais surtout un fruit énergique qui explose en bouche.

Bordeaux Aile d'Argent 2020	120 €	**94**
Pauillac 2019	900 €	**99**
Pauillac Le Petit Mouton 2019	350 €	**95**

Rouge : 84 hectares.
Blanc : 6 hectares.

CHÂTEAU MOUTON ROTHSCHILD
Lieu-dit Le Pouyalet, 33250 Pauillac
05 56 73 21 29 ●
www.chateau-mouton-rothschild.com ●
Vente et visites : sur RDV.
Propriétaire : Philippe Sereys de Rothschild, Camille Sereys de Rothschild et Julien de Beaumarchais de Rothschild
Directeur : Ariane Khaida
Maître de chai : Jean-Emmanuel Danjoy

★★★ CHÂTEAU DUCRU-BEAUCAILLOU

Les amateurs de grands médocs classiques trouveront leur bonheur avec Ducru-Beaucaillou. Bruno Borie conduit ce superbe cru avec talent et détermination ; il l'a placé ces dernières années dans le peloton de tête des bordeaux. Jamais démonstratifs, ni surextraits, les vins brillent par leur distinction et le soyeux de leur matière et leur incroyable persistance. Il s'agit de grands médocs profonds, digestes et équilibrés. Attention toutefois, un Ducru-Beaucaillou ne se révélant pleinement qu'avec l'âge, il est toujours dommage de le déguster trop tôt ; sa grande fraîcheur en finale et le grain élégant de ses tanins signent l'exceptionnelle capacité du cœur de son terroir.

Les vins : en 2019, la gamme est très bien gérée, avec la gourmandise irrésistible qui caractérise les crus signés par Bruno Borie. Le Petit Ducru offre une structure soyeuse et des tanins fins. Il est déjà très abordable ; La Croix monte en puissance, avec une admirable densité et une finale salivante. Ducru 2019 explose en bouche, avec un feu d'artifice de saveurs : fruits rouges et bleus, fleurs, épices douces, le tout avec une persistance fantastique. Un modèle d'équilibre.

Saint-Julien 2019	160 €	99
Saint-Julien La Croix de Beaucaillou 2019	N.C.	94
Saint-Julien Le Petit Ducru 2019	30 €	91

Rouge : 55 hectares. Cabernet-Sauvignon 70 %, Merlot 25 %, Cabernet franc 5 %
Production moyenne : 215 000 bt/an

CHÂTEAU DUCRU-BEAUCAILLOU
Saint-Julien 33250 Saint-Julien-Beychevelle
05 56 73 16 73 ● www.ducrubeaucaillou.com ● Vente et visites : sur RDV.
Propriétaire : Famille Borie
Directeur : Bruno Borie

★★★ CHÂTEAU LÉOVILLE BARTON

Disparu janvier 2022, Anthony Barton laisse une propriété au sommet de sa forme. Ce grand seigneur, affable et raffiné, n'a eu de cesse de poursuivre le travail réalisé ici par sa famille depuis 200 ans Pas moins de dix générations s'y sont succédé depuis l'acquisition du vignoble par Hugh Barton en 1826. Ce sont aujourd'hui Lilian et ses enfants, Mélanie et Damien, qui poursuivent le travail. D'une régularité exemplaire, Léoville Barton incarne à merveille l'idée que l'on se fait d'un saint-julien. Le vin est pur, toujours très digeste et équilibré, acquérant avec le temps une fantastique complexité. S'il n'est ni le plus impressionnant, ni le plus explosif, Barton est certainement l'un des crus les plus raffinés du Médoc.

Les vins : le duo 2018 - 2019 est au sommet avec pour point commun ce fameux raffinement dans la texture de Barton qui le distingue de ses voisins. 2019 est tout en dentelle, très persistant et intense. Superbe ! 2018 est plus voluptueux, plus charmeur, mais un rien moins tendu.

Saint-Julien 2018	90 €	97
Saint-Julien 2019	105 €	98
Saint-Julien La Réserve de Léoville Barton 2019	35 €	92

Rouge : 50 hectares. Cabernet-Sauvignon 77 %, Merlot 20 %, Cabernet franc 3 %
Production moyenne : 200 000 bt/an

CHÂTEAU LÉOVILLE BARTON
Route des Châteaux,
33250 Saint-Julien-Beychevelle
05 56 59 06 05 ● www.leoville-barton.com ●
Vente et visites : sur RDV.
Propriétaire : Famille Barton
Directeur : Lilian Barton Sartorius
Maître de chai : François Bréhant
Œnologue : Eric Boissenot

★★★ CHÂTEAU PALMER

Avec Château Margaux, Palmer est l'autre grande star d'une appellation trop souvent hétérogène. Son style, fait d'opulence et de rondeur, avec un soyeux magnifique, est néanmoins très différent de celui de son voisin. L'explication tient essentiellement dans la différence d'encépagement (et donc de terroir) entre les deux crus. Château Palmer est ainsi l'un des crus classés du Médoc à intégrer la plus forte proportion de merlot dans son assemblage final (aux environs de 50 %). Palmer a écrit sa légende en produisant quelques vins absolument somptueux : les 1961, 1983 et 1989 demeurent des références incontournables. Aujourd'hui propriété des héritiers de deux grandes familles, les Mähler-Besse et les Sichel, Palmer est dirigé par le brillant Thomas Duroux, portant les derniers millésimes au sommet. Il est certifié en biodynamie depuis 2018.

Les vins : depuis 2017, la seconde année d'élevage des vins se fait en foudre, avec pour objectif d'adoucir les tanins. 2019 est un millésime serein ici, avec des vins de haut niveau et des volumes conséquents. Alter Ego est un pur régal, un vin à la fois tendre et énergique porté par une trame tendue et savoureuse. Le fruit de Palmer 2019 est d'une limpidité absolument remarquable, avec des contours précis et un éclat que des faibles doses de soufre respectent totalement. Un vin très vibrant.

Margaux 2019	224 €	98
Margaux Alter Ego 2019	75 €	93

Rouge : 66 hectares.
Cabernet-Sauvignon 47 %, Merlot 47 %, Petit Verdot 6 %
Production moyenne : 200 000 bt/an

CHÂTEAU PALMER ☾
Lieu-dit Issan, 33460 Margaux
05 57 88 72 72 ● www.chateau-palmer.com ●
Vente et visites : sur RDV.
Propriétaire : Familles Mähler-Besse et Sichel
Directeur : Thomas Duroux
Maître de chai : Olivier Campadieu

★★★ CHÂTEAU PICHON BARON

Ce très beau second cru classé a produit une série de vins proprement stupéfiants et il s'impose au sommet de la hiérarchie médocaine. Impossible de manquer, depuis la route des châteaux, la somptueuse demeure de "Pichon Baron", l'un des édifices les plus impressionnants du Médoc. Acquis par le groupe Axa à la fin des années 1980, cette propriété a été réaménagée de fond en comble en moins de deux décennies et l'équipe, autour de Christian Seely, réalise un travail exemplaire qui l'amène au sommet des crus du Médoc. Jean-René Matignon, le talentueux maître de chai aux 37 millésimes a passé la main à Pierre Montégut en 2022. L'outil de vinification et le chai d'élevage, ainsi que le vignoble largement replanté, lui ont permis d'atteindre, dans les derniers millésimes, un niveau de qualité historique. Le château propose en outre deux seconds vins : Les Griffons et Les Tourelles, issus d'assemblages différents.

Les vins : le grand vin est absolument somptueux en 2019 et il entrera dans la légende du cru, porté par une matière à la fois énergique et intense. Un des Pichon les plus cabernets qui soient (87 %), ce qui lui confère une classe de haut vol. Il avance en bouche par vagues successives et prolonge les saveurs très longtemps. Les Tourelles de Longueville, à majorité de merlot, joue la carte de séduction, avec une matière enrobée et suave. Plus ambitieux, Les Griffons, qui s'appuie davantage sur les cabernets, se montre dense, sérieux et bien bâti, avec une très jolie finale racée.

▬ Pauillac 2019	175 €	**98**
▬ Pauillac Les Griffons de Pichon Baron 2019	40 €	**94**
▬ Pauillac Les Tourelles de Longueville 2019	58 €	**92**

Rouge : 73 hectares. Cabernet-Sauvignon 65 %, Merlot 30 %, Cabernet franc 3 %, Petit Verdot 2 %

Production moyenne : 350 000 bt/an

CHÂTEAU PICHON BARON

Pauillac 33250 Pauillac

05 56 73 17 17 ● www.pichonbaron.com ● Vente et visites : sur RDV.

Propriétaire : AXA Millésimes

Directeur : Christian Seely

Maître de chai : Pierre Montégut

★★★ ⚑ CHÂTEAU PICHON LONGUEVILLE COMTESSE DE LALANDE

Dans le giron depuis 2007 de la famille Rouzaud (champagnes Louis Roederer), le cru a ouvert il y a bientôt une décennie une nouvelle page de son histoire. Dirigé par Nicolas Glumineau, il s'est solidement relancé dans la course à l'excellence et retrouve le lustre qui était le sien dans les années 1980, grâce à la production d'une série de vins légendaires (1982, 1986, 1989). Si la décennie 2000 fut moins réussie, les derniers millésimes, livrant un vin plus précis et plus droit, davantage marqué par le cabernet-sauvignon, sont bien au sommet et Pichon, doté d'un outil de vinification à la pointe, brille à nouveau au sommet de la hiérarchie, ce qui lui vaut de décrocher une troisième étoile cette année.

Les vins : le rouge Réserve 2019 est un vin de très belle rondeur, avec un côté suave qui le rend déjà accessible. Il permettra d'attendre l'arrivée à maturité du grand vin, à la bouche est traçante, précise, mais sans austérité ; on y retrouve le velouté habituel du cru en finale. Et si vous avez aimé les 2019, vous allez adorer les 2020, qui vont encore plus loin dans la précision et le scintillement de la finale. Réserve 2020 a lui aussi beaucoup progressé.

▬ Pauillac 2019	250 €	**97**
▬ Pauillac 2020	161 €	**98**
▬ Pauillac Réserve de Pichon Comtesse 2019	48 €	**92**
▬ Pauillac Réserve de Pichon Comtesse 2020	39,50 €	**93**

Rouge : 75 hectares. Cabernet-Sauvignon 67 %, Merlot 26 %, Cabernet franc 4 %, Petit Verdot 3 %

Production moyenne : 400 000 bt/an

CHÂTEAU PICHON LONGUEVILLE COMTESSE DE LALANDE

Route des Châteaux, 33250 Pauillac

05 56 59 19 40 ● www.pichon-comtesse.com ● Vente et visites : sur RDV.

Propriétaire : Frédéric Rouzaud

Directeur : Nicolas Glumineau

★★★ CHÂTEAU PONTET-CANET

Propriété de la famille Tesseron, Pontet-Canet doit beaucoup au travail acharné de Jean-Michel Comme, artisan du passage en biodynamie et architecte de la construction des vins depuis une trentaine d'années. Il a quitté la propriété en mai 2020, cédant sa place à Mathieu Bessonnet. Quoi qu'il en soit, le cru est lancé et rien ne laisse penser qu'il ne poursuivra pas dans la voie qu'il a tracée. Charge donc à Justine Tesseron, fille d'Alfred, et désormais aux commandes, de maintenir Pontet-Canet dans cette sphère à part. Une visite du chai, des écuries à chevaux, des installations de vinification permet de comprendre à quel point le château a poussé à l'extrême sa vision de l'excellence et du respect de la nature, n'en déplaise aux grincheux. Pionnier, Pontet-Canet a insufflé dans le Médoc un courant fort, qui fait désormais école.

Les vins : 2018 s'est actuellement refermé, il offre une matière très riche, très concentrée, avec des tanins abondants en finale ; il faut lui laisser le temps de se mettre en place. 2019 lui est supérieur, avec un équilibre du fruit plus frais. D'un charme remarquable, le vin possède cette texture inimitable, avec un grain très fin. La bouche est charnue, avec de l'ampleur et surtout une très grande classe en finale.

Pauillac 2018	142 €	**97**
Pauillac 2019	165 €	**98**

Rouge : 81 hectares. Cabernet-Sauvignon 65 %, Merlot 30 %, Cabernet franc 4 %, Petit Verdot 1 %
Production moyenne : 300 000 bt/an

CHÂTEAU PONTET-CANET ☾

Château Pontet-Canet 33250 Pauillac
05 56 59 04 04 ● www.pontet-canet.com/ ●
Visites : sur RDV aux professionnels.
Propriétaire : Famille Tesseron
Directeur : Justine Tesseron
Maître de chai : Mathieu Bessonnet
Œnologue : Michel Rolland

★★ CHÂTEAU BATAILLEY

Philippe Castéja produit un pauillac de style et de forme classiques, qui a considérablement gagné en définition et en précision ces dernières années. Le vin vieillit par ailleurs remarquablement bien, conservant un profil très typique des grands vins du Médoc, entre droiture et précision. Les prix demeurent très accessibles. La régularité et l'excellent niveau des derniers millésimes nous ravissent.

Les vins : le château a admirablement géré le trio 2018, 2019 et 2020, tous de style différent, mais avec pour point commun cette trame digeste et pauillacaise qui lui confère beaucoup de classe. Fort bien construit, le 2019 offre un nez classique, très racé, avec ses notes de fusain et de fruits noirs. La texture est élégante et raffinée. Il vieillira à merveille. À la fois intense et savoureux, le 2020 est une réussite magistrale pour le cru dans ce grand millésime, avec un vin au raffinement exemplaire et à la bouche droite et pure qui s'étire très longuement.

Pauillac 2019	69 €	**95**
Pauillac 2020	40 €	**96**
Pauillac Lions de Batailley 2019	36 €	**91**

Rouge : 60 hectares.
Cabernet-Sauvignon 70 %, Merlot 25 %, Cabernet franc 3 %, Petit Verdot 2 %
Production moyenne : 300 000 bt/an

CHÂTEAU BATAILLEY

88, quai de Bacalan, 33300 Bordeaux
05 56 00 00 70 ● www.batailley.com ●
Visites : sur RDV aux professionnels.
Propriétaire : Famille Castéja
Directeur : Philippe Castéja
Maître de chai : Benoît Bouchonneau

★★ CHÂTEAU BEYCHEVELLE

Depuis 2011, cette propriété emblématique de Saint-Julien appartient pour moitié à Pierre Castel et pour l'autre au groupe japonais Suntory. Il jouit d'une fort belle réputation, produisant avec régularité des vins élégants et toujours digestes. Sans être les plus démonstratifs, ils vieillissent aussi très bien. Depuis 2016, le château s'est mis "à la page" du côté des infrastructures de vinification, avec un chai flambant neuf. Les vins ont depuis encore progressé en définition et s'imposent parmi les plus raffinés de l'appellation.

Les vins : 2018 est un Beychevelle flamboyant et charmeur, avec un fruit mûr, du gras et une très grande allonge. 2019 est charmeur et bien en place, avec une matière soyeuse, une bonne persistance et des tanins qui s'intègrent sans difficulté. 2020 affiche un éclat remarquable, il impose sa matière à la fois élégante et soyeuse, mais aussi très persistante et intense. Belle finale aux tanins polis et intégrés.

Saint-Julien 2018	100 €	**96**
Saint-Julien 2019	125 €	**95**
Saint-Julien 2020	81 €	**97**

Rouge : 90 hectares.
Cabernet-Sauvignon 56 %, Merlot 40 %, Petit Verdot 3 %, Cabernet franc 1 %
Production moyenne : 480 000 bt/an

CHÂTEAU BEYCHEVELLE

Château Beychevelle, 33250 Saint-Julien
05 56 73 20 70 ● www.beychevelle.com ●
Vente et visites : sur RDV.
Propriétaire : Pierre Castel, Groupe Suntory
Directeur : Château Beychevelle

★★ CHÂTEAU BRANAIRE-DUCRU

C'est désormais François-Xavier Maroteaux qui conduit cette admirable propriété. Branaire-Ducru s'est tranquillement hissé au sommet et fait désormais partie des propriétés incontournables du Médoc. Ces dernières années, le château a bénéficié d'équipements techniques de premier plan. Par la nature de son terroir, Branaire-Ducru ne peut donner un vin aussi corsé que ceux engendrés par les trois Léoville ; il joue sur un registre différent, plus en finesse et en souplesse, tout en vieillissant admirablement. Les derniers millésimes atteignent un niveau remarquable.

Les vins : succédant à un 2018 très raffiné et élégant, le 2019 est doté d'une très belle sapidité en finale, il est racé et gourmand. Le fruit demeure juteux, avec une belle présence en milieu de bouche et la finale s'étire longuement. C'est un vin très prometteur.

- Saint-Julien 2019   65 €   96
- Saint-Julien Duluc de Branaire-Ducru 2019   75 €   92

Rouge : 60 hectares.
Cabernet-Sauvignon 65 %, Merlot 28 %, Petit Verdot 4 %, Cabernet franc 3 %
Production moyenne : 260 000 bt/an

CHÂTEAU BRANAIRE-DUCRU
1, chemin du Bourdieu,
33250 Saint-Julien-Beychevelle
05 56 59 25 86 ● www.branaire.com ● Vente et visites : sur RDV.
Propriétaire : Famille Maroteaux
Directeur : François-Xavier Maroteaux et Jean-Dominique Videau
Maître de chai : Laurent Buzy-Debat
Œnologue : Éric Boissenot

★★ CHÂTEAU BRANE-CANTENAC

Ce second cru classé est dirigé avec conviction et talent par Henri Lurton. Il dispose à la fois d'un fort beau terroir et d'infrastructures modernes. Depuis une bonne décennie, il a grandement progressé et élabore des vins très fins, dans ce que l'on pourrait qualifier de signature margalaise, sans lourdeur ni effet de style, mais avec un fruit délicat. Le cru vient de livrer une série de millésimes impressionnants qui le pousse vers les sommets de l'appellation. Il faut en profiter.

Les vins : ne manquez pas la réussite majeure que représente le 2020. Un vin irrésistible qui explose en bouche et libère des saveurs fruitées, fraîches, intenses et durables. Magnifiques

extraction des tanins à la fois gourmands et fins. Il succède à un 2019 de grande réussite : un vin est harmonieux, lumineux, qui exprime un fruité pur et juteux en bouche, avec une finale construite autour de tanins très fins et une pointe saline. Le Baron de Brane est souple et très agréable, avec beaucoup de charme.

- Margaux 2019   55 €   96
- Margaux 2020   69 €   98
- Margaux Le Baron de Brane 2017   31 €   92

Rouge : 72 hectares. Cabernet-Sauvignon 55 %, Merlot 40 %, Cabernet franc 5 %
Blanc : 3 hectares.
Production moyenne : 150 000 bt/an

CHÂTEAU BRANE-CANTENAC
Chemin de Benqueyre, 33460 Margaux
05 57 88 83 33 ● www.brane-cantenac.com
● Vente et visites : sur RDV.
Propriétaire : Henri Lurton
Directeur : Christophe Capdeville
Maître de chai : Florent Cillero
Œnologue : Éric Boissenot

★★ CHÂTEAU CALON-SÉGUR

Peu de crus classés peuvent se prévaloir ces dernières années d'une aussi impressionnante progression, saluée par les amateurs qui s'arrachent désormais les bouteilles. Acquis en 2012 par le groupe d'assurances Suravenir, Calon-Ségur a désormais tous les atouts dans sa manche : un vignoble entièrement repris en main grâce à un vaste programme de replantation et d'augmentation des densités et un outil de vinification et d'élevage très performant. Promu à la tête du cru, Vincent Millet, arrivé en 2006 comme directeur technique, a beaucoup œuvré à ce renouveau. Calon fait désormais partie de la tête du peloton.

Les vins : dans la lignée du 2018, Calon-Ségur 2019 ne manque pas de générosité. Il trouve toutefois un bel équilibre, avec un côté vibrant dans le fruit et des notes poivrées en finale. Très complet. 2020 est un Calon de haut vol, d'une distinction absolue, avec une matière pleine, charnue, mais surtout éclatante et persistante. Tout y est, difficile de lui résister.

- Saint-Estèphe 2019   120 €   96
- Saint-Estèphe 2020   109 €   97

Rouge : 55 hectares.
Cabernet-Sauvignon 60 %, Merlot 31 %, Cabernet franc 7 %, Petit Verdot 2 %
Production moyenne : 80 000 bt/an

CHÂTEAU CALON-SÉGUR

Domaine de Calon, 33180 Saint-Estèphe
05 56 59 30 08 ● www.calon-segur.fr ●
Vente et visites : sur RDV.
Propriétaire : Assurances Suravenir
Directeur : Vincent Millet
Maître de chai : Philippe Curaudeau
Œnologue : Éric Boissenot

★★ CHÂTEAU CANTENAC-BROWN

La belle et imposante propriété margalaise produit avec une très belle régularité des vins de
bon niveau, dignes de son classement. Son
dynamique directeur, José Sanfins, formé à
l'école Cazes et Axa Millésime sait élaborer des
vins charmeurs, mais aussi profonds et gourmands (à l'image du blanc Alto, produit en faibles quantités). Un nouveau propriétaire, la
famille Le Lous, affiche des ambitions plus élevées encore. 10 hectares supplémentaires ont
été acquis en 2020 et des travaux importants
de modernisation de l'outil de production ont
commencé. Le cru ne s'endort pas sur ses
lauriers !

Les vins : 2019 confirme ses belles dispositions,
il est solide et dense, avec une matière prometteuse, bien équilibrée, et des tanins de belle
race, au grain fin. Un peu serré encore, il possède
un potentiel évident. Avec un nez intense de
fruits noirs et une belle trame, le 2018 impose
son joli fond et reste fidèle à son style, avec
un toucher de tanins fin. Brio est, comme à
son habitude, un vin plein de charme et de
gourmandise.

Margaux 2018	60 €	94
Margaux 2019	55 €	95
Margaux Brio 2019	35 €	91

Rouge : 63 hectares.
Cabernet-Sauvignon 65 %, Merlot 30 %,
Cabernet franc 5 %
Blanc : 1,8 hectare. Sauvignon blanc 90 %,
Sémillon 10 %
Production moyenne : 180 000 bt/an

CHÂTEAU CANTENAC-BROWN

Route d'Arsac, 33460 Cantenac
05 57 88 81 81 ● www.cantenacbrown.com ●
Vente et visites : sur RDV.
Propriétaire : Tristan Le Lous
Directeur : José Sanfins
Œnologue : Éric Boissenot

★★ CHÂTEAU COS D'ESTOURNEL

L'homme d'affaire Michel Reybier, qui a acquis
le cru en 2000, a mis de gros moyens pour doter
Cos d'Estournel de tous les atouts nécessaires
à l'élaboration du plus grand vin possible. La
construction d'un des chais les plus performants au monde, par l'architecte Jean-Michel
Wilmotte, en est l'illustration. Cos a toujours produit des vins expressifs et d'un style plutôt exubérant. Au début des années 2000, il a même
parfois basculé dans la caricature, faisant passer au second plan la finesse que le terroir est
capable d'exprimer. Les choses s'inversent et
Cos retrouve, avec les derniers millésimes, une
expression qui nous séduit à nouveau et la troisième étoile est en ligne de mire.

Les vins : après un 2018 de très belle facture, à
la bouche crémeuse et raffinée, 2019 s'impose
comme une réussite majeure pour le château
qui signe un vin de très grand équilibre. La
bouche est juteuse, savoureuse et profonde à
la fois, avec un éclat en finale. Irrésistible et
intemporel.

Saint-Estèphe 2018	201,60 €	97
Saint-Estèphe 2019	220 €	98

Rouge : 100 hectares.
Cabernet-Sauvignon 60 %, Merlot 40 %

CHÂTEAU COS D'ESTOURNEL

Cos S, 33180 Saint-Estèphe
05 56 73 15 50 ● www.estournel.com ● Vente
et visites : sur RDV.
Propriétaire : Michel Reybier

★★ CHÂTEAU GISCOURS

Le cru, exploité en fermage par la famille hollan-
daise Albada Jelgersma, est dirigé par le talentueux Alexander Van Beek. Laissons de côté les
querelles juridiques entre la famille Tari, propriétaire du foncier et les exploitants pour nous
centrer sur les vins. Giscours bénéficie d'un terroir de premier ordre et de nombreux millésimes
anciens en témoignent. Comme beaucoup, il a
connu un petit passage à vide durant les années
90 / 2000. Une importante restructuration du
vignoble a permis au cru de repartir de l'avant
et les derniers millésimes renouent avec son
style plein et intense.

Les vins : nous percevons dans les derniers millésimes de Giscours un petit changement de
direction dans l'expression du fruit, avec des
cabernets un peu plus "al dente" qui expriment
de la droiture et un côté plus serré au vin. Le
2020 affiche un style assez droit et précis, il est
porté par une matière ciselée, un fruit pur et net.
Très digeste et racé, le 2019 s'est raffermi, porté
par des cabernets encore un rien stricts en

milieu de bouche. À ce stade, il se montre moins spectaculaire et flamboyant qu'en primeur, même s'il ne manque pas de race. À suivre, son potentiel est là.

🍾 Margaux 2019		47 €	94
🍾 Margaux 2020		57 €	95

Rouge : 90 hectares.
Cabernet-Sauvignon 60 %, Merlot 32 %,
Cabernet franc 5 %, Petit Verdot 3 %
Production moyenne : 200 000 bt/an

CHÂTEAU GISCOURS

10 route de Giscours 33460 Labarde
05 57 97 09 09 ● www.chateau-giscours.fr ●
Vente et visites : sur RDV.
Propriétaire : Famille Albada Jelgersma
Directeur : Alexander Van Beek

★★ CHÂTEAU GRAND-PUY-LACOSTE

Ce domaine a connu deux propriétaires seulement en 75 ans : Raymond Dupin, de 1932 à 1978, puis la famille Borie, représentée aujourd'hui par François-Xavier et sa fille Emeline. Ils dirigent ce cinquième cru classé au vignoble homogène sur le plateau de graves et d'argiles de Grand-Puy, avec une bonne proportion de vieilles vignes. La régularité est sans faille depuis déjà une bonne décennie et certains millésimes plus anciens surprennent toujours. "GPL", comme on dit à Bordeaux, produit un pauillac classique, plein et nerveux, aux tanins richement épicés, de style plutôt droit. Il acquiert, dans les grands millésimes, un moelleux magnifique qui gagne à vieillir.

Les vins : le 2019 confirme son statut de beau classique de Pauillac, à la fois profond et racé. Il est en place, très équilibré et raffiné, avec une matière détendue qui s'impose avec une forme d'évidence en bouche qui rend l'ensemble très harmonieux. En 2018, on retrouve la suavité et la séduction qui signent les vins de la propriété. Grâce à son admirable qualité de tanins au grain fin et soyeux, il possède du fond, de la forme et beaucoup de classe. Très cabernet sauvignon, le 2017 n'est pas en reste, avec une très grande définition et beaucoup de distinction.

🍾 Pauillac 2017		75 €	94
🍾 Pauillac 2018		70 €	95
🍾 Pauillac 2019		39 €	95

Rouge : 60 hectares. Cabernet-Sauvignon 75 %,
Merlot 20 %, Cabernet franc 5 %
Production moyenne : 150 000 bt/an

CHÂTEAU GRAND-PUY-LACOSTE

Pauillac BP 82, 33250 Pauillac
05 56 59 06 66 ●
www.grand-puy-lacoste.com ● Vente et visites : sur RDV.
Propriétaire : François-Xavier Borie
Directeur : Emeline Borie

★★ CHÂTEAU HAUT-MARBUZET

Aucun cru à Bordeaux ne peut se targuer de réunir une telle communauté d'amateurs inconditionnels. Depuis plus de trente ans, Haut-Marbuzet et son truculent et dynamique propriétaire, Henri Duboscq, désormais épaulé par ses fils, ont conquis le cœur des œnophiles avertis. Si l'on a longtemps considéré les vins comme charmeurs dans leur jeunesse (ce qu'ils sont indéniablement), mais limités en termes de potentiel de garde, il faut déguster des millésimes mûrs de ce cru de Saint-Estèphe pour comprendre que son terroir est surtout capable d'engendrer des vins qui vieillissent à merveille. Les vieux merlots plantés sur argile bleue confèrent au bouquet de Haut-Marbuzet de superbes notes de truffes qui évoquent certains vieux pomerols. Comme beaucoup, le cru a connu une petite baisse de régime au début de la décennie 2000, mais le retour en force ces dernières années le rend plus indispensable que jamais dans la cave des amateurs.

Les vins : le cru est en grande forme. Il a produit un 2018 très spectaculaire, enrobé et gourmand à souhait. Quant au 2019, il s'inscrit comme une des réussites incontestables du cru, avec ce toucher de bouche si particulier et cet enrobage du fruit qui signent les grandes réussites d'Henri Duboscq. Il sera parfait dans 10 ans.

🍾 Saint-Estèphe 2018		36 €	94
🍾 Saint-Estèphe 2019		35 €	95

Rouge : 70 hectares. Merlot 55 %,
Cabernet-Sauvignon 40 %, Cabernet franc 3 %,
Petit Verdot 2 %
Production moyenne : 350 000 bt/an

CHÂTEAU HAUT-MARBUZET

1, rue Saint-Vincent, 33180 Saint-Estèphe
05 56 59 30 54 ● infos@haut-marbuzet.net ●
Vente et visites : sur RDV.
Propriétaire : GFA des Vignobles H. Duboscq
et Fils
Directeur : Henri Duboscq
Œnologue : Henri Duboscq

★★ CHÂTEAU D'ISSAN

En dehors d'un somptueux château, Issan peut se prévaloir de bénéficier d'un des rares vignobles historiques n'ayant pas été remembré, idéalement placé en bord de Gironde et contenu au sein d'un clos magnifique. Le cru appartient aujourd'hui pour 50 % à la famille Lorenzetti (Pédesclaux, Lafon Rochet et Lilian Laouys) et pour l'autre moitié à la famille d'Emmanuel Cruse qui en assure la gestion. Les vins ont gagné en épaisseur, en intensité et en profondeur ces dernières années, tout en conservant un toucher très soyeux. Ils font désormais partie de l'élite de l'appellation.

Les vins : tout est ici bien en place et Issan est régulier à très bon niveau, qu'il s'agisse du 2018, qui ne manque nullement d'élégance, ou du 2019, d'un raffinement remarquable, avec une bouche bien construite, du volume et du soyeux en finale : un beau classique prometteur. Le Blason est un vin fin ou ouvert, avec une jolie rondeur.

Margaux 2018	75 €	95
Margaux 2019	49 €	95
Margaux Blason d'Issan 2017	28 €	90

Rouge : 60 hectares.
Cabernet-Sauvignon 65 %, Merlot 35 %
Production moyenne : 103 000 bt/an

CHÂTEAU D'ISSAN

Chemin de la Ménagerie, 33460 Cantenac
05 57 88 35 91 ● www.chateau-issan.com ●
Vente et visites : sur RDV.
Propriétaire : Famille Cruse et Jacky Lorenzetti
Directeur : Emmanuel Cruse
Œnologue : Eric Boissenot

★★ CHÂTEAU LYNCH-BAGES

C'est désormais à Jean-Charles Cazes que revient la charge de piloter ce cru prestigieux de Pauillac. Son père, Jean-Michel, personnalité médocaine exceptionnelle, infatigable ambassadeur des vins de Bordeaux et artisan de la renommée de ce cinquième cru, n'est cependant jamais très loin. La magnifique propriété familiale, excellemment située sur le plateau de Bages, a produit une impressionnante série de vins sans aucun point faible depuis le début des années 1970, imposant son style riche, séduisant et immédiatement accessible, tout en étant capable de vieillir avec grâce. Doté désormais d'un spectaculaire chai moderne flambant neuf à la pointe de la technologie, le cru est plus que jamais sur les rails et sa cote d'amour auprès de nombreux amateurs n'est qu'un juste retour des choses.

Les vins : le grand vin en 2019 est flamboyant, avec un nez opulent, mentholé, des notes de fruits noirs et une bouche bien enrobée. Voilà un Lynch-Bages une fois encore séduisant, porté par une belle matière et des tanins très élégants. Écho se révèle d'une jolie définition, avec de la rondeur et des tanins souples et fins. Un joli vin de plaisir.

Pauillac 2019	91 €	96
Pauillac Écho de Lynch-Bages 2019	42,50 €	91

Rouge : 100 hectares.
Cabernet-Sauvignon 70 %, Merlot 24 %, Cabernet franc 4 %, Petit Verdot 2 %
Blanc : 7 hectares. Sauvignon blanc 63 %, Sémillon 25 %, Muscadelle 12 %
Production moyenne : 420 000 bt/an

CHÂTEAU LYNCH-BAGES

Pauillac 33250 Pauillac
05 56 73 24 00 ● www.lynchbages.com ●
Vente et visites : sur RDV.
Propriétaire : Famille Cazes
Directeur : Jean-Charles Cazes
Maître de chai : Nicolas Labenne
Œnologue : Daniel Llose

★★ CHÂTEAU LÉOVILLE POYFERRÉ

Ce deuxième cru classé atteint désormais le niveau des meilleurs et impose sa régularité. Le terroir confère au vin de Poyferré sa profondeur de robe, sa chair ample et nerveuse, son large bouquet épicé, ainsi que son potentiel de longévité. Dans un style plus opulent que son voisin Barton et plus crémeux que Las Cases, il affiche aussi un côté plus "moderne" et exubérant. Il peut par ailleurs compter sur un vignoble d'âge respectable et sur un outil de vinification performant. Didier Cuvelier qui peut être fier du travail accompli depuis la fin des années 1970 a pris sa retraite en 2018, laissant les rênes à Sarah Lecompte-Cuvelier.

Les vins : le 2019 est verrouillé à ce stade, très concentré, riche, serré en finale, mais aussi marqué par son bois. Il y a là les ingrédients pour en faire une belle bouteille d'ici une décennie. Il faudra s'armer de patience. C'est le plus massif des vins de l'appellation. Il succède à un 2018, lui aussi très serré et concentré, deux vins pour amateurs patients. Pavillon offre un fruit délié et croquant, logiquement plus accessible.

Saint-Julien 2018	140 €	95
Saint-Julien 2019	121 €	96

Saint-Julien Pavillon de Léoville Poyferré
2019   35 €   92

Rouge : 60 hectares.
Cabernet-Sauvignon 68 %, Merlot 24 %,
Cabernet franc 6 %, Petit Verdot 2 %
Production moyenne : 200 000 bt/an

CHÂTEAU LÉOVILLE POYFERRÉ

38, rue de Saint-Julien
33250 Saint-Julien-Beychevelle
05 56 59 08 30 • www.leoville-poyferre.fr •
Vente et visites : sur RDV.
Propriétaire : Famille Cuvelier
Directeur : Sara Lecompte Cuvelier
Maître de chai : Didier Thomann
Œnologue : Isabelle Davin

★★ CHÂTEAU MALESCOT SAINT-EXUPÉRY

Ce petit cru de Margaux continue, sans faire de bruit, à élaborer quelques-uns des vins les plus attachants et originaux de l'appellation. Un succès que l'on doit à son propriétaire, Jean-Luc Zuger, désormais épaulé par sa fille, consciencieux et toujours à l'affût de nouvelles pistes à explorer. Disposant d'un remarquable terroir (en partie voisin du château Margaux), il exprime la suavité et la maturité du fruit comme nul autre : le vin brille toujours par sa texture crémeuse, presque bourguignonne, et ses tanins raffinés. La régularité des derniers millésimes est irréprochable.

Les vins : il y a un style Malescot, combinaison habile de fruité suave, de boisé fin et surtout de tanins veloutés. Avec son nez expressif de fruits rouges, 2019 se montre déjà irrésistible. La bouche est harmonieuse, longiligne et très persistante, avec ces fameux tanins très fins. La patte du château se retrouve aussi dans le délicieux 2020, de très belle facture, enrobé comme il le faut et soyeux à souhait, mais avec de la persistance.

Margaux 2019   42 €   96
Margaux 2020   54 €   96

Rouge : 23 hectares.
Cabernet-Sauvignon 50 %, Merlot 35 %,
Cabernet franc 10 %, Petit Verdot 5 %
Production moyenne : 220 000 bt/an

CHÂTEAU MALESCOT SAINT-EXUPÉRY

16, rue Georges-Mandel, BP 8,
33460 Margaux
05 57 88 97 20 • www.malescot.com •
Visites : sur RDV aux professionnels.
Propriétaire : Jean-Luc Zuger
Directeur : Gilles Pouget
Maître de chai : Marie Chaballier
Œnologue : Michel Rolland

★★ CHÂTEAU MONTROSE

Les entrepreneurs Martin et Olivier Bouygues sont propriétaires de ce célèbre cru classé depuis 2006. Ils exploitent à merveille l'un des plus beaux terroirs du Médoc qui, à de nombreuses reprises par le passé, s'est distingué en produisant des vins pouvant atteindre, voire dépasser, le niveau des premiers grands crus classés. Lorsque l'année est chaude et sèche, comme ce fut le cas en 2003, 2009, 2010 ou même 2011, Montrose offre alors une distinction hors-norme. Hervé Berland passe doucement la main à Pierre Grafeuille, venu de Léoville Las Cases, à la tête du domaine.

Les vins : le très haut niveau des derniers millésimes est indiscutable et le cru a énormément progressé en terme de définition et de précision dans son fruit comme en attestent les remarquables 2019 et 2020, deux grands vins à l'avenir assuré, mais qu'il faudra savoir attendre. Un rien de rigidité en moins et un soupçon de moelleux en plus leur permettraient de franchir la dernière petite marche qui les sépare des meilleurs crus de Bordeaux. La Dame est aussi un vin très recommandable, évidemment plus accessible... Le temps de patienter que le grand vin arrive à maturité.

Saint-Estèphe 2019   191 €   96
Saint-Estèphe 2020   160 €   96
Saint-Estèphe La Dame de Montrose
2018   49 €   93

Rouge : 95 hectares.
Cabernet-Sauvignon 60 %, Merlot 32 %,
Cabernet franc 6 %, Petit Verdot 2 %
Production moyenne : 400 000 bt/an

CHÂTEAU MONTROSE

SCEA Château Montrose
33180 Saint-Estèphe
05 56 59 30 12 • www.chateau-montrose.com •
Vente et visites : sur RDV.
Propriétaire : Messieurs Martin et Olivier Bouygues
Directeur : Hervé Berland
Maître de chai : Vincent Decup

★★ CHÂTEAU RAUZAN-SÉGLA

Appartenant à la famille Wertheimer (Chanel), également propriétaire de Château Canon à Saint-Émilion, ce prestigieux domaine produit des vins qui n'imposent jamais leur puissance mais impriment avec délicatesse la distinction et la finesse de l'un des plus beaux terroirs de Margaux. Depuis 2000, il offre l'un des plus grands vins du Médoc, mêlant raffinement et fraîcheur, mais aussi persistance. Nicolas Audebert qui en a pris la direction pousse encore plus loin le sens du détail et de la recherche de la perfection pour ce cru au raffinement superbe qui incarne à merveille d'idée que l'on peut se faire des plus grands vins de Margaux. Les derniers millésimes sont irréprochables.

Les vins : en route vers une troisième étoile, le cru enchaîne les millésimes de très haut niveau, à commencer par un 2020 qui s'annonce légendaire, porté par une matière au raffinement extrême et à la profondeur confondante. Il ne faudrait cependant pas qu'il éclipse le 2019, une splendide réussite pour ce cru très racé et à la matière à la fois intense et ultra civilisée. Il tombe en bouche avec évidence et grâce, telle une robe de haute couture.

Margaux 2019	114 €	97
Margaux 2020	N.C.	98
Margaux Ségla 2018	de 35 à 45 € (c)	93

Rouge : 71 hectares.
Production moyenne : 220 000 bt/an

CHÂTEAU RAUZAN-SÉGLA
Rue Alexis Millardet, 33460 Margaux
05 57 88 82 10 ●
www.chateaurauzansegla.com ● Visites : sur RDV aux professionnels.
Propriétaire : Famille Wertheimer
Directeur : Nicolas Audebert
Maître de chai : Didier Larue

_____

★★ CHÂTEAU SAINT-PIERRE (MÉDOC)

Ce cru classé a longtemps été le plus méconnu du vignoble de Saint-Julien, il faut dire que c'est aussi le plus petit. Il a été racheté en 1982 par Henri Martin, propriétaire du célèbre cru bourgeois Château Gloria qui a reconstitué son terroir tel qu'il existait au moment du classement. Sous la conduite de Jean-Louis Triaud, de son épouse et désormais de leurs enfants enfants, le cru n'a cessé de progresser. Doté désormais d'un outil de vinification performant, il a rejoint le peloton de tête de l'appellation. les derniers millésimes sont brillants.

Les vins : on entendra parler des 2019 et 2020. le premier possède une très jolie élégance à laquelle s'ajoute une texture crémeuse et une finale fondue et harmonieuse. Quant au 2020, c'est un des plus aboutis et raffinés qui soient, avec une bouche qui impressionne par sa définition et sa dynamique. Une très belle réussite dans un esprit très Saint-Julien.

Saint-Julien 2019	73 €	96
Saint-Julien 2020	45 €	96

Saint-Julien Esprit de Saint-Pierre 2019	25 €	91

Rouge : 17 hectares. Cabernet-Sauvignon 75 %, Merlot 15 %, Cabernet franc 10 %
Production moyenne : 60 000 bt/an

CHÂTEAU SAINT-PIERRE (MÉDOC)
Château Gloria,
33250 Saint-Julien-Beychevelle
05 56 59 08 18 ●
www.domaines-henri-martin.com ● Vente et visites : sur RDV.
Propriétaire : Jean Triaud
Directeur : Rémi di Constanzo
Maître de chai : Philippe Blanchard
Œnologue : Eric Boissenot

_____

★★ CHÂTEAU TALBOT

Cette marque forte, appréciée à juste titre par les amateurs, est fortement repartie de l'avant, élaborant désormais les vins que nous attendons d'elle. Doté d'un outil performant et moderne, habilement piloté, le vaste cru de Nancy Bignon-Cordier, conduit par Jean-Michel Laporte, renoue avec la gloire de son passé, produisant des vins plus subtils et raffinés que jamais. Un vin flamboyant, archétype du grand saint-julien classique.

Les vins : après un 2018 de haute volée, le cru enchaîne les grandes réussites. Le 2019 s'impose comme une réussite majeure, avec du volume et de la corpulence, mais aussi une très belle dynamique en finale. Un bel ensemble prometteur. Le 2020 lui emboîte le pas : il est bien bâti, avec beaucoup de fond, mais marqué par une petite prise de bois à ce stade. Il va toutefois se mettre en place et s'harmoniser.

Saint-Julien 2018	de 62 à 65 € (c)	95
Saint-Julien 2019	60 €	96
Saint-Julien 2020	50 €	95
Saint-Julien Connétable de Talbot 2019	26 €	91

Rouge : 105 hectares.
Blanc : 5 hectares.
Production moyenne : 550 000 bt/an

CHÂTEAU TALBOT
LD Talbot, 33250 Saint-Julien-Beychevelle
05 56 73 21 50 ● www.chateau-talbot.com ●
Vente et visites : sur RDV.
Propriétaire : Nancy Bignon-Cordier
Directeur : Jean-Michel Laporte
Maître de chai : Jean-Max Drouilhet

_____

★ CHÂTEAU D'ARMAILHAC

Dirigé avec efficacité par l'équipe de Mouton Rothschild, Château d'Armailhac représente une excellente affaire pour les amateurs. Son prix très raisonnable et sa régularité font de lui un cru désormais incontournable. L'exposition sur des croupes graveleuses proches de Mouton Rothschild et de Pontet-Canet se montre de qualité, et l'encépagement comporte un bon pourcentage de cabernet-sauvignon. Sous l'impulsion de Philippe Dhalluin, qui a désormais passé la main à Jean-Emmanuel Danjoy, le vin a gagné en constitution depuis une décennie. Une valeur sûre.

Les vins : toujours très séduisant et expressif, sans lourdeur, le 2018 est délicieux, avec ses notes de fruits noirs. Le 2019 est un pauillac au profil droit et gourmand qui déploie une jolie trame, avec de la sève et un milieu de bouche bien construit.

🍷	Pauillac 2018	65 €	**93**
🍷	Pauillac 2019	80 €	**94**

Rouge : 76 hectares. Cabernet-Sauvignon 53 %, Merlot 37 %, Cabernet franc 8 %, Petit Verdot 2 %

CHÂTEAU D'ARMAILHAC

Château d'Armailhac, 33250 Pauillac
05 56 73 34 00 ●
www.chateau-darmailhac.com ● Pas de visites.
Propriétaire : Philippe Sereys de Rothschild, Camille Sereys de Rothschild et Julien de Beaumarchais de Rothschild
Directeur : Lucie Lauilhé
Maître de chai : Cédric Marc

★ CHÂTEAU BELGRAVE

Voisin des châteaux La Tour Carnet, Camensac et Lagrange, à un ruisseau de l'appellation Saint-Julien, Belgrave est géré en fermage par la maison de négoce Dourthe, elle-même propriété du groupe champenois Thiénot. Le cru a effectué des progrès notoires sous la direction de Frédéric Bonnaffous. Outre d'importants efforts réalisés à la vigne, la propriété a bénéficié d'investissements importants. Le vin, d'un style charnu et épanoui mais profond, s'est particulièrement affiné et s'est installé comme l'une des valeurs sûres de l'appellation. Les derniers millésimes constituent d'excellentes affaires pour les amateurs.

Les vins : pas de doute, 2020 sera un Belgrave de référence avec une bouche charnue, pleine et dotée d'un beau gras qui l'enrobe bien et le rend déjà très gourmand. Il termine sur des jolis tanins fins et étirés. Il est à peine supérieur au beau 2019, à la bouche est droite, mais encore sous l'emprise d'un petit boisé. Il faut lui laisser un peu de temps pour fondre ses tanins. 2018, est un peu plus rond, mais très suave.

🍷	Haut-Médoc 2018	35 €	**92**
🍷	Haut-Médoc 2019	30 €	**92**
🍷	Haut-Médoc 2020	36 €	**94**

Rouge : 59 hectares. Merlot 50 %, Cabernet-Sauvignon 48 %, Petit Verdot 2 %
Production moyenne : 350 000 bt/an

CHÂTEAU BELGRAVE

Darrous, 33180 Saint-Laurent-du-Médoc
05 56 35 53 00 ● www.chateau-belgrave.com
● Vente et visites : sur RDV.
Propriétaire : Dourthe
Directeur : Frédéric Bonnaffous

★ CHÂTEAU BELLE-VUE

Depuis quelques années, ce petit cru du sud du Médoc s'impose comme une valeur sûre. Les vins sont ici d'une régularité sans faille depuis déjà quelques millésimes. Particularité, l'encépagement est fortement marqué par le petit verdot, cépage qui donne d'ailleurs naissance à une cuvée originale. D'un rapport qualité-prix très intéressant, les vins produits ici ont toute leur place dans la cave des amateurs.

Les vins : nous avons dégusté des vins arrivés à point, à commencer par un 2014 en forme, fondu et élégant, avec un joli début d'évolution. Il a conservé sa finesse et sa structure élégante et peut se boire dès maintenant. 2016 est, quant à lui, plus solide et bâti, avec un milieu de bouche juteux et des tanins qui s'intègrent bien. Un vin solide, mais déjà apprivoisé qui se livre avec sérieux.

🍷	Bordeaux Petit Verdot by Belle-Vue 2017	23 €	**91**
🍷	Haut-Médoc 2014	de 14 à 16 € (c)	**92**
🍷	Haut-Médoc 2016	16 €	**93**

Rouge : 14,58 hectares.
Cabernet-Sauvignon 50 %, Merlot 30 %, Petit Verdot 20 %
Production moyenne : 70 000 bt/an

CHÂTEAU BELLE-VUE

103, route de Pauillac, 33460 Macau
05 57 88 19 79 ● www.chateau-belle-vue.fr ● Vente et visites : sur RDV.
Propriétaire : Treasury Wine Estates
Directeur : Sébastien Long

★ CHÂTEAU BOYD-CANTENAC

Discrète et petite propriété d'à peine 17 hectares, Boyd-Cantenac est conduit par Lucien Guillemet, épaulé par son neveu Olivier Salques. Ici, rien de démonstratif, ni chais spectaculaires, ni château flamboyant, mais un esprit modeste et familial qui fait de ce cru un des derniers mohicans du Médoc. Le sens de la vinification, la compréhension du terroir et la définition d'un style élégant ont fait du cru une valeur sûre de l'appellation. Mais les derniers millésimes nous semblent marqués par des boisés qui ne collent plus forcément à leur époque. Bien entendu, le fond de vin est là et le temps fera sans doute son affaire. Face à une concurrence très affûtée, Boyd apparaît un peu anachronique.

Les vins : s'ils ne déméritent pas, les derniers millésimes sont marqués par ce fardage de bois qui masque un peu leur jolie matière. Ainsi, 2019 aura besoin de temps de pour s'harmoniser. La texture est jolie, avec du nerf et du soyeux, il faudra être patient. La bouche du 2020 est crémeuse, avec une matière souple et des tanins fins. Le tout porté par le boise grillé qui signe les vins de la propriété. Nul doute que le temps gommera cette point d'élevage et que le vin sera alors très séduisant.

Margaux 2019	44 €	93
Margaux 2020	36 €	93

Rouge : 17 hectares. Cabernet-Sauvignon 66 %, Merlot 30 %, Petit Verdot 4 %
Production moyenne : 70 000 bt/an

CHÂTEAU BOYD-CANTENAC
II, route de Jean-Faure, 33460 Cantenac
05 57 88 90 82 ● www.boyd-cantenac.fr ●
Vente et visites : sur RDV.
Propriétaire : Famille Guillemet
Directeur : Lucien Guillemet

★ CHÂTEAU BRANAS GRAND POUJEAUX

Ce cru situé non loin de Chasse Spleen et Poujeaux, ce cru acheté et piloté depuis 2002 par Justin Onclin a vu son actionnariat changer en 2020 avec l'arrivée de l'homme d'affaire hollandais Heindrick Gommer. Il a permis au cru d'acquérir de nouvelles parcelles et de renforcer la présence de cabernet sauvignon dans son assemble, ce qui devrait lui permettre de gagner en fraîcheur. Son actuel point faible.

Les vins : le 2019 est ample, mais conserve un bon équilibre avec un degré alcoolique plutôt bien géré et un fruit qui ne bascule pas dans les notes confites. Certes, il est encore massif et serré en finale, mais se déploiera bien d'ici quelques années. Le 2020 est plus frais et équilibré encore, avec une finale qui possède davantage de tension.

Moulis 2019	de 28 à 32 € (c)	93
Moulis 2020	15 €	94

Rouge : 23 hectares. Merlot 50 %, Cabernet-Sauvignon 45 %, Petit Verdot 5 %
Production moyenne : 90 000 bt/an

CHÂTEAU BRANAS GRAND POUJEAUX
23, chemin de la Raze,
33480 Moulis-en-Médoc
05 56 58 93 30 ●
www.branasgrandpoujeaux.com ● Vente et visites : sur RDV.
Propriétaire : Hendrick Gommer
Directeur : Arjen Pen
Maître de chai : Manuel Feirrera
Œnologue : Hubert de Boüard

★ CHÂTEAU CANTEMERLE

C'est désormais à Laure Canu que revient de piloter cette propriété classique du Médoc. Si Cantemerle a toujours produit des vins élégants et digestes, ceux élaborés depuis une dizaine d'années ajoutent un supplément de profondeur et de définition, et le positionnent clairement comme l'un des meilleurs rapports qualité-prix de tout le Médoc. Le travail au vignoble et le choix de vinification et d'assemblage opérés depuis quelques années paient. Il faut en profiter, d'autant que le potentiel de garde est remarquable, comme nous pouvons souvent le vérifier.

Les vins : le trio 2018, 2019 et 2020 est un sans faute, chacun dans leur style, mais avec ce point commun : une très belle fraîcheur dans les vins, y compris dans la solaire millésime 2018. Le 2019 est un vin qui réjouira les amateurs de bonnes affaires. Il est sérieux et bien construit, de forme classique, avec une belle droiture de bouche, mais aussi ce qu'il faut d'enrobage. 2020 ajoute un soupçon d'éclat.

Haut-Médoc 2018	32 €	93
Haut-Médoc 2019	28 €	94
Haut-Médoc 2020	26 €	94

Rouge : 95 hectares.
Cabernet-Sauvignon 68 %, Merlot 23 %, Cabernet franc 5 %, Petit Verdot 4 %
Production moyenne : 400 000 bt/an

CHÂTEAU CANTEMERLE
Macau, 33460 Margaux
05 57 97 02 82 ● www.cantemerle.com ●
Vente et visites : sur RDV.
Propriétaire : Groupe SMA
Directeur : Laure Canu
Œnologue : Éric Boissenot

★ CHÂTEAU CHASSE-SPLEEN

Ce vaste cru exploité par Céline Villars-Foubet (Château Camensac) jouit d'une excellente réputation, bien méritée d'ailleurs. Chasse-Spleen possède un très beau terroir, situé, pour une grande part, sur les magnifiques sols de graves du Grand Poujeaux. Sa richesse de constitution et sa puissance aromatique le situent en tête de l'appellation, avec des vins toujours élégants, digestes et évitant le caractère parfois un peu rustique que l'on trouve dans le secteur.

Les vins : composé de sémillon, sauvignon et muscadelle, le blanc se montre charmeur dans ce millésime chaud qu'est 2018. Il tient le choc et commence son évolution dans un registre de fruits jaunes exotiques et une touche de cire. Le rouge 2018 est toujours aussi séduisant, avec beaucoup de rondeur, un fruit charmeur et une finale aux tanins soyeux.

▭ Bordeaux 2018		25 €	91
▭ Moulis 2018		35 €	93

Rouge : 103,5 hectares.
Blanc : 3,5 hectares.
Production moyenne : 700 000 bt/an

CHÂTEAU CHASSE-SPLEEN
32, chemin de la Raze,
33480 Moulis-en-Médoc
05 56 58 02 37 ● www.chasse-spleen.com ●
Vente et visites : sur RDV.
Propriétaire : Céline Villars-Foubet

★ CHÂTEAU CLARKE

Dans cette propriété historique du Médoc, acquise en 1973 par le baron Edmond de Rothschild, le vignoble a été totalement replanté et des installations techniques de premier ordre ont été mises en place. Après le décès brutal de son fils Benjamin, le domaine est désormais dirigé par Ariane, sa femme, et l'équipe produit un vin de très belle régularité, avec une dominante de merlot, ce qui lui confère opulence et ampleur. Il a néanmoins gagné en finesse ces dernières années.

Les vins : le château cultive son style opulent et mûr. Assis sur une large majorité de merlot, le 2019 ne bascule toutefois pas et demeure équilibré, avec un fruité mûr mais pas compoté, enrobé d'un boisé chic. En blanc, 2021 a engendré un vin de très bel éclat, avec des notes d'agrumes et une bouche traçante.

▭ Bordeaux Le Merle Blanc 2021		30 €	92
▭ Listrac-Médoc 2019		39 €	92

Rouge : 55 hectares.
Blanc : 3 hectares.
Production moyenne : 250 000 bt/an

CHÂTEAU CLARKE
1, route de Listrac, 33480 Listrac-Médoc
05 56 58 38 00 ●
epicerie.edmondderothschildheritage.com/
fr/ ● Pas de visites.
Propriétaire : Ariane de Rothschild
Directeur : Boris Bréau
Maître de chai : Mireille Segonne
Œnologue : Fabrice Darmaillacq

★ CHÂTEAU CLERC MILON

Les amateurs l'ont remarqué, depuis une dizaine d'années, ce cinquième cru classé a été métamorphosé. Acquis en 1970 par le baron Philippe de Rothschild (Mouton) qui l'a considérablement développé, il est longtemps resté dans l'ombre de Mouton, ne bénéficiant pas de toute l'attention qu'il méritait, produisant des vins certes agréables mais n'exploitant pas tout le potentiel du cru. Désormais doté d'un cuvier et d'un chai performant, Clerc Milon, qui dispose aujourd'hui de 41 hectares dont une large part de (très) vieilles vignes, est aujourd'hui en ordre de marche et les derniers millésimes sont les meilleurs produits depuis 50 ans.

Les vins : 2018 est bien géré, préservant un fruité agréable et juteux en bouche, avec des tanins bien intégrés. Avec une importante proportion de cabernet, le 2019 impose sa très belle définition et sa bouche longiligne et sapide. Un millésime de référence pour le cru.

▬ Pauillac 2018		100 €	95
▬ Pauillac 2019		99 €	95
▬ Pauillac Pastourelle de Clerc Milon 2019		N.C.	91

Rouge : 41 hectares. Cabernet-Sauvignon 53 %, Merlot 35 %, Cabernet franc 8 %, Petit Verdot 2 %, Carmenère 2 %

CHÂTEAU CLERC MILON
Lieu-dit Mousset, 33250 Pauillac
05 56 41 43 43 ●
www.chateau-clerc-milon.com ● Vente et
visites : sur RDV.
Propriétaire : Philippe Sereys de Rothschild,
Camille Sereys de Rothschild et Julien de
Beaumarchais de Rothschild
Directeur : Caroline Artaud
Maître de chai : Frédéric Faure

★ ♪ CHÂTEAU COS LABORY

Discret cru classé de Saint-Estèphe, Cos Labory ne manque pourtant pas d'atouts. La famille Audoy, qui le dirige, élabore un vin de facture classique, mais avec beaucoup de charme et d'équilibre. Une attachante propriété familiale qui propose des vins qui évoluent parfaitement sur une décennie, voire plus et qui, surtout, demeurent accessibles. La régularité des derniers millésimes nous permet de lui accorder une étoile bien méritée.

Les vins : indiscutable belle affaire, le 2020 possède un charme irrésistible, avec une matière tendre, des tanins souples et une bouche tout en fruit. Tout à fait dans le style qui fait de Cos Labory un vin très attachant. 2019 n'est pas en reste, préservant beaucoup d'élégance, avec ses tanins fins.

Saint-Estèphe 2019	32 €	**94**
Saint-Estèphe 2020	29 €	**95**

Rouge : 18 hectares. Cabernet-Sauvignon 58 %, Merlot 36 %, Petit Verdot 6 %
Production moyenne : 100 000 bt/an

CHÂTEAU COS LABORY

Cos S 33180 Saint-Estèphe
05 56 59 30 22 ● www.cos-labory.com ●
Vente et visites : sur RDV.
Propriétaire : Famille Audoy
Directeur : Bernard Audoy
Œnologue : Sandra Duboscq

★ CHÂTEAU DAUZAC

Le cru est solidement dans la course depuis déjà quelques millésimes. Laurent Fortin, directeur du cru depuis 2014, multiplie les initiatives, les expérimentations et décline la gamme. Il a su donner une nouvelle impulsion au cru, à classer dans la catégorie des valeurs sûres. Désormais aux mains de la famille Roulleau, le cru devrait encore progresser, avec une réflexion très avancée sur la culture de la vigne. Deux nouveautés cette année, l'arrivée d'un blanc et d'une cuvée franche de pied.

Les vins : le blanc est frais et citronné, assez simple, à la vocation apéritive. Les "petites cuvées" que sont le D et le Haut-Médoc sont agréables et gourmandes, sur le fruit. La Bastide, contrairement à Aurore, est un grand vin construit autour des merlots, récoltés sur argile. Il en résulte un vin de belle suavité, avec une bouche souple, mais de bonne profondeur et un équilibre gourmand. Aurore est logiquement un peu plus droit et tendu, mais sans austérité. Quant à Dauzac 2020, il enchaîne la belle série de millésimes et porte le cru peut-être encore plus haut, avec un équilibre souverain et un grain de tanin vraiment très élégant. Un vin pur et précis qui rapproche le château de la seconde étoile.

Bordeaux D de Dauzac 2021	13 €	**88**
Bordeaux D de Dauzac 2020	13 €	**88**
Haut-Médoc de Dauzac 2020	20 €	**90**
Margaux 2020	49 €	**95**
Margaux Aurore de Dauzac 2020	25 €	**92**
Margaux La Bastide de Dauzac 2020	25 €	**91**

Rouge : 49 hectares.
Production moyenne : 280 000 bt/an

CHÂTEAU DAUZAC

1, avenue Georges-Johnston, 33460 Labarde
05 57 88 32 10 ● www.chateaudauzac.com ●
Vente et visites : sur RDV.
Propriétaire : Famille Roulleau
Directeur : Laurent Fortin
Maître de chai : Frédéric Benour
Œnologue : Éric Boissenot

★ CHÂTEAU DUHART-MILON

Le petit frère de Lafite Rothschild bénéficie de toute l'attention d'Éric Kohler et de son équipe. Doté d'un beau terroir de graves, situé en plein cœur de Pauillac, il a longtemps souffert du jeune âge des vignes. Les années passant, le cru est désormais bien en place. Produisant des vins sérieux, classiques et très denses, qui vieillissent à merveille, Duhart est une valeur sûre de Pauillac.

Les vins : le cru est au niveau auquel on l'attend et les derniers millésimes semblent être les plus flamboyants que nous ayons dégustés ici. Le 2018 révèle un petit côté exotique au nez, exprimé par des merlots très mûrs. Il est séduisant, mais profond, doté d'une certaine richesse, mais sans lourdeur et continue à gagner en fraîcheur. 2019 est l'un des Duhart les plus séduisants qui soient à ce stade de jeunesse. Il libère un fruit généreux et des tanins soyeux. La bouche est d'une admirable harmonie.

Pauillac 2018	80 €	**94**
Pauillac 2019	75 €	**94**

Rouge : 65 hectares. Cabernet-Sauvignon 70 %, Merlot 30 %
Production moyenne : 240 000 bt/an

CHÂTEAU DUHART-MILON

Rue Étienne-Dieuzede, 33250 Pauillac
05 56 59 03 60 ● www.lafite.com ● Vente et visites : sur RDV.
Propriétaire : Famille de Rothschild
Directeur : Éric Kohler

★ CHÂTEAU DES EYRINS

Repris par Julie et Xavier Gonet-Médeville en 2009, ce petit cru n'a cessé de progresser. Désormais doté d'un outil de vinification, il s'impose comme un cru solide et fiable de l'appellation. Son vignoble de 2,5 hectares, très bien situé à Margaux, est capable de produire un vin raffiné et élégant, de demi-garde et qui offre un bon rapport qualité-prix.

Les vins : les amateurs de margaux élégants ne seront pas déçus des derniers millésimes. Le 2018 est dans la suavité et la rondeur, avec des tanins soyeux. 2019 est un peu plus droit (ce qui lui convient bien). Les notes de fruits rouges frais sont finement enrobées par une touche de boisé qui se fond bien. L'ensemble a de la tenue et une bonne allonge.

Margaux 2018	31 €	93
Margaux 2019	36 €	93

Rouge : 2,9 hectares.
Cabernet-Sauvignon 88 %, Merlot 10 %, Petit Verdot 2 %
Production moyenne : 8 800 bt/an

CHÂTEAU DES EYRINS
26, rue Général-de-Gaulle, 33460 Margaux
05 56 76 28 44 ● www.gonet-medeville.com
● Vente et visites : sur RDV.
Propriétaire : Famille Gonet-Médeville

★ CHÂTEAU FOURCAS HOSTEN

Les spectaculaires progrès réalisés par cette propriété de Listrac, depuis son rachat par la famille Momméja (Hermès), en font désormais une des références de l'appellation. Les frères Renaud et Laurent Momméja ne ménagent pas leurs efforts pour permettre au cru de s'exprimer pleinement. Le vignoble a été entièrement repris en main et un outil de vinification performant a été bâti. Un excellent rapport qualité-prix à ne pas laisser passer.

Les vins : le blanc du château se savoure sur sa fraîcheur. Le 2020 déploie de jolies notes de pêches blanches et une pointe d'agrumes en finale. En rouge, après un 2017 sur la finesse, en demi-puissance, mais ouvert et digeste, le 2018 se montre plus épaulé, avec un milieu de bouche plein et un fruité suave. Il s'équilibre bien et semble parti pour une longue garde. 2019 pourrait néanmoins aller encore plus loin : d'un profil classique, il est très racé et défini, avec une admirable qualité de tanins à la texture veloutée.

Bordeaux 2020	28 €	91
Listrac-Médoc 2017	20 €	92
Listrac-Médoc 2018	23 €	93
Listrac-Médoc 2019	21 €	93
Listrac-Médoc Les Cèdres d'Hosten 2018	14 €	88

Rouge : 42 hectares.
Cabernet-Sauvignon 55 %, Merlot 40 %, Cabernet franc 3 %, Petit Verdot 2 %
Blanc : 2,2 hectares. Sauvignon blanc 68 %, Sémillon 18 %, Sauvignon gris 14 %
Production moyenne : 200 000 bt/an

CHÂTEAU FOURCAS HOSTEN ♣
5, rue Odilon-Redon, 33480 Listrac-Médoc
05 56 58 01 15 ● www.fourcas-hosten.com ●
Vente et visites : sur RDV.
Propriétaire : Laurent et Renaud Momméja
Directeur : Eloi Jacob
Maître de chai : Grégory Meytadier
Œnologue : Éric Boissenot (rouges) et Athanase Fakorellis (blancs)

★ CHÂTEAU GLORIA

Constitué patiemment, parcelle après parcelle, dans la deuxième moitié du XXe siècle par Henri Martin, Gloria est l'une des marques fortes des crus non classés du Médoc. Cette réputation n'est pas usurpée, loin de là, comme en témoignent les dernières cuvées. Toujours très complet, coloré et concentré, le cru a été très peu pris en défaut dans la dernière décennie. Il vieillit harmonieusement, mais les amateurs les plus pressés pourront se régaler en le buvant dès cinq ans d'âge.

Les vins : après des 2018 que nous avions perçus dans une nouvelle quête d'élégance, les 2019 confirment avec un Gloria tout en charme, en saveurs et en équilibre. La structure est fine. Le fruit préservé et juteux est réjouissant et l'on retrouve cette suavité si caractéristique du cru.

Saint-Julien 2018	43 € (c)	93
Saint-Julien 2019	52 €	94
Saint-Julien Esprit de Gloria 2019	20 €	89

Rouge : 50 hectares.
Cabernet-Sauvignon 65 %, Merlot 25 %, Cabernet franc 5 %, Petit Verdot 5 %
Production moyenne : 300 000 bt/an

CHÂTEAU GLORIA
Domaine Henri Martin,
33250 Saint-Julien-Beychevelle
05 56 59 08 18 ●
www.domaines-henri-martin.com ● Vente et visites : sur RDV.
Propriétaire : Jean Triaud
Directeur : Rémi Di Costanzo
Maître de chai : Philippe Blanchard
Œnologue : Eric Boissenot

★ CHÂTEAU HAUT-BATAILLEY

Une nouvelle histoire a débuté pour ce cru régulier et de bonne facture, de Pauillac, qui a été vendu en 2017 à la famille Cazes (Lynch Bages). Jean Charles est ses équipes sont donc à pied d'œuvre pour le pousser encore un peu plus loin : les installations techniques vont être améliorées, le vignoble va s'étendre et le cru poursuit son développement. À noter que le second vin est désormais baptisé Verso

Les vins : le cru se livre avec beaucoup de charme, un fruité bien enrobé et des tanins souples. Un ensemble harmonieux, très séducteur et savoureux. Verso, le second vin est assez tendre et souple en bouche, élégant et immédiat. On s'en régalera assez vite.

Pauillac 2019		56 €	**94**
Pauillac Verso 2019		24 €	**90**

Rouge : 22 hectares.
Production moyenne : 110 000 bt/an

CHÂTEAU HAUT-BATAILLEY
Pauillac 33250 Pauillac
05 56 59 06 37 ● www.jmcazes.com ● Vente et visites : sur RDV.
Propriétaire : Famille Cazes
Directeur : Jean-Charles Cazes
Maître de chai : Maxime Podevin
Œnologue : Daniel Llose

★ CHÂTEAU KIRWAN

Les ambitions de la famille Schÿler pour le cru sont réelles et l'entrée en fonction avec le millésime 2015 de nouvelles installations techniques a poussé Kirwan en avant. La petite période durant laquelle le cru nous a semblé un peu en deçà semble bien révolue, et Philippe Delfaut, l'efficace directeur technique, jouit désormais de tous les outils pour replacer Kirwan au sein de l'élite.

Les vins : le cru a trouvé son style et les 2018 et 2019 sont de bon niveau. Le margaux 2019 est un joli classique margalais qui nous séduit par sa belle élégance et une texture doucement veloutée. Bien en place et sapide en finale. C'est un Kirwan de référence et un margaux hautement recommandable.

Margaux 2018		40 € (c)	**93**
Margaux 2019		70 €	**94**

Rouge : 37 hectares. Cabernet-Sauvignon 47 %, Merlot 35 %, Cabernet franc 10 %, Petit Verdot 8 %
Production moyenne : 200 000 bt/an

CHÂTEAU KIRWAN
Chemin de Kirwan, 33460 Cantenac
05 57 88 71 00 ● www.chateau-kirwan.com ●
Vente et visites : sur RDV.
Propriétaire : Famille Schÿler
Directeur : Philippe Delfaut
Œnologue : Éric Boissenot

★ CHÂTEAU LABÉGORCE

La famille Perrodo, propriétaire des châteaux Labégorce, Labégorce-Zédé et Marquis d'Alesme, a décidé d'unifier les deux crus sous le nom de Labégorce. Une réorganisation du parcellaire a été opérée et tout est mis en œuvre pour faire de cette marque une des références des crus non classés de Margaux. Les anciens millésimes, vendus sous le nom de Labégorce-Zédé, sont généralement d'un très bon niveau.

Les vins : le 2018 est sans doute l'une des très belles réussites du château, livrant un vin suave, plein et très bien travaillé. Malgré sa richesse, il s'équilibre et termine sur des tanins fondus et bien intégrés.

Margaux 2018	36 €	**93**

Rouge : 67 hectares. Cabernet-Sauvignon 50 %, Merlot 45 %, Cabernet franc 3 %, Petit Verdot 2 %
Production moyenne : 120 000 bt/an

CHÂTEAU LABÉGORCE
Route de Labégorce 33460 Margaux
05 57 88 71 32 ● www.labegorce.com ● Pas de visites.
Propriétaire : Famille Perrodo
Directeur : Marjolaine Maurice de Coninck
Œnologue : Claude Gros

★ CHÂTEAU LAFON-ROCHET

Ce joli cru de Saint-Estèphe vient de passer dans le giron de l'homme d'affaire Jacky Lorenzetti, déjà propriétaire de des châteaux Pédesclaux et Lilian Ladouys et co-actionaire d'Issan. Une équipé dédiée est en charge de porter encore plus haut ce cru au potentiel évident. Il sera très intéressant de le suivre. Les millésimes précédents, réalisés sous la houlette de Basile Tesseron, sont assez bons et représentent de bonnes affaires.

Les vins : 2020 est bien `en place, avec une pointe acidulée et une bouche à la trame droite, il évoluera bien. Les tanins sont fins et s'intègrent bien. 2019 exprime les fruits mûrs, juteux et chaleureux. On retrouve cette sensation en bouche, avec une jolie fraîcheur qui le porte. Une bouteille au charme certain.

Saint-Estèphe 2019	42,50 €	93
Saint-Estèphe 2020	43 €	93

Rouge : 40 hectares.
Cabernet-Sauvignon 55 %, Merlot 40 %,
Cabernet franc 3 %, Petit Verdot 2 %
Production moyenne : 180 000 bt/an

CHÂTEAU LAFON-ROCHET
Saint-Estèphe 33180 Saint-Estèphe
05 56 59 32 06 ● www.lafon-rochet.com ●
Vente et visites : sur RDV.
Propriétaire : Jacky Lorenzetti

★ CHÂTEAU LA LAGUNE

Situé à l'entrée du Médoc, ce cru impose son style caractéristique, exprimant toujours beaucoup de finesse et d'élégance. Piloté par Caroline Frey depuis 2004, le cru a produit une série de millésimes de très bon niveau qui lui permettent de s'insérer au sommet de son appellation. Il faut dire que le château, désormais certifié en bio, a toutes les cartes en main pour triompher : un terroir très intéressant, homogène, et un outil de vinification dernier cri. Voilà une valeur sûre qui a néanmoins été douloureusement frappée par les aléas climatiques de ces derniers millésimes.

Les vins : le 2019 se montre assez tendre et souple, avec de la rondeur et des tanins fondus. Ce vin de demi-corps, déjà très accessible, est toutefois dépassé par le 2020, fin et juteux, avec une bouche au fruité acidulé agréable. De texture élégante, il termine sur une jolie note de fraîcheur.

Haut-Médoc 2019	36,60 €	92
Haut-Médoc 2020	38,40 €	94

Rouge : 110 hectares. Cabernet-Sauvignon 51 %,
Merlot 41 %, Petit Verdot 8 %
Production moyenne : 150 000 bt/an

CHÂTEAU LA LAGUNE ♣
81, avenue de l'Europe, 33290 Ludon-Médoc
05 57 88 82 77 ● www.chateau-lalagune.com
● Vente et visites : sur RDV.
Propriétaire : Famille Frey
Directeur : Caroline Frey
Œnologue : Caroline Frey

★ CHÂTEAU LASCOMBES

Passé en 2011 sous le contrôle de la mutuelle des professions de santé, la MACSF, Lascombes, qui est l'un des plus vastes crus classés, a trouvé une belle vitesse de croisière. Sous la direction de Dominique Befve, le cru cultive un style plutôt moderne et charmeur, élaborant des vins au profil mûr, généreux et ample, mais qui vieillissent plutôt bien. Un peu plus de finesse dans la structure de ses vins lui permettrait de se confronter aux meilleurs.

Les vins : 2020 est une des plus remarquables réussites du château. Ample, la bouche s'équilibre admirablement et la finale fait souffler un air de fraîcheur bienvenue. L'ensemble est bien en place et la garde est assurée pour ce cru plus flamboyant que jamais. Avec un charme évident, 2019 séduit par la belle opulence de son fruit et son côté rond et crémeux en bouche. Le vin offre une belle persistance dans la finale.

Margaux 2019	90 €	94
Margaux 2020	69 €	96

Rouge : 130 hectares. Merlot 50 %,
Cabernet-Sauvignon 45 %, Petit Verdot 5 %
Production moyenne : 500 000 bt/an

CHÂTEAU LASCOMBES
1, cours de Verdun, 33460 Margaux
05 57 88 70 66 ●
www.chateau-lascombes.com ● Vente et
visites : sur RDV.
Propriétaire : Groupe MACSF
Directeur : Dominique Befve
Maître de chai : Delphine Barboux
Œnologue : Michel Rolland

★ CHÂTEAU MEYNEY

Le cru est indiscutablement l'un des meilleurs "non classé" du Médoc. Il faut dire qu'il jouit d'un terroir remarquable, situé en bord de Gironde et qu'il est mené avec efficacité par les équipes de CA Grands Crus (Crédit Agricole), dirigées par Anne le Naour. Un plan de restructuration du vignoble a été opéré et les derniers millésimes sont comparables à ce que furent les mythiques 61, 86 ou 89 du cru. Meyney se fait assez lentement et joue dans la catégorie des coureurs de fond ; il atteint son apogée après une bonne dizaine d'années.

Les vins : nul doute que le 2019 est une réussite qui fera date dans l'histoire moderne du cru. Le sève, la trame et la matière sont superbes, portés par la faculté du terroir de Meyney d'exprimer beaucoup de fraîcheur. Il est évidemment loin d'être prêt, mais son potentiel est indéniable.

Saint-Estèphe 2019	32 €	95
Saint-Estèphe Prieur de Meyney 2017	20 €	89

Rouge : 51 hectares. Cabernet-Sauvignon 50 %,
Merlot 35 %, Petit Verdot 15 %
Production moyenne : 340 000 bt/an

CHÂTEAU MEYNEY

Lieu-dit Meyney, 33180 Saint-Estèphe
05 56 59 00 40 ● www.meyney.fr ●
Visites : sur RDV aux professionnels.
Propriétaire : CA Grands Crus
Directeur : Anne Le Naour
Maître de chai : Fabien Faget
Œnologue : Hubert de Boüard

★ CHÂTEAU ORMES DE PEZ

Cette jolie propriété doit son nom aux beaux ormes qui ornaient jadis son jardin. Dans le giron de la famille Cazes (Lynch-Bages) depuis les années 1930, Ormes de Pez produit un vin qui séduit les amateurs par son bouquet ample, riche et séduisant. Il se boit en général assez rapidement et fait preuve d'une grande régularité depuis plus de dix ans, grâce au travail d'une équipe parfaitement rodée. Une bonne affaire.

Les vins : après un joli 2018, démonstratif, le 2019 embraye dans un style assez opulent lui aussi, charnu et puissant. Il est bien enrobé et ses tanins souples amortissent la finale.

Saint-Estèphe 2018	N.C.	93
Saint-Estèphe 2019	32,50 €	93

Rouge : 40 hectares.
Cabernet-Sauvignon 48 %, Merlot 42 %,
Cabernet franc 8 %, Petit Verdot 2 %

CHÂTEAU ORMES DE PEZ

Route des Ormes, 33180 Saint-Estèphe
05 56 73 24 00 ● www.ormesdepez.com ●
Vente et visites : sur RDV.
Propriétaire : Famille Cazes
Directeur : Jean-Charles Cazes
Œnologue : Daniel Llose

★ CHÂTEAU DE PEZ

La famille Rouzaud (champagnes Louis Roederer et château Pichon-Longueville Comtesse de Lalande à Pauillac) a magnifiquement restauré le château de Pez, l'une des plus anciennes propriétés médocaines, porte-drapeau des crus bourgeois. Il dispose d'un joli terroir d'un seul tenant et après une phase plus "merlotée", privilégie désormais le cabernet dans l'assemblage, ce qui confère au vin plus de droiture.

Les vins : le 2019 est à la fois solide et racé, avec une bouche de noble définition et des tanins de belle définition. La finale ne manque pas de tenue et de peps, avec un pointe minérale.

Saint-Estèphe 2019	45 €	93

Rouge : 42 hectares.
Cabernet-Sauvignon 47 %, Merlot 44 %,
Cabernet franc 6 %, Petit Verdot 3 %
Production moyenne : 200 000 bt/an

CHÂTEAU DE PEZ

Saint-Estèphe, 33180 Saint-Estèphe
05 56 59 19 40 ● www.chateaudepez.com ●
Vente et visites : sur RDV.
Propriétaire : Famille Rouzaud
Directeur : Nicolas Glumineau

★ CHÂTEAU PHÉLAN SÉGUR

Cette très belle propriété emblématique de Saint-Estèphe qui bénéficie d'une superbe terroir au bord de la Gironde a été acquise en 2018 par l'industriel belge Philippe Van de Vyvere. Il nourrit de grandes ambitions pour ce cru qui s'impose indiscutablement comme l'un des meilleurs crus non classés du Médoc. Il a pour cela toutes les clés en main et devrait poursuivre dans la voie empruntée depuis quelques années déjà. Phélan Ségur produit un vin noble, pas toujours démonstratif, mais racé et vieillissant bien.

Les vins : les derniers millésimes placent les vins au niveau de bien des crus classés. C'est le cas du très beau 2018. Ce dernier gère parfaitement la chaleur et les excès du millésime en conservant une belle définition et de la fraîcheur dans l'expression du fruit. Encore un peu marqué par son élevage, il possède une belle définition des tanins et devrait aller loin. Frank Phélan est un vin tendre, rond, de consommation assez rapide. Nous affichons une petite préférence pour le 2019, plus racé.

Saint-Estèphe 2017	40 €	93
Saint-Estèphe 2018	46 €	94
Saint-Estèphe Frank Phélan 2018	26 €	89
Saint-Estèphe Frank Phélan 2019	25 €	90

Rouge : 70 hectares. Cabernet-Sauvignon 59 %, Merlot 39 %, Cabernet franc 1 %, Petit Verdot 1 %
Production moyenne : 350 000 bt/an

CHÂTEAU PHÉLAN SÉGUR

Rue des écoles, 33180 Saint-Estèphe
05 56 59 74 00 ● www.phelansegur.com ●
Vente et visites : sur RDV.
Propriétaire : Philippe Van de Vyvere
Directeur : Véronique Dausse
Maître de chai : Fabrice Bacquey
Œnologue : Michel Rolland

★ CHÂTEAU POUJEAUX

Propriété emblématique de l'appellation, Poujeaux qui appartient à la famille Cuvelier (Clos Fourtet) depuis 2008 produit des vins fiables, privilégiant l'élégance et la finesse, ce qui lui convient à merveille. Sous le houlette de son directeur, Christophe Labenne, conseillé par Stéphane Derenoncourt, Poujeaux exploite avec justesse son joli terroir et fait référence dans l'appellation. Les derniers millésimes sont au rendez-vous et les prix demeurent raisonnables.

Les vins : le 2019 est très réussi, tout en élégance sans manquer de fond, porté par une bouche délicatement crémeuse et une jolie trame qui étire bien le vin. 2018, un peu plus enveloppé, est gourmand et doté de jolis tanins intégrés.

🍷 Moulis 2018	31 €	**93**
🍷 Moulis 2019	28 €	**93**

Rouge : 70 hectares. Cabernet-Sauvignon 50 %, Merlot 40 %, Cabernet franc 5 %, Petit Verdot 5 %
Production moyenne : 210 000 bt/an

CHÂTEAU POUJEAUX

450, avenue de la Gironde,
33480 Moulis-en-Médoc
05 56 58 02 96 ●
www.chateau-poujeaux.com ● Vente et visites : sur RDV.
Propriétaire : Famille Cuvelier
Directeur : Christophe Labenne
Maître de chai : Laurent Perroteau
Œnologue : Stéphane Derenoncourt

★ CHÂTEAU PRIEURÉ-LICHINE

Le cru appartient depuis 1999 au groupe Ballande, implanté en Nouvelle-Calédonie. Depuis l'entrée en fonction, en 2013, du nouveau cuvier, nous constatons des progrès très sensibles. Les vins qui pouvaient parfois manquer de volume et de profondeur par rapport aux meilleurs se sont bien densifiés. Cette ambition nouvelle et les moyens qui ont été donnés étaient nécessaires. Les tarifs raisonnables en font une belle affaire pour les amateurs.

Les vins : les derniers millésimes ont bien progressé et ce 2019 en est une belle illustration, dans un style qui privilégie la finesse et l'élégance, avec des tanins soyeux et une jolie persistance. Le 2018 possède une belle finesse, avec un côté délié et une bouche tout en délicatesse. Finement extrait, il impose un côté soyeux très agréable.

🍷 Margaux 2018	45 €	**93**
🍷 Margaux 2019	45 €	**94**
🍷 Margaux Confidences de Prieuré-Lichine 2019	28 €	**89**

Rouge : 78 hectares. Merlot 52 %, Cabernet-Sauvignon 45 %, Petit Verdot 3 %
Blanc : 2,2 hectares. Sauvignon blanc 70 %,

Sémillon 30 %
Production moyenne : 300 000 bt/an

CHÂTEAU PRIEURÉ-LICHINE

34, avenue de la Cinquième-République,
33460 Margaux-Cantenac
05 57 88 36 28 ● www.prieure-lichine.fr ●
Vente et visites : sur RDV.
Propriétaire : Groupe Ballande
Directeur : Étienne Charrier
Œnologue : Stéphane Derenoncourt

★ CHÂTEAU PÉDESCLAUX

C'est incontestablement l'une des plus spectaculaires progressions réalisées à Bordeaux ces dernières années. Pédesclaux, acquis par Jacky Lorenzetti en 2009, a subi un lifting complet, de la vigne aux chais, spectaculaire et à la pointe de la modernité. Sous la houlette de Vincent Bache-Gabrielsen, les vins ont progressé de manière régulière, millésime après millésime, petite touche par petite touche. Ils sont désormais largement dignes de leur classement et surtout s'imposent comme des rapports qualité-prix remarquables.

Les vins : le duo 2019/2020 est très intéressant à comparer. Il nous apparaît que le 2020 ira plus loin, doté d'une définition remarquable, avec une expression calcaire très aboutie et un bel équilibre. Un vin séveux. 2019, très marqué par le cabernet, ne manque ni de charme ni de précision, avec une bouche qui termine un peu serrée encore. Il nous semble un peu plus extrait.

🍷 Pauillac 2019	45 €	**93**
🍷 Pauillac 2020	52 €	**95**

Rouge : 49 hectares.
Production moyenne : 300 000 bt/an

CHÂTEAU PÉDESCLAUX

Route de Pédesclaux, 33250 Pauillac
05 56 59 22 59 ●
www.chateau-pedesclaux.com ● Vente et visites : sur RDV.
Propriétaire : Jacky et Françoise Lorenzetti
Directeur : Vincent Bache-Gabrielsen
Maître de chai : Audrey Ricordi
Œnologue : Éric Boissenot

★ DOMAINES ROLLAN DE BY - JEAN GUYON

Nous regroupons sous cette entité les différentes propriété du dynamique Jean Guyon, dont l'aventure a commencé dans le Médoc en 1989. Parti d'une cabane et de deux hectares de vigne, il a constitué un ensemble impressionnant. Derrière le vaisseau amiral qu'est Rollan de

By, on retrouve une série de vins toujours réalisés avec soin et assumant un côté séduisant, tout en vieillissant très bien. Au sommet de la pyramide, Haut Condissas, cuvée confidentielle, se distingue par davantage de concentration et de richesse et ambitionne de se mesurer aux crus classés. Elle y parvient indéniablement.

Les vins : 2018, millésime solaire, a engendré ici des vins au profil atypique dans l'expression des fruits. Rollan de By ouvre le bal, avec des notes de fruits noirs compotés, de menthol, et un élevage qui l'enrobe. Il sera très intéressant de le voir évoluer, car il possède beaucoup de ressort et d'énergie. Haut Condissas demeure impénétrable à ce stade : d'une grande maturité de fruit, loin des canons bordelais classiques, servi par un élevage imposant. Nous pouvons faire le pari de la garde et imaginer que d'ici une bonne dizaine d'années, il se sera affiné et aura digéré sa pointe de sucrosité en finale.

Médoc 2018	19 €	93
Médoc Château Greysac 2018	16 €	90
Médoc Château Haut Condissas 2018	52 €	94
Médoc Château La Clare 2018	15 €	90

Rouge : 183 hectares. Merlot 70 %, Cabernet franc 10 %, Cabernet-Sauvignon 10 %, Petit Verdot 10 %
Blanc : 2 hectares. Sauvignon blanc 100 %
Production moyenne : 1 200 000 bt/an

DOMAINES ROLLAN DE BY - JEAN GUYON
18, route de By, 33340 Bégadan
05 56 41 58 59 ●
www.domaines-rollandeby.com ● Vente et visites : sur RDV.
Propriétaire : Jean Guyon
Maître de chai : Jean-Luc Marteau

★ CHÂTEAU SIRAN

Ce cru fort bien situé de Margaux mériterait largement de figurer parmi les crus classés, d'autant que sous le coupe d'Édouard Miailhe, il s'est hissé à son meilleur niveau. Son remarquable terroir, situé sur la commune la plus méridionale de l'appellation (Labarde), s'étend sur un superbe plateau de graves siliceuses. La dégustation de millésimes anciens que le château a la chance de posséder au sein de sa vinothèque permet de comprendre tout le potentiel du cru. La dernière décennie le porte vers des niveaux vraiment remarquables, les vins vieilliront à merveille.

Les vins : le 2015 dégusté nous démontre que le vin vieillit admirablement même si il est loin d'avoir atteint son apogée. on retrouve la belle texture du cru, qui s'affine toujours avec le temps. Belle trame tannique tout en suavité.

Notez que les 2018 et 2019 sont très prometteurs. Le 2020, quant à lui, sortira prochainement et sera sans doute le meilleur de tous.

Margaux 2015	45 €	94
Margaux 2018	38 €	95
Margaux 2019	38 €	94

Rouge : 25 hectares. Merlot 46 %, Cabernet-Sauvignon 44 %, Petit Verdot 9 %, Cabernet franc 1 %
Production moyenne : 130 000 bt/an

CHÂTEAU SIRAN
13, avenue du Comte JB Lynch, 33460 Labarde
05 57 88 34 04 ● www.chateausiran.com ●
Visites : sans RDV.
Propriétaire : Famille Miailhe
Directeur : Édouard Miailhe
Maître de chai : Marjolaine Defrance
Œnologue : Hubert de Boüard

★ CHÂTEAU SOCIANDO-MALLET

Sociando-Mallet est une marque de forte notoriété qui a su conquérir le cœur des vrais amateurs. Bien des millésimes de cette jolie propriété du nord du Médoc équivalent à de très bons crus classés. Jean Gautreau qui, durant un demi siècle, s'est attelé à construire Sociando-Mallet s'en est allé fin 2019, laissant le flambeau à sa fille Sylvie. Largement diffusé en France et en Belgique, le cru demeure une valeur sûre et propose surtout un rapport qualité-prix toujours optimal. Un vaste projet de replantation a été initié depuis une dizaine d'années, contraignant le cru à élaborer des vins plus "merlotés". Il possèdent davantage de rondeur, mais probablement moins de race. Nous ne retrouvons plus tout à fait l'éclat magique des 1982, 1990 ou 1996, qui demeurent des références.

Les vins : 2018 a engendré des vins très ronds, à commencer par La Demoiselle, à la bouche suave, enrobée et légèrement confite en finale. Il termine sur petite note un peu chaude. Le grand vin est impressionnant de volume, avec un côté exotique et une maturité des merlots qui évoquent davantage les grands vins de Californie que les bordeaux classiques. Il est loin d'avoir dit son dernier mot et il convient de l'oublier en cave, car il trouve son équilibre et ne confit pas.

Haut-Médoc La Demoiselle de Sociando-Mallet 2018	17 €	88
Haut-Médoc Sociando-Mallet 2018	42 €	94

Rouge : 77 hectares. Merlot 55 %,

Cabernet-Sauvignon 43 %, Cabernet franc 2 %
Production moyenne : 450 000 bt/an

CHÂTEAU SOCIANDO-MALLET
Route de Mapon,
33180 Saint-Seurin-de-Cadourne
05 56 73 38 80 ● www.sociandomallet.com ●
Vente et visites : sur RDV.
Propriétaire : Sylvie Gautreau
Directeur : François Hugueniot
Maître de chai : Arnaud Durand
Œnologue : Michel-Bernard Couasnon

CHÂTEAU D'AGASSAC

Situé sur de belles graves profondes, proche de La Lagune, ce château au passé chargé revit sous la direction du régisseur Jean-Luc Zell qui, en quelques années, a accompli un travail considérable. Grâce à un précieux capital de vieilles vignes qu'il a su valoriser et à une importante restructuration, la qualité des vins a bondi sans perdre son excellent rapport qualité-prix. Le château s'investit beaucoup dans l'œnotourisme : c'est une adresse fortement recommandable pour se plonger dans l'univers du vin.

Les vins : le 2019 est de forme classique, avec une bouche ronde, un côté séduisant et des notes de fruits agréables. Un vin de semi-garde.

➦ Haut-Médoc 2019 28 € **90**

Rouge : 45 hectares.
Production moyenne : 250 000 bt/an

CHÂTEAU D'AGASSAC
15, rue du Château-d'Agassac,
33290 Ludon-Médoc
05 57 88 15 47 ● www.agassac.com ● Vente et visites : sur RDV.
Propriétaire : SCA Château d'Agassac
Directeur : Lucas Leclercq

CHÂTEAU ANTHONIC

Acquise par la famille Cordonnier en 1977, cette propriété doit beaucoup à l'implication de Jean-Baptiste qui en a pris les commandes en 1993. Ce passionné de bio(logique), comme il se définit, a conduit la conversion en bio depuis 2016 (certification en 2019). Mais le château peut surtout se prévaloir d'être le pionnier en Médoc de la culture de la vigne en agroforesterie. Des haies et des arbres ont été plantés en bordure des vignes pour y créer un écosystème complet. Les vins qui ont toujours été de qualité semblent encore avoir progressé ces dernières années, ils font aujourd'hui partie des meilleurs de l'appellation. Un domaine à suivre de près.

Les vins : il faut s'intéresser de près aux 2018, 2019 et 2020, qui portent le cru dans une nouvelle ère. 2020, le plus éclatant de la série est vraiment convaincant. Il bénéficie d'un élevage en fûts de 225 et 400 litres et en amphores, et préserve une très belle définition du fruit. L'équilibre est au rendez-vous, avec une belle trame et une pointe acidulée. Nous louons son côté fin et digeste.

➦ Moulis 2019 24 € **92**
➦ Moulis 2020 27 € **92**
➦ Moulis Les Aigles d'Anthonic
2021 15 € **89**

Rouge : 28 hectares. Merlot 62 %, Cabernet-Sauvignon 29 %, Cabernet franc 7 %, Petit Verdot 2 %
Production moyenne : 120 000 bt/an

CHÂTEAU ANTHONIC ♣
SCEA Pierre Cordonnier Château Anthonic, Route du Maliney 33480 Moulis-en-Médoc
05 56 58 34 60 ●
www.chateauanthonic.com/ ● Vente et visites : sur RDV.
Propriétaire : Jean-Baptiste Cordonnier
Directeur : Théophile Cordonnier
Maître de chai : Emmanuel Chety
Œnologue : Éric Boissenot

CHÂTEAU CAMBON LA PELOUSE

Désormais propriété du groupe australien Treasury Wine Estate, ce cru fort bien situé en bordure de l'appellation Margaux entend poursuivre sa belle histoire. Il faut dire que depuis longtemps, on élabore ici un vin d'un remarquable rapport qualité-prix. Il a peu à peu trouvé ses marques, et le vieillissement du vignoble lui permet désormais d'atteindre un très beau niveau, dans un style séduisant, non dénué de finesse. Un joli challenger que le nouveau propriétaire pourra pousser plus loin encore.

Les vins : le 2019 confirme ses bonnes dispositions et le vin possède un joli charme, avec une bouche à la fois suave et énergique bien guidée par des cabernets qui retendent la finale et confèrent une note acidulée bienvenue.

➦ Haut-Médoc 2019 18 € **93**

Rouge : 64 hectares.
Production moyenne : 220 000 bt/an

CHÂTEAU CAMBON LA PELOUSE
5, chemin de Canteloup, 33460 Macau
05 57 88 40 32 ●
www.cambon-la-pelouse.com ● Pas de visites.

Propriétaire : Treasury Wine Estates
Directeur : Sébastien Long
Maître de chai : Olivier Pascaud

CHÂTEAU DE CAMENSAC

Camensac, racheté en 2005 par la famille Merlaut, est aujourd'hui géré par l'équipe de Chasse-Spleen, incarnée par Céline Villars-Foubet et Jean-Pierre Foubet. Depuis quelques millésimes déjà, sans être le plus spectaculaire, Camensac fait partie des crus réguliers que les amateurs doivent regarder de près, d'autant que les tarifs demeurent très sages, ce dont nous nous félicitons. de demi-garde, ils sont généralement délicieux entre cinq et dix ans.

Les vins : le 2020 est un Camensac sérieux et prometteur. La bouche est longiligne, avec de la sève et un fruit précis. L'élevage le porte doucement et l'ensemble s'équilibre. C'est une belle affaire à ne pas laisser filer. Le 2019 est très charmeur avec une jolie rondeur et une bouche charnue. C'est un vin de belle constitution, arrondi par des merlots suaves. Il est déjà très séduisant, mais évoluera avec grâce.

Haut-Médoc 2019	14 €	**92**
Haut-Médoc 2020	24 €	**93**
Haut-Médoc Closerie de Camensac 2019	14 €	**89**

Rouge : 69 hectares.
Cabernet-Sauvignon 57 %, Merlot 43 %
Production moyenne : 350 000 bt/an

CHÂTEAU DE CAMENSAC
Route de Saint-Julien,
33112 Saint-Laurent-du-Médoc
05 56 59 41 69 ●
www.chateaucamensac.com ● Vente et visites : sur RDV.
Propriétaire : Céline Villars-Foubet et Jean Merlaut
Directeur : Jean-Pierre Foubet
Maître de chai : Christian Alquié
Œnologue : Éric Boissenot

CLOS MANOU

Cette petite propriété de 18 hectares, située au nord du Médoc, sur la commune de Saint-Christoly, est gérée avec passion par Françoise et Stéphane Dief. Le travail de la vigne soigné et les vinifications parfaitement maîtrisées offrent aux vins à la fois du charme et de la profondeur. Une belle découverte à l'écart de la route des grands crus classés et un rapport qualité-prix remarquable.

Les vins : vous pouvez d'ores et déjà savourer Petit Manou 2019, à la bouche fruitée et ronde, une petite gourmandise. 2018 est sans conteste le plus riche des Clos Manou élaboré, avec un degré alcoolique qui dépasse les 15° ! La structure du vin l'absorbe et, derrière une certaine rondeur, la fraîcheur apparaît et la trame se montre droite et précise. Il semble parti pour une belle garde.

Médoc 2018	22 €	**93**
Médoc Petit Manou 2019	12 €	**90**

Rouge : 18 hectares. Merlot 53 %,
Cabernet-Sauvignon 43 %, Cabernet franc 2 %, Petit Verdot 2 %
Production moyenne : 120 000 bt/an

CLOS MANOU
7, rue du 19-Mars-1962,
33340 Saint-Christoly-Médoc
05 56 41 54 20 ● www.clos-manou.com ●
Vente et visites : sur RDV.
Propriétaire : Françoise et Stéphane Dief
Maître de chai : Stéphane Dief

CHÂTEAU LE CROCK

Cette propriété de la famille Cuvelier (Château Léoville Poyferré) jouit d'un très beau terroir, voisin de Cos d'Estournel et de Haut-Marbuzet. Le château sort avec régularité un saint-estèphe profond, suave, appréciable dans sa jeunesse. Les derniers millésimes témoignent d'une belle régularité, dans un style assez riche et séduisant, mais vieillissant très bien.

Les vins : le 2019 est une franche réussite qui combine la générosité habituelle du cru et une belle énergie dans le fruit. La bouche est tramée, avec des tanins fins et intégrés, et une finale qui demeure très digeste, sur une pointe réglissée.

Saint-Estèphe 2019	35 €	**94**

Rouge : 32 hectares.
Cabernet-Sauvignon 60 %, Merlot 25 %,
Cabernet franc 10 %, Petit Verdot 5 %
Production moyenne : 100 000 bt/an

CHÂTEAU LE CROCK
1, rue Paul-Amilhat, 33180 Saint-Estèphe
05 56 59 73 05 ● www.chateaulecrock.fr ●
Vente et visites : sur RDV.
Propriétaire : Famille Cuvelier
Directeur : Sara Lecompte-Cuvelier
Maître de chai : Yoann Lavigne
Œnologue : Isabelle Davin

CHÂTEAU DESMIRAIL

Troisième cru classé de Margaux, le château a pris désormais une jolie vitesse de croisière, gagnant en intensité et en définition. Des progrès que l'on doit à Denis Lurton qui a su donner du velouté et de la suavité à ses vins, grâce à un vignoble qui s'appuie sur une généreuse proportion de merlots. Les prix demeurent très accessibles.

Les vins : le 2019 s'est actuellement refermé, il possède une matière solide, avec une finale, à ce stade, marquée par des notes d'élevage qui ressortent et des tanins serrés. Il s'étire bien et doit encore s'arrondir… On lui laissera un peu de temps. Initial est, quant à lui, déjà charmeur car beaucoup plus souple.

Margaux 2019	35 €	93
Margaux Initial de Desmirail 2019	25 €	89

Rouge : 40 hectares.
Cabernet-Sauvignon 50 %, Merlot 40 %, Cabernet franc 5 %, Petit Verdot 5 %
Production moyenne : 160 000 bt/an

CHÂTEAU DESMIRAIL
28, avenue de la Ve-République, 33460 Margaux
05 57 88 34 33 ● www.desmirail.com ● Vente et visites : sur RDV.
Propriétaire : Denis Lurton
Directeur : Jean-Pierre Duvoisin
Maître de chai : Pierre Lafeuillade
Œnologue : Éric Boissenot

NOUVEAU DOMAINE

CHÂTEAU DOMEYNE
Nous sommes ravis d'accueillir cette jolie petite propriété de 9 hectares, à dominante de merlots, divisée en une soixantaine de parcelles et acquise en 2018 par Vincent Ginestet, son épouse Natasha et leur fille Alexandra. Leur approche de la vigne, méticuleuse et respectueuse, dans un esprit bourguignon est admirable. Afin d'offrir de doter le domaine d'un outil des plus performants, des travaux d'envergure ont été lancé début 2022. À suivre de près.

Les vins : les vins possèdent une personnalité attachante indéniable. Le 2018 est admirable d'équilibre dans un millésime très chaud, il tire son épingle du jeu en offrant une bouche au fruité savoureux et juteux, avec des tanins très gourmands. 2019 se montre tout aussi équilibré, une bouche pleine d'éclat et un côté digeste qui lui convient à merveille. Une très belle bouteille déjà irrésistible.

Saint-Estèphe 2018	24 €	93
Saint-Estèphe 2019	24 €	94

Rouge : 9 hectares. Merlot 60 %, Cabernet-Sauvignon 40 %
Production moyenne : 45 000 bt/an

CHÂTEAU DOMEYNE
3, impasse Robert, 33180 Saint-Estèphe
05 57 75 06 75 ● www.domeyne.fr ● Vente et visites : sur RDV.
Propriétaire : Vincent Ginestet
Maître de chai : Teddy Ould Messaoud
Œnologue : Maro Balsimelli (Éric Boissenot Conseil)

CHÂTEAU DOMPIERRE
Après une expérience à Saint-Émilion au château Plain-Point, Michel Aroldi s'est lancé un nouveau défi en 2013 dans le Médoc : celui de faire renaître Dompierre. Disposant de parcelles disséminées au sein des appellations Médoc, Haut-Médoc et Pauillac, il progresse constamment et impose le style de ses vins : mûrs, denses mais pas austères. Le cru met en vente ses vins après quelques années de repos dans les caves. Une belle démarche qui permet d'accéder à des cuvées déjà prêtes à boire.

Les vins : Les Charmes offre une lecture assez immédiate, séducteur, avec une jolie souplesse en bouche. On le boira assez rapidement. La Croix ajoute davantage de densité, mais aussi un côté plus mûr dans le fruit et des tanins qui restent gourmands. Dans un style moderne et flamboyant, assumant une grande maturité des fruits, le Dompierre 2018 cumule l'effet millésime (chaud) et le style du domaine. Les amateurs de vin au profil exotique et charnu y trouveront leur compte. Il devrait bien évoluer.

Bordeaux 2020	14 €	87
Haut-Médoc La Croix Dompierre 2019	25 €	90
Médoc Les Charmes Dompierre 2019	15 €	89
Pauillac 2018	70 €	93

Rouge : 9,3 hectares.
Cabernet-Sauvignon 85 %, Merlot 15 %
Achat de raisins.
Blanc : 2 hectares. Sauvignon blanc 100 %
Achat de raisins.
Production moyenne : 50 000 bt/an

CHÂTEAU DOMPIERRE
6, Labat, 33112 Saint-Laurent-du-Médoc
05 57 75 03 35 ● www.chateaudompierre.fr ● Visites : sur RDV aux professionnels.
Propriétaire : Michel Aroldi
Œnologue : Pascal Poussevin

CHÂTEAU GRAND-PUY DUCASSE

Comme Meyney, Grand-Puy Ducasse appartient à une filiale du Crédit agricole (CA Grands Crus). Si nous avons été un peu déçus par certains millésimes du début des années 2000, clairement en-dessous du niveau d'un bon cru classé, les choses bougent : l'ambition affichée par le domaine est de produire un vin digne de son rang. Anne Le Naour, qui dirige le cru et supervise les vinifications, apporte par petites touches le raffinement qui manquait souvent au cru. Depuis 2015, les progrès sont constants.

Les vins : le cru se différencie de ses voisins par un style un peu plus opulent et une recherche de maturité plus poussée dans le fruit. Le 2019 possède du volume, un côté charnu et un fruité expressif, avec un côté chaleureux et un grand volume de tanins. L'élevage s'intègre doucement. 2020 est un vin sérieux, profond, avec une matière encore serrée, des tanins qui doivent se fondre. Laissez-lui aussi quelques années avant de pouvoir le déguster à sa juste valeur.

Pauillac 2019	35 €	**93**
Pauillac 2020	28,50 €	**93**

Rouge : 40 hectares.
Cabernet-Sauvignon 60 %, Merlot 40 %
Production moyenne : 130 000 bt/an

CHÂTEAU GRAND-PUY DUCASSE
4, quai Antoine Ferchaud, 33250 Pauillac
05 56 59 00 40 ● www.grandpuyducasse.fr ●
Pas de visites.
Propriétaire : CA Grands Crus
Directeur : Anne Le Naour
Maître de chai : Benjamin Cassoulet
Œnologue : Hubert de Boüard

CHÂTEAU LA GURGUE

Petite propriété de 12 hectares appartenant à la famille de Claire Villars-Lurton depuis 1978, elle s'est réveillée et révélée depuis quelques années grâce à un travail au vignoble : passage en biodynamie et projet d'agroforesterie en cours, mais aussi à la vinification, qui privilégie avec bonheur la gourmandise et l'élégance. Un vin dans l'air du temps qui ravira aussi les amateurs de classicisme.

Les vins : dans la foulée du délicieux margaux 2018, le 2019, au profil souple et soyeux, est un vin de beau raffinement, avec une bouche qui termine sur une pointe acidulée et sapide très appétante. L'ensemble est digeste et très accessible.

Margaux 2019	30 €	**93**

Rouge : 12 hectares. Cabernet-Sauvignon 52 %, Merlot 45 %, Petit Verdot 3 %
Production moyenne : 49 000 bt/an

CHÂTEAU LA GURGUE
33 bis, rue de la Trémoille, 33460 Margaux
05 57 88 76 65 ● www.lagurgue.com ● Vente et visites : sur RDV.
Propriétaire : Claire Villars-Lurton
Directeur : Gérard Fenouillet
Œnologue : Éric Boissenot

CHÂTEAU HAUT-BAGES LIBÉRAL

Propriété de la famille Merlaut, Haut-Bages Libéral est géré par Claire Villars-Lurton, tout comme les châteaux Ferrière et La Gurgue. Elle ne néglige rien pour redonner à ce cinquième cru, qui possède une splendide parcelle toute proche de Latour, le lustre qu'il mérite, et défend avec conviction une approche qui privilégie l'élégance et le raffinement. Les derniers millésimes ne sont pas à négliger pour tous les amateurs de vins digestes et fins.

Les vins : dans la foulée de son frère Ferrière, Haut-Bages Libéral gagne en raffinement et en profondeur. Le 2019 marque un tournant et propulse le château dans une autre catégorie. Avec ses notes de réglisse, de poivre blanc et une douceur superbe des tanins, et une finale qui exprime le calcaire, il est déjà irrésistible.

Margaux 2019	30 €	**94**

Rouge : 30 hectares. Cabernet-Sauvignon 80 %, Merlot 20 %
Production moyenne : 170 000 bt/an

CHÂTEAU HAUT-BAGES LIBÉRAL ♣
8, Balogues, 33250 Pauillac
05 56 59 II 88 ● www.hautbagesliberal.com
● Vente et visites : sur RDV.
Propriétaire : Claire Villars-Lurton
Directeur : Thomas Bontemps
Œnologue : Eric Boissenot

CHÂTEAU LILIAN LADOUYS

Ayant connu plusieurs propriétaires ne sachant pas toujours exploiter son potentiel, le discret château Lilian Ladouys a été racheté par l'homme d'affaires Jacky Lorenzetti, en 2008. Ce dernier, qui a ensuite acquis le château Pédesclaux, à Pauillac et le château Lafon Rochet à Saint-Estèphe, nourrit de grandes ambitions pour ses crus. Lilian Ladouys, profondément remodelé ces dernières années, a trouvé depuis quelques millésimes un rythme de croisière fort honorable. Le vin mérite l'attention des amateurs.

Les vins : que ce soit en 2019 ou en 2020, le vin comporte une majorité de merlots (59 %). Pour autant, leur profil est un peu différent. Le 2020 est admirable de définition, de droiture et de fraîcheur, avec une finale salivante. Le 2019 déploie un très joli soyeux, avec un fruit suave et davantage de rondeur. Peut-être un peu plus séducteur à ce stade, mais moins défini.

➧ Saint-Estèphe 2019   24 €   **92**

Rouge : 80,5 hectares.
Cabernet-Sauvignon 50 %, Merlot 45 %, Petit Verdot 4 %, Cabernet franc 1 %
Production moyenne : 400 000 bt/an

CHÂTEAU LILIAN LADOUYS

Blanquet, 33180 Saint-Estèphe
05 56 59 71 96 ●
www.chateau-lilian-ladouys.com ● Vente et visites : sur RDV.
Propriétaire : Famille Lorenzetti
Directeur : Vincent Bache-Gabrielsen
Maître de chai : Frédéric Godart
Œnologue : Éric Boissenot

CHÂTEAU LANGOA BARTON

La famille Barton exploite ce petit cru classé dont la grande majorité des vins sont vendus à l'export. Difficile de ne pas relever un air de famille avec son grand frère, Léoville Barton. Les vins sont élégants, fins mais moins constitués. Plus faciles d'accès, on peut les déguster en général au bout de trois ans. Dans les millésimes plus difficiles, il paraît parfois un peu léger, mais compense par une belle élégance.

Les vins : le millésime 2019 lui convient à merveille en lui apportant une rondeur suave en milieu de bouche qui le rend très gourmand. La finale fraîche et sapide et se prolonge bien en bouche.

➧ Saint-Julien 2019   49 €   **94**

Rouge : 20 hectares.
Cabernet-Sauvignon 54 %, Merlot 35 %, Cabernet franc 11 %
Production moyenne : 90 000 bt/an

CHÂTEAU LANGOA BARTON

Route des Châteaux,
33250 Saint-Julien-Beychevelle
05 56 59 06 05 ● www.langoa-barton.com ●
Vente et visites : sur RDV.
Propriétaire : Famille Barton
Directeur : Lilian Barton Sartorius
Maître de chai : François Bréhant
Œnologue : Eric Boissenot

CHÂTEAU LYNCH-MOUSSAS

Le cru vient a célébré avec le millésime 2019 le centième anniversaire de son entrée dans la famille Castéja. Depuis quelques années, nous percevons une nouvelle impulsion dans ce cru classé désormais au niveau. Les vins ont progressé et le château bénéficie d'installations techniques qui devraient permettre d'aller plus loin encore. Lynch-Moussas élabore un vin relativement fin, de constitution moyenne, que l'on peut boire assez rapidement.

Les vins : les derniers millésimes sont convaincants, le cru a ainsi toute sa place dans la cave des amateurs. Le 2019 illustre la belle forme actuelle, il possède un joli grain et de l'équilibre, dans un registre de noble classicisme. Le 2019 a pris de l'ampleur et il a conservé sa belle trame. Un vin bien construit, élégant et équilibré.

➧ Haut-Médoc Les Hauts de
    Lynch-Moussas 2019   26 €   **89**
➧ Pauillac 2019   48 €   **93**
➧ Pauillac 2020   33 €   **94**

Rouge : 62 hectares. Cabernet-Sauvignon 75 %, Merlot 25 %
Production moyenne : 180 000 bt/an

CHÂTEAU LYNCH-MOUSSAS

Madrac 33250 Saint-Sauveur
05 56 00 00 70 ● www.lynch-moussas.com ●
Visites : sur RDV aux professionnels.
Propriétaire : Famille Castéja
Directeur : Philippe Castéja (Président)
Maître de chai : Benoit Bouchonneau

CHÂTEAU MARQUIS DE TERME

Propriété de la famille Sénéclauze, ce cru discret gagne en densité en en précision depuis déjà quelques millésimes. Un résultat que l'on doit en partie à Ludovic David, directeur du cru, qui a repris en main le vignoble et modernisé l'outil de vinification. Le souhait de produire des vins plus charnus et, surtout, dotés de tanins plus veloutés, est clairement affiché, il ne leur manque qu'un soupçon de raffinement supplémentaire que semble arriver avec les tous derniers millésimes.

Les vins : le 2018 gère bien le millésime et ses excès. C'est un vin qui trouve son équilibre et sa fraîcheur. 2019 est certes, un vin solide et dense, dans son style, mais avec un joli grain. La bouche est tramée par un fruit mûr et des tanins abondants. Tout cela aura besoin de quelques années pour se fondre.

➧ Margaux 2018   de 48 à 52 € (c)   **93**

- Margaux 2019   42,50 €   **94**
- Margaux Cuvée 1762 2018   25 €   **89**

Rouge : 39,5 hectares.
Cabernet-Sauvignon 60 %, Merlot 35 %, Petit Verdot 5 %
Production moyenne : 150 000 bt/an

CHÂTEAU MARQUIS DE TERME

3, route de Rauzan, 33460 Margaux
05 57 88 30 01 ●
www.chateau-marquis-de-terme.com ●
Vente et visites : sur RDV.
Propriétaire : Famille Sénéclauze
Directeur : Ludovic David
Maître de chai : Julien Brahmi
Œnologue : Julian Viaud

CHÂTEAU MARQUIS D'ALESME

Doté d'un outil à la pointe de l'efficacité, le cru, racheté en piteux état en 2006 par la famille Perrodo (château Labégorce), affiche ses ambitions. Côté vignoble, tout a aussi été repris en main, avec désormais un travail de la vigne digne d'un cru classé et une redistribution parcellaire. À noter que le cru propose une très belle offre œnotouristique, avec, entre autres, une table qui offre un bon prétexte pour se poser entre deux visites.

Les vins : nous dégustons à nouveau, et avec plaisir, le 2018 à côté duquel nous étions hélas passé l'an dernier. Notre ressenti est bien différent, et c'est tant mieux : derrière des notes de fruits noirs très mûrs, il déploie une belle trame à la sensation saline. Une pointe mentholée en finale apporte son souffle de fraîcheur.

- Margaux 2018   50 €   **94**

Rouge : 15 hectares. Cabernet-Sauvignon 63 %, Merlot 30 %, Petit Verdot 5 %, Cabernet franc 2 %
Production moyenne : 66 000 bt/an

CHÂTEAU MARQUIS D'ALESME

7, rue de la Trémoille, 33460 Margaux
05 57 81 13 20 ● www.marquisdalesme.wine
● Vente et visites : sur RDV.
Propriétaire : Famille Perrodo
Directeur : Marjolaine de Coninck
Œnologue : Claude Gros

CHÂTEAU MAUVESIN-BARTON

Cette propriété, qui vivotait depuis longtemps, connaît une nouvelle vie depuis son rachat en 2011 par la famille Barton (Léoville Barton et Langoa Barton). C'est la petite fille d'Anthony, Mélanie Sartorius, qui la dirige. Désormais, on retrouve

ici le côté velouté et suave des vins élaborés par la famille, qui ont fait leur franc succès. Des vins très accessibles et recommandables.

Les vins : le 2019 brille par la justesse et l'éclat de son fruit. Un vin bien constitué dans lequel on retrouve la suavité qui fait son charme et une jolie finale tendue. Il sera parfait d'ici deux à trois ans.

- Moulis 2019   20 €   **93**

Rouge : 46 hectares.
Production moyenne : 150 000 bt/an

CHÂTEAU MAUVESIN-BARTON

Route du Médoc 33480 Moulis-en-Médoc
05 56 58 41 81 ● www.mauvesin-barton.com
● Vente et visites : sur RDV.
Propriétaire : Famille Barton-Sartorius
Directeur : Mélanie Sartorius
Maître de chai : Marine Darroux
Œnologue : Éric Boissenot

CHÂTEAU MAYNE LALANDE

Bernard Lartigue a dirigé pendant plus de quarante ans cette propriété de Listrac avec passion et conviction, jusqu'à son décès, et la transmission à sa fille, Alice-Jeanne. Le château élabore un vin puissant, sans rusticité, dans un esprit moderne et très régulier, qui vieillit généralement bien sur quelques années. Les derniers millésimes se montrent réussis, avec un joli raffinement. Une valeur sûre du Médoc.

Les vins : nous avons à nouveau dégusté le 2018 au profil mûr, très charnu et qui conserve son charme. L'impact du millésime se retrouve dans la richesse de sa bouche aux notes de fruits noirs. On peut encore l'attendre.

- Listrac-Médoc 2018   22 €   **91**

Rouge : 22 hectares.
Cabernet-Sauvignon 60 %, Merlot 30 %, Cabernet franc 5 %, Petit Verdot 5 %
Production moyenne : 100 000 bt/an

CHÂTEAU MAYNE LALANDE

7, route du Mayne, 33480 Listrac-Médoc
05 56 58 27 63 ●
www.chateau-mayne-lalande.com ● Vente et visites : sur RDV.
Propriétaire : Alice-Jeanne Lartigue

CHÂTEAU MONBRISON

Laurent et Alix Vonderheyden portent cette jolie propriété de Margaux avec conviction et brio. Archétype du margaux raffiné et construit, Monbrison peut s'élever au niveau d'un bon cru classé, tant sur le plan du raffinement que du potentiel de garde. Les vins sont de beaux représentants de l'appellation, exprimant élégance et définition.

Les vins : le second vin, Bouquet, est tendre et séduisant, une bouteille d'approche facile et qui offre déjà un joli plaisir. Le 2019 est vraiment délicieux et d'une forme très classique, avec de la profondeur et le soyeux que l'on attend à Margaux. Joli toucher de bouche et des tanins veloutés.

Margaux 2019	34 €	**94**
Margaux Bouquet de Monbrison 2019	24 €	**90**

Rouge : 15,5 hectares.
Cabernet-Sauvignon 50 %, Merlot 30 %, Cabernet franc 15 %, Petit Verdot 5 %
Production moyenne : 90 000 bt/an

CHÂTEAU MONBRISON

1, Allée Monbrison, 33460 Arsac
05 56 58 80 04 ●
www.chateaumonbrison.com ● Vente et visites : sur RDV.
Propriétaire : Laurent Vonderheyden
Directeur : Alix Vonderheyden
Maître de chai : Margot Franzkowiak

CHÂTEAU MOULIN RICHE

Moulin Riche fut acquis en même temps que le château Léoville Poyferré, en 1920, par la famille Cuvelier. Ces dernières années, cette marque fut utilisée comme second vin. Depuis 2009, le cru a repris son envol et s'assume à nouveau comme un château à part entière, ce qu'il a longtemps été, puisqu'il fut même classé cru bourgeois exceptionnel en 1932. Dans le veine de son grand frère, il cultive un côté riche et assez séduisant.

Les vins : après un 2018 très mûr et plein, le 2019 est un peu plus traçant et retrouve un milieu de bouche plus frais et juteux. Les tanins sont mûrs, bien intégrés, et lui garantissent un bel avenir.

Saint-Julien 2019	41 €	**93**

Rouge : 20 hectares.
Cabernet-Sauvignon 48 %, Merlot 29 %, Petit Verdot 23 %
Production moyenne : 90 000 bt/an

CHÂTEAU MOULIN RICHE

38, rue de Saint-Julien,
33250 Saint-Julien-Beychevelle
05 56 59 08 30 ● www.leoville-poyferre.fr ●
Vente et visites : sur RDV.
Propriétaire : Famille Cuvelier
Directeur : Sara Lecompte Cuvelier
Maître de chai : Didier Thomann
Œnologue : Isabelle Davin

CHÂTEAU PEYRABON

Propriété du négociant Patrick Bernard (Millésima), Peyrabon élabore deux cuvées. La première, en Haut-Médoc, est facilement accessible et de garde moyenne. La seconde, baptisée La Fleur Peyrabon, est issue de vignes bien situées à Pauillac (4 hectares), mais l'extraction et l'élevage lui confèrent parfois un caractère austère dans sa jeunesse. Ils évoluent ensuite plutôt bien.

Les vins : dans un style plus souple, le haut-médoc est bien élaboré. Le 2018 est charnu, réglissé et épicé, avec une bouche ronde. Le 2019 est un peu tendu et un peu plus racé, préservant davantage de fraîcheur, ce qui lui convient bien. On perçoit de la matière et du potentiel dans le pauillac 2019, mais, à ce stade, la bouche demeure serrée et stricte en finale. Un peu plus de délié ne nuirait pas, d'autant que l'ensemble est équilibré, avec une bouche qui termine tout en fraîcheur. Le pauillac 2018 est plus chaud et rond, il s'ouvre doucement.

Haut-Médoc 2018	14,20 €	**91**
Haut-Médoc 2019	11,70 €	**92**
Pauillac Château La Fleur Peyrabon 2018	Épuisé - 30,50 €	**93**
Pauillac Château La Fleur Peyrabon 2019	Épuisé - 26,70 €	**93**

Rouge : 41,44 hectares.
Cabernet-Sauvignon 55 %, Merlot 37 %, Cabernet franc 4 %, Petit Verdot 3 %
Production moyenne : 200 000 bt/an

CHÂTEAU PEYRABON

Route du Fournas,
33250 Saint-Sauveur-en-Médoc
05 56 59 57 10 ● www.chateau-peyrabon.fr ●
Vente et visites : sur RDV.
Propriétaire : Millésima
Directeur : Xavier Michelet
Maître de chai : Eric Pinto Guerro
Œnologue : Eric Boissenot

CHÂTEAU PIBRAN

Avec un joli terroir de 17 hectares sur la croupe de Pauillac, Pibran qui fait partie de l'écurie des propriétés AXA Millésimes bénéficie de toute l'attention de l'équipe de Pichon Baron. Il n'est donc pas surprenant que l'on trouve ici un vin régulier au bouquet profond et au charme souvent irrésistible. Il représente un excellent rapport qualité-prix et a toute sa place dans la cave des amateurs.

Les vins : le 2019 est un des Pibran les plus aboutis qui soient. Il peut compter sur une belle noblesse de texture, avec son soyeux et son charme habituels, le tout porté par une trame solide et des tanins de grande classe.

🔹 Pauillac 2019   35 €   **94**

Rouge : 17 hectares. Merlot 55 %, Cabernet-Sauvignon 45 %
Production moyenne : 70 000 bt/an

CHÂTEAU PIBRAN
pauillac 33250 Pauillac
05 56 73 17 17 ● contact@pichonbaron.com ● Pas de visites.
Propriétaire : AXA Millésimes
Directeur : Christian Seely
Maître de chai : Jean-René Matignon

CHÂTEAU POUGET

Pouget est un tout petit et discret cru classé de Margaux, appartenant, tout comme Boyd-Cantenac, à Lucien Guillemet. Il est vinifié dans le même esprit que Boyd, sans pour autant posséder la profondeur et le potentiel de celui-ci. Il n'en reste pas moins toujours très séducteur et agréable, souvent un peu boisé. Le vin n'est pas vendu sur la place ; il n'est donc pas évident de le trouver.

Les vins : les cuvées partagent un esprit de famille avec Boyd-Cantenac, mais dans un style plus tendre. Le 2019 est incontestablement doté d'une matière fine et élégante, avec du raffinement, mais nous nous interrogeons sur le boisé qui l'enrobe et qui, aromatiquement, prend le pas à ce stade.

🔹 Margaux 2019   N.C.   **91**

Rouge : 10 hectares. Cabernet-Sauvignon 60 %, Merlot 30 %, Cabernet franc 10 %
Production moyenne : 35 000 bt/an

CHÂTEAU POUGET
11, route de Jean-Faure, 33460 Cantenac
05 57 88 90 82 ● www.chateau-pouget.com ● Vente et visites : sur RDV.
Propriétaire : Famille Guillemet

CHÂTEAU SÉNÉJAC

Situé à l'extrême sud du Médoc, ce cru appartient à la famille Bignon-Cordier depuis 1999. Modernisé et traité avec attention, il revient depuis quelques millésimes à un bon niveau : celui d'un vin accessible qui assume sont côté gourmand et facile d'accès. C'est une bonne affaire et un vin de demi-garde, à boire dans ses dix premières années.

Les vins : le 2019 confirme sa très belle réussite, assumant son côté savoureux, gourmand et fruité. Un vin à savourer sans trop tarder afin de profiter de son éclat et de sa fraîcheur.

🔹 Haut-Médoc 2019   17 €   **91**

Rouge : 40 hectares.
Cabernet-Sauvignon 58 %, Merlot 30 %, Cabernet franc 8 %, Petit Verdot 4 %
Production moyenne : 170 000 bt/an

CHÂTEAU SÉNÉJAC
Allée Saint-Seurin, 33290 Le Pian-Médoc
05 56 70 20 11 ● www.senejac.com ● Vente et visites : sur RDV.
Propriétaire : Famille Bignon-Cordier

CHÂTEAU LA TOUR DE BY

Les héritiers de Marc Pagès poursuivent le travail débuté ici depuis trois générations dans cette vénérable et ancienne propriété du nord du Médoc. Les vins sont réguliers et vieillissent plutôt bien. La cuvée Hommage à Marc Pagès est une sélection de très anciennes vignes du château et bénéficie d'un élevage appuyé qui en fait un vin démonstratif, taillé pour la garde. Les derniers millésimes sont réussis.

Les vins : notre préférence va à la cuvée classique du domaine, la plus équilibrée. Le 2019 est bien bâti, avec du fond et de la forme, un fruit net et un élevage qui se calent bien. De demi-garde, il sera parfait dans la décennie à venir. La cuvée Héritage Marc Pagès, très ambitieuse, reste marquée par un élevage démonstratif qui ne s'impose pas forcément.

🔹 Médoc 2019   20 €   **93**
🔹 Médoc Héritage Marc Pagès 2019   41 €   **91**
🔹 Médoc La Roque de By 2019   13 €   **89**

Rouge : 76 hectares.
Cabernet-Sauvignon 60 %, Merlot 35 %, Petit Verdot 5 %
Production moyenne : 400 000 bt/an

CHÂTEAU LA TOUR DE BY ♣
5, route de la Tour-de-By, 33340 Bégadan
05 56 41 50 03 ● www.latourdeby.com ● Visites : sans RDV.
Propriétaire : Frédéric Le Clerc et Benjamin Richer de Forges
Directeur : Frédéric Le Clerc
Maître de chai : Cédric Pouyteau
Œnologue : Antoine Medeville

CHÂTEAU TRONQUOY-LALANDE

Martin et Olivier Bouygues ont acquis Tronquoy-Lalande en 2006, quelques mois après avoir acheté le château Montrose, situé à quelques encablures. Ce très ancien cru de Saint-Estèphe dont les infrastructures ont été rénovées garde son autonomie et son style. Le château produit aussi un blanc gourmand et équilibré.

Les vins : le blanc 2018 est mûr, avec des notes de fruits jaunes, et sa belle tension en finale lui donne du peps. Tronquoy 2018 est solidement constitué, avec une bouche encore serrée, mais beaucoup de matière et des notes de fruits mûrs. Tout semble en place, il faut juste lui laisser le temps de se détendre et de fondre. Rendez-vous d'ici quatre à cinq ans.

Bordeaux 2018		55 €	92
Saint-Estèphe 2018		29 €	93

Rouge : 28 hectares. Merlot 49 %, Cabernet-Sauvignon 45 %, Petit Verdot 6 %

Blanc : 1,8 hectare. Sémillon 60 %, Sauvignon gris 40 %

Production moyenne : 140 000 bt/an

CHÂTEAU TRONQUOY-LALANDE

Saint-Estèphe 33180 Saint-Estèphe

0556596105 ● www.tronquoy-lalande.com/ ●
Vente et visites : sur RDV.

Propriétaire : Martin et Olivier Bouygues

Directeur : Yves Delsol

GRAVES

★★★★ ↗ **CHÂTEAU HAUT-BRION**

Premier cru classé, seul château hors Médoc à avoir été rattaché au classement de 1855, Haut-Brion a la particularité d'être totalement enclavé dans la ville de Pessac, la plus proche banlieue de Bordeaux. Son terroir, comme celui de La Mission Haut-Brion, de Pape-Clément ou des Carmes Haut-Brion, est certainement le plus précoce de l'appellation et les raisins, à parts quasi égales de merlot et de cabernet-sauvignon mûrissent ici parfaitement, donnant un vin ample et riche qui déploie au vieillissement des notes fumées inimitables. Dans l'immémoriale compétition entre Haut-Brion et La Mission, nous avons décidé d'accorder, après une réflexion longuement mûrie, la quatrième étoile au premier et non au second, malgré ses millésimes légendaires. Nous invoquons pour cela le surcroît de distinction dont fait souvent preuve Haut-Brion au vieillissement, qui va de pair avec une plus grande constance et une propension à être moins affecté par l'extrême richesse de certains millésimes solaires.

Les vins : 2021 en primeur est un exemple frappant de l'avantage que possèdent en année difficile les terroirs urbains précoces de Pessac. Haut-Brion s'impose comme un des vins du millésime. Revenons à la trilogie précédente d'années solaires, vins de haute stature au potentiel immense. Le Clarence 2018 se montre délié, intense mais nerveux, jouant adroitement la finesse et la tension. En bouteille Haut-Brion 2018 a développé et précisé son registre aromatique, flamboyant, sensuel, pimenté, de grande race. Moelleuse, la chair du vin demeure paradoxalement tendue, serrée, et finit sa parade en bouche sur une impression de grâce longiligne. Haut-Brion blanc 2019 confirme son élégance particulière, avec une richesse presque exotique qui ne déborde jamais du cadre strict imposé à la forme de bouche. Comme le rouge, il appartient au long terme qui le révélera.

Pessac-Léognan 2019		787 €	96
Pessac-Léognan 2018		576 €	99
Pessac-Léognan Le Clarence de Haut-Brion 2018		150 €	93

Rouge : 49,89 hectares.
Blanc : 2,93 hectares.
Production moyenne : 126 600 bt/an

CHÂTEAU HAUT-BRION
135, avenue Jean-Jaurès, 33608 Pessac
05 56 00 29 30 ● www.haut-brion.com ●
Vente et visites : sur RDV.
Propriétaire : Domaine Clarence Dillon S.A.S.
Directeur : Jean-Philippe Delmas

Maître de chai : Florence Forgas
Œnologue : Jean-Philippe Masclef

★★★ ⚑ CHÂTEAU LES CARMES-HAUT-BRION

En cultivant un style à part, défini par des vinifications audacieuses, les Carmes Haut-Brion s'impose depuis quelques millésimes comme l'un des crus les plus originaux de l'appellation, et même de tout Bordeaux. L'expression du fruit apparaît « infusée », terme fort à la mode, mais ici parfaitement justifié, et le toucher du tanin singulièrement fin. Il faut aussi dire que la propriété acquise par la famille Pichet en 2010 s'appuie sur un magnifique terroir, contigu à Haut-Brion, encore plus précoce, et occupé par une part significative de très vieilles vignes, notamment de cabernet franc. La modernisation de l'outil de vinification a permis au cru d'enchaîner les succès dans les derniers millésimes, suivant un crescendo réellement impressionnant, qui justifie la troisième étoile décrochée cette année.

Les vins : Carmes 2016 offre un panorama aromatique où le fruit commence à se nuancer de notes de mousse, de terre humide, de cacao. On retrouve en bouche ce fruit intègre, d'une grande finesse, croquant bien qu'encore légèrement serré, sans le délié ultime qu'auront les millésimes suivants. Notamment le singulier, le renversant 2018, au chatoiement aromatique extraordinaire, évoquant les plus subtils grenaches de Châteauneuf : cerise noire, rose musquée, épices douces… Velouté et élégance se conjuguent parfaitement en bouche : ampleur, profondeur et finesse. Le vin est totalement accompli, tout en définissant un nouvel archétype de grand bordeaux. Dans une veine moins exubérante, mais avec la même transparence de fruit, qui évoque ici la framboise confite, le 2019 offre une matière limpide, en tension malgré sa grande suavité.

Pessac-Léognan 2016	195 €	**94**
Pessac-Léognan 2018	180 €	**98**
Pessac-Léognan 2019	N.C.	**96**

Rouge : 30,75 hectares.
Production moyenne : 90 000 bt/an

CHÂTEAU LES CARMES-HAUT-BRION
20, rue des Carmes, 33000 Bordeaux
05 56 93 23 40 ●
www.les-carmes-haut-brion.com ● Vente et visites : sur RDV.
Propriétaire : Groupe Pichet
Directeur : Guillaume Pouthier
Œnologue : Derenoncourt Consultants

★★★ CHÂTEAU HAUT-BAILLY

Propriété depuis 1988 de la famille américaine Wilmers, Haut-Bailly propose uniquement un vin rouge d'une droiture et d'une classe uniques, harmonieux et suprêmement équilibré, respectant les usages bordelais, cultivant l'élégance et la réserve. Le terroir de graves sur crasse de fer sur lequel s'épanouit un vignoble d'élite (comprenant une historique parcelle complantée) permet aux différents millésimes d'acquérir un bouquet d'une insigne distinction, avec une chair veloutée sans équivalent dans ce secteur de Léognan. Il est bien difficile de prendre en défaut un seul millésime : tous, avec un style inimitable, long et fin, parviennent à l'excellence. Avis aux amateurs trop impatients : comme tout grand vin qui se respecte, Haut-Bailly ne se révèle véritablement qu'après quelques années de garde. La troisième étoile accordée l'an passé résonne comme une évidence pour les vrais amateurs de Bordeaux ; elle arrive en même temps que le nouveau chai circulaire, très harmonique création due à l'architecte Daniel Romeo.

Les vins : 2019, après un an de bouteille, confirme son statut de réussite historique pour le château, qui dans ce millésime domine l'appellation. Très noblement parfumé, le second vin, Haut-Bailly II, affiche une profondeur remarquable. L'harmonie de sa chair savoureuse, prodigue en suggestions de tabac, d'humus, d'épices, se livre avec un naturel confondant. La race de Haut-Bailly s'impose de manière encore plus évidente, dès le premier coup de nez s'approchant furtivement du verre. Son évidence et sa distinction au fil d'une dégustation souveraine de bout en bout, dépourvue de tout superflu, en font un archétype du grand bordeaux, aussi contemporain qu'historique.

Pessac-Léognan 2019	120 €	**99**

Le coup de ♥

Pessac-Léognan Haut-Bailly II 2019	35 €	**93**

Rouge : 30 hectares.
Production moyenne : 160 000 bt/an

CHÂTEAU HAUT-BAILLY
48, rue de la Liberté, 33850 Léognan
05 56 64 75 11 ● www.haut-bailly.com ●
Vente et visites : sur RDV.
Propriétaire : Famille Wilmers
Directeur : Véronique Sanders

★★★ CHÂTEAU LA MISSION HAUT-BRION

Le château dispose d'un terroir graveleux légèrement plus riche que celui de Haut-Brion qui lui fait face. Son vin possède les mêmes qualités de souplesse, de fondu (qui n'empêchent en rien de longues et glorieuses évolutions en bouteille), ainsi que le même bouquet fumé très original. Sa forme en bouche se révèle en revanche assez différente, plus moelleuse, plus profonde en primeur, plus charmeuse, car plus facile à comprendre dès les premières années. Avec l'âge, La Mission cède à Haut-Brion en complexité de style et en finesse pure, mais surpasse souvent son voisin en volupté de texture. Ces deux cousins, vinifiés par la même équipe depuis le rachat de La Mission par les domaines Clarence Dillon en 1983, avec autant d'exigence, sont de parfaits reflets de leurs terroirs propres et des choix d'encépagement.

Les vins : comme Haut-Brion, La Mission a réussi un 2021 de très haute volée, conservant toute l'intensité et la distinction du cru, mais avec un degré d'alcool moins intimidant que celui qui marque quelques millésimes de la décennie précédente. En 2018 la réussite du second vin, La Chapelle de la Mission, est éclatante. C'est un vin complet, exubérant, fumé, dont l'ampleur et la fermeté garantissent l'avenir. Les proportions de la Mission situent le vin dans la lignée des millésimes héroïques du cru. Sa profondeur et son allonge impressionnent. En bouteille, son propos, comme celui de Haut-Brion, s'est déjà précisé. La Mission 2019 en blanc campe sur l'assise du sémillon (70 %) ; dense et grasse, très présente, la matière attend son heure.

⊂ Pessac-Léognan 2019	612 €	**94**
▬ Pessac-Léognan 2018	390 €	**99**
▬ Pessac-Léognan La Chapelle de La Mission Haut-Brion 2018	89 €	**94**

Rouge : 25,44 hectares.
Blanc : 3,74 hectares.
Production moyenne : 70 800 bt/an

CHÂTEAU LA MISSION HAUT-BRION
67, rue Peybouquey, 33400 Talence
05 56 00 29 30 ●
www.mission-haut-brion.com ● Vente et visites : sur RDV.
Propriétaire : Domaine Clarence Dillon S.A.S.
Directeur : Jean-Philippe Delmas
Maître de chai : Florence Forgas
Œnologue : Jean-Philippe Masclef

★★ DOMAINE DE CHEVALIER

La famille Bernard met tout en œuvre depuis 1983 pour maintenir cette très belle propriété dans le peloton de tête de l'appellation. Grâce à un outil technique de pointe et un vignoble qui a désormais pris l'âge nécessaire pour produire de grands raisins, les vins sont irréprochables, tant en blanc qu'en rouge. Le vignoble, situé dans l'une des zones froides de l'appellation, en bordure de la forêt des Landes, est tenu comme un jardin. Les raisins blancs sont triés avec un soin extrême et leur vinification s'est considérablement sophistiquée, sans modifier le style ni la classe de ce vin de haute réputation. Chevalier incarne la finesse et l'élégance, sans que le potentiel de garde soit hypothéqué.

Les vins : dans le difficile millésime 2021, le domaine a produit des vins remarquables d'intensité et de définition, qui serviront certainement de références au sein de leur appellation et au-delà. Nous sommes en revanche un peu déçus par le rouge L'Esprit de Chevalier 2019, manquant de générosité et de souplesse. Chevalier 2019, en blanc cette fois, affiche lui-aussi beaucoup de sérieux, mais avec une profondeur et une absence de simplisme variétal qui signent un vin résolument tendu vers l'avenir.

⊂ Pessac-Léognan 2019	N.C.	**93**
▬ Pessac-Léognan L'Esprit de Chevalier 2019	24 €	**87**

Rouge : 60 hectares.
Blanc : 6 hectares.
Production moyenne : 120 000 bt/an

DOMAINE DE CHEVALIER
102, chemin de Mignoy, 33850 Léognan
05 56 64 16 16 ●
www.domainedechevalier.com ● Vente et visites : sur RDV.
Propriétaire : Famille Bernard
Directeur : Olivier Bernard

★★ ↗ CHÂTEAU LATOUR-MARTILLAC

Voici un bel exemple de propriété familiale, toujours entre les mains des Kressmann, historique famille de négociants bordelais. Tristan et Loïc Kressmann sont aujourd'hui aux commandes de ce cru classé très bien situé sur le plateau de Martillac. Les différentes générations ont su respecter le patrimoine transmis, tout en progressant dans la conduite de la vigne et dans les vinifications avec leur directrice, Valérie Vialard. Le château a inauguré un nouveau chai de vinification pour les vins rouges avec le millésime 2019. Sans céder aux sirènes des modes passagères les vins ont conservé leur style élégant et précis ; ils gagnent cependant en densité. Cet équilibre très convaincant entre tradition et modernité, ainsi que le caractère particulièrement distingué des derniers millésimes nous amènent à accorder une deuxième étoile à Latour-Martillac.

Les vins : comme l'an dernier nous préférons le second vin, Lagrave Martillac, dans sa version blanche, originale, parfumée, peu acide mais relevée par une amertume tonique en fin de bouche. Le rouge 2019 apparaît souple et délié, mais finit sur une touche un peu chaleureuse. En ce qui concerne le grand vin, le millésime 2019 confirme en bouteille les promesses décelées lors des dégustations en primeur. Dense, très distingué, très cabernet (72 % de l'assemblage), il possède un admirable faisceau tannique qui équilibre la générosité solaire, pulpeuse, du fruit. Un équilibre très abouti et un potentiel de garde certain. On peut en dire autant du blanc du même millésime, un vin dense, grenu, sans variétalité, original dans ses saveurs évoquant la réglisse blanche et les fruits exotiques, où le sémillon (42 % de l'assemblage) exprime à la fois son assise et sa subtilité.

Pessac-Léognan Lagrave Martillac 2020	22 €	**90**
Pessac-Léognan 2019	37,50 €	**94**
Pessac-Léognan Lagrave Martillac 2019	22 €	**87**

Le coup de ♥

Pessac-Léognan 2019	35 €	**93**

Rouge : 46 hectares.
Blanc : 9 hectares.
Production moyenne : 330 000 bt/an

CHÂTEAU LATOUR-MARTILLAC

8, chemin Latour, 33650 Martillac
05 57 97 71 11 ● www.latourmartillac.com ●
Vente et visites : sur RDV.
Propriétaire : Famille Jean Kressmann
Directeur : Tristan et Loïc Kressmann
Maître de chai : Valérie Vialard

★★ CHÂTEAU MALARTIC-LAGRAVIÈRE

Illustrant parfaitement le renouveau de l'appellation, Malartic-Lagravière a spectaculairement progressé depuis son rachat, en 1998, par l'entrepreneur belge Alfred-Alexandre Bonnie. Le vignoble, superbement situé sur une croupe de graves à l'arrière du château, est parfaitement tenu, il prend de l'âge et s'enracine davantage, permettant aux rouges de gagner en ampleur et en profondeur de corps. L'arrivée en 2019 d'Eric Boissenot comme conseiller oenologique permet d'envisager une expression structurelle encore plus élégante. Les blancs affichent également un style abouti, travaillé et généreux. Un travail d'observation sur les élevages a conduit le cru à investir pour la vinification et l'élevage dans des contenants en bois de 350 et 500 l. La famille Bonnie est également propriétaire depuis 2005 du château Gazin Rocquencourt, dont les vins ont atteint un excellent niveau de qualité, dans un style sensuel et flatteur.

Les vins : en un an, le blanc 2018 a affiné son expression, prodigue en nuances harmonieuses, toujours fraîches, évoquant les fruits blancs et en particulier la pêche. Gracieux, aimable, il évite avec dextérité la lourdeur dont font parfois preuve les blancs de ce millésime plantureux. Très avenant, il semble prêt à boire. Le rouge fait lui aussi preuve d'une belle finesse dans le contexte du millésime. Conjuguant moelleux du fruit, trame fine malgré une présence alcoolique perceptible et une fermeté épicée de la saveur, il semble se délier assez rapidement.

Pessac-Léognan 2018	60 €	**91**
Pessac-Léognan 2018	50 €	**92**

Rouge : 64 hectares.
Blanc : 9 hectares.
Production moyenne : 350 000 bt/an

CHÂTEAU MALARTIC-LAGRAVIÈRE

43, avenue de Mont-de-Marsan,
33850 Léognan
05 56 64 75 08 ●
www.malartic-lagraviere.com ● Vente et visites : sur RDV.
Propriétaire : Jean-Jacques et Véronique Bonnie
Directeur : Jean-Jacques Bonnie et Véronique Bonnie
Maître de chai : Cécile Bernier
Œnologue : Éric Boissenot

★★ CHÂTEAU SMITH HAUT-LAFITTE

Quel chemin parcouru par cette propriété depuis 1990, l'année du rachat par Florence et Daniel Cathiard ! D'un cru classé en ruine, d'un vignoble quasiment à l'abandon, ces deux néo-vignerons, formés à l'école de la grande distribution pour lui et de la communication pour elle, ont fait un nom qui compte. D'abord en produisant un vin qui, sans aucun doute, s'inscrit parmi l'élite de la production bordelaise ; ensuite en faisant de Smith Haut-Lafitte une étape œnotouristique incontournable. Si les vins ont été à leurs débuts parfois un peu trop mûrs et boisés, leur style s'est grandement affiné. La mesure des extractions, avec des masses tanniques plus délicates, contribue à définir des vins qui s'inscrivent dans le cadre d'un goût plus actuel, moins démonstratif. Les blancs ont également suivi cette tendance avec en particulier une influence des élevages moins prégnante dans les derniers millésimes.

Les vins : la propriété nous a renvoyé les mêmes millésimes que l'an dernier. En blanc, Les Hauts de Smith 2019 se montre aimable, souple, manquant un peu de souffle, avec un caractère variétal du sauvignon qui ne semble pas destiné à se complexifier. Le premier vin du même millésime a lui-même perdu un peu de sa superbe. Si le spectre aromatique demeure chatoyant, mêlant chèvrefeuille, acacia et notes crémeuses, la dynamique du vin est un peu ralentie par un boisé légèrement sucré qui ressort en bouche. La matière possède indéniablement du fond, et le vin devrait rebondir hors de cette phase un peu statique. En rouge, Les Hauts de Smith 2018 s'est bien ouvert en un an, livrant un profil chaleureux, souple, à la généreuse saveur épicée. On retrouve ce moelleux dans le profond Smith 2015, dont la forte carrure commence à se fondre, portée par des tanins abondants mais superbement polis, laissant un sillage empyreumatique très distingué. On peut préférer à la théâtralité du 2015 l'élégance déliée, le jus poivré et tonique, la grande finesse du 2019, qui marque un tournant dans l'expression du cru.

▭ Pessac-Léognan 2019	116 €	92
▭ Pessac-Léognan Les Hauts de Smith 2019	30 €	88
▬ Pessac-Léognan 2015	130 €	94
▬ Pessac-Léognan 2019	106 €	96
▬ Pessac-Léognan Les Hauts de Smith 2018	30 €	90

Rouge : 67 hectares.
Blanc : 11 hectares.
Production moyenne : 200 000 bt/an

CHÂTEAU SMITH HAUT-LAFITTE
33650 Martillac
05 57 83 11 22 ● www.smith-haut-lafitte.com/
● Vente et visites : sur RDV.
Propriétaire : Daniel et Florence Cathiard
Directeur : Fabien Teitgen
Maître de chai : Yann Laudeho
Œnologue : Michel Rolland

★ CHÂTEAU BOUSCAUT

De gros progrès ont été réalisés par Sophie et Laurent Cogombles, qui continuent à tout mettre en œuvre pour porter ce cru classé au niveau des meilleures références de Pessac-Léognan. Les vins blancs connaissent depuis 2011 une augmentation du sauvignon, toujours épaulé par quelques parcelles de très vieux sémillons bichonnés par la propriété. Les der-

niers millésimes sont encourageants, en blanc comme en rouge, les vins sont réguliers dans un style charmeur et équilibré, très franc.

Les vins : nous aimons beaucoup le caractère sémillon du blanc 2018 (le cépage ne représente pourtant que 32 % de l'assemblage, ce qui montre bien que c'est aussi une affaire de volonté, de style). Un vin doré, en rondeur, gras, prolongé en bouche davantage par l'amertume que par l'acidité. Il est encore massif, peu aromatique, mais on peut être certain qu'il continuera à évoluer positivement. Le 2017, en rouge, ne manque pas de personnalité ; fumé et sanguin, souple, à peine caressé par le bois, il offre une bouche tendre mais bien charnue, qui se livre avec beaucoup de spontanéité.

▬ Pessac-Léognan 2017	37 €	90
Le coup de ♥		
▭ Pessac-Léognan 2018	40 €	92

Rouge : 34 hectares.
Blanc : 8 hectares.
Production moyenne : 90 000 bt/an

CHÂTEAU BOUSCAUT
1477, avenue de Toulouse, 33140 Cadaujac
05 57 83 12 20 ● www.chateau-bouscaut.com
● Vente et visites : sur RDV.
Propriétaire : Famille Lurton-Cogombles
Directeur : Laurent Cogombles
Œnologue : Édouard Massie

★ CHÂTEAU CARBONNIEUX

Les frères Éric et Philibert Perrin, avec leur sœur Christine Lescuyer, continuent de faire progresser cette importante propriété qui, en l'espace d'une dizaine d'années, a considérablement évolué, produisant avec une grande régularité un vin très représentatif de l'esprit de finesse et d'harmonie qui caractérise l'appellation. La nouvelle génération arrive, le millésime 2019 a été brillamment vinifié par le jeune Andréa Perrin. Élégants et rafraîchissants, les blancs ont gagné en expressivité tout en prenant plus de gras en cœur de bouche. On peut les déguster dans les cinq premières années après leur mise en bouteille. Cependant, quelques grands millésimes peuvent réserver des surprises magiques à la garde. Les rouges, sérieux et réguliers, bien que souvent réservés dans leur jeunesse, ont également gagné en densité de corps. Ils ne se goûtent jamais aussi bien qu'entre cinq et dix ans d'âge. Le vignoble suit son programme de restructuration avec le remplacement des sauvignons blancs sur les beaux terroirs de graves par du cabernet-sauvignon.

Les vins : La Croix de Carbonnieux 2020 blanc joue l'expressivité et la générosité aromatique, entre pêche blanche bien mûre, lait de coco et fleur d'acacia. Facile d'accès, le vin demeure parfaitement équilibré, sans lourdeur. Plus réservé, Carbonnieux blanc 2019 brille par sa pureté, son élégance de constitution, portée par une acidité harmonieuse garante d'une belle évolution. En rouge, La Croix de Carbonnieux 2019 vise juste, avec un propos aimable, distingué, intelligemment souple tout en étant tenu. À nouveau présenté cette année, Carbonnieux rouge 2018 poursuit tranquillement son évolution ; doté d'un faisceau tannique de belle concentration et d'une richesse de chair certaine, que l'élevage ne vient à aucun moment alourdir, il mérite d'être encore attendu.

🍷 Château Carbonnieux 2019	32 €	91
🍷 Pessac-Léognan La Croix de Carbonnieux 2020	16 €	89
🍷 Château Carbonnieux 2018	39 €	91

Le coup de ❤

🍷 Pessac-Léognan La Croix de Carbonnieux 2019	19 €	90

Rouge : 55 hectares.
Blanc : 45 hectares.
Production moyenne : 300 000 bt/an

CHÂTEAU CARBONNIEUX
Chemin de Peyssardet, 33850 Léognan
05 57 96 56 20 ● www.carbonnieux.com ●
Vente et visites : sur RDV.
Propriétaire : Famille Perrin
Directeur : Éric et Philibert Perrin
Maître de chai : Andréa Perrin
Œnologue : Christophe Ollivier

★ CLOS FLORIDÈNE

Bien connu des amateurs, ce domaine est l'œuvre du pape des vins blancs bordelais, l'œnologue Denis Dubourdieu, décédé en 2016. Depuis de nombreuses années, Clos Floridène fait incontestablement partie des valeurs sûres de l'appellation. Le plus étonnant dans la production réside dans le profond classicisme qu'elle exprime : bien loin des lourdes caricatures de blancs boisés et trop exubérants que l'on rencontre souvent dans les ambitieux châteaux bordelais, Floridène blanc est un vin svelte et droit, sans artifices, d'une pureté cristalline. Le rouge, expression originale du cabernet-sauvignon sur calcaire, possède la même élégance distinguée. Ces vins peuvent parfaitement vieillir plusieurs années en cave.

Les vins : toujours très pur, nettement détouré, sans lourdeur, le blanc affiche une très belle présence, dans la lignée du 2019, avec toutefois peut-être un peu moins de tranchant. La richesse du millésime 2018 sied bien au rouge,

qui conserve une remarquable fraîcheur ; un vin tendu, plein, de belle prestance et alerte jusqu'en toute fin de bouche.

🍷 Graves 2020	20,40 €	91
🍷 Graves 2018	21,40 €	91

Rouge : 15 hectares. Cabernet-Sauvignon 74 %, Merlot 26 %
Blanc : 25 hectares. Sémillon 53 %, Sauvignon blanc 45 %, Muscadelle 2 %
Production moyenne : 160 000 bt/an

CLOS FLORIDÈNE
10, Videau, 33210 Pujols-sur-Ciron
05 56 62 96 51 ● www.denisdubourdieu.fr ●
Pas de visites.
Propriétaire : Famille Dubourdieu
Directeur : Jean-Jacques Dubourdieu
Maître de chai : Ludovic Bernard
Œnologue : Fabrice Dubourdieu

★ CHÂTEAU COUHINS-LURTON

Ce cru a été méticuleusement constitué par André Lurton, disparu en 2019. Il est classé uniquement en blanc, ce qui s'explique par un terroir particulièrement propice, ce socle argilo-calcaire sur lequel se développe le mince nappage de graves. Aujourd'hui dirigé, comme La Louvière, par son fils Jacques, il produit aussi un rouge honorable, en progrès, dominé par le merlot. Les derniers millésimes en blanc se montrent très convaincants, avec des vins qui dépassent l'expression variétale univoque, bien que construits sur le seul sauvignon.

Les vins : le blanc Acte II 2020 est un second vin souple et immédiat, qui retrouve de la tension en finale. Déjà expressif, Couhins-Lurton blanc 2019 poursuit la belle lignée des millésimes précédents, avec un caractère aromatique distingué, une pointe pralinée subtile, accompagnant un corps long et tendu, d'où émerge en fin de bouche une suggestion calcaire pleine de fraîcheur. Si en 2019 le second vin, en rouge, manque de consistance et d'intérêt, nous saluons les progrès du grand vin, toujours dominé par le merlot, assez fluide, mais sanguin, piquant, doté d'une certaine allonge et d'une indéniable finesse de texture.

🍷 Pessac-Léognan 2019	30,60 €	91
🍷 Pessac-Léognan Acte II 2020	32,40 €	88
🍷 Pessac-Léognan 2019	34,70 €	89
🍷 Pessac-Léognan Acte II 2019	32,40 €	85

Rouge : 15 hectares.
Blanc : 5 hectares.
Production moyenne : 25 000 bt/an

CHÂTEAU COUHINS-LURTON
48, chemin de Martillac,
33140 Villenave-d'Ornon
05 57 25 58 58 ● www.andrelurton.com ●
Vente et visites : sur RDV.
Propriétaire : Famille André Lurton
Directeur : Mathilde de Caix Lurton
Maître de chai : Sébastien Ravilly
Œnologue : Éric Boissenot (rouges) et
Valérie Lavigne (blancs)

★ CHÂTEAU DE FIEUZAL

Ce cru classé situé tout au sud de Léognan a produit parmi les plus grands blancs de Bordeaux dans les années 1980. Après avoir été vendu en 1994 à la Banque Populaire, Fieuzal a décliné jusqu'en 2001. C'est cette année-là que l'homme d'affaires irlandais Lochlann Quinn s'en porte acquéreur, puis embauche le Champenois Stephen Carrier comme directeur. Dès lors, le cru retrouve un excellent niveau, avec une recherche évidente de corps, de tenue et d'élégance tannique dans les rouges, et de fraîcheur désormais avec l'entrée en scène du conseiller Thomas Duclos. Avec des échecs (2013) et de grandes réussites (2008), les blancs renouent peu à peu avec leur caractère entier, intense et apte à la garde.

Les vins : les derniers millésimes possèdent une belle énergie, avec des équilibres qui vont davantage chercher le croquant du raisin. L'Abeille de Fieuzal 2019 est un second vin plutôt clair, pimpant, intelligemment fluide, privilégiant l'accès au fruit, à consommer sans délai, un peu rafraîchi. Le rouge 2018 offre un fruit rond, compoté, très merlot, relevé d'intéressantes notes de résine et de paprika ; sans excès d'extraction, le vin demeure équilibré et même agile en bouche. Le blanc du même millésime manifeste une grande générosité aromatique, suggérant les fruits exotiques, relevée par une heureuse pointe de zeste de citron. Malgré le gras, avec une allonge appréciable et un grain ferme, c'est un vin tonique et serein. Centré sur une acidité plus éclatante, le 2019 est indéniablement un vin de garde.

🍷 Pessac-Léognan 2018	55 €	**92**	
🍷 Pessac-Léognan 2019	N.C.	**93**	
🍷 Pessac-Léognan 2018	45 €	**91**	
🍷 Pessac-Léognan L'Abeille de Fieuzal 2019	22 €	**90**	

Rouge : 65 hectares.
Blanc : 10 hectares.
Production moyenne : 350 000 bt/an.

CHÂTEAU DE FIEUZAL
124, avenue de Mont-de-Marsan,
33850 Léognan

05 56 64 77 86 ● www.fieuzal.com ● Vente et visites : sur RDV.
Propriétaire : Brenda et Lochlann Quinn
Directeur : Stephen Carrier
Maître de chai : Jean-Charles Fournié
Œnologue : Thomas Duclos

★ ↗ CHÂTEAU HAUT-BERGEY

Domaine ancien de Léognan ayant connu un certain nombre de vicissitudes, Haut-Bergey appartient à la famille Garcin Cathiard depuis 1991. Sous l'impulsion de Paul Garcin, le vignoble d'une quarantaine d'hectares est conduit en biodynamie depuis 2016. Les cuvées Paul, en rouge et en blanc, renouvellent l'idée que l'on peut se faire des vins de l'appellation Pessac-Léognan. Dès le premier contact on perçoit une approche, une esthétique différente, plus libre et sans marque d'élevage. Les cuvées du château et le très soigné Haut-Branon bénéficient de cette approche tout en conservant un sens du meilleur classicisme. Modernité de la vision et capacité à se réinventer sans trahir : Haut-Bergey symbolise la vitalité actuelle du plus historique des vignobles bordelais. Une première étoile vient récompenser les diverses dégustations très positives effectuées cette année.

Les vins : une des nouveautés de ce millésime 2019, le château Branon blanc est un pur sauvignon bien particulier. Un vin profond, personnel, à l'abord réservé, caractérisé par une fine réduction, qui déploie lentement un corps aussi riche que tendu, à l'opulence contenue mêlant intensité du fruit et gourmandise suggestive, praliné et biscuit chaud. Le château Haut-Bergey blanc est dans la même veine, original, subtilement praliné tout en restant frais. En rouge, la cuvée Paul rayonne de ce fruit vibrant, leste, subtilement ferreux et épicé, qui fait la singularité de la cuvée. Dans le même esprit, les cuvées monocépages sont passionnantes, déjà très expressives, que ce soit le ligérien cabernet franc Bergey, le cabernet-sauvignon Tuilerie, plus intériorisé, sanguin et fumé, tendu, ou le très épicé et généreux petit verdot P.02. Plus classique, construit sur des tanins fermes et dynamiques, le château Haut-Bergey allie complexité, finesse et mesure. Capiteux (davantage que le 2018), profondément fumé, aussi riche en fruit qu'en structure, le château Branon affiche beaucoup d'aplomb et surtout un potentiel d'évolution considérable.

🍷 Pessac-Léognan 2019	32 €	**92**	
🍷 Pessac-Léognan Château Branon 2019	149 €	**94**	
🍷 Pessac-Léognan 2019	26 €	**92**	
🍷 Pessac-Léognan Château Branon 2019	129 €	**94**	

- Pessac-Léognan Cuvée Paul 2019 — 26 € — **92**
- Pessac-Léognan P.02 2019 — 32 € — **92**
- Pessac-Léognan Tuilerie 2019 — 32 € — **92**

Le coup de ♥
- Pessac-Léognan Bergey 2019 — 32 € — **93**

Rouge : 40 hectares.
Blanc : 2 hectares.
Production moyenne : 120 000 bt/an

CHÂTEAU HAUT-BERGEY ♣

69, cours Gambetta 33850 Léognan
05 56 64 05 22 ● www.haut-bergey.fr ●
Vente et visites : sur RDV.
Propriétaire : Sylviane Garcin-Cathiard
Directeur : Paul Garcin

★ CHÂTEAU LARRIVET HAUT-BRION

Cette propriété, qui appartient à la famille Gervoson (groupe Andros), produit avec régularité des vins agréables et accessibles, singularisés par leur exubérance aromatique. Doté d'un beau terroir sur les hauteurs de Léognan, non loin de Haut-Bailly et de La Louvière, le cru bénéficie également d'un outil de vinification moderne avec un tout nouveau cuvier en béton. Bruno Lemoine, directeur depuis 2007, et François Gaudichon, maître de chai depuis 2015, apportent un supplément de précision dans la définition stylistique des vins.

Les vins : comme en 2018, le second vin, en rouge, Les Demoiselles de Larrivet Haut-Brion se montre en 2019 particulièrement ouvert et aromatique, avec une pointe réglissée et une chair moelleuse. Un plaisir immédiat ! Également très flatteur, très ouvert, le blanc 2020 manque un peu de nerf. En 2018, le premier vin en blanc offre une matière charnue mais fraîche. Rôti, bien mûr, déjà très expressif, le rouge fait lui aussi valoir le confort d'un fruit moelleux, relevé de notes presque méditerranéennes de zan et d'épices.

- Pessac-Léognan 2018 — 39 € — **90**
- Pessac-Léognan Les Demoiselles de Larrivet Haut-Brion 2020 — 33 € — **86**
- Pessac-Léognan 2018 — 42 € — **90**
- Pessac-Léognan Les Demoiselles de Larrivet Haut-Brion 2019 — 33 € — **89**

Rouge : 65 hectares.
Blanc : 10 hectares.
Production moyenne : 400 000 bt/an

CHÂTEAU LARRIVET HAUT-BRION

84, avenue de Cadaujac, 33850 Léognan
05 56 64 75 51 ● www.larrivethautbrion.fr ●

Visites : sans RDV.
Propriétaire : Philippe Gervoson
Directeur : Bruno Lemoine
Maître de chai : François Gaudichon
Œnologue : Stéphane Derenoncourt

★ CHÂTEAU OLIVIER

Ce cru classé de Graves a connu, en à peine dix ans, l'une des plus importantes mutations de l'appellation. Sous l'impulsion de Laurent Lebrun, les vins atteignent un excellent niveau et l'engagement d'Éléonore de Bethmann, nouvelle présidente du directoire du château Olivier, est indéniable. D'importants moyens financiers pour restructurer le vignoble de cette magnifique propriété ont été mis en œuvre. Nichée au milieu d'une zone boisée, elle s'appuie sur une splendide croupe de graves, ventilée, idéalement adaptée au cabernet-sauvignon.

Les vins : le rouge Olivier 2019 apparaît un peu moins dense et aussi moins en place que le 2018 au même stade. Une partie de sa personnalité est délicate et moelleuse, marquée par les merlots, une expression plus ferme prend le relais en milieu de bouche. Il faut que la jonction se fasse. L'ensemble possède néanmoins une indéniable distinction et devrait grandir sereinement. Frais, incisif, marqué par des notes de verveine et d'acacia, typé sauvignon, le blanc affiche une belle tension dans le cadre du millésime 2020, une allonge des plus intéressantes. Comme le rouge, il faut l'attendre.

- Pessac-Léognan 2020 — 32 € — **91**
- Pessac-Léognan 2019 — 32 € — **91**

Rouge : 52 hectares.
Blanc : 8 hectares.
Production moyenne : 240 000 bt/an

CHÂTEAU OLIVIER

175, avenue de Bordeaux, 33850 Léognan
05 56 64 73 31 ● www.chateau-olivier.com ●
Vente et visites : sur RDV.
Propriétaire : Famille de Bethmann
Directeur : Laurent Lebrun

CHÂTEAU BROWN

Cette propriété, rachetée en 2005 par les familles Mau et Dirkzwager, est aujourd'hui gérée par Jean-Christophe Mau. Ce dernier a effectué un travail en profondeur sur ce terroir voisin du cru classé Château Olivier. Les derniers millésimes atteignent un excellent niveau dans un style classique mais étoffé qui privilégie toujours une belle finesse de tanins et la fraîcheur du fruit.

Les vins : le souffle solaire du millésime est perceptible dans le rouge 2019, très bien noté en primeur, qui manifeste néanmoins de la tenue, de l'élan et devrait évoluer très favorablement, à l'image du 2009, superbe aujourd'hui. Intense lui aussi, miellé, gras de nature et encore étoffé par l'élevage, le blanc 2020 traduit l'influence d'un millésime riche.

Pessac-Léognan 2020	30 €	89
Pessac-Léognan 2019	31 €	92

Rouge : 26 hectares.
Blanc : 5 hectares.
Production moyenne : 120 000 bt/an

CHÂTEAU BROWN

Allée John-Lewis-Brown, 33850 Léognan
05 56 87 08 10 ● www.chateau-brown.com ●
Vente et visites : sur RDV.
Propriétaire : Familles Mau et Dirkzwager
Directeur : Jean-Christophe Mau
Maître de chai : Bruno Patrouilleau

NOUVEAU DOMAINE

CHÂTEAU CAZEBONNE

Cet important domaine de Saint-Pierre-de-Mons, tout au sud de l'appellation, a été repris en 2016 par Jean-Baptiste Duquesne, créateur du site 750g.com. Malgré les aléas climatiques qui ont fortement affecté les premières récoltes, le propos original de cette production nous a interpellé, à plusieurs reprises, lors de dégustations syndicales et à l'aveugle. Davantage encore que leur originalité, la qualité de ces vins, très contemporains dans leur façon de privilégier l'éclat naturel du fruit mais aussi très ancrés dans l'histoire agronomique girondine, nous a bien vite donné envie d'en savoir plus. Ces graves "différents" sonnent juste et doivent interpeller amateurs et confrères vignerons. Le domaine est conduit en biodynamie, certifiée depuis 2020.

Les vins : délicieux et très abordable, le blanc Cuvée entre Amis 2020 met en valeur la rondeur d'un sémillon pulpeux, parfumé, immédiat. Avec davantage d'intensité et de nuance aromatique, Le Grand Vin exprime les mêmes vertus, un blanc de plaisir très réussi, sans variétalité ni voyante technicité. Pur sauvignon cuvé douze jours, La Macération met en valeur les aspects les plus floraux du cépage, la saveur est à la fois riche et fine, la structure tannique à peine suggérée, une très belle réussite. Les rouges sont eux aussi enthousiasmants : Les Galets 2020, cabernet-sauvignon élevé en jarres, au pied léger, dansant, admirable de fraîcheur ; Le Grand Vin 2019, remuant et délié, savoureux ; enfin, Comme en 1900, assemblage de cépages historiques (mancin, castets, jurançon noir, saint-macaire, bouchalès), un vin sombre et

élancé, vibrant, au fruit profond, évoquant la myrtille et le cassis, avec un élément floral prégnant qui lui confère beaucoup d'attrait. La tension est magnifique, le toucher subtil, le goût à la fois neuf et mémoriel. Dans le sillage de la réflexion amorcée par Loïc Pasquet, le grand bordeaux d'hier et de demain ?

Graves Cuvée Entre Amis 2020	11 €	90
Graves Le Grand Vin 2019	20 €	92
VDF La Macération 2020	22 €	92
Graves Le Grand Vin 2019	18 €	90
Graves Les Galets 2020	19 €	91

Le coup de ♥

VDF Comme en 1900 2020	32 €	94

Rouge : 32 hectares.
Cabernet-Sauvignon 42 %, Merlot 14 %, Cabernet franc 7 %, Malbec (cot) 2 %, Castets 2 %, Divers noir 2 %, Petit Verdot 1 %, Braucol (fer servadou) 1 %, Jurançon noir 1 %, Merille 1 %
Blanc : 10 hectares. Sauvignon blanc 10 %, Sémillon 10 %, Divers blanc 2 %, Sauvignon gris 2 %
Production moyenne : 100 000 bt/an

CHÂTEAU CAZEBONNE ☾

Château Cazebonne, Lieu-dit Peyron
33210 Saint-Pierre-de-Mons
06 89 77 42 12 ● www.cazebonne.fr/ ● Vente et visites : sur RDV.
Propriétaire : Jean-Baptiste Duquesne
Maître de chai : Florian de Perre
Œnologue : Nicolas Jamin

CHÂTEAU DE CHANTEGRIVE

Propriété emblématique de Podensac, au cœur de l'appellation Graves, Chantegrive a été créé par Henri Lévêque. Ce courtier historique de la place de Bordeaux a démarré l'aventure en 1966, avec seulement deux hectares de vignes. Longtemps pionnier dans l'élaboration de vins ambitieux, Chantegrive a connu au début des années 2000 une période creuse. Le château, repris en main par Marie-Hélène Lévêque avec les conseils d'Hubert de Boüard depuis 2006, donne des vins qui retrouvent leur place parmi les belles références de l'appellation. Lancée en 2020, la gamme Les Oiseaux donne une image intelligemment moderne et primesautière des vins de Graves.

Les vins : seulement deux vins envoyés cette année, un blanc 2019 (70 % sauvignon), expressif et rond, d'un appréciable velouté de texture, et un rouge 2019 équilibré mais un peu sucré par le bois de l'élevage.

⬤ Graves Les Oiseaux de Chantegrive Le
   Panache 2019   N.C.   **89**

⬤ Graves 2018   16 €   **87**

Rouge : 51 hectares.
Blanc : 37 hectares.
Production moyenne : 410 000 bt/an

CHÂTEAU DE CHANTEGRIVE

44, cours Georges-Clémenceau,
33720 Podensac
05 56 27 17 38 ● www.chantegrive.com ●
Vente et visites : sur RDV.
Propriétaire : Françoise Lévêque
Directeur : Marie-Hélène Lévêque
Maître de chai : Arnaud Dubois
Œnologue : Hubert de Boüard

CHÂTEAU CRABITEY

À la tête de 28 hectares de vignes, dont une bonne partie sur l'une des plus belles croupes de graves de Portets, Arnaud de Butler a fait en une quinzaine d'années de ce cru des Graves l'une des références de l'appellation. Il a entamé en 2008 un vaste programme de restructuration du vignoble en privilégiant le cabernet-sauvignon sur les plus belles croupes de sa propriété. Un choix judicieux, comme le montre l'importance de ce cépage dans la qualité des derniers assemblages. Crabitey est aujourd'hui une marque fiable, dont les vins vieillissent fort bien et dont l'ambition, le sérieux sans forfanterie, font du bien à l'appellation.

Les vins : si le blanc 2020 se montre prévisible, aromatique, déjà légèrement alliacé, peu acide, les rouges 2017 et 2019 sont très convaincants. Le premier étonnamment plein et énergique dans le cadre du millésime, le second encore serré, manifestant une très belle carrure, beaucoup de tenue, indiscutablement une des réussites majeures de l'appellation.

⬤ Graves 2020   13 €   **86**

⬤ Graves 2017   14 €   **90**

⬤ Graves 2019   14 €   **91**

Rouge : 27 hectares.
Blanc : 4 hectares.
Production moyenne : 200 000 bt/an

CHÂTEAU CRABITEY

63, route du Courneau, 33640 Portets
05 56 67 18 64 ● www.chateau-crabitey.fr ●
Vente et visites : sur RDV.
Propriétaire : Arnaud de Butler
Maître de chai : Christophe Chaloupin
Œnologue : Christine Jacoby-Sourdes

LIBER PATER

Sous les auspices de Liber Pater, dieu romain du vin, Loïc Pasquet, s'est installé avec sa femme Alona à Landiras en 2005. Exploitant seulement 5 hectares sur un terroir oublié mais historique de graves fines, il a signé son premier millésime en 2006. Liber Pater bouscule tous les codes, dérange les voisins mais fait rêver et réfléchir. Le cheval remplace le tracteur, les densités de plantation sont poussées à l'extrême (atteignant dans certaines parcelles 20 000 pieds à l'hectare, en franc de pied), les anciens cépages (castet, le mancin ou tarnay coulant, le saint-macaire) sont réintroduits. L'idée qui motive Loïc Pasquet est de recréer le vignoble tel qu'il existait avant la crise du phylloxera à la fin du XIXᵉ siècle et de retrouver le goût du vin qui a fait le succès de Bordeaux à cette époque. Malgré des prix prohibitifs, nous vous conseillons vivement de déguster ces vins, ils vous donneront une image différente de Bordeaux.

Les vins : le domaine ne nous ayant pas fait parvenir ses vins cette année, nous sommes amenés à reconduire les notes de notre édition précédente.

⬤ VDF Denarius 2015   600 €   **95**

⬤ VDF Denarius 2015   600 €   **94**

Le coup de ♥
⬤ VDF Denarius 2018   600 €   **96**

Rouge : 4 hectares. Cabernet-Sauvignon 67 %, Divers noir 13 %, Castets 10 %, Petit Verdot 9 %, Merlot 1 %
Blanc : 1 hectare. Sémillon 96 %, Camaralet 2 %, Divers blanc 2 %
Production moyenne : 7 500 bt/an

LIBER PATER ♣

4, cours Xavier-Moreau, 33720 Podensac
06 37 20 19 58 ● www.liber-pater.com ●
Vente et visites : sur RDV.
Propriétaire : Loïc et Alona Pasquet

CHÂTEAU LA LOUVIÈRE

Disparu en juin 2019, André Lurton était une figure du Bordelais et l'un des principaux architectes de la création en 1987 de l'appellation Pessac-Léognan. Il avait acquis La Louvière en 1965 et n'avait eu de cesse de promouvoir ce cru populaire, accessible et régulier. Le programme de modernisation et d'amélioration du travail à la vigne se poursuit sous la houlette de Jacques Lurton, qui insuffle aussi la nouveauté au chai, avec un élevage accordant désormais une large place aux jarres de terre cuite.

Les vins : La Louvière a très joliment transcrit le style fin et serein du millésime 2019. Pur sauvignon, le blanc s'avère particulièrement réussi, brillant par sa tenue et sa mesure, sans exubérance variétale, contrairement au second vin, aromatique et immédiatement flatteur. Intense et subtil à la fois, encore strict, réservé mais direct, le rouge 2019 possède du fond et une remarquable qualité de fruit. Il devrait très bien évoluer.

Pessac-Léognan 2019	27,90 €	**91**
Pessac-Léognan L de La Louvière 2019	15,60 €	**89**
Pessac-Léognan 2019	32,65 €	**92**
Pessac-Léognan L de La Louvière 2019	15,60 €	**89**

Rouge : 46 hectares.
Blanc : 15 hectares.
Production moyenne : 190 000 bt/an

CHÂTEAU LA LOUVIÈRE

149, avenue de Cadaujac, 33850 Léognan
05 56 64 75 87 ● www.andrelurton.com ●
Vente et visites : sur RDV.
Propriétaire : Famille André Lurton
Directeur : Mathilde de Caix Lurton
Maître de chai : Jean-Marc Comte
Œnologue : Michel Rolland, Mikaël Laizet (rouges) et Valérie Lavigne (blancs)

CHÂTEAU MAGENCE

Situé tout au sud de l'appellation à Saint-Pierre-de-Mons, commune de très ancienne réputation, surtout pour les blancs, Magence incarne avec discrétion la haute tradition des vins fins de Bordeaux. Dans la même famille depuis le XVIIIe siècle, la propriété propose à des tarifs accessibles des vins patiemment élevés, dont l'expression a besoin de quelques années pour émerger mais qui donnent alors un sentiment de cohérence et de plénitude que les "vins d'œnologues" essayant coûte que coûte de coller aux caprices labiles du marché n'atteindront jamais.

Les vins : le domaine ne nous ayant pas fait parvenir ses vins cette année, nous sommes amenés à reconduire les notes de notre édition précédente.

Graves 2014	15 €	**89**
Graves 2015	15 €	**91**
Graves 2016	14 €	**89**
Graves Symphonie 2014	N.C.	**91**
Graves Symphonie 2015	18 €	**93**
Graves Symphonie 2017	19 €	**90**
Graves 2015	17 €	**90**
Graves 2016	20 €	**91**
Graves Prélude 2015	N.C.	**88**

Graves Prélude 2016	17 €	**89**

Rouge : 25 hectares.
Blanc : 12 hectares.
Production moyenne : 200 000 bt/an

CHÂTEAU MAGENCE

Château Magence,
33210 Saint-Pierre-de-Mons
05 56 63 07 05 ● www.magence.com ●
Vente et visites : sur RDV.
Propriétaire : Comtesse Jacques d'Antras
Directeur : Comte Jean d'Antras

CHÂTEAU RAHOUL

La gestion de la propriété situé sur le plateau de Portets est confiée depuis 2007 à la maison Dourthe. Frédéric Bonnaffous, le directeur technique, lui a redonné du lustre, produisant un vin blanc habilement construit autour du sémillon, expressif et vieillissant bien. Le rouge a quant à lui très fortement progressé ces dernières années, gagnant en densité et en profondeur.

Les vins : le blanc 2019 a perdu un peu de son allant en un an ; le 2020, avec ses notes d'anis et de lait de coco, peu acide, propose un profil tout en rondeur. Sveltes, fumés, construits sur de jolies proportions classiques, les rouges misent avec bonheur sur l'élégance et la retenue, tant dans l'extraction que dans l'élevage. Le 2016 est à point. Un peu plus moelleux, le 2018 développe déjà un joli fond aromatique d'humus et de tabac. Nous saluons en 2018 comme en 2019 la constance et l'harmonie du second vin.

Graves 2019	22 €	**88**
Graves 2020	22 €	**88**
Graves 2016	20 €	**89**
Graves 2018	20 €	**89**
Graves L'Orangerie de Rahoul 2018	7 €	**88**
Graves L'Orangerie de Rahoul 2019	7 €	**87**

Rouge : 29 hectares.
Blanc : 4 hectares.
Production moyenne : 150 000 bt/an

CHÂTEAU RAHOUL

4, route du Courneau, 33640 Portets
05 56 35 53 00 ● www.chateau-rahoul.com ●
Vente et visites : sur RDV.
Propriétaire : Maison Dourthe
Directeur : Frédéric Bonnaffous

CHÂTEAU RESPIDE MÉDEVILLE

Le château, propriété de la famille Médeville depuis les années 1980, est situé à Preignac, dans le sud des Graves, tout proche de Langon et de Sauternes. Grâce à un encépagement équilibré, les vins expriment les vertus complémentaires du merlot et du cabernet-sauvignon en rouge, du sauvignon et du sémillon et d'une petite part de muscadelle (jusqu'à 5 % dans l'assemblage selon les millésimes) en blanc. Ce dernier révèle le véritable style des vins de la région des Graves du sud : sans artifice, aux notes d'écorce d'agrumes et à la bouche sans lourdeur, avec un élevage court de trois mois en barrique. Les rouges ont bien progressé grâce aux conseils en vinification d'Olivier Dauga.

Les vins : bien en chair, le blanc 2019 se montre accessible, savoureux, tout en douceur, sans toutefois être pénalisé par la mollesse qui desservait son prédécesseur. Souple lui aussi, le rouge du même millésime fait valoir un fruit avenant, savoureux, d'une belle franchise, dont la suavité n'est jamais ralentie par l'insistance tannique.

⊏ Graves 2019	15 €	89
⬤ Graves 2019	18 €	90

Rouge : 8 hectares.
Blanc : 4 hectares.
Production moyenne : 70 000 bt/an

CHÂTEAU RESPIDE MÉDEVILLE

4, rue du Port, 33210 Preignac
05 56 76 28 44 ● gonet-medeville.com ●
Vente et visites : sur RDV.
Propriétaire : Julie et Xavier Gonet-Médeville

CHÂTEAU DE ROUILLAC

Ce cru de Canéjan, tout à l'ouest de l'appellation, était autrefois la propriété du baron Haussmann. Il appartient depuis avril 2010 à Laurent et Sophie Cisneros. Cet autodidacte charentais d'origine espagnole, ancien joueur de football de deuxième division aux côtés de Zinédine Zidane, à Cannes, s'est impliqué à 100 % dans la remise en route du domaine et du vignoble. Les anciens propriétaires avaient entièrement rénové les bâtiments et replacé les vins parmi les bonnes références de l'appellation. Désormais, Laurent Cisneros tient Rouillac au cordeau, dans un souci permanent de qualité, avec une sensibilité environnementale forte (labours d'un tiers du vignoble au cheval et suppression des herbicides). Avec les conseils de l'œnologue médocain Éric Boissenot, la famille Cisneros apporte un souffle nouveau à Rouillac.

Les vins : les 2021 en primeur, rouge comme blanc, confirment dans ce millésime délicat l'essor qualitatif du château. En bouteille, Le Dada de Rouillac est un second vin accessible et savoureux, dans les deux couleurs. Déjà très ouvert, Rouillac blanc 2020 s'exprime en rondeur. Comme l'an dernier nous trouvons une belle vigueur de fruit dans le 2016, mais un boisé un peu plus séchant que dans les moelleux et fins 2018 et 2019. Le premier plus intense, riche et pur, commençant à prendre des tonalités balsamiques presque méditerranéennes ; le second un peu plus léger, délié, harmonieux, serti de tanins qui portent l'éclat du fruit jusqu'en fin de bouche.

⊏ Pessac-Léognan 2020	35 €	89
⊏ Pessac-Léognan Le Dada de Rouillac 2020	19 €	87
⬤ Pessac-Léognan 2016	32 €	88
⬤ Pessac-Léognan 2018	32 €	91
⬤ Pessac-Léognan 2019	32 €	90
⬤ Pessac-Léognan Le Dada de Rouillac 2018	19 €	88

Rouge : 23 hectares.
Blanc : 3 hectares.
Production moyenne : 150 000 bt/an

CHÂTEAU DE ROUILLAC

12, chemin du 20-Août-1949, 33610 Canéjan
05 57 12 84 63 ●
www.chateauderouillac.com ● Vente et visites : sur RDV.
Propriétaire : Laurent Cisneros
Œnologue : Éric Boissenot

DOMAINE DE LA SOLITUDE - MARTILLAC

Exploité depuis 1993 par Olivier Bernard (Domaine de Chevalier), le domaine de la Solitude, très ancienne propriété de Martillac, appartient à la communauté religieuse de la Sainte Famille. Le niveau atteint par les vins est très honnête, et leur régularité exemplaire. Les blancs sont accessibles et gourmands ; les rouges, que l'on peut boire sur le fruit, évoluent bien sur une décennie. Les prix demeurent très accessibles.

Les vins : le rouge 2019 affiche un bel équilibre, proposant un fruit coulant, franc, subtilement fumé, dans la lignée du 2018. Le blanc 2020, lui aussi direct et franc, se montre déjà expressif dans une veine dominée pour l'heure par l'expression variétale du sauvignon, il y a pourtant 40 % de sémillon dans l'assemblage.

🍷 Pessac-Léognan 2020	N.C.	**89**	
🍷 Pessac-Léognan 2019	21 €	**90**	

Rouge : 30 hectares.
Blanc : 6 hectares.
Production moyenne : 1 300 000 bt/an

DOMAINE DE LA SOLITUDE - MARTILLAC

10, route de la Solitude, 33650 Martillac
05 56 72 74 74 ●
www.domainedelasolitude.com ● Vente et visites : sur RDV.
Propriétaire : Communauté religieuse de la Sainte-Famille / Domaine de Chevalier exploitant
Directeur : Olivier Bernard

NOUVEAU DOMAINE

VIEUX CHÂTEAU GAUBERT

Situé à Portets, ce cru est devenu un des classiques de l'appellation, grâce à la volonté de son propriétaire, Dominique Haverlan. Vieux Château Gaubert revient dans les pages de notre guide à la faveur d'une succession de dégustations très convaincantes. Les derniers millésimes expriment de façon plus nuancée que naguère la volonté d'intensité structurelle et aromatique, tout en conservant un panache certain.

Les vins : à l'équilibre entre sauvignon et sémillon, le blanc 2020 offre une saveur finement citronnée, alerte, qui épouse un corps glycériné mais tonique, doté d'une belle allonge. Fumé, expressif, à la fois confit et subtilement floral, le rouge 2018 déploie une séduction immédiate, pleine d'entrain et de saveur.

🍷 Graves 2020	14 €	**90**	
🍷 Graves 2018	17 €	**92**	

Rouge : 20 hectares. Merlot 40 %, Cabernet-Sauvignon 40 %, Petit Verdot 20 %
Blanc : 5 hectares. Sauvignon blanc 50 %, Sémillon 50 %
Production moyenne : 120 000 bt/an

VIEUX CHÂTEAU GAUBERT

35, rue du 8-Mai-1945, 33640 Portets
05 56 67 18 63 ●
www.vignobles-haverlan.com ● Vente et visites : sur RDV.
Propriétaire : Dominique Haverlan

SAUTERNAIS

★★★★ 🍷 CHÂTEAU D'YQUEM

Reconnu comme étant le plus célèbre vin liquoreux du monde, Yquem est la propriété, depuis 1999, du groupe LVMH dirigé par l'homme d'affaires Bernard Arnault. Le château est aujourd'hui incarné par Pierre Lurton, également à la tête du château Cheval Blanc, à Saint-Émilion. Avant lui, Alexandre de Lur Saluces a écrit, de 1967 à 2004, quelques-unes des plus belles pages de l'histoire de l'unique premier cru classé supérieur en 1855, dans la lignée de ses aïeux. Car ce vin est peut-être le plus régulier du Bordelais depuis cent ans. Même dans les petits millésimes et les périodes difficiles, Yquem a tenu son rang jusque dans son vieillissement incomparable. Il doit cet état de fait à un terroir unique, réagissant au développement du botrytis comme aucun autre, et à des hommes qui ont su comprendre et mettre en valeur ses qualités. Si Yquem n'impressionne pas forcément dans sa jeunesse, il creuse irrémédiablement l'écart avec ses voisins après quelques années de garde. Déguster un vieux millésime du château demeure une expérience que tout amateur de vin liquoreux se doit d'avoir connu dans sa vie. La quatrième étoile vient récompenser la qualité et la régularité des vins qui n'ont cessé d'être au sommet des liquoreux.

Les vins : le blanc sec Y d'Yquem 2020 s'exprime par une aromatique aux notes fraîches. Pur, nuancé, il dispose d'une belle douceur de fruit grâce à quelques grammes de sucre résiduel recherchés par ce grand château. Sa finale est ponctuée de délicats amers. Yquem 2019 affiche une robe soutenue ; parfum intense explore un registre d'orange confit secondé de fines tonalités pâtissières. Ce millésime a été élevé trois mois de plus que les éditions antérieures, soit 24 mois au total, ce qui nous donne un jus fruité et bois plus fondu et mieux intégré. Pur et dense, la liqueur semble comme posée sur ses fins amers. Un très grand sauternes, à la fois plein et éclatant, qu'on peut boire jeune, pour le plaisir, malgré un potentiel de garde séculaire.

🍷 Bordeaux Y 2020	150 €	**94**	
🍷 Sauternes 2019	N.C.	**100**	

Blanc : 100 hectares. Sémillon 75 %, Sauvignon blanc 25 %
Production moyenne : 60 000 bt/an

CHÂTEAU D'YQUEM

1, Château d'Yquem, 33210 Sauternes
05 57 98 07 07 ● yquem.fr/fr-fr/ ● Vente et visites : sur RDV.

Propriétaire : LVMH
Directeur : Pierre Lurton
Maître de chai : Sandrine Garbay

★★★ CHÂTEAU CLIMENS

Château Climens est la propriété de la famille Lurton depuis 1971. Aujourd'hui, le cru est dirigé avec brio par Bérénice Lurton. Peu de liquoreux français se distinguent par un bouquet aussi pur et élégant que ce premier cru classé de Barsac. Il doit sa qualité transcendante à son terroir exceptionnel, qui produit des récoltes aussi riches en sucres qu'à Sauternes, mais sur une palette de parfums souvent plus complexe et diversifiée. Le savoir-faire de l'équipe n'est pas non plus étranger à cette réussite : au gré des différents lots vendangés à des degrés plus ou moins intenses de botrytis, Bérénice Lurton et son directeur Frédéric Nivelle réalisent de savants assemblages comme autant d'œuvres d'art. Consciente des changements culturaux et culturels de dernières années, Bérénice Lurton a obtenu la certification de son vignoble en biodynamie.

Les vins : pendant de longues années, alors qu'une partie des producteurs de Sauternes valorisait le blanc sec de l'appellation, Château Climens a su rester fidèle aux liquoreux. Nous sommes aujourd'hui surpris que Bérénice Lurton, grande ambassadrice de Sauternes et surtout de Barsac, nous présente uniquement sa cuvée Asphodèle 2020. Un joli blanc vinifié avec précision mettant en valeur le potentiel du terroir de Barsac dans sa version blanc sec.

▭ Bordeaux Asphodèle 2020   29 €   **92**

Blanc : 30 hectares. Sémillon 100 %
Production moyenne : 45 000 bt/an

CHÂTEAU CLIMENS ☽
2, Climens 33720 Barsac
05 56 27 15 33 ● www.chateau-climens.fr ●
Vente et visites : sur RDV.
Propriétaire : Bérénice Lurton

★★★ CHÂTEAU COUTET

Ce premier grand cru classé est l'un des deux seigneurs de Barsac, avec Climens. Sur la majorité des parcelles, le fameux sol rouge (association d'oxyde de fer et de roche calcaire) donne au vin un supplément de nervosité par rapport à ses proches voisins à teneur en sucre équivalente. Les arômes d'agrumes et d'acacia le rapprochent de Climens, mais Coutet s'exprime en général plus rapidement et possède souvent un peu moins de liqueur, en dehors de la fameuse crème de tête connue sous le nom de cuvée Madame. L'Alsacien Philippe Baly et son

frère Dominique, avec sa fille Aline, gèrent très consciencieusement le domaine depuis son rachat par leur père en 1977.

Les vins : tout de suite, il nous fait pénétrer dans le sol de Barsac avec sa petite note de fer. D'une grande pureté aromatique, au parfum éclatant, il sent le citron confit. La bouche est allée puiser la force calcaire de son terroir qui lui insuffle sa grande vitalité. Un vin ciselé, malgré sa richesse. Magistral. Opalie est une cuvée de sémillon et de sauvignon qui offre un très léger début d'évolution, avec une note d'acacia et une forte sensation minérale. Le vin possède un beau volume tout en restant tendu et frais, avec une énergie tellurique très typé Barsac. Un vin à mettre en cave et à n'ouvrir que dans cinq ans, au moins.

▭ Barsac 2019   42 €   **99**
▭ Bordeaux Opalie de Coutet 2015   40 €   **93**

Blanc : 38,5 hectares. Sémillon 75 %, Sauvignon blanc 23 %, Muscadelle 2 %
Production moyenne : 42 000 bt/an

CHÂTEAU COUTET
Château Coutet, 33720 Barsac
05 56 27 15 46 ● www.chateaucoutet.com ●
Vente et visites : sur RDV.
Propriétaire : Philippe et Dominique Baly
Directeur : Philippe Baly
Maître de chai : Laurier Girardot
Œnologue : Lucien Llorca

★★★ CHÂTEAU DE FARGUES

Copropriétaire et vinificateur d'Yquem durant plus de trente millésimes, Alexandre de Lur Saluces s'est attaché, depuis la vente du château d'Yquem, à revaloriser la production du château de Fargues, fief de sa famille. Il y applique exactement les mêmes principes qu'à Yquem (notamment des élevages très longs, jusqu'à trente-six mois), produisant ainsi un sauternes classique et complet, comparable aux plus grands et qui jouit, auprès des professionnels comme des amateurs, d'une estime largement méritée. Tous les millésimes en vente sont actuellement remarquables.

Les vins : le sauternes développe un parfum très raffiné, sur les agrumes, avec une fine note d'épice. La bouche s'appuie sur un fruit profond et sapide, marquée par cette générosité d'un millésime où les raisins sont gorgés de soleil. Malgré une liqueur qui paraît abondante, la force du terroir de Fargues lui confère de la tenue, de l'éclat et une intense persistance. Entre deux âges, il faut l'oublier quelques années afin qu'il s'affine doucement et canalise sa puissance tellurique.

⊑ Sauternes 2015   195 €   **98**

Blanc : 20 hectares. Sémillon 80 %, Sauvignon blanc 20 %
Production moyenne : 20 000 bt/an

CHÂTEAU DE FARGUES

8, route des Écoles, 33210 Fargues
05 57 98 04 20 ●
www.chateaudefargues.com ● Vente et visites : sur RDV.
Propriétaire : Alexandre de Lur Saluces
Directeur : François Amirault

★★ CHÂTEAU DOISY DAËNE

Voisin de Climens, ce cru classé de Barsac bénéficie du savoir-faire de la famille Dubourdieu, propriétaire depuis plusieurs générations. L'équipe de Denis Dubourdieu, chef de file de l'école œnologique bordelaise disparu en 2016, vinifie magistralement une vendange récoltée toujours avec précision, au moment où la pourriture noble offre le meilleur compromis entre richesse en sucre et finesse aromatique, tout en préservant de hauts niveaux d'acidité. Élevés ensuite par de courts séjours en barrique, les vins affichent ainsi une pureté et une élégance qui les rendent d'autant plus recherchés que leurs prix restent sages. La propriété produit trois vins : un blanc sec aromatique, un liquoreux raffiné et, dans les très grands millésimes, la rarissime cuvée L'Extravagant, issue d'un lot de la récolte beaucoup plus riche, équivalent local des plus sublimes trockenbeerenauslese allemands.

Les vins : le barsac 2017 est souligné par une aromatique tout en élégance, avec une jolie note de mandarine et de pâtisserie. Cette élégance olfactive fait écho à une liqueur douce et pure en bouche. Un vin gracieux, avec du délié, qui délivre une fine perception du terroir de Barsac que l'on devine derrière une douceur pleine de nuances et de suavité. Il est encore dans l'empreinte de son fruit juvénile, mais déjà fort appétant.

⊑ Barsac 2017   44,80 €   **97**
⊑ Barsac Cantegril 2017   22,40 €   **92**

Blanc : 15 hectares. Sémillon 85 %, Sauvignon blanc 14 %, Muscadelle 1 %
Production moyenne : 17 000 bt/an

CHÂTEAU DOISY DAËNE

15, Gravas, 33720 Barsac
05 56 62 96 51 ● www.denisdubourdieu.fr ●
Visites : sans RDV.
Propriétaire : Famille Dubourdieu

★★ CHÂTEAU GILETTE

Ce tout petit cru de Preignac, aujourd'hui sous la responsabilité de Julie Médeville et de son mari Xavier Gonet, est célèbre pour mettre uniquement en vente de très anciens millésimes, longuement vieillis en cuve béton (à l'abri de l'air), puis en bouteille, et issus de vendanges très riches (d'où la mention "crème de tête"). Le bouquet caractéristique de Gilette est sans doute le plus fruité du Sauternais, avec des notes de confiture d'agrumes (orange amère), renforcées par le délicat rancio apporté par l'âge et la durée de l'élevage. La méthode de conservation privilégie la réduction sans oxydation, ce qui explique l'étonnante jeunesse des vins, même plus de trente ans après leur naissance.

Les vins : après un magnifique parfum dominé par le safran, arrive rapidement une tonalité de tarte à l'orange. Le vin possède de beaux amers et une sensation de liqueur digeste, et le menthol vient aussi ajouter sa pointe. Ce vin tire profit de la noblesse que lui confère son temps d'élevage. Un vin de méditation, à boire à n'importe quelle heure du jour et de la nuit.

⊑ Sauternes Crème de Tête 1999   152 €   **97**

Blanc : 4,5 hectares. Sémillon 90 %, Sauvignon blanc 8 %, Muscadelle 2 %
Production moyenne : 7 000 bt/an

CHÂTEAU GILETTE

4, rue du Port, 33210 Preignac
05 56 76 28 44 ● gonet-medeville.com ●
Visites : sans RDV.
Propriétaire : Julie et Xavier Gonet-Médeville

★★ CHÂTEAU GUIRAUD

Ce premier cru classé de Sauternes appartient aujourd'hui à quatre copropriétaires : Robert Peugeot, Olivier Bernard (domaine de Chevalier), Stephan von Neipperg (château Canon-la-Gaffelière) et Xavier Planty. Sous l'adroite direction de Luc Planty, le cru offre depuis de nombreux millésimes un parfait exemple de grand sauternes moderne, rôti, très ouvert dès ses premières années et qui a énormément gagné en finesse et en minéralité. La viticulture y est particulièrement soignée : Guiraud a été le premier des premiers crus classés de 1855 à bénéficier de la labellisation bio, en 2011. Le domaine parvient, avec énormément de volonté, à respecter le développement naturel de la pourriture noble. La vinification, quant à elle, se refuse à la moindre chaptalisation, comme cela devrait d'ailleurs être le cas pour tous les crus classés – cause pour laquelle milite ardemment Xavier Planty. Le château produit également en appellation Bordeaux un important volume d'un vin blanc sec à boire dans sa prime jeunesse.

Les vins : le blanc, Le G de Château Guiraud 2020 est sec, avec un nez très vert dans ses parfums. La bouche s'appuie sur un fruit tendre et charnu mais simple dans sa définition. Si la partie aromatique peut gêner, son fruit en bouche, quant à lui, ne manque pas de gourmandise. Une belle évolution aromatique nous est offerte par Guiraud 2010. Le fruit reste présent, et les agrumes dominent le débat même si une touche de safran pointe à l'horizon. La bouche est suave, elle est confortée par une liqueur qui donne à ce vin un beau volume mais également de l'allonge. Il reste néanmoins assez sphérique dans sa définition, avec des petits amers qui se révèlent en fin de bouche et un sucre un rien collant.

🍷 Bordeaux Le G de Château Guiraud
　　2020　　　　　　　　　　　15 € **82**
🍷 Sauternes 2010　　　　　　　65 € **94**

Blanc : 128 hectares. Sémillon 65 %, Sauvignon blanc 35 %
Production moyenne : 350 000 bt/an

CHÂTEAU GUIRAUD ♣

1, Guiraud, 33210 Sauternes
05 56 76 61 01 ● www.chateauguiraud.com ●
Visites : sans RDV.
Propriétaire : SCA Château Guiraud
Directeur : Luc Planty

★★ CHÂTEAU LAFAURIE-PEYRAGUEY

L'homme d'affaires suisse Silvio Denz (Château Faugères à Saint-Émilion) a acquis cette vénérable propriété, qui fut durant de longues années popularisée par son ancien propriétaire, la maison Cordier. Ce splendide domaine produit de grands sauternes classiques à partir de vendanges très riches, sélectionnant désormais avec davantage de rigueur le premier vin. C'est à ce prix que la propriété obtient une qualité régulière, qui perpétue sa renommée. Le raisin est évidemment récolté par tries successives ; le pressurage s'effectue sur d'anciens pressoirs verticaux, et le vin est élevé pendant trente mois en barrique (par lot correspondant aux dates de récolte), dont un tiers de bois neuf. Lafaurie-Peyraguey se distingue par une grande richesse due à son terroir, en contraste avec la finesse de son plus proche voisin, Sigalas-Rabaud.

Les vins : avec son parfum captivant, La Chapelle de Lafaurie-Peyraguey 2019 surprend par sa force, délivrant la sensation d'un vin qui pousse en bouche, et la liqueur n'y est pas pour rien. Il est dense et vif, avec une superbe allonge de bouche aux notes de cédrat. Voici un second vin qui a l'allure d'un premier. Lafaurie-Peyraguey 2019 évoque la pierre à feu. La bouche est tout

en puissance et en muscle. Ce vin, qui surprend par son énergie, joue sur de beaux amers évoquant le zeste de fruit confit, avec une liqueur très pure. Un sauternes racé et distingué. Magnifique.

🍷 Sauternes 2019　　　　　　　60 € **98**
🍷 Sauternes La Chapelle de
　　Lafaurie-Peyraguey 2019　　28 € **92**

Blanc : 18 hectares. Sémillon 93 %, Sauvignon blanc 6 %, Muscadelle 1 %
Production moyenne : 35 000 bt/an

CHÂTEAU LAFAURIE-PEYRAGUEY

1, lieu-dit Peyraguey, 33720 Bommes
05 56 76 60 54 ●
www.chateau-lafaurie-peyraguey.com ●
Visites : sans RDV.
Propriétaire : Silvio Denz
Directeur : Vincent Cruège
Maître de chai : Christophe Navarro
Œnologue : Valérie Lavigne

★★ CHÂTEAU NAIRAC

Nicolas Tari-Heeter a porté ce cru classé de Barsac à son meilleur niveau. Les derniers millésimes sont splendides d'équilibre et de finesse avec des liqueurs expressives, dont les arômes traduisent à la perfection un botrytis de premier ordre. Les élevages ont eux aussi su trouver (après quelques approximations) un juste apport d'oxygénation, renforçant la capacité de vieillissement et d'évolution complexe des vins. Très séduisants dès leur prime jeunesse, les derniers-nés du château évoluent avec justesse et précision aromatique, sans jamais tomber dans des oxydations prématurées comme ce fut le cas pour ce cru dans les années 1990. Nairac fait désormais partie du cercle des très grands liquoreux de Barsac.

Les vins : le domaine ne nous ayant pas fait parvenir ses vins, nous sommes amenés à reconduire les notes de notre édition précédente.

🍷 Barsac 2015　　　　　　　32,40 € **95**
🍷 Barsac 2016　　　　　　　31,80 € **94**

Blanc : 17 hectares. Sémillon 90 %, Sauvignon blanc 6 %, Muscadelle 4 %
Production moyenne : 16 000 bt/an

CHÂTEAU NAIRAC

81, avenue Aristide-Briand, 33720 Barsac
05 56 27 16 16 ● www.chateaunairac.com ●
Vente et visites : sur RDV.
Propriétaire : Nicole Tari
Directeur : Nicolas Tari-Heeter

★★ CHÂTEAU RAYMOND-LAFON

Situé à côté d'Yquem et cerné par un aréopage de crus classés, Raymond-Lafon peut rivaliser, surtout dans les grands millésimes, avec les meilleurs crus de l'appellation. Dirigé par la famille Meslier (Pierre a été directeur d'Yquem durant plusieurs années), ce cru fait preuve d'une grande régularité.

Les vins : le 2019 déploie un nez profond, qui propose déjà une pointe d'épices. Plein et profond, il est tout en volume et profondeur de bouche et, malgré la richesse, l'équilibre reste souverain. La liqueur généreuse accompagne l'expression de ce beau terroir. Il y a un côté intemporel dans ce superbe sauternes. Porté par sa belle complexité olfactive, le 2018 est somptueux. La bouche est une véritable boule de fruit, la liqueur guide le vin à la fois en largeur et en profondeur. Derrière sa liqueur, on découvre de jolis amers. Un vin que l'on peut déguster dès aujourd'hui juste pour le plaisir.

▭	Sauternes 2018	40 €	**96**
▭	Sauternes 2019	40 €	**97**

Blanc : 20 hectares. Sémillon 80 %, Sauvignon blanc 20 %
Production moyenne : 30 000 bt/an

CHÂTEAU RAYMOND-LAFON
4, Aux Puits, 33210 Sauternes
05 56 63 21 02 ●
www.chateau-raymond-lafon.fr ● Vente et visites : sur RDV.
Propriétaire : Famille Meslier
Directeur : Marie-Françoise Meslier
Œnologue : Henri Boyer

★★ CHÂTEAU SIGALAS RABAUD

La famille de Lambert exploite ce magnifique terroir homogène qui permet un développement idéal de la pourriture noble. Le style du vin n'a pas d'équivalent : s'il égale les premiers crus du Haut-Sauternais en richesse de liqueur et en puissance, avec un bouquet de même nature, il révèle une finesse immédiate plus affirmée, qui ne fait que décupler au vieillissement. Au final, il s'agit bien de petits miracles qu'un noyau de connaisseurs fidèles place au firmament du Sauternais. Laure de Lambert-Compeyrot a repris la direction de Sigalas Rabaud à partir de 2013 et développe avec beaucoup d'énergie la production de blancs secs (La Sémillante de Sigalas et La Demoiselle). Elle se bat d'ailleurs pour la reconnaissance d'une nouvelle appellation sauternes sec.

Les vins : le blanc La Sémillante de Sigalas 2017 semble évoluer sereinement. En bouche, le vin se montre charnu, encore sur la réserve, il laisse une petite accroche sur les amers. Nous avons envie de le laisser grandir encore six et sept ans. Le 5 de Sigalas Sans Soufre Ajouté 2019 possède un nez singulier qui sent le bouillon de légumes : douceur et souplesse avec l'aromatique d'un vin évolué. Sigalas Rabaud 2019 se démarque par son parfum délicat. La recherche est centrée sur un botrytis frais et pas sur le confit. Le vin possède une note finement poudrée et la bouche se montre délicate et très digeste. La liqueur est comme contenue, mais l'énergie du terroir n'en reste pas moins stimulante. Un bon sauternes à la liqueur modérée bien équilibrée qui saura ravir les amateurs.

▭	Bordeaux La Sémillante de Sigalas 2017	21 €	**89**
▭	Sauternes 2019	41 €	**97**
▭	VDF Le 5 de Sigalas Sans Soufre Ajouté 2019	14 €	**82**

Blanc : 14,25 hectares. Sémillon 85 %, Sauvignon blanc 15 %
Production moyenne : 65 000 bt/an

CHÂTEAU SIGALAS RABAUD
Sauternes 33210 Bommes
05 57 31 07 45 ●
www.chateau-sigalas-rabaud.com ● Vente et visites : sur RDV.
Propriétaire : Laure de Lambert Compeyrot
Maître de chai : Marion Clauzel
Œnologue : Jacques Lurton et Éric Boissenot

★★ CHÂTEAU SUDUIRAUT

Ce très vaste domaine a été racheté en 1992 par AXA Millésimes. Grâce à un vignoble géographiquement bien réparti, Suduiraut associe la puissance des vins du Haut-Sauternais au fruité prestigieux que l'on trouve dans les crus des plateaux de Preignac et de Barsac. Le tout donne un nectar complet, très lent à vieillir, et qui, dans les grandes années, touche au génie. Si les vins naissent riches et denses, ils sont le fruit de raisins concentré et de faibles rendements. Il y a également une constante évolution du style, par la recherche de pureté comme à la vendange, obtenir un botrytis le plus frais possible et non ultra confit, afin de préserver une grande qualité du fruit et des arômes. Les derniers millésimes atteignent un très haut niveau grâce ce travail de haut vol.

Les vins : malgré une petite note végétale au nez, Lions blanc sec 2021, depuis sa mise en bouteille, ne cesse de grandir. Très fine attaque, avec un beau délié et, sur la fin de bouche, pointe un impact tonique avant une finale sur le citron jaune. Un blanc qu'il faut laisser grandir au moins deux à trois ans en cave. Lions Liquoreux 2019 sent la mandarine et la viennoiserie. Pour une approche de ce grand terroir, nous sommes déjà dans un grand vin, avec de l'assise et de la sève, et une douceur sereine qui nous permet de l'aborder dès aujourd'hui. Tout en élégance aromatique, Suduiraut 2019 nous fait revenir vers la mandarine, plus confite que fraîche. Un sauternes étonnamment doux, car ce terroir donne des vins souvent musclés. La liqueur est certes généreuse, mais elle est équilibrée par la sensation d'un raisin concentré. Même si on peut déjà le boire, il mérite deux ou trois années pour épurer sa liqueur élevée.

⌐ Bordeaux Lions de Suduiraut Blanc Sec 2021	12 €	93
⌐ Sauternes 2019	58 €	98
⌐ Sauternes Lions de Suduiraut 2019	25 €	93

Blanc : 91 hectares. Sémillon 90 %, Sauvignon blanc 10 %
Production moyenne : 100 000 bt/an

CHÂTEAU SUDUIRAUT
Château Suduiraut, 33210 Preignac
05 56 63 61 92 ● www.suduiraut.com ●
Vente et visites : sur RDV.
Propriétaire : AXA Millésimes
Directeur : Pierre Montégut
Maître de chai : Caroline Gendry

★★ CHÂTEAU LA TOUR BLANCHE

Ce premier cru classé de Bommes, dont l'ancien propriétaire (Daniel Iffa) a fait don à l'État en 1911, est aujourd'hui géré par le Conseil régional d'Aquitaine. Devenu une école de viticulture, le château a formé des célébrités comme l'œnologue Michel Rolland. Depuis vingt ans, La Tour Blanche n'a cessé de produire des sauternes accomplis, harmonieux, noblement bouquetés. Leur très importante teneur en sucres résiduels ne leur confère aucune lourdeur, car sur ce terroir, la pourriture noble concentre les sucres pour donner aux vins une dimension aromatique extraordinaire, tout en préservant une forme gustative aérienne. Le cru est dirigé depuis 2010 par Alex Barrau. Philippe Pélicano, ancien élève du lycée, est chargé des vinifications.

Les vins : le premier nez Les Charmilles de la Tour Blanche 2018 s'exprime par une note de pierre à fusil. Le fruit s'installe en douceur dans une bouche très pure, qui offre une liqueur modérée où l'on trouve des notes de citron confit. Fin et tendre, on le boit avec plaisir dès aujourd'hui grâce une perception modérée du sucre. La Tour blanche 2018 est un liquoreux avec un fruit toujours très pur. La richesse perçue se confond avec la nature du sol qui donne un vin souvent large mais profond. Plein et onctueux sa liqueur reste légèrement collante, avec le temps qui passe, le vin finira par absorber ce léger embonpoint.

⌐ Sauternes 2018	47 €	95
⌐ Sauternes Les Charmilles de La Tour Blanche 2018	25 €	92

Rouge : 3 hectares. Merlot 90 %, Malbec (cot) 10 %
Blanc : 37 hectares. Sémillon 83 %, Sauvignon blanc 12 %, Muscadelle 5 %
Production moyenne : 60 000 bt/an

CHÂTEAU LA TOUR BLANCHE
1 ter, Tour Blanche, 33210 Bommes
05 57 98 02 73 ● www.tour-blanche.com ●
Visites : sans RDV.
Propriétaire : Conseil Régional d'Aquitaine
Directeur : Miguel Aguirre
Maître de chai : Philippe Pelicano

★ DOMAINE DE L'ALLIANCE

Figure montante du vignoble de Sauternes, Daniel Alibrand, marin-pêcheur en Vendée auparavant, arrive par hasard à Sauternes où il s'installe en 2005. Peu interventionniste depuis ses débuts, il travaille en bio. Ses vignes sont situées sur le secteur de Fargues. Les vins se distinguent par leur équilibre et sont au niveau de bien des crus classés, à la fois pleins et digestes, dotés d'une très belle énergie. Ils méritent leur place dans votre cave.

Les vins : le co-propriétaire Daniel Alibrand est passé maître dans l'élaboration de grands blancs secs dans le secteur de Fargues. En atteste cette cuvée Définition, pure, droite, mais avec du poids en bouche. Un vin qui possède un joli fruit et une agréable salinité même s'il aura besoin de se construire en bouteille. Avec le bordeaux les Cloux 2021, dès le premier nez, on sent que l'on est allé chercher de la matière et de la profondeur dans les raisins. Ce beau vin dense et pulpeux est une véritable boule saline en bouche. Quant au sauternes, encore en élevage, il nous épate par la qualité et l'harmonie de sa liqueur pleine en bouche, magnifiquement équilibrée par une belle acidité.

⌐ Bordeaux Définition 2021	24 €	92
⌐ Bordeaux Les Clous 2021	25 €	92
⌐ Sauternes 2021	45 €	97

Blanc : 6,14 hectares. Sémillon 78 %, Sauvignon blanc 21 %, Muscadelle 1 %
Production moyenne : 15 000 bt/an

DOMAINE DE L'ALLIANCE ♣

58, avenue Nelson-Mandela, 33210 Langon
06 73 10 27 85 ● daniel.alibrand@orange.fr ●
Vente et visites : sur RDV.

Propriétaire : Valérie et Daniel Alibrand

★ CHÂTEAU CLOSIOT

Vigneron emblématique du Mâconnais, Jean-Marie Guffens a acheté Closiot en 2017. Fou de sauternes, qu'il considère comme l'un des plus grands vins du monde, il a jeté son dévolu sur le calcaire de Barsac, apte à donner au vin cette concentration qu'il affectionne, sans l'alourdir. Aux brouillards matinaux, il préfère les vendanges sous les premiers rayons de soleil, pour obtenir un botrytis concentré. Il a déjà planté des céréales pour concurrencer cette eau si présente en Aquitaine et souvent nuisible à la vigne. Ces liquoreux de toute beauté, et ce somptueux blanc sec. Nous sommes convaincus qu'ils s'imposeront comme des référents de l'appellation.

Les vins : le propriétaire Jean-Marie Guffens a fait le choix de vendanger très mûrs ses sémillons, un cépage dominant dans C de Sec 2020. Le vin développe une fine note boisée qui épouse à merveille un fruit en bouche de très haute tenue ; un blanc profond, épais et avec du relief peu commun avec les vins de cette appellation en sec. En quelques millésimes, le vigneron a inscrit ses secs au sommet, en atteste ce magnifique 2020. Vin Doux de Closiot 2020 est un concentré de parfum : la compote de pomme, la mirabelle et une fine touche d'épice. La bouche est splendide, fraîche, pleine et d'une très belle fluidité. Il a un caractère digeste avec un très beau final sur les agrumes. Château Closiot Bonneau 2019 sent l'éclat calcaire, presque la poudre de fer, même si le fruit pur et intense n'est jamais loin. La bouche attaque tout en suavité, la finesse prime malgré une liqueur concentrée qui porte le vin en allonge de bouche. Un barsac destiné à une très longue garde, même si on peut se faire plaisir dès aujourd'hui. Exemplaire.

🍷 Barsac Bonneau 2019	56 €	**97**
🍷 Bordeaux C de Sec 2020	19,40 €	**94**
🍷 VDF Vin Doux de Closiot 2020	21 €	**94**

Blanc : 8 hectares. Sémillon 95 %, Sauvignon gris 3 %, Muscadelle 2 %
Production moyenne : 35 000 bt/an

CHÂTEAU CLOSIOT

1, rue Bonneau, 33720 Barsac
05 56 76 22 21 ●
philo-morais.closbon@orange.fr ● Vente et visites : sur RDV.

Propriétaire : Jean-Marie Guffens
Directeur : Philomène Morais

★ CHÂTEAU DOISY-VÉDRINES

Issu du partage de Doisy en trois domaines, ce cru porte le nom des anciens propriétaires (jusqu'en 1846), les Védrines. Il se situe à proximité de Climens, de Coutet, ainsi que des deux autres Doisy (Daëne et Dubroca). Le château pratique des rendements bas, livrant un vin qui figure parmi les plus riches au nez et les plus liquoreux de Barsac. Il demande entre cinq et dix ans pour s'épanouir et atteint alors la distinction et l'éclat des stars de l'appellation.

Les vins : le blanc DV By Doisy Védrine 2016 est légèrement fumé. Très doux et souple, il offre une belle fluidité en bouche. Il sent la pierre à feu, le fer, le calcaire et évolue presque comme un blanc sec. Un vin surprenant, bien équilibré et fin avec une belle aromatique fine et délicate. Pour la bouche ; nous sommes dans le même état d'esprit, nous ne percevons que très peu la présence du sucre. Doisy-Védrine 2016 se montre intense, sur le fruit confit et la mirabelle ; un liquoreux très délicat et fin, comme si une partie de son sucre s'était dissipé. Il est probablement entre deux âges même s'il dégage un sentiment de sérénité, à défaut de profondeur.

🍷 Sauternes 2016	de 31 à 39 € (c)	**95**
🍷 Sauternes DV By Château Doisy-Védrines 2016	de 18 à 22 € (c)	**92**

Blanc : 51 hectares. Sémillon 83 %, Sauvignon blanc 15 %, Muscadelle 2 %
Production moyenne : 80 000 bt/an

CHÂTEAU DOISY-VÉDRINES

1 Védrines, 33720 BARSAC
05 56 27 15 13 ● doisy-vedrines@orange.fr ●
Vente et visites : sur RDV.

Propriétaire : Olivier Castéja
Directeur : Guillaume Lefebvre
Maître de chai : Frédéric Deyres
Œnologue : Hervé Romat

★ CHÂTEAU HAUT-BERGERON

Les frères Lamothe, Hervé l'aîné et Patrick, sont issus d'une vieille famille vigneronne implantée à Sauternes depuis 1820. Très bien situé, Haut-Bergeron se hisse au rang de nombreux crus classés en matière de qualité, tout en demeurant certainement l'une des meilleures affaires de Sauternes. Vinifié avec soin, ce vin brille depuis vingt ans par une régularité difficile à contester. Avec une liqueur abondante mais d'une grande pureté, ce cru peut paraître imposant dans sa jeunesse mais il vieillit harmonieusement et gagne alors en finesse. Les derniers millésimes, plus élégants, affirment le changement de cap vers des sauternes moins opulents et privilégiant l'équilibre et la distinction. La famille Lamothe possède une deuxième étiquette, le Château Farluret, installé dans le Haut-Barsac, à moins de cent mètres du célèbre premier cru Château Climens. Il est certifié bio depuis 2020. Un vignoble idéalement situé mais non classé qui donne des vins d'une rare élégance.

Les vins : le sauternes Château Farluret 2020 paraît frais, presque variétal, c'est comme si l'on sentait du pur sauvignon, ce qui n'est pas le cas ici. Cette cuvée marque la transition du domaine en agriculture biologique. Si l'aromatique peut surprendre par la perception que l'on en a, en bouche elle nous parle de son terroir de Barsac avec une liqueur qui sonne juste ; valorisant une belle sensation acidulée dans le fruit. Un Barsac délicat, tout en allonge avec une jolie finale digeste sur une note de pamplemousse. Haut-Bergeron 2015 nous offre une petite remontée dans le temps. Il est nourri par un fruit gorgé de soleil, entre mandarine et abricot de damas. Au nez nous nous attendons à un vin très large, au contraire, il s'étire en longueur avec de jolis amers. Un vin profond, avec du relief qui se boit aisément. Son potentiel d'évolution est important. La cuvée 119 est produite uniquement quand l'année peut le permettre. On ressent une très légère montée de volatile avec cette cuvée mais couverte par la richesse de la liqueur qui donne du volume et de la puissance. Le vin reste dans sa phase juvénile, il lui faut digérer une liqueur qui demande encore dix ans pour être absorbée.

🍷 Sauternes 2015	30 €	**96**
🍷 Sauternes Château Farluret 2020	24 €	**94**
🍷 Sauternes Cuvée Centenaire 119 2015	100 €	**97**

Rouge : 6 hectares. Merlot 60 %, Cabernet franc 40 %
Blanc : 31 hectares. Sémillon 80 %, Sauvignon blanc 18 %, Muscadelle 2 %
Production moyenne : 30 000 bt/an

CHÂTEAU HAUT-BERGERON
3, Piquey, 33210 Preignac
05 56 63 24 76 ●
www.chateauhautbergeron.com ●
Visites : sans RDV.
Propriétaire : Hervé et Patrick Lamothe
Œnologue : Henri Boyer

★ CHÂTEAU LES JUSTICES

Julie Médeville et son mari Xavier Gonet, également propriétaires du légendaire château Gilette, dirigent ce joli cru bien connu des amateurs de bonnes affaires à Sauternes. Le domaine produit un sauternes délicieusement bouqueté et sans excès de liqueur. Le vin se développe assez rapidement en bouteille et rivalise, dans les grands millésimes, avec les bons crus classés de l'appellation.

Les vins : le nez et la bouche sont d'un même esprit, sur les agrumes, franc, direct ; on y pénètre sans détour. Ce sauternes à la liqueur contenue, jouant sur de beaux amers qui évoquent le pamplemousse, affiche toutefois un fruit légèrement comprimé.

🍷 Sauternes 2019	32 €	**92**

Blanc : 8,5 hectares. Sémillon 80 %, Sauvignon blanc 15 %, Muscadelle 5 %
Production moyenne : 20 000 bt/an

CHÂTEAU LES JUSTICES
4, rue du Port, 33210 Preignac
05 56 76 28 44 ● www.gonet-medeville.com
● Vente et visites : sur RDV.
Propriétaire : Julie et Xavier Gonet-Médeville

★ CHÂTEAU DE MYRAT

Après plusieurs décennies de sommeil, ce cru classé de Barsac a été entièrement replanté par la famille de Pontac, en 1988 (le premier millésime a été produit en 1990). Le vignoble de Myrat est désormais assez âgé pour produire des sauternes plus intenses et profonds que dans les premiers millésimes du renouveau de la propriété. Il confirme que l'accession à la première étoile, accordée l'an dernier, est entièrement méritée.

Les vins : un sauternes qui s'ouvre sur une belle note de crème pâtissière et d'orange confite, avant une bouche gourmande. Le fruit pur et l'élevage mettent bien en avant les qualités de ce joli terroir de Barsac à travers une liqueur crémeuse en bouche à la douce sensualité de fruit.

🍷 Sauternes 2019	de 28 à 32 € (c)	**94**

Blanc : 22 hectares. Sémillon 88 %, Sauvignon

blanc 8 %, Muscadelle 4 %
Production moyenne : 30 000 bt/an

CHÂTEAU DE MYRAT

1, Myrat Sud, 33720 Barsac
05 56 27 09 06 ● www.chateaudemyrat.fr ●
Vente et visites : sur RDV.
Propriétaire : Famille de Pontac
Directeur : Slanie de Pontac-Ricard

★ CHÂTEAU DE RAYNE VIGNEAU

Bénéficiant d'un splendide terroir (souvent comparé à celui d'Yquem), Rayne Vigneau a été racheté en 2005 par le Crédit Agricole Grands Crus qui, pendant dix ans, a concédé de lourds investissements aux vignobles comme dans les bâtiments. Le cru a été revendu en 2015 au groupe Trésor du Patrimoine, créé en 1990 par Derek Rémy Smith. L'équipe est restée en place. Vincent Labergère, le directeur, souhaite renforcer la distribution de la marque avec ses déclinaisons (Clos L'Abeilley et Madame de Rayne) et développer la production de vin blanc sec.

Les vins : malgré ses huit ans d'âge Le Sec de Rayne Vigneau 2014 conserve un caractère variétal sans noblesse. Il est frais et vif mais sans complexité. Madame de Rayne 2019 offre un parfum agréable sur une note d'abricot sec et d'agrumes. Il est porté par une liqueur équilibrée et juste qui lui confère une belle chair et du fond. Ce liquoreux tendre est une jolie entrée en matière, le fruit est d'une grande pureté. D'une belle séduction aromatique, Rayne Vigneau 2017 sent l'ananas frais, la rose et de litchi. La bouche est douce, toute en suavité, facile d'accès mais avec cette très légère sensation de sucre. Gras et onctueux, nous sommes dans un sauternes confortable et très sphérique.

🍶 Bordeaux Le Sec de Rayne Vigneau 2014	15 €	**80**
🍶 Sauternes 2017	44 €	**95**
🍶 Sauternes Madame de Rayne 2019	21 €	**91**

Blanc : 84 hectares. Sémillon 75 %, Sauvignon blanc 25 %
Production moyenne : 150 000 bt/an

CHÂTEAU DE RAYNE VIGNEAU

4, Le Vigneau, 33210 Bommes
05 56 76 61 63 ● www.raynevigneau.fr ●
Visites : sans RDV.
Propriétaire : Financière Trésor du Patrimoine
Directeur : Vincent Labergere
Maître de chai : Guillaume Rateau
Œnologue : Henri Boyer

★ CHÂTEAU RIEUSSEC

Premier cru classé situé sur la commune de Fargues, Rieussec a toujours affiché une personnalité singulière, avec des vins d'une puissance et d'une richesse en liqueur parfois très prononcées. Quand les vins sont jeunes, la pourriture noble prend des arômes légèrement moins fins qu'ailleurs, mais le vieillissement compense ce bémol par de belles saveurs liquoreuses. Si Rieussec a pu décevoir dans des millésimes à hauts rendements, le niveau a été ajusté dans les millésimes plus récents. Une progression à suivre de près.

Les vins : le domaine ne nous ayant pas fait parvenir ses vins, nous sommes amenés à reconduire les notes de notre édition précédente.

🍶 Bordeaux R de Rieussec 2020	30 € (c)	**86**
🍶 Sauternes 2019	70 € (c)	**94**
🍶 Sauternes Carmes de Rieussec 2019	30 € (c)	**90**

Blanc : 85 hectares.
Production moyenne : 180 000 bt/an

CHÂTEAU RIEUSSEC

34, route de Villandraut, 33210 Fargues
05 57 98 14 14 ● www.lafite.com ● Vente et visites : sur RDV.
Propriétaire : Famille de Rothschild
Directeur : Jean de Roquefeuil
Maître de chai : Bertrand Roux

CHÂTEAU LA CLOTTE-CAZALIS

Ce domaine est la propriété de la famille Lacoste depuis 1769. La Clotte devient La Clotte-Cazalis pour se démarquer de La Clotte de Saint-Émilion. Œnologue et ingénieur agronome, Marie-Pierre Lacoste prend goût pour le sauternes dans la foulée d'un stage au château Guiraud. En 2001, elle décide avec sa mère de faire revivre la propriété familiale longtemps sous contrat de fermage, et s'oriente vers le bio dès 2012. En cave, elle fait un usage modéré du soufre, tout en utilisant uniquement les levures indigènes de ses raisins. Si son barsac, à ses débuts, était assez classique, évoluant vers des arômes tertiaires, aujourd'hui, ses vins, d'une fraîcheur et d'une vivacité incroyables, ont gagné en épure, en éclat et en luminosité mettant en valeur la forte empreinte calcaire du terroir de Barsac.

Les vins : avec ses 14,5 degrés d'alcool, le bordeaux sec 2020 nous offre le ressenti d'un fruit mûr, qui embaume la poire, avec une fine sensation de pierre à feu. Un blanc qui possède du gras, un fruit onctueux et sapide, et qui mérite de vieillir au moins cinq ans. Pour aborder le monde du liquoreux avec douceur, la cuvée Cazalis de CGL 2019 présente un joli fruit confit, type citron et mandarine, avec une sensation de fraîcheur et une touche de poudre de fer. Un vin construit sur une liqueur modérée, destiné à être bu jeune, à tout moment de l'année et de la journée. La grande cuvée est marquée par une petite note de volatile, mais rapidement le vin retrouve la pureté de son fruit qui tire vers le citron confit et la mirabelle à l'eau-de-vie. Ce liquoreux digeste, très typé Barsac par son caractère tendu et vif, distille une finale peu chargée en sucre, à la douce persistance.

Bordeaux Sec 2020	9 €	92
Sauternes 2019	N.C.	94
Sauternes Cazalis de CGL 2019	N.C.	92

Rouge : 4 hectares. Cabernet-Sauvignon 50 %, Merlot 50 %
Blanc : 5 hectares. Sémillon 95 %
Production moyenne : 16 500 bt/an

CHÂTEAU LA CLOTTE-CAZALIS

10, place du Général-de-Gaulle,
33640 Portets
05 56 67 54 27 ● laclotte.com ● Vente et visites : sur RDV.
Propriétaire : Bernadette et Marie-Pierre Lacoste

NOUVEAU DOMAINE

VIGNOBLES MERCADIER

La famille Mercadier était l'ancien propriétaire du château Suduiraut avant qu'elle ne vende cette belle propriété à AXA en 1992. Ayant grandi au milieu des vignes de Sauternes, Paul Mercadier ne souhaitait pas rompre avec cette appellation qui lui tient tant à cœur. En 1992, sa famille rachète le château Tuyttens dans le secteur de Fargues, puis Haut Coustet à Barsac en 1996 et enfin, en 2001, le château de Veyres, à Preignac. Avec trois domaines et vingt millésimes à son actif, Paul Mercadier est un fervent défenseur des vins de Sauternes, mais aussi un brillant vigneron et vinificateur. Il produit, avec la complicité de son épouse Émilie, de très beaux liquoreux, équilibrés et bien représentatifs de l'identité de leur terroir.

Les vins : les deux millésimes présentés illustrent parfaitement le travail tout en douceur et en équilibre de cette maison. Débutons par Château Tuyttens 2019, au nez somptueux, très épicé, relayé par une note d'agrume. La bouche est souple et soyeuse, appuyée d'une liqueur posée. Dans le secteur de Barsac, Haut Coustet 2019 s'affirme par un fruit très pur, entre l'abricot et l'orange confite. Dans l'esprit du domaine, nous avons un sentiment de douceur et de sérénité dans ce liquoreux à la finale légèrement crémeuse. Château Partarrieu 2018 possède un parfum éclatant, et la bouche se montre suave, avec de délicats amers. Voici un liquoreux tendre et gracieux, mais avec une belle puissance en finale. Très pur également, Château de Veyres 2018 sent la pierre à feu : un beau vin épuré et gourmand, avec de la vivacité et une belle allonge sapide confortée par la liqueur généreuse. Château Pechon 2018 sent bon le fruit confit, type mandarine et orange. Nous avons ensuite la sensation d'agrume acidulée en bouche malgré une jolie liqueur qui porte le vin en longueur. Très beau sauternes lumineux et de caractère. La gamme est cohérente et d'un magnifique rapport prix-plaisir.

Sauternes Château Haut Coustet 2019	18,50 €	92
Sauternes Château Partarrieu 2018	18,50 €	92
Sauternes Château Pechon 2018	18,50 €	93
Sauternes Château Tuyttens 2019	17 €	92
Sauternes Château de Veyres 2018	25,50 €	92

VIGNOBLES MERCADIER

8, route de Villandraut, Château Tuyttens
33210 Fargues
06 24 03 90 18 ● Pas de visites.
Propriétaire : Paul Mercadier

LES MEILLEURS VINS

de

Bourgogne

**PAR CHRISTIAN MARTRAY,
ROBERTO PETRONIO
ET JEAN-EMMANUEL SIMOND,**

*en charge des vins de Bourgogne au sein du comité
de dégustation de La Revue du vin de France*

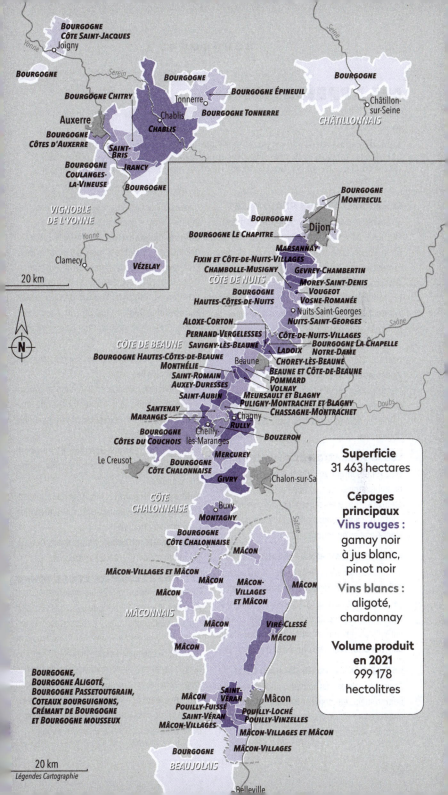

LES APPELLATIONS

La Bourgogne viticole est un puzzle géologique et humain sans pareil. Le législateur a tenu à reconnaître et à préserver des appellations grâce à une hiérarchie claire, qui permet de se repérer dans le dédale des différentes communes et des usages ancestraux.

LES APPELLATIONS RÉGIONALES

Au premier niveau, l'AOC Bourgogne définit des vins simples, produits sur l'ensemble du terroir bourguignon (Yonne, Côte-d'Or, Saône-et-Loire). On peut la préciser par un nom de cépage (Bourgogne aligoté) ou par un nom de sous-région qui en limite la production (Bourgogne Côte chalonnaise...). Alors que Bourgogne Passetoutgrain (mélange de pinot noir et de gamay) est en voie de disparition, l'AOC Bourgogne Grand Ordinaire a été remplacée par l'AOC Coteaux bourguignons, qui englobe les vignobles de Bourgogne et du Beaujolais et permet d'élaborer des vins monocépages ou d'assemblage dans les trois couleurs. Cette appellation permet de commercialiser des vins de Bourgogne abordables.

LES APPELLATIONS COMMUNALES

Elles représentent environ 31 % de la production bourguignonne, avec 44 appellations Villages et premiers crus : elles portent le nom des villages dont sont issus les vins, comme par exemple Nuits-Saint-Georges ou Beaune.

LES APPELLATIONS PREMIER CRU

Il s'agit de parcelles, des climats, précisément délimitées au sein des appellations communales. Les vins y sont de qualité supérieure et le nom du premier cru est accolé à celui du village, comme par exemple gevrey-chambertin Les Cazetiers. On dénombre 562 premiers crus en Bourgogne.

LES APPELLATIONS GRAND CRU

Ce sont les meilleures parcelles cadastrées. Leur nom se suffit à lui-même, même si les grands crus dépendent aussi du village dont ils sont issus. Ils sont au nombre de 33 répartis ainsi du nord au sud.

Chablis : Blanchot, Bougros, Les Clos, Grenouilles, Preuses, Valmur, Vaudésir.

Gevrey-Chambertin : Chambertin, Mazis-Chambertin, Griotte-Chambertin, Charmes-Chambertin, Chapelle-Chambertin, Mazoyères-Chambertin, Ruchottes-Chambertin, Latricières-Chambertin, Chambertin-Clos de Bèze.

Morey-Saint-Denis : Clos de Tart, Clos Saint-Denis, Clos de la Roche, Clos des Lambrays, Bonnes-Mares.

Chambolle-Musigny : Bonnes-Mares, Musigny.

Vougeot : Clos de Vougeot.

Flagey-Échezeaux : Échezeaux, Grands Échezeaux.

Vosne-Romanée : La Tâche, La Grande Rue, Richebourg, La Romanée, La Romanée-Conti, Romanée-Saint-Vivant.

Aloxe-Corton, Ladoix-Serrigny et Pernand-Vergelesses : Corton, Corton-Charlemagne, Charlemagne.

Puligny-Montrachet : Montrachet, Bâtard-Montrachet, Bienvenues-Bâtard-Montrachet, Chevalier-Montrachet.

Chassagne-Montrachet : Montrachet, Bâtard-Montrachet, Criots-Bâtard-Montrachet.

LES VINS DE CHABLIS ET DE L'YONNE

À la limite nord de la maturité, les rouges bénéficient du réchauffement climatique avec des vins plus mûrs et mieux constitués. Les blancs sont remarquables : ils offrent finesse et nervosité, trouvent leur épanouissement dans les meilleurs terroirs de Chablis. Ils ne se révèlent vraiment qu'après cinq ans de garde et peuvent éblouir pour leurs vingt ans. En périphérie, les villages de Chitry et de Coulanges-la-Vineuse produisent des blancs et des rouges, alors que Saint-Bris est connu pour son sauvignon.

LES CÉPAGES

—

LA CÔTE DE NUITS

De Dijon à Ladoix, les vins rouges de la Côte de Nuits, particulièrement ceux de Gevrey-Chambertin et de Nuits-Saint-Georges, ont tendance à être plus robustes que ceux de la Côte de Beaune, voire un peu sévères dans leur jeunesse. Chambolle-Musigny et Vosne-Romanée, dont les vins sont plus fins, possèdent un supplément de chair et de moelleux.

LA CÔTE DE BEAUNE

En Côte de Beaune, le grand cru Corton et les meilleurs pommards donnent en principe les vins les plus corsés, alors que Savigny, Beaune et Volnay livrent les vins les plus tendres. Mais c'est en blanc, avec les vins de Montrachet (Chassagne et Puligny), Meursault et les grands crus voisins que la Côte de Beaune s'exprime le mieux.

LA CÔTE CHALONNAISE

Les vins de la Côte chalonnaise sont immanquablement influencés par ceux de la Côte de Beaune, (cépages et hiérarchie traditionnelle). Elle compte dans ses appellations communales nombre de climats classés en premier cru et cultive aussi une identité forte. C'est dans la Côte chalonnaise que l'on retrouve les meilleurs aligotés.

LE MÂCONNAIS

Les vins du Mâconnais se montrent quant à eux plus proches de leurs voisins du Beaujolais. Bien que cette région soit très majoritairement productrice de vins blancs issus de chardonnay, elle est la seule à cultiver le gamay, en plus du pinot noir, pour ses vins rouges. Le vignoble y est éparpillé sur les coteaux.

LE PINOT NOIR

Le pinot noir est sans doute l'un des meilleurs cépages de la production viticole, mais il est aussi l'un des plus difficiles à cultiver. Ce qui le rend si séduisant, c'est sa capacité à offrir des arômes et une structure en bouche très variables selon le terroir sur lequel il mûrit. Grâce au pinot noir, les vignerons ont pu, de manière chirurgicale, définir cette mosaïque de terroirs si caractéristique de la Bourgogne.

LE CHARDONNAY

Si le pinot noir est le cépage roi des vins rouges de Bourgogne, le chardonnay est son équivalent pour les blancs. Les terroirs de Montrachet, Meursault ou encore Chablis forment une alliance parfaite avec le chardonnay, afin de produire parmi les plus grands vins blancs de la planète. Nulle part ailleurs, le chardonnay ne s'exprime avec autant de finesse et de précision.

L'ALIGOTÉ

L'aligoté ne possède pas les mêmes qualités que le chardonnay. Il est employé dans l'élaboration de vins qui ne portent pas le nom du village où il est cultivé (une seule exception : Bouzeron). Il s'appelle légalement bourgogne aligoté et peut aussi entrer dans la composition du crémant de Bourgogne.

LE GAMAY

Le très expressif gamay est omniprésent dans le Mâconnais, au sud de la Bourgogne. Il fait aussi la renommée des vins du Beaujolais. Cultivé plus au nord, il donne des vins sans trop de relief.

FAIRE BOMBANCE ENTRE DIJON ET LA ROCHE DE SOLUTRÉ

LA MAISON BLANCHE

Une halte d'exception avec de très belles chambres d'hôtes blanches, et même un dortoir qui revisite, à sa manière, les Hospices de Beaune ! Des cours de dégustation et de cuisine sont organisés. Comptez de 160 à 360 € pour la nuit.
3, rue Marey, 21200 Beaune
Tél : 06 60 93 51 84
www.lamaison-blanche.fr

CLOS SAINT-JACQUES

À Meursault, cette maison d'hôtes de charme permet de se sentir comme chez soi avec deux chambres et deux suites seulement. Pas de restauration sur place, mais les propriétaires s'attachent à offrir des petits-déjeuners pantagruéliques. Idéal avant d'affronter les routes à vélo. Chambres à partir de 98 €.
1, rue Pierre-Mouchoux, 21190 Meursault
Tél : 06 08 93 25 82
www.clossaintjacques.fr

RESTAURANTS

LOISEAU DES VIGNES

Cette adresse beaunoise a été ouverte par le grand chef Bernard Loiseau en 2007. Le restaurant propose une carte entière de vins au verre (70 références). Le chef, Mourad Haddouche, a été récompensé d'une étoile au guide Michelin. Menus à partir de 28 €.
31, rue Maufoux, 21200 Beaune
Tél : 03 80 24 12 06
www.bernard-loiseau.com

CASTEL DE TRÈS GIRARD

Dans le centre de Morey-Saint-Denis, cette table propose une cuisine inventive qui fait la part belle aux produits du terroirs. La carte des vins comporte plus de 1 000 références de Bourgogne et d'ailleurs. Menus compris entre 18 et 39 €.
7, rue de Très-Girard, 21220 Morey-Saint-Denis
Tél : 03 80 34 33 09
www.castel-tres-girard.com

AUX TERRASSES

À la fois hôtel d'une vingtaine de chambres, caviste (900 références, 6 000 bouteilles, privilégiant les vins bio et biodynamiques) et table étoilée, le lieu relève d'une expérience complète orchestrée avec brio par Jean-Michel et Amandine Carrette, qui perpétuent l'histoire familiale liée au lieu. Menus à 40 €, 65 € et 95 €.
18, avenue du 23-Janvier, 71700 Tournus
Tél : 03 85 51 01 74
www.aux-terrasses.com

CIBO

Angelo Ferrigno brille dans cette table étoilée de la vieille ville de Dijon, avec un lieu sobre et original, une équipe jeune et dynamique, et surtout une cuisine raffinée de produits frais, tous sourcés dans un rayon de 200 km. Superbe menu dégustation et jolie carte des vins.
24, rue Jeannin, 21000 Dijon
Tél : 03 80 28 80 76

BAR À VINS

LE SOLEIL

Bar à vins à la cuisine simple et japonisante, carte des vins éclectique, et trois chambres à l'étage (de 110 à 130 € la nuit) : bravo au domaine Simon Bize, à l'origine de cette initiative bienvenue.
1, allée des Tilleuls, 21420 Savigny-lès-Beaune
Tél : 03 80 20 21 02
www.lesoleil-savigny.fr

NOTRE COUP DE ❤

HÔTEL DU PALAIS

Au coeur de la vieille ville de Dijon, cet hôtel de charme vient d'ouvrir et met en avant la vigne et le vin dans la décoration des chambres, mais aussi avec différentes propositions oenotouristiques (tours dans le vignoble, caveau de dégustation, etc...). Accueil adorable, une adresse à découvrir !
23, rue du Palais, 21000 Dijon
Tél : 03 80 58 58 19
www.hoteldupalais-dijon.com

OENOTOURISME

L'ART DU TONNEAU

Pour mieux comprendre l'importance des différentes essences de bois et le travail du tonnelier, Frédéric Gillet Tonnelier propose des ateliers pédagogiques.
Rue de la Citadelle, Corcelles-les-Arts, 21190 Meursault
Tél : 03 80 21 97 20
www.art-du-tonneau.fr

LA MAISON DU GRAND SITE

En contrebas de la Roche de Solutré, la Maison du Grand Site ouvre ses portes, en été, les mardis et mercredis à 11 h. On peut y déguster gratuitement des vins issus des cinq villages de l'appellation. Le site organise des sessions de découverte des arômes du vin avec une œnologue, et propose une balade-dégustation commentée sur la Roche de Solutré.
Maison du Grand Site, 71960 Solutré-Pouilly
Tél : 03 85 35 82 81
www.rochedesolutre.com

YONNE-CHABLISIEN

★★★ ↗ DOMAINE BESSIN TREMBLAY

Désormais rejoint par son fils Romain, avec lequel il convertit progressivement le vignoble à la biodynamie, Jean-Claude Bessin a vinifié son premier millésime en 1992. Une approche peu interventionniste, des fermentations en levures indigènes et de longs élevages sur lies ont peu à peu permis aux vins de gagner en densité et en chair, tout en restant d'une minéralité remarquable. La gamme est courte mais sans faille dès la cuvée de chablis Vieilles Vignes. En premier cru, Fourchaume La Pièce au Comte, qui n'est pas produit chaque année, est l'une des meilleures sélections de ce terroir, et se bonifie avec finesse pendant dix ans. Quant au Valmur, il est exceptionnel. La régularité et la qualité exemplaires des vins du domaine n'a plus rien à envier à celle des meilleurs : il rejoint cette année le cercle restreint des trois étoiles de la région.

Les vins : concentration de matière et extraits secs enrichissent la cuvée Vieilles Vignes, vin complet et étoffé, qui déploie une très saine énergie. Profil juteux et floral dans Montmains, vin salivant et éclatant, à la chair sphérique et finement moelleuse. Un régal ! Scintillant, mentholé, La Forêt s'exprime sans fard, tranchant et lumineux, doté d'une maturité idéale et parfaitement contenue. Fourchaume est un vin de grande envergure, large et solaire, d'une grande profondeur de texture. Sa finale regorge d'extraits secs, il offre un caractère très affirmé mais présente un peu moins d'éclat. Véritable boule d'énergie saline, La Pièce au Comte impose sa formidable densité et profondeur de chair, débordant de fruits mûrs et de fraîcheur contenue. Sa persistante s'appuie sur des amers éclatants d'une rare intensité. Valmur livre une expression haute en couleurs, véritable explosion de saveurs toniques et d'éclats d'agrumes, bâti autour d'une fermeté minérale exceptionnelle. L'étoffe et la persistance de sa finale sont renversantes.

🍷 Chablis Grand Cru Valmur 2020   39 €   **97**

🍷 Chablis Premier Cru Fourchaume 2020   27 €   **93**

🍷 Chablis Premier Cru Fourchaume La Pièce au Comte 2020   29 €   **96**

🍷 Chablis Premier Cru La Forêt 2020   27 €   **94**

🍷 Chablis Premier Cru Montmains 2020   27 €   **93**

🍷 Chablis Vieilles Vignes 2020   19 €   **93**

Blanc : 12,3 hectares.
Production moyenne : 45 000 bt/an.

DOMAINE BESSIN TREMBLAY
11, rue des Cours 89800 La Chapelle Vaupelteigne
03 86 42 83 87 ● dnejcbessin@gmail.com ●
Vente et visites : sur RDV.
Propriétaire : Evelyne Tremblay
Directeur : Romain Bessin

★★★ DOMAINE VINCENT DAUVISSAT

Le rigoureux et passionné Vincent Dauvissat gère cette propriété mythique depuis 1989. Il a succédé à son grand-père Robert, qui mettait déjà en bouteille en 1931, et à son père René, dont les vins étaient renommés. Étiennette, la fille de Vincent, a désormais rejoint son père. Le vignoble a toujours été entretenu comme un jardin et les sages rendements méritent tous les honneurs. Depuis 2002, le domaine reçoit des préparations biodynamiques, sans revendiquer de certification. La vinification en fût (qui ne prend jamais le pas sur la matière) est peu interventionniste, permettant l'expression des divers climats, surtout au vieillissement. Des chablis d'une rare sincérité, d'un style pur, compact, vibrant, relativement peu protégés en soufre. La gamme se découvre chez les cavistes car il n'y a malheureusement plus de vin à vendre au domaine.

Les vins : très expressif, le petit-chablis est mûr et éclatant, avec des saveurs de miel et de fruits jaunes. Juteux et raffiné, le chablis est très intègre et lumineux, avec des saveurs d'herbes séchées et une matière caressante. Ample et charnu, Vaillons se montre plus tendre, équilibré et svelte. Anisé et pur, Séchet est droit et profond, vin cristallin et lumineux. Avec son nez de zestes d'agrumes, Montée de Tonnerre est salin et réservé, très précis et persistant : il gagne chaque année en intensité. Très ferme, La Forest est un vin distingué, à l'austérité noble, qui possède beaucoup de sève et d'extraits secs, enrobé et incisif à la fois. Pénétrant et froid, Les Preuses éblouit par son tranchant et sa fraîcheur salivante, dont la présence et l'éclat sauront émouvoir : très grande garde nécessaire, comme l'a montré un exceptionnel 2003, d'une jeunesse incroyable. Notes de poivre et de chlorophylle dans Les Clos, vin large et appétent, sphérique et imposant, à la trame serrée mais dont l'envergure et la puissance emportent la bouche, rendue presque tannique en finale par la fermeté de son terroir de marnes.

🍷 Chablis 2020   N.C.   **93**

⮂ Chablis Grand Cru Les Clos
2020   N.C.   **98**

⮂ Chablis Grand Cru Les Preuses
2020   N.C.   **99**

⮂ Chablis Premier Cru La Forest
2020   N.C.   **95**

⮂ Chablis Premier Cru Montée de Tonnerre
2020   N.C.   **94**

⮂ Chablis Premier Cru Séchet
2020   N.C.   **95**

⮂ Chablis Premier Cru Vaillons
2020   N.C.   **94**

⮂ Petit Chablis 2020   N.C.   **92**

Rouge : 0,75 hectare. Pinot noir 100 %
Blanc : 12,15 hectares. Chardonnay 100 %
Production moyenne : 80 000 bt/an

DOMAINE VINCENT DAUVISSAT
8, rue Émile-Zola, 89800 Chablis
03 86 42 11 58 ● domaine@dauvissatv.fr ●
Pas de visites.
Propriétaire : Vincent, Ghislain et Étiennette
Dauvissat

★★★ DOMAINE JEAN-PAUL ET BENOÎT DROIN

Ce beau domaine est riche d'une palette très complète de premiers et grands crus. Des raisins bien mûrs, des vins à la puissance assumée, qui expriment avec franchise leurs terroirs, sont autant de qualités à porter au crédit du travail de Benoît Droin, qui a rejoint le domaine en 1999. La précision des vins, leur générosité et les tarifs encore raisonnables (même si le domaine n'a plus rien à vendre) font de cette adresse une source incontournable de grands blancs du Chablisien. Si les cuvées savent vieillir avec équilibre et digérer leur séjour en barrique, les réductions un peu insistantes dans leur jeunesse semblent avoir disparues. En années fraîches, comme dans les millésimes plus chauds, les vins sont remarquablement constitués et armés pour la garde.

Les vins : la gamme est irréprochable. Le simple chablis donne le ton, un vin accessible, intègre et sain. Vaillons prend beaucoup de tonus en 2020 et s'appuie sur une jolie mâche mentholée en finale. Saluons l'équilibre du Montmains, entre volume croquant et carrure. Intensité aromatique dans Mont de Milieu, relevé de notes d'agrumes, à la fois gourmand et très profond, avec un éclat solaire très persistant et contenu en finale. Marqué par des notes de yuzu et de menthe citronnée, Montée de Tonnerre n'a pas l'austérité habituelle : sa large mâche crayeuse laisse déjà s'exprimer des saveurs de fruits blancs et une texture assez charnue, d'une grande allonge. Envergure et douceur de texture

dans Vaulorent, retenu et distingué, qui roule sur la langue avec un grain accrocheur. En grands crus, Vaudésir est réservé, un peu crémeux mais dynamique en finale ; Valmur brille de mille feux, extraverti et profond, grand blanc sapide et calcaire à l'impressionnante densité de texture et persistance. Profil solaire mais très nerveux dans Grenouilles, un blanc puissant habillé de grands amers nobles et de saveurs très fermes, presque tanniques. Hommage à Louis provient d'une vigne en grand cru les Clos, qui n'a plus – pour raisons administratives – le droit de revendiquer l'appellation. Vin épanoui, doté d'une trame très verticale, il est encore introverti mais ses vastes dimensions et sa finale salivante ne laissent aucun doute sur son pedigree.

⮂ Chablis 2020   Épuisé - 20 €   **92**

⮂ Chablis Grand Cru Grenouilles
2020   Épuisé - 70 €   **96**

⮂ Chablis Grand Cru Hommage à Louis
2020   Épuisé - 75 €   **97**

⮂ Chablis Grand Cru Valmur
2020   Épuisé - 60 €   **96**

⮂ Chablis Grand Cru Vaudésir
2020   Épuisé - 60 €   **96**

⮂ Chablis Premier Cru Mont de Milieu
2020   Épuisé - 40 €   **94**

⮂ Chablis Premier Cru Montmains
2020   Épuisé - 35 €   **93**

⮂ Chablis Premier Cru Montée de Tonnerre
2020   Épuisé - 45 €   **94**

⮂ Chablis Premier Cru Vaillons
2020   Épuisé - 30 €   **93**

⮂ Chablis Premier Cru Vaulorent
2020   Épuisé - 45 €   **95**

Blanc : 26 hectares.
Production moyenne : 180 000 bt/an

DOMAINE JEAN-PAUL ET BENOÎT DROIN
14 bis, rue Jean-Jaurès, 89800 Chablis
03 86 42 16 78 ●
www.jeanpaulbenoit-droin.fr ● Pas de visites.
Propriétaire : Benoît Droin

★★★ DOMAINE RAVENEAU

Alors que la technologie submergeait le vignoble chablisien, les frères Bernard et Jean-Marie Raveneau étaient les seuls, avec les Dauvissat, à rester fidèles aux vendanges manuelles, à l'élevage en fût, aux rendements contrôlés et à une maturité réelle des raisins. Désormais à leur apogée, les vins élaborés dans les années 1980 et 1990 dominent largement le reste de la production. De manière constante, ils associent la minéralité du terroir aux notes de miel de la grande maturité, le tout enrobé par l'élevage en fût, d'où un style unique qui leur assure un large succès international. Même si la concurrence dans la perfection s'avive, les vins du domaine conservent un caractère incomparable lorsqu'on sait les attendre quinze à vingt ans. Isabelle, la fille de Bernard, et son cousin Maxime sont arrivés au domaine et reprennent le flambeau. Le domaine n'a plus de vins à vendre, on dégustera donc les vieux vins au restaurant (les plus grandes tables en proposent toujours) pour savoir ce qu'est la quintessence d'un grand chablis à son apogée.

Les vins : nerveux et parfumé, le petit-chablis est très soigné, énergique et complet. Ample et consistant, le chablis est plein, tout en nuances et en relief. Caractère floral, un peu mentholé dans Vaillons, vin précis, assez charnu mais dynamique, à la chair saine et profilée, et à l'excellente allonge et saveurs citronnées en finale. Entre vanille, noisette et citron confit, Forêt se présente ferme, profond et crayeux. Plus iodé, Montmains se fait scintillant dans ses saveurs millimétrées, généreux et expressif. Assez introverti, Butteaux déploie une chair saline, dense et ciselée. Son allonge pénétrante renforce sa personnalité tonique, dont les fins amers s'épanouissent en une finale lumineuse mais encore serrée. Il ira loin mais a besoin de temps. Fuselé, Montée de Tonnerre est plus austère, avec des notes calcaires élancées : son raffinement et sa finale en queue de paon indiquent son potentiel. Corseté, très consistant, Valmur se montre introverti, avec un volume crémeux et caressant, à l'allonge lancinante. Avec son nez de cumin et de cannelle, Blanchot séduit par sa trame ciselée et droite, sa vigueur de sève et sa distinction naturelle : un vin d'esthète, rare et fascinant. Tout en saveurs chlorophylliennes et végétal noble, Les Clos se fait très ample et profond, plein de muscle et de fermeté de texture, doté d'une carrure majestueuse et d'une interminable allonge : un sommet incontesté du chablisien.

🍷 Chablis 2020	N.C.	93
🍷 Chablis Grand Cru Les Clos 2020	N.C.	100
🍷 Chablis Grand Cru Valmur 2020	N.C.	97
🍷 Chablis Premier Cru Butteaux 2020	N.C.	95
🍷 Chablis Premier Cru Forêt 2020	N.C.	95
🍷 Chablis Premier Cru Montmains 2020	N.C.	95
🍷 Chablis Premier Cru Montée de Tonnerre 2020	N.C.	96
🍷 Chablis Premier Cru Vaillons 2020	N.C.	94
🍷 Petit Chablis 2020	N.C.	91

Le coup de ♥
🍷 Chablis Grand Cru Blanchot 2020	N.C.	99

Blanc : 9,5 hectares. Chardonnay 100 %
Production moyenne : 50 000 bt/an

DOMAINE RAVENEAU

9, rue de Chichée, 89800 Chablis
03 86 42 17 46 ● Pas de visites.
Propriétaire : Jean-Marie et Bernard Raveneau

★★ SAMUEL BILLAUD

Le millésime 2009 a été le premier commercialisé par Samuel Billaud, viticulteur bien connu des amateurs de Chablis, puisqu'on lui doit les vinifications des grandes années du domaine Billaud-Simon, où il a longtemps officié. Fin connaisseur des nuances du chardonnay chablisien, Samuel a monté sa propre maison en achats de vin (2009) puis en achats de raisins (2010). À partir de 2014, 4 hectares sont exploités en propre (trois premiers crus, Vaudésir et Les Clos), permettant la constitution d'une gamme fort complète (cinq premiers crus, six grands crus), dont la qualité éclate pleinement à partir de 2015. Nous ne tarissons pas d'éloges sur la fraîcheur, la précision et l'éclat des vins, dont l'expression ressemble parfois à celle des blancs de la Côte de Beaune.

Les vins : savoureux, sapide et droit, le simple chablis se présente harmonieux, très accessible et nuancé. Nerveux, assez ferme mais plein d'éclat et d'énergie, Les Fourneaux équilibre un caractère assez solaire par une sensation tactile crayeuse qui ramène de la fraîcheur. Vaillons se fait juteux et mûr, d'accès précoce, Mont de Milieu offre envergure et éclat, et navigue entre de grands amers épicés et des notes de fruits jaunes. Douceur de texture et grande finesse dans Séchet, vin juste et équilibré. Montée de Tonnerre est intense et salin, un peu retenu en finale. Beau végétal mûr et notes florales au nez du Vaudésir, séduisant et volubile, qui associe amplitude de chair et tension. La finale regorge de saveurs d'herbes séchées et de fins amers pointus qui évoquent le caillou. Magnifique trame vigoureuse, éclatante et intense dans Les Preuses, porté par un souffle frais et ciselé, au caractère inspiré et d'un grand raffinement naturel, à l'interminable finale. Assez exubérant, Les Clos se fait félin, tout en puissance et agilité contenue, plus solaire aussi dans l'expression de son fruit : très étoffé, c'est un grand blanc cristallin et profond.

🍷 Chablis 2020	20 €	91
🍷 Chablis Grand Cru Les Clos 2020	76 €	97

Chablis Grand Cru Les Preuses
2020   69 €   **96**

Chablis Grand Cru Vaudésir
2020   69 €   **95**

Chablis Premier Cru Les Fourneaux
2020   33 €   **92**

Chablis Premier Cru Mont de Milieu
2020   38 €   **94**

Chablis Premier Cru Montée de Tonnerre
2020   40 €   **94**

Chablis Premier Cru Séchet Vieilles Vignes
2020   40 €   **93**

Chablis Premier Cru les Vaillons Vieilles
Vignes 2020   33 €   **93**

Blanc : 4 hectares.
Production moyenne : 90 000 bt/an

SAMUEL BILLAUD
8, boulevard Tacussel, 89800 Chablis
03 86 31 06 75 • samuel-billaud.com • Vente
et visites : sur RDV.
Propriétaire : Samuel Billaud

★★ DOMAINE BILLAUD-SIMON

Ce domaine familial implanté à Chablis depuis 1815 a changé de main en 2014, passant dans le giron de la maison Faiveley, qui a ainsi agrandi son patrimoine, déjà riche de 20 hectares des plus beaux terroirs chablisiens, avec quatre grands crus : Les Clos, Les Preuses, Vaudésir et Les Blanchots ; quatre premiers crus : Montée de Tonnerre, Mont-de-Milieu, Fourchaume et Vaillons, ainsi que des chablis et petits chablis. Olivier Bailly a été nommé régisseur en 2014, et a rapidement affiné la gestion des élevages. À partir de 2016, le retour de la grande qualité est manifeste, et cette adresse est aujourd'hui une des plus sûres de Chablis.

Les vins : nerveux, très vif, le chablis Tête d'Or présente une saveur un peu lactique et du végétal en finale. Jolie note de bergamote au nez du premier cru Les Vaillons, vin ample mais vigoureux et équilibré, à la texture dense et à la finale saline et ouvragée. Nuancé mais réservé, Mont de Milieu offre une très belle envergure et douceur de texture, et s'exprime sans fard jusque dans sa très gracieuse allonge. Plus d'intensité aromatique et de profondeur iodée dans Montée de Tonnerre, vin ferme et harmonieux qui se livre avec parcimonie. Tilleul et verveine au nez de Vaudésir, où se retrouvent des saveurs d'infusion au sein d'une bouche structurée : sa densité de texture s'accommode d'une finesse parsemée de fins amers. Scintillant, sans la moindre rigidité, Les Preuses éblouit par sa transparence de saveurs et l'intensité sereine

de ses arômes, entre notes iodées et crayeuses délicates. Ce très grand vin déjà poli brille de mille nuances.

Chablis Grand Cru Vaudésir 2020   73 €   **96**

Chablis Premier Cru Les Vaillons
2020   35 €   **92**

Chablis Premier Cru Mont de Milieu
2020   37 €   **94**

Chablis Premier Cru Montée de Tonnerre
2020   43 €   **95**

Chablis Tête d'Or 2020   26 €   **90**

Le coup de ♥

Chablis Grand Cru Les Preuses
2020   79 €   **98**

Blanc : 17 hectares.

DOMAINE BILLAUD-SIMON
I, quai de Reugny, 89800 Chablis
03 86 42 10 33 • www.billaud-simon.com •
Visites : sur RDV aux professionnels.
Propriétaire : Famille Faiveley
Directeur : Olivier Bailly (Régisseur)

★★ ↗ CHÂTEAU DE BÉRU

Après une vie parisienne dans la finance, Athénaïs de Béru a repris en 2006 les 15 hectares de vignes de la propriété familiale, rapidement convertie en bio puis, dès 2010, en biodynamie. Énergique, déterminée, elle revient aux travaux des sols, vendange exclusivement à la main, élève longuement – deux hivers – en foudre, barrique et amphore. Une nouvelle cuverie sera opérationnelle cette année. La précision et la maîtrise technique désormais atteintes, avec des vinifications quasiment sans soufre, apportent aux derniers vins (y compris les quelques cuvées issues d'achats de raisins, en passe d'être elles aussi certifiées bio) un éclat, une vigueur de constitution, une exigence de maturité et d'intégrité du fruit hors du commun. La deuxième étoile vient cette année récompenser les efforts et la vision singulière du domaine, qui se démarque dans un paysage chablisien encore très conformiste.

Les vins : issus d'achats de raisins, plusieurs excellents rouges, à commencer par un côte-d'auxerre infusé et charmeur, croquant et intègre, aux tanins poudrés. Nez très floral et note de rose poivrée dans le bourgogne épineuil, un vin finement épicé, délié et friand, au fruit délicat et éclatant. Noblement mentholé et réglissé, le savigny est juteux et très persistant. Maturité poussée et nez de mirabelles dans l'aligoté, doux et très digeste, comme le bourgogne chardonnay, sain et sans fard. Les chablis du domaine n'ont jamais été aussi aboutis : notes de menthe et de verveine dans le juteux et énergique Terroirs de Béru, doté d'un superbe éclat de fruit mais déjà patiné. Désaltérant, très salivant, il est très en place et intègre dans ses saveurs. Avec sa myriade de petits amers sapides et lumineux, Montserre déborde de vitalité, tout en éclat et raffinement aromatique. Plus timide, Côte aux Prêtres se montre effilé, fuselé et rayonnant. Matière plus large, carrure et concentration dans Orangerie, aux notes de menthe et de citrons confits, d'une fraîcheur idéale. Entre épices et poudre d'agrumes, Clos Béru réussit l'exploit d'allier gourmandise et tranchant de saveurs, à la fois onctueux et ciselé, et va chercher dans son fruit mûr l'harmonie et l'allonge revigorante dont ce grand terroir est capable.

⊃	Bourgogne 2020	20 €	92
⊃	Bourgogne Aligoté 2020	20 €	92
⊃	Chablis Clos Béru Monopole 2019	70 €	97
⊃	Chablis Côte aux Prêtres 2020	36 €	94
⊃	Chablis Montserre 2020	36 €	95
⊃	Chablis Orangerie 2020	42 €	95
⊃	Chablis Terroirs de Béru 2020	29 €	93
▬	Bourgogne Côtes d'Auxerre 2020	25 €	93
▬	Bourgogne Épineuil 2020	de 35 à 40 € (c)	93
▬	Savigny-lès-Beaune Premier Cru Lavières 2020	75 €	94

Blanc : 15 hectares.
Production moyenne : 65 000 bt/an

CHÂTEAU DE BÉRU ♣

32, Grande-Rue, 89700 Béru
03 86 75 90 43 ● www.chateaudeberu.com ●
Vente et visites : sur RDV.
Propriétaire : Athénaïs de Béru
Maître de chai : Ribé Gaëlle

★★ ALICE ET OLIVIER DE MOOR

Situé dans le village de Courgis, ce couple de vignerons très attachant a planté dès 1989 la plupart de ses vignes (certifiées bio). Le premier vrai millésime date de 1995. Un travail des sols minutieux et une approche au plus près de l'expression des terroirs se reflètent dans toutes les cuvées, d'une rare transparence de saveurs. Les aligotés libèrent une sapidité précieuse dans des jus dignes de crus. Leur version du sauvignon de Saint-Bris est tout aussi personnelle, souvent déclassée pour cause de sucres résiduels. Le domaine s'agrandit en 2017 de 2 hectares de chablis premier cru, en Mont de Milieu et Vau de Vey. Une seconde étoile a salué l'année précédente la pureté, le naturel et l'intensité des vins.

Les vins : intense fraîcheur dans l'aligoté, dense et lumineux, très pur dans ses saveurs. Quelques sucres épars agrémentent la version Vieilles Vignes, tonique, nerveuse et charnue, dont la chair pure et profonde se montre encore ferme : ensemble admirable, un des plus grands aligoté que nous connaissions. Légère patine de l'élevage dans le chitry, consistant et désaltérant, joyeux et citronné. Assemblant sauvignon blanc et gris, Sans Bruit a conservé des sucres : ses saveurs brillantes de melon et de pamplemousse sont toniques, avec un marqueur chaleureux en finale. On l'attendra quelques années. Nez raffiné, entre noisette et fruits blancs, dans L'Humeur du Temps, à la bouche nerveuse et éclatante, salivante et vibrante en finale. Succulence de fruits dans Bel-Air et Clardy, limpide et revigorant, finement iodé. Rosette est plus profond, alliant carrure et tonus, nourrissant et mentholé. Floral et scintillant, Vau de Vey se montre crayeux et salivant, assez précis et serré. Plus ample et profond, Mont de Milieu déborde d'extrait sec, presque tannique dans sa mâche digeste et poivrée, étoffé et persistant.

⊃	Bourgogne Aligoté 2020	21 €	93
⊃	Bourgogne Aligoté Vieilles Vignes 2020	30 €	94
⊃	Bourgogne Chitry 2020	25 €	93
⊃	Chablis Bel-Air et Clardy 2020	38 €	95
⊃	Chablis Coteau de Rosette 2020	45 €	95
⊃	Chablis L'Humeur du Temps 2020	35 €	93
⊃	Chablis Premier Cru Mont de Milieu 2020	58 €	96
⊃	Chablis Premier Cru Vau de Vey 2020	58 €	94
⊃	VDF Sans Bruit 2020	30 €	93

Blanc : 10 hectares.
Production moyenne : 45 000 bt/an

ALICE ET OLIVIER DE MOOR ♣

4 et 17, rue Jacques-Ferrand, 89800 Courgis
03 86 41 47 94 ● www.aetodemoor.fr ● Pas de visites.
Propriétaire : Alice et Olivier De Moor

★★ DOMAINE WILLIAM FÈVRE

Propriété du groupe Henriot, ce domaine est le plus gros propriétaire en grands crus de Chablis, avec plus de quinze hectares. Son vaste vignoble et sa palette de grands terroirs sont valorisés par une organisation méticuleuse : labour des sols, vendanges manuelles à date optimale, régulation des rendements. Passionné par ses vignes, Didier Seguier, à la tête du domaine depuis 1998, produit ainsi des chablis purs, très bien définis et nets, avec un travail en bio (certification en cours), voire en biodynamie pour les premiers et grands crus. À l'exception du petit chablis, vinifications et élevages sont habilement répartis pour chaque cuvée entre fût – jamais neuf – et cuve inox. Refusant toute signature, le style séduit par le respect du terroir et l'expression de la minéralité, mieux préservés depuis que le domaine a progressivement passé entre 2005 et 2010 toute la gamme en bouchons Diam's. La conversion bio est en cours.

Les vins : la gamme est exceptionnelle et, avec des vins un peu moins stricts et plus détendus, elle pourrait permettre au domaine d'accéder au plus haut niveau. Tonique et salivant, le simple chablis est croquant et concentré. Parmi les nombreux premiers crus, retenons Montmains, éclatant et vigoureux, onctueux mais sans lourdeur, qui joue de ses amers et d'une finale vibrante pour redoubler de persistance. Entre lys, pivoine et épices, Montée de Tonnerre est un vin de puriste tranchant et sans concession, à la fois concentré et salin. Contigu au grand cru Les Preuses, l'aérien et délicat Vaulorent se présente épuré, avec une note de menthe poivrée. Sa douceur et sa grande persistance s'accompagnent d'un élan raffiné, avec une finale pointue et lancinante : un vin radieux, rayonnant et brillant. Plusieurs magnifiques grands crus, parmi eux, Bougros, accessible et ciselé, salin et subtil, Vaudésir ample et revigorant, à l'énergie communicative et aux notes de talc et de pierre chaude. Plus charnu et savoureux, Valmur offre un profil élégant et plus solaire. Matière ravissante et déliée, très intense et rayonnante dans Les Preuses. D'une rare élégance naturelle dans ses notes de pamplemousse rose, de sel marin et de salicorne, tout en puissance contenue, il impressionne par sa transparence de saveurs et l'intensité presque douloureuse de sa finale. Très complexe, frais et radieux, Côte de Bouguerots comme le compact et iodé Les Clos, véritable boule d'énergie, doivent impérativement vieillir.

Chablis 2020		19 €	91
Chablis Grand Cru Bougros 2020		68 €	95
Chablis Grand Cru Bougros Côte de Bouguerots 2020		101 €	97
Chablis Grand Cru Les Clos 2020		113 €	97
Chablis Grand Cru Les Preuses 2020		90 €	98
Chablis Grand Cru Valmur 2020		87 €	96
Chablis Grand Cru Vaudésir 2020		89 €	96
Chablis Premier Cru Montmains 2020		42 €	94
Chablis Premier Cru Montée de Tonnerre 2020		59 €	95

Le coup de ♥

Chablis Premier Cru Vaulorent 2020		61 €	96

Blanc : 78 hectares.
Production moyenne : 400 000 bt/an

DOMAINE WILLIAM FÈVRE
21, avenue d'Oberwesel, 89800 Chablis
03 86 98 98 98 ● www.williamfevre.com ●
Vente et visites : sur RDV.
Propriétaire : Gilles de Larouzière Henriot
Directeur : Didier Seguier
Maître de chai : Didier Seguier

★★ DOMAINE JEAN-HUGUES ET GUILHEM GOISOT

Depuis de nombreuses années, Ghislaine et Jean-Hugues Goisot, et désormais leur fils Guilhem, nous impressionnent par la qualité de leur production d'une régularité sans faille. Ils travaillent avec une telle exigence que ces cuvées d'appellations modestes atteignent une qualité très élevée. Pour y parvenir, un travail sans relâche permet d'obtenir de grands raisins (certifiés en biodynamie), vinifiés ensuite avec soin. Les beaux terroirs crayeux des Côtes d'Auxerre conviennent aussi bien au sauvignon (saint-bris) qu'au chardonnay ; par leur tenue et leur intensité, la plupart des vins méritent d'être cités en exemple. Très soignés et purs, certains blancs ont besoin de temps pour se révéler pleinement. Les rouges, en revanche, sont remarquables et n'ont jamais été aussi réussis et accessibles.

Les vins : parfumé et bien mûr, l'aligoté est lumineux, tendu et épicé. Deux excellents saint-bris, Corps de Garde avec un fruit mûr et gourmand, mentholé en finale, et La Ronce, plus nerveux, frais et floral, avec une chair finement crémeuse. Parmi les côtes-d'auxerre, Gondonne est bien mûr et robuste, manquant un peu de finesse, assez proche de Biaumont, qui conserve plus de fraîcheur. Précis et charnu, Corps de Garde se présente vigoureux et très tonique en finale, avec de beaux amers qui associent salinité et épices. Plus contenu et réservé, Le Court Vit possède étoffe et mâche. Fruit très mûr et légèrement confit dans le rouge Corps de Garde, au profil généreux mais sudiste. Trame plus énergique dans Le Court Vit, un pinot aux notes de framboises écrasées, un peu lactique, qui reste croquant et salivant en finale. Énergique, lancinant et doté d'un fruit riche et moelleux, La Ronce est un excellent rouge plein de vitalité et de concentration. Son équilibre est très juste et son caractère plein de franchise.

Bourgogne Aligoté 2020		12 €	91

🥢 Bourgogne Côtes d'Auxerre Le Court Vit
2020   21 €   93

🥢 Bourgogne Côtes d'Auxerre Biaumont
2020   21 €   92

🥢 Bourgogne Côtes d'Auxerre Corps de
Garde 2020   16 €   93

🥢 Bourgogne Côtes d'Auxerre Gondonne
2020   21 €   91

🥢 Saint-Bris Corps de Garde 2020   16 €   93

🥢 Saint-Bris La Ronce 2020   21 €   93

🍖 Bourgogne Côtes d'Auxerre Le Court Vit
2020   25 €   92

🍖 Bourgogne Côtes d'Auxerre Ronce
2020   25 €   94

🍖 Bourgogne Côtes d'Auxerre Corps de
Garde 2020   16 €   90

Rouge : 7,04 hectares.
Blanc : 19,58 hectares.
Production moyenne : 150 000 bt/an

DOMAINE JEAN-HUGUES ET GUILHEM GOISOT ♣

30, rue Bienvenu-Martin,
89530 Saint-Bris-le-Vineux
03 86 53 35 15 ● www.goisot.com ● Vente et
visites : sur RDV.
Propriétaire : Guilhem Goisot

★★ DOMAINE LAROCHE

La maison de négoce ainsi que le domaine Laroche et son patrimoine exceptionnel de vignes appartiennent depuis 2009 au groupe AdVini. Grâce à une équipe technique compétente, menée par l'œnologue Grégory Viennois, le style s'est épuré, avec des élevages plus subtils pour des vins qui progressent en pureté d'expression, moins gras et opulents que par le passé. Des raisins justement mûrs sont ici vinifiés en barrique, sans jamais serrer ni maquiller les vins. L'expression des terroirs est très lisible, le style précoce ne se fait pas pour autant flatteur : une adresse en pleine forme.

Les vins : très incisif et nerveux, Saint-Martin se montre encore un peu austère. Bien tendu, Vieille Voye se présente acidulé et dense, un peu campé sur les amers de sa finale. Vaillons est un vin concentré et large d'épaules, à l'envergure ferme et crayeuse. Vigoureux et expressif, Les Montmains est assez ferme. Profil large mais aiguisé et assez subtil dans Les Vaudevey, un vin au caractère affirmé qui possède beaucoup d'éclat. Mont de Milieu se montre tendre en attaque mais évolue vite vers une fermeté un peu métallique en finale. Le cumin domine le nez à l'ouverture du Fourchaumes, vin bien constitué et dont l'expression solaire est domptée. Tout en tension saline, Les Blanchots affiche un grand raffinement naturel et s'exprime

sans fard. Aromatique très fine et pénétrante dans Les Bouguerots, entre chèvrefeuille et citron vert. Sa fraîcheur radieuse se manifeste en bouche avec un grain très pointilliste et salivant, et une allonge sereine et intense : c'est un grand cru à la beauté captivante.

🥢 Chablis Cuvée O 2020   22 €   85

🥢 Chablis Grand Cru Les Blanchots
2020   70 €   96

🥢 Chablis Premier Cru Les Fourchaumes
Vieilles Vignes 2020   37 €   93

🥢 Chablis Premier Cru Les Montmains
2020   32 €   92

🥢 Chablis Premier Cru Les Vaillons Vieilles
Vignes 2020   32 €   92

🥢 Chablis Premier Cru Les Vaudevey
2020   32 €   93

🥢 Chablis Saint-Martin 2021   19 €   89

🥢 Chablis Vieille Voye 2020   22 €   91

Le coup de 💜

🥢 Chablis Grand Cru Les Bouguerots
2020   65 €   96

Blanc : 90 hectares.

DOMAINE LAROCHE

22, rue Louis-Bro, 89800 Chablis
03 86 42 89 28 ● www.larochewines.com/fr
● Vente et visites : sur RDV.
Propriétaire : AdVini
Directeur : Thierry Bellicaud
Maître de chai : Stéphane Barras
Œnologue : Grégory Viennois

★★ ⚘ DOMAINE CHRISTIAN MOREAU PÈRE ET FILS

Le fils de Christian Moreau, Fabien, œnologue, a pris les commandes de ce domaine bien implanté en grand cru, notamment sur Les Clos, dont une parcelle isolée pour la cuvée Clos des Hospices. Le vignoble est entretenu avec soin et vendangé manuellement, certifié bio depuis 2010. Les vinifications ont gagné en finesse et en précision : le bois est utilisé partiellement, jamais à l'excès, ce qui préserve un fruit brillant et un velouté élégant dans le toucher de bouche. Saluons la régularité sans faille des vins sur les derniers millésimes : juste récompense, le domaine accède cette année à la deuxième étoile.

Les vins : de belle envergure, le chablis associe un fruit mûr à une trame élancée et franche. Charnu et délié, très accessible, Vaillon offre un profil tendre et sobre, digeste, qui emplit la bouche avec aisance. Issu d'une vigne plantée en 1933, Vaillon cuvée Guy Moreau gagne en envergure et intensité de saveurs : un blanc harmonieux, avec une finale large et appétente. Vastes dimensions dans Valmur, vin soigné et sincère, très profond et étoffé, aux saveurs de nougat et de citron confit en finale. Raffinement aromatique et excellente fraîcheur pour le millésime dans Les Clos, un vin de belle densité, persistant et crayeux. Nous aimons ce style qui exprime un fruit mûr dans la douceur, sans la moindre rigidité de texture. Plus réservé, Clos des Hospices impressionne par sa carrure, avec beaucoup de fermeté en finale, et des saveurs de talc et de craie. Très prégnante, la finale résonne avec insistance.

Chablis 2020	18 €	91
Chablis Grand Cru Les Clos 2020	55 €	95
Chablis Grand Cru Les Clos Clos des Hospices 2020	61 €	96
Chablis Grand Cru Valmur 2020	55 €	94
Chablis Premier Cru Vaillon 2020	33 €	92
Chablis Premier Cru Vaillon Guy Moreau 2020	37 €	93

Blanc : 11,8 hectares.
Production moyenne : 80 000 bt/an

DOMAINE CHRISTIAN MOREAU PÈRE ET FILS ♣

26, avenue d'Oberwesel, 89800 Chablis
03 86 42 86 34 ●
www.domainechristianmoreau.com ● Vente et visites : sur RDV.
Propriétaire : Fabien Moreau

★★ DOMAINE MOREAU-NAUDET

Virginie Moreau a courageusement pris la suite de son mari Stéphane, décédé en 2016, aux commandes de la propriété familiale, et s'attache à poursuivre la ligne de conduite à l'œuvre. Avec un travail soigné à la vigne et des filtrations légères, les vins s'affirment dans leur caractère, en profondeur et salinité. Le domaine s'est désormais calé sur des élevages particulièrement longs pour Chablis, de 18 à 22 mois, avec une proportion maximum d'un tiers de fût sur les premiers et grands crus, et uniquement en cuve inox pour petit chablis et chablis : jamais le chardonnay local, récolté à juste maturité, ne s'en trouve alourdi ou aromatisé. Il s'épanouit au contraire dans des blancs savoureux, jamais démonstratifs mais parfaitement digestes, qui vieillissent fort bien et que nous recommandons sans réserve !

Les vins : assez vif, un peu végétal, le petit chablis est tout en tension. Éclat frais et salin dans le chablis, qui allie volume et nervosité : une référence. Plus de densité dans Caractère, à la trame très précise mais serrée, au profil vigou-

reux. Matière ferme mais plus enveloppée dans Vaillons, riche en extrait sec, doté d'une saine énergie. Pureté lumineuse et délicatesse de chair dans Forêts, qui prend de l'envergure et s'appuie sur une large finale salivante parsemée de bons amers. Entre zestes d'agrumes et touches crayeuses, Montmains est raffiné mais un peu compact en finale. Il se détendra au vieillissement. Beaucoup d'intensité dans Montée de Tonnerre, vin fuselé et élancé, à la trame très ferme : sa mâche et son allonge mentholée en finale le distinguent. Tout en puissance contenue, Valmur se montre sphérique, revigorant et très profond. Sa chair très dense, saline et vibrante impressionne par sa persistance.

Chablis 2020	21 €	93
Chablis Caractère 2020	26 €	93
Chablis Premier Cru Forêts 2020	38 €	94
Chablis Premier Cru Montmains 2020	38 €	94
Chablis Premier Cru Montée de Tonnerre 2020	49 €	95
Chablis Premier Cru Vaillons 2020	38 €	93
Petit Chablis 2020	17 €	90

Le coup de ♥

Chablis Grand Cru Valmur 2020	69 €	97

Blanc : 25 hectares.
Production moyenne : 100 000 bt/an

DOMAINE MOREAU-NAUDET

4, chemin de la vallée-de-Valvan, 89800 Chablis
03 86 42 14 83 ●
moreau.naudet@wanadoo.fr ● Pas de visites.
Propriétaire : Virginie Moreau

★★ DOMAINE PATTES LOUP

Installé à Courgis, Thomas Pico travaille depuis 2004 des vignes qu'il a immédiatement converties en agriculture biologique. Le domaine s'est progressivement agrandi et Thomas a désormais également la charge de la propriété familiale (Domaine de Bois d'Yver), dont sont issues ses vignes. Il refuse la machine à vendanger, s'impose le travail intégral des parcelles, situées sur la rive gauche du Serein (quatre premiers crus), et limite les rendements, lorsque ce n'est pas la nature qui s'en charge comme en 2015, 2016 et 2017… Vinifications en levures indigènes, construction d'un nouveau chai en 2014 : les vins ont progressé rapidement. Les derniers millésimes brillent d'un éclat singulier, avec des durées d'élevages prolongées.

Les vins : élevage long dès le chablis Vent d'Ange, vin nourrissant et ample, doté d'une solaire plénitude de saveurs. Son profil athlétique et juteux le garde de tout caractère épais ou chaleureux. Le nez du Beauregard évoque la poire passe-crassane et le citron confit : assagi par son élevage prolongé, ce vin a acquis un équilibre et une sérénité bienvenus, posant sa vaste chair en une assise solide. Profusion de fruits jaunes, d'amande et de fleurs séchées dans Butteaux, vin consistant et majestueux, qui se déploie lentement avec une agilité féline et part pour une longue existence.

⌷ Chablis 2019	30 €	**92**
⌷ Chablis Premier Cru Beauregard 2018	50 €	**94**
⌷ Chablis Premier Cru Butteaux 2018	55 €	**95**
Le coup de ♥		
⌷ Chablis Vent d'Ange 2018	27 €	**93**

Blanc : 22 hectares.
Production moyenne : 70 000 bt/an

DOMAINE PATTES LOUP ♣

2, Grande-Rue Nicolas-Droin, 89800 Courgis
03 86 41 46 38 ● www.pattes-loup.com ●
Vente et visites : sur RDV.
Propriétaire : Thomas Pico

★ ↗ DOMAINE JULIEN BROCARD

Fils de Jean-Marc Brocard, Julien Brocard a constitué son propre domaine, installé à Préhy, riche d'une gamme de chablis certifiée en biodynamie, qui vont du petit-chablis jusqu'au grand cru Les Preuses. Cette démarche sincère permet de proposer sept vins à la personnalité affirmée, vinifiés avec peu d'interventions dans une vaste cuverie équipée de grands foudres en bois. Nous suivons depuis plusieurs années cette production très qualitative, qui trouve cette année la place qui lui revient dans ce guide avec une première étoile.

Les vins : grain éclatant et salin dans l'énergique Petit Chablis. Profil pur et limpide dans La Boissonneuse, un chablis très précis et éclatant : la justesse de ses saveurs lumineuses s'avère enthousiasmante, dans un style contemporain très abouti. Épanoui, tout en douceur de texture, Vaudeley allie envergure et dynamisme. Nerveux et lumineux, Côte de Léchet se présente incisif et doux à la fois. Distinction et noble austérité dans Montée de Tonnerre, vin profond et proche du raisin. Bouche très dessinée, fraîche et généreuse dans Les Preuses, à la maturité plus poussée, qui affiche une grande délicatesse de texture et un raffinement naturel : un vin tout en harmonie.

⌷ Chablis Grand Cru Les Preuses 2020	71 €	**96**
⌷ Chablis La Boissonneuse 2020	27 €	**93**
⌷ Chablis Premier Cru Côte de Léchet 2020	36 €	**94**
⌷ Chablis Premier Cru Montée de Tonnerre 2020	36 €	**95**
⌷ Chablis Premier Cru Vaudevey 2020	36 €	**94**
⌷ Petit Chablis Les Plantes 2020	16 €	**91**

Blanc : 20 hectares.
Production moyenne : 100 000 bt/an

DOMAINE JULIEN BROCARD ☾

3, route de Chablis, 89800 Prehy
0386414900 ● l.brocard@brocard.fr ● Vente et visites : sur RDV.
Propriétaire : Julien Brocard
Maître de chai : Pierre Brissy

★ LA CHABLISIENNE

Le plus important producteur de Chablis fait partie des meilleures coopératives de France, aussi habile commercialement qu'en matière d'œnologie. Parmi les nombreuses cuvées produites, il faut savoir faire le tri, mais tous les vins profitent aujourd'hui d'une parfaite maîtrise technique dans les pressurages et les élevages sur lies. Les nombreux premiers crus et grands crus de la gamme offrent désormais des expressions de terroir dignes de celles des bonnes caves indépendantes, avec une place particulière pour le célèbre grand cru Grenouilles, à ne pas boire trop jeune ! Les entrées de gamme ont bien progressé et ont perdu les notes de réduction qui les caractérisaient : La Chablisienne est en belle forme !

Les vins : assez simple, La Sereine manque un peu de caractère mais constitue une honorable entrée de gamme. Les Vénérables présente plus de densité de chair et de profondeur. Vaillons se montre assez tendre, marqué par le caractère solaire de l'année mais bien salin. Plus de profondeur dans le nerveux et iodé Côte de Léchet, et Les Lys possède de la consistance et une jolie mâche, avec un caractère assez précoce. Fourchaume se fait étoffé et généreux, avec une richesse solaire habilement contenue, et Mont de Milieu nuancé, équilibré et salivant. Montée de Tonnerre a progressé en expressivité : ses saveurs mûres se donnent avec franchise et fraîcheur. Finesse et gourmandise dans Les Preuses, avec l'expression précoce du millésime mais l'empreinte droite et racée du terroir en finale. Plus en retenue, Grenouilles se montre bien ferme, assez compact, doté d'une belle profondeur de saveurs : structuré, c'est un vin bâti pour la garde, qui répugne à se livrer.

Chablis Grand Cru Château Grenouilles 2019   55 €   95

Chablis Grand Cru Les Preuses 2019   55 €   95

Chablis La Sereine 2019   15 €   89

Chablis Les Vénérables 2019   17 €   90

Chablis Premier Cru Côte de Léchet 2019   23 €   91

Chablis Premier Cru Fourchaume 2019   28,50 €   93

Chablis Premier Cru Les Lys 2019   23 €   91

Chablis Premier Cru Mont de Milieu 2019   28,50 €   93

Chablis Premier Cru Montée de Tonnerre 2019   28,50 €   93

Chablis Premier Cru Vaillons 2019   23 €   90

Blanc : 1 280 hectare.

LA CHABLISIENNE ♣

8, boulevard Pasteur, BP 14 89800 Chablis
03 86 42 89 89 ● www.chablisienne.com ●
Pas de visites.
Propriétaire : SCA La Chablisienne
Directeur : Damien Leclerc
Maître de chai : Cyril Gros
Œnologue : Vincent Bartement

★ DOMAINE COLINOT

Ce domaine sait apporter au pinot noir une couleur et une intensité de fruit inimitables, élevant la grande majorité des vins en cuves, sans apport de bois. Ces rouges sont dotés d'une grande aptitude au vieillissement, et intègrent souvent jusqu'à 10 % de césar, vieux cépage local, dans l'assemblage. Le rapport qualité-prix de l'ensemble, tout comme l'accueil au domaine, doivent être soulignés. Cette maison entretient sérieusement la flamme des grands terroirs d'Irancy, et multiplie les cuvées parcellaires : une adresse de référence pour découvrir les expressions de cette appellation très attachante.

Les vins : le stress hydrique à Irancy a compliqué la donne en 2020 : beaucoup de vins se montrent secs et comprimés, avec un fruit assez confit. Boudardes et Les Mazelots sont les plus affectés. Palotte est riche, chaleureux et assez confituré ; c'est aussi le cas pour Les Cailles et Côte du Moutier, énergiques mais très mûrs, manquant un peu de fraîcheur. Il y a un meilleur équilibré dans Soufflot et Clos Soufflot, ce dernier devant intégrer son élevage. Veaupessiot est notre préféré : bien mûr mais très éclatant, il se présente étoffé, déborde d'intensité et de

profondeur. Son fruit juteux et riche emplit la bouche, il a préservé une fraîcheur acidulée et devrait bien évoluer.

Irancy Boudardes 2020   19 €   89

Irancy Clos Soufflot 2019   30 €   91

Irancy Cuvée Soufflot 2019   20 €   92

Irancy Côte du Moutier 2020   20 €   91

Irancy Les Cailles 2020   19 €   91

Irancy Les Mazelots 2020   20 €   89

Irancy Palotte 2020   22 €   91

Irancy Veaupessiot 2020   19 €   93

Rouge : 12 hectares.
Production moyenne : 60 000 bt/an

DOMAINE COLINOT

1, rue des Chariats, 89290 Irancy
03 86 42 33 25 ● www.irancy-colinot.com ●
Vente et visites : sur RDV.
Propriétaire : Anita et Jean-Pierre Colinot
Directeur : Anita Colinot
Maître de chai : Thomas CARRE

★ ⚘ DOMAINE JEAN COLLET ET FILS

Romain Collet est arrivé en 2009 dans ce dynamique domaine familial, à la vaste gamme de vins, dont une partie a été certifiée en bio en 2018. Fin dégustateur et fort d'expériences à l'étranger et dans d'autres vignobles français, il a su limiter les interventions tout en expérimentant, s'essayant à différents types d'élevage : certains vins sont ainsi vinifiés et élevés partiellement en amphores et en œufs béton. On trouvera ici des vins bien mûrs, qui reflètent fidèlement leurs terroirs. Si certains premiers crus déçoivent un peu, l'ensemble de la gamme permet au domaine d'accéder cette année à la première étoile.

Les vins : profil strict et tendu dans le chablis Les Truffières, un vin équilibré et mûr doté d'une bonne fraîcheur. Assez ample et doté d'amers qui le structurent, Mont de Milieu manque un peu de fraîcheur. Montée de Tonnerre se montre un peu végétal. Précis, assez scintillant, Mont-mains séduit par son équilibre et sa justesse de saveurs. Notes de citron et de poivre blanc dans Vaillons, vin charnu mais énergique, très bien défini. Un peu réservé, Butteaux se fait plus large et alangui, assez ouvert et tendre. Finesse florale dans Les Forêts, un vin raffiné et accrocheur, doté d'une allonge saline et épicée. Plus délicat et frais, Sécher s'appuie sur des amers insistants et une vraie clarté de saveurs. Avec son profil assez caressant et charnu, Valmur est un grand séducteur : son envergure et sa nervosité de sève s'accompagnent d'un fruit savoureux et d'une grande persistance épicée.

Assez imposant, Les Clos joue sur la puissance : sa mâche généreusement pourvue en extraits secs apporte beaucoup de fermeté en finale.

▭ Chablis Grand Cru Les Clos 2020	Épuisé - 65 €	94
▭ Chablis Grand Cru Valmur 2020	60 €	95
▭ Chablis Les Truffières 2020	15 €	90
▭ Chablis Premier Cru Butteaux 2020	25 €	92
▭ Chablis Premier Cru Les Forêts 2020	25 €	92
▭ Chablis Premier Cru Mont de Milieu 2020	28 €	91
▭ Chablis Premier Cru Montmains 2020	22,50 €	91
▭ Chablis Premier Cru Montée de Tonnerre 2020	28 €	91
▭ Chablis Premier Cru Sécher 2020	45 €	93
▭ Chablis Premier Cru Vaillons 2020	25 €	92

Blanc : 40 hectares.
Production moyenne : 200 000 bt/an

DOMAINE JEAN COLLET ET FILS ♣

15, avenue de la Liberté, 89800 Chablis
03 86 42 11 93 ● domaine-collet.fr/ ●
Visites : sans RDV.
Propriétaire : Collet Romain

★ DOMAINE GÉRARD DUPLESSIS

Gérard Duplessis a pris la suite de son père en 1999, entamant en 2007 une conversion bio devenue effective en 2013. Ses vignes sont situées au cœur des meilleurs premiers crus de Chablis et donnent des vins rarement aimables dans leur prime jeunesse mais vieillissant remarquablement, pour atteindre vers huit-dix ans une superbe maturité. Le parti pris d'élevages longs (cuve, puis barrique et assemblages en cuve pendant au moins 18 mois) explique la capacité de garde des vins : Montée de Tonnerre, mais surtout Montmains se distinguent. Une toute petite cuvée de Clos va encore plus loin en richesse de constitution et en possibilité de garde. Fort sagement, le domaine met régulièrement en vente des millésimes plus anciens, ce qui est rarissime à Chablis.

Les vins : vif, équilibré, le petit-chablis se présente svelte et charnu. Expressif et plein, le chablis offre du peps et des saveurs lumineuses, avec de petits amers qui relèvent la finale. Notes de fumé et de cumin dans l'élégant Vaugiraut, élevé en cuve, dont la finesse aromatique et la délicatesse accompagnent une matière au relief nerveux. Expression précoce dans Vaillons,

dont la chair gracieuse et moelleuse offre de la gourmandise. Finement miellé, Mont de Milieu associe éclat et densité, mais reste un peu anguleux en finale. Large mais tendu, Fourchaume est un vin complet et athlétique, d'une belle droiture, auquel sa situation en haut de coteau a permis de préserver éclat et fraîcheur. Plus réservé et ciselé, Montée de Tonnerre est déjà charnu, pur et précis. Montmains est le dernier premier cru dans l'ordre de dégustation : épaulé, étoffé, il se distingue par son nez mentholé, sa mâche et son envergure, avec des amers qui ponctuent sa finale. Crayeux et épuré, Les Clos est encore serré et très droit, mais ses saveurs roulent déjà sur la langue.

▭ Chablis 2020	N.C.	92
▭ Chablis Grand Cru Les Clos 2020	N.C.	96
▭ Chablis Permier Cru Montée de Tonnerre 2020	N.C.	94
▭ Chablis Premier Cru Fourchaume 2020	N.C.	93
▭ Chablis Premier Cru Mont de Milieu 2020	N.C.	93
▭ Chablis Premier Cru Montmains 2020	N.C.	95
▭ Chablis Premier Cru Vaillons 2020	N.C.	93
▭ Chablis Premier Cru Vaugiraut 2020	N.C.	93
▭ Petit Chablis 2020	N.C.	90

Blanc : 10 hectares.
Production moyenne : 40 000 bt/an

DOMAINE GÉRARD DUPLESSIS ♣

5, quai de Reugny, 89800 Chablis
03 86 42 10 35 ● www.chablis-duplessis.com
● Vente et visites : sur RDV.
Propriétaire : Lilian Duplessis

★ DOMAINE CORINNE ET JEAN-PIERRE GROSSOT

Le domaine Grossot brille d'abord par la qualité remarquable de ses chablis génériques. Ces derniers sont le plus souvent produits sur la rive droite du Serein, sur des pentes et des terroirs en tout point comparables à ceux d'illustres voisins classés en premier cru. Avis aux amateurs de chablis de terroir : pour ceux qui apprécient que le grain mûr du chardonnay roule longuement sur la langue, que de beaux amers évoluent vers des notes de craie sèche et fraîche après sept ou huit ans de bouteille, voici une gamme sincère et de bonne constitution. Le domaine achève sa conversion bio.

Les vins : délicieux chablis 2020, aiguisé et assez vif, qui roule sur la langue avec un caractère joyeux. Agrumes confits au nez de La Part des Anges, charnu et énergique, dont la matière large et vigoureuse témoigne d'une excellente richesse de constitution. En premiers crus, Troëmes est réduit et un peu herbacé en finale. Tonique et salivant, Les Fourneaux sonne très juste avec sa fine allonge citronnée, et d'excellents amers assez incisifs. Nerveux et large d'épaules, Fourchaume est un peu chaleureux. Raffiné, réservé, Vaucoupin se présente salin et délicat : ce terroir plus frais se présente très bien dans ce millésime précoce, qui le rend à la fois accessible et retenu, avec une fine mâche calcaire en finale. Grande envergure de saveurs et réduction sapide (notes de coquille d'huître) dans Mont de Milieu, encore très immature, qui s'illustre par sa vigueur de sève et sa fermeté de texture.

Chablis 2020	15,70 €	92
Chablis La Part des Anges 2020	18,70 €	93
Chablis Premier Cru Fourchaume 2020	Épuisé - 32 €	92
Chablis Premier Cru Les Fourneaux 2020	23 €	93
Chablis Premier Cru Mont de Milieu 2020	32 €	94
Chablis Premier Cru Troëmes 2020	20,60 €	90
Chablis Premier Cru Vaucoupin 2020	23 €	93

Blanc : 17 hectares.
Production moyenne : 80 000 bt/an

DOMAINE CORINNE ET JEAN-PIERRE GROSSOT ♣

4, route de Mont-de-Milieu, 89800 Fleys
03 86 42 44 64 ● www.chablis-grossot.com ●
Vente et visites : sur RDV.
Propriétaire : Corinne, Jean-Pierre et Eve Grossot

★ LE DOMAINE D'HENRI

Michel Laroche a cédé en 2010 ses activités à AdVini, mais il fait à nouveau l'actualité sur les rives du Serein : il épaule ses filles dans la relance, depuis 2012, d'un domaine familial bâti à partir des vignes de son père, Henri, préservées lors de la vente de son groupe. L'aînée, Cécile, supervise la vigne et Margaux, la cadette, fait ses armes au commerce. Une parcelle de 2 hectares de Fourchaume, dont les vignes les plus vénérables sont âgées de 80 ans, est destinée à la cuvée Héritage, d'une rare densité. Les premiers crus bénéficient d'élevages longs, res-

pectant l'intégrité du fruit, et ont atteint un niveau qualitatif élevé. La conversion bio est en cours.

Les vins : agréable chardonnay non-dosé, le vin pétillant ne manque pas de tonus et de fraîcheur. Sa bulle peut être affinée par un vieillissement supplémentaire. Tonus et fermeté de texture dans le petit chablis, vin énergique, direct et franc. Belle envergure de chair et matière nerveuse, mûre et nuancée dans Les Allées du Vignoble. Supplément de finesse et complexité aromatique dans Saint Pierre, nourri par son élevage sur lies, assez complet et persistant. Subtil et frais, Troesmes affiche un équilibre très abouti, à la fois retenu et salivant, doté d'une belle maturité. Fourchaume déploie une matière large et étoffée, de bonne profondeur, aux notes un peu mentholées. Sa vivacité en finale est bienvenue. Tension saline et cœur de bouche très ferme dans l'Homme Mort, porté par un extrait sec vigoureux : très persistant, abouti et destiné au vieillissement. Héritage se présente encore immature au nez. Il exprime une formidable richesse contenue. Sa mâche pure et lumineuse témoigne de sa vitalité et de son potentiel à venir.

Chablis Les Allées du Vignoble 2020	19 €	91
Chablis Premier Cru Fourchaume 2019	34 €	93
Chablis Premier Cru Fourchaume Héritage 2018	54 €	95
Chablis Premier Cru Fourchaume L'Homme Mort Vieilles Vignes 2018	41 €	94
Chablis Premier Cru Troesmes 2019	29 €	93
Chablis Saint Pierre 2019	23 €	92
Petit Chablis Les Allées du Vignoble 2020	16 €	90
VDF 8.21 2019	20 €	89

Blanc : 22 hectares.
Production moyenne : 150 000 bt/an

LE DOMAINE D'HENRI

Route d'Auxerre, 89800 Chablis
03 86 40 65 17 ● www.ledomainedhenri.fr ●
Vente et visites : sur RDV.
Propriétaire : Michel, Cécile et Margaux Laroche
Directeur : Michel Laroche

★ DOMAINE OLIVIER MORIN

Le petit vignoble de Chitry joue une musique à part dans le concert icaunais. Olivier Morin est actuellement le plus régulier des producteurs de cette appellation : il évite les herbicides, surveille ses rendements et cueille ses raisins à la main. Non-interventionnistes, les vinifications se déroulent en levures indigènes, sans correction d'acidité ni filtration, avec des essais sans sulfitage. Olivier Morin donne de la noblesse à de modestes bourgognes, avec une réussite longtemps plus évidente en blanc, mais la qualité des rouges (de pair avec leurs maturités) a beaucoup progressé. La conversion bio est en cours.

Les vins : excellent Constance 2020, au profil droit, vif et issu de raisins bien mûrs, avec un équilibre idéal entre tension et maturité. Sa version 2019 se montre un peu plus exotique dans ses arômes, avec un fruit au volume gras et gourmand mais soutenu par une acidité mûre. Le boisé s'est bien fondu dans le généreux Olympe 2019, dont la matière dense et bien mûre a conservé de l'éclat et du peps. Le 2018 a trouvé son équilibre, vin structuré par un extrait sec abondant, dont la sève lui assurera un excellent vieillissement. Belle expression de fruits mûrs dans le chitry rouge 2020 Vau du Puits, à la chair très veloutée et friande : un vin parfumé, précoce et assez éclatant, dont l'élevage discret a su préserver toute la gourmandise. Toujours aussi charmeur, le fruit juteux de l'irancy est parsemé de tanins croquants et crayeux.

⌐ Bourgogne Chitry Constance 2019	12 €	92
⌐ Bourgogne Chitry Constance 2020	12 €	92
⌐ Bourgogne Chitry Olympe 2018	17 €	92
⌐ Bourgogne Chitry Olympe 2019	17 €	91
▬ Bourgogne Chitry Vau du Puits 2020	17 €	92

Le coup de ♥
▬ Irancy 2019	17 €	93

Rouge : 3,75 hectares.
Blanc : 10,17 hectares.
Production moyenne : 80 000 bt/an

DOMAINE OLIVIER MORIN

2, chemin de Vaudu, 89530 Chitry
03 86 41 47 20 ● www.olivier-morin.fr ●
Vente et visites : sur RDV.
Propriétaire : Olivier Morin

★ ⚘ DOMAINE GABIN ET FÉLIX RICHOUX

Ce domaine familial depuis 1620 est aujourd'hui solidement tenu par Thierry Richoux, véritable figure locale du village d'Irancy, et par ses fils Gabin et Félix. Ces vignerons chaleureux se font une haute idée de leur production, refusent levurage et enzymage, travaillent en bio depuis 2010 et ne commercialisent certaines cuvées qu'au bout de plusieurs années de garde, lorsqu'ils les jugent prêtes à boire. Les cuvées parcellaires sont ici longuement élevées, de 24 à 30 mois en cuves, foudres ou barriques. Nous sommes tombés sous le charme de ces vins sincères et sains qui ne trichent pas. La première étoile s'impose cette année.

Les vins : très mûr et pulpeux, l'irancy 2018 est un vin concentré et indubitablement solaire. Sa finale de réglisse et son fruit aux saveurs un peu confites sont marqués au sceau de ses 15 % d'alcool, mais il demeure gourmand et sincère. Un vin à laisser impérativement vieillir en cave. Les Cailles donnent souvent des vins un peu réservés et acidulés dans leur jeunesse : ce 2017 ne déroge pas à la règle, mais offre déjà un fruit savoureux et étoffé, encadré de tanins serrés mais fins, avec le caractère frais du millésime. Magnifique nez de petits fruits des bois (myrtilles, cassis mûr) et de cerise griotte dans Veaupessiot, un vin infusé et spontané, désarmant de gourmandise et de sincérité, qui déroule une allonge de petits tanins soyeux et salivants. C'est un des meilleurs irancy que nous ayons dégustés depuis longtemps.

▬ Irancy 2018	14 €	91
▬ Irancy Les Cailles 2017	22 €	93

Le coup de ♥
▬ Irancy Veaupessiot 2016	25 €	95

Rouge : 21,5 hectares.
Production moyenne : 60 000 bt/an

DOMAINE GABIN ET FÉLIX RICHOUX ♣

73, rue Soufflot, 89290 Irancy
03 86 42 21 60 ● irancy.richoux@orange.fr ●
Vente et visites : sur RDV.
Propriétaire : Famille Richoux
Directeur : Thierry, Gabin et Félix Richoux

★ LA SŒUR CADETTE

Valentin Montanet conduit en bio ce domaine de Vézelay, créé en 1987, dont le vignoble a été entretenu par ses parents, Jean et Catherine. Les vinifications sont menées sans ajouts inutiles. Pas de levures, pas de chaptalisation, peu de sulfites... Élevés sur lies en cuve, parfois en fût, les vins sont droits, d'une franchise d'expression remarquable et fort réguliers. Chardonnay et pinot noir composent la majorité de l'encépagement, mais le melon est aussi présent, donnant un vin digeste et peu alcoolisé. Une petite gamme de vins de négoce du Beaujolais et du Mâconnais est également bien réussie.

Les vins : franchise de saveurs, fruit sans fard et frais dans Melon, toujours aussi régulier et gourmand. En blanc, Galerne se présente très mûr et assez j<!---->joufflu, Piecette s'illustre par sa profondeur saline et sa générosité de chair, mais reste contenu et très frais en finale. Nez expressif et profil plus fuselé dans La Châtelaine, un vin onctueux et frais déjà très accessible, prolongé d'excellents amers. Un rien opulent, Les Saulniers a conservé un peu de gaz et une fraîcheur mentholée. Matière digeste et friande, fruit mûr et tendre dans le juliénas. Moelleux, le rouge Garance est mûr et délicatement compoté. Trame veloutée, fruit mûr et salivant dans Champs Cadet, à la maturité poussée, mais dont le tonus et l'allonge acidulée apportent beaucoup d'équilibre. Intégrant 15 % de césar, Ermitage se démarque par son relief et ses tanins plus fermes et épicés, déjà très intégrés, avec une petite mâche vigoureuse.

⊂	VDF Melon 2020	14 €	91
⊂	Vézelay Galerne 2020	16,50 €	90
⊂	Vézelay La Châtelaine 2020	16,50 €	93
⊂	Vézelay Les Saulniers 2020	17,50 €	93
⊂	Vézelay Piecette 2020	17,50 €	93
◗	Bourgogne Champs Cadet 2020	Épuisé - 18 €	93
◗	Bourgogne Ermitage 2020	Épuisé - 18 €	93
◗	Bourgogne Garance 2020	Épuisé - 18 €	92
◗	Juliénas 2020	14,50 €	91

Production moyenne : 120 000 bt/an

LA SŒUR CADETTE ♣

47, rue du Pont, 89450 Saint-Père
09 75 94 75 23 ● bureau@lasoeurcadette.fr ●
Vente et visites : sur RDV.
Propriétaire : Valentin Montanet
Maître de chai : Nicolas Luquet

JEREMY ARNAUD

Jérémy Arnaud, jeune trentenaire installé dans le village de Viviers, a signé son premier millésime en 2017 en récupérant des vignes de son père. Travail des sols, enherbement, vendanges manuelles, levures indigènes, élevages longs, absence de filtration : rien n'est laissé au hasard pour façonner des vins profonds et énergiques, pleins de vitalité, dont nous apprécions la consistance et la maîtrise. Les quantités sont hélas très limitées, mais la production devrait croître à l'avenir.

Les vins : profil éclatant, pur et tendu dans le bourgogne tonnerre, un vin qui séduit par sa franchise et limpidité de saveurs. Encore très immature, Vau de Vey 2020 offre un volume généreux, soutenu par des amers incisifs : son caractère limpide se prolonge d'une finale serrée mais vibrante. Profil plus sphérique et citronné dans La Grande Chaume, un vin également plus pénétrant, dont l'envergure en finale et la persistance sont remarquables.

⊂	Bourgogne Tonnerre Les Huées 2020	Épuisé - 18 €	91
⊂	Chablis Premier Cru Vau de Vey 2020	Épuisé - 32 €	93

Le coup de ♥

⊂	Chablis Premier Cru Vau de Vey La Grande Chaume 2020	Épuisé - 38 €	94

Rouge : 0,5 hectare.
Blanc : 3 hectares.
Production moyenne : 10 000 bt/an

JEREMY ARNAUD

5, Grande-Rue 89700 Viviers
06 95 95 09 33 ●
www.domainejeremyarnaud.com ● Pas de visites.
Propriétaire : Jérémy Arnaud

DOMAINE JEAN-MARC BROCARD

À force de persévérance et de travail, Jean-Marc Brocard et ses équipes prouvent à ceux qui en douteraient que quantité et qualité sont parfaitement compatibles, à condition de s'en donner les moyens. Sur un vaste domaine viticole, l'équipe réussit à produire régulièrement une large gamme de blancs de l'Yonne. Les génériques sont toujours purs, et les climats, dans un style plus profond, conservent une identité tranchante, sans l'habillage du bois. Les étiquettes imprimées d'une petite coccinelle distinguent les crus travaillés en agriculture biologique.

Les vins : épanoui et droit, le simple chablis se montre très franc. Plus expressif, tendre et délié, Sainte-Claire se fait plus profond et persistant. Vieilles Vignes de Sainte-Claire se présente plus en tension, incisif et nourri par ses lies. Large et précis, Montmains est un vin classique, de bonne carrure. Plus énergique, Côte de Léchet se fait salivant et sphérique, avec un nez de coquille d'huître. Un peu fumé et mentholé, plein de peps, Fourchaume est ferme et musclé. Presque onctueux mais resté frais, élancé et complexe, Vaulorent est très persistant. Élégant et austère, Montée de Tonnerre allie vigueur de sève et extrait sec. Avec une note de cannelle, Les Blanchots déploie une chair ample et des amers nobles. Vaudésir est plus exubérant, consistant et sapide, assez généreux.

Chablis 2020	14,80 €	90
Chablis Domaine Sainte-Claire 2020	17,90 €	91
Chablis Domaine Sainte-Claire Vieilles Vignes 2020	19,50 €	92
Chablis Grand Cru Blanchots 2020	69 €	95
Chablis Grand cru Vaudésir 2020	69 €	94
Chablis Premier Cru Côte de Léchet 2020	N.C.	93
Chablis Premier Cru Fourchaume 2020	32 €	93
Chablis Premier Cru Montmains 2020	28 €	92
Chablis Premier Cru Montée de Tonnerre 2020	32 €	94
Chablis Premier Cru Vaulorent 2020	32 €	93

Rouge : 5 hectares.
Blanc : 139 hectares.
Production moyenne : 900 000 bt/an

DOMAINE JEAN-MARC BROCARD ♣

3, route de Chablis, 89800 Prehy
03 86 41 49 00 ● www.brocard.fr ● Vente et visites : sur RDV.
Propriétaire : Jean-Marc Brocard
Directeur : Julien Brocard
Maître de chai : Pierre Brissy

DOMAINE BERNARD DEFAIX

Sylvain et Didier Defaix tiennent la barre du domaine familial de Milly, dont le vignoble est implanté sur la rive gauche du Serein. Leurs premiers crus, un peu moins connus que ceux de la rive droite, réservent de belles surprises dans les années chaudes, particulièrement sur le terroir de la Côte de Léchet. Grâce à des vinifications habiles et à des élevages sur lies en cuve, les vins gagnent en gras et se protègent contre l'oxydation. Deux cuvées sont issues du négoce (grands crus Bougros et Vaudésir), et seuls les vins du domaine sont certifiés bio. Les entrées de gamme sont d'un remarquable rapport qualité-prix et les grands crus ont progressé : le domaine est en bonne forme.

Les vins : énergique et assez lumineux, le simple chablis se montre convaincant. Profil large et crayeux assez confortable dans le chablis Vieilles Vignes, doté d'une large carrure en finale.

Assez large, Les Lys est précoce et accessible mais n'a pas la profondeur et l'intensité des meilleurs. Assez réservé, Les Vaillons séduit par sa texture citronnée, mais présente une pointe végétale en finale. Trame nerveuse et grain assez salin dans Côte de Léchet, vin de bon volume qui reste un peu strict en finale. La version Réserve livre un nez plus pénétrant : un vin de belle intensité, large et profond, puissant mais élégant. Nervosité de texture et intensité de saveurs dans Vaudésir, qui s'illustre par sa finale crayeuse et présente une remarquable persistance. Expression plus nuancée et intense dans Bougros, dont la texture poudreuse évoque le talc : ses saveurs prégnantes relevées de fins amers se déploient au long d'une allonge lancinante.

Chablis 2020	22 €	90
Chablis Grand Cru Bougros 2020	65 €	94
Chablis Grand Cru Vaudésir 2020	65 €	93
Chablis Premier Cru Côte de Léchet 2020	32 €	91
Chablis Premier Cru Côte de Léchet Réserve 2020	36 €	93
Chablis Premier Cru Les Lys 2020	32 €	90
Chablis Premier Cru Les Vaillons 2020	32 €	89
Chablis Vieilles Vignes 2020	26 €	91

Blanc : 27 hectares.
Production moyenne : 250 000 bt/an

DOMAINE BERNARD DEFAIX ♣

17, rue du Château, Milly, 89800 Chablis
03 86 42 40 75 ● www.bernard-defaix.com ● Vente et visites : sur RDV.
Propriétaire : Sylvain et Didier Defaix

DOMAINE DE L'ENCLOS

Avec 29 hectares de vignes (certifiées en bio en 2018), ce domaine fondé en 2016 s'appuie sur le vignoble conservé par Romain et Damien Bouchard, les enfants de Pascal Bouchard, qui a vendu en 2015 son activité de négoce. Dans le parc d'une belle demeure de Chablis, un chai enterré a été construit pour accueillir des raisins vendangés à la main, vinifiés en levures indigènes et sans autre intrant qu'un peu de soufre après pressurage et à la mise. Avec 1,5 hectare en grands crus (Clos, Blanchot, Vaudésir), 8 hectares en premiers crus (dont Fourchaume, Mont de Milieu et Vau de Vey), et le reste en chablis et petit-chablis, cette adresse devient une valeur sûre de l'appellation. Les vins généreux et mûrs risquent de déconcerter les amateurs de chablis épurés, mais ils renouvellent le paysage local.

Les vins : très juteux et mûr, le chablis est gourmand, solaire mais pas chaleureux. À l'Ouest est vinifié sans soufre : si le nez est brouillon, la bouche possède une belle fraîcheur et un élan lumineux qui se prolonge en finale. En premiers crus, Fourchaume est le moins abouti, épais et alangui, avec un fruit évolué, ainsi que Mont de Milieu, un peu lactique. Beauroy est accessible et immédiat, et Montmains gagne en caractère salivant et relief, très persistant et riche d'éclat solaire, sans la moindre lourdeur. Savoureux et charnu, Vau de Vey se présente plus épicé, nourrissant, doté d'un bel éclat. En grands crus, Blanchot est le moins précis, marqué par un boisé mat. Légère touche de poivre vert, matière ample et profonde, étoffée, dans Vaudésir, très énergique et lancinant en finale. Supplément de fraîcheur dans Les Clos, sapide et porté par un souffle salin. La très juste maturité du fruit est parfaitement contenue.

⊐ Chablis 2020	18 €	90
⊐ Chablis Grand Cru Blanchot 2020	49 €	92
⊐ Chablis Grand Cru Vaudésir 2020	49 €	94
⊐ Chablis Premier Cru Beauroy 2020	24 €	91
⊐ Chablis Premier Cru La Fourchaume 2020	32 €	90
⊐ Chablis Premier Cru Mont de Milieu 2020	28 €	91
⊐ Chablis Premier Cru Montmains 2020	28 €	93
⊐ Chablis Premier Cru Vau de Vey 2020	25 €	93
⊐ Chablis À l'Ouest 2020	21 €	91

Le coup de ♥
⊐ Chablis Grand Cru Les Clos 2020	55 €	95

Blanc : 29 hectares.
Production moyenne : 120 000 bt/an

DOMAINE DE L'ENCLOS ♣
I, rue du Puits, 89800 Chablis
03 86 48 29 17 ● www.domainedelenclos.fr ●
Vente et visites : sur RDV.
Propriétaire : Romain et Damien Bouchard

DOMAINE GARNIER ET FILS

Installé à Ligny-le-Chatel, terre de chablis et petit chablis, le domaine est tenu par deux frères passionnés, Xavier et Jérôme Garnier. La gamme couvre toutes les géologies et toutes les appellations de Chablis. Les grands et premiers crus proviennent d'achat de raisin. Vinifiés en levures indigènes, les vins bénéficient d'élevages soignés en cuve ou en fût, et subissent une filtration légère. Une production cohérente de chablis d'un style généreux. Depuis 2016, les Garnier louent 6 hectares de vignes dans les Coteaux de Tannay, située dans la Nièvre, mais 2021 sera le dernier millésime de ces vins. La conversion bio a été entamée en 2021.

Les vins : deux jolis vins du vignoble de Tannay. Melon se montre accrocheur et direct, et le chardonnay, sapide et franc avec un bel éclat de fruit. Texture un peu crémeuse mais fruit "al dente" dans le chablis, qui manque un peu d'harmonie. Matière droite, un peu stricte, discrètement saline dans Grains Dorés : l'éclat du millésime l'affine. Parmi les premiers crus, il reste un peu linéaire et peine à affirmer sa personnalité. Montmains se fait charnu et délié, prolongé d'une fraîcheur sapide. Fourchaume offre des saveurs citronnées mais manque un peu de relief et de gourmandise. Avec son nez qui évoque la coriandre, Mont de Milieu est le plus persistant et présente un beau relief et du tonus en finale. Saveurs de poivre vert, de poire fraîche et d'amande dans Vaudésir, vin bien juteux et nuancé, qui manque un peu d'envergure. Notes de cerises noires et prunelles dans l'excellent épineuil, vin juteux à souhait, au fruit croquant, parfaitement abouti et doté de tanins fins et friands.

⊐ Chablis 2020	20 €	89
⊐ Chablis Grains Dorés 2019	24 €	92
⊐ Chablis Grand Cru Vaudésir 2019	61 €	93
⊐ Chablis Premier Cru Côte de Jouan 2020	30 €	91
⊐ Chablis Premier Cru Fourchaume 2020	35 €	92
⊐ Chablis Premier Cru Mont de Milieu 2020	30 €	93
⊐ Chablis Premier Cru Montmains 2020	30 €	92
⊐ VDF L'Instant Tannay Chardonnay 2020	11 €	89
⊐ VDF L'Instant Tannay Melon 2020	11 €	89
⊐ Bourgogne Épineuil 2020	20 €	91

Rouge : 1,2 hectare.
Blanc : 28,8 hectares.
Production moyenne : 150 000 bt/an

DOMAINE GARNIER ET FILS
Chemin de Méré, 89144 Ligny-le-Châtel
03 86 47 42 12 ● www.chablis-garnier.com ●
Pas de visites.
Propriétaire : Xavier et Jérôme Garnier

DOMAINE LONG-DEPAQUIT

Maison beaunoise bien connue, Albert Bichot est propriétaire à Chablis du domaine Long-Depaquit, établi sur une prestigieuse palette de crus, dont le grand cru La Moutonne en monopole, bénéficiant de l'exposition la plus solaire de l'appellation. Les vins expriment souvent une rondeur et une générosité qui les rendent accessibles jeunes. Si la gamme a progressé, l'expression des terroirs doit gagner en précision et pureté de saveurs, et trop de vins nous déçoivent, présentant des réductions insistantes.

Les vins : le chablis est assez simple, dense mais court. Du volume et du relief dans Les Vaillons, d'accès assez précoce mais réduit et un peu pâteux en finale. Les Beugnons présente un bon relief et des saveurs précises. Élancé et précis, Vaucopins présente une matière assez effilée et saline, de bonne intensité et persistance. Marqué par la réduction et des arômes un peu beurrés, Les Blanchots s'appuie sur une bonne maturité de fruit, mais reste assez comprimé en finale, avec des amers denses et un petit marqueur boisé. Assez réservé, Les Vaudésirs est bien proportionné et ferme, doté d'une large carrure et d'une finale avec de l'extrait sec. Belles dimensions et profondeur de chair dans La Moutonne, assez finement ouvragé et précis dans ses saveurs, ce qui affine le caractère assez massif du cru. Doté d'une excellente persistance, c'est un vin de garde, qui a progressé dans sa définition.

Chablis 2020	33 €	88
Chablis Grand Cru La Moutonne 2019	170 €	95
Chablis Grand Cru Les Blanchots 2019	85 €	92
Chablis Grand Cru Les Vaudésirs 2019	90 €	93
Chablis Premier Cru Les Beugnons 2020	44 €	90
Chablis Premier Cru Les Vaillons 2020	44 €	89
Chablis Premier Cru Les Vaucopins 2020	44 €	92

Blanc : 55 hectares.
Production moyenne : 450 000 bt/an

DOMAINE LONG-DEPAQUIT
45, rue Auxerroise, 89800 Chablis
03 86 42 11 13 ● www.albert-bichot.com ●
Vente et visites : sur RDV.
Propriétaire : Albéric Bichot
Directeur : Louis Gimonnet

DOMAINE ALAIN MATHIAS

Tous deux œnologues, Bastien, le fils d'Alain Mathias, et son épouse Carole sont depuis 2015 à la tête de ce domaine basé à Épineuil et fondé au début des années 1980 et certifié bio depuis 2013. Semi-enterrée, la cave très fonctionnelle permet une excellente régulation thermique et des élevages longs, dix-huit mois en moyenne, dans différents contenants (inox, fûts, jarres en grès et terre cuite). Parcelle emblématique du domaine, la Côte de Grisey est plantée en chardonnay et pinot noir. Cette production de vins sincères et intègres, sans esbroufe, est en train de trouver ses marques.

Les vins : croquant, vif et frais, le petit-chablis est tonique. Bien mûr, le chablis est gourmand mais manque un peu de nervosité. Maturité poussée également dans Vau de Vey, un vin charnu et ample, dont la finale est un peu confite. Profil mûr et assez onctueux dans Côtes de Grisey blanc, vin voluptueux qui a préservé la fraîcheur de petits amers dans son allonge pleine de relief. Ravissante expression de petits fruits des bois dans l'épineuil rouge, un vin joyeux et friand aux saveurs croquantes et finement acidulées. Nez de fraises et d'épices douces dans le Côte de Grisey rouge, qui confirme son statut de terroir d'exception : il allie fraîcheur tonique et gourmandise de fruit. Le boisé se fondra mais est un peu appuyé en finale.

Bourgogne Tonnerre Côtes de Grisey 2020	20 €	92
Chablis 2020	18 €	89
Chablis Premier Cru Vau de Vey 2019	27 €	90
Petit Chablis 2020	14 €	90
Bourgogne Épineuil Côte de Grisey 2020	22,50 €	93
Bourgogne Épineuil Tradition 2020	18 €	92

Rouge : 5,7 hectares.
Blanc : 6,8 hectares.
Production moyenne : 50 000 bt/an

DOMAINE ALAIN MATHIAS ♣
Route de Troyes, D944 89700 Epineuil
03 86 54 43 90 ●
www.domainealainmathias.com ●
Visites : sans RDV.
Propriétaire : Bastien et Carole Mathias

DOMAINE LOUIS MICHEL ET FILS

Dirigé par Guillaume Michel, ce domaine fondé en 1850 s'est toujours fait le chantre des chablis premiers crus très purs et très nets, sans utilisation du bois. Discrets dans leur jeunesse, ces chardonnays sont bâtis pour évoluer de dix à vingt ans en bouteille. Le domaine développe un style de chardonnay assez direct dans l'expression du fruit, mais parfois trop strict et pourvu de notes végétales.

Les vins : profil acidulé et assez végétal dans le simple chablis. Assez réduit, Montée de Tonnerre se montre strict et végétal : c'est une déception. Nez d'amandes et de menthe dans Forêts, un vin au profil croquant et assez gourmand, pas très complexe mais bien proportionné. Matière assez franche et structurée dans Séchets, aux saveurs nerveuses et intenses, mais sans toute la finesse dont ce terroir est capable. Avec son nez incisif, Butteaux se fait généreux et onctueux, avec une chair assez ferme et bien concentrée. Son éclat et ses bons amers de finale lui apportent beaucoup de relief. Vaudésir joue sur sa large matière énergique : un peu végétal en finale, il termine sur de l'amertume. Assez austère, Les Clos ne consent pas à se livrer : un vin concentré et solaire, dont la finale reste marquée par des notes un peu trop végétales. Très ferme, éclatant dans son fruit, Grenouilles déploie une envergure et une vigueur appréciables. Sa finale stricte et compacte l'amoindrit un peu.

Chablis 2020	22 €	88
Chablis Grand Cru Grenouilles 2019	65 €	93
Chablis Grand Cru Les Clos 2018	65 €	92
Chablis Grand Cru Vaudésir 2019	65 €	92
Chablis Premier Cru Butteaux Vieilles Vignes 2019	40 €	93
Chablis Premier Cru Forêts 2019	35 €	92
Chablis Premier Cru Montée de Tonnerre 2019	40 €	90
Chablis Premier Cru Séchets 2019	35 €	92

Blanc : 25 hectares.
Production moyenne : 140 000 bt/an

DOMAINE LOUIS MICHEL ET FILS ♣

9, boulevard de Ferrières, 89800 Chablis
03 86 42 88 55 ● www.louismicheletfils.com
● Vente et visites : sur RDV.
Propriétaire : Famille Michel
Directeur : Guillaume Michel

DOMAINE OUDIN

Ce domaine familial possède une vingtaine de parcelles sur la commune de Chichée, un secteur froid, très calcaire et caillouteux. Diplômée d'œnologie, Nathalie Oudin prend le relais en 2007, secondée depuis 2013 par sa sœur Isabelle. Le travail sérieux à la vigne bannit les désherbants et réduit au maximum les autres traitements. À la cave, les levures indigènes sont de rigueur, et les vins élevés exclusivement en cuve inox. La gamme est cohérente et fiable, et par sa constance, sa régularité, ce petit domaine s'approche d'une première étoile.

Les vins : vin fuselé d'une belle rectitude, le chablis déroule son intensité de saveurs, doté d'une excellente allonge qui évoque la muscade et le poivre blanc. Matière large et généreuse aux saveurs de fruits jaunes dans Les Serres, qui s'appuie sur des amers vigoureux pour asseoir son envergure. Très pur et finement exotique, Vaugiraut évoque le fruit de la passion. Encore un peu réduit, ce vin subtil et ciselé possède une personnalité attachante. Supplément de délicatesse et grain salin très intense dans Vaucoupins, un vin ouvragé et nuancé qui brille particulièrement en 2020, millésime de précision dans lequel ce terroir froid offre une lecture sans fard.

Chablis 2020	Épuisé - 16 €	91
Chablis Les Serres 2019	Épuisé - 18 €	92
Chablis Premier Cru Vaucoupins 2020	Épuisé - 29 €	94
Chablis Premier Cru Vaugiraut 2020	Épuisé - 26 €	93

Blanc : 10 hectares.
Production moyenne : 50 000 bt/an

DOMAINE OUDIN

5, rue du Pont, 89800 Chichée
06 42 40 71 90 ● domaine.oudin@wanadoo.fr
● Vente et visites : sur RDV.
Propriétaire : Nathalie et Isabelle Oudin
Maître de chai : Nathalie Oudin

DOMAINE ISABELLE ET DENIS POMMIER

Isabelle et Denis Pommier se sont installés dans le village de Poinchy en 1990, avec 2 hectares de vignes (23 aujourd'hui). Certains premiers crus subissent une fermentation partielle sous bois, et toutes les vinifications sont effectuées en levures indigènes. L'ensemble de la production affiche une belle qualité, notamment les vins d'entrée de gamme. Certifié en bio depuis 2014, ce domaine a produit de superbes vins, toujours bien mûrs, mais la fraîcheur n'est pas toujours au rendez-vous dans les années solaires. Les 2020 reviennent à de meilleurs équilibres.

Les vins : assez friand, doté d'une acidité prononcée, le bourgogne pinot noir se montre bien concentré et séveux. L'irancy s'appuie sur une trame acide nerveuse : un vin tonique, encore immature, qui doit s'harmoniser. Caractère nerveux et inhabituellement tendu dans le pinot Beurot, dont le fruit croquant et pur s'avère bien sapide. Dès l'entrée de gamme, les chablis font preuve d'une belle précision de saveurs. Les Reinettes est ferme et expressif, plus d'envergure et de relief dans Croix aux Moines, un vin profond et profilé, qui demande à vieillir un peu mais se fait lumineux et ciselé en finale. Nez assez végétal dans le nuancé et subtil Côte de Léchet, encore sur la réserve mais dont la finale se montre ferme et scintillante. Générosité de fruits jaunes et grand volume de chair dans le Fourchaume, vin volubile et expressif qui a su rester croquant et tonique, sans aucun excès solaire. Nez pénétrant et intense dans le premier cru Troesmes, vin ouvragé et délicatement salin, parfaitement abouti et très juste dans son expression aromatique qui associe agrumes et notes crayeuses.

▭ Bourgogne Pinot Beurot Grain de Survie 2020	11 €	91
▭ Chablis 2020	15 €	91
▭ Chablis Croix aux Moines 2020	18 €	92
▭ Chablis Premier Cru Côte de Léchet 2020	24 €	91
▭ Chablis Premier Cru Fourchaume 2020	28 €	93
▭ Chablis Premier Cru Troesmes 2020	24 €	93
▭ Chablis les Reinettes 2020	17,50 €	91
▭ Petit Chablis Hautérivien 2020	12 €	90
▬ Bourgogne 2020	Épuisé - 15 €	91
▬ Irancy Grains de Survie 2020	18 €	90

Rouge : 2,3 hectares.
Blanc : 21 hectares.
Production moyenne : 150 000 bt/an

DOMAINE ISABELLE ET DENIS POMMIER ♣

31, rue de Poinchy, 89800 Poinchy
03 86 42 83 04 ● www.denis-pommier.com
● Vente et visites : sur RDV.
Propriétaire : Isabelle et Denis Pommier

DOMAINE D'ÉDOUARD

Édouard Lepesme a travaillé plusieurs années dans le marketing du vin, s'est ensuite formé au lycée viticole de Beaune puis chez quelques excellents vignerons de Chablis avant de reprendre, en 2014, 13 hectares de vignes dans le secteur un peu endormi des Côtes d'Auxerre. Il a flairé le potentiel de ce terroir sur lequel pinot noir, chardonnay, aligoté, gamay et césar sont capables de donner des vins fins et fruités. La certification bio a vite suivi, et le domaine a rapidement trouvé ses marques. La régularité des vins confirme le talent de ce jeune vigneron.

Les vins : équilibre savoureux dans le crémant, doté d'une bonne franchise de saveurs. Profil sobre et frais dans l'aligoté, vin serein et sans artifice, qui laisse la bouche parfumée. Élevé en fûts, l'aligoté Les Petits Cailloux prend des arômes de fruits jaunes : ses bons amers lui impriment un caractère tranché, mais il doit se remettre de son élevage qui ternit un peu le fruit. Pinot noir et césar cohabitent dans l'original coteaux-bourguignons, où le premier vient tempérer la fermeté un peu rustique du second : fin et structuré, l'ensemble est très abouti. Assez poudré, le pinot noir se distingue par sa fraîcheur de fruit et la délicatesse de ses tanins. Juteux mais retenu, il est gourmand et raffiné à la fois, marqué par la vendange entière mais sans excès. Générosité et amplitude de saveurs dans le chardonnay, qui a conservé beaucoup de fraîcheur, et provient de raisins parfaitement mûrs.

▭ Bourgogne Aligoté 2020	11 €	91
▭ Bourgogne Aligoté Les Petits Cailloux 2019	25 €	90
▭ Bourgogne Côtes d'Auxerre Les Collines de Vaux Chardonnay 2020	16 €	91
▭ Crémant de Bourgogne Extra-Brut Les Collines de Vaux 2017	14 €	90
▬ Bourgogne Côtes d'Auxerre Les Collines de Vaux Pinot Noir 2020	16 €	92
▬ Coteaux Bourguignons 50/50 2018	25 €	91

Rouge : 7 hectares.

Blanc : 7,5 hectares.

Production moyenne : 50 000 bt/an

DOMAINE D'ÉDOUARD ♣

43, rue de Vallan, Vaux, 89290 Auxerre

06 87 20 77 27 ● www.domaine-edouard.fr ●
Vente et visites : sur RDV.

Propriétaire : Édouard Lepesme

DOMAINE D'ÉLISE

Installé sur les hauteurs de Milly, face à Chablis, Frédéric Prain a su créer un style personnel de chablis élégants, digestes, loin des chardonnays démonstratifs ou techniques. Ce vigneron trop discret, au caractère affirmé, a clairement gagné aujourd'hui son statut de référence à Chablis. Sur un domaine d'un seul tenant, sa production de chablis et de petit-chablis, ainsi qu'un peu de premier cru en Côte de Léchet, est régulière et hors du commun. Le vignoble est progressivement replanté en clones moins productifs, et les sols intégralement travaillés sans désherbants ni pesticides.

Les vins : expressif, assez ciselé dans sa texture mais encore un peu austère, le petit-chablis se fait très dynamique et vibrant. Grande pureté de saveurs, trame élancée et fruit sobre et juteux dans le chablis, vin complet et sain auquel un relief salin apporte beaucoup d'allonge et de vivacité. Sa maturité juste est parfaitement gérée. Côte de Léchet conjugue finesse et élégance, agrémenté de saveurs pures et d'un élevage un peu présent en finale, mais qui s'intégrera sans difficulté. Persistante, la finale déborde de peps.

Chablis Premier Cru Côte de Léchet
  2019   20 € **93**
Petit Chablis 2020   10 € **90**
Le coup de ♥
Chablis 2020   13 € **92**

Blanc : 13,5 hectares.
Production moyenne : 80 000 bt/an

DOMAINE D'ÉLISE

Chemin de la Garenne, Carrefour Poinchy,
89800 Milly
03 86 42 40 82 • frederic.prain@wanadoo.fr
● Vente et visites : sur RDV.
Propriétaire : Frédéric Prain

CÔTE DE NUITS

★★★★ ↗ DOMAINE LEROY

Les vins produits par Lalou Bize-Leroy ne cessent d'enthousiasmer et de fasciner. Cette dégustatrice hors pair possède l'une des visions les plus personnelles de toute la Bourgogne. La conduite de ses vignes en biodynamie, qui ne sont plus rognées depuis 1999, ne souffre à ses yeux d'aucun compromis, quoi qu'il lui en coûte. Qu'importe si la nature lui fait parfois payer cher ses choix : cette grande dame ne change rien au cap fixé. À cela s'ajoute une expérience unique de la vinification, là encore dans le respect de principes stricts, comme le non-égrappage des raisins. Tout cela a permis à Lalou Bize-Leroy, dont le domaine est à la tête d'une collection unique de grands terroirs, de produire quelques-uns des plus grands vins au monde. Les rendements infimes donnent ici des raisins d'une concentration inégalée de parfums et de saveurs, d'une régularité et d'une complexité sans faille depuis de nombreuses années. Le domaine accède cette année au cercle restreint des producteurs quadruplement étoilés.

Les vins : nez fumé, tanins gras, subtile sucrosité du fruit mûr, beaucoup de mâche et d'énergie dans le pommard, vin complet à la carrure athlétique et profonde. Sphérique, débordant de petits fruits noirs, le nuits-villages se fait crémeux et salivant, tout en envergure et doté d'un somptueux éclat. Étincelant, le vosne Les Genaivrières rayonne d'un fruit pulpeux et tapisse la bouche de saveurs mûres de fruit cristallisé. Exceptionnel, le savigny Les Narbantons, qui grésille avec un léger perlant, voluptueux et proche du fruit, noté de tanins enfouis et croquants. Vin brillantissime que le nuits premier cru Les Boudots : envergure de pulpe de fruits noirs, tension et harmonie, matière de grand volume agrémentée de tanins réglissés, incroyable rétro-olfaction et gourmandise irrésistible. Soyeux, sans la moindre aspérité, le vosne Les Beaux Monts est éclatant et lumineux, admirablement construit et symétrique autour d'une mâche exceptionnelle de finesse. Vin apaisant et contemplatif, la romanée-saint-vivant s'inscrit au cœur du fruit, concentrée, mûre mais sans chaleur, éblouissante dans sa ravissante intensité de saveurs, à l'harmonie parfaite. Flamboyant richebourg, civilisé et spirituel, vin sans artifice qui exprime l'excellence d'un raisin intègre et velouté, gracieux jusque dans sa mâche grandiose de petits tanins ouvragés. Églantine, noyau de cerise et notes mentholées dans le monacal Clos de Vougeot, ferme et introspectif, à l'assise large et à la trame encore serrée. Avec sa texture d'étoffe précieuse, le Clos de la

Roche est un vin fascinant, froid et pénétrant, inouï de raffinement, d'éclat et de pureté de fruit.

▰ Clos de Vougeot Grand Cru 2020	N.C.	99
▰ Clos de la Roche Grand Cru 2020	N.C.	99
▰ Nuits-Saint-Georges 2020	N.C.	96
▰ Nuits-Saint-Georges Premier Cru Les Boudots 2020	N.C.	98
▰ Pommard Les Vignots 2020	N.C.	95
▰ Richebourg Grand Cru 2020	N.C.	100
▰ Romanée-Saint-Vivant Grand Cru 2020	N.C.	100
▰ Savigny-lès-Beaune Premier Cru Les Narbantons 2020	N.C.	97
▰ Vosne-Romanée Les Genaivrières 2020	N.C.	97
▰ Vosne-Romanée Premier Cru Les Beaux Monts 2020	N.C.	99

Rouge : 18,13 hectares. Pinot noir 100 %
Blanc : 3,86 hectares. Aligoté 71 %, Chardonnay 29 %
Production moyenne : 40 000 bt/an

DOMAINE LEROY ☾

15, rue de la Fontaine, 21700 Vosne-Romanée
03 80 21 21 10 ● www.domaineleroy.com ●
Visites : sur RDV aux professionnels.
Propriétaire : Lalou Bize-Leroy

★★★★ ⚐ DOMAINE JACQUES-FRÉDÉRIC MUGNIER

Le domaine a radicalement changé d'allure en 2004, passant de 4 à 14 hectares avec la réintégration du Clos de la Maréchale à Nuits-Saint-Georges, qui était en fermage depuis cinquante-trois ans, sur lequel une production confidentielle de blanc a vu le jour. Ce monopole complète les autres vignes situées sur les meilleurs terroirs de Chambolle-Musigny : Musigny, en plein centre du Grand-Musigny, Bonnes-Mares, Les Amoureuses, Les Fuées. Frédéric Mugnier privilégie avant tout la finesse pour exprimer le terroir sans aucune fioriture, avec une constance digne d'éloges et une précision qui l'a logiquement installé en deux décennies parmi les producteurs majeurs de la Bourgogne. Le Musigny est conservé en vieillissement en bouteilles dans les caves du domaine, jusqu'à ce qu'il ait atteint une évolution suffisante pour mériter sa mise sur le marché. Nous saluons cette décision qui illustre à nos yeux l'exigence de qualité que s'est fixée le vigneron et propriétaire du domaine.

Les vins : avec son nez envoûtant qui évoque la framboise et la rose fraîche, le chambolle a le raffinement d'une étoffe précieuse. Tout en élégance naturelle, il présente la perfection des plus grands millésimes, qui s'exprime dans sa plénitude de saveurs rayonnantes. Magnifique fraîcheur et intensité aromatique dans l'admirable Clos de la Maréchale 2019, un vin ouvragé et brillant dont l'étoffe exprime autant de finesse que de puissance contenue. Parfaitement proportionné, il sera délicieux à tout âge. Somptueux chambolle pemier cru Les Fuées, tout en suavité de texture et finesse de tanins, vin tendu, subtil et raffiné, impressionnant dans le contexte du millésime. Le bonnes-mares plonge dans la roche, pourvu d'une matière très dense mais sans lourdeur, fascinant dans la pureté de son fruit cristallisé et épicé. Les Amoureuses provoque le ravissement, dentelle de pinot nuancé, d'un merveilleux soyeux dans sa trame douce et fuselée, qui ne cède le pas qu'au musigny, dont l'étoffe magistrale emplit la bouche. Il envahit les sens, incroyablement intense, poussant les curseurs, en vous accompagnant longtemps, éblouissant par sa resplendissante perfection, sans la puissance habituelle.

▰ Bonnes-Mares 2020	N.C.	98
▰ Chambolle-Musigny 2019	N.C.	96
▰ Chambolle-Musigny Premier cru Les Amoureuses 2020	N.C.	99
▰ Chambolle-Musigny Premier cru Les Fuées 2020	N.C.	97
▰ Nuits-Saint-Georges Premier Cru Clos de la Maréchale 2019	N.C.	96

Le coup de ♥

▰ Musigny 2020	N.C.	100

Rouge : 13 hectares.
Blanc : 1 hectare.
Production moyenne : 60 000 bt/an

DOMAINE JACQUES-FRÉDÉRIC MUGNIER

Château de Chambolle-Musigny,
21220 Chambolle-Musigny
03 80 62 85 39 ● www.mugnier.fr ● Pas de visites.

Propriétaire : Jocelyne et Frédéric Mugnier

★★★★ 🌿 DOMAINE DE LA ROMANÉE-CONTI

Le domaine est au cœur de ce qui fait le mythe de la Bourgogne, ne proposant quasiment que des grands crus. Peu d'étiquettes suscitent une telle admiration et une telle passion (hors de toute raison, diront certains). Bien sûr, les bouteilles sont rares et terriblement chères, mais la magie qui s'en dégage, à condition de donner aux vins le temps de prendre forme en bouteille, ne peut laisser personne indifférent. Les vignes atteignent désormais un âge moyen très élevé. Leur culture, largement inspirée par la biodynamie (mais sans jamais s'en revendiquer), permet à chaque terroir d'exprimer à travers les raisins ses particularismes avec une force insurpassable. Les vinifications sont d'une simplicité quasi biblique : le raisin est peu ou pas du tout égrappé, les températures ne sont jamais manipulées pour obtenir davantage de couleur ou des arômes plus marqués ; l'élevage s'effectue en bois neuf et le logement, en première année, dans l'admirable cave des anciens moines de Saint-Vivant, permet de gagner en fraîcheur aromatique. Du corton, cohérent, terrien et généreux au puissant et félin richebourg, en passant par les fins et vigoureux échézeaux et le grands-échézeaux, et la merveilleusement élégante romanée-saint-vivant, les vins se déclinent telle une collection de joyaux. Toujours fidèle à elle-même, la tâche donne un des vins les plus complets de la Bourgogne, tandis que la romanée-conti offre un bouquet unique au monde, et la plénitude si divinement légère de son corps. Intense et profondément mûr, le montrachet prend, après huit à dix ans de vieillissement, un équilibre réellement sublime qui rend, en comparaison, tous les autres vins de l'appellation bien pâles. 2019 voit l'arrivée du corton-charlemagne, issu de quatre parcelles totalisant trois hectares. La quatrième étoile s'impose sans discussion.

Les vins : plein de vitalité, mûr et frais, le vosne premier cru s'appuie sur des tanins soyeux et une saveur de végétal mûr qui emplit la finale. Sa douceur de chair veloutée, sa gourmandise et ses notes florales cohabitent avec un boisé noble qui doit encore se fondre. Assise minérale dense et empreinte tonifiante de végétal mûr de la vendange entière dans l'échezeaux, qui a enrobé dans son fruit séveux et parfumé sa trame assez ferme. Plus introverti et profond, le grands-échezeaux se structure autour d'un cœur de tanins plus serrés mais millimétrés : très séduisante, sa chair pulpeuse et sensuelle exprime une maturité très juste, évoquant les fruits noirs, le cacao, le fusain et le zan. Entre cassis frais et framboise, le romanée-saint-vivant se présente caressante et dynamique, sans aspérités dans ses tanins très intégrés. Proportions majestueuses dans le très consis-

tant richebourg, vin vertical à la maturité poussée, à la chair dense et séveuse. Avec ses notes d'écorce, d'orange sanguine, il est terrien et très étoffé : seule une longue garde l'épanouira. Vin magistral, La Tâche vous accueille avec son nez renversant, entre bois de santal, pivoine, cerise noire, poudre de riz et notes sanguines. Ce captivant spectre aromatique se retrouve en bouche, qui monte lentement en puissance à l'air : texture ouvragée, et finale étincelante, épicée, avec une sublime note de violette. Plus subtile et réservée, entre petites baies et rose séchée, le romanée-conti vibre de la succulence d'un fruit mûr d'une exquise délicatesse et d'une extraordinaire vitalité. Avec son exemplaire qualité de tanins et sa finale soyeuse, ce vin n'en finit pas de vous quitter. Première édition du corton-charlemagne, aux notes de menthe et de grillé noble : un vin généreux et corsé, à l'assise franche de raisins bien mûrs et à la concentration naturelle.

Corton-Chalemagne Grand Cru 2019	N.C.	97
Echezeaux Grand Cru 2019	N.C.	96
Grands-Échezeaux Grand Cru 2019	N.C.	97
La Tâche Grand Cru 2019	N.C.	100
Richebourg Grand Cru 2019	N.C.	98
Romanée-Conti Grand Cru 2019	N.C.	100
Romanée-Saint-Vivant Grand Cru 2019	N.C.	97
Vosne-Romanée Premier Cru Cuvée Duvault-Blochet 2019	N.C.	95

Rouge : 26,5 hectares.
Blanc : 0,85 hectare.
Production moyenne : 80 000 bt/an

DOMAINE DE LA ROMANÉE-CONTI

1, place de l'Église, 21700 Vosne-Romanée
03 80 62 48 80 ● contact@romanee-conti.fr
● Pas de visites.
Propriétaire : Famille de Villaine et Famille Leroy

★★★★ 🌿 DOMAINE ARMAND ROUSSEAU

Ce domaine, un des fleurons de la viticulture bourguignonne, a été précurseur, dès les années 1920, des mises en bouteilles à la propriété. Après une période, dans les années 1980-1990, durant laquelle le style des vins pouvait sembler léger et manquer de densité par rapport aux exigences d'extraction et de concentration qui prévalaient à l'époque, les bouteilles du domaine sont devenues aujourd'hui des objets de culte et l'incarnation d'un nouveau classicisme. Les vins ont pourtant conservé leurs fondamentaux, même si Éric Rousseau (et maintenant sa fille Cyrielle) les ont fait progresser par petites touches et ont trouvé leurs marques avec un subtil mélange d'élégance, de noblesse, de densité, mais aussi de soyeux et de notes tendrement épicées qui rendent les vins du domaine reconnaissables entre tous. Si les Clos Saint-Jacques, Chambertin Clos de Bèze et Chambertin sont dans leur jeunesse assez marqués par le bois neuf, ils le digèrent toujours admirablement au bout d'une dizaine d'années, vieillissement minimum pour bien les apprécier. La régularité de la qualité, bien servie par un patrimoine de vignes exceptionnel, compte tenu de la disparité des cuvées et des millésimes, est proprement époustouflante : fleuron de la Bourgogne, le domaine mérite d'accéder au cercle restreint des quadruple étoilés.

Les vins : fruit friand et salivant, qui rappelle la framboise, dans le précis et frais gevrey-villages. Supplément de fraîcheur, sève nerveuse et mâche sertie de tanins très fins : élancé, digeste, Lavaux Saint-Jacques évoque la ronce et la fraise des bois dans son fruit. Salin et plus froid, Clos de la Roche offre un nez de bonbon à la violette, et présente une matière droite et franche, une trame verticale et étoffée de tanins serrés mais très fins. Musculeux, élancé, ses 15 % d'alcool sont absolument imperceptibles. Très expressif dans ses arômes de fraise des bois et de menthe fraîche, Clos Saint-Jacques dessine une bouche haute couture, d'une grande fraîcheur et pureté aromatique, où la chair moelleuse et nuancée se fait brillante et virevoltante. Notes d'églantine et de vieille rose dans Clos-de-Bèze, charnu mais élancé, véritable taffetas de fruit frais dans un enrobage charnu. Si sa noblesse d'expression ne fait aucun doute, le boisé le marque un peu à ce stade, mais devrait s'intégrer. Écorce, zan et fruits finement compotés signent une maturité poussée : tout en densité de texture, amplitude de chair et vigueur enfouie, le chambertin, vin seigneurial et radieux, se présente formidablement en place et resplendissant, glorieux successeur du 2019.

■ Chambertin Grand Cru 2020	900 €	100
■ Chambertin-Clos-de-Bèze Grand Cru 2020	900 €	98
■ Clos de la Roche Grand Cru 2020	400 €	96
■ Gevrey-Chambertin 2020	90 €	93
■ Gevrey-Chambertin Premier Cru Clos Saint-Jacques 2020	700 €	98
■ Gevrey-Chambertin Premier Cru Lavaux Saint-Jacques 2020	200 €	95

Rouge : 15 hectares.
Production moyenne : 65 000 bt/an

DOMAINE ARMAND ROUSSEAU
1, rue de l'Aumônerie
21220 Gevrey-Chambertin
03 80 34 30 55 ●
www.domaine-rousseau.com ● Pas de visites.
Propriétaire : Éric Rousseau

★★★ DOMAINE DE L'ARLOT

Le Clos de l'Arlot a donné son nom au domaine, propriété d'AXA Millésimes depuis 1987. Ce clos exploité en monopole entoure le bâtiment et donne un des blancs les plus originaux et séducteurs de la Côte de Nuits. L'autre vedette est le Clos des Forêts Saint-Georges, lui aussi exploité en monopole, qui associe puissance et élégance dans un équilibre presque parfait. Jacques Devauges s'est occupé des millésimes 2011 à 2013 et a vendangé et vinifié le 2014, son plus beau. Désormais conduit en bio, le domaine a accompli de grands progrès dans la compréhension des terroirs et dans leur mise en valeur. À partir de 2014, les vins sont élevés par la nouvelle directrice, Géraldine Godot, qui vinifiait au préalable pour la maison Alex Gambal, et qui a formidablement réussi les derniers millésimes. La justesse de définition, l'élégance intemporelle des vins et leur transparence de saveurs incarnent un style que nous souhaitons défendre.

Les vins : Le blanc Clos de l'Arlot allie nervosité et richesse de texture, doté d'une trame dense et charnue, au boisé assez ferme : ses saveurs de citron confit ramènent de la fraîcheur en finale. Son alter ego rouge voit sa chair affinée par la vendange entière. Précis, porté par un fruit frais et séveux, il est harmonieux et persistant, d'une superbe délicatesse de texture. Fraîcheur et relief aromatique supplémentaire dans Clos des Forêts, dont la matière énergique et finement enrobée est emportée par un souffle final étourdissant à l'éclat calcaire. Étoffé dans ses tanins, profond, racé, intègre, c'est un grand vin de garde, déjà accessible. Entre pot-pourri, zan et cerise confite, le vosne Les Suchots exprime une maturité poussée. Corsée et vigoureuse, sa chair ferme s'appuie sur une trame tannique moelleuse, rendue friande par la vendange entière. Très raffinée dans ses arômes, délicatement fumée et débordante de petits fruits noirs, le romanée-saint-vivant tient son rang avec sa trame très persistante, sa chair tonique et succulente parsemée de petits éclats vifs et frais.

▭ Nuits-Saint-Georges Premier Cru Clos de l'Arlot Monopole 2020	105 €	94
■ Nuits-Saint-Georges Premier Cru Clos de l'Arlot Monopole 2020	98 €	95

- Nuits-Saint-Georges Premier Cru Clos des Forêts Saint-Georges Monopole
2020   98 €   **96**
- Romanée-Saint-Vivant Grand Cru
2020   500 €   **97**
- Vosne-Romanée Premier Cru Les Suchots
2020   170 €   **95**

Rouge : 12,2 hectares.
Blanc : 2,7 hectares.
Production moyenne : 60 000 bt/an

DOMAINE DE L'ARLOT ♣
14, RD 974, 21700 Prémeaux-Prissey
03 80 61 01 92 ● www.arlot.com ● Vente et visites : sur RDV.
Propriétaire : AXA Millésimes
Directeur : Christian Seely
Maître de chai : Géraldine Godot

★★★ CLOS DE TART

François Pinault a racheté la propriété au printemps 2018 à la famille Mommessin. Jacques Devauges, qui a pris de 2015 jusqu'à début 2019 la suite de Sylvain Pithiot comme régisseur, a approfondi le travail parcellaire, et a généralisé la culture biologique. Il a également affiné les choix de chauffes des barriques, et diminué la proportion de fût neuf, qui était invariablement de 100 %. Alessandro Noli, auparavant régisseur du Château-Grillet dans la vallée du Rhône, est arrivé au printemps 2019 et souhaite poursuivre dans la même voie : orienter le Clos de Tart vers un vin plus en finesse, avec des tanins plus suaves, sans pour autant sacrifier la légendaire profondeur de saveurs qu'offre ce cru historique. La certification en biodynamie débutera avec le millésime 2020. Une cuverie rénovée, une chambre froide pour refroidir les raisins et de nouvelles installations pour accueillir les visiteurs sont en cours d'achèvement.

Les vins : issu des jeunes vignes du clos, le morey villages se montre riche et vigoureux, enrobé et assez volumptueux, doté d'une trame profonde constituée de tanins un peu incisifs. Avec sa trame ample et veloutée, le morey premier cru 2020 présente plus d'éclat et de concentration : son fruit très expressif et précis est plein de tonus, et sa finale nerveuse contribue à son équilibre. Sans défaut mais plus construit, le 2019 se fait gourmand, assez croquant, tout en rondeur et volume de chair, encore un peu compact : il joue un peu des muscles. Vertical, Clos de Tart 2019, aux saveurs de graphite, emplit la bouche, pénétrant, sinueux et concentré. Terrien et ferme, sa grande envergure est parsemée de saveurs d'écorce et de cacao, avec un éclat préservé mais un fruit

enfoui. Le nez du 2020 met du temps à se livrer, avec des notes de fruits des bois, de poivre, d'épices douces et de bois de santal : majestueuse et profonde dès l'attaque, sa bouche monte en puissance autour d'une sève dynamique, sertie d'un grain de tanin très fin et poli. La sensation d'énergie joyeuse s'accompagne d'une impression de grande douceur, et d'une allonge épurée et subtile.

- Clos de Tart Grand Cru 2019   N.C.   **96**
- Clos de Tart Grand Cru 2020   N.C.   **98**
- Morey-Saint-Denis 2020   N.C.   **92**
- Morey-Saint-Denis Premier Cru La Forge de Tart 2019   N.C.   **94**
- Morey-Saint-Denis Premier Cru La Forge de Tart 2020   N.C.   **95**

Rouge : 7,53 hectares. Pinot noir 100 %
Production moyenne : 25 000 bt/an

CLOS DE TART ♣
7, route des Grands-Crus,
21220 Morey-Saint-Denis
03 80 34 30 91 ● www.clos-de-tart.com ● Vente et visites : sur RDV.
Propriétaire : Artémis Domaines
Directeur : Frédéric Engerer
Maître de chai : Alessandro Noli

★★★ DOMAINE CLAUDE DUGAT

Plébiscité par les amateurs du monde entier, Claude Dugat a fait preuve d'une humilité sans pareil tout au long de sa carrière. Aujourd'hui, ses trois enfants ont la charge du domaine : Bertrand et Laetitia se sont formés auprès de leurs parents, et Jeanne est revenue depuis peu. La nouvelle génération évolue brillamment vers des vins plus précis, avec des élevages moins présents, des tanins affinés et des vendanges plus précoces pour préserver fraîcheur et caractère digeste. Ces raisins travaillés amoureusement expriment avec une grande justesse l'identité de chacun de leurs terroirs. Et si leurs vins racontent toujours ce plaisir immédiat, lié au fruité éclatant du pinot, ils sont également taillés pour la garde et dévoilent à merveille toute la beauté et la force des terroirs de Gevrey-Chambertin. Les derniers millésimes sont d'exceptionnelles réussites et incarnent à merveille la sincérité vigneronne que nous avons à cœur de défendre. La troisième étoile a été décernée l'an dernier.

Les vins : le bourgogne est plein et juteux, nerveux, doté de petits tanins vifs. Souple et charnu, le gevrey se présente mûr et épicé, empreint d'une sève énergique. Tonique et droit, il s'adosse à des tanins réglissés. Un rien plus mûr dans ses saveurs de fruits noirs et de griotte, le gevrey La Marie présente plus de structure et de fermeté dans ses tanins, avec une belle mâche en finale. Notes de fleurs et de violette dans la matière élancée et nerveuse du très fin premier cru, qui prend du volume en finale, avec des tanins charnus et un profil dynamique. Grande pureté aromatique dans le frais et racé Lavaux Saint-Jacques, rayonnant et lumineux, précis et gracieux. Sa transparence de saveurs est remarquable, sa matière plus dense mais sans lourdeur, il se fait très harmonieux. Succulence de fruit brillant dans le charmes-chambertin, accessible et superbement doté d'une matière dense et sinueuse, constituée de tanins amples et mûrs, tapissants et croquants. Véritable corbeille de fruits où domine la cerise, le lilas et la pivoine, le griotte offre un captivante suavité et délicatesse de texture. Doux mais un peu resserré, il se montre un peu moins brillant que le chapelle, dont la grande délicatesse aromatique au nez, dominé par la violette, précède une bouche explosive et multi-facettes. Sa myriade de petites saveurs aiguisées révèle une énergie revigorante et communicative : envoûtant et racé, il a enrobé cette vigueur sous la douceur onctueuse de sa chair sensuelle.

Bourgogne 2020	N.C.	92
Charmes-Chambertin Grand Cru 2020	N.C.	97
Gevrey-Chambertin 2020	N.C.	94
Gevrey-Chambertin La Marie 2020	N.C.	94
Gevrey-Chambertin Premier Cru 2020	N.C.	95
Gevrey-Chambertin Premier Cru Lavaux Saint Jacques 2020	N.C.	97
Griotte-Chambertin Grand Cru 2020	N.C.	98

Le coup de ♥

Chapelle-Chambertin Grand Cru 2020	N.C.	99

Rouge : 6 hectares. Pinot noir 100 %
Production moyenne : 24 000 bt/an

DOMAINE CLAUDE DUGAT

1, place de la Cure, 21220 Gevrey-Chambertin
03 80 34 36 18 ● Pas de visites.
Propriétaire : Claude Dugat

★★★ DOMAINE BERNARD DUGAT-PY

Loïc, formé par son père Bernard Dugat-Py, a longtemps travaillé en famille mais affirme désormais son style, moins interventionniste en vinification. Les vins gardent leur puissance et leur élégance, mais gagnent en délicatesse. Le vignoble est conduit comme un jardin, avec un rare savoir-faire, une attention aux moindres détails. Issus de vieilles vignes de sélection massale, les raisins confèrent aux vins une densité singulière. Vinifiés sans aucun artifice, avec une proportion importante de vendange entière, ils sont colorés, avec une forte empreinte du terroir, plus fins que par le passé et ne se révèlent qu'après un vieillissement de plusieurs années. Le domaine est certifié bio depuis 2015. Nous avons émis quelques réserves concernant les élevages trop appuyés, mais le domaine ne nous a pas attendus pour corriger le tir, et depuis 2018 les vins reviennent au plus haut niveau de la Bourgogne.

Les vins : saveurs de cassis et de myrtille dans le fruit ample et velouté du gevrey Coeur de Roy, un vin salivant tout en envergure et concentration, qui se présente sans lourdeur et parfaitement digeste. Les Evocelles offre un nez capiteux, floral et un peu exotique, et une trame vive et nerveuse, tout en tension et raffinement, avec un fruit pur et élancé. Finement épicé et aérien, le serein et précis Fonteny offre une magnifique vibration et une finesse naturelle et racée. Lavaux Saint-Jacques est un vin vivifiant, gracieux et nuancé, somptueux dans l'expression délicate de sa chair pulpeuse, gracieuse dans ses arômes de cerise burlat et d'orange sanguine. Généreux, gourmand, prolixe, il explose en finale. Nez de fraises et d'épices dans le caressant et suave charmes-chambertin, lisse et précis, au caractère plus discret, avec une forme de retenue. Plus de profondeur et de chair sanguine dans la bouche sculpturale du mazoyères, ciselée et éclatante, admirable dans le classicisme de ses proportions et son éclat captivant, doublé d'une incroyable allonge. La rose, la violette et la réglisse rivalisent d'intensité dans l'immense et caressant mazis-chambertin, à la maturité parfaite, dont l'énorme puissance contenue n'est que raffinement et s'apparente à un véritable velours liquide. Alliage rare de grande puissance contenue et de finesse aérienne, le chambertin plonge dans la roche, sa densité de tanins impressionne, parfaitement intégrée dans une chair monumentale aux saveurs sauvages et épicées : logiquement le plus réservé de la gamme, construit pour une très longue garde.

Chambertin Grand Cru Très Vieilles Vignes 2019	N.C.	99
Charmes-Chambertin Grand Cru 2020	N.C.	96

► Gevrey-Chambertin Coeur de Roy 2019	N.C.	93
► Gevrey-Chambertin Coeur du Roy Très Vieilles Vignes 2020	N.C.	95
► Gevrey-Chambertin Les Evocelles 2019	N.C.	94
► Gevrey-Chambertin Les Evocelles 2020	N.C.	94
► Gevrey-Chambertin Premier Cru Fonteny 2020	N.C.	95
► Gevrey-Chambertin Premier Cru Lavaux Saint-Jacques 2020	N.C.	97
► Mazis-Chambertin Grand Cru Vieilles Vignes 2020	N.C.	99
► Mazoyères-Chambertin Grand Cru 2020	N.C.	97

Rouge : 12,5 hectares.
Blanc : 1,5 hectare.
Production moyenne : 35 000 bt/an

DOMAINE BERNARD DUGAT-PY ♣

Rue de Planteligone, BP 31, Cour de l'Aumonnerie 21220 Gevrey-Chambertin
03 80 51 82 46 ● www.dugat-py.fr ● Pas de visites.
Propriétaire : Loïc Dugat

★★★ DOMAINE DES LAMBRAYS

Cette propriété de renom possède la quasi-totalité du grand cru Clos des Lambrays, d'où elle produit des vins exceptionnels. Sans être revendiquée, la viticulture est ici foncièrement bio, avec une grande partie du vignoble travaillée au cheval. Les jeunes vignes ainsi que les cuvées les moins réussies sont systématiquement déclassées en Morey-Saint-Denis premier cru (cuvée Les Loups). Le domaine est partisan d'une récolte précoce, mais avec un tri sévère ; la vinification s'effectue en général en vendange entière. Le domaine possède également deux belles parcelles à Puligny, l'une sur le Cailleret, l'autre sur Les Folatières, mais dont les vins n'atteignent pas le niveau des rouges. La famille Arnault (LVMH) a racheté le domaine en avril 2014. Succédant à Boris Champy, qui avait lui-même pris la suite de Thierry Brouin, Jacques Devauges est arrivé au printemps 2019, ayant quitté le Clos de Tart. Il va s'employer à faire encore progresser les vins, avec un travail plus précis du parcellaire, le passage en biodynamie et la rénovation de la cuverie. Le domaine annonce l'acquisition fin 2021 de deux hectares de nouvelles parcelles, trois premiers crus de Nuits, du vosne premier cru Les Beaumonts, ainsi que du ruchottes-chambertin.

Les vins : en blanc, le puligny Folatières offre un nez délicat de fleur de vigne, une matière mûre

et caressante, onctueuse, expressive et savoureuse dans ses saveurs d'abricot et de fruits jaunes. Plus aérien et minéral, Clos du Cailleret se distingue par sa densité mais aussi son élégance de texture : doté d'extrait sec, il déploie une chair élancée, linéaire, très persistante. Parfumé et pur, le longiligne morey-villages offre rectitude, tension et tonus en finale, reflet du sol caillouteux et frais dont il est issu – deux parcelles en haut de coteau. Notes épicées et petits fruits des bois dans le complet morey premier cru, juteux et dense, dont la mâche énergique porte le marqueur de la vendange entière. Dominante épicée et finement réglissée dans le fruit frais de Clos des Lambrays, dont la bouche juteuse et sphérique est traversée d'une sève moelleuse d'une persistance exceptionnelle. Très étoffé mais profilé, d'une élégance parfaite, il respire l'harmonie et la justesse. La persistance de sa finale salivante à l'évidence des grands vins.

▭ Puligny-Montrachet Premier Cru Clos du Cailleret 2020	165 €	96
▭ Puligny-Montrachet Premier Cru Les Folatières 2020	135 €	94
► Clos des Lambrays Grand Cru 2020	600 €	100
► Morey-Saint-Denis 2020	75 €	93
► Morey-Saint-Denis Premier Cru Les Loups 2020	110 €	94

Rouge : 11 hectares.
Blanc : 0,7 hectare.
Production moyenne : 40 000 bt/an

DOMAINE DES LAMBRAYS

31, rue Basse, 21220 Morey-Saint-Denis
03 80 51 84 33 ● www.lambrays.com ●
Visites : sur RDV aux professionnels.
Propriétaire : Famille Arnault/LVMH
Directeur : Jacques Devauges

★★★ DOMAINE PERROT-MINOT

Le domaine Perrot-Minot possède un superbe patrimoine de vins en villages, premiers crus et grands crus, issus de vieilles vignes, qu'ils complètent par quelques achats de raisin, entre autres en Chambertin et en Clos de Bèze. Vigneron perfectionniste, Christophe Perrot-Minot produit des vins moins démonstratifs et plus raffinés que par le passé, laissant parler le terroir avec bien plus de naturel. Sur de très vieilles vignes telles La Richemone et La Combe d'Orveau, les cuvées de Vignes Centenaires (anciennement Ultra) expriment la quintessence du terroir. Avec une régularité de métronome, ses vins ont beaucoup gagné en finesse sur les derniers millésimes : immédiatement approchables, fédérateurs mais jamais démonstratifs, ils ont fait l'objet de tous les soins, dans un style prodigue, luxueux mais séducteur en diable.

Les vins : orange sanguine et noyau au nez du morey La Rue de Vergy, un vin suave et vif, lisse et épuré, d'une superbe précision et justesse de saveurs. Floral et poudré, le ravissant chambolle Orveaux des Bussières est un vin d'orfèvre, dont les saveurs ciselées et pures s'accompagnent d'une fraîcheur admirable et d'une allonge soyeuse : c'est un vin déjà irrésistible. Nez de violette dans le très floral chambolle Les Fuées, au profil frais et délicatement moelleux : la finesse millimétrée de ses tanins, la pureté de son fruit et l'intensité de sa finale s'avèrent éblouissantes. Grande expression florale et finement exotique dans La Combe d'Orveau, dont les vastes dimensions offrent à une chair caressante, pulpeuse et éclatante, un écrin de rêve. Très affinés, ses tanins le cadrent à merveille. Fruit plus sombre et épicé, tout aussi pulpeux et voluptueux dans La Richemone, dont le grand volume ouvragé et le grain policé des tanins compose une expression de haute volée, inspirée et étoffée, très persistante. Matière très affinée, onctueuse et succulente dans le charmes-chambertin, dont le moelleux de fruit magnifique se déploie avec aisance et irradie jusqu'en finale, sans la moindre aspérité. Le chapelle allie amplitude et densité de chair, vin plus froid et brillant, au grain de tanins légèrement plus enrobé par le bois. Grande fraîcheur florale dans le mazoyères, à la trame épicée et dynamique, finesse et puissance combinées en un grand vin caressant à l'étoffe somptueuse. Éclat de saveurs mûres et fraîches dans Clos de Bèze, ravissement aromatique entre la rose, la pivoine et la fraise des bois dans ce vin brillant d'une extrême finesse de texture, au profil sphérique, lancinant et étincelant, discret dans sa sophistication : un soliste inspiré et spirituel. Le chambertin offre des notes de cuir et d'écorce, une fraîcheur mentholée et réglissée : noble austérité d'une matière sinueuse et burinée dans ce vin d'une rare plénitude de saveurs, à la persistance interminable, destiné à une longue garde.

- Chambertin Grand Cru 2020   Épuisé - N.C.   **98**
- Chambertin-Clos-de-Bèze Grand Cru 2020   Épuisé - N.C.   **99**
- Chambolle-Musigny Orveaux des Bussières 2020   Épuisé - N.C.   **94**
- Chambolle-Musigny Premier Cru La Combe d'Orveau Ultra 2020   Épuisé - N.C.   **97**
- Chambolle-Musigny Premier Cru Les Fuées 2020   Épuisé - N.C.   **96**
- Chapelle-Chambertin Grand Cru 2020   Épuisé - N.C.   **96**
- Charmes-Chambertin Grand Cru 2020   Épuisé - N.C.   **96**
- Mazoyères-Chambertin Grand Cru 2020   Épuisé - N.C.   **97**
- Morey-Saint-Denis La Rue de Vergy 2020   Épuisé - N.C.   **93**
- Nuits-Saint-Georges Premier Cru La Richemone Ultra 2020   Épuisé - N.C.   **96**

Rouge : 10 hectares.
Production moyenne : 35 000 bt/an

DOMAINE PERROT-MINOT

54, route des Grands-Crus,
21220 Morey-Saint-Denis
03 80 34 32 51 ● www.perrot-minot.fr ●
Vente et visites : sur RDV.
Propriétaire : Christophe Perrot-Minot

★★★ DOMAINE PONSOT

Assistée d'Alexandre Abel, Marie-Rose Ponsot est désormais gérante, à la suite du départ de son frère Laurent Ponsot début 2017. Si le domaine a perdu, à partir du millésime 2016, plusieurs vignes (Chambolle premier cru Charmes, Griotte-Chambertin, Chambertin et Clos Saint-Denis), il ne lui reste pas moins de six grands crus, dont le Clos de la Roche, fleuron de la gamme, et l'étonnant premier cru blanc de Morey Clos des Monts-Luisants, exclusivement composé d'aligoté. Si les raisins sont vendangés un peu moins mûrs que par le passé, les autres choix stylistiques de la nouvelle équipe ne changent pas : vins vinifiés en foudre, élevés longuement sans bois neuf, avec peu ou pas de soufre, et un total respect de l'identité des sols. Les vins se montrent charnels, d'un grand volume, même s'ils peuvent flirter avec une pointe d'acidité volatile (compensant ainsi la maturité généreuse du raisin) et semblent parfois dans leur jeunesse standardiser un peu l'expression des terroirs. Mais ils savent retrouver au vieillissement leur pleine identité, et apportent une vision singulière à la famille des grands vins de Bourgogne.

Les vins : saveurs de fruits rouges, cerises et groseilles dans le gevrey, friand et croquant, net et sapide, au caractère précoce. Des vignes situées en haut de coteau donnent au morey ce caractère tendre, au fruit net, assez accessible mais structuré, avec des tanins bien présents. Nez réservé, un peu mentholé, dans le riche et dense morey premier cru rouge, aux tanins abondants, à la matière dense, profonde et concentrée, qui s'articule autour d'une sève ferme. Digeste dans son allonge acidulée, le corton Cuvée du Bourdon offre une matière florale, assez pulpeuse et dominée par les fruits rouges, qui forme une trame élancée, précise et assez nerveuse. Chair nuancée, subtile, à la fois plus fraîche et plus concentrée dans l'élégant et éclatant corton Les Bressandes, mûr et juteux, aux tanins très suaves. Dense et bien mûr, traversé d'une mâche étoffée prolongée de fines notes végétales, Clos de Vougeot a besoin de temps pour s'équilibrer pleinement. Petits fruits noirs, myrtilles et violette dans le chapelle, à la grande envergure de chair, amplitude et intensité de saveurs : un vin serein et caressant, doté de tanins très élégants, qui s'offrent avec plénitude dans une expression plus aimable que d'habitude à ce stade. Réservé, assez long à s'exprimer, Clos de la Roche voit sa maturité élevée parfaitement contenue, et sans la moindre lourdeur. Serré, tout en sève, il est encore compact et peine à se livrer, mais le potentiel est là. Nez mentholé dans le mûr et droit corton-charlemagne, très riche mais pourvu d'une intense fraîcheur : avec son beau volume, il se présente solide, savoureux et sincère. Vin d'exception, Clos des Monts-Luisants blanc nous enchante par son nez de poudre d'amandes, d'agrumes rares et de poivre blanc. Intense, tonique et revigorant, sa race s'impose dans la persistance de ses fins amers, parti pour un long vieillissement.

⊏▷ Corton-Charlemagne Grand Cru 2020	N.C.	95
⊏▷ Gevrey-Chambertin Cuvée de l'Abeille 2020	N.C.	93
⊏▷ Morey-Saint-Denis Premier Cru Clos des Monts Luisants 2020	N.C.	96
◖▬ Chapelle-Chambertin 2020	N.C.	97
◖▬ Clos de Vougeot 2020	N.C.	95
◖▬ Clos de la Roche 2020	N.C.	97
◖▬ Corton Grand Cru Cuvée du Bourdon 2020	N.C.	94
◖▬ Corton Les Bressandes Grand Cru 2020	N.C.	95
◖▬ Morey-Saint-Denis Cuvée des Grives 2020	N.C.	92
◖▬ Morey-Saint-Denis Premier Cru Cuvée des Alouettes 2020	N.C.	93

Rouge : 7 hectares. Pinot noir 100 %
Blanc : 1 hectare. Aligoté 100 %
Production moyenne : 45 000 bt/an

DOMAINE PONSOT

21, rue de la Montagne,
21220 Morey-Saint-Denis

03 80 34 32 46 ● www.domaine-ponsot.com
● Pas de visites.

Propriétaire : Rose-Marie Ponsot

Œnologue : Alexandre Abel

★★★ DOMAINE GEORGES ROUMIER

Christophe Roumier s'impose au sommet de la Côte de Nuits par des vins d'un équilibre magistral. Tantôt fins, tantôt puissants, ils ne se révèlent qu'après quelques années de vieillissement. Le domaine possède un important patrimoine de vieilles vignes et quelques terroirs magnifiques en Bonnes-Mares (0,5 hectares supplémentaires en 2016), Musigny, ou sur le cru Les Amoureuses, en Chambolle-Musigny. Le Clos de la Bussière, acquis en 1953 et replanté dans les années 1980, constitue, sur les derniers millésimes, une très bonne introduction aux vins du domaine. Peu de producteurs signent des vins d'une telle grâce, quel que soit le millésime. Les derniers sont d'indéniables réussites, même si les prises de bois sont parfois marquées et prennent du temps pour s'intégrer pleinement : les (chanceux) amateurs doivent s'armer de patience.

Les vins : fruit lumineux et chair moelleuse dans le chambolle, aux tanins fins mais abondants, beau volume étiré par la vendange entière et fraîcheur un rien végétale en finale. Profilé, robuste mais fin, Clos de la Bussière poursuit sur sa lancée et a gagné en finesse sans rien perdre de sa densité de texture, la vigne prenant de l'âge. Petite déception avec Combottes, à la matière ferme et chaleureuse, aux tanins prononcés en finale, avec un boisé en relief. Grande fraîcheur crayeuse et finesse de mâche dans Les Cras, au fruit tonique et très précis : un vin complet, très profond et élancé. L'échézeaux est terrien et épicé, de belle dimension, servi par des tanins croquants : persistant, assez racé, il gagne en finesse depuis son premier millésime en 2016. Avec son nez de fruits frais et de fleurs séchées, sa bouche dense et charnue, expressive et sans aspérités, l'énergique charmes-chambertin aux tanins vifs se distingue par sa superbe allonge. Un peu mentholé, le ruchottes est assez éclatant, vibrant et sensuel, séduisant dans sa vivacité de fruit et ses tanins nerveux. Grand raffinement aromatique dans les arômes précis de fruits bleus et d'orange sanguine du bonnes-mares. Scintillante et savoureuse, la chair burinée déborde de fruit, athlétique, tout en muscles fuselés, élan et allonge soyeuse. Avec sa persistance à couper le souffle, ce vin impose sa classe hors du commun et possède quelque chose de magique. Tout est dompté et maîtrisé dans Les Amoureuses, très premier de la classe : brillant, sûr de sa séduction, au caractère radieux et ciselé, tout en raffinement naturel et allonge lancinante. Sa perfection formelle provoque le ravissement. Un fût et une feuillette au total du musigny : étoffé, imposant mais sans la moindre lourdeur, ce vin encore serré cache des trésors de profondeur mais, s'il présente à ce stade une allonge exceptionnelle, ne suscite pas la même émotion que les deux précédents.

Chambolle-Musigny 2020	N.C.	93
Chambolle-Musigny Premier Cru Les Amoureuses 2020	N.C.	99
Chambolle-Musigny Premier Cru Les Cras 2020	N.C.	95
Chambolle-Musigny premier cru Combottes 2020	N.C.	93
Charmes-Chambertin Grand Cru 2020	N.C.	96
Echezeaux Grand Cru 2020	N.C.	95
Morey-Saint-Denis Premier Cru Clos de La Bussière 2020	N.C.	94
Musigny Grand Cru 2020	N.C.	97
Ruchottes-Chambertin Grand Cru 2020	N.C.	96

Le coup de ♥

Bonnes-Mares Grand Cru 2020	N.C.	99

Rouge : 11,67 hectares. Pinot noir 100 %
Blanc : 0,2 hectare. Chardonnay 100 %
Production moyenne : 40 000 bt/an

DOMAINE GEORGES ROUMIER
Rue de Vergy, 21220 Chambolle-Musigny
03 80 62 86 37 ● www.roumier.com ● Vente et visites : sur RDV.
Propriétaire : Christophe Roumier

★★★ DOMAINE JEAN TRAPET PÈRE ET FILS

Producteur attentif et sensible, adepte convaincu de la biodynamie, Jean-Louis Trapet a positionné très haut le domaine familial. Une succession lui a fait perdre une partie de ses vignes au profit de ses cousins Rossignol, mais il dispose toujours d'un beau patrimoine avec trois grands crus et deux premiers crus. Toutes les cuvées sont également abouties, en grand comme en petit millésime, avec un respect du terroir digne d'éloges et un style qui fait honneur à la Bourgogne. Pierre et Louis, les enfants de Jean-Louis et Andrée, également très investis dans le domaine alsacien, secondent désormais leur père en Bourgogne. Les vins des derniers millésimes comportent des réussites d'anthologie.

Les vins : fruit expressif et gourmand dans le bourgogne, déjà accessible et très digeste, plus profond qu'il n'y paraît. Plus de chair et d'envergure dans le marsannay, vin pulpeux et finement épicé, au fruit large et tendre, accrocheur en finale. Tonalité plus fraîche dans le fruit du gevrey, vin poudré et savoureux, très épanoui dans son fruit doux et la suavité de ses tanins. Entre menthe et écorce d'agrumes, Ostrea impose sa finesse et son élégance de texture.

Bien mûr, son fruit tendre et épicé se présente un peu mat, avec une jolie mâche de tanins onctueux. Très florale dans ses arômes de roses, Cuvée 1859 offre une chair juteuse et sans aspérités : avec sa finale salivante, ce vin se montre proche du fruit, souligné par un boisé de qualité qui imprègne un peu la finale. Profondeur aromatique et matière charnue, assez veloutée, dans Clos Prieur, à la carrure assez ferme, dont l'allonge est encore comprimée par le bois. Persistant, ce vin solide a besoin de temps. Profil plus froid dans Petite Chapelle, plus délicat dans sa texture, très séducteur dans ses saveurs de noyau et de griotte, qui a conservé une excellente fraîcheur et une finesse soyeuse dans ses tanins. Longiligne et raffiné, le Chapelle-chambertin voit sa chair juteuse et subtile aux notes d'orange sanguine se prolonger en une finale salivante, accrocheuse et brillante. Un peu réservé au nez, le latricières pousse le curseur de la maturité et présente une matière généreuse et de grand volume, à la limite de l'opulence ; Corsé, buriné, ce vin très étoffé et dense a préservé de l'acidité. Kaléidoscope aromatique dans les notes de myrtilles, de cachou, de cuir fin, de cacao et d'écorce du chambertin, vin de grande envergure et voluptueux. Resté énergique, il assume une maturité poussée, avec un caractère fougueux et une finale très persistante aux saveurs de bâton de réglisse.

Bourgogne 2020	25 €	91
Chambertin Grand Cru 2020	N.C.	98
Chapelle-Chambertin Grand Cru 2020	N.C.	96
Gevrey-Chambertin 2020	N.C.	93
Gevrey-Chambertin Cuvée 1859 2020	N.C.	94
Gevrey-Chambertin Ostrea 2020	N.C.	93
Gevrey-Chambertin Premier Cru Clos Prieur 2020	N.C.	94
Gevrey-Chambertin Premier Cru Petite Chapelle 2020	N.C.	96
Latricières-Chambertin Grand Cru 2020	N.C.	96
Marsannay 2020	N.C.	92

Rouge : 17 hectares.
Blanc : 2 hectares.
Production moyenne : 65 000 bt/an

DOMAINE JEAN TRAPET PÈRE ET FILS ☾
53, route de Beaune,
21220 Gevrey-Chambertin
03 80 34 30 40 ● www.trapet.fr ● Vente et visites : sur RDV.
Propriétaire : Famille Trapet
Directeur : Pierre & Louis Trapet

★★ DOMAINE ARLAUD

Le domaine Arlaud s'impose comme l'une des valeurs montantes de Morey-Saint-Denis. Cyprien intervient en cave comme dans les vignes, vigneron talentueux et attentif. Certifié en biodynamie depuis 2014, le domaine a perçu rapidement qu'il n'y avait pas besoin d'élaborer des vins extraits pour viser l'excellence : des raisins sains et de haute qualité suffisent. Avec un travail des sols portant ses fruits, des élevages de mieux en mieux maîtrisés et des notes boisées mieux intégrées, les vins sont d'une grande pureté, fins et très élégants, incluant quatre grands crus vinifiés en vendange partiellement égrappée, et une superbe entrée de gamme avec le bourgogne Roncevie. Les derniers millésimes progressent par petites touches, avec des vins de plus en plus expressifs et épanouis.

Les vins : franchise et précision du fruit dans le bourgogne Roncevie, salivant et vif, très abouti et serein dans son expression. Très proportionné, le morey regorge de fruit juteux et épicé, dense mais épanoui, très équilibré et persistant : un excellent villages. Respect et intensité du fruit dans le morey premier cru Les Ruchots : ce vin reprend vite avec un peu d'aération le dessus sur les notes de l'élevage – poudre de cacao – et affirme son caractère plein et terrien. Avec son nez d'orange sanguine, d'épices et de myrtille, Les Sentiers est un vin brillant, d'une vraie distinction naturelle, adouci par son élevage mais dont la sève enfouie apporte de la nervosité en finale. Nous admirons son équilibre et sa profondeur de saveurs. Le charmes-chambertin se montre assez fastueux, avec ses notes de bois de santal et de fruit doux : infusé, ample et caressant, il présente beaucoup de nuances et de moelleux, souligné de fins tanins réglissés. Violette et épices parsèment le nez admirablement pur du clos-de-la-roche, porté par un souffle : son expression brillante, en apesanteur, possède une réserve aristocratique que soulignent ses tanins sphériques et sa finale très calcaire. Nez aérien dans clos-saint-denis, entre églantine et orange sanguine : grande fraîcheur dans les saveurs ciselées de cette matière élancée, très racée, au profil épuré, qui manque d'un petit peu de relief en milieu de bouche. Épices, pot-pourri et fleurs séchées agrémentent le nez intense du dynamique bonnes-mares. Sa chair très intense, profonde et étoffée se fait caressante, en une personnalité somptueuse, à la finale limpide et pénétrante, ponctuée par l'apport de la vendange entière.

Bonnes-Mares Grand Cru 2020	350 €	98
Bourgogne Roncevie 2020	24 €	92
Chambolle-Musigny Premier Cru Les Sentiers 2020	90 €	95
Charmes-Chambertin Grand Cru 2020	190 €	96
Clos Saint-Denis Grand Cru 2020	260 €	96
Clos de la Roche Grand Cru 2020	210 €	97
Morey-Saint-Denis 2020	50 €	93
Morey-Saint-Denis Premier Cru Les Ruchots 2020	81 €	94

Rouge : 13,8 hectares.
Blanc : 1,2 hectare.
Production moyenne : 60 000 bt/an

DOMAINE ARLAUD ☾
41, rue d'Épernay, 21220 Morey-Saint-Denis
03 80 34 32 65 ● www.domainearlaud.com/
● Vente et visites : sur RDV.
Propriétaire : Famille Arlaud

★★ DOMAINE ARNOUX-LACHAUX

Charles Lachaux, 33 ans, vinifie depuis 2012 au domaine familial, qui possède un patrimoine impressionnant avec, entre autres, trois premiers crus de Vosne et pas moins de quatre grands crus. En quelques années, il a radicalement changé le style des vins qu'affectionnait son père Pascal : fini, les extractions et les élevages qui graissent les vins, on recherche maintenant des cuvaisons courtes, et la proportion de fûts neufs a drastiquement diminué. Grand admirateur des vins du domaine Leroy, le jeune vigneron s'en inspire à la vigne avec des palissages hauts, l'arrêt complet du rognage et l'emploi intégral de la vendange entière. Certaines vignes, comme les Reignots, ont été replantées en très haute densité – 16 000 pieds/ha. Il en résulte des vins infusés, riches de textures délicates issues de raisins pulpeux, d'une grande noblesse aromatique, mais les rendements, comme en 2019, sont minuscules. Des efforts considérables ont été fournis par ce domaine, un des plus excitants du paysage bourguignon actuel.

Les vins : nous avons dégusté à nouveau les 2019 en bouteille. Notes de fraise écrasée, de menthe et d'écorce d'agrumes dans le nuit Les Poisets, délié, nuancé et ravissant, séducteur et sans fard dans ses saveurs pures, avec des tanins très délicats. Solide, assez carré, Les Hautes Maizières offre une bouche large et dense, avec de légers petits amers et une finale un peu anguleuse. Le délicieux nuits premier cru Procès est très sensuel, tout en douceur de texture, raffiné dans la qualité de ses tanins poudrés. Nez réservé, menthe, cacao, orangette et violette, bouche assez vigoureuse à la chair profonde et à la texture ferme dans clos-de-vougeot, vin sérieux aux tanins pleins et réglissés, pourvu d'une superbe allonge et d'une fraîcheur lancinante. Nerveux, athlétique, l'échezeaux est très harmonieux, frais et millimétré, avec une trame musclée mais déjà très charmeur. Nez envoûtant du latricières, entre écorce d'orange, ronce et fleurs séchées, vin élancé et civilisé dont la multitude de saveurs subtiles et un peu sauvages dessine une bouche sans fard, à la beauté radieuse et à la finale soyeuse et interminable. Les Grands Suchots offre un profil assagi et ciselé, très harmonieux et assez sophistiqué, magnifiquement aromatique avec des notes de fraises des bois, de pulpe de fruit, de roses et de poivre blanc. Fascinante fraîcheur et incroyable texture de taffetas dans l'envoûtante romanée-saint-vivant, tout en transparence de saveurs, vin radieux à l'exceptionnelle allonge. Les Reignots touche au sublime avec d'ensorcelants arômes de rose fanée, vin exquis et racé d'une infinie délicatesse.

Clos de Vougeot Quartiers de Marei Haut 2019	N.C.	97
Latricières-Chambertin Grand Cru 2019	N.C.	98
Nuits-Saint-Georges Les Poisets 2019	N.C.	95
Nuits-Saint-Georges Premier Cru Clos des Corvées Pagets 2019	N.C.	95
Nuits-Saint-Georges Premier Cru Les Procès 2019	N.C.	95
Nuits-Saint-Georges Premier Cru Les Procès 2020	N.C.	95
Romanée Saint-Vivant Grand Cru 2019	N.C.	99
Vosne-Romanée Les Hautes Maizières 2019	N.C.	94
Vosne-Romanée Premier Cru Les Reignots 2019	N.C.	99
Vosne-Romanée Premier Cru les Grands Suchots 2019	N.C.	97
Échezeaux Les Rouges 2019	N.C.	97

Rouge : 14 hectares.
Production moyenne : 40 000 bt/an

DOMAINE ARNOUX-LACHAUX ☾

3, RD 974, 21700 Vosne-Romanée
03 80 61 08 41 ● www.arnoux-lachaux.com ●
Visites : sur RDV aux professionnels.
Propriétaire : Florence Arnoux- Lachaux
Directeur : Florence Arnoux-Lachaux
Maître de chai : Charles Lachaux

★★ ⚐ DOMAINE BART

Il y a une cinquantaine d'années, le domaine André Bart ne possédait que 6 hectares de vignes. Sa surface a été notablement étendue avec l'apport par héritage d'une partie du célèbre domaine Clair-Daü. Arrivés à la propriété en 1982, les deux enfants, Martin et Odile, ont fondé un Groupement agricole d'exploitation en commun (GAEC) en 1987, pour continuer l'exploitation, avec des vins de style classique. Toujours de bonne facture, ces vins ont, depuis quelques années, gagné en régularité et en franchise d'expression. Les prix sont restés raisonnables et ce domaine discret est très vite dévalisé. Le niveau actuel atteint par les vins du domaine est élevé, mais nous avions été déçus par les 2018 et 2019. La réussite des 2020 est patente, aussi nous décernons à nouveau la deuxième étoile.

Les vins : les 2020 sont bien plus justes et équilibrés que les deux millésimes précédents. Le marsannay blanc se montre friand et sobre, élégant dans la retenue de ses saveurs. Croquant et floral, très frais et poudré, le simple marsannay est une excellente friandise. Note de fraise au sirop dans Es Chezots, digeste et suave, assez plein mais sans la moindre aspérité ni lourdeur. Cannelle et petits fruits noirs dans Les Ouzeloy, dont la chair finement crémeuse et le fruit bien mûr composent un vin volubile et très gourmand. Délicatesse dans la texture d'Au Champ Salomon, intense et persistant, caressant, plein de vitalité et de pétulance. Plus floral, La Montagne offre le charme d'un fruit infusé et plus frais que ses pairs : son irrésistible gourmandise et sa chair veloutée, désaltérante, forcent l'admiration. Supplément de raffinement dans Clos du Roy, concentré et très lisible, dont la grosse matière est affinée par un excellent élevage : beaucoup d'allonge et de caractère. Grande sincérité de saveurs dans le fruit pulpeux et éclatant des Hervelets, vin inspiré et juteux qui allie à la perfection finesse et concentration. Magnifique nez d'écorce d'agrumes et de pot-pourri dans le brillant bonnes-mares, vigoureux, corsé mais suave, formidablement sapide dans l'élan aérien de sa finale.

Marsannay Les Etalles 2020	19 €	91
Fixin Premier Cru Les Hervelets 2020	40 €	95
Marsannay 2020	14 €	91
Marsannay Au Champ Salomon 2020	27 €	93
Marsannay Clos du Roy 2020	27 €	94
Marsannay Es Chezots 2020	21 €	93
Marsannay La Montagne 2020	21 €	93

━ Marsannay Les Ouzeloy 2020   17 €   **92**

Le coup de ♥
━ Bonnes-Mares Grand Cru 2020   165 €   **97**

Rouge : 18 hectares.
Blanc : 3 hectares.
Production moyenne : 100 000 bt/an

DOMAINE BART
23, rue Moreau, 21160 Marsannay-la-Côte
03 80 51 49 76 ● domaine.bart@wanadoo.fr ●
Vente et visites : sur RDV.
Propriétaire : Famille Bart

★★ DOMAINE BRUNO CLAIR

Petit-fils de Joseph Clair, le fondateur du célèbre domaine Clair-Daü, Bruno Clair élabore avec l'aide de ses enfants Edouard et Arthur des bourgognes classiques, parfois austères dans leur jeunesse ; quelques années de garde leur sont indispensables. Ils sont immédiatement reconnaissables à leur matière épurée et leur belle persistance. Le domaine a mis en valeur les terroirs de Marsannay et de Gevrey-Chambertin, dont le magnifique Clos Saint-Jacques et la pièce maîtresse du domaine : l'élégant et raffiné clos-de-bèze. En 2014, le domaine a récupéré 1 hectare de bonnes-mares dans la commune de Morey-Saint-Denis. Les blancs, plus méconnus, sont tout aussi remarquables. Engagé en conversion bio, le domaine est d'une régularité digne d'éloges et ne nous a jamais semblé aussi en forme.

Les vins : le morey blanc est frais et mûr, relevé de notes d'agrumes, à la fois pur et élancé : un vin très maîtrisé, un vrai coup d'archet calcaire. Subtil, tonique et mentholé, le plein et tendu corton-charlemagne possède une superbe étoffe : racé et nerveux, il offre une magistrale persistance. Fruit intense, vif et très croquant dans le marsannay, un vin pétulant et charmeur, servi par des tanins friands, très juste dans son expression de fruit. Coulis de fruits noirs et dimension épicée dans La Dominode, vin concentré mais assagi, traversé d'une sève énergique de tanins réglissés : sa profondeur, son intensité et son équilibre sont très aboutis, mais il faut lui laisser le temps de s'harmoniser pleinement. Magnifique nez dans Clos Saint-Jacques, entre épices douces et rose poivrée, vin poudré et sapide, sans aspérités, tout en envergure sphérique et profondeur réglissée, avec des tanins fermes mais ciselés. Entre zan, fève de cacao et fruits noirs, le bonnes-mares impressionne par sa densité, sa fermeté de texture et son intensité de saveurs. Joufflu, très persistant, il possède de grandes réserves, mais ses tanins se présentent un rien secs en finale.

◻ Corton-Charlemagne Grand Cru
2020   Épuisé - 130 €   **96**
◻ Morey-Saint-Denis En la Rue de Vergy
2020   54 €   **93**
━ Bonnes-Mares Grand Cru 2020   290 €   **96**
━ Gevrey-Chambertin Premier Cru Clos
Saint-Jacques 2020   Épuisé - 210 €   **95**
━ Marsannay La Charme aux Prêtres
2020   32 €   **93**
━ Savigny-lès-Beaune Premier Cru La
Dominode 2020   53 €   **95**

Rouge : 19,42 hectares.
Blanc : 4,03 hectares.
Production moyenne : 110 000 bt/an

DOMAINE BRUNO CLAIR
5, rue du Vieux-Collège,
21160 Marsannay-la-Côte
03 80 52 28 95 ● www.bruno-clair.com ●
Vente et visites : sur RDV.
Propriétaire : Famille Clair
Directeur : Bruno Clair
Maître de chai : Edouard et Arthur Clair

★★ DOMAINE COMTE GEORGES DE VOGÜÉ

Implanté à Chambolle-Musigny, ce domaine est l'une des propriétés majeures de la Côte-d'Or. Il possède la plus grande superficie en Musigny, complétée par quelques crus magnifiques comme le chambolle-musigny Les Amoureuses, le bonnes-mares, ainsi qu'un rare musigny blanc (déclassé en bourgogne blanc entre 1993 et 2015, suite à la replantation). Les vignes de Musigny (rouge) de moins de 25 ans sont repliées en Chambolle-Musigny premier cru. Les vins de cette propriété ont toujours été cités en exemple, à la fois pour leur régularité, leur raffinement et leur longévité. Ils donnent une lecture très épurée du terroir, avec un fruit d'une grande netteté, vins profonds et parfois austères, jamais démonstratifs. Très fin vinificateur, Jean Lupatelli, précédemment régisseur de Decelle et Fils, a rejoint le domaine en avril 2021, en remplacement de François Millet, parti à la retraite et qui officiait depuis 1985. Le nouveau régisseur entend engager un gros programme de replantation et modifier les origines de bois.

Les vins : dense et élancé, le chambolle offre une matière charnue et onctueuse, bien mûre mais qui a préservé sa fraîcheur, et des tanins soyeux. Plein de fougue adolescente, le chambolle premier cru 2020 offre un volume et une sève impressionnants dès l'attaque, relevés de saveurs de fraises, d'épices et de cannelle. Un peu serré en finale, il termine sur une note saline. Plus enveloppé et voluptueux, le 2019 se montre sanguin, avec une finale réglissée et croquante. Tendu, presque cinglant dans sa vivacité, Les Amoureuses 2020 est un vin symétrique, énergique et brillant, d'une magnifique finesse de tanins. Son alter ego 2019 va un peu plus loin, avec beaucoup de vitalité dans sa sève éclatante, la finesse ouvragée de ses tanins servant d'écrin à une finale aux notes d'orange sanguine. Concentré, opulent, le bonnes-mares 2020 est certes solaire mais reste voluptueux et gourmand, juteux dans ses notes de noyau, à l'énergie ferrugineuse. Un peu plus terne, le 2019 est tout en largeur, avec des tanins un peu épais et collants en finale. Vin multi-facettes, le musigny 2020 affiche une puissance impressionnante, vin réservé et un peu monacal, tout en plénitude et densité. Tout aussi dense et intimidant, le 2019 est un vin de texture, sphérique et très étoffé, encore peu amène mais tout en énergie enfouie. Citron confit et amandes introduisent le rare musigny blanc, tant par les volumes produits que par sa personnalité hors du commun. Ample et sapide, à la fois ciselé et volumineux, il déroule son incroyable persistance et resplendit tant par ses saveurs que dans les sensations tactiles qu'il procure, entre talc et fins amers de finale, ancré dans la roche.

Musigny 2020	N.C.	97
Bonnes-Mares Grand Cru 2019	N.C.	94
Bonnes-Mares Grand Cru 2020	N.C.	95
Chambolle-Musigny 2020	N.C.	93
Chambolle-Musigny Premier Cru 2019	N.C.	95
Chambolle-Musigny Premier Cru 2020	N.C.	95
Chambolle-Musigny Premier Cru Les Amoureuses 2019	N.C.	97
Chambolle-Musigny Premier Cru Les Amoureuses 2020	N.C.	96
Musigny 2019	N.C.	97
Musigny 2020	N.C.	97

Rouge : 11,84 hectares. Pinot noir 100 %
Blanc : 0,66 hectare. Chardonnay 100 %
Production moyenne : 36 000 bt/an

DOMAINE COMTE GEORGES DE VOGÜÉ

Rue Sainte-Barbe, 21220 Chambolle-Musigny
03 80 62 86 25 • Vente et visites : sur RDV.
Propriétaire : Baronne B. de Ladoucette

★★ DOMAINE JACK CONFURON-COTETIDOT

Ce domaine est l'un des rares à pratiquer la vinification intégrale des raisins par grappe entière, quel que soit le millésime, et en vendangeant tard des raisins très mûrs. Pour Jean-Pierre, l'aîné, et Yves, le cadet, tous deux œnologues, c'est la patiente dégustation des raisins, parcelle après parcelle, qui dicte le rythme des vendanges (leurs parents sont toujours présents dans les vignes à leurs côtés). Le domaine produit des vins baroques, des vins de texture portés par des maturités souvent élevées, et le parti pris d'une vendange entière intégrale peut apporter une dose de rusticité. Clivants, difficiles d'accès jeunes, ces vins peuvent prendre avec l'âge une complexité magnifique, mais ne vieillissent pas toujours aussi bien que nous le souhaiterions. Ce style singulier a ses aficionados et mérite d'être défendu, mais nous ne sommes pas convaincus de la pertinence de vendanger aussi tardivement en année solaire des raisins aux saveurs parfois figuées. Nous retirons l'étoile à regret, par souci de conformité avec notre ressenti.

Les vins : saveurs de mirabelle, maturité élevée et fruit croquant dans l'aligoté, qui se présente très en place et plein de vitalité, très riche en extrait sec. Maturité de fruits très poussée dans les 2019 : mûr et friand, doté d'un fruit croquant très dense, le passetoutgrain est robuste, très solidement constitué. Épicé, très mûr, le nuits Aux Vignerondes se montre très corsé, puissant, saturé de saveurs de zan et de fève de cacao. Très étoffé, il faudra le revoir au vieillissement. Saveurs de fruits rouges confits dans Craipillot, à la trame séveuse et chocolatée, vigoureux et structuré, construit pour la garde. Nez de menthol et d'eucalyptus dans Petite Chapelle, très riche et séveux, saturé de saveurs de raisins un peu confits, avec des tanins abondants et aséchants en finale : souhaitons qu'il s'équilibre au vieillissement. Profond, chocolaté, Les Suchots se présente très dense, impénétrable et tannique, chaleureux en finale. Difficile d'éprouver du plaisir à ce stade, mais la race du terroir perce cependant. Logiquement, les 2017 se montrent beaucoup plus frais : Aux Vignerondes est resté tonique dans ses saveurs d'écorces d'agrumes, assez ample et séveux, toujours chocolaté et mentholé en finale. Beau raffinement aromatique et notes d'agrumes dans Les Suchots, un vin sanguin et buriné, assez robuste, aux notes de cuir et de cacao en finale. Supplément de fraîcheur dans Aux Vignerondes, resté plus tonique dans ses saveurs, assez ample et séveux, toujours chocolaté et mentholé en finale. Assez évolué dans son aromatique, le pommard 2007 a du charme mais commence à sécher. Le nuits 2016 se présente austère, avec une jolie sève et de la profondeur.

🠒 Bourgogne Aligoté 2020	15 €	**91**
🠒 Bourgogne Passetoutgrain 2019	15 €	**89**
🠒 Gevrey-Chambertin Premier Cru Craipillot 2019	70 €	**93**
🠒 Gevrey-Chambertin Premier Cru Petite Chapelle 2019	80 €	**92**
🠒 Nuits-Saint-Georges 2016	45 €	**91**
🠒 Nuits-Saint-Georges Premier Cru Aux Vignerondes 2017	90 €	**93**
🠒 Nuits-Saint-Georges Premier Cru Aux Vignerondes 2019	N.C.	**92**
🠒 Pommard Premier Cru Les Arvelets 2007	110 €	**91**
🠒 Vosne-Romanée Premier Cru Les Suchots 2017	de 110 à 140 € (c)	**93**
🠒 Vosne-Romanée Premier Cru Les Suchots 2019	85 €	**93**

Rouge : 10,7 hectares. Pinot noir 100 %
Blanc : 0,7 hectare.
Production moyenne : 18 000 bt/an

DOMAINE JACK CONFURON-COTETIDOT

10, rue de la Fontaine,
21700 Vosne-Romanée
03 80 61 03 39 ●
domaine-confuron-cotetidot@wanadoo.fr ●
Vente et visites : sur RDV.
Propriétaire : Jack Confuron-Cotetidot

★★ DOMAINES DAVID DUBAND - FRANÇOIS FEUILLET

Depuis 1991, date à laquelle il a repris le domaine familial, David Duband a parcouru bien du chemin. Il a débuté, comme les vignerons de sa génération, en produisant des vins denses et concentrés, souvent marqués par des notes boisées dominant le fruit. Petit à petit, il s'est éloigné de ce style pour aller vers la finesse. À partir du millésime 2008, s'amorce un virage avec l'arrivée de vinifications en raisins non égrappés. Propriétaire de très beaux terroirs en Côte de Nuits, l'homme d'affaires François Feuillet (dont les vins sont aussi sous son nom) a misé juste en confiant ses vignes à David Duband. Aujourd'hui, ses cuvées précises et gracieuses font honneur à la Bourgogne. Cette production soignée et élégante vieillit fort bien et possède de grandes qualités : les derniers millésimes sont brillants.

Les vins : superbe réussite des 2020, qui intègrent 60 à 100 % de vendange entière. Matière ouvragée et pulpeuse, aux notes de fruits rouges et de cacao dans le morey-villages, vin structuré et svelte pourvu de tanins croquants et d'un grain énergique. Le gevrey-villages rappelle Barolo avec ses saveurs d'épices douces et d'orange sanguine, et ses tanins plus fermes au sein d'une bouche élégante et suave. Assemblage de 4 parcelles, le premier cru Les Brocs se montre moelleux et caressant jusque dans ses tanins veloutés et sa finale réglissée. Floral et épicé, le nuits Aux Thorey est salivant, détendu est présente beaucoup d'éclat et de concentration, sans la moindre lourdeur. Saveurs de cassis et de cerise confite, grande fraîcheur et raffinement aromatique dans Les Pruliers racé et séveux, à la mâche harmonieuse et aux tanins veloutés. Épaulé, doté d'une texture plus dense, Les Sentiers est très rond et moelleux, avec une note de framboise confite. Texture ouvragée et fruit bien mûr dans l'échezeaux, au profil plus nourrissant, et à la finale vigoureuse et fraîche, qui se présente très harmonieux. Nuancé et délicat, Clos de la Roche fait preuve de distinction dans ses arômes de fleur, de griotte et de bois de santal, très volubile avec sa petite mâche juteuse et sa grande allonge saline. Noblesse aromatique du chambertin, entre écorce, cuir et clou de girofle, complet et délié, aux saveurs moelleuses et au fruit succulent : somptueusement construit, très juste dans son élevage, avec une profondeur vertigineuse et une persistance rare.

🠒 Chambertin Grand Cru 2020	367 €	**99**
🠒 Chambolle-Musigny Premier Cru Les Sentiers 2020	119 €	**94**
🠒 Clos de la Roche Grand Cru 2020	248 €	**97**
🠒 Echezeaux Grand cru 2020	216 €	**96**
🠒 Gevrey-Chambertin 2020	54 €	**93**
🠒 Latricières-Chambertin Grand Cru 2020	313 €	**97**
🠒 Morey-Saint-Denis 2020	50 €	**93**
🠒 Morey-Saint-Denis Premier Cru Les Brocs 2020	74 €	**94**
🠒 Nuits-Saint-Georges Premier Cru Aux Thorey 2020	74 €	**95**
🠒 Nuits-Saint-Georges Premier Cru Les Pruliers 2020	74 €	**95**

Rouge : 20 hectares.
Blanc : 0,5 hectare.
Production moyenne : 120 000 bt/an

DOMAINES DAVID DUBAND - FRANÇOIS FEUILLET ♣

12, rue du Lavoir, 21220 Chevannes
03 80 61 41 16 ● www.domaine-duband.com ●
Vente et visites : sur RDV.
Propriétaire : David Duband et François Feuillet

★★ DOMAINE DUJAC

Le domaine Dujac incarne une vision affirmée du grand bourgogne, très marqué par la vinification en raisins entiers. Ces derniers exaltent la finesse aromatique unique du pinot même si, sur un vin très jeune, le tanin apparaît végétal et un rien rigide. Le long vieillissement (vingt ans ou plus) rend pleinement justice au parti pris d'élaboration, avec l'apparition de bouquets tertiaires souvent sublimes. Doté d'un superbe patrimoine de terroirs, le domaine s'est encore agrandi en 2005 de parcelles prestigieuses (Malconsorts, Romanée-Saint-Vivant, Chambertin) et en 2014 de vignes à Puligny-Montrachet. Comme de nombreuses propriétés qui connaissent le succès et ne peuvent répondre aux sollicitations, il a décidé de créer une petite structure d'achat de prime abord. Aux superbes vins du domaine, s'ajoute désormais la production issue d'un petit négoce baptisé Dujac Fils et Père. Jérémy Seysses, sa femme Diana, œnologue, et son frère Alec sont aujourd'hui solidement aux commandes.

Les vins : profil frais et tendre dans le morey-villages, issu d'un raisin "al dente" et mis en bouteille plus tôt que d'habitude, qui se montre déjà loquace et doté d'un fruit parfumé, profilé et élancé par l'apport de vendange entière. Nez de bonbon à la violette dans Aux Combottes, vin très mûr et très épicé, aux saveurs un peu compotées et au fruit légèrement mat. Fins mais abondants, les tanins enrobent la bouche sans masquer le dynamisme de la finale. Grand raffinement aromatique dans Les Malconsorts, vin infusé et délicat de prime abord, qui prend une envergure considérable en bouche et séduit par la précision et l'intensité de sa chair fuselée. Vibrante, la finale vient égayer ce vin somptueux et spirituel, dont la profondeur et l'allonge sont patentes. Comme les précédents, Clos de la Roche est peu extrait, avec un nez raffiné de violette. Il offre un caractère plus froid, une matière vive, ciselée mais ferme, assez nerveuse, prolongée de tanins friands. Dans un profil millimétré, il allie pureté de saveurs et allonge sereine.

- Clos de la Roche Grand cru
  2020   Épuisé - 267,30 €   **98**
- Gevrey-Chambertin Premier Cru Aux
  Combottes 2020   Épuisé - 145,80 €   **94**
- Morey-Saint-Denis
  2020   Épuisé - 42 €   **92**
- Vosne-Romanée Premier Cru Aux
  Malconsorts 2020   Épuisé - 235 €   **97**

Rouge : 14,3 hectares.
Blanc : 3,15 hectares.
Production moyenne : 70 000 bt/an

DOMAINE DUJAC ♣

7, rue de la Bussière,
21220 Morey-Saint-Denis
03 80 34 01 00 ● www.dujac.com ● Pas de visites.
Propriétaire : Famille Seysses
Directeur : Jérémy et Alec Seysses
Œnologue : Jérémy, Diana et Alec Seysses

★★ DOMAINE DUROCHÉ

Vigneron à Gevrey-Chambertin, Gilles Duroché vendait beaucoup au négoce. L'arrivée en 2005 de son fils Pierre fait évoluer le domaine qui met désormais en bouteille la totalité sa petite production. Le vignoble du domaine fait la part belle à différents villages et premiers crus de Gevrey, mais comprend aussi en grand cru Charmes, Latricières et Chambertin Clos de Bèze, ainsi qu'une microscopique vigne en Griotte-Chambertin. Le travail est des plus sérieux à la vigne (travail intégral des sols, entretien d'un patrimoine de vignes âgées, parfois centenaires, replantées avec les sélections massales du domaine) comme en cave – levures indigènes, élevages longs sans soutirage, pas de collage ni de filtration. Il en résulte des vins d'une grande finesse, avec des textures délicates, et une recherche avouée d'acidité et d'énergie. Vigneron discret, talentueux, Pierre Duroché affirme un style des plus convaincants, et progresse à chaque millésime.

Les vins : le gevrey-villages se montre lisse, velouté et frais, éclatant et très sain, tout en délicatesse, le boisé est légèrement perceptible en finale. Plus nerveux et croquant, Les Jeunes Rois offre une fine chair moelleuse et un profil savoureux et énergique, dont le fruit possède la brillance. Grande finesse aromatique avec des notes de roses et de fruits rouges dans Aux Etelois, doté d'une bouche suave et ronde, très précise et sans la moindre aspérité. Un vin droit et concentré, éclatant et raffiné, absolument délicieux. Un peu épicé, Lavaux Saint-Jacques est réservé, mais sa matière veloutée et intense se fait profonde et étoffée, pleine de relief, avec une sensation de fine sucrosité et un impressionnant soyeux de tanins. Il y a beaucoup plus d'intensité au nez de la version Vieilles Vignes, avec de la violette et des fruits noirs. La bouche est admirable, véritable coulis de fruits frais, mûr et pulpeux, empreinte d'une mâche gourmande de petits tanins abondants et d'une allonge séveuse. Saveurs intenses et pures de fraises des bois et de fruits rouges dans le charmes-chambertin : fruit millimétré, finement réglissé, poivré et délicatesse en finale. Un vin très intense, pur, intègre et complexe, d'une rare précision aromatique. Pour le latricières : son caractère un peu froid et sauvage évoque la ronce et les épices et s'étire en une dentelle saline et lancinante, d'une magistrale finesse, encadrant parfaitement une superbe mâche dont l'opulence est idéalement contenue. Profil plus enrobé et velouté dans Clos de Bèze, de grande envergure et construit pour la garde. Ses saveurs de menthe, de gelée de fruits noirs et de mûres se font généreuses.

Chambertin Clos de Bèze 2020	N.C.	97
Charmes-Chambertin 2020	N.C.	96
Gevrey-Chambertin 2020	N.C.	93
Gevrey-Chambertin Aux Etelois 2020	N.C.	94
Gevrey-Chambertin Les Jeunes Rois 2020	N.C.	93
Gevrey-Chambertin Premier Cru Lavaux Saint-Jacques 2020	N.C.	95
Gevrey-Chambertin Premier Cru Lavaux Saint-Jacques Vieilles Vignes 2020	N.C.	96
Latricières-Chambertin Grand Cru 2020	N.C.	98

Rouge : 8,1 hectares.
Blanc : 0,4 hectare.
Production moyenne : 25 000 bt/an

DOMAINE DUROCHÉ

5, place du Monument,
21220 Gevrey-Chambertin
03 80 34 19 10 ●
pierre@domaine-duroche.com ● Pas de visites.
Propriétaire : Pierre Duroché

★★ DOMAINE HENRI GOUGES

Depuis près d'un siècle, la famille Gouges défend la qualité des vins de Nuits-Saint-Georges en général, et ceux du domaine familial en particulier. En 1929, ce dernier fut parmi les tout premiers à mettre en bouteille à la propriété. Il est aujourd'hui entre les mains de Christian Gouges, secondé par Grégory et Antoine Gouges. Le patrimoine de vignes comprend six premiers crus en Nuits-Saint-Georges rouges, et un premier cru blanc, le confidentiel mais fascinant La Perrière, issu d'une mutation du pinot noir. Avec une régularité sans faille, le domaine donne naissance à des vins francs, droits et profonds, qui ont su conquérir le goût d'amateurs exigeants. Aucun artifice d'élevage ni effet de style n'est utilisé. S'il faut toujours savoir être patient pour capter toute la complexité d'un grand Saint-Georges, Les Vaucrains ou Les Pruliers, les vins ont, depuis quelques millésimes, gagné en finesse et en soyeux avec des extractions plus douces, et un fruit plus tendre et immédiat, sans renier pour autant leur vigueur ni leur capacité de garde.

Les vins : beaucoup de densité, de sève et chair moelleuse dans le solide hautes-côtes-de-nuits, pourvu d'une acidité sous-jacente et d'une jolie mâche en finale. Le nuits-villages offre une matière dense et épicée, structurée et ferme, aux tanins affirmés : un profil massif, mais la finale reste fraîche. Clos de la Fontaine Jacquinot est vinifié sans soufre et intègre un peu de vendange entière : trame friande, juteuse et épicée, supplément de fraîcheur dans une matière plus déliée. Chair compacte, dense et séveuse dans Les Chênes Carteaux, vin concentré et vigoureux, qui compense par son énergie un relatif manque de complexité. Clos des Porrets est un vin juteux, aux saveurs de coulis de fruits rouges frais et de réglisse, soutenu par une bonne acidité et des tanins vifs et croquants. Avec son nez de poivre noir, de réglisse et de cerise confite, le puissant et tonique Les Pruliers possède une énergie sanguine, avec une note ferrugineuse : on aime sa mâche et ses tanins fins, et sa fraîcheur enfouie. Saveurs de zan, de réglisse et de noyau dans le fruit moelleux du profond Les Vaucrains, empreint d'une noble austérité. Sa personnalité très affirmée se pare de notes fumées et de mine de crayon, avec un fond minéral et une fraîcheur prégnante, portée par une excellente persistance. Vin impénétrable à la robe noire, à la matière ultra-serrée et aux tanins mûrs et imposants, les Saint-Georges laissent percevoir la concentration des raisins secs, mais sans saveurs confites ni sécheresse, et avec une acidité sous-jacente. S'il s'équilibre, ce vin un peu monstrueux, qui dépasse les 15 % d'alcool, se boira sans doute bien au XXIIe siècle !

Bourgogne Hautes-Côtes de Nuits Les Dames Huguette 2020	29 €	91
Nuits-Saint-Georges 2020	54 €	91
Nuits-Saint-Georges Clos de la Fontaine Jacquinot 2020	61 €	92
Nuits-Saint-Georges Premier Cru Clos des Porrets Saint-Georges 2020	66 €	93
Nuits-Saint-Georges Premier Cru Les Chênes Carteaux 2020	61 €	92
Nuits-Saint-Georges Premier Cru Les Pruliers 2020	84 €	94
Nuits-Saint-Georges Premier Cru Les Saint-Georges 2020	270 €	94
Nuits-Saint-Georges Premier Cru Les Vaucrains 2020	117 €	96

Rouge : 13,2 hectares.
Blanc : 1,3 hectare.
Production moyenne : 60 000 bt/an

DOMAINE HENRI GOUGES

7, rue du Moulin, 21700 Nuits-Saint-Georges
03 80 61 04 40 ● www.gouges.com ● Pas de visites.

Propriétaire : Famille Gouges

★★ DOMAINE JEAN GRIVOT

Ce domaine possède un superbe patrimoine de vins, dont pas moins de douze premiers crus et trois grands crus. Vigneron emblématique de Vosne-Romanée, Étienne Grivot aime les maturités fraîches et cela se sent dans la qualité de ses vins. Un style classique dans le meilleur sens du terme, épuré et vif, qui a ses adeptes mais qui, parfois, par une certaine forme d'austérité, a pu dérouter des amateurs de vins plus généreux. Depuis quelques millésimes, coïncidant avec l'arrivée de Mathilde et Hubert, les enfants d'Étienne, les vins possèdent davantage de chair et de richesse, et témoignent de maturités plus justes, avec des élevages plus adaptés, dont jamais plus d'un tiers de fût neuf. Toutes les cuvées en ont tiré profit : elles offrent davantage de soyeux et de volume, sont désormais approchables plus jeunes, sans trahir cette fraîcheur qui signe leur succès mondial. Depuis 2015, la qualité est en progression constante, avec des 2018, 2019 et 2020 exceptionnels.

Les vins : grande chair veloutée et florale, matière séveuse et étoffée dans le nuits Aux Lavières, à la texture un peu crémeuse et aux tanins pleins et mûrs, qui a conservé beaucoup de fraîcheur et d'allonge. Svelte et charnu, très floral, le vosne Bossières se présente très soigné, doté d'une belle envergure moelleuse, avec des petits tanins chocolatés et une qualité salivante en finale. Envergure et douceur de chair admirable dans le nuits Aux Boudots, raffiné et pulpeux, très élégant, serti dans un boisé doux et épicé : détendu, sans fard, il se montre brillant et intègre. Nez de violette de poivre blanc dans Les Beaux Monts, vin épicé et lumineux, assez ferme et dense en milieu de bouche, qui offre des saveurs patinées et se termine tout en pureté de fruit. Le nez de l'échezeaux évoque la cerise noire confite. Plus introverti, ce vin se fait voluptueux et crémeux dans sa matière qui enrobe la bouche avec sensualité : civilisé, pénétrant, très intense et sans la moindre aspérité. Le végétal mûr infuse le fruit noir et éclatant du clos de vougeot, serti de tanins qui rappellent le croquant du pépin. Tout en équilibre et persistance, ce vin offre une fascinante suavité de texture, et semble en apesanteur, tout en fraîcheur réglissée.

Clos de Vougeot Grand Cru 2020	238,30 €	97
Echezeaux Grand Cru 2020	294,50 €	97
Nuits-Saint-Georges Aux Lavières 2020	46,30 €	93
Nuits-Saint-Georges Premier Cru Aux Boudots 2020	127,70 €	96
Vosne-Romanée Bossières 2020	64,20 €	94
Vosne-Romanée Premier Cru Les Beaux Monts 2020	175,60 €	96

Rouge : 14,6 hectares.
Blanc : 0,22 hectare.
Production moyenne : 75 000 bt/an.

DOMAINE JEAN GRIVOT
6, rue de la Croix-Rameau,
21700 Vosne-Romanée
03 80 61 05 95 ● www.domainegrivot.fr ●
Vente et visites : sur RDV.
Propriétaire : Famille Grivot
Directeur : Étienne, Marielle, Mathilde et Hubert Grivot

★★ DOMAINE ROBERT GROFFIER PÈRE ET FILS

Ce domaine prisé depuis fort longtemps par les amateurs du monde entier voit la nouvelle génération lui impulser un nouveau souffle. Nicolas Groffier, né en 1984, et sa jeune sœur Julie, sont désormais aux commandes. Implanté à Morey-Saint-Denis, le domaine possède l'essentiel de ses vignes à Chambolle-Musigny, avec, entre autres, une magnifique parcelle dans Les Amoureuses. Des villages aux grands crus, les vins se révèlent fins, avec ce soyeux de texture qui symbolise à merveille le style du domaine. Comme le précise Nicolas Groffier, la recherche du domaine est axée sur la concentration par les raisins et non en cave. Pari réussi sur toute la gamme. À partir du millésime 2014, le domaine ne commercialise plus que la moitié du dernier millésime, et préfère désormais ressortir des vins à maturité, conscient que nombre d'entre eux sont sans doute bus trop tôt et sujets à spéculation. Nous saluons ce souci louable, dont d'autres domaines seraient bien avisés de s'inspirer.

Les vins : les vins sont mûrs et certains affichent moins de 13 % d'alcool : saluons cette performance. Excellent fruit croquant dans le souple le passetoutgrains, savoureux et gourmand, au fruit frais et acidulé, qui intègre 25 % de gamay. Vin de plaisir que le salivant et gourmand bourgogne pinot noir, au fruit moelleux et souple, qui s'exprime avec finesse et sera délicieux dans un ou deux ans. Abondance de fruit velouté et pulpeux dans le très engageant gevrey Les Seuvrées, assez intense et élancé, adossé à de petits tanins vifs et séveux : le sol sableux de la parcelle apporte de la finesse. Fruit en gelée, framboise et groseille dans le chambolle Les Hauts Doix, juteux et éclatant, détendu et très en place, véritable régal de volume tendre et frais, dont la mâche raffinée se prolonge d'une note d'orange sanguine en finale, avec seulement 12,8 % d'alcool. Nez de violette et pivoine dans le chambolle Les Sentiers : une touche sanguine apporte une sève sinueuse dans une bouche confortable, très appétente et riche d'une belle plénitude de saveurs. Matière voluptueuse et mûre avec un fruit pulpeux et une grande fraîcheur de sève dans le bonnes-mares, vin scintillant, au caractère plus froid. Ses grandes dimensions éclatent en finale, déroulant une étoffe patinée et sereine, avec un caractère assez captivant. Nez brillant, floral et bois de santal dans Les Amoureuses. Très intense, enrobé et tendu, ce vin sans aspérités offre un caractère explosif et vibrant, déjà enjôleur mais voluptueux, assez fascinant dans sa beauté lumineuse et sa finale en queue de paon. Grand volume et profondeur dans le clos-de-bèze, plein d'élan, riche de saveurs de fraises, d'épices douces et de cannelle. Avec ses tanins pointus et sa personnalité racinaire, il diffuse une autorité naturelle et laisse transparaître une magnifique race.

Bonnes-Mares Grand Cru 2020	N.C.	97
Bourgogne 2020	N.C.	91
Bourgogne Passetoutgrain 2020	N.C.	90
Chambertin-Clos-de-Bèze Grand Cru 2020	N.C.	98
Chambolle-Musigny Premier Cru Les Amoureuses 2020	N.C.	98
Chambolle-Musigny Premier Cru Les Hauts Doix 2020	N.C.	94
Chambolle-Musigny Premier Cru Les Sentiers 2020	N.C.	94
Gevrey-Chambertin Les Seuvrées 2020	N.C.	93

Rouge : 8 hectares. Pinot noir 100 %
Production moyenne : 43 000 bt/an

DOMAINE ROBERT GROFFIER PÈRE ET FILS

3, route des Grands-Crus,
21220 Morey-Saint-Denis
06 33 61 16 72 ●
domaine.groffier@gmail.com ● Pas de visites.
Propriétaire : Famille Groffier
Directeur : Nicolas Groffier

★★ ALAIN HUDELOT-NOËLLAT

Depuis 2008, le domaine Hudelot-Noëllat a été pris en charge par Charles Van Caneyt, petit-fils d'Alain Hudelot. Ce dernier lui a confié les clefs du domaine, alors qu'il sortait tout juste de l'école, et Charles a signé ses premiers vins en 2008. Le domaine possède un très bel éventail de premiers crus et un trio de grands crus comprenant un richebourg, une romanée-saint-vivant et un clos-de-vougeot. Si on a toujours produit ici de bons vins de facture classique, l'arrivée de la nouvelle génération impulse une évolution plus qu'une révolution. Au programme : la remise en labour des sols, la baisse des rendements et des raisins moins triturés en cave avec l'utilisation très partielle de vendanges non égrappées. Cette multitude de petits détails apporte aux vins un supplément de finesse, de soyeux et de profondeur, du simple villages jusqu'au cru le plus magnifique du domaine, la romanée-saint-vivant.

Les vins : un fruit mûr et plein dans le vougeot premier cru, pourvu d'une trame nerveuse et de tanins très fins. Il fait très Chambolle et se révèle salin en finale. Avec sa sève délicate, le vosne Les Beaumonts se montre tout en pureté et précision, doté d'un fruit intense et éclatant, très floral et d'une grande allonge : le meilleur du classicisme bourguignon. Expressif et frais, le vosne Les Suchots se fait joyeux dans son expression de fruits rouges et sa bouche vivace, mûre et ronde, alliant souplesse et nervosité. Les tanins sont infusés et la finale déborde de fraîcheur. Mûr et charnu, l'intense et étoffé clos-de-vougeot se montre complexe dans son caractère épicé et fruité : énergique, complet, il déploie une grande trame moelleuse. Infusé, le nez du romanée-saint-vivant est un rêve de pinot fin, entre pivoine et noyau de cerise. Ce vin brillant est un vrai joyau avec ses reflets multiples et sans fard, et sa matière élancée, lancinante et épurée. Envoûtant nez d'épices orientales, de pot-pourri et de fruits noirs dans le richebourg : très intense, sa bouche livre une trame aérienne en apesanteur, puis gagne en volume et puissance à l'air, dessinant un vin athlétique et symétrique, racé et intègre, somptueux dans la combinaison de sa force et de son raffinement.

Clos de Vougeot Grand cru 2020	200 €	96
Richebourg Grand Cru 2020	Épuisé - 500 €	98
Romanée-Saint-Vivant Grand Cru 2020	500 €	97
Vosne-Romanée Premier Cru Les Beaumonts 2020	150 €	95
Vosne-Romanée Premier Cru Les Suchots 2020	150 €	96

▶ Vougeot Premier Cru Les Petits Vougeot
2020   100 € **94**

Rouge : 10 hectares.
Blanc : 0,7 hectare.
Production moyenne : 60 000 bt/an

ALAIN HUDELOT-NOËLLAT

5, ancienne RN 74,
21220 Chambolle-Musigny
03 80 62 85 17 ●
www.domaine-hudelot-noellat.com/ ● Pas
de visites.
Propriétaire : Alain Hudelot-Noëllat
Directeur : Charles Van Caneyt

★★ DOMAINE THIBAULT LIGER-BELAIR

Devenu une référence incontournable, Thibault
Liger-Belair a brillamment repris le domaine
familial en 2001. Les vignes sont cultivées en bio
et les rendements très maîtrisés. En matière de
vinification, Thibault alterne matière et finesse
en fonction des cuvées et effectue un travail
très important de sélection des bois en partenariat avec ses deux tonneliers attitrés, se limi-
tant à un maximum de 50 % de fût neuf. Suivant
les cuvées et les millésimes, la proportion de
raisins entiers varie sans dogmatisme, mais les
raisins sont toujours vendangés à haute maturité. Installé depuis peu dans une nouvelle cuverie alimentée par géothermie et énergie solaire,
Thibault Liger-Belair est un vigneron sincère qui
affirme un style élégant et raffiné, et ses vins,
vinifiés avec sensibilité, ne cessent de nous
enthousiasmer.

Les vins : fruit mûr et éclatant, grande douceur
dans la chair de l'aligoté, intense et persistant,
très salivant et désaltérant en finale. Très épicé,
proche du fruit, le bourgogne Les Grands Chaillots est resté bien éclatant, mûr et dense,
construit sur des tanins fermes : un vin solide.
Saveurs bien mûres, proches du raisin et pulpeuses dans le gevrey En Créot, vin parfumé et
franc, tout en volume sphérique et soyeux : tendre, irrésistible de gourmandise. Plus marqué par
son élevage, le chambolle reste un peu austère,
mais l'envergure florale de sa chair, sa dimension séveuse et la persistance de ses saveurs
indiquent un équilibre de haute volée pour la
garde. Écorces d'agrumes et cacao dans le nuits
La Charmotte, dense et frais, infusé de saveurs
réglissées : un rouge de grand caractère, finement sanguin et lancinant en finale. Magnifique nez de prunes et de cannelle pour les
saint-georges, dont la maturité très poussée
flirte avec des saveurs compotées. Très consistant, large et velouté, ce vin encore en élevage
lorsque nous le dégustons peut très bien évoluer favorablement. Superbe intensité aroma-

tique dans le clos-de-vougeot, dont le fruit très
mûr mais éclatant resplendit avec élan et persistance le long d'une bouche sinueuse, à la
finale ferme et burinée, qui se prolonge avec
grâce en finale. Très proche du fruit, le nez du
charmes-chambertin oscille entre soupe de
fraises et épices douces : ses très vastes
dimensions et son étoffe moelleuse résonnent
de promesses à venir. Encore monolithique, le
richebourg se présente agile et sensuel, oscillant entre puissance et élégance. Sa matière
pulpeuse à la maturité poussée se présente
tout en muscle, avec une mâche imposante
mais nerveuse, et une allonge hors du commun :
il ne se livrera pleinement qu'avec le temps.

▷ Bourgogne Aligoté Clos des Perrières la
Combe 2020   21 € **92**

▶ Bourgogne Les Grands Chaillots
2020   27 € **92**

▶ Chambolle-Musigny Les Vieilles Vignes
2020   80 € **93**

▶ Charmes-Chambertin Grand Cru
2020   215 € **96**

▶ Clos de Vougeot Grand Cru
2020   225 € **97**

▶ Gevrey-Chambertin En Créot
2020   70 € **93**

▶ Nuits-Saint-Georges La Charmotte
2020   65 € **94**

▶ Nuits-Saint-Georges Premier Cru Les
Saint-Georges 2020   160 € **95**

▶ Richebourg Grand Cru 2020   800 € **98**

Rouge : 8 hectares. Pinot noir 50 %, Gamay
noir à jus blanc 50 %
Blanc : Aligoté 100 %
Production moyenne : 35 000 bt/an

DOMAINE THIBAULT LIGER-BELAIR ♣
32, rue Thurot, 21700 Nuits-Saint-Georges
03 80 61 51 16 ● www.thibaultligerbelair.com
● Vente et visites : sur RDV.
Propriétaire : Thibault Liger-Belair

★★ DOMAINE HUBERT LIGNIER

Le domaine Hubert Lignier fait partie des domaines de référence de Morey Saint-Denis, voire de
la Côte de Nuits. À sa retraite, Hubert Lignier avait
laissé ses vignes aux mains de son fils Romain,
disparu en 2004, qui n'a eu de cesse de produire
des vins comptant parmi les plus réguliers et les
plus aboutis de Bourgogne. À partir de 2006,
c'est Laurent Lignier, le fils aîné d'Hubert, qui a
repris le domaine et récupéré en 2014 la totalité des vignes, dont une partie était louée à
l'épouse de Romain. Travail en bio depuis 2011,
certifié en 2019, adjonction d'un peu de vendange entière, élevages particulièrement longs,

jusqu'à 22 mois : Laurent est un vigneron sage qui respecte le style entier des vins du domaine, mais apporte ces dernières années plus de finesse, de l'éclat de fruit et une régularité sans faille à l'ensemble de la vaste gamme pour des vins nuancés du meilleur classicisme. Quelques travaux d'extension de la cave et d'une nouvelle structure d'accueil viennent de s'achever.

Les vins : nez de mûres et coulis de fruits dans le morey Trilogie, à la bouche charnue et onctueuse, beaucoup de densité et d'envergure. Matière pure, brillante et assez lisse dans le gevrey Les Seuvrées, saveurs de fruits rouges, profil élancé, tanins croquants et finale épicée. Les Baudes exprime des notes de framboise, une bouche veloutée et sphérique, à la texture caressante, au fruit frais et net : excellent vin, profondeur de saveurs notable. Nez réservé et bel éclat de fruit dans La Riotte, au profil aiguisé et minéral, un vin expressif et plein de sève. Fruit épicé et éclatant dans le pur et énergique Chaffots : matière désaltérante, tanins soyeux, beaucoup d'allonge et de fraîcheur dans ce vin élégant. Nez un peu grillé, matière suave et patinée dans Faconnières, trame robuste dans ce vin intègre, du niveau d'un grand cru de par son intensité. Nez de griotte et de fruits rouges, avec une tonalité florale dans Combottes, à la matière lumineuse, aiguisée et très sapide, le fruit suave est encadré de tanins ultra-fins, précis et vifs. Beaucoup de complexité dans le charmes-chambertin, notes de thé fumé et de fruit cristallisé, matière très délicate mais intense, texture pulpeuse, sensuelle et finale réglissée : superbe vin à la maturité poussée mais resté frais. Trois pièces seulement du griotte, vin d'une grande élégance aromatique, dont la matière fuselée offre une texture très subtile : une trame tannique arachnéenne tend le vin d'une myriade de petits tanins poudrés. Avec un nez qui évoque la violette, le clos-de-la-roche est racé et de grandes dimensions : il offre une texture étoffée et une magistrale allonge.

Chambolle-Musigny Premier Cru Les Baudes 2020	190 €	**94**
Charmes-Chambertin 2020	380 €	**96**
Clos de la Roche 2020	440 €	**97**
Gevrey-Chambertin Les Seuvrées 2020	79 €	**92**
Gevrey-Chambertin Premier Cru Combottes 2020	225 €	**95**
Griotte-Chambertin 2020	590 €	**96**
Morey-Saint-Denis Premier Cru Chaffots 2020	130 €	**95**
Morey-Saint-Denis Premier Cru Faconnières 2020	175 €	**95**
Morey-Saint-Denis Premier Cru La Riotte 2020	130 €	**94**
Morey-Saint-Denis Trilogie 2020	79 €	**91**

Rouge : 8,8 hectares. Pinot noir 97 %, Gamay noir à jus blanc 3 %
Achat de raisins.
Blanc : 0,7 hectare. Aligoté 100 %
Achat de raisins.
Production moyenne : 50 000 bt/an

DOMAINE HUBERT LIGNIER ✚
45, Grande-Rue, 21220 Morey-Saint-Denis
03 80 51 87 40 ● www.hubert-lignier.com ●
Vente et visites : sur RDV.
Propriétaire : Hubert et Laurent Lignier
Directeur : Laurent Lignier

★★ DOMAINE DENIS MORTET

Dans les années 90, Denis Mortet a bousculé la Bourgogne par ses pinot noir denses et colorés, qui lui ont valu un succès considérable. Son fils Arnaud, millésime 1982, brillant vinificateur, œuvre au domaine depuis le début des années 2000, et en a repris l'entière responsabilité avec sa mère Laurence, au décès de son père en 2006. Sa sœur Clémence les a rejoint depuis. En une quinzaine d'années, Arnaud a affirmé son style par petites touches, avec des vinifications plus douces, une part de fûts neufs qui diminue, et un goût plus prononcé pour la vendange entière, bien adapté à la vinification des raisins millerandés nombreux au domaine. Gourmands, frais et gracieux, les vins possèdent désormais des tanins très affinés et expriment très justement l'identité de leurs terroirs. Le domaine s'est agrandi en 2014 avec des Bonnes-Mares et Mazis-Chambertin. Il revient cette année dans notre guide par la grande porte, et nous sommes heureux de lui réserver la place qu'il mérite.

Les vins : un tiers à 75 % de vendanges entières dans les rouges de 2020. Fruit éclatant, frais et tonique dans le bourgogne. Structuré, velouté et suave, à la texture mûre et pulpeuse : sphérique, assez profond, le fixin s'appuie sur des tanins très fins. L'emblématique gevrey Mes Cinq Terroirs (50 % de la production du domaine) se présente charnu, avec une carrure argileuse, dense mais vif et digeste : bien représentatif des terroirs nord du village. Le gevrey premier cru se fait délicat et floral, très raffiné, lumineux dans sa fraîcheur, aérien et élégant. Des vignes très âgées font de la cuvée Les Champeaux un vin suave, doté d'une grande fraîcheur et d'arômes de cerise burlat : avec sa chair sinueuse et finement épicée, ce vin profond exprime une tension calcaire et une grande pureté de saveurs. Saveurs de myrtille et de cumin dans le superbe Lavaux Saint-Jacques, vigoureux et svelte, plus froid et épicé, au caractère affirmé et aux tanins assez fermes. Ouvragé, infusé dans sa chair raffinée, l'élégant clos-de-vougeot offre un volume sensuel et des notes de lilas et violette. Fruits des bois et griotte dans le pénétrant bonnes-mares, à la grande envergure veloutée, radieux et racé, d'une grande délicatesse de texture et prolongé de notes d'orange sanguine. Le mazis exhale la réglisse, vin pur et minéral au fruit pulpeux, enrobé et suave, redoutable séducteur à l'envergure voluptueuse et aux tanins millimétrés, admirable de précision. Seigneurial et profond, distingué, imposant et lumineux, le chambertin évoque le zan, l'écorce et la menthe, radieux et froid, noblement austère.

▬ Bonnes-Mares Grand Cru 2020	N.C.	97
▬ Bourgogne Noble Souche 2020	N.C.	91
▬ Chambertin Grand Cru 2020	N.C.	98
▬ Clos de Vougeot Grand Cru 2020	N.C.	96
▬ Fixin Vieilles Vignes 2020	N.C.	92
▬ Gevrey-Chambertin Mes Cinq Terroirs 2020	N.C.	93
▬ Gevrey-Chambertin Premier Cru 2020	N.C.	95
▬ Gevrey-Chambertin Premier Cru Lavaux Saint-Jacques 2020	N.C.	96
▬ Gevrey-Chambertin Premier Cru Les Champeaux 2020	N.C.	95
▬ Mazis-Chambertin Grand Cru 2020	N.C.	98

Rouge : 12 hectares.
Production moyenne : 65 000 bt/an

DOMAINE DENIS MORTET

5, rue de Lavaux , 21220 Gevrey-Chambertin
03 80 34 10 05 ●
www.domaine-denis-mortet.com ● Pas de visites.
Propriétaire : Laurence et Arnaud Mortet
Directeur : Arnaud Mortet

★★ DOMAINE GEORGES MUGNERET-GIBOURG

Depuis le décès en 1988 du docteur Georges Mugneret, le domaine est géré avec sérieux et passion par ses deux filles, Marie-Christine et Marie-Andrée, qui ont chacune deux filles, dont certaines ont commencé à travailler en famille. Le style éminemment classique et pur des vins reflète, avec une régularité exceptionnelle, des expressions saines, raffinées et particulièrement attachantes des grands terroirs de la Côte de Nuits. Le domaine produit un excellent vosne-romanée, prêt assez jeune et d'une finesse rare, ce qui permettra d'attendre les dix ans nécessaires pour apprécier les splendides échézeaux, clos-de-vougeot et autres ruchottes-chambertin. Le domaine a récemment récupéré quelques vignes supplémentaires, permettant l'arrivée dès 2018 d'une nouvelle cuvée, le vosne-romanée nommé La Colombière, et a agrandi sa cave, pour travailler avec plus d'efficacité et de confort.

Les vins : vin mûr et acidulé, intense, le bourgogne offre un bel éclat de fruit et un profil direct et franc, très énergique. Nerveux et précis, doté de tanins très fins, le vosne doit encore intégrer son élevage et dompter son caractère un peu chaleureux. La parcelle de vignes de la Colombière, âgée de 70 ans, a été isolée pour la première fois en 2018. Il en résulte un caractère plus floral et expressif, un profil velouté, moelleux et dense, dont les tanins tapissants et finement réglissés emplissent la bouche. Bouche ronde, très charnue et assez serrée dans Les Chaignots, au caractère un peu exubérant : une pointe de sécheresse en finale dans ce vin dans lequel la puissance domine et où l'alcool est perceptible. Avec une note un peu fumée au nez, Les Feusselottes offre une attaque souple, une texture patinée et des arômes à la fois floraux et épicés, un peu exotiques. Très séduisant et équilibré, il se montre persistant et évoluera longuement. Bouche crémeuse dans l'échézeaux, coulis de fruit noirs et cacao, relevée de tanins vifs et nerveux en un ensemble vigoureux et corsé : vin énergique, tonique à la colonne vertébrale tannique assez ferme, et finale large et étoffée. Une bouche assez suave et caressante dans le ruchottes, beaucoup d'éclat et de vigueur, tanins millimétrés et boisé parfaitement intégré. La finale est interminable. De la patience sera requise ! Grande complexité aromatique, violette, touche anisée dans le clos de vougeot, au profil velouté et profond : un vin mentholé, voluptueux, réglissé et frais, aux tanins ciselés et à la profondeur vertigineuse. À notre sens une des plus belles expressions du cru.

▬ Bourgogne 2020	30 €	90
▬ Chambolle-Musigny Premier Cru Les Feusselottes 2020	95 €	95
▬ Clos de Vougeot Grand cru 2020	270 €	97
▬ Echezeaux Grand Cru 2020	235 €	96
▬ Nuits-Saint-Georges Premier Cru Les Chaignots 2020	Épuisé - 90 €	93
▬ Ruchottes-Chambertin Grand Cru 2020	Épuisé - 265 €	97
▬ Vosne-Romanée 2020	Épuisé - 65 €	92
▬ Vosne-Romanée La Colombière 2020	85 €	93

Rouge : 7,5 hectares.
Production moyenne : 30 000 bt/an

DOMAINE GEORGES MUGNERET-GIBOURG

5, rue des Communes 21700 Vosne-Romanée
03 80 61 01 57 ● www.mugneret-gibourg.com

● Vente et visites : sur RDV.
Propriétaire : Marie-Christine Teillaud et Marie-Andrée Nauleau

★★ 🖈 DOMAINE MÉO-CAMUZET

Désormais également vigneron en Oregon, Jean-Nicolas Méo est propriétaire de ce domaine de référence, dont les qualités sont largement reconnues par le marché mondial, et dont les collectionneurs s'arrachent la moindre bouteille. Une petite activité de négoce vient compléter la gamme du domaine. Il a su habilement pérenniser le style des vins, de grands bourgognes parfumés, policés par des élevages luxueux mais dotés d'une étoffe et d'une profondeur de texture admirables, entre classicisme et modernité. Les parfums s'épanouissent avec quelques années de bouteille et les vins gagnent en profondeur. Nous apprécions ces vins sérieux et soignés, dont les élevages un peu ostentatoires pouvaient ternir légèrement le fruit. Les 2019 et surtout le 2020 reviennent au meilleur niveau, permettant au domaine de regagner sa seconde étoile.

Les vins : 2020 retrouve le niveau d'équilibre et de justesse qui a fait la légende de ce domaine. Le nuits-villages se montre généreux et complet. Issu d'achats de raisins, le chambolle premier cru se présente moelleux, gourmand et voluptueux. Le vosne-romanée Les Chaumes offre structure et fruit frais, bien proportionné et étoffé : il a gagné en consistance. Beaucoup de finesse et de délicatesse de tanins dans le nuits Aux Boudots, un vin bouqueté et expressif dont la fraîcheur aromatique s'accompagne d'un fruit épicé et pulpeux, et d'une magnifique allonge. Énergique et ferme, le clos-de-vougeot frappe par son envergure : il s'exprime tout en volume et sève raffinée, et fraîcheur préservée. Plus suave, subtil et caressant, le vosne Aux Brûlées exprime une lancinante énergie, vin d'une grande finesse et persistance.

🍷 Chambolle-Musigny Premier Cru Les Feusselottes 2020	120 €	93
🍷 Clos de Vougeot Grand Cru 2020	230 €	96
🍷 Nuits-Saint-Georges 2020	67 €	92
🍷 Nuits-Saint-Georges Premier Cru Aux Boudots 2020	136 €	95
🍷 Vosne-Romanée Premier Cru Aux Brûlées 2020	431 €	96
🍷 Vosne-Romanée Premier Cru Les Chaumes 2020	136 €	93

Rouge : 14,5 hectares. Pinot noir 100 % Achat de raisins.
Blanc : 3,6 hectares. Chardonnay 100 % Achat de raisins.
Production moyenne : 70 000 bt/an

DOMAINE MÉO-CAMUZET
11, rue des Grands-Crus,
21700 Vosne-Romanée
03 80 61 55 55 ● www.meo-camuzet.com ●
Visites : Pas de visites.
Propriétaire : Famille Méo
Directeur : Jean-Nicolas Méo
Œnologue : Peer Reiss

★★ LAURENT PONSOT

Laurent Ponsot n'est pas vraiment un nouveau venu : après avoir passé trente-six ans au domaine Ponsot, il l'a quitté début 2017 mais a gardé en propriété (ou en métayage) 3 hectares (dont les grands crus Griotte-Chambertin et Clos Saint-Denis), à partir desquels il a reconstitué, en s'associant avec son fils Clément, une activité portant son nom et regroupant des vins issus du négoce comme de ses propres vignes. Laurent Ponsot s'attache à produire des vins "haute couture", sans chimie à la vigne, ni bois neuf en élevage, pour moitié en blancs issus de la Côte de Beaune et pour moitié en rouge. Les innovations (bouchons obturateurs technologiques, puces connectées sur les capsules…) sont fort astucieuses. Trop peu distribuée en France, cette nouvelle source de grands vins bourguignons nous a ébloui, gagne ses galons et confirme ses promesses. 4 hectares de vignes ont été rachetés en 2019 sur Gevrey et Chambolle, de nouveaux vins arrivent cette année, dont un magnifique bonnes-mares.

Les vins : le domaine ne nous ayant pas transmis ses vins, nous sommes amenés à reconduire les notes de notre édition précédente.

🍾 Corton-Charlemagne Grand Cru 2019	144 €	97
🍾 Meursault 2019	42 €	93
🍾 Meursault Premier Cru Genevrières 2019	108 €	96
🍷 Beaune Premier Cru 2019	42 €	93
🍷 Bonnes-Mares 2019	360 €	98
🍷 Chambertin-Clos-de-Bèze Grand Cru 2019	384 €	97
🍷 Chambolle-Musigny Premier Cru les Sentiers 2019	102 €	96
🍷 Clos Saint-Denis Grand Cru 2019	420 €	100
🍷 Vosne-Romanée 2019	46 €	93

Le coup de ♥

🍷 Griotte-Chambertin Grand Cru 2019	360 €	98

Rouge : 7 hectares.
Production moyenne : 80 000 bt/an

LAURENT PONSOT

10, rue des Cerisiers, ZA Petite Champagne,
21640 Gilly-lès-Cîteaux
03 80 41 03 27 ● www.laurentponsot.com ●
Pas de visites.
Propriétaire : Laurent Ponsot
Maître de chai : Arnaud Rouellat

★★ DOMAINE CÉCILE TREMBLAY

En quelques millésimes, cette talentueuse vigneronne a su s'imposer comme l'une des figures montantes de la nouvelle génération. En 2003, Cécile Tremblay a récupéré les vignes de ses arrière-grands-parents, des parcelles à la surface très limitée mais idéalement situées, à Vosne-Romanée, Morey-Saint-Denis, Chambolle-Musigny ou encore Gevrey-Chambertin, qu'elle a converties naturellement en bio. Adepte des vinifications en raisins non égrappés, cette vigneronne vise avant tout l'équilibre et obtient dans ses vins des textures extrêmement veloutées. Du vosne-romanée au chapelle-chambertin, ils sont devenus des références incontournables. Le domaine a évolué vers plus de pureté et de définition des terroirs, avec des vins qui n'ont jamais été aussi précoces d'accès, détendus et fins.

Les vins : jus vif et acidulé, plein de fraîcheur et d'élan dans le bourgogne, relevé d'une pointe d'agrume et d'une finale tonique. Un fruit subtil, mûr mais finement grillé évoquant le sésame, chemine au sein d'une matière juteuse, dense mais suave, encore immature mais déjà patinée : le morey Très Girard est un excellent villages. Cassis et petits fruits de bois dans le suave et élancé chambolle Les Cabottes, à l'enveloppe moelleuse. Nez floral et un peu exotique dans le complet et très en place vosne Vieilles Vignes, friand et scintillant, soutenu par une trame enfouie dans l'onctuosité d'un coulis de fruits noirs plein de fraîcheur. Caractère plus froid dans le chambolle Les Feusselottes, chair veloutée, caressante et pulpeuse, grande suavité de texture et fond minéral et salin : la finesse de tanins est admirable. Seulement une pièce du chambolle Aux Echanges, qui ne sera proposé qu'en magnum, vinifié en vendange entière sans soufre : un ravissement que ce vin floral, épuré et aérien, tout en dentelle et raffinement radieux. Nez de cassis frais et de fleurs séchées dans Les Beaumonts, matière ciselée et lumineuse, texture particulièrement ouvragée dans ce vin intense et ravissant, tout en pulpe de fruit frais. Tonalité de fruits rouges et d'orange sanguine dans le svelte et très fin Les Rouges du Dessus, au profil acidulé et aux tanins légèrement plus accrocheurs. Caractère plus froid, tanins abondants et friands dans

l'échézeaux, à la personnalité très affirmée, qui déploie une envergure impressionnante dans sa matière large et sans aspérités. Son spectre aromatique va du café à l'écorce, en passant par le cacao et les fruits cristallisés. Véritable beauté froide, le chapelle est un vin d'orfèvre qui associe délicatesse, suavité et fermeté de chair, marqué par une noble austérité et une allonge exceptionnelle. Serein, porté par des saveurs millimétrées de violette et de myrtilles, il rayonne d'une lumière intérieure.

Bourgogne Côte d'Or 2020	N.C.	91
Chambolle-Musigny Aux Echanges 2020	N.C.	95
Chambolle-Musigny Les Cabottes 2020	N.C.	93
Chambolle-Musigny Premier Cru Les Feusselottes 2020	N.C.	95
Chapelle-Chambertin Grand Cru 2020	N.C.	98
Echezeaux Grand Cru 2020	N.C.	97
Morey-Saint-Denis Très Girard 2020	N.C.	93
Vosne-Romanée Premier Cru Les Beaumonts 2020	N.C.	96
Vosne-Romanée Premier Cru Les Rouges du Dessus 2020	N.C.	95
Vosne-Romanée Vieilles Vignes 2020	N.C.	94

Rouge : 4 hectares. Pinot noir 100 %
Production moyenne : 15 000 bt/an

DOMAINE CÉCILE TREMBLAY ♣

1, rue de la Fontaine, 21700 Vosne-Romanée
03 45 83 60 08 ●
www.domaine-ceciletremblay.fr ● Vente et visites : sur RDV.
Propriétaire : Cécile Tremblay

★★ DOMAINE DE LA VOUGERAIE

Le domaine de la Vougeraie, créé en 1999 par la réunion des plus beaux terroirs de la maison Boisset, a désormais atteint un rythme de croisière de très haut niveau. Les 67 parcelles sur 34 hectares sont travaillées en biodynamie depuis 2001. Bénéficiant d'infrastructures modernes et d'une approche très respectueuse des terroirs en matière de vinification, le domaine s'impose comme un des plus prometteurs du paysage bourguignon actuel, et collectionne les succès. Pierre Vincent, qui était régisseur du domaine depuis 2006, est parti en 2017 au domaine Leflaive, mais la directrice Sylvie Poillot assure avec talent la continuité, avec des vins d'une régularité sans faille : ce domaine peut prochainement grimper dans notre hiérarchie.

Les vins : un puligny droit et élancé, aux notes de citron et de fleur de vigne, qui allie maturité et fraîcheur et se présente pur et sans fard. Matière savoureuse dans le vougeot blanc, associant volume et allonge, puissance enfouie, chair nuancée et moelleuse à la finale de grande envergure. Intense et raffiné, empli d'une fraîcheur mentholée, le corton-charlemagne est réservé mais profond, ferme, à la chair épurée mais étoffée. Magnifiques et taillés pour la garde, bâtard et bienvenues-bâtard font jeu égal, le premier dense et moelleux, sans lourdeur, le second plus onctueux, enrobé mais énergique. En rouge, beaucoup de finesse dans Les Evocelles, au fruit vif et suave, qui se présente déjà très tendre, intégré et harmonieux. Caractère réservé mais nez envoûtant dans le clos-de-vougeot, aux notes d'épices, de cuir et d'écorce, un vin tout en fraîcheur et onctuosité, fascinant par son alliance aérienne et terrienne, en apesanteur. Tout en puissance contenue, le charmes-chambertin est pulpeux dans sa texture, assez carré et adossé à des tanins séveux et pleins. Bouche de grande envergure, tanins fermes mais millimétrés, où résonnent épices et fruits noirs : le bonnes-mares est éclatant, d'une rare pureté de saveurs et lisibilité, faisant la queue de paon en finale. Incroyablement détaillé, porté par une grande fermeté sous-jacente, le majestueux Musigny offre un raffinement aromatique fait de cannelle, de bois de santal et de fleurs séchées : une beauté sans fard, déjà rayonnante.

▭	Bienvenues-Bâtard-Montrachet Grand Cru 2020	Épuisé - 322 €	**97**
▭	Bâtard-Montrachet Grand Cru 2020	Épuisé - 310 €	**97**
▭	Corton-Charlemagne Grand Cru 2020	Épuisé - 160 €	**95**
▭	Puligny-Montrachet Premier Cru Champ Gain 2020	Épuisé - 105 €	**93**
▭	Vougeot Premier Cru Le Clos Blanc de Vougeot 2020	Épuisé - 105 €	**94**
▬	Bonnes-Mares Grand Cru 2020	Épuisé - 300 €	**98**
▬	Charmes-Chambertin Grand Cru Les Mazoyères 2020	Épuisé - 215 €	**96**
▬	Clos de Vougeot Grand Cru 2020	Épuisé - 190 €	**97**
▬	Gevrey-Chambertin Les Evocelles 2020	Épuisé - 61 €	**92**
▬	Musigny Grand Cru 2020	Épuisé - 600 €	**99**

Rouge : 33,1 hectares.
Blanc : 19 hectares.
Production moyenne : 170 000 bt/an.

DOMAINE DE LA VOUGERAIE ♣

7 bis, rue de l'Église, 21700 Prémeaux-Prissey
03 80 62 48 25 ●
www.domainedelavougeraie.com ● Pas de visites.
Propriétaire : SCA Domaine de la Vougeraie
Directeur : Sylvie Poillot

★ ↗ DOMAINE AMIOT-SERVELLE

Christian et Élisabeth Amiot ont été rejoints en 2011 par leur fille Prune, diplômée d'œnologie, et par leur fils Antoine. Situé pour l'essentiel sur les meilleurs premiers crus de Chambolle (pas moins de sept crus différents), le domaine s'est enrichi en 2010 de vignes en Morey-Saint-Denis, Clos-Saint-Denis et Charmes-Chambertin. Orienté depuis 2003 vers une viticulture bio (et certifiée à partir de 2008), le respect de l'environnement a permis aux vins de gagner en précision et en profondeur, avec une proportion de vendange entière qui varie suivant les vins d'un quart à 100 %. Élevés dans une part importante de fûts de 400 litres, les vins sont désormais très consistants, réguliers, et expriment avec justesse et sensibilité leurs terroirs respectifs, sans renier leur capacité de garde. Une nouvelle cave et cuverie opérationnelle pour la vendange 2022 va permettre un confort de travail accru. Nous accordons une première étoile cette année.

Les vins : vin juteux et moelleux, le chambolle est assez nerveux, avec des tanins bien patinés restés croquants, et une jolie concentration naturelle. Isolé depuis 2018, Les Bas-Doix se fait plus onctueux et affirme sa personnalité avec volume et générosité, prolongé d'une finale caillouteuse. Nez expressif dans Les Feusselottes, petits fruits, prunes, roses séchées. Bouche lisse et soyeuse, petite mâche florale, vin affiné et complexe, beaucoup de finesse et d'élégance. Un peu épicé, assez suave en attaque, Les Plantes se présente dense et dynamique, prolongé d'une fine amertume, bien proportionné dans sa carrure. Sapide mais sérieux, Les Charmes va plus loin en envergure et profondeur de saveurs, avec un fruit gourmand et éclatant, et du relief dans ses tanins. Encore peu en causant, Les Borniques a préservé un fruit pulpeux et brillant : un vin étoffé, précis, tonique, au superbe pedigree. Bouche ciselée, élancée et soyeuse dans Derrière-la-Grange, à la superbe fraîcheur enfouie : un petit bijou précieux que cette cuvée dotée d'une grande finesse de tanins et de saveurs délicates d'églantine et de griotte. Les Amoureuses s'exprime avec une fine sucrosité dans son fruit frais et délicat : si ses tanins sont serrés, avec un boisé qui doit se fondre, sa sève et son allonge caressante signent sa noblesse. Parfumé et subtil, le charmes-chambertin s'articule autour de tanins raffinés, avec un superbe toucher de bouche où perce un fruit infusé, jusque dans une magnifique finale rayonnante. Plus en finesse, le clos-saint-denis allie tonus et nuances, vin énergique et intense, aux saveurs de cerise noire et de cacao.

Chambolle-Musigny 2020	N.C.	92
Chambolle-Musigny Les Bas-Doix 2020	N.C.	93
Chambolle-Musigny Premier Cru Derrière-la-Grange 2020	N.C.	96
Chambolle-Musigny Premier Cru Les Amoureuses 2020	N.C.	96
Chambolle-Musigny Premier Cru Les Borniques 2020	N.C.	95
Chambolle-Musigny Premier Cru Les Charmes 2020	N.C.	94
Chambolle-Musigny Premier Cru Les Feusselottes 2020	N.C.	94
Chambolle-Musigny Premier Cru Les Plantes 2020	N.C.	93
Charmes-Chambertin Grand Cru 2020	N.C.	96
Clos Saint-Denis Grand Cru 2020	N.C.	96

Rouge : 6 hectares. Pinot noir 100 %
Blanc : 1 hectare. Chardonnay 100 %
Production moyenne : 30 000 bt/an

DOMAINE AMIOT-SERVELLE ♣

34, rue Caroline-Aigle,
21220 Chambolle-Musigny
03 80 62 80 39 ● www.amiot-servelle.com ● Vente et visites : sur RDV.
Propriétaire : Prune et Antoine Amiot

★ DENIS BACHELET

Un peu comme au domaine Dugat-Py, Denis Bachelet possède en majorité des vignes âgées, parfois centenaires, d'où il tire des vins riches et intenses, qui possèdent une sève et une profondeur de chair peu communes. Désormais secondé par son fils, ce vigneron discret, qui passe un temps considérable dans ses vignes, vinifie et élève le plus simplement du monde et recherche avant tout la finesse, soulignée par des élevages toujours subtils. Sur à peine plus de 3 hectares, la gamme comprend un côtes-de-nuits villages, un gevrey-chambertin, un gevrey-chambertin les Evocelles, un gevrey premier cru Les Corbeaux et un charmes-chambertin. La grande majorité de la production part à l'international, et Denis Bachelet est une véritable star dans les pays anglo-saxons : il sera donc sans doute plus simple de dénicher quelques bouteilles à l'étranger qu'en France !

Élaborés sans artifices, ses vins profonds et intègres nous enthousiasment, plus immédiats depuis 2013 car vinifiés avec moins de pigeage.

Les vins : le domaine ne nous ayant pas transmis ses vins, nous sommes amenés à reconduire les notes de notre édition précédente.

Charmes-Chambertin Grand Cru 2018	de 450 à 550 € (c)	97
Côte de Nuits-Villages 2018	N.C.	92
Côte de Nuits-Villages 2019	N.C.	92
Gevrey-Chambertin 2018	90 € (c)	93
Gevrey-Chambertin 2019	N.C.	93

Le coup de ♥

Gevrey-Chambertin Premier Cru Les Corbeaux 2018	160 € (c)	95

DENIS BACHELET

3, rue de la Petite-Issue,
21220 Gevrey-Chambertin
03 80 51 89 09 ● Pas de visites.
Propriétaire : Denis Bachelet

★ DOMAINE GHISLAINE BARTHOD

Ce remarquable petit domaine familial, situé entièrement à Chambolle-Musigny, accueille désormais, aux côtés de ses parents Ghislaine Barthod et Louis Boillot, Clément, 25 ans, qui a vinifié les 2018. Il s'attache à réduire un peu la proportion de fût neuf et à allonger la durée des élevages. On trouvera ici pas moins de onze premiers crus vinifiés individuellement et tous de caractères différents. Consistants, classiques dans le meilleur sens du terme, les vins privilégient la finesse et ont gagné en intensité de couleur. Parfois un peu fermes dans leur jeunesse, ils récompensent ceux qui savent les attendre dix à quinze ans. Ce domaine en pleine forme mérite toute l'attention des amateurs.

Les vins : assemblage de sept parcelles, le chambolle est mûr et resté friand, pourvu d'un bel éclat de fruit, avec des tanins assez fermes. Assez dense et concentré, Aux Beaux Bruns présente plus de maturité de fruit mais aussi plus de tension, et un caractère plus austère : la patience est requise. Épicé, doté de tanins fins et crayeux, Les Noirots se fait très élancé. Plus marqué par les fruits noirs, Les Baudes est encore austère et se présente plus structuré, avec des tanins plus fermes : son terroir proche des bonnes-mares s'exprime bien. Avec son nez floral, le sapide et expressif Les Sentiers est doté d'un fruit acidulé et de tanins juteux : il offre beaucoup de finesse. Nez pénétrant de fruits rouges dans Les Charmes, pourvu d'une belle richesse de fruit, où perce une pointe de sucrosité. La fraîcheur est préservée, on trouvera une belle allonge et envergure, avec de la mâche en finale. Affriolant et complexe, le concentré Les Fuées se présente tout en intensité et précision de saveurs, avec des tanins fermes et ciselés. Le premier cru Les Véroilles est un monopole du domaine situé en haut de coteau au-dessus des bonnes-mares, qui se montre ample et séveux, serré mais tapissé de tanins croquants. La salinité en finale est marquante : un vin brillant. Toujours le plus sérieux et complet, Les Cras offre une noble austérité de saveurs, épuré et tout en tension, construit sur l'ossature et la finesse des tanins : une grande garde impérative pour le déguster.

Chambolle-Musigny 2020	N.C.	93
Chambolle-Musigny Premier Cru Aux Beaux Bruns 2020	N.C.	94
Chambolle-Musigny Premier Cru Les Baudes 2020	N.C.	94
Chambolle-Musigny Premier Cru Les Charmes 2020	N.C.	95
Chambolle-Musigny Premier Cru Les Cras 2020	N.C.	96
Chambolle-Musigny Premier Cru Les Fuées 2020	N.C.	95
Chambolle-Musigny Premier Cru Les Noirots 2020	N.C.	93
Chambolle-Musigny Premier Cru Les Sentiers 2020	N.C.	94
Chambolle-Musigny Premier Cru Les Véroilles 2020	N.C.	96

Rouge : 6,5 hectares. Pinot noir 100 %
Blanc : Aligoté 100 %
Production moyenne : 30 000 bt/an

DOMAINE GHISLAINE BARTHOD

Rue du Lavoir, 21220 Chambolle-Musigny
03 80 62 80 16 ● Vente et visites : sur RDV.
Propriétaire : Famille Barthod-Noëllat

★ DOMAINE BERTHAUT-GERBET

La septième génération incarnée par Amélie Berthaut-Gerbet, ingénieur agronome et œnologue, s'est installée au domaine depuis 2013, et aide son père Denis Berthaut à maintenir un bon niveau. Le domaine regroupe des vignes sur Fixin et Vosne-Romanée, avec une parcelle en Clos de Vougeot. Pendant longtemps, les vins étaient tanniques et robustes ; ils ont ensuite changé de style grâce à une maturité plus poussée des raisins et à des extractions moins fortes ; quelques petits réglages d'élevage leur permettront encore de progresser. Saluons la belle évolution de ce domaine qui trouve ses marques.

Les vins : fruit intègre, assez tendre et infusé dans le hautes-côtes-de-nuits, idéalement

juteux et frais : un régal ! Beaucoup de franchise dans le fixin, pourvu d'un relief savoureux, enrobé de petits tanins réglissés : tendre et précoce, c'est une très belle réussite. Plus d'envergure et de moelleux dans Les Crais, vin ferme et soigné au boisé un peu plus appuyé : la finale est un peu stricte mais l'ensemble reste assez tonique et très floral. Profil épicé, envergure moelleuse et profondeur de texture dans Les Arvelets, toujours très affiné dans ses tanins, élancé par la vendange entière et prolongé d'une allonge de saveurs assez lancinante. Maturité de fruit poussée dans le vosne, à la matière restée douce mais un rien extraite, qui va s'équilibrer mais s'appuie un peu sur son élevage pour se structurer. Profil dynamique et sapide dans Les Petits Monts, à la texture douce prolongée d'une sève vigoureuse : ce vin racé offre beaucoup de potentiel, mais il est encore un peu assujetti à son élevage.

Bourgogne Hautes-Côtes de Nuits 2020	15,50 €	92
Fixin 2020	20 €	92
Fixin Les Crais 2020	25 €	93
Fixin Premier Cru Les Arvelets 2020	45 €	94
Vosne-Romanée 2020	45 €	92
Vosne-Romanée Premier Cru Les Petits Monts 2020	80 €	95

Rouge : 17,5 hectares.
Blanc : 0,5 hectare.
Production moyenne : 80 000 bt/an

DOMAINE BERTHAUT-GERBET

9, rue Noisot, 21220 Fixin
03 80 52 45 48 ● www.berthaut-gerbet.com
● Vente et visites : sur RDV.
Propriétaire : Amélie Berthaut-Gerbet et Denis Berthaut

★ MAISON JEAN-CLAUDE BOISSET

Jean-Claude Boisset est à la tête d'un empire en Bourgogne regroupant plus d'une trentaine de marques. Longtemps associé à la production de vins moyens, voire médiocres, il a engagé depuis 1999 un changement de cap avec la création du domaine de la Vougeraie. Une seconde étape a été franchie en 2002 avec le repositionnement sur le créneau haut de gamme de sa marque phare : Jean-Claude Boisset. Pour y parvenir, il en a confié les rênes à un vinificateur de talent formé chez Lalou Bize-Leroy, Grégory Patriat. La production a été divisée par dix, un nouvel outil de vinification ultra-moderne a été construit et une politique intelligente et exigeante d'achat de raisins est désormais menée. Le résultat est spectaculaire et les vins font aujourd'hui partie de l'élite bourguignonne.

Les vins : trois beaux blancs, le santenay mûr mais éclatant aux saveurs de noisette, le beaune tendu et citronné, avec un éclat salin et des saveurs de fruit à noyau, et le meursault dense, presque onctueux et très riche en extrait sec. Notes de sauge et de framboise au nez du beaune rouge, un vin sinueux et profond dont les tanins vifs apportent de la nervosité. Juteux et plein, vendangé à haute maturité, l'Aloxe se présente tout en muscles et éclat du fruit, très dense et persistant, armé pour une longue garde. Floral, caressant mais tendu, le vosne voit sa délicatesse soulignée par sa fine architecture tannique. Dense et ferme, le nuits Chaignots ne manque ni de structure ni de profondeur. Fruit doux aux saveurs cendrées et légèrement compotées dans le charmes-chambertin, vin aux vastes dimensions. Plus floral, le clos-de-vougeot associe douceur de texture et trame verticale, dotée d'une généreuse mâche de tanins imposants et un rien épais. Assez sauvage, entre la terre fraîche, le cassis et l'écorce de cacao, le corton déborde de vigueur et de profondeur de sève. Sa trame serrée laisse déjà poindre tout l'éclat sanguin de son fruit, et une allonge pénétrante, sereine et racée.

🍷 Beaune Premier Cru Les Vignes Franches
2020   45 €   **92**

🍷 Meursault Le Limozin 2020   52 €   **93**

🍷 Santenay Premier Cru Passetemps
2020   39 €   **92**

🍷 Aloxe-Corton Premier Cru Les Valozières
2020   51 €   **93**

🍷 Beaune Premier Cru Les Avaux
2020   47 €   **93**

🍷 Charmes-Chambertin Grand Cru
2020   215 €   **94**

🍷 Clos de Vougeot 2020   225 €   **95**

🍷 Corton-Renardes Grand Cru
2020   120 €   **97**

🍷 Nuits-Saint-Georges Premier Cru Aux
Chaignots 2020   65 €   **94**

🍷 Vosne-Romanée 2020   68 €   **93**

Production moyenne : 450 000 bt/an

MAISON JEAN-CLAUDE BOISSET ♣

Les Ursulines, 5, chemin des Plateaux,
21700 Nuits-Saint-Georges
03 80 62 61 61 ● www.jeanclaudeboisset.fr ●
Vente et visites : sur RDV.
Propriétaire : Jean-Claude Boisset
Directeur : Grégory Patriat

★ DOMAINE RENÉ BOUVIER

Ce domaine familial depuis trois générations possède un rare patrimoine de vignes âgées, avec une moyenne d'âge d'environ 50 ans. Bernard Bouvier a signé son premier millésime en 1986 et fait partie de cette génération de vignerons qui ont apporté du sang neuf à la Bourgogne. Après avoir, comme beaucoup d'autres, cédé aux sirènes des vins modernes et très extraits, il a corrigé le tir pour produire des cuvées plus fines. 2010 marque le début de l'emploi de la vendange entière, en moyenne à 60 % sur l'ensemble des vins. Sans certification, le travail à la vigne est bio. Un usage plus modéré du bois neuf et des choix de maturité plus précis ont produit ces dernières années des vins beaucoup plus aboutis, dans un style de plus en plus infusé.

Les vins : marqueur un peu végétal dans le blanc Le Clos, aux saveurs maliques, en limite de maturité. Plus de volume et d'intensité dans Clos du Roy blanc, salin et lumineux, au profil sobre et vif : une maturité de raisins supplémentaire n'aurait pas été pour nous déplaire. En rouge, profil mûr et très infusé dans En Ouzeloy, vin floral et tendre, déjà gourmand et épanoui. Plus exotique et floral, Champs Salomon se montre tout aussi infusé, peu extrait et délicat : un vin très friand, savoureux, qui profite de l'élan insufflé par la forte proportion de vendange entière. Plus profond et épicé, Clos du Roy offre une envergure pulpeuse, et un fruit un peu décadent et suave. Sa finale tendue de petits tanins aiguisés l'allonge avec bonheur. Jolie intensité aromatique, dans le fixin, au style résolument infusé, qui gagne un peu en volume ce qu'il perd en profondeur. Étoffé, soigné, il se montre assez intense en finale. Nez de grenade et d'agrumes dans Les Jeunes Rois, résolument pulpeux et sapide, assez intense dans son allonge parsemée de tanins poudrés. Intensité florale au nez de La Justice, vin très souple et nuancé, au fruit délicatement compoté, qui s'appuie sur des tanins un rien secs et serrés en finale. Un vin qu'il faudra attendre deux à trois ans. Notes d'iris et de salade de fruits rouges dans Racines du Temps, vin sensuel et épicé à la chair déliée et douce, enrobée d'un bois blond déjà bien fondu.

🍷 Marsannay Le Clos
2020   Épuisé - 32 €   **89**

🍷 Marsannay Vieilles Vignes
2020   Épuisé - 32 €   **89**

🍷 Marsannay Clos du Roy 2020   52 €   **91**

🍷 Fixin Crais de Chêne
2020   Épuisé - 41 €   **93**

🍷 Gevrey-Chambertin La Justice
2020   Épuisé - 62 €   **93**

🍷 Gevrey-Chambertin Les Jeunes Rois
2020   Épuisé - 72 €   **93**

- **Gevrey-Chambertin Racines du Temps Très Vieilles Vignes**
  2020 Épuisé - 80 € 94
- **Marsannay Champs Salomon**
  2020 Épuisé - 39 € 92
- **Marsannay Clos du Roy Vieilles Vignes**
  2020 Épuisé - 44 € 93
- **Marsannay En Ouzeloy**
  2020 Épuisé - 39 € 91

Rouge : 25 hectares.
Blanc : 5 hectares.
Production moyenne : 100 000 bt/an

DOMAINE RENÉ BOUVIER
Chemin de Saule, Brochon,
21220 Gevrey-Chambertin
03 80 52 21 37 ● www.renebouvier.com ● Pas
de visites.
Propriétaire : Bernard Bouvier

★ DOMAINE ROBERT CHEVILLON

Depuis quatre générations, la famille Chevillon cultive la vigne à Nuits-Saint-Georges. Aujourd'hui, ce sont les frères Bertrand et Denis, fils de Robert, qui entretiennent 13 hectares de vignes, à la moyenne d'âge élevée, dont 8 hectares dans certains des meilleurs premiers crus (au nombre de huit). Le travail respecte ici quelques principes simples : vendanges manuelles, tris sévères, élevages longs jusqu'à dix-huit mois, jamais plus de 30 % de fût neuf, puis mise en bouteille par gravité. On trouvera à cette adresse des vins intègres, toujours énergiques, qui vieillissent avec grâce et comptent parmi les plus aboutis du secteur.

Les vins : notes de fruits noirs dans le savoureux Les Bousselots, intense et sphérique, traversé d'une sève assez énergique. Plus de maturité et un fruit légèrement compoté dans Perrières, un vin un peu acidulé aux tanins plus fermes : la roche affleure, l'allonge est notable, mais l'ensemble doit encore s'intégrer. Une bouche assez sensuelle, raffinée dans ses saveurs de noyau et de cerise dans Roncières, le volume est présent mais sans lourdeur : avec ses tanins affinés, c'est un vin qui possède beaucoup de présence. Notes fumées, cerise noire et terre fraîche au sein du très dense Les Pruliers, dont les tanins se font plus compacts, alimentant une mâche noble et une finale séveuse : Un nuits très profond, robuste et intègre. Matière mûre et épicée dans Les Cailles, chair pulpeuse au sein d'une trame assez serrée : un vin plus introverti mais de grande envergure, vertical, prolongé d'une allonge racée, qui ira loin. Superbe nez fin et floral, jus frais et élégant qui traverse la bouche tonique des saint-georges,

éclatante de fruit et enrobée, dotée d'une grande profondeur de sève. Les tanins sont en apesanteur, l'ensemble très harmonieux et complet dans ce grand vin. Assez imposant, le nez du nuits Les Vaucrains associe zan, cuir frais et fruits séchés. La matière est charnue, concentrée mais sans excès, et s'épanouit en une bouche ample, tout en puissance contenue, dont les petits tanins tapissent le palais. Quelle allonge dans ce vin, qui allie idéalement finesse et densité ! De la patience est requise pour pouvoir déguster ce vin à sa juste valeur.

- **Nuits-Saint-Georges Premier Cru Les Bousselots 2020** Épuisé - N.C. 93
- **Nuits-Saint-Georges Premier Cru Les Cailles 2020** Épuisé - N.C. 95
- **Nuits-Saint-Georges Premier Cru Les Pruliers 2020** Épuisé - N.C. 95
- **Nuits-Saint-Georges Premier Cru Les Saint-Georges 2020** Épuisé - N.C. 97
- **Nuits-Saint-Georges Premier Cru Les Vaucrains 2020** Épuisé - N.C. 97
- **Nuits-Saint-Georges Premier Cru Perrières 2020** Épuisé - N.C. 93
- **Nuits-Saint-Georges Premier Cru Roncières 2020** Épuisé - N.C. 94

Rouge : 12,6 hectares.
Blanc : 0,5 hectare.
Production moyenne : 60 000 bt/an

DOMAINE ROBERT CHEVILLON
68, rue Félix-Tisserand,
21700 Nuits-Saint-Georges
03 80 62 34 88 ●
www.domainerobertchevillon.fr ●
Visites : sur RDV aux professionnels.
Propriétaire : Bertrand et Denis Chevillon

★ DOMAINE BRUNO CLAVELIER

Bruno Clavelier n'est pas un nouveau venu, il s'est installé en 1987, prenant la suite de ses grands-parents, secondé par son épouse Valérie. Ce vigneron discret, passionné par la géologie et l'expression de ses terroirs, a certifié en bio le domaine et est un biodynamiste convaincu, travaillant dans cette voie depuis 1996. Le domaine possède une proportion élevée de vignes très âgées, et de superbes terroirs, essentiellement à Vosne, mais aussi Nuits, Chambolle et Gevrey, et un grand cru avec le corton Rognet. La finesse, la précision et l'identité très affirmée de chaque vin est digne d'éloges.

Les vins : le domaine ne nous ayant pas transmis ses vins, nous sommes amenés à reconduire les notes de notre édition précédente.

- ⬛ Bourgogne les Champs d'Argent 2019 — 30 € **91**
- ⬛ Chambolle-Musigny Premier Cru Combe d'Orveau 2019 — 99 € **96**
- ⬛ Corton Grand Cru Le Rognet 2019 — 99 € **96**
- ⬛ Gevrey-Chambertin Premier Cru Les Corbeaux 2019 — 87 € **94**
- ⬛ Vosne-Romanée Hautes Maizières 2019 — 56 € **93**
- ⬛ Vosne-Romanée Premier Cru Les Beaumonts 2019 — 90 € **95**
- ⬛ Vosne-Romanée Premier Cru Les Brûlées 2019 — 90 € **96**

Le coup de ♥
- ⬛ Nuits-Saint-Georges Premier Cru Aux Cras 2019 — 87 € **97**

Rouge : 5,9 hectares. Pinot noir 87 %, Gamay noir à jus blanc 13 %
Blanc : 0,6 hectare. Chardonnay 67 %, Aligoté 33 %
Production moyenne : 28 000 bt/an

DOMAINE BRUNO CLAVELIER ♣
RN 74, 21700 Vosne-Romanée
03 80 61 10 81 ● www.bruno-clavelier.com ●
Vente et visites : sur RDV.
Propriétaire : Bruno et Valérie Clavelier
Directeur : Bruno Clavelier

★ DECELLE ET FILS

Fondé en 2009 par deux grands messieurs du vin, Olivier Decelle (Mas Amiel en Roussillon et Jean Faure à Saint-Émilion), et Pierre-Jean Villa, vigneron dans le nord de la vallée du Rhône, ce domaine a arrêté en 2017 les achats de raisins. Précédemment nommé Decelle-Villa, il devient en 2020 Decelle et Fils. Basé à Nuits-Saint-Georges, il s'appuie sur des vignes en propriété sur les côtes de Beaune et de Nuits, cultivées en bio. Le fin technicien Jean Lupatelli a façonné ici des vins d'excellent niveau, avec 20 à 50 % de vendange entière dans les rouges, mais il vient de quitter le domaine au printemps 2021. Le domaine vient de déménager pour un nouveau site à Corgoloin.

Les vins : pur et ciselé, le hautes-côtes en blanc se révèle juteux, croquant et très équilibré dans ses saveurs fraîches d'acacia et de fleurs blanches, mûres et assez éclatantes. Charnu et sincère, assez scintillant, le chorey s'appuie sur une mâche de petits amers, qui lui confère volume et profondeur : un blanc savoureux, à l'allonge remarquable. Fruit mûr et frais dans le très soigné savigny-lès-beaune, dont le fruit intègre s'appuie sur un boisé discret et fin. Grande fraîcheur et intensité aromatique dans le beaune premier cru Les Teurons, dont le volume

sapide et réglissé signe l'excellence du terroir et apporte une énergie bienvenue pour tempérer sa maturité de fruit : un vin long, finement séveux, très adroitement élevé.

- ⬛ Bourgogne Hautes-Côtes de Beaune Les Champlains 2020 — 24 € **92**
- ⬜ Chorey-lès-Beaune Les Champs Piétant 2020 — 30 € **93**
- ⬛ Beaune Premier Cru Les Teurons 2020 — 48 € **94**
- ⬛ Savigny-lès-Beaune 2020 — 31 € **92**

Rouge : 4,5 hectares.
Blanc : 2,5 hectares.
Production moyenne : 50 000 bt/an

DECELLE ET FILS ♣
15 D974, 21700 Corgoloin
03 80 53 74 35 ●
www.domaine-decellefils.fr/ ● Vente et visites : sur RDV.
Propriétaire : Olivier Decelle

★ DOMAINE FAIVELEY

Aidé de son directeur technique Jérôme Flous, Erwan Faiveley a pris la suite de son père début 2005 et pratique depuis une révolution discrète dans ce vaste domaine au patrimoine de vignes exceptionnel, qui s'est agrandi au cours des dernières années. Le style des vins a subtilement évolué : solidement bâtis autour d'une matière dense et moins austère que par le passé, ils affirment un fruit franc à l'expression désormais plus précoce. Si les boisés étaient autrefois un peu verts, ils prennent aujourd'hui des saveurs toastées. De meilleures maturités, les raisins depuis quelques millésimes tendent toutefois à mieux s'intégrer. L'ensemble des vins, particulièrement en rouge, a beaucoup progressé, même si certains vins se resserrent après la mise en bouteille et sont encore trop marqués par leurs élevages. Une spectaculaire nouvelle cuverie a été utilisée pour la première fois pour la vendange 2018. Ce domaine a su faire progresser ses vins avec justesse et intelligence.

Les vins : citronné et précis, le mercurey blanc ne manque pas de tonus et allie vivacité et croquant. Profil ample mais retenu dans le ladoix Les Marnes Blanches blanc, vin charnu et sobre aux notes d'amandes et de nougat frais, et un boisé encore perceptible. Épicé, assez nerveux, Clos des Myglands offre des saveurs de cassis et une matière charnue et serrée : encore un peu marqué par des notes lactiques en finale, il devrait vite se détendre. Plus délié et charmeur, La Framboisière est un vin joyeux et franc, avec un fruit épicé et suave et des tanins abondants mais très intégrés. Assez sec et compact, le nuits-saint-georges reste comprimé par son élevage. Le gevrey Les Cazetiers possède enver-gure et profondeur de saveurs : sa chair buri-née et épicée acquiert une résonance en finale, mais les saveurs cacaotées apportées par le bois sont un peu trop prégnantes. Notes de lavande et d'encens dans le très structuré mazis-chambertin, au relief tactile, dont la maturité poussée rend le fruit plus mat, avec une trame tannique qui domine. Il pourrait s'har-moniser au vieillissement. Intense et sanguin avec des notes de graphite, le profond Clos des Cortons à l'envergure baroque impose sa matu-rité élevée et sa puissance contenue au sein d'une chair caressante, débordante de fruit et exubérante, que le temps profilera.

▷ Ladoix Les Marnes Blanches 2020	25 €	**92**
▷ Mercurey Clos Rochette 2020	23 €	**91**
◆ Corton Grand Cru Monopole Clos des Cortons Faiveley 2020	225 €	**96**
◆ Gevrey-Chambertin Premier Cru Les Cazetiers 2020	125 €	**93**
◆ Mazis-Chambertin Grand Cru 2020	300 €	**95**
◆ Mercurey Monopole La Framboisière 2020	27 €	**92**
◆ Mercurey Premier Cru Clos des Myglands 2020	31 €	**92**
◆ Nuits-Saint-Georges Les Montroziers 2020	49 €	**90**

Production moyenne : 800 000 bt/an

DOMAINE FAIVELEY
8, rue du Tribourg,
21700 Nuits-Saint-Georges
03 80 61 04 55 ●
www.domaine-faiveley.com/ ● Vente et visites : sur RDV.
Propriétaire : Famille Faiveley
Directeur : Erwan et Eve Faiveley
Œnologue : Jérôme Flous

★ DOMAINE JEAN FOURNIER

Ce domaine exploite aujourd'hui des vignes majoritairement plantées en pinot noir à Mar-sannay, Fixin et en Côte de Beaune, complétées de chardonnay, pinot blanc et aligoté. Viticulteur consciencieux, Laurent Fournier, dont les ancê-tres sont vignerons depuis le XVIIe siècle, est un fervent partisan de l'agriculture biologique, et a obtenu dès 2008 la certification. Les rouges intègrent une proportion d'un tiers à 50 % de vendange entière. Nous suivons depuis quel-ques années sa production, et le niveau quali-tatif est désormais élevé, faisant entre autres

rayonner l'appellation Marsannay. Une adresse très sûre, en rouge comme en blanc, qui a accédé l'an dernier à la première étoile.

Les vins : finement mentholé, gras mais sans lourdeur, l'aligoté Aux Boutières présente une chair lancinante et svelte, et une allonge remar-quable. Nous le préférons à la cuvée Champ Forey, moins tonique. Boisé assez mentholé dans le marsannay blanc, qui s'offre avec beau-coup de fraîcheur, finement réglissé en finale. Plusieurs beaux marsannays rouges, Es Chezots assez séveux, charnu et sphérique, avec des tanins abondants, Les Longerois est très épa-noui, délicieusement salivant et persistant, riche d'un fruit ample mais sobre. Profil délié et savou-reux dans Le Chapitre, bien mûr et pulpeux, doté d'une jolie allonge de tanins salivants et pou-drés. Supplément de finesse dans Clos du Roy, le plus distingué des marsannay, marqué par sa trame calcaire, très intense dans sa finale sereine et parfumée. Grande chair voluptueuse dans le marsannay Trois Terres, un vin solaire et presque opulent dans sa maturité poussée : très épicé, sa finale est un peu saturée, un peu trop chaleureuse. Nez de fleurs séchées et de cerise burlat dans Les Croix Violettes, à la chair assez dense mais très équilibré dans ses petits tanins croquants et sa fraîcheur épicée en finale.

▷ Bourgogne Aligoté Aux Boutières Vieilles Vignes 2020	26 €	**93**
▷ Bourgogne Aligoté Champ Forey Vieilles Vignes 2020	26 €	**91**
▷ Marsannay Clos du Roy 2020	35 €	**91**
◆ Côte de Nuits-Villages Les Croix Violettes Vieilles Vignes 2019	55 €	**93**
◆ Marsannay Clos du Roy 2019	31 €	**94**
◆ Marsannay Es Chezots 2019	31 €	**92**
◆ Marsannay Les Longerois 2019	31 €	**93**
◆ Marsannay Rouge Le Chapitre 2019	28 €	**93**
◆ Marsannay Trois Terres Vieilles Vignes 2019	55 €	**93**

Rouge : 17,7 hectares.
Blanc : 4,5 hectares.
Production moyenne : 105 000 bt/an

DOMAINE JEAN FOURNIER ♣
29, rue du Château, 21160 Marsannay-la-Côte
03 80 52 24 38 ● domaine-fournier.com ●
Vente et visites : sur RDV.
Propriétaire : Laurent Fournier
Œnologue : Benoît Pagot

★ DOMAINE JÉRÔME GALEYRAND

Originaire de la Loire, formé chez Alain Burguet et Vincent Geantet, Jérôme Galeyrand s'est installé en 2001 et exploite un peu plus de 5 hectares, entre achats de vignes et locations. Le travail à la vigne est le plus respectueux possible, certifié bio en 2019, utilisant uniquement du cuivre, du soufre et des tisanes. Les vins sont précis, recherchent la finesse du fruit et l'expression sans fard des terroirs. Enthousiasmants, les derniers vins nous enchantent par leur fraîcheur et leur pureté de fruit, tant en blanc qu'en rouge, avec une justesse et une précision rares dans les cuvées vinifiées sans soufre.

Les vins : matière juteuse, sobre et citronnée dans le bouzeron, vin accompli et tendu dont la salivation en finale se fait umami. Fruit lumineux et matière policée dans le marsannay blanc, qui demande un peu de temps pour s'affranchir de son élevage, mais reste très précis et frais. Bien mûr, le côte-de-nuits Vieilles Vignes est structuré, bien défini et doté d'une trame tannique séveuse et fraîche. Le gevrey En Billard déploie une chair svelte et moelleuse très séduisante, avec un fruit expressif et tendre, très habilement géré en maturité, supérieur au gevrey En Croisette, plus serré et marqué en finale par une trace de pyrazine – note de poivron vert. Très nuancé avec ses saveurs d'agrumes, d'épices douces et de fruits croquants, La Justice s'appuie sur une fine sève de tanins friands, et se donne avec fraîcheur et gourmandise, dans un équilibre irréprochable. Deux excellents fixins, Champs de Vosger au fruit bien mûr et pulpeux, et Champs des Charmes plus sphérique, presque opulent dans sa chair poivrée et franche, avec une maturité de fruit élevée : intense et riche de tanins savoureux, il affiche une excellente constitution. Nez de fraises de bois dans Les Retraits, un vin de grande envergure, à la matière veloutée et suave en dépit de sa concentration. Son harmonie et son allonge égalent celles de bien des grands crus.

▭ Bouzeron Vieilles Vignes 2020	32 €	92
▭ Marsannay Champs Perdrix 2020	39 €	92
▬ Côte de Nuits-Villages Les Retraits 2020	84 €	95
▬ Côte de Nuits-Villages Vieilles Vignes 2020	Épuisé - 54 €	92
▬ Fixin Le Champs de Vosger 2020	59 €	94
▬ Fixin Le Champs des Charmes 2020	84 €	94
▬ Gevrey-Chambertin En Billard 2020	79 €	93
▬ Gevrey-Chambertin En Croisette 2020	Épuisé - 84 €	90
▬ Gevrey-Chambertin La Justice 2020	79 €	94

Rouge : 4,7 hectares.
Blanc : 1,2 hectare.
Production moyenne : 25 000 bt/an

DOMAINE JÉRÔME GALEYRAND ♣

Brochon, 2 route nationale
21220 Gevrey-Chambertin
06 61 83 39 69 ● www.jerome-galeyrand.fr ●
Vente et visites : sur RDV.
Propriétaire : Jérôme Galeyrand

★ DOMAINE PHILIPPE ET VINCENT LECHENEAUT

Les frères Philippe et Vincent Lécheneaut pratiquent une viticulture honnête, sans esbroufe. Ils produisent des bourgognes de type classique, sans excès de corps ni de couleur, dotés d'une belle densité de matière et surtout proposant des expressions fidèles des terroirs. L'égrappage est partiel suivant les millésimes, conservant parfois jusqu'à 50 % de vendange entière, suivi de fermentations en levures indigènes. Une proportion d'un tiers de fût neuf est renouvelée chaque année, marquant certains vins d'un boisé de qualité, parfois un rien sec, mais qui finit toujours par s'intégrer. Ce domaine est en excellente forme sur les derniers millésimes, et la certification bio est en cours.

Les vins : fruit croquant et matière expressive, sapide et finement accrocheuse en finale dans ses tanins patinés : le nuits-villages est très convaincant. Notes de mûres et d'épices douces dans le morey premier cru, dont le fruit pulpeux et infusé emplit la bouche avec douceur : ses petits tanins friands le soutiennent idéalement. Tonalité plus fraîche dans le fruit du nuits Aux Argillas, à la matière ample et déliée, très savoureux et doté de tanins délicatement poudrés en finale. Les Damodes se présente assez langoureux, avec un fruit salivant et vif, très harmonieux et déjà patiné dans sa chair ouvragée. Plus de vigueur dans Les Pruliers, à la sève énergique, vin encore réservé mais qui offre une finale brillante, très éclatante dans ses saveurs de fruits noirs et tanins juteux : il a l'avenir devant lui. Matière déliée et florale dans Les Borniques, un vin épicé et sapide, à l'élevage très intégré, doté d'une excellente finesse de texture et d'une fine allonge moelleuse.

▬ Chambolle-Musigny Premier Cru Les Borniques 2020	Épuisé - 90 €	94
▬ Morey-Saint-Denis Premier Cru Les Charrières 2020	Épuisé - 75 €	93
▬ Nuits-Saint-Georges Au Chouillet Vieilles Vignes 2020	Épuisé - 60 €	93

Nuits-Saint-Georges Premier Cru Aux Argillas 2020 — Épuisé - 75 € — 93

Nuits-Saint-Georges Premier Cru Les Damodes 2020 — Épuisé - 75 € — 94

Le coup de ♥

Nuits-Saint-Georges Premier Cru Les Pruliers 2020 — Épuisé - 75 € — 95

Rouge : 11 hectares.
Blanc : 1 hectare.
Production moyenne : 60 000 bt/an

DOMAINE PHILIPPE ET VINCENT LECHENEAUT

14, rue des Seuillets,
21700 Nuits-Saint-Georges
03 80 61 05 96 ●
www.domaine-lecheneaut.fr ● Vente et
visites : sur RDV.
Propriétaire : Philippe et Vincent Lécheneaut
Œnologue : Pierre Milleman

★ DOMAINE CHANTAL LESCURE

L'efficace François Chavériat est depuis 1996 à la tête de ce beau domaine situé à Nuits-Saint-Georges, propriété d'Aymeric et Thibault Machard de Gramont, et dont les vignes sont réparties entre la côte de Nuits et la côte de Beaune. Grâce à un travail énergique à la vigne, désormais conduite en bio depuis plus de quinze ans, il produit sans aucune concession des vins solides et expressifs qui ont gagné en finesse ces dernières années et méritent plusieurs années de garde.

Les vins : le bourgogne a été vendangé un peu trop mûr et se présente sirupeux. Profond mais équilibré, le beaune s'appuie sur des saveurs lancinantes et florales très intenses, avec une trame serrée et un petit manque de fraîcheur. Le pommard Les Vignots présente une chair crémeuse et épicée de grande envergure, prolongée de tanins fins et nerveux. Petit supplément de fraîcheur dans le fruit mûr mais tendre, Les Vaumuriens, qui exprime dans sa finale pointue l'éclat frais de ce secteur en sommet de coteau. Gourmandise de fruits rouges et trame de petits tanins croquants dans le pommard Les Bertins, dont la profondeur et l'éclat de saveurs s'avèrent brillants. Le nuits Les Damodes se fait un rien plus rigide : si sa matière élancée reste vive et salivante, ses tanins plus serrés le rendent encore un peu mutique. Entre l'encens, la myrtille et les fleurs séchées, Les Suchots est un vosne majeur dont la suavité de texture, l'intensité de saveurs et la solidité composent un ensemble cohérent et inspiré. Notes finement grillées et confites au nez du clos-de-vougeot,

marqué par le cacao et le cassis. La grande densité de matière respecte un équilibre assez solaire, qui sature un peu la bouche.

Beaune Premier Cru Les Chouacheux 2020 — 52 € — 91

Bourgogne Les Verduns 2020 — 28 € — 88

Clos de Vougeot Grand Cru 2020 — 245 € — 94

Nuits-Saint-Georges Les Damodes 2020 — 65 € — 92

Pommard Les Vaumuriens 2020 — 59 € — 93

Pommard Les Vignots 2020 — 56 € — 93

Pommard Premier Cru Les Bertins 2020 — 74 € — 94

Vosne-Romanée Premier Cru Les Suchots 2020 — 160 € — 95

Rouge : 15,4 hectares.
Blanc : 3,6 hectares.
Production moyenne : 80 000 bt/an

DOMAINE CHANTAL LESCURE ♣

34, rue Thurot, 21700 Nuits-Saint-Georges
03 80 61 16 79 ● www.domaine-lescure.com
● Vente et visites : sur RDV.
Propriétaire : Aymeric Machard de Gramont
Directeur : François Chavériat

★ DOMAINE LIGNIER-MICHELOT

Virgile Lignier travaille dur pour hisser son domaine parmi l'élite bourguignonne. Ses efforts lui permettent d'obtenir des vins épurés et droits, d'une grande transparence de saveurs, toujours avec un grand respect du fruit. Peu charnus, ses vins privilégient la finesse au volume de bouche, manquant parfois d'un rien d'épaisseur, mais leur caractère digeste, infusé et délicat s'avère très convaincant. La dernière décennie a comporté de fort belles réussites, avec des équilibres enthousiasmants, mais certains vins de 2017 à 2019 ont renoué avec des élevages plus présents, manquant parfois de fraîcheur. Les 2020 reviennent à un bien meilleur niveau et nous enchantent.

Les vins : chair friande et sobre dans le fixin, adroitement bâti sur des tanins mûrs et doux. Très beau nuits Aux Murgers, intense et sensuel, dont la chair croquante et harmonieuse se déploie en bouche avec un grand naturel, et une allonge fraîche et réglissée. Poudré, floral, très délié, le chambolle est très séducteur, construit sur des tanins droits et séveux. Parmi les premiers crus de Morey, retenons Les Genavrieres, vin radieux et finement ouvragé à la persistance raffinée, au fruit éclatant et intègre. Aux Charmes offre un profil harmonieux, onctueux et frais, et Aux Chezeaux se présente tout en gourmandise avec ses saveurs de petits fruits noirs acidulés. Les Faconnières possède une séduction immédiate : avec sa sève énergique, sa profondeur de saveurs et son envergure crayeuse, il se montre sérieux, campé sur des tanins abondants et gras. Caractère épicé dans le charmes-chambertin, entre poivre timut, fève tonka et fraises écrasées. Tout en sève, très juteux, c'est un vin profilé, affiné par la vendange entière. Notes de cannelle, de bois de santal et de cerise noire dans clos-de-la-roche, vin profond et mûr, très étoffé, dans lequel les tanins polis s'intègrent parfaitement. Encore immature, corsé et séveux, il demandera de la patience.

- Chambolle-Musigny Vieilles Vignes 2020   N.C.   **92**
- Charmes-Chambertin Grand Cru 2020   200 €   **96**
- Clos de la Roche Grand Cru 2020   200 €   **96**
- Fixin Premier Cru Les Arvelets 2020   50 €   **92**
- Morey-Saint-Denis Premier Cru Aux Charmes 2020   80 €   **94**
- Morey-Saint-Denis Premier Cru Aux Chezeaux 2020   80 €   **94**
- Morey-Saint-Denis Premier Cru Les Faconnières 2020   80 €   **94**
- Morey-Saint-Denis Premier Cru Les Genavrieres 2020   80 €   **95**
- Morey-Saint-Denis Premier cru les Chenevery 2020   N.C.   **92**
- Morey-Saint-Denis Vieilles Vignes 2020   40 €   **92**
- Nuits-Saint-Georges Premier Cru Aux Murgers 2020   80 €   **94**

Rouge : 12 hectares.
Blanc : 0,5 hectare.
Production moyenne : 60 000 bt/an

DOMAINE LIGNIER-MICHELOT

39, rue du Jardins, 21220 Morey-Saint-Denis
06 07 31 24 07 ●
Domainevirgileligniermichelot.fr ●
Visites : sur RDV aux professionnels.
Propriétaire : Virgile Lignier
Directeur : Laure Lignier

★ MAISON FRÉDERIC MAGNIEN – DOMAINE MICHEL MAGNIEN

Frédéric Magnien a longtemps fait partie de ces vignerons dit "modernistes" qui vinifiaient des pinots sombres dans lesquels le terroir s'exprimait souvent plus par la puissance que par la finesse. Pendant longtemps, il a produit des vins très colorés, parfois concentrés à la limite de la surextraction, avec des boisés dominateurs. Nous intégrons sous la même entrée dans ce guide les vins que Frédéric vinifie au domaine de son père, Michel Magnien (bio depuis 2018). Converti à la biodynamie (certification Demeter 2015 et biodyvin 2019), Frédéric a opéré un tournant stylistique majeur avec, à partir de 2015, des élevages partiels en jarre de terre cuite, qui affinent les expressions des vins et en respectent mieux le fruit. Ce travail ambitieux a permis d'accomplir de grands progrès, avec des résultats brillants, mais aussi des vins plus communs : la gamme est encore un peu trop hétérogène. Attention à préserver l'éclat du fruit, certains vins peuvent sembler un peu éventés.

Les vins : épicé, assez mat dans son fruit, le morey Les Climats d'Or se montre large mais un peu épais et collant. Avec son nez assez poivré, Les Ruchots s'exprime avec vigueur, en une chair assez ferme et dotée de tanins nerveux : buriné, assez profond, ce vin musclé a besoin de temps mais offre une belle constitution. Maturité poussée dans Les Sentiers, au fruit floral mais un peu terne, dont les tanins poudrés et vifs préservent du tonus. Notes de prunelle et de fruits noirs dans Les Borniques, doté d'une chair moelleuse ample et savoureuse. La maturité un peu poussée reste contenue par un bon support acide, et compose une expression gourmande et séveuse. Nez d'iris et de cassis dans Les Goulots, pulpeux et infusé, dont la maturité de fruit poussée s'accommode d'une sensation de fraîcheur, jusque dans ses tanins patinés. Élevé uniquement en jarres, Petite Chapelle s'illustre par l'intégrité et la justesse de son fruit frais, idéalement croquant et vif. Encore immature et un peu brut, ce vin raffiné est très prometteur, ancré dans le calcaire. Très épanoui, le fruit du charmes-chambertin flirte avec une pointe d'évent. Assagi, charnu et tendre, son fruit prend une belle envergure, avec une petite mâche tannique en finale aux saveurs de graphite. Épicé, assez onctueux dans le moelleux croquant de son fruit idéalement mûr, le clos-de-la-roche est fidèle à son terroir dans sa retenue et la fraîcheur juteuse de sa finale : il évoluera bien au vieillissement. Parfumé, le clos-saint-denis semble lui aussi un peu éventé. Son fruit finement épicé et précis aurait mérité d'être plus éclatant.

- Chambolle-Musigny Premier Cru Les Borniques 2020   100 €   **93**
- Chambolle-Musigny Premier Cru Les Sentiers 2020   100 €   **92**
- Charmes-Chambertin Grand Cru Aux Mazoyères 2020   200 €   **94**
- Clos Saint-Denis Grand Cru 2020   250 €   **93**
- Clos de la Roche Grand Cru 2020   230 €   **95**
- Gevrey-Chambertin Premier Cru Les Goulots 2020   150 €   **93**
- Gevrey-Chambertin Premier Cru Petite Chapelle 2020   100 €   **94**
- Morey-Saint-Denis Premier Cru Les Climats d'Or 2020   70 €   **90**
- Morey-Saint-Denis Premier Cru Les Ruchots 2020   75 €   **93**

Rouge : 41 hectares.
Blanc : 3 hectares.
Production moyenne : 345 000 bt/an

MAISON FRÉDÉRIC MAGNIEN – DOMAINE MICHEL MAGNIEN ♣

26, route Nationale,
21220 Morey-Saint-Denis
03 80 51 82 98 ●
www.domaine-magnien.com ● Vente et visites : sur RDV.
Propriétaire : Frédéric Magnien

★ DOMAINE PHILIPPE NADDEF

Philippe Naddef a débuté en 1983 en reprenant un vignoble de 2,5 hectares légués par son grand-père. Il a depuis fait du chemin avec des vins solides, colorés et tanniques, qui vieillissent fort bien. L'empreinte du terroir est très marquée, avec le grand cru Mazis-Chambertin, mais aussi Les Cazetiers ou Les Champeaux en premiers crus de Gevrey, où le domaine possède beaucoup de vieilles vignes. Michel, le fils de Philippe, est arrivé en 2008 et a repris les vinifications en rouge, réduisant le bois neuf et cherchant à rendre les vins plus accessibles dans leur jeunesse, avec des tanins plus fondus. Les vins offrent du caractère, et nous encourageons ces efforts.

Les vins : une réduction grillée dans le marsannay blanc, resté assez vif mais trop adossé à son boisé. Les deux marsannays sont restés frais : nez de suie et de cendres froides dans Les Genelières, nerveux et réservé, dont l'équilibre est préservé. Plus de gourmandise et de tendresse dans Champs Perdrix, vin à la sève juteuse et aux tanins croquants et fins. Matière épaisse dans le fixin, assez rustique, au fruit un peu confituré et aux tanins très secs. Charnu,

assez détendu et velouté, En Songe a conservé un fruit vif tonique et acidulé dans sa grande maturité : un gevrey nerveux, séveux et persistant. Assez crémeux, alangui, le gevrey Vieilles Vignes se montre plus mat dans son fruit, marqué par un boisé qui serre la fin de bouche. Beau moelleux de texture dans le gevrey Les Champeaux, très adroitement patiné par l'élevage, alliant plénitude et énergie : sa finale épanouie et dense se mâche avec gourmandise. Notes de réglisse et de cerise confite Les Cazetiers est un vin élancé aux tanins soyeux, dont la fraîcheur enfouie sait habilement tempérer la richesse du millésime. Épicé, moelleux, tout en vigueur terrienne, le mazis présente une envergure intimidante. Puissant, chaleureux, baroque et extraverti, il se donne d'un bloc : seul l'âge réussira à l'assagir.

- Marsannay Vieilles Vignes 2020   22 €   **89**
- Fixin Le Clos 2020   34 €   **90**
- Gevrey-Chambertin En Songe 2020   48 €   **93**
- Gevrey-Chambertin Premier Cru Les Cazetiers 2020   98 €   **95**
- Gevrey-Chambertin Premier Cru Les Champeaux 2020   77 €   **94**
- Gevrey-Chambertin Vieilles Vignes 2020   60 €   **92**
- Marsannay Champs Perdrix 2020   28 €   **93**
- Marsannay Les Genelières 2020   28 €   **92**
- Mazis-Chambertin Grand Cru 2020   220 €   **96**

Rouge : 5 hectares.
Blanc : 1 hectare.
Production moyenne : 30 000 bt/an

DOMAINE PHILIPPE NADDEF

30, route des Grands-Crus, 21220 Fixin
03 80 51 45 99 ●
www.bourgogne-naddef.com ● Vente et visites : sur RDV.
Propriétaire : Philippe Naddef
Maître de chai : Michel NADDEF
Œnologue : Millemann Pierre

★ DOMAINE SYLVAIN PATAILLE

Sylvain Pataille se révèle un des plus ardents défenseurs des terroirs de Marsannay et de Chenôve, avec le méconnu Clos du Chapitre, situé aux portes de l'agglomération dijonnaise. Engagé en bio depuis 2008, ce domaine de 17 hectares est engagé en bio depuis 2008. Exigeant, le vigneron travaille ses vignes au cheval, intervient le moins possible, conserve une proportion de vendange entière et s'attache à élever longuement ses vins, parfois plus de deux ans, quasiment sans soufre. Les vins affirment des personnalités sincères, attachantes et pleines de vitalité ; ils méritent d'être plus amplement découverts, notamment pour ses merveilleux aligotés (dont sept crus différents sont produits en 2018 !), et ses admirables marsannays, qui n'ont quasiment aucun équivalent dans la région.

Les vins : trois stimulants aligotés : le 2020, au nez frais et doux, très salivant dans les tonalités finement acidulées de son fruit intègre ; plus complexe, légèrement fumé, La Charme aux Prêtres est très savoureux, avec un volume sapide parsemé de saveurs de fruits jaunes, de camomille et d'amers d'agrumes ; profil assez ferme mais de moindre envergure dans Clos du Roy, qui présente des amers un peu plus appuyés en finale, mais reste persistant. Encore marqué par la réduction grillée, le marsannay chardonnay est digeste et ample mais manque d'un peu de tonus. Nous lui préférons le parcellaire La Charme aux Prêtres, plus charnu et moelleux, qui gagne en finale une vigueur épicée et très persistante. Régal de fruit frais (fraises, groseilles) et doux que ce Fleur de Pinot, un rosé charnu et sincère d'expression vineuse, destiné à vieillir, qui entretient avec panache la flamme vacillante du marsannay rosé. Petits fruits rouges bien mûrs et finement compotés dans Les Longeroies, au style infusé, précoce et immédiat, vibrant en finale d'une énergie contenue et de notes de menthe fraîche. Matière plus moelleuse et profonde dans Le Chapitre, structuré par des petits tanins vifs, désarmant de naturel jusque dans sa finale saline et rayonnante. Orange sanguine au nez du Clos du Roy, dont la magnifique envergure est soulignée de tanins poudrés et très fins, vin d'une grande franchise, plus en profondeur de sève, resté parfaitement digeste. Entre menthe fraîche et fraises de bois, L'Ancestrale offre un nez très gourmand, prolongé d'une chair caressante et profonde, sapide, admirablement patinée par son élevage long. Avec ses tanins plus fermes, c'est un vin qui saura vieillir mais se montre déjà délicieux.

⯈ Bourgogne Aligoté 2020	N.C.	91
⯈ Bourgogne Aligoté Clos du Roy 2019	N.C.	92
⯈ Bourgogne Aligoté La Charme aux Prêtres 2019	N.C.	93
⯈ Marsannay Chardonnay 2019	N.C.	91
⯈ Marsannay La Charme aux Prêtres 2019	N.C.	93
⯈ Marsannay Fleur de Pinot 2019	N.C.	92
⯈ Marsannay Clos du Roy 2019	N.C.	94
⯈ Marsannay L'Ancestrale 2019	N.C.	95
⯈ Marsannay Le Chapitre 2019	N.C.	93

⯈ Marsannay Longeroies 2019	N.C.	92

Rouge : 12,06 hectares.
Blanc : 5,42 hectares.
Production moyenne : 100 000 bt/an

DOMAINE SYLVAIN PATAILLE ♣

14, rue Neuve, 21160 Marsannay-la-Côte
03 80 51 17 35 ●
domaine.sylvain.pataille@wanadoo.fr ●
Vente et visites : sur RDV.
Propriétaire : Sylvain Pataille

★ DOMAINE CHANTAL REMY

L'ancien domaine Louis Remy, rebaptisé Chantal Remy par le jeu des successions, a perdu une bonne partie de ses vignes. Peu interventionniste, Chantal Remy, qui transmet depuis 2014 à son fils Florian, a produit des vins très classiques, gracieux et charnels, qui évoluent merveilleusement bien. Le domaine possède de très vieilles vignes dans le Clos de La Roche, en Latricières-Chambertin et en Chambertin. Notons aussi le Clos des Rosiers, des vignes plantées derrière le domaine, en bas du Clos des Lambrays.

Les vins : le domaine ne nous ayant pas transmis ses vins, nous sommes amenés à reconduire les notes de notre édition précédente.

⯈ Bourgogne 2019	15 €	87
⯈ Clos de la Roche Grand Cru 2018	132 €	91
⯈ Gevrey-Chambertin Les Seuvrées 2018	35 €	89
⯈ Latricières-Chambertin Grand Cru 2018	168 €	93
⯈ Morey-Saint-Denis Clos des Rosiers 2018	54 €	91
⯈ Morey-Saint-Denis Premier Cru Clos des Ormes 2018	60 €	90

Rouge : 1,25 hectare. Pinot noir 100 %
Achat de raisins.
Production moyenne : 5 000 bt/an

DOMAINE CHANTAL REMY

1, place du Monument,
21220 Morey-Saint-Denis
03 80 34 32 59 ●
www.domaine-chantal-remy.com ● Vente et visites : sur RDV.
Propriétaire : Chantal Remy

★ DOMAINE ROSSIGNOL-TRAPET

La division en 1990 des vignes du domaine Trapet a donné naissance aux domaines Rossignol-Trapet d'un côté, et Jean Trapet de l'autre. Moins connus que leur cousin Jean-Louis Trapet, les frères Rossignol, Nicolas l'aîné et David le cadet, ont toujours accordé une grande importance à la culture de la vigne. Ils passent à la biodynamie en 1997 et reconvertissent tout le domaine en 2004. La gamme comporte un superbe chambertin et des chapelle et latricières-chambertin de haute volée. Du simple gevrey-chambertin jusqu'aux grands crus, Nicolas et David produisent des vins remarquables, sincères et pleins, qui intègrent une moitié de vendange entière et ont régulièrement progressé en pureté et en élégance, accessibles jeunes sans renier leur capacité de garde.

Les vins : la gamme est d'excellent niveau, même si les élevages se montrent un peu ostentatoires dans la jeunesse, avec des notes lardées parfois un peu lactiques. Matière svelte et concentrée aux notes d'orange sanguine dans le beaune Les Teurons, nez de cendre froide dans le gevrey Vieilles Vignes, dont nous aimons le profil infusé. Plus de profondeur et de complexité dans Petite Chapelle, un vin élancé et athlétique, au fruit épicé, mûr et compact. Profil suave et policé dans le chapelle-chambertin, vin raffiné et sensuel, assez étoffé, à la finale gracile. Avec son fruit finement compoté, le latricières est savoureux et tendre, mais se présente assez court, sans la complexité habituelle. Terre fraîche, écorce, réglisse, cannelle : le nez du Chambertin se distingue, annonçant une bouche à la fois très ferme et élancée, dotée d'une vibration tellurique et d'une sensation de poudre de sels minéraux en finale.

◖ Beaune Premier Cru Les Teurons 2020	50 €	92
◖ Chambertin Grand Cru 2020	310 €	97
◖ Chapelle-Chambertin Grand Cru 2020	190 €	95
◖ Gevrey-Chambertin Premier Cru Petite Chapelle 2020	110 €	93
◖ Gevrey-Chambertin Vieilles Vignes 2020	45 €	92
◖ Latricières-Chambertin Grand Cru 2020	190 €	94

Rouge : 13 hectares.
Production moyenne : 60 000 bt/an

DOMAINE ROSSIGNOL-TRAPET ☾

4, rue de la Petite-Issue,
21220 Gevrey-Chambertin

03 80 51 87 26 ● www.rossignol-trapet.com ●
Vente et visites : sur RDV.
Propriétaire : David et Nicolas Rossignol
Œnologue : Pierre Milleman

★ ⚘ DOMAINE MARC ROY

Une viticulture soignée valorise au plus haut niveau ce domaine. Alexandrine Roy produit de très beaux vins profonds, charnus et raffinés, et perpétue un savoir-faire familial qui a toujours misé sur le travail des sols. Depuis son arrivée en 2003, le domaine a progressé. Les vins sont égrappés, les fûts neufs en proportion importante, jusqu'à 50 %. Ces villages sont largement au-dessus de bien des premiers crus qui n'atteignent pas un tel niveau de concentration et de complexité, et les élevages sont de mieux en mieux intégrés. Le domaine mérite cette année l'accession à la première étoile.

Les vins : précis, tendu et élancé, le marsannay blanc possède une belle fraîcheur acidulée. Son élevage un peu marqué doit se fondre plus avant. Très charnu et solide, doté d'une chair veloutée vraiment savoureuse, le gevrey Vieilles Vignes livre un fruit assez éclatant et juteux. Les tanins doux du bois viennent arrondir sa sève énergique. Plus tendre et fin, La Justice présente un fruit très mûr, à la limite de la sur-maturité. Précoce, très charmeur, il reste salivant et bien équilibré. Succulence de fruit mûr dans le très équilibré Clos Prieur, à la maturité plus précise que dans la Justice : un vin plus réservé, persistant et éclatant. Nez de cassis et de ronces dans la cuvée Alexandrine, un vin très raffiné, doux et étoffé, dont la grande concentration due aux raisins millerandés se déploie sans la moindre lourdeur ni stigmate de l'élevage.

▭ Marsannay Les Champs Perdrix 2020	40 €	90
◖ Gevrey-Chambertin Clos Prieur 2020	80 €	94
◖ Gevrey-Chambertin Cuvée Alexandrine 2020	100 €	95
◖ Gevrey-Chambertin La Justice 2020	80 €	92
◖ Gevrey-Chambertin Vieilles Vignes 2020	70 €	93

Rouge : 3,3 hectares.
Blanc : 0,5 hectare.
Production moyenne : 15 000 bt/an

DOMAINE MARC ROY

8, avenue de la Gare,
21220 Gevrey-Chambertin
03 80 51 81 13 ●
www.facebook.com/domainemarcroy ●
Vente et visites : sur RDV.
Propriétaire : Alexandrine Roy

DOMAINE SYLVIE ESMONIN

Depuis 1998, ce petit domaine est entièrement géré par la scrupuleuse Sylvie Esmonin, ingénieure agronome, qui l'a porté au sommet. Son savoir-faire à la vigne, son sens de la vinification combiné à l'utilisation des fameux fûts du négociant Dominique Laurent imprime à ses vins une signature bien particulière. Le fleuron de la gamme est le fameux gevrey-chambertin premier cru Clos Saint-Jacques. Représentants d'un style concentré et mûr, capables de très bien vieillir, les vins ont besoin de temps ou d'aération pour que l'élevage épouse pleinement leur chair généreuse, mais les boisés restent trop pesants. Nous retirons l'étoile cette année.

Les vins : seuls deux vins ont été présentés. Adossé à un élevage ambitieux qui fait ressortir des saveurs de cendre froide et de cassis, le côte de nuits-villages ne manque pas d'envergure et d'intensité de saveurs, dans un style un peu démonstratif, mais le vin est solidement constitué. Cerise confite, cendre froide, réglisse... Le style d'élevage très marqué du domaine enrobe luxueusement le gevrey Vieilles Vignes, encore serré en finale, qui peine à se livrer à ce stade.

Côte de Nuits-Villages 2020		35 €	91
Gevrey-Chambertin Vieilles Vignes 2020		55 €	93

Rouge : 7,29 hectares. Pinot noir 100 %
Blanc : 0,37 hectare.
Production moyenne : 25 000 bt/an

DOMAINE SYLVIE ESMONIN

Clos Saint-Jacques, 1, rue Neuve,
21220 Gevrey-Chambertin
03 80 34 36 44 ● sylvie-esmonin@orange.fr ●
Pas de visites.
Propriétaire : Sylvie Esmonin

NOUVEAU DOMAINE

DOMAINE GÉRARD JULIEN & FILS

Étienne Julien, 32 ans, est depuis 2012 à la tête de ce domaine de 10 hectares situé à Comblanchien, qui ne comporte pas moins de 34 parcelles. Le travail est bio, sans certification à la vigne, les vinifications se déroulent en cuves béton, les vins sont presque tous égrappés et élevés en fûts, avec au moins 50 % de bois neuf, qui s'intègre avec naturel. Le domaine fait partie de l'école tardive qui privilégie les maturités phénoliques : il en résulte des vins solides, sincères, capables de très bien vieillir. Nous accueillons ce domaine cette année dans notre guide.

Les vins : caractère mûr et joufflu dans l'aloxe-corton, vin crémeux au fruit tendre, dont la matière solide a gardé du nerf, prolongé d'une finale un peu incisive. Le fruit du côtes-de-nuits-villages évoque les mûres et les myrtilles, la matière est charnue, avec du gras et une mâche veloutée : avec ses tanins bien mûrs, ce vin séveux possède une fraîcheur contenue. Avec un quart de vendange entière, la cuvée Armand se montre plus tendre et moelleux, moins vigoureux mais très savoureux avec ses tanins patinés. Saveurs de gelée de fruits mûrs, profil ample et charnu dans le nuits-saint-georges, épicé et généreux, qui assume sa puissance jusque dans sa finale dense et dynamique. Délié et subtil, Aux Saints Julien s'appuie sur des tanins fins et ouvragés, avec une chair ample et caressante : un vin persistant, plus élégant et complexe. Profil dense et énergique dans l'échézeaux, une proportion d'un quart de vendange entière allonge sa trame et imprime une tension saline. Il se montre assez éclatant avec sa finale tout en sève et en relief. Nez fumé, oriental et épicé, cerise noire dans le nuits Les Bousselots, aux saveurs juteuses et sanguines, vin raffiné et gourmand, qui fait saliver avec une note de noyau qui a conservé beaucoup de fraîcheur.

Aloxe-Corton Les Valozières 2020	Épuisé - 37,50 €	91
Côte de Nuits-Villages 2020	Épuisé - 18,50 €	92
Côte de Nuits-Villages Armand 2020	Épuisé - 22,50 €	93
Echezeaux Grand Cru 2020	Épuisé - 150 €	94
Nuits-Saint-Georges Aux Saints Julien 2020	Épuisé - 40 €	93
Nuits-Saint-Georges Premier Cru Les Bousselots 2020	Épuisé - 62 €	95
Nuits-Saint-Georges Villages 2020	Épuisé - 37,50 €	92

Rouge : 9,5 hectares.

Blanc : 0,5 hectare.

Production moyenne : 25 000 bt/an

DOMAINE GÉRARD JULIEN & FILS

2, départementale 974 21700 Comblanchien

03 80 62 94 22 ●
contact@domaine-julien.com ● Vente et
visites : sur RDV.

Propriétaire : Étienne Julien

DOMAINE HERESZTYN-MAZZINI

Florence Heresztyn a repris une partie des vignes de sa famille, et a signé en 2012 avec son mari Simon le premier millésime du domaine. Les vignes, souvent âgées et situées sur Gevrey, Morey et Chambolle, sont fort sagement travaillées, et la certification bio vient d'être acquise. Depuis 2017, la plupart des vins intègrent une proportion d'au moins 50 % de vendange entière. La qualité a rapidement progressé.

Les vins : finesse aromatique et chair voluptueuse aux saveurs de fruits noirs bien mûrs caractérisent le chambolle, très équilibré et doté de petits tanins juteux, dans un style assez luxuriant mais sans rien de flatteur. Intensité des vieilles vignes, raffinement aromatique (myrtille, épices, cacao) et profil sphérique et nuancé se conjuguent dans cet excellent vin expressif, à l'élevage soigné, où une moitié de vendange entière vient apporter élan et sève savoureuse. Légère note fumée et fruit de cerise burlat dans Les Goulots, vin sans aspérités, bien mûr et frais dont le caractère pulpeux ne se dément pas et s'appuie sur un tapis de petits tanins réglissés.

Chambolle-Musigny Village 2020	Épuisé - 50 €	92
Gevrey-Chambertin Premier Cru Les Goulots 2020	Épuisé - 65 €	94
Gevrey-Chambertin Vieilles Vignes 2020	45 €	93

Rouge : 5,8 hectares.
Blanc : 0,2 hectare.
Production moyenne : 20 000 bt/an

DOMAINE HERESZTYN-MAZZINI ♣

27, rue Richebourg,
21220 Gevrey-Chambertin
06 22 77 14 44 ●
www.heresztyn-mazzini.com ● Vente et visites : sur RDV.
Propriétaire : Florence Heresztyn-Mazzini et Simon Mazzini

NOUVEAU DOMAINE

DOMAINE HOFFMANN-JAYER

Alexandre Vernet, 37 ans, est en charge de ce domaine, anciennement Jayer-Gilles, renommé depuis son rachat en 2017 par André Hoffmann, héritier suisse du laboratoire éponyme. Un virage radical a été opéré, aux vignes (travail bio sans certification) comme en cave. Les vins des Hautes Côtes sont élevés pour partie en amphores, et les blancs intègrent 30 % de pinot blanc. Les nuits et l'échézeaux comportent 40 % de vendange entière. Avec un style qui allie générosité, éclat du fruit, fraîcheur et précision, les vins du domaine sont très recommandables et méritent d'être découverts. Nous accueillons ce domaine cette année dans notre guide.

Les vins : avec son nez frais et citronné, le hautes-côtes-de-beaune blanc est charnu mais nerveux, ne manquant ni de tonus ni de gourmandise, avec un fruit mûr et net. Plus de tension dans le hautes-côtes-de-nuits blanc, légèrement fumé, également mûr et énergique, qui se montre aussi plus salin en finale. En rouge, le hautes-côtes-de-beaune est frais et élégant, et son jumeau de nuits offre un nez de fraise et de fruit épicé, une matière tendue et digeste, précise, savoureuse et nuancée. Sérieux, le côtes-de-nuits-villages offre un supplément de sève et se distingue par son caractère élancé et fin. Nez très floral et épicé dans le nuits Les Damodes, éclatant et raffiné, très séducteur avec sa texture soyeuse et son fruit lumineux : il a conservé une grande fraîcheur sous-jacente. Matière très mûre et réglissée, beaucoup de densité, de plénitude de chair dans Les Hauts Poirets, qui sonne très juste et demandera du temps pour s'affiner. L'échézeaux est large et terrien, son envergure et sa vigueur s'accompagnent de tanins serrés et d'une grande profondeur de sève, mais qui reste raffinée et complète.

Bourgogne Hautes-Côtes de Beaune 2020	20 €	90
Bourgogne Hautes-Côtes de Nuits 2020	22 €	91
Bourgogne Hautes-Côtes de Beaune 2020	22 €	91
Bourgogne Hautes-Côtes de Nuits 2020	23 €	92
Côte de Nuits-Villages 2020	38 €	93
Echezeaux Grand Cru du Dessus 2020	247 €	95
Nuits-Saint-Georges Les Hauts Poirets 2020	96 €	94
Nuits-Saint-Georges Premier Cru Les Damodes 2020	116 €	95

Rouge : 6 hectares.
Blanc : 3 hectares.
Production moyenne : 35 000 bt/an

DOMAINE HOFFMANN-JAYER

1, rue du Meix Grenot 21700 Magny-lès-Villers
03 80 62 91 79 ● www.hoffmann-jayer.com/
● Vente et visites : sur RDV.
Propriétaire : André Hoffmann
Directeur : Alexandre Vernet

DOMAINE HUGUENOT

Héritier d'une dizaine de générations de vignerons établis à Marsannay, Jean-Louis Huguenot, décédé en 2019, a produit pendant longtemps des vins techniquement irréprochables. Plus discret, son fils Philippe et son épouse Valérie ont su donner davantage de personnalité aux vins, sans pour autant obérer leurs qualités fondamentales. L'ensemble de la gamme comporte des vins précis et solides, qui ont retrouvé depuis 2019 la certification bio, mais les élevages trop prégnants amoindrissent les nuances des expressions de terroir avec des finales sèches. Nous espérons que Philippe Huguenot, désormais pleinement en charge, fasse évoluer ce style. D'importants travaux de rénovation de la cuverie et des bâtiments sont en cours.

Les vins : les blancs déçoivent : le marsannay, mince, au boisé sec, manque de chair et de caractère. Boisé, pâteux et matière assez dense, sans dureté mais très citronnée : le fixin est consistant mais très pâtissier. Jus svelte et tendu dans le marsannay Montagne, aux saveurs profilées et précises, adossé à un boisé qui comprime la finale. Assez floral, Héritage offre une matière détendue et suave, des tanins cendrés et une finale stricte. Plus de moelleux et de maturité dans Champs-Perdrix, assez tendre et doté d'un bon éclat de fruit. Concentration et maturité de fruit dans La Charmes aux Prêtres, vin ouvragé et élancé aux saveurs d'orange sanguine. Assez large d'épaules, le fixin rouge possède une envergure argileuse et une étoffe solide : s'il manque un peu de finesse, il offre un fruit mûr et tendu, et une finale réglissée. Structuré, enrobé par son élevage, le gevrey Les Crais offre un bon volume : avec sa chair policée, il dessine une personnalité assez consensuelle. Assez gourmand, juteux et ample, le gevrey Vieilles Vignes se présente sphérique mais avec un cœur de bouche très tendu, qui préserve un velouté de fruit, de l'allonge et de l'intensité.

▭ Fixin Blanc d'Argiles 2020	27,50 €	89
▭ Marsannay Collection 2020	23,50 €	88
◣ Fixin Terre Brune 2020	28,50 €	92
◣ Gevrey-Chambertin Les Crais 2020	35,50 €	91
◣ Gevrey-Chambertin Vieilles Vignes 2020	39,50 €	93
◣ Marsannay Champs-Perdrix 2020	29,50 €	92
◣ Marsannay Heritage 2020	25,50 €	91
◣ Marsannay La Charme aux Prêtres 2020	29,50 €	92
◣ Marsannay Montagne 2020	29,50 €	90

Rouge : 19,2 hectares.
Blanc : 3,8 hectares.
Production moyenne : 120 000 bt/an

DOMAINE HUGUENOT ♣

5, rue des Carrières, 21160 Marsannay-la-Côte
03 80 52 11 56 ● www.domainehuguenot.com
● Vente et visites : sur RDV.
Propriétaire : Valérie et Philippe Huguenot
Œnologue : Pierre Millemann

LA MAISON ROMANE

Parisien d'origine, Oronce de Beler est un fin connaisseur de la Bourgogne, où il a effectué plusieurs stages et monté une première entreprise de labour à cheval. Il a acheté ses premiers raisins – en bio ou en biodynamie – en 2005, vinifiant dans une cave fraîche à Nuits-Saint-Georges tout en raisins entiers, avec aussi peu de soufre et d'interventions que possible. Il en résulte des vins soignés, d'un grand naturel d'expression, qui sont à la fois d'une grande précision de saveurs et libres, s'exprimant avec un naturel déconcertant et sans fard. Bières artisanales, cidre, élevage d'animaux complètent la production viticole. Ce petit négoce haute couture séduira les amoureux des vins proches du fruit, qui peuvent avoir besoin d'un peu de temps pour se mettre bien en place.

Les vins : un beau hautes-côtes-de-nuits blanc, frais et nourrissant dans ses amers nobles, délicat dans sa texture. Croquant et juteux, son alter ego rouge est tendre et sapide. Expressif, le marsannay se montre pulpeux, très mûr et gourmand dans ses saveurs de cassis et de gelée de fruit. Vin onctueux et croquant, matière dense, tanins abondants et friands dans le fixin, à la chair sphérique et fraîche. Sinueux et charnu, le côte-de-nuits-villages est généreux, avec un fruit qui a conservé de la sucrosité. Floral et délié, remarquablement digeste, le morey En Seuvrey se donne dans la succulence de son fruit, resté bien frais. Nuancé, un peu compoté dans son fruit, le chambolle est joufflu et rond. Très beau vosne-romanée, pur et intègre, élancé et ciselé dans sa chair nerveuse, à la belle profondeur de saveurs. Porté par une légère acidité volatile, le gevrey La Justice se montre étoffé et dynamique, d'une grande douceur de texture.

▭ Bourgogne Hautes-Côtes de Nuits 2020	30 €	92
◣ Bourgogne Hautes-Côtes de Nuits 2020	30 €	91
◣ Chambolle-Musigny 2020	88 €	92
◣ Côte de Nuits-Villages 2020	42 €	93
◣ Fixin Les Clos 2020	47 €	93
◣ Gevrey-Chambertin La Justice 2020	78 €	94
◣ Marsannay Longeroies 2020	44 €	91

▶ Morey-Saint-Denis En Seuvrey
2020   60 €   93
▶ Vosne-Romanée Aux Réas 2020   88 €   93

Rouge : 4 hectares.
Blanc : 1 hectare.
Production moyenne : 22 000 bt/an

LA MAISON ROMANE

14, rue Thurot, 21700 Nuits-Saint-Georges
06 09 84 97 14 • www.lamaisonromane.fr/ •
Vente et visites : sur RDV.
Propriétaire : Oronce De Beler

DOMAINE BERTRAND ET AXELLE MACHARD DE GRAMONT

À la suite d'une séparation avec ses frères, Bertrand Machard de Gramont a créé son domaine en 1983. Il a replanté les spectaculaires terrasses des Vallerots, un coteau très raide en terrasses sur les hauteurs de Nuits-Saint-Georges. C'est sur cette appellation que se trouve la majorité des vignes de ce petit domaine. Après une autre vie, la fille de Bertrand, Axelle, est revenue au domaine en 2004. Elle y a initié la transition bio (certifiée en 2014) et un travail en douceur, tel que le foulage au pied en cuve tronconique en bois après égrappage. Les choix de cette vigneronne énergique s'avèrent payants et les vins livrent des expressions denses et sans fard de leurs terroirs respectifs, parfois un peu marqués par la macération à froid. Les élevages s'affinent et le domaine a encore une marge de progression.

Les vins : coulis de fruits noirs bien mûrs dans le fruit du bourgogne, assez épais et généreux. Très mûr et onctueux, Les Vallerots pousse la maturité plus loin. Joufflu, assez saturé, ce vin est une boule de fruits noirs qui évoque un sorbet au cassis. Tonalité plus fraîche et friande dans le fruit Les Terrasses des Vallerots, toujours très mûr mais acidulé, à la texture dense et crémeuse mais bien équilibrée et persistante. Nez de mûres sauvages dans le nuits Aux Allots, charnu et opulent, pourvu de tanins denses et assez secs qui étouffent un peu la finale. Profil plus nerveux et croquant dans Les Hauts Pruliers, un vin toujours très mûr mais dont la chair ample se fait un peu plus nerveuse, avec des tanins abondants dans une finale assez chaleureuse. Notes de cachou et de bonbon à la violette dans le vosne-romanée, vin pesant, assez épais et emporté par l'alcool.

▶ Bourgogne Les Grands Chaillots
2020   18 €   90

▶ Nuits-Saint-Georges Aux Allots
2020   39 €   91
▶ Nuits-Saint-Georges Les Hauts Pruliers
2020   42 €   92
▶ Nuits-Saint-Georges Les Terrasses des
Vallerots 2020   31 €   93
▶ Nuits-Saint-Georges Les Vallerots
2020   37 €   92
▶ Vosne-Romanée 2020   45 €   90

Rouge : 5,4 hectares.
Blanc : 0,6 hectare.
Production moyenne : 20 000 bt/an

DOMAINE BERTRAND ET AXELLE MACHARD DE GRAMONT ♣

13, rue de Vergy, 21700 Nuits-Saint-Georges
03 80 61 16 96 •
www.bertrand-machardegramont.com •
Vente et visites : sur RDV.
Propriétaire : Bertrand Machard de Gramont
Directeur : Axelle Machard de Gramont

NOUVEAU DOMAINE

DOMAINE STÉPHANE MAGNIEN

Stéphane Magnien a repris en 2008 la suite de son père sur ce petit domaine familial de Morey-Saint-Denis, créé en 1897. Avec un patrimoine important de vieilles vignes, qui n'ont jamais connu de désherbants chimiques et sont travaillées avec grand soin – effeuillage à la main, rognage haut –, cette adresse très attachante et trop peu connue propose d'excellents vins sans fard et peu extraits, à des tarifs encore doux. Avec 15 à 25 % de fûts neufs, 35 % sur le Clos Saint-Denis, les vins sont exempts de marqueurs d'élevage, et mis en bouteille sans collage ni filtration. Nous accueillons avec plaisir ce domaine dans notre guide.

Les vins : le coteaux-bourguignon se montre agréable, assez dense et bien fruité. Le friand morey Grains Fins, aux notes de fruits noirs et de noyau de cerise, offre une matière séveuse et énergique, pleine de tonus. Le morey Vieilles Vignes est plus ferme, avec de la carrure et de l'épaisseur : il reste savoureux et équilibré grâce à la finesse de ses tanins. Vin charnu et fin, sérieux mais moins dense, le chambolle Vieille Vigne est déjà très élégant et doté d'une excellente fraîcheur : la profondeur de chair arrive en finale. Notes florales de violette, beaucoup de douceur de texture et de fraîcheur dans le chambolle Sentiers, intègre et nuancé, déjà très épanoui grâce à ses tanins patinés : un grand séducteur. Saveurs de cerise noire et de myrtilles dans Faconnières, juteux, souple mais plein, déjà délicieux avec ses tanins savoureux et son allonge séveuse. Plus réservé, Aux Petites Noix est élancé par la vendange entière, dans un registre frais et séveux. Délicat, très floral, raffiné et pur, Monts Luisants s'exprime avec beaucoup de sincérité et de nuances dans son fruit précis : un vin radieux, rayonnant et élancé. Fruits rouges, fraises et épices dans la matière svelte et charnue du charmes-chambertin, au profil assez rigoureux, avec de la réserve et une carrure tannique en finale. Immédiatement élégant, juteux et pur, le clos-saint-denis se donne tout en finesse, avec éclat, tension et salinité qui se répondent dans une expression racée de ce terroir.

Chambolle-Musigny Premier Cru Sentiers 2020	Épuisé - 56 €	**94**
Chambolle-Musigny Vieille Vigne 2020	Épuisé - 36 €	**92**
Charmes-Chambertin Grand Cru 2020	Épuisé - 116 €	**95**
Clos Saint-Denis Grand Cru 2020	Épuisé - 115 €	**96**
Coteaux Bourguignons Pur Pinot Noir 2020	Épuisé - 10 €	**89**
Morey-Saint-Denis Grains Fins 2020	Épuisé - 25,50 €	**92**
Morey-Saint-Denis Premier Cru Aux Petites Noix 2020	Épuisé - 50,50 €	**94**
Morey-Saint-Denis Premier Cru Faconnières 2020	Épuisé - 52,50 €	**94**
Morey-Saint-Denis Premier Cru Monts Luisants 2020	Épuisé - 53 €	**95**
Morey-Saint-Denis Vieilles Vignes 2020	Épuisé - 27 €	**92**

Rouge : 4,1 hectares.
Blanc : 0,3 hectare.
Production moyenne : 23 000 bt/an

DOMAINE STÉPHANE MAGNIEN

5, ruelle de l'Eglise, 21220 Morey-Saint-Denis
03 80 51 83 10 ● www.domainemagnien.com
● Vente et visites : sur RDV.
Propriétaire : Stéphane Magnien

DOMAINE ALAIN MICHELOT

Élodie Michelot, fille d'Alain, a désormais en charge la production des vins de ce domaine qui possède plusieurs premiers crus de Nuits-Saint-Georges, et exploite depuis 2010 une parcelle de Clos de Vougeot. Elle a rejoint le domaine familial en 1996, suivie par son mari en 1998, et a su faire progresser les vins en finesse et élégance, sans pour autant perdre en puissance. Intégrant jusqu'à un quart de fût neuf, les élevages semblent mieux intégrés depuis 2016, mais les vins peuvent présenter un caractère assez sec.

Les vins : caractère juteux, matière un peu cacaotée et lisse dans l'expressif morey-saint-denis, adossé à un boisé un peu froid et cendré, qui sèche un peu en finale. Fruit plus pulpeux, épanoui mais très mûr dans Aux Champs-Perdrix, vin assez épicé, serré en finale, dont la matière est un peu confite. Dense et assez compact, Les Vaucrains se présente cadenassé par son élevage : si le fruit est resté frais, la masse tannique demandera de longues années pour se détendre.

Morey-Saint-Denis Premier Cru Les Charrières 2019	39,50 €	**92**
Nuits-Saint-Georges Aux Champs-Perdrix 2019	41 €	**90**
Nuits-Saint-Georges Premier Cru Les Vaucrains 2019	47 €	**92**

Rouge : 7,7 hectares.
Blanc : 0,3 hectare.
Production moyenne : 35 000 bt/an

DOMAINE ALAIN MICHELOT

6, rue Camille-Rodier,
21700 Nuits-Saint-Georges
03 80 61 14 46 ●
domalainmichelot@orange.fr ● Vente et visites : sur RDV.
Propriétaire : Alain Michelot
Directeur : Élodie Michelot

DOMAINE HENRI ET GILLES REMORIQUET

Ce domaine familial propose des cuvées élaborées dans un style plutôt classique, qui vieillissent bien. Gilles Remoriquet, œnologue diplômé de l'Université de Dijon, est engagé dans la viticulture bourguignonne ; il conduit le domaine pour en faire un modèle, avec labours, contrôle des rendements, vendanges manuelles et élevages en fût. Le domaine possède une belle palette de nuits-saint-georges, dont de nombreux premiers crus vinifiés séparément. Les vins sont soigneusement élaborés, riches et denses, présentant une belle vinosité, mais nous avons le sentiment que des élevages plus fins leur rendraient justice.

Les vins : fruit frais et nuancé mais manquant un peu d'éclat dans le bourgogne hautes-côtes-de-nuits, un vin assez simple et accessible. Fruit assez tendre et finement acidulé dans le nuits-saint-georges, vin étoffé dont la matière franche et solide a très bien intégré son élevage. Matière plus mûre et très tendre dans Les Damodes, auquel un caractère juteux et pulpeux apporte beaucoup de gourmandise, encadré de tanins friands mais abondants en finale. Plus grande envergure dans les saint-georges, vin finement compoté mais un peu mat et terne, adossé à des tanins séveux. Nez de noyau de cerise et de pivoine dans le vosne-romanée, qui se montre très épanoui et moelleux, dans un style assez flatteur et accessible.

- ► Bourgogne Hautes-Côtes de Nuits 2020   de 14 à 16 € (c)   **89**
- ► Nuits-Saint-Georges 2020   de 24,50 à 28 € (c)   **91**
- ► Nuits-Saint-Georges Premier Cru Les Damodes 2020   de 40 à 45 € (c)   **93**
- ► Nuits-Saint-Georges Premier Cru Les Saint-Georges 2020   de 65 à 70 € (c)   **92**
- ► Vosne-Romanée Premier Cru Au-Dessus des Malconsorts 2020   de 65 à 70 € (c)   **93**

Rouge : 9 hectares.
Blanc : 0,5 hectare.
Production moyenne : 40 000 bt/an

DOMAINE HENRI ET GILLES REMORIQUET

25, rue de Charmois,
21700 Nuits-Saint-Georges
03 80 61 24 84 ●
contact@domaine-remoriquet.com ● Vente et visites : sur RDV.
Propriétaire : Gilles Remoriquet

DOMAINE HENRI RICHARD

Henri Richard était l'un des premiers vignerons de Gevrey-Chambertin à vendre ses vins en bouteille. Plus tard, sa fille livrera ses raisins au négoce. La nouvelle génération (Sarah Bastien, sur place, et Richard Bastien, œnologue au Canada) fait le choix d'une production de vin fini. Les vins sont travaillés à partir de raisins non égrappés. Le domaine progresse dans l'expression de chacun de ses terroirs, et les amateurs recherchant des vins plus fins et élégants qu'opulents trouveront ici leur bonheur. La certification en biodynamie est effective depuis 2018.

Les vins : dans le blanc, nous retrouvons un joli nez citronné, un vin nuancé, généreux et précis,

sans la moindre lourdeur, issu du cépage pinot blanc. Tendre, très finement épicé et riche d'un fruit frais, infusé et savoureux, le marsannay Au Larrey est excellent. Saveurs d'orange sanguine dans le gevrey Les Tuileries, à la matière douce, finement compotée et très affinée : son élevage est un peu prégnant mais respecte le fruit. Plus de douceur de chair et de complexité dans le gevrey Aux Corvées, parsemé de petits tanins poudrés. Subtil, assez tendre dans son fruit délié et relevé de petits amers d'agrumes, le charmes-chambertin joue plus sur la finesse et l'allonge que sur la puissance, mais il faudra cependant l'attendre. Plus de volume et de profondeur dans le mazoyères, à l'élevage un rien plus marqué, mais dont la sève et la maturité de fruit promettent un équilibre au vieillissement.

- ▭ Côte de Nuits-Villages Vignois 2019   22 €   **92**
- ► Charmes-Chambertin Grand Cru 2019   120 €   **94**
- ► Gevrey-Chambertin Aux Corvées 2019   45 €   **93**
- ► Gevrey-Chambertin Les Tuileries 2019   50 €   **92**
- ► Marsannay Au Larrey 2019   35 €   **92**
- ► Mazoyères-Chambertin Grand Cru 2019   130 €   **95**

Rouge : 4,15 hectares.
Blanc : 0,43 hectare.
Production moyenne : 12 000 bt/an

DOMAINE HENRI RICHARD ☾

75, route de Beaune,
21220 Gevrey-Chambertin
09 62 08 00 17 ●
www.domainehenririchard.com ● Vente et visites : sur RDV.
Propriétaire : Famille Bastien
Directeur : Sarah Bastien
Maître de chai : Guillaume Berthier

CÔTE DE BEAUNE

★★★★ ↗ DOMAINE D'AUVENAY

Lalou Bize-Leroy est seule propriétaire de ce petit domaine qui porte le nom de sa ferme fortifiée située sur les hauteurs de Saint-Romain. Avec deux grands crus en Côte de Nuits mais surtout de remarquables parcelles dans les grands terroirs de blancs de la Côte de Beaune, ce domaine applique les mêmes principes de culture et de vinification qu'au domaine Leroy, avec pour conséquence des vins peut-être encore plus inoubliables, car les tout petits rendements leur donnent une texture absolument unique, et une longueur en bouche phénoménale. À l'encontre de la mode actuelle, les blancs d'Auvenay sont vendangés très mûrs, vieillissent à la perfection et constituent une révélation pour tous ceux qui ont la chance d'y goûter un jour. Comme on s'en doute, le monde entier s'en arrache la moindre goutte. La quatrième étoile vient récompenser une gamme de vins qui n'ont jamais quitté le sommet de la Bourgogne.

Les vins : comment ne pas s'émerveiller lorsque l'on déguste un bourgogne aligoté 2020 d'un tel niveau ? Il ne tient pas du miracle, mais d'une exigence de tous les instants en termes de viticulture. Un blanc scintillant de mille feux, qui vous emporte. Il pourrait presque faire de l'ombre à l'auxey-duresses La Macabrée, élégant, mais encore sous la légère emprise de son élevage. Derrière, son acidité mûre et sa mâche le remettent dans le droit chemin. Une fine réduction construit le meursault Les Narvaux pour la garde. Il est bâti sur une ampleur de bouche inégalable, soutenue par la densité d'un fruit pur qui vous emporte tel un tapis volant vers un plaisir infini. Le puligny-montrachet Les Enseignères est plus timide d'approche, mais résolu à se démarquer par sa grâce et son élégance, induites par le fruit délicat. Un vin éduqué et authentique, comme le souligne Lalou Bize-Leroy. Tout aussi réservé au nez, le bâtard-montrachet affirme son lieu de naissance en imposant son caractère musclé et sa densité. Il n'en demeure pas moins civilisé, et grandira cinquante ans et plus. Quant au bonnes-mares, son fruit pur et son parfum distingué signent sa race ; ses tanins se mêlent si intimement au fruit qu'on ne les sent pas, grâce à la richesse du millésime. Ce vin d'anthologie, issu de la partie noble du cru, à savoir les Terres Blanches, renversant, a été dégusté comme rarement.

🍷 Auxey-Duresses La Macabrée 2020	N.C.	99
🍷 Bourgogne Aligoté 2020	N.C.	98
🍷 Bâtard-Montrachet 2020	N.C.	100
🍷 Meursault Les Narvaux 2020	N.C.	100
🍷 Puligny-Montrachet les Enseignères 2020	N.C.	99
🍷 Bonnes-Mares Grand Cru 2020	N.C.	100

Rouge : 0,5 hectare. Pinot noir 100 %.
Blanc : 3,4 hectares. Chardonnay 90 %, Aligoté 10 %
Production moyenne : 8 000 bt/an

DOMAINE D'AUVENAY
Village Bas 21190 Meursault
03 80 21 23 27 ● 000 ● Vente et visites : sur RDV.
Propriétaire : Lalou Bize-Leroy

★★★ DOMAINE MICHEL BOUZEREAU ET FILS

Nous sommes enchantés par la régularité et le style précis des vins de ce domaine. Digestes, élégants et profonds, ils vieillissent avec harmonie. La propriété possède de petites parcelles sur de beaux crus du secteur. Jean-Baptiste Bouzereau vinifie ses blancs avec une grande précision et sait s'adapter avec souplesse au caractère de chaque millésime. Il recherche avant tout l'élégance et la pureté ; on rencontrera donc rarement dans ses vins les notes fortement grillées et réduites que certains amateurs associent au meursault.

Les vins : le bourgogne Côte d'Or 2020 est une entrée en matière qui définit bien l'orientation du domaine, proposant une matière charnue et profonde, mais toujours avec équilibre. Un bourgogne de haut vol avec du poids en bouche et regorgeant d'énergie. Le meursault Les Tessons 2020 est lumineux et frais dans sa perception aromatique. Il insiste avec son énergie minérale, mais aussi un jus profond et plein. Ce terroir majeur de Meursault produit ici un vin cristallin, puissant, racé. Le meursault Genevrières 2020 est marqué d'une fine réduction qui n'entrave nullement le fruit. Ce premier cru distingué conjugue dynamisme et raffinement. Le puligny-montrachet Le Cailleret 2020 s'affirme avec une élégance où l'on perçoit une touche forale et le fruit à chair jaune. Si son attaque est douce et onctueuse, sa fine minéralité s'impose en fin de bouche. Un vin délié tout en nuances, gracieux, voire en apesanteur. Au sommet de la hiérarchie, le meursault Perrières 2020 semble être en prise directe avec le calcaire. Quelle densité, quel relief ! Un vin aux épaules d'athlète qui fait parler son sol à travers une sensation de matière musclée et intense. Magistral. En rouge, le beaune Les Vignes Franches 2020 séduit immédiatement avec son joli parfum qui évoque la cerise et la mûre. Son fruit éclatant, parfaitement équilibré, allie le croquant du fruit à une matière à la sève profonde.

▭ Bourgogne Côte d'Or Chardonnay 2020	25 €	90
▭ Meursault Les Tessons 2020	80 €	94
▭ Meursault Premier Cru Genevrières 2020	120 €	98
▭ Meursault Premier Cru Perrières 2020	150 €	99
▭ Puligny-Montrachet Premier Cru Le Cailleret 2020	150 €	98
▬ Beaune Premier Cru Les Vignes Franches 2020	65 €	94

Rouge : 1,7 hectare. Pinot noir 100 %
Blanc : 11 hectares. Chardonnay 100 %
Production moyenne : 65 000 bt/an

DOMAINE MICHEL BOUZEREAU ET FILS
5, rue Robert-Thénard, 21190 Meursault
03 80 21 20 74 ●
www.michelbouzereauetfils.com ● Pas de visites.
Propriétaire : Jean-Baptiste Bouzereau
Œnologue : Guillaume Lebras

★★★ DOMAINE CHANDON DE BRIAILLES

Propriété familiale depuis 1834, Chandon de Briailles est un des rares domaines de ce rang à avoir converti l'intégralité de ses 14 hectares à la culture biodynamique sans transition (en 2011). Les vinifications sont ici très traditionnelles, avec une forte proportion de vendange entière pour les vins rouges et une utilisation très modérée du fût de chêne neuf. Ces vins peuvent parfois dérouter durant leur jeunesse, mais ils révèlent leur expressivité après quelques années en cave. Le vieillissement leur rend grâce et ils déploient alors toute la complexité des grands pinots floraux et raffinés. Ce domaine s'inscrit au sommet de la production des vins de la côte de Beaune.

Les vins : François de Nicolay est un immense vigneron, et nous le prouve encore une fois sur le millésime 2020. Le somptueux savigny-lès-beaune Aux Fournaux 2020 donne la sensation d'humer un raisin fraîchement pressé, avant que n'arrive une touche d'orange sanguine. La bouche est tout en soyeux de texture, on est allé chercher de la maturité sans basculer dans le confit. Un vin d'un équilibre magistral. Par contraste, Les Lavières 2020 paraît un rien introverti, avec un fruit d'une pureté magistrale qui se dresse en ligne droite. Un vin porté par un grain de tanin solide et fin, donnant la sensation de mâcher la peau du raisin avec une délicate rugosité de bon aloi. Le pernand-vergelesses

premier cru Ile de Vergelesses 2020 se montre ferme, mais sans dureté, avec ses tanins solides, fins et mûrs. Comme sur l'ensemble de la gamme, le fruit est pur et d'une grande justesse d'expression. Le vin demeure aujourd'hui dans sa gangue, mais ce cru possède un très beau potentiel d'évolution. Une note sanguine domine à l'ouverture dans le corton Les Bressandes 2020, laissant imaginer un vin charnel, volumineux. Avec ses tanins gras enrobés par un fruit gorgé de soleil, il remplit littéralement la bouche avec une solidité qui lui promet un avenir radieux. Le corton Clos du Roi 2020 possède un supplément de grâce apportée par son parfum floral. Sa structure est sculptée avec délicatesse jusque dans les moindres recoins ; un grand cru qui nous fait grimper au sommet de la colline de Corton. Mettez des magnums dans vos caves pour vos petits-enfants. Le corton blanc 2020 campe sur une densité formidable et une richesse assumée. Il n'en reste pas moins tonique, car ici l'acidité n'est qu'un des composants et pas le seul fil conducteur. Un blanc avec de la texture, de la mâche et de l'éclat. Ce domaine semble avoir franchi un nouveau cap tant en rouge qu'en blanc, les vins sont tout proche d'une quatrième étoile.

▭ Corton Grand Cru 2020	292 €	98
▬ Corton Grand Cru Clos du Roi 2020	Épuisé - 292 €	99
▬ Corton Grand Cru Les Bressandes 2020	225 €	98
▬ Pernand-Vergelesses Premier Cru Ile des Vergelesses 2020	90 €	95
▬ Savigny-lès-Beaune Aux Fournaux 2020	66 €	93
▬ Savigny-lès-Beaune Premier Cru Les Lavières 2020	79 €	94

Rouge : 12 hectares. Pinot noir 100 %
Blanc : 2 hectares. Chardonnay 100 %
Production moyenne : 55 000 bt/an

DOMAINE CHANDON DE BRIAILLES ☾
1, rue Sœur-Goby, 21420 Savigny-lès-Beaune
03 80 21 52 31 ●
www.chandondebriailles.com ● Vente et visites : sur RDV.
Propriétaire : François de Nicolay

★★★ DOMAINE COCHE-DURY

La famille Coche-Dury continue de travailler ses vignes sans relâche et de suivre ses vinifications avec la plus grande attention. Désormais, Raphaël dirige seul le domaine. Il n'a cessé de le faire progresser malgré le haut niveau de notoriété. Il s'est imposé un retour au labour systématique mais aussi une diminution des rendements. En cave, par des pressurages distincts de ceux que faisait son père, il est allé chercher de la texture et des tanins dans ses blancs. Ses élevages sur lies ne vont plus explorer cette réduction aux notes grillées si caractéristiques des vins du domaine. À l'arrivée, ses blancs ont gagné en densité, en pureté et en complexité. Le revers de la médaille : il faut les attendre au moins quinze ans. Ils possèdent de la profondeur, une sapidité et une allonge absolument uniques. Nous sommes ici au sommet de ce que peut produire le chardonnay d'une puissance redoutable. Hélas, toute la production est vendue avant même la récolte, et il est impossible au domaine d'accepter de nouveaux clients. On peut en revanche trouver des vins de ce domaine à la carte de grands restaurants.

Les vins : contrairement aux idées véhiculées par certains amateurs, les vins du domaine ne sont pas bourrés de souffre, preuve en est, ce magnifique bourgogne blanc 2020, déjà fort délicieux jeune. À la fois ouvert et charnu grâce à la richesse de l'année, il possède un fruit d'une grande pureté. Le meursault 2020 provient du lieu-dit Les Narvaux ; paré d'une belle teinte couleur paille, il livre des senteurs de fruits tout en délicatesse. Les amers délicats et stimulants composent la bouche. Un vin droit, pur et sans effet de style. Le meursault Les Genévrières sent l'amande fraîche, une délicatesse aromatique qui se confirme dans l'attaque de bouche fine et déliée. Un superbe vin, pur et droit, avec une matière dense qui respecte l'identité d'un terroir où prime le raffinement.

⟐ Bourgogne 2020		N.C.	91
⟐ Meursault 2020		N.C.	94
⟐ Meursault Premier Cru Genevrières 2020		N.C.	97

Rouge : 2,5 hectares. Pinot noir 100 %
Achat de raisins.
Blanc : 7,8 hectares. Chardonnay 94 %, Aligoté 6 %
Achat de raisins.
Production moyenne : 45 000 bt/an

DOMAINE COCHE-DURY
25, rue Charles-Giraud, 21190 Meursault
03 80 21 24 12 ● Vente et visites : sur RDV.
Propriétaire : Raphaël Coche-Dury

★★★ DOMAINE DES COMTES LAFON

Dominique Lafon n'a cessé d'améliorer sa production malgré la notoriété du domaine. Depuis une bonne dizaine d'années, le style des blancs a évolué vers davantage de fraîcheur et de race, sans perdre ni en poids, ni en ampleur de bouche. Le style de vinification a aussi changé : les vins vont davantage vers la réduction, ils sont plus élancés, moins crémeux. La large gamme de meursaults s'est étoffée depuis 2011 de deux premiers crus : Les Bouchères et Poruzots. Sans perdre en densité, les rouges ont gagné en équilibre par un travail plus délicat durant la phase d'extraction, d'où des tanins plus souples et moins massifs. La meilleure gestion des élevages donne plus de place à la dimension du fruit.

Les vins : le superbe meursault 2019 s'exprime par une note de citron confit au sel avec une fine touche d'amande. On apprécie son fruit pur et ciselé à travers une matière presque tannique. Le vin trace en bouche malgré une belle sève et une sensation de mâche. Le meursault Désirée 2019 est marqué par une note beurrée, voire lactée. On perçoit une certaine richesse au nez. La bouche abonde dans ce sens par sa matière généreuse, avec une sensation de grande maturité. Ce vin aux amers délicats possède de la tenue et une agréable finale sur le cédrat. Le meursault Clos de la Barre 2019 évoque la pierre froide et la sensation d'être en prise directe avec le calcaire ; mais rapidement le fruit s'impose à nous à travers une matière à la forte empreinte saline qui saisit tout le palais. Voilà un meursault puissant mais raffiné, juteux et dense mais percutant en bouche par son accroche minérale. Quant au meursault Charmes 2019, il s'exprime par une fine note d'amande et brille par son équilibre et la pureté de son fruit. Nous sommes en présence d'un Charmes charnu et droit. Un grand vin en devenir. Superbe. Pour les rouges, le monthélie Les Duresses 2019 présente une robe peu soutenue, et son parfum nous oriente vers les épices. Son fruit frais et mûr s'appuie sur une texture fine et un jus délié pour trouver l'équilibre entre délicatesse et gourmandise. Un bon prélude pour découvrir les rouges du domaine. Plus sérieux, le volnay Santenots du Milieu 2019 monte en profondeur aromatique par des notes de fruits noirs et une fine touche d'épices. Même sensation de crescendo en bouche par sa densité de matière qui parvient à préserver l'élégance de ce terroir majeur. Et derrière la perception d'un fruit gourmand, il s'affirme par des tanins civilisés qui le resserrent en finale et le destinent à une belle garde. Encore une fois, des vins de référence en blanc comme en rouge.

⟐ Meursault 2019	Épuisé - 77 €	92
⟐ Meursault Clos de la Barre 2019	Épuisé - 102 €	94
⟐ Meursault Désirée 2019	Épuisé - 102 €	93
⟐ Meursault Premier Cru Charmes 2019	Épuisé - 180 €	98
⟐ Monthélie Premier Cru Les Duresses 2019	Épuisé - 50 €	92

🍷 Volnay Premier Cru Santenots du Milieu
2019 Épuisé - 125 € **96**

Rouge : 5,8 hectares. Pinot noir 100 %
Blanc : 10,6 hectares. Chardonnay 100 %
Production moyenne : 80 000 bt/an

DOMAINE DES COMTES LAFON ♣

5, rue Pierre Joigneaux, 21190 Meursault
03 80 21 22 17 ● www.comtes-lafon.fr ● Pas
de visites.
Propriétaire : GFA des Comtes Lafon
Directeur : Dominique Lafon

★★★ DOMAINE DE COURCEL

Le domaine fait incontestablement partie des références de la Bourgogne pour les amateurs de pinots raffinés et racés. Il faut dire qu'Yves Confuron et Gilles de Courcel forment un sacré duo de perfectionnistes, soignant la viticulture et les vinifications en vendange entière, qui expriment avec bonheur les subtilités des terroirs de Pommard. Comme la plupart des grands vins, les crus de la maison ont besoin de temps pour acquérir toute leur noblesse. Dans une Bourgogne où les amateurs se tournent de plus en plus vers des vins infusés et prêts à boire, s'engager dans la voie des vins de garde peut sembler une démarche à contre-courant. Pourtant, il suffit de boire un vin âgé du domaine de Courcel pour se persuader que le temps est un allié précieux, tant en termes de complexité que d'un point de vue aromatique.

Les vins : le bourgogne 2016 commence à peine à s'ouvrir, mais quelle matière ! Nous avons un fruité explosif qui a pris le temps de grandir en complexité. Un bourgogne au niveau de bien des villages et encore loin de son apogée. Dans la série des pommards, Vaumuriens 2019 offre une aromatique épicée et méridionale. On a une note de cerise à l'eau-de-vie, mais sans la moindre trace de chaleur. Fremiers 2019 est un concentré de fruit noir presque confit. La bouche est pulpeuse avec une densité de chair peu commune. Un pommard à la carrure affirmée qui prouve la fermeté de son terroir. Laissez-le canaliser sa puissance au moins une dizaine d'années. Le pommard Clos des Epenots 2019 livre un parfum sur des notes de fruit compoté, et prend lui aussi des airs de vin plus méridional que septentrional. Une aromatique qui pourra surprendre, voire déranger certains amateurs. À l'inverse, la bouche est sculptée en profondeur avec une chair onctueuse aux tanins parfaitement mûrs et gras. Un Epenots aux parfums atypiques, mais qui demeure exceptionnel par son jus profond et charnel. Le pommard Rugiens, intense mais fin, offre un parfum complexe qui mêle le fruit bien mûr et les épices douces. Le fruit semble comme se poser avec justesse sur une structure qui le destine à la garde sans jamais trahir son élégance. Le pommard Fremiers 2017 a un début d'évolution qui se dirige vers les épices. Le fruit arrive doucement et à l'air le nez semble comme s'épurer. La bouche dense est très en place, et même si l'attaque est fine, il a conservé la solidité de son lieu de naissance. Un vin qui ouvre un œil, mais qu'il serait judicieux de laisser grandir au moins cinq à sept ans. Le pommard Grand Clos des Epenots 2017 est tout en volume, avec un fruit presque sudiste qui pourra dérouter. Il faut lui faire confiance, car il y a fort à parier que dans le temps la fraîcheur bourguignonne reprendra ses droits. Les raisins ont été récoltés au bout de la maturité, et cela a développé des tanins d'un extrême soyeux, qui contrebalance le léger souffle chaud.

🍷 Bourgogne 2016 35 € **91**

🍷 Pommard Premier Cru Clos des Epenots
2017 85 € **98**

🍷 Pommard Premier Cru Clos des Epenots
2019 85 € **98**

🍷 Pommard Premier Cru Fremiers
2017 68 € **95**

🍷 Pommard Premier Cru Fremiers
2019 68 € **95**

🍷 Pommard Premier Cru Grand Clos des
Epenots 2010 110 € **99**

🍷 Pommard Premier Cru Rugiens
2019 105 € **99**

🍷 Pommard Vaumuriens 2019 55 € **94**

Rouge : 9 hectares. Pinot noir 100 %
Blanc : 1 hectare. Chardonnay 100 %
Production moyenne : 25 000 bt/an

DOMAINE DE COURCEL

Place de l'Église, 21630 Pommard
03 80 22 10 64 ●
courcel@domaine-de-courcel.com ● Vente et
visites : sur RDV.
Propriétaire : Famille de Courcel
Œnologue : Yves Confuron

★★★ DOMAINE LEFLAIVE

Anne-Claude Leflaive, infatigable ambassadrice des grands vins authentiques, militante biodynamiste de longue date, n'est plus depuis avril 2015. Tous les grands amateurs de chardonnay ont en mémoire au moins un de ses merveilleux vins de Puligny-Montrachet. Avec leur droiture exemplaire, leur côté cristallin et la définition parfaite du terroir dont ils sont issus, les blancs de cette grande dame figurent parmi les plus passionnants de la Bourgogne. Son neveu, Brice de la Morandière, lui a succédé à la tête du domaine et en préserve l'esprit. Il perpétue la gestion du vignoble en biodynamie et le travail réalisé sur les sols lui permet de maintenir un niveau de grande perfection. Seule ombre dans ce tableau, une série de millésimes dans les années 2000 touchée par des phénomènes d'oxydation prématurée, problèmes qui semblent désormais réglés. Rien n'étant vendu en direct, il faut se tourner vers les bons cavistes.

Les vins : belle entrée en matière avec le mâcon-verzé Le Monté 2020, doté d'un fruit généreux où s'exprime une belle note de zeste de citron, avec une sensation de largeur en bouche et de tension. Avec le mâcon-verzé Les Chênes, on monte en éclat et en énergie, avec ce fruit très pur qui ne manque ni de volume ni d'ampleur. Le pouilly-fuissé 2020 possède un fruit cristallin qui allie maturité et fraîcheur, avec une fine salinité en finale. Le pouilly-fuissé La Chaneau 2020 sent la pierre à feu, avec un fruit légèrement en retrait. En bouche, revient la sensation d'un vin puissant et musclé et une fine note lactique bien intégrée au fruit. Bien qu'il y ait une continuité dans le style, le puligny-montrachet nous fait changer de registre. Tout de suite, il nous saisit par l'élégance d'un fruit pur et posé. Un vin à l'attaque fine qui déploie une belle énergie en finale, avec une agréable note citronnée et une intense salinité. Le puligny-montrachet Le Clavoillon se présente d'un bloc, avec une forte sensation saline puisée sur son terroir d'argile. D'abord froid, il pourrait être bien plus austère encore si la richesse du millésime ne lui avait permis de gagner en profondeur. Il termine sur d'intenses et agréables amers. Le puligny-montrachet Les Folatières donne le sentiment de sentir uniquement la pierre et le caillou. Comme nous l'indiquait Pierre Vincent régisseur du domaine Leflaive : "Folatières veut dire feu follet en vieux français", mais ce vin pur comme de l'eau de roche ne fait pas que passer tel un feu follet. Au contraire, sa persistance raffinée est interminable. Magistral.

Bâtard-Montrachet Grand Cru 2018	451 €	98
Mâcon-Verzé Le Monté 2020	36 €	89
Mâcon-Verzé Les Chênes 2020	36 €	89
Pouilly-Fuissé 2020	54 €	90
Pouilly-Fuissé La Chaneau 2020	60,20 €	91
Puligny-Montrachet 2020	94 €	93
Puligny-Montrachet Premier Cru Le Clavoillon 2020	140 €	96
Puligny-Montrachet Premier Cru Les Folatières 2020	208 €	97

Blanc : 24 hectares. Chardonnay 100 %
Production moyenne : 120 000 bt/an

DOMAINE LEFLAIVE ☾
Place du Pasquier de la Fontaine, 21190 Puligny-Montrachet
03 80 21 30 13 ● www.leflaive.fr/ ● Pas de visites.
Propriétaire : Famille Leflaive
Directeur : Brice de La Morandière
Maître de chai : Pierre Vincent

★★★ DOMAINE MATROT

Réputé pour ses magnifiques meursaults, ce domaine produit des vins de très longue garde dans les deux couleurs. Les entrées de gamme, comme le bourgogne, servent à déboiser l'arrivée des nouveaux fûts neufs, utilisés ensuite pour l'élevage des vins plus prestigieux. Thierry et son épouse ont cédé la place à deux de leurs filles, Adèle, l'aînée, et Elsa, la cadette, déjà à leurs côtés depuis longtemps. Elles ont produit leur premier millésime en 2016. Les vins sont très précis et nous saluons la qualité des extractions et des élevages qu'elles ont un peu allongés. La génération actuelle a réussi à préserver le style du domaine tout en apportant un surplus de finesse, les rendant plus accessibles jeunes sans altérer leur potentiel de garde. Les rouges n'explorent ni cette mode du style infusé ni celle de l'extraction à outrance : ils font le pari du juste milieu. Les blancs affichent une densité et une intensité remarquables.

Les vins : ouvrons la dégustation avec le meursault 2020, marqué d'une légère réduction qui n'altère pas le fruit. La bouche pure et saline dessine les contours de ce blanc vigoureux, mêlant matière, élégance et intensité. Le puligny-montrachet Chalumeaux donne l'impression de respirer une fine note calcaire ; mûr et sans le moindre artifice, il met en avant son terroir avec une intense salinité en finale. Le meursault Blagny pousse fort par la sensation d'un fruit tendu. Derrière son énergie, il s'affirme avec élégance ; une cuvée qui fera date. Au nez, le meursault Perrières est en prise directe avec le caillou : un blanc d'un bloc qui s'étire en longueur avec une sensation de pierre qui s'empare de la bouche avec de fins amers stimulants. En rouge, le maranges 2020 sent les fruits rouges ; la bouche capte la fraîcheur par un fruit croquant et plein, aux tanins souples. Un vin gourmand pour aborder le domaine. Le monthélie se montre sérieux, le fruit est mûr mais a su préserver de la fraîcheur sans obtenir des tanins raides. Exprimant à merveille l'élégance de ce grand terroir, le volnay Santenots 2020 présente un soyeux de texture qui s'appuie sur un grain de tanin d'une réelle finesse. Il a un très bel avenir devant lui. Le blagny La Pièce sous le Bois se démarque par un fruit légèrement plus mûr qui donne de l'ampleur au cœur de bouche. Les rouges ont de la tenue. Il faut savoir les attendre car leur solidité peut surprendre, mais ils conservent un bel éclat à l'évolution.

▭ Meursault 2020	Épuisé - 50 €	93
▭ Meursault Premier Cru Blagny 2020	Épuisé - 70 €	97
▭ Meursault Premier Cru Perrières 2020	Épuisé - 100 €	98
▭ Puligny-Montrachet Premier Cru Chalumeaux 2020	Épuisé - 80 €	96
◼ Blagny Premier Cru La Pièce sous le Bois 2020	Épuisé - 50 €	96
◼ Maranges 2020	Épuisé - 20 €	91
◼ Monthélie 2020	Épuisé - 30 €	91
◼ Volnay Premier Cru Santenots 2020	Épuisé - 50 €	95

Rouge : 10,48 hectares. Pinot noir 100 %
Achat de raisins.
Blanc : 13,77 hectares. Chardonnay 100 %
Achat de raisins.
Production moyenne : 150 000 bt/an

DOMAINE MATROT

12, rue de Martray, 21190 Meursault
03 80 21 20 13 ● www.matrot.com ● Vente et visites : sur RDV.
Propriétaire : Famille Matrot
Directeur : Adèle et Elsa Matrot

★★★ 🍷 DOMAINE DE MONTILLE

Étienne de Montille a uni sous le nom du domaine De Montille les vins du domaine éponyme à ceux du Château de Puligny-Montrachet. Les vins de son négoce sont ainsi estampillés Maison De Montille. Depuis 2019, Étienne est seul aux commandes de ce domaine historique de Volnay. Entouré d'une équipe compétente, il produit des blancs magnifiques, d'une grande pureté. Des vins racés et vibrants. Ses rouges sont moins rigides même s'ils peuvent encore progresser en matière de profondeur et de maturité de tanins. Comme s'il leur manquait ce petit lâcher-prise par rapport à l'héritage paternel, marqué par des rouges austères. Si le volnay Taillepieds et le pommard Rugiens ont fait la réputation de cet illustre domaine, les blancs sont au niveau des plus grands producteurs de la côte de Beaune.

Les vins : nous entamons notre dégustation par un blanc de haut vol : le bourgogne Clos du Château ! Il offre délié et persistance sur un fruit savoureux, d'une étonnante vivacité. Très pur, il nous mène vers les agrumes. Le saint-aubin En Remilly 2019 se distingue par des senteurs de pierres, un souffle minéral salin le porte jusqu'en finale : sa sève profonde et son acidité lui

confèrent de l'éclat. Superbe ! La richesse du millésime 2019 semble comme contenue par la forte emprise du terroir de Corton-Charlemagne, qui se distingue par une note intense de fruit à chair jaune. Large, profond, ce vin juteux nous fait saliver grâce à une agréable note de pamplemousse sur la finale. Un grand cru exemplaire. En rouge, le pommard Les Cras 2019 sent le fruit noir et la réglisse. Pur, il possède un grain de tanin d'une réelle finesse : son toucher de bouche est soyeux, et la solidité du terroir s'affirme en finale. D'une grande noblesse aromatique, le beaune premier cru Sizies 2019 présente un cœur de bouche dense et une trame tannique fine et serrée. Encore dans sa gangue, dix ans de garde lui feront le plus grand bien. Sous une robe délicate, le volnay premier cru En Champans 2019, au fruit complexe, libère des senteurs de fleurs, de végétal noble et de bois précieux. La bouche livre un toucher soyeux ; la chair juteuse et fine retranscrit avec élégance la noblesse du terroir de Volnay. Si les blancs étaient déjà au niveau des plus grands vins de la côte de Beaune, les rouges sont de plus en distingués et raffinés : le domaine obtient sa troisième étoile.

▭ Bourgogne Le Clos du Château 2019	Épuisé - 29 €	90
▭ Corton-Charlemagne Grand Cru 2019	153 €	98
▭ Saint-Aubin Premier Cru En Remilly 2019	46 €	94
◼ Beaune Premier Cru Sizies 2019	55 €	94
◼ Pommard Les Cras 2019	55 €	92
◼ Volnay Premier Cru En Champans 2019	120 €	95

Rouge : 20 hectares. Pinot noir 100 %
Blanc : 17 hectares. Chardonnay 100 %
Production moyenne : 180 000 bt/an

DOMAINE DE MONTILLE ♣

Rue de Pied-de-la-Vallée, 21190 Volnay
03 80 21 39 14 ● www.demontille.com ●
Visites : sur RDV aux professionnels.
Propriétaire : Étienne de Montille
Maître de chai : Brian Sieve

★★★ DOMAINE ROULOT

Les amateurs de meursaults purs, droits et minéraux ont depuis longtemps consacré ce domaine. Jean-Marc Roulot s'impose comme l'un des vinificateurs les plus adroits de l'appellation, grâce à son style que nous défendons avec conviction, tant les vins qu'il élabore vieillissent avec grâce. L'agriculture biologique, commencée en 1998, a fait place à la biodynamie au début des années 2000. L'élevage sur lies d'un an en fût et de six mois en cuve uniquement à partir de levures naturelles suit cette logique. Pouvant apparaître austères et "sur le fil du rasoir" dans leur jeunesse, les vins prennent une formidable ampleur avec l'âge. Hélas, la demande est telle pour ses vins qu'il est très difficile pour le domaine d'accepter de nouveaux clients ; on les trouve, en revanche, à la carte de très nombreux restaurants.

Les vins : le bourgogne 2019 est construit sur une fraîcheur presque végétale, avec une petite touche de pierre à feu au nez tandis qu'en bouche le fruit se montre mûr et charnu. Un bourgogne dense et bien équilibré avec une finale sur un fruit légèrement acidulé. Si le nez est un peu timide à l'ouverture du meursault 2018, on monte ensuite en intensité. En bouche, il trouve sa pleine dimension avec cette sensation de vin compact et sans dureté. Son fruit d'une grande pureté joue sur des amers stimulants. Le meursault Les Luchets 2019 sent la pierre froide, avant une bouche qui possède un supplément de douceur, avec un fruit très légèrement plus mûr que pour le village. Là aussi, les amers ont un rôle majeur, apportés par des notes de peau d'agrumes. Le meursault Clos du Haut Tesson 2019 développe un élégant parfum qui évoque l'amande fraîche mais aussi l'éclat de caillou. On a un joli jus en bouche avec de la mâche et une chair profonde. Ce terroir exprime sa puissance en début de vie à travers une matière plus longiligne que volumineuse, même s'il ne manque pas d'épaisseur de fruit. Comme sur l'ensemble des vins, on retrouve la signature d'amers intenses et stimulants. Le meursault Charmes 2018 déploie une jolie note de fruit blanc et une fine touche de badiane. Il y a un sentiment de sérénité lorsqu'on le porte au nez, loin de l'image des vins austères que l'on attribue aux cuvées du domaine. Le fruit, d'une grande pureté, semble posé. Il y a beaucoup de tendresse dans ce Charmes, à la finale texturée et gracieuse. Le meursault Clos des Bouchères 2019 est marqué par la réduction, mais elle évolue à l'air vers le grillé fin. La bouche est d'un bloc, puissante, très épurée. Une force qu'il puise à même son sol et que l'on retrouve dans une finale à la jolie note de citron et portée par des amers fins qui participent de sa complexité.

⊂ Bourgogne 2019	N.C.	89
⊂ Meursault 2018	N.C.	92
⊂ Meursault Les Luchets 2019	N.C.	93
⊂ Meursault Premier Cru Clos des Bouchères 2019	N.C.	98
⊂ Meursault À Mon Plaisir Clos du Haut Tesson 2019	N.C.	94

Le coup de ♥
⊂ Meursault Premier Cru Charmes 2018	N.C.	97

Rouge : 1 hectare. Pinot noir 100 %
Blanc : 14,5 hectares. Chardonnay 94 %, Aligoté 6 %
Production moyenne : 80 000 bt/an

DOMAINE ROULOT ♣

1, rue Charles-Giraud, 21190 Meursault
03 80 21 21 65 ● roulot@domaineroulot.fr ●
Pas de visites.
Propriétaire : Jean-Marc Roulot
Maître de chai : Éric Bodin

★★ DOMAINE DU COMTE ARMAND

Ce domaine réputé a toujours produit des vins puissants et riches. Fermes et tanniques durant leurs premières années de vie, les célèbres pommards de la maison (dont le Clos des Epeneaux en monopole) ont gagné en raffinement depuis le début des années 2000. Paul Zinetti, présent au domaine depuis 2010, en a repris les rênes en 2014. Si les grands millésimes apparaissent très réussis, les plus petites années engendrent des vins durs et parfois un peu secs. Sur les derniers millésimes riches, le domaine a gagné en finesse de texture dans ses vins, sans perdre en densité. Il ne faut surtout pas rater les blancs, d'un niveau remarquable.

Les vins : si le domaine est réputé pour ses rouges, les blancs ne sont pas en reste, à l'instar du très bel aligoté 2020, précis, intense, plein et vigoureux, avec en finale une belle note de pamplemousse. Dans la série des rouges, l'auxey-duresses sent le cuir et le tabac brun. La bouche surprend par sa fraîcheur et des tanins légèrement saillants qui demanderont quelques années pour se détendre. L'auxey-duresses premier cru donne le sentiment d'un fruit légèrement plus automnal, mais, peu à peu, les épices et le fruit noir arrivent. Son attaque ample contraste avec une structure affirmée par des tanins solides et gras. À l'air, il prend du poids et de la largeur grâce à l'épaisseur de son fruit. Entre épices douces et fruit rouge, le volnay nous évoque la cerise. Véritable main de fer dans un gant de velours avec sa belle acidité et une trame tannique serrée. Plus sauvage, le volnay premier cru Frémiets 2019 laisse filtrer une touche de ronce à travers une fine réduction. Derrière une délicate note beurrée, il offre une belle harmonie entre la maturité du fruit et sa structure solide qui lui donne de la tenue. Cru phare du domaine, le pommard premier cru Clos des Epeneaux exhibe un fruit profond et riche avec une trame tannique serrée confortée par un fruit qui n'a pas manqué de soleil. Il vieillira un demi-siècle sans sourciller. Une très belle gamme de vins dans les deux couleurs, avec des rouges étonnamment accessibles, mûrs à souhait, et aux élevages précis et justes.

⊏ Bourgogne Aligoté 2020	24 €	90
◣ Auxey-Duresses Premier Cru 2019	61 €	92
◣ Pommard Premier Cru Clos des Epeneaux 2019	162 €	95
◣ Volnay 2019	56 €	91
◣ Volnay Premier Cru Frémiets 2019	102 €	93

Rouge : 9 hectares. Pinot noir 100 %
Blanc : 1 hectare.
Production moyenne : 42 000 bt/an

DOMAINE DU COMTE ARMAND ♣

7, rue de la Mairie, 21630 Pommard
03 80 24 70 50 ●
www.domaine-comte-armand.com ● Vente et visites : sur RDV.
Propriétaire : Olivier Armand
Directeur : Paul Zinetti

★★ DOMAINE JEAN-CLAUDE BACHELET ET FILS

Jean-Baptiste et Benoît Bachelet gèrent ce domaine familial avec brio. Jean-Claude, leur père, leur a cédé un beau vignoble, composé des plus beaux terroirs de Saint-Aubin, ainsi que de quelques notables parcelles à Chassagne-Montrachet (comme le fameux Blanchot-Dessus, proche voisin du grand cru Bâtard-Montrachet) et une parcelle en appellation Bienvenues-Bâtard-Montrachet. Les vins passent deux hivers en cave. Ils arborent un profil plus que tendu, mais les harmonies s'avèrent parfaitement gérées. Les rouges jouissent d'une efficace réalisation ont aujourd'hui atteignent le niveau des blancs. Les frères Bachelet sont de brillants vignerons qui produisent des vins intenses, racés et concentrés grâce avec des maturités profondes. Si leurs vins sont bâtis pour la garde, on peut saluer une très belle évolution de leurs élevages avec des boisés de plus en plus justes et de mieux en mieux intégrés.

Les vins : derrière une pointe de réduction, La Boudriotte 2019 rouge apparaît juteux, tout en conservant son croquant et de la fraîcheur. Les tanins restent mûrs car ils sont gras. Ils donnent du corps et de l'assise sans le dominer. Du côté des blancs, En Remilly 2019 s'exprime par un parfum profond. On ressent une sorte d'éclat calcaire. Ce vin intense et sapide confirme que ce domaine a franchi un cap en terme d'élevage grâce à une lecture magistrale du terroir. Avec Les Murgers des Dents de Chien 2019, on est à même le caillou. Malgré un fruit prune, il nous remplit la bouche par sa sève. Des raisins à la maturité optimale nous donnent une matière dense et sapide sans la moindre lourdeur. Les Encégnières 2019, gracieux avec un fin boisé qui va s'intégrer, à la matière épaisse, affiche de l'onctuosité et une finale presque tannique. Les Aubues 2019 s'exprime par une fine mais belle réduction et un fruit cristallin. Quelle sève en bouche, quelle élégance ! Sous le Puits 2019 est marqué par une légère prise de bois qui domine une note de croûte de pain. La densité du fruit l'encaissera en bouche. Oubliez-le au moins dix ans. La Boudriotte 2019 est tout en élégance avec une fine note de viennoiserie et de pêche blanche. Profond grâce à une matière dense, il s'étire en longueur avec un fruit équilibré. Blanchot-Dessus 2019 s'appuie sur un boisé fin et une note de mie de pain. Sa matière et sa densité lui donnent des airs de grand cru. La richesse du millésime lui offre une magnifique persistance. Il grandira un demi-siècle. Quant au bienvenues-bâtard-montrachet, il s'impose au sommet. Il garde toute la noble élégance du cru malgré la richesse du millésime. Un vin qui fera date tant par son épaisseur que son raffinement.

⊏ Bienvenues-Bâtard-Montrachet Grand Cru 2019	230 €	98
⊏ Chassagne-Montrachet Les Encégnières 2019	45 €	94
⊏ Chassagne-Montrachet Premier Cru Blanchot-Dessus 2019	110 €	96
⊏ Chassagne-Montrachet Premier Cru La Boudriotte 2019	62 €	95
⊏ Puligny-Montrachet Premier Cru Sous le Puits 2019	75 €	94
⊏ Puligny-montrachet Les Aubues 2019	45 €	92
⊏ Saint-Aubin Premier Cru En Remilly 2019	45 €	93
⊏ Saint-Aubin Premier Cru Les Murgers des Dents de Chien 2019	45 €	93
◣ Chassagne-Montrachet Premier Cru La Boudriotte 2019	48 €	94

Rouge : 2,5 hectares. Pinot noir 100 %
Blanc : 7 hectares. Chardonnay 100 %
Production moyenne : 48 000 bt/an

DOMAINE JEAN-CLAUDE BACHELET ET FILS

15, rue de la Chatenière, Hameau de Gamay
21190 Saint-Aubin
03 80 21 31 01 ● www.domainebachelet.fr ●
Vente et visites : sur RDV.
Propriétaire : Benoît et Jean-Baptiste Bachelet

★★ DOMAINE SIMON BIZE ET FILS

Référence à Savigny, Patrick Bize défendait depuis son installation en 1972 une vision classique de la Bourgogne, loin des modes et des effets de style. Sa femme Chisa a repris le flambeau après sa disparition brutale en 2013. Les rouges, vinifiés avec une proportion importante de vendange entière, possèdent un cachet superbe et une texture de grands pinots qui nous ravissent. Il faut savoir les attendre : dégusté en 2015, Les Serpentières premier cru 2007 offrait ainsi un raffinement exemplaire. Les blancs sont précis et floraux et vieillissent également bien. Les prix demeurent raisonnables pour le niveau de qualité atteint. Les tout petits volumes de production des derniers millésimes limitent la disponibilité au domaine.

Les vins : derrière sa robe soutenue, le savigny-lès-beaune blanc arbore une fine note pâtissière sans la moindre trace de bois. Profond et sapide, il s'appuie sur un fruit onctueux et mûr, jouant sur des notes de cédrat qui remplissent littéralement la bouche. Dans la série des rouges, le savigny-lès-beaune 2019 embaume la pivoine, une note florale intense et d'une élégance majeure. Nous sommes face à un village de haut vol, digeste, que l'on a envie de boire sans attendre. En comparaison, Les Fournaux 2019 semble plus sauvage avec un fruit plus confit : la chaleur se traduit par une aromatique où ressort le sentiment d'un raisin très mûr. Ses tanins solides demanderont du temps pour se patiner. Laissez-le grandir en cave. Pour conclure, Aux Vergelesses offre un nez somptueux, enivrant, entre le floral et la pêche de vigne. Un vin somptueux, presque en apesanteur, même s'il possède une structure qui lui garantit de belles années devant lui. L'ensemble de la gamme est cohérent, de belles et fortes personnalités qui allient densité et élégance.

☐	Savigny-lès-Beaune 2019	25 €	93
◗	Savigny-lès-Beaune 2019	25 €	92
◗	Savigny-lès-Beaune Premier Cru Aux Vergelesses 2019	N.C.	95
◗	Savigny-lès-Beaune Premier Cru Les Fournaux 2019	N.C.	94

Rouge : 17 hectares. Pinot noir 100 %
Blanc : 5 hectares. Chardonnay 100 %
Production moyenne : 100 000 bt/an

DOMAINE SIMON BIZE ET FILS

12, rue du Chanoine-Donin,
21420 Savigny-lès-Beaune
03 80 21 50 57 ● www.domainebize.fr ●
Vente et visites : sur RDV.
Propriétaire : Famille Bize
Directeur : Chisa Bize

★★ DOMAINE BONNEAU DU MARTRAY

Ce mythique et ancien domaine familial a été racheté récemment par l'Américain Stanley Kroenke, par ailleurs propriétaire du célèbre domaine Screaming Eagle en Californie et, hors du vignoble, du club de football londonien d'Arsenal. Le domaine, qui ne produit que deux cuvées, un corton et un corton-charlemagne, s'est taillé une solide réputation auprès des amateurs dans les années 1980. S'il a été, comme bien d'autres, affecté ensuite par des soucis d'oxydation prématurée, il a retrouvé la voie du succès depuis quelques millésimes déjà. Nous continuerons à suivre son évolution de près. L'équipe en place poursuit la culture en biodynamie tout en pratiquant des expériences en homéopathie. Un travail parcellaire de la vigne permet de mieux construire les futurs vins par des vendanges et des élevages adaptés et qui ont été prolongés mais aussi grâce à une utilisation plus modérée du soufre.

Les vins : le domaine ne nous ayant pas fait parvenir ses vins, nous sommes amenés à reconduire les notes de notre édition précédente.

☐	Corton-Charlemagne Grand Cru 2018	N.C.	95
☐	Corton-Charlemagne Grand Cru 2019	350 €	94
◗	Corton Grand Cru 2018	N.C.	91
◗	Corton Grand Cru 2019	450 €	94

Rouge : 1,7 hectare.
Blanc : 6,5 hectares.
Production moyenne : 25 000 bt/an

DOMAINE BONNEAU DU MARTRAY ☾

2, rue de Frétille, 21420 Pernand-Vergelesses
03 80 21 50 64 ●
www.bonneaudumartray.com ● Pas de visites.
Propriétaire : Stanley Kroenke
Directeur : Thibault Jacquet

★★ DOMAINE BUISSON-CHARLES

Dirigé par Catherine Buisson-Essa, la fille de Michel Buisson, et son mari Patrick Essa, le domaine s'est étoffé d'une petite activité de négoce depuis 2011, qui leur permet de vinifier des cuvées de Puligny, Chassagne et Chablis. Toute la production est désormais réunie sous la marque Buisson-Charles. La force du vignoble, qui a toujours été labouré et n'a jamais connu de désherbant, consiste en une large palette de meursault-villages et premiers crus. Ils étaient jadis souvent riches et réduits dans leur jeunesse ; le style insufflé par Patrick Essa tend vers plus d'ouverture et de finesse, tout en conservant le potentiel de vieillissement. Les rouges du domaine ont franchi un cap, gagnant en précision dans la maturité des raisins et livrant des vins fins, gracieux et intenses. Quant aux blancs, les élevages progressent même si quelques notes boisées peuvent encore gêner.

Les vins : avec un nez discret à l'ouverture, l'aligoté évolue à l'air vers le zeste. La bouche dense et concentrée explore des amers intenses. Il faut le laisser grandir en bouteille pour en tirer le meilleur d'ici un an ou deux. Gorgé de soleil et tout en largeur de bouche, le pouilly-fuissé Terroir de Vergisson se démarque par un nez riche et une bouche dans un esprit similaire, très onctueuse. Porté par un fruit pur et équilibré, le meursault Vieilles Vignes 2020 nous saisit par son caractère charnu ; profond, il a une belle tenue de bouche et une finale sur des amers prononcés. Finement poudré, le meursault La Vigne de 1945 sent la croûte de pain et le caillou : un beau classique large et persistant. Avec le meursault Les Tessons 2020, dès l'attaque, la matière vive nous emporte avec une forte salinité et une acidité qui le portent en longueur. Un vin charnel et concentré. Dans la série des premiers crus, le meursault Enclos des Bouches-Chères 2020 sent la pierre froide, relayée par une touche de badiane. Un vin tout en allonge, avec une persistance entre fruit et salinité, et une très belle accroche minérale en finale malgré une perception boisée et quelques amers qui arrivent après aération. Derrière une fine réduction, Les Charmes Dessus présente toutes les caractéristiques de son terroir : il est confortable et volumineux, sans manquer de finesse. Goutte d'Or 2020 est un vin concentré, voire ramassé. Finement salin, il libère peu à peu la douceur d'un fruit mûr à point. Un vin de garde assurément. En rouge, le pommard En Mareau 2020 nous mène vers le fruit noir presque confit : un vin de belle matière, marqué par des tanins mûrs et souples. Le volnay Santenots 2020 pinote, il exprime à merveille la finesse et le soyeux de Volnay, valorisant plus la finesse que la puissance.

🍷 Bourgogne Aligoté Hors Classe			
2020	Épuisé - 34 €		89
🍷 Meursault Enclos des Bouches-Chères			
2020	Épuisé - 130 €		95
🍷 Meursault La Vigne de 1945			
2020	Épuisé - 85 €		92
🍷 Meursault Les Charmes du Dessus			
2020	Épuisé - 150 €		94
🍷 Meursault Les Tessons			
2020	Épuisé - 100 €		93
🍷 Meursault Premier Cru Goutte d'Or			
2020	Épuisé - 150 €		95
🍷 Meursault Vieilles Vignes			
2020	Épuisé - 70 €		91
🍷 Pouilly-Fuissé Terroir de Vergisson			
2020	Épuisé - 60 €		89
🍷 Pommard En Mareau			
2020	Épuisé - 70 €		92
🍷 Volnay Premier Cru Santenots			
2020	Épuisé - 120 €		94

Rouge : 2,5 hectares. Pinot noir 100 %
Blanc : 6,5 hectares. Chardonnay 94 %, Aligoté 6 %
Production moyenne : 45 000 bt/an

DOMAINE BUISSON-CHARLES

3-5, rue de la Velle, Clos de La Velle
21190 Meursault
03 80 21 22 32 ● www.buisson-charles.com ● Pas de visites.
Propriétaire : Catherine Buisson-Essa
Directeur : Patrick Essa
Œnologue : Louis Essa

★★ DOMAINE FRANÇOIS CARILLON

Depuis 2010, François Carillon a pris son indépendance. Le vignoble familial a été partagé entre lui et son frère Jacques (voir domaine Jacques Carillon). François exploite aujourd'hui un peu plus de 14 hectares de vignes, essentiellement sur Puligny-Montrachet, où il constitue une très belle référence. La force du domaine Carillon a toujours été un énorme travail à la vigne : avec une si belle matière première, on ne peut faire que de beaux vins.

Les vins : franc de goût, l'aligoté est porté par la belle maturité de son fruit qui amène une grande suavité en bouche. Le bourgogne 2019 s'exprime par des notes de pêche blanche. En bouche pointe une fine note de viennoiserie. Le puligny-montrachet 2019 dégage une sensation de pureté et de finesse. Cristallin, il offre un fruit à l'attaque aimable, d'une grande persistance, dans une matière fine et ciselée. Dans la série des puligny-montrachet premier cru, Champ Gain sent la pierre à feu voire l'éclat de caillou, avec une réelle finesse du fruit, et une grande pureté en bouche ; tout en élégance, Les Folatières s'affirme par une petite touche vanillée qui accompagne l'expression du fruit et cette chair caractéristique d'un millésime baigné par le soleil ; plus musclé, Les Combettes 2019 s'exprime par une bouche droite et puissante, un vin de garde, dense et distingué ; marqué par une légère prise de bois, Les Perrières 2019 propose la vanille au nez, mais sa matière cristalline, intense et sapide, libère une fine salinité lui conférant une belle persistance. L'ensemble des blancs s'avère très cohérent, mais la pureté caractéristique du domaine a perdu en précision, en raison d'un fruit plus mûr et plus ouvert. En rouge, le bourgogne pinot noir 2019 semble bien frais pour le millésime, d'où son fruit plus croquant que charnel. Sa bouche fluide est construite autour de tanins fins et souples. Concluons par le très expressif saint-aubin premier cru Pitangeret 2019, avec ses senteurs de cerise noire bien mûre. La bouche relaie cette impression par une matière charnue tenue par des tanins gras. S'il procure déjà du plaisir, une garde d'au moins cinq ans lui sera profitable.

Bourgogne 2019	20 €	89
Bourgogne Aligoté 2019	14 €	89
Puligny-Montrachet 2019	51 €	91
Puligny-Montrachet Premier Cru Champ Gain 2019	75 €	92
Puligny-Montrachet Premier Cru Les Combettes 2019	100 €	94
Puligny-Montrachet Premier Cru Les Folatières 2019	100 €	93
Puligny-Montrachet Premier Cru Les Perrières 2019	100 €	94
Bourgogne 2019	18,70 €	88
Saint-Aubin Premier Cru Pitangeret 2019	31,50 €	91

Rouge : 1 hectare. Pinot noir 100 %
Blanc : 15 hectares. Chardonnay 88 %, Aligoté 8 %
Production moyenne : 130 000 bt/an

DOMAINE FRANÇOIS CARILLON
3, place de l'Église, 21190 Puligny-Montrachet
03 80 21 00 80 ● www.francoiscarillon.com ●
Pas de visites.
Propriétaire : François Carillon
Maître de chai : Thomas Pascal

★★ DOMAINE BRUNO COLIN

Installé à son compte depuis le millésime 2004, Bruno Colin défend une vision nette et pure des chardonnays de Bourgogne. Son domaine est essentiellement réparti entre Chassagne-Montrachet, Puligny-Montrachet et Saint-Aubin, soit une très belle collection de terroirs de chardonnays parfaitement exploités et vinifiés, avec une gestion de l'élevage et une tension remarquables. Les rouges progressent. Une adresse très sûre.

Les vins : porté par une acidité presque mordante, le saint-aubin Les Charmois 2020 se montre vif. Puissant, avec des amers intenses, il a besoin d'un peu de temps pour calmer sa fougue. Le chassagne-montrachet La Boudriotte 2020 libère une fine note de viennoiserie ; il possède un caractère bien équilibré. Le chassagne-montrachet Morgeot 2020 est un vin puissant, là aussi, on sent un travail sur les amers qui donnent un sentiment de persistance à cette cuvée. Le chassagne-montrachet Blanchot Dessus 2020 est étonnant de souplesse. Confortable en bouche, il évolue à l'air sur une note de pierre. Il affirme progressivement la solidité de ce terroir racé, avec une légère perception boisée en fin de bouche. Le chassagne-montrachet En Remilly sent le caillou à plein nez. On apprécie sa vigueur et son fruit tendu en bouche avec une sensation de salinité intense et d'acidité. Sans aucun doute le vin le plus équilibré dans la série des chassagne-montrachet. Le puligny-montrachet La Truffière 2020 affirme sa finesse et son élégance, qui retranscrivent le raffinement que l'on attend de ce terroir. Quant au chevalier-montrachet 2020, il nous donne l'impression de poser le nez juste au-dessus d'une pierre. À l'attaque, la générosité du millésime prend le dessus mais rapidement la minéralité reprend ses droits avec une fine salinité qui étire le fruit en longueur. Un vrai bon en avant a été fait avec cette cuvée. En rouge, le chassagne-montrachet Vieilles Vignes 2020 révèle un caractère très épicé. Le fruit est à la fois tendu et concentré avec des petits tanins serrés qui demanderont du temps pour s'assouplir, peut-être à cause d'un très léger manque de maturité. Le santenay Les Gravières 2020 accuse une forte réduction à l'ouverture. La bouche est puissante, légèrement cadenassée par des tanins fermes avec une pointe d'amertume en final. Un vin pas totalement en place malgré une finale virile d'où ressort une forte amertume. À suivre. Le chassagne-montrachet La Maltroie 2020 sent la liqueur de fruit noir avec une touche d'épices type poivre. Il a du fond et du croquant même s'il reste un rien guidé par son élevage.

Chassagne-Montrachet Premier Cru Blanchot Dessus 2020	130 €	94
Chassagne-Montrachet Premier Cru En Remilly 2020	95 €	95
Chassagne-Montrachet Premier Cru La Boudriotte 2020	77 €	93
Chassagne-Montrachet Premier Cru Morgeot 2020	77 €	93
Chevalier-Montrachet Grand Cru 2020	550 €	97
Puligny-Montrachet Premier Cru La Truffière 2020	85 €	93
Saint-Aubin Premier Cru Les Charmois 2020	50 €	92
Chassagne-Montrachet Premier Cru La Maltroie 2020	50 €	92
Chassagne-Montrachet Vieilles Vignes 2020	33 €	91

🍷 Santenay Premier Cru Les Gravières
2020   31 € 91

Rouge : 3 hectares. Pinot noir 100 %
Achat de raisins.
Blanc : 6 hectares. Chardonnay 96 %,
Aligoté 4 %
Achat de raisins.
Production moyenne : 70 000 bt/an

DOMAINE BRUNO COLIN

3, impasse des Crêts,
21190 Chassagne-Montrachet
03 80 24 75 61 ●
www.domaine-bruno-colin.com ou
www.41-maufoux-bruno-colin.com ● Vente
et visites : sur RDV.
Propriétaire : Bruno Colin

★★ DOMAINE JOSEPH COLIN

Jusqu'en 2016, Joseph Colin travaillait avec son frère et sa sœur au domaine Marc Colin. Mais la taille du domaine (20 hectares) lui semble trop importante pour mener à bien toutes ses envies. Il quitte en bon accord le nid familial pour créer sa propre histoire avec un domaine à taille humaine. Il ne travaille pas moins de 19 appellations sur 6,5 hectares, avec des vignes en partie louées, dont un grand nombre de premiers crus en Saint-Aubin, ainsi qu'en Chassagne-Montrachet et en Puligny-Montrachet. Pour cause d'allergie, il vinifie ses vins sans soufre, ce qui lui permet d'écourter les élevages, mais en utilise à la mise en bouteille. Sans dogme et n'appartenant à aucune caste, il revendique son statut de vigneron libre. Libre de travailler avec la lune et les marées, libre d'utiliser des produits bio ou pas, libre de vendanger des raisins mûrs, avec un seul but : révéler chacun de ses terroirs avec force et précision.

Les vins : ce domaine semble avoir trouvé son rythme de croisière. Les blancs sont élégants, marqués par de belles et fortes personnalités, tel le chassagne-montrachet, d'une énergie folle, qui nous saisit par son parfum expressif, évoquant le fruit à chair jaune. Le saint-aubin premier cru La Chatenière 2020 évoque le caillou avant une bouche qui découvre une matière traçante, malgré la belle maturité de fruit et une stimulante intensité saline sur la fin de bouche. En Remilly file comme de l'eau de roche chargée par une fine poudre calcaire. Vif, il cisèle le palais par une matière où le fruit allie à merveille maturité et acidité. Un vin tout en tension qui vous emporte par son énergie. Par effet de contraste, le puligny-montrachet Le Trèzin 2020 paraît très pur, tout en délicatesse : doux et souple à l'attaque grâce à un raisin vendangé mûr, un fruit gourmand et sapide, fin, presque en apesanteur.

Le chassagne-montrachet premier cru En Cailleret paraît très droit, pointu, telle la ligne de crête d'un massif. Sur le fil du rasoir de la maturité, le raisin a su faire le plein de soleil pour délivrer ce blanc précis et raffiné.

🍷 Chassagne-Montrachet 2020   60 € 91

🍷 Chassagne-Montrachet Premier Cru En
Cailleret 2020   100 € 95

🍷 Puligny-Montrachet Le Trèzin
2020   70 € 93

🍷 Saint-Aubin Premier Cru En Remilly
2020   60 € 93

🍷 Saint-Aubin Premier Cru La Chatenière
2020   60 € 93

Rouge : 0,3 hectare. Pinot noir 100 %
Achat de raisins.
Blanc : 6,5 hectares. Chardonnay 95 %,
Aligoté 5 %
Achat de raisins.
Production moyenne : 45 000 bt/an

DOMAINE JOSEPH COLIN

21, rue des Lavières, 21190 Saint-Aubin
03 80 21 98 76 ● contact@josephcolin.fr ●
Pas de visites.
Propriétaire : Joseph Colin

★★ DOMAINE MARC COLIN ET FILS

Voici un domaine de référence pour les amateurs de grands blancs classiques. Dans l'esprit insufflé par leur père, Caroline et Damien Colin perpétuent le mode de vinification de ces cuvées célèbres pour leur pureté et leur délicatesse. Les rouges ont aussi beaucoup progressé : les vins issus de vieilles vignes de pinot noir de Santenay et de Chassagne-Montrachet surprennent par leur vigueur. Avec une gamme complète sur les meilleurs terroirs de Saint-Aubin, c'est une adresse sûre et hautement recommandable. Aujourd'hui, les vins de Damien ont des maturités de raisins et des élevages plus précis. Aujourd'hui, avec des raisins plus mûrs, l'apport de fût neuf a diminué et les vins y ont gagné en harmonie.

Les vins : le saint-aubin Le Charmois dévoile une belle expression aromatique sur les épices, qui remplit la bouche par un fruit abondant, mûr et profond. Un beau vin équilibré et sapide. Le saint-aubin La Chatenière apparaît plus frais et sent l'amande. Sa bouche s'appuie sur un fruit alternant fraîcheur et maturité tout en faisant ressortir d'intenses notes de pamplemousse jaune. Gracieux, il affirme avec élégance l'identité de son terroir. En Remilly 2020 se démarque par un parfum où domine la sensation d'un fruit éclatant aux senteurs de pierres. Avec une belle allonge, la bouche est d'une grande précision et son fruit cristallin a du poids. Notes d'amande et de pierre à feu dans le précis chassagne-montrachet. En bouche, il laisse ressortir une pointe de réduction qui précède un fruit plein et lumineux, avec une magnifique persistance acidulée. Les Caillerets, fin et intense, développe un parfum élégant : son élevage présent intègre parfaitement un fruit pur et le ressenti d'une fine minéralité, comme s'il on ressentait la roche affleurante. Le chassagne-montrachet Les Vide-Bourses exprime des tonalités de calcaire précédant le fruit à chair jaune et l'amande amère. Puissant, intense, il fait ressentir une sensation saline avec des amers prononcés sur le zeste d'agrumes. Un superbe vin qu'il faut laisser grandir quelques années pour calmer sa fougue. Dans l'ensemble, des blancs remarquables de maturité, profitant d'un élevage précis qui valorisent la pureté du fruit et la définition de chaque terroir.

Chassagne-Montrachet Margot 2020	Épuisé - 55 €	92
Chassagne-Montrachet Premier Cru Les Caillerets 2020	Épuisé - 95 €	95
Chassagne-Montrachet Premier Cru Les Vide-Bourses 2020	Épuisé - 80 €	95
Saint-Aubin Premier Cru En Remilly 2020	Épuisé - 50 €	93
Saint-Aubin Premier Cru La Chatenière 2020	Épuisé - 50 €	93
Saint-Aubin Premier Cru Le Charmois 2020	Épuisé - 45 €	93

Rouge : 1 hectare. Pinot noir 100 %
Achat de raisins.
Blanc : 11 hectares. Chardonnay 90 %, Aligoté 10 %
Achat de raisins.
Production moyenne : 80 000 bt/an

DOMAINE MARC COLIN ET FILS
9, rue de la Chatenière, 21190 Saint-Aubin
03 80 21 30 43 ● www.marc-colin.com ●
Vente et visites : sur RDV.
Propriétaire : Caroline et Damien Colin

★★ DOMAINE DES CROIX

Après avoir été la cheville ouvrière de la relance du négoce beaunois Camille Giroud depuis 2002, le Tourangeau de Montlouis David Croix en est parti en 2016. Il entend se consacrer pleinement au domaine des Croix, avec l'appui de financiers passionnés, et le rachat de l'ancien domaine Duchet. L'ensemble de la gamme est d'une grande cohérence : les rouges beaunois brillent par leur fruité attractif, leur mâche jamais dénuée de finesse et un délicat équilibre entre la maturité sucrée et la finesse des amers.

Ce domaine produit certainement les plus beaux vins du terroir de Beaune et son corton-charlemagne est un magnifique référent.

Les vins : David Croix continue de nous épater avec ses vins somptueux, à l'instar de son beaune Les Cents Vignes 2020, doté d'un bouquet superbe, entre note sanguine et fleur capiteuse. Il se dégage une impression de générosité et de richesse au nez avec un fruit élégant. Son toucher de bouche est velouté avec des tanins souples. Un beau vin, tout en finesse, porté par la richesse du millésime. Plus gourmand mais moins raffiné, le beaune Les Bressandes est un concentré de fruit noir avec une touche de cannelle. Son fruit, tout en volume, est juteux mais dense. C'est un vin gorgé de soleil avec une belle d'épaisseur de fruit. Vin majeur, Les Grèves 2020 embaume le fruit frais, complété par une touche florale, voire de bois de rose. Ce millésime lui va comme un gant, même si, par nature, il est musclé et élancé. Grâce à la richesse de l'année, il acquiert un surcroit de chair qui lui confère un équilibre magistral. D'une belle expression aromatique le premier cru Pertuisots 2020 délivre une matière juteuse en bouche avec des tanins solides. La belle maturité contraste avec la fin de bouche très marquée par une note de peau de raisin. Il faudra le laisser s'assouplir quatre à cinq ans. Marqué par une légère prise de bois qui évolue rapidement vers un parfum profond de mûre sauvage, La Vigne au Saint 2020 possède une bouche pulpeuse, charnelle toute en suavité, une véritable boule de fruit avec une assise solide.

Beaune Premier Cru Les Bressandes 2020	62 €	94
Beaune Premier Cru Les Cents Vignes 2020	50 €	95
Beaune Premier Cru Les Grèves 2020	77 €	96
Beaune Premier Cru Pertuisots 2020	64 €	93
Corton Grand Cru La Vigne au Saint 2020	134 €	96

Rouge : 6,5 hectares. Pinot noir 100 %
Blanc : 1,25 hectare. Chardonnay 100 %
Production moyenne : 30 000 bt/an

DOMAINE DES CROIX
2, rue Colbert 21200 Beaune
03 80 22 41 81 ●
contact@domainedescroix.com ● Vente et visites : sur RDV.
Propriétaire : TMF & C
Directeur : David Croix

★★ MAISON JOSEPH DROUHIN

Cette maison est dirigée par Frédéric Drouhin, épaulé par sa sœur Véronique pour les vins et par son frère Philippe aux vignes. Depuis juillet 2013, elle a ouvert une œnothèque au cœur de Beaune. Elle a trouvé sa vitesse de croisière et s'impose comme une valeur sûre. La maison s'appuie sur un vignoble biodynamique particulièrement bien pourvu en grands blancs, en côte-de-beaune mais aussi à Chablis (vins vendus sous la marque Drouhin-Vaudon), dont le célèbre Clos des Mouches.

Les vins : le domaine ne nous ayant pas fait parvenir ses vins, nous sommes amenés à reconduire les notes de notre édition précédente.

Beaune Premier Cru Clos des Mouches 2019	97,30 €	91
Côte de Beaune 2019	33,90 €	89
Meursault Premier Cru Genevrière 2019	88,60 €	93
Puligny-Montrachet Premier Cru Folatières 2019	75,70 €	92
Saint-Romain 2019	23,80 €	88
Beaune Premier Cru Clos des Mouches 2019	75,70 €	91
Chambolle-Musigny Premier Cru 2019	74,20 €	91
Gevrey-Chambertin Premier Cru Clos Prieur 2019	95,80 €	91
Volnay 2019	34,60 €	89

Rouge : 30 hectares. Pinot noir 100 % Achat de raisins.
Blanc : 50 hectares. Chardonnay 100 % Achat de raisins.
Production moyenne : 3 600 000 bt/an

MAISON JOSEPH DROUHIN
7, rue d'Enfer, 21200 Beaune
03 80 24 68 88 ● m.drouhin.com/fr/ ● Vente et visites : sur RDV.
Propriétaire : Famille Drouhin
Directeur : Frédéric Drouhin
Maître de chai : Jérôme Faure-Brac
Œnologue : Véronique Drouhin

★★ MAISON JANE EYRE

Piqué au virus du pinot noir en travaillant chez un caviste à Melbourne, Jane Eyre a quitté son Gippsland natal, voyagé en vinifiant (Nouvelle-Zélande, Allemagne), étudié l'œnologie et fait des allers-retours en Bourgogne, avant de revenir à Beaune en 2004. Après s'être formée aux domaines Chevrot, Thierry Matrot et chez Dominique Lafon, elle rejoint en 2006 Chris Newman (voir Domaine Newman) qu'elle assiste toujours aujourd'hui. En 2011, forte de son expérience, elle lance une micro-activité en achat de raisins, principalement à Savigny, Gevrey, Aloxe-Corton (depuis 2013), sans oublier un grand cru Corton-Renardes. Son style ? Un pinot fin, infusé, peu boisé, avec une volonté de préserver un fruité mûr et délicat en milieu de bouche. On peut boire les vins dans leur jeunesse. Tous les vins sont une grande réussite, profonds, sapides tout en gardant beaucoup de naturel et d'élégance.

Les vins : on apprécie le côté frais et désaltérant du bourgogne blanc ; franc et droit, dense en bouche, il joue sur de beaux amers plus que sur un fruit gourmand. Parmi les rouges, le fleurie Vendange Entière offre un nez entre le fruit et le végétal noble, il mérite quelques années de garde pour se libérer de sa gangue. Le fleurie paraît un rien moins mûr au nez avec sa petite note de poivre, mais on apprécie son croquant et son fruit dense, tenu par des tanins sérieux, garants d'une belle garde. Avec son fruit riche, le côte-de-nuits-villages semble légèrement gainé par un boisé inhabituel dans cette maison : il doit se mettre en place car il ne manque ni de profondeur ni d'allonge. Sa trame serrée nous incite à le laisser s'assagir tranquillement. Le savigny-lès-beaune Aux Vergelesses exprime au nez toute la richesse du millésime. Dans un esprit similaire, la bouche s'impose par sa matière charnue, tenue par des petits tanins au grain très fin. Poussé par la sensation d'un fruit bien mûr, le gevrey-chambertin s'avère plutôt tellurique, il campe à ce stade sur sa structure volumineuse. Très élégant, Les Corbeaux libère une note de cerise noire presque confite sans basculer dans la surmaturité. Ce superbe premier cru donne déjà beaucoup de plaisir, mais saura grandir sur plusieurs décennies. Entre fleur et fruit, le splendide corton donne un sentiment de sérénité et d'élégance dès le premier nez. Il possède beaucoup de sève même s'il est tenu par une main de fer dissimulée derrière cette masse de fruit mûr et gourmand. Si les entrées de gammes ont besoin de se mettre en place à cause des tanins un rien accrocheurs, le grand cru et le premier cru sont de toute beauté, précis, intenses et profonds.

Bourgogne 2020	Épuisé - 22 €	89
Corton Grand Cru 2020	120 €	97
Côte de Nuits-Villages 2020	Épuisé - 30 €	89
Fleurie 2020	20 €	90
Fleurie Vendange Entière 2020	15 €	91
Gevrey-Chambertin 2020	Épuisé - 45 €	91
Gevrey-Chambertin Premier Cru Les Corbeaux 2020	Épuisé - 80 €	94
Savigny-lès-Beaune Premier Cru Aux Vergelesses 2020	40 €	93

Rouge : Pinot noir 78 %, Gamay noir à jus

blanc 22 %
Achat de raisins.
Production moyenne : 18 000 bt/an

MAISON JANE EYRE ♣

3 rue du Château 21190 Cissey
06 72 81 43 13 ● jane@maisonjaneeyre.com ●
Vente et visites : sur RDV.
Propriétaire : Jane Eyre

★★ MAISON VINCENT GIRARDIN

Cette maison fait partie des valeurs sûres de la Bourgogne. Elle doit cette position à Vincent Girardin, qui l'a créée en 1992 avant de la céder vingt ans plus tard. C'est désormais la Compagnie des Vins d'Autrefois, implantée entre Bourgogne et Beaujolais, qui poursuit son développement avec le projet d'élaborer des vins de grande qualité. Éric Germain élabore des cuvées toujours très nettes, précises, vieillissant bien. Même si les rouges de ce domaine peuvent encore grandir en termes de maturité, les blancs sont d'un très haut niveau.

Les vins : souvent sous-estimés, les vins de Beaune sont une aubaine au moment où les prix des vins explosent en Bourgogne. En atteste ce délicieux beaune Clos des Aigrots 2019, avec son fruit au léger accent méridional qui lui va comme un gant. Le volnay Les Santenots 2019 monte de plusieurs marches : il nous hypnotise par l'élégance de son parfum. Un vin à l'attaque fine, dont les tanins puissants nous invitent à l'oublier en cave au moins une bonne décennie. Dans le corton Les Perrières, on retrouve cette maturité solaire de l'année à travers une matière onctueuse : un grand cru qui a de l'étoffe, il lui faudra dix ans de cave au bas mot. Cette maison utilise de moins en moins de fûts neufs pour l'élevage de ses blancs et adapte les provenances des bois à la personnalité des crus. Le meursault Les Narvaux possède une belle carrure, un vin musclé et pur, avec de l'épaisseur. Le puligny-montrachet Les Combettes 2019 se montre plus cristallin : une merveille de raffinement. Le chassagne-montrachet Les Blanchots 2019 demeure un peu sur la réserve à l'ouverture ; un blanc dense qui, par sa puissance, prend des airs de grand cru. Il fera date. Le meursault Les Perrières offre une prise directe avec le calcaire, d'une salinité incroyable. Pour les grands crus, le corton-charlemagne surprend par sa longueur en bouche. Il est à la fois sphérique long et puissant avec ses beaux amers qui évoquent le zeste. Le bâtard-montrachet sent le caillou et la fleur blanche ; la richesse du millésime semble canaliser sa puissance. Pour conclure, le bienvenues-bâtard-montrachet s'impose par sa grâce et son raffinement de corps, un blanc cristallin, délicat mais intense. Le plus grand vin de cette maison.

▷ Bienvenues-Bâtard-Montrachet Grand Cru 2019   540 €   **98**
▷ Bâtard-Montrachet Grand Cru 2019   640 €   **97**
▷ Corton-Charlemagne Grand Cru 2019   290 €   **96**
▷ Meursault Les Narvaux 2019   67 €   **93**
▷ Meursault Premier Cru Les Perrières 2019   147 €   **96**
▷ Puligny-Montrachet Premier Cru Les Combettes 2019   68 €   **94**
▶ Beaune Premier Cru Clos des Aigrots 2019   47 €   **92**
▶ Corton Grand Cru Les Perrières 2019   110 €   **96**
▶ Volnay Premier Cru Les Santenots 2019   70 €   **95**

Le coup de ♥
▷ Chassagne-Montrachet Premier Cru Blanchot Dessus 2019   120 €   **96**

Rouge : 12 hectares.
Blanc : 20 hectares.
Production moyenne : 400 000 bt/an

MAISON VINCENT GIRARDIN

5, impasse des Lamponnes, 21190 Meursault
03 80 20 81 00 ● www.vincentgirardin.com ●
Pas de visites.
Propriétaire : Jean-Pierre Nié
Directeur : Éric Germain

★★ MAISON CAMILLE GIROUD

Cette maison beaunoise acquise en 2001 par les Colgin, Américains passionnés, compte aujourd'hui onze associés et propose une gamme des plus recommandables. Elle rencontre le succès et affiche une grande régularité depuis quelques millésimes. On les doit à l'œnologue ligérien David Croix, qui a tenu à conserver une taille de micro-négoce et un esprit de facture classique, avec des élevages comportant 15 à 20 % de fût neuf. Il a été remplacé en 2016 par Carel Voorhuis.

Les vins : que s'est-il passé pour que cette grande maison nous livre des vins (encore bruts de cuve) marqués par des élevages aux notes boisées aussi mal assimilées ? Dans la série des blancs, le ladoix premier cru offre un parfum élégant, marqué par une fine touche de zeste. La bouche laisse entrevoir une note boisée qui devrait s'intégrer rapidement. Le puligny-montrachet sent la pistache, mêlée d'une touche de chêne neuf, avant une bouche qui s'affirme par une matière étonnamment serrée, dont l'élevage gomme toutes les petites finesses. Le grand cru s'exprime par une note de viennoiserie et de pâte d'amande. Il s'impose par

355

la force et la puissance. Du côté des rouges, le pommard Les Cras pinote, mais le boisé marque le fruit. Il manque de délié et de gras, ce qui le rend un peu statique. Le savigny premier cru s'exprime par une agréable note de végétal noble et de cerise juteuse. Souple à l'attaque, la bouche campe sur une structure solide. Le beaune premier cru passe du fruit bien mûr à une petite touche sanguine, finement soulignée par un boisé élégant. Harmonieux, long et large, il est doté de tanins mûrs, se distingue par sa souplesse de texture ; son élevage présent s'intègrera. Le vosne-romanée Les Chalandins 2020 arbore des tonalités de moka et de chêne neuf, mais on cherche un peu le fruit, écrasé par un boisé qui masque la finesse du terroir. Le chambolle-musigny premier cru s'exprime également par un parfum guidé par un fort boisé qui masque le fruit. Le corton-renardes offre un parfum élégant, comme nous y a habitués cette belle maison, avec une délicate note florale. La bouche est dans le même esprit, fruit mûr, tanins souples et soyeux, et une jolie persistance fruitée. Le chambertin sent le fruit noir, la réglisse, voire le beurre. Il campe sur une matière solide aux tanins encore fermes ; le boisé revient en force en finale, apportant une pointe d'amertume. Il va certainement s'affiner à l'élevage. Nous sommes déçus par ces bruts de cuve qui, quelques mois après que nous les ayons dégustés sur place, semblent être marqués par des élevages trop prononcés. Il faudra les revoir d'ici un an ou deux, mais aujourd'hui, ils ne sont pas du niveau d'un domaine deux étoiles.

🠪	Corton-Charlemagne Grand Cru 2020	200 €	94
🠪	Ladoix Premier Cru Les Gréchons 2020	52 €	90
🠪	Puligny-Montrachet Premier Cru Les Referts 2020	130 €	91
▬	Beaune Premier Cru Aux Cras 2020	63 €	93
▬	Chambertin Grand Cru 2020	440 €	95
▬	Chambolle-Musigny Premier Cru Aux Échanges 2020	145 €	91
▬	Corton-Renardes Grand Cru Les Renardes 2020	135 €	95
▬	Pommard Les Cras 2020	54 €	89
▬	Savigny-lès-Beaune Premier Cru Aux Clous 2020	48 €	90
▬	Vosne-Romanée Les Chalandins 2020	90 €	90

Rouge : 1,3 hectare. Pinot noir 100 %
Achat de raisins.
Blanc : Chardonnay 100 %
Achat de raisins.
Production moyenne : 120 000 bt/an

MAISON CAMILLE GIROUD
3, rue Pierre-Joigneaux, 21200 Beaune
03 80 22 12 65 ● www.camillegiroud.com ●
Vente et visites : sur RDV.
Propriétaire : Famille Colgin
Directeur : Carel Voorhuis

★★ ANTOINE JOBARD

Antoine Jobard produit des meursaults de haut niveau dans un style classique, avec des élevages très longs et sans aucun effet de style. Jamais lourds ni outrageusement boisés, les vins brillent par leur précision. Le Genevrières fait indiscutablement partie des meilleurs. Une valeur sûre pour les amateurs de grands blancs éternels. Ces dernières années, le domaine semble produire des vins un rien moins austères dans leur jeunesse et plus accessibles. Et si la réduction est moins prononcée en début de vie sur l'ensemble des vins, toute la production garde une très belle aptitude au vieillissement.

Les vins : le saint-aubin Sur le Sentier du Clou 2020 sent la pierre à feu avec la sensation d'un fruit vif que la bouche confirme par sa salinité et son fruit à maturité. Ciselé, mais sans tomber dans la verdeur, le vin sort tout juste de sa mise en bouteille et il y a fort à parier qu'il prendra de la largeur de bouche dans le temps. Le puligny-montrachet Le Trézin 2020 surprend, eu égard au style classique du domaine : il se découvre derrière une fine note de beurre. Porté par une bouche d'une salinité incroyable, dense et concentré, il lui faudra beaucoup de temps pour canaliser son énergie. Le meursault Poruzots 2020 est marqué d'une belle et fine réduction. Il est racé et distingué, avec un fruit presque sucré malgré la fine salinité qui ressort en finale, tout en préservant une dimension sereine. Lui aussi marqué par la réduction, le meursault Genévrières 2020 reste cristallin, avec une délicate enveloppe charnelle qui s'empare de toute la bouche. À mesure qu'on le déguste, il développe de fins amers et une puissance raffinée qui le destine à une très longue garde. Magistral. Pour les rouges, le beaune Les Montrevenots rouge 2020 pinote agréablement avec une sensation de cerise fraîche. Ses tanins fins soutiennent ce vin juteux et délicat, à boire sur son fruit juvénile, même s'il grandira une à plusieurs décennies sans le moindre souci. Le pommard Epenots 2020 sent le cassis bien mûr et la cerise noire. Un Epenots tout en épaisseur, mais avec une fine note beurrée qui nous indique que son élevage doit encore fusionner avec le fruit. Alors, oubliez-le en cave une bonne dizaine d'années. Ce domaine demeure une valeur sûre dans les deux couleurs. Les blancs sont d'une très grande harmonie, plus détendus que par le passé.

▭ Meursault Premier Cru Genevrières
2020   150 € **96**

▭ Meursault Premier Cru Poruzots
2020   120 € **95**

▭ Puligny-Montrachet Le Trézin
2020   75 € **93**

▭ Saint-Aubin Premier Cru Sur le Sentier du
Clou 2020   75 € **92**

▬ Beaune Premier Cru Les Montrevenots
2020   65 € **93**

▬ Pommard Premier Cru Epenots
2020   110 € **94**

Rouge : 6 hectares. Pinot noir 100 %
Blanc : 6,5 hectares. Chardonnay 100 %
Production moyenne : 60 000 bt/an

ANTOINE JOBARD ♣

2, rue de Leignon, 21190 Meursault
03 80 21 21 26 ● antoine@antoinejobard.com
● Pas de visites.
Propriétaire : François et Antoine Jobard
Directeur : Antoine Jobard

★★ DOMAINE MICHEL LAFARGE

Ce domaine traditionnel de Volnay élabore des vins classiques qui mettent du temps à se révéler, mais expriment dans la durée une précision et une expression magnifiques des terroirs, sans aucun artifice. Les raisins sont vendangés à bonne maturité sans pratiquer d'extraction violentes et les élevages précis accompagnent à merveille l'expression des terroirs. Cela se traduit par des vins d'une grande élégance, à la fois pleins et dotés de tanins mûrs et fins. Le domaine produit une belle gamme de volnays et de pommards ainsi qu'un beaune, Grèves, somptueux.

Les vins : le bourgogne Pinot Noir sent bon le raisin mûr à souhait. La bouche fraîche s'exprime avec droiture. Voici un bourgogne de haut vol qui s'exprimera au mieux avec un ou deux ans de bouteille. Ne boudons pas notre plaisir avec les vins de Beaune, car ce Clos des Aigrots 2020 est un véritable concentré de fruits noirs, porté par des tanins fins et structurants : un vin racé, doté d'un bel équilibre entre la maturité et l'élevage. La beaune Grèves présente une richesse aromatique qui reflète bien le caractère de l'année. Un vin tout en allonge, avec cette fermeté de fin de bouche typique de ce superbe terroir. Un vin de garde à ne pas ouvrir avant une décennie et qui grandira cinquante ans et plus. Le volnay Vendanges Sélectionnées 2020 présente des tonalités de prune et de thym. Sa matière riche, aux tanins solides, est enrobée par un fruit plein de sève. Ce vin corpulent, loin du cliché du volnay délicat, deman-

dera du temps pour se patiner. D'une réelle finesse, le volnay Clos des Chênes 2020 est d'une texture de velours, au toucher fin. Il est étonnamment accessible jeune, mais sa finale nous rappelle par sa densité qu'il est taillé pour la garde. Les vins du domaine Lafarge sont toujours équilibrés, souvent plus droits que sensuels, mais ils bénéficient de la maturité de ce très beau millésime 2020 qui apporte un surcroît de chair en bouche.

▬ Beaune Grèves 2020   110 € **95**

▬ Beaune Premier Cru Clos des Aigrots
2020   90 € **93**

▬ Bourgogne Pinot Noir 2020   35 € **89**

▬ Volnay Premier Cru Clos des Chênes
2020   160 € **95**

▬ Volnay Vendanges Sélectionnées
2020   85 € **93**

Rouge : 9,5 hectares. Pinot noir 100 %
Blanc : 2,5 hectares.
Production moyenne : 60 000 bt/an

DOMAINE MICHEL LAFARGE ☾

15, rue de la Combe, 21190 Volnay
03 80 21 61 61 ● www.domainelafarge.com ●
Pas de visites.
Propriétaire : Famille Lafarge
Directeur : Frédéric Lafarge

★★ DOMAINE HUBERT LAMY

Ambassadeur des vins de Saint-Aubin, Olivier Lamy continue de renforcer la réputation de cette appellation encore trop méconnue. Sa palette de terroirs et son talent pour en exprimer toutes les nuances permettent de comprendre à quel point tout amateur peut trouver ici des vins magnifiques, de vraies propositions alternatives aux chassagnes ou aux meursaults. Les blancs, issus de longs pressurages, sont élevés en demi-muid de 600 l avec peu de bois neuf, ce qui les rend, dans leur jeunesse, moins attrayants. C'est pourquoi ils passent, une fois sortis d'élevage, plus de six mois en cuve. Olivier Lamy ne se revendique pas bio mais il laboure ses sols et passe de longues heures dans ses vignes afin d'obtenir des raisins plus concentrés et surtout des vins mieux équilibrés. Avec un usage du fût bien plus modéré aujourd'hui qu'à ses débuts, il produit des vins un brin austères jeunes, mais que leur densité de texture et leur matière profonde destinent à la garde. Il débourbe peu ses jus afin de limiter les doses de soufre, tandis que ses élevages longs patinent lentement ses vins. Un travail qui paie car, avec des lies plus belles, les vins, moins réduits, sont bien plus précis.

Les vins : le domaine produit de magnifiques blancs qui valorisent à merveille chaque terroir grâce à des raisins concentrés, qui donnent de l'énergie, de l'éclat et beaucoup de profondeur aux crus. Tel le superbe saint-aubin premier cru Les Frionnes, au nez très intense, sur le fruit à chair jaune et les pierres. Très pure expression aromatique, grâce à un élevage équilibré. La bouche est dans la même veine avec une matière dense, dégageant une sensation presque tannique et une acidité vive. Clos de la Chatenière est marqué par une forte réduction, qui s'atténue à mesure que le vin s'aère. Un blanc doté d'un fruit concentré, avec du volume et une grande persistance, à travers une chair profonde qui le fera grandir plusieurs décennies. Traçant et persistant, En Remilly nous saisit dès le nez par la pureté et la précision d'un fruit exempt de tout effet de style. Le sentiment frais, presque froid, de la matière laisse percevoir le terroir, avec une acidité qui le dresse et l'allonge en bouche.

🔖 Saint-Aubin Premier Cru Clos de la Chatenière Vieilles Vignes 2019   90 €   **93**

🔖 Saint-Aubin Premier Cru En Remilly 2019   90 €   **93**

🔖 Saint-Aubin Premier Cru Les Frionnes 2019   66 €   **93**

Rouge : 3 hectares. Pinot noir 100 %
Blanc : 15,5 hectares. Chardonnay 100 %
Production moyenne : 100 000 bt/an

DOMAINE HUBERT LAMY

20, rue des Lavières, 21190 Saint-Aubin
03 80 21 32 55 ●
www.domainehubertlamy.com ● Pas de visites.
Propriétaire : Karine et Olivier Lamy

★★ DOMAINE BERNARD MOREAU ET FILS

Cette propriété de Chassagne-Montrachet produit des vins profonds et équilibrés, qui vieillissent de surcroît admirablement bien. Alexandre, le fils aîné de Bernard Moreau, travaille au domaine depuis 1995. Il supervise les vinifications tandis que son frère, Benoît, arrivé en 2002, s'épanouit dans les vignes, dans lesquelles il mène depuis des essais en biodynamie. Le domaine n'utilise plus de levures depuis 1998. Grâce à des élevages allongés, les vins ne sont plus filtrés. Les deux frères se sont séparés à l'automne 2020 ; Alexandre a gardé le domaine familial, tandis que Benoît va créer son propre domaine avec une partie des vignes du domaine. Mais dans un premier temps, il fera un peu de négoce pour lancer son activité. Nous attendons avec impatience de déguster ses vins. Quoi qu'il en soit, tous les vins sont

remarquables : en dehors d'une belle série de premiers crus en blanc, ce domaine produit deux somptueux rouges, un chassagne-montrachet gourmand à souhait et un premier cru, La Cardeuse, qui vous surprendra par son potentiel de garde. Le domaine mérite amplement de recevoir cette année sa deuxième étoile.

Les vins : le domaine ne nous ayant pas fait parvenir ses vins, nous sommes amenés à reconduire les notes de notre édition précédente.

🔖 Chassagne-Montrachet 2019   Épuisé - 40 €   **91**

🔖 Chassagne-Montrachet Premier Cru La Maltroie 2019   Épuisé - 65 €   **93**

🔖 Chassagne-Montrachet Premier Cru Les Chenevottes 2019   Épuisé - 65 €   **94**

▬ Chassagne-Montrachet Premier Cru La Cardeuse 2019   Épuisé - 50 €   **94**

▬ Chassagne-Montrachet Vieilles Vignes 2019   Épuisé - 17 €   **91**

Rouge : 3,45 hectares. Pinot noir 100 %
Blanc : 11,55 hectares. Chardonnay 100 %
Production moyenne : 90 000 bt/an

DOMAINE BERNARD MOREAU ET FILS

21, route de Santenay,
21190 Chassagne-Montrachet
03 80 21 33 70 ●
domainebernardmoreau@gmail.com ●
Vente et visites : sur RDV.
Propriétaire : Alexandre Moreau
Maître de chai : Alexandre Moreau

★★ ↗ DOMAINE MOREY-COFFINET

C'est en l'an 2000 que Thibault Morey a commencé à travailler aux côtés de son père dans le domaine familial sis à Chassagne-Montrachet. À partir de 2005, il prend peu à peu la main, et s'oriente en 2014 vers une viticulture axée sur les principes de la biodynamie. Il n'utilise plus de soufre à la vendange, pratique des pressurages plus forts et plus longs, tout en débourbant peu ou pas en fonction des jus. Quant aux élevages (fûts de 350 à 400 litres, 30 % de barriques neuves maximum), ils ont été prolongés pour durer autour de quinze à seize mois. Autant d'ajustements qui donnent aujourd'hui des vins magnifiquement équilibrés, livrant une expression juste de chaque terroir. Les vins donnent une lecture des terroirs toujours plus juste. Il fait partie de l'élite de Chassagne-Montrachet, sa production est aujourd'hui justement récompensée par la deuxième étoile.

Les vins : Thibault Morey est devenu en peu de temps un vigneron incontournable de la côte de Beaune, son chassagne-montrachet Les Chaumes 2020, pur et très fais, nous le confirme. Il a de la mâche et du croquant ; un beau village rouge à mettre en cave. Marqué par une réduction importante, le chassagne-montrachet Clos Saint-Jean 2020 s'épure à l'air. En bouche, une matière pulpeuse à la texture soyeuse pour ce vin qui allie fraîcheur et maturité du fruit. En blanc, Les Houillères 2020 sent la pêche blanche. Doux et volumineux, il se laisse aborder dès sa prime jeunesse. En Cailleret 2020, paraît plus vif, porté par ses notes de zeste. Le terroir parle car il trace une ligne droite toute minérale, qui vous traverse le palais. La Romanée 2020 offre une fine note d'épice et un fruit à chair jaune qui donne le ton de ce vin élégant. Volumineux, il combine des caractères sphérique et aérien, gracieux et sensuel. Blanchot Dessus est marqué par une prise de bois un peu forte, dont on retrouve une légère trace en bouche, mais la densité du cru l'absorbera. En Remilly 2020 nous mène directement dans la roche mère, avec la sensation d'une pierre fraîchement éclatée. Sa matière ciselée est tout en énergie et, contrairement au Blanchot Dessus, l'élevage sonne juste, mettant en avant le terroir et le fruit. Dent de Chien 2020 développe une belle et fine réduction. Vif et ciselé, il trace en bouche avec juste ce qu'il faut de poids. Magistral. Le puligny-montrachet Les Pucelles laisse découvrir un fruit distingué derrière une fine réduction. Racé et gracieux, il fuse en bouche, une sensation granuleuse presque tannique, tout en préservant une réelle finesse. Avec le bâtard-montrachet, on monte encore d'une marche. Il affirme sa stature de grand cru par sa puissance, sa densité et la profondeur de sa matière. Son parfum d'une grande pureté fait écho à un fruit net et précis en bouche. Un vin intense et raffiné, taillé pour la très longue garde.

🫗 Bâtard-Montrachet Grand Cru
2020 　　　Épuisé - 300 € 　**98**

🫗 Chassagne-Montrachet Les Houillères
2020 　　　Épuisé - 55 € 　**92**

🫗 Chassagne-Montrachet Premier Cru
Blanchot Dessus 2020 　Épuisé - 110 € 　**96**

🫗 Chassagne-Montrachet Premier Cru Dent
de Chien 2020 　　Épuisé - 110 € 　**96**

🫗 Chassagne-Montrachet Premier Cru En
Cailleret 2020 　　Épuisé - 75 € 　**95**

🫗 Chassagne-Montrachet Premier Cru En
Remilly 2020 　　Épuisé - 95 € 　**96**

🫗 Chassagne-Montrachet Premier Cru La
Romanée 2020 　　Épuisé - 85 € 　**95**

🫗 Puligny-Montrachet Premier Cru Les
Pucelles 2020 　　Épuisé - 110 € 　**96**

🍷 Chassagne-Montrachet Les Chaumes
2020 　　　Épuisé - 40 € 　**92**

🍷 Chassagne-Montrachet Premier Cru Clos
Saint-Jean 2020 　Épuisé - 65 € 　**94**

Rouge : 2 hectares. Pinot noir 100 %
Blanc : 6,5 hectares. Chardonnay 100 %
Production moyenne : 45 000 bt/an

DOMAINE MOREY-COFFINET ♣

6, place du Grand-Four,
21190 Chassagne-Montrachet
03 80 21 31 71 ●
www.domainemoreycoffinet.com ● Pas de visites.
Propriétaire : Thibault Morey

★★ MAISON PHILIPPE PACALET

Adepte des vins vinifiés sans soufre en vendange entière, mais sans dogmatisme, Philippe Pacalet a travaillé avec son oncle Marcel Lapierre dans le Beaujolais, de 1985 à 1991, avant d'arriver au domaine Prieuré-Roch où il vinifie et découvre ses repères en Bourgogne. Il y restera jusqu'en 2001, date à laquelle il décide de développer sa propre activité de négoce. Il a commercialisé jusqu'à 27 appellations différentes, en rouge comme en blanc. Si le propre du négoce est l'achat de raisins, Philippe Pacalet passe un temps important à trouver des sources de qualité. Pour lui, l'élevage reste un moment crucial pour faire grandir les vins, il y apporte le plus grand soin possible. En plus de faire parler leur terroir, ses vins d'une douceur et d'une complexité incroyables se révèlent délicieux dès leur prime jeunesse et savent vieillir parfaitement.

Les vins : le gracieux pommard 2019 donne la sensation d'un vin comme suspendu, et sa bouche nous ramène sur son lieu de naissance. D'une belle richesse olfactive, le gevrey-chambertin 2020 s'exprime sur la cerise bien mûre. La bouche juteuse exprime avec harmonie la richesse du millésime. Avec son nez somptueux, envoûtant et complexe, le pommard premier cru 2019 affirme une matière dense, sculptée en profondeur, nourrie par l'épaisseur d'un fruit baigné d'une lumière ardente. Il rappelle qu'il ne faut pas avoir peur de ces millésimes solaires : les vins sont gourmands et pleins en bouche, et ce premier cru grandira sur plusieurs décennies. Aux Chaignots embaume la pivoine et la pêche de vigne. La bouche est tendue par des tanins serrés, avec cette solidité propre aux vins de Nuits. Encore replié sur lui-même à ce stade, il doit passer du temps en cave. Dans la série des grands crus, l'échezeaux 2019 offre un parfum un peu timide à l'ouverture. La bouche dense et ramassée allie fraîcheur et maturité. Le corton-bressandes 2019 s'affirme au contraire comme un vin majestueux, au bouquet magnifique sur le bois de rose et la pivoine. Un grand vin racé doté d'une texture veloutée à la profondeur de chair remarquable, un vin d'émotion aux multiples nuances qui, malgré sa densité, s'impose par son raffinement. Le meursault 2020 est peu orthodoxe : la bouche, malgré l'épaisseur du fruit, se montre lumineuse, profonde et pleine d'énergie.

Meursault 2020	86,50 €	93
Corton Grand Cru Bressandes 2019	254,50 €	98
Echezeaux Grand Cru 2019	325 €	94
Gevrey-Chambertin 2020	68 €	93
Nuits-Saint-Georges Premier Cru Aux Chaignots 2019	109 €	94
Pommard 2019	68,50 €	92
Pommard Premier Cru 2020	109 €	96

Rouge : 12,5 hectares. Pinot noir 92 %, Gamay noir à jus blanc 8 %
Achat de raisins.
Blanc : 3,5 hectares. Chardonnay 100 %
Achat de raisins.
Production moyenne : 70 000 bt/an

MAISON PHILIPPE PACALET
12, rue de Chaumergy 21200 Beaune
03 80 25 91 00 ● www.philippe-pacalet.com
● Vente et visites : sur RDV.
Propriétaire : Philippe Pacalet

★★ ↗ DOMAINE PAUL PILLOT

Implanté à Chassagne-Montrachet, le domaine Paul Pillot possède une belle série de chassagne-montrachet villages et de premiers crus dont une magnifique Romanée, des santenays et des saint-aubin, soit au total dix-sept appellations. Thierry Pillot a rejoint le domaine en 2007. Aujourd'hui seul aux commandes, en rupture avec le style de son père, il est adepte pour ses blancs d'un usage modéré du fût neuf (10 % au maximum) avec des élevages plus longs que par le passé. Il pratique de longs pressurages, pas de débourbage ni de bâtonnage, avec une utilisation a minima du soufre. Il travaille selon les principes de l'agriculture biologique sans chercher à être labellisé. En blanc comme en rouge, ce domaine produit des vins sans artifice, raffinés et intenses, épurés sans pour autant être maigres, rendant hommage à la personnalité de chaque terroir.

Les vins : le saint-aubin Les Pitangerets est un blanc vif, qui part sur une belle note citronnée. Un premier cru tout en épure de bouche, ciselé mais consistant, et très intense. Le chassagne-montrachet La Grande Montagne est une vigne

d'altitude à l'échelle du village. Ce blanc sent l'éclat calcaire. La bouche est là aussi, très épurée, mais elle conserve du poids avec un fruit sur une note de citron et une fine salinité. Le chassagne-montrachet Les Caillerets nous donne la sensation d'une matière cristalline, telle de l'eau de roche. Il est marqué par une forte salinité et un fruit tout en épure. Il vous éveille les sens, avec ce caractère traçant apporté par les intenses amers. Immédiat, le chassagne-montrachet Les Grande Ruchottes dégage un sentiment de sérénité, avec un fruit à la fois ouvert et épuré, et une salinité qui n'est jamais bien loin. Le chassagne-montrachet La Romanée est pur, avec un fruit et un élevage qui résonnent à l'unisson pour nous mener directement à la roche. C'est tonique avec juste ce qu'il faut de richesse d'où un milieu bouche très légèrement confortable qui nous rappelle l'empreinte de son terroir. En rouge, le chassagne-montrachet Clos Saint-Jean évoque la cerise fraîche. La bouche est juteuse avec une matière charnue et bien équilibrée. Un rouge de très belle facture qui exprime avec élégance et profondeur la singularité de ce joli terroir. Nous avons été littéralement séduits par l'équilibre et la pureté de toute la gamme de ce domaine, avec à chaque fois la sensation que le vigneron s'efface pour ne laisser parler que les terroirs. Nous lui accordons une deuxième étoile.

Chassagne-Montrachet Premier Cru La Grande Montagne 2020	N.C.	95
Chassagne-Montrachet Premier Cru La Romanée 2020	N.C.	96
Chassagne-Montrachet Premier Cru Les Caillerets 2020	N.C.	96
Chassagne-Montrachet Premier Cru Les Grandes Ruchottes 2020	N.C.	96
Saint-Aubin Premier Cru Les Pitangerets 2020	N.C.	92
Chassagne-Montrachet Premier Cru Clos Saint-Jean 2020	N.C.	95

Rouge : 4 hectares. Pinot noir 100 %
Blanc : 9 hectares. Chardonnay 90 %, Aligoté 10 %
Production moyenne : 80 000 bt/an

DOMAINE PAUL PILLOT
3, rue Clos Saint-Jean,
21190 Chassagne-Montrachet
03 80 21 31 91 ●
contact@domainepaulpillot.com ● Pas de visites.
Propriétaire : Thierry Pillot et Chrystelle Pillot-Mortet
Maître de chai : Thierry Pillot

★★ ✦ DOMAINE ROBLET-MONNOT

Pascal Roblet a créé son propre domaine en 1990 à partir de vignes familiales. Comme tous les vignerons installés à cette époque, il débute en produisant des vins puissants pour coller à la mode du moment. S'il aime toujours les vins de matière, il ne cherche plus aujourd'hui la structure, mais la plénitude. Proche de la biodynamie, mais certifié en agriculture biologique, il a repensé tous ses travaux dans les vignes, du labour à la taille en passant par l'enherbement, en acceptant que les résultats ne soient visibles qu'après de longues années. En cave, il extrait plus doucement, mais plus longuement et allonge la durée de l'élevage. S'il vinifie sans soufre, celui-ci est utilisé lors de la mise en bouteille. Pascal Roblet produit des vins sans concessions, toujours denses profonds et mûrs, avec une franche personnalité, tant en blanc qu'en rouge. Revers de la médaille, il faut être patient pour les boire car ce ne sont pas des vins de soif, mais des vins qui grandissent à mesure qu'ils prennent de l'âge. Ses 2019 feront date. Il mérite amplement sa deuxième étoile.

Les vins : en rouge, le hautes-côte-de-beaune a des arômes de fruit confit qui annoncent un vin riche, la bouche le confirme par sa matière juteuse dotée de tanins veloutés et gras. Dans le pommard, on retrouve la richesse du millésime, fruit légèrement compoté à l'ouverture, avant que n'arrive une note plus fraîche. Un beau village charnel et onctueux. Avec une note sanguine et de gelée de fruit, le volnay Saint-François offre un raisin vendangé à haute maturité. En bouche, la fermeté du terroir prend le dessus sur des tanins puissants qui le destinent à une longue garde. Le volnay Les Vignes de Madeleine 2019 se montre très élégant avec une fine note de bois précieux et une touche florale. Un vin persistant qui, malgré une grande délicatesse, est bâti pour la garde. Tout aussi distingué, le volnay Taillepieds propose une attaque souple qui contraste avec un cœur de bouche alliant finesse et fermeté. La finale laisse filtrer la richesse du millésime dans un léger souffle chaud qui porte le vin. Le blanc Nerthus offre une belle aromatique sur des notes de fruits jaunes, avec une fine et délicate oxydation, comme sur un grand champagne âgé. Sa matière est serrée, comme si on était allé chercher au plus profond de la peau du raisin. Un vin qui en imposerait à bien des villages plus prestigieux.

🫗 Bourgogne Hautes-Côtes de Beaune Nerthus 2019	24 €	91
🍷 Bourgogne Hautes-Côtes de Beaune 2019	25 €	90
🍷 Pommard 2019	58 €	91
🍷 Volnay Premier Cru Les Vignes de Madeleine 2019	95 €	95
🍷 Volnay Premier Cru Taillepieds 2019	125 €	96
🍷 Volnay Saint-François 2019	59 €	93

Rouge : 6 hectares. Pinot noir 100 %
Blanc : 3,5 hectares. Aligoté 80 %, Chardonnay 20 %

DOMAINE ROBLET-MONNOT ♣

11, rue de la Combe, 21190 Volnay
03 80 21 22 47 ● robletmonnot@yahoo.fr ●
Vente et visites : sur RDV.
Propriétaire : Pascal Roblet

★★ ÉTIENNE SAUZET

Domaine de grande réputation créé à l'orée du XXᵉ siècle, la maison Étienne Sauzet associe, depuis le début des années 1990, le négoce et la production d'une palette de pulignys rares. Le style des chardonnays allie finesse et élégance, sans pour autant manquer de potentiel de vieillissement. Ce producteur majeur a toujours produit des vins de qualités mais avec la génération montante (Benoît Riffaut et Émilie Boudot) les vins se sont épurés tout en gagnant en intensité. Hormis, le montrachet et le chevalier-montrachet, la majeur partie des vins est produite à partir des raisins du domaine où l'on pratique une viticulture en biodynamie. Le domaine a fait un pas de géant en produisant en 2019 des vins moins fermés, plus libres, avec du poids et de la sève en bouche, même si le fruit paraît moins bien compris que lors des millésimes antérieurs. Certaines cuvées frôlent la troisième étoile.

Les vins : au nez, un fruit bien mûr annonce le hautes-côtes-de-beaune Jardin du Calvaire 2020 comme un vin riche. La bouche nous le confirme par sa largeur et la perception d'un fruit gourmand. À l'ouverture, le puligny-montrachet 2020 déploie une fine note de badiane et de citron confit au sel. La bouche est sculptée en profondeur par un fruit dense et étincelant. Il possède des amers puissants et stimulants, type zestes d'agrumes. Un vin éclatant avec une vraie maturité du fruit. Hameau de Blagny s'affirme par son nez riche avec la sensation d'un fruit à chaire blanche. Un vin droit et puissant, presque tannique dans sa perception. Une très légère prise de bois à l'ouverture pour le puligny-montrachet Les Combettes 2020 laisse place à une touche de pierre à feu. Ce blanc ciselé est longiligne à l'attaque mais bien nourri par un fruit pur au milieu de bouche. Sa finale est, quant à elle, plus minérale. Un grand vin harmonieux avec un fruit généreux. Les Folatières En la Richarde 2020 est un vin très pur et lumineux. Ce vin droit, à la fine salinité reste, malgré tout, marqué par une légère prise de bois. À l'ouverture, nous sommes surpris par la finesse au nez du bienvenues-bâtard-montrachet 2020. Ici, nous touchons au grand vin gracieux, tout en délicatesse et en délié de bouche. Un grand cru pur, finement salin, plus nuancé que puissant et déjà fort bon. Il possède tout de même un beau potentiel de garde.

- ▭ Bienvenues-Bâtard-Montrachet Grand cru 2020 — 600 € — **98**
- ▭ Bourgogne Hautes-Côtes de Beaune Jardin du Calvaire 2020 — 35 € — **90**
- ▭ Puligny-Montrachet 2020 — 68 € — **92**
- ▭ Puligny-Montrachet Premier Cru Hameau de Blagny 2020 — 120 € — **96**
- ▭ Puligny-Montrachet Premier Cru Les Combettes 2020 — 170 € — **96**
- ▭ Puligny-Montrachet Premier Cru Les Folatières En la Richarde 2020 — 170 € — **96**

Blanc : 15 hectares. Chardonnay 100 % Achat de raisins.
Production moyenne : 80 000 bt/an

ÉTIENNE SAUZET ♣

11, rue de Poiseul, 21190 Puligny-Montrachet
03 80 21 32 10 ● www.etiennesauzet.com ●
Pas de visites.
Propriétaire : Famille Boudot
Directeur : Emilie Boudot et Benoît Riffault

★★ DOMAINE ANNE-MARIE ET JEAN-MARC VINCENT

Jean-Marc Vincent a affiné son style et présente désormais des vins d'une classe et d'une harmonie hors pair à Santenay. Leur naturel d'expression pourrait servir de modèle à bien des vignerons mieux dotés en grands terroirs. Hélas, les quantités disponibles sont minimes – heureusement, une activité de négoce vient compléter la gamme. Les deux couleurs se montrent remarquables, particulièrement Le Beaurepaire, santenay incontournable. Le domaine a décroché la deuxième étoile l'an passé.

Les vins : une entré en matière de toute beauté avec le bourgogne blanc 2020. Derrière des arômes de pêches, il possède de l'épaisseur et du fond, un fruit vif et concentré. Le santenay Les Vignes Denses se démarque par un fruit plus tropical, sur l'ananas frais, avec une petite touche boisée qui donne du relief et une texture finement granuleuse. Un rien boisé lui aussi, le santenay Le Beaurepaire laisse s'exprimer un fruit omniprésent, dense et puissant, signature de la richesse de l'année, et une acidité qui lui donne du mordant. Le santenay Les Gravières 2020 livre une bouche au fruit pur, avec la sensation d'une matière concentrée dont la vigueur provient d'une belle acidité soulignée par une note citronnée. Le splendide auxey-duresses Les Hautés 2020 offre une fine touche grillée,

élégante. Sapide et profond, il alterne chaud et froid, ce qui lui donne aplomb et longueur. Le puligny-montrachet Corvées des Vignes sent le caillou à plein nez, nous sommes face à un vin rayonnant. En rouge, le santenay Le Beaurepaire 2020 balance entre une note de cacao et une touche florale : une élégante complexité aromatique qui précède une bouche charnue. Le santenay Les Gravières embaume le fruit noir bien mûr, tout en préservant une belle fraîcheur végétale. En bouche, le léger souffle chaud, encore tenu par sa structure solide, a besoin de temps pour s'assagir. Le santenay Gravité, vinifié par gravité dont il tire son nom, provient des plus vieilles vignes du domaine. Il s'exprime par un fruit légèrement confit. Dense et concentré, il conserve à ce stade les marques de son élevage à travers une note fumée et lardée masquant l'expression du fruit.

- ▭ Auxey-Duresses Les Hautés 2020 — 50 € — **93**
- ▭ Bourgogne 2020 — 30 € — **89**
- ▭ Puligny-Montrachet Corvées des Vignes 2020 — 60 € — **93**
- ▭ Santenay Les Vignes Denses 2020 — 50 € — **91**
- ▭ Santenay Premier Cru Le Beaurepaire 2020 — 55 € — **92**
- ▭ Santenay Premier Cru Les Gravières 2020 — 55 € — **92**
- ▬ Santenay Gravité 2019 — 70 € — **91**
- ▬ Santenay Premier Cru Le Beaurepaire 2020 — 55 € — **92**

Rouge : 2,5 hectares. Pinot noir 100 %
Blanc : 3,5 hectares. Chardonnay 100 %
Production moyenne : 33 000 bt/an

DOMAINE ANNE-MARIE ET JEAN-MARC VINCENT

3, rue Sainte-Agathe, 21590 Santenay
03 80 20 67 37 ● vincent.j-m@wanadoo.fr ●
Vente et visites : sur RDV.
Propriétaire : Anne-Marie et Jean-Marc Vincent

★ DOMAINE BACHELET-RAMONET

Ce domaine régulier possède l'une des plus complètes palettes d'appellations de Chassagne-Montrachet avec, en rouge comme en blanc, les meilleurs premiers crus et deux grands crus. En premier cru, les terroirs s'enchaînent, chacun portant une définition bien affirmée. Il y a des profils et équilibres de bouche pour tous les goûts dans ces vins de style classique. Les dernières millésimes, années riches et solaires, ont permis d'apporter un supplément de profondeur à des vins dont les prix demeurent raisonnables : aucune raison de se priver.

Les vins : en blanc, le chassagne-montrachet affiche une pointe de réduction au premier nez, même s'il dégage une belle énergie, avec des amers intenses et une acidité éclatante. La Grande Montagne sent la poudre de pierre avec une sensation presque froide malgré la maturité du millésime. La bouche tout en tension conjugue charnu et vivacité. Ce joli vin, qui dégage une accroche presque granuleuse, profite d'un élevage parfaitement adapté au millésime. Morgeot exprime à merveille la bonne maturité du raisin : large et consistant, son fruit a gardé beaucoup de fraîcheur malgré la richesse de l'année. Un vin profond, de profil hédoniste, équilibré, tant au niveau de la maturité que de son élevage. L'élégant Les Grandes Ruchottes 2020 sent la frangipane, suivie d'une note de viennoiserie. Un vin raffiné et mûr, guidé par une minéralité délicate. Quant au bâtard-montrachet, il est encore sous l'emprise de son élevage, une note boisée marque le fruit au nez. La maturité du millésime s'impose aujourd'hui face à la puissance du cru. En rouge, le Clos Saint-Jean affiche un parfum un peu simple à l'ouverture, puis le fruit se libère doucement. D'un profil frais, le vin délivre de petits tanins qui auront besoin de temps pour se patiner.

⊏ Bâtard-Montrachet Grand Cru 2020	119 €	**95**
⊏ Chassagne-Montrachet 2020	27 €	**91**
⊏ Chassagne-Montrachet Premier Cru La Grande Montagne 2020	34 €	**92**
⊏ Chassagne-Montrachet Premier Cru Les Grandes Ruchottes 2020	34 €	**94**
⊏ Chassagne-Montrachet Premier Cru Morgeot 2020	34 €	**93**
▬ Chassagne-Montrachet Premier Cru Clos Saint-Jean 2020	24 €	**91**

Rouge : 7 hectares. Pinot noir 100 %
Blanc : 10 hectares. Chardonnay 100 %
Production moyenne : 35 000 bt/an

DOMAINE BACHELET-RAMONET

11, rue du Parterre,
21190 Chassagne-Montrachet
03 80 21 32 49 ● www.bachelet-ramonet.fr ●
Vente et visites : sur RDV.
Propriétaire : Famille Bonnefoy
Directeur : Marie-Paule Bonnefoy-Bachelet
Maître de chai : Alain Bonnefoy
Œnologue : Terrelis

★ DOMAINE BALLOT MILLOT ET FILS

Cette maison, qui offre un très beau panorama des vins de Meursault, est conduite par Charles Ballot. Depuis 2000, il a régulièrement produit une série de blancs de belle facture à des tarifs très raisonnables. Les vins sont classiques dans leur forme, vous trouverez ici des meursaults amples et juteux. Pour les rouges, il faut saluer l'évolution de ce domaine qui travaille privilégie l'infusion à l'extraction, avec une partie de vendange entière lors des vinifications. Cela se traduit par des vins dotés de belles palettes aromatiques, de tanins plus mûrs et fins, et d'un toucher de bouche fort soyeux, notamment pour les pommards, exempts de toute rusticité.

Les vins : commençons en rouge avec le beaune premier cru au nez de cerise noire bien mûre. Sa bouche juteuse se montre profonde. Le pommard Pézerolles exprime la richesse du millésime à travers un fruit noir presque confit et une touche de réglisse. Sa matière pulpeuse est structurée par des tanins qui lui confèrent aplomb et tenue. Il aura besoin de temps en cave. Le volnay Santenots sent le fusain et le fruit noir, se montre dense, avec une acidité présente, voire surprenante, une foule de petits tanins un rien saillants : le temps fera son œuvre. Du côté des blancs, la carrure du meursault est typique de ce terroir : il offre un fruit pur. Le meursault Les Criots sent la croûte de pain et le caillou. Il est fort puissant ; un rien de gourmandise et de maturité du fruit en plus le rendraient moins cadenassé. Les Narvaux s'ouvre vraiment une fois en bouche, en exprimant la densité du terroir par un fruit mûr et onctueux, tout en jouant sur de fins amers. Dans la série des premiers crus de Meursault, Charmes dégage un sentiment de léger boisé vert, qui perturbe la perception du fruit. Le vin possède néanmoins une jolie sève et une agréable note acidulée. Il faut l'attendre. D'une belle finesse aromatique, Genevrières mêle l'amande et une note boisée bien intégrée ; la bouche élégante restitue la finesse de ce terroir grâce à un fruit parfaitement mûr et équilibré par une fine salinité. Perrières se démarque par un fruit lumineux et rayonnant. La bouche serrée, presque tannique, nous montre la face musclée de ce terroir, avec des amers qui prennent le pas sur la richesse du millésime : ses différentes composantes doivent se lier en cave. Le chassagne-montrachet Morgeot arbore une fine note boisée. Un vin souple, au fruit juteux et tendre, doté d'une agréable touche citronnée.

⊏ Chassagne-Montrachet Premier Cru Morgeot Tête de Clos 2020	70 €	**92**
⊏ Meursault 2020	45 €	**90**
⊏ Meursault Les Criots 2020	50 €	**91**
⊏ Meursault Les Narvaux 2020	60 €	**92**

▭ Meursault Premier Cru Charmes
2020
95 € **92**

▭ Meursault Premier Cru Genevrières
2020
105 € **94**

▭ Meursault Premier Cru Perrières
2020
115 € **94**

◖ Beaune Premier Cru Epenottes
2020
45 € **91**

◖ Pommard Premier Cru Pézerolles
2020
60 € **94**

◖ Volnay Premier Cru Santenots
2020
50 € **92**

Rouge : 2,5 hectares. Pinot noir 100 %
Blanc : 7,5 hectares. Chardonnay 100 %
Production moyenne : 60 000 bt/an

DOMAINE BALLOT MILLOT ET FILS

9, rue de la Goutte-d'Or, 21190 Meursault
03 80 21 21 39 ● www.ballotmillot.com ●
Vente et visites : sur RDV.
Propriétaire : Charles Ballot

★ DOMAINE DE BELLENE

Ce domaine, installé dans les très belles caves de l'ancien réfectoire de l'abbaye de Cîteaux, à Beaune, a été créé en 2005 par Nicolas Potel à la suite de la vente de la maison de négoce qui portait son nom au groupe Cottin Frères. Il a acheté diverses parcelles en Côte de Beaune et Côte de Nuits (qui ont toutes entre 50 et 110 ans d'âge. À cela s'ajoute une activité florissante de négoce (Roche de Bellene, environ 350 000 bouteilles, non noté ici). Vignes et vins sont travaillés selon les méthodes biologiques, vinifiés sans aucun adjuvant œnologique, sans chaptalisation ni acidification. Nous avons une belle gamme de blancs gourmands et équilibrés avec du poids en bouche. Les rouges, à l'inverse, sont plus contrastés, avec des équilibres valorisant certes une belle maturité du fruit et une gourmandise qui nous séduisent mais en fonction du millésime, ils peuvent basculer dans un petit excès de richesse. Rien de grave car le temps les remettra dans le droit chemin.

Les vins : en rouge comme en blanc, il y a une belle cohérence de la gamme. Malgré leur vigueur, les blancs possèdent toujours un fruit parfaitement mûr. Les rouges se caractérisent par des vins pleins aux tanins souples. Du côté des blancs, le côte de nuits-villages 2020 se livre avec force et intensité, porté par une intensité vive qui lui confère beaucoup d'énergie. Sa salinité met sur les amers sur le zeste vous mettent les sens en éveil. Dans le savigny-lès-beaune 2020, nous percevons un fruit plus mûr, virant sur une bouche tonique qui s'élargit dans une sensation charnelle. Mêlant l'amande fraîche et

la croûte de pain, le meursault Les Forges se présente bien mûr, avec de fins amers et des notes d'agrumes. Le premier cru Perrières embaume le fruit, complété d'une touche de pierre qui traduisent une matière dense, fraîche et vive. En rouge, le bourgogne traduit à merveille la richesse du millésime avec ses arômes de purée de framboise. Frais, il ne manque pas d'épaisseur malgré son fruit croquant. Le côte de nuits-villages sent la cerise : son joli jus et ses tanins fermes nécessiteront deux ou trois ans de garde pour en tirer le meilleur. Plus floral, le beaune Vieilles Vignes offre une aromatique complexe, qui précède une matière tout en finesse ; un vin profond, superbe, aux tanins enrobés qui annoncent une longue garde. Râblé, au cœur de bouche serré, Les Grèves reste dans l'empreinte du raisin frais. Sa maturité lui confère volume et allonge, mais il se dégustera au mieux après cinq années de garde. Le nuits-saint-georges Aux Chaignots est d'une grande élégance olfactive. Un vin magnifiquement équilibré qui hôte toute idée de dureté sur le terroir de Nuits. Pour clôturer, le profond et ample vosne-romanée Les Suchots présente sa belle maturité de fruit, sa matière juteuse aux tanins veloutés.

▭ Beaune Premier Cru Perrières
2020
85,50 € **93**

▭ Côte de Nuits-Villages Les Monts de
Boncourt 2020
32,30 € **89**

▭ Meursault Les Forges 2020
85,50 € **92**

▭ Savigny-lès-Beaune 2020
32,30 € **91**

◖ Beaune Premier Cru Hommage à
Françoise Potel 2020
68,40 € **92**

◖ Beaune Premier Cru Les Grèves
2020
114 € **93**

◖ Bourgogne Maison Dieu 2020 24,70 € **89**

◖ Nuits-Saint-Georges Premier Cru Aux
Chaignots 2020
114 € **93**

◖ Vosne-Romanée Premier Cru Les Suchots
2020
209 € **94**

Rouge : 17,25 hectares. Pinot noir 100 %
Blanc : 5,45 hectares. Chardonnay 100 %
Production moyenne : 100 000 bt/an

DOMAINE DE BELLENE

39-41, rue du Faubourg-Saint-Nicolas,
21200 Beaune
03 80 20 67 64 ●
www.domainedebellene.com ● Vente et
visites : sur RDV.
Propriétaire : Nicolas Potel
Maître de chai : Sylvain Debord

★ DOMAINE HENRI ET GILLES BUISSON

Frédéric, vinificateur, et Franck, commercial, gèrent un des plus vastes domaines du sud de la Côte de Beaune. De la culture biologique, certifiée depuis 2009, ils sautent le pas vers la biodynamie à partir de 2018. Depuis dix ans déjà, ils suivaient le calendrier lunaire pour leur mise en bouteille. Un travail sérieux à la vigne et au chai leur permet de produire des vins profonds et racés, qui vieillissent bien. Voilà un domaine qui valorise à merveille l'appellation Saint-Romain en rouge comme en blanc, les vins sont fins précis et élégants. Une gamme de vins qui mérite amplement sa première étoile.

Les vins : derrière une fine et agréable réduction, le saint-romain le Jarron 2020 est un vin fin et intense avec un fruit d'une grande pureté, ciselé. On y trouve de beaux amers, avec une agréable note de pamplemousse. Une éclatante entrée matière pour aborder le domaine, qui nous donne une belle lecture contemporaine du blanc de Bourgogne ni trop vert ni trop mûr. Avec le saint-romain Sous la Velle, on retrouve une réduction prononcée. Un blanc dense, épuré, tout en puissance, avec une maturité qui fait ressortir d'intenses notes de citron jaune. Un vin tout en tension de bouche avec une finale acidulée ; nous sommes à la limite de la sous-maturité. Lumineux et intense, le saint-romain La Perrière 2020 est dans le même esprit : vif, mais profond, avec juste ce qu'il faut de chair. Ciselé et pur, il termine par une jolie note de citron jaune. En rouge, le saint-romain Sous Roche 2020 affiche un nez discret. En bouche il prend une toute autre dimension par son fruité intense et gourmand, dans une matière à la fois dense, fine et soyeuse, portée par des tanins mûrs. Persistant, il donne déjà du plaisir. Le saint-romain Absolu se montre très solaire et riche avec sa note de prune bien mûre. Par sa chair soyeuse et ample, sa bouche retranscrit cette richesse, sans dissimuler des tanins qui lui permettront de grandir plusieurs décennies. Le Rognet et Corton 2020 est très expressif, avec des senteurs de fruits rouges et d'épices douces. Il offre un joli contraste entre une attaque soyeuse et un cœur de bouche à la trame dense, que les tanins puissants portent en longueur. Un grand cru intense avec du relief, bâti pour une longue garde.

▭ Saint-Romain La Perrière 2020	46 €	92
▭ Saint-Romain Sous la Velle 2020	49 €	90
▭ Saint-Romain le Jarron 2020	39 €	91
▬ Corton Grand Cru Le Rognet et Corton 2020	180 €	95
▬ Saint-Romain Absolu 2020	49 €	92
▬ Saint-Romain Sous Roche 2020	39 €	90

Rouge : 12 hectares. Pinot noir 100 %
Blanc : 7 hectares. Chardonnay 100 %
Production moyenne : 60 000 bt/an

DOMAINE HENRI ET GILLES BUISSON ☎
2, impasse du Clou, 21190 Saint-Romain
03 80 21 22 22 ● www.domaine-buisson.com
● Vente et visites : sur RDV.
Propriétaire : Franck et Frédérick Buisson
Directeur : Franck Buisson

★ DOMAINE JACQUES CARILLON

Les deux frères Carillon ont séparé le domaine historique familial Louis Carillon en deux entités en 2010. Jacques exploite de son côté 5,5 hectares de vignes, dont une parcelle de Bienvenues Bâtard-Montrachet de 0,5 hectare. Il propose avec régularité des vins au profil moderne, très droits et aptes à un long vieillissement.

Les vins : la gamme présente des vins au style épuré, qui semblent moins comprimés que les derniers millésimes par la présence de soufre, avec une recherche évidente de fraîcheur. Très vif, le puligny-montrachet 2019 s'appuie sur un fruit où la maturité joue la carte de la fraîcheur. Dans ce vin, le vigneron a cherché la tension plus que le volume, avec une empreinte du soufre présente mais pas dominante, et surtout moins abondante que les années passées. Attendons de le voir grandir. Le puligny-montrachet premier cru Les Champs Canets 2019, la maturité solaire fait ressortir un fruit riche et gourmand, avec une petite touche d'ananas frais. Si une forte salinité s'impose d'emblée, son fruit ne manque ni de volume ni d'allonge. Quant au puligny-montrachet premier cru Les Perrières 2019, c'est le fruit à chair jaune qui s'impose au nez. Il conjugue maturité du fruit et matière ciselée, sans manquer de poids, avec une jolie finale mêlant fins amers et profonde salinité.

▭ Puligny-Montrachet 2019	50 €	90
▭ Puligny-Montrachet Premier Cru Les Champs Canet 2019	95 €	92
▭ Puligny-Montrachet Premier Cru Les Perrières 2019	95 €	93

Rouge : Pinot noir 100 %
Blanc : 5 hectares. Chardonnay 100 %
Production moyenne : 30 000 bt/an

DOMAINE JACQUES CARILLON
1, impasse Drouhin,
21190 Puligny-Montrachet
03 80 21 01 30 ● www.jacques-carillon.com ●
Pas de visites.
Propriétaire : Jacques Carillon

___

★ MAISON CHANSON PÈRE ET FILS

Fondée en 1750, détenue par Bollinger depuis 1999, cette classique maison beaunoise a désormais pleinement trouvé ses marques et son style. Elle rivalise avec les meilleurs grâce à des vins précis et purs, en blanc et en rouge. Vincent Avenel a pris les rênes de la maison, succédant à Gilles de Courcel à qui l'on doit sa redynamisation. Une cuverie dernier cri et les conseils pertinents donnés jusqu'en juin 2020 par Jean-Pierre Confuron, à la vigne comme en vinification, expliquent la netteté d'expression de la large gamme du domaine jusqu'au millésime 2019. Cette grande maison semble avoir l'ambition de faire des vins de garde, mais avec une concentration excessive de tanins, d'où le manque de finesse et d'élégance que l'on est en droit d'attendre d'un grand rouge de Bourgogne. Les blancs sont comprimés par le manque indéniable de maturité et des élevages boisés, mal adaptés aux jus, et des matières étriquées. Cette grande maison a voulu changer de style, c'est son droit, mais nous ne sommes pas en phase avec ces vins qui manquent cruellement de maturité et d'équilibre, et nous retirons une étoile au domaine.

Les vins : le viré-clessé 2020 sent la pierre à feu, pour ne pas dire le soufre. Frais, tendre, simple mais cela manque de fond et d'allonge en bouche. Avec le savigny-lès-beaune Hauts Marconnets, on retrouve la même sensation de soufre et de réduction poussée : la bouche est tendue par un fruit auquel il manque de la chair et de la maturité, d'où des amers disgracieux. Réduit, le beaune Clos des Mouches présente une jolie fraîcheur, mais cela manque cruellement de profondeur, au point de perdre la saveur du raisin. Le chassagne-montrachet Les Chenevottes 2020 est lui aussi marqué par une forte réduction avec le sentiment de soufre au nez. La bouche est vive, jouant sur les amers de type zeste. Un vin tendu, mais sans épaisseur ni profondeur, mais surtout qui ne dégage ni les parfums attendus ni le goût du fruit. Si le nez du corton Vergennes 2020 demeure discret, peu expressif, sa matière en bouche est compacte, tandis que son fruit est sur la retenue. Nous ne sommes pas au niveau d'un grand cru, car le vigneron n'est pas allé au bout de la maturité des raisins. En rouge, le santenay Beauregard 2020 présente une bouche fraîche, mais,

là aussi, on aimerait plus de profondeur et des tanins moins durs. Les Vergelesses 2020 offre une bouche concentrée, mais sans la sève que l'on attend, et des tanins asséchants. Avec sa robe noire, Le savigny Dominode a un fruit légèrement lacté suivi d'une touche graphite. La bouche fait ressortir des notes de bois. Un vin dominé par des tanins pas mûrs. Le beaune Clos des Marconnets 2020 sent la cerise, un vin compact, concentré de tanins sans liant, avec beaucoup d'amertume. Une cuvée démonstrative, mais qui ne ne sert pas l'expression de son terroir. Pièce maîtresse de cette grande maison, Clos des Fèves 2020 déçoit par l'absence de perception du fruit. On est allé chercher des tanins puissants, mais trop rigides, sans la profondeur de chair qui devrait les accompagner.

⊏ Beaune Premier Cru Clos des Mouches 2020	109 €	90
⊏ Chassagne-Montrachet Premier Cru Les Chenevottes 2020	85 €	89
⊏ Corton Grand Cru Vergennes 2020	141 €	92
⊏ Savigny-lès-Beaune Premier Cru Hauts Marconnets 2020	38,60 €	89
⊏ Viré-Clessé 2020	17 €	86
◼ Beaune Premier Cru Clos des Fèves 2020	93 €	91
◼ Beaune Premier Cru Clos des Marconnets 2020	52,60 €	89
◼ Pernand-Vergelesses Premier Cru Les Vergelesses 2020	49 €	88
◼ Santenay Premier Cru Beauregard 2020	43 €	87
◼ Savigny Premier Cru Dominode 2020	51,30 €	89

Rouge : 30 hectares. Pinot noir 100 %
Blanc : 13 hectares. Chardonnay 100 %
Production moyenne : 180 000 bt/an

MAISON CHANSON PÈRE ET FILS
10, rue Paul-Chanson, 21200 Beaune
03 80 25 97 97 ●
www.domaine-chanson.com ● Vente et visites : sur RDV.
Propriétaire : Société Jacques Bollinger
Directeur : Vincent Avenel

___

★ DOMAINE JEAN CHARTRON

Ce domaine est l'un des plus anciens de Puligny-Montrachet. Il possède un joli patrimoine de vignes habilement exploité. Depuis 2004, à la suite de son père, Jean-Michel Chartron travaille ses vignes en agriculture biologique sans chercher la certification.

Les vins : équilibré, dominé par des notes citronnées, le rully Montmorin 2020 est d'une belle vivacité malgré son fruit mûr. On le boira sur la jeunesse. S'exprimant lui aussi par une belle note de zeste de citron, le santenay les Pierres Sèches présente une bouche construite sur la fraîcheur et la tension. Finement poudré, le chassagne-montrachet balance entre amande et pistache. Une version assez tendre et gourmande de ce terroir, avec une prise de bois qui nous donne une légère perception tannique en finale, mais rien de grave. Volumineux, onctueux, le puligny-montrachet Clos de la Pucelle 2020 surprend par sa suavité. Le fruit et l'élevage s'harmonisent bien dans ce Pucelle tendre et aimable. Vin phare du domaine, le puligny-montrachet Clos du Cailleret évoque la mangue et l'ananas frais, dans une belle aromatique qui signe la richesse l'année. Un blanc musclé, tout en tension, d'une intense salinité, porté par des amers sur une note de zeste qui participent à sa complexité. Plus délicat que profond, c'est un vin équilibré alliant puissance et élégance. La prise de bois marquée du chevalier-montrachet Clos des Chevaliers fait ressortir des notes de viennoiserie, au nez et en bouche. Même si le fruit paraît tendre et gourmand, malgré sa fine salinité, il ne possède pas toute la dynamique que l'on attend d'un chevalier-montrachet. Un joli vin, mais pas un grand vin, car il lui manque de la sève et de l'énergie.

Chassagne-Montrachet 2020	49 €	**90**
Chevalier-Montrachet Grand Cru Clos des Chevaliers 2020	390 €	**93**
Puligny-Montrachet Premier Cru Clos de la Pucelle 2020	79 €	**93**
Puligny-Montrachet Premier Cru Clos du Cailleret 2020	79 €	**94**
Rully Montmorin 2020	20 €	**88**
Santenay les Pierres Sèches 2020	27,40 €	**89**

Rouge : 0,74 hectare. Pinot noir 100 %
Achat de raisins.

Blanc : 13,75 hectares. Chardonnay 100 %
Achat de raisins.

Production moyenne : 90 000 bt/an

DOMAINE JEAN CHARTRON

8 bis, Grande-Rue, 21190 Puligny-Montrachet

03 80 21 99 19 ● www.jeanchartron.com ●
Vente et visites : sur RDV.

Propriétaire : Jean-Michel et Anne-Laure Chartron

★ DOMAINE CHEVROT ET FILS

Ce domaine exploite des vignes dans le sud de la Côte de Beaune depuis 1830. Plusieurs générations s'y sont succédé. Aujourd'hui, les deux frères Pablo et Vincent Chevrot travaillent avec une passion communicative, en agriculture biologique. Depuis deux millésimes, ils se sont lancés dans le labour à cheval et envisagent d'en acquérir un second.

Les vins : le bourgogne aligoté Tilleul 2020 est finement épicé, son fruit en bouche est d'une grande pureté. Franc et dynamique, il peut se boire dès à présent. Avec de belles notes d'agrumes, le maranges 2020 sent bon. La bouche à la matière charnue est très pure, avec la vivacité typique du millésime. Une légère perception boisée s'intègre parfaitement au fruit du maranges premier cru La Fussière 2020. Un blanc puissant et intense, à la magnifique allonge sapide. Construit sur de fins amers type pamplemousse jaune, le santenay premier cru Clos Rousseau 2020 profite d'une salinité qui l'étire en longueur. Une gamme de blancs équilibrée, avec un réel respect des terroirs. En rouge, le maranges Sur le Chêne 2020 sent les fruits noirs confits. On se régalera de son toucher de bouche délicat dans sa jeunesse. Le maranges premier cru La Fussière 2020 est élancé, frais, avec une trame fine. La richesse du millésime prend forme par une superbe note de fruit à l'eau-de-vie. Hédoniste et solaire, le maranges premier cru Les Clos Roussots 2020 offre une matière ample. Avec un fruit gorgé de soleil, le santenay 2020 paraît dense et ramassé, avec une pointe de rusticité due à des tanins solides ; il nécessite un temps d'affinage en bouteille. Avec ses senteurs de framboise, le santenay premier cru Clos Rousseau a des petits tanins puissants et demandera de la patience avant de se livrer. Le bois précieux du maranges Premier cru Le Croix Moines est suivi d'une élégante touche florale. Dans un esprit similaire, la bouche est gracieuse, nous sommes face à un maranges de haute volée. Si l'on apprécie la pureté des blancs, les rouges sont, quant à eux, profonds et bien équilibrés. Ils retranscrivent à merveille les qualités du millésime.

Bourgogne Aligoté Tilleul 2020	23 €	**89**
Maranges 2020	25,50 €	**90**
Maranges Premier Cru La Fussière 2020	42 €	**92**
Santenay Premier Cru Clos Rousseau 2020	39 €	**92**
Maranges Premier Cru La Fussière 2020	30 €	**92**
Maranges Premier Cru Le Croix Moines 2020	45 €	**92**
Maranges Premier Cru Les Clos Roussots 2020	31 €	**92**

▬ Maranges Sur le Chêne 2020   22,50 €   **91**
▬ Santenay 2020   26 €   **91**

Rouge : 13,9 hectares. Pinot noir 100 %
Blanc : 4,5 hectares. Chardonnay 65 %,
Aligoté 35 %
Production moyenne : 90 000 bt/an

DOMAINE CHEVROT ET FILS ♣
19, route de Couches,
71150 Cheilly-les-Maranges
03 85 91 10 55 ● www.chevrot.fr ● Vente et
visites : sur RDV.
Propriétaire : Pablo et Vincent Chevrot

★ DOMAINE FRANÇOISE ET DENIS CLAIR

Jean-Baptiste Clair a su porter le domaine familial à un niveau tout à fait recommandable. Leurs grands terroirs de Saint-Aubin (En Remilly, Les Murgers des Dents de Chien, Sur Gamay…) conjuguent des notes de craie sucrées, de la maturité et de la densité, sans perdre en fraîcheur, signature de Saint-Aubin. Les blancs sont fins et cristallins. Les rouges font partie des plus séduisants de Santenay. La famille Clair a été précurseuse dans la compréhension des avantages du refroidissement des raisins pour en extraire le maximum de potentiel aromatique.

Les vins : le saint-aubin premier cru Sous Roche 2020 libère des notes plutôt épicées. Il présente une belle sève qui trouve l'équilibre entre la fraîcheur et la richesse du millésime. Un blanc plein, avec une sensation saline qui s'empare de la fin de bouche. Avec le saint-aubin premier cru En Remilly 2020, nous avons la perception d'un vin plus froid et lumineux avec la sensation d'un fruit vif, au nez, et en bouche, il s'appuie sur des amers puissants. Un vin tonique d'où ressort des notes de citron. Lumineux, avec un bel éclat du fruit, le saint-aubin premier cru les Murgers des Dents de Chien 2020 sent la pierre froide. La bouche est fraîche, comme si le raisin avait été vendangé un brin trop tôt. Il s'affirme par une forte intensité minérale : un blanc vif, tendu. À l'ouverture, l'expression de fruit masque au puligny-montrachet premier cru La Garenne 2020. À l'inverse, en bouche, le jus se montre pur et cristallin : du fond et un fruit équilibrés par une belle maturité, soulignant la finesse du terroir de Puligny-Montrachet. En rouge, le santenay Clos Genêt 2020 sent le fruit bien mûr et évoque la prune, qui se traduit en bouche par une matière douce et soyeuse avec un joli grain fin et un jus riche. Un vin avec un joli délié que l'on peut déguster sur la jeunesse du fruit. Véritable concentré de fruits noirs, le santenay Clos des Mouches 2020 est marqué par une légère pointe graphite. La bouche dense et tannique lui confère une pointe d'austérité, voire de rusticité. Un vin dans sa gangue qui devrait s'assagir avec quelques années de garde. Le santenay premier cru Clos de la Comme 2020 sent la cerise noire presque confite. Une richesse que l'on retrouve dans l'attaque souple qui rapidement se raffermit dans un cœur de bouche compact quand son fruit vient enrober les tanins mûrs. Laissez-le reposer quatre à cinq ans. Quant au santenay Clos des Tavannes 2020, derrière une intense note de mine de crayon, il s'exprime par un fruit solaire. Il surprend par sa fraîcheur, des tanins solides, longs et fins, qui enrobent une bouche à la fois pulpeuse et concentrée.

▭ Puligny-Montrachet Premier Cru La Garenne 2020   58 €   **93**
▭ Saint-Aubin Premier Cru En Remilly 2020   34 €   **91**
▭ Saint-Aubin Premier Cru Les Murgers des Dents de Chien 2020   34 €   **92**
▭ Saint-Aubin Premier Cru Sous Roche Dumay 2020   25 €   **90**
▬ Santenay Clos Genêt 2020   19 €   **90**
▬ Santenay Premier Cru Clos de Tavannes 2020   26 €   **91**
▬ Santenay Premier Cru Clos de la Comme 2020   25 €   **91**
▬ Santenay Premier Cru Clos des Mouches 2020   25 €   **90**

Rouge : 8,5 hectares. Pinot noir 100 %
Blanc : 5,5 hectares. Chardonnay 100 %
Production moyenne : 65 000 bt/an

DOMAINE FRANÇOISE ET DENIS CLAIR
14, rue de la Chapelle, 21590 Santenay
03 80 20 61 96 ● domaineclair.com ● Vente et visites : sur RDV.
Propriétaire : Famille Clair
Directeur : Jean-Baptiste Clair

★ ⚘ DOMAINE MICHEL ET JOANNA ECARD

Descendant du domaine familial Maurice Ecard, Michel Ecard a créé sa propre propriété viticole en 2004, avec son épouse Joanna. Comme souvent en Bourgogne, l'amateur doit être vigilant quant aux homonymies : le domaine Maurice Ecard et Fils existe toujours, mais est exploité par une maison de négoce de Beaune. L'ensemble de la production se montre fidèle aux différentes identités de terroirs. Un ensemble de vins cohérent où l'on va chercher la maturité du fruit sans ternir l'équilibre des vins, tant en blanc qu'en rouge. Les rouges ont des tanins d'un grand soyeux, même si une trace d'élevage est perceptible sur une ou deux cuvées. Cela s'estompera dans le temps.

Les vins : très belle entrée en matière avec Les Goudelettes blanc 2019, doté d'un nez fin et délicat mais avec la sensation d'un fruit mûr. La bouche se montre saline. Équilibré et frais avec de la profondeur, le joli jus pulpeux évoque le citron jaune bien mûr. En rouge dans la série des savigny-lès-beaune, Vieilles Vignes donne la sensation d'un fruit riche, gorgé de soleil, avec une petite note de ronce. Fins et gracieux, tout en délié, ses tanins souples lui confèrent son toucher très délicat. On peut le boire dès à présent, mais sans urgence. Les Gravains 2019 se démarque par une fine réduction qui ne masque pas sa floralité. Même toucher de bouche fin et gracieux, au fruit mûr à souhait. S'il se livre avec aisance, il possède un beau potentiel d'évolution. Marqué par une réduction délicate, Les Peuillets évolue rapidement vers la pivoine. On monte en volume et en profondeur de chair grâce à sa texture onctueuse. Un vin hédoniste et raffiné. Les Serpentières 2019 présente un nez de ronce et un cœur de bouche ferme qui s'appuie sur une matière fraîche, malgré la maturité complète du raisin. Un vin compact qui demandera trois ou quatre ans pour s'assagir. Les Narbentons est le vin le plus fortement réduit de la gamme, avec une note sanguine qui vient se superposer à la ronce. La matière, profonde et charnue, offre un grain de tanin fin. Un vin déjà ouvert mais au fort potentiel de garde. La gamme des vins est d'une belle harmonie. La maturité de la vendange est au service de la qualité du fruit et de tanins souples. Les blancs sont aussi de belles factures. La première étoile est amplement méritée.

- ▭ Savigny-lès-beaune Les Goudelettes 2019   16 € **92**
- ◗ Savigny-lès-Beaune Premier Cru Les Gravains 2019   21 € **92**
- ◗ Savigny-lès-Beaune Premier Cru Les Narbentons 2019   28 € **93**
- ◗ Savigny-lès-Beaune Premier Cru Les Peuillets 2019   21 € **93**
- ◗ Savigny-lès-Beaune Premier Cru Les Serpentières 2019   24 € **92**
- ◗ Savigny-lès-Beaune Vieilles Vignes 2019   16 € **91**

Rouge : 3,7 hectares. Pinot noir 100 %
Blanc : 0,3 hectare.
Production moyenne : 20 000 bt/an

DOMAINE MICHEL ET JOANNA ECARD

3, rue Boulanger-et-Vallée, 11, rue Chanson
Maldant 21420 Savigny-lès-Beaune
06 30 18 28 13 ●
ecard.michel.joanna@orange.fr ● Vente et
visites : sur RDV.
Propriétaire : Michel Ecard

★ DOMAINE FOLLIN-ARBELET

Depuis plus de vingt ans, Franck Follin-Arbelet poursuit l'élaboration de beaux vins de terroir indifférents aux modes. L'accent est mis sur le travail des vignes qui, sans relever d'une culture biologique, s'en approche. Son style de vinification classique respecte à la fois le raisin et la nature du millésime. Une mise en bouteille sans collage ni filtration l'a fait évoluer.

Les vins : une belle gamme cohérente, bien équilibrée, avec des villages et de premiers crus gourmands et charnels, et un grand cru aux tanins encore fermes et peut-être pas totalement mûrs. En blanc, le pernand-vergelesses 2020 se démarque par un joli fruit gourmand. Un vin à l'attaque très suave et souple, plus en rondeur qu'en persistance de bouche. Le corton-charlemagne 2020 sent la pâte d'amande et la croûte de pain avant une bouche marquée par la présence d'une note boisée qui masque légèrement l'expression du fruit. En rouge, l'aloxe-corton 2020 est juteux et riche, avec des tanins mûrs et souples. Son fruit est une pure gourmandise. Déjà ouvert, on peut le boire dès maintenant, mais sans urgence. Avec des notes de fruits noirs, Clos du Chapitre 2020 arbore une matière d'une belle richesse même si sa fraîcheur nous surprend, tout autant que sa trame serrée, tenue par des tanins solides qui nous incitent à le laisser grandir sagement. Les Vercots 2020 est brut de fût, mais il s'impose par un fruit riche et mûr qui retranscrit à merveille ce beau millésime solaire. Ses tanins sont veloutés et bien enrobés. Le corton 2020, qui conjugue habilement maturité et fraîcheur, est pointé d'une petite touche de cassis. Son attaque gourmande contraste avec des tanins sérieux qui lui garantissent plusieurs décennies de garde.

- ▭ Corton-Charlemagne Grand Cru 2020   100 € **93**
- ▭ Pernand-Vergelesses 2020   32 € **90**
- ◗ Aloxe-Corton 2020   35 € **90**
- ◗ Aloxe-Corton Premier Cru Clos du Chapitre 2020   40 € **92**
- ◗ Aloxe-Corton Premier Cru Les Vercots 2020   40 € **92**
- ◗ Corton Grand Cru 2020   80 € **93**

Rouge : 3,5 hectares. Pinot noir 100 %
Blanc : 1 hectare. Chardonnay 100 %
Production moyenne : 25 000 bt/an

DOMAINE FOLLIN-ARBELET

Les Vercots, 21420 Aloxe-Corton
03 80 26 46 73 ●
franck.follin-arbelet@wanadoo.fr ● Vente et
visites : sur RDV.
Propriétaire : Franck Follin-Arbelet

★ DOMAINE EMMANUEL GIBOULOT

Ce domaine défend avec conviction une vision stylistique personnelle de ses vins. Tendres, digestes, jamais extraits ni boisés, ils offrent un naturel de fruit confondant, avec parfois l'impression, pour les blancs, d'être à la limite de la couverture en soufre. Pionnier de la biodynamie depuis trente ans, Emmanuel Giboulot a beaucoup fait parler de lui en 2013 et 2014 pour avoir été condamné, puis relaxé, après avoir refusé de traiter ses vignes contre la maladie de la flavescence dorée.

Les vins : Jus libre qui offre de la fluidité en bouche, Terres Beaujolaises 2018 est une belle entrée en matière. Avec ses 50 % de vendange entière, il répond aux exigences que s'est imposées ce producteur, à savoir que le caractère aérien l'emporte sur la densité. Après quelques années en bouteille, le morgon 2017 a une aromatique légèrement évoluée : nous avons une note de fruit macéré, des tanins encore présents mais délicats, et pour cause, la vigne qui avait subi la grêle a donné quelques grains secs. Avec une vigne en haut de coteaux, à 400 mètres d'altitude, exposée plein sud, En Grégoire 2020 se montre très épuré ; il possède du fond et une belle épaisseur de fruit. Un vin gourmand, avec de l'esprit et du caractère. En blanc, l'IGP Sainte-Marie-la-Blanche Terres Burgondes est un 100 % pinot beurot, doux et serein, presque sucré en bouche, d'une réelle gourmandise. La Grande Châtelaine 2020 provient d'une vigne exposée sud-ouest. Son parfum balance entre épices et notes d'agrumes. Les Pierres Blanches est un vin charnu qui dispose d'une franche acidité : un vin tout en tension, qui embaume le caillou à mesure qu'il prend l'air. Combe d'Eve dégage un sentiment de richesse, autour de tonalités de poire relayées par une fine touche d'épices. Un blanc vif et dynamique, avec de l'allonge et un vrai respect du fruit. Un beau vin élancé, plein de vie.

🗇 Côte de Beaune Combe d'Eve 2019	141,30 €	92
🗇 Côte de Beaune La Grande Châtelaine 2020	131 €	91
🗇 Côte de Beaune Les Pierres Blanches 2019	N.C.	92
🗇 IGP Sainte-Marie-la-Blanche Terres Burgondes 2020	19,80 €	89
🖢 Beaujolais-Villages Terres Beaujolaises 2018	18,90 €	89
🖢 Bourgogne Hautes-Côtes de Nuits En Grégoire 2020	29,95 €	90
🖢 Morgon 2017	21,95 €	91

Rouge : 3,91 hectares. Pinot noir 100 %
Achat de raisins.
Blanc : 6,37 hectares. Chardonnay 100 %
Achat de raisins.
Production moyenne : 40 000 bt/an

DOMAINE EMMANUEL GIBOULOT ☾
4, rue de Seurre, 21200 Beaune
03 80 22 90 07 ●
domaine-giboulot-beaune.com/ ● Vente et visites : sur RDV.
Propriétaire : Emmanuel Giboulot

★ MAISON LOUIS JADOT

Cette prestigieuse maison de négoce est tenue avec une grande efficacité par Pierre-Henry Gagey, très impliqué en Bourgogne. La maison possède une gamme des plus étendue et une très belle collection de terroirs, qui inclut les principales appellations bourguignonnes. Frédéric Barnier, en charge des vinifications depuis 2012, impose petit à petit sa patte en épurant les vins. La régularité est l'un des points forts de cette maison. Si les blancs affichent de beaux équilibres, les rouges sont stricts et sévères, avec des boisés qui dominent le fruit voire des notes d'acétate qui, cette année, perturbent la lecture de certaines cuvées. Espérons que cela soit passager car l'étoile est menacée.

Les vins : nous tenons à saluer la belle progression des blancs, tant dans la maturité que dans la profondeur du fruit, et des élevages présents, certes, mais mieux gérés et qui apporteront leur touche de complexité dans le temps. Plus en tension qu'en volume, le pernand-vergelesses Clos de la Croix de Pierre 2019 sent le zeste ; son fruit vif et dense, aux amers fins, bénéficie d'un élevage équilibré. Le beaune Grèves Le Clos Blanc 2019 laisse sur une fine note de croûte de pain, signe d'un élevage discrètement présent, car rapidement il revient vers le fruit. Porté par les attraits charnels du millésime, il donne la sensation d'un vin plein et juteux malgré une fermeté presque tannique. Le riche puligny-montrachet Les Folatières 2019 évoque la mangue et le coing. Plein et dense, il restitue la finesse de ce beau terroir. Le meursault Charmes 2019 sent la noisette et le pain grillé. Il joue sur de puissants amers donnant l'impression d'un cœur de bouche riche et compact. Un charmes plus musclé qu'opulent. Finement poudré avec une senteur de mie de pain et de chêne neuf, le corton-charlemagne 2019 s'impose par son soyeux et une belle enveloppe charnelle, même si son fruit aura besoin de digérer un élevage encore prégnant. En rouge, le marsannay Le Chapitre 2019 "pinote" joyeusement, doté d'une matière serrée avec des petits tanins fermes qu'il faudra laisser patiner quelques années. Le savigny-lès-beaune Clos des Guettes 2019 évoque l'orange sanguine. Gracieux et longiligne, son toucher de bouche est étayé par de petits tanins. Un rien de maturité en plus aurait donné un supplément de volume à ce joli vin tout en épure. Le chambolle-musigny Fuées 2019 a une texture serrée et des tanins fins qui rejaillissent en finale avec une légère sècheresse qui devrait disparaître dans deux ou trois ans. Là aussi, on sent une recherche de maturité fraîche, d'où des tanins présents et pas totalement enrobés. Enfin, l'échezeaux 2019 demeure marqué par des notes de fusain. Sa belle puissance et sa pureté auraient gagné en profondeur avec une maturité accrue du raisin. Un grand cru encore dans sa gangue qui va s'épanouir dans le temps.

Beaune Premier Cru Grèves Clos Blanc Domaine Gagey 2019	56 €	91
Corton-Charlemagne Grand cru 2019	218 €	93
Meursault Premier Cru Charmes 2019	82 €	94
Pernand-Vergelesses Premier Cru Clos de la Croix de Pierre 2019	31 €	90
Puligny-Montrachet Premier Cru Folatières 2019	91 €	93
Chambolle-Musigny Premier Cru Fuées 2019	107 €	92
Echezeaux Grand Cru 2019	170 €	93
Marsannay 2019	28 €	90
Savigny-lès-Beaune Premier Cru Clos des Guettes 2019	33 €	91

Rouge : 131 hectares. Pinot noir 75 % Achat de raisins.
Blanc : 69 hectares. Chardonnay 25 % Achat de raisins.
Production moyenne : 8 000 000 bt/an

MAISON LOUIS JADOT
21, rue Eugène Spuller 21200 Beaune
03 80 22 10 57 ● www.louisjadot.com ●
Vente et visites : sur RDV.
Propriétaire : Famille Kopf
Directeur : Pierre-Henry Gagey
Maître de chai : Frédéric Barnier

★ ↗ DOMAINE BERNARD MILLOT

Émilien Millot travaille avec son père au domaine familial de Meursault depuis 2010. Dans la vigne, il veut valoriser la vie dans les sols. Il n'hésite pas à faire ses derniers traitements estivaux en soirée, afin de réduire les doses de produits, profitant d'une végétation que la nuit rend moins recroquevillée. Il élève ses vins avec un usage modéré du fût neuf, ce que nous apprécions

tout particulièrement. Adepte des raisins mûrs, il vendange à pleine maturité. Ce jeune et talentueux vigneron produit de jolis rouges profonds et sans artefact, et une jolie gamme de blancs dont une belle déclinaison de meursaults villages qui mettent l'accent sur l'expression de lieux-dits singuliers. Nous n'avons pas eu la chance de déguster ses meursaults premier cru Perrières et Goutte d'Or. Les vins sont à des prix ultra doux. Une adresse à ne pas manquer. L'ensemble de la gamme est d'une grande cohérence tant en blanc qu'en rouge avec des vins précis justes et équilibrés. Le domaine mérite amplement sa première étoile.

Les vins : il faut souligner la justesse des élevages qui valorisent les terroirs et non la marque du tonnelier. Toute la gamme des blancs est d'une grande cohérence, entre maturité, sapidité, intensité et profondeur. Dans la série des meursaults, on se délectera avec Le Buisson Certaut 2020, dont le nez doux et équilibré laisse filtrer des notes d'amande fraîche. Profond, frais, il profite d'une acidité éclatante. Un beau classique, auquel la richesse du millésime apporte ampleur et densité. Petits Charrons 2020 sent le caillou, suivi d'une fine note de noisette. Ici, on monte en puissance avec une sensation de salinité et une empreinte minérale affirmées. Tout en fraîcheur aromatique, Les Vireuils déploie de belles senteurs d'agrumes sans exclure une petite touche d'amande.. Charnu et ciselé, ce vin racé conjugue puissance et suavité. Avec le puligny-montrachet, on bascule dans le floral, doublé d'une touche de massepain, voire de pollen. Son fruit d'une grande pureté s'appuie sur un raisin vendangé à bonne maturité, tout en conservant vivacité et éclat. Superbe. En premier cru, le magnifique meursault Goutte d'Or respire le caillou puis présente une belle intensité aromatique, relayée par une matière dense, puissante. Quant à Perrières, il sent la poudre de calcaire en un nez éclatant, très minéral. La bouche saline laisse la même empreinte calcaire. En rouge, le bourgogne 2020 sent la cerise noire bien mûre en une aromatique engageante. Un vin charpenté, sans dureté, car son fruit riche entoure de petits tanins qui auront besoin de cinq ans au moins pour se détendre. Le meursault Les Criots 2020 embaume le fruit noir, avec la sensation d'une belle fraîcheur végétale. À l'inverse, la bouche est onctueuse, la maturité de l'année lui confère ses tanins souples. Charnu, au toucher de bouche fin, il termine sur une note chocolatée mais sans excès de chaleur.

Meursault Le Buisson Certaut 2020	42 €	91
Meursault Les Vireuils 2020	42 €	93
Meursault Petits Charrons 2020	44 €	93
Meursault Premier Cru Goutte d'Or 2020	66 €	95

🠖 Meursault Premier Cru Perrières 2020	68 €	95
🠖 Puligny-Montrachet 2020	46 €	93
🠖 Bourgogne 2020	16 €	89
🠖 Meursault Les Criots 2020	26 €	93

Rouge : 1,5 hectare. Pinot noir 97 %, Gamay noir à jus blanc 2 %
Blanc : 6,5 hectares. Chardonnay 90 %, Aligoté 10 %
Production moyenne : 35 000 bt/an

DOMAINE BERNARD MILLOT

27, rue de Mazeray, 21190 Meursault
03 80 21 20 91 ● www.domaine-millot.com ●
Vente et visites : sur RDV.
Propriétaire : Émilien Millot

NOUVEAU DOMAINE

★ DOMAINE BENOÎT MOREAU

Benoît Moreau a travaillé vingt ans au domaine Bernard Moreau où il s'occupait de la cave et des vignes. En 2020, il se sépare de son frère Alexandre et monte une activité de négoce dans l'attente d'exploiter ses propres vignes. Féru de biodynamie, Benoît veut aller très loin dans ses pratiques culturales : il ne tasse pas les sols en travaillant avec des petits engins et s'occupe de sa vigne le plus possible à la main. En cave, il peut enfin allonger ses élevages pour gagner en pureté dans les vins. À partir du millésime 2021 il a commencé un travail parcellaire pour exprimer la singularité des terroirs de Chassagne-Montrachet, tel ce premier cru La Cardeuse blanc, une première mondiale. Issus d'approvisionnements de très grande qualité, ses 2020, splendides, feront date.

Les vins : commençons par le grand cru, un bâtard-montrachet qui nous montre ses muscles d'entrée. Carré d'épaule, doté d'un fruit qui s'exprime par une note de zeste d'agrumes, ce vin percute en bouche avec ses beaux amers. Bien représentatif de son terroir, il est dense et très salin. Dans la série des chassagne-montrachet, le village est vif, marqué par une forte note citronnée. On est dans ce que Chassagne-Montrachet produit de plus épuré. Le vin offre une intense persistance sur une note acidulée. Le chassagne-montrachet Clos Saint-Jean nous annonce au nez un vin gourmand avec une fine note de croûte de pain. Si son attaque de bouche se montre confortable, ce premier cru reste dense et charnel. Dès l'attaque de bouche, le chassagne-montrachet Les Champs-Gain nous saisit par son souffle minéral. Il est intense et droit avec un fruit très pur qui explore des notes d'agrumes. Avec sa fine réduction à l'ouverture, le chassagne-montrachet Fairendes sent la pierre. Sa bouche paraît presque massive ; d'un bloc, carré, très salin, il s'apparente à une sorte de petit bâtard-montrachet qu'il faudra garder au moins dix ans en cave. Perché en haut de coteau, au-dessus des grands crus, le chassagne-montrachet En Remilly s'impose par une grâce toute minérale et saline, avec un fruit étincelant d'une extrême pureté. Le puligny-montrachet Combettes évoque plus l'anis que le floral. Par rapport aux autres vins du domaine, il paraît extrêmement doux, posé et serein. Il laisse parler la finesse de Puligny-Montrachet, même si en finale, resurgit sa minéralité qui le porte en longueur. Tous les vins sont précis et de haut vol, ce nouveau venu mérite d'entrer d'emblée à une étoile.

🠖 Bâtard-Montrachet Grand Cru 2020	517 €	98
🠖 Chassagne-Montrachet 2020	74 €	92
🠖 Chassagne-Montrachet Premier Cru Clos Saint-Jean 2020	109 €	94
🠖 Chassagne-Montrachet Premier Cru En Remilly 2020	122 €	96
🠖 Chassagne-Montrachet Premier Cru Fairendes 2020	109 €	96
🠖 Chassagne-Montrachet Premier Cru Les Champs-Gain 2020	109 €	95
🠖 Puligny-Montrachet Premier Cru Combettes 2020	142 €	96

Rouge : 0,45 hectare. Pinot noir 100 %
Achat de raisins.
Blanc : 3,75 hectares. Chardonnay 100 %
Achat de raisins.
Production moyenne : 20 000 bt/an

DOMAINE BENOÎT MOREAU

5, rue Aligoté, ZAC du Pré Fleury
21190 Chassagne-Montrachet
03 85 90 61 84 ● benoitmoreau80@yahoo.fr
● Vente et visites : sur RDV.
Propriétaire : Benoît Moreau

★ DOMAINE LUCIEN MUZARD ET FILS

Les frères Claude et Hervé Muzard maîtrisent leur sujet. Ils exploitent de belles vignes en Maranges et en Santenay mettant en valeur ces terroirs qui méritent toute notre attention, d'autant que la montée des maturités sur les derniers millésimes a permis de gommer quelques aspérités propres à leur ADN. Voici une bonne adresse pour les amateurs à la recherche de cuvées digestes, florales mais gourmandes. Les vins ne manquent ni de fond ni de potentiel de garde. Aujourd'hui, Hervé, le cadet, et Claude

Muzard, accompagné de sa fille Capucine, préparent la transition avec la génération montante.

Les vins : en blanc, le santenay Champs Claude 2020 offre un parfum sur le fruit jaune, avec une touche d'amande : une matière mûre pour ce blanc distingué à la belle allonge sapide. Avec ses notes de croûte de pain, le santenay Maladière affiche volume et longueur ; il est marqué par une légère prise de bois en fin de bouche, malgré un fruit juteux et gourmand. Le meursault Les Meix Chavaux 2020 possède du fond : un blanc sérieux, avec de beaux amers qui viennent nous stimuler le palais. En rouge, le bourgogne 2020 s'exprime sur son fruit solaire : pleins et gracieux, ses tanins sont d'une étonnante douceur ; un vin hédoniste, superbe. Magnifique de précision, le santenay Charmes 2020 embaume la rose. On se délectera de son toucher de bouche fin et son fruit riche mais équilibré par des tanins délicats. Entre fleur et végétal noble, le santenay Maladière 2020, avec son fruit franc, se démarque par une légère accroche tannique contrebalancée par un jus d'une réelle finesse. Encore sauvage dans son aromatique, le santenay Premier cru Clos des Mouches se montre plus droit, porté par un cœur de bouche serré, garant d'une belle longévité. Plus profond, Clos de Tavannes 2020 impose sa matière dense et structurée qui le destine à plusieurs décennies de garde ; patience. Bien mûr, le pommard Les Cras 2020 offre une attaque souple, qui contraste avec la fermeté de son terroir et sa trame compacte, soutenue par des tanins sérieux qui nécessiteront quelques années pour se détendre.

▭ Meursault Les Meix Chavaux 2020	46,60 €	92
▭ Santenay Champs Claude 2020	24,50 €	90
▭ Santenay Premier Cru Maladière 2020	31,60 €	90
◼ Bourgogne 2020	12,50 €	89
◼ Pommard Les Cras 2020	45 €	91
◼ Santenay Charmes 2020	23 €	91
◼ Santenay Premier Cru Clos de Tavannes 2020	32,50 €	92
◼ Santenay Premier Cru Clos des Mouches 2020	31,50 €	92
◼ Santenay Premier Cru Maladière 2020	31,50 €	92

Rouge : 14,4 hectares. Pinot noir 100 %
Blanc : 3,6 hectares. Chardonnay 100 %
Production moyenne : 100 000 bt/an

DOMAINE LUCIEN MUZARD ET FILS

11, rue de la Cour-Verreuil, 21590 Santenay
03 80 20 61 85 ● www.domainemuzard.com
● Vente et visites : sur RDV.

Propriétaire : Claude et Hervé Muzard

★ DOMAINE RAPET PÈRE ET FILS

Ce très vieux domaine familial a été créé en 1765. Vincent Rapet, qui en tient les rênes aujourd'hui, élabore des vins de style moderne, bien vinifiés et représentatifs de leur terroir. Quelques années de garde leur conviennent parfaitement et les prix des différentes cuvées demeurent tout à fait raisonnables.

Les vins : le pernand-vergelesses Sous Frétille 2020, se distingue par une note légèrement poudrée et une touche d'amande. Sa matière dense, presque tannique, donne l'impression de mâcher la peau du raisin, avec une finale fraîche sur les agrumes. Surprenant au nez, le corton-charlemagne 2020 a une senteur de résine et de pierre à feu ; d'une grande intensité avec son fruit pur et dense, il déploie une énergie toute minérale. Un charlemagne qui ne joue pas les séducteurs mais qui s'étire avec une magnifique allonge sapide. En rouge, la richesse du savigny-lès-beaune Aux Fournaux 2020 met en valeur des notes de fruits noirs. Son soyeux et ses tanins souples et fins abondent dans le même sens. Un premier cru plein, tout en suavité de texture qui malgré sa richesse, termine avec fraîcheur. Un peu replié au premier nez, le beaune Grèves 2020 s'exprime par une fine note de réglisse. On apprécie la justesse de son fruit même s'il conserve la solidité des Grèves dans son cœur de bouche compacte. Sa foule de petits tanins lui assurent une belle évolution. Oubliez-le au moins dix ans en cave. Finement épicé, le corton 2020 s'impose avec raffinement grâce à un fruit net qui évoque la griotte tout autant que la cerise noire. L'équilibre du millésime est bien présent, lui conférant un profil plus longiligne. Dans l'ensemble, les rouges et les blancs du domaines s'avèrent rarement flatteurs jeunes, mais droits et purs, ils disposent d'un fort potentiel de garde.

▭ Corton-Charlemagne Grand cru 2020	93 €	96
▭ Pernand-Vergelesses Premier Cru Sous Frétille 2020	40 €	92
◼ Beaune Premier Cru Grèves 2020	49 €	93
◼ Corton Grand cru 2020	76 €	95
◼ Savigny-lès-Beaune Premier Cru Aux Fournaux 2020	34,50 €	92

Rouge : 12,5 hectares. Pinot noir 100 %
Blanc : 9,25 hectares. Chardonnay 100 %
Production moyenne : 90 000 bt/an

DOMAINE RAPET PÈRE ET FILS

2, place de la Mairie,
21420 Pernand-Vergelesses

03 80 21 59 94 ● www.domaine-rapet.com ●
Vente et visites : sur RDV.
Propriétaire : Vincent Rapet

★ JOANNES VIOLOT-GUILLEMARD

Petit vignoble familial conduit depuis 1980 par
Thierry Violot-Guillemard, ce domaine possède
une belle collection de terroirs et élabore des
vins francs au style classique, sans levures,
avec un élevage long de seize à vingt mois. Le
vignoble est certifié bio depuis 2014, date à
laquelle est arrivé le fils Joannes. Ce dernier
a pris en main le domaine avec le millésime 2019.
Il s'oriente vers une viticulture où l'on va limiter
les labours pour ménager la vigne et l'aider à
produire de plus beaux fruits. En cave, on fait le
choix d'extractions plus douces afin d'apporter
de l'élégance dans les vins. Une évolution positive et perceptible avec le millésime 2019.

Les vins : marqué par une note empyreumatique prononcée, le meursault Les Meix Chavaux
2020 accuse un fort boisé. Dommage, car son
fruit en bouche se montre bien équilibré, entre
fraîcheur et maturité. Laissons-le s'assagir deux
à trois ans, au minimum. Derrière la touche boisée dominante de son nez, le beaune Clos des
Mouches 2020 laisse ensuite apprécier son fruit
pur, ciselé et profond, ainsi que ses amers délicats, type zeste, et une agréable perception
tannique. Passons aux rouges. Dans la série des
pommards, En Brescul 2020 demeure marqué
par une délicate réduction. Droit, avec juste ce
qu'il faut de densité, il possède des petits tanins
serrés qui se patineront dans le temps. La Platière 2020, parmi les premiers crus, monte en
densité et en volume. Voilà un pommard solide
et large d'épaules. Epenots 2020 flirte avec le
floral ; il possède l'assise de ce beau terroir mais
avec un joli grain fin et une belle texture souple,
même si, en finale, ses tanins nous rappellent
qu'il est taillé pour la garde. Rugiens vient couronner la gamme avec une fine note de moka
et un rien de réduction : un vin soyeux qui,
derrière une apparente amabilité, possède une
poigne de fer, garante de sa longévité. Ces pommards sont de belle facture mais l'on n'y
retrouve ni l'équilibre de fruit, ni l'élégance et la
maturité des 2019. Le beaune Clos des Mouches
2020, bien dans l'identité de son terroir, ne joue
pas les séducteurs et reste campé sur une forte
assise tannique. Dans l'ensemble, on apprécie
la pureté de fruit des rouges, mais ils accusent
un léger manque de maturité, sans que cela soit
nuisible aux cuvées. Cela explique peut-être
les petites duretés de fins de bouches et des
tanins parfois accrocheurs.

🍷 Beaune Premier Cru Clos des Mouches
   2020   90 € **91**

🍷 Meursault Les Meix Chavaux
   2020   50 € **90**

🍷 Pommard En Brescul 2020   50 € **90**

🍷 Pommard Premier Cru Epenots
   2020   90 € **93**

🍷 Pommard Premier Cru La Platière
   2020   70 € **91**

🍷 Pommard Premier Cru Rugiens
   2020   90 € **94**

Rouge : 5,2 hectares. Pinot noir 100 %
Blanc : 1,8 hectare. Chardonnay 100 %
Production moyenne : 45 000 bt/an

JOANNES VIOLOT-GUILLEMARD ♣
7, rue Sainte-Marguerite, 21630 Pommard
03 80 22 49 98 ● www.violot-guillemard.fr ●
Vente et visites : sur RDV.
Propriétaire : Violot-Guillemard

AU PIED DU MONT CHAUVE

Propriété, entre autres, de la famille Picard, le
domaine est riche de belles parcelles à la fois
à Chassagne-Montrachet, mais également à
Saint-Aubin et à Puligny-Montrachet. En 2019,
Francis Picard, qui a en charge le domaine familial, fait appel à Antoine Le Petit de la Bigne, un
spécialiste de la biodynamie ayant fait ses classes
au domaine Leflaive. D'abord consultant, il
devient rapidement le directeur technique atti-
tré, où son approche globale lui permet de gérer
la production depuis la terre jusqu'à la bouteille.
Dès son arrivée, il intensifie les pratiques en
biodynamie afin d'améliorer la qualité des sols.
En cave, les derniers millésimes chauds lui font
abandonner la barrique classique, au profit de
fûts de grande taille pour préserver au mieux le
fruit. Pari réussi : les blancs sont précis et d'une
grande pureté, les rouges, travaillés plus en infusion qu'en extraction, sont magnifiques avec
des touchers de bouche d'une rare élégance.

Les vins : les blancs ont trouvé un bel équilibre,
entre maturité et acidité, mais, en début de vie,
la perception boisée marque les vins. Un élevage
un rien plus discret, voilà peut-être une piste de
progression pour le domaine. Tout en élégance,
le superbe aligoté ouvre la dégustation sur sa
belle fraîcheur végétale et une touche d'épices.
Construit sur une mûre acidité, le vin offre
une bouche au fruit ciselé, précis. Le chardonnay, riche d'une belle sève, s'impose par son
volume, une fine perception boisée, sans la
dynamique de l'aligoté. Le saint-aubin Les Charmois se démarque par sa fraîcheur, tirant sur
les agrumes, une belle harmonie entre fruit et
élevage. Signé par un boisé sur la croûte de
pain et le chêne, le saint-aubin Pitangerets
confirme en bouche par son fruit ample et large,
qui devrait encaisser tout ce bois. Même signa-

ture olfactive dans le chassagne-montrachet : même perception de bois qui devrait s'estomper dans le temps, son fruit est à la fois gourmand et raffiné. Le chassagne-montrachet En Pimont se montre plus délicat, avec un fruit tendre, et déjà bien ouvert. Aimable d'apparence, il ne se départ pas d'une vigueur certaine. Les Macherelles développe un parfum qui évoque la viennoiserie et, toujours, une note de chêne. En bouche, la perception tannique et la salinité guident ce vin longiligne. Plus suave, volumineux, Les Chaumées est un blanc tendre et délicat, mais avec une légère déficience d'allonge dans la finale. Clos Saint-Jean est un chassagne-montrachet droit, à la bouche caillouteuse qui file vers une finale calcaire. Sa belle tenue lui promet une longue garde. En rouge, le saint-aubin Le Charmois offre un joli fruit pinotant : sa matière juteuse s'équilibre par un fruit frais et croquant et des tanins mûrs. Un vin qui a du relief et un bon potentiel d'évolution.

⊃ Bourgogne Aligoté 2020	19 €	**89**
⊃ Bourgogne Chardonnay 2020	23 €	**88**
⊃ Chassagne-Montrachet 2020	61 €	**90**
⊃ Chassagne-Montrachet En Pimont 2020	61 €	**91**
⊃ Chassagne-Montrachet Premier Cru Clos Saint Jean 2020	85 €	**93**
⊃ Chassagne-Montrachet Premier Cru Les Chaumées 2020	85 €	**92**
⊃ Chassagne-Montrachet Premier Cru Les Macherelles 2020	85 €	**92**
⊃ Saint-Aubin Premier Cru Le Charmois 2020	44 €	**91**
⊃ Saint-Aubin Premier Cru Pitangerets 2020	48,50 €	**91**
▶ Saint-Aubin Premier Cru Le Charmois 2020	42 €	**92**

Rouge : 15 hectares.
Blanc : 20 hectares.
Production moyenne : 160 000 bt/an

AU PIED DU MONT CHAUVE ♣

5, rue du Château,
21190 Chassagne-Montrachet
03 80 21 98 57 ● www.famillepicard.fr ●
Visites : sans RDV.
Propriétaire : Famille Picard
Directeur : Francine Picard
Maître de chai : Julien Bordet

ALBERT BICHOT

Cette maison historique de Beaune, dirigée depuis 1996 par Albéric Bichot, n'a pas toujours brillé par la régularité et la qualité de ses vins. Les choses ont désormais bien changé. Sous le blason Albert Bichot, on retrouvera les vins de six domaines : Long-Depaquit à Chablis (voir cette adresse), le Clos Frantin et Château-Gris en Côte de Nuits, le domaine du Pavillon, le domaine Adélie en Côte chalonnaise et le domaine de Rochegrès en Beaujolais. Chacune de ces structures possède son propre outil de vinification et des équipes dédiées, placées sous la houlette du directeur technique général, Alain Serveau.

Les vins : commençons la dégustation par les blancs, plus précis que par le passé, avec une meilleure gestion de la maturité et des boisés. Les Champs Michaux possède un fruit franc et mûr, qui allie vivacité, intensité et gourmandise du jus. Un vin à boire sur la jeunesse, même s'il grandira sans sourciller. D'un beau classicisme, le meursault 2020 s'exprime sur une note de pamplemousse jaune. Clos des Mouches est marqué par une fine note briochée et un fruit d'une belle pureté. Il joue sur d'intenses et agréables amers. Dans l'ensemble, les rouges sont denses, avec de belles matières profondes ; il faut qu'ils grandissent et à l'élevage pour laisser plus de place au fruit et aux terroirs. Champs Martin évoque la cerise juteuse. Il faut le laisser grandir deux à trois ans. L'aloxe-corton Clos des Maréchaudes 2020 accuse un nez légèrement poudré. Ses tanins demeurent souples malgré la légère perception de bois en fin de bouche. Un vin charnu, plus en volume qu'en allonge. Le fixin Clos de la Perrière apparaît légèrement lacté à l'ouverture, mais riche et gras. À l'inverse, en bouche, il offre une attaque fraîche, avec une agréable acidité. On retrouve la sensation de tanins qui se superposent plus qu'ils ne fusionnent avec le fruit. Le pommard Clos des Ursulines pèche par un parfum fardé et une touche de mine de crayon. Même s'il possède une belle sève, il reste engoncé par un boisé dominateur. Le nuits-saint-georges Château Gris oscille entre notes de cerise et une touche de cassis. Sa belle attaque soyeuse rebondit sur un fruit mûr et onctueux. Le vin est aimable, avec du fond et une belle gestion de l'élevage. Frais, l'échezeaux 2020 possède une fine touche de cassis et de moka : un vin juteux, avec un cœur de bouche dense. Voici un joli vin qui devrait grandir sereinement. Le clos de vougeot 2020, avec son nez de fusain et de fruit noir, repose sur une matière dense, qui est à l'image de ce grand terroir. Le fruit accuse une légère sécheresse en finale. Nous saluons la belle progression des vins du domaine, notamment les blancs.

⊃ Beaune Premier Cru Clos des Mouches Domaine du Pavillon 2020	118 €	**92**
⊃ Mercurey Les Champs Michaux Domaine Adélie 2020	40 €	**88**
⊃ Meursault Domaine du Pavillon 2020	78 €	**90**

➤ Aloxe-Corton Premier Cru Clos des
Maréchaudes Domaine du Pavillon
2020   72 €   90

➤ Clos de Vougeot Grand Cru Domaine du
Clos Frantin 2020   290 €   93

➤ Echezeaux Grand Cru Domaine du Clos
Frantin 2020   290 €   93

➤ Fixin Premier Cru Clos de la Perrière
2020   68 €   91

➤ Mercurey Premier Cru Champs Martin
Domaine Adélie 2020   44 €   87

➤ Nuits-Saint-Georges Premier Cru
Monopole Château Gris 2020   90 €   92

➤ Pommard Clos des Ursulines Domaine du
Pavillon 2020   70 €   90

Rouge : 33 hectares.
Blanc : 72 hectares.
Production moyenne : 650 000 bt/an

ALBERT BICHOT ♣

6, boulevard Jacques Copeau, 21200 Beaune
03 80 24 37 37 ● www.albert-bichot.com ●
Visites : sur RDV aux professionnels.
Propriétaire : Famille Bichot
Directeur : Albéric Bichot
Maître de chai : Alain Serveau

NOUVEAU DOMAINE

DOMAINE CHANTERÊVES

L'aventure de cette petite maison de négoce a
débuté en 2008. Originaire de Tokyo, Tomoko
Kuriyama a grandi dans une famille d'épicuriens.
Elle débute dans le vin en Allemagne, puis la
rencontre avec son futur compagnon et associé
Guillaume Bott (qui travaille au domaine Simon
Bize) l'a rapprochée de la France. Ils débutent en
produisant des vins classiques, mais leur rencontre avec Frédéric Cossard et Philippe Pacalet
bouscule leur vision du vin et les oriente vers le
nature. Qu'ils soient issus d'achat de raisins ou
de leurs propres vignes, leurs vins sont gracieux,
aériens, grâce à des raisins vendangés mûrs et
des vinifications d'une grande précision. Toute
la gamme en 2020 est un modèle d'équilibre.

Les vins : l'aligoté surprend par son parfum singulier, qui donne la sensation de fruit mûr et
d'une belle note de végétal. Un sentiment de
richesse que l'on perçoit dans une bouche puissante, tout en salinité et à l'acidité mordante. Un
aligoté consistant qui réveille les sens. Le bourgogne hautes-côtes-de-beaune sent la levure
de pain, la mirabelle et l'amande. Dense, plantureux, il possède un fruit, d'où ressort une belle
acidité qui vient équilibrer la générosité du fruit.
Plus classique dans sa forme, l'auxey-duresses,
finement poudré, évoque la croûte de pain, mais
son jus souple n'a pas la tension de l'aligoté. Le
chassagne-montrachet Morgeot évoque le fruit
à chair jaune. Ce blanc intense et puissant a
beaucoup d'énergie, avec un élevage qui valorise le fruit et le terroir. Sa belle carrure le destine
à la garde. Avec une aromatique complexe et
surprenante, le corton-charlemagne 2020 semble déjà posé malgré son jeune âge. Un très
beau vin profond avec un fruité singulier et sincère. En rouge, le savigny-lès-beaune 2020 évoque la violette et la rose. Derrière cette belle
palette de parfums, le fruit pur, très légèrement
fermentaire, est franc et direct. Il doit s'affiner
en bouteille car il possède une assise tannique
forte. Le beaune Les Bressandes 2020 évoque
toute la richesse de l'année avec ses notes de
fruits noirs presque confits. Un joli vin qui met en
valeur avec noblesse le terroir de Beaune.
Superbe. Le nuits-saint-georges Aux Chaignots
2020 paraît plus lacté au premier nez avant
d'évoluer vers le coulis de fruit rouge. Plus classique, il campe sur sa structure avec sa personnalité moins forte. En rouge comme en blanc,
les vins sont singuliers et nous donnent une
lecture libre de la Bourgogne.

▷ Auxey-Duresses Les Hautés
2020   53 €   90

▷ Bourgogne Aligoté Miarlons du Bas
2020   32 €   91

▷ Bourgogne Hautes-Côtes de Beaune
Mainbey 2020   39 €   91

▷ Chassagne-Montrachet Premier Cru
Morgeot 2020   96 €   94

▷ Corton-Charlemagne Grand Cru
2020   220 €   96

➤ Beaune Premier Cru Les Bressandes
2020   77 €   94

➤ Nuits-Saint-Georges Premier Cru Aux
Chaignots 2020   96 €   93

➤ Savigny-lès-Beaune Dessus de
Montchenevoy 2020   55 €   91

Rouge : 1,4 hectare. Pinot noir 95 %, Gamay
noir à jus blanc 5 %

Achat de raisins.

Blanc : 3,5 hectares. Aligoté 60 %,
Chardonnay 40 %

Achat de raisins.

Production moyenne : 45 000 bt/an

DOMAINE CHANTERÊVES

Chemin de la grande chaume,
21420 Savigny-lès-Beaune

03 80 21 38 23 ● idee@chantereves.com ●
Pas de visites.

Propriétaire : Tomoko & Guillaume Bott

DOMAINE LOUIS LEQUIN & FILS

Implanté à Santenay, le domaine Louis Lequin produit des vins un peu hors du temps et hors des modes. Avec des robes souvent peu soutenues, les rouges misent sur la délicatesse. En blanc, le domaine produit des vins denses avec de belles maturités. Les deux grands crus Corton-Charlemagne et Bâtard-Montrachet sont des vins profonds et en harmonie avec leur élevage. À l'inverse, le premier cru, qui ne manque pas de chair, mériterait un élevage plus judicieux pour en tirer le meilleur. On lui accorde encore une marge de progression, mais il s'affirme comme une source qualitative pour acheter des vins à prix doux.

Les vins : une gamme de vins classiques et intemporels. Nous apprécions la réelle progression sur les élevages des blancs, qui nous donnent beaucoup de plaisir ; les rouges respectent les fruits et les terroirs, sans effet de style. À l'image du santenay premier cru La Comme, un rouge au nez somptueux et au fruité intense. Il pinote et son grain d'une réelle finesse persiste en bouche. Malgré une belle ossature son fruité est explosif. Le santenay Vieilles Vignes 2019 sent la fraise au sucre. En bouche, quelques petits tanins saillants auront besoin de se patiner, mais rien de grave, le fruit l'équilibrera dans le temps. Le santenay Les Charmes 2018 est marqué par une pointe de réduction et une note de fer. Son fruit aura besoin de temps pour apaiser sa structure encore ferme. Le pommard Les Noizons offre une belle aromatique fruitée, malgré un début d'évolution, et une bouche étonnamment souple, pleine, et riche d'une belle sève. Le chassagne-montrachet premier cru Morgeot 2018 sent la prune et le fruit bien mûr. La richesse du millésime s'exprime dans sa grande maturité, sa trame serrée lui garantit une grande évolution. Le nuits-saint-georges Les Brûlées 2018 respire la ronce, un petit air sauvage qui donne du peps au fruit. Le fruit a une vigueur qui nécessitera du temps pour s'assagir. Plus doux, le corton rouge 2017 possède un fruit presque sucré. Plus fin que puissant, il est conforté par sa sève sapide. Du côté des blancs, le chassagne-montrachet Morgeot 2020 sent la pâte d'amande et les agrumes. Sa matière dense, charnue, le désigne comme bâti pour la garde. Le corton-charlemagne 2018 offre une fine réduction bienvenue. La bouche est sculptée en profondeur par un fruit franc, dense et charnel. Ce très beau vin de garde profite d'un élevage qui valorise à merveille le fruit. Pour clôturer la dégustation, le bâtard-montrachet embaume la badiane à plein nez : un grand cru puissant, tout en muscles, avec beaucoup d'aplomb et de profondeur en bouche, entre pureté et persistance.

Bâtard-Montrachet Grand Cru 2019	350 €	96
Chassagne-Montrachet Premier Cru Morgeot 2020	62 €	92
Corton-Charlemagne Grand Cru 2018	132 €	95
Chassagne-Montrachet Premier Cru Morgeot 2018	43 €	91
Corton Grand Cru Les Languettes 2017	79 €	95
Nuits-Saint-Georges Les Brûlées 2018	41 €	91
Pommard Les Noizons 2018	44 €	91
Santenay Les Charmes 2018	20 €	90
Santenay Premier Cru La Comme 2020	26 €	92
Santenay Vieilles Vignes 2019	21 €	91

Rouge : 6,4 hectares. Pinot noir 100 %
Blanc : 0,87 hectare. Chardonnay 100 %
Production moyenne : 40 000 bt/an

DOMAINE LOUIS LEQUIN & FILS
2, rue du Pasquier-de-Pont, 21590 Santenay
03 80 20 63 82 ● www.louis-lequin.com ●
Vente et visites : sur RDV.
Propriétaire : Famille Lequin
Directeur : Cécile Lequin
Maître de chai : Antoine Lequin

BENJAMIN LEROUX

Talentueux vinificateur du célèbre domaine du Comte Armand, à Pommard, Benjamin Leroux a lancé en parallèle de sa fonction première une activité de négoce qui débute en 2007 par l'achat de raisin. Définitivement tourné vers sa propre activité, il achète en 2009 sa première vigne. Aujourd'hui, il en possède 7,39 dont pas moins de quatre ouvrées de Bâtard-montrachet. Mais il vinifie l'équivalent de 32 hectares depuis Gevrey-Chambertin jusqu'à Chassagne-Montrachet. Il s'approvisionne aussi bien en raisins issus de l'agriculture biologique que conventionnelle, car d'après ses mots le négoce lui a ouvert l'esprit. Il produit 50 % de rouge et 50 % de blancs, dont les deux tiers proviennent de la Côte de Nuits. En cave, il élève une bonne partie de ses vins dans des contenants de grand taille type foudre ou demi-muid. En vinification, il marche suivant son inspiration pour chaque millésime, il érafle ou pas selon son ressenti. Si les cuvées d'entrée gamme peuvent pécher par une très légère sous-maturité, l'ensemble de la production est d'un bon niveau avec une grande pureté du fruit tant en rouge qu'en blanc.

Les vins : le domaine ne nous ayant pas fait parvenir ses vins, nous sommes amenés à reconduire les notes de notre édition précédente.

▭ Bâtard-Montrachet Grand Cru 2019	520 € (c)	**96**
▭ Meursault Les Vireuils 2019	70 €	**92**
▭ Meursault Premier Cru Les Charmes 2019	N.C.	**94**
▬ Blagny Premier Cru La Pièce Sous le Bois 2019	69 € (c)	**92**
▬ Bourgogne 2019	33 € (c)	**88**
▬ Corton Grand Cru 2019	150 € (c)	**93**
▬ Gevrey-Chambertin Premier Cru Les Cazetiers 2019	N.C.	**95**
▬ Savigny-lès-Beaune Premier Cru Les Vergelesses 2019	46 € (c)	**89**
▬ Volnay Premier Cru Les Caillerets 2019	114 € (c)	**91**
▬ Vosne-Romanée 2019	90 €	**91**

Rouge : 1,5 hectare.
Blanc : 6 hectares.
Production moyenne : 180 000 bt/an

BENJAMIN LEROUX ♣
5, rue Colbert, 21200 Beaune
03 80 22 71 06 ● www.benjamin-leroux.com
● Visites : sur RDV aux professionnels.
Propriétaire : Benjamin Leroux

DOMAINE SYLVAIN MOREY

Installé depuis 2002 dans le Luberon, à la Bastide du Claux, Sylvain Morey a récupéré en 2014 les quelques hectares de vignes familiales en Bourgogne (ex-domaine Jean-Marc Morey), en appellations Chassagne-Montrachet, Saint-Aubin et Santenay. Il y produit des vins au style classique, bien enrobés et jamais lourds. Ses premiers millésimes ont été très encourageants. Aujourd'hui il évolue vers des vins fins et élégants aussi bien en blanc qu'en rouge, avec pour ces derniers des élevages qui mettent en avant un fin boisé poudré mais d'où ressortent également de belles notes florales.

Les vins : derrière sa robe claire, le bourgogne rouge 2020 a un fruit délicat. Une sensation que l'on retrouve dans une bouche où la matière paraît infusée. Un vin suspendu, tout en délié de texture, à boire sur le croquant du fruit. Sa fine trame tannique en fait un superbe vin digeste. Très expressif entre fruit et poudre de cacao, le coteaux-bourguignons 2020 respire le raisin équilibré. En bouche, la fraîcheur domine dans un fruit à la fois juteux, croquant et vif. Son acidité lui donne du mordant. Le santenay Grand Clos Rousseau 2020 sent la pêche de vigne avec une petite touche florale : un nez élégant et intense. La bouche est dans la même veine, gracieuse, avec un fruit soutenu par des tanins délicats. Le chassagne-montrachet trouve l'équilibre entre fruits noirs et épices. Il se mon-

tre volumineux avec des tanins souples : un vin bâti pour la garde. Avec le chassagne-montrachet Champ-Gains 2020, le fruit paraît encore plus intense. Une bouche ramassée avec des tanins compacts qui joueront un rôle important sur sa longévité ; superbe gestion de la maturité et de l'élevage. Des rouges charnels avec de très belles palettes aromatiques. En blanc, l'aligoté 2020 sent la badiane et le raisin. La bouche nous le confirme par sa grande douceur bien équilibrée. Le chassagne-montrachet 2020 évoque la croûte de pain. La perception de tanins boisés en atténue les nuances. À ce stade, rien de grave, il doit juste se mettre en place. Un léger boisé vert prend le dessus à l'ouverture du saint-aubin Les Charmois. La bouche semble l'absorber par sa profondeur et sa vivacité, un premier cru sapide et dense qui apporte de l'allonge au fruit. Doux avec son fruit gourmand, le chassagne-montrachet est aussi généreux avec une finale de pâte d'amande. Le chassagne-montrachet Les Caillerets 2020 est étonnamment plus charmeur. Le boisé marqué n'empêche pas une finale énergique.

▭ Bourgogne Aligoté 2020	N.C.	**89**
▭ Chassagne-Montrachet 2020	N.C.	**90**
▭ Chassagne-Montrachet Premier Cru Les Caillerets 2020	N.C.	**94**
▭ Chassagne-Montrachet Premier Cru les Champs-Gains 2020	N.C.	**92**
▭ Saint-Aubin Premier Cru Les Charmois 2020	N.C.	**91**
▬ Bourgogne 2020	N.C.	**89**
▬ Chassagne-Montrachet Premier Cru Les Champs-Gains 2020	N.C.	**94**
▬ Coteaux Bourguignons 2020	N.C.	**90**
▬ Santenay Premier Cru Grand Clos Rousseau 2020	N.C.	**92**

Rouge : 2 hectares. Pinot noir 90 %, Gamay noir à jus blanc 10 %
Blanc : 2 hectares. Chardonnay 95 %, Aligoté 5 %
Production moyenne : 25 000 bt/an

DOMAINE SYLVAIN MOREY
3, rue Principale,
21190 Chassagne-Montrachet
06 99 70 26 05 ●
www.domaine-sylvainmorey.fr ● Pas de visites.
Propriétaire : Sylvain Morey

DOMAINE AGNÈS PAQUET

C'est pour éviter la vente de la parcelle familiale d'Auxey-Duresses qu'Agnès Paquet, diplômée d'une école de commerce, a choisi d'épouser le métier de vigneronne. Depuis son premier millésime en 2001, elle a toujours privilégié un style franc et frais, ce dont nous nous réjouissons. Les blancs sont une merveille de pureté, vifs mais avec un joli fruit mûr. Les rouges sont un rien plus sur la retenue ; certes, on aime leur épure, mais un supplément d'étoffe serait appréciable et les rendrait certainement moins austères.

Les vins : du côté des blancs, le bourgogne aligoté Le Clou et la Plume 2020 offre une belle expression aromatique qui respire le fruit mûr et gourmand. Dans un esprit similaire, la bouche affiche un fruit pur et cristallin développant de fins amers sur les agrumes. Très belle réussite pour ce blanc persistant, plein et désaltérant. L'auxey-duresses Les Hoz 2020 accuse une très légère sensation de verdeur au nez ainsi qu'une note de pierre froide. Vif, dense, il s'étire en longueur grâce à son joli fruit acidulé. Un vin doté d'une belle énergie. Produit à partir de vieilles vignes âgées de 90 ans et élevé 21 mois, l'auxey-duresses Patience N°12 2019 offre une agréable et fine oxydation qui lui confère une belle complexité. Sapide et tonique, sa matière profonde possède une forte empreinte saline, délivrant presque une sensation tannique. Les amers contribuent à sa complexité. Un très beau vin de garde, dense, que l'on a envie d'oublier en cave au moins cinq ans. En rouge, le hautes-côtes-de-beaune 2020 se démarque grâce à son joli parfum, entre fruit, épices et cacao. En bouche, on retrouve un fruit de qualité qui allie fraîcheur et maturité. Un vin de haute volée, à boire, gourmand, mais plein et précis. Profond, l'auxey-duresses Les Hoz 2020 libère un fruit gorgé de soleil, mais bien équilibré. Dense, râblé, mais juteux derrière sa solidité, il possède un fruit riche qui absorbera des tanins légèrement saillants aujourd'hui mais garants de sa longévité. Patience. Des blancs somptueux, équilibrés, qui trouvent le bon compromis entre maturité et vivacité, avec des élevages qui sonnent juste. En rouge, même constat, on est allé chercher de la maturité dans les raisins : les vins y trouvent leur profondeur et leur densité, mais aussi des parfums riches et intenses. Des vins magistralement réussis dans les deux couleurs.

Auxey-Duresses 2020	25 €	90
Auxey-Duresses Patience N°12 2019	33 €	93
Bourgogne Aligoté Le Clou et la Plume 2020	15 €	89
Auxey-Duresses 2020	25 €	91
Bourgogne Hautes-Côtes de Beaune 2020	20 €	89

Rouge : 7 hectares.
Blanc : 6 hectares.
Production moyenne : 60 000 bt/an

DOMAINE AGNÈS PAQUET

10, rue du Puits Bouret, 21190 Meloisey
03 80 26 07 41 ● www.vinpaquet.com ●
Vente et visites : sur RDV.
Propriétaire : Agnès Paquet

DOMAINE JEAN-CLAUDE REGNAUDOT ET FILS

La famille Regnaudot est vigneronne depuis quatre générations. Didier, le fils de Jean-Claude, a repris le domaine en 2000. Les vins affichent une bonne dimension, les fruits sont justes. Les rouges sont élevés quinze mois (30 % de fût pour les premiers crus). Nous avons été doublement convaincus par le niveau de concentration des vins ainsi que par la volupté et les touchers de bouche vraiment délicieux. Nous apprécions la profondeur et la gourmandise des blancs, les rouges nous ont malheureusement déçus car trop gainés par des boisés qui couvrent le fruit et les nuances du terroir. Certes, il y a de la densité, mais ces élevages nous semblent inadaptés.

Les vins : en blanc, le chardonnay 2020 est plein, riche et gourmand : un joli blanc charnu avec une finale sur les agrumes. Derrière un nez sur la pâte d'amande, le santenay offre en bouche un fruit dense, avec une sensation crayeuse qui lui donne caractère et concentration. Déjà plaisant, le vin possède un potentiel d'évolution de dix ans. Pour les rouges, le bourgogne 2020 est marqué par une réduction prononcée, malgré un fruit riche qui libère une touche de prune. Dense et ramassé, son fruit reste gourmand grâce une sensation sucrée en fin de bouche. Un vin sérieux qui mérite un ou deux ans de garde pour être apprécié dans sa plénitude. Le maranges 2020 accuse un boisé légèrement lacté ; nous sommes face à une matière dense et virile qui manque de nuances. Les tanins abondants de fin de bouche promettent toutefois qu'il saura s'assouplir. Une forte réduction marque le santenay, aux tanins imposants qui empêchent le plaisir gourmand du fruit de s'exprimer. Le maranges Clos des Loyères 2020 est tout autant marqué par la réduction, avec, des notes lardées et une texture qui sèche à cause de tanins excessivement présents. Même constat dans Les Fussières, qui sent la gouache au nez, malgré le gourmand et le gras de la bouche. Les Clos Roussots 2020 est tout en muscles, sans nuance, engoncé dans une structure qui entrave l'expression du fruit comme celle du terroir. Le santenay Clos Rousseau demeure encore vif et donne peu de plaisir à ce stade. Nous pouvons apprécier parfois une touche de virilité dans les vins, mais ici on bascule dans une certaine brutalité, avec des tanins envahissants qui desservent les vins, d'où le retrait de l'étoile.

🫗	Bourgogne 2020	Épuisé - 8,50 €	89
🫗	Santenay 2020	Épuisé - 15 €	91
🫗	Bourgogne 2020	Épuisé - 8,50 €	88
🫗	Maranges 2020	Épuisé - 13 €	86
🫗	Maranges Premier Cru Clos des Loyères 2020	17 €	88
🫗	Maranges Premier Cru La Fussière 2020	17 €	88
🫗	Maranges Premier Cru Les Clos Roussots 2020	17 €	88
🫗	Santenay 2020	Épuisé - 15 €	87
🫗	Santenay Premier Cru Clos Rousseau 2020	Épuisé - 21 €	88

Rouge : 5,85 hectares. Pinot noir 100 %.
Blanc : 0,9 hectare. Aligoté 80 %,
Chardonnay 20 %
Production moyenne : 30 000 bt/an

DOMAINE JEAN-CLAUDE REGNAUDOT ET FILS

6, Grande-Rue, 71150 Dezize-lès-Maranges
03 85 91 15 95 ●
regnaudot.jc-et-fils@orange.fr ● Vente et visites : sur RDV.
Propriétaire : Jean-Claude Regnaudot

NOUVEAU DOMAINE

DOMAINE SIMON COLIN

Après des études de commerce, Simon Colin, fils de Bruno Colin du domaine éponyme, se lance en 2017 dans une activité de négoce avec des approvisionnements de premiers choix. Il fait ses classes au domaine Sauzet, où il découvre et adhère aux pratiques de la biodynamie pour ses effets positifs tant dans la vigne que dans le vin. Avec le négoce, il fait toutes sortes expérimentation, notamment l'apport des lies dans ses élevages de préférence dans des fûts usagés et utilisation modérée de soufre. Prometteur et talentueux, il a produit de magnifiques 2020. À partir de 2021, il récupère une partie des vignes familiales. Nous avons eu un avant-goût de ses 2021. Simon Colin est un vigneron qui a les idées claires, il ira très loin. Il faut le suivre attentivement.

Les vins : le bourgogne Chardonnay 2020 donne le "la" et traduit l'expression d'un raisin mûr et parfumé. Un vin à l'attaque généreuse mais dont la puissance va crescendo, mettant en avant des amers sur le zeste à travers un joli jus concentré. Dans la série des chassagne-montrachet 2020, le village se montre sérieux, plus sur la tension que la gourmandise. La maturité s'exprime en bouche par une matière charnue. Ici, ce sont les agrumes qui dominent, et encore fois, plus sur le zeste que la pulpe du fruit. Les Chaumées 2020 est vif, avec des senteurs de cailloux. Volumineux et ciselé à la fois, on apprécie sa fine salinité et ses délicats amers. La Maltroie 2020 est intense, profond et racé. Comme sur l'ensemble des vins, on ressent plus une sensation de caillou et de pierre à feu que de fruit. Il tapisse la bouche et déroule avec vivacité. Beaucoup de douceur et de raffinement dans ce cru. Morgeot provient du secteur des Ferrandes, un des plus qualitatifs du premier cru. Ici, nous avons l'archétype du cru, avec un sentiment de générosité et de fruit mûr au nez. Cela lui confère son volume mais aussi une belle persistance fruitée. Même si sa gourmandise est une belle invitation à le boire dès aujourd'hui, la vraie sagesse est de le garder au moins quinze ans en cave. Et lorsque l'on passe du côté du terroir de puligny-montrachet, Les Perrières fait jaillir dès le premier nez un sentiment de finesse et d'élégance, et des senteurs délicates sur des notes d'agrumes. Le vin trouve l'équilibre entre son côté cristallin et son ampleur de bouche d'une superbe vibration.

🫗	Bourgogne Chardonnay 2020	Épuisé - 15 €	89
🫗	Chassagne-Montrachet 2020	Épuisé - 42 €	92
🫗	Chassagne-Montrachet Premier Cru La Maltroie 2020	Épuisé - 63 €	93
🫗	Chassagne-Montrachet Premier Cru Les Chaumées 2020	Épuisé - 63 €	93
🫗	Chassagne-Montrachet Premier Cru Morgeot 2020	Épuisé - 63 €	94
🫗	Puligny-Montrachet Premier Cru Les Perrières 2020	Épuisé - 73 €	95

Rouge : 3 hectares. Pinot noir 100 %.
Achat de raisins.
Blanc : 6 hectares. Chardonnay 97 %,
Aligoté 3 %
Achat de raisins.
Production moyenne : 55 000 bt/an

DOMAINE SIMON COLIN

ZA le Haut des Champs,
21190 Chassagne-Montrachet
06 42 46 70 22 ●
simon.colin.pro@gmail.com ● Visites : sur RDV aux professionnels.
Propriétaire : Simon Colin

DOMAINE TOLLOT-BEAUT ET FILS

Ce vaste domaine, qui possède une jolie palette de terroirs, propose des vins de belle facture, dans un style moderne qui privilégie l'éclat du fruit et la juste expression du pinot. Les équilibres en matière d'extraction et de gestion du bois sont bien affirmés. Une maison de confiance.

Les vins : l'aloxe-corton Les Vercots offre une belle évolution aromatique, une petite touche automnale à l'ouverture, tout en préservant un fruit délicat qui revient à l'air. À l'inverse, la bouche, malgré sa pureté, paraît stricte avec une matière fine. Une note graphite ressort après une courte aération, accompagnée d'une pointe d'amertume en fin de bouche. Nous regrettons son manque de chair. Dominé par une note graphite et un fruit pur, le beaune Clos du Roi 2017 s'avère chétif. Nous attendons une matière avec davantage de profondeur. La fin de bouche sèche exprime également une note lardée. Cela confirme notre impression de l'an passé : les boisés ne sont pas toujours en place. À trop rechercher la finesse, les vins peuvent parfois tomber dans la maigreur, ce qui nous conduit à retirer son étoile au domaine.

➤ Aloxe-Corton Premier Cru Les Vercots 2017	50 €	89
➤ Beaune Premier Cru Clos du Roi 2017	60 €	89

Rouge : 23 hectares. Pinot noir 100 %
Blanc : 2 hectares. Chardonnay 100 %
Production moyenne : 130 000 bt/an

DOMAINE TOLLOT-BEAUT ET FILS

Rue Alexandre-Tollot,
21200 Chorey-lès-Beaune

03 80 22 16 54 ● domaine@tollot-beaut.com
● Vente et visites : sur RDV.
Propriétaire : Famille Tollot-Beaut
Directeur : Nathalie, Jean-Paul et Olivier Tollot

CHALONNAIS
★★ DOMAINE VINCENT DUREUIL-JANTHIAL

Céline et Vincent Dureuil ont repris en 1994 le domaine familial, principalement sur Rully mais aussi Mercurey, puis par le retour dans le giron familial de vignes à Puligny-Montrachet et Nuits-Saint-Georges. Tous les vins sont vinifiés avec la même exigence et une méticulosité que l'on retrouve dans peu de domaines. Le couple, partisan d'une viticulture saine, a été certifié bio de 2009 à 2016. Issus de vieilles vignes et élevés longuement, les vins se montrent homogènes et maintiennent un très haut niveau, avec une réelle capacité à traverser le temps. Les boisés sont adaptés à chaque terroir en fonction du millésime. Le travail de Vincent, de la vigne à la cave, ce souci constant du détail qui signe les grands vins, est salué unanimement par les amateurs et les professionnels. Le domaine ne souhaite communiquer aucun prix sur les 2020 avant leur sortie en septembre 2022.

Les vins : nous présentons une sélection parmi les 27 cuvées dégustées du domaine. Les blancs mériteront de la patience pour pouvoir en profiter pleinement sur une décennie. Citons le bourgogne blanc, issu du secteur de Puligny, complexe, avec un bel équilibre entre tension et fine réduction. Le rully village est plus avenant, il offre sa part de minéralité, un boisé fin, une empreinte fraîche et digeste. Maizières est mûr, c'est un vin plus large d'épaule et déjà équilibré. Le Meix Cadot trouve déjà son énergie, la maturité aboutie et un boisé en pointillé. Vigne de 1946, Les Margotés, dégusté en janvier puis juin 2022, livre la belle réduction des lies, il est ample et droit, sa minéralité l'aidera à traverser le temps. Le Meix Cadot Vieilles Vignes, issue d'une parcelle plantée en 1920, est le plus grand rully du millésime. Plus de minéralité, plus de gras, on a le caillou dans la bouche. Les rouges sont exemplaires, un peu plus ouverts, profitez du rully village, l'équilibre et la classe de Chapitre impressionne. Concentration, maturité et grande pureté sont réunies dans En Guesnes Wadana, c'est la quintessence de pinot noir.

➤ Bourgogne 2020	N.C.	93
➤ Rully 2020	N.C.	92
➤ Rully Maizières 2020	N.C.	93
➤ Rully Premier Cru Grésigny 2020	N.C.	92
➤ Rully Premier Cru Le Meix Cadot 2020	N.C.	94
➤ Rully Premier Cru Les Margotés 2020	N.C.	93
➤ Rully 2020	N.C.	91

Rully Premier Cru Chapitre 2020 — N.C. **94**

Le coup de ♥

Rully Premier Cru Le Meix Cadot Vieilles Vignes 2020 — N.C. **97**

Rully En Guesnes Wadana 2020 — N.C. **96**

Rouge : 7,86 hectares. Pinot noir 99 %, Gamay noir à jus blanc 1 %
Blanc : 12,37 hectares. Chardonnay 95 %, Aligoté 5 %
Production moyenne : 100 000 bt/an

DOMAINE VINCENT DUREUIL-JANTHIAL

10, rue de la Buisserolle, 71150 Rully
03 85 87 26 32 ● www.dureuil-janthial.fr ●
Vente et visites : sur RDV.
Propriétaire : Vincent Dureuil

★★ DOMAINE JEANNIN-NALTET

Benoît Eschard, ingénieur des Arts et Métiers, trouve à 35 ans sa vocation : devenir vigneron. Il décide de reprendre l'ancienne propriété familiale de l'oncle de son épouse en 2013. Rigoureux et perfectionniste de nature, il arrête les herbicides, maîtrise les rendements, vinifie et isole chaque parcelle puis adapte l'élevage et le choix des fûts en fonction du caractère de chaque cuvée. Les 9 hectares de vignes dont 7 classés en Mercurey premier cru ont un potentiel unique, à commencer par le Clos des Grands Voyens, un monopole de 5 hectares, le joyau du domaine. Les 2020 confirment le haut niveau de ce domaine doublement étoilé depuis l'édition précédente.

Les vins : quatre rouges 2020 présentés cette année. Vieilles Vignes signe à nouveau une belle partition où le fruit est éclatant, frais et précis. Un jus serré, tannique, assez enrobé pour garantir un bel avenir en bouteille. Pour Clos L'Evêque, sa pureté est sa force. Saluons-le pour son équilibre. Les Naugues se montre très élégant, mûr et concentré, un vin de garde assurément. Toujours profond, offrant une des expressions les plus minérales de Mercurey, le Clos des Grands Voyens livre un pinot noir de haute couture, poudré de framboises et juste en termes de boisé. Pas de cuvée Jeanne 2020, habituellement issue du fameux clos, la faible récolte ne l'a pas permis.

Mercurey Premier Cru Clos des Grands Voyens 2020 — 30 € **94**

Mercurey Premier Cru Clos l'Evêque 2020 — 29 € **92**

Mercurey Premier Cru Les Naugues 2020 — 31 € **93**

Mercurey Vieilles Vignes 2020 — 23 € **91**

Rouge : 7,6 hectares. Pinot noir 100 %
Blanc : 1 hectare. Chardonnay 80 %, Aligoté 20 %
Production moyenne : 40 000 bt/an

DOMAINE JEANNIN-NALTET

4, rue de Jamproyes 71640 Mercurey
03 85 45 13 83 ● www.jeannin-naltet.fr ●
Vente et visites : sur RDV.
Propriétaire : Benoît Eschard

★★ DOMAINE THEULOT JUILLOT

Nathalie et Jean-Claude Theulot ont repris le domaine familial en 1987. Les patientes replantations s'avèrent judicieuses, les vins gagnent en finesse et en élégance. Les vignes labourées, l'absence de pesticide, les tris, la vendange entière mesurée : tout est fait pour obtenir des jus purs, pleins et gourmands. Leur régularité a permis d'obtenir la deuxième étoile. Les 2020 séduiront les amateurs. Nous avons une admiration toute particulière pour les rouges. Quant aux prix, ils sont toujours aussi sages.

Les vins : le mercurey Les Chenaults dévoile un profil généreux, mûr, graissé par son élevage boisé. Les Saumonts s'exprime toujours mieux dans les années chaudes. Sans tomber dans la mollesse, son profil actuel est dominé par un élevage boisé plutôt sucrant, riche et plantureux, qui méritera du temps pour être intégré. Les rouges semblent mieux gérer les boisés. Des deux mercurey-villages, nous préférons Vieilles Vignes, construit autour d'un pinot mûr et frais. Nous en apprécions la densité et l'aspect juteux. Haut niveau dans les premiers crus : Les Combins allie profondeur et complexité, il est apte à la garde. L'expression fine du pinot prend tout son sens avec Les Croichots : un jus d'une telle précision nous émerveille. Champs Martins rehausse d'un cran le niveau de concentration, exprimant le pinot noir mûr comme il est rare de le croiser. Plus extrait sans manquer de finesse, La Cailloute est un vin profond, un jus magique, frais et dense à la fois, posé sur un boisé de haute volée. Une bouteille qui rayonne au sommet des vins du domaine.

Mercurey Les Chenaults 2020 — 22,50 € **89**

Mercurey Premier Cru Les Saumonts 2020 — 27 € **91**

Mercurey Château Mipont 2020 — 22,50 € **91**

Mercurey Premier Cru Champs Martins 2020 — 25 € **94**

- Mercurey Premier Cru Les Croichots
2020   25 €   93
- Mercurey Vieilles Vignes 2020   21,50 €   93

Le coup de ♥

- Mercurey Premier Cru La Cailloute
2020   30 €   96
- Mercurey Premier Cru Les Combins
2020   26,50 €   93

Rouge : 9,5 hectares. Pinot noir 100 %
Blanc : 2,2 hectares. Chardonnay 100 %
Production moyenne : 70 000 bt/an

DOMAINE THEULOT JUILLOT
4, rue de Mercurey, 71640 Mercurey
03 85 45 13 87 ● www.theulotjuillot.eu ●
Visites : sans RDV.
Propriétaire : Nathalie et Jean-Claude
Theulot

_____

★★ DOMAINE LORENZON

Bruno Lorenzon a vinifié son premier millésime en 1993 puis repris les rênes du domaine familial en 2000. Son premier métier : consultant en tonnellerie, ce qui explique sa capacité à choisir, comprendre les élevages et les adapter à ses terroirs avec une précision millimétrée. Les vignes et la cave ont droit à la même rigueur ; les petits rendements et une vinification hors pair permettent de ciseler chaque terroir qu'il soit de Montagny ou bien Mercurey. La régularité et le souci du détail apportés à chaque vin lui ont valu une solide deuxième étoile. Nous le distinguons cette année en tant que vigneron de l'année pour toute la Bourgogne. Son fils, Gautier, 21 ans, est en BTS viticulture-œnologie à Changins (Suisse). Il se prépare ainsi à participer à la destinée de ce domaine d'exception.

Les vins : des deux montagnys premiers crus particulièrement réussis, nous avons une préférence pour Les Truffières pour la classe, la pureté et la tension qu'il dégage. Croichots est un vin vivifiant, précis en élevage, tendu façon chablis, très équilibré et prêt à bien vieillir. Il dévoile un profil crayeux et frais. Nous saluons la précision de l'élevage. Champs-Martin est aérien, en lévitation dans le verre. Sa finale est dynamique, on a l'esprit d'un perrières avec la belle réduction fine qui le complexifie. Les rouges ne déméritent pas et offrent maturité et finesse. Le Chapitre se montre juteux, précis, encore un peu serré en tanins mais tellement élégant et dynamique à la fois. Les deux Champs-Martin sont exceptionnels. Donnons la palme à Carline, le vin le plus abouti, pur et précis, dont ce grip particulier de tanins, le boisé noble et l'intensité de fruit forcent le respect. Un vin d'une telle harmonie est rare.

- Mercurey Premier Cru Champs-Martin
2020   42 €   93
- Montagny Premier Cru Le Mont Laurent
2020   37 €   91
- Montagny Premier Cru Les Truffières
2020   37 €   92
- Mercurey Le Chapitre 2020   35 €   91
- Mercurey Premier Cru Carline Clos des
Champs Martin 2020   48 €   96
- Mercurey Premier Cru Champs Martin
2020   42 €   94

Le coup de ♥

- Mercurey Premier Cru Croichots
2020   42 €   93

Rouge : 5 hectares. Pinot noir 100 %
Blanc : 6 hectares. Chardonnay 100 %
Production moyenne : 45 000 bt/an

DOMAINE LORENZON
14, rue du Reu, 71640 Mercurey
03 85 45 13 51 ● www.domainelorenzon.com
● Vente et visites : sur RDV.
Propriétaire : Bruno Lorenzon

★★ DOMAINE FRANÇOIS LUMPP

Ce domaine familial est géré dans la continuité par la nouvelle génération. Pierre est responsable du vignoble, sa sœur Anne-Cécile ainsi que Nicolas, son conjoint, assurent la vinification ; ce trio s'appuie de l'expérience et des conseils bienveillants de François et Isabelle. Les élevages ont été légèrement modifiés : des boisés moins importants pour les blancs et des durées d'élevage plus longues pour certaines cuvées de rouge. Nous sommes toujours bluffés par ces élevages, pourtant luxueux (70 % de bois neuf), qui épousent les rouges avec une agilité déconcertante.

Les vins : la série des blancs débute par Petit Marole. Il brille par sa minéralité ; sa fraîcheur innée équilibre et l'ensemble ne demande qu'à se patiner. Crausot affiche un profil mûr et frais, crayeux, précis, adossé au crémeux naturel de son élevage. La série des rouges, misés peu avant notre dégustation, au fruit d'élevage long, nous impressionne. Citons nos préférés : le plus ouvert parmi les premiers crus, exprimant la pureté et la maturité de son terroir, Crausot signe un 2020 remarquable, une quintessence exquise, des tanins veloutés et mûrs. Clos Jus révèle sa complexité, un ensemble de grande classe et de pureté. C'est un jus très noble, prêt pour dix ans. A Vigne Rouge tient son rang, salué pour son haut relief, alliant fraîcheur, profondeur mais aussi beaucoup d'énergie. Il ferait trembler la côte de Nuits ! Clos du Cras Long rafle la mise. Un vin impressionnant, aux curseurs élevés : concentration, minéralité, fruit, boisé, tout semble le hisser vers le haut en termes de précision et de qualité.

Givry Premier Cru Crausot 2020	32 €	91
Givry Premier Cru Petit Marole 2020	30 €	92
Givry Premier Cru A Vigne Rouge 2020	35 €	94
Givry Premier Cru Clos du Cras Long 2020	35 €	95
Givry Premier Cru Le Pied du Clou 2020	30 €	92
Givry Premier Cru Petit Marole 2020	30 €	92
Givry Teppe des Chenèves 2020	22 €	91

Le coup de ♥

Givry Premier Cru Clos Jus 2020	35 €	93
Givry Premier Cru Crausot 2020	32 €	93

Rouge : 8 hectares. Pinot noir 100 %
Blanc : 2,5 hectares. Chardonnay 100 %
Production moyenne : 40 000 bt/an

DOMAINE FRANÇOIS LUMPP

36, avenue de Mortières, Le Pied du Clou, 71640 Givry
03 85 44 45 57 ● www.francoislumpp.com ● Vente et visites : sur RDV.
Propriétaire : Isabelle, François, Pierre et Anne-Cécile Lumpp
Directeur : François, Pierre et Anne-Cécile Lumpp
Œnologue : Guillaume Lebras

★★ DOMAINE FRANÇOIS RAQUILLET

François Raquillet excelle sur les terroirs de Mercurey depuis 1990, nous offrant des vins d'une qualité exemplaire et d'une régularité sans faille. La transmission se met en place, sa fille Jeanne est présente au domaine et le passage en bio fait partie de leurs prochains challenges. 2018, 2019 et aujourd'hui 2020 se distinguent logiquement.

Les vins : des quatre blancs présentés, retenons deux pépites. Commençons par Vieilles Vignes, où la tension, l'élevage, la minéralité s'alignent. Coup de chapeau pour l'équilibre et le rapport prix-plaisir de cette cuvée. Clos Barraults monte en puissance, le millésime le permet. Un vin salué pour sa fraîcheur, l'usage de grands contenants de chêne favorise son équilibre. Les rouges seront des vins de temps. Nous apprécions Vieilles Vignes qui exprime la quintessence d'un pinot frais, infiniment mûr. La bouche impressionne par sa densité, extraite mais fraîche et veloutée. Les Veleys est moins impacté par son

élevage, le boisé est mieux géré, supplanté par un fruit juteux frais et intense. La garde lui fera le plus grand bien.

Mercurey La Brigadière 2020	25 €	93
Mercurey Premier Cru Les Veleys 2020	34 €	93
Mercurey Vieilles Vignes 2020	23 €	92
Mercurey Les Carabys 2020	24 €	92
Mercurey Premier Cru Les Naugues 2020	34 €	92
Mercurey Premier Cru Les Vasées 2020	30 €	92
Mercurey Premier Cru Les Veleys 2020	34 €	94

Le coup de ♥

Mercurey Premier Cru Clos Barraults 2020	34 €	93
Mercurey Vieilles Vignes 2020	25 €	93

Rouge : 10,46 hectares. Pinot noir 100 %
Blanc : 3,63 hectares. Chardonnay 100 %
Production moyenne : 68 000 bt/an

DOMAINE FRANÇOIS RAQUILLET

19, rue de Jamproyes, 71640 Mercurey
03 85 45 14 61 ● www.domaine-raquillet.com
● Visites : sans RDV.
Propriétaire : François Raquillet
Œnologue : Guillaume Lebras

★ DOMAINE STÉPHANE ALADAME

Stéphane Aladame a créé son domaine en 1992, à l'âge de dix-huit ans. Depuis, ce producteur très perfectionniste a progressé régulièrement et propose une gamme très cohérente de montagnys blancs qui sont des modèles de finesse et de fraîcheur, de bonne garde et proposés à des tarifs raisonnables. L'acquisition d'une parcelle de bourgogne, initialement acheté en raisins, ainsi que seize ares en montagny premier cru complètent cette propriété. Ce domaine est très présent sur les meilleures tables gastronomiques françaises et exporte seulement la moitié de sa production.

Les vins : six premiers crus ont été présentés, d'un niveau très homogène. Sans fard ni boisé, Découverte offre le profil fin et désaltérant d'une jeune vigne. Les Burnins impose sa minéralité, c'est une vieille vigne de 1923 à la vigueur vivifiante. Traçant, épuré, son boisé est souligné par un trait fin. Les Maroques est empreint de minéralité. Ce style digeste et élégant lui va bien. Les Vignes Derrière sont une bouteille de plaisir et de complexité. L'énergie du terroir et la maturité du millésime se conjuguent déjà au présent. Sélection Vieilles Vignes est un assemblage de quatre parcelles de vignes entre 40 et 85 ans. Son élevage en fût de chêne est présent, sans excès, heureusement. Les Coères est suave, ample et acidulé. Un beau terroir magnifié.

⊃ Montagny Premier Cru Découverte
2020 Épuisé - 20 € **90**

⊃ Montagny Premier Cru Les Burnins
2020 Épuisé - 28 € **92**

⊃ Montagny Premier Cru Les Coères
2020 Épuisé - 28 € **92**

⊃ Montagny Premier Cru Les Maroques
2020 Épuisé - 25 € **91**

⊃ Montagny Premier Cru Les Vignes Derrière
2020 Épuisé - 25 € **92**

Le coup de ♥

⊃ Montagny Premier Cru Sélection Vieilles
Vignes 2020 Épuisé - 25 € **92**

Blanc : 8,5 hectares. Chardonnay 100 %
Production moyenne : 40 000 bt/an

DOMAINE STÉPHANE ALADAME

20, rue du Lavoir, 71390 Montagny-lès-Buxy
03 85 92 06 01 ● aladame.fr/ ● Vente et
visites : sur RDV.
Propriétaire : Stéphane Aladame

★ DOMAINE DU CELLIER AUX MOINES

Le domaine du Cellier aux Moines date du XVIIIe siècle. Il fut repris en 2004 par Catherine et Philippe Pascal. Ces derniers ont patiemment restauré l'édifice en le dotant d'une cave des plus fonctionnelles. Depuis 2014, Guillaume Marko, qui a fait ses classes à la Romanée-Conti, mène la vinification et fait partie de la cogérance. Cette propriété élabore à partir de ses vignes des vins issus principalement de premiers crus, en biodynamie, de Givry à Puligny-Montrachet. Notons la création d'une gamme abordable, Felix Helix, créée par Guillaume Marko avec les enfants de la famille Pascal. Elle se concentre sur Givry et Montagny en achat de raisins/moûts bio, sans fûts neufs. Les projets ne s'arrêtent pas là, le domaine a fait l'acquisition de 5,5 hectares en Beaujolais sur Juliénas, sur le site En Bessay ainsi qu'un demi-hectare de moulin-à-vent, premier millésime 2021.

Les vins : le blanc 2019 Les Combes offre un profil ample et vanillé par son élevage. Sa fine touche acidulée vient épauler la finale. Les Margotons exprime le floral et l'empreinte minérale du lieu, le boisé est modéré, pas de fûts neufs, ce qui laisse la place au terroir. Beauregard fait partie des grandes réussites de l'appellation. Il réunit minéralité, maturité et un élevage posé. Les Pucelles livre un profil très aérien. Suffisamment mûr, il reste fidèle aux attentes d'un tel terroir, un modèle de complexité, long et

persistant. La série des rouges est convaincante : Le Petit Cellier est un givry sur son fruit, un pinot aux tanins fins, une gourmandise. Clos Pascal, enclave du Clos, présente un jus dense et généreux, à la fois frais et élégant. Nouvelle cuvée, Les Dessus, représente quatre fûts isolés du Clos, il bénéficie d'un élevage long. Il méritera un temps de cave pour s'affiner et patiner ses tanins.

⊃ Mercurey Les Margotons 2019 25 € **92**

⊃ Montagny Premier Cru Les Combes
2019 32 € **91**

⊃ Puligny-Montrachet Premier Cru Les
Pucelles 2019 120 € **94**

⊃ Santenay Premier Cru Beauregard
2019 50 € **92**

➤ Givry Le Petit Cellier 2019 30 € **91**

➤ Givry Premier Cru Clos du Cellier aux
Moines Les Dessus 2019 90 € **91**

Le coup de ♥

➤ Givry Clos Pascal 2019 130 € **93**

Rouge : 7,5 hectares. Pinot noir 100 %
Blanc : 3 hectares. Chardonnay 95 %,
Aligoté 5 %
Production moyenne : 30 000 bt/an

DOMAINE DU CELLIER AUX MOINES ♣

Clos du Cellier aux Moines, 71640 Givry
03 85 44 53 75 ● www.cellierauxmoines.fr ●
Vente et visites : sur RDV.
Propriétaire : Famille Pascal
Directeur : Philippe et Catherine Pascal
Œnologue : Guillaume Marko

★ CHÂTEAU DE CHAMILLY

Ce charmant château du XVIIe siècle au nord de Mercurey, propriété de la famille Desfontaine depuis 1840, est géré depuis 1995 par Véronique Desfontaine, secondée depuis 2007 par ses deux fils, Arnaud et Xavier. Le cœur de leur production s'appuie sur les appellations Mercurey et Montagny. Leurs vignes sont en conversion en bio. Les 2020 sont très réussis, ils demanderont de la part des amateurs un peu de patience pour les voir évoluer positivement dans les verres.

Les vins : le montagny Les Bassets offre un panel frais, tendu, précis, ciselé, sans boisé et idéal à l'apéritif. Des deux premiers crus, nous penchons pour Les Burnins, calcaire dans sa définition et sa forme. Son élevage est bien intégré. Nous sommes fans de Côte Chalonnaise rouge, pinot fin et frais, juteux et gourmand, d'autant que son prix reste sage. Grand Clos Rousseau est une parcelle de Santenay, premier cru de grande finesse, exprimant le pinot mûr, souligné par un boisé légèrement sucrant, se profilant dans le bon sens pour l'intégrer. Trois mercureys de belle facture vous attendent. Nos préférences en termes de potentiel sont les premiers crus Clos La Perrière et Les Puillets. Le premier allie finesse et précision. C'est un vin de temps, sa fraîcheur et sa complexité épauleront ce jus bien élevé. Les Puillets se montre mûr avec ses tanins serrés, la trame est juteuse et pure, il est lui aussi apte à la garde.

Montagny Les Bassets 2020	de 13 à 21,50 € (c)	90
Montagny Les Reculerons 2020	de 14 à 19,50 € (c)	91
Montagny Premier Cru Les Burnins 2020	de 19,50 à 28,50 € (c)	91
Montagny Premier Cru Les Jardins 2020	de 18 à 26,50 € (c)	91
Bourgogne Côte Chalonnaise 2020	de 13,50 à 18,50 € (c)	91
Mercurey Clos La Perrière Monopole 2020	de 21 à 31,50 € (c)	92
Mercurey Les Monthelons 2020	de 17,50 à 26,50 € (c)	92
Mercurey Premier Cru Les Puillets 2020	de 28 à 38,50 € (c)	92
Santenay Premier Cru Grand Clos Rousseau 2020	de 31 à 45,50 € (c)	91

Rouge : 16 hectares. Pinot noir 100 %
Achat de raisins.
Blanc : 14 hectares. Chardonnay 80 %,
Aligoté 20 %
Achat de raisins.
Production moyenne : 170 000 bt/an

CHÂTEAU DE CHAMILLY

7, allée du Château, 71510 Chamilly
03 85 87 22 24 ●
www.chateaudechamilly.com ● Visites : sans RDV.
Propriétaire : Véronique, Xavier et Arnaud Desfontaine

★ PAUL ET MARIE JACQUESON

La famille Jacqueson a beaucoup œuvré pour la réputation de l'appellation Rully, avec Henri, puis Paul, et désormais Marie et son frère Pierre. Ces trois générations n'ont cessé de faire progresser la qualité, produisant avec régularité des vins qui figurent parmi les plus fins de Bourgogne. Les 2020 ont séduit notre comité, confirmant la grande forme du domaine.

Les vins : le blanc Les Cordères personnifie l'aligoté dans sa plus pure expression, vinifié sous bois, sans aucun fût neuf. Il offre une version classique mûre et tendue de ce merveilleux cépage. Des trois premiers crus blancs

de Rully, nous préférons Grésigny dont l'expression minérale du chardonnay apporte de l'équilibre. Le choix judicieux d'un élevage long participe à la complexité du vin. Margoté est légèrement plus boisé que Grésigny, il exprime un profil très crayeux qui lui apporte de la fraîcheur dans ce millésime assurément mûr. Affinez-le cinq à dix ans en cave. La série des rouges va crescendo. Les Naugues est un vin suave, corsé, suffisamment concentré et velouté pour assurer la garde. Les Cloux, une vigne de 1967, offre la pureté d'un pinot bien géré, profond et charnu. Un vin à nouveau impressionnant, où la minéralité apporte longueur et complexité.

Bouzeron Les Cordères 2020	15 €	92
Rully 2020	17,50 €	91
Rully Premier Cru Grésigny 2020	23 €	93
Rully Premier Cru Margotés 2020	Épuisé - 23 €	93
Rully Premier Cru Vauvry 2020	23 €	91
Mercurey Premier Cru Les Naugues 2020	23 €	93
Rully Les Chaponnières 2020	17,50 €	92

Le coup de ♥

Rully Premier Cru Les Cloux 2020	23 €	94

Rouge : 10,22 hectares. Pinot noir 97 %, Gamay noir à jus blanc 3 %
Achat de raisins.
Blanc : 8,16 hectares. Chardonnay 81 %,
Aligoté 19 %
Achat de raisins.
Production moyenne : 100 000 bt/an

PAUL ET MARIE JACQUESON

12, rue Saint-Laurent, 71150 Rully
03 85 43 26 05 ● www.jacqueson-vins.fr ●
Vente et visites : sur RDV.
Propriétaire : Marie, Paul et Pierre Jacqueson

★ DOMAINE DE VILLAINE

Aubert et Paméla de Villaine ont acheté ce domaine à Bouzeron en 1971, certifié bio depuis 1986. Leur neveu Pierre de Benoist en assure la gérance et les vinifications depuis son arrivée en 2001. Ils sont devenus maître dans l'élaboration de l'aligoté, soit près de 70 000 bouteilles de bouzeron dans les grandes années; d'un niveau remarquable et d'une aptitude au vieillissement avérée. Par l'achat de 10 hectares sur Rully, le domaine est présent sur six premiers crus renommés. Il s'applique à les mettre en valeur. Les ressentis d'élevages boisés tendent à tempérer notre enthousiasme. Nous restons attentifs aux vins de ce domaine au fort potentiel qui devrait reconquérir le sommet du Chalonnais.

Les vins : le bouzeron nous séduit par sa fraîcheur. Il plaît déjà par son profil pur, effilé et digeste qui s'ouvrira sur dix ans. Un aligoté hautement recommandable, surtout dans un tel millésime d'équilibre. Les Margotés restitue sous un boisé, certes luxueux, un ensemble exprimant la richesse du millésime. Rabourcé dévoile le caractère mûr et sudiste de ses origines, complété par l'eugénol d'un élevage blond et frais. La bouche, espérons-le, digérera ce boisé car il offre une très belle signature de premier cru. La Fortune est un pinot de belle facture, concentré, mûr, frais et bien élevé, un vin qui va au-delà de son étiquette. Nous sommes également charmés par La Digoine, un pinot fin, riche en fruit et fraîcheur. Les Champs Cloux allie concentration, fraîcheur et persistance. Les Montots est un mercurey issu d'une parcelle juste au-dessus du premier cru Clos L'Évêque. Séveux, profond et racé, il est lustré par un boisé et des tanins fermes qui appellent à la patience.

▭ Bourgogne Côte Chalonnaise Les Clous Aimé 2020	21,50 €	91
▭ Rully Premier Cru Les Margotés 2019	39 €	92
▭ Rully Premier Cru Rabourcé 2019	39 €	92
▬ Bourgogne Côte Chalonnaise La Digoine 2020	Épuisé - 23 €	92
▬ Bourgogne Côte Chalonnaise La Fortune 2020	23 €	92
▬ Mercurey Les Montots 2020	Épuisé - 25,50 €	90
▬ Rully Premier Cru Les Champs Cloux 2019	39 €	93

Le coup de ♥

▭ Bouzeron 2020	22 €	93
▭ Rully Premier Cru Les Cloux 2019	39 €	93

Rouge : 9,6 hectares. Pinot noir 100 %
Blanc : 20 hectares. Chardonnay 55 %, Aligoté 45 %
Production moyenne : 140 000 bt/an

DOMAINE DE VILLAINE ♣

2, rue de la Fontaine, 71150 Bouzeron
03 85 91 20 50 ● www.de-villaine.com ●
Vente et visites : sur RDV.
Propriétaire : Pierre de Benoist et Aubert de Villaine
Directeur : Pierre de Benoist

CLOS SALOMON

Le domaine doit son nom à la famille Salomon qui l'a acquis en 1538 et transmis, un peu moins d'un siècle plus tard, en 1632, à la famille Gardin de Séveirac. Depuis 2016, il est géré par Ludovic du Gardin. Le vignoble est constitué d'un clos, monopole historique en Givry rouge premier cru,

complété de deux parcelles de chardonnay : La Grande Berge, premier cru de Givry (0,40 hectare) et 2 hectares en Montagny. Petits rendements, travail et respect des sols, tout est mis en œuvre pour obtenir la meilleure résonance des terroirs. Nous saluons sa régularité.

Les vins : pour des raisons techniques, le domaine n'a pas pu nous transmettre ses vins cette année. Nous reconduisons les notes de notre dernière édition.

▭ Givry Premier Cru La Grande Berge 2019	27 €	92
▭ Montagny Le Clou 2019	17 €	91
▬ Givry Premier Cru 2019	27 €	92

Rouge : 7 hectares. Pinot noir 100 %
Blanc : 2,5 hectares. Chardonnay 100 %
Production moyenne : 50 000 bt/an

CLOS SALOMON

16, rue du Clos Salomon, 71640 Givry
03 85 44 32 24 ● www.du-gardin.com ●
Vente et visites : sur RDV.
Propriétaire : Ludovic du Gardin

DOMAINE COTTENCEAU MAXIME

Le jeune domaine Maxime Cottenceau est une adresse découverte l'an dernier. Né en 1996 et titulaire d'un BTS œnologie, Maxime a un cursus qui ne nous a pas échappé. Il a appris durant deux années aux côtés de son mentor, l'excellent vigneron Vincent Dureuil à Rully, ce qui lui a permis de poser des bases solides pour se lancer à son tour, en marge de ses parents coopérateurs de la cave de Buxy. Il reprend ainsi petit à petit les vignes familiales avec une gamme variée de montagny, givry et mercurey. Le domaine, en conversion bio depuis 2020, est constitué d'une bonne partie de vieilles vignes.

Les vins : seuls les blancs figurent cette année dans notre guide car les rouges n'étaient pas encore en bouteilles. L'aligoté étonne par sa concentration, épuré, tendu, toujours aussi précis et tranchant. Sous Les Roches file le parfait équilibre. Nous saluons l'attention portée au boisé qui vient simplement soutenir la texture du chardonnay. Les Bassets offre un jus vibrant, mûr et très justement acidulé, au tempérament complexe et puissant. Plus incisif, Vigne du soleil exprime le dualisme minéralité-pureté avec une extrême tension : un vin de temps. Montcuchot est l'exemple même de minéralité. Subtilement graissé par un boisé blond, il gagne en amplitude dans le verre. Le millésime 2020 est bien géré, aucune richesse. On va, là encore, loin dans la persistance et la salinité, un peu à la chablisienne.

Montagny Premier Cru Les Bassets
2020   30 €   92

Bourgogne Aligoté 2020   13 €   91

Montagny Premier Cru Vigne du soleil
2020   28 €   91

Montagny Village Sous Les Roches
2020   24 €   91

Le coup de ♥

Montagny Premier Cru Montcuchot
2020   30 €   92

Rouge : 2,75 hectares. Pinot noir 100 %
Blanc : 4,75 hectares. Chardonnay 95 %,
Aligoté 5 %
Production moyenne : 15 000 bt/an

DOMAINE COTTENCEAU MAXIME

Chemin des Chaumettes 71390 Buxy
06 78 05 37 52 ●
cottenceau.maxime@gmail.com ● Vente et
visites : sur RDV.
Propriétaire : Maxime Cottenceau

DOMAINE MICHEL JUILLOT

La famille Juillot est étroitement liée à la notoriété et la qualité de l'appellation Mercurey. Le domaine, aujourd'hui porté par Laurent Juillot et son fils Pierre qui collabore aux vinifications depuis 2020, couvre une trentaine d'hectares entre la Côte chalonnaise et la Côte de Beaune. Ils expriment fidèlement l'empreinte de leurs terroir. Nous avons été séduit par l'homogénéité des 2020 cette année. Aux côtés de la kyrielle de premiers crus de Mercurey, n'oublions pas de mentionner les deux grands crus du domaine, corton-perrières et le rarissime corton-charlemagne.

Les vins : les deux villages, Les Thivaux et Vignes de Maillonge, font honneur à leur appellation. Ils sont salués pour leur équilibre. La minéralité domine, les boisés sont adaptés, ils sont déjà abordables aujourd'hui. Plus ouvert que Champs-Martin, Clos des Barraults profite d'une fraîcheur innée précédant une bouche ample et racée. Un vin taillé pour la garde. Le corton-charlemagne mérite votre patience, il a la carrure pour dépasser la décennie. Les rouges confirment nos attentes. Un mercurey-villages séduisant, modèle de son terroir, à découvrir sans urgence. Il reste déjà très équilibré et savoureux. Champs-Martin est issu d'une vendange très mûre, son boisé s'intègre bien. Des trois premiers crus, nous préférons le Clos des Barraults aux parfums enjôleurs ; son aspect velouté, frais et élégamment boisé est remarquable.

Corton-Charlemagne Grand Cru
2020   165 €   94

Mercurey Les Vignes de Maillonge
2020   22 €   90

Mercurey Premier Cru Clos des Barraults
2020   31 €   92

Mercurey Premier Cru Les Champs
Martins 2020   31 €   90

Rully Les Thivaux 2020   19 €   90

Mercurey Les Vignes de Maillonge
2020   22 €   91

Mercurey Premier Cru Clos du Roi
2020   32 €   89

Mercurey Premier Cru Les Champs
Martins 2020   27 €   91

Le coup de ♥

Mercurey Premier Cru Clos des Barraults
2020   30 €   93

Rouge : 20,5 hectares. Pinot noir 100 %
Blanc : 9,5 hectares. Chardonnay 100 %
Production moyenne : 180 000 bt/an

DOMAINE MICHEL JUILLOT

59A Grande-Rue, 71640 Mercurey
03 85 98 99 89 ●
www.domaine-michel-juillot.fr ● Vente et
visites : sur RDV.
Propriétaire : Laurent Juillot

DOMAINE JEAN-BAPTISTE PONSOT

Ce domaine a été créé par le grand-père de Jean-Baptiste Ponsot, Lucien. À partir d'un peu plus de 8 ha sur Rully en propriété, dont deux tiers en belles parcelles de premiers crus, Jean-Baptiste réalise une gamme soignée et homogène à prix sages. Les vignes sont en culture raisonnée, sans désherbants depuis 2007. Il se tourne désormais vers une culture de plus en plus biologique avec des sols travaillés et des rendements maîtrisés. C'est un domaine très recommandable et régulier.

Les vins : équilibré, frais, En Bas de Vauvry dévoile un chardonnay bien élevé, ciselé et crémeux. Un classique de l'appellation à déguster dès aujourd'hui. Deux très bons premiers crus, dont l'exquis Molesme blanc, qui rappelle la crème au beurre, sur un fond floral et minéral. La bouche est mûre, ample, sous un boisé présent bien géré. Des trois rouges présentés, citons les deux plus belles expressions de terroirs : le rully-village qui pinote finement, profil très mûr et primaire sur une note de fraîcheur. La Fosse est notre préféré : son boisé reste en retrait, sa texture demi-puissante évolue positivement, il séduira sur six à huit ans.

Rully En Bas de Vauvry 2020   18 €   90

Rully Premier Cru Molesme 2020   23 €   92

⬦ Rully Premier Cru Montpalais 2020	23 €	91
⬛ Rully 2020	19 €	91
⬛ Rully Premier Cru La Fosse 2020	25 €	92

Rouge : 2,7 hectares. Pinot noir 100 %
Blanc : 5,8 hectares. Chardonnay 100 %
Production moyenne : 60 000 bt/an

DOMAINE JEAN-BAPTISTE PONSOT

26, Grande-Rue, 71150 Rully
03 85 87 17 90 ●
www.domaine-ponsot-rully.fr ● Vente et visites : sur RDV.
Propriétaire : Jean-Baptiste Ponsot

NOUVEAU DOMAINE

DOMAINE RAGOT

Nicolas Ragot a repris les rênes depuis 2008 de ce domaine familial qui se compose de huit vins dont trois premiers crus, exclusivement situés sur l'appellation Givry, soit 10 ha dont un tiers en premier cru. Soulignons leur travail très poussé vers une viticulture durable et écologique depuis plus de vingt ans sans certification. Le très bon rapport qualité-prix de ces vins mérite l'attention de tout amateur.
Les vins : plus précis dans les vinifications et dans les élevages, la gamme des 2020 nous a convaincus. Champ Pourot, fin en boisé, mûr et charmeur, est vitalisé par un sillage acidulé. Teppe des Chenèves monte d'un cran, plus mûr, alliant tension et équilibre. Crausot livre une trame élégante et raffinée formant un ensemble frais. La série des rouges est très homogène : Tradition est une jeune vigne sur le secteur de Champ Pourot, un pinot égrappé, qui se veut digeste et accessible. Vieilles Vignes offre une texture modelée, fine en tanins, entre soie et velours. Clos Jus séduit par son fruit parfumé, franc et serré. Le boisé va se patiner avec le temps. La Grande Berge est notre préféré, c'est un jus de grande valeur, charnu, garant de fraîcheur. Précisons que le 2019 goûté en novembre 2021 au domaine nous avait lui aussi donné le même ressenti. C'est un grand terroir.

⬦ Givry Champ Pourot 2020	20 €	90
⬦ Givry Premier Cru Crausot 2020	29 €	90
⬦ Givry Teppe des Chenèves 2020	26 €	91
⬛ Givry Premier Cru Clos Jus 2020	28 €	92
⬛ Givry Tradition 2020	20 €	90
⬛ Givry Vieilles Vignes 2020	24 €	91

Le coup de ♥

⬛ Givry Premier Cru La Grande Berge 2020	28 €	94

⬛ Givry Teppe des Chenèves 2020	26 €	91

Rouge : 7,5 hectares. Pinot noir 100 %
Blanc : 2,5 hectares. Chardonnay 100 %
Production moyenne : 50 000 bt/an

DOMAINE RAGOT

4, rue de l'École, 71640 Givry
03 85 44 35 67 ● www.domaine-ragot.com ●
Vente et visites : sur RDV.
Propriétaire : Nicolas Ragot

DOMAINE SAINT-JACQUES

Une dynastie de Christophe règne depuis trois générations dans cette propriété familiale rul-lyotine créée par le grand-père Christophe-Amédée en 1955. Les vins sont vinifiés par Christophe-Jean qui s'est installé en 1991 après un cursus très bourguignon. Aujourd'hui, le domaine compte près de 10 ha en appellation Rully, essentiellement en blanc, avec deux premiers crus proches du village. Son fils Christophe-Andréa est déjà présent au domaine dont il a repris les rênes en 2021. La maîtrise des vinifications ainsi que la sagesse des élevages et des prix sont appréciées ; ils font le bonheur des amateurs.

Les vins : l'aligoté brille par sa maturité et son énergie. Ciselé et élégant, il se croque avec envie et gourmandise. Son prix reste sage. Nous apprécions le rully, dense et ample, boisé dans un style crémeux. Il offre un vin digeste et sapide, un classique pour découvrir l'appellation. Des trois premiers crus, nous préférons Maris-sou blanc, où le minéral et la maturité du fruit ne font qu'un, le vin vieillira bien. Le fin pinot noir La Fosse est une infusion pure et précise, apprécié pour son boisé tempéré, sa palette bien équilibrée et fraîche. Pour les six à dix prochaines années.

⬦ Bourgogne Aligoté 2020	13 €	92
⬦ Rully 2020	17 €	92

Le coup de ♥

⬦ Rully Premier Cru Marissou 2020	21 €	93
⬛ Rully Premier Cru La Fosse 2020	20 €	92

Rouge : 2,67 hectares. Pinot noir 100 %
Blanc : 6,87 hectares. Chardonnay 92 %, Aligoté 8 %
Production moyenne : 20 000 bt/an

DOMAINE SAINT-JACQUES

11, rue Saint-Jacques 71150 Rully
09 65 04 01 54 ●
www.christophe-grandmougin.fr ● Vente et visites : sur RDV.
Propriétaire : Christophe-Jean Grandmougin
Œnologue : Laurent Michelet

DOMAINE TUPINIER-BAUTISTA

Le domaine familial de Manu Bautista et ses 11 ha de vignes excellent sur les terroirs de Mercurey depuis 1997. Épaulé par son jeune neveu Anthony, il élabore des vins profonds, au fruit d'une grande concentration et pureté. Nous avons décelé un rare équilibre où le fruit et le terroir s'expriment de concert. Blancs et rouges brillent par des choix justes de maturité et des élevages majoritairement bien gérés. Le boisé est au service du vin et pas l'inverse. Ces beaux terroirs de premiers crus illustrent à la perfection le talent de ce vigneron prometteur.

Les vins : des deux blancs nous préférons Les Vellées, issu d'une vigne de 1941, riche, ample et racé, au boisé fin. La série des mercureys en rouge séduit par son homogénéité. Vieilles Vignes rappelle les cerises burlat, son élevage s'intègre. L'équilibre est déjà acquis mais il mérite un temps de garde. En Sazenay hausse le ton, exprimant une bouche tout en chair et en minéralité. Il franchira la barre des dix ans. Les Vellées impressionne par sa carrure : frais, mûr, racé, avec un boisé très bien géré. Clos du Roy éblouit par la pureté de son fruit dès l'ouverture. Intensément mûr et velouté, il dévoile une grande amplitude et de la fraîcheur au palais. C'est le vin qu'il vous faut en magnum !

⊏	Mercurey Premier Cru En Sazenay 2020	29 €	**91**
⊏	Mercurey Premier Cru Les Vellées 2020	32 €	**92**
◣	Mercurey Premier Cru En Sazenay 2020	27 €	**92**
◣	Mercurey Premier Cru Les Vellées 2020	30 €	**92**
◣	Mercurey Vieilles Vignes 2020	18 €	**90**

Le coup de 🖤

◣	Mercurey Premier Cru Clos du Roy 2020	35 €	**94**

Rouge : 8,5 hectares. Pinot noir 100 % Achat de raisins.
Blanc : 2,5 hectares. Chardonnay 100 % Achat de raisins.
Production moyenne : 50 000 bt/an

DOMAINE TUPINIER-BAUTISTA

30 ter, rue du Liard, Touches
71640 Mercurey
03 85 45 26 38 ●
www.domaine-tupinier-bautista.com ● Vente et visites : sur RDV.
Propriétaire : Manu Bautista

MÂCONNAIS

★★★ DOMAINE GUFFENS-HEYNEN

Jean-Marie Guffens maîtrise l'art de vinifier et de sublimer le chardonnay. Déguster une de ses cuvées, même après dix ans, constitue toujours un grand moment. Il partage son temps entre les vinifications haute couture de ce domaine, la gestion de son négoce Verget, sa propriété du château des Tourettes, dans le Luberon, et le château Closiot, à Barsac, où il réalise de grands vins secs et liquoreux quand l'année le permet. Il a révélé le potentiel des meilleurs terroirs du Mâconnais et développé l'intérêt à leur égard. Les vins du domaine sont vendus en primeur. Notre conseil est de tenter sa chance, tout en n'oubliant pas de s'intéresser aux autres propriétés de ce vigneron d'exception.

Les vins : le blanc Tri de Chavigne offre déjà un profil de réduction fine, presque chablisien, sur la pierre à fusil, avec un floral fin et un élevage au cordeau. L'âme du vin est magnifique : la texture est serrée, il est mûr et intensément frais. C'est un marathonien qui se prépare. Juliette, c'est le montrachet de Jean-Marie. Il s'exprime avec une remarquable précision en termes de maturité, salué pour son toucher de bouche inouï, qui épouse le minéral. C'est le pendant de Vergisson à Mâcon. Croux et Petits Croux représente 3 barriques, un vin immense, de l'avis de plusieurs de nos dégustateurs. C'est un fuissé d'une grande pureté, avec une minéralité qui diffuse une grande énergie, la finale surfe sur la craie vive. Ce joyau va évoluer assurément crescendo. Premier jus des premiers crus est un millefeuille de Roche et de Crays. La trame est encore sur la réserve, il développe une prise de bois un peu plus marquée en arômes, cintré par le minéral qui domine tout.

⊏	Mâcon-Pierreclos Juliette et les Vieilles de Chavigne 2020	Épuisé - N.C.	**96**
⊏	Mâcon-Pierreclos Tri de Chavigne 2020	Épuisé - N.C.	**94**
⊏	Pouilly-Fuissé 1ers Jus des Premiers Crus 2020	Épuisé - 109 €	**96**
⊏	Pouilly-Fuissé Croux et Petits Croux 2020	Épuisé - N.C.	**97**

Blanc : 6 hectares. Chardonnay 100 %
Production moyenne : 20 000 bt/an

DOMAINE GUFFENS-HEYNEN

Le Bourg, 71960 Sologny
03 85 51 66 00 ● www.verget-sa.fr ● Vente et visites : sur RDV.
Propriétaire : Jean-Marie Guffens

★★ DOMAINE BARRAUD

Julien Barraud et sa sœur Anaïs ont repris les rênes du domaine, sous l'œil bienveillant de leurs parents Daniel et Martine. La conversion bio des onze hectares est en cours. Équilibre, maturité, terroirs bien marqués et boisés en demi-muids s'adaptent chaque fois aux vins et sont les clefs de leur succès. C'est une des adresses les plus sûres et incontournables du Mâconnais. Les 2020 sont très recommandables et sont déjà suivis par les amateurs.

Les vins : le saint-véran Les Pommards, récolté sur Davayé, se montre ample et sobre en boisé. Sa vivacité naturelle contrecarre sa richesse. Une série de quatre pouillys nous révèlent Les Châtaigniers, né sur le terroir de Fuissé, généreux et solaire, où le gras du chardonnay s'exprime en longueur. Il ne manque cependant pas de tension. Parmi les premiers crus, Sur La Roche restitue un niveau de fraîcheur et de minéralité sans égal. Son profil équilibré et frais nous conforte dans l'optique de garde. Les Crays nous ramène sous le rocher de Vergisson, avec un profil très justement crayeux dans sa palette d'arômes. Sa minéralité et la finesse innée de son terroir contrecarrent la maturité élevée apportée par le millésime.

⊂ Pouilly-Fuissé Les Chataigniers		
2020	Épuisé - 22 €	**92**
⊂ Saint-Véran Les Pommards		
2020	20 €	**92**

Le coup de ♥
⊂ Pouilly Fuissé Premier Cru Les Crays		
2020	Épuisé - 29,50 €	**93**
⊂ Pouilly Fuissé Premier Cru Sur La Roche		
2020	29,50 €	**93**

Blanc : 11 hectares. Chardonnay 100 %
Production moyenne : 70 000 bt/an

DOMAINE BARRAUD
3, place de la Mairie, 71960 Vergisson
03 85 35 84 25 ● www.domainebarraud.com
● Vente et visites : sur RDV.
Propriétaire : Julien Barraud

★★ ↗ DOMAINE FRANTZ CHAGNOLEAU

Frantz Chagnoleau a débuté sa carrière chez Olivier Merlin. Avec son épouse Caroline Gon, elle aussi œnologue (en charge du domaine Héritiers du Comte Lafon), ils ont réuni près de 7 hectares principalement à Saint-Albain, Chasselas, Prissé et Vergisson. Le domaine s'appuie sur des vignes âgées en moyenne de 50 ans, toutes labourées, et sur une pratique de la biodynamie avec l'utilisation de tisanes et de levures indigènes. Les vinifications et les élevages en fût

sont complétés par un passage en cuve inox pour retendre les vins avant les mises. Nous apprécions la justesse des maturités, des boisés sobres qui transparaissent dans toute la gamme, laquelle possède la capacité de traverser le temps. La deuxième étoile accompagne et récompense cette progression.

Les vins : le blanc Clos Saint-Pancras pointe ses premiers arômes de feuille de tilleul. Un mâcon sur la tension, croquant et salivant. Grande maîtrise des terroirs de saint-véran : Prélude offre une empreinte calcaire saisissante, un vin de grande salinité au boisé sobre. Les Montchanins nous rappelle la crème au citron, il séduit par sa finesse, son énergie. Un vin parfait à table. Pour A la Côte, l'élevage est en retrait, le minéral appose sa signature pour en apporter la fine amertume, la longueur et le salin. La Fournaise offre une partition au diapason, athlétique et racé, suave et distingué, sans aucun stigmate solaire, plus minéral que jamais. La Roche dévoile richesse et amplitude, gainé d'un boisé qui lui va si bien. Frais et salivant, c'est un maître-étalon de l'appellation. Le viré-clessé Raspillères est un petit bijou salin et ciselé pour le meilleur équilibre. Deux fuissés ferment le bal : Pastoral et sa fraîcheur minérale, serré, vivifiant, modèle d'énergie et précision ; Madrigal, plus boisé aujourd'hui, qui s'affinera aux côtés de la minéralité affirmée de Vergisson. Un vin de haute expression qui possède le niveau de premier cru.

⊂ Mâcon-Villages Clos Saint-Pancras		
2020	Épuisé - 12 €	**91**
⊂ Pouilly-Fuissé Pastoral		
2020	Épuisé - 25 €	**93**
⊂ Saint-Véran A la Côte		
2020	Épuisé - 20 €	**92**
⊂ Saint-Véran La Roche		
2020	Épuisé - 22 €	**94**
⊂ Saint-Véran Prélude		
2020	Épuisé - 17 €	**92**

Le coup de ♥
⊂ Pouilly-Fuissé Madrigal		
2020	Épuisé - 30 €	**95**
⊂ Saint-Véran La Fournaise		
2020	Épuisé - 20 €	**92**
⊂ Saint-Véran Les Montchanins		
2020	Épuisé - 20 €	**92**
⊂ Viré-Clessé Les Raspillères		
2020	Épuisé - 20 €	**92**

Blanc : 9 hectares. Chardonnay 100 %
Production moyenne : 45 000 bt/an

DOMAINE FRANTZ CHAGNOLEAU ♣
Le Carruge, 18, chemin des Prés,
71960 Pierreclos

06 80 65 13 19 ●
www.domainefrantzchagnoleau.fr ● Vente
et visites : sur RDV.

Propriétaire : Frantz Chagnoleau et Caroline
Gon

Directeur : Frantz Chagnoleau

Maître de chai : Caroline Gon

★★ DOMAINE J.-A. FERRET

Audrey Braccini, brillante œnologue, est reconnue pour son talent de vinificatrice et sa
compréhension des différents terroirs dont elle
a la charge depuis l'acquisition en 2008 du
domaine par Jadot (propriété de la famille Kopf).
Elle a su faire évoluer les pratiques culturales
par le travail des sols et la conversion bio sera
d'ailleurs acquise pour la récolte 2023. La majorité des vignes est issue de Fuissé, complétée
de belles parcelles sur Vergisson. Vignes âgées,
rendements faibles et boisés adaptés contribuent à l'exceptionnelle qualité des vins. Le
classement des premiers crus concerne dans
le millésime 2020 la quasi-totalité des fuissés
du domaine, à l'exception du Clos de Prouges.

Les vins : le mâcon-solutré est poudré de craie
à l'ouverture, sobre en boisé. Au palais, c'est
un vin plutôt vif, frais et tonique : une belle
façon de faire connaissance avec le domaine.
Le saint-véran est apprécié pour sa maturité
parfaite, son élégance, son énergie innée. Don-
nez lui trois ans pour l'apprivoiser. Le pouilly-
fuissé restitue la minéralité du lieu, un profil
frais et très pur, boisé mais sans excès. Clos des
Prouges couvre un peu plus de 2 hectares avec
certains ceps de 60 ans. Sa texture droite et
vive, comprimée par sa jeunesse, laisse présager une évolution prometteuse. Les Perrières
nous offre un aromatique luxueuse en termes
de boisé. La bouche est serrée, mêlant vivacité,
suavité et fins amers minéraux salivants. Clos
de Jeanne est au cœur des Perrières. C'est un
trio parfait entre minéralité, maturité et boisé
noble. Tournant de Pouilly est une vigne incluse
au sein du premier cru Les Reisses. Nous sommes séduits par la fraîcheur et ce duo craie-
agrumes qui le parfume.

- 🗀 Mâcon-Solutré 2020　Épuisé - 16,80 €　**90**
- 🗀 Pouilly-Fuissé 2020　31,40 €　**92**
- 🗀 Pouilly-Fuissé Premier Cru Hors Classe Tournant de Pouilly 2020　53,80 €　**94**
- 🗀 Pouilly-Fuissé Premier Cru Tête de Cru Les Perrières 2020　41,80 €　**93**
- 🗀 Pouilly-Fuissé Tête de Cru Clos des Prouges 2020　41,80 €　**92**

- 🗀 Saint-Véran 2020　Épuisé - 20 €　**91**

Le coup de ♥
- 🗀 Pouilly-Fuissé Premier Cru Tête de Cru Clos de Jeanne 2020　41,80 €　**94**

Blanc : 18,5 hectares. Chardonnay 100 %
Production moyenne : 90 000 bt/an

DOMAINE J.-A. FERRET
61, rue du Plan, 71960 Fuissé
03 85 35 61 56 ● www.domaine-ferret.com ●
Vente et visites : sur RDV.
Propriétaire : Famille Kopf
Directeur : Audrey Braccini

★★ 🡕 ÉRIC FOREST

Éric Forest exploite parmi les meilleurs terroirs
de Vergisson, ainsi qu'une parcelle sur les hauteurs de Davayé et plus récemment un Clos
monopole au fort potentiel. Il s'est formé auprès
de son grand-père, dont il a repris les vignes en
1999. Il y a du génie chez ce vigneron instinctif
et méticuleux qui fait partie des plus réguliers
et talentueux de sa génération. Les choix sont
justes, de la vigne à la cave, les boisés, parfois trop prégnants, gagnent en précision et en
modération sur ses 2020. Éric est en perpétuelle recherche de perfection et nous saluons
les vins et la progression de ce vigneron cette
année par l'attribution d'une deuxième étoile.

Les vins : le bourgogne, jeune plantation sur Vergisson, se croque dès aujourd'hui, livrant une
partition pleine d'appétence et d'équilibre. Clos
des Charmes régale par son énergie. Sa concentration épaule un boisé marqué qui le soulignera
sur plusieurs années. Sur la Roche est un mâcon
salivant, mûr et vanillé. Il rivalise avec nombre de
pouillys du même secteur. Des deux saint-véran,
nous préférons Terre Noire, un vin gastronomique, d'une amplitude rare, adossé à un boisé
noble, à l'accent très calcaire. Quatre pouilly-
fuissé : citons Ame Forest, exprimant le profil
frais et crayeux de Vergisson ; La Roche, jugé
trop haut pour devenir un premier cru, pourtant
ample et persistant, apte à la garde ; Les Crays
patientera pour s'ouvrir. Il offre un niveau de
puissance et de maturité indéniable et prometteur. Saluons une nouvelle cuvée, L'Optimum
des Hauts de Crays, un duo amphore et fûts
neufs qui nous semble un bon compromis. Ainsi
la minéralité de Vergisson domine, le salin, la
persistance. La cuvée 24 Carats 2020 ne sortira
que l'an prochain.

- 🗀 Bourgogne 2020　Épuisé - 14,50 €　**90**
- 🗀 Mâcon-Pierreclos Le Clos des Charmes 2020　27 €　**92**
- 🗀 Mâcon-Vergisson Sur la Roche 2020　Épuisé - 22 €　**92**
- 🗀 Pouilly-Fuissé Ame Forest 2020　24 €　**93**

🔲 Pouilly-Fuissé Premier Cru Les Crays 2020	34 €	92
🔲 Saint-Véran La Renommée 2020	23 €	91
🔲 Saint-Véran Terre Noire 2020	28 €	93

Le coup de ❤️

🔲 Pouilly-Fuissé L'Optimum des Hauts de Crays 2018	65 €	95
🔲 Pouilly-Fuissé La Roche 2020	32 €	94

Blanc : 7,5 hectares. Chardonnay 100 %
Production moyenne : 40 000 bt/an

ÉRIC FOREST

56, rue du Martelet, 71960 Vergisson
06 22 41 42 55 ● www.ericforest.fr ● Vente et visites : sur RDV.
Propriétaire : Éric Forest

★★ DOMAINE GUILLEMOT-MICHEL

Marc Guillemot et Pierrette Michel quittent en 1985 la cave coopérative pour créer leur domaine à Clessé, constitué de vieilles vignes, dans le hameau de Quintaine. Ici, tout est conduit en bio depuis plus de trente ans, et en biodynamie certifiée depuis 1992. Leur fille Sophie les a rejoints en 2013, après un passage chez Hennessy qui l'a conduite à distiller leur propre production sur deux alambics de 1942 au feu de bois. Elle élève ainsi en fûts depuis 2012 un marc et une fine de Bourgogne absolument remarquables, rectifiés à l'eau de pluie ! Gautier Roussille, l'époux de Sophie, est arrivé à son tour au domaine après deux ans au domaine de Montille. La propriété est saluée unanimement pour sa régularité et sa précision.

Les vins : le vin mousseux Une Bulle éclate délicatement au palais, fruité, désaltérant, avec volontairement un léger sucre résiduel dans la bouteille pour la gourmandise. Un vin de boudoir ou de biscuit rose épatant. Quintaine allie maturité parfaite du chardonnay et fraîcheur insufflée par la minéralité. La sécheresse a réduit les rendements. Ne vous précipitez pas à le boire, c'est une bouteille qui traversera la décennie. Retour à la Terre, vinifié et élevé en jarre de terre cuite, nous sourit avec une trame acidulée, suave et croquante à la fois. Vinifié et élevé en demi-muids, Charleston brille par sa pureté et de fines notes de tarte bourdaloue. Le jus de cette vigne centenaire impressionne par sa densité. Un duo mûr et frais, qui digère lentement son élevage.

🔲 Vin Mousseux Méthode Ancestrale Une Bulle 2019	23,50 €	93
🔲 Viré-Clessé Charleston 2020	47 €	93
🔲 Viré-Clessé Quintaine 2019	24 €	93

🔲 Viré-Clessé Retour à la Terre 2020	36,50 €	94

Le coup de ❤️

🔲 Viré-Clessé Quintaine 2020	24,50 €	94

Blanc : 6,5 hectares. Chardonnay 100 %
Production moyenne : 40 000 bt/an

DOMAINE GUILLEMOT-MICHEL 🌙

664, route de Quintaine, 71260 Clessé
03 85 36 95 88 ●
www.domaineguillemotmichel.net ● Vente et visites : sur RDV.
Propriétaire : Sophie et Gautier Roussille

★★ DENIS JEANDEAU

Denis Jeandeau est propriétaire d'un hectare sur Viré qu'il complète par des achats de raisins, principalement des vieilles vignes, qu'il vendange puis vinifie avec minutie. L'année 2022 lui apporte une nouvelle parcelle en propriété de 72 ares sur Chasselas en appellation saint-véran. Les viré-clessé, saint-véran et mâcons sont labellisés bio. Ses progrès constants et son sens du travail bien fait l'ont placé parmi l'élite des vignerons de l'appellation. En toute abstraction, Denis laisse parler le terroir, l'accompagne, et ses boisés agissent en exhausteur de goût. Ses vins se savourent sur plusieurs années, en tout format.

Les vins : le mâcon-villages Vieilles Vignes affiche sa fraîcheur et l'absence de boisé préserve sa tension. Un jus complexe. Les Cornillaux, sur coteaux de Leynes, au sud de la zone d'appellation, séduit par son profil frais et son élevage adapté peu prégnant. Le viré-clessé offre un bouquet de craie, très pur, cristallin. Son point fort est la belle énergie qui le traverse. Dans le pouilly-fuissé Vieilles Vignes, issu de ceps âgés de 50 ans, enracinés sur le village de Pouilly, nous retrouvons le trio phare : amplitude, pureté et salinité. Son boisé noble graisse légèrement sans s'imposer. Secret Minéral est le joyau du domaine, il doit ses origines à Solutré, en altitude. La concentration et la générosité du millésime apportent du relief. Un jus vivifiant mais mûr, très équilibré, au boisé élégant et sobre. Il n'y a pas eu en 2020 de cuvée Or du Temps.

🔲 Mâcon-Villages Vieilles Vignes 2020	20 €	92
🔲 Pouilly-Fuissé Vieilles Vignes 2020	30 €	93
🔲 Saint-Véran Les Cornillaux 2020	27,50 €	91

▭ Viré-Clessé 2020   26,50 €   **92**

Le coup de 🖤

▭ Pouilly-Fuissé Secret Minéral
2020   45 €   **94**

Blanc : 2 hectares. Chardonnay 100 %
Achat de raisins.
Production moyenne : 40 000 bt/an

DENIS JEANDEAU ♣

161, rue du Bourg, 71960 Fuissé
03 85 40 97 55 ● www.denisjeandeau.com ●
Vente et visites : sur RDV.
Propriétaire : Denis Jeandeau

★★ DOMAINE JACQUES SAUMAIZE

Créé au début des années 1980, ce domaine s'est agrandi au fil des ans avec l'acquisition régulière d'une majorité de vieilles vignes. Jacques et Nathalie Saumaize ont été rejoints en 2012 par leur fils Anthony. La conversion bio est entamée, ils signent avec une grande régularité des vins blancs au style impeccable, finement minéraux, parfaitement équilibrés en acidité et au boisé complètement maîtrisé n'excédant pas 20 %. Quant aux premiers crus, seulement une partie des parcelles Sur la Roche est classée : 86 ares se trouvent au-dessus de 400 mètres et restent en Pouilly-Fuissé-Villages. Avec leurs voisins également concernés, ces parcelles prennent le nom du Haut de la Roche.

Les vins : toujours ciselé même sur 2020, Montbrison conserve sa pureté et sa tension. Des deux saint-véran, nous préférons Châtaigniers, qui brille par son énergie, son boisé intégré et de fins amers participant à cet élan de fraîcheur. Les Cras se présente avec générosité, sa bouche ample est domptée par un boisé fin. Quatre pouillys ont été présentés. Retenons Les Creuzettes, issu d'un plateau calcaire de la roche de Solutré. Il montre une certaine richesse, mais l'équilibre est bien là. Un vin ample et savoureux, gardant au final un style très digeste. Le Haut de la Roche, non classé, offre pourtant la quasi-perfection. L'élevage est juste, les arômes précis et frais, la longueur et la fraîcheur sont apportées par le terroir. Joyau classé enfin en premier cru, Sur la Roche, sur les hauteurs de Vergisson, exprime l'étoffe d'un chardonnay mûr, infiniment minéral et précis. Nous saluons l'élevage adapté, ainsi que le duo floral et minéral qui forme un bel équilibre. C'est un grand vin qui traversera le temps.

▭ Mâcon-Bussières Montbrison
2020   Épuisé - 15 €   **92**

▭ Pouilly-Fuissé Le Haut de la Roche
2020   25 €   **93**

▭ Pouilly-Fuissé Les Courtelongs
2020   28 €   **92**

▭ Pouilly-Fuissé Les Creuzettes
2020   25 €   **93**

▭ Pouilly-Fuissé Sur la Roche
2020   30 €   **95**

▭ Saint-Véran Châtaigniers 2020   17 €   **92**

▭ Saint-Véran La Vieille Vigne des Crèches
2020   19 €   **92**

▭ Saint-Véran Les Cras 2020   20 €   **93**

▭ Saint-Véran Poncetys 2020   20 €   **92**

Blanc : 12 hectares. Chardonnay 100 %
Production moyenne : 70 000 bt/an

DOMAINE JACQUES SAUMAIZE

746, route des Bruyères, 71960 Vergisson
03 85 35 82 14 ● www.saumaize.com ●
Vente et visites : sur RDV.
Propriétaire : Jacques, Nathalie et Anthony Saumaize
Directeur : Nathalie Saumaize
Maître de chai : Jacques et Anthony Saumaize

★★ VERGET

Jean-Marie Guffens a mis tout son talent et son exigence dans cette maison de négoce haute couture créée en 1990. Julien Desplans, brillant œnologue formé à la Romanée-Conti, est le maître à bord de la maison Verget depuis 2012. Sacré négoce de l'année par le jury de la RVF en 2020, il est unanimement salué pour ses vinifications hors pair, ses choix très pointus d'approvisionnements et la précision de ses pressurages et élevages. À l'approche des 2021 réalisés en très faible volume, nous vous conseillons de profiter de ces excellents 2020.

Les vins : des deux mâcons, retenons Sur la Roche, exprimant la minéralité et l'énergie de Vergisson. Un petit bijou du Mâconnais, digeste et savoureux, au boisé adapté. Le saint-véran livre une belle expression pure et limpide de l'appellation : un jus salivant, précis, apprécié pour sa fraîcheur et sa juste maturité. Trois pouilly-villages très réussis : Les Vernays, récolté sur Fuissé, brille par son harmonie. Ciselé, son toucher de bouche reflète un ensemble bien géré. Les Combes est une vigne de 1953. Nous sommes charmés par son ouverture aromatique si pure et parfumée, il semble prêt pour la garde mais peut déjà séduire aujourd'hui. Les Hauts de la Roche, recalé par l'INAO pour les premiers crus, est harmonieux, ample, avec un tranchant minéral qui domine. L'un des deux premiers crus officiels, Les Crays, est un jus équilibré frais, très minéral. Il pourrait rappeler le grand 2014. Sur la Roche, très vergissonnien, est salué pour sa précision. Il faudra être patient pour l'apprécier.

⊂ Mâcon-Charnay Le Clos Saint-Pierre 2020	Épuisé - N.C.	92
⊂ Mâcon-Vergisson La Roche 2020	Épuisé - N.C.	93
⊂ Pouilly-Fuissé Haut de la Roche 2020	Épuisé - N.C.	94
⊂ Pouilly-Fuissé Les Vernays 2020	33,20 €	93
⊂ Pouilly-Fuissé Premier Cru Les Crays 2020	36,70 €	93
⊂ Pouilly-Fuissé Premier Cru Sur la Roche 2020	36,70 €	94
⊂ Pouilly-Fuissé Terroir de Pouilly Les Combes Vieilles Vignes 2020	36,70 €	94
⊂ Saint-Véran Lieu (Inter)dit 2020	Épuisé - N.C.	93
⊂ Saint-Véran Vignes de Saint-Claude 2020	20,80 €	88

Blanc : Chardonnay 100 %
Achat de raisins.
Production moyenne : 200 000 bt/an

VERGET
1, montée du couvent, 71960 Sologny
03 85 51 66 00 ● www.verget-sa.fr ● Vente et visites : sur RDV.
Propriétaire : Jean-Marie Guffens
Maître de chai : Julien Desplans

★ DOMAINE DE LA BONGRAN

S'appuyant sur une tradition ancienne de vins moelleux (levroutés, disait-on autrefois), Jean Thévenet et son fils Gautier ont beaucoup œuvré pour faire perdurer la tradition des vins à sucres résiduels dans cette partie de la Bourgogne. En attendant des millésimes favorables notamment au botrytis, le domaine conforte sa production de vins blancs de style sectendre. Leur ampleur, leur richesse et l'absence de boisé les singularisent dans ce secteur de la Bourgogne. En dehors de la Bongran, les Thévenet produisent également des vins sur les domaines de Roally (Mâcon-Villages) et Émilian Gillet (Viré-Clessé). Les vins sont certifiés bio depuis le millésime 2012.

Les vins : deux vins présentés cette année. Emilian Gillet 2019 exprime très bien le terroir de Quintaine, avec une maturité aboutie, pureté et précision. Son équilibre et son style frais et suave séduiront d'un bout à l'autre de la bouteille. Le viré-clessé dévoile des notes de surmaturité assumées et bien maîtrisées, sans marqueur boisé. Il est issu d'une fermentation longue. L'ensemble est sapide et incite à l'associer tant sur un foie gras qu'un poisson noble crémé.

⊂ Viré-Clessé 2018	26 €	93
Le coup de ♥		
⊂ Viré-Clessé Domaine Emilian Gillet 2019	19 €	93

Blanc : 17 hectares. Chardonnay 100 %
Production moyenne : 60 000 bt/an

DOMAINE DE LA BONGRAN ♣
199, rue des Gillet, 71260 Clessé
03 85 36 94 03 ● www.bongran.com ● Vente et visites : sur RDV.
Propriétaire : Gautier Thévenet

★ DOMAINE GUILLOT-BROUX

Le domaine Guillot-Broux, certifié bio, est l'un des plus réguliers de la région mâconnaise. Les vieilles vignes, parfaitement tenues, donnent aux vins un style résolument classique. Le domaine s'appuie sur des raisins bien mûrs et évite tout élevage boisé sophistiqué. Patrice et Emmanuel perpétuent ainsi l'œuvre de leur père et en conservent l'esprit. À noter que 80 % du domaine a été replanté sur des terroirs abandonnés après le phylloxera et n'ayant jamais connu la chimie.

Les vins : une gamme de 2020 très homogène, dont le Clos de la Mollepierre, une jeune vigne qui offre un chardonnay épuré, léger, à peine boisé, idéal pour l'apéritif ou une dégustation de fromages de chèvre du Mâconnais. Il contraste avec Genièvrières, un vin nourrissant, de gastronomie, au relief minéral et aux amers noblement prononcés. Des trois rouges bien constitués, citons nos deux préférés, le gamay Beaumont, juteux, concentré, dont les tanins présagent une garde de cinq à huit années ; et Les Renardières, pinot fin au style libre, travaillé dans la légèreté, peu protégé mais très avenant, poivré et gouleyant, immédiatement accessible.

⊂ Mâcon-Cruzille Clos de la Mollepierre 2020	54 €	91
◼ Bourgogne La Myotte 2020	40 €	89
◼ Bourgogne Les Renardières 2020	36 €	90
◼ Mâcon-Cruzille Beaumont 2020	28 €	90
Le coup de ♥		
⊂ Mâcon-Cruzille Les Genièvrières 2020	28 €	93

Rouge : 6 hectares. Gamay noir à jus blanc 50 %, Pinot noir 50 %
Achat de raisins.
Blanc : 9 hectares. Chardonnay 100 %
Achat de raisins.
Production moyenne : 85 000 bt/an

DOMAINE GUILLOT-BROUX ♣
42, route de Martailly, 71260 Cruzille
03 85 33 29 74 ● www.guillot-broux.com ●
Vente et visites : sur RDV.
Propriétaire : Patrice et Emmanuel Guillot

★ DOMAINE HÉRITIERS DU COMTE LAFON

Caroline Gon gère depuis 2006, sous l'œil bien-veillant de Dominique Lafon, les 26 hectares de vignes de ce domaine, une belle locomotive des terroirs du mâconnais. Toutes les vignes sont labellisées bio et biodynamie. Près de 170 000 bouteilles sont ainsi produites avec une grande régularité de qualité, dans un style pur et ciselé, sans boisé ostentatoire, combinant élevages en foudres et demi-muid. Certains vins méritent un temps de repos en cave : apprenez à les attendre.

Les vins : neuf cuvées de 2020 présentées cette année. Bien que d'un fort potentiel, certaines étaient comprimées par la mise. Nous vous conseillons de les carafer à l'avance ou patienter une ou deux années. Prissé offre un style vif et ciselé, son boisé sobre et la fraîcheur de son fruit participent à un ensemble digeste et épuré. La Crochette est un chardonnay pur et effilé. Travaillé en finesse, galvanisé par sa fraîcheur, il dévoile un équilibre de fruit mûr et de minéralité très seyant. Clos du Four pré-sente une texture ample, doublée d'une puis-sante concentration de saveurs. Le viré-clessé s'ouvre avec style, d'une bonne densité, légère-ment incisif, il est salué pour son équilibre et laisse le palais frais. Nous avons un coup de cœur pour Chatenay, issu du secteur de Vergis-son, un fuissé qui diffuse une intense minéralité et fraîcheur. C'est un grand vin de garde, à l'accent crayeux marqué et au boisé des plus éphémères.

▭ Mâcon-Bussières 2020	22,70 €	90
▭ Mâcon-Chardonnay Clos de la Crochette 2020	22,70 €	90
▭ Mâcon-Milly-Lamartine 2020	18,80 €	91
▭ Mâcon-Milly-Lamartine Clos du Four 2020	24,70 €	93
▭ Mâcon-Prissé 2020	18,80 €	90
▭ Saint-Véran 2020	26,50 €	92
▭ Viré-Clessé 2020	26,50 €	92

Le coup de ♥

▭ Pouilly-Fuissé 2020	35,40 €	94

Blanc : 26 hectares. Chardonnay 100 %
Production moyenne : 170 000 bt/an

DOMAINE HÉRITIERS DU COMTE LAFON ♣
4, rue Lamartine, 71960 Milly-Lamartine
03 80 21 22 17 ● comtes.lafon@gmail.com ●
Vente et visites : sur RDV.
Propriétaire : Famille Lafon
Directeur : Dominique Lafon
Maître de chai : Caroline Gon

★ DOMAINE MERLIN

Corinne et Olivier Merlin ont débuté en 1987, pas-sant par la location de vignes, le métayage puis une activité d'achats de raisins sur de beaux secteurs du Mâconnais. En 2006, ils se procu-rent 2 hectares en Moulin-à-Vent, dont une par-tie sur le terroir de La Rochelle, ce qui coïncide avec une diminution du négoce. Théo et Paul, leurs deux fils, aujourd'hui très impliqués, se sont joints à eux fin 2017 avec la reprise de 9 hectares de vieilles vignes en Mâcon, Saint-Véran et Pouilly-Fuissé. Le millésime 2019 a per-mis d'attribuer l'étoile. Fort de quatre terroirs de premiers crus, le domaine affiche des 2020 qui confirment sa grande forme actuelle.

Les vins : deux mâcons sérieux et prometteurs. Citons Les Cras : le curseur minéral est élevé, le boisé est à sa place, à bonne hauteur face au relief d'un chardonnay mûr, frais et vivifiant. Trois saint-véran nous séduisent, notamment La Côte-Rotie, une parcelle sur Davayé. Il exprime la minéralité du lieu. C'est un 2020 solaire mais maîtrisé, pur et ciselé. Il est prêt pour une garde confortable. Les Chevrières est un premier cru situé autour de la carrière de Chaintré. La ten-sion et l'empreinte calcaire contrecarrent sa puissance. Clos de France est notre préféré, pur terroir du cœur de Vergisson. Mûr, coquil-lier, habillé d'un boisé noble structurant, il nous offre une belle interprétation d'un fuissé haute couture, savant mélange de minéralité et de puissance maîtrisée, taillé pour la garde. Les rouges sont remarquables : un bourgogne fin et digeste, le moulin-à-vent est un gamay mûr, frais, intense, d'une profondeur attendue pour un tel cru.

▭ Mâcon-La Roche Vineuse Les Cras 2020	24,90 €	92
▭ Mâcon-La Roche Vineuse Vieilles Vignes 2020	17,50 €	90
▭ Pouilly-Fuissé Premier Cru Les Chevrières 2020	37 €	92
▭ Saint-Véran En Crèche 2020	24,40 €	90
▭ Saint-Véran La Côte-Rôtie 2020	24,40 €	92
▭ Saint-Véran Le Grand Bussière 2020	24,40 €	92
▬ Bourgogne Les Cras 2020	18 €	92
▬ Moulin-à-Vent La Rochelle 2020	23 €	93

Le coup de ♥

▭ Pouilly-Fuissé Premier Cru Clos de France 2020	41,50 €	93

Rouge : 3,31 hectares. Pinot noir 60 %, Gamay

noir à jus blanc 40 %
Blanc : 19,6 hectares. Chardonnay 100 %
Production moyenne : 160 000 bt/an

DOMAINE MERLIN

305, route de la Boisserole, 71960 La Roche-Vineuse
03 85 36 62 09 ● www.merlin-vins.com ●
Vente et visites : sur RDV.
Propriétaire : Olivier Merlin

_____

★ DOMAINE GILLES MORAT

Gilles Morat, natif de Vergisson, a créé le domaine en 1997 avec son épouse Joëlle. 2020 a marqué une nouvelle ère avec l'arrivée de leur fils Pierre, œnologue ayant multiplié les expériences à l'étranger et en France. Ils signent ensemble des vins de caractère, fruit d'un travail rigoureux de la vigne et des sols. Les intrants chimiques sont bannis depuis 2001, et le domaine poursuit sa conversion bio. La famille Morat révèle avec talent le potentiel et la diversité des terroirs de Vergisson à travers une approche artisanale en élaborant des vins d'une grande pureté. Saint-véran et pouilly-fuissé (dont deux premiers crus) composent la gamme.

Les vins : deux saint-véran au diapason. Roche Mer s'exprime avec pureté et rectitude, sans artifice boisé, tendu et précis ; La Côte-Rôtie contrecarre la richesse et la maturité de ce terroir par une minéralité bienvenue, source d'appétence. Terres du Menhir, sur le fil de la maturité, offre un jus fin et digeste, idéal pour faire connaissance avec l'appellation. Bélemnites, par son style serré et fin avec une pointe de fût neuf, méritera de s'affiner. Aux Vignes Dessus exprime ses atouts : minéralité, fraicheur et maturité forte. Attention au boisé qui le marque de son empreinte. Le Haut de la Roche est travaillé dans le même esprit, son énergie minérale sous-jacente nous donne confiance en son avenir. Sur La Roche surclasse la gamme du domaine par son équilibre : précision, acidulé naturel et saveurs de craie dynamisent l'ensemble. Les Crays est un premier cru pur, doté d'une bonne tension qui participe à sa persistance. Une bouteille à savourer sans urgence, sur dix ans et plus.

🍾 Pouilly-Fuissé Aux Vignes Dessus 2020	26 €	91
🍾 Pouilly-Fuissé Bélemnites 2020	24 €	91
🍾 Pouilly-Fuissé Le Haut de la Roche 2020	29 €	92
🍾 Pouilly-Fuissé Premier Cru Les Crays 2020	34 €	93
🍾 Pouilly-Fuissé Terres du Menhir 2020	20 €	90

🍾 Saint-Véran Climat La Côte-Rôtie 2020	19 €	91
🍾 Saint-Véran Roche Mer 2020	17 €	90

Le coup de ♥

🍾 Pouilly-Fuissé Premier Cru Sur La Roche 2020	32 €	94

Blanc : 7 hectares. Chardonnay 100 %
Production moyenne : 40 000 bt/an

DOMAINE GILLES MORAT ♣

595, route des Bruyères, 71960 Vergisson
03 85 35 85 51 ● www.gillesmorat-vins.fr ●
Vente et visites : sur RDV.
Propriétaire : Gilles Morat
Maître de chai : Gilles et Pierre Morat

_____

★ CHÂTEAU DES RONTETS

Claire et Fabio Gazeau-Montrasi ont repris ce domaine historique et familial en 1995. Certifié bio depuis 2005, il est composé principalement de vignes de chardonnay sur Fuissé et d'une parcelle en Saint-Amour. Tous les blancs du domaine bénéficient d'un long élevage, près de deux ans, qui les patine et les enrichit naturellement, et permet d'offrir des vins plus complexes. L'exposition et l'altitude expliquent leur absence dans les terroirs classés premiers crus, ce qui ne découragera pas les amateurs des vins de ce domaine particulièrement méritant.

Les vins : la série des fuissés débute par la minéralité de Clos Varambon avec ses notes d'abricot et de nougat qui nous séduisent, son boisé noble et moucheté et cette finale fraiche qui participe à son équilibre. Pierrefolle, vigne située à l'extérieur du clos, à plus de 500 mètres d'altitude sur granites, exprime énergie et puissance. C'est un vin de temps, sans excès boisé, précis, complexe et ferme pour assurer sa garde. Birbettes est issu de vieilles vignes, une partie plantée dans les années 1920. Le vin brille par son raffinement, sa carrure d'athlète et son potentiel élevé. Le saint-amour Côte de Besset ravira les amoureux du gamay fin, infusé, gourmand. Il se croque avec plaisir.

🍾 Pouilly-Fuissé Pierrefolle 2020	35 €	93
🍷 Saint-Amour Côte de Besset 2020	23 €	92

Le coup de ♥

🍾 Pouilly-Fuissé Clos Varambon 2020	28 €	92
🍾 Pouilly-Fuissé Les Birbettes 2020	48 €	94

Rouge : 0,5 hectare. Gamay noir à jus

blanc 100 %
Blanc : 6,2 hectares. Chardonnay 100 %
Production moyenne : 35 000 bt/an

CHÂTEAU DES RONTETS ♣

814, chemin des Rontés, 71960 Fuissé
03 85 32 90 18 ● www.chateaurontets.com ●
Vente et visites : sur RDV.
Propriétaire : Claire et Fabio Gazeau-Montrasi

★ DOMAINE SAUMAIZE-MICHELIN

Toujours réguliers, les vins de ce domaine expriment avec une grande justesse les beaux terroirs du Mâconnais. La recette est simple : travailler les sols, maîtriser les rendements, chercher des maturités abouties et ne pas dépasser 15 % de fût neuf dans les élevages. En 2006, le domaine s'est tourné vers la biodynamie, la certification est en cours. Christine et Roger Saumaize transmettent en douceur depuis 2020 les rênes à leurs enfants Vivien et Lisa. Ce domaine possède quelques bijoux, parmi lesquels le Clos sur la Roche et Les Ronchevats. Au total, la mosaïque de 29 parcelles forme une gamme de vins dont certains rivalisent sans complexe avec bien des premiers crus de la Côte-d'Or.

Les vins : grâce à sa belle tension minérale, le mâcon-vergisson Sur la Roche, fidèle à son terroir, exprime avec fraîcheur et précision la quintessence d'un chardonnay aux notes de pierre, précis et ciselé. Les Crèches offre une pureté cristalline, la maturité est aboutie. Sa fraîcheur minérale l'épaule, le boisé est en place sans excès. Des trois pouilly-villages, citons Les Ronchevats avec sa dominante de craie. Il paraît tendu, garant de fraîcheur et élégamment élevé. Les Courtelongs signe dès l'ouverture son appartenance au terroir de Vergisson. Sa fraîcheur innée et son boisé précis sans excès façonnent avec style ce chardonnay mûr et minéral. Parmi les quatre premiers crus, nous préférons Vers Cras, salué pour sa fraîcheur innée. L'équilibre des saveurs, l'élevage posé et cette maturité le rendent séducteur. Les Crays est mûr et généreux, il brille par son amplitude et son degré de minéralité, tout en offrant un aspect plus tendre. Maréchaude donne la sensation de croquer dans les calcaires de Vergisson. Un jus puissant mais salivant qui ne fatigue pas le palais. Ampélopsis est un vin rare, avec une trame ample, large avec son élevage qui le graisse abondamment. C'est une cuvée généreuse, à associer à des crustacés ou des viandes blanches.

🏷 Mâcon-Vergisson Sur la Roche 2020	17,50 €	92

🏷 Pouilly-Fuissé Ampélopsis 2019	31,50 €	93
🏷 Pouilly-Fuissé En Tillier 2020	22 €	90
🏷 Pouilly-Fuissé Les Courtelongs 2020	25 €	93
🏷 Pouilly-Fuissé Les Ronchevats 2020	25 €	92
🏷 Pouilly-Fuissé Premier Cru La Maréchaude 2020	28,50 €	94
🏷 Pouilly-Fuissé Premier Cru Les Crays 2020	28,50 €	93
🏷 Pouilly-Fuissé Premier Cru Sur la Roche 2020	28,50 €	92
🏷 Saint-Véran Les Crèches 2020	18 €	92

Le coup de ♥

🏷 Pouilly-Fuissé Premier Cru Vers Cras 2020	28,50 €	94

Rouge : 0,2 hectare. Gamay noir à jus blanc 100 %
Achat de raisins.
Blanc : 10,8 hectares. Chardonnay 100 %
Achat de raisins.
Production moyenne : 72 000 bt/an

DOMAINE SAUMAIZE-MICHELIN

51, impasse du Puits, Le Martelet
71960 Vergisson
03 85 35 84 05 ● saumaize-michelin.com ●
Vente et visites : sur RDV.
Propriétaire : Christine et Roger Saumaize-Michelin
Maître de chai : Vivien et Roger Saumaize-Michelin

★ DOMAINE LA SOUFRANDIÈRE

Acquis par Jules Bret en 1947, le domaine La Soufrandière a vu débuter à Vinzelles les frères Bret, Jean-Philippe et Jean-Guillaume à partir du millésime 2000. Dès lors, le choix de la biodynamie devient une évidence. Ils seront certifiés Demeter en 2006 et ne cesseront d'expérimenter tant à la vigne qu'à la cave pour sublimer leurs terroirs avec un soin infini. Les cuvées avec peu ou pas de soufre sont ornées de la mention Zen sur l'étiquette. En marge de ce domaine, une activité de négoce haute couture a été créée en 2001, Bret Brothers, évidemment présente dans notre guide.

Les vins : le bourgogne aligoté blanc 2020 Aligato offre une version singulière du cépage aligoté, peu protégée en soufre, un vin ample avec une mâche ciselée et complexe. Fraîcheur et minéralité caractérisent Le Clos de Grand-Père, un vin salin, mûr et digeste. La Carbonnode est vinifié comme un rouge, avec près de neuf jours de macération. On sent les peaux de raisins et les mandarines confites, une bonne énergie avec un boisé ad hoc. La Bonnode est décliné en trois cuvées, offrant des styles différents très bien maîtrisés, dont une vinifiée en œuf béton, et Zen, sans ajout de soufre avant la mise. La Combe Desroches livre une partition très épurée, à l'énergie conférée par sa minéralité. Des deux vinzelles, nous préférons Les Quarts Millerandée, dont l'aspect puissant et racé l'amènera loin dans le temps. Dans En Chatenay Cuvée Zen, une vieille parcelle de chardonnay où la fraîcheur ne manque pas, l'effet Vergisson apporte la minéralité et la tension de fin de bouche.

- Bourgogne Aligoté Aligato 2020   20 €   92
- Mâcon-Vinzelles Le Clos de Grand-Père 2020   22 €   91
- Pouilly-Fuissé Climat En Chatenay Cuvée "Zen" 2020   38 €   93
- Pouilly-Vinzelles Climat Les Quarts Millerandée 2020   52 €   94
- Saint-Véran Climat La Bonnode Cuvée "Ovoïde" 2020   30 €   91
- Saint-Véran Climat La Bonnode Cuvée Zen 2020   28 €   91
- Saint-Véran La Bonnode 2020   28 €   92
- VDF La Carbonnode 2020   30 €   91

Le coup de ♥

- Pouilly-Vinzelles Climat Les Quarts 2020   38 €   93
- Saint-Véran La Combe Desroches 2020   23 €   93

Blanc : 11,5 hectares. Chardonnay 96 %, Aligoté 4 %
Production moyenne : 65 000 bt/an

DOMAINE LA SOUFRANDIÈRE ☾

125, rue aux Bourgeois, 71680 Vinzelles
03 85 35 67 72 ● www.bretbrothers.com ●
Vente et visites : sur RDV.
Propriétaire : Jean-Guillaume et Jean-Philippe Bret

★ DOMAINE THIBERT PÈRE ET FILS

Créé en 1967, le domaine couvre près de 30 hectares répartis sur les appellations de Pouilly, Mâcon-Fuissé, Mâcon-Prissé, Mâcon-Verzé et Saint-Véran. Il est géré en famille par Christophe Thibert et sa sœur Sandrine, en collaboration avec le méthodique Fabien Duperray (voir Domaine Jules Desjourneys, en Beaujolais). Leur volonté est de proposer à la vente des vins affinés et aboutis, résultant d'efforts effectués depuis plus de dix ans. Ce domaine se rapproche de la deuxième étoile.

Les vins : trois beaux mâcons très réussis sur 2019 ; le mâcon-verzé s'apprécie pour son style très fin, digeste et pur. Grâce à sa minéralité dominante, Bois de la Croix est un vin de garde, il nous séduit par ses saveurs de dragées. En Chailloux va loin en termes de salinité et de minéralité. La série des 2018 débute par deux saint-véran. Citons Champ Rond et sa maturité bien aboutie. Son élevage long intègre son boisé. Sa tension et son aspect digeste surclassent bien des concurrents de l'appellation. En Chantone, parcelle de 25 ares, se présente avec la plus pure minéralité, mais méritera votre patience. Précis et ciselé, Les Longeays, après 23 mois d'élevage, serait digne d'un premier cru. Des trois fuissés, retenons Les Cras, dans l'antichambre des premiers crus. Poudré par les calcaires, à l'élevage millimétré, il régale par son équilibre. Vignes Blanches exprime un chardonnay raffiné, complexe, pur, rappelant le tranchant du rasoir. Notre verticale récente de 2010 à 2019 nous convainc du fort potentiel de cette cuvée phare du domaine.

- Mâcon-Fuissé Bois de la Croix 2019   21 €   91
- Mâcon-Prissé En Chailloux 2019   21 €   92
- Mâcon-Verzé 2019   21 €   91
- Pouilly-Fuissé Héritage 2018   33 €   91
- Pouilly-Fuissé Les Cras 2018   39 €   92
- Pouilly-Loché En Chantone 2018   36 €   89
- Pouilly-Vinzelles Les Longeays 2018   36 €   91
- Saint-Véran 2019   27 €   91
- Saint-Véran Champ Rond 2018   31 €   91

Le coup de ♥

- Pouilly-Fuissé Vignes Blanches 2018   39 €   93

Rouge : 0,8 hectare. Gamay noir à jus blanc 5 %
Blanc : 28 hectares. Chardonnay 95 %
Production moyenne : 160 000 bt/an

DOMAINE THIBERT PÈRE ET FILS

20, rue Adrien-Arcelin, 71960 Fuissé
03 85 27 02 66 ● www.domaine-thibert.com
● Vente et visites : sur RDV.
Propriétaire : Christophe Thibert et Sandrine Thibert-Needham
Maître de chai : Christophe Thibert

BRET BROTHERS

Ce négoce haute couture a été créé en 2001 par les frères Bret, également propriétaires du domaine de la Soufrandière. Ils proposent un vaste choix de vins de qualité du Mâconnais. Plus récemment quelques beaux terroirs du Beaujolais sont venus compléter la gamme.

Vendange manuelle, raisin bio, vieilles vignes, levures indigènes et élevage boisé sobre résument leur cahier des charges ; les terroirs s'expriment avec des maturités toujours abouties. Depuis le millésime 2019, 100 % des achats de raisins sont certifiés bio ou en conversion bio par Ecocert, soit 14 micro-cuvées commercialisées de 900 à 6 000 bouteilles.

Les vins : notre sélection débute avec Bret Nat, un pet' nat' floral, une bulle récréative bien faite, croquante et pas envahissante. Deux mâcons présentés, notre attention se porte sur Les Crays, ciselé, frais et crayeux, à peine boisé. La Colonge honore l'appellation par son équilibre et sa minéralité. La Verchère, vigne de 60 ans, se présente avec l'énergie et l'amplitude de Viré. En Carementrant est un fuissé complexe, gracieux, de grande carrure, apte à la garde. Des trois crus du Beaujolais, nous sommes fans du brouilly, juteux, plein. Il est à sa place et séduira tout amateur de gamay. Le fleurie Poncié ne démérite pas. Marqué par les pivoines, il a du relief et nous apprécions son élevage.

⊏ Mâcon-Chardonnay Climat Les Crays 2020	20 €	**92**
⊏ Mâcon-Villages Terroirs du Mâconnais 2020	15 €	**91**
⊏ Pouilly-Loché Climat La Colonge 2020	24 €	**92**
⊏ VDF Bret Nat 2020	20 €	**91**
⊏ Viré-Clessé Climat La Verchère 2020	22 €	**92**
■ Brouilly 2020	21 €	**92**
■ Fleurie Climat Poncié 2020	26 €	**92**
■ Juliénas Climat La Bottière 2020	24 €	**89**

Le coup de ♥

⊏ Pouilly-Fuissé Climat En Carementrant 2020	32 €	**94**

Rouge : 2 hectares. Gamay noir à jus blanc 100 %
Achat de raisins.

Blanc : 7 hectares. Chardonnay 100 %
Achat de raisins.

Production moyenne : 45 000 bt/an

BRET BROTHERS ♣

125, rue aux Bourgeois, 71680 Vinzelles

03 85 35 67 72 ● www.bretbrothers.com ● Vente et visites : sur RDV.

Propriétaire : Jean-Guillaume et Jean-Philippe Bret

DOMAINE NICOLAS DELFAUD

Le domaine Nicolas Delfaud est créé à l'automne 2015 avec la prise en fermage de 4 hectares de vignes en Saône-et-Loire, en appellation Macon-Verzé. Après avoir officié comme sommelier à Paris, il décide en 2009 de s'installer dans le Mâconnais pour y passer un BTS viticulture-œnologie au CFPPA de Mâcon Davayé. De 2010 à 2017, il intègre le Château des Rontets (domaine bio à Fuissé) comme ouvrier agricole tout en démarrant la création de son propre domaine. Il entreprend alors la conversion en agriculture biologique de l'ensemble de ses parcelles. Verzé s'avère un excellent terroir aux vues des dégustations de ses premiers millésimes. Soulignons tout particulièrement les bons rapports prix-plaisir des vins de ce jeune domaine.

Les vins : deux mâcons précis au style épuré et tendu, presque coquillier comme un chablis. Le Bienheureux, vieilles vignes, dévoile une belle maturité et la sobriété de l'élevage lui donne un supplément d'ouverture. Il plaît par sa fraîcheur, sa salinité, loin de tout aspect sophistiqué. Le saint-véran La Boisserole est tendre, puis s'affine grâce à sa minéralité. Cela soutient la tonicité de ce chardonnay issu d'une vieille vigne de 40 ans.

⊏ Mâcon-Verzé 2020	13,50 €	**92**
⊏ Saint-Véran La Boisserole 2020	17 €	**90**
■ Mâcon-Verzé 2020	13,50 €	**91**

Le coup de ♥

⊏ Mâcon-Verzé Le Bienheureux 2020	15,50 €	**93**

Rouge : 1,31 hectare. Gamay noir à jus blanc 100 %
Blanc : 3,5 hectares. Chardonnay 100 %
Production moyenne : 25 000 bt/an

DOMAINE NICOLAS DELFAUD ♣

Rue de l'Ancienne-Cure, 71960 Sologny
06 16 77 06 18 ●
domainenicolasdelfaud@orange.fr ● Vente et visites : sur RDV.
Propriétaire : Nicolas Delfaud

NOUVEAU DOMAINE

DOMAINE COTEAUX DES MARGOTS

Nous les avons détectés à l'occasion du Spécial millésime mâconnais lors de la dégustation des 2018. Accrochée aux pentes calcaires de Pierreclos, à l'extrême sud de la Bourgogne sur le terroir du Mâconnais, la famille Douroussay s'emploie dans cette atmosphère familiale à peaufiner de jolis blancs fins et digestes. Elle semble avoir un talent certain sur les rouges qui ont une vraie légitimité sur leur secteur de Pierreclos. Le rapport prix-plaisir de chacun de leurs vins est une raison de plus pour tout amateur d'en profiter.

Les vins : La Pie Rouette est un aligoté frais, subtil, sec et croquant. Nous apprécions son aspect fin et salin, d'une parfaite efficacité pour l'apéritif. Des quatre mâcons blancs, citons notre préféré, La Pie Côl, à la pureté cristalline. Un vin élancé, sapide, qui touche la cible par son aspect très digeste, avec un twist de minéralité. Les deux saint-véran ont belle allure. Goûtez Aux Colas, une micro-cuvée issue d'une parcelle très pentue. Son élevage long en fût de chêne le patine, il s'associe bien à son caractère minéral prononcé. Le bourgogne et les deux mâcons rouges sont très soignés. Le premier exprime la finesse d'un pinot croquant à peine boisé, une gourmandise aux saveurs de bonbon Kréma à la réglisse. Les deux gamays de Mâcon sont superbes, juteux, gorgés de cerises noires, frais et tactiles. En tout cas, bien des gamays du Beaujolais sont loin derrière !

Mâcon-Pierreclos 2020	10 €	91
Mâcon-Villages 2020	10 €	91
Mâcon-Villages La Pie Côl 2020	11 €	91
Saint-Véran 2020	13 €	92
Saint-Véran Aux Colas 2019	17 €	93
Bourgogne 2020	13 €	92
Mâcon-Pierreclos 2020	10 €	92

Le coup de ♥

Bourgogne Aligoté La Pie Rouette 2020	8 €	90
Mâcon Margot 2020	10 €	92

Rouge : 5 hectares. Pinot noir 50 %, Gamay noir à jus blanc 50 %
Blanc : 13 hectares. Chardonnay 80 %, Aligoté 20 %
Production moyenne : 40 000 bt/an

DOMAINE COTEAUX DES MARGOTS

219, rue des Margots, 71960 Pierreclos
06 86 64 88 70 •
www.domainecoteauxdesmargots.fr • Vente et visites : sur RDV.
Propriétaire : Jean-Luc et Véronique Duroussay
Directeur : Pierre-Julien Duroussay

BOURGOGNE

CHÂTEAU DE FUISSÉ

Ce domaine historique appartient à la famille Vincent depuis 1862. Le château est doté de nombreuses vieilles vignes. Antoine Vincent vinifie ici depuis 2003 les appellations majeures du Mâconnais dont deux premiers crus sur Fuissé, ainsi qu'un petit vignoble de 3 hectares à Juliénas. 2020 nous permet de saluer la maîtrise des élevages boisés et la gestion plus homogène adaptée à ce grand millésime.

Les vins : grâce à sa pureté et la sobriété de son élevage, le saint-véran dévoile une maturité sur le fil et un juste équilibre avec une trame vivifiante et mûre. Tête de Cuvée, cuvée signature du domaine, exprime le toasté noble. Un vin sphérique et plein, suffisamment acidulé pour épauler sa richesse. Les Combettes, aux origines plus fraîches, s'inscrit cependant dans un style généreux, avec un arc aromatique pur, il donne une parfaite idée de l'appellation et séduira dès aujourd'hui et pendant cinq à sept ans. Intensément pâtissier, le premier cru monopole Le Clos s'exprime par son amplitude et son style plantureux qui ne manque pas d'énergie. Il est doté d'une allonge persistante. Les Brûlés, vigne de 70 ares, la plus sudiste, est plébiscité pour sa précision et son point élevé de maturité. Il impose son style, un vin ample et complexe, sur le fil de l'équilibre.

Pouilly-Fuissé Les Combettes 2020	39,50 €	92
Pouilly-Fuissé Premier Cru Le Clos 2020	55 €	92
Pouilly-Fuissé Premier Cru Les Brûlés 2020	49,50 €	92
Saint-Véran 2020	17,50 €	90

Le coup de ♥

Pouilly-Fuissé Tête de Cuvée 2020	29,50 €	93

Rouge : 3 hectares. Gamay noir à jus blanc 100 %
Blanc : 37 hectares. Chardonnay 100 %
Production moyenne : 160 000 bt/an

CHÂTEAU DE FUISSÉ

419, rue du Plan, 71960 Fuissé
03 85 35 61 44 • www.chateau-fuisse.fr •
Vente et visites : sur RDV.
Propriétaire : Famille Vincent
Directeur : Antoine Vincent
Œnologue : Antoine Vincent

NICOLAS MAILLET

Ce domaine familial embouteille sa production depuis 1999. Nicolas Maillet poursuit avec une grande régularité l'œuvre de son père, en se concentrant principalement sur ses vieilles vignes du village de Verzé. Il propose une gamme de vins (certifiés bio depuis 2008) très purs et séduisants, dont la particularité est de se passer de tout artifice boisé. La gamme entière des 2020 est très réussie.

Les vins : mûr et minéral, l'aligoté est un jus de vieilles vignes, fin et sapide, qui régalera 100 % des amateurs de ce cépage en plein renouveau. Des trois mâcons présentés, tous parfaitement maîtrisés, citons Verzé, noble et épuré, au plus haut en termes de saveurs et de persistance. C'est un chardonnay sans fard, parfait dès aujourd'hui. Le Chemin Blanc est issu de la plus vieille vigne du domaine, 80 ans. En résulte un 2020 aux senteurs de mandarine, sur fond d'amandes et de craie. Ce bel ouvrage est salué pour son élégance. Le gamay de Verzé a l'équilibre des grandes années, il rappelle le 2018 pour son aspect charnu, peu tannique, très équilibré, avec une finale marquée par la violette et les cerises morello bien juteuses.

Bourgogne Aligoté 2020	18 €	91
Mâcon-Igé 2020	18 €	91
Mâcon-Verzé Le Chemin Blanc 2020	25 €	93

Le coup de ♥

Mâcon-Verzé 2020	18 €	92
Mâcon-Verzé 2020	Épuisé - 19 €	93

Rouge : 0,8 hectare. Gamay noir à jus blanc 100 %
Achat de raisins.
Blanc : 6,7 hectares. Chardonnay 89 %, Aligoté 11 %
Achat de raisins.
Production moyenne : 50 000 bt/an

NICOLAS MAILLET ♣
291, route d'Igé, 71960 Verzé
03 85 33 46 76 ●
www.vins-nicolas-maillet.com ● Vente et visites : sur RDV.
Propriétaire : Aline et Nicolas Maillet

DOMAINE DU ROC DES BOUTIRES

La famille Parinet, propriétaire du Château du Moulin-à-Vent, a acquis en 2016 ce domaine de 4,2 hectares dans le village de Pouilly. La gestion, de la vigne aux vinifications, a été confié à Brice Laffond, déjà en charge de leur propriété en Beaujolais. Leur vignoble est constitué d'une majorité de vieilles vignes, travaillées en viticulture biologique sans certification. Les élevages longs sont une des clefs de leur réussite. Ce domaine est un sérieux compétiteur en Mâconnais, fort de trois premiers crus : Aux Chailloux, Vers Cras et Aux Bouthières.

Les vins : les 2020 dégustés offrent un équilibre boisé-matière acquis grâce à un duo cuve 70 % et fût 30 %, et ce, sur 16 mois sur la majorité des cuvées. Mâcon-Solutré, tendu et minéral, devrait attendre six prochains mois pour être approché. Trois pouillys précis, avec une empreinte de calcaire marquée, font honneur à l'appellation. Deux premiers crus présentés : Aux Bouthières, à peine 60 ares, exprime avec amplitude la race d'un chardonnay qui ferait chavirer certains vins de la Côte-d'Or. Aux Chailloux 2020 est le plus impacté par son boisé lors de notre dégustation (mai 2022) mais il a la capacité de l'intégrer. Il est capable de vieillir dix ans et plus.

Mâcon-Solutré 2020	19 €	90
Pouilly-Fuissé 2020	28 €	91
Pouilly-Fuissé En Bertillonne 2020	33 €	92
Pouilly-Fuissé La Grange Murger 2020	33 €	92
Pouilly-Fuissé Premier Cru Aux Chailloux 2020	41 €	93

Le coup de ♥

Pouilly-Fuissé Premier Cru Aux Bouthières 2020	Épuisé - 44 €	93

Rouge : Gamay noir à jus blanc 100 %
Blanc : 4,2 hectares. Chardonnay 100 %
Production moyenne : 20 000 bt/an

DOMAINE DU ROC DES BOUTIRES
4, rue des Thorins,
71570 Romanèche-Thorins
03 85 35 50 68 ●
contact@rocdesboutires.com ● Pas de visites.
Propriétaire : Édouard et Jean-Jacques Parinet
Directeur : Édouard Parinet
Maître de chai : Brice Laffond

NOUVEAU DOMAINE

DOMAINE SAINTE BARBE - JEAN-MARIE CHALAND

Le domaine de Jean-Marie Chaland s'étend sur 9 hectares, principalement planté en chardonnay, réparti en 23 parcelles sur Viré, Montbellet et Burgy. Les vignes sont travaillées en bio, certifiées depuis 2003 avec une moyenne d'âge de plus de 50 ans. Nous suivons ce domaine depuis plusieurs millésimes, il fait partie des artisans vignerons du sud de la Bourgogne. La gamme est cohérente, sans maquillage ni élevage sophistiqué, les vins ont l'empreinte de l'endroit, offrent une expression de chardonnay élégante, fraîche et délicate, avec une maturité chaque fois aboutie, sans excès. Leur gamay très élégant, au fruit scintillant est aussi une belle acquisition pour les amateurs.

Les vins : le blanc Vieilles Vignes est issu du nord Mâconnais, entre Uchizy et Viré, il parfume nos verres de craie et de fleurs. Son boisé à peine perceptible s'accorde à de très fins amers salins. L'Épinet nous livre un chardonnay tendre et suave, sans manquer d'énergie, un vin salué pour sa pureté et son style appétant qui fait saliver. Perrière, parcelle sur Viré, offre de fines notes de nougat, à peine caressé par le chêne. Léger, il est accessible jeune et apprécié pour sa tonicité. Thurissey, vigne de 100 ans, est le plus crayeux, un vin complexe avec des amers minéraux prononcés. Clos du Buc est un monopole, seuls 80 ares sont plantés en vigne depuis 80 ans. C'est un 2019 prêt à boire, très mûr et miellé, adossé à des notes boisées crémeuses. Le mâcon-burgy Terres Rouges est un gamay juteux, légèrement poivré, peu boisé, un vin très digeste à croquer d'un bout à l'autre d'un repas.

▭ Viré-Clessé Clos du Buc Monopole
2019   22 €   91

▭ Viré-Clessé L'Épinet 2020   19 €   90

▭ Viré-Clessé Perrière 2020   19 €   91

▭ Viré-Clessé Thurissey 2020   21,50 €   91

▭ Viré-Clessé Vieilles Vignes 2020   16 €   89

▬ Mâcon-Burgy Terres Rouges
2020   16 €   91

Rouge : 1 hectare. Gamay noir à jus blanc 50 %, Pinot noir 50 %

Blanc : 8 hectares. Chardonnay 100 %

Production moyenne : 50 000 bt/an

DOMAINE SAINTE BARBE - JEAN-MARIE CHALAND ♣

12, rue de la Grappe d'Or 71260 Viré

09 64 48 09 44 ●
www.jeanmariechaland.com ● Vente et visites : sur RDV.

Propriétaire : Jean-Marie Chaland

LES MEILLEURS VINS

de
Champagne

PAR ALEXIS GOUJARD
ET OLIVIER POUSSIER,

en charge des vins de Champagne au sein du comité
de dégustation de La Revue du vin de France

N

Soissons

Aisne

Fismes

CHAMPAGNE ET COTEAUX CHAMPENOIS

Reims

Sillery

Puisieulx *Beaumont-sur-Vesle*

Mailly-Champagne *Verzenay*

MONTAGNE DE REIMS *Verzy*

Louvois *Ambonnay*

Aÿ *Bouzy*

VALLÉE DE LA MARNE Épernay *Tours-sur-Marne*

Château-Thierry *Chouilly* *Oiry*

Marne *Cramant*

La Ferté-sous-Jouarre *Avize* *Oger* CÔTE DES BLANCS

Le Mesnil-sur-Oger

Vertus

Sainte-Ménehould

Vesle

Châlons-en-Champagne

CHAMPAGNE ET COTEAUX CHAMPENOIS

Petit Morin

Grand Morin

Sézanne

CÔTE DE SÉZANNE

Vitry-le-François

Marne

Lac du Der-Chantecoq

Nogent-sur-Seine

Romilly-sur-Seine

Lac d'Auzon-Temple

Troyes

Lac d'Orient

CHAMPAGNE ET COTEAUX CHAMPENOIS

Aube

Bar-sur-Aube

Seine

CÔTE DES BAR

Bar-sur-Seine

CHAMPAGNE ET COTEAUX CHAMPENOIS

ROSÉ DES RICEYS

Auxerre

Superficie
32 560 hectares

Cépages principaux
Vins rouges :
pinot meunier,
pinot noir

Vins blancs :
chardonnay,
pinot blanc

Volume produit en 2021
2 100 000
hectolitres

Aÿ **CHAMPAGNE GRAND CRU**

20 km

Légendes Cartographie

LES TERROIRS
—

Le vignoble champenois, très morcelé, s'étend sur le territoire de plus de 300 communes, principalement sur les départements de la Marne, de l'Aube et de l'Aisne. On peut considérer que la Champagne est découpée en six grandes régions de production.

L'Aisne : élaborés avec une dominante de pinot meunier, les vins ont ici progressé. Ils sont souples et légers. Mais la majorité des récoltants-manipulants manque encore de technique.

L'Aube : cette région produit des vins réguliers, bien charpentés, souvent plus mûrs et donc moins frais, à fort caractère de terroir. Dans le secteur des Riceys, le pinot noir trouve une finesse exceptionnelle égalant, au vieillissement, celle des vins de la vallée de la Marne.

La Côte des Blancs : elle est reconnue pour la finesse et l'éclat de ses chardonnays, grâce auxquels on produit les champagnes blancs de blancs.

La Montagne de Reims : le sud, vers Ambonnay et Bouzy, donne des vins, surtout de pinot noir, corsés et de caractère, plus harmonieux à Ambonnay et plus terriens à Bouzy. Verzy et Verzenay, terroirs froids, produisent des pinots noirs plus nerveux et moins parfaits si on ne les assemble pas avec une proportion de raisins blancs. Vers Chigny-lès-Roses et Ludes, un encépagement équilibré engendre des vins universels, bons de l'apéritif au dessert.

La petite vallée de la Marne : de Dormans à Venteuil, elle donne des vins à peine plus corsés.

La grande vallée de la Marne : de Cumières à Mareuil-sur-Aÿ, elle donne les plus somptueuses cuvées de pinot noir. En grande année, elles atteignent leur apogée entre six à douze ans, et bien davantage dans certains cas.

Enfin, la Champagne produit également des vins tranquilles portant l'appellation Coteaux champenois (rouge, rosé et blanc), comme le bouzy rouge, ou encore le rosé des Riceys.

PREMIER CRU ET GRAND CRU

Les meilleures communes ont été classées selon leur prix de vente de raisins entre 90 et 100 % du prix maximal du cépage. Si le prix se situe entre 90 et 99 %, les villages sont classés Premier Cru et si le prix est à 100 %, ils portent la mention Grand Cru. Deux termes qui peuvent être apposés sur l'étiquette. Relativement précise, cette échelle englobe toutefois la production du village et non pas les meilleurs coteaux de chacun d'entre eux.

LES STYLES
—

BLANC DE BLANCS

C'est un champagne produit exclusivement à partir de raisins blancs de chardonnay. À l'inverse, blanc de noirs désigne un champagne produit à partir de raisins noirs de type pinot noir et pinot meunier.

NON DOSÉ, EXTRA-BRUT, BRUT, DRY, DEMI-SEC, SEC

Ces mots désignent des champagnes qui ont reçu différentes proportions de liqueur de dosage avant l'expédition des bouteilles. "Non dosé", "brut intégral" ou "brut nature", ces mentions indiquent l'absence de toute liqueur (et donc les champagnes les moins sucrés).

LE CHAMPAGNE MILLÉSIMÉ

Dans les grandes années, il est possible de millésimer le champagne. Le vin contenu dans la bouteille est alors issu d'une seule et même année. En moyenne, cinq à six années sont millésimées par décennie, mais cette tendance est en augmentation substantielle.

LES CÉPAGES

—

LE CHAMPAGNE ROSÉ

La Champagne est la seule région française où il est autorisé de produire du rosé en mélangeant du vin rouge de Coteaux champenois (entre 10 et 15 %) à du blanc, avant champagnisation. L'autre technique consiste à champagniser un vin issu d'un pressurage un peu plus appuyé des raisins rouges ou par une courte vinification avec les peaux noires du raisin (saignée). Cette dernière technique produit un champagne à la teinte soutenue.

L'ART DU DOSAGE

Avant de commercialiser les bouteilles, le vigneron ou le chef de cave peut ajouter une liqueur de dosage, dite aussi "liqueur d'expédition". Celle-ci est souvent composée de sucre de canne dissous dans du vin. La quantité de liqueur ajoutée dans la bouteille varie en fonction du type de vin que l'on désire :

extra-brut : entre 0 et 6 grammes de sucre par litre,
brut : moins de 12 grammes de sucre par litre,
extra-dry : entre 12 et 17 grammes de sucre par litre,
sec : entre 17 et 32 grammes de sucre par litre,
demi-sec : entre 32 et 50 grammes de sucre par litre,
doux : plus de 50 grammes de sucre par litre.

Si le vin n'a pas reçu de liqueur de dosage ou si sa teneur est inférieure à 3 grammes de sucre par litre, on peut utiliser la mention "brut nature", "non dosé" ou "dosage zéro".

LE PINOT NOIR

Cépage le plus planté en Champagne (38 % des surfaces viticoles), le pinot noir donne des vins plus corsés, légèrement plus délicats à presser pour éviter que le jus soit coloré, peu acide, et souvent médiocre en petite année. Dans les assemblages, il apporte de la puissance et du corps. Il est surtout présent dans l'Aube, sur la Montagne de Reims et au cœur de la vallée de la Marne. Lorsque le vin est issu uniquement des deux pinots (noir ou meunier) ou d'un seul, il peut s'appeler blanc de noirs.

LE PINOT MEUNIER

Vigoureux, le pinot meunier donne des vins fruités et peu acides. Dans un assemblage, il apporte de la souplesse et sert surtout à lier les qualités dissemblables des deux autres cépages. Ses lieux de prédilection sont les coteaux de l'Aisne et ceux du début de la vallée de la Marne, car il s'exprime plutôt sur les terroirs argileux. Il compte pour 32 % de l'encépagement du vignoble.

LE CHARDONNAY

Cépage emblématique de la Côte des Blancs, le chardonnay se caractérise par ses arômes délicats. Il apporte de la fraîcheur, de la finesse et du nerf dans les assemblages. Vinifié seul, c'est sous la dénomination blanc de blancs qu'il peut être commercialisé. On le trouve également sur la rive gauche de la Marne, avec des îlots privilégiés sur la Montagne de Reims, où il produit des champagnes plus charpentés. Il représente 30 % du vignoble.

DE REIMS À TROYES, NOS ÉTAPES GOURMANDES

—

CHAMBRES D'HÔTES

CLOS 1753
Un gîte de huit personnes au domaine du vigneron Nicolas Maillart, à Écueil. L'armoire à vins est bien garnie, notamment de champagnes à prix doux. Comptez 280 euros la nuit.
5, rue de Villers-aux-Nœuds, 51500 Écueil
Tél. : 03 26 49 77 89
www.champagne-maillart.fr

LE CLOS DES TERRES SOUDÉES
Le couple de vignerons formé par Éric et Isabelle Coulon propose six superbes chambres d'hôtes au mobilier des années 1950. Comptez 245 € pour la nuit, petit-déjeuner inclus.
25, rue Saint-Vincent, 51390 Vrigny
Tél. : 03 26 03 97 62
www.closdesterressoudees.fr

RESTAURANTS

AUX CRIEURS DE VINS
Cuisine bistrotière généreuse (bœuf fermier de Charolles, cochons de chez Éric Ospital) arrosée de vins naturels à prix modérés. Voici l'adresse la plus vivante de la Champagne. La formule à 11,80 € le midi en semaine est imbattable. Il faudra marcher quelques mètres pour profiter de la cave et ses pépites, aux Halles.
4, place Jean-Jaurès, 10000 Troyes
Tél. : 03 25 40 01 01

& Halles de l'Hôtel de ville 10000 Troyes
Tél. : 03 25 43 20 20
www.auxcrieursdevin.fr

SYMBIOSE
Une cuisine raffinée et ciselée pour dynamiser le centre d'Épernay. Formules déjeuner (de 21 à 26 €), menus dégustation (de 40 à 53 €), ou à la carte (environ 45 €).
5, rue de Reims, 51200 Épernay
Tél. : 03 26 54 75 20
www.symbiose-restaurant.com

L'ASSIETTE CHAMPENOISE
Cuisinier de l'année en 2014, triplement étoilé au guide Michelin, Arnaud Lallement signe l'une des cuisines les plus sensibles de la région. Chambres et suites sont également proposées sur place. Menus de 95 € à 295 €.
40, avenue Paul-Vaillant-Couturier, 51430 Tinqueux
Tél. : 03 26 84 64 64
www.assiettechampenoise.com

BARS À VINS

L'ÉPICERIE AU BON MANGER
Aline et Éric Serva servent salaisons, fromages fermiers et assiettes consciencieuses pour accompagner les vins et champagnes naturels. On repart sous le bras avec les produits d'épicerie fine et les belles bouteilles proposées dans ce lieu hybride.
7, rue Courmeaux, 51100 Reims
Tél. : 03 26 03 45 29
www.aubonmanger.fr

THE GLUE POT
Ses allures de pub cachent des cuvées de toute la France, à accompagner d'un burger ou d'une planche de charcuterie.
49, place Drouet-d'Erlon, 51100 Reims
Tél. : 03 26 47 36 46

CAVISTE

CAVE DU FORUM
Située dans le centre historique de Reims, la cave contient près de 4 000 références du monde entier dans les 400 m² de cave taillés dans la craie. Plusieurs services proposés : constitution de votre cave, dégustations, évènements ou même des estimations de caves particulières !
10, rue Courmeaux, 51100 Reims
Tél. : 03 26 79 15 15
www.lescavesduforum.com

ET AUSSI...

LA VILLA BISSINGER
Haut lieu de la connaissance du champagne, espace incontournable du vignoble, la Villa Bissinger abrite l'Institut international des vins de Champagne qui permet de se former à la dégustation des champagnes, depuis l'initiation jusqu'aux formations à l'intention des professionnels. Tous les premiers samedis du mois, la Villa Bissinger propose une dégustation découverte de quatre champagnes pour 25 € par personne. D'autres formations sont ouvertes à partir de 75 €.
15, rue Jeanson, 51160 Aÿ
Tél. : 03 26 55 78 78
www.villabissinger.com

LE GARDE CHAMPÊTRE
Un restaurant-ferme dans un ancien entrepôt de marchandises de la SNCF : le potager d'1 hectare approvisionne les tables, du jeudi au dimanche. De belles assiettes (comptez 22 € pour le menu déjeuner) et de superbes bouteilles d'ici et d'ailleurs.
5, rue de Reims, 51200 Épernay
Tél. : 03 26 54 75 20
www.symbiose-restaurant.com

★★★★ ↗ KRUG

Dans le giron du groupe LVMH, Krug incarne le haut de gamme de la Champagne et produit uniquement des cuvées de prestige, à commencer par la Grande Cuvée, désormais numérotée, qui incarne l'esprit de la maison. Cette dernière résulte d'un savant assemblage de plusieurs dizaines de vins issus de millésimes complémentaires, puis d'un vieillissement supplémentaire de sept ans au minimum. Un code sur la bouteille permet d'en percer la composition. Mais Krug, c'est aussi une équipe solide avec, autour de sa pétillante présidente Margareth Henriquez, Olivier Krug, directeur général, et Julie Cavil au poste de chef de cave. Cette œnologue qui a déjà passé plus de dix ans au sein de la maison remplace, depuis janvier 2020, Éric Lebel, avec pour mission de perpétuer le style Krug, signature majeure de la Champagne. La cohérence des éditions et la justesse des vins produits, toujours avec une grande régularité, sans trahir l'ADN de cette maison, nous amènent à attribuer une quatrième étoile cette année.

Les vins : nous découvrons cette année l'édition 170ᵉ anniversaire, composée de 195 vins différents et de douze millésimes de 2014 à 1998. Le vin se montre fin et distingué, à la puissance maîtrisée ; la bouche est épurée et les pinots domptés. Ce n'est pas pour autant un vin tendu et ciselé comme l'était la 169ᵉ Édition. Il séduit par sa fraîcheur et sa texture détendue. La 164ᵉ Édition se livre avec classe : la base 2008, conjuguée à la patine des vins de réserve et de l'autolyse, lui apporte cette palette complexe et subtile, alliant les nuances crayeuses et automnales. Le brut 2008 est un vin racé qui affirme sa dominante de pinot, mais la finesse du millésime la canalise. Ces notes de fruit à noyau, de fruits secs, biscuits et son fond minéral lui communiquent cette profondeur. Tout jeune vin qui possède la puissance et la retenue nécessaires pour bien vieillir. Nous attendions la sortie du Clos du Mesnil 2008 et nous ne sommes pas déçus : le vin se livre avec une trame juste et élégante, une mousse gracieuse. Il se dote d'une envergure et d'une tension incroyables. Un grand millésime de toute évidence.

🍾 Brut 2008	N.C.	98
🍾 Brut Clos du Mesnil 2008	N.C.	99
🍾 Brut Grande Cuvée 164ᵉ Édition	195 €	96
🍾 Brut Grande Cuvée 170ᵉ Édition	195 €	95

Rouge : Pinot noir 89 %, Pinot meunier 11 %
Achat de raisins.
Blanc : Chardonnay 100 %
Achat de raisins.

KRUG
5, rue Coquebert, 51100 Reims
03 26 84 44 20 ● www.krug.com ●

Visites : sur RDV aux professionnels.
Propriétaire : LVMH
Directeur : Manuel Reman et Olivier Krug
Chef de cave : Julie Cavil

★★★★ ↗ JACQUES SELOSSE

Une nouvelle page s'est tournée dans ce domaine légendaire d'Avize. Lors de la vendange 2018, Anselme Selosse a laissé les rênes du vignoble à son fils Guillaume. Le jeune et discret vigneron reprend le flambeau de l'œuvre initiée par son père au milieu des années 1970. Grâce à une réflexion profonde sur la viticulture, un raisin récolté à pleine maturité et une vinification sous de multiples origines de bois (en assemblage façon solera, chaque millésime ancien éduque les plus jeunes dans l'esprit des grands jerez), les vins ont une interprétation singulière, presque artistique des chardonnays de la Côte des Blancs, répartis essentiellement entre Avize, Cramant, Oger et le Mesnil-sur-Oger, avec quelques délicieux pinots noirs d'Aÿ, Ambonnay et Mareuil. La cuvée Initial (33 000 bouteilles par an) incarne le style incomparable des champagnes du domaine Selosse, maniant l'oxydatif avec la profondeur crayeuse des saveurs. La concentration en extraits secs et la vibration des notes salines en bouche n'ont pas d'équivalent dans la région ni ailleurs dans le monde. Une grande réflexion sur les rouges s'est ouverte, avec notamment un pinot noir d'Ambonnay (Le Bout du Clos), une infusion au parfum étourdissant d'eau de rose.

Les vins : trente minutes d'aération feront le plus grand bien à ces champagnes hauts en couleur et concentrés en extraits secs. Initial (dégorgé le 12 mai 2021) pousse loin le caractère oxydatif et présente une ampleur charmeuse, avec toutefois la touche végétale évoquant l'année 2015. Le vin se montre déjà très ouvert. La haute concentration aromatique du pinot noir bien mûr (cerise, pot pourri, lard fumé...) se dégage de La Côte Faron, à Aÿ. Un blanc de noirs à l'attaque volumineuse, resserré par une sensation irrésistiblement crayeuse en finale. Magistral ! Il est taillé pour la garde. Le 2010 paraît un plus âgé que ses douze ans : il évolue sur des notes des champignons de Paris et une finale un brin anguleuse. Il n'a pas la race des deux monuments précédents 2008 et 2009. Immense interprétation des Carelles (dégorgé le 3 février 2020). Ce chardonnay du Mesnil-sur-Oger brille par sa salinité crayeuse, mêlant des saveurs d'une richesse magnifique (raisins frais, croûte de pain, vieux comté, grillé...). Un canon esthétique à la matière profonde et à la longueur prodigieuse. Nous saluons le travail unique en son genre et l'émotion extraordinaire que nous procurent ces vins depuis tant d'années en récompensant le domaine d'une quatrième étoile.

- ⊃ Brut Grand Cru Blanc de Blancs
  Initial   Épuisé - de 100 à 130 € (c)   **93**
- ⊃ Brut Grand Cru Blanc de Blancs
  Substance   Épuisé - 180 €   **98**
- ⊃ Brut Nature
  2010   Épuisé - de 210 à 270 € (c)   **93**
- ⊃ Extra-Brut Grand Cru Blanc de Blancs Les
  Carelles   Épuisé - 120 €   **100**

Le coup de ♥

- ⊃ Extra Brut Grand Cru La Côte
  Faron   Épuisé - de 144 à 190 € (c)   **98**

Rouge : 1 hectare.
Blanc : 7,85 hectares. Chardonnay 89 %, Pinot noir 11 %
Production moyenne : 57 000 bt/an

JACQUES SELOSSE
59, rue de Cramant, 51190 Avize
03 26 57 53 56 ● www.selosse-lesavises.com ● Pas de visites.
Propriétaire : Guillaume Selosse

★★★ AGRAPART

La famille Agrapart, dans la région depuis la fin du XIXᵉ siècle, possède un superbe patrimoine de chardonnay en grand cru à Avize, Cramant, Oger et Oiry, valorisé par des méthodes de culture et de vinification artisanales. Pascal Agrapart et son fils Ambroise revendiquent haut et fort leur appartenance aux récoltants-manipulants. La gamme met en lumière des cuvées parcellaires (fermentations malolactiques faites). Les champagnes vinifiés en fût ancien s'inscrivent parmi les références régionales, grâce à leur expression appuyée de la minéralité champenoise. Les finales se révèlent claires (peu ou non dosées), les saveurs sapides, persistantes, sur des notes d'oxydation ménagées et salines. Le vieillissement en cave aidant, la finesse des bulles est remarquable. N'hésitez pas à ouvrir ces champagnes une demi-heure avant la dégustation pour qu'ils révèlent tout ce qu'ils ont à nous raconter.

Les vins : quel dommage ! Le domaine ne nous a pas fait parvenir ses cuvées d'entrée de gamme. Complantée s'avère juvénile : derrière une aromatique riche assez primaire, il s'élance avec finesse. On renoue avec une force crayeuse monumentale sur la série des lieux-dits en 2016, notamment avec Minéral, un magnifique blanc de blancs tout en retenue, d'une allonge mêlant puissance et raffinement. Intermède avec Minéral 2012 qui montre le vieillissement serein, plein de concentration et d'étoffe de cette cuvée. Avizoise pousse le curseur de l'ampleur et de la densité en extraits secs plus loin, laissant une perception presque tannique en finale. Quel relief ! Vénus s'affirme quant à lui avec une élégance et une énergie magistrales, une sensation de salinité extrême et la douceur de bulle accompagnent ce chardonnay de grande profondeur. Resplendissant ! Exp.16 (levures naturelles, sans collage ni filtration, seconde fermentation avec le moût) insiste sur les saveurs acides, amères et umami. Un équilibre hors norme pour les amateurs de sensations fortes !

- ⊃ Brut Nature Grand Cru Blanc de Blancs
  Exp.16   220 €   **94**
- ⊃ Brut Nature Grand Cru Blanc de Blancs
  Vénus 2016   150 €   **96**
- ⊃ Extra-Brut Grand Cru Blanc de Blancs
  Avizoise 2016   95 €   **95**
- ⊃ Extra-Brut Grand Cru Blanc de Blancs
  Minéral 2012   160 €   **95**
- ⊃ Extra-Brut Grand Cru Blanc de Blancs
  Minéral 2016   72 €   **95**
- ⊃ Extra-Brut Grand Cru
  Complantée   50 €   **91**

Rouge : 1 hectare.
Blanc : 9 hectares.
Production moyenne : 90 000 bt/an

AGRAPART
57, avenue Jean-Jaurès, 51190 Avize
03 26 57 51 38 ●
www.champagne-agrapart.com ● Pas de visites.
Propriétaire : Pascal Agrapart

★★★ BOLLINGER

S'il est une marque à la personnalité bien trempée et au style très reconnaissable, c'est bien Bollinger. Cette maison d'Aÿ, toujours familiale, cultive un goût pour les vins à large dominante de pinot noir, vineux et profonds. L'histoire de Bollinger est d'une richesse incroyable : une plongée dans les millésimes anciens de la maison permet de mesurer à quel point l'excellence a toujours été au cœur de ses préoccupations. On peut regretter une sortie parfois prématurée des cuvées R.D. (récemment dégorgées), qui ne sont jamais meilleures qu'après quelques années supplémentaires de cave, et peut-être quelques millésimes de Grande Année pas tout à fait au rendez-vous de ce que nous attendions. Mais Bollinger demeure une référence pour les amateurs de grands champagnes d'expression et de table.

Les vins : nous exprimons une certaine déception quant à la dégustation de la gamme. Même si les vins sont encore jeunes, les deux cuvées La Grande Année, en blanc et rosé, ne sont pas à la hauteur de nos espérances et demeurent loin du niveau des meilleurs millésimes. La Grande Année blanc 2014 est ouvert, avec cette patine aromatique fidèle à la maison, mais la dimension de bouche nous paraît un peu courte. La Grande Année 2014 rosé est plus complexe et subtil, porté toujours par ce duo entre le noyau et le floral qui séduit de prime abord. La bouche est mieux gérée et l'ensemble nous transporte un peu plus loin. Spécial Cuvée est un champagne fédérateur : les vins de réserve pointent leurs nez, mais le dosage farde un peu trop et lui apporte un cœur de bouche plus rond. En brut sans année, le rosé est plus abouti, son dosage s'oppose aux tanins apportés par les vins rouges. RD 2007 est un vin de grande dimension, tout en subtilité et en finesse.

⌐ Brut La Grande Année 2014	147 €	92
⌐ Brut Special Cuvée	49 €	90
⌐ Extra-Brut Bollinger R.D. 2007	300 €	97
◗ Brut Rosé	65 €	91
◗ Brut Rosé La Grande Année 2014	187 €	93

Rouge : 133 hectares.
Blanc : 45 hectares.

BOLLINGER

20, boulevard du
Maréchal-de-Lattre-de-Tassigny, 51160 Aÿ
03 26 53 33 66 ●
www.champagne-bollinger.com/ ●
Visites : sur RDV aux professionnels.
Propriétaire : Société Jacques Bollinger
Directeur : Charles-Armand de Belenet
Chef de cave : Gilles Descôtes

★★★ ÉGLY-OURIET

Une formule résume la vision de Francis Égly : Les vignes, c'est comme les chevaux : si tu veux bien les maîtriser, il faut les faire naître." En bon cavalier-éleveur, ce producteur dispose d'un vignoble approchant les 40 ans d'âge, construit par sa famille autour de sélections massales remarquables, à l'origine de la saveur rare de ses raisins et donc de ses champagnes. Depuis trois générations, la famille a édifié un patrimoine de vignes en grand cru à Bouzy, Verzenay et surtout Ambonnay, au cœur du terroir. En premier cru, elle dispose de pinot meunier sur le terroir de Vrigny, dans la vallée de la Marne. À rebours d'une Champagne qui vend ses bouteilles de plus en plus jeunes, Francis Égly, à la suite de son père Michel, construit patiemment un trésor qui lui permet de commercialiser ses bruts après quatre ans de vieillissement, et ses millésimés au-delà de six ans. Les champagnes sont toujours admirablement menés, habillés par des élevages en fûts suivis de longs vieillissements sur lattes qui ont fait leur réputation.

Les vins : une nouveauté judicieuse pour débuter la dégustation ! La contre-étiquette précise la composition des champagnes, et notamment l'année de base. Construit autour d'une dominante de 2017, Les Prémices (massif de Saint-Thierry) se montre déjà très doré et affiche une évolution aromatique marquée sur une bouche tendre. Il faut le boire dès à présent. On monte en puissance avec la nouvelle cuvée Les Vignes de Bisseuil (base 2016), finement maîtrisé, qui parvient à dompter l'ampleur riche du cru jusqu'à une allonge savoureuse. De retour en Montagne de Reims, Grand Cru (base 2016) pousse plus loin encore une trame admirablement ciselée : il est doté de solides saveurs et d'une bulle d'une extrême délicatesse. Le rosé (base 2016) s'affirme par son élan structuré et profond, laissant une bouche sans aucun excès de richesse. VP (base 2013) repose sur une admirable patine grillée et la sensation ferme et austère du millésime. Un grand classique champenois. Finement fumé-lardé grâce à un élevage en fût singulier, le blanc de noirs VV (base 2014) s'élance avec puissance et race incomparable, et promet beaucoup pour la garde. Terminons avec l'Ambonnay rouge 2020, d'une gourmandise et d'une profondeur incomparables.

⌐ Extra-Brut Grand Cru	58 €	93
⌐ Extra-Brut Grand Cru Blanc de Noirs Vieilles Vignes	140 €	95
⌐ Extra-Brut Grand Cru VP	75 €	94
⌐ Extra-Brut Les Prémices	36 €	89
⌐ Extra-Brut Premier Cru Les Vignes de Bisseuil	52 €	92
◗ Extra-Brut Rosé Grand Cru	75 €	93
◗ Coteaux Champenois Ambonnay Les Grands Côtés 2020	150 €	95

Rouge : 13 hectares. Pinot noir 70 %, Pinot meunier 30 %
Blanc : 3 hectares. Chardonnay 100 %
Production moyenne : 140 000 bt/an

ÉGLY-OURIET

15, rue de Trépail, 51150 Ambonnay
03 26 57 00 70 ● contact@egly-ouriet.fr ●
Pas de visites.
Propriétaire : Francis Egly

★★★ JACQUESSON

La maison Jacquesson produit des vins d'une envergure et d'une personnalité remarquables, à des niveaux que peu de maisons en champagne peuvent revendiquer. Le mérite en revient aux deux frères Chiquet, qui prennent l'ensemble des décisions, de la vigne à la commercialisation, en passant par la cave. Malgré le succès, le volume de vins produits reste sous contrôle, le domaine s'étant même recentré sur les cuvées

700, qui représentent aujourd'hui la grande partie de la production. Ces dernières se révèlent année après année, davantage dominées par le pinot noir et le chardonnay. Seules quelques sélections parcellaires, en fonction de la qualité du millésimes, sont produites. L'année 2022 fut marquée par l'entrée au capital, de façon minoritaire, du groupe Artémis, appartenant à François-Henri Pinault.

Les vins : l'émotion nous transporte avec la cuvée Nº740 DT. Ce vin abouti séduit par sa justesse et sa profondeur : une belle patine et une superbe autolyse lui donnent cette parfaite adéquation entre maturité et fraîcheur. La bouche en possède encore sous le pied, avec une puissance déliée et une grande persistance. La cuvée 745, issue d'une base 2017, présente l'avantage d'être ouverte et aimable dès aujourd'hui. Le vin se livre avec une matière en demi-puissance et une bulle encore vivace. Il n'atteint pas la profondeur de son ainée 744, mais le niveau est, sur une base 2017, à saluer. Comme souvent, Corne Bautray 2012 dévoile une expression assez vineuse du chardonnay, dans une version plus lactée, beurrée et sphérique qu'un chardonnay de la côte des Blancs. Cette cuvée possède le fond et la dimension pour être servie à table.

⌐ Extra-Brut Cuvée Nº 745	55 €	93
⌐ Extra-Brut Dizy Corne Bautray 2012	175 €	96

Le coup de ♥

⌐ Extra-Brut Cuvée Nº740 DT	95 €	96

Rouge : 14 hectares. Pinot noir 60 %, Pinot meunier 40 %
Achat de raisins.
Blanc : 14 hectares. Chardonnay 100 %
Achat de raisins.
Production moyenne : 250 000 bt/an

JACQUESSON
68, rue du Colonel-Fabien, 51530 Dizy
03 26 55 68 11 ●
www.champagnejacquesson.com ● Pas de visites.
Propriétaire : Jean-Hervé et Laurent Chiquet

★★★ ⌁ PHILIPPONNAT

Entrée dans le groupe Lanson-BCC en 1997, cette maison de taille moyenne est autonome dans ses approvisionnements et dans son élaboration. Elle retrouve un rayonnement dans les champagnes haut de gamme grâce à la personnalité retrouvée de son Clos des Goisses. La montée de la marque est aussi la récompense des choix opérés dans toute la gamme par son président Charles Philipponnat, en poste depuis 2000. Il a amené le froid dans les vinifications,

a réorienté les assemblages vers davantage de pinot noir, a augmenté la capacité de vinification sous bois sur lies sans bâtonnage et fermentation malolactique. Son but ? Intégrer l'esprit millésimé dans les non-millésimés. La troisième étoile vient récompenser une gamme qui ne cesse de gagner en précision.

Les vins : la maison maintient son rang en présentant une gamme cohérente, depuis les Brut Royale jusqu'au Clos des Goisses. Le sec 2009 est une franche réussite, peu de domaines parviennent à atteindre ce niveau de finesse avec un dosage à 30 grammes. Brut Royale Réserve est d'un bon niveau, mais la base 2017 n'a pas le niveau de la base 2016 présentée l'an passé. La version non dosé nous séduit davantage par son ouverture et son harmonie gustative. Grand Blanc 2012 est une belle définition, doté de la puissance à laquelle maison demeure fidèle. La cuvée 1522 est très longiligne, manquant presque d'épaisseur, dans le ton du millésime 2014. Clos des Goisses est un champagne splendide, associant pleine maturité du raisin et plénitude du bouche. Un très grand vin.

⌐ Brut Nature Royale Réserve Non Dosé	39,50 €	92
⌐ Brut Royale Réserve	39,50 €	90
⌐ Extra-Brut 1522 2014	88 €	92
⌐ Extra-Brut Grand Blanc 2012	62 €	94
⌐ Sec Sublime Réserve 2009	62 €	93
⌐ Brut Royale Réserve Rosé	52,50 €	90

Le coup de ♥

⌐ Extra-Brut Clos des Goisses 2012	228 €	98

Rouge : 14,5 hectares. Pinot noir 98 %, Pinot meunier 2 %
Achat de raisins.
Blanc : 2,5 hectares. Chardonnay 100 %
Achat de raisins.
Production moyenne : 600 000 bt/an

PHILIPPONNAT
13, rue du Pont, Mareuil-sur-Aÿ, 51160 Aÿ
03 26 56 93 00 ● www.philipponnat.com ●
Vente et visites : sur RDV.
Propriétaire : Groupe Lanson-BCC
Directeur : Charles Philipponnat
Chef de cave : Thierry Garnier

★★★ POL ROGER

Pol Roger est une icône authentique de la Champagne, exemplaire par la précision, la générosité et la régularité de sa gamme. Le vignoble est planté notamment sur les coteaux d'Épernay, en Côte des Blancs, ainsi qu'à Mareuil et à Ambonnay ; autant de terroirs sources de haute qualité et de régularité. Les trois cépages sont présents par tiers, comme pour les achats (un équilibre qui se retrouve dans les cuvées) ; les fermentations malolactiques sont systématiques (ce qui apporte de la rondeur) ; les débourbages se font à froid (pour l'intensité aromatique). Pol Roger est la dernière maison de cette taille à remuer manuellement sur pupitre ses 1,8 million de bouteilles annuelles dans ses 7,5 km de caves sparnaciennes. Les cuvées se différencient à travers le vieillissement des vins de réserve, ainsi que par l'origine des crus. Pol Roger a retrouvé le style et la générosité des vins qui ont fait sa gloire.

Les vins : nous sommes déçus par la dimension des vins sur le millésime 2015. Le blanc de blancs est marqué par le millésime avec ces amertumes végétales dans la finale. Vintage est bien mieux géré et affiche une tout autre envergure de bouche sans atteindre la race des 2013. Le rosé est marqué par un fruit sincère et juteux, mais le fond du nez et la bouche subissent les stigmates du millésime. Sir Winston Churchill 2013 réclame de la patience. Le vin, trop étriqué pour le moment, doit se détendre ; nous n'avons aucune inquiétude à ce sujet. Brut Réserve confirme cette année, derrière une bulle gracieuse qui lui donne un certain charme. Ouverte, la cuvée extra-brut Pure se présente sur une jolie complexité et une plénitude de bouche.

Brut Blanc de Blancs 2015	82 €	91
Brut Réserve	41 €	90
Brut Sir Winston Churchill 2013	220 €	96
Brut Vintage 2015	70 €	93
Demi Sec Rich	41 €	90
Extra-Brut Pure	48 €	92
Brut Rosé 2015	85 €	89

Rouge : 95 hectares. Pinot noir 60 %, Pinot meunier 40 %
Achat de raisins.
Blanc : 90 hectares. Chardonnay 100 %
Achat de raisins.
Production moyenne : 1 800 000 bt/an

POL ROGER

1, rue Winston-Churchill, 51200 Épernay
03 26 59 58 00 ● www.polroger.com ● Pas de visites.
Propriétaire : Famille de Billy
Directeur : Laurent d'Harcourt
Chef de cave : Damien Cambres

★★★ LOUIS ROEDERER

Voici un des plus beaux porte-étendards de la Champagne. Cette maison familiale s'appuie sur un vignoble de 420 parcelles à majorité pinot noir et classé en grand cru à 70 %. La viticulture est ici une réelle priorité, notamment via le passage en biodynamie. Le travail des sols se généralise. Seul un vignoble aussi exceptionnel explique le niveau d'harmonie et de concentration unique sur des volumes aussi importants. Ce n'est pas un hasard si le chef de cave, Jean-Baptiste Lécaillon, est œnologue mais aussi agronome, tout comme Jean-Claude Rouzaud, qui a bâti l'empire actuel des grands vignobles internationaux Roederer. En bonne intelligence, il a confié tôt les rênes du groupe à son fils, Frédéric Rouzaud, actuel président. Ici, les fermentations malolactiques ne sont que partielles et aléatoires (entre 25 % et 50 %). Les jus sont travaillés sur lies en cuve et en foudre de chêne, afin de leur donner de l'épaisseur.

Les vins : cette année, la cuvée 242 nous est proposée en magnum, et elle nous confirme tout le bien que nous pensons de ce nouveau profil de brut sans année. Il faut saluer les efforts produits par la maison pour passer un cap avec ce type de vins. Vintage est une expression détendue du millésime 2014 : le bois crée une belle patine et complexifie la définition du vin, une malo partielle arrondit l'attaque, tout en conservant la belle allonge typique de l'année. Le blanc de blancs est plus contenu, le léger grillé de la réduction le standardise davantage. Le rosé 2014 possède un joli bouquet de baies rouges, avec une pointe d'agrume et de sous-bois. La bouche se libère avec une texture équilibrée. Cristal 2014 est un jus très épuré, fidèle au millésime. Le vin délivre une énergie incroyable, qu'il convient d'attendre encore. En revanche, nous restons dubitatifs quant à la cuvée Vinothèque 1997… Certes, le millésime révèle des aspects pâtissiers, solaires, mais le vin manque d'énergie et de fraîcheur. Nous pensons que cette noble maison doit proposer des vins âgés en bien meilleure forme compte tenu des prix de vente. Les millésimes 2000 et 1997 ne peuvent être les reflets actuels de Louis Roederer.

Brut Blanc de Blancs 2014	84 €	91
Brut Collection 242	48 €	92
Brut Cristal 2014	230 €	97
Brut Cristal Vinothèque 1997	1 000 €	89
Brut Vintage 2014	70 €	94
Brut Rosé 2014	73 €	93
Brut Rosé Cristal 2013	420 €	96

Rouge : 141,6 hectares. Pinot noir 53 %, Pinot meunier 6 %
Achat de raisins.
Blanc : 98,4 hectares. Chardonnay 41 %
Achat de raisins.
Production moyenne : 3 500 000 bt/an

LOUIS ROEDERER ♣

21, boulevard Lundy, CS 40014, 51722 Reims Cedex

03 26 40 42 11 • www.louis-roederer.com/fr •
Visites : sur RDV aux professionnels.
Propriétaire : Famille Rouzaud
Directeur : Frédéric Rouzaud
Chef de cave : Jean-Baptiste Lécaillon

★★★ SALON

Propriété du groupe Laurent-Perrier depuis 1988, cette petite maison mythique, parangon du blanc de blancs, possède une activité autonome dans le groupe. Son champagne provient d'un seul cépage, le chardonnay, d'un seul cru, le Mesnil-sur-Oger et d'un seul millésime. Comme Delamotte, Salon est dirigé par Didier Depond et les vinifications sont pilotées par le chef de cave de Laurent Perrier, Michel Fauconnet. Les chardonnays de Salon ne font pas leur fermentation malolactique pour préserver une plus haute acidité et favoriser la garde. Salon ne se déguste pleinement qu'après quelques années de garde supplémentaires en cave.

Les vins : nous entrons dans une nouvelle dimension avec le superbe millésime 2012. Avec tout le respect que nous avons pour le 2007, le 2012 du Mesnil nous emmène bien plus loin, tant dans la pureté que dans la profondeur du vin. Nous vous conseillons tout de même de ne pas vous précipiter sur cette divine bouteille. Le vin demeure aujourd'hui contenu, réduit, sur le grillé, il a besoin de temps pour s'ouvrir davantage et se libérer.

Le coup de ♥

⊏ Brut Blanc de Blancs 2012   750 €   **98**

Blanc : 10 hectares. Chardonnay 100 %
Achat de raisins.
Production moyenne : 25 000 bt/an

SALON
5-7, rue de la Brèche-d'Oger, 51190 Le Mesnil-sur-Oger
03 26 57 51 65 • www.champagne-salon.fr •
Pas de visites.
Propriétaire : Groupe Laurent-Perrier
Directeur : Didier Depond
Chef de cave : Michel Fauconnet

★★ AR LENOBLE

Frère et sœur, Antoine et Anne Malassagne ont porté par légères touches cette petite maison vers de hauts niveaux qualitatifs. Les vins s'orientent d'ailleurs davantage vers un style "vigneron" que "maison". Élevages sous bois pour certaines cuvées et dosages faibles permettent de produire des vins vibrants et profonds, marqués par leurs origines. La gamme est complète et très cohérente. La mention MAG suivie d'un chiffre, qui figure désormais sur une partie des bouteilles renseigne sur l'année de base de la cuvée, à laquelle sont ajoutés des vins de réserve conservés en magnum sous liège. Un détail qui n'en n'est pas un, et confère aux vins une touche de complexité supplémentaire. Ces bouteilles s'épanouissent particulièrement bien à table.

Les vins : la dégustation confirme le niveau de cette cave et l'homogénéité des vins. Le rosé, de plus en plus raffiné, prend une dimension supplémentaire avec une année d'évolution. Le blanc de blancs 2012 garde cette énergie tout en arborant la patine du temps. Gentilhomme 2013 est une belle bouteille pour ce millésime froid, l'année supplémentaire détend les arômes et les saveurs. Les Aventures, issu de cette parcelle de Chouilly, composé des millésimes 2008 et 2009, arbore une définition proche d'une bonne mazanilla pasada : une complexité incroyable sur le beurre rance, les épices et les fruits sec torréfiés. La cuvée brut nature MAG 17 reste un vin sérieux dans sa conception, mais l'harmonie gustative est moins aboutie et quelques amertumes de fin de bouche apparaissent.

⊏ Brut Nature Dosage Zéro MAG 17   36 €   **90**
⊏ Extra-Brut Grand Cru Blanc de Blancs 2012   59 €   **94**
⊏ Extra-Brut Grand Cru Blanc de Blancs Gentilhomme 2013   79 €   **94**
⊏ Extra-Brut Grand Cru Blanc de Blancs Les Aventures   103,50 €   **97**
⊏ Extra-Brut Grand Cru Blanc de Blancs MAG 17   40,50 €   **91**
⊏ Extra-Brut Premier Cru Blanc de Noirs 2013   59 €   **90**
◖ Extr-Brut Rosé Terroirs Mag 14   43 €   **92**

Rouge : 5 hectares.
Blanc : 13 hectares.
Production moyenne : 320 000 bt/an

AR LENOBLE
35, rue Paul Douce, 51480 Damery
03 26 58 42 60 •
www.champagne-arlenoble.com • Vente et visites : sur RDV.
Propriétaire : Anne et Antoine Malassagne

★★ FRANÇOISE BEDEL ET FILS

La sagesse et la sérénité que dégagent les champagnes de Françoise Bedel et de son fils Vincent Desaubeau ne vous laisseront jamais indifférents. Le tandem familial s'attache à une viticulture en biodynamie, essentiellement du meunier, sur les terroirs variés de la porte occidentale de la Marne (limoneux, argileux, calcaires, garnis de pierres meulières). La récolte parfaitement mûre des raisins et un temps prolongé en cave donnent naissance à des vins automnaux extrêmement savoureux, à la fois posés et énergiques, d'une sincérité rare. Leur effervescence cajole le corps, leurs notes oxydatives subtiles nourrissent l'esprit. Certifié bio depuis 1998 et biodynamie depuis 2001.

Les vins : construit sur une dominante de la vendange 2017, le meunier d'Origin'elle s'exprime avec une gourmandise pourvue d'une fine patine automnale, pas d'une grande étoffe cette année là. Dans un registre plus profond et dynamique, Dis, Vin Secret (base 2017) termine sa course sur une finale un peu sèche, stigmate de cette année. Assemblage de meunier (50 %), pinot noir et chardonnay, Entre Ciel et Terre (base 2017) s'élance avec une vinosité structurée, à la fois suave et énergique. Tous trois se montrent en pleine forme aujourd'hui. Comme Autrefois 2005, malgré une belle patine, est toutefois marqué par la trame végétale du millésime.

⌐ Brut Dis, Vin Secret	47,40 €	92
⌐ Brut Origin'Elle	42,50 €	91
⌐ Extra-Brut Comme Autrefois 2005	113 €	91

Le coup de 💜

⌐ Brut Entre Ciel et Terre	56,60 €	93

Rouge : 7,84 hectares. Pinot meunier 92 %, Pinot noir 8 %
Blanc : 1,27 hectare. Chardonnay 100 %
Production moyenne : 35 000 bt/an

FRANÇOISE BEDEL ET FILS 🌙

71, Grande-Rue, 2310 Crouttes-sur-Marne
03 23 82 15 80 ● www.champagne-bedel.fr ●
Vente et visites : sur RDV.
Propriétaire : Françoise Bedel

★★ BILLECART-SALMON

Installée à Mareuil-sur-Aÿ, dotée d'un joli vignoble sur des terroirs prestigieux, la Maison Billecart-Salmon perpétue son histoire familiale. Son indépendance lui permet d'afficher une marge de progression d'année en année, tout en agrandissant les volumes de production. La maison continue d'innover en cave avec la création en 2018 de chai foudres qui vient compléter un chai barriques réalisé en 2010. Mathieu Roland-Billecart, de la septième génération, continue la maison, épaulé par Antoine Roland-Billecart. Denis Blée s'occupe du vignoble et Florent Nys est le chef de cave. Sans oublier le travail exceptionnel qu'effectue Alexandre Bader auprès de la grande restauration et des sommeliers pour faire connaître cette belle maison.

Les vins : nous aimons Brut Sous Bois pour sa palette libre et détendue, la bouche impose sa dimension sphérique et sans mollesse. Brut Réserve demeure plus timoré, derrière un dosage un plus dissocié. Brut Rosé reste une valeur sûre de la gamme, avec ce fruit classique et si fédérateur. La cuvée Elisabeth Salmon Rosé 2008 est une bombe de complexité et de subtilité. La cuvée Nicolas François 2007 évolue avec le temps, et progresse vers un profil bien plus pâtissier et large, qui manque un peu d'énergie sur la fin de bouche. Vintage 2013 transmet bien la tension du millésime, sans tomber dans la dureté.

⌐ Brut Grand Cru Blanc de Blancs	68 €	90
⌐ Brut Louis Salmon 2008	150 €	95
⌐ Brut Nicolas François 2007	150 €	94
⌐ Brut Réserve	45 €	89
⌐ Brut Sous Bois	66 €	91
⌐ Brut Vintage 2013 ·	68 €	92
⌐ Brut Rosé	65 €	90

Le coup de 💜

⌐ Brut Elisabeth Salmon 2008	190 €	96

Rouge : 81 hectares.
Blanc : 13 hectares.
Production moyenne : 2 000 000 bt/an

BILLECART-SALMON

40, rue Carnot, 51160 Mareuil-sur-Aÿ
03 26 52 60 22 ●
www.champagne-billecart.fr ● Vente et visites : sur RDV.
Propriétaire : Familles Roland-Billecart et Frey
Directeur : Mathieu Roland-Billecart
Chef de cave : Florent Nys

★★ LECLERC BRIANT

Acquise en 2012 par un couple d'Américains passionnés, cette petite maison qui était tombée dans l'oubli trace sa route et renaît de ses cendres grâce à des vins de très belle personnalité. Les cultures sont menées en biodynamie et les achats s'opèrent auprès de vignerons en bio ou biodynamie. Élevages partiels sous bois, doses de soufre et dosages bas, les cuvées produites ici sont dans l'air du temps.

Les vins : nous sommes heureux de déguster la cuvée Abyss en 2016 , qui possède bien plus de race et de profondeur que le 2011. Ce millésime possède un éclat et une pureté qui brillent par leur sincérité. La bouche reste ciselée et contenue, mais nous n'avons aucune inquiétude, le potentiel est là. Les 2015 nous surprennent agréablement, la maison a bien géré ce millésime compliqué. Les bruts sans année sont sans reproche : le blanc assume son côté détendu, fédérateur, largement dominé par les noirs ; mais notre préférence va pour l'extra-brut rosé, pour la dimension du fruit et son harmonie. Rosé de Saignée reste un exercice de style qui peut plaire, mais nous trouvons l'ensemble un peu rustique dans les arômes et les saveurs, et durci par la perception tannique.

Brut Réserve	40 €	91
Brut Zéro Abyss 2016	160 €	96
Brut Zéro Le Clos des Trois Clochers 2015	150 €	92
Extra-Brut Vintage 2015	60 €	92
Extra-Brut Rosé	45 €	91
Extra-Brut Rosé de Saignée	52 €	90

Rouge : 6 hectares. Pinot noir 53 %, Pinot meunier 47 %
Achat de raisins.
Blanc : 8 hectares. Chardonnay 100 %
Achat de raisins.
Production moyenne : 200 000 bt/an

LECLERC BRIANT ♣

67, chemin de la Chaude-Ruelle,
51200 Épernay
03 26 54 45 33 ● www.leclercbriant.fr ●
Vente et visites : sur RDV.
Propriétaire : Denise Dupré
Directeur : Frédéric Zeimett
Œnologue : Hervé Jestin

★★ BÉRÊCHE ET FILS

Ce domaine du nord-ouest de la Montagne de Reims se singularise par une viticulture exemplaire, proche du bio, au service de champagnes expressifs, de caractère, issus de sélections et de vinifications parcellaires. C'est le résultat d'un travail familial rigoureux, effectué par Raphaël Bérêche, le vinificateur, et son frère cadet Vincent, responsable du vignoble, qui s'inscrivent parmi les vignerons les plus ambitieux de Champagne. Initiés par leur père Jean-Pierre (il y a plus de vingt ans), les élevages en fût et en demi-muid n'ont pas été délaissés par les frères Bérêche. Sur un terroir à dominante de pinot noir et de meunier, à l'expression naturellement solide, la recherche de la maturité ne se fait jamais au détriment de la tension en bouche. Les dosages sont impalpables. Nous vous recommandons de laisser ces champagnes un à deux ans en cave avant de les ouvrir.

Les vins : à la fois dynamique, vineux et mené avec une grande précision de saveurs, le brut Réserve est l'un des plus ambitieux de sa catégorie. Toutes les cuvées de lieu-dit bénéficient d'un vieillissement sous bouchon liège pour gagner en patine et texture crémeuse. Le meunier de Rive Gauche 2017, charnu, affiche, malgré une élaboration au cordeau, une certaine fragi-

lité aromatique due au millésime et de la fermeté. L'historique Le Cran 2014 (pinot noir et chardonnay de Ludes) évolue avec une patine grillée séduisante, une vinosité profonde et une fine oxydation andalouse. Voici un très beau champagne automnal. Superbe série de grands crus en 2016, à commencer par Mailly-Champagne, dont l'équilibre fuselé, froid, est doté d'une profonde intensité de saveurs. Naturellement plus mûr, Ambonnay n'a pas le même élan et dessine des courbes généreuses, presque plantureuses. Première aventure dans la côte des Blancs avec Cramant (deux parcelles cultivées par les frères Mignon). Superbe exotisme aromatique de ce champagne mûr, bien nourri par ses lies, voluptueux et dynamique. Quelle nouveauté ! Le très joli coteaux-champenois 2019, pulpeux et dénué de toute esbroufe, s'avère une vraie gourmandise, à l'allonge extrêmement savoureuse.

Extra-Brut Grand Cru Ambonnay 2016	120 €	93
Extra-Brut Grand Cru Blanc de Noirs Mailly-Champagne 2016	120 €	95
Extra-Brut Grand Cru Cramant 2016	140 €	94
Extra-Brut Premier Cru Le Cran 2014	84 €	93
Extra-Brut Rive Gauche 2017	58 €	91
Coteaux Champenois Ormes Rouge Les Montées 2019	60 €	92

Le coup de ♥
Brut Réserve	44 €	92

Rouge : 7 hectares.
Blanc : 4 hectares.
Production moyenne : 110 000 bt/an

BÉRÊCHE ET FILS
Le Craon de Ludes, 51500 Ludes
03 26 61 13 28 ● www.bereche.com ● Pas de visites.
Propriétaire : Famille Bérêche

★★ ↗ DE SOUSA

Chez les De Sousa, le champagne est une histoire de Famille. Erick de Sousa est entouré de ses enfants depuis quelques années : Charlotte s'occupe de la partie commerciale, Julie est en charge des vignes et de la conduite des chevaux et Valentin est en cave. Le domaine est composé de 14 hectares de vignes, essentiellement des chardonnays, situés dans la côte des Blancs à Avize, ainsi que du pinot noir, à Aÿ et Ambonnay. Certifié bio en 2010 et en biodynamie en 2013, le domaine peut s'appuyer sur une grande majorité de terroir grand cru et un potentiel de vieilles vignes qui dépassent la moitié du domaine. L'évolution constante permet aujourd'hui une bien meilleure gestion des boisés, soulignant de magnifiques matières pleines d'énergie et de concentration. Nous accordons la deuxième étoile au domaine.

Les vins : 3A (2017) délivre une magnifique interprétation du chardonnay d'Avize, assemblé au pinot noir d'Aÿ et Ambonnay. Le vin présente une excellente maturité, doté d'une bulle crémeuse et d'une allonge veloutée dynamique. Mycorhize 2015 allie une superbe suavité et une tendresse irrésistiblement gourmande, la puissante salinité prolonge encore les saveurs. La Cuvée des Caudalies 2012 (parcelle Les Pierres Vaudons à Avize) est toujours aussi resplendissante de concentration : sa patine complexe lui confère sérénité et une longueur majestueuse. La saveur umami à son sommet. Nous retrouvons cette sensation dans la cuvée Umami 2012 (60 % chardonnay, 40 % pinot noir), dont la richesse en extraits secs du millésime intensifie son relief salin jusqu'à une finale un brin généreuse. N'hésitez pas à ouvrir ces champagnes une heure à l'avance, ils ont besoin d'une aération en douceur. Terminons avec le premier coteaux-champenois rouge du domaine, un 2018 d'Ambonnay, d'un superbe naturel d'expression et d'une finesse éclatante. Un sentiment d'infusion et la sensation de croquer dans un raisin frais.

⮞ Brut Mycorhize	de 65 à 70 € (c)	94
⮞ Extra-Brut Cuvée des Caudalies Avize Les Pierres Vaudons 2012	de 175 à 190 € (c)	95
⮞ Extra-Brut Umami 2012	de 175 à 190 € (c)	94
⬤ Brut Rosé Cuvée des Caudalies	de 63 à 70 € (c)	92
⬤ Coteaux Champenois Ambonnay 2018	de 75 à 90 € (c)	92

Le coup de ♥

⮞ Brut Grand Cru Cuvée 3A	de 55 à 60 € (c)	93

Rouge : 2 hectares. Pinot noir 67 %, Pinot meunier 33 %
Achat de raisins.
Blanc : 8 hectares. Chardonnay 100 %
Achat de raisins.
Production moyenne : 100 000 bt/an

DE SOUSA 🌙

12, place Léon-Bourgeois, 51190 Avize
03 26 57 53 29 ●
www.champagnedesousa.com ● Vente et visites : sur RDV.
Propriétaire : Famille De Sousa
Directeur : Charlotte de Sousa
Chef de cave : Valentin de Sousa
Œnologue : Julie de Sousa

★★ DEUTZ

Au fil des ans et sous la houlette de Fabrice Rosset, son président, cette vénérable maison, dans le giron de la famille Rouzaud (champagnes Louis Roederer), trace son sillon et impose la régularité de sa gamme toujours impeccable. Deutz colle à son terroir pour produire des champagnes à dominante de pinots harmonieux, pleins et déliés (fermentations malolactiques faites), sans artifice. La gamme homogène épouse son époque avec moins de vins de réserve dans l'assemblage du brut. Maîtresse des raisins noirs, Deutz se fait aussi une spécialité d'un vineux blanc de blancs avec le brillantissime Amour de Deutz. Le style du brut Classic (86 % des volumes produits par Deutz), l'un des meilleurs en Champagne, a été rajeuni tout en demeurant singulier, bien typé pinot. Les rosés sont dans une forme resplendissante.

Les vins : la gamme dégustée nous déçoit et la deuxième étoile est vacillante. La maison nous a fait parvenir des 2011 et 2015 empruntés dans les saveurs par le caractère végétal et rustique de ces millésimes. Nous nous posons les questions du bien-fondé de revendiquer ce genre de millésimes. Amour de Deutz 2011 est loin d'être la plus belle définition de la cuvée. Le blanc 2015 est marqué par la pyrazine. Dans ce même millésime, le rosé s'en sort mieux. Nous avons apprécié le brut William Deutz 2013, une belle définition de la tension de ce millésime tardif, à l'inverse du parcellaire Meurtet, qui porte trop les stigmates de 2015. Porté par la dominante de chardonnay, le rosé Amour de Deutz 2013 se présente comme un vin subtil et détendu. Brut Classic reste une valeur sûre de cette maison.

⮞ Brut 2015	61 €	88
⮞ Brut Amour de Deutz 2011	160 €	89
⮞ Brut Blanc de Blancs 2017	77 €	92
⮞ Brut Classic	42 €	91
⮞ Brut Hommage à William Deutz Côte Glacière 2015	90 €	91
⮞ Brut Hommage à William Deutz Meurtet 2015	90 €	91
⮞ Brut William Deutz 2013	145 €	94
⬤ Brut Rosé 2015	65 €	91
⬤ Brut Rosé	56 €	90
⬤ Brut Rosé Amour de Deutz 2013	180 €	94

Rouge : Pinot noir 65 %, Pinot meunier noir 35 %
Achat de raisins.
Blanc : Chardonnay 100 %
Achat de raisins.
Production moyenne : 2 500 000 bt/an

DEUTZ
16, rue Jeanson, 51160 Aÿ
03 26 56 94 00 ●
www.champagne-deutz.com ● Vente et
visites : sur RDV.
Propriétaire : Famille Rouzaud
Directeur : Fabrice Rosset
Œnologue : Michel Davesne

★★ DOM PÉRIGNON

Cela fait désormais plus de trois ans que
Richard Geoffroy a laissé les rênes de la maison
à Vincent Chaperon, qui a en charge de faire
perdurer la légende. Un style unique, une régularité impressionnante et des volumes qui permettent une très large diffusion mondiale, "Dom
Pé" est plus qu'une simple marque de champagne : un emblème du luxe à la française et une
formidable locomotive pour toute la région. Que
l'on soit fan ou non de son goût reconnaissable
entre tous, avec ses délicates notes beurrées
et grillées, Dom Pérignon demeure une référence incontournable.

Les vins : nous avons reçu les mêmes millésimes que l'an passé, cela nous permet de les
redécouvrir avec beaucoup de plaisir. Plénitude 2003 n'en finit pas de nous surprendre par
son évolution positive. La cuvée est représentative d'un millésime qui a marqué le changement chez Dom Pérignon vers une réduction
moins prégnante et davantage d'ouverture sur
les vins. Même s'il reste bien équilibré, le millésime 2012 s'est un peu refermé depuis l'an dernier. Ce vin de grand potentiel demeure un peu
strict et réclame de la patience. Le rosé
2008 reste une vraie signature de la maison.
C'est un vin étincelant, doté d'une grande
finesse et d'une belle complexité.

⊃ Brut Plénitude 2 2003	330 €	94
⊃ Brut Vintage 2012	175 €	95

Le coup de ♥
▬ Brut Vintage Rosé 2008	290 €	97

Rouge : Pinot noir 100 %
Achat de raisins.
Blanc : Chardonnay 100 %
Achat de raisins.

DOM PÉRIGNON
20, avenue de Champagne, 51200 Épernay
03 26 51 20 00 ●
www.domperignon.com/fr-fr/ ● Pas de
visites.
Propriétaire : LVMH
Directeur : Berta de Pablos-Barbier
Œnologue : Vincent Chaperon

★★ PASCAL DOQUET

Installé à Vertus, Pascal Doquet cultive ses
vignes en bio sur de magnifiques terroirs de la
côte des Blancs (en grand cru au Mesnil-sur-
Oger et en premier cru à Vertus, Bergères-les-
Vertus et au Mont Aimé) et dans les Côtes du
Perthois, dans le secteur de Vitry-le-François. Le
style de ses chardonnays est résistant (levures
indigènes), la vinification se fait partiellement
en vieux fût, la fermentation malolactique est
généralement effectuée, le dosage est a minima
(de 3,5 à 6 g/l) après des vieillissements longs
en cave, issus de savants et sages assemblages d'années. Quel domaine peut prétendre proposer des 2004 aussi rayonnants ? Ses
champagnes sont entiers, sincères, précis dans
la restitution des saveurs, dotés de longues
finales crayeuses et racées. Des airs du Jura
avec une identité champenoise hors du
commun.

Les vins : superbe entrée en matière, Arpège
(66 % de 2015) annonce la chair bien mûre et
dynamique du reste de la gamme. Diapason
(2014, 2013, 2012) grand cru du Mesnil, dévoile
une sève extraordinaire et une salinité à la
fois stimulante et rassurante. Direction les millésimés, avec une série du solaire millésime
2009 admirablement mené : Le Mont Aimé, tout
en rondeur et richesse, doté d'une finale finement minérale insistante et longue ; Vertus s'affirme dans un registre plus exotique et
charmeur, avec une réelle finesse de bulle, tout
en dentelle ; on atteint la plénitude avec le
Mesnil-sur-Oger Cœur de Terroir, un blanc de
blancs dense en extraits secs, resplendissant
de salinité et de profondeur, une évidence claire
comme de l'eau de roche qui inscrit ce champagne parmi les plus grands vins. Quelle émotion ! Terminons avec un 2004 tout juste sorti
de cave, en droite ligne du lieu-dit Champ
d'Alouette au Mesnil, remarquable d'élégance et
de concentration dans ce millésime aux rendements généreux. La gamme offre des champagnes magnifiques, destinés aussi bien à la table
et à la garde qu'à la méditation.

⊃ Brut Nature Le Mont Aimé Cœur de Terroir 2009	65 €	93

⊃ Brut Nature Premier Cru Arpège	42 €	91

⊃ Extra-Brut Grand Cru Blanc de Blancs Diapason	50 €	94

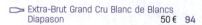

⊃ Extra-Brut Grand Cru Champ d'Alouettes 2004	125 €	95

🍾 Extra-Brut Premier Cru Vertus Cœur de Terroir 2009	69 €	92

Le coup de 💜

🍾 Extra-Brut Grand Cru Le-Mesnil-sur-Oger Cœur de Terroir 2009	90 €	96

Rouge : 0,46 hectare. Pinot noir 100 %
Blanc : 8,23 hectares. Chardonnay 100 %
Production moyenne : 70 000 bt/an

PASCAL DOQUET ♣

44, chemin du Moulin-de-la-Cense-Bizet, Vertus 51130 Blancs-Coteaux
03 26 52 16 50 ●
www.champagne-doquet.com ● Vente et visites : sur RDV.
Propriétaire : Famille Pascal Doquet
Directeur : Pascal Doquet

🍾 Extra-Brut Premier Cru Blanc de Blancs Monts de Vertus 2014	54 €	93
🍾 Extra-Brut Premier Cru Rosé	38 €	90
🍾 Extra-Brut Rosé de Saignée Les Monts de Vertus	59 €	92

Rouge : 2 hectares. Pinot noir 100 %
Achat de raisins.
Blanc : 23 hectares. Chardonnay 100 %
Achat de raisins.
Production moyenne : 200 000 bt/an

VEUVE FOURNY ET FILS

5, rue du Mesnil, Vertus, 51130 Blancs-Coteaux
03 26 52 16 30 ●
www.champagne-veuve-fourny.com ● Vente et visites : sur RDV.
Propriétaire : Emmanuel et Charles Fourny

★★ VEUVE FOURNY ET FILS

Charles-Henry et Emmanuel Fourny, cinquième génération à la tête de cette petite maison de Vertus, maîtrisent parfaitement leur sujet. Il y a, bien entendu, le Clos du Faubourg Notre-Dame, monopole de la famille bichonné comme il se doit, mais il y a surtout une gamme de vins au style aérien, précis et parfaitement ciselé. La maison produit des rosés de caractère sur ce terroir propice. Le travail des sols est en place depuis de nombreuses années. En cave, les foudres prennent de plus en plus de place pour les élevages des vins de réserve.

Les vins : si le brut premier cru Grands Terroirs nous semble un peu figé et contenu, les entrées de gamme du domaine sont d'un joli niveau. Le blanc de blancs premier cru est bien géré et présente un chardonnay gourmand et une mousse crémeuse. La version brut nature, tout en pureté de style, respire la craie mouillée. Cuvée R livre un vin encore plus abouti : la patine du bois et le caractère crémeux et brioché du vin en bouche sont d'une tout autre envergure. Monts de Vertus est un vin ciselé qui exprime l'éclat et la sapidité des bons 2014. Le rosé Premier cru est dompté par ses 50 % de chardonnay qui lui procure cette bouche délicate. Rosé de Saignée Les Monts de Vertus est d'une grande finesse pour un vin de macération, sans rusticité de texture.

🍾 Brut Nature Premier Cru Blanc de Blancs	35 €	91
🍾 Brut Premier Cru Grands Terroirs	33 €	88
🍾 Extra-Brut Premier Cru Blanc de Blancs	34 €	90
🍾 Extra-Brut Premier Cru Blanc de Blancs Cuvée R	49 €	92

★★ GOSSET

La plus ancienne maison de vins de Champagne, fondée en 1584, est la propriété depuis 1994 du groupe Renaud-Cointreau. Désormais sous la houlette d'Odilon de Varine et de Gabrielle Bouby-Malagu en cave, elle se distingue par la production régulière de vins à la fois intenses, puissants et portés par une belle tension qui les équilibre et leur permet des vieillissements harmonieux.

Les vins : la maison Gosset reste fidèle à un profil de vin nourrissant, qui possède largeur et tenue en bouche. Le blanc de blancs confirme ce style, mais le dosage demeure un peu fort. Grande Réserve est une cuvée vineuse et ample qui laisse se dévoiler les vins de réserve. Nous avons souligné l'année passé que Celebris 2007 montrait quelques signes d'évolution et la dégustation l'atteste encore cette année, avec une finale qui pèse un peu et manque d'énergie. À boire sans traîner. En revanche, Celebris rosé 2008 est une superbe bouteille assise sur une base de chardonnay, le vin reste fidèle à la trame de 2008, un bel équilibre entre puissance et fraîcheur. Grand Rosé, dans un style plus primaire, est un excellent brut sans année rosé.

🍾 Brut Grand Blanc de Blancs	60 €	89
🍾 Brut Grande Réserve	46 €	90
🍾 Extra-Brut Celebris Vintage 2007	175 €	92
🍾 Brut Grand Rosé	60 €	92

Le coup de 💜

🍾 Extra-Brut Rosé Celebris 2008	185 €	95

Blanc : Chardonnay 55 %, Pinot noir 35 %, Pinot meunier blanc 10 %
Achat de raisins.
Production moyenne : 1 000 000 bt/an

GOSSET
12, rue Godart-Roger 51200 Épernay
03 26 56 99 56 ●
www.champagne-gosset.com ● Visites : sur
RDV aux professionnels.
Propriétaire : Groupe Renaud Cointreau
Directeur : Jean-Pierre Cointreau
Chef de cave : Odilon de Varine

★★ CHARLES HEIDSIECK

Cette petite maison fondée en 1851 à Reims, bien connue des amateurs avisés, doit son succès au style de ses champagnes vineux et arrondis. Avec une proportion très importante de vins de réserve dans l'assemblage (40 %) et un dosage assumé à 8 g/l, le brut sans année de Charles-Heidsieck cultive un style original, un peu à l'encontre de certaines modes, mais à la personnalité incontestable. Depuis le rachat de la maison en 2011 par la famille Descours, une nouvelle ère s'est ouverte pour la maison qui, sans perdre son âme, revient au devant de la scène avec une gamme de vins complète et de haut niveau.

Les vins : le brut Réserve confirme qu'il fait partie des meilleurs bruts non millésimés du marché : sa belle réduction grillée si classique n'en fait pas pour autant un vin contenu. Le rosé Réserve est dans la même lignée. Le blanc de blancs affiche son style frais, mais la gestion du dosage et la persistance de bouche peuvent gagner en précision. Le rosé 2008 continue son chemin avec beaucoup de distinction, sa complexité subtile lui confère beaucoup de noblesse. Blanc des Millénaires 2007 possède une fraîcheur et une tension bien supérieures au millésime précédent. Laissons-lui un peu de temps, mais le vin n'a pas la dimension du 2004, sans parler du fabuleux 1995. Nous sommes en revanche enchantés de revoir la cuvée Charlie dans une autre philosophie : ce vin, mis en cave en 2017, composé de vieux vins et rafraîchi par 20 % de vin de 2016, s'affirme avec puissance et personnalité. Nous ne nous pouvons que nous réjouir de cette retrouvaille.

⊏ Brut Blanc de Blancs	64 €	90
⊏ Brut Blanc des Millénaires 2007	200 €	93
⊏ Brut Réserve	43 €	92
⊏ Brut Rosé Réserve	54 €	91
⊏ Brut Rosé Vintage 2008	129 €	95

Le coup de ♥

⊏ Champagne Charlie	500 €	96

Production moyenne : 1 200 000 bt/an

CHARLES HEIDSIECK
12, allée du Vignoble, 51100 Reims
03 26 84 43 00 ● www.charlesheidsieck.com

● Pas de visites.
Propriétaire : Groupe EPI
Directeur : Stephen Leroux
Chef de cave : Cyril Brun

★★ BENOÎT LAHAYE

Benoît Lahaye est une référence à Bouzy depuis plusieurs années. Il a choisi de traiter son vignoble en biodynamie par les plantes et les minéraux. "Il faut se réapproprier la terre", affirme ce vigneron pragmatique, passé de la mécanique à la traction animale, cultivant à cheval ses vignobles de Bouzy, Ambonnay et Tauxières-Mutry. Vinifiés en fût, fermentation malolactique faite, sans dosages dissimulateurs, ses champagnes blancs et rosés restituent des saveurs intenses de raisins mûrs (fruits blancs au sirop), avec une approche de plus en plus aérienne. Ces champagnes, qui vont au-delà de la dimension fruitée des pinots noirs, construisent patiemment la dimension minérale et profonde que l'on attend d'un grand cru.

Les vins : le blanc de blancs (2017-2016) s'émancipe désormais de ses marques boisées et livre un magnifique jus, dynamique, épuré et doté de belles épaules. Tout comme le brut nature, au fruité ciselé et vivifiant. Le blanc de noirs accuse, quant à lui, un caractère boisé plus marqué et l'amertume marque la finale. Le 2016 dévoile la superbe énergie du millésime tout en jouant sur des nuances oxydatives, qui réconforteront les amateurs de ce style. La finale en dentelle est extrêmement persistante. N'hésitez pas à l'ouvrir une demi-heure à l'avance. Nous ressentons un véritable coup de cœur pour Violaine, vinifié sans soufre ajouté : un assemblage pinot noir/chardonnay d'un parfum d'une grande pureté qui tisse une bulle crémeuse en dentelle, à la salinité finale magistrale. Le Rosé de Macération exhale le bouquet pur et floral du pinot noir, étiré en finesse jusqu'à une finale généreuse.

⊏ Brut Nature Blanc de Blancs	67 €	93
⊏ Brut Nature Grand Cru	38 €	92
⊏ Extra-Brut Blanc de Noirs	41 €	91
⊏ Extra-Brut Grand Cru 2016	49 €	94
⊑ Extra-Brut Rosé de Macération	44 €	93

Le coup de ♥

⊏ Brut Nature Violaine 2016	66 €	96

Rouge : 4,2 hectares.
Blanc : 0,8 hectare.
Production moyenne : 40 000 bt/an

BENOÎT LAHAYE ☾
33, rue Jeanne-d'Arc, 51150 Bouzy
03 26 57 03 05 ● lahaye.benoit@orange.fr ●
Vente et visites : sur RDV.
Propriétaire : Valérie et Benoît Lahaye

★★ LARMANDIER-BERNIER

Si sa famille est originaire de Cramant, Pierre Larmandier s'est installé à Vertus et vinifie des parcelles réparties en grands crus de la Côte des Blancs, à Cramant (somptueuse cuvée Vieilles Vignes du Levant), Chouilly, Oger et Avize. À la clé, un magnifique Les Chemins d'Avize depuis 2009. L'inox, et dans une moindre mesure les fûts, ont laissé la place aux foudres de chêne dans lesquels les vinifications s'opèrent sans levurage. La gamme valorise un travail soutenu dans le vignoble et le suivi des traitements biodynamiques. Nous saluons la franchise, l'intensité de goût et la puissance de saveurs de cette gamme peu ou non dosée.

Les vins : Longitude (base 2018) s'exprime avec une grande richesse exotique, sa franchise en est excessive. À son habitude, Terre de Vertus 2015 se montre bien plus dynamique et savoureux avec, toutefois, la marque végétale rustique du millésime. À l'inverse, Les Chemins d'Avize 2014 trouve dans ce millésime d'un grand classicisme une élégance tant dans l'allonge que la texture de bulle. Voilà l'archétype du grand blanc de blancs. Vieille Vigne du Levant 2012 pousse encore plus loin le curseur de la concentration en extraits secs et la patine oxydative. Sa grande énergie le destine à la table. Un nouveau blanc de noirs de Vertus voit le jour en 2015, d'une attaque pulpeuse mais durci par la trame rustique et végétale du millésime. Terminons par le rosé de Saignée de pinots noir et gris, haut en couleur et en saveurs kirschées, tout en chair savoureuse jusqu'à une finale franche et généreuse.

- ▭ Brut Nature Premier Cru Blanc de Blancs Terre de Vertus 2015　　　　75 €　**91**
- ▭ Extra-Brut Blanc de Noirs 2015　108 €　**89**
- ▭ Extra-Brut Grand Cru Blanc de Blancs Vieille Vigne du Levant 2012　118 €　**96**
- ▭ Extra-Brut Premier Cru Blanc de Blancs Longitude　　　　　　　　　56 €　**89**
- ▬ Extra-Brut Premier Cru Rosé de Saignée　　　　　　　　　　　78 €　**91**

Le coup de 🖤
- ▭ Extra-Brut Grand Cru Blanc de Blancs Les Chemins d'Avize 2014　　118 €　**95**

Rouge : 1,2 hectare. Pinot noir 90 %, Pinot gris 10 %
Blanc : 17,8 hectares. Chardonnay 100 %
Production moyenne : 160 000 bt/an

LARMANDIER-BERNIER ♣

19, avenue du Général-de-Gaulle, 51130 Vertus
03 26 52 13 24 ● www.larmandier.fr ● Vente et visites : sur RDV.
Propriétaire : Pierre & Sophie Larmandier

★★ GEORGES LAVAL

Vincent Laval a repris le domaine familial de Cumières et y poursuit dignement la culture biologique mise en place par son père depuis 1971. Sa petite production de champagnes, sans chaptalisation, vinifiés en fût, est celle d'un artisan d'art qui s'adresse à nos papilles sans artifice et restitue l'expression sudiste des coteaux de ce village de la rive droite de la Marne dans des champagnes vineux, d'une densité et d'une salinité incroyables.

Les vins : les vins de Vincent Laval nous transportent dans un univers champenois que nous aimerions dégusté plus souvent. Dès le premier cru Cumières brut nature, la palette assume sa jeunesse mais libère une finesse aromatique d'une belle floralité. Le tactile élégant qui tapisse la bouche et la vinosité contenue du terroir en font un vin subtil, qu'il faut attendre encore. Les Chênes 2018 nous rappelle que le chardonnay est ici plus riche que sur la côte des Blancs ; aucune comparaison n'est possible, mais nous aimons cette définition plus large, finement beurrée, au caractère bien singulier. Garennes, composé d'une large majorité de pinot meunier du terroir de Chambrecy et d'une pointe de pinot noir de Damery, séduit par sa précision, avec ses notes de céréales et de biscuit. Un ensemble aromatique complexe où les vins de réserve amènent la patine du temps, mais aussi une belle profondeur minérale. Notre préférence va à la cuvée Les Hautes Chèvres 2017, issue à part égale de meunier et de pinot noir ; ce vin affiche une puissance diffuse et une tenue de bouche de belle dimension, finement soulignée par le bois. Ce vin harmonieux nous charme par sa profondeur et sa finesse. Les Longues Violes est bien géré dans ce millésime 2015, même si le fond du nez fait apparaître la pointe végétale et terreuse de ce millésime difficile. Nous sommes quand même impressionnés par la dimension de bouche, qui gomme les contours du millésime et libère un gras et une puissance remarquables. Le rosé de macération est un modèle du genre, que peu de personnes maîtrisent à ce niveau : un rosé intense sur tous les points et sans aucune rusticité tannique.

- ▭ Brut Nature Premier Cru Cumières　　　　　　　　　　80 €　**92**
- ▭ Brut Nature Premier Cru Les Chênes 2017　　　　　　　　　　600 €　**94**
- ▭ Brut Nature Premier Cru Les Chênes 2018　　　　　　　　　　200 €　**93**
- ▭ Brut Nature Premier Cru Les Hautes Chèvres 2015　　　　　　　220 €　**91**
- ▭ Brut Nature Premier Cru Les Hautes Chèvres 2017　　　　　　　220 €　**96**
- ▭ Brut Nature Premier Cru Les Longues Violes 2013　　　　　　　620 €　**95**

Brut Nature Premier Cru Les Longues
Violes 2015 — 650 € — 95

Extra-Brut Garennes — 70 € — 94

Brut Nature Premier Cru
Cumières — 200 € — 92

Rouge : 2,29 hectares. Pinot noir 50 %, Pinot
meunier 50 %
Blanc : 1,01 hectare. Chardonnay 100 %
Production moyenne : 20 000 bt/an

GEORGES LAVAL ♣

16, ruelle du Carrefour, 51480 Cumières
03 26 51 73 66 ● www.georgeslaval.com ●
Vente et visites : sur RDV.
Propriétaire : Vincent Laval

★★ PIERRE PÉTERS

Rodolphe Péters s'est hissé, sans nul doute,
parmi les plus grands stylistes de blancs de
blancs. Avec la plus grande rigueur et une régularité de métronome, il magnifie le fabuleux
patrimoine de chardonnay essentiellement
situé au Mesnil-sur-Oger. La parfaite connaissance des terroirs et des vinifications exemplaires en cuve inox apportent deux qualités
essentielles pour un champagne : une élégance inimitable pour séduire le plus grand nombre conjuguée à l'expression profondément
saline, nuancée, florale et crayeuse résultant
des terroirs calcaires. Aucun détail n'est laissé
au hasard et chaque cuvée est élaborée avec
minutie, de Cuvée de Réserve jusqu'aux cuvées
de lieux-dits vieillies six ans en cave. L'Étonnant Monsieur Victor est quant à lui le fruit d'un
assemblage intuitif et brillant, de deux années
consécutives, vieilli sous bouchon liège. Un virtuose de dentelle et délicatesse.

Les vins : n'hésitez pas à attendre 2023 avant
d'ouvrir Cuvée de Réserve (base 2019), aux arômes encore trop primaires. Le raffinement de
la bulle est superbe, mais on aimerait un vieillissement plus long. À l'inverse, l'extra-brut grand
cru (base 2018) s'élance avec une grande
pureté, superbement déliée. Une définition
extrêmement précise du blanc de blancs. L'Esprit 2017, quant à lui, se montre très suave, avec
un caractère un peu plus exotique et moins
salin. Les Montjolys 2015 ne se montre pas aussi
en forme que dans les millésimes précédents :
toujours suave et élégant, il reste marqué par le
caractère végétal du millésime. L'Étonnant Monsieur Victor TB.15 s'affirme avec bien plus de
volupté et de fines notes de noisette. Ce somptueux vin serein laisse une impression magique ! Terminons avec Albane (base 2018), un
rosé splendide construit autour du chardonnay
du Mesnil et d'une saignée de meunier de
Cumières. Sa grande délicatesse enrobe un
magnifique parfum d'eau de rose.

Brut Grand Cru Blanc de Blancs Cuvée de
Réserve — 37 € — 89

Brut Grand Cru Blanc de Blancs L'Esprit
2017 — 55 € — 92

Brut Grand Cru Blanc de Blancs Les
Montjolys 2015 — Épuisé - 120 € — 92

Brut Grand Cru Blanc de Blancs L'Étonnant
Monsieur Victor TB.15 — Épuisé - 200 € — 95

Extra-Brut Grand Cru Blanc de
Blancs — 42 € — 93

Brut Rosé for Albane — Épuisé - 55 € — 94

Rouge : 1 hectare. Pinot noir 100 %
Achat de raisins.
Blanc : 19 hectares. Chardonnay 100 %
Achat de raisins.
Production moyenne : 160 000 bt/an

PIERRE PÉTERS

9, rue de l'Église, 51190 Le Mesnil-sur-Oger
03 26 57 50 32 ●
www.champagne-peters.com ● Vente et
visites : sur RDV.
Propriétaire : Famille Péters
Directeur : Rodolphe Péters

★★ ÉRIC RODEZ

Issu d'une longue lignée de vignerons, Éric
Rodez, maire du village d'Ambonnay, et son fils
Mickaël cultivent un peu plus de 6 hectares
dans ce village classé en grand cru. Réputé pour
la générosité et la rondeur de ses pinots noirs,
Ambonnay produit également des chardonnays profonds dont les Rodez savent remarquablement tirer la finesse et un éclat particulier.
La famille mène admirablement les vinifications sous bois, et avec un réel don pour la
composition des vins de différentes années,
ayant effectué leur malo ou non. Et que dire
des dosages ? Ils soulignent avec brio des
champagnes purs, élancés et parfaitement définis. Après des 2014 lumineux, les solaires
2015 n'offrent pas le même élan.

Les vins : Cuvée des Crayères incarne une
excellente entrée en matière, joliment patiné et
dynamique, pour un apéritif vineux. Plus profond, le blanc de noirs (2014-2015-2016) s'avère
magnifiquement défini, à la fois dynamique et
tout en finesse. Quel éclat ! La dégustation
commence sous les meilleurs auspices. Les
lieux-dits de 2015 s'expriment avec plus de gras
et de richesse qu'à leur habitude, à l'image
des Genettes, chardonnay à la chair veloutée et
confortable. Le pinot noir Les Beurys se montre
déjà bien ouvert avec une rondeur avenante.
Deux champagnes minutieux qui dessinent bien
les contours amples de leur année de naissance. Empreinte Noire 2010 évolue plus vite que
de raison sur des notes kirschées et de curry,
et une matière un peu délitée. Il est temps de

le boire. Le coteaux-champenois 2017 Les Boui-
tés demeure généreusement marqué par son
bois, riche et un peu sec en finale. Nous le
noterons lors d'une prochaine dégustation.

⌐ Extra-Brut Chardonnay Les Genettes 2015		90 €	93
⌐ Extra-Brut Grand Cru Blanc de Noirs		49 €	93
⌐ Extra-Brut Grand Cru Cuvée des Crayères		41 €	91
⌐ Extra-Brut Pinot Noir Les Beurys 2015		90 €	92
⌐ Extra-Brut Terroir Empreinte Noire 2010		125 €	91

Rouge : 4,16 hectares. Pinot noir 100 %
Blanc : 1,96 hectare. Chardonnay 100 %
Production moyenne : 50 000 bt/an

ÉRIC RODEZ ♣

4, rue d'Isse, 51150 Ambonnay
03 26 57 04 93 ● www.champagne-rodez.fr ●
Vente et visites : sur RDV.
Propriétaire : Famille Rodez
Directeur : Éric Rodez
Chef de cave : Mickaël Rodez
Œnologue : Aurélie Rodez

★ AYALA & CO

Cette vénérable marque d'Aÿ, créée en 1860,
appartient au voisin Bollinger depuis février
2005. La marque, dirigée par Hadrien Mouflard
et son équipe, dont l'œnologue cheffe de cave
Caroline Latrive, se relance autour d'un style de
champagne plus frais, décliné en faible dosage
(6 g/l) et en non-dosé, les fermentations malolactiques permettant d'arrondir les angles. Ayala
a aujourd'hui clairement trouvé son style, très
différent de celui, plus vineux et marqué pinot
noir, de sa maison mère.

Les vins : nous avions salué la qualité du blanc
de blancs 2014 l'an passé, et l'édition 2015 se
présente comme moins aboutie, le millésime
montrant quelques faiblesses sur la maturité
physiologique du raisin. Une problématique que
l'on retrouve partout en Champagne. Brut Majeur
est un vin fédérateur, et le Brut Nature, vieilli une
année sur lattes, ravira les amateurs de champagnes non dosés. Le rosé Brut Majeur, marqué fruit rouge, repose sur une mousse
crémeuse. Le rosé N°14 séduit par sa finesse
et sa complexité, formant un vin très délicat
assis sur une base de chardonnay. Perle
2012 confirme le bien fondé de cette cuvée :
volume et densité judicieuses façonnent ce vin
racé.

⌐ Brut Blanc de Blancs 2015		58 €	89
⌐ Brut Majeur		33,50 €	88
⌐ Brut Nature		38 €	90
⌐ Brut Perle d'Ayala 2012		95 €	93
▭ Brut Rosé Majeur		44,10 €	90

Le coup de ♥
▭ Brut Rosé N°14 2014		76,80 €	93

Rouge : 19 hectares.
Blanc : 1 hectare.
Production moyenne : 1 000 000 bt/an

AYALA & CO

1, rue Edmond-de-Ayala, 51160 Aÿ
03 26 55 15 44 ● www.champagne-ayala.fr ●
Vente et visites : sur RDV.
Propriétaire : Société Jacques Bollinger
Directeur : Hadrien Mouflard
Chef de cave : Caroline Latrive

★ CHARTOGNE-TAILLET

Le vignoble de Merfy, à 8 km de Reims, est installé sur le versant sud du massif de Saint-
Thierry, dans la "petite" Montagne de Reims, où
la présence importante de sables et de silices
dans les sols procure aux vins des textures
fines. Héritier d'une longue lignée de vignerons,
Alexandre Chartogne a repris l'exploitation en
2006. Il a fait évoluer le style classique productiviste de la maison, l'orientant vers une meilleure compréhension des sols grâce à des
sélections parcellaires poussées (entre six et
dix cuvées selon les années de vendange) et
la plantation de vignes franches. La texture
soyeuse inimitable de l'effervescence de ses
champagnes souligne la magnifique salinité
d'une matière première. Une grande sérénité se
dégage de ce domaine en pleine forme.

Les vins : une formidable salinité, saveur umami,
se dégage du Sainte Anne (80 % 2019), encore
juvénile mais d'une texture délicieuse. Attendez
2023 pour en profiter pleinement. Les Couarres
2017 (chardonnay et pinot noir) déroule une texture tout en tendresse, à l'ouverture aromatique séduisante jusqu'à une finale gracieuse.
Dégusté en magnum, Heurtebises 2016 révèle
une expression follement énergique de chardonnay, d'un superbe équilibre délié et revigorant, toutefois marqué par son élevage.
N'hésitez pas à l'ouvrir à l'avance. Hors Série
2015, issu de vignes plus éloignées, à Avize,
s'exprime avec bien plus d'éclat que l'année
dernière : un champagne aux allures de blanc
de blancs ; la richesse solaire est portée par une
oxydation ménagée persistante. Les prochains
millésimes devraient se révéler avec encore
plus de panache.

⌐ Extra-Brut Heurtebises 2016		Épuisé - 190 €	94

⊂ Extra-Brut Hors Série 2015	Épuisé - 110 €	94
⊂ Extra-Brut Les Couarres 2017	Épuisé - 70 €	93

Le coup de ♥

⊂ Brut Sainte Anne	Épuisé - 35 €	91

Blanc : 5 hectares.
Production moyenne : 90 000 bt/an

CHARTOGNE-TAILLET

37-39, Grande-Rue, 51220 Merfy
03 26 03 10 17 ● www.chartogne-taillet.com ●
Vente et visites : sur RDV.
Propriétaire : Alexandre Chartogne

★ VEUVE CLICQUOT PONSARDIN

Le groupe de luxe LVMH, propriétaire depuis 1987, a fait de Veuve Clicquot la deuxième marque de champagne en volume avec son célèbre brut Carte Jaune (premier champagne vendu aux États-Unis). La maison possède des vignobles en premier et en grand cru, surtout destinés aux cuvées millésimées et à La Grande Dame. Marqués par le pinot noir, les vins de Clicquot sont historiquement réputés pour leur bouche vineuse et structurée. Didier Mariotti, venu de G. H. Mumm, a succédé à Dominique Demarville comme chef de cave.

Les vins : Carte Jaune se dévoile derrière un nez classique sur des notes grillées de réduction et l'empreinte dominante du pinot noir. Les vins de réserve jouent leur rôle et détendent un peu la bouche, à la trame typique du style de la maison. Même constat sur le rosé, porté par son intensité fruitée et sa puissance de bouche. La Grande Dame 2012 poursuit sa lente évolution. Elle affiche une belle profondeur, ne vous précipitez pas.

⊂ Brut Carte Jaune	38 €	88
⊂ Brut La Grande Dame 2012	190 €	94
⊂ Brut Rosé	46 €	89

Rouge : 215 hectares. Pinot noir 64 %, Pinot meunier 36 %
Achat de raisins.
Blanc : 175 hectares. Chardonnay 100 %
Achat de raisins.

VEUVE CLICQUOT PONSARDIN

12, rue du Temple, 51100 Reims
03 26 89 54 40 ● www.veuve-clicquot.com ●
Vente et visites : sur RDV.
Propriétaire : LVMH
Chef de cave : Didier Mariotti

★ DEHOURS ET FILS

Installée depuis quatre générations à Cerseuil, petit village des coteaux sud de la vallée, la maison dirigée par Jérôme Dehours a su diversifier les cuvées et les styles, à partir d'un vignoble très morcelé sur les deux rives de la Marne. Ses champagnes de caractère, majoritairement construits autour du meunier, offrent une balance de jus sapide tout en jouant sur le fil d'une fine oxydation ménagée venue des vinifications en fût ancien. Le travail sous bois ne nous a jamais paru aussi bien maîtrisé que dans les tirages présentés. Une précision au service de l'éclat du fruit et de la suavité des textures que ces champagnes peuvent nous offrir dès la prime jeunesse. Le 2014 renoue avec plus de finesse, ciselé par un élan incroyable qui traduit la fraîcheur du millésime.

Les vins : Grande Réserve (base 2019) est un vin ravissant, construit autour du meunier et de 41 % de vins de réserve. Un brut tout en tendresse et dynamisme, absolument gourmand. Il est à la fois consensuel et identitaire. Les Vignes de la Vallée (cuvée Grande Réserve, base 2014 vieillie plus de cinq ans) pousse le curseur de l'oxydatif automnal plus loin et se destine à accompagner à une belle volaille crémée. Franchise et éclat sont les deux marqueurs de Terre de Meunier (2018 et 2017), finement patiné, juteux et élancé. Les Genevraux, vieilles vignes de meunier en réserve perpétuelle depuis 2013, souffre de son caractère oxydatif, ferme, qui le rend plus austère.

⊂ Brut 2014	49 €	92
⊂ Brut Grande Réserve	31 €	91
⊂ Brut Les Vignes de la Vallée	37 €	91
⊂ Coteaux Champenois Mareuil-le-Port Les Vignes de Mizy 2016	40 €	91
⊂ Extra-Brut Les Genevraux	63 €	90

Le coup de ♥

⊂ Extra-Brut Terre de Meunier	37 €	92

Rouge : 11,6 hectares.
Blanc : 2,9 hectares.
Production moyenne : 95 000 bt/an

DEHOURS ET FILS

2, rue de la Chapelle,
51700 Mareuil-le-Port-Cerseuil

03 26 52 71 75 ● www.champagne-dehours.fr
● Vente et visites : sur RDV.
Propriétaire : Famille Dehours
Directeur : Jérôme Dehours

★ DELAMOTTE

Les amateurs doivent s'intéresser de près à cette belle maison du Mesnil-sur-Oger, en pleine Côte des Blancs, fondée en 1760, et acquise par Laurent-Perrier en 1988, la même année que la marque haut de gamme Salon. Les deux sont dirigées par le globe-trotter Didier Depond. On pourra regretter que la maison reste très discrète, alors que la qualité des vins se tient à un très beau niveau, particulièrement le blanc de blancs millésimé, d'un rapport qualité-prix incontournable.

Les vins : dans les arômes et les saveurs, le 2014 retranscrit parfaitement le profil du millésime. Il est bien différent du 2012 que nous avons dégusté l'an passé. Le vin est longiligne et étiré, profitant de cette année qui ne joue pas la carte de la puissance et qui correspond à l'allonge épurée et vive du chardonnay. Pour autant, ce vin précis, droit, ne prend pas le virage de l'austérité. Ce n'est pas le cas du brut sans année, qui confirme le style réduit des vins de la maison. Mais nous ne sommes pas convaincus par le niveau de maturité et du fond du vin. Le jus nous semble un peu fluet, et étriqué par la réduction qui fait ressortir les amers sur la fin de bouche.

⊏ Brut Blanc de Blancs 2014	59 €	92
⊏ Brut Blanc de Blancs	42 €	88

Blanc : 80 hectares. Chardonnay 100 %
Achat de raisins.
Production moyenne : 850 000 bt/an

DELAMOTTE
5-7, rue de la Brèche-d'Oger, 51190 Le Mesnil-sur-Oger
03 26 57 51 65 ●
www.champagne-delamotte.com ● Pas de visites.
Propriétaire : Groupe Laurent-Perrier
Directeur : Didier Depond
Chef de cave : Michel Fauconnet

★ DIEBOLT-VALLOIS

Fin vinificateur, assisté de ses enfants, Jacques Diebolt donne à son vignoble, principalement situé sur Cramant et Cuis (Côte des Blancs), une expression tout en élégance et en énergie, dans une gamme logiquement dominée par le chardonnay. Ce sont des modèles de champagnes gracieux, fermes et de très bonne garde (en témoigne le mythique Cramant 1953), notamment la cuvée Fleur de Passion, vinifiée en fût sans fermentation malolactique. Une maison de référence aux blancs de blancs soyeux et posés, d'une grande sérénité, loin de la mode des champagnes étriqués et austères. Un champagne sûr et rassurant dont le style classique séduira aussi bien les amateurs que les amoureux de beaux blancs de blancs. Nouveauté judicieuse : les contre-étiquettes nous en disent plus sur la composition des champagnes (années, temps de vieillissement, dosage…).

Les vins : toujours impeccable, tout en suavité et finesse, le blanc de blancs (2017-2016) s'avère parfaitement digeste et consensuel. Plus ambitieux et profond, Prestige (60 % de 2017, accompagné de vins de réserve) nous offre une superbe ampleur, aux fines saveurs grillées. N'hésitez pas à le servir à table ou à le laisser vieillir quelques années. Nous ressentons un vrai coup de cœur pour Fleur de Passion, champagne racé, taillé pour une longue garde. Le vin possède l'élan phénoménal du millésime 2013, tout en parvenant à conserver le panache et la densité en extraits secs de la cuvée. Seul, le 2015 nous laisse sur notre faim car il souffre de la largeur et du caractère végétal du millésime. Il faut le boire dès maintenant.

⊏ Extra-Brut Blanc de Blancs 2015	37 €	89
⊏ Extra-Brut Blanc de Blancs	25 €	90
⊏ Extra-Brut Blanc de Blancs Prestige	32 €	92

Le coup de ♥
⊏ Extra-Brut Blanc de Blancs Fleur de Passion 2013	80 €	95

Rouge : 4 hectares. Pinot noir 90 %, Pinot meunier 10 %
Achat de raisins.
Blanc : 10 hectares. Chardonnay 100 %
Achat de raisins.
Production moyenne : 150 000 bt/an

DIEBOLT-VALLOIS
72, rue Neuve, 51530 Cramant
03 26 57 54 92 ● www.diebolt-vallois.com ●
Vente et visites : sur RDV.
Propriétaire : Famille Diebolt

★ DOYARD

Cette famille met en lumière des champagnes vigoureux et percutants. La gamme est principalement construite autour des chardonnays de Vertus, où se trouve le domaine, mais cette vieille lignée champenoise bénéficie également de vignes dans des grands crus de la Côte des Blancs (Le Mesnil-sur-Oger, Oiry, Cramant, Avize et Oger) et de quelques pinots noirs à Aÿ. Le style de ces champagnes est très affirmé grâce à une récolte bien mûre, une vinification en partie ou intégrale en fût, une fermentation malolactique bloquée et des dosages faibles selon les cuvées. Les blancs de blancs vieillissent au minimum quatre ans pour s'étendre avec force et beaucoup de caractère. Un soupçon de précision aromatique ferait le plus grand bien aux prochains tirages.

Les vins : Vendémiaire (2016, 2015, 2014) présente une légère fragilité aromatique, mais le vin demeure toutefois un extra-brut de bonne constitution, soutenu par une bulle caressante. Vieilli six ans en cave, Révolution se dévoile avec richesse et largeur, avec une marque sèche typique de la composition à hauteur de 50 % de 2015, jusqu'à une finale sapide finement patinée. Le Grand cru blanc de blancs 2013 assume le profil svelte et ferme de cette année froide, un peu austère en finale. Le coteaux-champenois blanc, de bonne maturité, manque de précision. Le rare doux de Champagne La Libertine offre un goût patiné, oublié, évoquant les champignons. Une cuvée originale à ouvrir en fin de repas au coin de la cheminée.

▭ Brut Nature Grand Cru Blanc de Blancs Révolution	Épuisé - 55 €	91
▭ Coteaux Champenois En Vieux Fombrés 2019	Épuisé - 50 €	88
▭ Doux La Libertine	Épuisé - 180 €	90
▭ Extra-Brut Grand Cru Blanc de Blancs 2013	Épuisé - 90 €	92
▭ Extra-Brut Premier Cru Blanc de Blancs Vendémiaire	Épuisé - 42 €	90

Rouge : 1 hectare. Pinot noir 100 %
Blanc : 10 hectares. Chardonnay 100 %
Production moyenne : 45 000 bt/an

DOYARD

39, avenue du Général-Leclerc, 51130 Vertus
03 26 52 14 74 ● www.champagnedoyard.fr ●
Visites : sur RDV aux professionnels.
Propriétaire : Yannick et Guillaume Doyard

★ DRAPPIER

La famille Drappier remonte au XVIIe siècle. Jadis occupé par les moines cisterciens de Clairvaux, le siège de la maison comprend des caves voûtées du XIIe siècle. À la suite de son père, Michel Drappier suit les vinifications depuis 1979. La famille dispose d'un vaste vignoble à Urville (dont un tiers en culture biologique), complété par des approvisionnements issus de la Montagne de Reims, de Bouzy et d'Ambonnay. Les chardonnays proviennent de l'Aube et de Cramant. Drappier, ce sont des champagnes colorés, généreux dans leurs arômes, qui s'expriment en bouche par leur vinosité terrienne. On retrouve ici une dimension de terroir franche et sans fard, vinifiée avec des doses minimales de soufre.

Les vins : le brut Zéro Dosage s'épanouit dans un profil aromatique séducteur au départ, puis est perturbé par une bulle un peu grossière,

sûrement dûe à un dégorgement tardif. Carte d'Or assume son rang, c'est une surprise de la voir aussi ouverte. Le dosage l'arrondit, mais le vin demeure un brut sans année d'excellent niveau. Distingué, Clarevallis s'appuie sur une empreinte minérale et une bouche longiligne. Grande Sendrée 2010 est une réussite : il est vrai que le secteur de l'Aube s'en sort bien mieux que le reste de la Champagne sur ce millésime. Le rosé s'avère le vin le plus abouti, avec un fruit subtil et juste et une harmonie gustative de qualité. Enfin, la dissociation entre le cœur de bouche confortable et la finale plus stricte marque le coteaux-champenois blanc.

▭ Brut Carte d'Or	38 €	89
▭ Brut Grande Sendrée 2010	90 €	92
▭ Brut Millésime Exception 2015	50 €	91
▭ Brut Nature Zéro Dosage	37 €	89
▭ Coteaux Champenois Perpétuité	Épuisé - 50 €	89
▬ Brut Rosé Grande Sendrée 2010	100 €	93

Le coup de ♥

▭ Extra-Brut Clarevallis	46 €	93

Rouge : 50 hectares. Pinot noir 84 %, Pinot meunier 16 %
Blanc : 10 hectares. Chardonnay 88 %, Arbane 4 %, Blanc vrai 4 %, Petit Meslier 4 %
Achat de raisins.
Production moyenne : 1 500 000 bt/an

DRAPPIER ♣

14, rue des Vignes, 10200 Urville
03 25 27 40 15 ●
www.champagne-drappier.com/fr/ ● Vente et visites : sur RDV.
Propriétaire : Michel Drappier

★ FLEURY

Pionnier de la biodynamie en Champagne depuis 1989, la famille Fleury élabore à partir de ses vignobles et des achats de raisins bio de savoureux champagnes à dominante de pinot noir. Leur vignoble barséquanais prend de l'âge et la viticulture mise en place apporte un supplément de saveurs à des jus vinifiés en partie sous bois, sous liège (Boléro, extra-brut millésimé) et sans soufre pour certaines cuvées. Atypique dans l'univers champenois, cette maison visionnaire exprime dans une gamme savoureuse la rondeur et la maturité du pinot noir de l'Aube. Jean-Sébastien Fleury a repris avec brio le flambeau de son père Jean-Pierre, biodynamiste respecté par ses pairs.

Les vins : le coteaux-champenois rosé séduit par son fruit et son volume de bouche, sa dimension tannique lui donne le profil d'un clairet. Le Rosé de saigné propose un joli nez : il tire tous les avantages de la macération dans la dimension du fruit et de la bouche sans en avoir la dureté tannique. Cépages Blancs 2011 est une bouteille à boire, son évolution vire sur l'empreinte végétale du millésime qui reste marquée en fin de bouche. Destiné à la table, Variation est un vin très intéressant qui impose un volume et une puissance de qualité. Le blanc de noirs base 2017 expose le jus de qualité d'un pinot jovial à la mousse crémeuse. Bolero 2008 ne possède pas la tension du nord de la champagne, mais le jus impose sa complexité et son volume.

Brut Nature Bolero 2008	80 €	92
Brut Nature Fleur de l'Europe	38 €	90
Brut Nature Notes Blanches 2015	56 €	90
Brut Nature Variation 2015	91 €	91
Extra-Brut 2010	80 €	91
Extra-Brut Blanc de Noirs	34 €	92
Extra-Brut Cépages Blancs 2011	56 €	90
Coteaux Champenois Rosé	41 €	89
Extra-Brut Rosé de Saignée	N.C.	91

Rouge : 12,5 hectares. Pinot noir 98 %, Pinot meunier 2 %
Achat de raisins.
Blanc : 2,7 hectares. Chardonnay 77 %, Pinot blanc 15 %, Pinot gris 8 %
Achat de raisins.
Production moyenne : 200 000 bt/an

FLEURY ☾

43, Grande-Rue, 10250 Courteron
03 25 38 20 28 ● www.champagne-fleury.fr
● Vente et visites : sur RDV.
Propriétaire : Morgane, Jean-Sébastien & Benoît Fleury
Directeur : Jean-Sébastien Fleury

★ PIERRE GERBAIS

Sous la houlette de Pascal Gerbais et de son fils Aurélien, le domaine familial de Celles-sur-Ource s'inscrit parmi les plus singuliers et ambitieux de la Côte des Bar. Revenu en 2011, Aurélien a initié un travail de longue haleine pour poursuivre le travail initié par ses aïeux, il apporte sa vision personnelle des vins du sud de la Champagne. En mettant l'accent sur les réserves perpétuelles initiées en 2011, la gamme a été refondue pour magnifier l'expression complexe des pinot noir, chardonnay et l'original pinot blanc des marnes kimméridgiennes de Celles-sur-Ource. Ici, les champagnes sont charnus, élaborés avec beaucoup de précision et une bulle d'une grande délicatesse. Un domaine à suivre de près.

Les vins : portant fièrement ses 25 % de pinot blanc, Grains de Celles (2018) affirme son identité auboise et livre un brut fédérateur, savoureux, rond, tissé autour d'une bulle très fine. La version rosé présente le même registre avec un trame fruitée plus juteuse. Découvrons les nouvelles cuvées (réserve perpétuelle de 2011 à 2017) : Bochot (meunier, exposition ouest) est un champagne charmeur, aux touches automnales, très digeste ; Champ Viole (chardonnay, sud) s'avère plus énergique, un blanc de blancs finement fumé, assis sur un équilibre franc et dynamique ; Les Grandes Côtes (pinot noir, nord) est un blanc de noirs noir pourvu d'une patine épicée complexe, portée par sa belle étoffe savoureuse et une superbe allonge racée. Place maintenant au pinot blanc qui fait la fierté du vigneron : La Loge, joliment expressif sur des notes de citron confit. Sa texture est à la fois suave en attaque, subtilement tannique et amère en finale. Stimulant ! Nº17 pousse le curseur plus loin avec son pinot blanc 2017 macéré pendant douze heures. Quel doigté pour faire jaillir une structure dense, tannique et déroutante, aux notes aromatiques qui rappellent des vins oranges ! Il s'accompagnera à table d'une belle côte de veau.

Champagne Nº17	70 €	91
Extra- Brut La Loge	60 €	92
Extra-Brut Bochot	50 €	91
Extra-Brut Grains de Celles	40 €	90
Extra-Brut Les Grandes Côtes	50 €	93
Extra-Brut Beauregard	50 €	91
Extra-Brut Grains de Celles Rosé	35 €	90

Le coup de ♥
Extra-Brut Champ Viole	50 €	93

Rouge : 10 hectares. Pinot noir 100 %
Blanc : 8 hectares. Chardonnay 50 %, Pinot blanc 50 %
Production moyenne : 160 000 bt/an

PIERRE GERBAIS

13, rue du Pont, 10110 Celles-sur-Ource
03 25 38 51 29 ● www.gerbais.com ● Vente et visites : sur RDV.
Propriétaire : Famille Gerbais

★ PIERRE GIMONNET ET FILS

Peu de vignerons champenois peuvent prétendre, comme Didier et Olivier Gimonnet, composer avec un vignoble en propriété de 28 hectares de vignes en Côte des Blancs dont 12 en grand cru à Cuis, Vertus, Cramant, Chouilly et Oger. Les deux frères poursuivent la culture d'assemblage des terroirs en perpétuant leur style raffiné, sage, sans aucune dureté (fermentation malolactique faite) et jamais dans l'exubérance ; ils séduisent aussi bien les novices que les amateurs de grands blancs de blancs. Les Gimonnet parviennent à dompter avec brio les chardonnays de Cuis, souvent froids et austères.

Les vins : commençons par le rosé, distingué, assis sur une base de chardonnay qui lui communique cette finesse de style. Le brut sans année premier cru nous laisse un peu sur notre faim en termes de volume. Le domaine nous a fait parvenir les millésimes 2015 sur les Spécial Club : Oger nous semble le plus abouti par rapport à ce niveau de maturité physiologique si compliqué à obtenir sur ce millésime ; Cramant est homogène, sans présenter une grande envergure de bouche ; Chouilly est encore plus fluet et végétal sur la fin de bouche ; Grands Terroirs de Chardonnay, lui, parvient à trouver un bel équilibre. Les cuvées Œnophile sont plus justes : le 2016 affiche une belle précision, avec allonge et classe ; le 2008 s'avère aussi une réussite, porté par l'évolution positive de la patine du temps, l'ensemble reste ciselé sans austérité.

Brut Nature Premier Cru Blanc de Blancs Œnophile Non Dosé 2008	75 €	93
Brut Nature Premier Cru Blanc de Blancs Œnophile Non Dosé 2016	52,50 €	93
Brut Premier Cru Blanc de Blancs Fleuron 2017	49 €	90
Brut Premier Cru Cuis Blanc de Blancs	31 €	88
Extra-Brut Blanc de Blancs Special Club Oger Grand Cru 2015	82,50 €	92
Extra-Brut Grand Cru Blanc de Blancs Cramant 2015	87,50 €	91
Extra-Brut Grand Cru Spécial Club Chouilly 2015	82,50 €	89
Extra-Brut Spécial Club Grands Terroirs de Chardonnay 2015	65 €	91
Brut Premier Cru Rosé de Blancs	39,90 €	91

Rouge : 0,5 hectare. Pinot noir 100 %
Blanc : 29,5 hectares. Chardonnay 100 %
Production moyenne : 260 000 bt/an

PIERRE GIMONNET ET FILS
1, rue de la République, 51530 Cuis
03 26 59 78 70 ●
www.champagne-gimonnet.com ● Vente et visites : sur RDV.
Propriétaire : Olivier et Didier Gimonnet

★ GONET-MÉDEVILLE

Xavier Gonet s'est installé à son compte à Bisseuil, premier cru de la vallée de la Marne, avec son épouse Julie, née Médeville, du château Gilette, à Sauternes. Ils disposent d'une palette de vignes originales : l'apport familial de grands chardonnays du Mesnil-sur-Oger (Louvière, Champ d'Alouette), de bons crus en pinot meunier (Mareuil) et en pinot noir (Ambonnay et Bisseuil). Afin d'assurer au vin une meilleure vivacité au vieillissement, les fermentations malolactiques sont bloquées. Une partie de plus en plus importante de vins clairs fermente par ailleurs en barrique, ce qui soutient la finesse des bulles. Nous apprécions la parfaite homogénéité d'une gamme personnelle, juste récompense d'efforts synchrones en viticulture et en vinification.

Les vins : Tradition (80 % 2018) confirme son appartenance aux meilleurs bruts sans année de Champagne. Sous une robe tachée, de superbes arômes de fruits mûrs et une matière intense se développent avec une grande précision. Une aubaine à moins de 30 euros. Le blanc de noirs (80 % 2018) se montre tout aussi soigné et savoureux, à la profondeur structurée par les pinots noirs de Bisseuil et Ambonnay. Le rosé est tout en rondeur, malgré une finale un peu sèche qui reflète le caractère de l'année (base 2015). Le pinot noir de La Grande Ruelle 2007, vieilli plus de onze ans, file vers une patine vineuse et une fraîcheur saillante de grande allonge. Une densité solaire se dégage du Champ d'Alouette, blanc de blancs du Mesnil-sur-Oger : un champagne plein et vineux, aux arômes finement grillés et à la saveur extrêmement rassurante d'umami. Il accuse toutefois un léger excès. Voilà deux beaux champagnes pour une table d'hiver.

Brut Premier Cru Blanc de Noirs	32 €	93
Extra-Brut Grand Cru Ambonnay La Grande Ruelle 2007	122 €	93
Extra-Brut Grand Cru Champ d'Alouette 2006	102 €	93
Extra-Brut Premier Cru Rosé	36 €	92

Le coup de ♥

Brut Premier Cru Tradition	28 €	92

Rouge : 5 hectares. Pinot noir 100 %
Blanc : 5 hectares. Chardonnay 100 %
Production moyenne : 90 000 bt/an

GONET-MÉDEVILLE
1, chemin de la Cavotte, 51150 Bisseuil
03 26 57 75 60 ● www.gonet-medeville.com
● Vente et visites : sur RDV.
Propriétaire : Xavier et Julie Gonet

★ ALFRED GRATIEN

Depuis 2001 propriété du groupe allemand Henkell (détenteur du groupe Freixenet et leader des vins mousseux en Europe), la maison Alfred Gratien, fondée à Épernay en 1864, est plus en forme que jamais et trace sa route avec une certaine discrétion. Ses vins, qui s'appuient sur une forte proportion de chardonnay, avec blocage des fermentations malolactiques, ravissent par leur tension, leur précision, leur éclat et leur rayonnement. La maison ne possède que 1,63 hectare de vignes. Nicolas Jaeger, chef de cave depuis 2007, perpétue une longue tradition familiale : il représente la quatrième génération à occuper ce poste, gage d'une belle stabilité.

Les vins : cette année encore, nous confirmons l'excellent niveau du brut Nature. à la belle identité crayeuse et la bouche équilibrée. À ses côtés, le brut sans année nous semble un peu terne, il ne possède pas son éclat et sa fraîcheur gustative. Concernant les millésimés, le 2015 porte les stigmates de l'année, avec une maturité du raisin sur le fil qui fait ressortir quelques notes racinaires et les amers végétaux. Le 2012 s'avère la belle bouteille de la cave cette année : elle a gardé son allonge et sa fraîcheur de bouche. Paradis, sur un millésime ciselé comme 2014, met en avant le chardonnay, aussi bien dans les arômes que dans les saveurs.

⊂▸ Brut	35 €	88
⊂▸ Brut Nature	37 €	90
⊂▸ Brut Paradis 2014	87 €	92

Le coup de ♥
⊂▸ Brut 2012	63 €	93

Production moyenne : 300 000 bt/an

ALFRED GRATIEN
30, rue Maurice-Cerveaux, BP
3 51201 Épernay
03 26 54 38 20 ● www.alfredgratien.com ●
Visites : sans RDV.
Propriétaire : Henkell Freixenet
Directeur : Olivier Dupré
Chef de cave : Nicolas Jaeger

★ HURÉ FRÈRES

François et Pierre Huré ont pris la suite de leur père, Raoul, en donnant une orientation typée du terroir à des champagnes issus principalement de Ludes et Ville-Dommange, des premiers crus de la Montagne de Reims. À la tête de 10 hectares et d'une activité de négoce, les deux frères produisent des vins au fruité tranchant, fournis, élancés, sans fermentation malolactique : une véritable quête d'identité pour ces coteaux exposés au nord de la montagne de Reims. La tension et l'austérité sont poussées afin de révéler leurs terroirs, à l'image de la gamme enthousiasmante 4 éléments, désormais bien en place. Un peu plus de douceur dans les textures pourrait apporter aux cuvées un surplus bienvenu de charme.

Les vins : encore jeune et fougueux, Invitation (base 2018) s'annonce comme un ambassadeur précis du domaine, pourvu d'une fermeté revigorante. Tout comme Inattendue 2017, un blanc de blancs saillant encore marqué par son élevage boisé. La belle maturité du rosé L'Insouciance (2019) lui confère un caractère juteux, très gourmand, souligné par une bulle bien définie. À déguster dès à présent, le blanc de noirs Instantanée 2015 est bien ouvert et montre déjà des évolutions en s'affirmant avec ampleur et fermeté. Dans la série des 4 éléments de Ludes (2016), notons la superbe interprétation du meunier en 2016, à la texture duveteuse et dynamique. Son équilibre s'exprime sans aucune austérité. En pinot noir, on retrouve ce crémeux de texture et l'expression d'un cépage froid et racé. La patine aromatique de Mémoire, solera de 1982 à 2018, apporte un équilibre savoureux. Ces arômes délicatement grillés et de noisette lui donnent une note plus hivernale que printanière.

⊂▸ Brut Blanc de Blancs Inattendue 2017	41 €	90
⊂▸ Brut Invitation	30 €	90
⊂▸ Brut Mémoire	60 €	92
⊂▸ Extra-Brut 4 Éléments Pinot Noir La Perthe 2016	76 €	94
⊂▸ Extra-Brut Instantanée 2015	41 €	90
◖▸ Brut Rosé L'Insouciance	37 €	91

Le coup de ♥
⊂▸ Extra-Brut 4 Éléments Meunier La Grosse Pierre 2016	76 €	93

Rouge : 8 hectares. Pinot meunier 50 %, Pinot noir 50 %
Blanc : 2 hectares. Chardonnay 100 %
Production moyenne : 90 000 bt/an

HURÉ FRÈRES
2, impasse Carnot, 51500 Ludes
03 26 61 11 20 ●
www.champagne-hure-freres.com ●
Visites : sur RDV aux professionnels.
Propriétaire : François et Pierre Huré

★ LAHERTE FRÈRES

Aurélien Laherte a repris avec rigueur et sensibilité le domaine familial dans le ravissant village de Chavot, sur les coteaux sud d'Épernay. Le vignoble s'étale également du côté du Breuil, de Boursault et de la côte des Blancs. Les trois quarts des vins sont vinifiés sous bois, en barrique. L'apport du chêne se trouve ici bien géré, sans outrance, souvent sans fermentation malolactique. Issue des sept cépages autorisés dans la région, la cuvée Les 7 explore une facette originale de la Champagne et démontre la complémentarité des raisins lors des années ensoleillées que nous connaissons. Si nous reprochions il y a quelques années une certaine froideur dans les vins, il faut avouer que le caractère juteux, la sensation crayeuse et l'impression de croquer dans un raisin mûr des derniers tirages nous enchantent. L'étoile reste solidement accrochée.

Les vins : ouvrons la gamme avec Ultradition, une champagne qui s'avère digeste et énergique destiné à l'apéritif. Son aromatique juvénile demande toutefois à laisser ce champagne encore un an en cave. Dans la même veine, le blanc de blancs brut nature fait vibrer les papilles avec panache. Un champagne précis, extrêmement rafraîchissant et salin. Les Empreintes 2016 (50 % chardonnay et chardonnay muscaté et 50 % pinot noir) va plus loin dans la vinosité en insistant sur des saveurs salines vivifiantes. Il commence à s'ouvrir, mais pas de précipitation. Les Grandes Crayères 2017 file élancé, tout en étant aussi plus serré, presque rigide. Il ne faudra pas hésiter à passer à table avec lui. Le pinot noir des Longues Voyes est un rescapé de l'exécrable millésime 2017 : charnu et ouvert, il conserve une identité terrienne sans posséder la profondeur des millésimes précédents. Les 7, solera (2005 à 2018) des sept cépages champenois, offre un relief de saveurs à part, entre dynamisme et patine complexe, une superbe bouteille pour la table.

⌐ Brut Nature Blanc de Blancs	40 €	**92**
⌐ Extra-Brut Les Empreintes 2016	70 €	**93**
⌐ Extra-Brut Les Grandes Crayères 2017	60 €	**91**
⌐ Extra-Brut Premier Cru Les Longues Voyes 2017	60 €	**91**
⌐ Extra-Brut Ultradition	35 €	**90**
Le coup de ♥		
⌐ Extra-Brut Les 7	90 €	**93**

Rouge : 5,5 hectares. Pinot meunier 87 %, Pinot noir 11 %, Divers noir 2 %
Achat de raisins.

Blanc : 6,5 hectares. Chardonnay 93 %, Petit Meslier 5 %, Divers blanc 2 %
Achat de raisins.

Production moyenne : 160 000 bt/an

LAHERTE FRÈRES

3, rue des Jardins, 51530 Chavot
03 26 54 32 09 ●
www.champagne-laherte.com ● Visites : sur RDV aux professionnels.
Propriétaire : Famille Laherte

★ LAURENT-PERRIER

Le groupe Laurent-Perrier (Delamotte, Salon, De Castellane, Jeanmaire, etc.), cinquième groupe de Champagne, a été le plus innovant sous l'ère de son fondateur Bernard Nonancourt, disparu en 2010 et auquel ont succédé ses filles. L'historique chef de cave, Michel Fauconnet, gardien du goût "L.-P." construit autour du chardonnay, a tiré sa révérence. Le vignoble propre ne couvre que 10 % des approvisionnements. Aromatique, vive, à la fermentation malolactique faite partiellement, la gamme est pour beaucoup dans le succès mondial du champagne apéritif, en blanc comme en rosé.

Les vins : nous le répétons depuis plusieurs années, mais le style et le profil des cuvées de la maison Laurent Perrier doivent évoluer. Trop de vins peinent à libérer arômes et saveurs. Ce style volontairement réducteur peut être respectable, mais il engonce davantage les vins qu'il ne les ouvre. Ultra Brut offre un style détendu, grâce à des chardonnays plus lisibles dans la phase aromatique, et la bouche s'en trouve plus large. Le brut 2012 affiche le joli potentiel d'un millésime mûr, avec une bouche plus sphérique et plus accessible, tout en en gardant sous le pied. Grand Siècle Nº25 s'avère plus grillé et sur la noisette torréfiée que l'édition 24, à ce stade. Le vin reste à l'aube de ses expressions.

⌐ Brut 2012	58 €	**92**
⌐ Brut Grand Siècle Nº25	170 €	**93**
⌐ Brut La Cuvée	42 €	**87**
⌐ Brut Nature Blanc de Blancs	100 €	**86**
⌐ Ultra Brut	58 €	**90**
⌐ Brut Cuvée Rosé	79 €	**89**

LAURENT-PERRIER

32, avenue de Champagne
51150 Tours-sur-Marne
03 26 58 91 22 ● www.laurent-perrier.com ●
Pas de visites.
Propriétaire : Famille de Nonancourt
Directeur : Stéphane Dalyac
Chef de cave : Michel Fauconnet

★ MAILLY GRAND CRU

Illustrant à merveille ce que la coopérative peut produire de mieux, cette structure de petite taille rayonne sur les pinots noirs de la grande Montagne de Reims. Dans les grands crus Mailly, Verzenay et Verzy, le génie humain de la Champagne permet de faire mûrir des raisins exposés plein nord. Ces pinots noirs aromatiques évoluent plus lentement, sur des notes acidulées. La coopérative vinifie presque le tiers des 230 hectares du village, qui s'assemble bien avec les chardonnays (25 %) du même cru, s'exprimant davantage dans le volume et la chair que dans la finesse et la fraîcheur. Les cuvées issues de sélections parcellaires (L'Intemporelle, Les Échansons) égalent le niveau des grandes de la maison, à prix accessible. Le niveau est régulier.

Les vins : les deux bruts sans année sont signés du style de la maison : Brut Réserve assume sa largeur, mais semble issu d'un dégorgement assez précoce et il en subit les conséquences ; le rosé ne brille pas par son élégance, mais s'exprime davantage dans l'expression du fruit. Exception Blanche 2012 montre un chardonnay typé de la Montagne de Reims : large en attaque, mais pointu sur la fin de bouche. Blanc de Pinot Noir est vineux et en place. Les cuvées Intemporelles sont les plus abouties de la gamme : le brut grand cru 2013 affiche un profil très épuré, dans un style fidèle au millésime, mais il se détend après une année d'évolution supplémentaire. Le rosé 2013 est fin, assis sur les 40 % de chardonnay qui lui apporte son crémeux. Les Échansons 2012 montre la puissance et la richesse du millésime, mais il lui manque un soupçon de finesse pour atteindre une note plus élevée.

⊳ Brut Grand Cru Blanc de Pinot Noir	39,90 €	90
⊳ Brut Grand Cru Exception Blanche 2012	60 €	90
⊳ Brut Grand Cru L'Intemporelle 2013	70 €	93
⊳ Brut Grand Cru Les Échansons 2012	107 €	92
⊳ Brut Nature Grand Cru 2013	52 €	89
⊳ Brut Réserve	33,60 €	87
⊳ Brut Grand Cru L'Intemporelle Rosé 2013	81 €	92
⊳ Brut Grand Cru Rosé	42 €	89

Rouge : 50 hectares. Pinot noir 100 %
Blanc : 20 hectares. Chardonnay 100 %
Production moyenne : 500 000 bt/an

MAILLY GRAND CRU
28, rue de la Libération,
51500 Mailly-Champagne
03 26 49 41 10 ●
www.champagne-mailly.com ● Pas de visites.
Propriétaire : Xavier Muller
Directeur : Xavier Millard
Chef de cave : Sébastien Moncuit

★ MARGUET

Depuis quelques années, Benoît Marguet incarne l'une des plus fulgurantes progressions de la Champagne. Ce jeune homme zen est un adepte de géobiologie dans sa cave et de biodynamie dans son vignoble situé exclusivement en grand cru, à Ambonnay et Bouzy, où le pinot noir (48 %) domine les chardonnays. Une autre gamme (identifiable grâce à une collerette verte) s'illustre avec une petite activité d'achat de raisins bio, principalement en Côte des Blancs (Cramant, Avize et Chouilly). Les fermentations se font sous bois, impulsées par les levures naturelles, les sulfitages sont minimes, et les dosages proscrits. Pourtant, grâce la parfaite maturité des raisins, le champagne y revêt une douceur incroyable, ainsi qu'un équilibre en dentelle. Il n'accuse jamais de dureté et se montre toujours plein de vitalité. Il laisse en bouche une étrange sensation entre énergie et apaisement qui ne vous laissera pas indifférent. La deuxième étoile sera décernée lorsque l'empreinte boisée de l'élevage sera parfaitement intégrée.

Les vins : Yuman, sur une base 2019, initie une belle dégustation avec sa chair pulpeuse, délicatement fruitée. La générosité de l'année 2018 se transmet dans une version très juteuse et riche de Shaman 18 ; marqué d'une légère oxydation, il est emmené par une bulle tout en finesse. Le rosé s'affirme avec une chair élégante, la touche de vin rouge apporte une réelle expressivité dans les saveurs. Une série de villages 2017, dotés d'une belle énergie après un vieillissement pendant quatre ans, est à découvrir : un Bouzy ciselé par l'expression franche du raisin. Le chardonnay d'Oger affiche quant à lui une douceur avenante et une note lactée. L'Aÿ (60 % pinot noir, 40 % chardonnay) se fend d'un équilibre très digeste, profond et une finale un peu ferme. Une réussite dans ce millésime difficile. Tout comme l'Ambonnay, construit davantage sur la puissance, gracieux, malgré une finale un peu ferme. Le lieu-dit met en lumière une matière racée, en finesse et une salinité éclatante. Sapience 2012 (50 % chardonnay, 25 % pinot noir et 25 % pinot meunier) clôture la dégustation avec brio : un champagne mêlant sagesse vineuse et énergie radieuse. Un grand vin en plein épanouissement.

⊳ Brut Nature Grand Cru Ambonnay 2017	66 €	93
⊳ Brut Nature Grand Cru Aÿ 2017	83 €	93
⊳ Brut Nature Grand Cru Bouzy 2017	66 €	92
⊳ Brut Nature Grand Cru Les Crayères 2017	84 €	94
⊳ Brut Nature Grand Cru Oger 2017	62 €	92
⊳ Brut Nature Grand Cru Shaman 18	50 €	91
⊳ Brut Nature Premier Cru Blanc de Blancs Yuman 19	46 €	90

Brut Nature Grand Cru Rosé Shaman
18   50 €   92

Le coup de ♥

Brut Nature Premier Cru Sapience
2012   160 €   95

Rouge : 4,6 hectares. Pinot noir 100 %
Achat de raisins.
Blanc : 3,4 hectares. Chardonnay 100 %
Achat de raisins.
Production moyenne : 90 000 bt/an

MARGUET ♣

1, place Barancourt, 51150 Ambonnay
03 26 53 78 61 ● champagne-marguet.fr/ ●
Vente et visites : sur RDV.
Propriétaire : Benoît Marguet

★ CHRISTOPHE MIGNON

Installés près des villages de Leuvrigny et de
Festigny, Laurence et Christophe Mignon donnent ses lettres de noblesse au meunier de la
vallée de la Marne. Cette cinquième génération
cultive avec exigence son vignoble. Leurs champagnes, 100 % meunier à l'exception de la cuvée
Coup de Foudre, peu ou non dosés, impressionnent par la pureté et la force de leurs saveurs.
Petit bémol toutefois, on dénote une certaine
rusticité dans la bulle juvénile. N'hésitez pas à
garder ces champagnes un à deux ans de plus
en cave.

Les vins : la gamme nous offre une belle entrée
en matière avec le brut nature ADN de Meunier
(2018 et 2017) : une cuvée extrêmement rafraîchissante, à la chair pulpeuse dynamique. Un
digne ambassadeur du meunier ! Plus ambitieux,
savoureux et posé, ADN de Foudre dévoile un vin
à la grande dimension gastronomique, marquée par la grande précision de son élevage. La
version Rosée de Saignée est un champagne
tout en gourmandise, qui possède toutefois une
trame plus ferme.

Brut Nature ADN de Meunier   36,50 €   91

Extra-Brut ADN de Meunier Rosé de
Saignée   54 €   90

Le coup de ♥

Brut Nature ADN de Foudre Meunier
      54 €   93

Rouge : 5,6 hectares. Pinot meunier 89 %,
Pinot noir 11 %
Blanc : 0,5 hectare. Chardonnay 100 %
Production moyenne : 45 000 bt/an

CHRISTOPHE MIGNON

4 La Boulonnerie, Le Mesnil-le-Huttier
51700 Festigny

03 26 58 34 24 ●
www.champagne-christophe-mignon.com ●
Vente et visites : sur RDV.
Propriétaire : Christophe Mignon

★ ↗ MOUZON-LEROUX ET FILS

Sébastien Mouzon est issu d'une longue lignée
de vignerons de la Montagne de Reims. En 2008,
il quitte le modèle familial conventionnel pour
voler de ses propres ailes avec ses 55 parcelles
du superbe grand cru de Verzy, fief du pinot
noir. Une rencontre avec l'alsacien Pierre Frick
oriente le vigneron trentenaire vers la biodynamie et une certaine approche de la vinification (fermentation malolactique effectuée,
vinification partielle ou complète en fût, dosages a minima, etc.), pour être au plus proche du
goût finement austère des argilo-calcaires de
Verzy. En quelques millésimes, les champagnes
atteignent un bon niveau : équilibrés, dotés d'allonges toniques. Très énergiques, ils nécessitent
d'attendre encore un an ou deux ans en cave
pour gagner en sagesse et en suavité. L'étoile
est méritée.

Les vins : ces champagnes à la fine oxydation
ménagée ont besoin d'aération pour se révéler. Ouvrez-les trente minutes à l'avance. Encore
jeune, L'Atavique (50 % 2017, 50 % 2016 et 2015)
s'annonce tout en franchise, un brin rustique,
avec un relief sincère de saveurs jusqu'à une
finale épurée. La solera de L'Ascendant (50 %
2016), débutée en 2010, se présente dans un
registre plus automnal et patiné. L'éclat de fruit
revient pleinement avec L'Angélique, un chardonnay doté d'une belle concentration naturelle de saveurs, porté avec énergie jusqu'à une
finale svelte et crayeuse. Tout comme L'Ineffa-
ble, qui prend le caractère plus juteux et poivré
du pinot noir, jusqu'à l'allonge persistante à la
saveur umami. Le chardonnay L'Opiniâtre 2016
a besoin d'assagir sa bulle, mais il se révèle le plus
détendu et ouvert de la gamme. La précision
aromatique du champagne vinifié sans soufre
tient sur un fil. Les Fervins, nouvelle cuvée qui
comprend les sept cépages de la Champagne à
parts égales, est un champagne élancé, au goût
terrien, plein de force et de profondeur. Une
vibration à part dans la gamme !

Brut Nature Grand Cru Blanc de Blancs
L'Angélique 2016   Épuisé - 50 €   92

Brut Nature Les Fervins
2016   Épuisé - 80 €   94

Extra-Brut Grand Cru
L'Ascendant   42 €   91

Extra-Brut Grand Cru
L'Atavique   Épuisé - 32 €   91

⊂▷ Extra-Brut Grand Cru L'Opiniâtre 2016	Épuisé - 80 €	92

Le coup de ♥

⊂▷ Extra-Brut Grand Cru Blanc de Noirs L'Ineffable 2016	Épuisé - 50 €	92

Rouge : 5 hectares. Pinot noir 96 %, Pinot gris 2 %, Pinot meunier 2 %
Blanc : 3 hectares. Chardonnay 94 %, Arbane 2 %, Petit Meslier 2 %, Pinot blanc 2 %
Production moyenne : 60 000 bt/an

MOUZON-LEROUX ET FILS ♣

15/16, rue Basse des Carrières, 51380 Verzy
03 26 88 95 14 •
www.champagne-mouzon-leroux.com •
Vente et visites : sur RDV.
Propriétaire : Sébastien Mouzon

★ BRUNO PAILLARD

Issu d'une famille de vignerons et de courtiers en bouteilles, Bruno Paillard a créé sa propre maison en 1981 et pratique une viticulture qui se rapproche de l'éthique bio sans en revendiquer la certification. Aujourd'hui à la tête de la maison, Alice Paillard poursuit avec fierté l'entreprise de son père. Nous retrouvons avec plaisir l'esprit de ces cuvées typées de chardonnay : aromatiques, expressives, étayées en bouche par des acidités fines et des bulles délicates. Nous avons un faible pour le blanc de blancs millésimé, à la profondeur et la bouche crémeuse si particulière. Une exploration de patine et de complexité aromatique est à découvrir la récente cuvée 72, comme le nombre mois de vieillissement sur lattes. NPU (Nec Plus Ultra), issu d'une sélection de six grands crus de chardonnay et pinot noir, excelle dans la puissance vineuse, automnale, d'une incroyable densité en extraits secs.

Les vins : Première Cuvée est une entrée de gamme de bon niveau, un extra-brut qui affiche fièrement son ampleur vineuse et patinée, construit pour un apéritif confortable ou pour passer à table. Même constat pour le rosé, à l'équilibre plus printanier. Le blanc de blancs est plus décevant, trop marqué par le caractère végétal de la base 2015. Dégorgé en mars 2020, le Dosage : Zéro assume un vieillissement prolongé. Il le situe davantage dans l'univers des champagnes patinés pour l'hiver que parmi les cuvées ciselées et rafraîchissantes de l'été. La Cuvée 72 (comme le nombre mois de vieillissement sur lattes) affirme avec sérénité sa structure goûteuse, une belle bouteille de gastronomie. Le blanc de blancs 2013 est construit sur sa belle définition, ciselée et finement oxydative, un champagne racé et profond, pour la garde. Nec Plus Ultra 2008 évolue à la fois gra-cieusement et en force, posé sur de douces notes oxydatives et une allonge majestueuse. Il est parti pour une longue vie.

⊂▷ Brut Nature Dosage : Zéro	52 €	91
⊂▷ Extra-Brut Cuvée 72	55 €	92
⊂▷ Extra-Brut Grand Cru Blanc de Blancs	68 €	87
⊂▷ Extra-Brut Nec Plus Ultra 2008	215 €	94
⊂▷ Extra-Brut Première Cuvée	40 €	89
▬▷ Extra-Brut Rosé Première Cuvée	55 €	91

Le coup de ♥

⊂▷ Extra-Brut Blanc de Blancs 2013	81 €	93

Production moyenne : 400 000 bt/an

BRUNO PAILLARD

Avenue de Champagne, 51100 Reims
03 26 36 20 22 •
www.champagnebrunopaillard.com •
Visites : sur RDV aux professionnels.
Propriétaire : Bruno Paillard
Directeur : Alice Paillard
Chef de cave : Laurent Guyot

★ PIERRE PAILLARD

Dans le village de Bouzy, Benoît Paillard et ses deux fils, Antoine et Quentin, disposent d'une dizaine d'hectares fractionnés sur ce grand cru de pinot noir. Ils possèdent aussi des chardonnays qui donnent des blancs de blancs solidement constitués. Le brut sans année s'exprime sous l'étiquette Les Parcelles avec une base de millésime indiqué en chiffres romains. Deux parcelles de chardonnay et de pinot noir sont judicieusement déclinées dans Les Mottelettes et Les Maillerettes, qui s'attachent à livrer une identité élancée des terroirs de Bouzy. Les derniers tirages (à partir de la base 2015) gagnent en relief de saveurs et expriment un fruité plus éclatant. Nous aimons beaucoup ces champagnes qui parviennent à combiner la retenue et la finesse avec l'éclat qui pouvait manquer auparavant.

Les vins : le caractère solaire des 2018 se transmet avec gourmandise et équilibre dans Les Parcelles, doté d'une bulle tout en dentelle. Les Terres Roses est un rosé élégant qui exprime toute sa finesse sur des tonalités d'agrumes typiques de la dominante de chardonnay. Encore contenu, le blanc de blancs Les Mottelettes 2017 tisse une effervescence délicate, une matière suave portée par de beaux amers. Tout comme Les Maillerettes 2017, un pinot noir élancé avec un profond raffinement. Le 2012 de La Grande Récolte offre l'intensité concentrée de ce grand millésime champenois tout en conservant de la grâce. Le coteau-champenois

Bouzy 2019 est un rouge soigné dont la chair veloutée est finement équilibrée par la fine froideur champenoise.

▭ Extra-Brut Grand Cru Bouzy Blanc de Blancs Les Mottelettes 2017	70 €	93
▭ Extra-Brut Grand Cru Bouzy Blanc de Noirs Les Maillerettes 2017	70 €	93
▭ Extra-Brut Grand Cru Bouzy La Grande Récolte 2012	90 €	94
▭ Extra-Brut Grand Cru Bouzy Les Parcelles	40 €	91
▬ Coteaux Champenois Bouzy Les Mignottes 2019	68 €	92

Le coup de ♥

▬ Extra-Brut Grand Cru Bouzy Les Terres Roses	48 €	91

Rouge : 7,5 hectares. Pinot noir 100 %
Blanc : 3,5 hectares. Chardonnay 100 %
Production moyenne : 92 000 bt/an

PIERRE PAILLARD

2, rue du Vingtième-Siècle, 51150 Bouzy
03 26 57 08 04 ●
www.champagne-pierre-paillard.fr ●
Visites : sur RDV aux professionnels.
Propriétaire : Antoine et Quentin Paillard

★ PERRIER-JOUËT

Comme Mumm, Perrier-Jouët appartient depuis 2005 au groupe Pernod-Ricard. La maison propose des champagnes très chardonnay, du fait d'un vignoble majoritairement situé sur Cramant et Avize, au style ample et baroque défendu par le chef de cave Hervé Deschamps, arrivé chez Perrier-Jouët en 1983. Sa célèbre Belle Époque, conçue et signée en 1902 par Émile Gallé, a engendré de très belles bouteilles, mais aussi quelques déceptions sur des millésimes intermédiaires. Hélas, les prix, eux, se sont envolés.

Les vins : le blanc de blancs est un vin fédérateur qui offre une palette avenante aux tonalités briochées. La bouche est confortable, seul le dosage l'enrobe un peu trop. Rosé Blason se livre sur un fruit franc et juteux, les fraises au sucre. La bouche est dotée d'une belle amplitude, même si le dosage final demeure un peu décalé pour le moment. Passons aux Belle Époque. Le rosé 2013 est subtil, son fruit se montre plutôt contenu par la froideur du millésime, et les notes de fruits rouges sont présentes dans un registre de noyau et de baie rouge. Un vin fruité, discret mais efficace, à la bouche parfaitement gérée, avec une belle sapidité et harmonie d'ensemble. Le blanc de blancs 2012 se pose dans un registre frais, coincé entre les agrumes et les notes grillées, les fruits secs. La bouche est longue et l'effervescence caressante. Le brut 2013 confirme la bonne tension de ce mil-

lésime. Le vin s'avère encore un peu ferme et rigide pour le moment, mais nous aimons son côté cistercien.

▭ Brut Belle Epoque 2013	140 €	93
▭ Brut Belle Epoque Blanc de Blancs 2012	390 €	93
▭ Brut Blanc de Blancs	60 €	89
▬ Brut Blason Rosé	60 €	88
▬ Brut Rosé Belle Epoque 2013	245 €	94

Production moyenne : 2 500 000 bt/an

PERRIER-JOUËT

28, avenue de Champagne, 51200 Épernay
03 26 53 38 00 ● www.perrier-jouet.com ●
Pas de visites.
Propriétaire : Pernod-Ricard
Directeur : César Giron
Chef de cave : Séverine Frerson

★ RUPPERT-LEROY

Dans leur ancienne vie, Bénédicte Ruppert et Emmanuel Leroy étaient au collège à Bar-sur-Aube. Ils ont repris en 2009 des vignes que louait la famille de la première à la commune d'Essoyes. Leur rencontre avec le conseiller Pierre Masson les conduit naturellement à la biodynamie l'année suivante. Chaque lieu-dit est vinifié séparément, en fût, sans soufre ajouté et sans blocage de la fermentation malolactique. La pureté du fruit mûr est immédiate, comme la sagesse crémeuse de la texture, malgré l'absence de dosage. Une quête de pureté très convaincante qui délivre des interprétations contemporaine, vivante et singulière du champagne.

Les vins : une énergie folle se dégage de Fosse-Grely : un 2019 à la chair pulpeuse magnifique et à la patine boisée judicieuse. Faite sans soufre ajouté, cette cuvée séduit par sa précision et la spontanéité de son fruit. Délicieuse expression du pinot noir dans Papillon 2019, au caractère un peu plus structuré et saillant. Il entraîne une salivation dynamique. Martin Fontaine 2018 est une haute expression du chardonnay, un blanc de blancs d'une magnifique intensité jusqu'à une finale extrêmement goûteuse.

▭ Brut Nature Martin Fontaine 2018	55 €	93
▭ Brut Nature Papillon 2019	55 €	93

Le coup de ♥

▭ Brut Nature Fosse-Grely 2019	50 €	92

Rouge : 2,7 hectares.
Blanc : 1,1 hectare.
Production moyenne : 25 000 bt/an

RUPPERT-LEROY ♣

La Bergerie, 10360 Essoyes
03 25 29 81 31 ●
champagne-ruppert-leroy.com ● Visites : sur
RDV aux professionnels.
Propriétaire : Bénédicte et Emmanuel Leroy

★ FRÉDÉRIC SAVART

À 10 kilomètres à l'ouest de Reims, Écueil est un village historique pour le pinot noir, un pinot fin réputé dans les années 1960 alors que les villages aux alentours sont plantés surtout en meunier", explique Frédéric Savart. Il a repris avec passion le vignoble de son père et élabore des champagnes jeunes, aromatiques, fruités, tendus et nuancés dans l'expression variétale. Les fermentations en demi-muids sont parfaitement maîtrisées et la distinction de la bulle dessine des jus épurés en finesse, ponctués de fines notes d'oxydation ménagée. De formidables compagnons d'apéritif et de table, après quatre à cinq ans de garde. Les vins pourraient toutefois gagner en sagesse et confort pour séduire les palais délicats.

Les vins : le domaine ne nous ayant pas fait parvenir ses vins, nous sommes amenés à recondiure les notes de l'an dernier.

⊂ Brut L'Ouverture	30 €	89
⊂ Extra-Brut Grand Cru Haute Couture 2016	130 €	92
⊂ Extra-Brut Le Mont Benoît 2017	80 €	92
⊂ Extra-Brut Mont des Chrétiens 2016	180 €	92
⊂ Extra-Brut Mont des Chrétiens 2017	70 €	93
⊂ Extra-Brut Premier Cru L'Accomplie	60 €	91
⊃ Brut Nature Expression 2017	110 €	91

Rouge : 3,5 hectares. Pinot noir 100 %
Achat de raisins.
Blanc : 0,5 hectare. Chardonnay 100 %
Achat de raisins.
Production moyenne : 55 000 bt/an

FRÉDÉRIC SAVART

1, chemin de Sacy, 51500 Écueil
03 26 84 91 60 ●
www.champagne-savart.com ● Visites : sur
RDV aux professionnels.
Propriétaire : Frédéric Savart

★ SUENEN

Aurélien Suenen a quitté les parquets de basket de Châlons-en-Champagne pour retrouver la craie des vignes familiales de la Côte des Blancs en 2009. À la suite de son père, le jeune homme prend ses marques en changeant progressivement les méthodes culturales (abandon des herbicides et des insecticides dès 2012) et en restructurant le vignoble, composé de 3 hectares à Oiry, Cramant et Chouilly pour les chardonnays, et d'un îlot de 20 ares planté de meuniers francs de pieds, dans la vallée de la Vesle. L'intuition judicieuse conduit le vigneron à des assemblages de parcelles dans ses cuvées non millésimées telles Oiry (vignes de bas de coteaux) et C+C (Cramant et Chouilly) et de contenants (cuves acier émaillé, inox, barriques et œufs béton). La profondeur de ses blancs de blancs, établis tout en finesse, gagne du terrain au fil des années.

Les vins : construite sur une base de 2018, la série des sans année se montre d'un très bon niveau. Les vins sont déjà en place dans la jeunesse, à l'image de C+C, d'un superbe équilibre pulpeux, délié, jusqu'à une finale crayeuse. Oiry s'élance tout en raffinement et délicatesse, une rémanence saline en finale lui donne beaucoup de persistance. Quelle élégance ! Du côté des cuvées de lieux-dits, les 2015 sont travaillées avec tact, mais ils accusent toutefois le caractère végétal du millésime avec un équilibre un peu large.

⊂ Extra-Brut Grand Cru Blanc de Blancs C+C	55 €	94
⊂ Extra-Brut Grand Cru Blanc de Blancs Le Mont-Aigu 2015	110 €	91
⊂ Extra-Brut Grand Cru Blanc de Blancs Les Robarts 2015	120 €	90
⊂ Extra-Brut Grand Cru Blanc de Blancs Oiry	48 €	93

Blanc : 3,2 hectares. Chardonnay 94 %, Pinot meunier blanc 6 %
Production moyenne : 25 000 bt/an

SUENEN

53, rue de la Garenne, 51530 Cramant
03 26 57 54 94 ● www.champagne-suenen.fr
● Vente et visites : sur RDV.
Propriétaire : Aurélien Suenen

★ ✁ J-M SÉLÈQUE

Revenu au domaine familial à Pierry en 2008, Jean-Marc Sélèque a fait ses gammes avec son père avant de voler de ses propres ailes. Le trentenaire compose avec des vignes réparties dans ce village, principalement dans la vallée de la Marne à Pierry, Moussy, Épernay, Mardeuil, Dizy et Boursault, et à Vertus dans la Côte des Blancs. Son approche épurée, contemporaine, n'exclut pas une profonde réflexion : ce vigneron cherche une harmonie vineuse à travers des assemblages judicieux de vins vinifiés en cuve, fût et œuf béton, avec ou sans fermentation malolactique. Nous fondons beaucoup d'espoir sur ce jeune homme prometteur dont la marge de progression est encore grande. Nous l'avions pressenti : le domaine décroche sa première étoile.

Les vins : pourtant construit sur une base jeune (50 % 2019), Solessence se montre déjà posé, dompté par les vins de réserve, de bonne constitution et parfaitement calibré. Un modèle d'excellence pour un brut sans année. Plus juvénile et fougueux à ce stade, Solessence rosé mérite d'attendre 2023 pour se livrer avec plus de sagesse. Tout comme Quintette (base 2018), à la fois dynamique et vineux, traduisant la belle maturité de chardonnnay. Nous ressentons toujours un vif plaisir à goûter Solessence Nature, qui justifie pleinement son vieillissement prolongé, tant dans la finesse de la bulle que la dimension vineuse. La série des Solistes parvient à tirer son épingle du jeu dans le difficile millésime 2017, avec un meunier bien défini et précis. Toutefois, ils peuvent accuser une fragilité et une fermeté en fin de bouche ; le pinot noir dégage bien plus de panache vineux, servi par une allonge extrêmement savoureuse ; notre coup de cœur est pour le superbe chardonnay, lumineux, énergique et finement grillé. On monte encore d'un cran avec Parititon 2016, assemblage de sept parcelles prometteuses, d'une belle profondeur raffinée. Magnifique.

🍾 Brut Nature Solessence Nature	44 €	92
🍾 Extra-Brut Blanc de Blancs Quintette	46 €	92
🍾 Extra-Brut Partition 2016	78 €	94
🍾 Extra-Brut Solessence	35 €	91
🍾 Extra-Brut Soliste Meunier 2017	72 €	90
🍾 Extra-Brut Soliste Pinot Noir 2017	72 €	92
🍾 Extra-Brut Rosé Solessence	42 €	90

Le coup de ♥

🍾 Extra-Brut Soliste Chardonnay 2017	72 €	93

Rouge : 4,2 hectares. Pinot meunier 75 %, Pinot noir 25 %
Achat de raisins.
Blanc : 4,8 hectares. Chardonnay 100 %
Achat de raisins.
Production moyenne : 85 000 bt/an

J-M SÉLÈQUE
9, allée de la Vieille-Ferme, 51530 Pierry
03 26 55 27 15 ● www.jmseleque.fr ● Vente et visites : sur RDV.
Propriétaire : Jean-Marc Sélèque

★ TAITTINGER

Vitalie Taittinger a pris la présidence de la maison en janvier 2020, succédant ainsi à son dynamique père, Pierre-Emmanuel, auquel on doit le retour de cette belle marque dans le giron familial. Autour d'une équipe solide, la jeune femme poursuit le développement de cette marque au style tourné vers l'élégance, avec des vins très marqués par le chardonnay, signature de la maison. La cuvée Comtes de Champagne qui coiffe la gamme est une des grandes cuvées les plus régulières ; elle exprime parfaitement le goût Taittinger et vieillit de surcroît admirablement bien. Les autres vins ont gagné en intensité ces dernières années.

Les vins : le brut sans année s'avère plus comprimé que l'an passé, plus mat. Prélude fait ressortir aussi cette réduction grillée, mais le fond du vin est au-dessus et la bouche se détend dans la largeur du milieu de bouche. Le millésime 2015 se livre avec plus de chair en attaque, mais un fond végétal subsiste, marqueur du millésime en Champagne. Comtes de Champagne 2011 n'est pas le plus grand millésime produit dans cette cuvée, elle s'offre dans un style ciselé et pointu, tendu et désaltérant. Le rosé est juteux, vineux, marqué par cette intensité fruit rouge si gourmande.

🍾 Brut 2015	57 €	90
🍾 Brut Prélude Grands Crus	55 €	89
🍾 Brut Réserve	41,50 €	87
🍾 Brut Rosé Prestige	52 €	88

Le coup de ♥

🍾 Brut Blanc de Blancs Comtes de Champagne Grands Crus 2011	180 €	93

Rouge : 187,2 hectares. Pinot noir 76 %, Pinot meunier 24 %
Achat de raisins.
Blanc : 100,8 hectares. Chardonnay 100 %
Achat de raisins.
Production moyenne : 6 700 000 bt/an

TAITTINGER
9, place Saint-Nicaise, 51100 Reims
03 26 85 45 35 ● www.taittinger.com ● Visites : sans RDV.
Propriétaire : Vitalie Taittinger
Œnologue : Alexandre Ponnavoy

★ TARLANT

Au cœur de la rive gauche de la vallée de la Marne et de celle du Surmelin, Benoît Tarlant (le vinificateur) et sa sœur Mélanie (au commerce et à la communication) ont succédé à leurs parents. Leur viticulture se révèle exigeante, adaptée à la mosaïque de sols et de sous-sols qu'ils exploitent : des sables au silex, des argiles et calcaires à la pure craie. Sans levurage ni enzymage, les deux tiers des vinifications se font sous bois. Ces champagnes ont du volume, de la mâche et ils conservent une grande fraîcheur du fait d'un dosage léger. La politique de conserver longuement les vins en cave est salutaire. La conversion bio est désormais en cours.

Les vins : le brut Zéro (base 2013) se montre toujours plein et vineux, ciselé avec énergie. Les vins de réserve lui donnent sa belle patine, une cuvée aussi à l'aise à l'apéritif qu'à table. Gloire aux vieux cépages champenois : pinot blanc, arbanne et petit meslier dans BAM !, une version gourmande et réussie dans ce millésime exécrable 2011. Le vin est plein, riche en extraits secs, dans un relief de saveurs trépidantes. Le rosé de saignée des Tempêtées 2015 (pinot noir) se passe de dosage pour livrer une matière pulpeuse aux visages gourmands et profonds. Les 2004 assument une tendre évolution miellée, notamment le meunier de la Vigne d'Or, d'une belle allonge déliée et savoureuse : un champagne posé, prêt à boire. Tout comme la Vigne d'Antan, un chardonnay non greffé à l'évolution tertiaire, qui conserve beaucoup de panache. Il devrait continuer à évoluer sereinement. Le coteau-champenois 2018 affiche une belle concentration de fruit, derrière la riche réduction grillée de son élevage sous bois. Un profil étonnemment sudiste à découvrir.

Brut Nature BAM !		120 €	92
Brut Nature La Vigne d'Antan 2004		170 €	93
Brut Nature La Vigne d'Or Blanc de Meuniers 2004		110 €	93
Brut Nature Zéro		41 €	91
Brut Nature Saignée des Tempêtées 2015		58 €	92
Coteaux Champenois Grand Picou 2018	Épuisé -	88 €	90

Rouge : 9,1 hectares. Pinot noir 70 %, Pinot meunier 25 %, Pinot gris 5 %
Blanc : 3,9 hectares. Chardonnay 80 %, Petit Meslier 10 %, Arbane 5 %, Pinot blanc 5 %
Production moyenne : 100 000 bt/an

TARLANT ♣

21, rue Principale, 51480 Œuilly
03 26 58 30 60 ● www.tarlant.com ● Vente et visites : sur RDV.
Propriétaire : Famille Tarlant
Directeur : Benoît et Mélanie Tarlant

★ YANN ALEXANDRE

Situé à Courmas, petit village du nord-ouest de la Montagne de Reims, le vignoble, issu d'un héritage familial, s'étend sur 30 parcelles et neuf communes où les meuniers et pinots noirs sont

particulièrement fringants et savoureux. La marque de la maison ? La combinaison d'un raisin mûr, nourri tranquillement cinq à sept ans sur lattes et par un dosage très modéré. L'ensemble est mené avec une grande précision. La quiétude découlant du vieillissement en cave permet aux vins de la maison de se distinguer de nombreux champagnes commercialisés trop jeunes et trop vifs.

Les vins : la dégustation s'annonce d'un très bon niveau dès l'excellent brut nature Roche Mère (base 2016), d'une vinosité posée et stimulante. Dans un registre plus tendre et consensuel, Brut Noir (2017) ne se révèle pas aussi ambitieux, mais il séduira le plus grand nombre dans l'année. Grande Réserve (2013) se patine en douceur et en nuances, en dévoilant une structure précise et salivante, d'une belle d'allonge. Dans le même millésime froid, le blanc de blancs s'élance de manière plus ciselée et tonique. Encore un peu fougueux de jeunesse, le rosé Blanches Terres (2018) séduit par sa concentration d'arômes de fruits rouges, sa vinosité suave, structurée par une fine sensation tannique.

Brut Blanc de Blancs 2013	Épuisé -	43 €	92
Brut Noir		33 €	89
Brut Premier Cru Grande Réserve	Épuisé -	40 €	91
Brut Premier Cru Blanches Terres	Épuisé -	43 €	91

Le coup de ♥

Brut Nature Roche Mère		37 €	91

Rouge : 4,6 hectares. Pinot meunier 75 %, Pinot noir 25 %
Blanc : 1,7 hectare. Chardonnay 99 %, Divers blanc 1 %
Production moyenne : 30 000 bt/an

YANN ALEXANDRE

8, chemin des Jardins 51390 Courmas
06 81 03 81 79 ●
www.champagneyannalexandre.fr ● Vente et visites : sur RDV.
Propriétaire : Yann Alexandre

ÉTIENNE CALSAC

La cave d'Étienne Calsac, héritée de sa famille, se situe dans la commune d'Avize. À quelques encablures de là, ce trentenaire plein d'espoir cultive quelques hectares de chardonnay, dont le Clos des Maladries, dans ce village grand cru prisé par les amateurs de grands blancs de blancs. Le reste du vignoble se trouve dans la vallée de la Marne, à Bisseuil. Ces champagnes qui font leur fermentation malolactique expriment pour autant une droiture précise, sans esbroufe d'élevage. Sa cuvée Les Revenants, assemblage des cépages confidentiels pinot blanc, arbane et petit meslier, chante avec panache des goûts oubliés en Champagne. La sensibilité et la rigueur de ce vigneron laisse entrevoir une marge de progression encore grande.

Les vins : ces champagnes (base 2019) dégagent à la fois une réelle sensibilité et une fine précision. Les cuvées seront sublimées lorsque le vigneron pourra prolonger les vieillissements en cave. Le blanc de blancs L'Échappée Belle possède un profil parfaitement défini, soigné et délicat. Les Rocheforts offre, quant à lui, une chair plus étoffée. Rosé de Craie s'affirme tout en délicatesse et nuances parfumées, bien typé par la finesse des chardonnays. Nouveau venu dans la gamme, Val l'Hermite, un pinot noir de Bligny, assoie son ambition sur un magnifique jus délié. Le meilleur est à venir. L'évolution s'annonce un peu prématurée pour Clos des Maladies 2017 : on y sent une certaine fragilité aromatique. Le surprenant Les Revenants développe son superbe relief de saveurs derrière une texture veloutée, à la patine complexe. Il s'inscrit peu à peu parmi les plus belles cuvées de Champagne.

- ▭ Brut Nature Grand Cru Blanc de Blancs Clos des Maladies 2017   85 €   **89**
- ▭ Brut Nature Les Revenants   80 €   **94**
- ▭ Extra-Brut L'Échappée Belle   29 €   **90**
- ▭ Extra-Brut Premier Cru Blanc de Blancs Les Rocheforts   39 €   **90**
- ▭ Extra-Brut Val L'Hermite   49 €   **92**

Le coup de ♥
- ▭ Extra-Brut Rosé de Craie   34 €   **91**

Rouge : 0,15 hectare.
Blanc : 2,85 hectares. Chardonnay 95 %, Pinot noir 5 %
Achat de raisins.
Production moyenne : 35 000 bt/an

ÉTIENNE CALSAC ♣
128, allée Augustin-Lorite, 51190 Avize
06 11 83 69 49 ●
www.champagne-etienne-calsac.com ● Pas de visites.
Propriétaire : Étienne Calsac

CLANDESTIN

Faut-il nécessairement posséder des hectares de vignes pour exprimer ses talents de vinificateur ? Surtout dans une Champagne où le foncier reste inabordable... Benoît Doussot nous prouve le contraire. Parti sans un lopin de terre à 24 ans, le jeune homme s'affirme pourtant comme l'un des plus talentueux de sa génération. Son projet ? Acheter avec soin des raisins bio ou en conversion bio, exclusivement venus

de de la Côte des Bar, essentiellement de marnes kimméridgiennes, pour ciseler des champagnes sincères, non dosés et très goûteux. À découvrir, deux pinots noirs : Boréal (parcelles orientées au nord) et Austral (orientées au sud) ainsi que deux chardonnays, Les Grandes Lignes (calcaire du Portlandien, exposé au sud) et Les Revers (parcelles orientées au nord). Son beau-père, Bertrand Gautherot, de l'emblématique Vouette et Sorbée, lui est de bon conseil. L'étoile est proche pour cette jeune maison.

Les vins : débutons la série des 2019 avec le superbe Boréal, à l'expression extrêmement juteuse et sans esbroufe du pinot noir. Austral va plus loin dans la dimension réconfortante et charnue, évoquant les saveurs de fruits à noyaux, jusqu'à l'allonge savoureuse. Encore saillant de jeunesse, le chardonnay des Grandes Lignes dévoile un caractère juteux et plein de relief. Il faut attendre 2023 pour en profiter pleinement. Les Revers, d'une mâche imposante, presque tannique, porté par une superbe allonge, nécessite aussi de patienter. Son côté joliment citronné le destine à la table. Quel plaisir de goûter des champagnes détendus, avec une telle liberté de ton, sans artifice. L'archétype du champagne contemporain que l'on a envie de savourer à longueur d'année.

- ▭ Brut Nature Austral 2019   Épuisé - 56 €   **93**
- ▭ Brut Nature Boréal 2019   51 €   **92**
- ▭ Brut Nature Les Grandes Lignes 2019   Épuisé - 66 €   **91**
- ▭ Brut Nature Les Revers 2019   Épuisé - 75 €   **93**

Production moyenne : 45 000 bt/an

CLANDESTIN ♣
12, rue de Vaux 10110 Buxières-sur-Arce
0643432715 ● www.champagneclandestin.fr
● Pas de visites.
Propriétaire : Benoît Doussot

DE SAINT GALL

Saint-Gall est une cave coopérative qui fait partie des caves de L'Union Champagne. Créée en 1966, elle compte plus de 200 adhérents et un large vignoble de 1 400 hectares dont 90 % de premier et grand cru – 500 hectares sont en grand cru de chardonnay. Cette cave accompagne également des vignerons en viticulture. Cédric Jacoutin, le chef de cave arrivé en 2000, s'est doté d'une cuverie de foudre de bois en 2012 pour les vins de réserve. Sa cave, située à Avize, affiche sa passion pour les grands chardonnays. Les blancs de blanc sont marqués par cette fine réduction grillée et les mousses crémeuses. La cuvée Orpale, fleuron de la cave, est un pur chardonnay issu de quatre grands crus de la Côte des Blancs : Mesnil-sur-Oger, Cramant, Avize et Oger. Les fermentations malolactiques sont partielles et les dégorgements atteignent plus de dix ans. Le 2008 a été dégorgé en 2020.

Les vins : Tradition ne démérite pas : il possède cette dominante de chardonnay qui lui apporte crémeux et rondeur. Nous passons un cap avec le blanc de blancs, tant dans la fraîcheur aromatique que dans la tension de bouche. Le vin joue finement la partition d'un extra-brut sans en avoir les défauts. So Dark sort du style de la cave, découvrant un profil plus vineux, enrobé par le pinot noir. Orpale suit sa tranquille évolution, toujours tendu par cette réduction grillée ; un 2008 étiré et longiligne qui grandira lentement.

🍾 Extra-Brut Grand Cru Le Blanc de Blancs		38 €	89
🍾 Brut Grand Cru So Dark 2015		40 €	90
🍾 Brut Premier Cru Tradition		31,40 €	88

Le coup de 💜

🍾 Brut Grand Cru Orpale 2008		114 €	94

Rouge : 600 hectares.
Blanc : 800 hectares. Chardonnay 100 %
Production moyenne : 1 000 000 bt/an

DE SAINT GALL
7, rue Pasteur, CS80019 51190 Avize
03 26 57 94 22 ● www.de-saint-gall.com ●
Vente et visites : sur RDV.
Propriétaire : Dominique Babé

DEVAUX

Fondé en 1846 et installé au cœur de la Côte de Bar, Devaux est la marque référence de l'Union auboise, qui vend des vins de base à de nombreuses grandes maisons de la Marne et sélectionne une centaine d'hectares pour sa marque Veuve Devaux et la gamme D de Devaux, la plus intéressante. Le chef de cave Michel Parisot donne la priorité au pinot noir, élevé en foudre, dans un style digeste.

Les vins : la maison Devaux dévoile sa trilogie de Cœur. Nature séduit par son ouverture aromatique et sa robe finement tachée. Le blanc de noirs s'avère plus enrobé et pesant, le dosage marqué et le pinot font double emploi. Nous attendions le blanc de blancs au tournant, mais il repose sur une belle fraîcheur et de la tension, sans être très complexe. D de Devaux évolue correctement, la patine du bois et des vins de réserve nous emmènent sur un registre plus automnal, même si la bulle reste un peu décalée. Le rosé est le plus abouti, tant dans les saveurs, que les arômes. Le cœur de bouche est plus crémeux et les saveurs de fruits rouges et d'épices nous transportent davantage.

🍾 Brut Cuvée D		42 €	90
🍾 Brut Cœur de Nature		45 €	90
🍾 Brut Cœur des Bar Blanc de Blancs		40 €	89
🍾 Brut Cœur des Bar Blanc de Noirs		33,50 €	88
🍾 Brut Rosé D		57 €	90

Rouge : 67 hectares. Pinot noir 100 %
Blanc : 20 hectares. Chardonnay 100 %
Production moyenne : 700 000 bt/an

DEVAUX
Hameau de Villeneuve, 10110 Bar-sur-Seine
03 25 38 30 65 ●
www.boutique.champagne-devaux.fr ●
Visites : sans RDV.
Propriétaire : Union Auboise
Directeur : Pascal Dubois
Chef de cave : Michel Parisot

DUVAL-LEROY

Maison familiale fondée à Vertus en 1859, Duval-Leroy doit son essor récent à la dynamique Carol Duval-Leroy et ses enfants, Julien et Charles. La gamme est vaste, avec notamment une série de champagnes parcellaires et une cuvée réalisée en partenariat avec les Meilleurs Ouvriers de France. Les ambitions affichées de monter en gamme et de se rapprocher de la belle gastronomie sont très louables, mais les derniers tirages nous ont laissés sur notre faim.

Les vins : la maison Duval-Leroy nous régale sur certaines cuvées : Fleur de Champagne reste une valeur sûre et un excellent rapport qualité-prix. Le brut Prestige est l'archétype du blanc de blancs crémeux et séducteur, même si le dosage reste un peu fort, le vin est assis sur sa noble origine. L'extra-brut Prestige est un vin sincère, porté par une belle fraîcheur et de l'énergie. Le rosé Prestige, campé sur son aspect juteux, délivre une trame vineuse. Femme de Champagne non millésimé est un vin accessible aujourd'hui, qui possède une belle envergure, malgré un léger manque de personnalité et de profondeur pour une cuvée haut de gamme. Nos inquiétudes concernant Femme de Champagne 2002 se confirment, la cuvée a perdu de son éclat et n'évolue pas positivement.

🍾 Brut Fleur de Champagne		35 €	89
🍾 Brut Grand Cru Blanc de Blancs Prestige		55 €	91
🍾 Brut Grand Cru Femme de Champagne 2002		250 €	89
🍾 Brut Grand Cru Femme de Champagne		90 €	91
🍾 Extra-Brut Premier Cru Prestige		38 €	90
🍾 Extra-Brut Précieuses Parcelles Petit Meslier 2008		90 €	92

🍾 Brut Premier Cru Rosé Prestige	de 48 à 52 € (c)	**89**	

Rouge : 60 hectares.
Blanc : 100 hectares.
Production moyenne : 2 000 000 bt/an

DUVAL-LEROY ♣

69, avenue de Bammental, 51130 Vertus
03 26 52 10 75 ●
Vente et visites : sur RDV.
Propriétaire : Carol Duval-Leroy
Chef de cave : Sandrine Logette-Jardin

GATINOIS

Ce domaine familial dispose de parcelles remarquablement situées dans le village d'Aÿ : 27 parcelles, toutes en coteaux et à 90 % plantées de pinot noir. Les cuvées Tradition et Réserve soulignent le compromis entre puissance et finesse vineuse, avec des saveurs confites et grillées ainsi qu'une ovalité généreuse en bouche.

Les vins : gourmand et profond à la fois, le rosé affirme son intensité tant dans le fruit que dans la bouche. Tous les champagnes affichent une robe légèrement tachée, évocatrice du niveau de maturité et d'une absence de modification de la couleur. Tradition est un joli vin de base, toutefois un peu fardé par son dosage. Réserve nous semble un peu évolué et la vin a perdu un peu de fraîcheur et d'éclat. Brut Nature Grand Cru offre une palette définie et une belle lecture de la profondeur du terroir d'Ay. Ce pinot bien mûr mais sans excès de puissance est bien équilibré. Plein, au jus puissant et racé, le millésime 2012 impose le respect.

🍾 Brut Grand Cru 2012	de 40 à 45 € (c)	**93**
🍾 Brut Grand Cru Réserve	de 24 à 29 € (c)	**88**
🍾 Brut Grand Cru Tradition	de 21 à 26 € (c)	**89**
🍾 Brut Nature Grand Cru	de 22 à 27 € (c)	**90**
🍾 Brut Rosé Grand Cru	de 26 à 30 € (c)	**90**

Rouge : 6 hectares. Pinot noir 100 %
Blanc : 1 hectare. Chardonnay 100 %
Production moyenne : 50 000 bt/an

GATINOIS

7, rue Marcel-Mailly, 51160 Aÿ
03 26 55 14 26 ●
www.champagnegatinois.com ● Vente et visites : sur RDV.
Propriétaire : Louis Cheval-Gatinois

RENÉ GEOFFROY

Ce domaine d'Aÿ, dirigé par Jean-Baptiste Geoffroy, est le meilleur représentant du vignoble solaire et très pinot de Cumières. En aval d'Épernay, sur la rive droite de la Marne, ce cru simplement classé en "premier" est digne d'un grand quand le millésime est de la fête. Ici les vignes sont de plus en plus travaillées. Les vins naturellement plantureux ne font pas leur fermentation malolactique et les dosages sont légers. Leurs bulles dociles se montrent très expressives, aromatiques, généreuses en saveur de pinot (fruits rouges), toujours d'une excellente fraîcheur malgré leur vinosité et leur expression terrienne.

Les vins : les coteaux-champenois nous procurent des joies diverses : le pinot noir de Cumières offre avec un cœur plein et juteux, à l'élevage bien géré. Le jus du blanc, issu de meunier, est plus large et possède moins de peps et d'énergie. Le rosé Blanc de Rose est un véritable champagne de méditation, sa belle complexité l'anime avec caractère. Empreinte 2015 se montre un peu dissocié, alors que Volupté 2014 séduit par sa fraîcheur et sa trame longiligne. Terre reflète bien le côté solaire du millésime 2009 sans en avoir les stigmates. Nous avons un coup de cœur pour la cuvée Les Houtrants Complantées, ce vin possède une profondeur et un toucher de bouche gracieux. Si Expression nous semble un peu rustique avec des amers marquants en fin de bouche, la cuvée Pureté est bien plus épurée dans cette base 2016.

🍾 Brut Nature Premier Cru Les Houtrants Complantés	130 €	**93**
🍾 Brut Nature Premier Cru Pureté	35 €	**91**
🍾 Brut Premier Cru Empreinte 2015	36,50 €	**89**
🍾 Brut Premier Cru Expression	28,50 €	**87**
🍾 Brut Premier Cru Volupté 2014	Épuisé - 47,50 €	**92**
🍾 Coteaux Champenois Cumières Blanc Moulin à Vent 2019	Épuisé - 50 €	**87**
🍾 Extra-Brut Premier Cru Terre 2009	Épuisé - 86 €	**92**
🍾 Extra-Brut Premier Cru Blanc de Rose 2013	62,50 €	**90**
🍾 Coteaux Champenois Cumières Pinot Noir 2019	50 €	**91**

Rouge : 11 hectares. Pinot noir 56 %, Pinot meunier 44 %

Blanc : 3,5 hectares. Chardonnay 100 %
Production moyenne : 110 000 bt/an

RENÉ GEOFFROY

4, rue Jeanson, 51160 Aÿ
03 26 55 32 31 •
www.champagne-geoffroy.com • Vente et
visites : sur RDV.
Propriétaire : Karine et Jean-Baptiste
Geoffroy

GUIBORAT

Richard Fouquet a 18 ans lorsqu'il revient au domaine familial de Cramant, en 1993. Il est rejoint par sa femme, Karine, œnologue, en 2012. Le couple de vignerons bénéficie d'un patrimoine de vignes situées en Côte des Blancs, principalement sur les grands crus de Cramant et de Chouilly. Vinifiés en cuve et partiellement sous bois pour les millésimés, leurs blancs de blancs dosés a minima (extra-brut ou brut nature) sont sans esbroufe, finement exotiques, et dotés de la profondeur généreuse de leurs terroirs. Un style un peu serré qui se détend au fil des années.

Les vins : d'emblée, la richesse exotique de 2018 se transmet dans Thétys.18, qui parvient à conserver son équilibre svelte et ciselé. Très précis et d'une suavité gourmande, il fera l'unanimité à partir de 2023. À l'inverse de Prisme 2016, un peu plus ferme et serré. Il se dévoile avec plus de profondeur et une austérité saillante. Le 2014 De Caurés évolue paisiblement avec beaucoup de finesse, en gardant la rigidité du style et du millésime. Il faut le passer à table. Quel plaisir de goûter à Prohibition (2018), un pur meunier de Mardeuil, au caractère juteux extrêmement affriolant. Un régal tout en suavité et finesse, à déguster en début de repas.

⊏▷ Brut Nature Blanc de Noirs Prohibition	37 €	92
⊏▷ Brut Nature De Caurés à Mont Aigu 2014	69 €	93
⊏▷ Extra-Brut Prisme.16	40 €	92
Le coup de ♥		
⊏▷ Extra-Brut Téthys.18	35 €	90

Blanc : 8 hectares. Chardonnay 100 %
Production moyenne : 35 000 bt/an

GUIBORAT

99, rue de la Garenne 51530 Cramant
03 26 57 54 08 •
www.champagne-guiborat.fr • Vente et
visites : sur RDV.
Propriétaire : Richard Fouquet

LALLIER

En 2019, le géant italien des spiritueux Campari a mis ainsi la main sur les 15 hectares de vignes de la maison fondée en 1906 par René Lallier. Brillamment relancée par Francis Tribaut qui en a repris les rênes en 2004, Lallier a su faire évoluer ses vins et s'est installé dans la gastronomie française. Les deux cuvées parcellaires d'Aÿ, Les Sous et Loridon, sont indiscutablement le point fort de la maison et la cuvée Ouvrage met également à l'honneur un vin de belle dimension et d'envergure. Il faut désormais que les bruts sans année montent d'un cran et que la gamme gagne en homogénéité.

Les vins : le rosé grand cru est un vin subtil, qui présente une palette sur les notes de griottes et d'épices. Un joli rosé grand cru qui assume son statut. Le R.018 est un vin plus enveloppé que son prédécesseur, R.016. À ce stade, le vin ne manque pas de vinosité, mais sans posséder la tension du millésime 2016. Le blanc de blancs repose sur une bouche plus crémeuse, sans pour autant atteindre l'équilibre des autres vins. La cuvée Ouvrage se montre digne des grands crus qui la composent. C'est un vin ample et racé, à la belle persistance.

⊏▷ Brut Grand Cru Blanc de Blancs	50 €	88
⊏▷ Brut Grand Cru Ouvrage	80 €	91
⊏▷ Brut R.018	36 €	90
▬▷ Brut Rosé Grand Cru	45 €	90

Rouge : 4 hectares. Pinot noir 87 %, Pinot meunier 13 %
Achat de raisins.
Blanc : 6 hectares. Chardonnay 100 %
Achat de raisins.
Production moyenne : 600 000 bt/an

LALLIER

4, place de la Libération, 51160 Aÿ
03 26 55 79 83 •
www.champagne-lallier.com • Pas de
visites.
Propriétaire : Campari
Directeur : Dominique Demarville
Chef de cave : Dominique Demarville

LANCELOT-PIENNE

Située dans le centre du village de Cramant, la propriété s'étend sur un parc verdoyant qui offre une vue exceptionnelle sur le vignoble de la Côte des Blancs. C'est un domaine familial très marqué par les chardonnays en grand cru (Avize, Chouilly, Cramant) et le pinot meunier des coteaux Sud d'Épernay (Accord Majeur). Gilles Lancelot, œnologue, travaille ses vins clairs en cuve (pas de bois) pour accentuer leur expression minérale et a fait le choix des fermentations malolactiques. Les cuvées ont gagné en finesse, profondeur, sérénité et sont signées par des dosages plus subtils.

Les vins : la générosité ensoleillée de 2018 offre rondeur et gourmandise à Accord Majeur, une cuvée facile d'approche. Instant Présent, en 2018 également, s'affirme avec bien plus de fraîcheur et présente un équilibre à la fois gourmand et fin. En 2017, Table Ronde est un peu plus fragile et carré, il est à boire sans attendre. Tout comme Marie Lancelot 2015, à la fois large et marqué par le caractère végétal du millésime. L'assemblage pinot noir-chardonnay de Perceval 2014 s'élance sur une trame bien plus équilibrée, à la fraîcheur haletante.

Brut Accord Majeur	30 €	89
Brut Instant Présent	30 €	90
Brut Perceval 2014	46 €	91
Extra-Brut Grand Cru Blanc de Blancs Table Ronde	36 €	89
Extra-Brut Grand Cru Marie Lancelot 2015	51 €	89

Rouge : 4,5 hectares. Pinot meunier 75 %, Pinot noir 25 %
Blanc : 4,5 hectares. Chardonnay 100 %
Production moyenne : 70 000 bt/an

LANCELOT-PIENNE

1, place Pierre-Rivière, 51530 Cramant
03 26 59 99 86 ●
www.champagne-lancelot-pienne.fr ● Vente et visites : sur RDV.
Propriétaire : Gilles Lancelot

LANSON

La marque fondée en 1760 est, depuis son rachat en 2006, le vaisseau amiral du groupe coté en bourse Lanson-BCC. Depuis 2018, la maison, qui exporte plus de 80 % de sa production, est présidée par François Van Aal. Le chef de cave, Hervé Dantan, perpétue le style Lanson avec des champagnes à dominante de pinot, dont le blocage de la fermentation malolactique n'est plus systématique. Ils sont marqués par une fraîcheur tendue et bâtis pour la garde.

Les vins : la comparaison entre le Black Label et le Black Réserve tourne en toute logique en faveur du second, qui assume plus de complexité et d'envergure de bouche. Le Black Label est un vin plus figé et dissocié. Le rosé reste une valeur sûre du domaine, sa personnalité s'exprime par un côté vineux qui lui sied à merveille. Le Label Bio est un vin moins engoncé, les 30 % de pinot meunier participe à l'ouverture aromatique. Le blanc de blancs est longiligne, assis sur une bouche droite et percutante. Le millésime 2009 reste pour nous le meilleur de la maison : fidèle dans la maturité et le volume de bouche, à la dimension de cette année solaire. Le Clos Lanson nous déçoit, le vin commence à perdre de la fraîcheur et de la tenue.

Brut Black Label	31 €	87
Brut Black Réserve	39 €	89
Brut Blanc de Blancs	50 €	89
Brut Green Label Bio	55 €	88
Brut Le Clos Lanson 2007	185 €	89
Brut Vintage 2009	59 €	91
Brut Le Rosé	39 €	90

Rouge : Pinot noir 100 %
Achat de raisins.
Blanc : Chardonnay 100 %
Achat de raisins.
Production moyenne : 5 000 000 bt/an

LANSON

66, rue de Courlancy 51100 Reims
03 26 78 50 50 ● www.lanson.com ● Vente et visites : sur RDV.
Propriétaire : Groupe Lanson-BCC
Directeur : François Van Aal
Chef de cave : Hervé Dantan

LELARGE-PUGEOT

Dominique Lelarge, propriétaire historique, et son épouse, Dominique Pugeot, ont contribué à la renaissance de ce domaine. Les vignes sont plantées exclusivement dans la commune de Vrigny, à l'ouest de Reims. Un territoire aux sols argilo-limoneux, où le meunier prend une tournure suave et fuselée. Hormis le coteaux-champenois élevé en fût, les champagnes ne voient que la cuve et affirment un caractère automnal fringant et savoureux. Ils sont posés, sans acidité crispante. Inutile de percuter le palais pour impressionner. Un domaine certifié en biodynamie (Demeter) en 2017.

Les vins : Tradition (base 2018) est un bel exemple de champagne parfait. Tendrement fruité, juteux et suave pour l'apéritif. Le blanc de blancs, quant à lui, est malheureusement marqué par une rondeur excessive et le trait végétal de l'année 2015. Gueux 2016, à dominante de meunier (70 %), s'offre tout en pulpe et sincérité. Ses saveurs en relief lui confèrent une chair détendue et salivante, dénuée d'esbroufe. Il est bien plus plus éclatant que Les Meuniers de Clémence, gourmand et marqué par une évolution automnale alanguissante. Le coteaux-champenois de meunier, vinifié en blanc en 2015, est un vin détonnant, à la trame détendue et irrésistiblement gourmande.

Brut Nature Les Meuniers de Clémence 2014	50 €	88

🖝 Coteaux Champenois Blanc de Meuniers
2015   35 € **90**

🖝 Extra-Brut Premier Cru Tradition   37 € **90**

Le coup de ❤️

🖝 Extra-Brut Gueux 2016   50 € **92**

Rouge : 7,2 hectares. Pinot meunier 65 %,
Pinot noir 35 %
Blanc : 1,5 hectare. Chardonnay 100 %
Production moyenne : 65 000 bt/an

LELARGE-PUGEOT ♣️

30, rue Saint-Vincent, 51390 Vrigny
03 26 03 69 43 ●
www.champagnelelarge-pugeot.com ●
Vente et visites : sur RDV.
Propriétaire : Dominique Lelarge

NOUVEAU DOMAINE

NICOLAS MAILLART

Nicolas Maillart est revenu sur le vignoble familial d'Écueil en 2003. Le domaine est réparti sur
des villages de la montagne de Reims, d'Écueil,
Villers-Allerand et Bouzy. Avec 75 % de pinot
noirs, il affirme son style vineux mais sans tomber dans l'opulence : les vins sont vinifiés sous
bois et les fermentations malolactiques ne sont
pas recherchées. Il faut également signaler que
le domaine possède une parcelle de vignes de
pied franc de plus de 30 ans plantées sur les
sables du village d'Écueil. La gamme cohérente
dégustée cette année lui permet de faire son
retour dans le guide cette année.

Les vins : chaque vin, chaque parcellaire, possède sa propre lecture. Platine est bien né, issu
d'un assemblage judicieux de vins de 2013 à
2016 et des vins de solera. Nous aimons sa franchise et sa trame désaltérante. Parmi les extra-
bruts premiers crus, nous avons une préférence
pour Les Loges qui affirme un pinot noir bien
maîtrisé. C'est un vin élevé et nourrissant, mais
jamais massif. Montchenot est plus large, et le
vin nous semble davantage empâté par la
richesse. Mont Martin est un pinot meunier très
typé, avec cette pointe œil de Perdrix sur la
robe ; nous aimons la trame de bouche d'une
belle envergure, même si une empreinte du bois
la tend davantage. Jolivettes est notre cuvée
préférée, avec ces notes de farine, mie de pain :
une belle vinosité s'installe mais le vin reste en
parfaite harmonie avec sa fine effervescence.
Le rosé séduira le plus grand nombre et présente une belle sincérité aromatique construite
autour de ce fruit de fraise mara des bois si
fidèle à Bouzy. Les 50 % de chardonnay amène
aussi beaucoup de charme dans le cœur de
bouche de cette cuvée.

🖝 Brut Premier Cru Platine   33 € **89**

🖝 Extra-Brut Grand Cru Jolivettes
2018   51 € **93**

🖝 Extra-Brut Premier Cru Les
Loges   43 € **91**

🖝 Extra-Brut Premier Cru Mont Martin
2018   47 € **92**

🖝 Extra-Brut Premier Cru
Montchenot   45 € **90**

🖝 Brut Rosé Grand Cru   36 € **92**

Rouge : 11 hectares. Pinot noir 70 %, Pinot
meunier 30 %
Blanc : 4 hectares. Chardonnay 90 %, Petit
Meslier 10 %
Production moyenne : 140 000 bt/an

NICOLAS MAILLART

5, rue de Villers-aux-Nœuds, 51500 Ecueil
03 26 49 77 89 ●
www.champagne-maillart.fr ● Vente et
visites : sur RDV.
Propriétaire : Nicolas Maillart

A. MARGAINE

Arnaud Margaine possède toutes ses vignes à
Villers-Marmery, un premier cru au sud-est de
la Montagne de Reims. Le secteur est réputé
pour ses chardonnays puissants, savoureux, qui
ont la particularité de donner des champagnes
charnus et accessibles jeunes. Beaucoup de
maisons en raffolent. Une identité à part dans
l'univers du chardonnay. Nous espérons que ces
champagnes contenus tissent des bulles plus
raffinées et expriment davantage d'éclat afin de
retrouver l'étoile.

Les vins : les deux bruts sans année semblent
chamboulés par une bulle envahissante, à
l'image du Brut (68 % 2018), de bonne constitution juteuse, d'approche simple. La solera de la
cuvée Caractère M s'annonce avec une fougue
naturellement plus patinée, dans un style miellé
un peu ancienne école. La tension du millésime
2014 appuie un blanc de blancs élancé, qu'il est
bon de boire dès maintenant.

🖝 Brut   23 € **88**

🖝 Brut Spécial Club 2014   48 € **91**

🖝 Extra-Brut Premier Cru Le Caractère
M   41 € **89**

Rouge : 1 hectare.
Blanc : 6 hectares.
Production moyenne : 60 000 bt/an

A. MARGAINE

3, avenue de Champagne,
51380 Villers-Marmery
03 26 97 92 13 ● champagnemargaine.com ●
Vente et visites : sur RDV.
Propriétaire : Arnaud Margaine

MOUSSÉ FILS

Déguster les champagnes de Cédric Moussé nous fait oublier l'image rustique qui colle trop souvent à la peau du meunier. À Cuisles, village de la vallée de la Marne, ce cépage y puise une identité forte. Cédric reprend les rênes du domaine familial et entreprend à partir de 2014 une démarche globale (arrêt des pesticides, bouteilles allégées, huiles essentielles contre les maladies du bois, soufre minéral dans les vins...) pour cultiver l'expression raffinée, soignée et énergique de ses cuvées, d'une magnifique délicatesse de bulles. Terre d'Illite, issue des terres riches de cette argile verte, illustre à merveille la fraîcheur profonde que peut ciseler le vigneron. Les derniers millésimes se montrent en pleine forme. Bienvenue dans le guide !

Les vins : deux versions de L'Or d'Eugène sont à découvrir, à commencer par la réserve perpétuelle de 2003 à 2020. Il s'agit d'un champagne à dominante de meunier (80 %), à la fois tonique et finement automnal, un extra-brut gracieux pour l'apéritif. Le tirage précédent (2003 à 2019, 90 % de meunier) s'avère un peu plus serré. Une superbe définition du rosé L'Or d'Eugène se dessine, coloré, au nez puissant de cerise. Sa richesse est menée avec une grande finesse. Coup de cœur pour Terre d'Illite, un meunier qui s'élance avec un éclat profond ; le vin offre une attaque large magnifiquement sculptée par une finale élancée. Le blanc de blancs Anecdote est de bonne facture, mais se montre bien plus classique que le reste de la gamme. Les Vignes de Mon Village (de 2014 à 2020) révèle une fine patine aromatique. C'est un meunier posé, savoureux et précis.

▭ Brut Nature Les Vignes de Mon Village	Épuisé - 45 €	92
▭ Extra-Brut Anecdote 2017	42 €	87
▭ Extra-Brut L'Or d'Eugène	Épuisé - 33 €	92
▬ Extra-Brut L'Or d'Eugène	38 €	92

Le coup de ♥

▭ Extra-Brut Terre d'Illite 2018	50 €	93

Rouge : 15 hectares. Pinot meunier 90 %, Pinot noir 10 %
Achat de raisins.
Blanc : 1 hectare. Chardonnay 100 %
Achat de raisins.
Production moyenne : 90 000 bt/an

MOUSSÉ FILS

5, rue de Jonquery 51700 Cuisles
03 26 58 10 80 ● champagnemoussefils.com/
● Vente et visites : sur RDV.
Propriétaire : Famille Moussé
Directeur : Cédric Moussé

MOËT ET CHANDON

LVMH est le plus puissant des acteurs champenois par l'étendue de son vignoble (environ 1 200 hectares, seulement un quart de ses besoins !) et la diffusion de ses marques (Moët, Veuve Clicquot, Ruinart, Krug, Mercier). Dans cette galaxie, Moët est le champagne le plus vendu au monde, avec comme porte-drapeau le brut Impérial qui représente 85 % de sa production. Sous la houlette de l'excellent chef de cave Benoît Gouez, Moët fait preuve d'une régularité vraiment impressionnante, au regard des volumes produits. Des vins au crémeux, aux notes grillées et citronnées qui rassurent les consommateurs où qu'ils soient dans le monde. Aux côtés du brut Impérial, la maison livre des Grand Vintage qui gagnent millésime après millésime en définition et en profondeur.

Les vins : nous avons reçu peu de nouveaux vins à déguster cette année par rapport à l'édition précédente, mais restons positifs : il est intéressant de juger les cuvées avec une année de recul. Le millésime tardif qu'est 2013 gagne en complexité avec le temps et parvient à se défaire de son style engoncé, provoqué par la rectitude du millésime. Grand Vintage 2013 en est la parfaite démonstration, il se libère. Le rosé 2013 est une jolie bouteille qui gagne en dimension. Rosé Impérial est certainement un des rosés les mieux gérés dans les grandes maisons : encore jeune, son dosage est un peu décalé, mais sa structure tannique finale nous rassure sur son potentiel. Brut Impérial n'est plus sur la réduction, la patine lui donne cette ouverture de qualité, brioché, aux fruits secs. Les vins de réserve se font sentir et la bouche gagne en lisibilité.

▭ Brut Impérial	34 €	89
▭ Extra-Brut Grand Vintage 2013	54 €	91
▬ Brut Rosé Impérial	41 €	89

Le coup de ♥

▬ Extra-Brut Grand Vintage Rosé 2013	57 €	92

Rouge : Pinot meunier 50 %, Pinot noir 50 %
Achat de raisins.
Blanc : Chardonnay 100 %
Achat de raisins.

MOËT ET CHANDON

20, avenue de Champagne, 51200 Épernay
03 26 51 20 00 ● www.fr.moet.com ●
Visites : sans RDV.
Propriétaire : LVMH
Directeur : Berta de Pablos-Barbier
Œnologue : Benoît Gouez

PALMER ET CO

La marque Palmer appartient à une coopérative champenoise de Reims. Dominés par les apports des grands noirs de la Montagne de Reims, ses assemblages favorisent le corps plus que la finesse. Avec le temps, l'ensemble se fond avec harmonie. Depuis quelques années, les vins restent vineux, mais moins rustiques qu'auparavant et on note une certaine adresse dans la production de blanc de blancs.

Les vins : sur les brut sans année, nous sommes davantage séduits par la cuvée Extra-Brut Extra Réserve qui affiche non seulement plus de complexité, mais aussi a bien meilleure gestion de l'équilibre de bouche que le Brut Réserve ; ce dernier fait ressortir une pointe de dosage qui le garde un peu. Blanc de Noirs est vineux et large mais se montre enrobé. Le rosé Solera possède comme son nom peut l'indiquer cette patine du temps avec une légère oxydation ménagée. Les épices, les fruits à noyau. La bulle est bien gérée et l'ensemble possède une bonne allonge de bouche. La cuvée Amazone, signature de la maison, est aussi conçue sur une pointe de solera avec les assemblages de la trilogie 2012, 2010 et 2009. Le vin affiche une palette profonde et complexe. La bouche est ample avec un cœur de bouche assez large mais sans aucune lourdeur. C'est un vin qui arrive à maturité et qui se livre avec une certaine rapidité.

Brut Amazone	110 €	92
Brut Blanc de Noirs	45 €	88
Brut Réserve	30 €	87
Extra-Brut Extra Réserve	37 €	89
Brut Rosé Solera	40 €	89

Rouge : 197 hectares. Pinot noir 80 %, Pinot meunier 20 %
Blanc : 233 hectares. Chardonnay 100 %
Production moyenne : 900 000 bt/an

PALMER ET CO
67, rue Jacquart 51100 Reims
03 26 07 35 07 ● www.champagnepalmer.fr
● Visites : sur RDV aux professionnels.
Propriétaire : SCA des Producteurs des Grands Terroirs de la Champagne
Directeur : Rémi Vervier
Chef de cave : Xavier Berdin

JOSEPH PERRIER

Maison emblématique de Châlons-en-Champagne, Joseph Perrier est dans le giron du groupe Thiénot depuis 1998. Les vins, qui nous ont ravis depuis une vingtaine d'années, semblent accuser un creux… Nous ne retrouvons pas la fraîcheur et la profondeur qui en faisaient des références et, à regret, nous lui retirons l'étoile, en attendant les vins à venir. Benjamin Fourmon,

qui est aujourd'hui aux commandes, saura, nous en sommes convaincus, réinjecter l'impulsion nécessaire pour que Joseph Perrier brille à nouveau.

Les vins : la maison nous a envoyé des magnums sur les cuvées Brut Nature Cuvée Royale et Royale Vintage 2012. Si le Vintage 2012 est moins impacté par la fermeté amenée par ce type de contenant, Cuvée Royale, sur une base 2016, paraît presque dissocié à ce stade. Le vin est assis sur une jolie base de raisins, mais il est carré en bouche et manque de liant. Esprit de Victoria 2014 est un blanc de blancs beurré, qui développe un côté pâtissier et fruit sec. Ce vin homogène délivre une bouche épanouie, sans atteindre la dimension des grands millésimes. La Côte à Bras affiche un profil aromatique bien différent des autres 2013 : c'est un parcellaire de pinot noir de Cumières, vineux et large, qui nous emmène loin de la tension de ce millésime froid. Les raisins précoces de ce village nous réservent bien des surprises, et créent un vin qui possède la dimension pour bien vieillir.

Brut Nature Royale	68 €	89
Brut Royale Vintage 2012	115 €	90
Extra-Brut Blanc de Blancs Esprit de Victoria 2010	79 €	90

Le coup de ❤

Brut Nature La Côte à Bras 2013	70 €	93

Rouge : 17 hectares. Pinot meunier 57 %, Pinot noir 43 %
Achat de raisins.
Blanc : 6 hectares. Chardonnay 100 %
Achat de raisins.
Production moyenne : 800 000 bt/an

JOSEPH PERRIER
69, avenue de Paris,
51016 Châlons-en-Champagne
03 26 68 29 51 ● www.josephperrier.com ●
Vente et visites : sur RDV.
Propriétaire : Groupe Thiénot
Directeur : Benjamin Fourmon
Chef de cave : Patrick Martin
Œnologue : Nathalie Laplaige

PIPER-HEIDSIECK

La famille Descours, qui possède la maison depuis 2011, n'a de cesse de la remettre dans la course à la qualité. Émilien Boutillat, son chef de cave, joue par petites touches et fait progresser des vins qui conservent toutefois un côté très consensuel et facile, encore trop souvent portés par des dosages marqués qui "sucrent" et alourdissent les finales.

Les vins : le Brut sans année peine à se livrer avec une palette mate et une bouche contenue. La gamme des Essentiel confirme que les deux vins élaborés sont à la fois plus détendus et plus en phase avec ce que nous sommes en droit d'attendre d'un brut sans année digne de son nom. Le blanc de blancs, assis sur une base 2016, possède ce beau grillé et ses notes briochées. Le vin est harmonieux et long. Extra-Brut Essentiel issu d'une base 2015 possède aussi cette belle réduction, mais avec plus de chair (80 % de pinot au total entre noir et meunier). Il est amusant de constater que le magnum de 2014 possède une ouverture et une plénitude de bouche bien plus lisible que sur la bouteille du même millésime. Logiquement, le magnum demande plus de temps pour se libérer.

Brut	33,90 €	86
Brut Vintage 2014	47,90 €	91
Brut Vintage Magnum 2014	114,90 €	92
Extra-Brut Blanc de Blancs Essentiel	47,90 €	90
Extra-Brut Essentiel	37,90 €	88

PIPER-HEIDSIECK

12, allée du Vignoble, 51100 Reims
03 26 84 43 00 ● www.piper-heidsieck.com
● Visites : sur RDV aux professionnels.
Propriétaire : Christopher Descours
Directeur : Benoît Collard
Chef de cave : Emilien Boutillat

R. POUILLON ET FILS

La maison Pouillon a été fondée en 1947. Le vignoble, implanté à Mareuil-sur-Aÿ et Aÿ, s'est étendu jusqu'à la Côte des Blancs. Fabrice, petit-fils de Roger, cultive aujourd'hui les 6,5 hectares répartis en 36 parcelles. Le caractère bien trempé et puissant du pinot noir de la vallée de la Marne structure des champagnes pleins de goût, qui assument leur carrure vineuse et leur patine oxydative venant de l'élevage des vins de réserve sous bois. La gamme s'est étoffée des cuvées Les Valnons (parcellaires d'Aÿ, pur chardonnay) et Les Blanchiens (50 % chardonnay, 50 % pinot noir de Mareuil-sur-Aÿ). Les vins démonstratifs des derniers millésimes subissent un excès de richesse et des boisés parfois roboratifs. Nous espérons plus d'éclat dans les prochains millésimes pour réattribuer son étoile au domaine.

Les vins : son fort caractère grillé rend Grande Vallée (2019-2018) séduisant, mais brouille le message du terroir, en faisant un brut en rondeur, presque trop facile. Tout comme le rosé de macération, évoquant la fraise écrasée dans les arômes et la texture. Nous aimerions plus de fraîcheur dans les Terres froides 2018, qui accuse l'excès de soleil du millésime. Même constat pour Le Montgruguet 2018, un pinot noir aux courbes plantureuses. Les Châtaigniers 2017 évolue rapidement et subit malheureusement un boisé trop prégnant. Les Blanchiens 2015 s'exprime avec densité et une trame moins

élancée qu'en 2014. Le chardonnay Les Valnons 2015 parvient à trouver plus de fraîcheur. Chemin des Bois 2015 pousse plus loin le curseur de l'oxydatif et de la vinosité, avec toutefois la marque végétale de l'année. Une cuvée haute en couleur qu'il sera bon d'ouvrir avec une volaille. Terminons avec la puissante et complexe patine oxydative qui se dégage de la solera (vins de 1997 à 2016), qui offre une belle dimension vineuse. L'archétype d'un champagne automnal pour la table.

Brut Nature Premier Cru Les Blanchiens 2015	75 €	90
Extra-Brut Chemin des Bois 2015	120 €	90
Extra-Brut Grand Cru Les Valnons 2015	75 €	91
Extra-Brut Grande Vallée	39 €	89
Extra-Brut Le Montgruguet 2018	58 €	89
Extra-Brut Les Châtaigniers 2017	56 €	88
Extra-Brut Premier Cru Les Terres Froides 2018	45 €	88
Extra-Brut Premier Cru Solera	65 €	92
Brut Rosé Premier Cru	45 €	91

Rouge : 5 hectares. Pinot noir 75 %, Pinot meunier 25 %
Blanc : 2 hectares. Chardonnay 100 %
Production moyenne : 55 000 bt/an

R. POUILLON ET FILS

17, rue d'Aÿ, Mareuil-sur-Aÿ
51160 Aÿ-Champagne
03 26 52 63 62 ●
www.champagne-pouillon.com ● Vente et visites : sur RDV.
Propriétaire : Fabrice Pouillon

RARE CHAMPAGNE

Longtemps présentée comme la cuvée haut de gamme de la maison Piper-Heidsieck, Rare est désormais une entité à part entière (comme l'est Dom Pérignon vis-à-vis de Moët et Chandon). Objectif : positionner cette marque dans l'univers des champagnes de luxe et des cuvées d'exception produites exclusivement dans les grandes années. Pour mener à bien ce projet, la famille Descours, propriétaire de la marque, a confié les commandes à un chef de cave brillant et expérimenté : Régis Camus. Ce dernier a un défi : faire briller l'iconique couronne qui habille la bouteille au firmament champenois.

Les vins : nous sommes surpris dans le bon sens du terme par la tenue du millésime 2006. Certes il est en magnum et nous connaissons tous l'importance de ce contenant sur l'évolution des vins. Force est de constater que c'est un vin qui se livre avec une belle complexité dans un profil à boire aujourd'hui. Le millésime 2008 est plus contenu par la fraîcheur et sa dimension crayeuse. Le nez épouse bien ce millésime sans être austère. La bouche est encore ciselée et demande de s'arrondir. Le rosé 2012 est un joli vin avec ses nuances fruitées, mais aussi d'hibiscus et cette pointe orientale dans les arômes. La bouche se dévoile sur cette base de 70 % chardonnay qui lui communique ce tactile fin et crémeux.

Brut 2008	209 €	92
Brut Magnum 2006	430 €	92

Le coup de ♥

Brut Rosé 2012	405 €	94

RARE CHAMPAGNE

12, allée du Vignoble, 51100 Reims
03 26 83 61 71 ● www.rare-champagne.fr/ ●
Visites : sur RDV aux professionnels.
Propriétaire : Christopher Descours
Directeur : Benoit Collard
Chef de cave : Emilien Boutillat

ROBERT MONCUIT

Avec la majeure partie de la production vendue à l'étranger, le champagne Robert Moncuit se montre bien plus discret que son cousin Pierre Moncuit. Au pied du village du Mesnil-sur-Oger, le petit-fils de Robert Moncuit, Pierre Amillet, cisèle des blancs de blancs grand cru goûteux, nés sur 6 hectares au Mesnil-sur-Oger et 2 hectares d'Oger. Tous les vins assument une maturité optimale, à travers une fermentation en fût (350 litres), fermentation malolactique systématique, un vieillissement de trois ans pour le brut et cinq ans pour les millésimés, vieillis pour leur part sous bouchon liège. L'identité des crus s'affirme avec une puissance finement patinée et une vinosité tranchante. La conversion bio est en cours.

Les vins : débutons avec le coteaux-champenois 2019, un blanc bien calibré par un élevage soigné, qui possède une belle allonge. Les champagnes s'avèrent tout aussi aboutis, comme Les Grands Blancs, savoureux, toutefois marqué par une touche végétale. Dans le même registre, Réserve Perpétuelle, débutée en 2006, s'affirme avec une fine patine automnale pour la table. Le grand cru 2014 s'ouvre sur une austérité aromatique avant de révéler son panache dans une bouche puissante, sculptée pour une garde sereine. Les 2015 souffrent du caractère à la fois très mûr et rigide du millésime. Ils se livrent aujourd'hui, sans attendre. Les Romarines rosé affiche une vinosité tranquille, aux arômes de fruits rouges. Une belle cuvée pour la gastronomie.

Coteaux Champenois Le Mesnil-sur-Oger 2019	45 €	91
Extra-Brut Blanc de Blancs 2014	64 €	92
Extra-Brut Les Chétillons 2015	102 €	89
Extra-Brut Les Grands Blancs	34 €	89
Extra-Brut Les Vozémieux 2015	77 €	89
Extra-Brut Réserve Perpétuelle	64 €	91
Extra-Brut Rosé Les Romarines	45 €	91

Blanc : 8 hectares. Chardonnay 100 %
Production moyenne : 78 000 bt/an

ROBERT MONCUIT

2, place de la Gare, 51190 Le Mesnil-sur-Oger
03 26 57 52 71 ● info@robertmoncuit.com ●
Vente et visites : sur RDV.
Propriétaire : Pierre Amillet

RUINART

La première maison de Champagne, créée en 1729, jouit en France d'une réputation très forte grâce à un travail remarquable réalisé tout d'abord en matière de marketing puis de style des vins. Le chardonnay, la fine réduction sur lie et le côté crémeux des vins font mouche auprès d'une clientèle attachée à la marque. Sous la houlette de Frédéric Panaïotis, le chef de cave, les vins ont gagné en pureté et en précision.

Les vins : nous n'avons pas pu déguster le brut sans année cette année. Le blanc de blancs se livre avec un joli fruit avenant coincé entre les fruits du verger et les agrumes. C'est un nez peu complexe mais franc. La bouche se montre séduisante avec cette finesse tactile et le dosage qui enrobe le cœur de bouche. Dom Ruinart 2009 est d'un bon niveau avec une palette libérée et finement briochée, la tonalité d'un millésime solaire avec les arômes sans en avoir le profil lourd et pesant. Nous aimons cette belle amplitude de bouche et le côté caressant de l'effervescence. Dom Ruinart Rosé 2007 est fidèle à lui-même et évolue lentement au gré de années. Une complexité rare avec ses notes de pot-pourri, fleurs sèches, agrumes, écorces de pomelos confites, cerises macérées. La bouche se montre gracieuse avec cette mousse ouatée et une fine acidité. C'est un vin de méditation. Le rosé Brut sans année est plus marqué fruit rouge. Le profil est plus juteux, plus vineux, avec une matière qui demande à se canaliser. C'est un dégorgement récent.

Brut Blanc de Blancs	73 €	90
Brut Blanc de Blancs Dom Ruinart 2009	185 €	95
Brut Rosé	73 €	89

Le coup de ♥

Brut Rosé Dom Ruinart 2007	275 €	98

RUINART

4, rue des Crayères, 51100 Reims
03 26 77 51 51 ● www.ruinart.com ● Vente et visites : sur RDV.
Propriétaire : MHCS
Directeur : Frédéric Dufour
Chef de cave : Frédéric Panaïotis

LES MEILLEURS VINS

de
Corse

PAR JEAN-EMMANUEL SIMOND,
en charge des vins de Corse au sein du comité
de dégustation de *La Revue du vin de France*

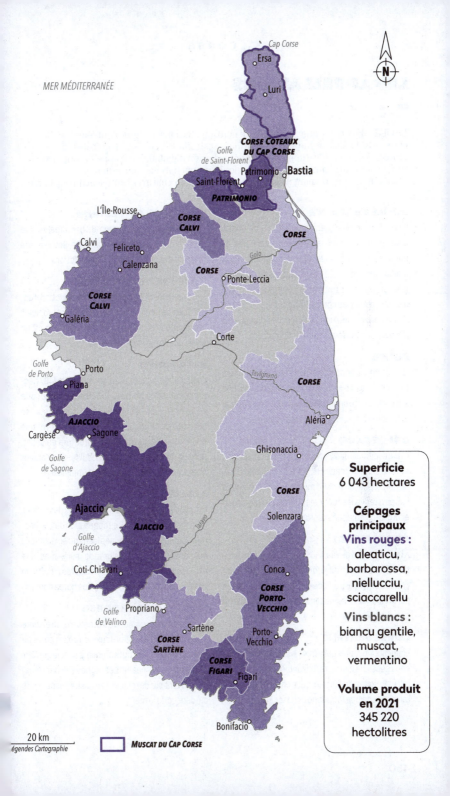

MER MÉDITERRANÉE

Cap Corse

Ersa

Luri

CORSE CÔTEAUX DU CAP CORSE

Golfe
de Saint-Florent

Patrimonio

Bastia

Saint-Florent

PATRIMONIO

L'Île-Rousse

CORSE CALVI

CORSE

Calvi

Feliceto

Calenzana

Golo

CORSE

Ponte-Leccia

CORSE CALVI

Galéria

Corte

Golfe
de Porto

Porto

Tavignano

Piana

CORSE

AJACCIO

Sagone

Aléria

Cargèse

Golfe
de Sagone

Ghisonaccia

Ajaccio

CORSE

AJACCIO

Solenzara

Golfe
d'Ajaccio

Tavaro

Coti-Chiavari

Conca

CORSE PORTO-VECCHIO

Golfe
de Valinco

Propriano

Sartène

Porto-Vecchio

CORSE SARTÈNE

CORSE FIGARI

Figari

Bonifacio

20 km
légendes Cartographie

☐ **MUSCAT DU CAP CORSE**

Superficie
6 043 hectares

**Cépages
principaux**
Vins rouges :
aleaticu,
barbarossa,
nielucciu,
sciaccarellu

Vins blancs :
biancu gentile,
muscat,
vermentino

**Volume produit
en 2021**
345 220
hectolitres

LES APPELLATIONS
—

Le vignoble corse compte aujourd'hui neuf appellations d'origine contrôlée (AOC) et une IGP. La hiérarchie des appellations est similaire à celle que l'on trouve en Languedoc et dans le Rhône, avec une appellation régionale, cinq appellations de type "villages" et, au sommet de la hiérarchie, deux appellations communales. Enfin, il existe également une appellation de vin doux naturel, le muscat du Cap Corse.

IGP ÎLE DE BEAUTÉ

La grande plaine côtière, descendant de Bastia jusqu'au sud d'Aléria, se consacre aux vins de pays, issus de cépages à la mode (chardonnay, merlot, cabernet, etc.). Le climat venteux et ensoleillé convient parfaitement au chardonnay, qui n'affiche pas ici les caractères lactiques et lourds de nombre de ses homologues méridionaux, et retrouve sur ces terroirs une belle vivacité.

CORSE

La plus vaste appellation régionale de l'île, avec 1353 hectares. La principale zone de production se situe sur la côte orientale de la Corse, entre Bastia et Solenzara, au pied des arêtes rocheuses.

CORSE CALVI

D'une superficie de 229 hectares, cette appellation s'étend sur les coteaux et plateaux de la Balagne, au nord-ouest du massif montagneux. Calvi, avec ses étroites vallées côtières au sous-sol granitique et argilo-calcaire, possède du potentiel.

CORSE FIGARI

À l'extrême sud de l'île, l'AOC Corse Figari (129 hectares) est un terroir granitique et siliceux qui domine une multitude de petits golfes dessinés par la Méditerranée. Le climat très venteux est l'un des plus arides de l'île.

CORSE SARTÈNE

L'appellation représente 224 hectares et englobe deux secteurs distincts, Tizzano, situé sur le littoral, et la vallée de l'Ortolo, qui s'enfonce dans les terres et englobe Propriano et sa région.

CORSE PORTO-VECCHIO

Le secteur de Porto-Vecchio (86 hectares) souffre d'un trop petit nombre de vignerons. Seuls quatre domaines sont installés sur l'appellation.

COTEAUX DU CAP CORSE

Avec seulement 28 hectares en production, l'appellation se situe sur un terroir calcaire propice à la production de vins blancs issus de vermentino et de rouges de garde moyenne.

PATRIMONIO

L'appellation la plus prestigieuse de l'île (437 hectares) s'étend au pied du Cap Corse, autour du golfe de Saint-Florent. Les vignes sont plantées sur des coteaux calcaires produisant des vins rouges dominés par le nielluccu, au caractère puissant, riche et fin. Les vignerons y produisent également quelques grands blancs, gras et complexes.

AJACCIO

Installée sur des sols granitiques dans des vallées perpendiculaires à la côte, l'appellation de 256 hectares produit des vins rouges issus du sciaccarellu qui possèdent, dans les grands millésimes, une expression racée. Les blancs élaborés à partir de vermentino progressent, avec des notes florales.

MUSCAT DU CAP CORSE

Au nord de l'île, y compris à Patrimonio, on élabore de très harmonieux vins doux naturels à partir de muscats, dont les atouts premiers sont le parfum, l'équilibre et la finesse. Les vignes (65 hectares) se trouvent sur de minces terrasses suspendues au-dessus de la mer.

LES CÉPAGES

L'une des grandes richesses du vignoble corse est son patrimoine ampélographique. La Corse compte plus d'une trentaine de cépages autochtones, une richesse considérable qui fait la typicité des vins locaux : niellucciu, sciaccarellu, vermentino, biancone, barbarossa, murisco, riminese font partie de l'héritage local, millénaire, préservé à merveille par les vignerons insulaires.

Ces cépages sont très bien adaptés au climat local. Hélas, tous ne sont pas intégrés au sein du système des AOC et certains doivent être vendus en Vin de France, comme le carcajolu.

LE NIELLUCCIU

Son nom provient du mot niellu qui veut dire noir. En toute logique, il donne des vins à la robe soutenue d'un rouge profond. À l'origine de la renommée des vins de Patrimonio, ce cépage rouge, le plus important de Corse, est planté sur plus de 2 000 hectares, mais reste surtout présent dans le nord de l'île.

LE SCIACCARELLU

Son nom signifie "croquant sous la dent". Planté sur 600 hectares, il occupe surtout les terroirs granitiques de l'ouest de l'île, notamment autour d'Ajaccio, et sert à l'élaboration des vins rouges et rosés d'AOC.

L'ALEATICU

Très expressif, ce cépage sert, quant à lui, à l'élaboration des IGP rouges de la côte orientale. Il est également prisé pour l'élaboration des rosés aux notes exotiques.

LE MUSCAT BLANC À PETITS GRAINS

Ce cépage blanc, très aromatique, n'est planté que sur quelques dizaines d'hectares. Il permet de produire un vin doux naturel, le muscat du Cap Corse.

LE BARBAROSSA

Assez marginal, mais prometteur en raison de ses qualités organoleptiques, ce cépage entre dans l'élaboration des vins rouges d'Ajaccio.

LE BIANCU GENTILE

Planté du côté de Patrimonio, de Figari et de Sartène, il engendre des vins blancs cristallins, aux notes de pamplemousse, voire d'abricot, selon le degré de maturité à partir duquel il est récolté.

LE VERMENTINO

Ce cépage est également surnommé la malvoisie de Corse. On le retrouve aussi en Provence. Sur l'île, le vermentino est le principal cépage blanc : on le retrouve dans toutes les appellations, sur 1 200 hectares. Il livre des vins blancs expressifs.

SÉJOURNER ET SE SUSTENTER SUR L'ÎLE DE BEAUTÉ
—

CHAMBRES D'HÔTES

DOMAINE PERO LONGO

Ce domaine mené en biodynamie se pare également d'un restaurant, d'une aire naturelle de camping (on peut même dormir dans un œuf !), de chambres d'hôtes et d'une très belle Maison des Vignes, bâtie au cœur du vignoble, qui abrite cinq chambres et un vaste salon-cuisine, avec piscine. De 85 à 125 € la nuit.
Route de Bonifacio, 20100 Sartène
Tél : 04 95 77 07 11
www.chambredhotesartene.com

CASTEL BRANDO

Direction le Cap Corse pour un séjour dans cette demeure du XIXᵉ siècle. Deux piscines, bain à remous, spa et parc ombragé au programme. Chambres de 105 à 270 €.
Erbalunga, 20222 Brando
Tél : 04 95 30 10 30
www.castelbrando.com

DOMAINE DE MURTOLI

Adresse cinq étoiles emblématique, le domaine de 2 500 hectares face à la mer n'a pas d'égal. Situées sur plusieurs kilomètres, une vingtaine de bergeries et demeures du XVIIᵉ siècle accueillent luxueusement les visiteurs. Trois restaurants gastronomiques dont un étoilé, terrain de golf ou pêche en mer font partie des réjouissances. À partir de 170 €.
Vallée de l'Ortolo, 20100 Sartène
Tél : 04 95 71 69 24
www.murtoli.com

A PIGNATA

Cette confidentielle ferme-auberge, située à proximité du site archéologique de Cucuruzzu, vous accueille autant pour une halte gastronomique (menu à 53 € accompagné de vins insulaires de haute volée) que pour un séjour plus long. Chambres rénovées ou, plus exotiques, des cabanes isolées, dont une perchée à 4 mètres dans un chêne. À partir de 240 €.
Route du Pianu, 20170 Levie
Tél : 04 95 78 41 90
www.apignata.com

DOMAINE SAPARALE

Gros coup de foudre pour la paisible vallée de l'Ortolo ! Ici, quelques domaines viticoles vivent joliment cachés dans une nature superbe. Dormir sur place ? C'est possible au domaine Saparale qui a eu le très bon goût de rénover un hameau entre vignes et maquis. Charme exquis et prestation haut de gamme. Comptez entre 1 440 et 1 690 € la semaine.
Vallée de l'Ortolo, 21000 Sartène
Tél : 04 95 77 15 52

RESTAURANTS

SOLE E MONTE

Un hôtel-restaurant classique suspendu dans un village attachant. Sur la table, on trouvera une cuisine traditionnelle nourrie d'excellents produits et arrosée d'une carte des vins de 250 étiquettes, à 90 % corse. Les cuvées des meilleurs vignerons de la région sont là ! 35 à 40 € à la carte.
20167 Cuttoli-Corticchiato
Tél : 04 95 25 61 41
www.hotelsoleemonte.fr

FERME DE CAMPO DI MONTE

Dans cette ferme du XVIᵉ, la cuisine traditionnelle et authentique corse est à l'honneur, signée par Pauline Juillard. L'une des tables les plus réputées et un indispensable voyage culinaire pour découvrir l'île. Menu unique à 56 €.
20239 Murato
Tél : 04 95 37 64 39
www.fermecampodimonte.com

A CASARELLA

Avec une vue imprenable sur la mer et la Balagne, la terrasse offre un cadre idyllique. On se régale des tapas et glaces artisanales proposés par la maison. Goûtez au flan à la farine de châtaigne.
Stretta Di de Franchi, 20220 Pigna
Tél : 04 95 61 78 08

BAR À VINS

L'ORRIU

À la fois épicerie de produits corses, bar à vins et restaurant. À table, accoudé au zinc ou à emporter, une belle sélection de vins corses dans laquelle se niche la plupart des meilleurs domaines de l'île.
5, cours Napoléon, 20137 Porto-Vecchio
Tél : 04 95 70 26 21
www.lorriu.fr

NOTRE COUP DE ♥

LE CHEMIN DES VIGNOBLES

Nicolas Stromboni connaît sur le bout des doigts la Corse, ses vins et ses produits culinaires : sa boutique est la caverne d'Ali-Baba de l'île, très fournie aussi en vins de la métropole.
16, avenue Noël-Franchini, 20090 Ajaccio
Tél : 04 95 51 46 61

★★★ DOMAINE COMTE ABBATUCCI

L'histoire de ce domaine débute au XXᵉ siècle avec un visionnaire, Antoine Abbatucci, le fondateur de cette pépinière viticole, véritable conservatoire des cépages autochtones corses. Jean-Charles Abbatucci, le fils d'Antoine, a placé le domaine à un niveau supérieur (sélections massales, biodynamie exigeante, portegreffes adaptés au sol et au climat...). Toute la gamme est remarquable, à commencer par un étonnant vin pétillant, et se déploie dans de magnifiques assemblages, intégrant toujours les vieux cépages. Chacun d'entre eux amène des arômes, de la fraîcheur, de la matière ou de la consistance : les vins sont digestes et fins, sans interventionnisme excessif, et les élevages se sont affinés avec l'apport de foudre et d'œuf béton. Un incendie accidentel a détruit le chai d'élevage en juin 2021, et certaines cuvées du millésime 2020 ont hélas disparu.

Les vins : bulle délicate et équilibre aérien dans la cuvée Empire : un vin digeste resté très gourmand et tendre, doté d'une excellente allonge. Profil épuré, très sapide et pointilliste dans le rosé Valle di Nero, distingué et subtil, tout en délicatesse. Scintillant, épanoui, Faustine blanc allie douceur et gourmandise dans une expression patinée et épicée. Sa version rouge est plus mûre et étoffée en 2020 ; et 2021 présente une superbe envergure aromatique, vin épuré et éclatant au fruit pulpeux et policé : l'éclat frais et lumineux de son fruit se montre éblouissant. Merveilleuse complexité aromatique dans Ministre Impérial, un rouge suave et poudré d'une exceptionnelle finesse : grenade, aromates, épices douces... Son élégance innée, sa justesse de saveurs et la fraîcheur phénoménale de son allonge le rendent mémorable. Volume épuré, fruit désarmant de nuances et de fraîcheur avec une allonge épicée et salivante : Monte Bianco tutoie les sommets, rouge intensément parfumé et floral, dont les tanins friands et l'intensité en finale forcent l'admiration.

⊂▭ VDF Empire 2019	50 €	92
⊂▭ VDF Faustine Vieilles Vignes 2021	34 €	93
▬▶ VDF Valle di Nero 2020	30 €	92
▬▶ VDF Faustine Vieilles Vignes 2020	N.C.	92
▬ VDF Faustine Vieilles Vignes 2021	30 €	94
▬ VDF Ministre Impérial 2020	65 €	97
▬ VDF Monte Bianco 2020	55 €	96

Rouge : 15 hectares.
Blanc : 5 hectares.
Production moyenne : 100 000 bt/an

DOMAINE COMTE ABBATUCCI ☏
Pont de Calzola, 20140 Casalabriva
04 95 74 04 55 ●
www.domaine-abbatucci.com ● Visites : sur RDV aux professionnels.
Propriétaire : Jean-Charles Abbatucci

★★★ CLOS CANARELLI

Yves Canarelli s'affirme comme le grand vigneron du sud de la Corse. Passionné d'ampélographie, il a agrandi son chai semi-enterré et son vignoble, travaillé en biodynamie, a vu la replantation de vieux cépages (biancu gentile, carcaghjolu neru et minustellu). En 2009, il a repris une parcelle de vignes préphylloxériques sur le village d'Orasi (cuvée Tarra d'Orasi) et vinifie deux superbes cuvées dans de grandes amphores d'argile (Amphora). Associé à Patrick Fioramonti, directeur et sommelier de l'Hôtel Cala Rossa, Yves Canarelli a replanté à partir de 2010 le premier clos de Bonifacio sur un plateau en surplomb de la ville, riche d'un calcaire rare sur l'île : baptisés Tarra di Sognu, les vins (un blanc et un rouge) qui en sont issus révèlent un immense terroir et montent en puissance au fur et à mesure que les vignes prennent de l'âge. Ce domaine écrit les plus belles pages de la nouvelle viticulture insulaire : la large gamme, affinée par petites touches, brille au firmament des vins corses.

Les vins : bien mûr et consistant, le rosé profilé et digeste incarne un modèle de rosé, gourmand et distingué. Citronné, très pur, effilé, Figari blanc est sapide et sobre, salin et raffiné. Nez épicé et fumé, bouche charnue, un peu chocolatée dans son alter ego rouge, vin raffiné et élégant. Profil infusé et grande finesse tactile dans Bianco Gentile sur le fil de la maturité, tout en finesse et précision, croquant, friand, parfumé, très abouti. Amphora brille dans les deux couleurs : le blanc complexe, marqué par le miel d'acacia, la poire, avec des amers nobles, des saveurs de gentiane et d'angélique ; et le rouge, épicé et sanguin, vin sphérique dont les saveurs de fruits rouges se donnent avec fraîcheur et persistance. Alta Rocca est un sciaccarellu floral, qui évoque les épices douces et le bois de santal : sa matière infusée, ses tanins poudrés composent un vin parfumé, expressif, tout en élégance naturelle, à la finale salivante. Nez de fleurs séchées dans Costa Nera, à la bouche énergique, réglissée, pleine de sève et de tonus, dotée d'une mâche de tanins abondants mais policés. Le terroir de Tarra di Sognu confirme une nouvelle fois sa grandeur, avec un blanc vigoureux et revigorant, bien mûr et étoffé en 2021, qui monte en puissance autour d'une sève de grands amers. Sa version rouge est un jus floral et poudré, aux saveurs de grenade et d'écorce d'agrumes, dont le souffle et vitalité signent la grande origine de raisins : avec ses tanins ultrafins qui tapissent le palais, c'est un vin inspiré et ravissant.

▭ Corse Figari 2021	28 €	93
▭ Corse Figari Amphora 2021	45 €	94
▭ VDF Bianco Gentile 2021	26 €	93
▭ VDF Tarra di Sognu 2021	45 €	96
▬ Corse Figari 2021	22 €	92
▬ Corse Alta Rocca 2019	51 €	95
▬ Corse Figari 2020	25 €	93
▬ Corse Figari Amphora 2020	45 €	95
▬ VDF Tarra di Sognu 2020	45 €	96

Le coup de ♥

▬ VDF Costa Nera 2019	48 €	96

Rouge : 25 hectares.
Blanc : 8 hectares.

CLOS CANARELLI ☾
Tarabucetta BP3 20114 Figari
04 95 71 07 55 ● www.closcanarelli.com/ ●
Vente et visites : sur RDV.
Propriétaire : Yves Canarelli
Maître de chai : Mano Tatard
Œnologue : Antoine Pouponneau

★★ DOMAINE ANTOINE-MARIE ARENA

Antoine-Marie Arena a produit ses premiers vins sous son nom en 2014. Le fils cadet d'Antoine Arena signe maintenant ses propres cuvées, prenant en charge les Hauts de Carco en blanc et le Carco en rouge. La lecture des vins et la sensibilité des nouvelles cuvées issues d'assemblages confirment son talent. Leur cohérence et leur finesse, objets de toutes les attentions dès la vigne jusqu'en élevage, sont manifestes, renforcées par le confort de travail dans une nouvelle et vaste cave reprise il y a trois ans. Nous aimerions parfois que certains vins offrent plus de chair et de gourmandise.

Les vins : chair ciselée, délicatesse de texture et allonge épurée dans Bianco Gentile, vin très abouti, dont le fruit s'exprime sans fard. Hauts de Carco doit se départir de sa réduction pour livrer son fruit ample et mûr aux notes de poire et de frangipane, resté très digeste avec ses

saveurs d'umami et ses amers délicats. Issu du cépage autochtone morescone, San Giovanni présente un fruit poivré, léger et friand, délicieusement accrocheur et réglissé, on s'en régalera sans trop tarder. Fruit croquant, frais et délié, aux saveurs cacaotées et infusées dans Carco rouge, prometteur avant sa mise en bouteille. Les vieilles vignes Memoria s'expriment avec intensité, formant un jus sanguin et encore compact. Nerveux, bâti sur des tanins qui tapissent la bouche, ce vin plein de peps a de belles années devant lui.

▭ Patrimonio Hauts de Carco 2020	22 €	92
▭ VDF Bianco Gentile 2021	22 €	92
▬ Patrimonio Carco 2021	22 €	92
▬ Patrimonio Memoria 2021	30 €	94
▬ VDF San Giovanni 2021	16 €	91

Rouge : 2,92 hectares.
Blanc : 3,32 hectares.
Production moyenne : 25 000 bt/an

DOMAINE ANTOINE-MARIE ARENA ♣
Morta Maïo, 20253 Patrimonio
06 20 92 28 29 ●
antoinemarie.arena@gmail.com ● Vente et visites : sur RDV.
Propriétaire : Antoine-Marie Arena

★★ DOMAINE JEAN-BAPTISTE ARENA

Jean-Baptiste, fils aîné d'Antoine Arena, exploite désormais le terroir de Grotte di Sole. Tous ses vins sont encore vinifiés au domaine familial. Depuis 2003, il secondait son père à la vigne et a ainsi pu acquérir une solide expérience. Jean-Baptiste affirme son style au travers de vins énergiques, lumineux et convaincants, qui ne cessent de progresser et ont mérité l'an dernier l'accession à la deuxième étoile.

Les vins : lumineux, menthol é, Grotte di Sole s'affirme comme un blanc de caractère ferme et profond, d'une grande générosité de chair, campé sur des amers vigoureux. Tout en franchise, Morta Maïo s'articule autour d'une trame effilée et tendue par les schistes, avec la carrure finale apportée par une mâche juteuse et scintillante. Une chair moelleuse et ouvragée emplit la bouche du Grotte di Sole rouge, aux saveurs sobres et aiguisées, dont le fruit sain déborde de vitalité et de gourmandise. Des notes de caramel au beurre salé composent avec des saveurs de sucre d'orge et d'agrumes confits : le muscat du cap corse présente un caractère assez solaire, mais tempéré par d'élégants amers.

🫗 Muscat du Cap Corse Grotte di Sole
2018   20 €   **94**

🫗 Patrimonio Grotte di Sole
2021   de 17 à 25 € (c)   **93**

🫗 Patrimonio Morta Maïo
2021   de 17 à 25 € (c)   **93**

Le coup de 💜

🍷 Patrimonio Grotte di Sole
2021   de 17 à 25 € (c)   **93**

Rouge : 2 hectares.
Blanc : 3 hectares.
Production moyenne : 16 000 bt/an

DOMAINE JEAN-BAPTISTE ARENA ♣

Morta Maïo, 20253 Patrimonio
06 23 89 74 79 ● domainearena.com ● Vente et visites : sur RDV.
Propriétaire : Jean-Baptiste Arena

★★ CANTINA DI TORRA - NICOLAS MARIOTTI BINDI

Après avoir travaillé comme chef de culture au domaine Leccia, Nicolas Mariotti Bindi a repris en 2015 une vieille cave abandonnée sur la route d'Oletta. Il a effectué un travail de forçat pour remettre sur pied cet outil de travail qui lui permet de mieux gérer sa production et de travailler par gravité. Le vignoble est certifié bio et les sols sont travaillés dans les règles de l'art. Les vinifications se font en cuve inox et en œuf-ciment de 16 hl. Ces vins intègres, toujours charnus et veloutés, offrent une grande franchise de saveurs et se montrent délicieux dans leur jeunesse, mais savent aussi vieillir.

Les vins : un fruit épicé et frais, tendre et réglissé, emplit la bouche du patrimonio rouge 2021 : assez friand, peu protégé, c'est un vin précoce à boire sur le fruit. Précis et floral, son alter ego blanc se montre plein de relief et de vitalité, avec des saveurs de poire et une acidité affirmée. Dégusté peu avant la mise, Mursaglia rouge se montre très réduit et affligé d'un fort goût de souris. Juteux et salin, le très complet Mursaglia blanc s'appuie sur de délicieux petits amers poivrés en finale. Avec son nez ravissant d'agrumes, de mélisse et de menthe, Vieillissement Prolongé s'est étoffé au cours de son long prolongé : sa chair ample se montre onctueuse et caressante, profonde. Alone est une nouvelle cuvée à la forte personnalité : tranchant et nerveux en attaque, il offre un profil épuré et sobre, en limite de maturité. Nez de

ciste, de prunelles et de fruits rouges séchés, bouche nuancée, juteuse, élancée et svelte : Non Solus sonne très juste, posé et harmonieux.

🫗 Patrimonio Alone 2021   27 €   **93**
🫗 Patrimonio Cantina di Torra 2021   12 €   **92**
🫗 VDF Mursaglia 2021   25 €   **93**
🫗 VDF Mursaglia Vieillissement Prolongé
2020   34 €   **94**
🍷 Patrimonio Cantina di Torra 2021   12 €   **90**
🍷 Patrimonio Cantina di Torra 2021   12 €   **90**
🫗 Patrimonio Porcellese Non Solus
2018   43 €   **94**
🍷 VDF Mursaglia 2019   25 €   **85**

Rouge : 11,2 hectares.
Blanc : 5,7 hectares.
Production moyenne : 60 000 bt/an

CANTINA DI TORRA - NICOLAS MARIOTTI BINDI ♣

Lieu-dit Torra, Route de Saint-Florent
20232 Oletta
04 95 47 89 70 ● www.cantinaditorra.com ● Vente et visites : sur RDV.
Propriétaire : Nicolas Mariotti Bindi

★★ CLOS NICROSI

Ce vignoble historique a été fondé par Dominique Nicrosi en 1850. Aujourd'hui, Jean-Noël Luigi, son fils Sébastien et sa fille Marine en sont à la tête. Situées en bordure de mer, dans la zone la plus septentrionale de l'île, dans le village de Rogliano, les parcelles sont soumises aux vents marins sur des sols de schistes qui "minéralisent" les blancs, évitant tout élevage sous bois. À la clé : un très prisé muscat du cap Corse et un blanc sec toujours très original. Leur capacité de vieillissement est inégalée sur l'île. La régularité des vins et leur singularité ont valu au domaine la deuxième étoile l'an dernier.

Les vins : épicé, le rosé Stecaja est assez délicat mais pourrait offrir plus d'expression aromatique. Subtil, effilé, finement iodé, Stecaja blanc offre une chair fraîche et croquante, dont l'amertume noble vient ponctuer la finale. Matière croquante et pulpeuse dans le coteaux-du-cap-corse 2021, aux fines saveurs d'amande et de fenouil : un blanc très persistant qui gagne énormément à vieillir. Ravissement aromatique avec Muscatellu, entre la rose et le pamplemousse rose, d'un éclat magnifique. La bouche est à l'unisson, magistrale d'envergure et de justesse de saveurs. Expression du passerillage, L'Impassitu pousse les curseurs avec une matière confite, très concentrée, dont les sucres lumineux se font lancinants en finale, portés par un éclat presque mentholé. Parfumé, digeste, Rappu magnifie le cépage aleatico dans une matière structurée par des amers déjà fondus et des saveurs de myrte et de figues séchées.

Coteaux du Cap Corse 2021	17 €	94
Coteaux du Cap Corse Stecaja 2021	13 €	91
Muscat du Cap Corse L'Impassitu 2017	50 €	94
Muscat du Cap Corse Muscatellu 2021	22 €	96
Coteaux du Cap Corse Stecaja 2021	13 €	90
VDF Rappu	20 €	93

Rouge : 2 hectares.
Blanc : 7 hectares.
Production moyenne : 25 000 bt/an

CLOS NICROSI

Vignale, 20247 Rogliano
06 11 91 12 15 ● www.closnicrosi.fr ●
Visites : sans RDV.
Propriétaire : Jean-Noël, Sébastien et Marine Luigi
Directeur : Sébastien et Marine Luigi

★★ CLOS VENTURI

À Ponte Leccia, village d'altitude situé au carrefour des routes menant à Bastia, Ajaccio et Calvi, le Clos Venturi est l'un des domaines les plus récents de Corse. Il provient du détachement, en 2005, des meilleurs terroirs du domaine Vico, autre propriété de Jean-Marc et Manu Venturi. Un ambitieux travail a été mené : sélections parcellaires, replantation de cépages autochtones, culture en bio et utilisation de levures indigènes, et la certification Demeter arrivée en 2020. Le chai est remarquablement équipé (fût, cuve et œuf, bois, béton, inox). La qualité irréprochable et en constante progression de la gamme a permis l'an dernier au domaine d'obtenir la deuxième étoile.

Les vins : expressif et ciselé, Brama Biancu Gentile se distingue par l'intensité et la pureté de son fruit, au caractère épuré mais très tonique grâce aux fins amers de sa finale. En 2021, Le Clos blanc offre un fruit croquant et sapide. Sa version 2016 allie saveurs mellifères et mâche savoureuse, dessinant un blanc de texture épicé et très persistant. La version IP 2019 gagne en viscosité de texture, dans un profil un peu solaire mais resté vibrant. Grande complexité dans Altare, un blanc profond et complexe qui résonne longtemps en bouche

avec une sensation de fraîcheur mentholée. Chiesa Nera présente un profil un peu plus solaire et généreux, évitant l'opulence grâce à sa tension et sa vigueur de sève, relevé d'amers désaltérants. En rouge, finesse aromatique, trame tendue et svelte, notes poivrées dans Brama. Un très beau Le Clos 2020, vin juteux aux saveurs d'agrumes et de poivre rose, qui devra digérer son élevage. Pur sciaccarellu, Altare rouge déploie une envergure veloutée et parsemée de tanins poudrés : un vin épicé et vigoureux mais assez marqué par le bois. Matière délicate et pulpeuse dans Chiesa Nera rouge, dont la complexité, la persistance et l'intensité explosent en finale, avec une note de fenouil très originale.

Corse Le Clos 2016	40 €	94
Corse Le Clos 2021	35 €	93
Corse Le Clos IP 2019	39 €	93
IGP Île-de-Beauté Brama Biancu Gentile 2021	25 €	93
VDF Altare 2020	Épuisé - 60 €	94
VDF Chiesa Nera 2019	Épuisé - 85 €	96
Corse Altare 2020	Épuisé - 80 €	93
Corse Brama Sciaccarellu 2020	Épuisé - 24 €	91
Corse Le Clos 2020	Épuisé - 35 €	92
VDF Chiesa Nera 2019	Épuisé - 85 €	95

Rouge : 14 hectares.
Blanc : 15 hectares.
Production moyenne : 150 000 bt/an

CLOS VENTURI ♣

Route de Corte, 20218 Piedigriggio
04 95 47 61 35 ● Manuventuri@icloud.com ●
Vente et visites : sur RDV.
Propriétaire : Famille Acquaviva-Venturi
Directeur : Manu Venturi
Maître de chai : Fabien Guillermier

★★ DOMAINE GIUDICELLI

Muriel Giudicelli, exigeante et intègre, et son époux exploitent depuis 1997 ce domaine certifié en biodynamie sur les terroirs de Poggio d'Oletta, où ils s'efforcent de produire des vins précis et fidèles au terroir. Issus de vignes en gobelets, les vins sont élevés en foudre Stockinger et en cuve inox. Le rouge y séjourne presque deux années, puis est commercialisé trois ans après la vendange. Le domaine brille aussi dans l'élaboration des muscats. Tous les vins s'expriment avec finesse et naturel, toujours dotés d'une personnalité singulière. Si vous le pouvez, laissez-les vieillir !

Les vins : le VDF Blanc de Noirs ne manque pas de volume et de caractère, avec des notes finement miellées. Dommage que son élevage le marque un peu trop à ce stade. Exquise douceur et justesse de saveurs dans le somptueux patrimonio blanc, à la texture patinée par un élevage millimétré, et doté d'une fine mâche sapide. Complexité aromatique avec des notes de ciste, de cuir frais et d'encens : le patrimonio 2018 est harmonieux, un peu sauvage, assez tendre et possède beaucoup de finesse dans ce millésime plutôt frais. Toujours aussi complexe, le 2016 a atteint sa vitesse de croisière : épicé, plein de vitalité, il subjugue par sa grande persistance fraîche et la qualité de ses tanins. Avec son nez d'eau de rose et de loukoum, le muscat du cap corse n°1 présente beaucoup de richesse, mais sa sève nerveuse sait l'alléger. Le 2014 illustre le bénéfice du vieillissement : matière patinée, onctueuse et sans aspérités, avec une qualité d'amers exceptionnelle en finale.

⊂ Muscat du Cap Corse Classique 2014	71 €	95
⊂ Muscat du Cap Corse Nº1 2020	37 €	93
⊂ Patrimonio 2020	35 €	95
⊂ VDF Blanc de Noirs 2020	35 €	90
▬ Patrimonio 2018	35 €	93
Le coup de ♥		
▬ Patrimonio 2016	78 €	96

Rouge : 4 hectares.
Blanc : 1,5 hectare.
Production moyenne : 33 000 bt/an

DOMAINE GIUDICELLI ☾
Lieu-dit Poretto, 20253 Patrimonio
06 11 56 36 24 ●
muriel.giudicelli@wanadoo.fr ● Vente et visites : sur RDV.
Propriétaire : Muriel Giudicelli

★★ ⚐ DOMAINE LECCIA

En 2015, Lisandru, le fils d'Yves Leccia, est revenu au domaine auprès de sa tante Annette Leccia tandis que Nicolas Mariotti Bindi, qui était en charge des vinifications, s'est installé à son compte. Les blancs sont toujours épurés, cristallins, et d'une belle aptitude au vieillissement. C'est l'un des seuls domaines à être restés fidèles à son style de rosés colorés et goûteux. Les muscats du cap Corse sont de très haut niveau, avec une recherche permanente de surmaturité du raisin. Pétulants et savoureux, les rouges s'affirment aujourd'hui parmi les meilleurs de

l'appellation Patrimonio. La précision, l'éclat et la régularité des vins permettent cette année l'obtention de la deuxième étoile.

Les vins : très joli rosé 2021, vin au fruit croquant, salivant et frais, très parfumé. Ciselé et nerveux, aérien, le blanc est vendangé sur le fil de la maturité dans un style très cadré. Parfumé, joyeux et suave, le rouge 2019 se livre avec immédiateté, serti de petits tanins cacaotés et doté d'un fruit sobre et expressif aux saveurs de garrigue. Plus d'envergure et de profondeur de sève dans Pettale, qui a conservé toute l'intégrité de son fruit frais et juteux, avec une finale sapide et inspirée : un magnifique vin consensuel sans rien de flatteur. Expressif mais sans exubérance, le muscat du cap corse décline de délicieuses saveurs d'ananas et de fruit de la passion, avec un caractère frais et croquant. Le confidentiel Muscat à Petits Grains provient exclusivement d'une récolte en surmaturité. Un vin lumineux comme un soleil d'automne, harmonieux, dont la chair juteuse et finement confite recèle des amers friands.

⊂ Muscat du Cap Corse 2020	35 €	93
⊂ Patrimonio 2021	35 €	91
⊂ VDF Muscat à Petits Grains 2020	40 €	94
▬ Patrimonio 2021	19 €	92
▬ Patrimonio 2019	25 €	93
▬ Patrimonio Pettale 2019	35 €	95

Rouge : 10 hectares.
Blanc : 5 hectares.
Production moyenne : 50 000 bt/an

DOMAINE LECCIA ♣
Lieu-dit Morta Piana, 20232 Poggio d'Oletta
04 95 37 11 35 ● www.domaine-leccia.fr ●
Vente et visites : sur RDV.
Propriétaire : Lisandru Leccia

★★ DOMAINE U STILICCIONU

Après avoir vinifié à Cahors, en Nouvelle-Zélande et à Tokaj, Sébastien Poly a repris en 2006 ce petit domaine familial au patrimoine de vieilles vignes plantées dans les années 1960 dans la vallée granitique et argileuse du Taravo. Il cultive son vignoble en biodynamie, vinifie sans levurage et quasiment sans soufre, vient de planter un hectare de vieux cépages en échalas et propose des vins d'une gourmandise et d'une digestibilité rares en Corse, avec une identité très affirmée.

Les vins : le domaine ne nous ayant pas parvenir ses vins, nous sommes amenés à reconduire les notes de l'an dernier.

⊳ Ajaccio Emy-Lidia 2019	50 €	**93**
◗ Ajaccio Antica 2017	40 €	**93**
◗ Ajaccio Kalliste 2017	60 €	**95**
◗ Ajaccio Sottu Scala 2018	100 €	**95**

Le coup de ♥

◗ Ajaccio Damianu 2017	45 €	**94**

Rouge : 4 hectares.
Blanc : 2 hectares.
Production moyenne : 20 000 bt/an

DOMAINE U STILICCIONU ☾
Stiliccione, 20140 Serra-di-Ferro
04 95 22 41 19 ●
domaine-u-stiliccionu@orange.fr ● Vente et visites : sur RDV.
Propriétaire : Sébastien Poly-Casabianca

★★ DOMAINE DE VACCELLI

La famille Courrèges exploite depuis 1961 le terroir d'arènes granitiques de la vallée du Taravo. Après des études d'œnologie à Nîmes et une formation au Clos Capitoro (Ajaccio), Gérard, fils d'Alain Courrèges, prend la responsabilité des vinifications et montre l'étendue de son talent. Gamme variée avec des vins déclinés dans les trois couleurs : les cuvées du domaine, fruitées et accessibles ; les cuvées Granit, sélections de terroir et de nouveaux parcellaires, dont l'exceptionnel 174, vieille vigne de haut de coteaux exposés nord. La richesse de la gamme, l'élégance et la justesse des vins placent le domaine dans la petite élite de la viticulture corse. La certification bio est en cours et d'importants travaux sont prévus dans le chai.

Les vins : remarquable série de blancs : Granit, épuré, raffiné dans ses saveurs pures et la délicatesse saline de sa finale ; Chioso Novo, dont la sobriété et la justesse se prolongent de petits amers croquants, avec une persistance hors du commun ; Aja Donica se présente plus cristallin, avec une trame effilée et des saveurs de fleurs séchées et de miel d'acacia ; nez de citron frais pour Campo di Magna, nouvelle cuvée de vermentino, qui peine un peu à affirmer sa personnalité dès sa prime jeunesse, sa matière étoffée doit s'assagir ; complantation de vieux cépages, Quartz livre une expression singulière, avec une profusion de petits amers sapides, et une chair dominée par les fruits jaunes et une note de curry en finale. Un vin prégnant, nourrissant et complet jusque dans sa très vibrante finale. Bien mûr, sphérique et croquant, Vaccelli rouge est énergique et épicé avec une trame de tanins fermes et réglissés. Quartz rouge se présente nuancé et friand, serti de tanins fins et doté d'une allonge tendre. Floral et tonique, Granit 2019 propose une expression pétulante et épicée du sciaccarellu, très persistant, infusé mais consistant. Entre orange sanguine et touche fumée, Granit 60 recèle un charme évident dans ses arômes, mais sa matière doit se patiner en bouteille. Grand raffinement aromatique dans Granit 174, où domine la violette et le zeste d'agrumes. Soyeuse, éclatante et revigorante, sa chair possède un souffle et une persistance rares.

⊳ Ajaccio Aja Donica 2020	74 €	**93**
⊳ Ajaccio Chioso Novo 2020	74 €	**94**
⊳ Ajaccio Granit 2020	52 €	**93**
⊳ Ajaccio Quartz 2020	52 €	**96**
⊳ IGP Île-de-Beauté Campo di Magna 2020	74 €	**94**
◗ Ajaccio Granit 2019	52 €	**94**
◗ Ajaccio Granit 60 2019	52 €	**93**
◗ Ajaccio Vaccelli 2019	32 €	**92**
◗ IGP Île-de-Beauté Quartz 2019	52 €	**93**
◗ Quartz rouge 2019	52 €	**93**

Le coup de ♥

◗ Ajaccio Granit 174 2019	86 €	**97**

Rouge : 11,21 hectares.
Blanc : 9,26 hectares.
Production moyenne : 80 000 bt/an

DOMAINE DE VACCELLI ♣
Lieu-dit Aja Donica, 20123 Cognocoli Monticchi
04 95 24 35 54 ● vaccelli@aol.com ● Vente et visites : sur RDV.
Propriétaire : Nathalie et Gérard Courrèges
Maître de chai : Gérard Courrèges
Œnologue : Emmanuel Gagnepain

★ ⚲ CASTELLU DI BARICCI

Créé en 2000, ce domaine situé dans le cadre enchanteur de la vallée de l'Ortolo a été intégralement planté de 12 hectares de vignes entourées de garrigues, et le premier millésime certifié bio fut ici le 2005. Le travail d'Élisabeth Quilichini porte ses fruits et offre un rosé, un blanc et deux rouges de très bonne qualité, élevés en foudre et capable de très bien vieillir. Le domaine a su évoluer avec bonheur vers les rouges au caractère infusé et parfumé, et décroche cette année une première étoile.

Les vins : friand et croquant, le rosé se présente tout en sobriété, précis et élancé. Le blanc 2020, expressif et gourmand, voit ses tonalités épicées infuser délicatement sa matière charnue : un beau blanc de caractère, digeste et sincère. Parfumé, juteux, doté de saveurs d'épices et d'herbes aromatiques, le très beau rouge 2019 a conservé toute sa fraîcheur et précision de saveurs. Le rouge 2020 progresse en suavité de texture : sa justesse de définition, sa finesse de tanins et sa persistance le distinguent. Dès le premier nez, quel vin émouvant que cette réserve perpétuelle, qui intègre pas moins de cinq millésimes, de 2015 à 2019 : fraîcheur des notes d'agrumes, suavité du toucher de bouche, complexité et allonge des saveurs, grain toujours plus affiné des tanins : nous admirons ce vin, dans son expression intègre et sans fard.

Corse Sartène 2020	28 €	91
Corse Sartène 2021	17 €	90
Corse Sartène 2019	25 €	91
Corse Sartène 2020	28 €	94

Le coup de ♥

VDF Réserve Perpétuelle	29 €	95

Rouge : 11 hectares.
Blanc : 4 hectares.
Production moyenne : 70 000 bt/an

CASTELLU DI BARICCI ♣
Castellu di Baricci, Haute Vallée de l'Ortolo, 20100 Sartène
09 88 99 30 62 ● www.castelludibaricci.com ● Visites : sans RDV.
Propriétaire : Élisabeth Quilichini

★ CLOS CANERECCIA

À Rotani, sur la route de Corte, Christian Estève a repris en main le vignoble de son père. Le domaine possède 21 hectares de vignes, dont 9 sont vinifiés par Christian Estève lui-même ; le reste des raisins part à la coopérative. Il lui a fallu peu de temps et de millésimes pour démontrer son savoir-faire et ses compétences, à force de travail et de justes interrogations. L'ensemble des vins produits montre la pertinence et la cohérence de la gamme, et les cuvées vinifiées en amphore (parlons plutôt de jarre) sont d'une grande précision. La plus belle aventure récente de la côte orientale !

Les vins : le rosé est consensuel et manque un peu de chair. Le blanc Cuvée des Pierre dévoile un profil croquant et vif, bien maîtrisé et savoureux. Droit et précis, Biancu Gentile est équilibré et traversé d'une désaltérante fraîcheur aux notes d'agrumes. Notes mellifères et chair assez

dense et grasse dans le blanc 2019, un vin énergique qui présente de la mâche et de l'allonge. Vermentinu en amphore assume le caractère tranché de sa macération. Assez prononcés, ses tanins corsètent la finale. Le blanc cuvée Sophie est mûr, doté d'un volume crémeux et lactique, encore trop marqué par ses saveurs d'élevage. Le rouge Amphore est identitaire et juteux, au fruit savoureux et buriné, dont les tanins fins mais serrés devraient s'attendrir. Chocolatée, épanouie, la cuvée Sophie possède une belle envergure moelleuse. Nez de cuir et de prunelle dans le Carcaghjolu Neru, qui reste notre préféré dans la gamme : son caractère un peu sauvage, très méditerranéen, s'exprime en une chair dense mais moelleuse et équilibrée.

Corse 2019	28 €	91
Corse Cuvée des Pierre 2021	17,80 €	90
VDF Amphore Vermentinu 2019	Épuisé - 44 €	93
VDF Biancu Gentile 2020	30 €	92
VDF Cuvée Sophie 2019	60 €	91
Corse 2021	18 €	89
Corse 2018	27 €	91
VDF Amphore 2019	42 €	92
VDF Amphore Carcaghjolu Neru 2019	42 €	94
VDF Cuvée Sophie 2019	54 €	93

Production moyenne : 65 000 bt/an

CLOS CANERECCIA ♣
180, chemin d'Arena Rotani, 20270 Aleria
04 95 34 17 85 ● www.closcanereccia.com ● Visites : sans RDV.
Propriétaire : Christian Estève

★ CLOS SIGNADORE

Marseillais d'origine, formé notamment au château de Pibarnon à Bandol, Christophe Ferrandis s'est installé en 2002 près de Saint-Florent dans le village de Poggio d'Oletta. Il vinifie à l'étroit dans une ancienne bergerie mais projette de construire un nouveau chai. Son vignoble fait face au domaine Leccia à Morta Piana. Les rendements sont faibles, la culture est en bio, les vendanges se font en caissettes. Le style concentré et extrait de ses débuts évolue vers plus de finesse. Aptes à un excellent vieillissement, les rouges gagnent en harmonie, en particulier le patrimonio et A Mandria, produite dans les trois couleurs. Les cuvées Inizia proviennent de vignes situées sur la côte est.

Les vins : le rouge Inizia est un vin original qui allie le fruit croquant mais robuste du minustellu à l'aromatique singulière de l'aleaticu : un vin sincère et plein de caractère. Les vieux cépages apportent une amertume prononcée, qui, couplée à l'acidité vive des raisins, rendent Inizia blanc un peu austère. Fruit très mûr et charnu, presque opulent, aux saveurs de miel et de fruits jaunes dans A Mandria blanc. Sa version rouge se présente assez ferme, serré en finale mais empreint d'un fruit intègre et mûr. Un peu pâtissier, le patrimonio blanc s'appesantit sur les notes beurrées de son élevage en barrique : un vin assez simple qui manque de complexité. Encore un peu marqué par l'élevage au nez, le patrimonio rouge 2017 suit dignement 2016 : sa matière juteuse, dense et ouvragée, se mâche avec gourmandise jusque dans sa finale réglissée, mais il est encore bien loin de son apogée.

⊃ Patrimonio 2020	28 €	91
⊃ Patrimonio A Mandria Di Signadore 2020	28 €	91
⊃ VDF Inizia 2021	18 €	90
▬ Patrimonio 2017	50 €	94
▬ Patrimonio A Mandria Di Signadore 2020	28 €	92
▬ VDF Inizia 2020	18 €	91

Rouge : 6,5 hectares.
Blanc : 3,2 hectares.
Production moyenne : 35 000 bt/an

CLOS SIGNADORE ♣

Morta-Piana, 20232 Poggio d'Oletta
06 15 18 29 81 ● www.signadore.com ● Vente et visites : sur RDV.
Propriétaire : Christophe Ferrandis

★ CLOS CULOMBU

Cerné de forêts et de prairies lui appartenant, ce domaine majeur des environs de Calvi connaît un nouveau souffle avec l'arrivée récente de Paul-Antoine, fils d'Étienne Suzzoni, qui déborde de projets et d'énergie. La conversion à la biodynamie (certification Demeter en 2019) est effective, et un impressionnant nouveau chai enterré, conçu pour un travail intégral par gravité, utilisé depuis 2020. Avec la montée en puissance des cuvées haut de gamme et les expressions des vieux cépages, affinées par des élevages en œuf béton et jarre, ce domaine est un des plus dynamiques du renouveau corse actuel.

Les vins : excellent rosé épicé, croquant et suave. Fraîcheur et allonge, petits amers qui dynamisent la bouche dans la matière charnue et élancée du persistant blanc 2021. Ribbe Rosse blanc se fait plus lourd, avec les notes

pâtissières de l'élevage. Nous admirons la cuvée Storia di Signore, vin de grande dimension où les saveurs de fruits mûrs le disputent aux épices et notes végétales complexes apportés par les vieux cépages. Genovese et vermentino s'assemblent dans la nouvelle cuvée Mullateru, encore marquée par son élevage, mais sa vigueur saline emporte la finale avec panache. Le rouge 2021 est expressif et doté d'un fruit sincère. Ribbe Rosse rouge allie amertume gourmande, tanins friands et saveurs d'écorce de cacao. Storia di I Ecce Fructus séduit par l'aromatique apportée par l'aleaticu : ce vin juteux, un peu sauvage, roule sur la langue. Encore un peu rustique, Storia di Sgio évoque la fourrure, et sa finale balsamique lui apporte allonge et cachet. Storia di Scelta a progressé depuis l'an dernier, agrémenté de l'apport singulier du minustellu dans l'assemblage.

⊃ Corse Calvi 2021	13,80 €	91
⊃ Corse Calvi Ribbe Rosse 2019	27,60 €	90
⊃ VDF Mullateru 2020	30 €	92
⊃ VDF Storia Di E Signore 2020	25,20 €	93
▬ Corse Calvi Ribbe Rosse 2021	19,20 €	91
▬ Corse Calvi 2021	13,80 €	90
▬ Corse Calvi Ribbe Rosse 2019	27,60 €	92
▬ VDF Storia Di Scelta 2019	30 €	93
▬ VDF Storia di I Ecce Fructus 2020	25,20 €	93
▬ VDF Storia di I Sgio 2019	25,20 €	93

Rouge : 42 hectares.
Blanc : 22 hectares.
Production moyenne : 315 000 bt/an

CLOS CULOMBU ♣

Chemin San-Petru, 20260 Lumio
04 95 60 70 68 ● www.closculombu.fr ●
Vente et visites : sur RDV.
Propriétaire : Étienne Suzzoni
Maître de chai : Paul-Antoine Suzzoni

★ YVES LECCIA

Yves Leccia et Sandrine, sa compagne, exploitent un vignoble essentiellement situé sur les parcelles d'E Croce et de Partinelone. L'ensemble est labouré et les amendements sont organiques. Le domaine a beaucoup innové ces dernières années avec de nouveaux vins, tels que O Bà, Biancu Marinu et L'Altru Biancu, et entame la conversion en biodynamie. Soignés, les vins restent de bons ambassadeurs du vignoble corse, mais attention à ne pas trop gomme leur individualité : certains vins, plus formatés que par le passé, font la part belle à la technicité.

Les vins : L'Altru Biancu se montre un peu sec et serré, il manque de relief aromatique et demeure un peu technique. Assez expressif et croquant, Biancu Marinu séduira par ses fines saveurs d'agrumes, avec des amers qui apportent de la tension en finale. Profil assez solaire dans E Croce, un blanc mûr mais un peu raide. Plus expressif, YL est un blanc précis et salin, dans un style assez strict et comprimé, que nous préférerions plus proche du fruit et délié. Très chocolaté, O Bà ! est un vin séveux mais serré, appuyé sur des tanins secs. Fumé et réglissé, le rouge YL s'appuie sur des tanins un peu asséchants, avec des notes lactiques. Notes fumées et lardées dans E Croce, dont les saveurs cendrées emplissent sa chair douce : il gagne en éclat à l'air, mais son élevage demeure marqué.

▷ IGP Île de Beauté L'Altru Biancu		
2020	de 20,40 à 25 € (c)	91
▷ IGP Île-de-Beauté Biancu Marinu		
2020	de 19,20 à 23 € (c)	92
▷ IGP Île-de-Beauté YL		
2021	de 19,20 à 23 € (c)	91
▶ IGP Île de Beauté YL		
2020	de 19,20 à 23 € (c)	90
▶ IGP Île-de-Beauté O Bà !		
2018	de 33,60 à 38 € (c)	89
▶ Patrimonio E Croce		
2020	de 26,50 à 30 € (c)	92

Production moyenne : 100 000 bt/an

YVES LECCIA ♣

Lieu-dit Morta Piana, 20232 Poggio d'Oletta
04 95 30 72 33 ● www.yves-leccia.com ●
Vente et visites : sur RDV.
Propriétaire : Yves et Sandrine Leccia
Directeur : Yves Leccia

★ DOMAINE SANT ARMETTU

Le domaine du Saint-Ermite (qui d'après la légende soignait par les plantes) occupe des coteaux qui dominent le golfe de Propriano. Gilles Seroin a construit son chai en 1996 et la certification bio est actuellement en cours. Ce vigneron passionné et attachant est doué d'un grand talent de vinificateur et d'éleveur, désormais rejoint par ses enfants Jeanne et Guillaume. Dans les trois couleurs, les vins ont bien progressé, se montrent sincères et généreux, et le domaine rejoint désormais le peloton des

meilleurs de l'île de Beauté : amplement méritée, la première étoile est venue l'an dernier récompenser ces efforts.

Les vins : croquant et floral, Rosumarinu blanc est assez technique. Nous préférons sa version rouge, dont le fruit frais et épicé est un régal. Syrah sans soufre, Senza Solfu se montre bien soigné, juteux et affiné. Ses tanins poudrés demandent à se détendre. Myrtus rouge est un vin très épanoui aux saveurs de fraises et de garrigue, qui déroule sur la langue sa fine trame épicée. Sa version en blanc offre une large carrure, et quelques notes lactiques de l'élevage. Belle réussite pour Elegante, dont le profil sobre et délicatement compoté du fruit préserve équilibre et fraîcheur. Chair poudrée et poivrée dans L'Ermite, à la trame nuancée et infusée de notes d'orange sanguine dans sa finale à la subtile amertume. Les deux cuvées Burghese sont superbes : rouge juteux, à la trame patinée, aux notes de cuir, réglisse et fleurs séchées ; blanc débordant de saveurs de fruits jaunes, de miel et de nougat, dans un style voluptueux mais équilibré, de forte personnalité.

▷ Corse Sartène Rosumarinu 2021	20 €	89
▷ IGP Île-de-Beauté Burghese 2018	70 €	94
▷ IGP Île-de-Beauté Myrtus 2020	37 €	91
▶ Corse Sartène Rosumarinu		
2021	19,40 €	92
▶ IGP Île-de-Beauté Burghese 2018	59 €	94
▶ IGP Île-de-Beauté Elegante 2020	32 €	92
▶ IGP Île-de-Beauté L'Ermite 2020	70 €	93
▶ IGP Île-de-Beauté Myrtus 2020	34 €	92
▶ IGP Île-de-Beauté Sensa Zolfu		
2021	23 €	91

Rouge : 30 hectares.
Blanc : 10 hectares.
Production moyenne : 200 000 bt/an

DOMAINE SANT ARMETTU

9, avenue Napoléon, 20110 Propriano
04 95 76 05 18 ● www.santarmettu.com ●
Vente et visites : sur RDV.
Propriétaire : Gilles Seroin
Œnologue : Emmanuel Gagnepain

★ ⚘ DOMAINE ZURIA

Christian Zuria a commencé en 2013 à planter des vignes sur le secteur de Bonifacio. Aidé de son épouse Nadine et de son fils Ivan, il a accompli un travail titanesque : ce jeune domaine certifié bio est en plein développement et entame sa conversion à la biodynamie. Christian Zuria devrait écrire dans les années qui viennent un chapitre marquant de l'histoire des vins insulaires sur ce terroir en plein renouveau. Le cépage sciaccarellu, complété du rare morescone, démontre ici un potentiel énorme. Un chai spectaculaire au pied des vignes, avec un caveau de dégustation, voit le jour en 2021. La première étoile s'impose cette année.

Les vins : trois belles cuvées Initiale : le rosé charnu et vineux, le blanc pur et sobre, dont la délicatesse, la fraîcheur de saveurs et l'allonge sereine dessinent un vin distingué, extrêmement soigné. Le rouge se montre délié et soyeux, déjà très accessible et riche d'un fruit délicieusement compoté. La finale est rehaussée de notes de poivre blanc : voilà un vin très identitaire et séduisant. Ample et séveux, le rouge Stintinu se fait velouté en bouche, prolongé de beaux amers, parsemé de tanins très fins. Très finement citronné, Crocci est un grand blanc d'auteur : ample mais aérien, profond et pénétrant, il s'appuie sur le souffle frais de son sol calcaire. Encore sur la retenue, il affiche déjà une persistance rayonnante.

▭ VDF Crocci 2021	57 €	95
▭ VDF Initiale 2021	38 €	93
▬ VDF Initiale 2021	24 €	91
▬ IGP Île-de-Beauté Initiale 2020	36 €	92
▬ IGP Île-de-Beauté Stintinu 2020	55 €	94

Rouge : 8,5 hectares.
Blanc : 4,5 hectares.
Production moyenne : 35 000 bt/an

DOMAINE ZURIA ♣

Spinella 20169 Bonifacio
06 22 58 81 92 ● domainezuria@gmail.com ●
Visites : sans RDV.
Propriétaire : Christian et Nadine Zuria
Directeur : Nadine Zuria
Maître de chai : Douhay Romain
Œnologue : Aurélie Patachini

DOMAINE D'ALZIPRATU

Ce vignoble est né dans les années 1970 de l'association entre Maurice Acquaviva et le baron de La Grange, propriétaire du couvent d'Alzipratu. Avec 40 hectares, Alzipratu s'impose comme un domaine de premier ordre en Balagne, un secteur compliqué où il se distingue par l'équilibre de ses vins. La conversion bio est en cours. De nouvelles cuvées parcellaires, très réussies, augurent du meilleur pour ce domaine en pleine forme, solidement tenu par Pierre Acquaviva et le maître de chai Vincent Grepin.

Les vins : ample, apaisé et sapide, Pumonte blanc offre envergure et tension : sa finale se montre un peu chaleureuse. Sa version rouge est relevée de notes d'épices douces et de grenade, avec une chair savoureuse et dynamique. Expression juteuse et charnue dans Lume, un blanc nerveux aux saveurs d'amandes, pourvu d'amers structurants. Iniziu se montre très serré, et un peu trop sec en finale. Il manque de fraîcheur et de détente. Fiuri est un rouge original : les vieux cépages apportent leur caractère tranché. Ce vin devrait cependant se détendre car il reste assez strict, avec des tanins serrés.

▭ Corse Calvi Lume 2020	32 €	91
▭ Corse Calvi Pumonte 2021	20 €	91
▬ Corse Calvi Fiuri 2020	29 €	91
▬ Corse Calvi Iniziu 2019	29 €	90
▬ Corse Calvi Pumonte 2020	18 €	92

Rouge : 38 hectares.
Blanc : 10 hectares.
Production moyenne : 200 000 bt/an

DOMAINE D'ALZIPRATU

Route de Zilia, 20214 Zilia
04 95 62 75 47 ●
www.domaine-alzipratu.com ● Vente et visites : sur RDV.
Propriétaire : Pierre Acquaviva
Maître de chai : Vincent Grepin

CLOS FORNELLI

Le Clos Fornelli est installé au village de Tallone, sur le piémont du massif de la Castagniccia. Entre mer et montagne les vignes y bénéficient d'un microclimat idéal pour la maturation des raisins. Josée Vanucci-Couloumere a repris avec son mari Fabrice le domaine de son père en 2005. En 2009, elle plante du biancu gentile et du minustellu. Les vins du domaine sont francs et séduisants. On trouvera ici une des meilleures expressions du rare cépage genovese.

Les vins : le vermentino de La Robe d'Ange blanc est bien mûr et sans artifices. Vini Navigati surprend par son caractère finement oxydatif, un peu compact et doté d'un caractère chaleureux en finale. Charnu mais solaire, Biancu Gentile manque un peu de fraîcheur et de finesse. Entre arômes de glycine et saveurs miellées, Genovese s'épanouit langoureusement, traversé d'une sève de bons amers végétaux. En rouge, Stella Rose ne nous convainc pas, le 2017 est sec et se décharne, le 2019 confit et fatigant. Nous préférons La Robe d'Ange 2021, infusé et délicat, qui se présente déjà très séducteur, avec des tanins encore un peu raides en finale ;

et surtout Minustellu, vinifié en douceur, très savoureux dans son esprit infusé, mais sans renier son caractère affirmé.

⊐ Corse La Robe d'Ange 2021	15 €	**90**
⊐ Corse Stella Rose 2019	22 €	**89**
⊐ Corse Vini Navigati 2021	25 €	**90**
⊐ VDF Biancu Gentile 2021	20 €	**90**
⊐ VDF Genovese 2021	24 €	**93**
▬ Corse La Robe d'Ange 2020	15 €	**89**
▬ Corse La Robe d'Ange 2021	15 €	**91**
▬ Corse Stella Rose 2017	22 €	**88**
▬ VDF Minustellu 2021	20 €	**92**

Rouge : 14,2 hectares.
Blanc : 6,8 hectares.
Production moyenne : 70 000 bt/an

CLOS FORNELLI

Pianiccia, 20270 Tallone
06 61 76 46 19 ● www.closfornelli.com ●
Vente et visites : sur RDV.
Propriétaire : Josée Vanucci-Couloumère et Fabrice Couloumère

---

CLOS MARFISI

Ce domaine familial de 15 hectares créé il y a un siècle est aujourd'hui entre les mains de Mathieu et Julie Marfisi, frère et sœur. Les vins progressent vite et s'inscrivent dans la nouvelle vague qualitative de Patrimonio, certifiés bio depuis 2018. Proche de Nicolas Mariotti Bindi, Mathieu Marfisi partage avec son ami une vision du vin au plus près du raisin, avec un travail en cave qui s'affine par des élevages plus longs, qui engendrent des vins de belle facture.

Les vins : très beau nez empreint de notes mellifères dans Grotta di Sole blanc, un vin charnu et juteux, pourvu d'une fine mâche appétente. Longuement élevé, Nos Petits Grains blanc offre une matière de grande envergure, étoffée et riche : il lui faut un peu de temps pour digérer son élevage, mais le potentiel est là. Évolution aromatique sur le cacao dans Nos Petits Grains rouge, à la trame serrée mais qui a conservé de la fraîcheur : ses tanins un peu stricts devront se détendre. Issu de carcagholu neru, minustellu et un peu de nielluciu, Uva est un vin intègre et séduisant, doté d'une sève épicée et enrobée dans ses tanins : un vin de caractère très abouti.

⊐ Patrimonio Nos Petits Grains 2018	de 30 à 35 € (c)	**92**
⊐ VDF Grotta Di Sole 2020	de 18 à 25 € (c)	**92**
⊐ Patrimonio Nos Petits Grains 2017	de 30 à 40 € (c)	**91**
▬ VDF Uva 2020	de 15 à 20 € (c)	**93**

Rouge : 8,5 hectares.
Blanc : 5,7 hectares.
Production moyenne : 50 000 bt/an

CLOS MARFISI ♣

Clos Marfisi 20253 Patrimonio
04 95 37 07 49 ●
mathieu.marfisi@gmail.com ● Vente et visites : sur RDV.
Propriétaire : Julie et Mathieu Marfisi

CLOS D'ALZETO

Alexis Albertini poursuit l'œuvre de son père Pascal dans ce vignoble, le plus haut de Corse, sur un site exceptionnel dominant la mer au pied d'une falaise, à 500 mètres d'altitude. La cave est équipée de toutes les options technologiques et les vins se montrent d'un très bon niveau, avec une mention spéciale pour les excellents parcellaires de blanc Cardillone et Moretelle. Majoritaire dans les rouges, le sciaccarellu donne ici des vins colorés et sérieux. Les entrées de gamme peuvent encore progresser.

Les vins : saveurs de bonbon et amers un peu prononcés dans le rosé 2021, dont le caractère technique nous déçoit. Chair assez opulente, très mûre, dans le blanc 2021, qui se présente assez chaleureux et compact. Matière énergique et expression séduisante dans le rouge, volubile, aux saveurs douces et épicées.

⊐ Ajaccio 2021	Épuisé - 18 €	**89**
▬ Ajaccio 2021	11 €	**89**
▬ Ajaccio 2017	18 €	**92**

Rouge : 40 hectares.
Blanc : 15 hectares.
Production moyenne : 200 000 bt/an

CLOS D'ALZETO

Lieu-dit Alzeto, 20151 Sari-d'Orcino
04 95 52 24 67 ● www.closdalzeto.com ●
Vente et visites : sur RDV.
Propriétaire : Pascal Albertini
Directeur : Alexis Albertini

DOMAINE GIACOMETTI

Jeune trentenaire, Simon Giacometti a vinifié son premier millésime il y a dix ans au domaine familial, aux côtés de son père Christian et de sa sœur Sarah. Situé au cœur du désert des Agriates, dans un environnement préservé et sauvage, le vignoble est désormais certifié bio. Les vins atteignent aujourd'hui un excellent niveau, avec une grande franchise de saveurs et un usage très limité du bois.

Les vins : deux excellents rosés : le classique cru des Agriate, charnu et vif ; et la nouvelle cuvée de pur sciaccarellu, Diceppo, qui offre un cœur de bouche avec du relief et une fine allonge juteuse. En blanc, Cru des Agriate a préservé de la fraîcheur : il affiche volume et densité de chair tout en restant désaltérant. La cuvée Sarah offre une matière un peu opulente qui s'appesantit en finale. Le niellucciu prend des accents confits et épicés dans le rouge cuvée Sarah, à l'envergure moelleuse, pourvu de tanins mûrs et réglissés. Avec ses saveurs d'olive noire et de goudron, Sempre Azezzu présente une texture serrée. Le Vin Coule dans nos Veines se montre frais et élancé : on s'en régalera sans réserve.

Patrimonio Cru des Agriate 2021	14,50 €	**92**
Patrimonio Cuvée Sarah 2020	23 €	**90**
Patrimonio Cru des Agriate 2021	12 €	**91**
VDF Diceppo 2021	13,50 €	**91**
Patrimonio Cuvée Sarah 2019	18 €	**91**
VDF Le Vin Coule dans nos Veines 2021	17 €	**92**
VDF Sempre Azezzu 2019	23 €	**91**

Rouge : 20,5 hectares.
Blanc : 4,5 hectares.
Production moyenne : 90 000 bt/an

DOMAINE GIACOMETTI ♣
Casta, 20217 Saint-Florent
04 95 37 00 72 ●
www.domainegiacometti.com ● Vente et visites : sur RDV.
Propriétaire : Christian Giacometti
Directeur : Simon et Sarah Giacometti

DOMAINE MONDANGE

À proximité de Ghisonaccia, dans la plaine orientale, ce jeune domaine (premier millésime en 2017) est mené par Andria Mondange et sa sœur Laura, constitué à partir des meilleures parcelles des terrasses argileuses du vignoble de leur père Jean, coopérateur. Très soignés, les premiers vins se sont vite fait remarquer, et sont appelés à progresser rapidement dans l'affirmation de leur identité.

Les vins : très tendre, le rosé est agréable mais manque de peps. Franchise et gourmandise dans le nerveux blanc Primizia, prolongé d'amers croquants et d'un vrai relief. Laudria blanc s'offre avec sa chair bien mûre et sa vigueur épicée. Spargolato blanc s'appuie sur un élevage assez insistant, mais la trame énergique et les grands amers prennent le dessus. Dominante de sciaccarellu dans le rouge Laudria, vin parfumé et svelte, très épanoui et tendre en finale. Floral et intense, Spargolato rouge se montre assez aiguisé dans ses saveurs poivrées et salivantes : un rouge de grand caractère, infusé de notes d'orange sanguine.

Corse Laudria 2019	de 15 à 18 € (c)	**91**
Corse Spargolato 2019	de 20 à 24 € (c)	**92**
IGP Île-de-Beauté Primizia 2021	de 8 à 9 € (c)	**91**
IGP Île-de-Beauté Primizia 2021	de 7 à 9 € (c)	**88**
Corse Laudria 2019	de 15 à 18 € (c)	**92**
Corse Spargolato 2019	de 19 à 23 € (c)	**93**

Rouge : 32 hectares.
Blanc : 8 hectares.
Production moyenne : 70 000 bt/an

DOMAINE MONDANGE
Saint-Antoine, 20240 Ghisonaccia
06 17 05 34 79 ●
contact@domainemondange.com ●
Visites : sans RDV.
Propriétaire : Laura et Andria Mondange
Œnologue : Aurélie Patacchini

DOMAINE COMTE PERALDI

Les enfants de Guy de Poix, Charlotte et Amaury, entretiennent ce domaine réputé proche d'Ajaccio, le plus vaste de l'appellation. La réputation s'est construite sur la cuvée rouge Clos du Cardinal qui donne une expression du cépage sciaccarellu tout à fait classique, sachant vieillir avec grâce. Programme de replantation, modernisation de la cuverie, les projets ne manquent pas : une visite récente nous a prouvé le dynamisme de l'équipe, et l'aptitude des vins au vieillissement. 2021 a vu l'arrivée de la certification bio.

Les vins : le rosé est un vin fruité, sincère et gourmand et assez charnu. Délicieux rosé de pur sciaccarellu, Guy de Poix offre un volume savoureux, avec beaucoup de caractère. Jolis amers et fraîcheur dans le blanc 2021, droit et direct. Fermenté et élevé en fûts, Clémence offre des saveurs boisées assez beurrées et une bouche ample. Le vieillissement, comme le 2015 dégusté au domaine l'a prouvé, estompe le bois et permet au vin de gagner en minéralité et en notes mentholées, Souple et finement épicé, le rouge 2021 se montre déjà accessible avec ses tanins fins. Son fruit est juteux, finement confit. Nez de fumé et de cerise noire, bouche mûre, dense et équilibrée, patinée, dans le rouge Cardinal, à l'élevage déjà fondu. C'est un vin de grande garde : 2011 et 1999 dégustés au domaine ont brillé.

Ajaccio 2021	21,50 €	90
Ajaccio Cuvée Clémence 2019	29 €	90
Ajaccio 2021	17,50 €	90
Ajaccio Cuvée Guy de Poix 2021	21 €	92
Ajaccio 2021	20,60 €	91
Ajaccio Clos du Cardinal 2017	45,50 €	93

Rouge : 40 hectares.
Blanc : 10 hectares.
Production moyenne : 200 000 bt/an

DOMAINE COMTE PERALDI

Chemin du Stiletto, 20167 Mezzavia
04 95 22 37 30 ● www.domaineperaldi.com
● Vente et visites : sur RDV.
Propriétaire : Famille Tyrel de Poix
Œnologue : Christophe George

DOMAINE RENUCCI

Bernard Renucci a repris en 1991 ce domaine fondé en 1860, qu'il a progressivement replanté avec des vignes situées jusqu'à 400 mètres d'altitude sur des arènes granitiques argilo-sableuses. Certification bio en 2018, vinification en levures indigènes, le travail est ici très sérieux. Dans les trois couleurs, la gamme se répartit en cuvées domaines, puis Vignola, élevées en cuves inox, et enfin Pitraïa, élevés longuement en foudres et demi-muids. Nous accueillons de nouveau avec plaisir dans notre guide ce domaine important du secteur de Calvi.

Les vins : deux bons rosés, Vignola savoureux et vif, et Pitraïa coloré et vineux, à la carrure généreuse, destiné à la table. Issues des jeunes vignes, les cuvées domaines sont soignées, avec un blanc sincère et bien mûr, et un rouge tendre et friand, bien équilibré, issu du sciaccarellu. Croquant, un peu mentholé, Biancu Gentile se montre sain, récolté tôt mais complet. Large et gourmand, Vignola blanc offre des saveurs de poire mûre. Épicé, assez juteux, Vignola rouge est un peu acidulé dans ses saveurs de fraises, qui dessinent une matière patinée. Pitraïa blanc est ample, généreux, un peu crémeux dans son volume et persistant. Notes de roses séchées, de figue et de litchi dans Pitraïa rouge, très aromatique avec l'apport du cépage aleatico : un vin patiné et complexe, de grand caractère.

Corse Calvi 2021	12 €	89
Corse Calvi Vignola 2021	12 €	91
VDF Biancu Gentile 2021	12 €	91
VDF Pitraïa 2019	23 €	93
Corse Calvi Vignola 2021	10 €	89
VDF Pitraïa 2020	17 €	91
Corse Calvi 2021	11,50 €	89
Corse Calvi Vignola 2018	11 €	92
VDF Pitraïa 2019	23 €	93

Rouge : 8 hectares.
Blanc : 3 hectares.
Production moyenne : 72 000 bt/an

DOMAINE RENUCCI

Domaine Renucci, 20225 Feliceto
04 95 61 71 08 ● www.domaine-renucci.com
● Vente et visites : sur RDV.
Propriétaire : Bernard Renucci

DOMAINE SAPARALE

Situé sur le terroir de Sartène, ce beau domaine, propriété de Philippe Farinelli, s'appuie sur un vignoble planté au cœur d'une arène granitique dans la vallée de l'Ortolo. Le domaine produit trois gammes de vins : ceux portant le nom du domaine, techniquement bien vinifiés et mettant le fruit en avant, les cuvées Casteddu, plus complexes et ambitieuses dans leurs élevages, et les rares cuvées Oenoteca, différentes chaque année, toujours issues de vignes âgées de 60 ans minimum, qui consacrent des expressions très identitaires et originales.

Les vins : juteux, le rosé est gourmand, épicé et doté d'une vigueur saine. Expressif et poivré, le rosé Natura séduit par la douceur de sa chair et sa belle persistance fumée. Le blanc domaine est salivant mais présente une pointe de chaleur en finale. Oenoteca Vermentino ne manque pas de volume ni de profondeur, mais d'un peu de fraîcheur. Le rouge domaine est un vin accompli, vif et croquant. Belle réussite que Natura rouge, dont la matière franche et ouvragée possède des saveurs réglissées et accrocheuses. Nez de zan et de fruits à l'eau-de-vie dans Casteddu rouge, expression finement confite du sciaccarellu, à la matière moelleuse et aux tanins justes. Plus séveux, Oenoteca Sciaccarello est un vin ambitieux, un peu épais en finale. Plus intense, Oenoteca Carcaghjolu déroule une chair veloutée et rocailleuse, adossée à des tanins chocolatés et amples.

⊏▶ Corse Sartène 2021	10,10 €	90
⊏▶ VDF Oenoteca Vermentino 2018	34,40 €	91
▬▶ Corse Sartène Casteddu 2021	13,10 €	90
▬▶ VDF Natura 2021	13,20 €	91
▬▶ Corse Sartène 2020	10,10 €	91
▬▶ Corse Sartène Casteddu 2019	16,50 €	93
▬▶ VDF Natura 2021	13,20 €	91
▬▶ VDF Oenoteca Carcaghjolu 2018	34,40 €	93
▬▶ VDF Oenoteca Sciaccarello 2018	de 34,40 à 45 € (c)	92

Rouge : 20 hectares.
Blanc : 10 hectares.
Production moyenne : 250 000 bt/an

DOMAINE SAPARALE
Vallée de l'Ortolo, D250 20100 Sartène
04 95 77 15 52 ● www.saparale.com ●
Visites : sans RDV.
Propriétaire : Philippe Farinelli

DOMAINE DE TORRACCIA

Sur un site enchanteur dominant la mer, le légendaire Christian Imbert a constitué ce domaine à la fin des années 1960, au nord de Porto-Vecchio. Il a cédé sa place en 2008 à son fils Marc, vigneron cultivé et intuitif, qui entretient les 42 hectares de ce vignoble planté dans des arènes granitiques, à la moyenne d'âge élevée et certifié bio, et améliore sa gestion parcellaire. En cave, Marc reste fidèle aux cuves béton et inox, affine les assemblages et innove avec de nouvelles cuvées, comme Salvaticu, vermentino fermenté et élevé en barrique.

Les vins : nouvelle cuvée de blanc, Alligria se présente assez réduit et peu expressif. Nous préférons sa version rouge, friande et sincère avec ses petits tanins accrocheurs. Juteux, le blanc domaine est un vin assez cadré, croquant et simple, bien accessible. Oriu blanc déploie une matière dense mais en apesanteur, salivante et dotée de nervosité en finale : un vin réussi, à la personnalité affirmée. Généreux, Salvaticu reste épicé et crémeux, construit sur de grands amers, encadré par un boisé qui sèche un peu en finale. Fondu en attaque, le rouge 2017 a conservé de la fraîcheur, mais présente des tanins très secs. Plein et juteux, Oriu rouge 2016 se montre assez profond. Avec son évolution aromatique vers des notes de sous-bois et d'écorce d'agrumes, Oriu 2005 a gagné en complexité, mais reste campé sur la sécheresse de ses tanins en finale.

⊏▶ Corse Porto-Vecchio Alligria 2021	18 €	88
⊏▶ Corse Porto-Vecchio Oriu 2021	de 21 à 25 € (c)	92
⊏▶ Corse Porto-Vecchio Salvaticu 2018	50 €	92
⊏▶ Corse Porto-Vecchio Torraccia 2021	de 16 à 20 € (c)	89
▬▶ Corse Porto-Vecchio Alligria 2018	de 13 à 17 € (c)	89
▬▶ Corse Porto-Vecchio Oriu 2005	de 40 à 50 € (c)	92
▬▶ Corse Porto-Vecchio Oriu 2016	22 €	93
▬▶ Corse Porto-Vecchio Torraccia 2017	de 11 à 13 € (c)	89

Rouge : 34 hectares.
Blanc : 8 hectares.
Production moyenne : 130 000 bt/an

DOMAINE DE TORRACCIA ♣
Lecci, 20137 Porto-Vecchio
04 95 71 43 50 ● torracciaoriu@wanadoo.fr ●
Visites : sans RDV.
Propriétaire : Christian, Christophe et Marc Imbert
Directeur : Marc Imbert
Maître de chai : Eymard Sébastien
Œnologue : Guagnini Michel

DOMAINE VICO

Avec près de 50 hectares, ce domaine certifié en bio et biodynamie, situé en altitude à Ponte-Leccia, possède une géologie complexe avec schistes, basaltes, granit et galets roulés. Si certaines parcelles ont été détachées pour constituer le Clos Venturi, les investissements consentis et le travail exigeant à la vigne s'avèrent payants, et les vins du domaine Vico, qui sont longtemps restés assez simples, ont grandement progressé en qualité et en régularité. Pour plus de clarté, nous isolons à partir de cette année ce domaine de son jumeau.

Les vins : en blanc, Le Bois du Cerf se montre frais et précoce, et (H)emera, issu du genovese, est un vin digeste qui séduit par son envergure. Matière charnue dans A Mina, grande expression du vermentino, dont les arômes de fleurs séchées. Ses fins amers composent un profil original et nuancé. En rouge, Le Bois du Cerf est frais et croquant, finement réglissé, dans un esprit infusé et friand. On aérera un peu la cuvée Élégant(e) pour dissiper son gaz carbonique : son fruit tendre et délicatement compoté se fait gourmand. Fruit juteux et précis dans (H)emera rouge, un vin dense, au caractère solaire mais frais en finale. U Fornu allie judicieusement le fruit parfumé du sciaccarellu et la trame un peu sauvage d'un tiers de minustellu dans l'assemblage. Séveux et énergique, Cantinone propose une expression dynamique du sciacccarellu, dans un style juteux assez éclatant.

Corse Le Bois du Cerf 2021	14 €	**90**
Corse Les Parcellaires A Mina 2019	Épuisé - 39 €	**93**
IGP Île-de-Beauté (H)emera 2021	22 €	**92**
Corse (H)emera 2020	22 €	**91**
Corse Le Bois du Cerf 2020	15 €	**90**
Corse Les Parcellaires Cantinone 2020	Épuisé - 39 €	**93**
Corse Les Parcellaires U Fornu 2019	Épuisé - 39 €	**93**
IGP Île-de-Beauté Élegant(e) 2021	16 €	**91**

Rouge : 35 hectares.
Blanc : 12 hectares.
Production moyenne : 200 000 bt/an

DOMAINE VICO ♣

Route de Calvi 20218 Ponte-Leccia
04 95 47 61 35 ● domaine.vico@orange.fr ●
Vente et visites : sur RDV.
Propriétaire : François Acquaviva, Jean-Marc et Manu Venturi
Directeur : Emmanuel Venturi

LES MEILLEURS VINS

du
Jura

PAR PIERRE CITERNE,
en charge des vins du Jura au sein du comité
de dégustation de La Revue du vin de France

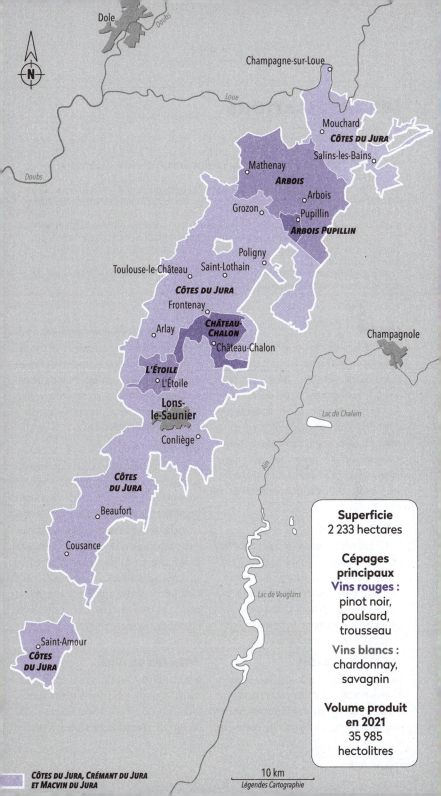

Dole

Doubs

Champagne-sur-Loue

Loue

Mouchard

CÔTES DU JURA

Salins-les-Bains

Doubs

Mathenay

ARBOIS

Arbois

Grozon

Pupillin

ARBOIS PUPILLIN

Poligny

Toulouse-le-Château

Saint-Lothain

CÔTES DU JURA

Frontenay

Champagnole

Arlay

CHÂTEAU-CHALON

Château-Chalon

L'ÉTOILE

Lac de Chalain

L'Étoile

Lons-le-Saunier

Conliège

Ain

CÔTES DU JURA

Beaufort

Cousance

Lac de Vouglans

Saint-Amour

CÔTES DU JURA

Superficie
2 233 hectares

Cépages principaux
Vins rouges :
pinot noir,
poulsard,
trousseau

Vins blancs :
chardonnay,
savagnin

Volume produit en 2021
35 985 hectolitres

CÔTES DU JURA, CRÉMANT DU JURA ET MACVIN DU JURA

10 km

Légendes Cartographie

LES APPELLATIONS
—

Le vignoble jurassien compte sept appellations divisibles en deux grandes catégories qui font sa particularité.

Quatre appellations sont en réalité des AOC "géographiques". C'est-à-dire qu'elles délimitent un territoire de production défini. Il s'agit d'Arbois, de Château-Chalon, de L'Étoile et des Côtes du Jura.

L'autre catégorie regroupe trois AOC "produits", qui définissent des méthodes de production de vin particulières au sein du vignoble jurassien. Il s'agit du macvin du Jura, du crémant du Jura et du marc du Jura (eau-de-vie qui a obtenu son appellation en 2015).

Enfin, n'oublions pas le vin de paille qui ne dispose pas d'une appellation propre, mais d'une mention traditionnelle.

ARBOIS

Son nom, issu du celte, signifie terre fertile. Aujourd'hui, Arbois est l'appellation la plus grande du Jura. Elle couvre 776 hectares et produit à peu près 70 % de vins rouges et 30 % des vin blancs. Son vignoble s'étend sur une mosaïque de terroirs répartis sur 12 communes au nord du Jura. Elle se définit à travers des vins blancs, jaunes, rouges et rosés généreux, richement bouquetés, fins et universels. Les cinq cépages autorisés dans le Jura peuvent être employés pour produire du vin d'Arbois.

CÔTES DU JURA

Cette appellation s'apparente plutôt à une AOC régionale puisqu'elle s'étend en fait sur 105 communes et 564 hectares, tout au long des coteaux jurassiens et jusqu'aux confins de la Bourgogne. L'appellation couvre un grand nombre d'expressions diverses, dont des blancs de savagnin étonnants du côté de la commune de Voiteur.

CHÂTEAU-CHALON

Sur 54 hectares, au cœur du vignoble jurassien, la commune de Château-Chalon permet d'admirer un impressionnant vignoble voué à la production exclusive de vins jaunes, un peu moins jaunes de robe qu'ailleurs, et d'une longévité inégalable (des vins de deux siècles sont encore buvables !). Il mérite largement son appellation propre et son rang parmi les plus grands vins blancs de France. D'ailleurs, les producteurs ont parfois préféré renoncer à l'appellation quand la récolte ne leur paraissait pas satisfaisante comme en 1974, 1980, 1984 et 2001.

L'ÉTOILE

Le village de L'Étoile, où est située cette appellation, tire son nom du fait que les cinq collines qui entourent le village forment une étoile. Son origine viendrait des pentacrines, étoiles fossilisées que l'on retrouve en nombre dans les sols viticoles. Plus concrètement, L'Étoile est située au sud, près de Lons-le-Saulnier, et compte 73 hectares de vignes, qui produisent uniquement des blancs d'une grande subtilité, à partir de chardonnay : la plupart sont vinifiés en mousseux et une très petite quantité en vin jaune finement bouqueté, à partir de savagnin.

CRÉMANT DU JURA

Depuis l'obtention de l'AOC en 1995 (325 ha), la production de crémant ne cesse de croître, au point d'atteindre aujourd'hui 18 % de la production totale de vins du Jura. Élaboré à partir de poulsard, de pinot noir, de trousseau, de chardonnay et de savagnin, il est produit à présent par la quasi-totalité des vignerons. Les raisins, obligatoirement vendangés à la main, sont transportés en caisses percées et pressurés par grappes entières.

VIN DE PAILLE

Le vin de paille dispose d'une mention traditionnelle qui traduit une méthode d'élaboration très particulière. On retrouve cette mention pour les AOC Côtes du Jura, Arbois et L'Étoile. Spécialité du Jura, le vin de paille est élaboré à partir de raisins cueillis à parfaite maturité et mis à sécher, parfois sur des claies à l'air libre, mais le plus souvent en chambre avec soufflerie artificielle. Ce séchage augmente naturellement la concentration en sucre et en extraits secs ; il en résulte des vins liquoreux au parfum plus puissant que subtil.

LES CÉPAGES
—

EN ROUGE

LE PINOT NOIR

Cultivé depuis des siècles dans le Jura, ce cépage représente 8 à 10 % de l'encépagement total du vignoble.

LE POULSARD

Appelé aussi ploussard à Arbois et Pupillin, ce cépage est typiquement jurassien. Il est le deuxième cépage le plus répandu dans ce vignoble et représente 80 % des cépages rouges du Jura.

LE TROUSSEAU

C'est un cépage rouge très exigeant à cultiver. S'il ne représente que 5 % de l'encépagement total du vignoble jurassien, il donne des vins puissants, tanniques et plus colorés.

EN BLANC

LE CHARDONNAY

C'est le cépage le plus répandu. Il représente 45 % de l'encépagement total. Le chardonnay est également appelé melon, moular ou gamay blanc dans le vignoble jurassien.

LE SAVAGNIN

Représentant 15 % de l'encépagement, il se révèle exceptionnel, riche en alcool naturel et en acidité, et susceptible de prendre le voile. Les bactéries locales forment un voile bénéfique dans la barrique, qui va le protéger pendant six longues années et permettre au vin jaune d'acquérir sa saveur inimitable de noix et de morilles. Les barriques ayant servi à l'élaboration du vin jaune sont réutilisées pour apporter un peu de ce goût prestigieux à d'autres vins blancs, plus accessibles.

BELLES TABLES ET VIN JAUNE DANS LE MASSIF JURASSIEN

CHAMBRES D'HÔTES

LES JARDINS SUR GLANTINE

Cette grande maison de Poligny abrite une série de chambres confortables et propose un petit-déjeuner agrémenté des meilleurs produits locaux, charcuterie et fromages. Le lieu accueille également une exploitation agricole, qui crée une atmosphère festive lors de la saison des vendanges. Chambre à partir de 130 euros la nuit.
**30, Grande-Rue, 39800 Poligny
Tél. : 03 63 86 50 78
www.jardinsurglantine.natidees.com**

L'ENTRE-CŒUR

À quelques kilomètres de Château-Chalon, cette belle demeure abrite quatre chambres rénovées avec goût. À table, tout est certifié bio, comme les vins du domaine. 90 € la nuit pour deux personnes.
**192, rue de l'Église,
Lieu-dit Les Vergers,
39210 Menétru-le-Vignoble
Tél. : 06 95 08 73 54r**

RESTAURANTS

LE BON ACCUEIL

Cette très belle adresse fait honneur à son nom depuis quatre générations. Dans un chalet typique de la région, chaleureux et confortable, le chef Marc Faivre présente une cuisine de terroir, avec truite au bleu, pigeon rôti ou morilles et sauce au vin jaune, évidemment arrosée par les plus belles bouteilles de la région. Une table récompensée d'une étoile au Guide Michelin. Menus de 28 à 98 euros.
**32 Grande Rue, 25160 Malbuisson
Tél. : 03 81 69 30 58
www.le-bon-accueil.fr**

LES CAUDALIES

Un établissement élégant situé au cœur d'Arbois. Hôtel grand confort, bonne table (menus de 16 à 62 € avec accords mets et vins) et carte des vins convaincante entretenue par le sommelier Philippe Troussard, distingué par le titre de Meilleur ouvrier de France 2015. À noter que ce dernier propose aussi de nombreuses soirées œnologiques dans la belle cave du restaurant.
**20, avenue Pasteur,
39600 Arbois
03 84 73 06 54
www.lescaudalies.fr**

LE GRAPIOT

La cuisine gourmande et précise de Samuel Richard est soignée. Intéressante carte des vins du Jura mais aussi des autres vignobles français. Menus à partir de 23 € le midi, 32 € le soir.
**Rue Bagier,
39600 Pupillin
Tél. : 03 84 37 49 44
www.legrapiot.com**

CAVISTE

ESSENCIA

Cette adresse est à la fois une crèmerie, où vous pourrez acheter de magnifiques comtés (Poligny en est la capitale !) et une cave, avec une sélection à 80 % en bio et biodynamie et des références très pointues de la région, travaillées dans le bon sens du terroir et du raisin. La maison possède également une adresse à Arbois et une autre à Poligny, baptisée Epicurea
**24, place Notre-Dame,
39800 Poligny
Tél. : 03 84 37 08 46
et 5, place des Déportés,
39800 Poligny
Tél. : 03 84 37 16 05**

ET AUSSI...

LA CABORDE

Une architecture contemporaine et singulière pour un espace de découverte et une "aire viti-culturelle". Outre des expositions, animations et projections, La Caborde abrite un caveau de dégustation, qui propose vingt-quatre vins au verre. Un lieu à vivre, rendez-vous des épicuriens. Le lieu est ouvert d'avril à septembre. Des circuits œno-découvertes (5 € par personne) sont organisés les mercredis de juillet et d'août.
**Montée du Taret,
39190 Orbagna
Tél. : 03 84 48 06 04
www.lacaborde-jura.fr**

★★★ DOMAINE GANEVAT

Jean-François Ganevat est revenu en 1998 dans le Jura, dans la combe de Rotalier, après de longues années à Chassagne-Montrachet, chez Jean-Marc Morey. Proche de la philosophie des vins naturels sans pourtant s'en revendiquer, le vigneron maîtrise parfaitement la biodynamie. Il s'est forgé une image très personnelle de ce que doit être un grand vin : chaque sélection parcellaire possède une personnalité singulière, avec une variation des harmonies et des tensions qui reflète chaque terroir. Grâce à des rendements faibles, un travail considérable à la vigne, les rouges, élevés de plus en plus en jarres de terre cuite, atteignent désormais un fantastique niveau d'expression. Citons également le sublime vin jaune et l'incomparable Les Vignes de mon Père, savagnin élevé pendant dix ans. Les vins n'ont jamais été aussi bons que dans les derniers millésimes. Il y a quelque-chose en eux qui vibre à fleur de peau. Si le vigneron prend des risques, c'est bien à la recherche d'un idéal esthétique, au service de l'émotion. N'est-ce pas l'une des meilleures définitions d'un grand vin ? Malgré les aléas climatiques, les millésimes de gel qui ont amputé la production et chamboulé les cuvées, ces dernières n'ont par leur profondeur et leur caractère jamais autant mérité qu'aujourd'hui la troisième étoile. Celle-ci ne concerne que les vins du domaine car l'activité de négoce, qui livre ponctuellement des cuvées passionnantes, ne saurait prétendre au même niveau d'ensemble.

Les vins : les difficultés du millésime 2021 ont abouti à la création d'un unique rouge unissant pinot, poulsard, trousseau et enfariné. L'apparence est davantage celle d'un rosé que d'un rouge, mais quel parfum, quelle délicatesse, quelle grâce ! Très riche, avec des moûts souvent capricieux pendant les fermentations, 2018 est un millésime qui a donné du fil à retordre aux vignerons. Ceux qui le pouvaient ont amadoué ces vins par des élevages plus longs. Jean-François Ganevat a poussé la démarche fort loin, et de leur séjour de 45 mois en fûts, demi-muids, foudres, jarres, ses chardonnays sortent grandis, à la fois épurés et patinés, ayant gagné en caractère et en fraîcheur "intérieure" ce qu'ils ont perdu en fruit primaire. Ce ne sont plus des chardonnays, ce sont de grands blancs jurassiens d'élevage long, partis pour une encore plus longue vie en bouteille ! Dès la cuvée Florine, on est saisi par l'acidité brillante, le grain dense de la chair, les petites notes de sucre candi et de miel. Sélection de melon à queue rouge, Marguerite offre un caractère porté sur les fruits secs, rassis, servi par une acidité superbe. Derrière un abord plus lactique, Les Grands Teppes emporte le dégustateur dans un élan vigoureux, large mais surtout très droit, une allonge qui ne cesse de se tendre jusqu'en finale. Au sommet, Les Chalasses Vieilles Vignes et Les Varrons Rouchamps brillent par leur présence, leur complexité et leur profondeur de goût. Le savagnin Sous la Roche prolonge cette glorieuse série de 2018 et l'éclaire de l'acidité palpitante du grand cépage jurassien. On retrouve cette énergie, ce tranchant lumineux du savagnin, décuplé, quintessencié, dans l'extraordinaire Vignes de mon Père 2010, à la longueur interminable. Un peu moins solaire et "andalou" que le 2011, le vin jaune 2012 est un autre chef-d'œuvre de puissance aromatique et de profondeur.

▭ Côtes du Jura Chardonnay Cuvée Florine 2018   N.C.   93

▭ Côtes du Jura Chardonnay Les Chalasses Vieilles Vignes 2018   N.C.   96

▭ Côtes du Jura Chardonnay Les Grands Teppes 2018   N.C.   95

▭ Côtes du Jura Chardonnay Les Varrons Rouchamps 2018   N.C.   96

▭ Côtes du Jura Cuvée Marguerite 2018   N.C.   94

▭ Côtes du Jura Savagnin Les Vignes de mon Père 2010   N.C.   99

▭ Côtes du Jura Savagnin Sous la Roche 2018   N.C.   96

▭ Côtes du Jura Vin Jaune 2012   N.C.   97

Le coup de 💜
▬ Côtes du Jura Julien L'Enfant Terrible du Sud 2021   N.C.   95

Rouge : 3,5 hectares. Pinot noir 40 %, Poulsard (ploussard) 30 %, Trousseau 25 %, Divers noir 5 %
Blanc : 9,5 hectares. Chardonnay 75 %, Savagnin 25 %
Production moyenne : 40 000 bt/an

DOMAINE GANEVAT 🌙
La Combe, 39190 Rotalier
03 84 25 02 69 ● anne@ganevat.fr ● Vente et visites : sur RDV.
Propriétaire : Jean-François Ganevat

★★★ DOMAINE LABET

Avec son frère Romain et sa sœur Charline, Julien Labet a repris les parcelles de son père Alain, les vignes sont aujourd'hui regroupées au sein d'une seule entité : le domaine Labet. Situées dans le Sud-Revermont, région bénéficiant d'une géologie complexe et qui aujourd'hui renaît, lesdites vignes ont été converties à la plus saine des agricultures. De nombreuses micro-parcelles (entre 15 et 80 ares, souvent plantées de vieilles vignes) sont vinifiées par Julien, donnant naissance à des blancs (tous ouillés à l'exception bien entendu du vin jaune) extrêmement individualisés et expressifs ainsi qu'à des rouges parmi les plus exceptionnels à naître aujourd'hui dans la région. Les niveaux de soufre sont très faibles mais les équilibres quasiment impossibles à prendre en défaut. Une troisième étoile est venue l'an dernier récompenser l'audace, la volonté d'aller au bout des choses et la sensibilité poétique d'une famille, d'un domaine qui est plus que jamais l'un des catalyseurs de l'âge d'or que le vignoble jurassien vit aujourd'hui.

Les vins : magistrale leçon de topographie du goût cette année ! Les huit cuvées de chardonnay 2019 présentées permettent d'explorer les plus fines nuances des marnes, des calcaires et des argiles de décalcification, des vignes vieilles ou moins vieilles, des sélections massales ou clonales. La maîtrise et la transparence du style interprétatif "libre" appliqué par la famille Labet à ses chers terroirs permet cette leçon de haute précision vigneronne, qui est aussi et avant tout, un parcours de plaisir. On ne retrouve pas le fil de volatile appuyé qui caractérisait les flamboyants 2018, qui pour certains avaient mis beaucoup de temps à fermenter. Dès la juvénile cuvée Fleur le ton est donné : richesse des arômes, tension et intensité. Voici ensuite les deux cuvées "géologiques" : Bajocien, marqué par le calcaire, présente un profil serré, percutant, pointu, puissamment acide et en même temps solaire, alors que Lias au large socle marneux conjugue une générosité et un allant époustouflants. Les cuvées parcellaires affirment toutes une identité forte et singulière. Des sommets sont atteints par Les Champs Rouges, très réactif, au toucher hypersensible, par Les Varrons, toujours en mouvement, qui nous transporte par son élan sauvage et noble, par La Reine, qui déploie une subtilité de texture enrobant merveilleusement l'éblouissante tension acide, par En Chalasse Vieille Vigne, issu d'une sélection massale de 68 ans, un vin solaire (comme l'est la cuvée "classique" réunissant sélections clonales et massales), irradiant, mais exprimant cette opulence, cette large caresse, avec une harmonie et une finesse de détail supérieures. Les vins de liqueur, macvins qui ne disent pas leur nom, sont également issus du chardonnay. Ils atteignent un niveau de concentration, de complexité et de gourmandise unique. Le rancio du 2006 est particulièrement envoûtant !

Côtes du Jura Chardonnay Bajocien 2019	34 €	**92**
Côtes du Jura Chardonnay En Chalasse 2019	50 €	**94**
Côtes du Jura Chardonnay Fleur 2019	24 €	**91**
Côtes du Jura Chardonnay La Reine 2019	50 €	**96**
Côtes du Jura Chardonnay Les Champs Rouges 2019	38 €	**93**
Côtes du Jura Chardonnay Lias 2019	34 €	**94**
Côtes du Jura En Chalasse Vieille Vigne 2019	50 €	**97**
Côtes du Jura Les Varrons 2019	40 €	**96**
VDL Single Cask 2006	de 60 à 80 € (c)	**95**
VDL Single Cask 2011	de 60 à 80 € (c)	**94**

Rouge : 3 hectares. Pinot noir 32 %, Poulsard (ploussard) 32 %, Trousseau 21 %, Gamay noir à jus blanc 15 %
Blanc : 11 hectares. Chardonnay 78 %, Savagnin 22 %
Production moyenne : 70 000 bt/an

DOMAINE LABET ♣

14, montée des Tilleuls, 39190 Rotalier
03 84 25 11 13 ● domaine.labet@wanadoo.fr ●
Vente et visites : sur RDV.
Propriétaire : Romain, Julien et Charline Labet

★★★ DOMAINE JEAN MACLE

Figure éminente du vignoble jurassien, Jean Macle nous a quitté cet hiver. Goûter un château-chalon du domaine qui porte son nom est plus que jamais un moment d'une intensité particulière. Un véritable "jaune", droit, pointu, harmonieux et digeste, dont la complexité ne procède pas seulement de l'élevage sous voile levurien. Aujourd'hui entre les mains de Laurent Macle, ce domaine traverse les millésimes avec une telle constance et une telle identité qu'il force unanimement le respect. Créé en 1850, il possède des terroirs parmi les plus pentus du cru, pouvant atteindre 50 % de déclivité. Le choix de planter des vignes sur des terres où personne à une certaine époque ne voulait s'aventurer souligne la détermination et la passion de cette famille vigneronne, devenue consubstantielle au vignoble de Château-Chalon.

Les vins : le domaine ne nous ayant pas transmis ses vins, nous sommes amenés à reconduire les notes de notre édition précédente.

Côtes du Jura 2016	20 €	**93**
Côtes du Jura Chardonnay Sous Voile 2015	18 €	**92**
Macvin du Jura	19 €	**92**
Le coup de ♥		
Château-Chalon 2013	57 €	**97**

Blanc : 12 hectares.
Production moyenne : 40 000 bt/an

DOMAINE JEAN MACLE

15, rue de la Roche, 39210 Château-Chalon

03 84 85 21 85 ● macle1@wanadoo.fr ● Vente et visites : sur RDV.

Propriétaire : Famille Macle

───────────────

★★★ MAISON PIERRE OVERNOY

Pierre Overnoy a commencé à cultiver les vignes familiales dès les années 50 et à vinifier sans soufre au milieu des années 80. Bienveillant, modeste, animé par une inlassable curiosité, le personnage est devenu un mythe, l'icône tutélaire du "vin nature". Toute les cuvées de la maison Pierre Overnoy sont quant à elles devenues l'objet d'un désir désormais planétaire. Toujours présent au domaine, Pierre a passé la charge des quelques hectares de vigne dans le merveilleux finage de Pupillin à Emmanuel Houillon, qui travaille à ses côtés depuis 1990. Une succession opérée de la façon la plus harmonieuse et filiale qui soit. Les vins du domaine ont inspiré plusieurs générations de vignerons (ceux qui font aujourd'hui rayonner l'image du Jura vinicole aux quatre coins du monde et qui collectionnent les étoiles dans notre guide). Au-delà de l'importance historique de la Maison Pierre Overnoy, la qualités des vins réalisés par Emmanuel Houillon, des vins qui continuent à évoluer (diversification de l'élevage des vins jaunes, arrivée en 2018 du trousseau dans l'assemblage du rouge), justifie la troisième étoile enthousiaste accordée il y a trois ans.

Les vins : chaque bouteille est un voyage vers l'évidence de goûts fortement individualisés. Élevé quatre ans en foudre, le chardonnay 2017 (un seul lot, à cause du gel) s'inscrit dans la lignée des deux millésimes précédents. C'est un vin d'une grande profondeur, qui s'appuie sur une acidité tranchante, souveraine, qui ferait presque oublier la largeur de son assise. Élevé en œuf béton de 30 hl, le savagnin 2016 manifeste un éclat, une fraîcheur insolente, une énergie irrépressible. On dirait un vin de l'année ! Grande émotion avec la cuvée unissant pour la première fois poulsard et trousseau (20 %), reconnaissable à sa cire violette ; une pointe de griotte et de poivre renforce le caractère du vin, la volatile sur le fil le fait vibrer, sa présence est émouvante, son charme plus délié que celui des mises de pur poulsard 2018, plus tanniques, plus carrées.

⌐ Arbois Pupillin Chardonnay 2017   N.C.   **94**

⌐ Arbois Pupillin Savagnin
2016   de 32 à 39 € (c)   **96**

Le coup de ♥
⌐ Arbois-Pupillin Poulsard Trousseau
2018   N.C.   **97**

Rouge : 1,5 hectare. Poulsard (ploussard) 100 %
Blanc : 3,5 hectares. Savagnin 64 %, Chardonnay 36 %
Production moyenne : 20 000 bt/an

MAISON PIERRE OVERNOY ♣

32, rue du Ploussard, 39600 Pupillin
03 84 66 24 27 ●
emmanuel.houillon@wanadoo.fr ● Vente et visites : sur RDV.
Propriétaire : Emmanuel Houillon Overnoy

───────────────

★★★ DOMAINE ANDRÉ ET MIREILLE TISSOT

Quel parcours réalisé par Stéphane et Bénédicte Tissot depuis 1990 ! La conversion en bio du vignoble (près de 50 hectares…) s'est amorcée en 1999, il est aujourd'hui en culture biodynamique. Quel que soit le type de vin – classique jurassien, ré-invention ou invention – chaque cuvée (35 différentes chaque année !) est pensée avec autant de volontarisme que de talent, de sensibilité innée que de rigueur. L'intention et les saveurs vont très loin. Les blancs ouillés, "à la bourguignonne", ont été les premiers à attirer l'attention mondiale sur le domaine. Les rouges et les vins blancs élevés sous voile ont acquis une finesse et une liberté de ton inoubliables. Les savagnins macérés en jarres de terre cuite sont de grands vins retrouvés, qui font désormais école. Les crémants, passerillés et macvins dominent leur catégories respectives. La monumentalité du travail accompli et la profondeur kaléidoscopique de la gamme placent incontestablement le domaine au sommet de la production régionale.

Les vins : longueur, largeur, profondeur… La gamme produite chaque année par Stéphane Tissot constitue un cas à part, stupéfiante par son ampleur mais aussi par la puissance d'évocation de chaque cuvée. En voici quelques-unes, qui nous ont été envoyées pour le Guide Vert et constituent un brillant résumé de tout ce que nous avons pu goûter au domaine. Le tirage actuel du crémant BBF prolonge la lignée d'excellence tracée par ce pur chardonnay vieilli quatre ans sur lattes, flamboyant, porté par une acidité parfaite, d'une profondeur et d'une intensité de goût uniques. Très bien dotés, solaires mais moins extravagants d'opulence que les 2018, plus dynamiques sans doute, les chardonnays 2019 sont encore sur leurs gardes. Ce sont des blancs énergiques, admirablement constitués et équilibrés, qu'il faut attendre. La Mailloche affirme déjà une grande originalité, poussée par une acidité traçante. Clos de la Tour de Curon est toujours aussi impressionnant d'intensité et de distinction, d'une longueur extrême et d'une race évidente. Ne l'ouvrez pas trop tôt ! La pointe de rose fanée du trousseau Singulier 2020 séduit d'emblée le dégustateur. C'est un vin très mûr, avec un effet de style, comme épuré malgré son caractère moelleux, une ode au cépage. Le pinot noir 2019 apparaît lui aussi direct, sans fard, d'une intensité de goût rare mais dépouillé du superflu, plus sanguin dans son expression que le trousseau, avec une acidité volatile plus haut-perchée. Les vins jaunes 2015 se montrent très expressifs, avec une immense générosité de goût mais moins de tonicité que les remarquables 2014. Ils illustrent cependant une fois de plus toute la diversité d'expression de terroir dont sont capables les savagnins élevés sous voile. La Vasée demeure concis et frais, bien tendu, avec un caractère peu oxydatif. Plus flamboyant, tourbé, capiteux, Les Bruyères procure beaucoup de plaisir mais se laisse un peu emporter par son feu. Le château-chalon offre un discours bien différent, tout en allonge, en articulation, en élégance.

Arbois Chardonnay La Mailloche 2019	41 €	93
Arbois Chardonnay Le Clos de la Tour de Curon 2019	96,20 €	95
Arbois Chardonnay Les Bruyères 2019	37,30 €	91
Arbois Vin Jaune La Vasée 2015	73 €	93
Arbois Vin Jaune Les Bruyères 2015	76,70 €	93
Château-Chalon Vin Jaune 2015	83,70 €	95
Crémant du Jura BBF	27,50 €	92
Arbois Pinot Noir Sous la Tour 2020	36,50 €	90
Arbois Trousseau Singulier 2020	28,30 €	93

Rouge : 21,26 hectares. Pinot noir 45 %, Trousseau 28 %, Poulsard (ploussard) 27 %
Blanc : 27,33 hectares. Chardonnay 61 %, Savagnin 39 %
Production moyenne : 150 000 bt/an

DOMAINE ANDRÉ ET MIREILLE TISSOT ☾

Quartier Bernard,
39600 Montigny-lès-Arsures
03 84 66 08 27 ● www.stephane-tissot.com
● Vente et visites : sur RDV.
Propriétaire : Bénédicte et Stéphane Tissot

★★ DOMAINE DES MARNES BLANCHES

Jeunes trentenaires diplômés en œnologie et originaires de Franche-Comté, Pauline et Géraud Fromont ont repris en 2006 une dizaine d'hectares de vignes situées dans le Sud-Revermont. Ils ont fait le choix de l'agriculture biologique, certifiée dès 2013, et d'interventions minimales en vinification. Les vins se sont d'emblée montrés vigoureux et sains, reflets des beaux terroirs de ce sud du Jura en pleine renaissance. La régularité est désormais acquise, au sein d'une gamme qui aborde toutes les spécialités jurassiennes et s'illustre dans chacune d'elles avec une aisance déconcertante. Le naturel et la profondeur de goût des cuvées présentées dans les derniers millésimes ne cessent de nous éblouir, au point de justifier l'attribution rapide d'une deuxième étoile il y a deux ans. Et ce n'est sans doute qu'une étape. Le futur du Jura s'écrit ici.

Les vins : comme l'an dernier, la dégustation transversale de la gamme nous laisse subjugués par tant de maîtrise, de charme, presque de facilité… Dès le crémant, fin et harmonieux, rassis, enjolivé par une touche de sauge froissée, le ton est donné. Très original, le trousseau 2020, à peine coloré, tout en finesse et en parfum, est une spirituelle, divine grenadine… Dans le même esprit "infusé", arachnéen, le pinot a des accents un peu plus terriens, voire terreux. Les deux chardonnays 2019 offrent beaucoup de saveur et d'allant, un charme acidulé brillant alternant avec des notes crémeuses suggestives, câlines, et sans doute un peu plus de croquant et d'éclat dans Les Normins. La même séduction opère avec les savagnins ouillés, que ce soit le resplendissant En Quatre Vis 2020, son fruit chlorophyllien suggérant la verveine, ou le vibrant Aux Bois 2019, plus élevé, plus rassis, mais tout aussi irrésistible. Par son raffinement et son aménité, le chardonnay Empreinte 2018, élevé 36 mois sous voile en cave sèche, évoque un grand fino andalou ; c'est une réussite majeure, un vin à la fois tendu et délicat, troublant, passionnant. On retrouve cet air d'Andalousie dans le sublime vin jaune 2014, qui parvient à associer une richesse de saveur extrême à une séduction évidente, si facile à approcher et à aimer. Quel talent !

Crémant du Jura Réserve	23 €	89
Côtes du Jura Chardonnay En Quatre Vis 2019	24 €	92
Côtes du Jura Chardonnay Les Normins 2019	30 €	93
Côtes du Jura Savagnin Aux Bois 2019	32 €	93
Côtes du Jura Savagnin En Quatre Vis 2020	28 €	93

Côtes du Jura Vin Jaune 2014	60 €	**98**
Côtes du Jura Pinot Noir 2020	27 €	**91**
Côtes du Jura Trousseau 2020	30 €	**94**

Le coup de ♥

| Côtes du Jura Chardonnay Empreinte 2018 | 36 € | **95** |

Rouge : 3 hectares. Trousseau 45 %, Poulsard (ploussard) 30 %, Pinot noir 25 %
Blanc : 11 hectares. Chardonnay 65 %, Savagnin 35 %
Production moyenne : 45 000 bt/an

DOMAINE DES MARNES BLANCHES ♣

3, Les Carouges, 39190 Sainte-Agnès
03 84 25 19 66 ●
contact@marnesblanches.com ● Vente et visites : sur RDV.
Propriétaire : Pauline et Géraud Fromont

★★ DOMAINE PIGNIER

En biodynamie depuis 1998, certifié Demeter depuis 2003, ce vieux domaine familial créé au XVIIIe siècle est installé dans le village de Montaigu, surplombant Lons-le-Saunier, avec des vignobles en coteaux sur les marnes du Lias et du Trias. Foudres, barriques, cuves ovoïdes en béton et mêmes jarres remplissent les très anciennes caves voûtées du XIIIe siècle des moines Chartreux, fierté de la famille Pignier. Les vieux cépages rouges ont encore ici droit de cité, tel l'argant, le petit béclan ou encore l'enfariné, assemblés dans la surprenante cuvée À Table avec Léandre. Il faut découvrir ces vins identitaires produits avec passion par une fratrie (Jean-Étienne, Antoine et Marie-Florence Pignier) qui a compris que la réinvention d'une tradition passait par la nécessité de l'expérimentation et de la curiosité. La deuxième étoile, arrivée il y a trois ans, récompense la plénitude, la profondeur, la spontanéité et le charme d'une production qui millésime après millésime s'impose parmi les meilleures ambassadrices du Jura.

Les vins : toutes les cuvées présentées témoignent d'une grande maîtrise et d'une haute exigence. La qualité des crémants est exceptionnelle. Croquants, apéritifs, parfumés, ils possèdent tous deux une identité jurassienne forte, tout en étant bien différenciés. Sur une base 2020, le Brut Nature libère une vague de fruit alerte, joyeuse, expressive, presque exotique tout en restant vive de bout en bout. Pur chardonnay, L'Autre 2018 offre davantage de profondeur, avec un profil rassis et piquant, feu-follet, d'un naturel enthousiasmant, sui generis. Très bien exécuté, précis et distingué, le Chardonnay de la Reculée 2020 demeure plus attendu, plus policé que le sensuel Gamay Blanc 2019, élevé dix mois en œuf béton, mus-

qué, presque poivré, extrêmement savoureux. Grand classique du domaine, le Cellier des Chartreux, chardonnay élevé sous voile, épouse la richesse du millésime 2018 avec beaucoup de velouté, une saveur ample et avenante évoquant la poire tapée. Dans un style capiteux et volubile devenu habituel dans les derniers millésimes, le trousseau Les Gauthières 2020 distille son troublant parfum de framboise et de rose fanée au fil d'une structure admirablement fine et déliée. C'est, une fois de plus, l'un des sommets actuels du cépage.

Crémant du Jura 2020	15,50 €	**90**
Crémant du Jura L'Autre 2018	20 €	**92**
Côtes du Jura Cellier des Chartreux 2018	26 €	**91**
Côtes du Jura Chardonnay de la Reculée 2020	23 €	**91**
Côtes du Jura Gamay Blanc 2019	27 €	**92**
Côtes du Jura Les Gauthières 2020	35 €	**93**

Rouge : 5 hectares. Trousseau 55 %, Pinot noir 20 %, Poulsard (ploussard) 20 %, Divers noir 5 %
Blanc : 9 hectares. Chardonnay 70 %, Savagnin 25 %, Divers blanc 5 %
Production moyenne : 52 000 bt/an

DOMAINE PIGNIER ☾

11, place Rouget-de-Lisle, 39570 Montaigu
03 84 24 24 30 ● www.domaine-pignier.com
● Vente et visites : sur RDV.
Propriétaire : Famille Pignier
Maître de chai : Antoine Pignier

★★ ✦ DOMAINE FRANÇOIS ROUSSET-MARTIN

François Rousset-Martin a repris en 2007 cette exploitation familiale, longtemps coopératrice au sein de la fruitière vinicole de Voiteur, dont il vinifie pour son propre compte une partie de plus en plus importante des raisins. Œnologue de formation, biologiste, ce vigneron s'attache, en privilégiant le savagnin, à illustrer l'expression parcellaire de terroirs réputés autour de Château-Chalon. Les matières sont exceptionnelles, le non-interventionnisme qui préside à leur transformation aboutit parfois à des résultats déstabilisants. Tout le contraire de vins standardisés ou même canalisés, ce sont des expressions uniques qui interpellent le dégustateur. S'adressant autant aux puristes qu'aux audacieux, ils enrichissent le panorama des hautes incarnations jurassiennes et méritent la reconnaissance des grands amateurs, autant que l'ascension rapide dans notre hiérarchie.

Produits depuis longtemps en quantité infimes pour la consommation familiale, les château-chalon sont admirables.

Les vins : l'émotion extraordinaire que suscitent certaines cuvées, les savagnins en particulier, impose comme une évidence l'attribution d'une deuxième étoile au domaine. Nous avons goûté des vins singuliers, profonds, d'une puissante originalité mais en même temps humbles dans leur transcription des terroirs. Inévitable corollaire de cette approche, certaines cuvées semblent encore à l'état brut (c'est le cas des savagnins parcellaires 2019, qu'il faut impérativement attendre) ou même marquées par des traits que certains jugeront "déviants" (c'est le cas cette année du chardonnay La Chaux 2019, trop marqué par l'acidité volatile – à notre goût du moins). Le chardonnay Terres Blanches du même millésime est en revanche remarquable, brillant par son élan et sa pureté. Mis en bouteille après 43 mois d'élevage, le savagnin du Clos Bacchus 2018 affiche une richesse et une profondeur hors-normes, une saveur sensuelle portée très loin par une acidité étincelante. Chargé en gaz, peut-être fragile, le pinot noir 2020 possède lui aussi une sensualité touchante, avec beaucoup de subtilité dans l'évocation de la griotte confite au soleil. Les cuvées Oxy"more" 2018 ont été élevées quatre ans sous voile. Sec, exigeant, le chardonnay impressionne par son allonge tout en campant sur une forme d'austérité. Le savagnin déborde en revanche de personnalité, déployant une palette aromatique chatoyante au gré de cette acidité lumineuse, mûre, qui est l'apanage du cépage sur ses terroirs de prédilection. Le château-chalon 2012 approfondit avec bonheur cette veine extraordinaire, alliant tension et douceur, irrépressible jaillissement et délicatesse, suggestions andalouses (un côté amontillado) ou écossaises (l'immense allonge organique, fumée, saline et épicée, évoque un grand whisky des îles...).

▷ Château-Chalon Vigne aux Dames Voile Nº10 2012	100 €	99
▷ Côtes du Jura Chardonnay Oxy"more" Voile Nº4 2018	60 €	90
▷ Côtes du Jura Cuvée du Professeur Sous Roche 2019	50 €	94
▷ Côtes du Jura La Veine Bleue de Bacchus Clos Bacchus 2018	50 €	96
▷ Côtes du Jura Savagnin Oxy"more" Voile Nº4 2018	60 €	95
▷ Côtes du Jura Terres Blanches 2019	40 €	92
▷ Côtes du Jura Vigne aux Dames 2019	50 €	93
▶ Côtes du Jura Pinot Noir Cuvée 909 2020	36 €	92

Rouge : 1 hectare. Pinot noir 60 %, Poulsard

(ploussard) 40 %
Achat de raisins.
Blanc : 9 hectares. Savagnin 75 %, Chardonnay 25 %
Achat de raisins.
Production moyenne : 30 000 bt/an

DOMAINE FRANÇOIS ROUSSET-MARTIN
54, rue du Moulin, 39210 Nevy-sur-Seille
03 84 25 95 12 ● francoisrousset@wanadoo.fr
● Vente et visites : sur RDV.
Propriétaire : François Rousset-Martin

★ LUCIEN AVIET ET FILS - CAVEAU DE BACCHUS

Lucien Aviet dit Bacchus, personnage incontournable du vignoble jurassien, nous a quitté en mai 2021. Le faire-part de décès précisait "selon la volonté de Lucien, pensez à apporter votre verre pour trinquer à la Vie". Tout est dit. C'est désormais Vincent, son fils, qui perpétue seul la production traditionnelle de cuvées issues d'une mosaïque de vieilles vignes situées autour du merveilleux village vigneron de Montigny-les-Arsures. Tenant d'un style classique mais éloigné de toute routine, le domaine élabore des vins d'une grande sincérité, profondément enracinés, qui culminent avec le vin jaune et les superbes trousseaux déclinés par terroirs (rappelons que Montigny est l'épicentre du trousseau, berceau du fameux trousseau à la dame, aux grains très aérés).

Les vins : élevé en foudre, le melon à queue rouge, clone local de chardonnay, manifeste une profonde originalité dans sa sobriété même ; c'est un vin de matière, grassement texturé, un peu salin, à la fois accrocheur et tendu. Il faut laisser le temps aux trousseaux des millésimes 2019 et 2020, serrés, denses, fournis, dont la richesse de texture et de parfum est encore comprimée, repliée sur une réduction parfois nettement animale, comme dans le cas de la cuvée Marne Rouge 2020.

▶ Arbois Melon Cuvée des Docteurs 2020	18 €	90
▶ Arbois Trousseau Cuvée des Géologues Marnes Rouges 2020	21 €	88
▶ Arbois Trousseau Nonceau Cuvée des Géologues 2019	23 €	90
▶ Arbois Trousseau Nonceau Cuvée des Géologues 2020	21 €	91

Rouge : 2,5 hectares.
Blanc : 2,5 hectares.
Production moyenne : 20 000 bt/an

LUCIEN AVIET ET FILS - CAVEAU DE BACCHUS
4, rue de la Boutière,
39600 Montigny-lès-Arsures

03 84 66 11 02 ●
caveaubacchus39@gmail.com ● Vente et
visites : sur RDV.
Propriétaire : Vincent Aviet

★ DOMAINE BERTHET-BONDET

Chantal et Jean Berthet-Bondet, tous deux ingénieurs agronomes, ont délaissé la ville en 1985 pour créer ce domaine e 11 hectares, situés à parité en appellation Château-Chalon et en Côtes du Jura, certifiés en agriculture biologique depuis 2013. Hélène, la fille de Jean, est désormais aux commandes. La qualité progresse dans le sens de l'expression et de la pureté du fruit. De nouvelles cuvées et étiquettes de vins ouillés ont été intelligemment redéfinies, même si les cuvées élevées sous voile demeurent les vedettes incontestées du domaine, avec un château-chalon pouvant servir de modèle à la prestigieuse appellation.

Les vins : dans la lignée des deux millésimes précédents, le rouge Trio (60 % de trousseau, complété par le poulsard et le pinot noir) offre en 2020 un fruit dynamique, poivré, encore un peu réduit mais très sain et parfaitement typé Jura. Volubile et crémeux, le chardonnay ouillé La Poirière du même millésime est encore un peu boisé mais bénéficie d'un bon support acide. Des deux cuvées « sous voile » du millésime 2018, le pur savagnin se distingue par davantage de piquant aromatique (notes de cuir et d'épices, sotolon soutenu...) et surtout par l'éclat d'une fraîcheur acide qui transcende la richesse du millésime sans la masquer. Complet, droit et opulent à la fois, il déploie une longueur et un relief exemplaires. On peut en dire autant du merveilleux château-chalon 2014, noblement parfumé, intense et subtil, déjà très expressif (davantage que les millésimes précédents au même stade). L'émotion est au rendez-vous.

⮕ Côtes du Jura La Poirière 2020	15 €	**87**
⮕ Côtes du Jura Savagnin 2018	21 €	**93**
⮕ Côtes du Jura Tradition 2018	15,30 €	**90**
⮕ Côtes du Jura Trio 2020	14,50 €	**89**

Le coup de 💜

⮕ Château-Chalon 2014	42 €	**96**

Rouge : 3 hectares. Poulsard (ploussard) 34 %, Pinot noir 33 %, Trousseau 33 %
Blanc : 10 hectares. Savagnin 60 %, Chardonnay 40 %
Production moyenne : 50 000 bt/an

DOMAINE BERTHET-BONDET ♣

7, rue de la Tour, 39210 Château-Chalon
03 84 44 60 48 ● www.berthet-bondet.com
● Vente et visites : sur RDV.
Propriétaire : Hélène Berthet-Bondet

★ DOMAINE PHILIPPE CHATILLON

Philippe Chatillon a été pendant dix-huit ans le régisseur du domaine de la Pinte. Début 2013, il crée son propre domaine, dont une partie est déjà cultivée en biodynamie. Les vignes sont travaillées à la pioche et à l'atomiseur à dos ; bouse de corne et thé de compost sont employés pour revitaliser les sols. Les vins sont ensuite élevés dans une cave du XVIIe siècle à Poligny ; une harpe en cristal et des bols chantants sont censés les harmoniser en cave, grâce aux vibrations du son... Nous sommes tombés sous le charme de ces vins éclatants et personnels, souvent vibrants en effet, parfois un peu trop volatils ou à peine dégrossis, mais qui témoignent des soins jaloux que leur prodigue ce styliste majeur du Jura, qui s'apprête aujourd'hui à transmettre le domaine à son fils Anatole.

Les vins : l'échantillonnage envoyé cette année par Philippe Chatillon nous convainc davantage que celui goûté l'an dernier. Certains vins paraissent toujours bruts, ils gagneraient peut-être à être élevés plus longuement, mais les matières manifestent un rayonnement subtil. Encore un peu laiteux, le chardonnay 2021 possède une acidité délicate qui épouse le fruit, savoureusement citronné, teinté de tilleul et de verveine. Parmi les savagnins, tous issus du millésime 2020, Le Sage Vagnin offre un profil plus complexe que Les Nouvelles, bien doté, sain, mais encore fermentaire : c'est un blanc sensuel, intense, plus terrien dans son expression aromatique, porté par un fil d'acidité volatile ; un équilibre peut-être fragile mais duquel se dégage une vibration et un charme particulier. Amphore, cuvé six mois, est une remarquable incarnation du vin orange, à la fois suggestif (gingembre, curcuma, orange confite...) et mesuré, harmonieux dans sa présence tactile, avec des tanins enrobés qui ménagent la dynamique acide du cépage. Des deux rouges 2021, échantillonnés sur fût, nous retiendrons la qualité de sincérité du fruit et la densité de structure (faible récolte due au gel). La toute petite cuvée Amphore (unissant majoritairement pinot et trousseau) se démarque par son intensité et son allant admirable.

⮕ Arbois Savagnin Amphore 2020	de 52 à 60 € (c)	**93**
⮕ Arbois Savagnin Les Nouvelles 2020	de 30 à 40 € (c)	**91**
⮕ Le Sage Vagnin 2020	48 €	**93**
⮕ Côtes du Jura Amphore 2021	de 60 à 70 € (c)	**93**

🡒 Côtes du Jura La Grande Chaude
2021   de 30 à 40 € (c)   **90**

Rouge : 0,55 hectare.
Blanc : 2,95 hectares.
Production moyenne : 5 000 bt/an

DOMAINE PHILIPPE CHATILLON ♣

8 bis, rue du Collège, 39800 Poligny
06 45 39 17 63 ●
www.vins-philippechatillon.com ● Vente et
visites : sur RDV.
Propriétaire : Philippe Chatillon
Maître de chai : Anatole et Philippe Chatillon

★ LES PIEDS SUR TERRE

Avant était le domaine Morel-Thibaut, association de deux vignerons qui a fonctionné pendant 24 ans au cœur du vignoble jurassien, à Poligny. En 2014 l'entité s'est scindée en deux et Valentin Morel à pris la suite de son père Jean-Luc. Il ne s'est pas contenté de changer le nom du domaine, il a en quelques millésimes efficacement modifié l'image et la personnalité des cuvées. Les six hectares de vignes sont cultivés en agriculture biologique, avec une vive attention portée à la biodynamie et aux techniques de conservation des sols. Ancré dans les différentes parcelles que possède la famille (secteurs des Trouillots et de Saint-Savin), le jeune vigneron équilibre intuitivement tradition jurassienne (savagnin sous voile, remarquables poulsard et trousseau, superbes macvins) et propositions originales (blancs macérés, cuvée issue de cépages résistants...).

Les vins : le domaine ne nous ayant pas transmis ses vins, nous sommes amenés à reconduire les notes de notre édition précédente.

🡒 Crémant du Jura Brut nature
2018   de 15,50 à 22 € (c)   **90**
🡒 Côtes du Jura 2018   de 17 à 25 € (c)   **92**
🡒 Côtes du Jura Savagnin En Bois d'Arnaux
2018   de 18,50 à 30 € (c)   **94**
🡒 Côtes du Jura Poulsard Les Trouillots
2019   de 17,50 à 25 € (c)   **92**

Le coup de ♥
🡒 Côtes du Jura Trousseau
2019   de 17 à 25 € (c)   **95**

Rouge : 3 hectares.
Blanc : 3,5 hectares.
Production moyenne : 25 000 bt/an

LES PIEDS SUR TERRE ♣

8, rue Jacques-Coittier, 39800 Poligny
03 84 52 62 55 ●
www.vinlespiedssurterre.com/ ● Vente et
visites : sur RDV.

Propriétaire : Valentin Morel

★ DOMAINE DE MONTBOURGEAU

Encore trop méconnue, l'appellation L'Étoile peut donner naissance à des expressions d'une grande finesse, pourvu que le producteur fasse preuve de tact et de sensibilité. Nicole Deriaux, aidée par son fils César, possède sans aucun doute ces qualités. Nous apprécions particulièrement le style du domaine, sans frou-frou ni artifice, offrant des vins droits et intenses qui s'inscrivent sans aucun passéisme dans la meilleure tradition jurassienne. D'une superbe expressivité, la Cuvée Spéciale, chardonnay longuement élevé sous voile, et le vin jaune sont les plus réguliers dans l'excellence. De nouvelles cuvées parcellaires, comme Montangis ou Pied de Mont-Augy, semblent être de la même trempe, tout comme le savagnin Les Budes, premier blanc ouillé du domaine. Ce travail attentif et discret mérite davantage de reconnaissance et toute l'attention des aficionados du Jura. L'étoile est solidement accrochée.

Les vins : le domaine confirme sa forme actuelle avec une très belle salve de cuvées, où l'absence de marque stylistique permet l'expression de l'originalité du terroir, ou plutôt des terroirs, de l'Étoile. L'élevage se montre ainsi très respectueux du fruit dans la cuvée Pied de Mont-Augy 2020 ; le chardonnay issu de vieilles vignes offre sans détour de riches saveurs de poire et de noisette, avant de s'allonger vers une amertume marine. Même transparence d'expression dans l'Assemblage 2020, mi-chardonnay mi-savagnin, élevé un an en foudre, sobre, mûr, à la fois tendre et tonique. La Cuvée Spéciale impressionne encore davantage avec ce millésime 2017 qu'avec le précédent, offrant toujours une expression particulièrement nuancée et fine de l'évolution du vin sous voile, avec une tension omniprésente qui équilibre la puissance du goût, le fumé prenant en cours de bouche le relais du fenugrec du sotolon... Un mot enfin du trousseau 2020, concentré, bien en ligne, alliant caractère et potentiel d'évolution ; il témoigne des progrès accomplis par les (rares) rouges du domaine.

🡒 L'Etoile L'Assemblage 2020   20 €   **90**
🡒 L'Etoile Pied de Mont-Augy 2020   17 €   **91**
🡒 Côtes du Jura Trousseau 2020   22 €   **91**

Le coup de ♥
🡒 L'Etoile Cuvée Spéciale 2017   21 €   **93**

Rouge : 0,8 hectare. Trousseau 57 %, Poulsard (ploussard) 43 %
Blanc : 10,2 hectares. Chardonnay 73 %, Savagnin 27 %
Production moyenne : 50 000 bt/an

DOMAINE DE MONTBOURGEAU

53, rue de Montbourgeau, 39570 L'Étoile
03 84 47 32 96 ●
www.domaine-de-montbourgeau.fr ● Vente
et visites : sur RDV.
Propriétaire : Famille Deriaux
Maître de chai : César Deriaux

★ DOMAINE DU PÉLICAN

Propriété de François d'Angerville, du célèbre domaine éponyme de Volnay, et de François Duvivier, son régisseur, le domaine du Pélican est une création récente. Outre un vignoble jeune, replanté à partir de 2001, l'exploitation basée à Montigny-lès-Arsures a repris en fermage les vignes de Jacques Puffeney, figure historique de la viticulture arboisienne. Les premiers vins faisaient montre d'une grande maîtrise technique, des interprétations abouties mais un peu lisses des grands classiques de la région. La montée en puissance des derniers millésimes et la diversification des cuvées, dans lesquelles on perçoit l'apparition d'une sensibilité plus "jurassienne", justifient l'étoile que nous avons accordée l'an passé. Nous attendons avec impatience les premières cuvées élevées sous voile de cette propriété appelée à jouer un rôle majeur dans le paysage arboisien.

Les vins : avec des contours toujours nettement définis, purs et équilibrés, les 2020 sont bien calés dans la lignée des 2019. Le domaine affirme indubitablement un style. Nous escomptions cependant un crescendo plus marqué dans l'identité jurassienne et restons donc un peu sur notre faim. Les rouges sont distingués, élégants, mais retenus et parfois même un peu rigides (poulsard et trousseau). Laissons-les se détendre ; un trousseau Les Bérangères 2003 de Jacques Puffeney nous a tout récemment encore prouvé le potentiel d'évolution de ce cépage sur ce terroir. Comme l'an passé, notre préférence va au pinot noir, poivré, expressif, jaillissant et plein d'éclat. Parmi les chardonnays, au profil très soigneusement équilibré, c'est à nouveau la cuvée Grand Curoulet qui éveille le plus de sensations ; quoique encore réservée elle manifeste une personnalité originale, à la fois tranchante et sensuelle. En revanche le savagnin du même terroir, qui nous avait tant plu en 2019, nous déçoit un peu, tranchant, serré, il est un peu pris par son élevage. Nous lui préférons à ce stade la cuvée classique, très fraîche, pimpante, à la fois lactique et citronnée. La cuvée de macération est une nouvelle fois très réussie, maîtrisée, subtile, avec des tanins simplement suggérés, qui apportent une réelle profondeur de goût, dans un registre original partagé entre agrumes (pamplemousse) et épices (carvi).

⊏ Arbois Chardonnay 2020	Épuisé - 30 €	88
⊏ Arbois Chardonnay En Barbi 2020	Épuisé - 40 €	89
⊏ Arbois Chardonnay Grand Curoulet 2020	Épuisé - 40 €	91
⊏ Arbois Savagnin Macération Pelliculaire 2020	Épuisé - 35 €	92
⊏ Arbois Savagnin Ouillé 2020	Épuisé - 30 €	91
⊏ Arbois Savagnin Ouillé Grand Curoulet 2020	Épuisé - 45 €	90
▬ Arbois Clos Saint-Laurent Pinot Noir 2020	Épuisé - 35 €	92
▬ Arbois Poulsard 2020	Épuisé - 35 €	88
▬ Arbois Trois Cépages 2020	Épuisé - 35 €	90
▬ Arbois Trousseau Béranger 2020	55 €	89

Rouge : 4 hectares. Pinot noir 45 %, Poulsard (ploussard) 35 %, Trousseau 20 %
Blanc : 11 hectares. Savagnin 60 %, Chardonnay 40 %
Production moyenne : 60 000 bt/an

DOMAINE DU PÉLICAN ☽

16, rue de l'Ecole, Clos Saint-Laurent
39600 Montigny-lès-Arsures
03 80 21 61 75 ● info@domainedupelican.fr ●
Vente et visites : sur RDV.
Propriétaire : Guillaume d'Angerville et
François Duvivier

NOUVEAU DOMAINE

DOMAINE DES CAVARODES

Étienne Thiebaud conduit en paysan, et peut-être en poète, le domaine qu'il a fondé ex nihilo en 2007. Ses vignes couvrent des appellations et des géologies distinctes, en Arbois, mais aussi en Côtes-du-Jura (la partie nord, sur la commune de Mouchard) et en Vins de Pays de Franche-Comté, près d'Arc-et-Senans. En résultent des cuvées soigneusement élevées dans la petite cave de Cramans, qui par leur authenticité et leur profondeur de goût ont très tôt attiré l'attention des amateurs. Nous avouons un faible pour les rouges... Comme souvent avec les vins des artisans inspirés du Jura, il n'est pas facile de mettre la main sur les vins d'Étienne Thiebaud, le monde entier les désire.

Les vins : le poulsard arboisien 2020 illustre à merveille le génie particulier du cépage ; derrière une traditionnelle réduction organique, il livre les parfums fruités et floraux les plus fins, les plus exquis. La matière est parfaitement proportionnée pour porter cette merveilleuse saveur. Poulsard, pinot et trousseau du plus chiche millésime 2021 promettent également beaucoup. Toujours en 2020, le VDP de Franche-Comté, issu d'une vigne plus que centenaire, réunit pinot, trousseau, gamay ainsi que d'autres cépages "oubliés". En résulte un jus vif, dru, très parfumé, poivré et agreste comme une mendeuse (d'ailleurs il y en a quelques pieds dans la parcelle). Le VDP blanc, dominé par le chardonnay (70 %) offre une très belle saveur rassise, animée par une forte tension acide, très jurassien !

IGP Franche-Comté 2020	12 €	92
Arbois Poulsard de Chemenot 2020	13 €	94
IGP Franche-Comté 2020	12 €	92

DOMAINE DES CAVARODES

28, Grande Rue 39600 Cramans
06 22 74 96 70 •
domainedescavarodes.com/ • Visites : Pas de visites.
Propriétaire : Etienne Thiebaud

NOUVEAU DOMAINE

DOMAINE COURBET

Avec 4,5 ha en Château-Chalon sur les 9 que compte l'exploitation, le domaine Courbet est un représentant important de la prestigieuse appellation. 2019 est le premier millésime certifié en agriculture biologique pour ce domaine fondé en 1869, aujourd'hui dirigé par Damien Courbet. Toutes les cuvées de ce styliste exigeant montrent un souci du détail remarquable, avec sur les vins ouillés des élevages parfois encore prégnants. Ce sont bien les savagnins sous voile qui constituent la gloire du domaine, parmi les plus éclatants et les plus articulés produits aujourd'hui.

Les vins : vinifiée sans soufre, la cuvée Trousseau de la Vallée 2021 offre le plaisir immédiat d'un vin légèrement herbacé, acidulé (groseille), leste et "montagnard". Légèrement fumé, gras, tendu, le Chardonnay les Îles 2020 affiche une belle plénitude, sans mollesse. Savoureux, flatteur, exotique, le profil du Chardonnay de la Vallée 2019 va dans la même direction d'intensité et de générosité. Dans le côtes-du-jura Tradition 2019, 25 % de savagnin élevé sous voile viennent complexifier 75 % de chardonnay ouillé. Ici aussi l'accent est mis sur la générosité de la chair, la souplesse, avec des notes de fruits confits et beaucoup de moelleux, une accorte rondeur qui rend la cuvée très accessible. Le côtes-du-jura savagnin 2019 est une formidable introduction à la magie de ce grand cépage, ici élevé traditionnellement sous voile. À la fois aimable et généreux, il a conservé une belle part de fruit frais, enrichie par des notes de noix

grillée, de praliné. Venons-en aux chateau-chalon, d'une insigne finesse. Si le 2015 se ressent encore un peu de la mise récente, le 2014 est étincelant de fraîcheur, tranchant, interminable, conjuguant cohérence parfaite et distinction du registre aromatique, aux pénétrantes notes fumées.

Château-Chalon 2014	Épuisé - N.C,	95
Château-Chalon 2015	Épuisé - N.C,	93
Côtes du Jura Chardonnay de la Vallée 2019	Épuisé - N.C,	89
Côtes du Jura Chardonnay les Îles 2020	Épuisé - N.C,	90
Côtes du Jura Savagnin 2019	19,50 €	92
Côtes du Jura Tradition 2019	15,50 €	90
Côtes du Jura Trousseau de la Vallée 2021	Épuisé - N.C,	89

DOMAINE COURBET

39210 Nevy-sur-Seille
03 84 85 28 70 • Visites : Pas de visites.
Propriétaire : Jean-Marie Courbet

DOMAINE GRAND

Ce domaine historique basé à Passenans a connu une deuxième naissance lorsque Emmanuel Grand et sa compagne Nathalie, fille de vignerons arboisiens, le reprennent en 2015, réduisant considérablement la superficie du vignoble et décidant de le convertir en agriculture biologique. Les résultats ne se font guère attendre et la gamme, qui embrasse toutes les spécialités jurassiennes, progresse chaque année. "J'aime maîtriser, pour connaître", affirme le rigoureux Emmanuel Grand : son credo s'illustre parfaitement dans des vins très nets, pleins d'éclat, de gourmandise et de caractère. L'avenir leur appartient.

Les vins : le domaine confirme ses points forts, au sein d'une gamme jurassienne très complète. Le Mont Royal est une cuvée parcellaire de trousseau, qui en 2020 va encore plus loin dans l'opulence et l'intensité de goût que la déjà très riche cuvée "normale". Malgré son profil capiteux, ce vin déploie une finesse de grain et de nuance aromatique remarquable. Les deux blancs sous voile présentés offrent un profil élégant, élancé ; tonique, entre immortelle et noix verte, le savagnin 2016 illustre le caractère tranchant du millésime, alors que le vin jaune 2014 déploie un très beau naturel dans son allonge, qui finit par une seyante pointe d'amertume. Vieilli trois ans, le macvin offre un profil suave, sans agressivité, privilégiant un joli fruit de mirabelle.

Côtes du Jura Chardonnay La Grande Chaude 2021	20 €	88
Côtes du Jura Savagnin 2016	24 €	89
Côtes du Jura Vin Jaune 2014	38 €	92
Macvin du Jura	20 €	89
Côtes du Jura Trousseau 2021	20 €	89

Le coup de ♥

Côtes du Jura Trousseau Le Mont Royal 2020	40 €	92

Rouge : 2 hectares.
Blanc : 7,5 hectares.
Production moyenne : 35 000 bt/an

DOMAINE GRAND ♣

139, rue du Savagnin, 39230 Passenans
06 75 78 28 32 ● www.domaine-grand.com ●
Vente et visites : sur RDV.
Propriétaire : Emmanuel et Nathalie Grand

LE CELLIER DES TIERCELINES - VINS JÉRÔME ARNOUX

Natif de Montigny-les-Arsures, Jérôme Arnoux en est à sa vingt-sixième vinification dans le Jura. Après avoir été le bras droit de Stéphane Tissot, dirigé le château de Chavannes et vinifié les cuvées de l'ancien négoce du Caveau de la Reine Jeanne, l'homme de l'ombre revendique désormais son nom ! À compter du millésime 2015 ses initiales ornent en majuscules les bouteilles issues des 17 hectares de vignes qu'il exploite directement, en parallèle à son activité de négoce. C'est sur cette gamme que se porte notre attention. Épaulé par l'œnologue vigneron Emmanuel Lançon, il produit des cuvées (13 références) fines et expressives, emblématiques du renouveau jurassien contemporain, sans revendiquer de label ni de chapelle. Une gamme à découvrir d'autant plus impérativement que les tarifs demeurent des plus sages.

Les vins : comme nous le soulignions cette année dans le numéro spécial bonnes affaires de la RVF, voici aujourd'hui incontestablement l'une des meilleures portes d'entrée dans l'univers de la singularité jurassienne ! Les blancs atteignent de hauts niveaux d'intensité et de caractère, notamment les chardonnays, avec au sommet une cuvée Quintessence 2018, issue de vieilles vignes implantées dans un terroir calcaire. Fort distinguée et déjà accessible, elle conserve une remarquable fraîcheur malgré sa richesse. 16 euros, pour le même prix, que peut-on boire en Bourgogne ? Des deux savagnins présentés nous préférons largement Autrement 2016, qui a mis cinq ans à finir ses sucres, original, profond, miellé et rassis sans pencher vers le registre oxydatif. Les crémants élevés longuement sur lattes méritent

une attention particulière. Tout comme les rouges, parfumés, entiers, au caractère arboisien affirmé, mais qui peuvent se montrer capricieux, à l'image du trousseau 2020, tantôt renfrogné et animal, tantôt débordant de fruit enjôleur.

Arbois Chardonnay Chantemerle 2018	14 €	90
Arbois Initial 2019	12 €	88
Arbois Qunitessence 2018	16 €	91
Arbois Savagnin Entre Deux 2020	17 €	86
Crémant du Jura Élégance	14 €	88
Macvin du Jura	18 €	89
Vin de Paille 2015	28 €	91
Arbois Friandise 2021	14 €	90
Arbois Trousseau Exception 2020	16 €	88

Le coup de ♥

Arbois Savagnin Autrement 2016	13 €	92

Rouge : 5 hectares. Pinot noir 40 %, Poulsard (ploussard) 40 %, Trousseau 20 %
Achat de raisins.
Blanc : 15 hectares. Chardonnay 60 %, Savagnin 40 %
Achat de raisins.
Production moyenne : 160 000 bt/an

LE CELLIER DES TIERCELINES - VINS JÉRÔME ARNOUX

23, route de Villeneuve, 39600 Arbois
03 84 37 36 09 ● www.jeromearnoux.com ●
Vente et visites : sur RDV.
Propriétaire : Jérôme Arnoux

LULU VIGNERON

Ce domaine confidentiel, également connu sous le nom des Chais du Vieux Bourg, a été créé en 2003 par Ludwig Bindernagel, architecte d'origine munichoise passionné par le vin, et quelques amis. Les vins sont issus de vieilles vignes situées au Vernois et à Quintigny. Nous aimons le naturel de ces cuvées qui laissent s'exprimer la richesse et la profondeur du raisin, sans interventionnisme ni parti pris stylistique. Vinifiées et élevées dans les caves situées sous la maison du vigneron (Lulu Vigneron, comme l'attestent en gros caractères les étiquettes), elles personnifient la richesse et l'individualité de ces productions artisanales qui font la force du Jura et entretiennent l'aura singulière de ce vignoble.

Les vins : le domaine ne nous ayant pas transmis ses vins, nous sommes amenés à reconduire les notes de notre édition précédente.

Côtes du Jura Chardonnay BB1 2019	15 €	88

🍷 L'Étoile QV d'étoiles 2018	23 €	91

Le coup de ❤

🍷 L'Étoile au levant 2018	21 €	91

Rouge : 1 hectare.
Blanc : 3 hectares.
Production moyenne : 12 000 bt/an

LULU VIGNERON
30, Grande-Rue, 39800 Poligny
03 63 86 50 78 ● l.bindernagel@gmail.com ●
Vente et visites : sur RDV.
Propriétaire : Ludwig Bindernagel

NOUVEAU DOMAINE

DOMAINE FRANÇOIS MOSSU

François Mossu cultive à Voiteur un vignoble qu'il a lui-même replanté à partir de 1986 sur les terres de son grand-père. Cette forte personnalité perpétue la culture de l'historique vin de paille, à majorité de poulsard, qui est devenu la production emblématique du domaine. Le savagnin constitue l'autre versant de la tradition jurassienne, ici perpétuée mais toujours en mouvement, notamment au travers de somptueux château-chalon. On trouvera aussi un rouge singulier, en VDF, Le Sang de Gaillardon, assemblage de nombreux cépages, dont certaines obtentions suisses. Alexandra, la fille de François, prend peu à peu le relais de son père. Voici une source précieuse de vins à l'indomptable personnalité jurassienne.

Les vins : avec ses délicates notes de curry et sa belle vivacité, le côtes-du-jura savagnin 2018 permet d'aborder en douceur le "goût de jaune". Prestige de Gaillardon est un assemblage de plusieurs années (2012, 2013, 2105) de savagnin issu du terroir de Château-Chalon ; il se dégage de sa dégustation une impression de fraîcheur et de grande cohérence. L'intensité des arômes, fortement typés par l'élevage sous voile, est remarquable : on est au cœur de l'identité jurassienne ! Comme bien entendu avec le remarquable château-chalon 2015, dense, doré, vigoureux, singulièrement riche en matière comme en goût mais conservant un allant formidable dans ce millésime solaire. Porté par une acidité vibrante, avec des arômes qui oscillent entre nèfle, pâte de coing et fleurs fanées, le vin de paille est un modèle du genre.

🍷 Château-Chalon	33 €	95
🍷 Côtes du Jura Prestige de Gaillardon	20 €	91
🍷 Côtes du Jura Savagnin 2018	14 €	90
🍷 Vin de Paille 2015	22 €	92

DOMAINE FRANÇOIS MOSSU
3, route de Ménétru, 39210 Voiteur
03 84 85 26 35 ● Pas de visites.
Propriétaire : François Mossu

DOMAINE DE LA PINTE

Ce vaste domaine sis sur les communes d'Arbois et de Pupillin a été fondé par le Bourguignon Roger Martin, qui, en plantant 14 hectares de savagnin, en a fait dans les années 1950 le plus important vignoble du Jura consacré à ce cépage. Pierre, son fils, et Vincent, son petit-fils, en ont aujourd'hui la charge. On pratique ici une viticulture biologique depuis 1999, et biodynamique depuis 2009. C'est désormais Emmanuelle Goydadin, maître de chai depuis une dizaine d'années, qui assure la vinification et l'élaboration des cuvées. De nombreux millésimes anciens sont encore disponibles à prix doux.

Les vins : ce sont des vins généreux, sincères, qui vont d'eux-mêmes vers le buveur. Des deux chardonnays nous préférons Fonteneille 2019, qui manifeste davantage d'originalité et de caractère, à la saveur large et libre, suggérant le mousseron et presque déjà la cèpe. On retrouve cette immédiateté savoureuse dans l'assemblage Cuvée d'Automne, typé par le savagnin non ouillé (85 %), une introduction pleine de douceur et de charme à la typicité jurassienne. Solaire, le savagnin ouillé 2018 manifeste les mêmes qualités de générosité, avec une tenue acide supérieure. En rouge, le trousseau 2020 offre une expression simple et franche, avec un fil d'acidité volatile qui en accentue la fraîcheur.

🍷 Arbois Chardonnay 2020	13,50 €	88
🍷 Arbois Cuvée d'Automne	20,50 €	89
🍷 Arbois Savagnin 2018	25,50 €	90
🍷 Arbois-Pupillin Chardonnay Fonteneille 2019	20,50 €	90
🍷 Arbois Trousseau 2020	25,50 €	89

Rouge : 8 hectares. Poulsard (ploussard) 56 %, Pinot noir 28 %, Trousseau 16 %
Blanc : 22 hectares. Savagnin 65 %, Chardonnay 35 %
Production moyenne : 100 000 bt/an

DOMAINE DE LA PINTE ♣
Route de Lyon, 39600 Arbois
03 84 66 06 47 ● www.lapinte.fr ● Vente et visites : sur RDV.
Propriétaire : Pierre Martin
Directeur : Vincent Martin
Maître de chai : Emmanuelle Goydadin

DOMAINE ROLET PÈRE ET FILS

L'appellation Arbois doit beaucoup au domaine Rolet. S'il a su au fil des ans conserver un style propre, alliance d'une facture classique ancrée dans le goût jurassien et d'une bonne maîtrise technique, le domaine n'est pas toujours parvenu à l'homogénéité dans l'étendue de sa gamme. Les vins typés par l'élevage sous voile (en particulier les vins jaunes d'Arbois) sont les plus régulièrement réussis. Au printemps 2018 le domaine et son vignoble ont été acquis par la famille Devillard, bien connue pour sa production bourguignonne, avec d'autres actionnaires. Sous l'égide de Cédric Ducoté les derniers millésimes montrent une assurance stylistique accrue et davantage de régularité, nous nous en réjouissons.

Les vins : au sein d'une gamme désormais très sereine, les spécialités jurassiennes se détachent avec un sens de l'à-propos tout particulier. C'est le cas des cuvées Tradition, en blanc, associant adroitement chardonnay ouillé et savagnin sous voile, comme en rouge, avec un 2019 distingué, frais, didactique. C'est évidemment aussi le cas de l'emblématique vin jaune, doré, expressif, puissant et généreux (très arboisien !) même dans le froid millésime 2013, ainsi que du vin de paille, généreux en suggestions de pâtes de fruits et porté par une vivifiante acidité. Notons également la belle tenue du trousseau 2019, clair et framboisé, ainsi que celle des blancs ouillés. Parmi les crémants la cuvée Coeur de Chardonnay se démarque par sa vivacité et sa plaisante rémanence de noisette grillée.

Arbois Chardonnay 2019	14 €	89
Arbois Savagnin Ouillé 2020	15,60 €	90
Arbois Tradition 2015	18,50 €	89
Arbois Vin Jaune 2013	38 €	93
Arbois Vin de Paille 2015	31 €	90
Crémant du Jura Blanc de Noirs 2018	16,70 €	86
Crémant du Jura Brut	12 €	86
Crémant du Jura Cœur de Chardonnay 2016	19 €	88
Arbois Tradition 2019	12 €	90
Arbois Trousseau 2019	13 €	90

Rouge : 18 hectares.
Blanc : 44 hectares.
Production moyenne : 320 000 bt/an

DOMAINE ROLET PÈRE ET FILS

Route de Dole, Chemin de Montesserin, 39600 Arbois
03 84 66 00 05 ● www.domaine-rolet.fr ●
Vente et visites : sur RDV.

Propriétaire : Familles Devillard, Dupuis et Flambert
Directeur : Cédric Ducoté
Maître de chai : Chloé Weber

DOMAINE DE LA TOURAIZE

Cela fait plusieurs années que les vins de ce domaine arboisien se démarquent avec une grande régularité lors de nos dégustations à l'aveugle. Le domaine est historique, puisque André-Jean Morin incarne la huitième génération d'une lignée vigneronne à Arbois. L'affirmation est cependant récente, puisqu'il ne quitte la coopération qu'en 2009 pour tenter avec son épouse Héléana l'aventure indépendante. Les vins sont issus d'un vignoble de neuf hectares bien équilibré entre raisins blancs et rouges, certifié en biodynamie depuis 2020 ; leur style s'inscrit à la fois dans la typicité arboisienne et dans le meilleur de ce que la mouvance nature a apporté au Jura : finesse du propos aromatique et sensualité de matières très complètes.

Les vins : André-Jean Morin nous avait enthousiasmé avec ses rouges 2019 et 2020. Cette année toute la lumière se dirige vers les blancs. Élevé deux ans en foudre, le chardonnay 2019 manifeste beaucoup de caractère, de richesse et de cohérence. Soclé par une acidité vibrante, c'est un exemple remarquable de typicité jurassienne et marneuse du chardonnay. Haute expression également du savagnin Les Terres Bleues, qui conjugue à merveille la générosité du millésime et l'acidité dynamique du cépage. Le poulsard La Cabane 2021, moins flamboyant que le 2020, possède néanmoins un parfum et une identité qui font honneur à ce cépage capricieux mais inspiré.

Arbois Chardonnay Montalaboz 2019	25 €	93
Arbois Poulsard la Cabane 2021	23 €	90

Le coup de ♥

Arbois Savagnin Les Terres Bleues 2020	29 €	94

Rouge : 4 hectares.
Blanc : 5 hectares.
Production moyenne : 30 000 bt/an

DOMAINE DE LA TOURAIZE ♣

7, route de Villette, 39600 Arbois
06 09 69 24 55 ● www.domaine-touraize.fr ●
Vente et visites : sur RDV.
Propriétaire : Héléana et André-Jean Morin
Directeur : idem

LES MEILLEURS VINS
du Languedoc

PAR JÉRÉMY CUKIERMAN
ET CAROLINE FURSTOSS,

*en charge des vins du Languedoc au sein du comité
de dégustation de La Revue du vin de France*

N

LANGUEDOC GRÉS DE MONTPELLIER
LANGUEDOC SAINT-DRÉZÉRY
LANGUEDOC SAINT-CHRISTOL
LANGUEDOC SOMMIÈRES

Hérault

Nîmes

TERRASSES DU LARZAC

TERRASSES DU LARZAC

Orb

PIC-SAINT-LOUP

Sommières

LANGUEDOC MONTPEYROUX
LANGUEDOC SAINT-SATURNIN
CLAIRETTE DU LANGUEDOC
LANGUEDOC CABRIÈRES
LANGUEDOC PÉZENAS
SAINT-CHINIAN
SAINT-CHINIAN ROQUEBRUN
SAINT-CHINIAN BERLOU
MUSCAT DE SAINT-JEAN-DE-MINERVOIS
MINERVOIS
MINERVOIS LA LIVINIÈRE
MINERVOIS
CABARDÈS
MINERVOIS
MALEPÈRE
LIMOUX
BLANQUETTE-DE-LIMOUX
CRÉMANT-DE-LIMOUX

Lodève

St-Christol

MUSCAT DE LUNEL

Montpellier

LANGUEDOC LA MÉJANELLE

FAUGÈRES

LANGUEDOC GRÉS DE MONTPELLIER

LANGUEDOC GRÉS DE MONTPELLIER

Pézenas

SAINT-CHINIAN

LANGUEDOC SAINT-GEORGES-D'ORQUES

St-Chinian

LANGUEDOC

PICPOUL DE PINET

MUSCAT DE MIREVAL

Béziers

Sète

MUSCAT DE FRONTIGNAN

Aude

LANGUEDOC

Cap d'Agde

arcassonne

Lézignan-Corbières

Narbonne

LA CLAPE

LANGUEDOC QUATOURZE

Limoux

CORBIÈRES-BOUTENAC

CORBIÈRES

FITOU ET CORBIÈRES

FITOU ET CORBIÈRES

MER MÉDITERRANÉE

Aude

Maury

Tautavel

Rivesaltes

LANGUEDOC

Perpignan

Prades

Têt

Collioure

Céret

Banyuls-sur-Mer

ESPAGNE

Superficie
245 000 hectares

Cépages principaux
Vins rouges :
carignan noir, cinsault, grenache noir, mourvèdre, syrah, cabernet-sauvignon, merlot, pinot noir

Vins blancs :
clairette, grenaches blanc et gris, bourboulenc, macabeu, marsanne, muscat, rolle, roussanne, picpoul, chardonnay, sauvignon

Volume produit en 2021
13 600 000 hectolitres

LANGUEDOC

50 km

Légendes Cartographie

LES APPELLATIONS

—

En trente ans, le vignoble languedocien s'est profondément restructuré, passant de 450 000 à 245 000 hectares. Aujourd'hui, il se décline en cinq grandes catégories.

LES VINS SANS INDICATION GÉOGRAPHIQUE

Autrefois prépondérante, cette catégorie ne représente plus que 7 % de la production. Certains vignerons, qui souhaitent sortir du système des appellations, y élaborent des vins parfois très onéreux.

LES IGP D'OC

Cette catégorie représente près de 78 % de la production. Elle regroupe les vins qui ne bénéficient pas d'une AOC. S'il existe une dénomination générique Pays d'Oc, IGP couvrant tout le Languedoc, il y a une subdivision pour chaque département (IGP Hérault, IGP Aude...). Enfin, le Languedoc bénéficie d'une kyrielle de dénominations locales : IGP Haute Vallée de l'Orb, IGP Côtes de Thau...

L'APPELLATION RÉGIONALE

Depuis 2007, il existe une nouvelle grande appellation régionale qui couvre l'ensemble du vignoble, l'AOC Languedoc. Elle est destinée à des vins d'entrée de gamme et remplace également l'ancienne dénomination : AOC Coteaux du Languedoc.

LES DÉNOMINATIONS DE L'AOC LANGUEDOC

Accolées au nom de l'AOC Languedoc, ces dénominations identifient douze secteurs. On trouve ainsi les AOC Languedoc-Quatourze, Languedoc-Pézenas, Languedoc-Grés de Montpellier, Languedoc-Sommières, Languedoc-Cabrières, Languedoc-Saint-Saturnin, Languedoc-Montpeyroux, Languedoc-Saint-Georges-d'Orques, Languedoc-La Méjanelle, Languedoc-Saint-Drézéry, Languedoc-Saint-Christol.

LES AOC

Cabardès : appellation de rouges et de rosés, qui marie les cépages "atlantiques" (cabernet, merlot, malbec) aux cépages "méditerranéens" (syrah, grenache). Quelques domaines se distinguent, mais beaucoup de travail reste à accomplir.

Malepère : reconnue depuis 2007, cette appellation requiert dans ses rouges au moins 50 % de merlot. Les caves coopératives dominent très largement, avec une production de masse. Deux ou trois bons domaines émergent depuis peu.

Limoux : crémant, blanquette ou méthode ancestrale constituent la majeure partie de la production. Les rouges doivent encore faire leurs preuves. Les blancs de chardonnay, mauzac ou chenin peuvent être remarquables sur les secteurs d'altitude.

Picpoul de Pinet : petite appellation littorale de vins blancs, d'un style tonique et parfois perlant, dédiés aux huîtres de Bouzigues.

Pic Saint-Loup : situé au nord de Montpellier, adossée aux contreforts cévenols, Pic Saint-Loup est une appellation à part entière depuis 2016, reconnue pour ses vins rouges structurés et fins élaborés principalement à partir de syrah et de grenache.

Saint-Chinian : ce vignoble du Haut-Languedoc est construit autour des hommes et non de la réalité du terroir. Il n'y a rien de commun entre les rouges de la zone des schistes du nord, très tendres, et ceux de la partie sud argilo-calcaires, denses et structurés. Depuis 2004, les secteurs de Berlou et de Roquebrun sont individualisés.

Faugères : il existe ici un potentiel intéressant pour des vins rouges sur schistes, plus élégants que la moyenne des crus régionaux. L'appellation progresse beaucoup autour d'assemblages souvent dominés par la syrah, mais où carignan et mourvèdre s'expriment avec panache. Depuis 2004, l'appellation Faugères peut produire du blanc sous son nom.

Minervois : la production est aujourd'hui homogène, mais ces dernières années, quelques domaines sortent du lot. On souhaiterait parfois davantage de fraîcheur et d'originalité, et un encépagement moins focalisé sur la syrah.

Minervois La Livinière : cette distinction, à l'intérieur de l'appellation Minervois, concentre un certain nombre de vignerons de qualité, dont les vins s'affichent dans un style rond et suave.

Fitou : divisée en deux parties bien distinctes (littoral et intérieur), cette appellation ancienne possède de véritables atouts pour produire des vins rouges profonds et structurés. Malgré quelques exceptions, la qualité globale demeure prévisible, dans un style méditerranéen. Les caves coopératives sont omniprésentes.

Corbières : cette vaste appellation produit beaucoup, et pas toujours le meilleur. On y trouve des domaines très dynamiques, qui proposent des vins rouges de mieux en mieux construits, notamment dans des secteurs comme la Montagne d'Alaric. On note aussi l'émergence de secteurs d'altitude pour les blancs et les rosés.

Corbières-Boutenac : cette appellation se distingue avec quelques vignerons de talent.

Terrasses du Larzac : terroir d'altitude situé au nord-ouest de Montpellier, cette nouvelle AOC (créée en 2014) concentre un bon nombre de vignerons ambitieux.

La Clape : créée en 2015, l'appellation, entre Narbonne et la mer, produit surtout des vins rouges (80 %) et une petite minorité de blancs (20 %).

Les muscats : dans cet ensemble, on retrouve les AOC historiques de Muscat de Frontignan (603 hectares), Muscat de Lunel (320 hectares),

Muscat de Mireval (290 hectares) et Muscat de Saint-Jean-de-Minervois (200 hectares).

Clairette du Languedoc : la plus petite appellation du Languedoc produit des vins blancs tranquilles à partir du cépage clairette.

LES CÉPAGES
—

LES CÉPAGES ROUGES

Le Languedoc est largement dominé par les cépages rouges (75 % du vignoble). Plus de cinquante d'entre eux sont cultivés. La **syrah** arrive en tête avec plus de 40 000 hectares plantés, devant le **grenache noir** (38 300 hectares), le carignan (29 900 hectares) et le merlot (28 100 hectares). Et aussi, toujours par ordre d'importance : **cabernet-sauvignon, cinsault, mourvèdre, cabernet franc, pinot noir, marselan, alicante, caladoc...**

LES CÉPAGES BLANCS

Les cépages blancs ne représentent que 9 % des vignes du Languedoc, avec une profonde mutation ces dernières années et la montée en puissance des cépages extérieurs. La star incontestée des cépages blancs de la région n'est autre que le **chardonnay**, celui qui a fait la réputation des grands vins blancs de Bourgogne, passé d'un millier d'hectares à 14 400 en vingt ans.

À part le chardonnay, on trouve également de nombreux cépages blancs : **sauvignon, muscat** (à petits grains et **d'Alexandrie**), **viognier, grenaches blanc et gris, macabeu, vermentino, piquepoul, colombard, roussanne, mauzac, ugni blanc, marsanne...**

ASSOUVIR SA FAIM DE LOUP AUTOUR DU GOLFE DU LION

RESTAURANTS

MATTHIEU DE LAUZUN

Le restaurant gastronomique de Matthieu de Lauzun est particulièrement recommandable pour ses accords mets et vins. Il brille ainsi en mariant un viognier de Pierre Vaïsse à une pastilla de volaille aux épices marocaines. Menus : 60, 77 et 105 €.
Prieuré de Saint-Jean de Bébian,
Route de Nizas, 34120 Pézenas
TÉL : 04 99 47 63 91
www.restaurant-delauzun.com

LE POISSON ROUGE

Un des rares restaurants de plage ouverts à l'année, proposant une cuisine autour du poisson mais aussi de belles pièces de viandes. Une carte travaillée autour des vins du Languedoc-Roussillon, dont beaucoup de domaines présents dans le guide. Un spot pour un dîner romantique, coucher de soleil sur la méditerranée en prime ! Menu dégustation à partir de 32 €.
32, rue Paul Riquet
34110 Frontignan Plage
TÉL : 04 99 04 05 03
www.le-poisson-rouge.fr

PASTIS RESTAURANT

Étoilé par le Guide Michelin, ce restaurant chic et décontracté est situé dans le pittoresque quartier Sainte-Anne, à Montpellier. La cuisine aux accents méditerranéens — avec notamment un veau du Ségala à tomber — est splendide. Tout ce qu'il y a de plus raffiné. La carte de vins, dotée des plus belles cuvées de la région, est très travaillée. Menus de 38 à 56 €, sans compter les vins.
3, rue Terral, 34000 Montpellier
TÉL : 04 67 66 37 26.
www.pastis-restaurant.com

CHAMBRES D'HÔTES

VILLAGE CASTIGNO

Ce concept unique propose des hébergements magnifiques dans différents lieux du village, ainsi que plusieurs restaurants et bars à vins. Le Village Castigno propose également une foule d'activités, qui vont de la dégustation des vins de la propriété à la cueillette d'herbes sauvages... De 100 à 650 € la nuit.
Rue des Écoles, 34360 Assignan
TÉL : 04 67 24 24 41
www.villagecastigno.com

RELAIS CHANTOVENT

Accroché aux falaises qui surplombent les gorges du Brian, le relais Chantovent est une étape de charme. D'un côté, des chambres chaleureuses, d'un rapport qualité-prix imbattable ; de l'autre, un restaurant à la vue imprenable, qui met en avant les produits locaux (cochon cuit vingt-quatre heures) arrosés d'une carte des vins pertinente, avec une priorité donnée aux crus régionaux — parmi lesquels on trouvera les plus belles références du Minervois. Menus de 21 à 51 €.
17, Grand-Rue, 34210 Minerve
TÉL : 04 68 91 14 18
www.relaischantovent-minerve.fr

BAR À VINS

GRAND CAFÉ OCCITAN

Au cœur du Minervois, ce bar à vins fait vivre les cuvées du Château Maris. L'occasion de déguster des millésimes affinés agrémentés d'une cuisine familiale et locale, disponible à partir de 16 €.
7, rue de l'Occitanie, 34210 Félines-Minervois. TÉL : 04 30 16 62 72.
www.grandcafeoccitan.com

CAVISTES

LA MAISON DES VINS DE SAINT-CHINIAN

Le syndicat du cru a élu domicile dans la maison natale de Charles Trenet. On y retrouve l'ensemble des producteurs de Saint-Chinian. Emplacement idéal sur la promenade, où se tient le marché le jeudi et dimanche matin, à l'ombre des platanes.
1, rue Charles Trenet,
34360 Saint-Chinian
TÉL : 04 67 38 11 69
www.saint-chinian.pro/fr/

CAVISTE VIE D'OC

Jean-Michel Boron a fondé cette cave spécialisée dans les vins de la région. Très belle sélections avec pas moins de 80 vignerons et 600 références. Même les crémants, bières et whiskys viennent exclusivement du Languedoc-Roussillon.
ZAC de Mateille, 11430 Gruissan,
TÉL : 09 81 05 13 76
& 12 rue Emile-Zola, 11100 Narbonne
TÉL : 09 81 05 79 69
www.vie-d-oc.fr

★★★ DOMAINE LES AURELLES

Depuis 1995, Basile Saint-Germain et son épouse Caroline travaillent avec une exigence écologique confinant au sacerdoce (sans engrais, ni désherbant, ni pesticide) ce vignoble situé sur les croupes villafranchiennes des environs de Nizas. Des rendements faibles, une attention aiguë portée à chaque détail, une volonté rare de ne commercialiser les bouteilles qu'à l'issue d'élevages très longs dans des cuves émaillées : tout concourt ici à élaborer des vins civilisés, digestes, au fruit subtil, polis et lentement assagis par le temps. Cependant, le plaisir n'est pas toujours immédiat : même avec quelques années en bouteilles, les vins sont sensibles à la température et au service. Nous suivons avec attention l'évolution de ce domaine.

Les vins : le domaine nous a fait à nouveau parvenir Solen 2015. Nous maintenons nos notes et nos impressions sur un vin un peu plus solaire qu'à son habitude, même si le tanin est délicat et le milieu de bouche très soyeux. La finale a du mal à se départir de la chaleur et de la sécheresse du millésime.

🍷 Languedoc Pézenas Solen 2015   45 €   **93**

Rouge : 7,5 hectares. Grenache noir 39 %, Carignan 34 %, Mourvèdre 19 %, Syrah 8 %
Blanc : 0,95 hectare. Roussanne 100 %
Production moyenne : 21 000 bt/an

DOMAINE LES AURELLES
8, chemin des Champs-Blancs, 34320 Nizas
04 67 25 08 34 ● www.les-aurelles.com ●
Vente et visites : sur RDV.
Propriétaire : Basile Saint-Germain
Œnologue : Margarethe Chapelle

★★★ MAS JULLIEN

Depuis 1985, Olivier Jullien défriche inlassablement pour trouver de nouveaux terroirs et faire briller les Terrasses du Larzac. Ce vigneron inspiré, éloquent, toujours en quête de découverte, a montré la voie vers une viticulture intelligente, respectueuse et passionnée. Sa démarche teintée d'honnêteté, d'amour pour le lieu et pour ses nuances, suscite à juste titre l'admiration de ses pairs. Les cépages ont changés de nombreuses fois depuis le début de l'aventure, le parcellaire aussi, Olivier ayant découvert de nouveaux grands terroirs à révéler. Pour autant la trame reste. Les vins rouges sont droits, frais, crayeux, structurés, souvent réservés dans leur jeunesse, mais d'une race et d'une brillance à part. Jamais en démonstration aromatique, verticaux, étirés, ils parlent le langage du lieu, ils vieillissent à merveille, sans prendre de ride, et démontrent

après une bonne dizaine d'années toute leur plénitude. Quant au blanc, il a un éclat, une salinité et une patine incomparables. À l'instar des rouges, il défie le temps avec insolence et semble immortel. Un domaine unique, par sa sensibilité, les vins produits et le chemin parcouru.

Les vins : le rosé 2021 est dense, iodé et profond. Il défie les modes, avec sa robe colorée, ses tanins présents, complexes, qui le destinent à la table. Le blanc a son éclat habituel, avec ses senteurs d'aubépine, de miel de bruyère et son grillé délicat. La bouche est à l'unisson, pleine, caressante et salivante. Un très grand vin. Quant aux rouges, Carlan est le plus tendre et le plus ouvert à ce stade. Il a la sérénité du lieu, avec son aromatique délicate, sur la réglisse et le camphre, des tanins enrobés et une puissance maîtrisée. La Brune 2019 est également très soyeux, gracieux, sombre, mais d'un tactile délicat. Le nez épicé, est encore timide, mais la bouche parle déjà avec beaucoup de justesse. Autour de Jonquières 2019 est plus sombre, sur le graphite, le thym, le laurier et la prune noire. La finale est un peu plus charnue sur cette année solaire, mais reste très longue, après un milieu de bouche caressant. Lous Rougeos est opaque, solennel, fumé, salin, sans concession. Ses amers lui procurent une grande allonge. Un vin de montagne, d'une tension impressionnante.

🍷 Terrasses du Larzac Autour de Jonquières 2019   38 €   **95**

🍷 Terrasses du Larzac Carlan 2020   38 €   **96**

🍷 Terrasses du Larzac La Brune 2019   38 €   **97**

Le coup de ♥

🥂 IGP Pays d'Hérault 2020   38 €   **97**

🍷 Languedoc 2021   17 €   **93**

🍷 Terrasses du Larzac Lous Rougeos 2020   38 €   **98**

Rouge : 18 hectares. Carignan 30 %, Mourvèdre 26 %, Syrah 18 %, Cinsault 13 %, Grenache noir 13 %
Blanc : 5 hectares. Carignan 65 %, Chenin 25 %, Grenache blanc 10 %
Production moyenne : 70 000 bt/an

MAS JULLIEN ♣
Route de Saint-André, 3, chemin du Mas Jullien, 34725 Jonquières
04 67 96 60 04 ● masjullien@free.fr ● Vente et visites : sur RDV.
Propriétaire : Olivier Jullien

★★★ DOMAINE PEYRE ROSE

C'est au cœur de la garrigue, au sud-ouest de Montpellier, que Marlène Soria écrit, depuis plus de quarante ans, une des histoires viticoles les plus inspirantes de la région. Après avoir fait carrière dans l'immobilier, la néo-vigneronne s'installe à Saint-Pargoire en 1980, pour se rapprocher du végétal et s'éloigner du monde. Infatigable défricheuse, elle va rapidement planter des vignes autour de sa propriété. Quelques 17 hectares de vignoble sont enracinés en l'espace de trois ans. La propriété en totalise aujourd'hui 24. Une viticulture extrêmement respectueuse s'impose immédiatement. Chez Marlène Soria, la patience est de mise, avec des élevages très longs, peu marqués, pour laisser la patine du temps faire son œuvre. Les rouges ont de l'énergie, de la tension et beaucoup de charpente qui nécessitent du temps pour apaiser leur fougue juvénile. Ils expriment un formidable paradoxe, entre l'aromatique parfumée et délicate et l'abondance de muscle. Quant au blanc, Oro, porte d'or du domaine, son toucher de bouche s'affine chaque année, pour autant d'émotions tactile et aromatiques renouvelées. Une petite rareté, tant par son profil à part que par les tout petits volumes produits.

Les vins : la tapenade, le cuir et le bacon impriment le nez du VDF Les Cistes 2012. La bouche est encore très dense, sudiste, riche, sur l'anis et le tabac. Belle Léone 2012 est également réservé, sombre, charpenté, sur le fusain et le cuir. Il mérite encore d'être attendu pour que la structure s'assagisse. Sur le même millésime, Marlène Nº3 est en retenue, sur le tabac et la réglisse. Trois vins concentrés, encore serrés à ce stade. Clos des Cistes 2006 nous invite à pénétrer un univers plus tellurique, entre humus et senteurs de sous-bois. La bouche commence à s'assagir, avec son habituelle tension, sa réserve. Le velouté s'installe en attaque, mais la puissance est encore bien présente en finale. Toujours en 2006, Marlène Nº3 est un vin vertical, énergique, sanguin, aux tanins épais, qui développe des arômes poivrés, d'épices douces et d'olive noire écrasée. Syrah Léone 2006 est le plus patiné, épicé et chocolaté. En blanc, Oro 2007 est profond, imprimant, envoutant, sur le mellifère, l'acacia et l'orange confite. Il brille déjà et ira loin. Son cadet de cinq ans est plus fumé, salin, mais conserve cette empreinte miellée, cette puissance de texture et une très longue finale sur les agrumes mûrs. Deux grands vins blancs intemporels, racés.

🍷 Coteaux du Languedoc Clos Syrah Léone 2006	84 €	95
🍷 Coteaux du Languedoc Clos des Cistes 2006	84 €	93
🍷 Coteaux du Languedoc Marlène Nº3 2006	84 €	94
🍷 VDF Belle Léone 2012	74 €	93
🍷 VDF Les Cistes 2012	74 €	93
🍷 VDF Marlène Nº3 2012	74 €	93

Le coup de ♥

🍾 Coteaux du Languedoc Oro 2002	85 €	96
🍾 Coteaux du Languedoc Oro 2007	74 €	96

Rouge : 21 hectares. Syrah 80 %, Grenache noir 15 %, Mourvèdre 5 %
Blanc : 3 hectares. Rolle 65 %, Roussanne 33 %, Viognier 2 %
Production moyenne : 30 000 bt/an

DOMAINE PEYRE ROSE ♣
Saint-Pargoire 34230 Saint-Pargoire
04 67 98 75 50 ● peyrerose@orange.fr ●
Vente et visites : sur RDV.
Propriétaire : Marlène Soria

★★ DOMAINE D'AUPILHAC

Si Sylvain Fadat est né à Saint-Cloud, sa famille l'a ramené vers la terre de ses ancêtres à Montpeyroux, quelques mois plus tard. C'est sur ce terroir frais, sauvage, où calcaires côtoient marnes bleues et influences volcaniques, qu'il va écrire une très belle page d'histoire viticole. Alors que son père oscille entre ses recherches sur la bécasse et l'entretien de ses lopins de vigne, c'est la viticulture que choisira sans hésitation Sylvain. Le néo-vigneron va reprendre les 5 hectares de la famille à partir de 1989 et vinifier les quatre premiers millésimes dans des citernes de camion, en extérieur. C'est à la force du poignet que le vigneron va construire ensuite sa cave en 1993 et agrandir son domaine. Il va défricher pour révéler de nouveaux îlots de vignes, autour de celles de la famille au lieu-dit Aupilhac. En 1998, c'est une nouvelle étape, celle de la plantation d'un vignoble unique : Cocalières, un amphithéâtre haut perché, lieu magnétique, exposé nord, pour des jus de cailloux nés au milieu de la garrigues et des bécasses. Entre temps les élevages se sont affinés, les vins produits ont défié le temps. L'énergie déployée, la passion débordante, le respect environnemental dans le vignoble, la justesse des vins qui expriment toujours la nature du lieu, ne peuvent qu'être salués. Sylvain Fadat, accompagné de son épouse Désirée depuis 2000, est incontestablement une figure de proue du renouveau de la région. La personnalité et l'énergie des cuvées du domaine sont les meilleurs témoins de cet engagement sans faille et de cette passion renouvelée qui font briller ce très beau terroir de Montpeyroux.

Les vins : le languedoc Aupilhac blanc a belle allure, combinant des notes résineuses et d'agrumes, pour former un vin gourmand et rafraîchissant. La Boda a plus de volume, de l'enveloppe et de très beaux amers. Les Cocalières s'exprime, quant à lui, sur une subtile réduction, le fumé, la pierre à fusil. Le palais est très long, à nouveau tenu par des amers délicats, qui impriment. Le Gris fait honneur à la tradition de Montpeyroux, issu de grenache gris, carignan gris et clairette rose. Sa belle robe dorée, ses arômes de fruits exotiques et d'épices orientales séduisent et confirment sa franchise et sa singularité. En rouge, Lou Maset est un vin ample, ouvert, sur le chocolat et le fruit noir et une finale dense qui ramène de l'énergie. Aupilhac rouge est sanguin, suave, poivré et anisé, déjà très en charme. Le floral et la réglisse sont les marqueurs de Cocalières : la texture est très élégante, la finale salivante et fumée. Une véritable réussite, qui renvoie à sa terre d'origine, haut perchée, d'influence volcanique et très caillouteuse. Plus en volume en attaque, la Boda présente des tonalités torréfiés, jusqu'à une finale structurée. Il a besoin de temps, mais finira par s'assagir. Le superbe VDF Carignan exprime la dualité entre son caractère sombre, graphite, et un joli floral. Le tactile est tendre et gracieux. Le Clos est profond, très dense, encore charpenté, sur les fruits noirs mûrs et la tapenade. C'est un coureur de fond qui mérite d'être oublié quelques années en cave.

Languedoc Aupilhac 2021	15 €	**92**
Coteaux du Languedoc Les Cocalières 2021	20,80 €	**94**
Languedoc La Boda 2020	35,60 €	**93**
VDF Le Gris d'Aupilhac 2021	17 €	**92**
Coteaux du Languedoc Lou Maset 2020	12,50 €	**89**
Coteaux du Languedoc Montpeyroux Le Clos 2019	48 €	**95**
Languedoc Montpeyroux Aupilhac 2019	17 €	**92**
Languedoc Montpeyroux La Boda 2019	35,60 €	**94**
VDF Le Carignan 2020	23,10 €	**93**

Le coup de ♥

Coteaux du Languedoc Les Cocalières 2020	20,80 €	**95**

Rouge : 21,5 hectares. Mourvèdre 28 %, Carignan 25 %, Cinsault 18 %, Syrah 18 %, Grenache noir 11 %
Blanc : 4 hectares. Grenache blanc 19 %, Ugni blanc (trebbiano) 19 %, Roussanne 17 %, Vermentino 17 %, Clairette 11 %, Marsanne 11 %, Carignan 3 %, Grenache gris 3 %
Production moyenne : 110 000 bt/an

DOMAINE D'AUPILHAC 🌙
28-32, rue du Plô, 34150 Montpeyroux
04 67 96 61 19 ● www.aupilhac.com ● Vente et visites : sur RDV.
Propriétaire : Sylvain Fadat

LANGUEDOC

★★ DOMAINE LÉON BARRAL

Didier Barral a parcouru un long chemin depuis son installation sur les schistes paternels de Lenthéric, au début des années 1990. En quête d'une expression authentique de son terroir, il ne ménage pas sa peine à la vigne. Aidé par son frère Jean-Luc, ce vigneron obstiné et visionnaire a mis en place un mode de culture permettant de respecter l'écosystème, de favoriser les interactions entre les règnes végétal et animal, et de renforcer l'immunité de la vigne. Côté cave, comme la vendange est très saine et les raisins d'excellente constitution, l'élevage est d'une simplicité "biblique". S'il n'y a pas de vente directe à la propriété, les Barral communiquent volontiers les adresses de leurs cavistes fidèles. Par leur singularité, leur caractère profondément original et noblement paysan, les vins de Didier Barral font partie des incontournables du Languedoc. Cette année, il est question du difficile millésime 2018, en raison du mildiou qui a frappé cette année-là.

Les vins : la robe trouble du blanc offre un jaune paille éclatant aux reflets dorés. On entre dans le vin par un nez unique, mêlant la bergamote à la pêche de vigne, avec une touche de verveine. La bouche est large et ample puis se construit autour de fins amers qui renforcent la sensation d'agrumes et l'acidité bien intégrée. Dans le trio des rouges, on commence avec le Faugères, une approche tout en fruit et en gourmandise avec ses notes de prune et de mûre sauvage. La bouche encore serrée dans des tanins étroits se conclut sur une finale qui évoque l'orange amère. Jadis dissimule son caractère floral sous des notes légèrement aigres qui nous enlèvent une partie du plaisir, au nez comme en bouche. Dans le même esprit, Valinière se démarque par son onctuosité en bouche.

VDF 2020	28 €	**92**
Faugères 2018	24 €	**91**
Faugères Jadis 2018	34 €	**90**
Faugères Valinière 2018	50 €	**91**

Rouge : 32 hectares.
Blanc : 4 hectares.
Production moyenne : 75 000 bt/an

DOMAINE LÉON BARRAL ♣
Lenthéric, 34480 Cabrerolles
04 67 90 15 84 ●
www.domaineleonbarral.com ● Vente et visites : sur RDV.
Propriétaire : Didier Barral

★★ DOMAINE ALAIN CHABANON

Alain Chabanon s'est installé en 1992 à Montpeyroux après avoir appris auprès d'Alain Brumont à Madiran et sur l'île de Beauté. Vigneron investi, il va vite se distinguer avec un gros travail au vignoble et de vrais partis pris, tant dans les assemblages que dans les choix d'élevage. La patience est de mise pour les plus grandes cuvées, qui voient rarement le bois neuf et sont mises en bouteilles très tardivement, après s'être tranquillement assagies. L'impression d'ensemble est très juste, précise, avec une gestion des expressions de terroir et des maturités exemplaires, un potentiel d'évolution confirmé et une vraie élégance. Nous saluons le travail effectué et la personnalité affirmée de chacun des vins.

Les vins : le blanc Petit Trélans est un vin vif, énergique, sans être dénué de texture, sur les agrumes et les fleurs blanches. Trélans 2018, de deux ans son aîné, fruit d'un long élevage et issu de chenin et vermentino, se montre plus précis et séducteur. D'abord un peu réduit, il s'ouvre avec charme, sur la noisette et l'eucalyptus, et déroule jusqu'à une finale très élancée. Petit Merle aux Alouettes fait la part belle au merlot : un vin rond, suave, ouvert, qui se livre facilement. Le Merle aux Alouettes, issu du même cépage est plus complexe, avec sa pointe truffée et ses tanins poudrés. Également très expressif, le pulpeux Campredon campe sur son côté épicé. Saut de Côte, assemblage de mourvèdre et syrah élevés patiemment en œuf de béton, offre un caractère plus méditerranéen, avec ses notes d'olives noires et de fruits mûrs. Lui aussi fier de ses notes sudistes, Les Boissières livre un jus à l'extraction juste et délicate, au grain de tanin très fin. Un vin ouvert sur l'eau-de-vie de cerise et le poivre. Faisant honneur au terroir de Montpeyroux, L'Esprit de Font Caude est le vin le plus complet et complexe du lot, avec ses arômes de camphre et d'épices douces et sa très longue finale.

IGP Pays d'Oc Trélans 2018	de 27,50 à 28 € (c)	93
IGP Saint-Guilhem-le-Désert Petit Trélans 2020	de 17 à 18 € (c)	90
IGP Pays d'Oc Le Merle aux Alouettes 2018	31 €	92
IGP Saint-Guilhem-le-Désert Petit Merle aux Alouettes 2020	de 16,50 à 17,50 € (c)	90
Languedoc Les Boissières 2018	31 €	92
Languedoc Saut de Côte 2018	36 €	93
Terrasses du Larzac Campredon 2020	de 16,50 à 17,50 € (c)	91

Le coup de ♥

Languedoc Montpeyroux L'Esprit de Font Caude 2017	31 €	96

Rouge : 15 hectares. Syrah 30 %, Mourvèdre 30 %, Merlot 16 %, Grenache noir 14 %, Cinsault 10 %
Blanc : 3 hectares. Chenin 63 %, Vermentino 37 %
Production moyenne : 60 000 bt/an

DOMAINE ALAIN CHABANON ☽
1, chemin de Saint-Étienne, 34150 Lagamas
04 67 57 84 64 ● www.alainchabanon.com ●
Visites : sur RDV aux professionnels.
Propriétaire : Alain Chabanon

★★ CLOS MARIE

Le Clos Marie, c'est l'histoire de l'ascension rapide de ce pic rocheux escarpé. En moins de 30 ans, Christophe Peyrus et Françoise Julien ont su dompter ces vins de garrigue et comprendre cette appellation complexe, fort d'un gros travail au vignoble, d'une compréhension fine du lieu et des sous-composantes du terroir, de la qualité du parcellaire et du matériel végétal. Le style, initialement généreux, s'est affiné, pour des expressions aujourd'hui plus délicates, sans pour autant renier le caractère puissant et sudiste de Pic Saint-Loup.

Les vins : le languedoc blanc Manon joue la carte de la finesse et du charme, avec sa texture crémeuse, ses arômes de tilleul et de fruits du verger, son volume et sa belle vivacité saline. L'Olivette est un vin à la fois tendre et puissant, qui combine de belles notes lardées et de tapenade à un fruit juste et des tanins fins et poudrés. Simon est l'archétype des vins du Pic Saint-Loup, avec ses senteurs de laurier, d'origan, de mûre sauvage, son soyeux d'attaque et sa puissante finale. Les Métairies du Clos a un profil aromatique plus solaire à ce stade, avec ses notes de fruits noirs mûrs et lardées. Un vin qui a du coffre et une belle allonge. Les Glorieuses, issu de vieilles vignes de syrah et grenache, est puissant, sombre, graphite, d'une grande complexité. Un vin encore très jeune qui vieillira avec brio. Le caractère du millésime 2019, concentré et charpenté, est respecté, dans ces beaux vins de garde.

Languedoc Manon 2020	22 €	93
Pic Saint-Loup L'Olivette 2019	22 €	93
Pic Saint-Loup Les Métairies du Clos 2019	32 €	92

Pic Saint-Loup Simon 2019   32 €   **91**

Le coup de ♥
Pic Saint-Loup Les Glorieuses
2019   70 €   **95**

Rouge : 20 hectares. Syrah 50 %, Grenache
noir 15 %, Carignan 15 %, Cinsault 10 %,
Mourvèdre 10 %
Blanc : 3 hectares. Grenache blanc 20 %,
Grenache gris 20 %, Carignan gris 15 %,
Roussanne 15 %, Clairette 10 %,
Vermentino 10 %, Muscat à petits grains
blancs 5 %
Production moyenne : 80 000 bt/an

CLOS MARIE ♣

2 Route de Cazeneuve, 34270 Lauret
04 67 59 06 96 ● clos.marie@orange.fr ●
Vente et visites : sur RDV.
Propriétaire : Françoise Julien et Christophe
Peyrus

★★ DOMAINE LE CONTE DES FLORIS

Daniel Le Conte de Floris a créé en 2000 ce
domaine de 7 hectares, sur les communes de
Pézenas, Caux et Gabian, après une première
carrière dans le journalisme. L'influence bourguignonne, région où le vigneron s'est formé, se fait
sentir dans les choix de vinification. De vrais
partis pris, de l'utilisation du carignan blanc, à
des sélections parcellaires fines, ou des élevages
longs sur lies, ont vite fait parler du domaine.
Le style est toujours frais, digeste, précis, avec
des alcools maîtrisés et des matières délicates.
Les expressions de terroir ressortent et le haut
niveau constaté dans les éditions précédentes
se confirme.

Les vins : le blanc Pleine Lune 2020 est encore
réservé, sur l'amande, les fleurs blanches et un
toast délicat. Il se distingue surtout aujourd'hui
par sa tension, sa finale traçante et son allonge.
Lune Blanche 2019 est un vin précis et ambitieux, avec sa subtile réduction, ses notes de
noisettes grillées, son amplitude et sa finale
persistante et fumée. Une véritable réussite. En
rouge, Six Rats Noirs 2019 développe des senteurs de poivre de Kampot et de réglisse. La
matière est fine, le jus très digeste, le grain de
tanin poudré. Villafranchien s'exprime avec son
habituel caractère floral, ses jolies notes de rose
rouge et une belle pointe fraise des bois. C'est
un charmeur au niveau aromatique, même si les
tanins gagneront à se fondre pendant quelques
années. Carbonifère, plus sérieux et réservé à ce
stade, propose des notes de graphite et de laurier sauvage. L'attaque est séveuse, la finale
crayeuse et encore serrée. Cartagène Rosé

2014 est un petit bonheur pour les papilles, avec
ses notes de dattes, d'abricot rôti et de miel de
sapin.

Coteaux du Languedoc Lune Blanche
2019   36 €   **94**
Languedoc Pleine Lune 2020   22 €   **92**
Languedoc Pézenas Carbonifère
2019   20 €   **94**
Languedoc Pézenas Six Rats Noirs
2019   12 €   **93**
Languedoc Pézenas Villafranchien
2020   22 €   **91**

Le coup de ♥
VDL Cartagène Rosé 2014   17 €   **94**

Rouge : 5,5 hectares.
Blanc : 3,5 hectares.
Production moyenne : 20 000 bt/an

DOMAINE LE CONTE DES FLORIS ☾

21, avenue Émile-Combes, 34120 Pézenas
07 68 51 29 49 ●
www.domainelecontedesfloris.com ● Vente
et visites : sur RDV.
Propriétaire : Daniel Le Conte des Floris

★★ ERMITAGE DU PIC SAINT-LOUP

L'Ermitage du Pic-Saint-Loup est un terroir historique, situé sur les terres de l'ancien couvent du
Château de Montferrand. C'est au XIIᵉ siècle
que les premiers vignerons ont foulé et cultivé
ces champs de pampre. Ce joyau de l'appellation, directement adossé au Pic, est aujour-
d'hui exploité par la famille Ravaille, à qui l'on doit
notamment l'introduction de la syrah, aujourd-
d'hui dominante dans l'appellation. La dernière
génération, Xavier, Pierre et Jean-Marc, prend
la décision, en 1992, de sortir de la coopérative pour vinifier ces belles terres d'altitude.
Exigence au vignoble, précision dans les expressions, puissance maîtrisée, telles sont les
caractéristiques actuelles de la production du
domaine, une référence dans l'appellation.

Les vins : le blanc Sainte-Agnès parvient à
combiner saveurs miellées, allonge et belle
trame salivante. En rouge, Tour de Pierres
2020 s'avère un vin déjà sérieux, marqué par
son empreinte épicée et ses tanins épais,
encore un peu marqués. Sainte-Agnès gagne en
complexité et en persistance. Sa belle justesse
florale s'affirme avec élégance sur ce millésime.
Guilhem Gaucelm 2019, issu des syrahs et très
vieux grenaches du domaine, est à la fois plus
charnu, plus enrobé et très profond, avec ses
subtiles notes d'anis et de mûre sauvage. Il a le
fond et la complexité pour vieillir avec grâce. Son
aîné de dix ans ouvre la porte au tertiaire, avec

ses notes d'humus, de cuir et de boîte à tabac. Dans ce millésime 2009 solaire, il s'exprime avec richesse, mais confirme le beau potentiel de cette cuvée.

- ▭ Languedoc Sainte-Agnès 2020   16 €   90
- ▬ Coteaux du Languedoc Pic Saint-Loup Guilhem Gaucelm 2009   Épuisé - 55 €   93
- ▬ Pic Saint-Loup Guilhem Gaucelm 2019   43 €   95
- ▬ Pic Saint-Loup Tour de Pierres 2020   14 €   89

Le coup de ♥
- ▬ Pic Saint-Loup Sainte Agnès 2020   22 €   91

Rouge : 35 hectares.
Blanc : 10 hectares.
Production moyenne : 110 000 bt/an

ERMITAGE DU PIC SAINT-LOUP ♣

Rue Cami Lou Castellas, Domaine de Sainte Agnès 34270 Saint-Mathieu-de-Tréviers
04 67 54 24 68 ● www.ermitagepic.fr ●
Visites : sans RDV.
Propriétaire : Famille Ravaille
Maître de chai : Pierre Ravaille

★★ MAS CAL DEMOURA

Après une première vie professionnelle dans le conseil, Vincent et Isabelle Goumard ont repris en 2004 ce très beau domaine fondé au début des années 1990 par Jean-Pierre Jullien. Ils avaient pourtant visité auparavant une vingtaine d'exploitations en Languedoc et Roussillon, mais la puissance du lieu, au cœur des Terrasses du Larzac, a fait le reste. Le couple a très vite montré l'étendu de son talent, avec une compréhension très fine de son parcellaire et des variations géologiques, un respect du végétal et une grande exigence viticole. Au fil des années, le style s'est affiné, avec des vins de plus en plus délicats et complexes, des matières élégantes et une très belle tenue dans le temps. Le Mas Cal Demoura fait désormais partie des références incontournables de la région. La troisième étoile n'est pas loin.

Les vins : en blanc, L'Etincelle 2021 s'affiche déjà ouvert, sur la camomille, les fleurs blanches et l'amande. Un vin digeste qui, sur ce millésime, combine volume, vivacité et salinité. Terre de Jonquières 2020 a un très joli velouté, de l'amplitude et une délicate trame poivrée et garrigue. Les Combariolles, issu du vignoble éponyme, est à son habitude plus réservé et vertical à ce stade. Un vin fumé, sauvage, très droit, à la trame épurée, sans concession. Il a une grande race et exprime avec brio la tension des caillutis calcaires. Fragments est une cuvée confidentielle, composée en majorité des vieilles vignes de

syrah du bois de Paulio, une parcelle ventilée par le vin du nord, complétée par de vieux carignans et mourvèdres. La profondeur et la tension des caillutis calcaires s'expriment à nouveau sur ce vin sanguin, poivré et longiligne, qui impressionne déjà par sa précision et son énergie, mais va encore se bonifier pendant des années.

- ▭ IGP Saint-Guilhem-le-Désert L'Etincelle 2021   21 €   93
- ▬ Terrasses du Larzac Fragments 2020   50 €   96
- ▬ Terrasses du Larzac Les Combariolles 2020   33 €   96
- ▬ Terrasses du Larzac Terre de Jonquières 2020   23 €   94

Rouge : 12,8 hectares. Syrah 30 %, Grenache noir 25 %, Mourvèdre 20 %, Carignan 15 %, Cinsault 10 %
Blanc : 3,2 hectares. Chenin 55 %, Grenache blanc 25 %, Roussanne 10 %, Carignan 5 %, Viognier 3 %, Petit Manseng 2 %
Production moyenne : 40 000 bt/an

MAS CAL DEMOURA ♣

125, route de Saint-André, 34725 Jonquières
04 67 44 70 82 ● www.caldemoura.com ●
Vente et visites : sur RDV.
Propriétaire : Isabelle et Vincent Goumard
Maître de chai : Vincent Goumard

★★ MAS D'ALEZON

Catherine Roque a créé deux domaines majeurs dans le panorama des vins languedociens, Clovallon, à Bédarieux, dans la Haute Vallée de l'Orb, et le Mas d'Alezon, à Faugères. Architecte de formation, passionnée par la vigne, elle a démarré en 1989 en plantant des cépages inattendus, notamment le pinot noir dont elle fut la pionnière dans la région. Cette autodidacte, mère de trois filles, reprend ensuite en 1997 un vignoble oublié au plus haut de l'appellation Faugères, le Mas d'Alezon. À force d'un travail méticuleux, le plus naturel possible, et en augmentant peu à peu la proportion de mourvèdre, elle vinifie aujourd'hui l'une des plus belles interprétations du cru, la confidentielle cuvée Montfalette. L'ensemble des vins place ce domaine au sommet de l'appellation depuis quelques années. N'hésitez pas à carafer les vins si besoin et attention aux chocs de température qui pourraient leur porter atteinte.

Les vins : assemblage de roussanne, grenache blanc et clairette, Cabretta est un blanc aux arômes concentrés d'herbe séchée, de foin et de fruits à noyau. Sa bouchée d'un beau volume est dotée d'une grande énergie, accompagnée d'une sensation de poivre blanc, et se conclut sur une finale sur le zeste d'agrumes. Le Presbytère est une expression, fruitée et juteuse de Faugères (12,5° d'alcool), avec un caractère légèrement animal et une belle accroche de tanins dont il faudra profiter au cours d'un repas. En 2021, Montfalette exprime intensément son caractère de ciste, de rose, avec un nez envoûtant, pour comprendre ce secteur composé de schistes ardoisiers du Haut-Languedoc. En bouche, les tanins sont encore anguleux malgré une grande fraîcheur soulignée par un grain de tanin fin.

⊂ Faugères Cabretta 2021	20 €	92
◖ Faugères Le Presbytère 2021	13 €	91
◖ Faugères Montfalette 2021	20 €	93

Rouge : 8 hectares. Mourvèdre 40 %, Grenache noir 15 %, Cinsault 15 %, Lladoner pelut 10 %, Syrah 10 %, Carignan 10 %
Blanc : 2 hectares. Roussanne 60 %, Clairette 20 %, Grenache blanc 8 %, Grenache gris 7 %, Marsanne 5 %
Production moyenne : 20 000 bt/an

MAS D'ALEZON ☾
1, route de Pézenas, 34600 Faugères
04 67 95 19 72 ● mas@alezon.fr ● Vente et visites : sur RDV.
Propriétaire : Catherine Roque

★★ DOMAINE LES MILLE VIGNES

Valérie Guérin défend avec passion depuis presque vingt ans ce petit domaine du secteur de La Palme (dans la partie maritime de l'appellation Fitou, au bord des étangs). Jacques Guérin, originaire de la vallée du Rhône septentrional et enseignant en viti-œno à Orange, qui l'a lancée à la fin des années 1980, garde un œil bienveillant sur le travail de sa fille. Sélections massales, rendements extrêmement bas, à moins de 20 hl/ha (qui expliquent les prix élevés), cuvaisons longues, sont pour elle les maîtres-mots. De multiples passages dans les parcelles font naître un rosé de table, trois cuvées de rouge et trois cuvées de vin de liqueur. Pour ces dernières, les cépages (mourvèdre, grenache et carignan) sont vinifiés séparément ; ces trois cuvées de caractère présentent une concentration unique, qui peut paraître massive dans la jeunesse mais qui s'affine merveilleusement bien avec le temps.

Les vins : un style gras et enveloppant avec une finale de poivre blanc et de mirabelle pour Le Pied des Nymphettes. Le muscat sec affiche un caractère tonique, on lui trouve des notes de fenouil et une finale très citronnée. Le rosé est fin, clair et ciselé, il s'exprime dans un registre de fruits rouges et de fleurs de printemps. Dans les rouges, les 2020 qui sortent de mise en bouteille doivent encore trouver leur équilibre, ce qui sera chose faite d'ici la fin d'année. La Cadette offre une expression plein de myrtille avec des notes de romarin, la bouche, quant à elle, doit encore se construire. Atsuko se montre épicé, les tanins enveloppent cette chair pulpeuse. Encore compacte, Dennis Royal est une expression dense de vieux carignans. Les Vendangeurs de la Violette montre des tanins encore durs, des notes de garrigue et de fruits noirs. Expression onctueuse pour la cuvée L'Idyllique, complétée par une touche de mourvèdre et de carignan. Des notes d'olive fraîche et de tanins charnus qui rappellent le romarin. Enfin, une belle réussite pour le rivesaltes, doté de fruits confits, couronnés par de beaux amers en finale et des notes de café.

⊂ IGP Aude Le Pied des Nymphettes 2021	55 €	91
⊂ IGP Aude Muscat Sec 2021	40 €	90
◖ IGP Aude 2021	40 €	91
◖ Fitou Atsuko 2020	45 €	91
◖ Fitou Dennis Royal 2020	45 €	91
◖ Fitou L'Idyllique 2020	75 €	93
◖ Fitou La Cadette 2020	29 €	90
◖ Fitou Les Vendangeurs de la Violette 2020	55 €	91
◖ Rivesaltes Ambré 2017	50 €	92

Rouge : 9 hectares. Grenache noir 40 %, Mourvèdre 30 %, Carignan 20 %, Lladoner pelut 10 %
Blanc : 2 hectares. Divers blanc 75 %, Muscat à petits grains blancs 25 %
Production moyenne : 20 000 bt/an

DOMAINE LES MILLE VIGNES
24, avenue San-Brancat, 11480 La Palme
04 68 48 57 14 ● www.lesmillevignes@free.fr
● Vente et visites : sur RDV.
Propriétaire : Valérie Guérin
Œnologue : Laboratoire Dejean

★★ DOMAINE DE MONTCALMÈS

Hommage au hameau éponyme, le domaine de Montcalmès, cultivé avec exigence et passion par Frédéric Pourtalié et sa sœur Muriel, enfants du cru, est une des références du secteur. Les 30 hectares de vigne de l'origine ont été aujourd'hui ramenés à 21, sur les communes de Puéchabon, Aniane, Saint-Jean-de-Fos et Saint-Saturnin-de-Lucian, pour une production maîtrisée, de petits rendements et des élevages longs. La gamme est très courte, avec des vins qui parlent toujours un langage juste, typique et élancé. Les racés 2019 ne font pas exception à la règle.

Les vins : le blanc 2019 est à la fois mellifère, toasté et floral, et s'étire en bouche avec sa belle finale citronnée et iodée. Il cultive un paradoxe, assumant son origine sudiste et son élevage, tout en nous ramenant vers un univers septentrional et frais, avec sa belle tension. Une réussite ! Plus sauvage, camphré, le rouge nous invite à une jolie balade dans la garrigue, entre senteurs de laurier et d'anis étoilé. La charpente est présente, mais les tanins anoblissent l'ensemble.

▭ Coteaux du Languedoc 2019	29 €	93
▬ Coteaux du Languedoc Terrasses du Larzac 2019	29 €	94

Rouge : 16,55 hectares. Syrah 48 %, Grenache noir 25 %, Mourvèdre 21 %, Cinsault 5 %
Blanc : 4,53 hectares. Roussanne 41 %, Marsanne 25 %, Chenin 13 %, Chardonnay 9 %, Gros Manseng 4 %, Petit Manseng 4 %, Courbu 4 %
Production moyenne : 70 000 bt/an

DOMAINE DE MONTCALMÈS ♣

Chemin du Cimetière, 34150 Puéchabon
04 67 57 74 16 ●
www.domainedemontcalmes.fr ● Vente et visites : sur RDV.
Propriétaire : Frédéric Pourtalié et Muriel Fabre

★★ DOMAINE NAVARRE

Thierry Navarre cultive avec grand soin son vignoble sur les beaux coteaux schisteux du village pittoresque de Roquebrun. Depuis une vingtaine d'années, il milite pour la diversité variétale dans son vignoble et aux alentours. C'est donc ici que vous pourrez déguster le vin d'Oeillades ou le Ribeyrenc, devenus des incontournables. Le vigneron traduit également à merveille dans ses vins le paysage ouvert, ensoleillé, minéral, de ce cru de Saint-Chinian. La gamme est régulière, sans démonstration de force. Nous plaçons cette expression juste et équilibrée parmi l'élite du secteur.

Les vins : le VDF Lignières est un blanc du languedoc équilibré et frais, aux notes d'agrumes, de thym et d'épices. L'œillade est un cépage cousin du cinsault, que Thierry Navarre a su remettre au goût du jour. Il délivre ici un vin friand, aux notes de cerise bien mûre, serti d'une structure fine et gouleyante à la finale poivrée. Ribeyrenc montre un profil très énergique, frais, fruité avec une impression d'orange sanguine en finale et seulement 12° d'alcool. Le Laouzil est une expression franche de ciste, de peau

d'orange, de fleurs, avec une fine expression fumée. Les tanins déroulent avec beaucoup de délicatesse, tout en conservant un attrait juteux et de fines épices en finale. La cuvée Olivier tape dans le mille de la partie schisteuse de l'appellation avec ses notes grillées et florales et un toucher de bouche soyeux. Un très beau vin parti pour durer !

▭ VDF Lignières 2021	10 €	91
▬ Saint-Chinian Cuvée Olivier 2020	16 €	93
▬ Saint-Chinian Le Laouzil 2020	11 €	93
▬ VDF Vin d'Œillades 2020	9,50 €	91

Le coup de ♥
▬ VDF Ribeyrenc 2020	12 €	92

Rouge : 13,8 hectares. Ribeyrenc 24 %, Syrah 21 %, Cinsault 16 %, Grenache noir 16 %, Carignan 11 %, Merlot 4 %
Blanc : 1,8 hectare. Muscat à petits grains blancs 33 %, Ribeyrenc 31 %, Romorantin 15 %, Clairette 11 %, Grenache gris 5 %, Marsanne 1 %
Production moyenne : 35 000 bt/an

DOMAINE NAVARRE

15, avenue de Balaussan, 34460 Roquebrun
04 67 89 53 58 ● www.thierrynavarre.com ●
Vente et visites : sur RDV.
Propriétaire : Thierry Navarre

★★ DOMAINE DU PAS DE L'ESCALETTE

Situé au nord-ouest des Terrasses du Larzac, sur le très beau secteur de Pégairolles de l'Escale et de Lauroux, ce domaine de 20 hectares appartient à Julien et Delphine Zernott, installés depuis 2003. Le parcellaire comprend une cinquantaine de terrasses sur éboulis calcaires, avec une forte proportion de très vieilles vignes. Ce terroir est entre de bonnes mains, avec ce couple talentueux et déterminé. La gamme est tout en justesse, et nous apprécions particulièrement le niveau des blancs et l'élégante profondeur des cuvées parcellaires.

Les vins : s'ouvrant sur la fraise et les épices douces, Ze Rozé 2021 impose sa vivacité. Les Clapas blanc est très frais, avec ses arômes de fenouil et une subtile amertume. Mas Rousseau confirme son statut de grand blanc du Languedoc, sa belle empreinte citronnée est suivie d'une bouche étirée. Les Petits Pas propose un jus sanguin, expressif et velouté. Ze Cinsault est très ouvert, marqué par la réglisse, tendre et fluide. Sur ce millésime 2020, Les Clapas rouge conjugue sa délicatesse avec les épices et le soyeux. Le Pas de D. est un peu plus réduit et serré à ce stade, il a besoin d'ouverture. On monte clairement d'un cran avec Le Grand Pas, vin ample, charnu, mais très juste et enveloppant, avec ses beaux arômes de zan et de fruits noirs. Les Frieys clôture l'opus 2020 avec éclat : un grand vin poudré, floral, sur la myrtille et la cannelle, aux tanins crayeux.

⊂▭	Languedoc Les Clapas 2020	26 €	**93**
◣	Languedoc Ze Rozé 2021	13 €	**90**
◤	IGP Pays d'Hérault Ze Cinsault 2020	26 €	**92**
◤	Languedoc Les Petits Pas 2021	14 €	**91**
◤	Terrasses du Larzac Le Grand Pas 2020	30 €	**94**
◤	Terrasses du Larzac Le Pas de D. 2020	26 €	**90**
◤	Terrasses du Larzac Les Clapas 2020	18 €	**92**
◤	Terrasses du Larzac Les Frieys 2020	44 €	**96**

Le coup de ♥

⊂▭	IGP Pays d'Hérault Mas Rousseau 2020	32 €	**94**

Rouge : 18 hectares.
Blanc : 2 hectares.
Production moyenne : 80 000 bt/an

DOMAINE DU PAS DE L'ESCALETTE ☾

Le Champ de Peyrottes, 34700 Poujols
04 67 96 13 42 ● www.pasdelescalette.com ● Vente et visites : sur RDV.
Propriétaire : Julien et Delphine Zernott

★★ ROC D'ANGLADE

Rémy Pédréno est installé depuis 1999 sur ce domaine qui totalise aujourd'hui 9 hectares autour du village de Langlade. Passé auparavant par le Rhône septentrional et notamment le domaine Rostaing, ce vigneron nîmois passionné a vite pris place parmi les plus grands de la région, signant des vins d'une grande distinction, tendus et aériens, sur ce terroir marno-calcaire reconnu depuis des siècles. Les élevages en foudre et un surplus de précision sur la gestion des lies ont fait passer un nouveau cap à ce domaine, aujourd'hui référence incontestable. L'ensemble de la gamme est de très haut niveau, avec des touchers de bouche salivants et suaves et beaucoup d'allonge. Le potentiel de garde est toujours au rendez-vous, tant en rouge qu'en blanc.

Les vins : le blanc 2020 est une superbe réussite, fumé, long, salivant, sans pour autant perdre en texture. Déjà très séduisant, il ira loin et se bonifiera au moins dix ans. Le rosé, assemblage de grenache et de mourvèdre, est à la fois frais et vineux, délicatement épicé et sapide. Le rouge pose également un très grand vin, élégant, sur la ronce, le floral et les épices. Il a beau être dominé par le carignan, il renvoie au Rhône sep-

tentrional, avec son charme, ses tanins, puissants mais très fins, et son empreinte poivrée. Reserva Especial N°9, hommage aux grands rouges classiques espagnols, parle un autre langage, encore plus éloquent, avec son caractère torréfié, ses arômes de cuir, son tactile suave et sa magnifique longueur. Une gamme époustouflante !

◤	IGP Gard 2021	Épuisé - 20 €	**92**
◤	IGP Gard 2020	Épuisé - 42 €	**95**
◤	IGP Gard Reserva Especial N° 9	Épuisé - 82 €	**96**

Le coup de ♥

⊂▭	IGP Gard 2020	Épuisé - 42 €	**95**

Rouge : 7 hectares. Carignan 55 %, Mourvèdre 25 %, Divers noir 20 %
Blanc : 2 hectares. Chenin 65 %, Chardonnay 20 %, Grenache gris 5 %, Grenache blanc 5 %, Carignan 5 %
Production moyenne : 36 000 bt/an

ROC D'ANGLADE ♣

700, chemin de Vignecroze, 30980 Langlade
04 66 81 45 83 ● www.rocdanglade.fr ● Pas de visites.
Propriétaire : Rémy et Martine Pédréno
Directeur : Rémy Pédréno
Œnologue : François Serres

★★ ↗ LES VIGNES OUBLIÉES

Le projet des Vignes Oubliées a démarré en 2007, lorsque Olivier Jullien et Jean-Baptiste Granier, alors stagiaire au Mas Jullien, décident de vinifier pour la première fois des parcelles de vieilles vignes d'altitude, sur le secteur de Saint-Privat. Le vignoble est posé sur des schistes et des grès, voués à l'abandon, qui produisent de très beaux raisins, mais en petit volume et ne correspondant pas aux attentes des coopératives locales. L'essai est concluant, le vin baptisé, l'aventure peut continuer : Jean-Baptiste va veiller sur ces vieux ceps. Ils sont aujourd'hui élevés dans une grotte naturelle, ancien moulin à huile restauré. Les expressions se sont affinées années après années, pour des vins de chair et de toucher de bouche, purs et profonds. L'excellent niveau constaté depuis quelques années, et notamment sur le millésime 2020, nous amène à attribuer une seconde étoile à ces vieilles vignes ressuscitées.

Les vins : le blanc, assemblage de clairette, roussanne et grenache blanc, est subtil, avec ses notes de fleurs blanches et d'agrumes. Tenu par de très beaux amers, il se présente digeste, étiré et complexe. Le rouge s'exprime autour du cinsault, sur les fruits rouges écrasés. Il est très ouvert, tendre, jovial et gourmand. Terrasses du

Larzac a la gueule du lieu : un vin profond, encore réservé, mais d'une grande brillance, avec ses arômes fumés, poivrés, de garrigue et d'olive noire. Les tanins sont enrobés, le potentiel de garde évident.

Languedoc 2020	21 €	93
Languedoc 2020	14 €	91

Le coup de ♥

Terrasses du Larzac 2020	21 €	95

Rouge : 12,5 hectares.
Blanc : 1,5 hectare.
Production moyenne : 50 000 bt/an

LES VIGNES OUBLIÉES ♣

160 route de Rabieux
34700 Saint-Jean-de-la-Blaquière
06 72 77 38 88 ● lesvignesoubliees.com ●
Vente et visites : sur RDV.
Propriétaire : Jean-Baptiste Granier

★ BARDI D'ALQUIER

Sophie et Thibaud Bardi de Fourtou ont repris ce domaine historique de Faugères en 2017. La volonté du couple ? Pérenniser le style de la maison, dont le vignoble est dominé par de vieilles syrahs, issues de sélections massales (parmi les premières plantées en Languedoc dans les années 1960 par Gilbert Alquier) complétées de mourvèdre et de grenache. En trois ans, ils ont travaillé sans relâche à la conversion bio et la plantation de mourvèdre pour intégrer le cépage dans les assemblages. La cave a été totalement reconstruite sous terre, tout en conservant une partie des contenants en béton de leur prédécesseur. Les 2019 sont une réussite, dans le style solaire qui a marqué ce millésime dans la région.

Les vins : d'habitude assez fluide, Les Premières montre un profil plus structuré en 2019. Une expression juste du schiste de Faugères qui passe par des notes de poivre sauvage, de ciste et une bouche enveloppante, soutenue par un bel apport tannique. La Maison Jaune est une cuvée de référence. Mené par de vieux grenaches sur schistes, le vin s'ouvre sur des notes d'épices, de cerise juteuse et de prune, avec une touche fumée subtile. Les tanins caressants mènent le vin jusqu'à une forme de plénitude. Enfin, Les Bastides est un vin aux notes florales, d'épices et de garrigue. La bouche est large et profonde et les tanins marquent un effet légèrement sucrant et ferme en finale.

Faugères Les Bastides d'Alquier 2019	33 €	90

Faugères Les Premières 2019	18 €	90

Le coup de ♥

Faugères La Maison Jaune 2019	24 €	93

Rouge : 11 hectares.
Blanc : 1 hectare.
Production moyenne : 40 000 bt/an

BARDI D'ALQUIER

2, rue de Vieux-Château, 34600 Faugères
04 67 23 07 89 ● www.bardi-alquier.fr ●
Visites : sans RDV.
Propriétaire : Sophie et Thibaud Bardi
Directeur : Thibaud Bardi

★ CHÂTEAU LA BARONNE

Médecins et vignerons de père en fils : telle pourrait être la devise de la famille Lignères, qui se consacre avec passion à son vaste vignoble des Corbières, dans le secteur frais de la montagne d'Alaric. Conseillés par l'œnologue toscan Stefano Chioccioli depuis 2002, les propriétaires conduisent désormais leur domaine en agriculture biodynamique. La gamme se décline en sélections de terroirs (assemblages) ainsi qu'en cuvées de cépages purs (vieux carignan, roussanne, mourvèdre), souvent impressionnantes. L'élevage sous bois a acquis une plus grande précision, exaltant les saveurs profondes des vins. Ayant rejoint l'élite de la région, ce domaine, toujours à la recherche d'une production idéaliste, ne cesse de se remettre en question.

Les vins : le vermentino est doté d'une énergie centrée sur les agrumes et des amers longilignes en finale. En blanc, Les Chemins évoque les herbes aromatiques et le fenouil au nez, un vin frais, cristallin et pur, à la fois frais et mûr. Las Vals est une roussanne issue d'une fine macération, qui développe des notes d'eau-de-vie de mirabelle ; une cuvée qui trouvera sa place à table. Pour faire la transition avec les rouges, Le Grenache Gris de Jean s'aborde comme un rosé, oscillant entre le fruit et une trame tannique légère. Annoncé comme un vin de fruit facile d'accès, Les Lanes nous surprend par son caractère encore anguleux en bouche, il faut lui laisser du temps. Les Chemins de Traverse est un vin sans soufre ajouté axé sur le fruit pulpeux, avec une belle accroche de tanins en finale. Dans la même veine, mais avec un supplément de chair, Les Cayrelières fera le bonheur des amateurs de pur grenache noir. Les Chemins est une représentation fiable du domaine, aux tonalités d'épices et de quetsche, et un bel accent sudiste en bouche. Alaric est délicieusement épicé, avec des notes de cacao et de tabac brun. La bouche offre des tanins soyeux, à la finale bien épicée. Un vin taillé pour la garde. Pièce de Roche est un carignan très voluptueux, aux notes de ciste et de fruits noirs.

⌐ Corbières Les Chemins 2021	15,50 €	91
⌐ VDF Las Vals Roussanne 2020	22 €	89
⌐ VDF Vermentino NW 2021	18 €	90
▬ Corbières Alaric 2017	24 €	92
▬ Corbières Les Chemins 2020	15,50 €	91
▬ Corbières Les Lanes 2020	12,50 €	88
▬ VDF Les Cayrelières 2020	15 €	89
▬ VDF Les Chemins de Traverse 2021	18 €	89
▬ VDF Pièce de Roche 2019	35 €	92

Le coup de ♥

⌐ VDF Le Grenache Gris de Jean 2020	19 €	90

Rouge : 77 hectares. Carignan 41 %, Grenache noir 21 %, Syrah 19 %, Mourvèdre 17 %, Cinsault 2 %
Blanc : 13 hectares. Vermentino 36 %, Grenache gris 27 %, Roussanne 18 %, Grenache blanc 16 %, Bourboulenc 3 %
Production moyenne : 290 000 bt/an

CHÂTEAU LA BARONNE ♣

21, rue Jean-Jaurès, 11700 Moux
04 68 43 90 07 ●
www.chateaulabaronne.com ● Vente et visites : sur RDV.
Propriétaire : Famille Lignères
Directeur : Jean Lignères

★ DOMAINE CANET VALETTE

À Saint-Chinian, Marc Valette fait partie de ces pionniers, producteur de vins de qualité dès le début des années 1990. "C'est Jean-François Izarn qui a été le déclic. À sa rencontre, de simple paysan, je suis devenu un passionné du vin", déclare cet humble vigneron au grand cœur. Son vignoble calcaire, au sol basique, compte 21 hectares en bio, posés autour de la cave. À ses débuts, les vins sont plutôt extraits, mais le style change au milieu des années 2000, quand Marc se décide à produire des cuvées plus élégantes. Aujourd'hui, les raisins sont récoltés moins mûrs, les extractions plus douces, et les vins ont trouvé leur propre signature, entre finesse et complexité.

Les vins : dans un style sudiste et épicé assumé, Antonyme est un vin gouleyant, qui livre une expression franche de fruits rouges et de thym. La bouche est soulignée par des petits fruits rouges acidulés, des tanins fins mais sans accroche, jusqu'à une finale d'une certaine fraîcheur. Une et Mille Nuits montre un nez légèrement piquant, avec un élan d'épices, de cade, de fruits noirs. La bouche est structurée par des tanins encore robustes en finale. Maghani est une cuvée construite pour traverser les années :

le 2018 se goûte déjà fort bien, dans un contexte de garrigue, des tanins de velours et une sensation umami ; le 2019 est plus en retrait à ce jour, avec une trame tannique plus serrée et une aromatique définitivement tournée vers la garrigue. Le blanc s'ouvre sur une palette de fleurs blanches et de poire Williams. La bouche ample s'étire jusqu'à une finale pure et juteuse.

⌐ VDF Une et Mille Nuits 2021	12 €	90
▬ Saint-Chinian Antonyme 2020	9 €	89
▬ Saint-Chinian Maghani 2018	26 €	93
▬ Saint-Chinian Maghani 2019	26 €	93
▬ Saint-Chinian Une et Mille Nuits 2020	13 €	91

Le coup de ♥

▬ Saint-Chinian Ivresses 2021	17 €	90

Rouge : 20 hectares. Grenache noir 30 %, Syrah 30 %, Mourvèdre 20 %, Carignan 10 %, Cinsault 10 %
Blanc : 1,5 hectare. Picpoul blanc 75 %, Bourboulenc 25 %
Production moyenne : 75 000 bt/an

DOMAINE CANET VALETTE ♣

1497, avenue de Causses-et-Veyran, 34460 Cessenon-sur-Orb
04 67 89 51 83 ● www.canetvalette.com ●
Vente et visites : sur RDV.
Propriétaire : Marc Valette
Œnologue : Alix Jojot

★ CLOS CENTEILLES

Cette propriété originale, située dans l'environnement poétique du causse de Siran, est dirigée par Cécile Boyer-Domergue, toujours aidée par sa mère Patricia. Leurs vins résultent d'un travail d'une exemplaire probité, tourné vers la culture de cépages rares ou oubliés. L'expression du fruit au nez est toujours un peu confite alors qu'en bouche les vins manifestent une rare élégance et une grande finesse de texture, notamment les purs cinsaults. Les grandes cuvées ne sont vendues qu'à leur apogée. Le domaine produit un joli blanc sec à base de variétés oubliées : araignan blanc, riveyrenc blanc et gris, ainsi qu'une vendange passerillée, Erme, dans l'esprit des "vins nobles" jadis élaborés en Minervois. Il faut saluer la singularité et la force de cette démarche, vigneronne et mémorielle, qui offre un point de repère capital, non seulement pour le Minervois, mais pour le Languedoc tout entier.

Les vins : le blanc est un délicieux assemblage de trois cépages anciens : ribeyrenc, ribeyrenc gris et araignan blanc. Il délivre des notes d'amande fraîche et du gras en bouche, avec une finale de zan. Frais, le rosé est léger, gouleyant. Comme une transition vers les rouges, La Part des Anges est le résultat d'une courte nuit de macération. Ce rouge léger comme un rosé laisser percevoir des notes de framboise avant une finale bien juteuse. Campagne est un rouge expressif, qui dévoile rapidement des notes de cèdre, de poivre et de rose, porté par des tanins soyeux. C de Centeilles 2016 est plus structuré, il offre des notes finement camphrées, clou de girofle, et une bouche pure et longiligne. Le Clos Centeilles 2009 est au sommet de son évolution : ses notes de tabac blond appuie une belle largeur de bouche jusqu'à la finale épicée.

▭	IGP Côtes du Brian C de Centeilles 2018	24,50 €	91
◗	IGP Côtes du Brian Le C Rosé 2020	11,50 €	89
▬	Minervois-La-Livinière Le Clos Centeilles 2009	37 €	92
▬	IGP Côtes du Brian La Part des Anges 2020	11,50 €	90
▬	Minervois C de Centeilles 2016	19 €	92
▬	Minervois Campagne de Centeilles 2018	16,50 €	92

Rouge : 10,5 hectares. Cinsault 25 %, Carignan 20 %, Divers noir 15 %, Mourvèdre 10 %, Syrah 10 %, Ribeyrenc 7 %, Picpoul noir 7 %, Grenache noir 4 %, Œillade noire 2 %
Blanc : 1,5 hectare. Araignan Blanc 24 %, Grenache gris 20 %, Ribeyrenc gris 14 %, Ribeyrenc 12 %, Clairette rose 6 %, Picpoul Gris 6 %, Divers blanc 5 %, Clairette 4 %, Picardan 4 %, Terret gris 2 %, Carignan gris 2 %
Production moyenne : 56 000 bt/an

CLOS CENTEILLES
Chemin de Centeilles, 34210 Siran
04 68 91 52 18 ● www.closcenteilles.com ● Vente et visites : sur RDV.
Propriétaire : Patricia et Cécile Domergue

★ CLOS MAÏA

Après avoir fait ses classes auprès de grands vignerons et références du secteur, Olivier Jullien en tête, Géraldine Laval s'installe en 2009 sur des parcelles d'altitude dans les Terrasses du Larzac, sur le secteur de Poujols et Lauroux, à l'extrême nord-ouest de l'appellation. Ce petit domaine de 6 hectares profite d'un parcellaire composé de vignes d'âge mûr. Vigneronne talentueuse et passionnée, Géraldine Laval exprime avec précision et sensibilité la pureté, la tension et la droiture de ses terroirs.

Les vins : belle réussite, le blanc propose de subtils parfums de fleurs blanches et une trame construite autour des agrumes et de l'iode. Un

vin droit, incisif, mais juste, sur les zestes et l'iode. Il va encore gagner en complexité lorsque le mellifère et les amers prendront le pouvoir. En rouge, Le Petit Clos s'exprime sur le poivre, la ronce et les herbes aromatiques. Un vin pulpeux et croquant, avec un beau retour de structure et une pointe fumée en finale. Le terrasses-du-larzac, cuvée parcellaire issue des vignes de Lauroux, est plus concentré et construit pour la garde. Encore discret et charpenté à ce stade, avec ses notes de garrigue et d'épices douces, il bénéficiera de quelques années d'évolution en cave.

◗	IGP Pays d'Hérault Le Petit Clos 2020	13 €	91
▬	Terrasses du Larzac 2020	26 €	93

Le coup de ♥
▭	IGP Pays d'Hérault 2020	26 €	92

Rouge : 4,8 hectares. Grenache noir 60 %, Carignan 15 %, Cinsault 13 %, Syrah 10 %, Divers noir 2 %
Blanc : 1,2 hectare. Grenache gris 40 %, Chenin 40 %, Roussanne 15 %, Terret blanc (terret bourret) 5 %
Production moyenne : 26 500 bt/an

CLOS MAÏA ♣
1, Grand-Rue, 34520 La Vacquerie
06 12 83 42 89 ● www.closmaia.fr ● Vente et visites : sur RDV.
Propriétaire : Géraldine Laval

★ LES CLOS PERDUS

Paul Old cultive en biodynamie ces vieilles vignes entre Corbières et Roussillon. L'approche minimaliste en cave offre des hauts (Prioundo et L'Extrême, en blanc) mais aussi des bas, avec une saturation en gaz sur certaines cuvées et parfois un manque de netteté. Les vins savent cependant vieillir et l'aération leur est bénéfique.

Les vins : en blanc, L'Extrême offre des notes de céréales, de fleur d'oranger, un parfum subtil et délicat qui se prolonge en bouche sur une sensation enveloppante, mais en équilibre. La finale délivre des notes de fruits blancs. Le rosé est saturé en gaz et manque de netteté au nez, alors que la bouche présente un aspect plus équilibré. Dans les rouges, Cuvée 171 montre un profil assez brut, des épices et du fruit dans une structure de tanins encore raide. Frezas propose plus de pureté et de fraîcheur, derrière un nez qui développe des notes florales, de fines épices. La bouche est menée par les fruits, framboise, reine-claude, et une grande vivacité en phase avec de fins tanins. Floral et fruité, Prioundo exprime aussi des parfums de garrigue. La bouche est savoureuse, les tanins intégrés dans une belle chair. Cuir et nez piquant dans L'Extrême, dont la bouche riche est assise sur des tanins asséchants.

▭ IGP Côtes Catalanes L'Extrême 2020	35 €	92
▬ Corbières 2020	15 €	87
▬ Corbières Cuvée 171 2019	15 €	89
▬ Corbières Frezas 2019	19 €	90
▬ Corbières Prioundo 2018	22 €	91
▬ IGP Côtes Catalanes L'Extrême 2016	35 €	88

Rouge : 15 hectares. Grenache noir 40 %, Carignan 30 %, Mourvèdre 20 %, Cinsault 5 %, Syrah 5 %
Blanc : 4 hectares. Grenache blanc 60 %, Macabeu 20 %, Muscat à petits grains blancs 10 %, Terret blanc (terret bourret) 10 %
Production moyenne : 30 000 bt/an

LES CLOS PERDUS ☾

17, rue du Marché, 11440 Peyriac-de-Mer
04 68 48 30 05 ● www.lesclosperdus.com ●
Vente et visites : sur RDV.
Propriétaire : Paul Old

★ ↗ CLOS DES REBOUSSIERS

Jean-Pierre Girard (propriétaire du domaine de Valcyre à Valflaunès) a racheté les vignobles à Christophe Peyrus et le domaine éponyme a été aussitôt rebaptisé Clos des Reboussiers en 2019. La philosophie reste la même et Christophe Peyrus entend bien rester présent pour assurer une continuité et veiller à la pérennité de ces très beaux terroirs. Le vignoble, haut perché, totalise 8,5 hectares, sur des sols uniques de calcaires à silex et résurgences dolomitiques. Le domaine conserve aussi son âme artistique, avec une nouvelle étiquette dessinée chaque année pour la cuvée Spoutnik par le peintre Jean Vallon, initiateur du projet. Un vin qui tire son nom de la fameuse cuve béton qui ressemble à la capsule russe de Youri Gagarine, trônant au cœur du chai. L'étoile vient récompenser la justesse de la gamme présentée cette année et la complexité des vins, notamment les rouges.

Les vins : délicat, poivré, le blanc se présente crémeux mais fin et possède une belle allonge amère et des délicates notes de fenouil. Le rouge 2019 est subtil, floral, très séduisant, avec ses notes de violette et de myrtille. La structure au palais est bien gérée, avec des tanins crayeux, encore présents mais mûrs, et une belle persistance. Spoutnik gagne encore en chair, en étoffe et en longueur, sans céder en charme. Il combine des notes de fleurs rouges,

graphite et de fruits noirs écrasés. Un très beau vin, profond, promis à une belle et longue vie. Bravo !

▭ VDF 2020	21 €	91
▬ Pic Saint-Loup 2019	21 €	92

Le coup de ♥
▬ Pic Saint-Loup Spoutnik 2020	40 €	93

Rouge : 7,5 hectares. Syrah 72 %, Grenache noir 20 %, Sangiovese 8 %
Blanc : 1 hectare. Clairette 30 %, Chenin 30 %, Grenache blanc 20 %, Tourbat 20 %
Production moyenne : 45 000 bt/an

CLOS DES REBOUSSIERS ♣

Lieu-dit Le Sauzet, 11, route du Pic Saint-Loup 34270 Cazevieille
04 67 91 20 12 ●
jp.girard@closdesreboussiers.fr ● Vente et visites : sur RDV.
Propriétaire : Jean-Pierre Girard
Maître de chai : Marjorie Bousquet
Œnologue : Dorian Rebatelle

★ CLOS DU GRAVILLAS

Grâce à des vignerons comme Nicole et John Bojanowski, le carignan a pleinement retrouvé sa place comme élément constitutif de l'identité viticole de la région. Les Bojanowski, producteurs artisans installés depuis 1999 sur le causse blanc et aride de Saint-Jean-de-Minervois, aiment ce cépage qui s'exprime à foison dans la gamme du domaine. Les rouges intenses et attachants trouveront aisément leur place à table, où leur rusticité justement domptée devient velours. Les vins montent en puissance, en particulier les blancs. La régularité du domaine depuis quelques années, couplée à l'audace d'aller toujours plus loin, le placent parmi les références du Minervois.

Les vins : débutons la dégustation par le fringant pet' nat' Jour de Teuf, porté par de fines bulles, aux notes de verveine et de citron confit en finale. L'inattendu est gras et ample, sur les céréales et les fruits blancs. Emmenez-Moi au Bout du Terret s'exprime avec plus d'énergie et de fraîcheur. A Fleur de Peau est une macération de muscat très réussie, à l'aromatique très plaisante, dans un registre de verveine, de fleur d'oranger et de thé Earl Grey. La bouche ample offre un toucher de bouche onctueux, ponctuée d'une impression d'amande fraîche en finale. Enfin, Douce Providence est un moelleux onctueux, qui intègre parfaitement son sucre. En rouge, Sous les Cailloux des Grillons est un vin frais, fruité, qui termine sur des notes de fruits des bois. Rendez-Vous sur La Lune est plus structuré : un rouge qui se montre épicé, avec un aspect presque pimenté en bouche, tout en restant gouleyant. Lo Viehl propose un supplément de finesse, ciselé par des notes subtiles de laurier et de thym. Le fin grain de tanins conclut sur une finale suave, avec une sensation éclatante de fruits rouges.

▭ IGP Côtes du Brian Emmenez-Moi au Bout du Terret 2021	15 €	91
▭ Minervois L'Inattendu 2020	20 €	89
▭ Muscat de Saint-Jean de Minervois Douce Providence 2020	13 €	90
▭ VDF A Fleur de Peau 2020	20 €	92
▬ IGP Côtes du Brian Lo Vielh de 100 Ans 2019	20 €	92
▬ IGP Côtes du Brian Sous les Cailloux des Grillons 2021	13 €	89
▬ Minervois Rendez-Vous Sur La Lune 2020	16 €	91

Le coup de ♥

▭ VDF Jour de Teuf 2021	16 €	90

Rouge : 4,5 hectares. Carignan 45 %, Syrah 30 %, Cabernet-Sauvignon 11 %, Cinsault 8 %, Counoise 3 %, Mourvèdre 3 %, Grenache noir 2 %, Picpoul noir 1 %, Terret noir 1 %
Blanc : 4,2 hectares. Muscat à petits grains blancs 30 %, Terret gris 25 %, Grenache gris 15 %, Carignan 7 %, Grenache blanc 5 %, Macabeu 4 %, Picpoul Gris 4 %, Roussanne 4 %, Viognier 4 %, Clairette 1 %, Picpoul blanc 1 %
Production moyenne : 35 000 bt/an

CLOS DU GRAVILLAS ♣

15, route de Bize,
34360 Saint-Jean-de-Minervois
04 67 38 17 52 ● www.closdugravillas.com ●
Vente et visites : sur RDV.
Propriétaire : Nicole et John Bojanowski
Directeur : Nicole Bojanowski
Maître de chai : John Bojanowski

★ ↗ LA CROIX GRATIOT

Anaïs Ricôme est aujourd'hui la référence à Picpoul de Pinet, avec ses vins d'une grande pureté, signatures de ce très beau terroir argilo-calcaire. L'appellation donne naissance à certains des plus grands blancs du Languedoc, marqués par les alizés marines, droits et iodés, issus du cépage piquepoul. Après des études viti-oenologiques et une expérience dans un vignoble néo-zélandais, son père, Yves, lui propose de reprendre en main ce domaine proche de Marseillan. Tout juste installée, la vigneronne prend des décisions drastiques : diminuer la superficie du vignoble, pour mieux maîtriser le niveau qualitatif, convertir le domaine en bio et utiliser certaines pratiques bio dynamiques. Les élevages sont très légers avec une priorité pour

l'inox, le grès et les vieux foudres. Il en ressort des vins brillants, traçants et énergiques, d'une grande justesse. Nous attribuons une première étoile au domaine.

Les vins : avec son panier de fruits rouges frais et acidulés Rouge cerise est un vin convivial, sans complication, mais très gourmand. Le Chant des Dolia est un blanc qui a de la sève, du gras et une belle fin de bouche sur le pomelo. Son alter ego rouge est assez dense et riche, sur les fruits noirs et la réglisse, mais sans austérité ou rigueur. Les Zazous, assemblage de piquepoul et roussanne, est une réussite, avec ses arômes de poire conférence, de fleurs blanches et son palais étiré, à la fois salivant et sapide. Picpoul de Pinet 2021 est un vin cristallin, ciselé et iodé, très typique. Nous montons encore d'un cran avec la sélection parcellaire Bréchallune, un picpoul vertical et texturé, avec ses notes de cédrat et de pamplemousse, et son allonge saline. Zaï Zaï Zaï Zaï est une jolie bulle de piquepoul, fraîche, légère, digeste et citronnée.

▭ IGP Pays d'Hérault Zaï Zaï Zaï Zaï 2021	12 €	90
▭ Languedoc Le Chant des Dolia 2020	23 €	89
▭ Picpoul de Pinet 2021	8,50 €	91
▭ Picpoulde Pinet Bréchallune 2021	15 €	93
▬ IGP Pays d'Hérault Rouge Cerise 2021	9,50 €	89

Le coup de ♥

▭ IGP Pays d'Hérault Les Zazous 2020	14 €	92

Rouge : 11 hectares.
Blanc : 24 hectares.
Production moyenne : 200 000 bt/an

LA CROIX GRATIOT ♣

Domaine de Sainte Croix, 34530 Montagnac
04 67 25 27 88 ● croix-gratiot.com/ ●
Visites : sans RDV.
Propriétaire : Anaïs et Yves Ricome

★ DOMAINE DE CÉBÈNE

Après une riche expérience professionnelle dans le monde du vin bordelais, Brigitte Chevalier a posé ses valises à Faugères en 2007. Femme du sérail mais néo-vigneronne, elle possède indéniablement de l'ambition, une vista, un sens de l'élégance septentrionale qu'elle veut donner à ses vins. En choisissant des vignes d'altitude, en majorité exposées au nord, puis en creusant un chai enterré sous les schistes, au milieu des vignes, elle s'est donné les moyens d'atteindre ses objectifs. La gamme est bien articulée entre vins de cuve et élevage en barrique de 500 l (cuvée Felgaria, dominée par le mourvèdre). Le plaisir procuré par ces vins depuis quelques années se confirme et le domaine fait désormais partie de l'élite faugéroise.

Les vins : pour débuter : À la Venvole présente ses tanins bien intégrés avec friandise, sur des notes de santal et un côté umami en bouche. Les Bancèls, en 2019, plus joufflu, s'exprime sur les fruits rouges confits. Belle Lurette offre un registre floral et fruité, marqué par les vieilles vignes de carignan. La bouche charnue laisse poindre des notes de fruits rouges et d'épices douces, avec des tanins veloutés. L'association du mourvèdre d'altitude et de schistes dans Felgaria défend une identité complexe et racée. Le nez mêle le floral aux épices, avec une belle tonalité de garrigue. On retrouve une touche fumée en bouche ; malgré les tanins fondus, le vin demeure puissant, et devra s'assagir dans les dix prochaines années.

Faugères Belle Lurette 2020	25 €	92
Faugères Felgaria 2019	44 €	93
Faugères Les Bancèls 2019	20 €	90
Faugères À la Venvole 2020	16 €	90

Rouge : 11 hectares. Grenache noir 30 %, Syrah 27 %, Carignan 25 %, Mourvèdre 18 %
Production moyenne : 35 000 bt/an

DOMAINE DE CÉBÈNE ♣

Route de Caussiniojouls, BP 72, 34600 Faugères
06 74 96 42 67 ● www.cebene.fr ● Vente et visites : sur RDV.
Propriétaire : Brigitte Chevalier

★ DOMAINE DE DERNACUEILLETTE

Impavide vigneron d'altitude, Guillaume Boussens sonne, depuis le début des années 2000, le réveil des Hautes Corbières. Miraculeusement préservés, ces terroirs bénéficient d'une fraîcheur climatique exceptionnelle, ainsi que d'une diversité géologique tout aussi étonnante – sur ces sols bigarrés, dont la couleur change d'une parcelle à l'autre, il n'est pas rare de découvrir de magnifiques cristaux. À cheval sur trois communes (Dernacueillette, Maisons et Montgaillard) le domaine ne produit, pour l'instant, que des rouges, basés sur la trilogie carignan, grenache, syrah ; leur caractère aromatique, très puissant, marqué par les épices et le poivre blanc, entre garrigue et maquis, est inoubliable. Grâce à la volonté d'un homme, grâce à sa vision et à sa force de travail, s'exprime un grand terroir méconnu.

Les vins : très salivant et longiligne, Le Petit Derna se dévoile avec des notes de cerise noire et de réglisse, les tanins sont souples, tout en offrant une rondeur de bouche et une finale de poivre blanc. En 2018, le corbières du domaine est dense avec des tonalités de garrigue et de cacao, mais posé sur des tanins bien intégrés et un équilibre hors pair. Une expression de genièvre pour Anne Fleur, des tanins encore anguleux et une action salivante en milieu de bouche. La finale est fraîche et longue, marquée par l'orange amère. Magnifique Hauts de Dernacueillette, issu de vignes plantées entre 500 et 700 mètres d'altitude. Finesse et race construisent ce vin aux expressions diverses de pamplemousse, vétiver et romarin. On garde une impression longiligne, fraîche et sapide tout au long de la dégustation. Enfin, Jacques offre un registre plus épicé, floral avec une pointe musquée. On lui trouve une texture soyeuse et poudrée, les tanins sont fins et la finale épicée.

Corbières 2018	N.C.	92
Corbières Cuvée Anne Fleur 2017	22 €	92
Corbières Cuvée Jacques 2018	35 €	92
Corbières Les Hauts de Dernacueillette 2018	N.C.	93

Le coup de ♥
IGP Pays de Cucugnan Le Petit Derna 2018	N.C.	91

Rouge : 25 hectares.
Production moyenne : 35 000 bt/an

DOMAINE DE DERNACUEILLETTE

15, rue Fleurie, 11330 Dernacueillette
06 70 79 38 46 ●
www.domainededernacueillette.fr ● Vente et visites : sur RDV.
Propriétaire : Guillaume Boussens
Œnologue : Marc Quertinier

★ ✒ DOMAINE LES EMINADES

Implanté sur une géologie très variée, représentative de la diversité des terroirs de Saint-Chinian, ce domaine a été créé en 2002 par Patricia et Luc Bettoni. Les propriétaires cultivent avec soin un vignoble en majorité planté de très vieux carignans, complétés de grenache, de syrah et de cinsault. Certifié en agriculture biologique depuis 2008, Les Eminades a acté le passage à la biodynamie en 2018. Les vins sont soignés, gourmands, toujours dans la volonté de rester au plus proche du fruit, et méritent cette année une première étoile.

Les vins : le blanc Silice est l'explosive combinaison entre le sauvignon blanc et le sol de grès rouge : un résultat totalement détonnant pour l'appellation, qui en fait la cuvée signature du domaine. Le vin dégage des notes de curcuma, de fleurs blanche, soutenue par une touche de curry, jusqu'à la finale fraîche et salivante, marquée par de fins amers. Montmajou présente un registre floral, type "herba fresca", la bouche est enveloppante puis une belle énergie arrive et accompagne la finale. En rouge, La Pierre Plantée possède un profil très juteux, fruité, avec des notes de romarin et de la souplesse en bouche. Cebenna fleure bon le maquis, dans la continuité de la finesse apportée par les vieilles vignes de grenache. En 2019, Sortilège se montre bien mûr, aux notes de quetsche, puis nous arrivons sur une bouche densifiée par l'apport de bois épicé. Vieilles Canailles est la grande cuvée du domaine : un carignan soyeux et sapide, aux arômes de rose et de garrigue.

IGP Coteaux de Fontcaude Silice 2020	18,50 €	92
Saint-Chinian Montmajou 2020	15,50 €	90
Saint-Chinian La Pierre Plantée 2020	10 €	90
Saint-Chinian Sortilège 2019	18 €	91
Saint-Chinian Vieilles Canailles 2019	30 €	94

Le coup de ♥

Saint-Chinian Cebenna 2020	Épuisé - 14,50 €	91

Rouge : 15,5 hectares. Grenache noir 35 %, Syrah 30 %, Mourvèdre 15 %, Cinsault 10 %, Carignan 10 %
Blanc : 3 hectares. Grenache blanc 50 %, Sauvignon blanc 30 %, Marsanne 20 %
Production moyenne : 70 000 bt/an

DOMAINE LES EMINADES ♣

9, rue Saint-Baulery, 34360 Cébazan
04 67 36 14 38 ● www.leseminades.fr ●
Vente et visites : sur RDV.
Propriétaire : Patricia et Luc Bettoni
Œnologue : Luc Bettoni

★ DOMAINE DE LA GARANCE

Enfant du pays, Pierre Quinonero a pour objectif de produire des vins au caractère méditerranéen, taillés pour la garde. Il a grandi dans les 1,5 hectare de vignes de son grand-père maternel, à quelques kilomètres de Pézenas, au milieu des vignes et de la garrigue. Et c'est à ce même endroit qu'il a bâti de ses mains sa cave et son mas dès 1991. Autodidacte, il travaille seul, sans œnologue, et a replanté grenache et syrah, issus de sélections massales. Il a pour lui un terroir de basalte mais aussi des parcelles plus fraîches avec des galets roulés en sous-sol. Ses blancs, travaillés sur l'oxydatif, pourront trouver leur public. Ses vins rouges offrent relief et de

personnalité, à l'instar d'Armières, qu'il est recommandé de carafer. Les vins n'étant pas protégés par le soufre, il est impératif de stocker les bouteilles dans de bonnes conditions.

Les vins : le domaine ne nous ayant pas fait parvenir ses vins, nous sommes amenés à reconduire les notes de notre édition précédente.

VDF In Fino 2008	60 €	92
VDF In Fino 2009	60 €	92
Languedoc Les Armières 2018	22 €	92

Rouge : 4 hectares.
Blanc : 2,5 hectares.
Production moyenne : 25 000 bt/an

DOMAINE DE LA GARANCE ♣

Chemin de Sallèles, 34720 Caux
06 30 42 97 46 ●
quinonero-pierre@wanadoo.fr ● Vente et visites : sur RDV.
Propriétaire : Pierre Quinonero

★ DOMAINE LES HAUTES TERRES

Depuis plusieurs années, la production de Gilles Azam est centrée autour de quelques cuvées bien définies. Fruits d'une viticulture attentive, consciente de la valeur du lieu et du socle historique, ses vins possèdent un caractère affirmé et de fraîches matières toujours intenses qui s'épanouiront au contact de l'air. Ils apprécient la compagnie de nourritures riches en saveurs. Le domaine s'affirme comme un point de référence pour toute l'appellation Limoux.

Les vins : le crémant reste une valeur sûre dans les pétillants, il présente des fines notes de noisette et une belle persistance de fruits, agrémenté d'une bulle crémeuse. L'air du Paradis est une méthode ancestrale de mauzac qu'il faut découvrir absolument ! Son nez rappelle la verveine, la poire Williams, avec une touche de bergamote. Les fines bulles de ce vin frais et délicat, à la finale qui rappelle le citron confit, réjouissent le palais. Maxime est un rouge mené par un malbec juteux, friand, aux tanins encore juvéniles. Dans les blancs, notre préférence va à Louis, entraînant et dynamique. Son nez délicat distille des fines notes de fleurs, de romarin et de pêche blanche. Son élevage en foudre et jarre en grès lui confère une bouche longiligne, pure et racée. Céleste est axé sur les fruits jaunes au nez, mais la bouche se montre plus étriquée et mordante.

Blanquette de Limoux Méthode Ancestrale Brut Nature L'air du Paradis 2021	15,50 €	91

▱ Crémant de Limoux Brut Nature Joséphine	19 € **91**
▱ Limoux Céleste 2019	26 € **91**
▰ Limoux Maxime 2020	16 € **90**

Le coup de ♥

▱ Limoux Louis 2020	17 € **92**

Rouge : 3 hectares. Merlot 50 %, Malbec (cot) 30 %, Cabernet franc 10 %, Cabernet-Sauvignon 10 %
Blanc : 12 hectares. Chardonnay 50 %, Chenin 25 %, Mauzac vert 25 %
Production moyenne : 90 000 bt/an

DOMAINE LES HAUTES TERRES ♣

4, rue du Château, 11300 Roquetaillade
04 68 31 63 72 ●
www.domaineleshautesterres.com ● Vente et visites : sur RDV.
Propriétaire : Gilles Azam
Directeur : Geneviève Azam

★ CHÂTEAU DE JONQUIÈRES

Domaine familial depuis le XIIe siècle, le Château de Jonquières est un très beau patrimoine viticole de 8 hectares, qui se transmet depuis 32 générations. Depuis 2014, c'est Clément et Charlotte de Béarn qui veillent sur ces terroirs argilo-calcaires et de cailloutis, sur la commune de Jonquières. La nouvelle génération est pleine d'ambition et de dynamisme. Si les rouges sont de belle facture, un effort est attendu sur les allonges de fin de bouche et sur le niveau des blancs.

Les vins : le terrasses du larzac La Baronnie blanc 2020 est un vin assez ample, riche et charnu, aux arômes de cire d'abeille et d'amande. Nous lui préférons Lansade 2021, à la belle énergie contenue dans ses jolies notes d'acacia et de fruits blancs. Cette année, à nouveau, les rouges sont au-dessus. Lansade est floral, tendre, juteux, avec une belle fraîcheur et des tanins délicats. La Baronnie rouge 2020 est un vin construit sur la réglisse et la garrigue. La structure est présente, mais le grain de tanin reste fin. Il peut encore gagner en allonge. White Label 2020, issu de vieilles vignes de carignan plantées il y a 80 ans, est la réussite de l'année, avec ses notes de roses, de ronce, sa jolie longueur et ses très beaux tanins suaves.

▱ IGP Saint-Guilhem-le-Désert La Baronnie 2020	19 € **90**
▱ IGP Saint-Guilhem-le-Désert Lansade 2021	13 € **91**
▰ Terrasses du Larzac La Baronnie 2020	19 € **92**
▰ Terrasses du Larzac Lansade 2020	13 € **92**
▱ VDF White Label 2020	11 € **93**

Rouge : 6 hectares. Syrah 25 %, Carignan 25 %, Mourvèdre 20 %, Cinsault 20 %, Grenache noir 10 %
Blanc : 2 hectares. Chenin 60 %, Grenache blanc 40 %
Production moyenne : 30 000 bt/an

CHÂTEAU DE JONQUIÈRES ♣

2 Grand rue 34725 Jonquières
06 66 54 22 66 ●
www.chateau-jonquieres.com ● Visites : sans RDV.
Propriétaire : Charlotte et Clément de Béarn

★ DOMAINE LEDOGAR

Poussée par une nouvelle génération incarnée par les fils Xavier et Mathieu, la famille Ledogar a reconverti, courant 1998, le domaine coopératif en cave particulière (anciennement domaine Grand Lauze). Le vignoble, d'une vingtaine d'hectares, s'étend sur les argiles et les calcaires mêlés de galets roulés et de grès rouges du terroir de l'appellation Corbières-Boutenac, dont les sols peu fertiles sont très favorables à la pleine expression aromatique des vieux carignans. En bio depuis 2009, au prix d'un gros travail, le vignoble compte deux tiers de carignan et de grenache, dont l'âge est compris entre 60 et 120 ans. Les blancs, de grand caractère, sont issus de macabeu et de carignan blanc. Les vins affichent ce petit supplément de vie et ce grain de fantaisie qui déclenchent l'émotion, un domaine en pleine forme !

Les vins : commençons par les blancs : Macabeu, pur et frais, progresse sur des fines notes de fleurs de printemps, une belle réussite ; Carignan Blanc est plus travaillé, il offre relief et profondeur dans une bouche fraîche, à la trame fine et salivante jusqu'aux fins amers de la finale ; enfin, Mélancolie, cuvée signature de la zone et qui n'est pas produite tous les ans, est un vin plus large, mais qui reste sapide et salivant. En rouge, Rouge' É-Clair est une version fraîche, légère et gourmande de carignan et de mourvèdre. Carignan et marselan assemblés dans la cuvée La Mariole livrent un vin finement épicé, soutenu par les fruits rouges et noirs. La bouche, vive, avec des tanins bien alignés, termine sur des notes de cannelle. Dans un style plus classique, le corbières-boutenac se destine à la garde : vieilles vignes, élevage long pour ce vin aux parfums de rose, de poivre et de garrigue. Une impression de velours en bouche, portée par les fruits à noyaux et les épices.

▱ VDF Carignan Blanc 2018	25 € **92**

507

VDF Mélancolie 2020	de 25 à 27 € (c)	92
VDF Roug' É-Clair 2021	13 €	89
Corbières-Boutenac Ledogar 2018	25 €	93
VDF La Mariole 2021	11 €	89

Le coup de ♥

VDF Maccabeu 2021	17 €	91

Rouge : 15,5 hectares. Carignan 40 %, Grenache noir 15 %, Syrah 15 %, Mourvèdre 15 %, Cinsault 10 %, Marselan 5 %
Blanc : 4,5 hectares. Carignan 60 %, Macabeu 30 %, Grenache blanc 5 %, Grenache gris 5 %
Production moyenne : 60 000 bt/an

DOMAINE LEDOGAR ♣

Rue du Stade, 11200 Ferrals-les-Corbières
06 81 06 14 51 • xavier.ledogar@orange.fr •
Vente et visites : sur RDV.
Propriétaire : Xavier, Mathieu et Benoît Ledogar

★ DOMAINE MAXIME MAGNON

Installé depuis plus de dix ans à son compte, Maxime Magnon a été influencé par l'école beaujolaise (macérations à froid, utilisation minimale du soufre). Il a su intelligemment garder le meilleur de cette approche pour définir un style aujourd'hui parfaitement en place, toujours caractérisé par sa grande digestibilité, doté d'une finesse de texture et d'une précision de saveurs remarquables. Ce style demeure unique en Corbières, même si les vins expriment les caractères du terroir avec davantage de profondeur que naguère. Maxime Magnon ne cesse de peaufiner les détails qui pourront lui permettre d'aller encore plus loin.

Les vins : en blanc, La Bégou tient ses notes d'herbes aromatiques, de tilleul et de fruits blancs : un vin qui se démarque par sa fraîcheur salivante en bouche qui appelle l'iode dans l'assiette. Campagnès est le vin rouge signature du vigneron, exprimant un fruit à la fois éclatant et pulpeux, doté d'une structure de tanins onctueux et épicés. Ce 2019 déjà prêt à boire se démarque par des notes de romarin, de framboise sauvage et de fines épices.

Corbières La Bégou 2019	de 26 à 28 € (c)	92

Le coup de ♥

Corbières Campagnès 2019	30 €	93

Rouge : 9 hectares. Carignan 50 %, Grenache noir 28 %, Cinsault 20 %, Syrah 2 %
Blanc : 7 hectares. Grenache gris 50 %, Grenache blanc 35 %, Carignan gris 15 %
Production moyenne : 45 000 bt/an

DOMAINE MAXIME MAGNON ♣

125, avenue des Corbières
11360 Durban-Corbières
04 68 45 84 71 • maxime.magnon@orange.fr
• Vente et visites : sur RDV.
Propriétaire : Maxime Magnon

★ MAS BRUGUIÈRE

Ce domaine historique de l'appellation s'étend sur 12 hectares issus de deux secteurs, le Rocher de la Bergère, directement sous la falaise de l'Hortus, et la Plaine, terroir exposé plein nord, sous le Pic Saint-Loup. Xavier Bruguière, actuellement aux manettes, représente la septième génération à la tête du domaine. Les vignes sont très bien tenues, les vins sont ouverts, accessibles et élégants, sans pour autant céder en potentiel de garde.

Les vins : l'Arbouse 2020 renvoie aux fruits rouges acidulés et au fumé. Un vin très délicat, juteux et pulpeux pour le secteur. La Grenadière, composé à grande majorité de syrah, est tout aussi frais, avec ses senteurs de pivoine et de cassis, mais plus dense et charpenté. Un beau vin, taillé pour la garde.

Pic Saint-Loup La Grenadière 2020	29 €	94

Le coup de ♥

Pic Saint-Loup L'Arbouse 2020	19,50 €	92

Rouge : 10 hectares. Syrah 55 %, Grenache noir 30 %, Mourvèdre 15 %
Blanc : 1,5 hectare. Vermentino 67 %, Roussanne 33 %
Production moyenne : 60 000 bt/an

MAS BRUGUIÈRE ♣

La Plaine, 34270 Valflaunes
04 67 55 20 97 • www.mas-bruguiere.com •
Visites : sans RDV.
Propriétaire : Xavier Bruguière
Maître de chai : Xavier Bruguière
Œnologue : Sandrine Boesch

★ MAS CHAMPART

Que les adeptes du couple Champart, tous deux fraîchement retraité, se rassurent : le domaine reste en pleine forme, dans la lignée de ses créateurs ! Nicolas Gaignon continue de faire vivre ces belles cuvées vissées sur un socle argilo-calcaire. Le domaine de 16 hectares, situé sur les plissements calcaires qui surplombent la ville de Saint-Chinian, a commencé sa conversion en agriculture biologique en 2019. Ici, les vins sont aussi bien dédiés au plaisir immédiat qu'à la grande garde.

Les vins : le blanc est ouvert, dans un registre d'herbes aromatiques et de pêche blanche, reposant sur un beau gras en bouche qui ne lui ôte pas sa tension. Plus musclé, Causse du Bousquet livre une expression épicée de syrah, à la bouche fraîche et élancée. Le support de tanins est bien dosé, on remarque des notes de moka, de cèdre et de cuir en finale. Côte d'Arbo offre plus de rondeur, dans un style puissant et racé. Enfin, Clos de la Simonette est la signature de mourvèdre du domaine. Un vin expressif, sur la violette, la cardamome et la graine de coriandre. La bouche présente une belle patine sur des tanins onctueux.

⊂ Saint-Chinian 2019	19 €	**89**
▬ Saint-Chinian Causse du Bousquet 2018	20 €	**90**
▬ Saint-Chinian Côte d'Arbo 2019	13 €	**91**

Le coup de ♥
▬ Saint-Chinian Clos de la Simonette 2018	30 €	**93**

Rouge : 9,5 hectares.
Blanc : 2,5 hectares.
Production moyenne : 45 000 bt/an

MAS CHAMPART ♣
Bramefan, D20 34360 Saint-Chinian
04 67 38 05 59 ● www.mas-champart.com ●
Vente et visites : sur RDV.
Propriétaire : Nicolas Gaignon

★ MAS HAUT-BUIS

Mas Haut-Buis, c'est tout d'abord un site d'altitude exceptionnel, niché à quelques 650 mètres au-dessus du niveau de la mer, entre garrigue, oliviers et amandiers. Les 14 hectares sont composés de pas moins de douze parcelles distinctes. Olivier Jeantet, installé depuis 1999, est un autodidacte qui a vite compris les rouages du métier et l'exigence nécessaire pour produire des grands vins de caractère, qui reflètent la tension et la droiture des Terrasses du Larzac. Patrimoine de vielles vignes, gros travail au vignoble, élevages qui font la part belle aux grands contenants, assemblages pensés avec minutie ont permis à ce domaine de se hisser parmi les valeur sûres de l'appellation.

Les vins : la cuvée Les Agrumelles 2020 est un blanc qui joue la carte de la rondeur et de la subtile amertume. Un vin séduisant, sur l'amande fraîche et la poire. Les Carlines exprime bien la fougue et la verticalité des terroirs d'altitude. Un vin rouge crayeux, étiré, acidulé et épicé, à la fois facile et sérieux. Nous aimons sa vigueur

et son énergie. Costa Caoude est un vin profond, mais aérien, droit, sanguin et floral, aux tanins fins et poudrés.

⊂ Coteaux du Languedoc Les Agrunelles 2020	19 €	**92**
▬ Terrasses du Larzac Les Carlines 2020	14 €	**92**

Le coup de ♥
▬ Terrasse du Larzac Costa Caoude 2019	27 €	**95**

Rouge : 10 hectares. Grenache noir 45 %, Syrah 35 %, Carignan 20 %
Blanc : 2 hectares. Grenache blanc 50 %, Roussanne 50 %
Production moyenne : 48 000 bt/an

MAS HAUT-BUIS ♣
52, Grand Rue, 34520 La Vacquerie
06 13 16 35 47 ● www.mashautbuis.com ●
Vente et visites : sur RDV.
Propriétaire : Olivier Jeantet

★ MAS DE DAUMAS GASSAC

Aimé Guibert fut une figure de proue du renouveau du Languedoc viticole et de sa reconnaissance française puis internationale, après avoir acquis son vieux mas bercé au son de la rivière Gassac. Il a contribué à remettre en valeur le potentiel du terroir calcaire de la Haute Vallée du Gassac, composé de grèzes glaciaires, aux contreforts des Cévennes. L'amplitude diurne et la nature des sols vont le convaincre que c'est un grand terroir pour le cabernet-sauvignon, qui sera issu de sélection massale des meilleurs châteaux bordelais. Les fils d'Aimé, Samuel, Gaël, Roman et Basile, président aujourd'hui à la destinée de l'exploitation. Daumas Gassac a su se distinguer grâce à son potentiel et sa longévité. À l'instar des grands cabernet-sauvignons de ce monde, il gagne à se déguster après au moins une décennie. Si l'œuvre est immense et incontestable, la qualité des rouges toujours au rendez-vous (même si les vins ne portent pas forcément l'identité du lieu), nous attendons bien plus de l'ensemble de la gamme.

Les vins : le blanc est un vin singulier, sec et tendre, très aromatique, assez riche et marqué par son opulence. Le rosé Frizant est un effervescent simple, mais expressif et frais. Le rouge reste la pièce maîtresse du domaine, cultivant un classicisme médocain, avec ses arômes graphite et de bois de cèdre et un petit accent sudiste. À ce stade, il n'est pas ancré dans son terroir, mais a pour autant de race et du fond.

⊂ IGP Saint-Guilhem-le-Désert 2020	45 €	**87**

Vin Mousseux Frizant 2020   15 €   **88**

IGP Saint-Guilhem-le-Désert 2017   55 €   **94**

Rouge : 25 hectares. Cabernet-Sauvignon 71 %, Syrah 6 %, Tannat 5 %, Divers noir 4 %, Merlot 4 %, Petit Verdot 3 %, Cabernet franc 3 %, Malbec (cot) 2 %, Pinot noir 2 %
Blanc : 15 hectares. Viognier 31 %, Divers blanc 28 %, Petit Manseng 23 %, Chardonnay 13 %, Chenin 5 %
Production moyenne : 127 000 bt/an

MAS DE DAUMAS GASSAC
Haute Vallée du Gassac 34150 Aniane
04 67 57 71 28 ●
www.daumas-gassac.com/ ?lang=fr ●
Visites : sans RDV.
Propriétaire : Famille Guibert

★ MAS DES BROUSSES

Géraldine Combes, issue d'une famille vigneronne, et Xavier Peyraud (petit-fils de Lulu et Lucien Peyraud du domaine Tempier), créent en 1997 ce domaine sur le beau terroir de Puéchabon, au cœur des terrasses du Larzac. Appuyés sur une biodiversité unique, les 9 hectares de vignes bénéficient de la géologie complexe du secteur, entre cailloutis et galets calcaires, et du climat tempéré. Malgré la qualité de ces vignerons et de leur parcellaire, la gamme présentée cette année n'est pas au niveau attendu. Nous passons le domaine à une étoile, en espérant plus de précision dans la gestion des élevages et des maturités.

Les vins : débutons par Rosée des Brousses, enveloppant et crémeux, avec ses notes umami : un rosé charnu, mais bien construit autour du salin. Le blanc est assez gras, rond et sphérique, et s'exprime sur l'amande. Plus tendu, Chasseur des Brousses est porté par un beau support acide et un fruit rouge acidulé, mais une pointe végétale le marque. Nous lui préférons Cléo, plus accessible, ouvert et fruité, avec une maturité mieux gérée. Mataro est encore dominé par son élevage et ses notes végétales. Il ne procure pas encore de plaisir à ce stade. Terrasses-Du-Larzac conserve malheureusement aussi un caractère herbacé et un végétal prégnant.

IGP Saint-Guilhem-le-Désert 2020   16 €   **90**

Languedoc Rosée des Brousses 2021   12 €   **89**

IGP Saint-Guilhem-le-Désert Chasseur des Brousses 2021   11 €   **89**

Terrasses du Larzac 2020   19 €   **89**

Terrasses du Larzac Cléo 2021   14 €   **91**

Terrasses du Larzac Mataro 2020   36 €   **89**

Rouge : 8 hectares. Mourvèdre 43 %, Syrah 20 %, Merlot 20 %, Grenache noir 17 %
Blanc : 1 hectare. Chardonnay 15 %, Chenin 15 %, Roussanne 15 %, Sauvignon blanc 15 %, Viognier 15 %, Clairette 10 %, Vermentino 10 %, Muscat à petits grains blancs 5 %
Production moyenne : 30 000 bt/an

MAS DES BROUSSES ♣
2, chemin du Bois, 34150 Puéchabon
04 67 57 33 75 ● www.masdesbrousses.fr ●
Vente et visites : sur RDV.
Propriétaire : Géraldine Combes et Xavier Peyraud
Directeur : Géraldine Combes
Œnologue : Xavier Peyraud

★ MAS DES CAPRICES

Anciens restaurateurs en Alsace, Pierre et Mireille Mann ont cédé à l'envie irrépressible de devenir vignerons, en s'installant en 2005 dans le secteur maritime de l'appellation Fitou. Après trois années en cave coopérative, le temps de convertir le vignoble en bio, ils démarrent en 2009 la production du Mas des Caprices. Le vignoble est situé en grande partie sur le plateau de Leucate, en bordure de falaises surplombant la mer, dans un environnement magnifique et préservé. Composant harmonieusement entre des cuvées de soif et d'autres plus ambitieuses, les vins font la part belle aux cépages locaux (carignan et grenache gris), associant maturité et fraîcheur du fruit. Voici une adresse à découvrir en priorité, une gamme particulièrement cohérente, où la liberté de ton s'allie à la précision des saveurs.

Les vins : le muscat sec sur schistes exprime avec charme son aspect floral, fruité, avec une belle présence en bouche et une finale vive de poivre blanc et de bergamote. Le Blanc de l'Œuf est un blanc complexe et équilibré, on lui trouve des notes de fleur d'oranger, de pêche blanche et de fenouil. La bouche offre du gras, soutenu par de fins amers et une impression d'écorce de pamplemousse. R.A.S. tient sa promesse de rouge fruité et gouleyant. Aud'Ace est un projet mené avec les cousins alsaciens, une cuvée de pinot noir rhénan assemblé aux cépages qui poussent dans la garrigue languedocienne. Le domaine propose deux expressions de Fitou radicalement différentes et très bien exécutées : Ze Fitou, dans un registre de fruit, de thym, ponctué d'une touche iodée, en finesse, à la finale sur les épices et l'orange sanguine ; et Anthocyane, aux arômes de moka, de ciste, un vin dense et intense, consistant mais sans lourdeur, qu'il faut mettre de côté.

IGP Aude Muscat 2021	17 €	89
Fitou Anthocyane 2019	20 €	92
Fitou Ze Fitou 2020	15 €	93
VDF Aud'Ace 2021	12 €	89
VDF R.A.S. (Rouge A Siroter) 2021	11 €	89

Le coup de ♥

Corbières Le Blanc de l'Œuf 2021	16 €	92

Rouge : 12,8 hectares. Carignan 38 %, Grenache noir 25 %, Mourvèdre 22 %, Syrah 11 %, Lladoner pelut 4 %
Blanc : 3,8 hectares. Grenache blanc 35 %, Muscat à petits grains blancs 22 %, Macabeu 21 %, Grenache gris 17 %, Vermentino 5 %
Achat de raisins.
Production moyenne : 60 000 bt/an

MAS DES CAPRICES ☾

5-7, impasse de la Menuiserie,
11370 Leucate-Village
06 76 99 80 24 ●
www.mas-des-caprices.com ● Vente et visites : sur RDV.
Propriétaire : Mireille et Pierre Mann
Œnologue : Lucie Gauthier

★ MAS DES CHIMÈRES

Situé en bordure du lac de Salagou, ce joli domaine repose sur deux géologies distinctes, une terre rouge composées d'argilo-calcaires ferrugineux et des plateaux basaltiques. Guilhem Dardé, qui travaillait auparavant avec son père et son oncle, fonde le Mas des Chimères en 1993. Il préside désormais aux destinées du domaine avec son épouse Palma et sa fille Maleguone. Les vins ont forgé leur réputation, notamment grâce aux rouges, qui s'expriment avec des touchers de bouches délicats. Ils savent vieillir avec brio et le domaine propose d'ailleurs une sélection de millésimes évolués à la vente.

Les vins : le coteaux de salagou blanc, riche au nez, un peu réduit à l'ouverture, s'exprime sur la noisette, le grillé et de beaux amers. Plus sombre, encore sur la retenue, Nuit Grave s'exprime sur le graphite, mais a besoin de temps. Issu des plateaux basaltiques, Caminarèm s'avère bien plus ouvert à ce stade ; séveux, velouté et poivré, il met en relief son délicieux fruit noir.

IGP Coteaux du Salagou 2020	12 €	90
Terrasses du Larzac Caminarèm 2020	15,80 €	92
Terrasses du Larzac Nuit Grave 2020	14 €	91

Rouge : 17 hectares. Syrah 20 %, Grenache noir 20 %, Mourvèdre 20 %, Counoise 10 %, Carignan 10 %, Cinsault 10 %, Merlot 10 %
Blanc : 6 hectares. Terret blanc (terret bourret) 25 %, Viognier 25 %, Grenache blanc 20 %, Chardonnay 10 %, Carignan 10 %, Clairette 5 %, Roussanne 5 %
Production moyenne : 55 000 bt/an

MAS DES CHIMÈRES ♣

26, rue de la Vialle, 34800 Octon
04 67 96 22 70 ● www.masdeschimeres.com
● Vente et visites : sur RDV.
Propriétaire : Guilhem Dardé

★ DOMAINE DE MOUSCAILLO

Thomas et Camille représentent la nouvelle génération dans ce petit vignoble familial de Roquetaillade, le plus ferme des terroirs de Limoux. Sensibles à l'intégration du vignoble dans leur environnement naturel, ces jeunes vignerons conservent cette même volonté de produire des vins blancs fins et minéraux. Une belle destination pour les amateurs de bulles finement travaillées et de blancs capables de supporter une décennie en cave. Les rouges possèdent encore une marge de progression, nous y restons attentifs.

Les vins : le crémant de Limoux se décline ici en brut nature pour délivrer une aromatique franche d'agrumes, de fruits blancs, avec une touche florale. La fine bulle laisse en finale une impression à la fois fraîche et gourmande. Le rosé est épicé, avec des arômes de framboise, et sa bulle est tout aussi précise. Parmi les vins tranquilles, Mauzaïc, addition de quatre mauzac (blanc, rose, roux et vert), est une belle surprise : son nez interpelle avec des notes de poivre vert et de muscade sur un fond floral. La bouche perçante laisse filtrer le foin et une sensation de citron jaune. Le limoux blanc est un vin plus rond, plus construit : en 2019, il respire le tilleul jusqu'à sa finale sapide ; le 2012 présente un nez iodé, une évolution subtile et, en bouche, une sensation cristalline et une touche de fenouil en finale. Le rouge manque de netteté et nous séduit moins, des notes de raisin secs et un boisé marqué lui donnent une tendance animale.

Crémant de Limoux 2019	16 €	91
Limoux 2012	32 €	92
Limoux 2019	16 €	92
Limoux Mauzaïc 2020	20 €	90

Crémant de Limoux Harmonia 2018 — 17 € — 90

IGP Haute Vallée de l'Aude 2019 — 17 € — 87

Rouge : 1,16 hectare. Pinot noir 100 %
Blanc : 5,56 hectares. Chardonnay 81 %, Mauzac Blanc 12 %, Chenin 7 %
Production moyenne : 30 000 bt/an

DOMAINE DE MOUSCAILLO

4, rue du Frêne, 11300 Roquetaillade
06 87 07 02 36 ● www.mouscaillo.com ●
Vente et visites : sur RDV.
Propriétaire : Thomas et Camille Fort

★ CHÂTEAU PECH-REDON

Christophe Bousquet est un vigneron dynamique et volontaire, qui se bat (parfois dans l'adversité) pour porter haut les couleurs de La Clape, secteur maritime (c'est une ancienne île) au fort potentiel. Il a fait le choix agronomique de la viticulture biologique, a progressivement affiné ses vinifications et ses élevages, amenant ses cuvées, autrefois robustes et généreuses en alcool, vers des expressions plus nuancées et équilibrées. Voici des vins au caractère très affirmé, ancrés dans leur territoire, structurés au sein d'une gamme aujourd'hui très cohérente. Ce magnifique travail, effectué dans des conditions homériques, sur un site en première ligne face aux canicules et aux sécheresses, le place dans l'élite de l'appellation.

Les vins : avec cet aromatique sudiste de plantes aromatiques et de genièvre, Les Cades porte bien son nom. La bouche est pulpeuse et friande. L'Epervier 2019 est un vin solide et généreux avec des tanins qui doivent encore se fondre. De son côté, le millésime 2020 se montre plus gourmand dans les premiers instants de bouche, mais nous retrouvons de l'orange sanguine et de l'extrait sec en finale. La Centaurée 2019, onctueux, est dôté de tanins de velours, un vin enveloppant et des notes franches de romarin et de moka. En 2017, cette même cuvée, basée sur le mourvèdre, montre une belle patine, toujours dans ce registre aromatique de garrigue. L'Éperon est un pur carignan tout en élégance. Un vin qui nous montre un fruit noir généreux en bouche, soutenu par la cannelle. La finale montre encore une certaine dureté qui devrait s'affiner dans les cinq prochaines années.

Coteaux du Languedoc La Clape La Centaurée 2017 — 25 € — 92

La Clape L'Epervier 2019 — 16 € — 89

La Clape L'Épervier 2020 — 17 € — 91

La Clape La Centaurée 2019 — 25 € — 92

Languedoc Les Cades 2020 — 11 € — 89

VDF L'Éperon 2019 — 15 € — 91

Rouge : 26 hectares. Syrah 40 %, Grenache noir 25 %, Carignan 15 %, Cinsault 10 %, Mourvèdre 10 %
Blanc : 4 hectares. Bourboulenc 40 %, Grenache blanc 40 %, Roussanne 4 %, Viognier 4 %, Picpoul blanc 4 %, Clairette 4 %, Marsanne 4 %
Production moyenne : 70 000 bt/an

CHÂTEAU PECH-REDON ♣

Chemin de la Couleuvre, Route de Gruissan
11100 Narbonne
04 68 90 41 22 ●
www.chateaupechredon.wordpress.com ●
Visites : sans RDV.
Propriétaire : Christophe Bousquet

★ ↗ PRIEURÉ DE SAINT-JEAN-DE-BÉBIAN

Au Prieuré Saint-Jean-de-Bédian, l'histoire vous regarde. Les moines cisterciens, arrivés au XIe siècle, ont commencé à cultiver les vignes dès 1152, sur ces terroirs de Pézenas. Plusieurs figures du Languedoc viticole se sont succédés à la tête de ce domaine emblématique, à commencer par Alain Roux, qui implantera dans les années 1970 un matériel végétal exceptionnel, allant chercher notamment des syrahs au domaine Gérard Chave, des grenaches à Château Rayas et des mourvèdres au domaine Tempier. Outre ce formidable patrimoine végétal, le domaine bénéficie d'une mosaïque de sols, de parcelles, d'expositions et de microclimats. Depuis 2015, année du rachat par l'industriel Alexander Pumpyanskiy, l'ambition est de redonner un souffle de fraîcheur au Prieuré et de faire revivre les grands vins du passé. Le travail de Benoît Pontenier, pour affiner les matières, faire ressortir les expressions de terroir, gagner en énergie et en vivacité, se fait clairement sentir. La complexité des vins et la justesse des textures nous amènent à attribuer une étoile à ce beau Prieuré, qui regagne ses lettres de noblesse.

Les vins : le languedoc blanc, d'abord un peu réduit, s'ouvre avec bonheur sur les noisettes, le mellifère et une pointe bruyères. Un vin juste, texturé, qui a de l'allonge et une belle complexité aromatique. La Croix de Bédian est un vin juteux, croquant, d'une belle gourmandise. La Chapelle de Bédian, assemblage de syrah et mourvèdre, est charmeur, frais et poudré. Le vin est tout en dentelle, mais la matière est là, la gestion de l'élevage et de l'extraction millimétrée. Le languedoc rouge, assemblage des plus vieilles vignes du domaine est également une réussite, avec ses notes d'orange sanguine, de pomelo et poivrée. Il joue sur de beaux amers et des tanins tendres, sans pour autant être dénué de profondeur.

▭ Languedoc 2020	40 €	**92**
▬ Languedoc La Chapelle de Bébian 2020	20 €	**92**
▬ Languedoc La Croix de Bébian 2021	12 €	**89**

Le coup de ♥

▬ Languedoc 2019	40 €	**94**

Rouge : 14 hectares. Grenache noir 40 %, Mourvèdre 20 %, Syrah 20 %, Cinsault 15 %, Counoise 5 %
Blanc : 5 hectares. Roussanne 45 %, Grenache blanc 20 %, Vermentino 15 %, Clairette 10 %, Chardonnay 5 %, Grenache gris 5 %
Production moyenne : 80 000 bt/an

PRIEURÉ DE SAINT-JEAN-DE-BÉBIAN ♣

Route de Nizas, 34120 Pézenas
04 67 98 13 60 ● www.bebian.com ●
Visites : sans RDV.
Propriétaire : Alexander Pumpyanskiy
Directeur : Benoît Pontenier

★ DOMAINE DE LA PROSE

Formé à l'œnologie à Bordeaux, Bertrand de Mortillet rejoint le domaine familial, situé à Saint-Georges d'Orques, en 2003. Les vignes, cultivées en biodynamie, sont d'âge vénérable : les sols variés, avec des argiles et calcaires, une forte proportion de fer et des veines de quartz. Dans ce secteur, qui peut donner naissance à des vins rustiques et charpentés, le vigneron signe des cuvées très équilibrées et fines, jamais saturées en alcool.

Les vins : le Cadières blanc 2020 est très vif, développant une trame citronnée et des arômes de fleurs blanches. Il a de l'enveloppe au palais et une belle droiture. Les Embruns est plus riche, mellifère, mais la finale est salivante avec une jolie signature sur l'amande. En rouge, Cadières est un vin poivré, tendre, aux notes juteuses de mûre sauvage.

▭ Languedoc Cadières 2020	10 €	**90**
▭ Languedoc Embruns 2020	15 €	**91**
▬ Languedoc Cadières 2019	10 €	**91**

Rouge : 10,2 hectares. Grenache noir 40 %, Syrah 30 %, Cinsault 16 %, Mourvèdre 14 %
Blanc : 2,6 hectares. Grenache blanc 36 %, Vermentino 36 %, Roussanne 28 %
Production moyenne : 20 000 bt/an

DOMAINE DE LA PROSE ♣

Route de Saint-George-d'Orques, 34570 Pignan
06 11 03 80 24 ●
domaine-de-la-prose@wanadoo.fr ● Pas de visites.
Propriétaire : Bertrand de Mortillet

★ ♪ DOMAINE DE LA RÉSERVE D'O

Frédéric Chauffray a deux passions, le rock et le vin. Entre sa guitare Gibson et la viticulture, il finira par choisir cette dernière. Caviste avec son épouse Marie dès 1990, il vont s'installer en 2004 dans les Terrasses du Larzac, sur la commune d'Arboras, à quelque 400 mètres d'altitude, pour fonder la Réserve d'O. Fort de cette situation géographique fraîche, sur les contreforts du plateau du Larzac, sous le col du Vent, et d'une approche agronomique très respectueuse et peu interventionniste, le couple va vite signer des vins ouverts et joyeux, loin des signatures plus austères et jansénistes de certains vins du secteur. La justesse de gestion des aromatiques et des tanins nous amène à attribuer la première étoile à ce domaine.

Les vins : le blanc possède un beau tactile, à la fois rond et élancé, de jolies notes fumées de cédrat et de fruits jaunes. Un vin juste. Du côté des rouges, Bilbo présente sa gourmandise poivrée sur les fruits noirs acidulés et la réglisse, accessible et tendre. Plus sombre et profond, Hissez O conserve aussi un beau support acide et des tanins veloutés. Bachi Bouzouc fait la part belle au grenache, avec une jolie maîtrise du charnu, de la tension, un beau poivre blanc et des notes d'eau-de-vie de framboise. Encore un vin qui se distingue favorablement par sa fraîcheur et son allonge. La Réserve d'O clôture une très belle gamme de 2020, livrant une expression plus sanguine et florale, avec de belle notes de violette. Plus solide, mais porté par des tanins nobles et de beaux amers, il mérite quelques années de cave.

▭ IGP Saint-Guilhem-le-Désert La Réserve d'O 2021	21 €	**91**
▬ IGP Saint-Guilhem-le-Désert BilBo 2021	17 €	**90**
▬ Terrasses du Larzac La Réserve d'O 2020	22 €	**92**
▬ Terrasses du Larzac Hissez O 2020	27 €	**93**

Le coup de ♥

▬ VDF Bachi Bouzouc 2020	17 €	**92**

Rouge : 11 hectares. Grenache noir 45 %, Syrah 45 %, Cinsault 10 %
Blanc : 1,1 hectare. Chenin 34 %, Grenache

blanc 33 %, Roussanne 33 %
Production moyenne : 35 000 bt/an

DOMAINE DE LA RÉSERVE D'O ♣

Rue du Château, 34150 Arboras
06 76 04 03 88 ● www.lareservedo.fr ●
Vente et visites : sur RDV.
Propriétaire : Marie et Frédéric Chauffray

★ DOMAINE JEAN-BAPTISTE SENAT

Vigneron et vinificateur doué, Jean-Baptiste Senat s'est installé en 1996 avec son épouse Charlotte sur le domaine familial, avec l'ambition de le reprendre sérieusement en main. Modèle pour les jeunes vignerons de la région, le couple Senat fait partie de cette génération fertile et dynamique qui donne au Languedoc ses lettres de noblesse, grâce à des vins de gourmandise (Arbalète et Coquelicots ou La Nine) et des cuvées d'artisan (Mais Où Est Donc Ornicar, Le Bois des Merveilles). Les grenaches, conduits pour obtenir de petits rendements, s'expriment tout en finesse. Avec d'énergiques mourvèdres, ils constituent les fondamentaux du domaine.

Les vins : les rouges montent en puissance. Amalgame ouvre le bal dans un registre léger et fruité. Arbalète and Coquelicots montre une bouche plus rugueuse. La Nine est très gouleyant, mais s'ajoute ici au fruit des notes subtiles de garrigue et une bouche voluptueuse. Une belle réussite ! Ornicar nous emballe, sa demi-structure conserve un éclat de fruits et des notes de thym et de rose. Dans les deux cuvées de garde, les expressions diffèrent : Le Bois des Merveilles est un vin épicé, suave et racé, encore marqué par son élevage en barrique, qui demande de la patience. L'Enclos de l'Âne a besoin d'air pour déclarer sa personnalité florale, le toucher de bouche nous parvient ensuite avec élégance, soutenu par des notes finement grillées.

🍷 IGP Aude Amalgame 2021	13 €	**89**
🍷 IGP Aude Arbalète et Coquelicots 2021	12 €	**88**
🍷 Minervois L'Enclos de l'Ane 2019	38 €	**93**
🍷 Minervois La Nine 2020	15 €	**90**
🍷 Minervois Le Bois des Merveilles 2019	25 €	**93**
Le coup de 💗		
🍷 Minervois Ornicar 2020	16 €	**91**

Rouge : 16 hectares.
Blanc : 2 hectares.
Production moyenne : 80 000 bt/an

DOMAINE JEAN-BAPTISTE SENAT ♣

12, rue de l'Argent-Double,
11160 Trausse-Minervois
04 68 79 21 40 ● www.domaine-senat.com ●
Vente et visites : sur RDV.
Propriétaire : Charlotte et Jean-Baptiste Senat

★ DOMAINE LA TERRASSE D'ÉLISE

Fils de vigneron, Xavier Braujou s'est constitué depuis 1998 son domaine, partagé entre Aniane et Saint-Jean-de-Fos. Cet artisan-vigneron solitaire et résolu élabore des vins de grand caractère, fruits d'un énorme travail sur de vieilles vignes en gobelet aux rendements très faibles, de l'ordre de 20 hl/ha en moyenne. Son fil conducteur se résume en deux mots : finesse et fraîcheur. Loin des carcans de l'appellation, il travaille depuis toujours en mono-cépage et assemble ses différents terroirs. Tout est élevé en barriques, sauf les cuvées XB et Siclène. Une adresse confidentielle et indispensable, prisée des amateurs avertis comme des meilleurs sommeliers et cavistes.

Les vins : le domaine ne nous ayant pas fait parvenir ses vins, nous sommes amenés à reconduire les notes de l'an dernier.

🍷 IGP Pays d'Hérault Siclène 2020	21 €	**91**
🍷 IGP Pays d'Hérault PMG 2018	36 €	**90**

Rouge : 12 hectares.
Blanc : 2 hectares.
Production moyenne : 50 000 bt/an

DOMAINE LA TERRASSE D'ÉLISE

1320, Chemin de Capion, 34150 Aniane
06 22 91 81 39 ● terrassedelise@gmail.com ●
Vente et visites : sur RDV.
Propriétaire : Xavier Braujou

★ DOMAINE VAÏSSE

Installé depuis 2007 sur le secteur d'Aniane, au cœur des terrasses du Larzac, Pierre Vaïsse a démarré avec seulement deux petits hectares, sur les galets, argiles et calcaires du secteur. Inspiré par ses amis Laurent Vaillé et Frédéric Pourtalié, il va très vite signer des vins profonds, qui combinent chair et suavité. Les élevages sont longs afin que les matières s'affinent, pour des touchers de bouche onctueux et veloutés. La justesse des vins et le respect des expressions de terroir confirment le talent de ce vigneron qui devrait aller encore plus loin.

Les vins : le blanc Hasard est un viognier maîtrisé, qui évite le piège de l'exubérance, et se distingue par sa délicatesse florale et sa belle vivacité. Pitchot est un grenache qui offre un fruit très pur, une belle tension et des tanins puissants mais mûrs et fins. L'Aphyllante est sanguin, épicé et profond. Quant à Pur, il porte bien son nom : un très beau carignan, sans concession, sombre, graphite, structuré, mais très droit et long. Il évoluera avec grâce. Galibaou du Russe, assemblage de syrah, mourvèdre, relevé par une pointe de cabernet-sauvignon, est le plus sudiste, avec sa bouche charnue, ses notes fumées et d'herbes aromatiques.

⊂▬ IGP Pays d'Hérault Hasard 2021	28 €	90
▬ IGP Pays d'Hérault Galibaou du Russe 2019	28 €	92
▬ IGP Pays d'Hérault L'Aphyllante 2019	27 €	92
▬ IGP Pays d'Hérault Pitchot 2019	27 €	92

Le coup de ♥

▬ IGP Pays d'Hérault Pur 2019	27 €	93

Rouge : 14 hectares. Mourvèdre 25 %, Cabernet-Sauvignon 24 %, Carignan 23 %, Syrah 23 %, Grenache noir 5 %
Blanc : 2 hectares. Viognier 100 %

DOMAINE VAÏSSE

271, chemin bas d'Aniane, 34150 Aniane
04 67 57 28 86 ● domaine.vaisse@orange.fr
● Vente et visites : sur RDV.
Propriétaire : Pierre Vaïsse

GÉRARD BERTRAND

En un peu plus d'une décennie, l'ancien rugbyman international Gérard Bertrand a construit une entreprise d'un dynamisme exceptionnel en Languedoc. Il a pour cela été élu meilleur négociant de l'année par La Revue du vin de France en 2016. Partant du vignoble familial de Villemajou, dans les Corbières, sur le terroir de Boutenac, son empire se compte en millions de bouteilles vendues chaque année et comprend désormais plusieurs centaines d'hectares répartis sur plusieurs sites, de Malepère aux Terrasses du Larzac. À partir des meilleures parcelles, Gérard Bertrand a produit plusieurs cuvées triées et vinifiées comme des "vins de garage" : Le Viala et le Clos d'Ora en Minervois, La Forge en Corbières, et Hospitalitas à La Clape. Le domaine est partiellement passé en biodynamie.

Les vins : à Malepère, le Château de la Soujeole comprend des cépages océaniques bien travaillés, dans un style rond, au boisé présent mais bien intégré. La syrah domine dans ce vin et nous propose de délicates notes de café, de ciste, de moka et de fruits noirs, pointées d'une touche fumée. La bouche, encore stricte, ne perturbe pas le côté ample et charnu du vin. On

peut l'encaver jusqu'en 2025 pour apaiser sa puissance. Plantabelle se montre anguleux et riche, avec une légère astringence en finale. Plantée en 1920 par les ancêtres de Gérard Bertrand, la parcelle de carignan des Arbousiers offre un vin tout en élégance, sans manquer de coffre. Les notes intenses de poivre et de garrigue complètent le panel de fruits noirs. Terrasses du Larzac s'ouvre sur un nez de fruits rouges, de thym et de vanille. Derrière la bouche tout en rondeur, une certaine raideur se ponctue par la finale sèche. Cigalus part dans un registre de tapenade, d'arbouse, avec une touche d'encens. La bouche est contenue dans un style équilibré et fumé.

▬ La Clape Château l'Hospitalet Grand Vin 2019	39 €	90
▬ Languedoc Cabrières Plantabelle 2019	95 €	88
▬ Malepère Château de La Soujeole Grand Vin 2019	29 €	89
▬ Terrasses du Larzac Château la Sauvageonne Grand Vin 2019	29 €	88

Le coup de ♥

▬ Corbières Cuvée 100 Les Arbousiers 2019	46 €	91

GÉRARD BERTRAND ☾

Château l'Hospitalet, Route de Narbonne-Plage, 11100 Narbonne
04 68 45 28 50 ● www.gerard-bertrand.com
● Visites : sans RDV.
Propriétaire : Gérard Bertrand

DOMAINE BERTRAND-BERGÉ

Avec l'aide de l'œnologue Claude Gros, Jérôme Bertrand produit des fitous parmi les plus complets de l'appellation, reflets des terroirs spécifiques de Paziols. Si le domaine n'est sorti de la coopération qu'en 1993, l'histoire familiale est depuis six générations intimement liée à celle de la vigne dans cette partie de l'Aude qui confine au Roussillon. Intenses, francs, les vins font honneur à une appellation qui redéfinit actuellement son identité avec bonheur et audace. La gamme est vaste et bien structurée, avec de brillants points forts dans les rouges.

Les vins : en blanc, La Boulière reste une référence : un vin équilibré, frais et croquant, bien en équilibre sur ses notes de fruits jaunes et céréales. Le Méconnu est une belle réussite cette année, un muscat sec, salivant à l'aromatique bien dosé sur la bergamote et la fleur d'oranger. En rouge, Origines est une expression fruitée et voluptueuse de Fitou aux arômes de violette. La Boulière est plus riche, marqué par ses notes de fruits rouges confits, de vanille et de poivre. Les Mégalithes a un caractère grillé, un côté caillouteux. La bouche est structurée, épicée, mais parvient à rester pulpeuse. Ancestrale est une véritable gourmandise, au nez presque iodé et aux arômes de fruits noirs. Rondeur épicée et aspect umami identifient Jean Sirven comme la cuvée de patience de la gamme. Ma-ga est un rivesaltes très fruité, aux notes de quetsche, de myrtille, avec une sucrosité qui rappelle la chair de cerise noire.

▷ IGP Vallée du Torgan La Boulière 2020	15 €	90
▬ Fitou Ancestrale 2019	15 €	91
▬ Fitou Jean Sirven 2019	38 €	91
▬ Fitou La Boulière 2019	20 €	90
▬ Fitou Les Mégalithes 2020	15 €	92
▬ Fitou Origines 2020	10 €	90
▬ Rivesaltes Ma-Ga 2018	19,50 €	88

Le coup de ♥

▷ IGP Vallée du Torgan Le Méconnu 2021	9 €	89

Rouge : 38,4 hectares. Carignan 34 %, Grenache noir 32 %, Syrah 26 %, Mourvèdre 8 %
Blanc : 3,2 hectares. Muscat à petits grains blancs 96 %, Macabeu 3 %, Grenache gris 1 %
Production moyenne : 100 000 bt/an

DOMAINE BERTRAND-BERGÉ ♣

38, avenue du Roussillon, 11350 Paziols
04 68 45 41 73 ● www.bertrand-berge.com ●
Visites : sans RDV.
Propriétaire : Jérôme Bertrand
Œnologue : Claude Gros et Lucie Gautier

BORIE LA VITARÈLE

Camille est enracinée dans les 60 hectares de chênes verts, de garrigue et de vignes du domaine depuis son plus jeune âge. Alors qu'elle débute sa carrière de journaliste à Paris, le destin la ramène au cœur du vignoble familial en 2014, après le décès de son père, le charismatique Jean-François Izarn. La jeune femme a fait ses preuves depuis, elle continue à exprimer dans les différentes cuvées la variété géologique de sa zone, à l'est de l'appellation. Avec l'aide d'Ulrich, son compagnon passionné par l'agronomie, et de sa mère, toujours présente à ses côtés, Camille initie de nouveaux projets, comme la construction de l'œnothèque ou encore des plantations pour une nouvelle cuvée qui verra le jour en 2024.

Les vins : l'amplitude caractérise le blanc, à l'aromatique de fenouil et d'herbes aromatiques : un vin sudiste, mais équilibré. En rouge, Les Terres Blanches se montre épicé avec un côté voluptueux en bouche et une finale pul-

peuse. Suivent deux expressions de terroir : Les Crès, dans un registre enrobant, à la structure solide ; et Les Schistes, épicé, marqué par des tanins qui laissent une impression plus pointue. Enfin, Midi Rouge est une cuvée d'expression plus personnelle, où syrah d'altitude et carignan de schistes se mêlent pour donner des notes de figue de barbarie et d'épices. La bouche est dense, les tanins commencent à se fondre. Il peut encore patienter en cave.

▷ Languedoc Le Grand Mayol 2020	14,90 €	89
▬ Saint-Chinian Les Schistes 2020	17,70 €	91
▬ Saint-Chinian Les Terres Blanches 2020	11,80 €	90
▬ Saint-Chinian Roquebrun Midi Rouge 2018	40 €	92

Le coup de ♥

▬ Saint-Chinian Les Crès 2018	22 €	92

Rouge : 17 hectares.
Blanc : 3 hectares.
Production moyenne : 70 000 bt/an

BORIE LA VITARÈLE ♣

Lieu-dit Borie La Vitarèle,
34490 Causses-et-Veyran
04 67 89 50 43 ● www.borielavitarele.fr ●
Vente et visites : sur RDV.
Propriétaire : Catherine et Camille Izarn
Maître de chai : Camille Izarn

DOMAINE MYLÈNE BRU

Mylène Bru résume simplement son aventure viticole initiée en 2008 : "Je suis tombée amoureuse d'un coin de nature sauvage, quelques vignes perdues dans la garrigue en Méditerranée". Issue d'une famille vigneronne, elle pose ses valides dans le beau secteur de Saint-Pargoire pour cultiver et vinifier une quinzaine de parcelles. Le travail à la vigne est exigeant, la passion évidente, les raisins choyés. Les cuvées produites, des vins de garrigues, comme la vigneronne aime le rappeler sur certaines étiquettes, ont beaucoup de charme, des touchers de bouche tendre et de la sincérité.

Les vins : en blanc, Zingara est encore un peu fermé au niveau aromatique, il a besoin d'un peu de temps et finit par nous faire découvrir des notes de pamplemousse et de pomme, qui procurent une belle énergie en bouche. Far-Ouest rouge, d'abord réduit – rien d'étonnant en 2019 sur un vin avec une proportion importante de syrah et de carignan – gagne beaucoup à l'air et exprime après quelques minutes son tactile épais et suave, ses notes de mûres et de pivoines, sur un beau support acide. Rita rouge, est le plus ouvert à ce stade, ce pur carignan est un vrai séducteur : pulpeux, sur la réglisse et les herbes aromatiques. Une belle réussite pour ce vin qui a de la profondeur et procure un vrai plaisir juteux.

▭ VDF Zingara 2021		27 €	90
▬ Languedoc Far-Ouest 2019		30 €	90
▬ VDF Rita 2019		30 €	92

Rouge : 4,5 hectares.
Blanc : 0,5 hectare.
Production moyenne : 15 000 bt/an

DOMAINE MYLÈNE BRU ♣

Le Fon de Lacan, 34230 Saint-Pargoire
06 83 08 97 30 ●
www.domainemylenebru.fr/ ● Vente et visites : sur RDV.
Propriétaire : Mylène Bru

DOMAINE DE CABROL

Dans une appellation Cabardès en plein renouveau, Claude Carayol a fait de son domaine une référence, avec des cuvées dont le profil flamboyant a su rapidement se dépouiller de toute rusticité. Depuis son décès, c'est son fils Nicolas qui prend son du domaine, et Hervé Riva, le maître de chai, assure la continuité technique. Les deux vins principaux évoluent lentement et témoignent de la dualité qui anime ce vignoble, tourné presque autant vers l'Atlantique que vers la Méditerranée : Vent d'Ouest, plus animal dans les millésimes chauds, à dominante de cabernet-sauvignon ; Vent d'Est, à dominante de syrah. La grande cuvée La Dérive associe cabernet-sauvignon et syrah des plus belles parcelles ; l'harmonie de ce vin s'est considérablement accrue depuis que les deux cépages sont cofermentés.

Les vins : le VDF Pique de Nore est un assemblage de grenache blanc, de chenin et de manseng cultivés à 300 mètres d'altitude qui donne un blanc frais, équilibré et épicé. Dans les rouges, Vent d'Est se montre plus ouvert et présente des notes de tapenade, de poivre et de mûre sauvage. Sa structure veloutée et sa fraîcheur l'oppose à Vent d'Ouest, plus serré, malgré l'accueil fruité indéniable et une finale finement poivrée. Enfin, Réquieu est pour l'instant engoncé dans le caractère variétal du cabernet franc. On perçoit toutefois des notes intenses de poivre et une finale sanguine.

▬ Cabardès Réquieu 2019		9,50 €	87
▬ Cabardès Vent d'Ouest 2018		14,50 €	89
Le coup de ♥			
▭ VDF Pique de Nore 2021		16 €	92

▬ Cabardès Vent d'Est 2018		18 €	91

Rouge : 21 hectares. Syrah 40 %, Cabernet-Sauvignon 30 %, Grenache noir 20 %, Cabernet franc 10 %
Blanc : 2 hectares. Gros Manseng 40 %, Chenin 30 %, Grenache blanc 20 %, Viognier 10 %
Production moyenne : 60 000 bt/an

DOMAINE DE CABROL

Domaine de Cabrol, D118 11600 Aragon
06 81 14 00 26 ● www.domainedecabrol.fr ●
Visites : sans RDV.
Propriétaire : Nicolas Carayol
Directeur : Nicolas Carayol
Maître de chai : Hervé Riva
Œnologue : George Febvre

DOMAINE DE CAZABAN

C'est désormais Emmanuel Taillez qui reste seul maître à bord du domaine. La culture est menée en biodynamie (certifiée en 2013), complétée par une partie d'achat de raisins. Servis par des élevages de grande qualité, ces vins au style très soigné développent une belle diversité de saveurs : en rouge, ce sont parmi les cuvées les plus enjouées et raffinées de l'appellation. Nous signalons également l'existence de belles chambres d'hôtes au domaine.

Les vins : rosé frais et délicat, Hors Série N° 1 a une accroche d'agrumes en bouche. En blanc, signalons notre préférence pour Coup de Foudre, qui offre un style plus consensuel, de la rondeur, sans oublier une belle énergie. L'ambitieux Naissance d'un Grand Blanc est trop travaillé sur le bois et les lies, il gagnerait à avoir plus d'équilibre et de pureté. En rouge, le domaine se distingue avec des cuvées au profil gourmand : le pinot noir Parti Pris est charnu et rond ; Demoiselle offre un peu plus de structure, mais toujours dans un esprit pulpeux ; enfin, Jours de vigne promène son élégance sur une bouche axée sur le fruit rouge, aux tanins soyeux. En cabardès, les vins sont denses et imposent des tanins anguleux. Les Petites Rangées se montre toutefois plus équilibré et gourmand.

▭ Minervois Coup de Foudre 2021		14 €	89
▭ VDF Naissance d'un Grand Blanc 2020		30 €	86
▬ IGP Aude Hors Série N° 1 2021		11 €	89
▬ Cabardès 2019		20 €	88
▬ Cabardès Les Petites Rangées 2020		15 €	90
▬ IGP Aude Parti Pris 2020		17 €	88

Minervois Demoiselle 2020   13 €   **89**

Le coup de ♥

IGP Aude Jours de Vigne 2020   11 €   **90**

Rouge : 18 hectares.
Blanc : 4 hectares.
Production moyenne : 80 000 bt/an

DOMAINE DE CAZABAN ♣

Chemin des Eclauzes,
11600 Conques-sur-Orbiel
04 68 72 11 63 ●
www.domainedecazaban.com ● Vente et
visites : sur RDV.
Propriétaire : Emmanuel Taillez

DOMAINE PIERRE ET ESTELLE CLAVEL

Autodidacte passionné, Pierre Clavel s'est installé en 1986 sur le secteur de la Méjanelle,
avant d'être rejoint par sa femme Estelle, d'origine bretonne. Le domaine s'est agrandi progressivement avec l'acquisition de parcelles sur
les terroirs de Pic Saint-Loup et Montpeyroux.
Aujourd'hui, leurs deux fils, Antoine et Martin,
prennent peu à peu le relais, après des expériences dans d'autres vignobles. Le domaine,
certifié en agriculture biologique depuis 2007,
dispose de 20 hectares dans lesquels la vigne
côtoie des oliviers, des chênes truffiers et des
céréales. Les vins sont ouverts, gourmands et
expriment bien la nature des terroirs dont ils
sont issus.

Les vins : le languedoc Cascaille est un blanc
issu de sept cépages, rond et gras, sur le miel,
la cire d'abeille et la pêche jaune. Un vin assez
sphérique mais gourmand et digeste. Bonne Pioche est un pic-saint-loup élégant, qui s'exprime
sur les fruits noirs écrasés, le thym, et la garrigue. Les tanins sont veloutés et la matière juste.
Copa Santa est plus épicé, avec ses notes de
zan et d'anis étoilé. La trame tannique est bien
gérée, la finale reste généreuse et dense, sans
être capiteuse.

Languedoc Cascaille 2020   18 €   **90**

Languedoc Copa Santa 2019   23 €   **91**

Pic Saint-Loup Bonne Pioche
2019   18 €   **91**

Rouge : 29,98 hectares. Syrah 65 %, Grenache
noir 20 %, Mourvèdre 13 %, Carignan 2 %
Blanc : 3,84 hectares. Roussanne 27 %,
Viognier 25 %, Grenache blanc 18 %,
Clairette 10 %, Marsanne 10 %,
Vermentino 10 %
Production moyenne : 120 000 bt/an

DOMAINE PIERRE ET ESTELLE CLAVEL ♣

Mas de Perié, Route de Sainte-Croix,
34820 Assas
04 99 62 06 13 ● www.vins-clavel.fr ●
Visites : sans RDV.
Propriétaire : Estelle et Pierre Clavel

NOUVEAU DOMAINE

CLOS DE L'ANHEL

Racheté en 2000 par Sophie Guiraudon, ce
domaine était alors constitué de 4 hectares de
vieilles vignes en altitude situées sur un terroir
frais, sur la commune de Ribaute. Cette œnologue de formation cultive aujourd'hui 11 hectares en bio, avec une approche biodynamique et
s'affaire à recréer des zones de biodiversité,
notamment en replantant des arbres autour des
parcelles. Grenache, syrah, cinsault et carignans
s'expriment en pureté, à l'aide d'une géologie
diversifiée avec une dominante argilo-calcaire à
tendance plus ou moins graveleux et caillouteux. Cette vigneronne, qui a créé ce beau projet de toutes pièces, vinifie sans bois, tout en
pureté.

Les vins : un nez franc de framboise sauvage et
de bouquet garni pour Le Lolo de l'Anhel, une
cuvée juteuse, friande et gouleyante, axée sur
le fruit. Les Terrassettes est plus marqué par les
épices, un vin pulpeux à la chair gourmande,
avec une finale de fruits noirs. Un carignan, avec
une pointe de syrah, pour la cuvée Les Dimanches. Il propose un nez élégant de genièvre, un
vin dense et épicé qui reste gourmand et frais
avec une finale marquée par le laurier et les
herbes aromatiques. Enfin, Envie est un pur carignan, ce millésime 2017 témoigne de la patience
dont il faudra s'armer pour profiter de cette
matière dense et concentrée, mais sans aucune
dureté de tanins.

Corbières Le Lolo de l'Anhel
2020   10 €   **90**

Corbières Les Terrassettes
2019   14,50 €   **91**

VDF Envie 2017   27 €   **91**

Le coup de ♥

Corbières Les Dimanches 2019   20 €   **92**

Rouge : 10 hectares. Carignan 39 %, Grenache
noir 31 %, Syrah 25 %, Mourvèdre 4 %
Blanc : 1 hectare. Carignan gris 50 %, Grenache
gris 50 %
Production moyenne : 28 000 bt/an

CLOS DE L'ANHEL ♣

2, rue des Montlauriers, 11220 Montlaur
04 68 76 16 23 ● www.anhel.fr ● Vente et
visites : sur RDV.
Propriétaire : Sophie Guiraudon

CLOS DES AUGUSTINS

En 1998, Roger Mézy replante 3,5 hectares de vignes sur le très beau terroir de la commune du Triadou, pour son fils Frédéric, alors étudiant en physique-chimie et passionné par la vigne et le vin. Celui-ci va reprendre l'exploitation, bientôt rejoint par son épouse Pauline. Après différentes acquisitions, dont quelques vieilles parcelles, le domaine compte aujourd'hui un très beau patrimoine de 58 hectares, répartis sur les différents secteurs de l'appellation Pic-Saint-Loup. Les variations géologiques, éboulis calcaires, marnes et galets roulés, permettent de jouer sur les assemblages. Le domaine utilise les pratiques biodynamiques depuis 2007. Les boisés un peu marqués et les extractions poussées du début sont de l'histoire ancienne. Les élevages sont aujourd'hui bien plus justes, les vins digestes, typiques et les matières plus fines.

Les vins : en blanc, Joseph, sur le millésime 2020, frais, est un assemblage de chardonnay et de roussanne. Délicatement grillé, avec ses notes de noisettes et de nectarine, il est à la fois sphérique en attaque et vif. la Lueur du Jour 2019, issu de tous petits rendements de marsanne et roussanne, est un vin riche, sur le miel de fleurs, l'amande fraîche et la cire d'abeille. La bouche est crémeuse mais les beaux amers apportent de la tension à la finale. En rouge, Le Gamin 2020 ouvre le bal avec talent, un vin dominé par la syrah (70 %), sanguin, aux arômes de mûre sauvage, de poivre noir du Kerala et de goudron, aux tanins tendres et intégrés. Un peu plus élevé, Le Sourire d'Odile 2019 s'exprime sur la réglisse et l'anis étoilé. Un vin encore charpenté, mais avec une belle droiture et des tanins mûrs, qui devrait bien vieillir. L'Aîné 2019 est également sombre et a plus de coffre, mais aussi un surplus de race. Il s'ouvre sur le graphite, le fruit noir mûr et assume son caractère sudiste, mais la puissance et la générosité sont bien gérées, l'élevage moins prégnant et la structure tannique élance l'ensemble. Un joli vin de garde, qui appelle des viandes rouges avec de la mâche ou des gibiers.

▭ VDP Val de Montferrand Joseph
2020   16 €   90

▭ VDP Val de Montferrand La Lueur du Jour
2019   26 €   92

▬ Pic Saint-Loup L'Aîné 2019   39 €   94

▬ Pic Saint-Loup Le Gamin 2020   16 €   90

▬ Pic Saint-Loup Sourire d'Odile
2019   24 €   92

Rouge : 45,79 hectares.
Blanc : 8,08 hectares.
Production moyenne : 250 000 bt/an

CLOS DES AUGUSTINS ♣

III, Chemin de la Vieille,
34270 Saint-Mathieu-de-Tréviers
04 67 54 73 45 ● www.closdesaugustins.com
● Visites : sans RDV.
Propriétaire : Frédéric Mézy
Maître de chai : Pauline Mézy Grizou
Œnologue : Pascal Chatonnet

DOMAINE DES DEUX CLÉS

Gaëlle et Florian se sont rencontrés en Bourgogne et ont décidé de s'installer dans le Languedoc au début des années 2010. Après quelques années de recherches, c'est à Fontjoncouse que le couple franco-allemand s'installe et cultive des parcelles de vieilles vignes. L'élevage en barrique est soigné. Un bel élan dans ce secteur sauvage et caillouteux des Corbières. Voici un domaine qui ira loin !

Les vins : les vieilles vignes de carignan donne le la dans la cuvée de Corbières au nez très précis de fruits rouges, de rose et d'épices. La bouche onctueuse est servie par des tanins soyeux qui s'intègrent à merveille dans ce jus très gourmand et pulpeux. IGP Vallée du Paradis est un concentré des vieilles vignes du domaine salivant et équilibré. Le vin est dense et compact à ce stade, sur des notes de cade, de fruits noirs et une touche fumée en finale. Une cuvée de garde qu'il ne faudrait pas ouvrir avant 2025.

▬ IGP Vallée du Paradis 2019   25 €   92

Le coup de ♥
▬ Corbières 2020   17 €   91

Rouge : 10,25 hectares. Carignan 60 %, Grenache noir 25 %, Syrah 15 %
Achat de raisins.
Blanc : 3,5 hectares. Macabeu 65 %, Grenache blanc 15 %, Roussanne 10 %, Grenache gris 7 %, Vermentino 3 %
Achat de raisins.
Production moyenne : 30 000 bt/an

DOMAINE DES DEUX CLÉS

I, avenue Saint-Victor 11360 Fontjoncouse
0613996567 ●
info@domaine-des-deux-cles.com ● Vente et visites : sur RDV.
Propriétaire : Gaëlle et Florian Richter

DOMAINE LUDOVIC ENGELVIN

Si Ludovic Engelvin revendique ses racines nîmoises, il aime à rappeler qu'il n'est pas du sérail et ne vient pas d'une dynastie vigneronne, même si son grand père produisait quelques flacons pour les amis. Après ses études, des voyages, deux années à apprendre auprès d'un de ses mentors, Didier Dagueneau, et une belle expérience en sommellerie, il reviendra s'installer dans son Gard à 25 ans. Son petit domaine pratique une viticulture où le bon sens paysan est roi. Les brebis viennent paître dans les vignes, la mécanisation est banni des vieux vignobles, les tisanes de plantes et huiles essentielles sont favorisées pour les traitements. À la cave, les vinifications sont également peu interventionnistes, il en ressort des vins à forte personnalité, au caractère singulier et marqué, qui peuvent être aussi bien déroutants que très séduisants.

Les vins : avec son aromatique très singulière, Oasis rosé 2021 donne le ton, sur le menthol, l'eucalyptus et le camphre. Une expression du mourvèdre particulière, avec une bouche à l'unisson au caractère un rien médicinal qui peut dérouter à ce stade. Il faudra le revoir avec un peu d'âge. Le grenache blanc 2020 est déjà doré, sur les fruits à coques, les épices exotiques, le citron confit et à nouveau le camphre. Il semble d'abord un peu évolué, mais est rehaussé par son joli retour phénolique. À nouveau un vin à part, qui mérite sûrement de se poser et d'assagir. Les rouges présentés sont plus faciles à ce stade. Cru-elles 2020 est frais, fumé et floral en attaque, plus puissant en finale mais sans austérité. Célas est une belle expression de grenache noir, torréfié, avec ses notes de chocolat, de poivre blanc et de cuir.

▭ VDF Grenache Blanc 2020		32 €	90
▬ VDF Oasis 2021		20 €	89
▬ VDF Cru-elles 2020		16 €	91
▬ VDF Célas 2020		18 €	92

Rouge : 7,88 hectares. Grenache noir 63 %, Mourvèdre 20 %, Cinsault 17 %
Blanc : 1 hectare. Grenache blanc 100 %
Production moyenne : 17 000 bt/an

DOMAINE LUDOVIC ENGELVIN ♣

Chemin du Gour-du-Cuisinier,
30260 Vic-le-Fesq
06 29 18 23 86 ● www.ludovicengelvin.com/
● Vente et visites : sur RDV.
Propriétaire : Ludovic Engelvin

CHÂTEAU DE GAURE

L'industriel belge Pierre Fabre a réalisé son rêve en rachetant, en 2004, un vignoble perdu aux confins du Limouxin et de la Malepère, proche du village de Cépie, puis quelques parcelles en Roussillon (dans le secteur de Latour-de-France). Devenu vigneron-artiste (il dessine lui-même ses étiquettes), Pierre Fabre s'est engagé dans la voie de l'agriculture biologique et biodynamique, pour que la biodiversité s'exprime pleinement. Les vignes sont entourées de champs et de forêts dans un environnement exceptionnel.

Les vins : complet et plaisant, le rouge séduit par ses parfums de tabac blond, de réglisse et de garrigue au nez. Un vin longiligne, aux tanins bien intégrés, qui nous laisse une impression fruitée gourmande. Le blanc est ample et volumineux, mais l'équilibre reste de mise. On lui trouve des parfums de fleurs de printemps et de pêche blanche.

▭ Limoux 2020		14,80 €	90
▬ Languedoc 2020		14,80 €	90

Rouge : 32 hectares. Carignan 41 %, Grenache noir 27 %, Syrah 27 %, Mourvèdre 5 %
Blanc : 35 hectares. Chardonnay 72 %, Chenin 17 %, Mauzac vert 8 %, Macabeu 3 %
Production moyenne : 120 000 bt/an

CHÂTEAU DE GAURE ♣

Domaine de Gaure, 11250 Rouffiac-d'Aude
06 74 44 64 23 ● www.chateaudegaure.fr ●
Vente et visites : sur RDV.
Propriétaire : Pierre Fabre

LA GRANGE DE QUATRE SOUS

D'origine suisse-allemande, la propriétaire Hildegard Horat et son compagnon Alioune Diop n'ont cessé de progresser dans l'élaboration de vins de pays très personnels, sans tapage, avec méticulosité et passion. Sur un terroir assez frais (Assignan, non loin de Saint-Chinian), le domaine a été entièrement replanté avec un large éventail de cépages, majoritairement atlantiques pour les rouges. Le blanc Jeu du Mail (marsanne et viognier) possède un fort caractère, dans un esprit mûr et précis : il faut le boire entre deux et cinq ans. Il ne faut pas avoir peur d'oublier les rouges en cave quelques années.

Les vins : le blanc 2021 est un vin de bel élan, équilibré, frais. Entre suavité et fraîcheur, Les Serrottes profite des notes de quetsche et de la belle accroche en bouche apportés par le malbec. La syrah ajoute une touche d'épices et sa fine structure aux tanins soyeux. La finale reste gourmande, délicatement poivrée. Lo Molin est une expression originale pour le sud : un assemblage de cabernet-sauvignon et cabernet franc dans une approche fruitée, ronde et gourmande. Le rouge du domaine est belle réussite, avec son nez qui distille des notes de fruits rouges, de mûre, de romarin. La bouche pulpeuse dote d'un bel élan de fruits et se conclut sur une finale fraîche.

▭ IGP Pays d'Oc Le Jeu du Mail 2021		14,50 €	91
▬ IGP Pays d'Oc 2019		21,50 €	91

- IGP Pays d'Oc Les Serrottes 2019 — 16,50 € — 90
- IGP Pays d'Oc Lo Molin 2019 — 18,70 € — 89

Rouge : 5 hectares. Syrah 39 %, Malbec (cot) 27 %, Cinsault 12 %, Cabernet-Sauvignon 10 %, Cabernet franc 7 %, Grenache noir 5 %
Blanc : 2,9 hectares. Arvine 38 %, Chardonnay 22 %, Marsanne 22 %, Viognier 18 %
Production moyenne : 25 000 bt/an

LA GRANGE DE QUATRE SOUS ♣

assignan 34360 Assignan
04 67 38 06 41 ● www.quatresous.eu ● Vente et visites : sur RDV.
Propriétaire : Hildegard Horat

DOMAINE HENRY

Issu d'une lignée de 18 générations de vigneron, François Henry exploite depuis 1992 ce domaine de 11 hectares sur les beaux terroirs des grès de Montpellier et de Saint-Georges d'Orques. Biologiste et géologue de formation, c'est un vigneron qui expérimente, a de véritables convictions et de belles inspirations.

Les vins : vin ouvert et juteux, Paradines est aussi croquant et souple, aux arômes de pivoine et de fruits rouges. Saint-Georges-d'Orques 2018 s'est ouvert, avec à nouveau des notes de fleurs rouges, de bourgeon de cassis et des tanins plus marqués, mais sans sécheresse.

- Languedoc Grés de Montpellier Paradines 2019 — 14 € — 88
- Languedoc Saint-Georges-d'Orques 2018 — 23 € — 91

Rouge : 9,2 hectares. Syrah 30 %, Grenache noir 28 %, Cinsault 12 %, Mourvèdre 12 %, Carignan 10 %, Divers noir 8 %
Blanc : 1,8 hectare. Terret blanc (terret bourret) 95 %, Chardonnay 5 %
Production moyenne : 30 000 bt/an

DOMAINE HENRY ♣

6, avenue d'Occitanie,
34680 Saint-Georges-d'Orques
04 67 45 57 74 ● www.domainehenry.fr ● Vente et visites : sur RDV.
Propriétaire : François et Laurence Henry
Directeur : François Henry
Œnologue : ICV

DOMAINE LA BOSQUE

Voici un domaine très prometteur de Cessenon-sur-Orb, crée en 2017 par Olivia et Maxime Calas, trentenaires, originaires du village. Après s'être formé auprès de Marc Valette, Maxime a eu la chance d'acheter 8 hectares de vignes, sur le hameau de la Bosque, plateau de schistes durs, à 300 mètres d'altitude. Pattes de Loup est la parcelle la plus importante (3 ha), entourée de cistes, d'arbousiers et de chênes, un petit paradis pour la syrah et le grenache. Le ribeyrenc vient d'y être planté et promet d'apporter un côté juteux au vin.

Les vins : le vin sudiste mais gouleyant La Régalade porte bien son nom. Las Borios offre une structure gourmande et charnue, en demi-puissance, avec des notes de fruits rouges et de garrigue. Le nez intense de Pattes de Loup nous situe immédiatement sur ce schiste dur, avec ses notes fumées et lardées. Une belle enveloppe avec des tanins structurants qui sont en train de se fondre avec une action salivante qui apparaît dès le milieu de bouche.

- Saint-Chinian La Régalade 2018 — 9 € — 89
- Saint-Chinian Las Borios 2018 — 11 € — 90
- Saint-Chinian Pattes de Loup 2018 — 15 € — 91

DOMAINE LA BOSQUE

23, rue de Saint-Roch
34460 Cessenon-sur-Orb ● Pas de visites.
Propriétaire : Olivia et Maxime Calas

MAISON LORGERIL

La dynamique et exigeante Miren de Lorgeril et son époux Nicolas gèrent avec brio le vaste vignoble familial du château de Pennautier à Cabardès, vaisseau amiral autour duquel gravite une large production de vins développée ces dernières années. Les cuvées classiques, à moins de 8 €, sont tout à fait remarquables et prouvent que qualité et quantité peuvent aller de pair. La gamme Terroirs d'Altitude comprend des vins plus profonds tandis que Les Grands Vins sont plus ambitieux et habillés de boisés parfois robustes. Le style de la maison s'efforce de préserver finesse et fraîcheur de fruit. Une valeur sûre, équipée d'un bel outil œnotouristique.

Les vins : le languedoc Ô de rosé est un peu en-dessous de nos attentes, son aspect trop technique le prive d'âme. Maset des Montagnes nous emmène dans le Roussillon, un assemblage de grenache et macabeu, frais et gras, aux notes d'herbes aromatiques. On débute le voyage des rouges à Cabardès, où les cépages océaniques s'intègrent au caractère floral et à la fraîcheur dans la cuvée Terroirs d'Altitude. L'Esprit de Pennautier est encore compact et serré. De manière générale, les grands vins penchent toujours vers un côté enrobé, mûr, plus dense. Ce sont les Terroirs d'Altitude qui remportent les suffrages : à Saint-Chinian, un style élancé et de jolies notes de garrigue fraîche ; à Faugères, un caractère très schiste, avec des notes de framboise ; enfin, de l'élégance et un aspect poudré pour le minervois-la-livinière.

▷ Côtes du Roussillon Maset des Montagnes 2020		11,50 €	**88**
▬ Languedoc Ô de Rosé Cuvée Prestige 2021		9,50 €	**87**
◢ Cabardès Château de Pennautier L'Esprit de Pennautier 2019		25 €	**90**
◢ Cabardès Château de Pennautier Terroirs d'Altitude 2019		11,50 €	**90**
◢ Faugères Château de Ciffre 2020		29 €	**90**
◢ Faugères Château de Ciffre Terroirs d'Altitude 2020		13,50 €	**91**
◢ Minervois-La-Livinière Domaine de la Borie Blanche Terroirs d'Altitude 2020		12,50 €	**90**
◢ Minervoise-La-Livinière Domaine de la Borie Blanche 2020		25 €	**89**
◢ Saint-Chinian Château de Ciffre 2020		29 €	**89**
◢ Saint-Chinian Château de Ciffre Terroirs d'Altitude 2020		13,50 €	**90**

Rouge : 190 hectares.
Blanc : 30 hectares.
Production moyenne : 2 500 000 bt/an

MAISON LORGERIL ♣

BP 4 11610 Pennautier
04 68 72 65 29 ● www.lorgeril.wine ●
Visites : sans RDV.
Propriétaire : Nicolas et Miren de Lorgeril
Œnologue : Pauline Matéo

LE LOUP BLANC

En 2002, quatre passionnés de vin originaires de Saumur s'associent pour créer Le Loup Blanc, dans le cadre sauvage entouré de garrigue à Bize-Minervois. Le domaine propose des vins du Minervois à la trame fraîche et pure, au cœur du magnifique décor languedocien. Le travail dans le vignoble a été axé immédiatement sur l'agriculture biologique et biodynamique. En cave, les élevages sont épurés et différents contenants (foudres, béton, inox) sont utilisés. La propriété abrite deux gîtes confortables, juste au-dessus du caveau.

Les vins : le Vin de France Le Régal confirme son statut de grand blanc du Languedoc en 2020. Les quatre cépages languedociens (terret blanc, carignan, grenaches blanc et gris) offrent un nez de verveine, fenouil, épices et de café blanc. La bouche cristalline engendre une forte salivation et un côté orange amère en finale. En rouge, Soif ouvre le bal dans un esprit frais, canaille, fruité et très gouleyant, malgré les 14° d'alcool affichés. Le Régal se montre un peu plus rigide, plus nerveux, pour l'instant. Alicante et tempranillo viennent compléter grenache et carignan dans Les Trois P'tits C, ce qui lui confère un côté un peu plus rugueux et rustique en bouche. La Mère Grand reste un incontournable du Minervois, dans un style frais et svelte, emporté par des notes de garrigue et une forte salivation en finale.

▷ VDF Le Régal 2020		18 €	**92**
◢ IGP Aude Les Trois P'tits C 2020		16 €	**88**
◢ Minervois La Mère Grand 2019		20 €	**92**
◢ Minervois Le Régal 2020		14 €	**89**

Le coup de ♥
◢ IGP Pays d'Oc Soif Rouge 2020		10 €	**90**

Rouge : 14 hectares. Grenache noir 40 %, Carignan 25 %, Cinsault 25 %, Syrah 10 % Achat de raisins.
Blanc : 2 hectares. Terret blanc (terret bourret) 50 %, Grenache blanc 30 %, Grenache gris 10 %, Carignan 10 % Achat de raisins.
Production moyenne : 80 000 bt/an

LE LOUP BLANC ☾

Hameau de la Roueyre, 11120 Bize-Minervois
04 67 38 00 15 ●
www.vignobleduloupblanc.com ● Vente et visites : sur RDV.
Propriétaire : Carine Farre et Alain Rochard

DOMAINE LA MADURA

Après des études poussées en biogénétique, en ampélographie et en œnologie, Cyril Bourgne a débuté sa carrière à Bordeaux (château de Fieuzal) avant d'entamer, avec son épouse Nadia, une aventure viticole plus personnelle dans le Languedoc. Le vignoble est entretenu avec rigueur et permet, lors des vinifications désormais menées dans la nouvelle cave immergée dans le paysage saint-chinianais, l'extraction de matières longues et fines. Un parti pris pour une expression mixte des terroirs de cette appellation, alliant les schistes aux sols calcaires.

Les vins : le blanc Classic a besoin d'un peu d'air avant de délivrer ses notes de mandarine et de fenouil. La bouche pure, fraîche et salivante se projette vers une sensation de citron confit et de fins amers qui apparaissent en finale. En rouge, Classic gère bien le millésime solaire de 2019, en nous offrant un côté pulpeux et gourmand, des notes de fruits rouges et une expression franche de garrigue. Les tanins sont onctueux, une belle expression de Saint-Chinian, tout en élégance ! Canopé est le nouveau nom pour la cuvée de garde, épicée, plus robuste, avec un toucher de bouche plus velouté mais des tanins qui méritent un peu de patience pour s'intégrer.

IGP Pays d'Oc Classic 2020	de 13,50 à 14 € (c)	90
Saint-Chinian Canopé 2018	21 €	90

Le coup de ♥

Saint-Chinian Classic 2019	de 13,50 à 14 € (c)	91

Rouge : 11 hectares. Syrah 30 %, Grenache noir 25 %, Mourvèdre 25 %, Carignan 20 %
Blanc : 1,5 hectare. Sauvignon blanc 60 %, Picpoul blanc 40 %
Production moyenne : 45 000 bt/an

DOMAINE LA MADURA ♣
Route de Salabert, 34360 Saint-Chinian
04 67 38 17 85 ● www.lamadura.com ●
Vente et visites : sur RDV.
Propriétaire : Cyril et Nadia Bourgne
Œnologue : Cyril Bourgne

MAS LOU

Après plusieurs voyages, dont l'un au Pérou qui inspire les noms des différentes cuvées, Adèle Arnaud et son compagnon Olivier Gil ont posé leurs valises à Faugères. Depuis 2013, ils proposent avec leurs différents vins rouges une définition franche et juste des terroirs de schistes. En moins de 10 ans, ils sont devenus le nouveau visage de l'appellation. Leurs vignes, âgées en moyenne de plus de 30 ans (majoritairement syrah et carignan) se nichent entre 200 et 400 mètres d'altitude. Les différents styles de vins sont le résultat d'un travail parcellaire assidu ; une conversion en bio a été entamée en 2019.

Les vins : un rosé vif, tonique et racé : Selva développe des notes de grenade. Avec le romarin et le citron confit, Înti devient une valeur sûre dans les blancs de l'appellation. Sa bouche onctueuse est servie par le court élevage en barriques qui lui confère de la rondeur, sans ôter la fraîcheur en finale. Amboro est un rouge convivial, au fruité franc, convivial, on lui trouve des notes de framboise sauvages. On monte d'un cran avec Aksou, qui retranscrit parfaitement les terroirs de schistes dans cette syrah d'altitude : impression épicée, avec un beau support

de myrtille et des tanins bien intégrés. Jalka dessine une trame plus élancée, un vin svelte, salivant, aux notes délicates de poivre blanc et de graphite. Tio s'exprime avec davantage d'intensité, dans un registre de moka et de balsamique, avec une action salivante : une cuvée de patience.

IGP Côtes de Thongue Înti 2021	14 €	91
IGP Côtes de Thongue Selva 2021	10 €	88
Faugères Jalka 2021	15 €	92
Faugères Tio 2018	20 €	92
IGP Côtes de Thongue Amboro 2021	10 €	89

Le coup de ♥

Faugères Aksou 2020	14 €	93

Rouge : 8 hectares. Grenache noir 40 %, Syrah 30 %, Carignan 25 %, Cinsault 18 %, Mourvèdre 14 %
Blanc : 0,5 hectare. Grenache blanc 36 %, Roussanne 28 %, Vermentino 17 %, Marsanne 11 %
Production moyenne : 20 000 bt/an

MAS LOU
4, rue du Portail-d'Amont, 34600 Faugères
06 77 81 06 44 ● www.mas-lou.com ● Vente et visites : sur RDV.
Propriétaire : Adèle Arnaud et Olivier Gil

MAS D'ESPANET

Ce domaine, à l'abandon lorsqu'il est repris par Denys Armand en 1980, se situe sur la commune de Saint-Mamert-du-Gard, à mi-chemin entre Uzès et Sommières, dans le massif des Lens. Le vigneron entreprend dès son arrivée un gros travail de restauration, afin de préserver le patrimoine de vieilles vignes, replanter de nouveaux cépages, et de transformer la bergerie en chai d'élevage. Le domaine est certifié biodynamique depuis 2013. L'encépagement est très varié, avec pas moins de 16 cépages vinifiés. L'amplitude diurne et la fraîcheur du terroir expliquent que la moitié de la production soit dévolue aux blancs, énergiques et élégants. Les rouges expriment la même finesse, alliant parfums intense à des textures délicates et tendres. Cette production et la variété des cuvées font souffler un vent de fraîcheur et de renouveau sur le Languedoc.

Les vins : un blanc croquant et frais, Chacun son Chenin est axé sur des notes de pomme et salines. Camille est plus riche, mais les amers ramènent de l'énergie et allongent la finale. Eolienne est notre coup de cœur, avec sa puissance iodée, sa texture fine et droite et sa jolie persistance. Creta Amphora est un blanc de macération, élevé en amphore. Réduit à l'ouverture, il s'ouvre sur la noisette et l'abricot, mais a du mal à se démarquer à ce stade malgré une texture crémeuse. Pinôt est un rouge parfumé, floral, un panier de violette et de myrtille. Un vin très séduisant et intense, souple et friand. Eolienne rouge est plus coloré, mais tout aussi fragrant et aromatique, avec ses senteurs de pivoine, de cassis et une pointe lardée. Les vins présentés sont empreints de fraîcheur. Ils dégagent une sensation de dynamisme et d'énergie.

⇨ IGP Cévennes Chacun son Chenin 2020	17 €	89
⇨ Languedoc Camille 2019	25 €	91
⇨ VDF Creta Amphora 2018	17 €	89
■ IGP Cévennes Pinôt 2020	17 €	92
■ Languedoc Eolienne 2020	15 €	91

Le coup de ♥
⇨ Languedoc Eolienne 2020	15 €	92

Rouge : 10 hectares. Cinsault 50 %, Carignan 10 %, Grenache noir 10 %, Pinot noir 10 %, Ribeyrenc 10 %, Syrah 10 %
Blanc : 11 hectares. Grenache blanc 20 %, Sauvignon blanc 20 %, Viognier 20 %, Chenin 10 %, Picpoul blanc 10 %, Petit Manseng 5 %, Rolle 5 %, Roussanne 4 %, Marsanne 3 %, Riesling 3 %
Production moyenne : 100 000 bt/an

MAS D'ESPANET ♣

Chemin de Robiac,
30730 Saint-Mamert-du-Gard
04 66 81 10 27 ● www.masdespanet.com ●
Vente et visites : sur RDV.
Propriétaire : Denys Armand

LE MAS DE MON PÈRE

Si la jeune appellation Malepère peine à se faire connaître dans le vaste paysage languedocien, son visage qualitatif doit aujourd'hui beaucoup à Frédéric Palacios, vigneron passionné et intuitif, qui a accompli en très peu de temps un travail considérable. Très exigeant à la vigne, ne négligeant aucun soin, il vinifie séparément les différents cépages en petites cuves et positionne son domaine, situé sur les sols argilo-calcaires d'Arzens, parmi l'élite des nouveaux producteurs de l'Aude. Il faut découvrir ces vins d'artisan, au style élancé et fin qu'il est très facile d'adopter.

Les vins : assemblage original de sauvignon gris, chasan et chardonnay, le blanc dégage une expression florale et un côté enveloppant en bouche avec des notes de pierre à fusil et de pain grillé en finale, soutenu par une belle acidité. Très expressif, dans un registre de fruits rouges, de rose et de poivre, Tu m'intéresses est

doté d'un jus frais, gouleyant et épicé. On aime son caractère juteux et immédiat, au fil d'une trame élégante et de fins tanins. M Comme Je Suis ! s'exprime davantage sur la rondeur : il offre du gras et du coffre, sans trop de puissance, souligné par des arômes de cannelle. Les tanins sont présents, bien intégrés, voilà une bonne photographie de Malepère. Red de Toi, frais et léger, permet de capter tout l'intérêt du terroir de sable de Malepère sur un merlot juteux. Cause Toujours est en revanche une déception, le vin demeure enfermé dans un registre végétal.

⇨ VDF Quitte ou Double 2021	18 €	88
■ Malepère M Comme Je Suis ! 2020	14 €	90
■ VDF Cause Toujours 2021	18 €	88
■ VDF Red de Toi 2021	18 €	89

Le coup de ♥
■ VDF Tu m'intéresses 2021	11 €	91

Rouge : 4,5 hectares.
Blanc : 1,75 hectare.
Production moyenne : 18 000 bt/an

LE MAS DE MON PÈRE ♣

18, chemin du Roudel, 11290 Arzens
06 83 48 12 73 ●
www.lemasdemonpere.wixsite.com ● Vente et visites : sur RDV.
Propriétaire : Frédéric Palacios

DOMAINE MIRABEL

Le domaine de Mirabel est installé sur 15 hectares à la limite nord de Pic Saint-Loup, à Brouzet-lès-Quissac, dans un petit cocon lové dans les collines, avec une vue imprenable sur le massif de Coutach. Depuis le début des années 2000, Samuel Feuillade et son frère cadet Vincent ont travaillé à restructurer le vignoble et à apporter un surplus de personnalité aux cuvées produites. Les deux vignerons récoltent le fruit de leur labeur et produisent des vins équilibrés et identitaires des éboulis-calcaires de Pic-Saint-Loup.

Les vins : blanc friand, Le Loriot a une attaque ample, amandée et miellée et une finale étirée par la pointe de petit manseng (10 %). Les Bancels est un rouge tendre, poivré et pulpeux : une belle introduction à la gamme de Pic-Saint-Loup. Le Chant du Sorbier est plus musculeux, davantage marqué par la nature solaire du millésime 2018. Les Éclats est un vin sombre, sur le graphite, les fruits noirs, très dense et encore très structuré, mais promis à un bel avenir. Il lui faudra quelques années pour gagner en soyeux et en gourmandise.

⇨ IGP Pays d'Oc Le Loriot 2021	15 €	90

► Languedoc Le Chant du Sorbier 2020	16 €	90
► Pic Saint-Loup Les Bancels 2020	15 €	90
► Pic Saint-Loup Les Éclats 2020	19 €	92

Rouge : 13,1 hectares. Syrah 55 %, Mourvèdre 20 %, Grenache noir 15 %, Cinsault 10 %
Blanc : 1,9 hectare. Viognier 50 %, Roussanne 35 %, Sauvignon blanc 10 %, Petit Manseng 5 %
Production moyenne : 40 000 bt/an

DOMAINE MIRABEL ♣

261, route du Brestalou,
30260 Brouzet-lès-Quissac
06 22 78 17 47 ● domainemirabel@neuf.fr ●
Vente et visites : sur RDV.
Propriétaire : Famille Feuillade
Directeur : Samuel et Vincent Feuillade

CHÂTEAU OLLIEUX ROMANIS

Pierre Bories a repris cette vaste propriété familiale, agrandie en 2006 par le vignoble voisin, Les Ollieux. Une belle diversité de terroirs entre l'argilo-calcaire, les galets roulés et le terroir de Boutenac (grès rouges et calcaire) où le domaine s'impose comme un incontournable. Il a su façonner au fil des ans une gamme complète, faite de vins de négoce artisan-partisan bien ficelés, Les Murailles, dans une zone sensiblement plus fraîche de l'appellation et un projet plus personnel avec son domaine éponyme. Toujours avec des projets plein la tête, Pierre a rénové entièrement le domaine et créé La Touketa, un espace restauration-dégustation en plein cœur des vignes, ouvert en saison.

Les vins : en rosé, la cuvée Classique est fine, équilibrée, simplement désaltérante. On monte d'un cran avec Alba, doté de l'énergie d'un blanc finement structuré, idéal à poser sur la table. En blanc, la cuvée Classique est d'un bon niveau en 2021 : c'est un vin frais, croquant et aromatique, avec une finale épicée, tandis que Prestige est encore sous sa prise de bois. Le spectre des corbières rouges est large, le Classique est pulpeux, sent la cerise avec une touche de romarin dans la finale. Prestige est plus épicé, son élevage en bois lui offre un support, du charnu et une finale de quetsche. Enfin, Alba est une cuvée plus élancée, gourmande, dont le support alcoolique est assez élevé. À Boutenac, Or révèle un profil prêt à boire, avec un côté floral et épicé, tandis qu'Atal Sia se montre plus ferme et concentré, à encaver.

⊂ Corbières Classique 2021	12 €	88

⊂ Corbières Prestige 2020	25 €	89
► Corbières Alba 2021	15 €	91
► Corbières Classique 2021	12 €	88
► Corbières Alba 2020	31 €	90
► Corbières Classique 2020	12 €	89
► Corbières Prestige 2020	12 €	90
⊂ Corbières-Boutenac Atal Sia 2019	26 €	92
► Corbières-Boutenac Or 2019	27 €	92

Rouge : 41 hectares. Carignan 27 %, Mourvèdre 19 %, Cinsault 17 %, Grenache noir 15 %, Syrah 15 %, Grenache gris 7 %
Blanc : 26 hectares. Grenache blanc 30 %, Roussanne 29 %, Macabeu 26 %, Marsanne 15 %
Production moyenne : 400 000 bt/an

CHÂTEAU OLLIEUX ROMANIS ♣

RD 613, TM 26, 11200 Montseret
04 68 43 35 20 ● ollieuxromanis.com/ ●
Vente et visites : sur RDV.
Propriétaire : Pierre Bories
Maître de chai : Yannick Desert

ROMAIN PORTIER

Après avoir fait ses classes auprès d'autres vignerons dans différentes exploitations, Romain Portier signe son premier fermage, sur une parcelle de 0,7 hectare de vieilles vignes de mourvèdre. Le nom du domaine et de la cuvée s'imposent, ça sera "la Petite Parcelle". Le néo-vigneron exercera en parallèle le métier de caviste à Montpellier, avant d'acquérir cinq nouvelles parcelles en 2017 sur les très beaux secteurs de Jonquières et Montpeyroux. Le domaine totalise aujourd'hui 5 hectares, répartis sur trois terroirs, la petite parcelle d'origine à Saint-Jean-de-Fos, une autre micro parcelle de 0,3 hectare à Montpeyroux également composée de mourvèdre et une plus grande parcelle de 4 hectares à Jonquières où cohabitent cinsault, syrah, grenache noir et blanc et marsanne. Les vinifications et élevages sont peu poussés pour respecter la matière première. Le style est élégant, avec des vins en demi-puissance, au tactile onctueux. La gamme présentée cette année est très cohérente, avec de jolies expressions, qui témoignent d'un vigneron qui continue sa progression.

Les vins : le Vin de France La Petite Parcelle de cinsault 2020 est très typique du cépage, avec son nez de pivoine et de fruits rouges écrasés. La bouche est tendre, fumée, délicate et pulpeuse. Les Terrasses du Larzac 2019 est plus concentré, sur ce millésime plus chaud, mais les notes acidulées sont là, le fruit est juste et il a une belle trame acide, sanguine et épicée. Une jolie réussite qui évite les pièges de l'année. La

Petite Parcelle de Mourvèdre 2020 est un vin intense et épicé, avec ses notes de cannelle, d'herbes aromatiques et de fruits noirs. La structure est bien gérée, avec des tanins fins et enveloppés.

- ▬ Terrasses du Larzac La Petite Parcelle 2019   22 €   92
- ▬ Terrasses du Larzac La Petite Parcelle de Mourvèdre 2020   18 €   92

Le coup de ♥
- ▬ VDF La Petite Parcelle de Cinsault 2020   Épuisé - 14 €   92

Rouge : 4,3 hectares. Carignan 34 %, Mourvèdre 19 %, Cinsault 17 %, Grenache noir 15 %, Syrah 15 %
Blanc : 0,7 hectare. Grenache blanc 30 %, Marsanne 15 %, Macabeu 3 %
Production moyenne : 13 000 bt/an

ROMAIN PORTIER ♣

7, route de Jonquières,
34725 Saint-Saturnin-de-Lucian
06 20 65 21 75 ● lapetiteparcelle.fr ● Vente et visites : sur RDV.
Propriétaire : Romain Portier

DOMAINE DE SAUMAREZ

Robin Williamson est anglais, Liz néo-zélandaise. Ils se sont rencontrés outre Manche, avant de rejoindre le Languedoc et de reprendre, en 2004, des vignes dans les Grès de Montpellier et un bâtiment abandonné à restaurer. Ils ont entamé la certification bio dès 2009. Très belle diversité dans les cuvées et dans l'encépagement, qui reflète la variété des sols du domaine et un vrai dynamisme. Les prix restent très raisonnables. Le réceptif n'est pas en reste. Le domaine vient d'inaugurer une très belle salle de dégustation, avec vue imprenable sur la mer. Le couple a fait progresser la superficie du domaine, de 6,5 hectares à 14 hectares aujourd'hui.

Les vins : du côté des blancs, Joli Petit Chardonnay est un vin à la fois frais et texturé, avec une jolie finale sur les fleurs blanches et les agrumes. S de Saumarez gagne en longueur, avec sa trame droite et salivante et ses jolies notes fumées. S rouge est lactique et encore serré. Nous lui préférons Trinitas, avec son profil lardé, sa touche garrigue et ses tanins épais mais veloutés. Aalenien fait la part belle à la syrah, pour un vin sanguin, poivré, dense, à la maturité maîtrisée, qui devrait bien vieillir. Sangiovese est juste, énergique, sur les fruits rouges, la feuille de thé, et apporte une très belle touche italienne en pays d'Oc.

- ▭ IGP Pays d'Oc Joli Petit Chardonnay 2021   8,50 €   88
- ▭ Languedoc S de Saumarez 2021   9,50 €   92
- ▬ Languedoc S de Saumarez 2020   9 €   87
- ▬ Languedoc Saint-Georges-d'Orques Aalenien 2019   15 €   91
- ▬ Languedoc Trinitas 2020   11,50 €   90

Le coup de ♥
- ▬ VDF Sangiovese 2020   18 €   92

Rouge : 10,5 hectares. Syrah 45 %, Grenache noir 35 %, Mourvèdre 10 %, Sangiovese 5 %, Malbec (cot) 2 %, Petit Verdot 2 %
Blanc : 3,5 hectares. Grenache blanc 40 %, Chardonnay 35 %, Roussanne 5 %, Marsanne 2 %
Production moyenne : 40 000 bt/an

DOMAINE DE SAUMAREZ ♣

Métairie de Bouisson
34570 Murviel-les-Montpellier
06 24 41 56 20 ●
www.domainedesaumarez.com ● Vente et visites : sur RDV.
Propriétaire : Robin et Liz Williamson
Œnologue : Nicolas Dutour

NOUVEAU DOMAINE

SAUTA ROC

Laura Borrelli et Bertrand Quesne ont rejoint les schistes de Pézenas en 2016 et fondé ce petit domaine, après avoir travaillé dans le Chianti. Sauta Roc totalise aujourd'hui 8 hectares avec pas moins de 11 cépages et 14 parcelles différentes, cultivés en agriculture biologique. À la tête de cet unique domaine de la commune de Vailhan, dans leur chai de poupée, ils produisent avec passion et humilité une gamme courte et bien pensée avec des vins ouverts et charmeurs, fidèles aux encépagements choisis, aux matières tendres, exprimant à la fois la tension et l'empreinte fumée de leur terroir d'origine. Les extractions et les élevages ne marquent pas les vins. Le domaine fait une belle entrée dans le guide, avec des vins qui combinent typicité et gourmandise.

Les vins : en blanc, les maturités maîtrisées permettent aux vins de conserver beaucoup de fraîcheur. Peira Levada, est à la fois gras en attaque et étiré, avec des notes d'amandes, de fruits jaunes et une belle finale fumée, à la juste amertume. In Bilico, assemblage de bourboulenc et vermentino, est plus tendu, sur les agrumes, le cédrat et une note pierre à fusil. In Ganno, muscat de macération très bien géré, évite le piège de l'exubérance ou de la structure trop prégnante. Le retour phénolique est élégant, il a un beau support acide et une palette aromatique délicate sur les agrumes et la fleur d'oranger. Du côté des rouges, Codoliera introduit la gamme avec brio : un vin pulpeux, poivré, aux senteurs de garrigues, mais très friand. Le grenache est floral, fumé et réglissé. In Treccio est le plus dense, s'exprimant sur les fruits noirs, le torréfié, mais à nouveau, les tanins sont justes, épais certes, mais enrobés et mûrs.

Languedoc Peira Levada 2020	13 €	90
VDF In Ganno 2020	17 €	92
Languedoc Pézenas Codoliera 2019	13 €	90
Languedoc Pézenas In Treccio 2018	21 €	93
VDF Grenache 2020	17 €	91

Le coup de ♥

Languedoc In Bilico 2019	20 €	93

Rouge : 4,2 hectares. Syrah 58 %, Carignan 20 %, Mourvèdre 12 %, Grenache noir 7 %, Cinsault 3 %
Blanc : 3,8 hectares. Roussanne 26 %, Muscat à petits grains blancs 22 %, Vermentino 18 %, Viognier 16 %, Bourboulenc 8 %
Production moyenne : 28 000 bt/an

SAUTA ROC ♣

3, rue de Trignan, 34320 Vailhan
04 34 45 90 88 ● www.sauta-roc.com ● Vente et visites : sur RDV.
Propriétaire : Bertrand Quesne et Laura Borrelli

LA TRAVERSÉE

Ce tout petit domaine, qui ne produit que des vins rouges, fait la part belle à deux quatuors : le premier ampélographique, composées de syrah, carignan, cinsault et grenache ; l'autre géologique, avec quatre typologies de sols, schistes, basaltes, grès et calcaire. Gavin Crisfield, sommelier et œnologue irlandais, orchestre de main de maître ce beau patrimoine des Terrasses du Larzac depuis 2009. La gamme est très courte, avec un pur cinsault frais et très délicat et un terrasses-du-larzac plus profond, complexe et sérieux.

Les vins : avec son alcool maîtrisé, sa tendresse de texture et ses arômes de fruits rouges acidulés Cinsault 2020 est un vin franc et friand. Terrasses du Larzac est plus dense et charpenté : un vin d'une belle complexité qui s'exprime sur le laurier, le poivre et la réglisse.

VDF Cinsault 2020	Épuisé - 19 €	91

Le coup de ♥

Terrasses du Larzac 2019	26 €	93

Rouge : 4,5 hectares. Syrah 45 %, Grenache noir 25 %, Carignan 20 %, Cinsault 10 %
Production moyenne : 10 000 bt/an

LA TRAVERSÉE ♣
6, rue des Deux-Ponts, Hameau Les Salces, 34700 Saint-Privat
06 11 23 72 73 ● www.latraversee.fr ● Vente et visites : sur RDV.
Propriétaire : Gavin Crisfield

DOMAINE TURNER PAGEOT

L'aventure a commencé en 2002, lorsqu'Emmanuel Pageot s'est installé à Gabian, aux portes ouest de l'appellation Pézenas. Il a fait évoluer ce petit domaine de 10 hectares vers un style de plus en plus digeste et juste, sans pour autant perdre en identité de terroir ou en singularité. Les expositions fraîches sont privilégiées tandis que l'inox et la terre cuite ont pris le pas sur le bois dans le chai. Le domaine bénéficie aussi d'une grande variété géologique, avec pas moins de sept types de sols. Macération partielle ou totale sur les blancs, avec une belle maîtrise de l'exercice et une structure qui étire les vins. En rouge, la souplesse et la gourmandise sont de mise.

Les vins : blanc simple et gourmand, Lucette a aussi un petit retour tannique séduisant qui rehausse la finale. Le Blanc 2020, évolue dans un registre plus ample, porté par de belles notes d'agrumes et de miel de fleur et une fin de bouche énergique. La macération est un peu plus poussée pour La Rupture 2019, assemblage de sauvignon et picpoul, qui endosse un costume plus exotique et épicé. Un vin singulier, séduisant et original. Les Choix 2019, est un vin orange issu de marsanne, intense et maîtrisé, sur l'écorce d'agrumes, les amandes amères. Il a une belle longueur et la trame tannique est intégrée. Le rouge 2019 est tendre, juteux et plaisant, sur les petites baies et la pivoine.

VDF Le Blanc 2020	13 €	89
VDF Les Choix 2019	26 €	92
VDF Lucette 2020	10 €	88
Coteaux du Languedoc Pézenas Le Rouge 2019	13 €	90

Le coup de ♥

VDF La Rupture 2019	16 €	92

Rouge : 6 hectares. Grenache noir 56 %, Mourvèdre 27 %, Syrah 17 %
Achat de raisins.
Blanc : 3 hectares. Sauvignon blanc 55 %, Picpoul blanc 17 %, Roussanne 14 %, Marsanne 14 %
Achat de raisins.
Production moyenne : 35 000 bt/an

DOMAINE TURNER PAGEOT ♣
3, avenue de la Gare, 34320 Gabian
04 67 00 14 33 ● www.turnerpageot.com ● Vente et visites : sur RDV.
Propriétaire : Emmanuel Pageot

LES MEILLEURS VINS

de la vallée de la Loire

*la **Loire***

PAR ALEXIS GOUJARD,

en charge des vins de la vallée de la Loire au sein du comité
de dégustation de *La Revue du vin de France*

LES APPELLATIONS
—

Le vignoble de la Loire est l'un des plus complexes de France en raison de la diversité des terroirs, des cépages et des appellations qui s'égrainent le long des 600 kilomètres du fleuve. Nous vous proposons de commencer en partant de son embouchure, dans le Muscadet, et de remonter à contre-courant.

LE PAYS NANTAIS

Muscadet Sèvre-et-Maine, Muscadet Coteaux de la Loire, Muscadet Côtes de Grandlieu, Muscadet et crus du Muscadet : ces appellations contrôlées, très cousines, livrent des vins blancs secs, légers et souvent perlants, élaborés à partir du cépage melon de Bourgogne, localement appelé muscadet. En principe, la première des quatre, de loin la plus vaste, définit les meilleurs terroirs, ce qui n'exclut pas, France oblige, les nombreuses exceptions. Ces vins se boivent jeunes et sans trop de modération, étant donné la louable modestie de leurs prix. Le gros-plant est également un blanc sec nantais, de plus petite envergure, issu du cépage folle blanche. Malgré une crise ininterrompue depuis quinze ans, une poignée de vignerons nantais se bat et séduit toujours de nouveaux amateurs avec des vins aux notes océanes et minérales exemplaires.

Depuis 2011, trois crus communaux chapeautent l'ensemble des appellations du Muscadet. Les crus de Clisson, Gorges et Le Pallet désignent les meilleures parcelles de ces villages.

LES FIEFS VENDÉENS

Le vignoble des Fiefs vendéens s'étend principalement au sud-ouest de la Vendée. Cette appellation a été créée en 2011. Aujourd'hui, plusieurs vignerons de talent mettent en avant les terroirs océaniques de ce secteur.

L'ANJOU

L'Anjou possède un patrimoine viticole d'une grande richesse, produisant toute la gamme possible de vins : blancs, rouges, rosés, secs, demi-secs, liquoreux, effervescents.

Anjou, Anjou-Villages et Anjou-Villages Brissac : la première de ces trois appellations est la plus vaste du Maine-et-Loire et désigne des vins blancs secs à dominante de chenin, des rosés secs légers à base de grolleau (les rosés demi-secs de cabernet franc ont droit à l'appellation Cabernet d'Anjou) et des rouges souvent simples, de gamay ou de cabernet.

La deuxième est réservée aux meilleurs terroirs de rouges (souvent sur schistes), à base de cabernet franc et de cabernet-sauvignon.

La troisième concerne dix communes entre la Loire et le Layon réputées pour leurs rouges de garde.

Savennières : à la porte occidentale d'Angers, la région privilégiée de Savennières donne des blancs secs (plus rarement demi-secs) issus du cépage chenin, corsés et pouvant merveilleusement vieillir. Cette appellation recense deux crus, la Roche-aux-Moines (19 ha) et la Coulée-de-Serrant (7 ha). Cette dernière appartient à un seul producteur.

Coteaux de l'Aubance, Coteaux du Layon, Coteaux du Layon-Villages (six communes), Bonnezeaux et Quarts de Chaume : ces appellations donnent naissance à des vins moelleux ou à des liquoreux somptueusement parfumés, lorsqu'ils sont sincèrement faits, issus de pourriture noble associée, suivant les terroirs, aux raisins passerillés (Chaume, Bonnezeaux). L'amateur se fera un plaisir d'apprendre à saisir les innombrables nuances qui distinguent les villages et les vinificateurs.

LE SAUMUROIS

Saumur : cette appellation produit des blancs secs de chenin, issus de sols calcaires, légers et plus fins que les anjous et d'un inégalable rapport qualité-prix. Certains terroirs, tel Brézé, sont réputés de longue date, et dignes de premiers crus. Les saumurs rouges manquent souvent de profondeur.

Saumur Puy-Notre-Dame : cette AOC créée en 2008 couvre 17 communes et produit exclusivement des vins rouges puissants grâce à quelques producteurs ambitieux.

Saumur-Champigny : les vins, uniquement rouges, de cette appellation bénéficient d'un terroir plus solaire, argileux, et d'une forte émulation au sein d'une nouvelle génération de vignerons passionnés.

Coteaux de Saumur : cette appellation désigne des moelleux fort rares, qui se montrent parfois extraordinaires.

Saumur Mousseux et Crémant de Loire : une vieille tradition de vins mousseux, à base de chenin, de chardonnay et de cabernet franc, a fait la fortune de quelques négociants de la région de Saint-Florent.

LA TOURAINE

Le cœur de la vallée de la Loire illustre à merveille la polyvalence du vignoble, avec trois séries d'appellations.

Touraine : elle regroupe des rouges primeurs de gamay, des rouges de demi-garde avec l'appoint de cabernet franc et de côt (nom local du malbec), des blancs de sauvignon et de chenin, des rosés de pineau d'Aunis, de gamay, de pinot gris et de pinot noir. Les appellations Touraine-Amboise et Touraine-Mesland, récemment rejointes par l'AOC Touraine-Chenonceau, bénéficient d'une réputation plus affirmée.

Chinon, Bourgueil et Saint-Nicolas-de-Bourgueil : ces appellations communales produisent essentiellement des vins rouges à base de cabernet franc, souples, fruités et de demi-garde, capables cependant, dans les grands millésimes, d'atteindre des sommets.

Montlouis-sur-Loire et Vouvray : ces appellations se consacrent exclusivement au vin blanc de chenin qui prend ici toutes les formes possibles, du pétillant au liquoreux de légende, selon les millésimes. Longtemps distancée, Montlouis est aujourd'hui l'une des plus dynamiques appellations de Loire.

LES VIGNOBLES DU CENTRE

Sancerre, Pouilly-Fumé, Menetou-Salon, Quincy et les vignobles du Massif Central : les magnifiques coteaux marno-calcaires sont voués au sauvignon, qui se montre ici d'une finesse extrême, pour peu que l'on sache le récolter à maturité. Certains microclimats sont favorables au pinot noir, qui donne des vins rouges plus légers qu'en Côte-d'Or, mais bien plus accomplis que dans l'Yonne ou en Champagne. En remontant encore vers la source de la Loire, les appellations Saint-Pourçain et Côtes d'Auvergne sont en pleine émulation grâce à des cuvées d'artistes.

LES CÉPAGES

—

LES PRINCIPAUX CÉPAGES BLANCS

Le chenin : ce cépage local surnommé "plant d'Anjou" vers le Xe siècle a été popularisé sous le nom de chenin par Rabelais. Ce cépage tardif s'adapte à merveille aux différents microclimats de l'Anjou et de la Touraine. Récolté en début de vendanges, il permet d'élaborer des vins blancs secs et racés (Savennières, Saumur, Vouvray, Montlouis) ou pétillants (Saumur, Vouvray, Montlouis). Ramassé en fin de vendanges, après le développement du *botrytis* *cinerea* ou un passerillage, il donne naissance à de grands vins demi-secs, moelleux et liquoreux (Coteaux du Layon, Chaume, Bonnezeaux, Vouvray, Montlouis). Sous cette forme et dans les grands millésimes, le chenin présente une aptitude de garde exceptionnelle.

Le sauvignon : cépage ligérien devenu une star mondiale, produit notamment en Nouvelle-Zélande et surtout à Bordeaux, dans les Graves. Dans la Loire, il est cultivé de la Touraine au Sancerrois, où il a acquis ses lettres de noblesse grâce au sancerre et au pouilly-fumé. Il s'exprime avec une extrême finesse sur ces terroirs de silex, de marne et de calcaire.

AUTRES CÉPAGES BLANCS

De nombreux autres cépages blancs participent à l'identité des vins de Loire. Le **chardonnay**, originaire de Bourgogne, est connu sous le nom d'auvernat blanc. Il est utilisé pour l'élaboration du crémant de Loire et du saumur brut.

Le melon de Bourgogne : il est le cépage unique de l'AOC Muscadet. Originaire de Bourgogne, il a été introduit dans la région par les moines vers 1635. Les roches cristallines du sud-est de Nantes lui communiquent plus de finesse que les zones des roches sédimentaires.

La folle blanche : elle est originaire du Sud-Ouest de la France mais reste utilisée aujourd'hui pour produire le gros-plant du Pays nantais. Ce cépage rustique, implanté dans la région au Moyen Âge, s'adapte à une grande variété de climats et de sols.

LES PRINCIPAUX CÉPAGES ROUGES

Le cabernet franc : ce cépage est aux vins rouges d'Anjou et de Touraine ce que le chenin est aux vins blancs de la région. Il serait originaire du Pays basque. Le cabernet franc est généralement vinifié seul. Premier cépage rouge de la Loire, il est utilisé à Chinon, Bourgueil, Saint-Nicolas-de-Bourgueil, Saumur, Saumur-Champigny, ainsi qu'en Anjou et Anjou-Villages. Il permet en outre de réaliser des vins rouges d'assemblage en appellation Touraine. Il est généralement utilisé seul pour le cabernet d'Anjou et le cabernet de Saumur, et en assemblage pour certains rosés de l'appellation Touraine. Ses arômes de fruits noirs et de poivron, sa structure tannique le prédestinent aux vins de garde.

Le gamay : originaire du Beaujolais, ce cépage est particulièrement répandu en Touraine où il est souvent vinifié seul, ainsi qu'en Anjou. Plus à l'aise sur des sols argilo-siliceux et granitiques que calcaires, il peut donner des résultats surprenants, notamment lorsqu'il est utilisé en assemblage avec le cabernet ou le côt (malbec). Ce qui est le cas dans la région de Blois, où les grands millésimes de l'AOC Touraine-Mesland permettent d'élaborer des vins de semi-garde.

AUTRES CÉPAGES ROUGES

Le grolleau (ou groslot) : apprécié pour son rendement, il donne des rosés faciles à boire et fruités. Après le cabernet franc et le gamay, c'est le cépage rouge le plus planté en Val de Loire, bien qu'il ne permette pas d'élaborer de grands vins de garde.

Le cabernet-sauvignon : ce cépage du Bordelais s'exprime sur les schistes des AOC Anjou-Villages et Anjou-Villages Brissac, et permet d'obtenir une structure tannique intéressante. Il constitue un bon complément du cabernet franc.

Le pineau d'Aunis (ou chenin noir) : comme le grolleau, il a été cultivé pour ses rendements importants.

Le pinot noir : il est le cépage rouge prépondérant du Centre-Loire (20 % de l'encépagement). Il est employé à Sancerre, Menetou-Salon, Reuilly, et entre, avec le gamay, dans les assemblages des vins des Coteaux du Giennois et de Châteaumeillant.

Le côt (ou malbec) : il a trouvé sa zone de prédilection en Touraine et, plus précisément, dans la vallée du Cher et à Amboise, où il a sérieusement concurrencé le grolleau.

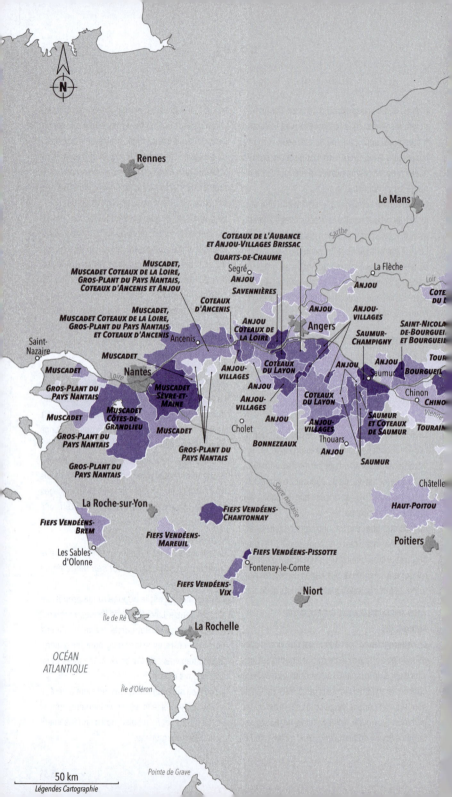

CÔTEAUX DE L'AUBANCE
ET ANJOU-VILLAGES BRISSAC

QUARTS-DE-CHAUME

MUSCADET,
MUSCADET COTEAUX DE LA LOIRE,
GROS-PLANT DU PAYS NANTAIS,
COTEAUX D'ANCENIS ET ANJOU

Segré

ANJOU

SAVENNIÈRES

COTEAUX
D'ANCENIS

MUSCADET,
MUSCADET COTEAUX DE LA LOIRE,
GROS-PLANT DU PAYS NANTAIS
ET COTEAUX D'ANCENIS

Ancenis

La Flèche

Côte
DU L

Loir

ANJOU

ANJOU
COTEAUX DE
LA LOIRE

Angers

ANJOU

ANJOU-
VILLAGES

SAUMUR-
CHAMPIGNY

SAINT-NICOLAS-
DE-BOURGUEIL
ET BOURGUEIL

MUSCADET

Saint-
Nazaire

MUSCADET

Nantes

GROS-PLANT DU
PAYS NANTAIS

Loire

ANJOU-
VILLAGES

COTEAUX
DU LAYON

ANJOU

Saumur

BOURGUEIL

TOUR

TOURAIN

MUSCADET

MUSCADET
SÈVRE-ET-
MAINE

ANJOU-
VILLAGES

ANJOU

COTEAUX
DU LAYON

ANJOU

Chinon

CHINO

MUSCADET
CÔTES-DE-
GRANDLIEU

Cholet

ANJOU-
VILLAGES

ANJOU

Vienne

SAUMUR
ET COTEAUX
DE SAUMUR

TOURAIN

MUSCADET

GROS-PLANT DU
PAYS NANTAIS

BONNEZEAUX

Thouars

GROS-PLANT DU
PAYS NANTAIS

GROS-PLANT DU
PAYS NANTAIS

ANJOU

SAUMUR

La Roche-sur-Yon

Châtelle

FIEFS VENDÉENS-
CHANTONNAY

HAUT-POITOU

FIEFS VENDÉENS-
BREM

FIEFS VENDÉENS-
MAREUIL

Poitiers

Les Sables-
d'Olonne

FIEFS VENDÉENS-PISSOTTE

Fontenay-le-Comte

FIEFS VENDÉENS-
VIX

Niort

Île de Ré

La Rochelle

OCÉAN
ATLANTIQUE

Île d'Oléron

50 km

Légendes Cartographie

Pointe de Grave

Rennes

Le Mans

Sarthe

Sèvre nantaise

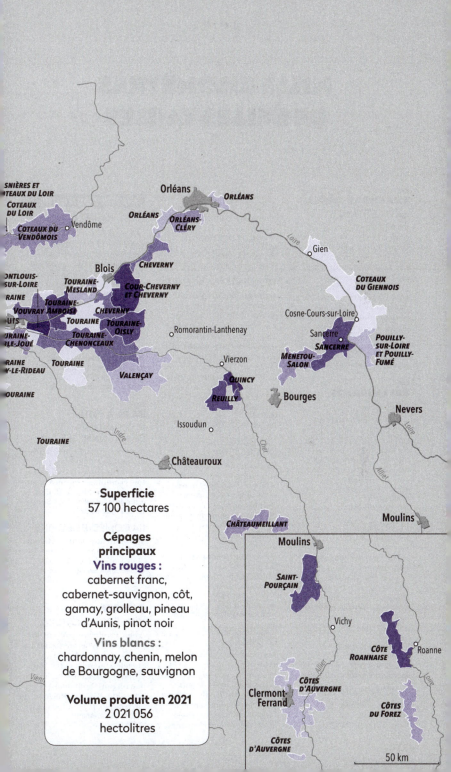

SNIÈRES ET
OTEAUX DU LOIR
**COTEAUX
DU LOIR**

**COTEAUX DU
VENDÔMOIS**

Vendôme

Orléans

ORLÉANS

ORLÉANS

*ORLÉANS-
CLÉRY*

Loire

Gien

**COTEAUX
DU GIENNOIS**

ONTLOUIS-
SUR-LOIRE

*TOURAINE-
MESLAND*

Blois

CHEVERNY

RAINE

*TOURAINE-
AMBOISE*

VOUVRAY

UIS

*COUR-CHEVERNY
ET CHEVERNY*

CHEVERNY

TOURAINE

*TOURAINE-
OISLY*

URAINE-
LE-JOUÉ

*TOURAINE
CHENONCEAUX*

Romorantin-Lanthenay

Cosne-Cours-sur-Loire

Sancerre

SANCERRE

**POUILLY-
SUR-LOIRE
ET POUILLY-
FUMÉ**

RAINE
Y-LE-RIDEAU

TOURAINE

VALENÇAY

Vierzon

*MENETOU-
SALON*

OURAINE

QUINCY

REUILLY

Bourges

Nevers

Issoudun

Indre

Châteauroux

Cher

Loire

Allier

Superficie
57 100 hectares

CHÂTEAUMEILLANT

Moulins

**Cépages
principaux**
Vins rouges :
cabernet franc,
cabernet-sauvignon, côt,
gamay, grolleau, pineau
d'Aunis, pinot noir

Vins blancs :
chardonnay, chenin, melon
de Bourgogne, sauvignon

Volume produit en 2021
2 021 056
hectolitres

Vienr

Moulins

*SAINT-
POURÇAIN*

Allier

Vichy

Roanne

*CÔTE
ROANNAISE*

Loire

Clermont-
Ferrand

*CÔTES
D'AUVERGNE*

*CÔTES
DU FOREZ*

*CÔTES
D'AUVERGNE*

50 km

MILLE KILOMÈTRES DE BELLES TABLES

CHAMBRE D'HÔTES

LA DILETTANTE

Parmi les premiers à avoir cru à la biodynamie en Loire, Catherine et Pierre Breton ont ouvert dans ce magnifique hôtel particulier de Chinon, au pied de la forteresse, un espace mêlant expos et dégustations de vins. Un appartement de deux chambres accueille ceux qui veulent profiter plus longtemps de la douceur de vivre de la région. À partir de 100 euros.
27, rue Voltaire, 37500 Chinon
Tél : 02 47 97 30 41
escaledomainebreton.net/chinon

RESTAURANTS

GRIBICHE

Une table bistrottière du quartier de la gare, à Angers, qui revisite des plats traditionnels. Au programme : pâté en croûte, tête de veau sauce gribiche, souris d'agneau... Comptez environ 40 euros.
9, rue Max-Richard,
49100 Angers
Tél : 02 41 19 14 48

LE BISTROT DE LA PLACE

Une terrasse ombragée sur la place Saint-Pierre, entre les maisons à colombages et l'église. Dans les assiettes, des produits du marché, des fromages de la région ; dans les verres, une sélection fine de 400 références, dont 40 au verre. Menus à 17,80 et 22,90 €.
16, place Saint-Pierre,
49400 Saumur
Tél : 02 41 51 13 27
www.bistrotdelaplace-saumur.com

LA ROUTE DU SEL

Dans cette guinguette des bords de Loire, avec vue panoramique, on s'attable pour les produits locaux maniés avec précision. Vins naturels du coin pour accompagner. Menu de 17,50 € à 33,50 €.
55, quai des Mariniers,
49350 Le Thoureil
Tél : 02 41 45 75 31
www.authoureil.fr

MOMENTO SANCERRE

Jouissant de l'une des plus belles vues du Sancerrois, le Momento domine les toits du village de Bué. Tenue par Thomas Jacquet, enfant du pays, et Mariana Mateos, née au Mexique, la carte est sobre et efficace. Vins de Sancerre, de France et du monde pour accompagner. Menus déjeuner à 25 €, à la carte pour le soir.
Ruelle des Tonneliers,
18300 Bué
Tél : 02 48 78 07 99

L'AUBERGE DU CROISSANT

Une cuisine simple et authentique à deux pas de Vouvray ; la grande force de cette adresse, c'est sa carte des vins, qui comprend les plus grands noms du vignoble ligériens, mais aussi de nombreuses autres régions de France, à des prix très alléchants. De nombreux flacons sont stockés en cave troglodytique. Menu à 23 €.
53, quai de la Loire,
37210 Rochecorbon
Tél : 02 47 37 16 72
www.laubergeducroissant.com

L'AUBERGE DES ISLES

Les producteurs locaux alimentent la table de David Beaufreton, non loin de Saumur. Un havre de paix dont la carte des vins est l'une des plus riches de la région. Une sélection de cuvées est disponible à emporter à prix

cavistes. Les menus sont à 17, 19, 23 et 29 €.
312, rue du Boëlle,
49260 Montreuil-Bellay
Tél : 02 41 50 37 37
www.auberge-des-isles.com

BARS À VINS

AUX SAVEURS DE LA TONNELLE

Au cœur de la ville, une adresse de confiance pour boire un coup et grignoter (10-20 €). Le tout-Saumur s'y retrouve pour ouvrir de grandes bouteilles.
4, rue de la Tonnelle, 49400 Saumur
Tél : 02 41 52 86 62

LA COMÉDIE DES VINS

400 bouteilles dont 21 vins au verre, charcuterie et fromages bien sentis : une référence.
4, rue Suffren, 44000 Nantes
Tél : 02 40 73 11 68

CAVISTE

VIGNERONS, LA CAVE

À Sancerre, cette cave, ouverte par quatre vignerons locaux : Pinard, Raimbault (Pré Semelé), Tabordet et Denizot, propose 350 références de très bon niveau (Gramenon, Clape, Trévallon, Bérêche, Macle, Peyre-Rose...).
14, place Saint-André
18300 Sancerre

PAYS NANTAIS

★★ DOMAINE DE BELLE-VUE

Enfant du pays nantais, Jérôme Bretaudeau s'est installé dans son domaine situé à Gétigné en 2001. Ce vigneron curieux fait partie des têtes chercheuses du Muscadet, aussi bien à la vigne, cultivée en biodynamie (certification en 2016), où le classique melon de Bourgogne côtoie le chardonnay et le savagnin (cuvée La Justice), le pinot noir (Statera) et le merlot (Ornaté), qu'en cave, où cuve inox, foudre, barrique, œuf béton et amphore forment un parc expérimental de vinification et d'élevage. Les vins font leur fermentation malolactique. Les derniers millésimes ont atteint un haut niveau. La détente et l'énergie que déploient les vins sont absolument revigorants : ils proposent une définition moderne des grands muscadets, brillant par un équilibre juste entre la maturité du fruit et l'expression minérale.

Les vins : nous regrettons que le muscadet d'entrée de gamme n'ait pas été présenté. Dommage ! Commençons donc par Clos des Bouquinardières : un superbe blanc retenu, finement austère, avec un équilibre svelte, musclé, doté d'un gras ciselé par une sensation tannique vivifiante. Un beau vin identitaire des gabbro de Gorges. Comme Gaïa, issu de vieilles vignes, qui accentue l'expression minérale et amère du cru. Granit Les Perrières s'exprime en finesse, d'une intensité rassurante, portée par une allonge magnifiquement énergique ; l'un des millésimes les plus harmonieux dégustés au domaine. Côté rouge, le merlot Ornaté et le pinot noir Statera montrent une certaine rigidité dans ce millésime 2020 qui a donné du fil à retordre aux vignerons. Nous aurions aimé d'avantage de tendresse fruitée.

Muscadet Clos des Bouquinardières 2020	25 €	93
Muscadet Gaïa 2020	38 €	94
Muscadet Granit Les Perrières 2020	29 €	94
VDF Ornaté 2020	34 €	89
VDF Statera 2020	60 €	89

Rouge : 5 hectares. Pinot noir 50 %, Cabernet franc 25 %, Merlot 25 %
Blanc : 10 hectares. Melon de Bourgogne 80 %, Chardonnay 12 %, Pinot gris 5 %, Savagnin 3 %
Production moyenne : 65 000 bt/an

DOMAINE DE BELLE-VUE ☾
1, boulevard d'Alatri, 44190 Gétigné
06 12 85 19 62 ● jbretaudeau@free.fr ● Vente et visites : sur RDV.
Propriétaire : Jérôme Bretaudeau

★★ DOMAINE PIERRE LUNEAU-PAPIN

Monique et Pierre Luneau ont complètement laissé les rênes de ce domaine emblématique à leur fils, Pierre-Marie, et à leur sémillante belle-fille, Marie, en 2018. La transmission de ce patrimoine de 40 hectares de vignes, réparties entre Le Landreau, la Chapelle-Heurlin et Vallet, s'est faite avec sérénité et toujours la même vision : tailler de beaux muscadets de terroir en passant par une viticulture biologique (certification en 2016) et biodynamique (2019). La gamme foisonnante est parfois difficilement lisible mais la cohérence et la régularité des vins sont sans faille, aussi bien la vivifiante folle blanche que les magnifiques blancs de garde des schistes de Goulaine. Voilà un domaine exemplaire et inspirant, révélateur des terroirs et des grands blancs de garde du Pays nantais.

Les vins : commençons une série de 2021 toniques au registre aromatique froid, à l'image de la Folle Blanche, à la fois vive et croquante. Dans ce millésime, les muscadets sont également construits sur la fraîcheur : Le Verger est ferme et saillant, quand La Grange s'affirme avec plus de rondeur et de chair. Sur les quartz, micaschiste et gneiss, Vera Cruz trouve un bel équilibre entre notes d'agrumes et gras modéré, porté par de beaux amers. Terre de Pierre nous enchante par son expressivité éclatante, la salinité de ce vin est absolument vivifiante. Un style à la fois classique et dynamique, qui pare le vin pour plus de dix ans de garde. L d'Or, quant à lui, s'exprime par un grain de grande finesse et une ampleur savoureuse réconfortante, mettant en lumière la saveur umami. Une magnifique expression venue des granites. Dans des tonalités plus solaires, deux 2020 sont à découvrir : Gula-Ana, d'une belle carrure, aux amers stimulants et aux notes de fruits blancs mûrs ; et Excelsior, d'une profondeur vivifiante encore plus importante qui lui promet un avenir serein de plus de quinze ans.

Muscadet Sèvre et Maine Excelsior Goulaine 2020	26 €	94
Muscadet Sèvre et Maine Gula-Ana Goulaine 2020	26 €	93
Muscadet Sèvre et Maine La Grange 2021	11 €	89
Muscadet Sèvre et Maine Vera Cruz 2021	18 €	90
Muscadet Sèvre et Maine sur Lie Terre de Pierre 2021	18 €	92
Muscadet Sèvre et Maine sur lie L d'Or 2021	18 €	93
Muscadet Sèvre et Maine sur lie Le Verger 2021	11 €	88

Rouge : Gamay noir à jus blanc 100 %
Blanc : 35 hectares. Melon de

Bourgogne 98 %, Folle blanche 2 %
Production moyenne : 180 000 bt/an

DOMAINE PIERRE LUNEAU-PAPIN ♣
3, La Grange, 44430 Le Landreau
02 40 06 45 27 ●
www.domaineluneaupapin.com ● Vente et
visites : sur RDV.
Propriétaire : Pierre-Marie & Marie Luneau

★ DOMAINE BONNET-HUTEAU

Les frères Bonnet, Jean-Jacques et Rémi, héritiers de la propriété familiale située à La Chapelle-Heulin, ont converti les 40 hectares de vignes à l'agriculture biologique en 2005. Quatre terroirs ont été vinifiés séparément pour dégager leur plus belle expression. Sur Les Dabinières, un sol chaud de gneiss et de micaschistes, le fruit s'exprime en rondeur. Sur l'amphibolite et les micaschistes des Gautronnières, le melon devient minéral et tendu. Les sols pauvres et granitiques des Laures donnent un vin plus dense et complet. Uniquement élaboré les belles années, élevé 18 mois sur lies (minimum requis), le cru communal Goulaine se livre en profondeur et semble armé pour la garde. Des cuvées pleines d'énergie et d'éclat !

Les vins : dans un registre nature, la folle blanche de Plan B stimule activement la salivation par son éclat et sa légèreté. Tout comme Les Bonnets Blancs, au fruité fringant. Les Gautronnières 2021 livre un gras avenant ponctué par la fraîcheur du millésime. Deux versions du Clos Moulin Chartrie sont à découvrir : le 2021, coulant avec évidence et une certaine austérité ; le 2020, avec plus de fond et de droiture. Goulaine 2018 est un digne ambassadeur des grands crus communaux du Muscadet. D'une superbe intensité saline, il mêle gras puissant et finale finement amère, presque salée. En pleine forme, il évoluera paisiblement dans les prochaines décennies. Attention ! Les vins suivants sont conditionnés en bouteille lourde. Ce qui ne gâche en rien leur qualité, à l'image de Médolia, un 2019 élevé en œuf de terre cuite : un beau blanc frais et profond, serti de beaux amers. Une interprétation toutefois un peu anguleuse du melon de Bourgogne. Ordolia est un original vin orange, issu d'une macération de pinot gris, évoquant le thé, construit autour d'une trame svelte et finement tannique. Terminons avec un rouge surprenant à base de... syrah ! Équilibré, digeste, un peu ferme mais qui offre une perspective intéressante pour les vins rouges océaniques.

▭ Muscadet Sèvre et Maine Les Bonnets
   Blancs 2021   10 €   88

▭ Muscadet Sèvre et Maine sur lie Clos
   Moulin Chartrie 2020   13 €   91

▭ Muscadet Sèvre et Maine sur lie Clos
   Moulin Chartrie 2021   13 €   90

▭ Muscadet Sèvre et Maine sur lie Les
   Gautronnières 2021   12 €   90

▭ VDF Medolia 2019   26 €   92

▭ VDF Ordolia 2021   28 €   91

▭ VDF Plan B 2021   15 €   88

▬ VDF Seraine 2020   21 €   89

Le coup de ♥
▭ Muscadet Sèvre et Maine Goulaine
   2018   18 €   92

Rouge : 2 hectares. Cabernet franc 60 %, Malbec (cot) 35 %, Syrah 5 %
Blanc : 38 hectares. Melon de Bourgogne 80 %, Pinot gris 10 %, Chardonnay 7 %, Folle blanche 3 %
Production moyenne : 200 000 bt/an

DOMAINE BONNET-HUTEAU ♣
La Levraudière, 44330 La Chapelle-Heulin
02 40 06 73 87 ● www.bonnet-huteau.com ●
Visites : sans RDV.
Propriétaire : Jean-Jacques Bonnet et
Vincent Pineau

★ DOMAINE DE LA CHAUVINIÈRE

Jérémie Huchet reprend en 2001 le domaine familial à son père Yves, vigneron déjà estimé. Avec l'acquisition du clos Les Montys du château de Goulaine (vignes plantées en 1914), il étend son vignoble de Château-Thébaud et, depuis 2006, exploite en fermage le château de la Bretesche sur les coteaux de la Sèvre (gneiss). Au total, 57 hectares sur lesquels Jérémie déploie toute son énergie. Dans les caves d'un ancien monastère, l'élevage se fait partiellement en foudre et en fût. Des cuvées parcellaires aux entrées de gamme, tout est recommandable dans ce domaine en pleine forme qui vient de se doter d'un nouvel espace de dégustation. Associé à Jérémie Mourat, Jérémie Huchet développe et approfondit une excellente petite gamme de négoce, sous le nom des Bêtes Curieuses, qui s'applique à mettre en avant les crus communaux.

Les vins : commençons la dégustation avec le rosé Le Poirier Noir 2021, sympathique et gouleyant. Poursuivons avec le muscadet-sèvre-et-maine 2021, tonique et rafraîchissant. Les Quinze Hommées 2021 (sables issu d'altération de roche mère granitique) offre immédiatement plus de chair, porté par des saveurs d'agrumes. Il vous faudra attendre 2023 avant de l'ouvrir, le temps de calmer ses ardeurs aromatiques. Chemin des Prières et Montys Le Parc déploient un gras plaisant, mais perturbé par une sensation amère végétale. Clos Les Montys 2020 (vigne de 1914) s'affirme dans un registre plus salin. De beaux vins de gastronomie se dessinent du côté des crus communaux. Clisson 2019 (sol sablonneux sur granite) s'ouvre avec une belle trame savoureuse : le vin en forme du moment. Monnières-Saint-Fiacre 2017 (gneiss), dans un registre moins solaire, offre une trame solide, structurée par de beaux amers. Quel régal sur une cuisine iodée ! Château-Thébaud (argilo-graveleux sur granite) s'annonce plus austère, avec une réelle densité. Goulaine nous enchante par sa fraîcheur rocailleuse dans ce millésime solaire. Il est taillé pour plus de dix ans de garde.

- Muscadet Le Chemin des Prières 2020 — 12 € — 88
- Muscadet Les Montys Le Parc 2020 — 12 € — 88
- Muscadet Les Quinze Hommées 2021 — 12 € — 90
- Muscadet Sèvre et Maine Les Bêtes Curieuses Château-Thébaud 2017 — 18 € — 93
- Muscadet Sèvre et Maine Les Bêtes Curieuses Clisson 2019 — 18 € — 91
- Muscadet Sèvre et Maine Les Bêtes Curieuses Goulaine 2015 — 18 € — 92
- Muscadet Sèvre et Maine Les Bêtes Curieuses Monnières-Saint Fiacre 2017 — 18 € — 92
- Muscadet Sèvre et Maine sur Lie 2021 — 8,50 € — 88
- Muscadet Sèvre et Maine sur Lie Clos Les Montys Vigne de 1914 2020 — 18 € — 90
- VDF Le Poirier Noir 2021 — 17 € — 87

Rouge : 0,35 hectare. Pinot noir 100 %
Blanc : 59 hectares. Melon de Bourgogne 94 %, Sauvignon gris 4 %, Folle blanche 2 %
Production moyenne : 295 000 bt/an

DOMAINE DE LA CHAUVINIÈRE ♣

La Chauvinière, 44690 Château-Thébaud
02 40 06 51 90 ●
www.jeremie-huchet-vigneron.fr ●
Visites : sans RDV.
Propriétaire : Jérémie Huchet

★ DOMAINE HAUTE FÉVRIE

Claude Branger a débuté avec son père, en travaillant "derrière le cheval" sur 7 hectares. Il en possède désormais 26,5. Son fils, Sébastien, arrivé activement en 2007 au domaine, le seconde activement. Ces vignerons conscien-cieux (pratiquant les vendanges manuelles) n'ont jamais cédé aux sirènes de la facilité. Ils aiment les muscadets mûrs mais bien secs. Les

Gras Moutons (vignes de 40 ans) est issu des bords de Maine ; les raisins du Clos Joubert, un hectare planté de vignes âgées de 35 ans domi-nant la Sèvre, sont vinifiés et élevés en fût. Les monnières-saint-fiacre et château-thébaud sont de très brillants ambassadeurs de ces crus d'exception. On trouvera chez les Branger des muscadets précis et complets, qui font honneur à leur région.

Les vins : une sympathique folle blanche 2020 débute la dégustation avec peps. Du côté du Muscadet, les 2021 expriment avec une droi-ture fraîche, un brin végétal, un équilibre très plaisant que l'on recherche dans les blancs du secteur. Les 2020 se présentent plus solaires et ronds, donc plus facilement accessibles pour découvrir le melon de Bourgogne. Nous avons un coup de cœur pour Gras Moutons, intense et profond, qui pourra vieillir sereinement. Du côté des crus communaux, Château-Thébaud 2018 nous ravit par son élégance et la fraî-cheur qu'il parvient à conserver dans ce millé-sime solaire. Monnières-Saint-Fiacre 2018 s'avère plus carré et robuste ; et d'une belle évolution ample et anisé pour le 2015. Tous les trois sont parés pour une garde de plus de quinze ans.

- Muscadet Sèvre et Maine Château-Thébaud Coteau de l'Ébeaupin 2018 — 14 € — 92
- Muscadet Sèvre et Maine Monnières-Saint-Fiacre 2015 — 14 € — 92
- Muscadet Sèvre et Maine Monnières-Saint-Fiacre 2018 — 14 € — 92
- Muscadet Sèvre et Maine sur lie Clos Joubert 2020 — 9,40 € — 89
- Muscadet Sèvre et Maine sur lie Clos de la Févrie 2020 — 9 € — 89
- Muscadet Sèvre et Maine sur lie Gras Moutons 2020 — 9,20 € — 91
- Muscadet Sèvre et Maine sur lie Moulin de la Gustais 2021 — 7,80 € — 88
- Muscadet Sèvre et Maine sur lie Pont Caffino 2021 — 8 € — 88
- VDF Folle Blanche 2020 — 7 € — 87

Blanc : 29,15 hectares. Melon de Bourgogne 100 %
Production moyenne : 170 000 bt/an

DOMAINE HAUTE FÉVRIE ♣

109, La Févrie 44690 Maisdon-sur-Sèvre
02 40 36 94 08 ● www.lahautefevrie.com ●
Vente et visites : sur RDV.
Propriétaire : Sébastien Branger

★ DOMAINE LANDRON

Les cuvées de Jo Landron, figure vigneronne essentielle de la région, sont devenues des références dans la petite famille des muscadets de terroir. Les vins sont commercialisés de manière décalée avec, d'abord, Amphibolite, léger, à boire sur le fruit – très prisé des bars à vins. Puis, selon le cas, les cuvées issues des sols argilo-sableux ou les grès, l'âge des vignes interférant dans le bel ordonnancement des terroirs. Avec le passage de plus de 50 hectares en biodynamie en 2011 (une prouesse !), les vins ont gagné en expression minérale et pureté de fruit, aussi bien dans les cuvées juvéniles (Amphibolite, La Louvetrie et Les Houx) que dans les cuvées élevées plus de 22 mois (Le Fief du Breil et Haute Tradition). La profonde et extraordinaire salinité des vins se développe au fil des années.

Les vins : débutons cette éclatante dégustation avec Amphibolite, interprétation finement austère et énergique du muscadet. La Louvetrie 2020 s'exprime, quant à lui, plus en rondeur et tendresse. Dans le même millésime, Clos La Carizière s'affirme avec une fraîcheur plus pointue et sensation minérale forte. La cuisine iodée s'invite avec évidence ! Les Houx 2020 se patine tranquillement, en conservant une souffle frais, vibrant. Il évoluera admirablement plusieurs années. Sous de belles notes exotiques, Le Fief du Breil 2018 va plus loin en intensité et profondeur. Un beau blanc taillé pour une garde de plus de dix ans. Sur les orthogneiss et quartz, Haute Tradition s'envole avec panache et une fraîcheur profonde, irrésistibles dans ce millésime solaire.

Muscadet Sèvre et Maine Amphibolite 2021	15 €	90
Muscadet Sèvre et Maine Le Fief du Breil 2018	22 €	92
Muscadet Sèvre et Maine sur Lie Les Houx 2020	14 €	92
Muscadet Sèvre et Maine sur lie Clos La Carizière 2020	13 €	91
Muscadet Sèvre et Maine sur lie Haute Tradition 2018	23 €	93
Muscadet Sèvre et Maine sur lie La Louvetrie 2020	11 €	88

Rouge : 1,6 hectare. Pinot noir 100 %
Blanc : 49 hectares. Melon de Bourgogne 96 %, Folle blanche 4 %
Production moyenne : 260 000 bt/an

DOMAINE LANDRON ♣

3, impasse du Fief-du-Breil, Les Brandières, 44690 La Haye-Fouassière
02 40 54 83 27 • www.domaines-landron.fr •
Vente et visites : sur RDV.
Propriétaire : Jo Landron

★ DOMAINE DE LA PÉPIÈRE

Associé depuis 2010 à Rémi Branger et Gwénaëlle Croix, Marc Ollivier a créé ce domaine en 1984 à partir des vignes familiales et l'a peu à peu agrandi en sélectionnant les meilleures parcelles et les plus vieilles vignes, essentiellement situées sur des sols granitiques. Le domaine est certifié en bio depuis 2010, et tout converge vers le respect de l'intégrité des raisins, avec vendanges manuelles, débourbages légers, absence de levurage comme d'enzymage. De croquants rouges de merlot, de côt et de cabernet franc servent d'introduction aux exceptionnelles cuvées Domaine de la Pépière et Clos des Briords (issues de vignes plantées en 1930), d'une rare intensité et d'une grande sincérité de saveurs. Les crus communaux Clisson, Château-Thébaud et Monnières-Saint-Fiacre viennent brillamment compléter la gamme. 2018 est le premier millésime certifié en biodynamie.

Les vins : le simple muscadet sur lie 2021 donne le ton d'un gamme tonique et énergisante. Un délicieux blanc qui s'accordera à merveille avec des crustacés ! Briords pousse plus loin le caractère salin et la salivation en laissant une inimitable sensation de sécheresse, caillouteuse. Un blanc sans fard, extrêmement stimulant. Davantage d'intensité encore se dégage des Gras Moutons, les amers affirment une identité forte à ce vin promis lui aussi à de belles années de garde. Du côté des crus communaux, hautement concentrés en 2019, Clisson séduit par son ouverture avenante et son grain soyeux. Naturellement, Gorges 2019 s'impose par une carrure élancée, presque tannique, mais qui n'occulte pas son superbe éclat ! Monnières-Saint-Fiacre 2018 (issu en partie de raisins achetés) accuse un peu plus le caractère solaire du millésime, tout en conservant un profil vigoureux. La concentration de Château-Thébaud 2019 n'enlève rien à la finesse de sa texture. Tous sont de formidables blancs qui évolueront sereinement plus de dix ans. En rouge, le cabernet franc 2021 s'annonce ferme, jovial et rafraîchissant, tandis que le côt offre une tendresse immédiate. Deux vins de plaisir simple.

Muscadet Sèvre et Maine Clisson 2019	16,50 €	92
Muscadet Sèvre et Maine Gorges 2019	16,50 €	92
Muscadet Sèvre et Maine Monnières-Saint Fiacre 2018	16,50 €	91
Muscadet Sèvre et Maine sur Lie Les Gras Moutons 2021	12 €	91
Muscadet Sèvre et Maine sur lie 2021	9 €	89
Muscadet Sèvre et Maine sur lie Briords 2021	12 €	91

➤ IGP Val de Loire La Pépie Cabernet Franc
2021   8,50 € **88**

Rouge : 3,5 hectares. Cabernet franc 45 %,
Malbec (cot) 43 %, Merlot 12 %
Blanc : 42,5 hectares. Melon de
Bourgogne 100 %
Production moyenne : 200 000 bt/an

DOMAINE DE LA PÉPIÈRE ☾

36, La Pépie, 44690 Maisdon-sur-Sèvre
09 62 33 15 03 ●
www.domainedelapepiere.com ● Vente et
visites : sur RDV.
Propriétaire : Rémi Branger et Gwénaëlle
Croix

★ DOMAINE SAINT-NICOLAS

Thierry Michon, épaulé par ses fils, Antoine et
Mickaël, dirige le seul domaine de stature internationale en Vendée. Sur le terroir atlantique
de Brem, il possède des vignes cultivées intégralement en biodynamie, dont les rendements
sont hélas globalement très faibles ces dernières années. Sous l'influence de l'océan, le vignoble produit des blancs de chenin et de
chardonnay (fruits jaunes à noyau et finale
saline), et des rouges de pinot noir longuement élevés (Jacques, La Grande Pièce), mais
aussi de gamay, négrette et cabernet franc.
Nous sommes enthousiasmés par ces blancs
salins, finement menés par des élevages un peu
démonstratifs, mais nous émettons des réserves sur les rouges, rudement charpentés par
une maturité très poussée et une extraction
appuyée. Les vins sont désormais classés en
Vin de France car le cahier des charges des
Fiefs vendéens interdit les cuvées de lieu-dit et
de mono-cépage. Quelle tristesse de voir cette
appellation ne pas reconnaître son chef de file !

Les vins : pur pinot noir rosé, Coup de Foudre
2021 ouvre le bal, dégageant une franchise
d'arômes et une texture très fine, un beau rosé
de table. Les Clous 2021 offre une certaine
richesse gourmande dans ce millésime, un
blanc immédiat et d'une belle énergie. Le Haut
des Clous 2020 se profile avec plus de puissance et d'allonge, finement exotique, et une
belle énergie en finale. Un beau blanc taillé pour
une dizaine d'années de garde. En 2019, Fief
Boire s'émancipe des marques de son élevage,
présentant une haute concentration en extraits
secs et une salinité océanique plus marquée.
Un superbe chenin ! Soleil de Chine, chenin passerillé sur souche, est un moelleux réconfor-
tant, déjà très ouvert et parfumé, porté par un
élan frais stimulant. Du côté des rouges, Reflet
2020 (pinot noir et négrette) livre une matière
juteuse et gourmande. Il faudra l'aérer pour atté-
nuer son animalité. Sous ses allures solaires,
Le Poiré accuse une austérité forte, masquant

l'identité haletante de la négrette. Dans sa version pinot noir, la cuvée Jacques se fait plus
identitaire, avec toutefois une extraction plus
poussée. On aimerait plus d'élan de fraîcheur.
Tout comme dans Brem Plante Gâte 2013, à la
fermeté tannique encore gaillarde.

➤ VDF Fief Boire 2019   34 € **93**
➤ VDF Le Haut des Clous 2020   26 € **92**
➤ VDF Les Clous 2021   15 € **89**
➤ VDF Soleil de Chine 2018   30 € **92**
➤ VDF Coup de Foudre 2021   14 € **89**
➤ VDF Jacques 2016   26 € **89**
➤ VDF Le Poiré 2018   21 € **88**
➤ VDF Reflet 2020   14 € **87**

Rouge : 24 hectares. Pinot noir 58 %, Gamay
noir à jus blanc 21 %, Négrette 17 %, Cabernet
franc 4 %
Blanc : 16 hectares. Chenin 69 %,
Chardonnay 19 %, Grolleau gris 12 %
Production moyenne : 100 000 bt/an

DOMAINE SAINT-NICOLAS ☾

Les Clous, 85340 L'Île-d'Olonne
02 51 33 13 04 ●
www.domainesaintnicolas.com/ ● Vente et
visites : sur RDV.
Propriétaire : Thierry, Antoine et Mickaël
Michon

★ DOMAINE DE L'ÉCU

Frédéric Niger est arrivé en 2009 au domaine de
l'Écu. L'ancien propriétaire, l'emblématique biodynamiste Guy Bossard, lui a transmis son savoir
précieux et précis de la vigne et du vin jusqu'en
2013. Depuis lors, Frédéric poursuit le travail biologique (depuis 1975) et biodynamique (certifiée
en 1998) de la vigne et s'astreint à une vinification la plus naturelle possible. L'éclat du fruit
et l'ouverture aromatique sincère de ses vins
sans artifice s'en ressentent. Au-delà des flamboyants muscadets Classic, Granite, Orthogneiss et Taurus, le vigneron audacieux
expérimente avec vingt-huit cuvées en Vin de
France vinifiées en amphore. Ces vins réellement vivants nous font sortir de notre zone de
confort gustative.

Les vins : une fascinante note d'huître se
dégage de Granite 2020, un muscadet bien mûr
aux contours arrondis, large d'épaules, et resserré par une finale svelte. Un blanc taillé pour
la table. Orthogneiss s'affirme dans un registre
nature virevoltant en 2019, avec une richesse
gourmande, presque trop, qui lui donne une
sensation sudiste. Il est aujourd'hui loin du style
revigorant que nous lui connaissons. Taurus
MMXX est à ce stade marqué par son élevage
partiel sous bois, soutenant une matière solaire,
heureusement portée par de beaux amers,

comme des airs des chardonnays ligériens. Céleste MMXIX est une surprenante macération de chardonnay et de folle blanche au parfum de zestes, d'herbes aromatiques et autres odeurs finement végétales. Un très bel équilibre trouvé par ce vin orange nourrissant et ciselé. Une réussite !

⌐ Muscadet Sèvre et Maine Granite 2020	14 €	92
⌐ Muscadet Sèvre et Maine Orthogneiss 2019	14 €	90
⌐ VDF Taurus 2020	32 €	90
◖ VDF Méphisto 2018	29 €	91

Le coup de ♥

⌐ VDF Céleste 2019	48 €	93

Rouge : 3,5 hectares. Cabernet franc 40 %, Pinot noir 40 %, Cabernet-Sauvignon 20 %
Blanc : 23,5 hectares. Melon de Bourgogne 50 %, Chardonnay 20 %, Chenin 20 %, Folle blanche 10 %
Production moyenne : 120 000 bt/an

DOMAINE DE L'ÉCU ☾
Clos de l'Écu, 44430 Le Landreau
02 40 06 40 91 ● www.domaine-ecu.com ●
Visites : sans RDV.
Propriétaire : Frédéric Niger

DOMAINE MICHEL BRÉGEON

Frédéric Lailler a conservé le nom du domaine Brégeon, en hommage à son ancien propriétaire Michel Brégeon qui, en 2011, lui a transmis ses vignes, de 65 ans de moyenne, réparties dans les secteurs de Clisson (granite) et Gorges (gabbro). Deux crus communaux mis en valeur dans des blancs goûteux, détendus, que le gras dynamique rend revigorants. Pour notre grand plaisir, la personnalité sincère de la gamme nous éloigne des muscadets bridés et serrés.

Les vins : Original 2020 confirme son caractère de blanc franc du collier, sans fard, à la fraîcheur saillante. Intéressante exploration de deux types de sols : le granite de Clisson 2019, qui forme un blanc ample et puissant, porté par un grain de texture savoureux ; et le gabbro de Gorges, qui s'élance avec une austérité ferme revigorante, enveloppé par un gras séduisant.

⌐ Muscadet Sèvre et Maine Clisson 2019	17,50 €	92
⌐ Muscadet Sèvre et Maine Gorges Les Vigneaux 2018	18 €	93
⌐ Muscadet Sèvre et Maine sur lie Original 2020	11 €	88

Blanc : 10 hectares. Melon de Bourgogne 90 %, Folle blanche 10 %
Production moyenne : 30 000 bt/an

DOMAINE MICHEL BRÉGEON ♣
1 bis, Les Guisseaux, 44190 Gorges
02 40 06 93 19 ● www.domainebregeon.com
● Vente et visites : sur RDV.
Propriétaire : Frédéric Lailler

DOMAINE BRUNO CORMERAIS

Il y a maintenant plus de dix ans, Marie-Françoise et Bruno Cormerais ont laissé les rênes du domaine à leur fils Maxime, déjà à l'œuvre avec ses parents depuis 2001. Dans le secteur de Clisson, il bénéficie d'un patrimoine intéressant de vieilles vignes allant de 30 à 70 ans qui lui permet de vinifier des muscadets classiques, les ramenant vers la fine austérité du granite. Ces vins offrent un excellent rapport qualité-prix.

Les vins : Chambaudière 2020 ouvre le bal avec un blanc techniquement bien mené, tout en rondeur. Vieilles Vignes s'annonce plus profond en 2019, avec concentration et une sensation saline prégnante. Le caractère solaire de 2018 arrondit les angles de la cuvée Prestige et lui donne ampleur et relief. Un beau blanc miellé, taillé pour des poissons à la crème. Tout comme Clisson 2016, plus que jamais en forme, gras, intense, et porté par de beaux amers.

⌐ Muscadet Sèvre et Maine Chambaudière 2020	de 8,70 à 11 € (c)	87
⌐ Muscadet Sèvre et Maine Clisson 2016	de 16,20 à 19,50 € (c)	91
⌐ Muscadet Sèvre et Maine Vieilles Vignes 2019	de 10 à 13 € (c)	89
⌐ Muscadet Sèvre et Maine sur lie Prestige 2018	de 11 à 15 € (c)	90

Rouge : 3,9 hectares. Gamay noir à jus blanc 42 %, Merlot 39 %, Cabernet franc 13 %, Abouriou 6 %
Blanc : 27 hectares. Melon de Bourgogne 92 %, Folle blanche 4 %, Pinot gris 2 %, Sauvignon gris 2 %
Production moyenne : 80 000 bt/an

DOMAINE BRUNO CORMERAIS
41, La Chambaudière,
44190 Saint-Lumine-de-Clisson
02 40 03 85 84 ●
www.domaine-bruno-cormerais.com ● Vente et visites : sur RDV.
Propriétaire : Maxime Cormerais

DOMAINE LE FAY D'HOMME

Les Caillé sont propriétaires de vignes depuis cinq générations. Installé à Monnières, Vincent Caillé travaille depuis 1986 avec exigence, dans le respect de la vie, de la biodiversité et des sols. Labours, enherbement, culture bio depuis une vingtaine d'années, doublée d'essais en biodynamie : tout est fait pour obtenir des vins sains et sincères, dont les saveurs expressives dessinent la voie du renouveau pour la jeune génération du Muscadet. Des plus simples (Gros Plant) jusqu'aux crus Gorges et Monnières-Saint-Fiacre, la gamme est remarquable et variée, puisqu'elle intègre une cuvée d'abouriou, cépage confidentiel du Sud-Ouest.

Les vins : Fief Seigneur, issu d'un terroir de gneiss, incarne une version tout en rondeur et en maturité du muscadet. Un vin très avenant, mais qui n'offre pas toute la tonicité que l'on peut rechercher dans les vins du secteur. À l'inverse, Terre de Gneiss 2020 s'affirme avec bien plus de fraîcheur et d'élan : un beau blanc dynamique et concentré en extraits secs qui trouvera à se marier à table ou vieillir tranquillement. Parmi les crus communaux, Monnières-Saint-Fiacre s'appuie sur une puissance plus roborative. N'hésitez pas à le garder encore deux à trois ans afin qu'il se délie. Le millésime solaire 2019 convient bien à Gorges : le sol de gabbro apporte une belle fermeté austère à ce vin hautement concentré et taillé pour de longues années de garde. Une étonnante concentration de fruit et de chair se dégage de N° 3, un rouge à dominante de côt, à la fermeté septentrionale fraîche.

Muscadet Sèvre et Maine Fief Seigneur 2020   11 €   88

Muscadet Sèvre et Maine Monnières-Saint-Fiacre 2019   18 €   90

Muscadet Sèvre et Maine Terre de Gneiss 2020   23,50 €   92

VDF N° 3 2019   16 €   89

Le coup de ♥

Muscadet Sèvre et Maine Gorges 2019   18 €   92

Rouge : 2 hectares. Gamay noir à jus blanc 30 %, Cabernet franc 30 %, Abouriou 20 %, Malbec (cot) 20 %
Blanc : 23 hectares. Melon de Bourgogne 90 %, Folle blanche 10 %
Production moyenne : 100 000 bt/an

DOMAINE LE FAY D'HOMME ☾
3, Les Coteaux, 44690 Monnières
02 40 54 62 06 ● www.lefaydhomme.fr ●
Vente et visites : sur RDV.
Propriétaire : Vincent Caillé

STÉPHANE ORIEUX

Dans le secteur de Vallet, l'un des dix crus communaux situé à l'Est du Muscadet, le discret Stéphane Orieux cultive son vignoble en bio depuis 1991. Sur un terroir principalement composé de micaschistes (folle blanche, La Grand Pièce et Vallet) et partiellement de granite (Clos de La Coudray), les vins trouvent ici une chair pulpeuse, dessinée tout en finesse, sans

aucune austérité grâce à des élevages soignés en cuve souterraine. La folle blanche, l'une des plus gourmandes de la région, ne doit pas être manquée.

Les vins : commençons avec l'expression agréable, ronde et simple de Folle Blanche 2021. En Muscadet, La Grand Pièce 2020 s'offre avec une générosité presque miellée qui le rend charmeur dès à présent et dans les trois ou quatre ans. Nous préférons nettement la fraîcheur identitaire du Clos de La Coudray, un muscadet bien cadré. Sa profondeur lui promet quelques belles années devant lui. Élevé 30 mois en cuve souterraine, Vallet 2018 évolue avec une étoffe riche, tout en conservant une fermeté haletante.

Gros Plant du Pays nantais Folle Blanche 2021   9,50 €   86

Muscadet Sèvre et Maine Clos de La Coudray 2020   11 €   91

Muscadet Sèvre et Maine La Grand Pièce 2020   10,50 €   88

Muscadet Sèvre et Maine Vallet 2018   15 €   90

Rouge : 3 hectares. Cabernet franc 70 %, Merlot 30 %
Blanc : 16 hectares. Melon de Bourgogne 77 %, Chardonnay 12 %, Folle blanche 5 %, Pinot gris 3 %, Sauvignon blanc 3 %
Production moyenne : 90 000 bt/an

STÉPHANE ORIEUX ♣
La Touche, 44330 Vallet
02 40 46 68 41 ● www.muscadet-orieux.com
● Vente et visites : sur RDV.
Propriétaire : Stéphane Orieux

NOUVEAU DOMAINE

VIGNOBLES MOURAT

Issu d'une lignée de marchands de vins et de vignerons, Jérémie Mourat poursuit le travail initié par son père Jean, au vignoble Marie de Fou, vaste domaine des Fiefs vendéens. En parallèle, ce vigneron-entrepreneur mène un projet plus personnel et ambitieux depuis 2006 sur deux terroirs du secteur de Mareuil. Le premier, le clos Saint-André, 9 hectares de chenin plantés sur rhyolites, élevé en œuf béton, un blanc droit, porté par de beaux amers. Le second, le Moulin Blanc, où le pinot noir s'avère particulièrement croquant et plus détendu qu'auparavant. Notre coup de cœur ? La négrette : éclatante, sanguine et poivrée à souhait ! La conversion à la biodynamie est en cours.

Les vins : n'hésitez pas à ouvrir ces vins trente minutes à l'avance pour les libérer pleinement. À commencer par le vin mousseux 17.42, un pinot noir à dominante de 2017, vieilli 42 mois sur lattes. Un effervescent à la trame vineuse, légèrement toastée et anguleuse ; aussi à l'aise à l'apéritif qu'à table. Place aux vins du terroir Moulin Blanc : original pinot noir vinifié en blanc 2020, un sec tout en fruit croquant, épuré et rafraîchissant. Son frère, en rouge, s'avère tout aussi parfumé et délicieux ; Tête de Cuvée 2020 s'affirme dans un registre plus juteux et intense, attendez 2024 avant de l'ouvrir, il est encore juvénile. Le blanc Clos Saint-André 2021 affiche une aromatique encore très jeune mais révèle une réelle finesse de texture jusqu'à une finale saline. Deux ans de garde ne seront pas de trop. Plus solaire, le 2018 se montre confortable et riche, idéal dès maintenant sur des poissons crus. Tries de Mi-Pente 2020 s'annonce plus intense mais est enveloppé par un élevage sous bois démonstratif. Un beau chardonnay Grenouillère Sélection Massale 2018 finement élevé, à découvrir : joliment élancé dans ce millésime généreusement ensoleillé. Quel plaisir de goûter à la spontanéité croquante de la négrette de Grenouillère 2021, un rouge friand, aux belles odeurs de mûre et de poivre. La cuvée la plus affriolante de la gamme ! La version Préphylloxérique s'annonce naturellement plus profonde, concentrée, avec un grain de tanins sanguin. Un vin à déguster plus en hiver qu'en été.

Fiefs Vendéens Clos Saint-André 2018	de 13 à 14 € (c)	90
Fiefs Vendéens Clos Saint-André 2021	14 €	91
Fiefs Vendéens Clos Saint-André Tries de Mi-Pente 2020	30 €	89
IGP Val de Loire Grenouillère Sélection Massale 2018	14 €	90
IGP Val de Loire Moulin Blanc 2021	11 €	89
Vin Mousseux 17.42 2017	15 €	87
IGP Val de Loire Grenouillère Préphylloxérique 2019	30 €	91
IGP Val de Loire Moulin Blanc 2020	11 €	89
IGP Val de Loire Moulin Blanc Tête de Cuvée 2020	30 €	89

Le coup de ♥

IGP Val de Loire Grenouillère 2021	14 €	90

Rouge : 15 hectares. Pinot noir 70 %, Négrette 30 %
Blanc : 15 hectares. Chenin 80 %, Chardonnay 20 %
Production moyenne : 180 000 bt/an

VIGNOBLES MOURAT ♣

Route de la Roche-sur-Yon,
85320 Mareuil-sur-Lay-Dissais
02 51 97 20 10 ● www.mourat.com ●
Visites : sans RDV.
Propriétaire : Jérémie Mourat
Maître de chai : Aurélien Richard

ANJOU-SAUMUR

★★★ CLOS ROUGEARD

Une histoire de huit générations de la famille Foucault à la tête du Clos Rougeard s'éteint. Ce domaine mythique situé à Chacé a été racheté en 2017 par l'homme d'affaires Martin Bouygues. Sous l'impulsion de Jean-Louis Foucault, dit Charly, décédé en 2015, et son frère Bernard, alias Nady, le clos Rougeard s'est bâti une solide réputation auprès des amateurs de grands cabernets francs ligériens. Une sélection pointue du matériel végétal, une viticulture méticuleuse et des affinages longs de 18 à 30 mois en barrique, donnent naissance à de gracieux saumur-champigny qui se révèlent avec le temps : Le Clos (assemblage de deux parcelles), Les Poyeux (2,9 hectares, parcelle de sol sableux ; allonge, finesse, fraîcheur), Le Bourg (parcelle plus calcaire, moins de 4 000 bouteilles ; dense, ferme, solaire). Plus confidentiel, un blanc issu d'à peine 1,5 hectare, sur le grand cru calcaire de Brézé.

Les vins : élaboré par l'équipe Bouygues, les 2017 sortent des caves de Chacé. Un peu austère d'approche, le saumur-champigny 2017 s'étend avec une certaine finesse en dépit d'une concentration modérée. Il termine sa course avec fraîcheur. On retrouve la suavité classique qui enrobe la texture du vin Les Poyeux, une aubaine dans ce millésime marqué par une certaine fermeté. L'élevage sous bois demeure démonstratif. Toujours bien fumé (bacon) par son élevage en barriques, signature du domaine, Le Bourg se révèle sans démonstration ni opulence ; il aura besoin de temps pour détendre ; ce millésime n'a pas la magie de l'époustouflant 2016. Brézé, en blanc, prend une toute autre tournure avec un style austère : bien plus frais et énergique, il est souligné par un élevage judicieux. Nous laissons toutefois la troisième étoile au domaine pour ce millésime charnière que l'équipe de Martin Bouygues a élaboré. Nous reviendrons prochainement sur les 2018.

Saumur-Champigny 2017	N.C.	91
Saumur-Champigny Le Bourg 2017	N.C.	94
Saumur-Champigny Les Poyeux 2017	N.C.	93

Le coup de ♥

Saumur Brézé 2017	N.C.	93

Rouge : 9 hectares. Cabernet franc 100 %
Blanc : 1 hectare. Chenin 100 %
Production moyenne : 20 000 bt/an

CLOS ROUGEARD ♣

15, rue de l'Église, 49400 Chacé
02 41 52 92 65 ● contact@clos-rougeard.com
● Vente et visites : sur RDV.
Propriétaire : Martin Bouygues

★★★ DOMAINE DU COLLIER

Les progrès accomplis par Antoine et Caroline Foucault depuis leur installation en 1999 sont prodigieux. À l'époque, le jeune couple coupe le cordon avec le Clos Rougeard familial pour voler de ses propres ailes. Ils créent le domaine, baptisé du nom de la place du Collier situé dans le village de Chacé, proche des racines d'Antoine. Dès lors, ils prennent leurs marques et affinent leur chenins et cabernets francs principalement venus des coteaux de Brézé, élevés pendant deux à trois ans en fût. Les rouges, dont le fameux lieu-dit Charpentrie, où les vignes centenaires donnent naissance à des cabernets francs profonds, offrent une texture d'une extraordinaire douceur, un bouquet subtil, mené par la touche d'austérité presque sauvage que l'on attend des grands vins du Saumurois. Ils ne sont pas sans rappeler le velouté infini des plus grands millésimes sculptés par les frères Foucault au Clos Rougeard. La salinité mûre des blancs nous plonge dans un lien étroit avec le tuffeau ; la réduction grillée du Charpentrie devrait s'estomper dans le temps. En à peine vingt ans, ce couple de quadragénaires doté d'une sensibilité touchante et d'une rigueur pointilleuse a atteint l'excellence.

Les vins : dans le millésime solaire 2018 qui a pu donner naissance à des blancs bedonnants, la fraîcheur lumineuse et crayeuse des chenins du domaine nous subjugue. Admirable saumur blanc à la salinité vivifiante, La Charpentrie pousse loin la maturité du raisin qui engendre cette saveur umami resplendissante. Ces vins sensibles procurent une émotion exceptionnelle. Les rouges nous touchent tout autant avec un nouveau saumur-champigny 2018, un beau cabernet franc, savoureux, au relief granuleux crissant sous les dents. La Ripaille 2018 s'avère, à ce stade, plus serré et sous l'emprise de son millésime solaire. Tout comme La Charpentrie qu'il faudra attendre encore quatre ou cinq ans pour profiter pleinement de sa volupté. Une règle d'or pour ces magnifiques cuvées : la patience.

🍾 Saumur 2018		45 €	94
🍾 Saumur La Charpentrie 2018		65 €	96
🍷 Saumur La Charpentrie 2018		65 €	95
🍷 Saumur La Ripaille 2018		48 €	92

🍷 Saumur-Champigny 2018		50 €	93

Rouge : 2,5 hectares. Cabernet franc 100 %
Blanc : 5 hectares. Chenin 100 %
Production moyenne : 22 000 bt/an

DOMAINE DU COLLIER ♣

11, montée des Roches, Saumoussay,
49260 Bellevigne-les-Châteaux
02 41 52 69 22 ●
domaineducollier@wanadoo.fr ● Vente et visites : sur RDV.
Propriétaire : Antoine et Caroline Foucault

★★★ LA FERME DE LA SANSONNIÈRE

Mark Angeli était maçon avant de devenir vigneron dans sa ferme de la Sansonnière, à Thouarcé en 1989. Au fil des années, il appréhende son vignoble de 7,8 hectares qu'il découpe par type de terroirs : schistes argileux, schistes carbonifères, phtanites pour La Lune, argiles rouges sur schistes pour Les Fouchardes et schistes de Saint-Georges pour les Vieilles Vignes des Blanderies, un joyau géologique planté de pieds de 70 ans. Avec une maturité optimale du chenin, un pressurage doux dans un pressoir vertical en bois, des élevages d'un à deux ans en barrique usagée, des doses minimes de soufre volcanique et une intuition sensible hors du commun, les blancs insufflent une mâche saline extraordinaire. Au-delà de la régularité, du très haut niveau objectif de la production, ces vins diffusent une sensation de bien-être, à la fois apaisante et énergisante, à chaque gorgée. Sous l'impulsion de Martial, le fils de Mark, une nouvelle série époustouflante de lieux-dits, élevée paisiblement pendant deux ans, vient de voir le jour.

Les vins : Rosé d'un Jour 2021 est une merveille. Finement sucré, à la sensation charnue de baie de raisin, c'est un régal ! N'hésitez pas à laisser respirer les blancs quelques heures avant la dégustation. La Lune est un 2020 à découvrir, pointé d'une acescence aromatique, d'une belle concentration de matière et d'un délié savoureux de texture. Il demeure toutefois légèrement perturbé à ce stade. Une grande bienveillance se dégage des Fouchardes 2019 (demi-sec), dont la fine sucrosité soutient un équilibre lumineux et une finale si salivante qu'elle en paraît crayeuse. Tout comme Les Vieilles Vignes des Blanderies 2019 (demi-sec), d'une concentration magistrale en extraits secs. Un demi-sec resplendissant qui pousse très loin le relief de saveurs. Coteau du Houet 2019 (demi-sec) évolue dans un registre plus élancé avec une touche d'acescence qui, nous l'espérons, se fondra en bouteille. Terminons les blancs avec la fascinante La Lune Noire 2019 qui délivre un chenin d'une vibration incomparable, illustration rayonnante de la cinquième saveur, l'umami, et une sensation minérale hors du commun. Une cuvée pleine, nourrissante et totalement énergisante. Des joyaux bruts qu'il faudra laisser se polir tranquillement quatre à cinq ans en bouteille.

- ⫐ VDF Coteau du Houet
  2019   Épuisé - 60 €   **93**
- ⫐ VDF La Lune 2020   Épuisé - 32 €   **91**
- ⫐ VDF La Lune Noire 2019   Épuisé - 96 €   **95**
- ⫐ VDF Les Fouchardes
  2019   Épuisé - 50 €   **95**
- ⫐ VDF Les Vieilles Vignes des Blanderies
  2019   Épuisé - 60 €   **96**
- ⬤ VDF Rosé d'un Jour
  2021   Épuisé - 22 €   **91**

Rouge : 1,3 hectare. Grolleau 100 %
Blanc : 6,5 hectares. Chenin 100 %
Production moyenne : 18 000 bt/an

LA FERME DE LA SANSONNIÈRE ♣

La Sansonnière, 49380 Thouarcé ●
fermedelasansonniere@orange.fr ●
Visites : sur RDV aux professionnels.
Propriétaire : Mark et Martial Angeli

★★★ DOMAINE DES ROCHES NEUVES

Le charismatique Thierry Germain a défini une approche stylistique contemporaine de Saumur-Champigny, qui articule la juste maturité des cabernets et leur élevage en bois au travers de différents contenants ; tout en assurant la pérennité d'un vin à la fois fruité, infusé, floral et croquant. L'important travail entrepris dans les vignes (en biodynamie, certaines labourées au cheval) s'illustre dès la simple cuvée du domaine. Les rouges nous offrent un éclat particulièrement revigorant, capté avec minutie lors de l'élevage. Les parcellaires sont de haute volée notamment Les Mémoires (vignes centenaires de cabernet franc). Elles sont à la fois d'une profondeur exemplaire, d'un parfum et d'un délié de texture unique. En suivant le même chemin, le chenin blanc s'est construit une identité distincte, alliant tension et fermeté. Nous sommes convaincus que ces vins éclatants peuvent gagner en gourmandise et nous offrir un style plus détendu. Il sera bon, toutefois, de les laisser trois à quatre dans votre cave.

Les vins : Échelier 2020 ouvre avec éclat cette dégustation. Nous voici face à un chenin superbement sculpté, à la fois par des notes d'agrumes, et des amers crayeux qui rappellent le tuffeau. Quelle force calcaire ! Clos Romans

2020 montre un peu plus d'épaules et pousse le curseur de la salinité plus loin. Il faudra le reposer encore deux à trois ans en cave pour le déguster à sa juste valeur. Le Terres Chaudes blanc montre que les chenins de macération peuvent s'avérer détendus et affriolants dans la jeunesse. Du côté des rouges, le saumur-champigny 2021 s'avère gourmand et gouleyant, sans aucune dureté dans ce millésime de faible maturité. Une série de 2020 à découvrir, que le temps en bouteille affinera dans les années à venir. À commencer par Terres Chaudes : pour l'instant sur la réserve aromatique, ce cabernet franc se livre avec une pulpe suave et énergique. Marginale 2020 dessine un équilibre plus confortable, enrobant et séduisant, tout en gardant cette finale ciselée revigorante. Franc de Pied paraît plus juvénile, il livre un éclat de parfum et un délié de texture inimitable. Une belle énergie ! Clos de l'Échelier nous offre un équilibre en bouche plus ferme et très surprenant. Les Mémoires, issu de très vieilles vignes, met davantage de temps à s'ouvrir et nous impressionne par sa densité. Il transcende merveilleusement le cabernet franc. Dans un registre à part, Outre Terre, macération de quatre mois en amphore, livre une interprétation solide du cabernet franc, qu'il faudra laisser pendant deux ans en cave.

- ⫐ Saumur Clos Romans
  2020   Épuisé - 57 €   **94**
- ⫐ Saumur L'Échelier 2020   50 €   **93**
- ⬤ Saumur-Champigny 2021 Épuisé - 15 €   **89**
- ⬤ Saumur-Champigny Clos de l'Échelier
  2020   37 €   **92**
- ⬤ Saumur-Champigny Franc de Pied
  2020   36 €   **94**
- ⬤ Saumur-Champigny La Marginale
  2020   35 €   **93**
- ⬤ Saumur-Champigny Les Mémoires
  2020   44 €   **95**
- ⬤ Saumur-Champigny Outre Terre
  2020   41 €   **93**
- ⬤ Saumur-Champigny Terres Chaudes
  2020   24 €   **93**

Rouge : 26 hectares. Cabernet franc 100 %
Blanc : 2,5 hectares. Chenin 100 %
Production moyenne : 120 000 bt/an

DOMAINE DES ROCHES NEUVES ♣

56, boulevard Saint-Vincent, 49400 Varrains
02 41 52 94 02 ● rochesneuves.com/ ● Vente et visites : sur RDV.

Propriétaire : Thierry Germain

★★ COULÉE DE SERRANT

L'exceptionnel vignoble de la Coulée de Serrant s'étend en lisière d'une falaise schisteuse tombant directement dans la Loire, près d'Angers. La nature du lieu et la qualité de son exposition lui permettent de sortir du lot depuis des siècles. Restauré par Denise Joly dans les années 1960, le domaine a été repris par son fils Nicolas. Ce brillant agitateur d'idées est un fondamentaliste de la culture biodynamique, qu'il a fait sienne à la Coulée de Serrant depuis 1981, date de la première certification. La fille de Nicolas Joly, Virginie, s'occupe du domaine. Des vins comme les 2016 ou 2019 peuvent s'avérer flamboyants, sculptés par une impressionnante concentration en extraits secs et un relief saillant de saveurs. Et parfois, comme, en 2020, leur manque de précision nous laisse perplexe.

Les vins : haut en couleur, Les Vieux Clos possède une puissance aromatique de pomme au four et une acescence persistante, perturbant par sa richesse et ses saveurs décadentes. La Coulée de Serrant 2020 se montre plus complet mais soufre de stigmates végétaux inhérents au millésime. Une puissance ciselée par une amertume racée.

⊃ Coulee de Serrant 2020	73 €	91
⊃ Savennières Les Vieux Clos 2020	33 €	89

Blanc : 15 hectares. Chenin 100 %
Production moyenne : 38 000 bt/an

COULÉE DE SERRANT ☾

7, chemin de la Roche-aux-Moines
49170 Savennières
02 41 72 22 32 ● coulee-de-serrant.com/ ●
Visites : sans RDV.
Propriétaire : Nicolas Joly

★★ DOMAINE RICHARD LEROY

Depuis son installation au milieu des années en 1990, Richard Leroy vise une quête perpétuelle de vérité dans ses vins. Dans le ravissant village de Rablay-sur-Layon, ce fin dégustateur n'a qu'une seule obsession : y faire entrer des raisins sains parfaitement mûrs pour en faire jaillir l'expression la plus fidèle de ses deux terroirs, les Roulliers sur schistes et gréseux et la pente douce des Noëls de Montbenault, un terroir exceptionnel composé de roches volcaniques rhyolite. Depuis 2008, les vins ne sont plus produits en appellation Anjou, mais en Vin de France. D'une densité en extraits secs hors du commun et élaborés avec un minimum de soufre, ces vins ne se livrent pas immédiatement. Quelques années de bouteille sont indispensables pour que tous leurs éléments se mettent

en place. Ces chenins ont une résonance profonde que peu de blancs, tous confondus, peuvent nous offrir. Malheureusement, trop peu d'amateurs peuvent se procurer les bouteilles de cette minuscule production.

Les vins : mis en bouteille en mai 2022, les 2020 affichent une concentration hors-norme, soulignée par des notes grillées prégnantes, signature du vigneron. Leur densité en extraits secs, porteurs de la saveur umami, confère aux vins une persistance exceptionnelle. Les Roulliers a besoin de digérer sa matière et une touche d'acescence pour se révéler pleinement. Nous espérons qu'il s'en remettra. Les Noëls de Montbenault offre puissance fumée et mâche saline, avec une profondeur de saveurs exceptionnelle. Attendez deux bonnes années avant de les ouvrir.

⊃ VDF Les Noëls de Montbenault 2020	Épuisé - 60 €	96
⊃ VDF Les Rouliers 2020	Épuisé - 50 €	93

Blanc : 2,7 hectares. Chenin 100 %
Production moyenne : 8 000 bt/an

DOMAINE RICHARD LEROY ♣

52, Grande-Rue, 49750 Rablay-sur-Layon
02 41 78 51 84 ● sr.leroy@wanadoo.fr ●
Visites : sur RDV aux professionnels.
Propriétaire : Sophie et Richard Leroy

★★ CHÂTEAU DE VILLENEUVE

Villeneuve représente historiquement un grand terroir pour le chenin blanc sec et parfois liquoreux (appellation Coteaux de Saumur), au remarquable potentiel de vieillissement. Jean-Pierre Chevallier dirige avec exigence et passion le vignoble familial, partiellement situé sur le spectaculaire côte de Souzay. Traduisant au plus près l'expression de cette côte calcaire, cet œnologue formé à l'école bordelaise donne naissance à des rouges homogènes, colorés, à la matière fraîche. Il a su affiner progressivement les élevages et s'affirmer avec régularité comme un des grands stylistes du paysage saumurois. Nous sommes totalement convaincus par ces vins parfaitement calibrés, qui livrent des interprétations sensuelles du cabernet franc, sans renier leur origine.

Les vins : du côté des rouges, Clos de la Bienboire 2021 offre l'austérité froide du millésime, avant de retrouver heureusement une certaine suavité en bouche. Le saumur-champigny 2020 développe un équilibre plus harmonieux entre une chair de fruit pulpeuse et une fraîcheur préservée. Idéal dans les trois ans. Issu du millésime 2019 concentré et haut en couleur, Les Vieilles Vignes reste encore retenu mais il combine juteux et profondeur, qui lui promet une grande évolution dans les dix ans. Le Grand Clos 2018 reste en retrait, encore contenu par sa puissance solaire, avec une fermeté qui demande à se détendre encore quelques années. En blanc, le 2021 s'annonce franc du collier, mais avec une faible maturité. À ouvrir dans les dix ans, Les Cormiers 2020 va nettement plus loin en terme de concentration saline et d'amers stimulants.

▭ Saumur 2021	14 €	88
▭ Saumur Les Cormiers 2020	23 €	92
▬ Saumur-Champigny 2020	13 €	89
▬ Saumur-Champigny Clos de la Bienboire 2021	14 €	88
▬ Saumur-Champigny Le Grand Clos 2018	Épuisé - 26 €	93
▬ Saumur-Champigny Les Vieilles Vignes 2019	17 €	93

Rouge : 20 hectares. Cabernet franc 100 %
Blanc : 5 hectares. Chenin 100 %
Production moyenne : 120 000 bt/an

CHÂTEAU DE VILLENEUVE ♣

3, rue Jean-Brevet,
49400 Souzay-Champigny
02 41 51 14 04 ●
www.chateaudevilleneuve.com ●
Visites : sur RDV aux professionnels.
Propriétaire : Jean-Pierre Chevallier

★★ CHÂTEAU YVONNE

Cette magnifique propriété des terroirs froids de Parnay a connu plusieurs amours, Françoise Foucault puis Bernard Pontonnier, avant que Mathieu Vallée ne s'en entiche en 2007. Cet enfant de Saint-Nicolas-de-Bourgueil (il est le frère de Gérald, du domaine de la Cotelleraie) bénéfice d'un vignoble cultivé en bio depuis 1997. Au fil des années, ce vigneron intuitif appréhende ses vignes, plantées sur des sables éoliens et des tuffeaux. Le style historique des rouges, qui étaient élevés intégralement en fût neuf jusqu'en 2004, change. Ils patientent aujourd'hui entre 12 et 24 mois en barrique (10 % de bois neuf) puis en cuve bois. Le Beaumeray (parcelle de vignes de 60 ans plantées sur sables éoliens) est devenu un grand classique, que tout amateur de cabernet franc doit avoir dans sa cave. Jamais les vins n'ont atteint un tel raffinement et un éclat sensible du fruit. Un domaine en pleine forme.

Les vins : en blanc, le saumur 2020 exprime avec éclat et finesse la richesse du millésime. Tout est parfaitement mené pour en faire jaillir une chair voluptueuse menée par une persistance crayeuse rectiligne. Le Gory 2019 prend une dimension minérale et saline, pour ce blanc

majestueux, mené avec tact, qui évoluera gracieusement dans les quinze ans. Un nouveau vin voit le jour : le Bay Rouge 2021, un pur pineau d'Aunis magnifiquement poivrée, d'une texture déliée, à l'acidité sanguine salivante. Quelle joie ! Un coup de maître pour cette première. Abordons maintenant les cabernets francs avec le juvénile 2021 de La Folie, irrésistible de gourmandise, bien plus qu'un rouge d'entrée de gamme. Dans un style plus séducteur de Saumur-Champigny, 2019 offre d'emblée une concentration fraîche, soulignée par une superbe sensation crayeuse. Le Beaumeray 2019 s'annonce encore plus profond et intense. Tous deux sont taillés pour une longue garde. N'hésitez pas à les laisser en cave quatre à cinq ans avant de les ouvrir.

▭ Saumur Le Gory 2019	42 €	94
▭ Saumur Yvonne 2020	26 €	93
▬ IGP Val de Loire Pineau d'Aunis 2021	17 €	90
▬ Saumur-Champigny La Folie 2021	17 €	91
▬ Saumur-Champigny Le Beaumeray 2019	42 €	95
▬ Saumur-Champigny Yvonne 2019	24 €	94

Rouge : 14 hectares. Cabernet franc 93 %
Blanc : 5 hectares. Chenin 100 %
Production moyenne : 55 000 bt/an

CHÂTEAU YVONNE ♣

16, rue Antoine Cristal, 49730 PARNAY
02 41 67 41 29 ● contact@chateauyvonne.fr ●
Vente et visites : sur RDV.
Propriétaire : Mathieu Vallée

★ ↗ THOMAS BATARDIÈRE

Après avoir appris le métier de vigneron avec Mathieu Vallée au Château Yvonne, Thomas Batardière a quitté le tuffeau de Saumur pour retrouver les schistes d'Anjou où il parvient à acheter quatre hectares à Rablay-sur-Layon en 2012. Dès le départ, le jeune homme volubile vise des chenins sans fard élaborés avec peu d'intrants, si bien que ces prises de risques ont conduit parfois à des blancs confus. Mais sa rigueur et sensibilité amènent Thomas à affiner son travail ; il signe aujourd'hui de merveilleux chenins purs et bourrés d'énergie. Parmi ses futurs projets : allonger ses élevages pour diminuer encore les doses de soufre. La liberté de ton, l'immédiateté subtile, les nuances et la profondeur avec lesquelles se livrent ces vins les hissent parmi les plus beaux chenins angevins. L'étoile est méritée.

Les vins : un très beau délié de bouche et une fraîcheur haletante dessinent L'Esprit Libre 2020, un chenin parfaitement sec, empli d'extraits secs. Sa certaine immédiateté n'annule en rien sa profondeur. Les Cocus 2020 monte en intensité aromatique et en concentration, avec sa carrure aux reliefs finement amers. Sa finale s'envole avec éclat. Une vitalité folle se dégage des Noëls des Montbenault 2020, aux subtiles notes fumées et doté d'un élan amer superbe. Il devrait évoluer paisiblement plus de dix ans.

⊂▷ VDF L'Esprit Libre 2020	Épuisé - 30 €	**91**
⊂▷ VDF Les Cocus 2020	Épuisé - 34 €	**93**

Le coup de ♥

⊂▷ VDF Les Noëls de Montbenault 2020	Épuisé - 40 €	**94**

Rouge : 0,5 hectare. Grolleau 100 %
Blanc : 3,5 hectares. Chenin 100 %
Production moyenne : 12 000 bt/an

THOMAS BATARDIÈRE ♣

64, Grande-Rue, Rablay-sur-Layon
49750 Bellevigne-en-Layon
06 83 20 56 97 ● thomasbatardiere@free.fr ●
Pas de visites.
Propriétaire : Marie-Lise et Thomas Batardière

★ DOMAINE PATRICK BAUDOUIN

Idéaliste pour certains, trublion pour d'autres, Patrick Baudouin ne laisse aucun amoureux de vins angevins indifférent. Ardent défenseur de grand liquoreux naturels dans les années 1990, dans la mouvance de Jo Pithon et Philippe Delesvaux, cet ancien libraire parisien revenu sur les terres de ses aïeux oriente sa production vers davantage de blancs secs à partir de 2001. Patrick Baudouin pratique une viticulture biologique sans dogmatisme et préfère agir en agroécologie pour favoriser la biodiversité autour de ses vignes, comme en témoigne son superbe coteau de Princé, un lieu paisible protégé par une flore et une faune riches et généreuses. Ses vins parviennent en même temps à offrir un fruit très gourmand tout en exprimant avec droiture l'identité de chaque terroir. Militant pour une reconnaissance des crus d'Anjou, le sexagénaire sémillant consacre aussi une énergie immense à la promotion et à la compréhension du chenin, notamment par la création en 2019 du Congrès international du chenin, qui se tient cette année début novembre en Afrique du Sud.

Les vins : expression d'un chenin sec bien mûr, aux belles allures de fruit doré et généreux, Effusion 2020 propose une finale ponctuée par une salivation intense. En 2019, le savennières, issu du lieu-dit Bellevue, assume sa concentration solaire du millésime, avec, comme le reste des blancs, des notes grillées généreuses et une finale saline insistante. Même constat dans Clos

des Bruandières (Saint-Aubin-de-Luigné) 2019, au délié salin, profilé par l'acidité et de beaux amers qui le mèneront loin. À ce stade marqué par un élevage généreux, Ronceray est à revoir dans un an, il accuse aujourd'hui une grande puissance alcoolique et des amers appuyés. Après quelques années, 2016 prend une direction généreuse, miellée, avec une bouche à la sucrosité intense et une sensation finement amère de zestes de pomelos. Un beau vin extravagant et dynamique pour des fromages bleus. Les Gâts 2015 (exposition nord-est) s'élance magnifiquement avec un équilibre svelte, tout en raffinement, jusqu'à une finale portée par des amers élégants. Les deux rouges 2018 se concluent sur les finales austères. Animalité persistante sur Coteaux d'Ardenay. Les Zerzilles 2017 est une merveille de liquoreux, un chenin confit, d'un cœur de bouche plein s'envolant vers des arômes d'agrumes mûrs et de safran. Il demeure marqué par une acidité volatile qui lui confère un relief saillant.

⊂▷ Anjou Clos des Bruandières 2019	35 €	**93**
⊂▷ Anjou Effusion 2020	21,50 €	**90**
⊂▷ Anjou Les Gâts 2015	35 €	**93**
⊂▷ Anjou Ronceray 2019	45 €	**90**
⊂▷ Quarts de Chaume Les Zersilles 2017	50 €	**94**
⊂▷ Savennières 2019	35 €	**92**
◀▬ Anjou La Fresnaye 2018	18 €	**88**
◀▬ Anjou Les Coteaux d'Ardenay 2018	19,50 €	**88**

Rouge : 2,5 hectares. Cabernet franc 80 %, Cabernet-Sauvignon 18 %, Grolleau 2 %
Blanc : 11,5 hectares. Chenin 100 %
Production moyenne : 35 000 bt/an

DOMAINE PATRICK BAUDOUIN ♣

Princé, 49290 Chaudefonds-sur-Layon
02 41 74 95 03 ● www.patrick-baudouin.com
● Vente et visites : sur RDV.
Propriétaire : Patrick Baudouin
Directeur : Patrick Baudouin & Nadège Pignot-Renevey
Maître de chai : Christophe Durand

★ CLAU DE NELL

Christian Jacques, solidement épaulé par Sylvain Potin, poursuit l'aventure initiée en 2008 par son épouse, emblématique figure de la Bourgogne, Anne-Claude Leflaive, pour faire renaître le Clau de Nell. Tout naturellement, les 10 hectares de vignes d'un seul tenant plantées sur argilocalcaires, grès rouges et silex, sont cultivés en biodynamie depuis les années 2000. Des élevages longs de 12 à 18 mois en fût ancien ont été adoptés pour le blanc (chenin) et les rouges (Violette, assemblage de cabernet franc et de cabernet-sauvignon ; pur cabernet franc ; grolleau). Ces vins séduiront les amateurs de beaux anjous.

Les vins : le chenin 2020 est si puissant que son bouquet bien mûr nous fait penser à un moelleux. Il demeure sec avec une richesse de texture typique de son millésime, enveloppée par un boisé démonstratif. Il s'agit plus d'un blanc d'hiver que de printemps. Sous une réduction tenace, le grolleau séduit par sa concentration d'arômes (violette, poivre, laurier...) et de matière dont la finale se montre encore un peu sauvage. Il se déliera dans les deux à trois ans. Le cabernet franc, quant à lui, offre déjà de belles nuances aromatiques de tuffeau, avec une matière fine, sans excès, et une finale marquée par la fermeté du millésime. Deux ans dans votre cave lui feront le plus grand bien. Violette est marqué par une animalité prégnante. C'est peut-être une mauvaise phase. Nous l'écartons aujourd'hui de la dégustation.

▭	IGP Val de Loire Chenin 2020	38 €	**89**
◣	Anjou Cabernet Franc 2020	28,80 €	**91**
◣	IGP Val de Loire Grolleau 2020	32,40 €	**91**

Rouge : 8,5 hectares. Cabernet franc 60 %, Grolleau 30 %, Cabernet-Sauvignon 10 %
Blanc : 1,5 hectare. Chenin 100 %
Production moyenne : 35 000 bt/an

CLAU DE NELL ☾

9 bis, rue des Noyers, 49700 Tuffalun
02 41 59 35 29 ● www.claudenell.com ●
Vente et visites : sur RDV.
Propriétaire : Christian Jacques
Directeur : Sylvain Potin

★ CLOS DE L'ECOTARD

Michel Chevré donne progressivement les rênes de ce petit domaine de 3 hectares à son fils Thibaud, qui termine son apprentissage du métier de vigneron. Trois saumurs blancs sont produits avec la volonté de sculpter de magnifiques chenins sveltes, épurés de tout artifice. De La Haie Nardin (sablo-argileux) jusqu'au Pentes (un coteau où le calcaire affleure), en passant par la cuvée emblématique du Clos de l'Écotard (plantée à 8 000 pieds/ha et élevé en différents fûts et jarres de grès), ces blancs ciselés et vivifiants s'inscrivent déjà parmi les plus beaux du Saumurois. Seule la Haie Nardin en 2020 nous retient de décerner la deuxième étoile cette année au domaine.

Les vins : commençons par le sympathique effervescent Les Quarts Saint-Vincent 2017, un saumur brut, au fruité svelte et frais. La Haie Nardin 2020 subit un peu l'excès solaire du millésime, avec une trame tout en rondeur, enve-

loppée par une sensation de sucrosité. En revanche, le caractère crayeux du tuffeau se fait sentir dès le nez. Sensation que l'on retrouve dans une bouche épurée, d'une certaine richesse, jusqu'à une finale élancée, crissant sous la dent. Les Pentes pousse davantage le curseur dans cette définition élancée et profonde. Un magnifique chenin contemporain, résonnant avec évidence sous le palais. Un premier rouge voit le jour : un 2021 infusé s'exprimant avec une floralité déliée. Un domaine en pleine forme !

▭	Saumur 2020	28 €	**93**
▭	Saumur La Haie Nardin 2020	24 €	**88**
▭	Saumur Les Pentes 2020	54 €	**94**
▭	Saumur Les Quarts Saint-Vincent 2017	28 €	**89**
◣	Saumur 2021	18 €	**90**

Rouge : 2 hectares. Cabernet franc 100 %
Blanc : 5 hectares. Chenin 85 %, Grolleau gris 15 %
Production moyenne : 30 000 bt/an

CLOS DE L'ECOTARD ♣

182, rue des Ladres,
49260 Artannes-sur-Thouet
02 41 38 20 32 ● closdelecotard@laposte.net
● Vente et visites : sur RDV.
Propriétaire : Michel Chevré
Directeur : Thibaud Chevré

★ TERRE DE L'ÉLU

Impossible de rester insensible aux audacieux vins de Terre de l'Élu (anciennement Clos de l'Élu avant l'abandon de l'AOP Anjou en 2019). Certains palais classiques en sont, d'ailleurs, parfois déroutés. Mais qu'importe. Car depuis leur installation en 2008 à Saint-Aubin-de-Luigné, Charlotte et Thomas Carsin se sont révélés parmi les vignerons les plus créatifs de l'Anjou noir, et de toute la vallée de la Loire. Plus de 25 hectares de vignes, des variations de sols schisteux, sept cépages... De cette diversité d'éléments qui effraierait n'importe quel nouveau vigneron, le couple en a fait une force pour cultiver les identités de cuvées singulières de ce terroir découlant du Massif armoricain. Les vins présentés cette année proposent des équilibres moins gracieux que ceux que nous leur connaissons.

Les vins : le sauvignon, et son caractère variétal simple, marque Roc'h Avel 2020, malgré son abord friand. En chenin, Bastingage 2020 affiche une sincérité et une richesse impressionnantes, et des amers appuyés qui demandent d'attendre 2023 avant de l'ouvrir. Ephata 2019 va plus loin dans la concentration, avec une structure saillante qui appelle une belle viande blanche.

On y aimerait davantage de délié. Maupiti 2021 fait la transition, un rouge gouleyant, tout en finesse de fruit. Entre Deux Mondes compose un assemblage surprenant de gamay et de grolleau, finement anguleux, avec une concentration juteuse du fruit, pleine de relief, et un parfum avenant apporté par sa part de chenin. Le pineau d'Aunis Espérance 2021 nous livre ses nuances poivrées, tout en affichant une certaine rigueur ferme, un brin acescente. Nous sommes un peu déçus par L'Aiglerie, un vin bien concentré, mais manquant de précision pour évoluer paisiblement. Magellan 2019 affiche une haute densité de matière, marquée par un élevage sous bois imposant. Un rouge à ouvrir en hiver avec une viande rouge en sauce.

🍾	VDF Bastingage 2020	21 €	90
🍾	VDF Ephata 2019	46 €	90
🍾	VDF Roc'h Avel 2020	14 €	88
🍷	VDF Entre Deux Mondes 2020	28 €	90
🍷	VDF Espérance 2020	28 €	87
🍷	VDF L'Aiglerie 2019	23 €	88
🍷	VDF Magellan 2019	40 €	89
🍷	VDF Maupiti 2021	14 €	89

Rouge : 10,35 hectares. Cabernet franc 57 %, Gamay noir à jus blanc 21 %, Grolleau 13 %
Blanc : 9,19 hectares. Chenin 79 %, Sauvignon blanc 15 %, Grolleau gris 6 %
Production moyenne : 60 000 bt/an

TERRE DE L'ÉLU ♣

Route de Bellevue,
49190 Saint-Aubin-de-Luigné
02 41 78 39 97 ● www.terredelelu.com ●
Vente et visites : sur RDV.
Propriétaire : Charlotte et Thomas Carsin

★ DOMAINE DU CLOSEL - CHÂTEAU DES VAULTS

Évelyne de Pontbriand ne ménage pas ses efforts pour valoriser son domaine angevin, qui entretient, en surplomb de la Loire, l'un des plus beaux patrimoines de vignes de Savennières. La gamme se décline par terroir, ce qui aboutit à une expression plus nuancée des vins du cru, servi par une démarche en biodynamie. Savennières d'initiation, la cuvée La Jalousie est fine, à boire jeune, alors que le plus minéral Les Caillardières évolue bien sur cinq à six ans. Suivant la richesse du millésime, Clos du Papillon peut conserver des sucres résiduels. Le domaine étant certifié en biodynamie depuis 2015, nous espérons que les vins développeront encore davantage d'énergie.

Les vins : un beau gras légèrement miellé dessine La Jalousie 2019, un savennières intense et porté par de fins amers. Les Caillardières 2019 pousse plus loin le curseur de la concentration en acidité et amertume. Un blanc à l'architecture imposante taillé pour une longue garde. Clos du Papillon 2020 est marqué par une étonnante sensation végétale dans ce millésime solaire, d'un bel élan mais dont on aimerait davantage de concentration.

🍾	Savennières Clos du Papillon 2020	40 €	89
🍾	Savennières La Jalousie 2019	27 €	90
🍾	Savennières Les Caillardières 2019	36 €	92

Rouge : 2 hectares. Cabernet franc 50 %, Cabernet-Sauvignon 50 %
Blanc : 12 hectares. Chenin 98 %, Verdelho de Madère 2 %
Production moyenne : 35 000 bt/an

DOMAINE DU CLOSEL - CHÂTEAU DES VAULTS ♣

1, place du Mail, 49170 Savennières
02 41 72 81 00 ● www.savennieres-closel.com
● Visites : sans RDV.
Propriétaire : Famille Bazin de Jessey
Directeur : Évelyne de Pontbriand
Maître de chai : Bruno Perray

★ DOMAINE DELESVAUX

Une page se tourne dans ce domaine créé en 1978. Ses fondateurs Philippe et Catherine Delesvaux passent la main en 2021 au jeune couple ambitieux Ombretta et Nils Drost, déterminé à poursuivre l'histoire de ce domaine de Saint-Aubin-de-Luigné. Les vins présentés sont donc la production des anciens vignerons, biodynamistes et orfèvres des grands vins liquoreux de chenin, concentrés et lumineux, et de blancs secs suaves et dynamiques. Les anjous rouges vinifiés en cuve offrent un caractère entier intense. Nous souhaitons le meilleur à cette nouvelle équipe.

Les vins : d'emblée, Feuille d'Or séduit par sa bonne constitution gourmande, un peu ferme en finale. Nous espérons qu'il se détendra en bouteille. Un beau blanc, d'un excellent rapport qualité-prix, qu'il sera bon de boire dans les dix ans. Bien plus riche et puissant, Franc de Pied prend des airs aromatiques de liquoreux : très énergique, il apaisera ses ardeurs dans les prochaines années. Côté moelleux, Passerillé 2019 pose son équilibre entre une belle concentration et un éclat très stimulant. De quoi séduire les récalcitrants aux sucres ! En rouge, la certaine austérité animale de La Montée de l'Épine 2019 surprend toujours, mais le vin se livre tout en tendresse en bouche, porté en cela par une structure fraîche. N'hésitez pas à l'ouvrir à partir de 2023.

⌐ Anjou Feuille d'Or
2019   de 12,50 à 13 € (c)   90

⌐ Anjou Franc de Pied
2019   de 25 à 30 € (c)   92

⌐ Coteaux du Layon Passerillé
2019   15 €   91

⌐ Anjou La Montée de l'Epine
2019   de 9 à 12 € (c)   89

Rouge : 1,9 hectare. Cabernet-Sauvignon 75 %,
Cabernet franc 25 %
Blanc : 7 hectares. Chenin 100 %
Production moyenne : 1 bt/an

DOMAINE DELESVAUX ☾

Les Essarts, Saint-Aubin-de-Luigné 49190 Val
du Layon
02 41 78 18 71 ● instagram : domainedrost ●
Vente et visites : sur RDV.
Propriétaire : Nils Drost

★ DOMAINE DAMIEN LAUREAU

Damien Laureau reprend en 1999 ce domaine
viticole aux portes d'Angers. Il abandonne en
2006 une partie du vignoble en appellation
Anjou, et se recentre sur l'appellation Savennières, dont 25 ares de Roche-aux-Moines. Les vins
proviennent de vignes assez jeunes du secteur
de Beaupréau, en début de plateau pour Les
Genêts, et dans la pente (meilleur drainage)
pour Le Bel Ouvrage (élevé à 50 % en barrique).
Les vins sont en pleine forme, scintillants de
minéralité.

Les vins : le savennières L'Alliance 2020 ouvre
la dégustation avec une trame en souplesse
et demi-puissance, marqué d'une légère note
végétale inhérente au millésime. Il est temps
de le boire. Sous une réduction grillée, presque
camphrée, Les Genêts 2019 est un blanc puissant qui conserve un grain de texture fine et
finale retenue. Quelques années de garde lui
permettront de s'affiner. Bel Ouvrage 2018 évolue sereinement, avec un grand confort du bouche et une générosité solaire rafraîchie par les
beaux amers de la finale.

⌐ Savennières Bel Ouvrage 2018   49 €   93

⌐ Savennières L'Alliance 2020   22 €   88

⌐ Savennières Les Genêts 2019   39 €   92

Blanc : 6 hectares. Chenin 100 %
Production moyenne : 30 000 bt/an

DOMAINE DAMIEN LAUREAU ♣

Chemin du Grand-Hamé, Épiré
49170 Savennières
09 64 37 02 57 ● www.domainelaureau.fr ●
Vente et visites : sur RDV.
Propriétaire : Damien et Florence Laureau

★ DOMAINE AUX MOINES

Monique Laroche, qui dirigeait cette magnifique
propriété depuis 1981, nous a quittés en juin
2020. Sa vision des grands blancs de la Roche-
aux-Moines, au sommet des bords de Loire,
voisin de la Coulée de Serrant, est perpétuée
et affinée depuis plusieurs années par sa fille,
Tessa. L'expression de ce terroir magistral, peu
productif, se transmet avec nuance à travers un
fruit lumineux qui irrigue des blancs secs et
précis portés par d'insistantes saveurs minérales. Le statut de grand domaine de Loire se
trouve confirmé par des vins chaque année plus
aboutis.

Les vins : comme de nombreux 2020 du secteur, celui du domaine affiche un caractère
végétal et une amertume prégnante dans ce
millésime solaire. Attendons pour voir comment
ce profil de vin évolue. Le 2019 se montre bien
plus harmonieux avec une mâche incroyable,
une sensation de sucrosité aromatique, qui provient d'une maturité élevée. Cette puissance et
richesse phénoménales nécessiteront quelques années en bouteille pour être domptées.
Une sacrée carrure portée par des amers superbes. Le 2018 conserve une belle fraîcheur dans
ce millésime chaud. Déjà accessible, il évoluera
avec brio dans les prochaines décennies.

⌐ Savennières Roche-aux-Moines
2018   Épuisé - 38 €   93

⌐ Savennières Roche-aux-Moines
2019   Épuisé - 38 €   95

⌐ Savennières Roche-aux-Moines
2020   38 €   89

⌐ VDF Le Berceau des Fées 2021   25 €   87

Rouge : Cabernet franc 70 %,
Cabernet-Sauvignon 30 %
Blanc : 12 hectares. Chenin 100 %
Production moyenne : 40 000 bt/an

DOMAINE AUX MOINES ♣

5, chemin de la Roche-aux-Moines,
49170 Savennières
02 41 72 21 33 ●
www.domaine-aux-moines.com ● Vente et
visites : sur RDV.
Propriétaire : Tessa Laroche

★ DOMAINE MÉLARIC

Baptisé à partir de la contraction des noms de
Mélanie et d'Aymeric Hillaire, ce petit domaine
a été créé par un jeune couple, en 2006, sur
le vignoble du Puy-Notre-Dame. Mélanie, œnologue, a travaillé dans de nombreux vignobles
français et étrangers avant de s'ancrer en terre
ligérienne. Construite sur de longs élevages, la
qualité des vins s'est affinée, la gamme s'est

élargie : beau parcours pour un couple travailleur et humble, qui a signé en peu de temps une cave bicolore lisible, savoureuse et personnalisée. Sur la butte du Clos de la Cerisaie, cabernet franc et chenin s'imprègnent du goût profond du lieu. Les expressions se rendent de plus en plus fidèles à leur terroir, et acquièrent une énergie et un éclat de plus en perceptible. Quel souffle ! "Vigneron, un métier pour moi ?" Mélanie et Aymeric Hillaire proposent une formation indispensable pour ceux qui voudraient changer de vie.

Les vins : commençons par Myriades, une méthode ancestrale, établie en finesse et franchise avec une finale marquée par le caractère végétal du millésime 2020. 2019 a donné naissance à un très beau sec : Billes de Roche, un chenin bien mûr, d'une matière détendue et pleine de saveurs crayeuses. Un beau blanc identitaire, à la richesse ciselée par une finale fraîche. Côté rouge, le Tandem 2020 est marqué par une animalité prégnante qui tache la chair pulpeuse de ce vin. Clos Rousseau 2020 se montre bien plus éclatant et floral avec une trame juteuse affriolante, un peu perturbée par une finale amère. En 2019, une admirable concentration de fruit et une énergie folle se dégagent de Billes de Roche : une interprétation dynamique de ce millésime solaire. Clos de la Cerisaie 2019 demeure plus frais : un superbe vin qui demande encore deux à trois ans pour apaiser ses ardeurs.

⌐ Saumur Billes de Roche 2019		17 €	92
⌐ VDF Myriades 2020		20 €	87
⬤ Saumur Clos de la Cerisaie 2019	N.C.		93
⬤ Saumur Puy-Notre-Dame Clos de la Cerisaie 2019		22 €	94
⬤ VDF Le Clos Rousseau 2020		19 €	90

Le coup de ♥

⬤ Saumur Puy-Notre-Dame Billes de Roche 2019		17 €	93

Rouge : 2,2 hectares. Cabernet franc 70 %, Grolleau 30 %
Achat de raisins.
Blanc : 1,8 hectare. Chenin 100 %
Achat de raisins.
Production moyenne : 25 000 bt/an

DOMAINE MÉLARIC ♣

2 bis, rue Saint-Hilaire,
49700 Doué-la-Fontaine
02 41 50 70 96 ● www.domainemelaric.com
● Vente et visites : sur RDV.

Propriétaire : Aymeric Hillaire Mélanie Cunin

★ DOMAINE OGEREAU

Vincent Ogereau est associé à son fils Emmanuel, doté d'une solide formation internationale, bien décidé à poursuivre la voie des grands chenins de terroirs, en sec comme en liquoreux. Le domaine récolte avec rigueur des raisins sains (sans botrytis sur les secs) et offre une large gamme tricolore et homogène, reflet de la mosaïque des schistes. Citons le terroir des Bonnes Blanches, qui donne l'un des coteaux-du-layon les plus complets et onctueux, se bonifiant sur quinze ans minimum. Le Clos Le Grand Beaupréau (sur les sables éoliens au sommet de la butte d'Épiré) et L'Enthousiasme (veine de grès en haut de la butte d'Épiré) s'inscrivent parmi les blancs les plus ambitieux de l'appellation. Une parcelle de chenin a été plantée en 2017 sur un coteau de roche carbonifère à Ardenay, afin d'explorer une nouvelle expression de blanc angevin.

Les vins : les blancs secs 2020 s'affirment avec précision et droiture. Bonnes Blanches dessine de jolies courbes élancées et une rondeur très avenante, malgré une petit touche végétale. Vent de Spilite s'annonce plus harmonieux et savoureux, porté par sa finale svelte et revigorante. Nous sommes séduits par La Martinière, un très beau blanc, parfaitement sec, issu de Chaume, grand terroir à liquoreux, d'une intensité puissante, savoureuse. Bien ficelé et gourmand, La Saponaire est une excellente entrée en matière pour découvrir les chenins de cette appellation. Les deux savennières, de très belle facture, sont toutefois marqués par la trace végétale inhérente au millésime 2020. Ils évolueront toutefois avec panache, particulièrement L'Enthousiasme. Les moelleux, quant à eux, nous enchantent toujours par leur précision et leur éclat, à l'image de Saint-Lambert 2020 et du resplendissant Quarts de Chaume 2018. À son habitude, L'Enjouée 2021 se montre tout en légèreté et gourmandise. Les Tailles 2020 a besoin de plus de temps pour s'ouvrir et révéler un corps finement fumé, en demi-puissance.

⌐ Anjou Bonnes Blanches Sec 2020		24 €	91
⌐ Anjou Ronceray La Martinière 2020		36 €	93
⌐ Anjou Vent de Spilite 2020		24 €	92
⌐ Coteaux du Layon Saint-Lambert 2020		20 €	93
⌐ Quarts de Chaume Grand Cru La Martinière 2018		40 €	95
⌐ Savennières L'Enthousiasme 2020		36 €	92
⌐ Savennières La Saponaire 2020		20 €	89
⬤ Anjou Les Tailles 2020		16 €	90

VDF L'Enjouée 2021   12 €   88

Rouge : 7,5 hectares. Cabernet franc 45 %, Cabernet-Sauvignon 40 %, Gamay noir à jus blanc 6 %, Grolleau 6 %
Blanc : 16,3 hectares. Chenin 99 %, Chardonnay 1 %
Production moyenne : 70 000 bt/an

DOMAINE OGEREAU ♣

44, rue de la Belle-Angevine,
Saint-Lambert-du-Lattay, 49750 Val-du-Layon
02 41 78 30 53 ● domaineogereau.com ●
Vente et visites : sur RDV.
Propriétaire : Famille Ogereau
Directeur : Vincent et Emmanuel Ogereau

★ DOMAINE NICOLAS REAU

Sans origine viticole, Nicolas Reau bifurque sur le tard vers la viticulture. Remarqué en Anjou dès 2002, il vinifie ensuite quelques excellents vins à Chinon mais perd les vignes. Ses terroirs sont situés à Sainte-Radegonde, au sud de l'Anjou, dans le Thouarsais, où Nicolas élabore les rouges Pompois et L'Enfant Terrible. Le blanc Victoire naît sur du calcaire du jurassique zébré par une veine de schistes roses, des quartz, des sables et des limons. Les rouges ont gagné en précision sans rien perdre en générosité de saveurs ni en richesse de matière, et les blancs conjuguent puissance et droiture.

Les vins : sous de beaux airs grillés, Victoire 2020 conserve une fraîcheur revigorante, en offrant une concentration en extraits secs salivants. Un chenin de forte personnalité. Pompois s'avère toujours aussi juteux et jovial en 2020, avec une acidité saillante en finale. Une liberté de ton bien assumée. Pourtant dégusté de manière avantageuse quelques mois auparavant, L'Enfant Terrible 2019 présente une note animale prégnante, sur une matière d'une grande intensité, nous l'écartons de la dégustation.

Anjou Victoire 2020   30 €   93
Anjou Pompois 2020   20 €   90

Rouge : 5 hectares. Cabernet franc 100 %
Blanc : 2 hectares. Chenin 100 %
Production moyenne : 30 000 bt/an

DOMAINE NICOLAS REAU ♣

19, route de Sainte-Verge, Sainte-Radegonde
79100 Thouars ● leclosdestreilles.com ●
Vente et visites : sur RDV.
Propriétaire : Nicolas Reau

★ DOMAINE ANTOINE SANZAY

Formé au lycée de Montreuil-Bellay, Antoine Sanzay a repris le vignoble de ses grands-parents coopérateurs à la cave de Saint-Cyr-en-Bourg. Installé en 1999, il a livré lui aussi durant trois années toute sa vendange à la coopération, avant de se lancer en vinifiant petit à petit les vignes du domaine (vignoble enherbé et cultivé sous le rang). Son potentiel est enviable, avec notamment 4 hectares sur le cru Les Poyeux. "Mon grand-père s'étonne de voir son petit-fils recultiver ses terres, comme avant-guerre ; moi, je veux lui prouver qu'il peut me faire confiance", explique-t-il. Si les derniers millésimes de rouge offrent davantage de justesse dans les élevages et dans l'expression du fruit, nous aimerions davantage d'affinage pour atteindre délicatesse et nuances. Le blanc s'affirme comme un des meilleurs de la nouvelle école des chenins saumurois.

Les vins : Les Salles Martin 2020 ouvre avec brio la dégustation. Un blanc bien mûr, serti d'une fraîcheur revigorante. Une réelle identité calcaire, finement grillée, se dessine dans ce chenin. Les Essarts offre un cœur de bouche délié, mais demeure marqué par une certaine dureté. Un peu de patience sera nécessaire, il faudra l'ouvrir à partir de 2024. En rouge, La Paterne ouvre le bal des 2020 avec un jus à l'éclat de fruit juteux et revigorant. Les Terres Rouges livre un grain plus fin en attaque, ciselé par une finale ferme qui demandera encore deux à trois ans de garde pour livrer ses nuances florales. Comme La Haye Dampierre (exposition nord-est) qui dévoile un gras plaisant en attaque précédant une structure rocailleuse et austère. Laissons-le se reposer deux ans. Les Poyeux s'élance avec fermeté vers une finale plus rigide. À ce stade, il est difficile de le cerner, il faudra y revenir d'ici trois à quatre ans. Les Salles Martin se distingue par sa grande finesse. C'est notre coup de cœur cette année.

Saumur Les Essarts 2020   38 €   91
Saumur-Champigny La Haye Dampierre 2020   25 €   90
Saumur-Champigny La Paterne 2020   16 €   89
Saumur-Champigny Les Poyeux 2020   34 €   90
Saumur-Champigny Les Terres Rouges 2020   25 €   90

Le coup de ♥

Saumur-Champigny Les Salles Martin 2020   28 €   92

Rouge : 10,7 hectares. Cabernet franc 100 %
Blanc : 1,3 hectare. Chenin 100 %
Production moyenne : 45 000 bt/an

DOMAINE ANTOINE SANZAY ♣

19, rue des Roches-Neuves, 49400 Varrains
02 41 52 90 08 ● antoine-sanzay@wanadoo.fr
● Vente et visites : sur RDV.
Propriétaire : Antoine Sanzay

———————————

★ TERRA VITA VINUM

Luc Briand et Bénédicte Petit, tous deux originaires de Nantes, ont repris avec panache le
domaine Richou dans le secteur des Coteaux de
l'Aubance. Ce couple fou de vin a tout lâché pour
se consacrer à ces 34 hectares de vignes,
désormais cultivées en biodynamie. Les vignerons ont une réelle intention de mettre en
lumière le chenin sec sur leurs différents terroirs. Le parc de fût a été renouvelé pour les
2019 que nous dégustons cette année ; il en
résulte des élevages démonstratifs, brouillant la
lisibilité des vins. Peut-être est-ce seulement
une mauvaise passe pour des cuvées que nous
avions dégustées bien plus définies en décembre 2021. Vu la passion et l'énergie que mettent
les vignerons à élaborer leurs vins, les mille-
simes devraient se montrer plus enthousiasmants.

Les vins : la série de blancs 2019 est une belle
recherche de l'expression du chenin, à travers
différents lieux-dits à découvrir. Les élevages
imposants orientent les vins sur une forte
réduction grillée, les rendant charmeurs de
prime abord, mais conférant par la suite une
aromatique redondante. Notre coup de cœur,
Grandes Rogeries qui offre une belle concentration et développe un élan rafraîchissant et
d'énergie. Déjà dégusté l'année dernière, Bigot-
tière 2018, évolue dans un registre assez gras, en
conservant un grain savoureux. Il est temps de
le boire. Derrière la réduction, le gamay du Chant
de la Pierre 2020 s'affirme avec un fruité infusé,
peu concentré, avec une réelle gourmandise.

▭ Anjou Grand Vau 2019	18 €	88
▭ Anjou Grand Vau 2020	22 €	89
▭ Anjou Grandes Rogeries 2019	55 €	91
▭ Anjou Pavillon 2019	35 €	90
▭ Anjou Terre de 3 2019	17 €	89
▭ Savennières Bigottière 2018	28 €	90
▭ VDF Dom Nature 2015	20 €	88
▬ Anjou Gamay Chant de la Pierre 2020	25 €	90

Rouge : 11 hectares. Cabernet franc 48 %,
Gamay noir à jus blanc 36 %, Grolleau 4 %
Blanc : 21 hectares. Chenin 71 %,
Chardonnay 24 %, Savagnin 5 %
Production moyenne : 120 000 bt/an

TERRA VITA VINUM ♣

Chauvigné 49610 Mozé-sur-Louet
02 41 78 72 13 ● www.terravitavinum.fr ●
Vente et visites : sur RDV.
Propriétaire : Luc Briand & Bénédicte Petit
Maître de chai : Romain Nicolas

———————————

DOMAINE DE LA BERGERIE

L'arrivée des filles d'Yves Guégniard, Anne et
Marie, a initié une nouvelle impulsion dans ce
domaine historique du Layon, autrefois réputé
pour ses vins classiques, mais un peu dépassé
par une jeune génération de vignerons angevins débridés. Sur leur mosaïque de terroirs
répartis entre Anjou, Savennières, Coteaux du
Layon, Chaume et Quarts de Chaume, les deux
sœurs opèrent depuis quelques années une
transition en douceur, tant en viticulture (certification en bio en 2016, tris méticuleux...) que
dans le style des vins. Le millésime 2017 est un
tournant, avec des blancs au fruit plus pur et
détendu. Leur ambition de ciseler des grands
secs sur des terroirs de liquoreux a commencé
avec Les Zerzilles (schistes houillers et grès,
barriques de 400 litres) à Chaume, et Vauchau-
mier (schistes du Briovérien, jarres de grès de
1000 litres) en Coteaux du Layon.

Les vins : sur les terroirs de Quarts-de-Chaume,
Zerzilles se dévoile en sec 2019, ciselé, sur une
belle maturité et une certaine rigidité en finale.
Sa tension actuelle le destine à la gastronomie. À Savennières, Clos du Grand Beaupréau
2019 s'affirme avec une belle race : un vin
concentré, sculpté par de beaux amers pour la
table et une garde sereine, il est donc prêt pour
la dégustation. La Croix Picot 2018 s'offre avec
rectitude, moins intense et profond. Terminons
les blancs avec un poignant chaume premier
cru 2017, d'une belle densité d'arômes de fruits
confits et une sucrosité fine soulignée par la
finale rigoureuse du millésime. Le rouge la Cerisaie 2020 s'avère joliment fruité et croquant
pour la prime jeunesse.

▭ Anjou Zerzilles 2019	26,50 €	90
▭ Coteaux du Layon Chaume 2017	25,30 €	92
▭ Savennières Clos du Grand Beaupréau 2019	23 €	92
▭ Savennières La Croix Picot 2018	21 €	90
▬ Anjou la Cerisaie 2020	10 €	88

Rouge : 15 hectares.
Blanc : 21 hectares.
Production moyenne : 150 000 bt/an

DOMAINE DE LA BERGERIE ♣

Champ-sur-Layon,
49380 Bellevigne-en-Layon

VALLÉE DE LA LOIRE

02 41 78 85 43 ●
www.domainebergerie.fr/nos-vins/ ● Pas de
visites.
Propriétaire : Famille Guégniard
Directeur : Anne et Marie Guégniard

CHÂTEAU DU HUREAU

Ce terroir de la côte de Saumur donne des
tanins frais à ses rouges et de belles acidités
de garde aux blancs de chenin, secs (appellation Saumur) et liquoreux (Coteaux de Saumur).
En Saumur-Champigny, le sommet est souvent
atteint par la cuvée Lisagathe, une sélection de
vieilles vignes. Dans un style plus abordable, Les
Fevettes se montre très plaisant et exprime à
merveille la sève fraîche du tuffeau saumurois.
Depuis 2006, le saumur-champigny du domaine
porte le nom de Tuffe ; une nouvelle parcelle a
été isolée : Fours à Chaux. Les vins de Philippe
Vatan s'avèrent savoureux et policés, sans pour
autant manquer de concentration, et séduiront
le plus grand nombre.

Les vins : le chenin Argile renoue avec un équilibre frais et vigoureux en 2021. Tuffe
2020 incarne le cabernet franc tendre et tout
en fraîcheur, que l'on aimerait déguster encore
dans les deux à trois ans. Les Fevettes va plus
loin en terme d'intensité, pulsé par une fine
note sauvage, et conclu par une finale crissante
sous la langue. Une belle identité saumuroise.
Très séduisant, Lisagathe 2019 mérite encore deux
ans de cave pour se détendre et s'affiner. Le
2017 illustre bien ce potentiel, dans un registre
plus frais, un vin plein et saillant qui est loin
d'avoir dit son dernier mot.

🍾	Saumur Argile 2021	18 €	90
🍷	Saumur-Champigny Les Fevettes 2019	18 €	91
🍷	Saumur-Champigny Lisagathe 2017	25 €	92
🍷	Saumur-Champigny Lisagathe 2019	25 €	92
🍷	Saumur-Champigny Tuffe 2020	14 €	89

Rouge : 18 hectares. Cabernet franc 100 %
Blanc : 1,6 hectare. Chenin 100 %
Production moyenne : 110 000 bt/an

CHÂTEAU DU HUREAU ♣
Montée des Hureaux, Dampierre-sur-Loire
49400 Saumur
02 41 67 60 40 ●
www.chateauduhureau.com ● Visites : sans
RDV.
Propriétaire : Philippe Vatan

ARNAUD LAMBERT

En 2005, Arnaud Lambert a rejoint son père
Yves, qui avait créé cette propriété en 1996 sous
le nom de domaine de Saint-Just. Il s'occupe
désormais avec ambition des 50 hectares en
bio (certification en 2011) répartis sur les
communes de Brézé et Saint-Cyr-sur-Loire.
Dans cette myriade de cuvées de lieux-dits se
dessinent des vins finement stylisés. Les rouges sont des interprétations contemporaines du
cabernet franc, extraits avec justesse pour offrir
une douceur fraîche de Saumur et Saumur-
Champigny. Les blancs gagnent en éclat avec
des élevages bien moins démonstratifs que les
millésimes précédents. Ce n'est que le début de
l'ascension !

Les vins : le saumur Les Perrières laisse l'impression d'un blanc précis et savoureux, dans
ce 2020 plein d'énergie. Le millésime solaire
2019 est admirablement dompté dans Clos
David, à la finale crayeuse. Clos de la Rue offre
une matière gracieuse et fine, toutefois enveloppée par un élevage encore bien présent. Tout
comme Coulée de Saint-Cyr 2018, plus ferme
et austère encore en finale. Du côté des rouges, l'immédiateté et la finesse de Terres Rouges 2021 nous enchantent. Une petite touche
sauvage anime Clos Tue-Loup 2020, tout en
tendresse de fruit, et conclu d'une finale batail-
leuse. Montée des Roches 2019 se montre un
peu plus râblé et compact en 2019. Il lui faut un
peu de temps pour se détendre. Clos de l'Étoile
et Clos Moleton sont deux vins ambitieux, mais
qui restent encore trop dominés par leur élevage
sous bois.

🍾	Saumur Clos David 2019	24 €	91
🍾	Saumur Clos de la Rue 2019	45 €	91
🍾	Saumur Coulée de Saint-Cyr 2018	26 €	90
🍾	Saumur Les Perrières 2020	17 €	89
🍷	Saumur Clos Tue-Loup 2020	22 €	91
🍷	Saumur Clos de l'Etoile 2019	45 €	90
🍷	Saumur-Champigny Clos Moleton 2018	31 €	88
🍷	Saumur-Champigny Montée des Roches 2019	20 €	90
🍷	Saumur-Champigny Terres Rouges 2021	14 €	89

Rouge : 20 hectares.
Blanc : 30 hectares.
Production moyenne : 250 000 bt/an

ARNAUD LAMBERT ♣
12, rue de la Prée, Mollay
49260 Saint-Just-sur-Dive

02 41 51 62 01 ● www.arnaud-lambert.com ●
Vente et visites : sur RDV.
Propriétaire : Arnaud Lambert
Directeur : Arnaud et Géraldine Lambert

DOMAINE LE PETIT SAINT-VINCENT

Pendant longtemps, les vins de Dominique Joseph, alias Pélo, restaient dans le cœur du peloton de Saumur-Champigny, avec des vins concentrés, de bonne facture mais un peu anguleux. Depuis 2019, ils commencent à s'échapper ! À l'approche de la cinquantaine, le vigneron a affiné ses vinifications pour offrir des rouges extraits plus en douceur et des élevages plus judicieux. L'âme du cabernet franc ligérien, tout en gourmandise et en minéralité, n'en est que mis en lumière. Et les prix sont encore très doux.

Les vins : d'emblée, le saumur-champigny 2020 présente une chair tonique, avec une réelle sincérité de fruit. Un vin bien gourmand qui va encore se détendre dans les deux ans. Les Clos Lyzières 2019 s'annonce encore corpulent et saillant : il est doté d'un beau fond qui s'assouplira dans les prochaines années. Un peu plus sauvage, Les Poyeux 2019 offre une réelle densité menée avec un grain fin, il évoluera avec grâce pendant plus de dix ans. N'hésitez pas à ouvrir ces vins trente minutes à l'avance, un peu d'air leur fera le plus grand bien.

Saumur-Champigny Les Clos Lyzières 2019	16,50 €	91
Saumur-Champigny Les Poyeux 2019	23 €	92
Le coup de ♥		
Saumur-Champigny 2020	10 €	89

Rouge : 12,7 hectares. Cabernet franc 100 %
Blanc : 0,3 hectare. Chenin 100 %
Production moyenne : 60 000 bt/an

DOMAINE LE PETIT SAINT-VINCENT ♣

10, rue des Rogelins 49400 Varrains
06 86 89 77 16 ●
www.petit-saint-vincent.com ● Vente et visites : sur RDV.
Propriétaire : Dominique Joseph

CHÂTEAU DE PLAISANCE

L'histoire des domaines angevins ne cesse de nous épater. À quelques jours des vendanges 2019 et de l'arrivée d'un heureux événement, Vanessa Cherruau quitte sa vie dans le commerce du vin pour reprendre le château Plaisance à Rochefort-sur-Loire. Une propriété historique de vingt-cinq hectares cultivés en bio (1995) et biodynamie (2008) sur la superbe butte de Chaume et quelques parcelles à Savennières. Dans le feu de l'action, ce premier millésime est une réussite. Les 2020 confirment nos attentes. Des chenins secs, finement élevés (cuves, fûts, foudres, jarres de grès), qui révèlent des identités nettes, précises et pleines d'énergie de leur lieu : Ronceray (schistes, spilite, grès), Grande Pièce (vignes de 50 ans sur grès et poudingue), Zerzilles (coteau très pentu réputé pour ses liquoreux). Voici l'un des domaines les plus ambitieux du moment !

Les vins : en 2021, l'anjou blanc traduit bien l'esprit détendu, épuré et très digeste de la gamme. Passons aux beaux 2020. De prime abord, les notes grillées aux allures bourguignonnes s'expriment dans Ronceray, un vin établi tout en finesse, ciselé par les beaux amers du chenin en finale. Grande Pièce se montre naturellement plus puissant et batailleur : une force qui s'apaisera dans les deux à trois ans en bouteille. Zerzilles pousse plus loin l'intensité minérale, d'une profondeur saline remarquable. L'un des grands chenins ligériens du moment. En moelleux, le chaume 2019 séduit par sa texture veloutée, harmonieuse, avec un léger voile perturbant l'éclat du vin. Assemblé de cabernet-sauvignon et cabernet franc, le rouge Sur La Butte 2020 s'offre tout en suavité.

Anjou 2021	16 €	89
Anjou Grande Pièce 2020	32 €	92
Anjou Ronceray 2020	20 €	92
Anjou Zerzilles 2020	44 €	93
Coteaux du Layon Premier Cru Chaume 2019	21 €	92
Anjou Sur La Butte 2020	16 €	90

Rouge : 4 hectares. Cabernet franc 50 %, Cabernet-Sauvignon 50 %
Blanc : 21 hectares. Chenin 100 %
Production moyenne : 70 000 bt/an

CHÂTEAU DE PLAISANCE ♣

Lieu dit Plaisance, 49190 Rochefort-sur-Loire
02 41 78 33 01 ●
www.chateaudeplaisance.com/ ● Vente et visites : sur RDV.
Propriétaire : Vanessa Cherruau
Maître de chai : Guillaume Kieffer

TOURAINE

★★★ DOMAINE FRANÇOIS CHIDAINE

Depuis ses débuts en 1989, François Chidaine est devenu un acteur majeur des blancs de Loire, un styliste hors pair désormais vénéré par de nombreux autres vignerons. Il fait partie de ceux qui ont révélé Montlouis, son fief d'origine. Au début des années 2000, il s'est agrandi à Vouvray, avec en particulier la reprise du clos Baudoin à la famille Poniatowski. Aidé par son épouse Manuéla, François n'a eu de cesse d'affiner les vinifications et les élevages, en menant un travail très exigeant dans les vignes certifiées en biodynamie depuis 1999. Nous ne tarissons pas d'éloges sur le niveau atteint par les vins de ce vigneron d'exception. Les Vins de France sont en réalité les vouvrays qui, vinifiés hors de leur zone d'appellation, ne peuvent la revendiquer. La gamme se compose d'assemblages de parcelles (Choisilles, Argiles, Tuffeaux, Moelleux) et de lieux-dits uniques (Clos du Breuil, Les Bournais, Clos Habert, Baudoin). Le fruit scintillant de ces vins recquiert quelques années de cave pour s'ouvrir et se révéler pleinement. Un domaine incontournable pour tout amoureux des grandes expressions ligériennes du chenin.

Les vins : Clos du Breuil ouvre énergiquement la dégustation d'une série de secs de Montlouis en 2020. Un chenin svelte, épuré et ferme en finale. Les Choisilles, quant à lui, s'affirme avec plus de charme et de rondeur, ponctué par de beaux amers. Une interprétation fine de ce millésime solaire, au caractère végétal percutant comme il s'en dégage de nombreux chenins ligériens. Il sera bon de les servir à table pour adoucir cette fermeté. On monte en gras et en intensité minérale avec Les Bournais, magnifiquement crayeux : un superbe vin de gastronomie. Les demi-secs 2019 s'avèrent plus sereins, avec un Clos Habert aux fines nuances florales et à la bouche déliée, sans aucun excès ; comme Les Tuffeaux, tout en pulpe raffinée, sculpté par une droiture revigorante. Terminons les montlouis en beauté avec Rive Gauche, une superbe moelleux de botrytis, subtilement floral, d'un sucrosité radieuse ciselée. C'est la grande réussite du millésime 2020. Du côté de Vouvray, Les Argiles se développe avec une suavité saline. Un blanc d'un superbe éclat aromatique. Moins harmonieux qu'en 2019, Baudoin 2020 s'annonce plus pierreux et puissant, avec toutefois une finale sévère persistante.

Montlouis-sur-Loire Demi Sec Clos Habert 2019	24 €	93
Montlouis-sur-Loire Demi Sec Les Tuffeaux 2019	21 €	92
Montlouis-sur-Loire Rive Gauche 2020	70 €	96
Montlouis-sur-Loire Sec Clos du Breuil 2020	23,40 €	91
Montlouis-sur-Loire Sec Les Bournais 2020	29 €	92
Montlouis-sur-Loire Sec Les Choisilles 2020	26,70 €	91
VDF Baudoin 2020	29 €	92
VDF Les Argiles 2020	23 €	91

Blanc : 40 hectares. Chenin 100 %
Achat de raisins.
Production moyenne : 180 000 bt/an

DOMAINE FRANÇOIS CHIDAINE ☾
5, Grande-Rue, 37270 Montlouis-sur-Loire
02 47 45 19 14 ● www.francois-chidaine.com
● Visites : sans RDV.
Propriétaire : François et Manuéla Chidaine

★★★ DOMAINE DU CLOS NAUDIN

En dégustant les vouvrays de Philippe Foreau, tout devient clair, lisible dans le chenin ; ce qui est complexe est aussi gourmand, ce qui est bien mûr reste en conséquence tendu, ce qui est précocement bon se confirme et s'amplifie au cours des décennies. Purs, longs en bouche, d'une persistance proverbiale, les vouvrays du Clos Naudin ont la régularité d'un métronome malgré les variations du climat ligérien. Les perruches (sols d'argiles à silex) donnent de la typicité aux vins du domaine, tout aussi à l'aise dans les sucres que dans les secs ; même les effervescents sont élaborés avec un soin extrême. Le style est souvent assez riche, plus baroque qu'au domaine Huet, et pas moins puissant dans les persistances de bouche. Les derniers millésimes sont menés avec brio par Vincent, le fils de Philippe Foreau. Leur précision légendaire s'allie à un fruit un soupçon plus ouvert. Ce qui n'est pas pour nous déplaire. Un avenir radieux est promis à ce domaine vouvrillon.

Les vins : N'hésitez pas à garder ces vins quatre à cinq ans en cave avant de les ouvrir. Il ont besoin de se détendre. Le sec 2021 renoue avec le style du vouvray d'autrefois, plus austère, et structuré par une sensation froide. En comparaison, le 2019 s'avère bien plus concentré en extraits secs et de beaux amers stimulent la finale. Un vin qui pourra se garder plus de dix ans. Sans démonstration, il s'affirme par sa finesse élancée. Le demi-sec 2016 se montre toujours aussi flamboyant. Un vin haut en relief et en saveurs salines d'une persistance incroyable. Il évoluera avec panache plus de vingt ans. Tout comme le radieux moelleux, il s'ouvre sereinement sur des notes de fruits exotiques et de safran. Un magnifique vin dont le panache s'affirmera avec le temps. Quelle fraîcheur rayonnante ! Terminons avec le sublime Moelleux Réserve 2018, d'un subtilité aromatique nuancée et d'une texture majestueuse. Un vin d'une profondeur inoubliable qui traversera paisiblement les décennies.

Vouvray Demi-Sec 2016	28 €	95
Vouvray Moelleux Réserve 2018	48 €	96
Vouvray Sec 2019	22,50 €	93
Vouvray Sec 2021	24 €	92

Blanc : 12 hectares. Chenin 100 %
Production moyenne : 50 000 bt/an

DOMAINE DU CLOS NAUDIN

14, rue de la Croix-Buisée, 37210 Vouvray
02 47 52 71 46 ●
leclosnaudin.foreau@orange.fr ● Vente et visites : sur RDV.
Propriétaire : Vincent Foreau

★★★ DOMAINE HUET

Ce domaine historique a été progressivement converti à la culture biodynamique par Noël Pinguet (parti en 2012), convaincu des bienfaits de la méthode, seul moyen d'exprimer dans un vin toutes les données du terroir. Rachetée en 2004 par la famille Hwang, la propriété a conservé exactement les mêmes orientations. Après des fermentations à froid en fût usagé, la mise se fait rapidement, au printemps qui suit la vendange, à contre-courant de la mode œnologique. Quelle que soit la nature du millésime, ou des vins (pétillants compris), la qualité se montre d'un excellent niveau, en adéquation avec l'excellence des terroirs. Les cuvées de lieux-dits (Haut-Lieu, Le Mont, Clos du Bourg) sont déclinées en sec, demi-sec et moelleux selon les millésimes. Des vins toujours fins, nuancés, jamais dans la démonstration ou l'excès. La verticale réalisée en novembre 2019 illustre parfaitement le potentiel de ces vins qui, aussi bien jeunes qu'après dix, quinze ou vingt-cinq ans de garde, se révèlent en finesse avec une énergie phénoménale, en témoignage Le Mont moelleux 1997 ou Le Mont 1995.

Les vins : le pétillant naturel 2017 ouvre la dégustation avec une patine briochée autour d'une fine touche d'austérité. Le cœur de bouche s'avère fin et gourmand, mais serré par une finale rigide. Le millésime 2021 n'a donné naissance qu'à des vins secs respectant avec brio l'identité des terroirs. Des équilibres aériens et établis en finesse, avec Le Haut-Lieu, au fruité séduisant, coulant avec éclat, un vin à ouvrir dans les cinq ans. À son habitude, Le Mont mettra plus de temps à s'ouvrir, révélant une droiture calcaire revigorante. La persistance saline étire ce vin avec une grande finesse. Clos du Bourg se dévoile avec plus d'étoffe, un magnifique

grain énergique, une texture gracieuse et une finale ciselée par de beaux amers. C'est une aubaine de pouvoir déguster un moelleux 2003, celui de Première Trie Le Haut-Lieu, au bouquet bien ouvert, crème brûlée, citron confit, agrumes frais. Sa texture extrêmement affriolante est tirée par une finale aux fins amers. Quelle délicatesse !

Vouvray Moelleux Première Trie Le Haut-Lieu 2003	85 €	94
Vouvray Pétillant Brut 2017	21 €	89
Vouvray Sec Le Haut-Lieu 2021	23 €	92
Vouvray Sec Le Mont 2021	32 €	93

Le coup de ♥

Vouvray sec Clos du Bourg 2021	32 €	94

Blanc : 30 hectares. Chenin 100 %
Production moyenne : 120 000 bt/an

DOMAINE HUET ☾

11, rue de la Croix-Buisée, 37210 Vouvray
02 47 52 78 87 ● www.domainehuet.com ●
Vente et visites : sur RDV.
Propriétaire : Famille Hwang
Maître de chai : Benjamin Joliveau

★★ DOMAINE PHILIPPE ALLIET

Les discrets Claude et Philippe Alliet se sont fait remarquer en créant un style nouveau à Chinon, dans les années 1990. Leurs cuvées Vieilles Vignes (graviers, vignes de 70 à 90 ans, 18 mois en cuve béton), L'Huisserie (haut de coteau et plateau d'argiles à silex) et surtout Coteau de Noiré (pente abrupte d'argilo-calcaire exposée au sud), ont séduit les amoureux du cabernet franc avec leur couleur sombre et leur incroyable densité. Mais aucune recette n'est établie chez ce fin dégustateur et vinificateur hors-pair, épaulé par son fils, Pierre, depuis 2005, qui l'aide à façonner des vins toujours plus profonds, stylisés avec tact. À partir de 2010, les barriques bordelaises disparaissent au profit de fûts de 500 l et la part de bois neuf diminue largement.

Les vins : plus en légèreté qu'en richesse, le chinon blanc 2021 s'élance avec éclat, nuances florales et termine sur une finale très digeste. Encore très jeune, il sera à ouvrir à partir de 2023. Le rouge se profile dans le même registre, bien saisi par les vignerons pour le rendre très avenant. Place maintenant aux 2020, un millésime généreusement ensoleillé et dompté avec doigté. Encore contenu, Vieilles Vignes affiche un bel équilibre concentré et svelte. Il évoluera grâce à un très beau toucher de bouche. Le grain tactile de L'Huisserie est autrement plus fin, sa persistance calcaire est fantastique. Quel vin salivant, paré pour plus de quinze ans. Terminons en beauté avec le radieux Coteau de Noiré, parfaite retranscription de son terroir. Son raffinement distingué le portera dans les dix prochaines années.

- Chinon 2021 — 23 € — **90**
- Chinon 2021 — 12,50 € — **89**
- Chinon L'Huisserie 2020 — 22 € — **93**
- Chinon Vieilles Vignes 2020 — 16,50 € — **92**

Le coup de ♥

- Chinon Coteau de Noiré 2020 — 27 € — **95**

Rouge : 17 hectares. Cabernet franc 100 %
Blanc : 1 hectare.
Production moyenne : 70 000 bt/an

DOMAINE PHILIPPE ALLIET
L'Ouche-Monde, 37500 Cravant-les-Coteaux
02 47 93 17 62 ● philippe.alliet@wanadoo.fr ●
Vente et visites : sur RDV.
Propriétaire : Philippe Alliet

★★ DOMAINE YANNICK AMIRAULT

Benoît arrive au domaine familial de Bourgueil en 2003 pour poursuivre l'aventure familiale initié par son père Yannick en 1997. Le vignoble est réparti à Bourgueil (pour les deux tiers) et dans l'appellation voisine Saint-Nicolas-de-Bourgueil. On sent le perfectionnisme des vignerons et leur volonté de restituer l'expression des terroirs à travers des cabernets francs très soyeux et civilisés sans pour autant perdre l'éclat de leur fruit. Le domaine est certifié en bio depuis 2009 et les vins gagnent chaque année en pureté grâce à des vinifications en cuve tronconique en bois et en fût de plus en plus justes. Les 2021 et 2020 ne nous laissent pas l'émotion ressentie pour les 2019 dégustés l'année dernière.

Les vins : commençons par le Rosé d'Equinoxe 2021, aux arômes variétaux et à la bouche délicate, à la manière d'un blanc, moins concentrée que l'année dernière. Dans les rouges, on retrouve en 2021 le caractère variétal du cabernet franc d'autrefois, à l'image de Source, établi tout en souplesse et fluidité désaltérante. Avec ses 12,5° d'alcool, Cote 50 se montre nettement plus juteux et construit par des tanins salivants, sur une finale très digeste et équilibrée. En 2020, le cabernet franc affiche nettement plus de concentration avec toutefois une sensation de fermeté sèche pour Les Malgagnes qui, nous l'espérons, s'attendrira dans les prochaines années. À Bourgueil, Le Grand Clos s'avère tout aussi minutieux mais plus profond et harmonieux, c'est un vin en début de vie.

- Bourgueil Rosé d'Equinoxe 2021 — 15 € — **88**
- Bourgueil Cote 50 2021 — 12 € — **89**
- Saint-Nicolas-de-Bourgueil Les Malgagnes 2020 — 24 € — **90**
- Saint-Nicolas-de-Bourgueil Source 2021 — 12 € — **88**

Le coup de ♥

- Bourgueil Le Grand Clos 2020 — 20 € — **92**

Rouge : 19 hectares. Cabernet franc 100 %
Blanc : 0,3 hectare. Chenin 100 %
Production moyenne : 90 000 bt/an

DOMAINE YANNICK AMIRAULT ♣
1, route du Moulin-Bleu, 37140 Bourgueil
02 47 97 78 07 ● www.yannickamirault.fr ●
Vente et visites : sur RDV.
Propriétaire : Yannick Amirault
Directeur : Benoît Amirault

★★ DOMAINE BERNARD BAUDRY

Bernard Baudry recherche la dimension soyeuse et civilisée des chinons, tout en restant a plus près de leur expression de terroir. Cette démarche, qu'il poursuit désormais avec son fils Matthieu, se double d'une certification bio. Une philosophie qui leur inspire aussi la plantation de vignes non greffées, franches de pied depuis dix ans (à la suite des plantations des années 1980 de Charles Joguet), et l'implantation su de nouveaux terroirs oubliés, tel l'excellent Clo Guillot à Chinon. Leur Croix Boissée (terroir argilo calcaire de Cravant-les-Coteaux), bâti pour la garde, possède un supplément de velouté et parfois de sucrosité dans les années chaudes, ce qui n'est pas pour déplaire aux grands amateurs de vins de Saint-Émilion. Cette cuvée prend naturellement la tête des grands rouges de Touraine.

Les vins : en demi-corps en 2021, le chinon blan s'affirme par sa finesse florale et caillouteus avec un équilibre très digeste et aérien. Un vi à laisser encore un an en cave. Passons à la déclinaison de terroirs des rouges : Les Granges (graviers siliceux) 2021 est un cabernet franc de demi-puissance, dans un registre variétal, croquant avec une vérité sincère. Les Grézeaux 2020 (graviers et sous-sol argileux) est, quant à lui, marqué par une certaine animalité prégnante et une dureté en fin de bouche. Nous avons décider de l'écarter de la dégustation. Le Clos Guillot (tuffeau jaune) 2020 se montre plus austère et droit, c'est un cabernet franc transcendé par son terroir ; ce vin possède un superbe délié et un éclat de bouche qui se détend dans les dix prochaines années. Le millésime La Croix Boissée 2019 (calcaire) est haut en couleur, il impressionne par sa densité et sa capacité à "rafraîchir" la puissance intrinsèque de ce vin.

patience, il se livrera dans les prochaines décennies. Les bouteilles peuvent s'ouvrir à partir de 2026-2027.

⊏▬ Chinon 2021		17 €	92
▬ Chinon La Croix Boissée 2019		28 €	95
▬ Chinon Le Clos Guillot 2020		22 €	94
▬ Chinon Les Granges 2021		11 €	89
▬ Chinon Les Grézeaux 2020		17 €	90

Rouge : 32 hectares. Cabernet franc 100 %
Blanc : 4 hectares. Chenin 100 %
Production moyenne : 140 000 bt/an

DOMAINE BERNARD BAUDRY ♣

9, coteau de Sonnay,
37500 Cravant-les-Coteaux
02 47 93 15 79 ● www.bernardbaudry.com ●
Vente et visites : sur RDV.
Propriétaire : Bernard et Matthieu Baudry

★★ DOMAINE DE BELLIVIÈRE

Éric et Christine Nicolas ont été les premiers, au milieu des années 1990, à relever avec panache le flambeau bien éteint des vins de la Sarthe. Avec la même sensibilité et rigueur, leur fils Clément les a rejoints au domaine familial de Lhomme. Leurs cuvées montrent le potentiel immense de ces terroirs discrets. Les raisons du succès sont les mêmes que partout ailleurs en France : une viticulture élitiste, en biodynamie, et une vinification la plus naturelle possible, mais scrupuleuse. Le coteaux-du-loir Vieilles Vignes Éparses illustre à merveille le caractère unique, élégamment austère, de ces vins qui évoluent vers une sensation saline extraordinaire avec quelques années en bouteille. Calligramme, issue de vignes de 70 ans, est un autre monument, oscillant entre le sec et le demi-sec selon les millésimes, que tout amateur de grand blanc de Loire doit avoir dans sa cave. Avec leur haut niveau de concentration, les rouges de pineau d'aunis sont parmi les plus aboutis de ce cépage avec un écart toutefois cette année.

Les vins : différents équilibres sont à découvrir en 2020. Commençons par le sec Vigne en Foule, un blanc venu d'une parcelle plantée à 40 000 pieds/hectares qui offrent un parfum admirable, des nuances florales et une finale marquée par des amers insistants. Une interprétation hors norme du chenin. Suivent deux secs tendres : Les Rosiers, doté d'une chair calcaire, épuré, sculpté par une finale à l'amertume végétale engendrée par le millésime. L'Effraie est construit, quant à lui, plus en rondeur et en charme. En moelleux, Discours de Tuf s'étend sur une trame à la fois revigorante et fondante jusqu'à une finale crayeuse, à essayer avec un canard à l'orange. Les 2019 affichent une magnifique concentration en extraits secs, à l'image de Calligramme, un sec tendre, au relief salin vivifiant. On touche à la saveur umami. Nous avons le même ressenti pour Vieilles Vignes Éparses : un sec tendre d'une longueur remarquable. L'un des plus grands blancs de Loire dégustés cette année. Les sucres résiduels sont admirablement intégrés et seront d'un soutien gracieux à une cuisine fine à base de poissons et d'agrumes. Les rouges nous laissent perplexes en 2020, avec un Rouge-Gorge que nous écartons à cause d'une animalité prégnante. Hommage à Louis Derré demeure hautement concentré et serré par une trame anguleuse.

⊏▬ Coteaux du Loir L'Effraie 2020		22,50 €	90
⊏▬ Coteaux du Loir Vieilles Vignes Éparses 2019		Épuisé - 42 €	96
⊏▬ Jasnières Calligramme 2019		Épuisé - 42 €	95
⊏▬ Jasnières Discours de Tuf 2020		70 €	93
⊏▬ Jasnières Les Rosiers 2020		25,50 €	91
⊏▬ Jasnières Vigne en Foule 2020		50 €	92
▬ Coteaux du Loir Hommage à Louis Derré 2020		36 €	89

Rouge : 5 hectares.
Blanc : 12 hectares. Chenin 100 %
Production moyenne : 50 000 bt/an

DOMAINE DE BELLIVIÈRE ☾

Lieu-dit Bellivière, 72340 Lhomme
02 43 44 59 97 ● www.belliviere.com ●
Vente et visites : sur RDV.
Propriétaire : Éric, Christine, Clément et Laure-Anne Nicolas

★★ DOMAINE DE LA CHEVALERIE

Qui mieux que l'attachante Stéphanie Caslot incarnait le panache et la joie du vignoble de Bourgueil ? Elle nous a tragiquement quitté l'année dernière. Son frère Emmanuel et sa sœur Laurie continuent avec amour le travail de treize générations de ce domaine historique de Bourgueil. Le cabernet franc y est vinifié avec une réelle douceur pour exprimer de façon nuancée les terroirs de sables, d'argiles et de calcaires de bas, mi et hauts coteaux. Chaque étiquette s'habille judicieusement d'une couleur traduisant l'intensité et la complexité du vin : du rouge vif pour le Peu Muleau jusqu'au violet profond pour le Grand-Mont. Ces références absolues de Bourgueil mettent en lumière la fine austérité froide du cabernet franc en revêtant une texture douce magnifique.

Les vins : tout en concentration fruitée, Franco de Porc ouvre joliment la dégustation : un rouge digeste et plein d'entrain. Une belle andouille de Guéméné le ravira. Immense coup de cœur pour Busardières 2019 : d'une couleur violine éclatante, il coule en bouche avec une évidence vivifiante, tout en ayant l'étoffe pour vieillir magnifiquement plus de quinze ans. Les 2018 conservent beaucoup de finesse et de fraîcheur crayeuse dans ce millésime solaire où une opulence naturelle domine souvent l'équilibre des vins. Grand-Mont fait partie de ces vins saillants et austères dans la jeunesse qui se révèleront avec panache dans les prochaines décennies.

➤ Bourgueil Bretèche 2018	18 €	92
➤ Bourgueil Chevalerie 2018	26 €	93
➤ Bourgueil Franco de Porc 2019	11,50 €	88
➤ Bourgueil Grand-Mont 2018	32 €	94

Le coup de ♥

➤ Bourgueil Busardières 2019	26 €	95

Rouge : 33 hectares.
Production moyenne : 130 bt/an

DOMAINE DE LA CHEVALERIE ☾

14, route du Peu-Muleau, 37140 Restigné
02 47 97 46 32 ●
www.domainedelachevalerie.fr ● Vente et visites : sur RDV.
Propriétaire : Laurie et Emmanuel Caslot

★★ DOMAINE LA GRANGE TIPHAINE

Depuis leur vignoble de 15 hectares répartis en Montlouis-sur-Loire, en Touraine et en Touraine-Amboise, Coralie et Damien Delecheneau se sont hissés parmi les références du secteur. Dans le plus grand respect de la nature et de leurs terroirs, le couple bichonne en biodynamie (certification en 2014) leurs vieilles vignes. Plusieurs pieds de côt sont même centenaires et font jaillir une cuvée d'une profondeur et d'une subtilité remarquables. En cave, les deux œnologues accompagnent avec talent et sensibilité des raisins sains récoltés à parfaite maturité. Des vinifications aux élevages en cuve béton et fût ancien, tout est absolument juste et mesuré, et ces grands vins nuancés ne basculent jamais dans l'exubérance. À l'ouverture de chaque bouteille, les blancs de chenin se dévoilent avec une pureté et une délicatesse rares ; les rouges envoûtent par leur subtilité et leur éclat floral.

Les vins : un beau millésime de rouge se dessine en 2020 avec Bécarre : un pur cabernet franc tout en finesse et en énergie. Une interprétation distinguée et délicieuse du cépage. Assemblé de Côt et de cabernet franc, Clef de Sol se montre encore réservé mais son fruit éclatant prévoit une charmante évolution concentrée. La finale aux tanins batailleurs se fondra dans les deux ans et s'affinera plus de dix ans. Que dire de Côt Vieilles Vignes issu de plants âgés de 110 ans, un rouge à la robe magnifiquement violine, un bouquet éclatant de violette et de myrtille, d'une intensité hors du commun pour les rouges du secteur ; une énergie tannique à apaiser avec une belle pièce de bœuf grillée. 2020 est un millésime plus compliqué pour les blancs, qui offrent un gras plaisant et fin en attaque mais durcissent avec amertume en finale, aussi bien pour le sauvignon Quatre Mains que le chenin Nouveau Nez, (un pétillant naturel spontané et friand) Clef de Sol et Les Épinays. Les meilleurs n'ont pas réussi à se défaire de ce caractère malheureusement. En 2019, Les Grenouillères se montre plus harmonieux : un demi-sec équilibré, encore jeune, mené tout en délicatesse et porté par de beaux amers. Le moelleux Buisson Viau, né en 2018, est d'une harmonie gracieuse. Déjà affriolant, il évoluera avec panache dans les dix ans.

▭ Montlouis-sur-Loire Clef de Sol 2020	24 €	89
▭ Montlouis-sur-Loire Demi-Sec Les Grenouillères 2019	26 €	92
▭ Montlouis-sur-Loire Les Épinays 2020	30 €	90
▭ Montlouis-sur-Loire Nouveau Nez 2020	20 €	88
▭ Touraine Quatre Mains 2020	30 €	90
➤ Touraine Amboise Côt Vieilles Vignes 2020	30 €	93
➤ Touraine Bécarre 2020	20 €	91
➤ Touraine Clef de Sol 2020	24 €	92

Le coup de ♥

▭ Montlouis-sur-Loire Buisson Viau 2018	40 €	94

Rouge : 7 hectares. Malbec (cot) 42 %, Cabernet franc 30 %, Gamay noir à jus blanc 28 %

Blanc : 9 hectares. Chenin 95 %, Sauvignon blanc 5 %

Production moyenne : 80 000 bt/an

DOMAINE LA GRANGE TIPHAINE ☾

1407, rue du Clos-Chauffour, Lieu-dit La Grange Tiphaine, 37400 Amboise

02 47 30 53 80 ● www.lagrangetiphaine.com
● Vente et visites : sur RDV.

Propriétaire : Coralie et Damien Delecheneau

★★ 🍷 DOMAINE CHARLES JOGUET

Fondé en 1957 par Charles Joguet à Sazilly, sur la rive gauche de la Vienne, ce domaine est revenu au sommet de l'appellation Chinon. C'est une forme de consécration pour l'équipe en charge des vinifications et des vignes, choisie par le propriétaire Jacques Genet. Elle travaille avec un haut niveau d'excellence, compte tenu de la grandeur du domaine. Les vignerons ont surtout fait revivre un vibrant esprit de fraîcheur dans de grands cabernets, qui ont l'originalité de naître exposés au nord-est. Peu de domaines de Loire possèdent de grandes cuvées aussi incontournables : Clos de la Dioterie (2 hectares de vignes octogénaires sur sols argilo-calcaires, exposées nord-est, à Sazilly), Clos du Chêne Vert (2 hectares dans la ville de Chinon), Les Varennes du Grand Clos (4,5 hectares à Sazilly). Depuis leur arrivée en 2006, Anne-Charlotte Genet et Kévin Fontaine n'ont eu de cesse d'affiner l'expression des leurs cuvées. Après quelques excès d'élevage, elles atteignent aujourd'hui un niveau de raffinement et de profondeur qui les hissent parmi les plus grands rouges de Loire. Les 2020 et 2019 sont éloquents. Nous décernons la deuxième étoile au domaine.

Les vins : nous ouvrons la dégustation des 2020 avec Silènes, tout en fruit digeste et rafraîchissant. C'est une cuvée à boire dans sa jeunesse. Les Petites Roches (graviers et argiles) est joliment juteux, serti de tanins croquants. La Cure offre une dimension concentrée et imprégnée par son terroir. Les Charmes s'élance avec un éclat floral et une superbe fraîcheur. Nous continuons de monter de quelques marches avec Les Varennes du Grand Clos (coteau argilo-calcaire exposé au Nord-Est), doté d'une fine austérité qui rafraîchit sa densité et son allonge vivifiante. N'hésitez pas à le garder cinq à six ans avant de l'ouvrir. C'est un millésime moins dense que les 2019 mais plus avenant et élancé. En 2019, Clos du Chêne Vert (sud-ouest, fort pente, argilo-calcaire, argile à silex) offre un raffinement supplémentaire, avec un élan énergique et une grande précision ; il lui faudra également du temps pour s'ouvrir. Encore tout recroquevillé sur lui-même, Clos de la Dioterie (nord-est, calcaire et argilo-calcaire) recèle un magnifique raffinement de texture, une transparence de l'expression de son terroir, et une profondeur élancée absolument énergique. Il est paré pour une très longue garde d'une trentaine d'années. Époustouflant.

🍷 Chinon Clos du Chêne Vert 2019	44 €	95
🍷 Chinon La Cure 2020	23,50 €	90
🍷 Chinon Les Charmes 2020	24,50 €	92
🍷 Chinon Les Petites Roches 2020	14,50 €	89
🍷 Chinon Les Varennes du Grand Clos 2020	39 €	94
🍷 Chinon Silènes 2020	13,50 €	88

Le coup de 💜

🍷 Chinon Clos de la Dioterie 2019	48 €	96

Rouge : 32 hectares. Cabernet franc 100 %
Blanc : 2 hectares. Chenin 100 %
Production moyenne : 120 000 bt/an

DOMAINE CHARLES JOGUET ♣

La Dioterie, 37220 Sazilly
02 47 58 55 53 ● www.charlesjoguet.com ●
Visites : sans RDV.
Propriétaire : Famille Genet
Directeur : Anne-Charlotte Genet

★★ DOMAINE DE LA TAILLE AUX LOUPS

Vigneron entreprenant et commerçant hors pair, Jacky Blot a énormément fait pour Montlouis-sur-Loire, où il a été le premier à élever longuement les vins en fût. Installé depuis 1989, il a ensuite pris pied à Vouvray sur de beaux terroirs qu'il a parfaitement su valoriser. Comme François Chidaine, ses derniers vins ont été déclassés en vin de France, car vinifiés en dehors de la zone d'appellation. La gamme des vins est complète : Triple Zéro est une bulle de référence. La gamme des secs, bien élevés et civilisés, est déclinée par terroirs. Ceux-ci sont exposés au sud et donnent naissance à des chenins qui séduisent par leur suavité et leur tendresse à l'image des Clos Michet et Mosny ; le Clos du Hochet (fine couche d'argiles sur calcaire) et Les Hauts de Husseau s'affirment avec une minéralité ferme plus prononcée. La réduction grillée plus ou moins marquée dans les vins les rend très charmeurs. Jacky Blot transmet sereinement ses domaines de la Taille aux Loups et de La Butte (Bourgueil) à son fils Jean-Philippe.

Les vins : le domaine ne nous ayant pas fait parvenir ses vins cette année, nous sommes amenés à reconduire les notes de notre édition précédente.

Montlouis-sur-Loire Clos Michet 2019	18 €	91
Montlouis-sur-Loire Clos Mosny 2019	22 €	93
Montlouis-sur-Loire Clos du Hochet 2019	22 €	91
Montlouis-sur-Loire Les Hauts de Husseau 2019	22 €	92
Montlouis-sur-Loire Moelleux 2019	30 €	94

Montlouis-sur-Loire Sec Rémus 2019	16 €	90
Montlouis-sur-Loire Triple Zéro 2019	18 €	90
VDF Clos de Venise 2019	28 €	95
VDF Clos de la Bretonnière 2019	24 €	93

Blanc : 45 hectares. Chenin 100 %
Production moyenne : 180 000 bt/an

DOMAINE DE LA TAILLE AUX LOUPS ♣

8, rue des Aitres, 37270 Montlouis-sur-Loire
02 47 45 11 11 ● www.jackyblot.fr ● Vente et
visites : sur RDV.
Propriétaire : Jacky Blot

★ DOMAINE DU BEL AIR

Pierre Gauthier a signé son premier millésime en 1995. La grande majorité des vignes est située sur les terroirs de tuffeau de Benais, le secteur le plus argilo-calcaire de Bourgueil, capable de donner des vins admirables de volume et de profondeur, mais parfois longs à se faire. Aujourd'hui aidé de son fils Rodolphe, Pierre Gauthier s'attache à mener une viticulture très attentive, avec en particulier un travail complet des sols. La reprise d'un terroir historique du secteur, le Clos Nouveau (une des dernières parcelles véritablement ceinte de murs) ajoute à la gamme le grand vin qu'elle méritait. Avec beaucoup de sagesse, le domaine se donne les moyens de ne commercialiser ses trois grandes cuvées de rouge qu'au bout de cinq années de vieillissement.

Les vins : en 2021, Jour de Soif renoue avec un style frais de cabernet franc tonique et croquant. Les Vingt Lieux Dits 2020 offre naturellement un caractère plus juteux, serti d'une fraîcheur saillante. Vous pouvez commencer à l'ouvrir. Trois 2018 sont ensuite à découvrir : Les Marsaules, bien concentré et savoureux avec une acidité bien fondue ; il faut attendre 2024 pour que la masse, l'austérité et l'élevage boisé de Grand-Mont calment leurs ardeurs ; enfin, Clos Nouveau peut s'exprimer pendant plusieurs décennies, d'un velouté magnifique souligné par la sensation crayeuse du tuffeau, extrêmement salivante. Grand vin issu d'un clos d'1,2 hectare béni des dieux, cette cuvée exprime une magie à part.

Bourgueil Grand-Mont 2018	38 €	93
Bourgueil Jour de Soif 2021	16 €	88
Bourgueil Les Marsaules 2018	28 €	91
Bourgueil Les Vingt Lieux Dits 2020	20 €	90

Le coup de ♥

Bourgueil Clos Nouveau 2018	65 €	95

Rouge : 20 hectares. Cabernet franc 100 %
Production moyenne : 80 000 bt/an

DOMAINE DU BEL AIR ♣

7, rue de la Motte, 37140 Benais
02 47 97 41 06 ●
www.domainedubelair-bourgueil.fr ● Pas de visites.
Propriétaire : Pierre Gauthier
Maître de chai : Rodolphe Gauthier

★ DOMAINE CATHERINE ET PIERRE BRETON

Une page se tourne dans ce domaine historique de Bourgueil. Catherine et Pierre Breton, ambassadeurs du bourgueil joyeux, sans fard et le plus naturel possible, passent la main à leur fille France et leur gendre Benoît. Le jeune couple poursuit avec panache l'approche de cabernets francs aussi bien gouleyants et digestes comme Trinch et Avis de vin fort, que plus profonds et denses comme Clos Sénéchal ou Les Perrières. La recherche de sincérité de saveurs des vins présentés est indiscutable. Toutefois, nous aimerions bien plus d'éclat et de précision. Certains d'entre eux souffrent de défauts brouillant leur expression et leur gourmandise. Allez, 2022, millésime d'une nouvelle génération de Breton, s'annonce sous les meilleurs auspices, nous l'espérons.

Les vins : débutons par le vouvray 2020 vinifié par Paul Breton. Un chenin sec, un peu lacté, mené avec sincérité et marqué par la richesse de l'année. Nous l'aurions aimé plus ciselé. À l'instar de Trinch 2021, Les Perrières 2018 présente une animalité prégnante, gâchant l'expression du fruit. Nous les écartons de la sélection. Nuits d'Ivresse 2020 s'affirme avec une concentration d'arômes : il faudra le servir à table pour adoucir la structure rigide qui lui fait perdre de la gourmandise. En 2019, Clos Sénéchal affiche de la densité et une masse tannique saillante. Une belle profondeur, qui le destine à la garde malgré un manque de précision aromatique.

Vouvray Pierres Rousses 2020	16 €	88
Bourgueil Clos Sénéchal 2019	18 €	89
Bourgueil Nuits d'Ivresse 2020	16 €	88

Rouge : 15 hectares. Cabernet franc 95 %, Grolleau 5 %
Blanc : 6 hectares. Chenin 100 %
Production moyenne : 100 000 bt/an

DOMAINE CATHERINE ET PIERRE BRETON ♣

10, rue du Changeon, ZA de BENAIS
37140 BENAIS
02 47 97 30 41 ● www.domainebreton.net ●
Vente et visites : sur RDV.
Propriétaire : Pierre et Catherine Breton

★ DOMAINE SÉBASTIEN BRUNET

Sébastien Brunet reprend en 2006 les 3 hectares de sa famille, qu'il a progressivement réussi à agrandir jusqu'à 15 hectares de vignes aujourd'hui, répartis entre les communes de Vernou et de Chançay. Ce travailleur, discret et exigeant, cultive manuellement ses vignes dans le plus grand respect de l'environnement. Il a installé une nouvelle cave pour vinifier en douceur toute la gamme des expressions du chenin vouvrillon, de la bulle aux moelleux, lorsque l'année le permet. Les expressions parcellaires sont favorisées, Arpent provenant des sols de silex, et Renaissance des argilo-calcaires.

Les vins : le millésime solaire 2020 a donné du fil à retordre aux vignerons pour atteindre l'équilibre. Les vins sont souvent marqués par une trame végétale qui brouille les cuvées, Le Naturel subit cet effet. Brut 2017 se montre plus harmonieux et doté d'une patine grillée séduisante. Une attaque sans fard et une finale rigide caractérisent Renaissance 2020 ; comme Les Pentes de la Folie 2020, plus intense et gras. Fosse Rouge s'avère plus floral, avec une finale plus déliée. En demi-sec, La Folie 2020 est le plus marqué par le caractère rugueux du millésime. Il faut le boire dans les quatre à cinq ans.

Vouvray Brut 2017	16 €	88
Vouvray Fosse Rouge 2020	24 €	90
Vouvray La Folie 2020	16 €	88
Vouvray Le Naturel 2020	15 €	87
Vouvray Les Pentes de la Folie 2020	24 €	89
Vouvray Renaissance 2020	17 €	88

Blanc : 17 hectares. Chenin 100 %
Production moyenne : 90 000 bt/an

DOMAINE SÉBASTIEN BRUNET ♣

3, La Côte, 37380 Reugny
02 47 56 73 52 ● www.sebastienbrunet.fr ●
Vente et visites : sur RDV.
Propriétaire : Sébastien Brunet

★ DOMAINE DE LA BUTTE

Ce domaine, repris en 2002, appartient à Jacky Blot, propriétaire de la Taille aux Loups à Montlouis. Entrepreneur soucieux d'excellence, ce vinificateur de chenins charmeurs bouleverse le ronron rustique du cabernet bourgueillois. L'option d'isoler les parcelles à la vinification (en suivant le sens du coteau) et d'apporter une touche de sophistication dans l'élevage a immédiatement payé. Le Haut de la Butte exprime la fraîcheur et la finesse des terres pauvres, Mi-Pente est la plus grande cuvée de terroir créée à Bourgueil depuis longtemps, et Pied de la Butte joue la simplicité précoce. Enfin, Perrières, lieu-dit réputé, s'intercale entre Haut de la Butte et Mi-Pente, accordant le charme fruité du cabernet à la fraîcheur agreste typique du sol argilo-calcaire du cru. Les élevages se révèlent parfaitement adaptés et les vins offrent un visage contemporain et très abouti des différentes expressions des vins de Bourgueil.

Les vins : le domaine ne nous ayant pas fait parvenir ses vins cette année, nous sommes amenés à reconduire les notes de notre édition précédente.

Bourgueil Haut de la Butte 2019	22 €	93
Bourgueil Les Coteaux du Levant 2019	20 €	91
Bourgueil Mi-Pente 2018	28 €	93
Bourgueil Perrières 2019	26 €	94
Bourgueil Pied de la Butte 2019	15 €	90

Rouge : 16 hectares. Cabernet franc 100 %
Production moyenne : 60 000 bt/an

DOMAINE DE LA BUTTE ♣

La Butte, 37140 Bourgueil
02 47 97 81 30 ● www.jackyblot.fr ● Vente et visites : sur RDV.
Propriétaire : Jacky Blot

★ DOMAINE VINCENT CARÊME

Le discret Vincent Carême, également producteur de steen (le nom local du chenin) en Afrique du Sud sous le nom Terre Brûlée (40 000 bouteilles par an) fait désormais partie des ténors de l'appellation Vouvray. Sur les 17,5 hectares de chenin répartis sur les argiles à silex de Vernou-sur-Brenne et Nozay, le travail méticuleux en bio (certification en 2007) permet d'obtenir des raisins sains et éclatants en cave. Ce quadragénaire tend vers des vins de plus en plus secs mais ses Le Peu Morier et Tendre intègrent avec énergie les sucres résiduels, offrant des blancs salins et sapides. L'exigence est poussée encore plus loin avec le démarrage des traitements biodynamiques ; les élevages en fût ancien (400 l) sont de plus en plus précis.

Les vins : une gourmandise immédiate et bien mûre avec une certaine profondeur se dégage du pétillant naturel Plaisir Ancestal 2019, une bulle tout en finesse pour l'apéritif. Le brut 2019 en méthode traditionnelle s'avère tout aussi digeste mais plus simple d'approche. Les secs 2020 sont des chenins menés avec tact mais marqués par la trame végétale et l'amertume liées au millésime. Il faut les boire dans les quatre ans. Clos de La Roche se montre plus intense et profond que Le Peu Morier, plus élancé. Les moelleux 2018 nous enchantent bien davantage : le moelleux s'offre toute en suavité sur des notes de crème de caramel et de pomme au four ; Première Trie se profile avec bien plus d'intensité aromatique et de chair, vin énergique finement élevé, d'une grande élégance.

▭ Vouvray Brut 2019	15,30 €	88
▭ Vouvray Clos de La Roche 2020	27 €	89
▭ Vouvray Le Peu Morier 2020	23,80 €	89
▭ Vouvray Moelleux 2018	27 €	92
▭ Vouvray Plaisir Ancestral 2019	18,50 €	90

Le coup de ♥

▭ Vouvray Première Trie 2018	45 €	94

Blanc : 22 hectares. Chenin 100 %
Production moyenne : 85 000 bt/an

DOMAINE VINCENT CARÊME ♣

1, rue du Haut-Clos, 37210 Vernou-sur-Brenne
02 47 52 71 28 ● www.vincentcareme.fr ●
Visites : sans RDV.
Propriétaire : Vincent Carême

★ DOMAINE PATRICE COLIN

Patrice Colin, viticulteur passionné, s'est attaché à faire connaître, à travers ses vins du Vendômois (vallée du Loir), la capacité de ce vignoble sur le déclin à produire des vins certes rustiques, mais de goût et de terroir. Sur sa propriété entièrement cultivée à haute densité (7 500 pieds à l'hectare), on trouve des vignes de pineau d'Aunis (rouge) vieux d'une centaine d'années, ainsi que des chenins qui approchent les 80 ans. Les blancs sont les plus accessibles : ils se révèlent vifs, équilibrés, exprimant des saveurs de rhubarbe et de groseille. Les rouges (pineau d'Aunis, cabernet franc, pinot noir) se montrent plus sauvages dans les arômes : ils ont besoin d'un carafage. Nous saluons le long et minutieux travail d'artisan d'art de ce vigneron méritant, solidement épaulé par son fils Pierre-François, avec lequel il a entrepris la conversion du domaine à la biodynamie.

Les vins : parmi les effervescents, Les Perles Grises se distingue cette année par le fruit poivré et juteux du pineau d'Aunis, rafraîchissant à l'apéritif. En rosé, Gris Bodin 2021 s'avère toujours aussi sincère tout en exprimant la fermeté du millésime. On retrouve cette trame austère dans le blanc Pierre à Feu 2021 : un chenin sec, franc du collier, élaboré sans esbroufe. Vieilles Vignes 2020 se distingue, quant à lui, par son intensité et une sensation minérale finement fumée. Pente des Coutis 2018 clôture la dégustation des blancs avec un moelleux à l'approche caillouteuse et confortable. Une belle finale fraîche signe ce vin déjà affriolant. En rouge, place

au pineau d'Aunis, avec Pierre-François 2021, vivement poivré, à l'équilibre entre croquant et granuleux. Quel plaisir servi frais ! Vieilles Vignes 2020 se montre plus concentré avec une aromatique animale qui gâche le plaisir. Nous préférons Les Vignes d'Émilien Colin 2020, plus précis, joliment concentré, avec une trame stimulante : une viande rouge saignante le ravira. Intuition 2019 est concentré, mais enrobé par un élevage démonstratif.

▭ Coteaux du Vendômois Pente des Coutis Moelleux 2018	25 €	92
▭ Coteaux du Vendômois Pierre à Feu 2021	11 €	89
▬ Coteaux du Vendômois Gris Bodin 2021	10 €	89
▼ VDF Les Perles Grises	10,50 €	89
▬ Coteaux du Vendômois Intuition 2019	21 €	89
▬ Coteaux du Vendômois Les Vignes d'Emilien Colin 2020	14 €	90
▬ Coteaux du Vendômois Pierre-François 2021	10 €	89
▬ Coteaux du Vendômois Vieilles Vignes 2020	12 €	87

Rouge : 16 hectares. Pinot noir 13 %, Cabernet franc 12 %, Gamay noir à jus blanc 12 %
Blanc : 13 hectares. Chenin 88 %, Chardonnay 12 %
Production moyenne : 130 000 bt/an

DOMAINE PATRICE COLIN ♣

5, rue de la Gaudetterie
41100 Thoré-la-Rochette
02 54 72 80 73 ● www.domaine-colin.fr ●
Vente et visites : sur RDV.
Propriétaire : Pierre François Colin

★ ↗ DOMAINE DE LA COTELLERAIE

Le méticuleux Gérald Vallée ne laisse rien au hasard dans ses vinifications en cuve bois et ses élevages en barrique. Il donne naissance à des cabernets francs amples, séduisants, sertis de tanins suaves qui les rendent accessibles dès la jeunesse, mais dotés d'un bon potentiel de garde. Dans un registre civilisé, les derniers millésimes ont considérablement gagné en éclat de fruit, les rapprochant du goût frais de leur terroir. La cuvée "de fruit" La Croisée est menée avec spontanéité, Les Perruches est stylisée avec tact dans des cuves bois pour mettre en lumière l'identité de ces argiles à silex. Nous décernons l'étoile au domaine en espérant que les élevages extravagants de La Croisée et Vau Jaumier s'apaisent pour révéler avec plus de transparence les superbes matières des lieux-dits de La Croisée (clos argilo-calcaire d'un hectare) et du Vau Jaumier (faible pente argilo-calcaire, plein Sud).

Les vins : le saint-nicolas-de-bourgueil La Croisée 2020 présente une irrésistible chair gourmande et fraîche du cabernet franc, un vin qui se boira dans les trois à quatre prochaines années. Réduit à l'ouverture, Pigeur Fou 2020 s'annonce pulpeux, animé par des notes florales et une finale étirée avec une grande fraîcheur sanguine. Les Perruches 2019 s'est refermé mais recèle un beau jus, concentré, finement stylisé jusqu'à une finale éclatante en bouche. Un cabernet franc bien identitaire mené avec doigté. De magnifiques et intenses matières se dégagent des cuvées L'Envolée et Le Vau Jaumier, qui sont lestées par des élevages en barriques démonstratifs. Il faudra du temps pour les digérer. Nous les aimerions plus aériennes et déliées.

- Saint-Nicolas-de-Bourgueil L'Envolée
  2019   25 €   **92**
- Saint-Nicolas-de-Bourgueil La Croisée
  2021   12 €   **88**
- Saint-Nicolas-de-Bourgueil Le Vau Jaumier
  2019   20 €   **92**
- Saint-Nicolas-de-Bourgueil Pigeur Fou
  2020   14 €   **90**

Le coup de 🧡

- Saint-Nicolas-de-Bourgueil Les Perruches
  2019   14 €   **91**

Rouge : 27 hectares. Cabernet franc 100 %
Production moyenne : 100 000 bt/an

DOMAINE DE LA COTELLERAIE ♣

2, La Cotelleraie,
37140 Saint-Nicolas-de-Bourgueil
02 47 97 75 53 ● www.domaine-cotelleraie.fr
● Vente et visites : sur RDV.
Propriétaire : Gérald Vallée

★ CHÂTEAU DE COULAINE

La propriété est dans la famille Bonnaventure depuis le Moyen Âge, durant lequel ont été plantées les vignes du clos historique du château de Turpenay. En 1988, Étienne et Pascale de Bonnaventure entreprennent l'agrandissement du domaine. Ils font revivre l'esprit des grands vins de Beaumont, la première marche de l'appellation Chinon, côté Loire, là où les cabernets sous influence plus océanique gagnent en dentelle et en finesse de fruit, comparés à ceux de l'est de l'appellation. Le château de Coulaine produit aujourd'hui une brillante gamme de chinons bio, qui conjuguent fruit frais et élégance de texture. Les millésimes ne gomment pas l'expression des terroirs : la souplesse (argile et silice de Beaumont) dans le Château de Cou-

laine et la fermeté fraîche des terres argilo-calcaires dans Les Picasses, Clos de Turpenay (plein sud) et La Diablesse (dans sa version vieilles vignes, exposées au nord). Depuis janvier 2017, Jean de Bonnaventure, le fils d'Étienne et de Pascale, est aux commandes du domaine.

Les vins : le chinon blanc Les Pieds Rôtis 2021 ouvre avec éclat la dégustation : un chenin sec, d'un gras savoureux et extrêmement gourmand. Une bouteille à ouvrir dans les six à sept ans. Clos de la Cure 2020 se montre, quant à lui, bien plus riche : mené avec rondeur, il subit les excès de chaleur du millésime. Une suavité affriolante se dégage du chinon 2021 dans ce millésime délicat. Un bon rouge fruité de comptoir à déguster dans les trois à quatre ans. Une haute concentration d'arômes se dégage de Clos de Tupernay, un jus tapissant d'une grande sincérité mené avec tact et fraîcheur. Il est promis à une garde sereine de plus de vingt ans. Les Picasses, à son habitude, s'affirme avec distinction. Terminons avec le superbe La Diablesse, encore contenu, mais dont le terroir transcende admirablement le cabernet franc. Une définition minérale, intense et droite de Chinon taillé pour la garde. Des 2020 équilibrés, intenses et frais, à ouvrir à partir de 2025 et promis à une garde sereine plus de vingt ans.

- Chinon Clos de la Cure
  2020   de 18 à 20 € (c)   **89**
- Chinon Les Pieds Rôtis 2021   15 €   **90**
- Chinon 2021   13 €   **90**
- Chinon Clos de Turpenay
  2020   de 18 à 20 € (c)   **92**
- Chinon La Diablesse
  2020   de 23 à 26 € (c)   **94**
- Chinon Les Picasses
  2020   de 18 à 20 € (c)   **93**

Rouge : 16,5 hectares.
Blanc : 3 hectares.
Production moyenne : 80 000 bt/an

CHÂTEAU DE COULAINE ♣

2, rue de Coulaine,
37420 Beaumont-en-Véron
02 47 98 44 51 ●
www.chateaudecoulaine.com ● Vente et
visites : sur RDV.
Propriétaire : Jean de Bonnaventure

★ DOMAINE DE LA GARRELIÈRE

Aux portes du Poitou, Pascale et François Plouzeau cultivent la vigne en biodynamie depuis 1993. Les raisins sont récoltés à parfaite maturité pour livrer des vins dénués de tout artifice œnologique. Gorgés de fruit, les blancs en mono-cépage de chenin et de sauvignon offrent une grande sincérité de saveurs. La chair du rouge Cinabre (cabernet franc) est avenante ; il peut se mesurer, par sa concentration, à certains chinons. Les vins dégustés cette année nous laisse sur notre faim. Nous espérons des cuvées nous laissent avec davantage de fond et d'harmonie l'année prochaine.

Les vins : le chenin solaire et gras n'échappe pas au caractère végétal du millésime 2020, il faudra le boire sans attendre. En demi-sec, Coulée Douce 2015 s'annonce tout en gourmandise, un peu enrobé par son élevage. Un blanc d'apéritif et de fromages à pâte persillée. En 2021, Gamay Sans Tra La La s'annonce franc du collier, dans un registre variétal croquant.

▷ Touraine La Coulée Douce 2015	24 €	89
▷ Touraine Le Chenin de la Colline 2020	14 €	86
▶ Touraine Gamay Sans Tra La La 2021	14 €	88

Rouge : 8 hectares. Gamay noir à jus blanc 60 %, Cabernet franc 40 %, Pinot noir 1 %
Blanc : 12 hectares. Sauvignon blanc 60 %, Chenin 30 %, Chardonnay 10 %
Production moyenne : 80 000 bt/an

DOMAINE DE LA GARRELIÈRE ☾

La Garrelière, 37120 Razines
02 47 95 62 84 ● www.garreliere.com ●
Vente et visites : sur RDV.
Propriétaire : François Plouzeau

★ DOMAINE GROSBOIS

Les pentes douces homogènes de la commune de Panzoult sont composées en majorité de mil-large, des sables jaunes quartziens sur lesquels le cabernet franc produit des chinons moins tanniques que sur l'argilo-calcaire. "Ce terroir solaire a besoin d'être théâtralisé", explique Nicolas Grosbois, arrivé au domaine familial en 2008, après dix ans passés en tant que "flying winemaker". De la Nouvelle-Zélande et du Chili, ce trentenaire est revenu vacciné contre le bois. Il ne vinifie et n'élève ses rouges qu'en cuve. Sa cuvée Clos du Noyer donne la priorité à l'expression entière d'un raisin de goût, tout en misant sur la finesse. La nouvelle création née sur une dalle calcaire, Montet, est l'un des plus beaux rouges de Chinon. Nicolas Grosbois est également gérant associé au domaine des Hauts Baigneux (Azay-le-Rideau).

Les vins : commençons avec Gabare 2020, un chinon à la chair tendre et pulpeuse, ponctué par une finale ligérienne, fraîche, qui en fait un vin immédiatement accessible. Déjà dégusté l'année dernière, Clos du Noyer 2019 montre un

gras charmeur. Il n'est toutefois pas dans une définition aromatique exemplaire. Montet qui assume une belle densité et une fraîcheur calcaire stimulante. Il évoluera tranquillement plus de dix ans. Clôture subit un peu plus l'excès de chaleur du millésime en déroulant un jus riche et ample. Il vous faudra attendre une bonne année de cave avant de l'ouvrir, pour le déguster à sa juste valeur.

▬ Chinon Clos du Noyer 2019	29 €	92
▬ Chinon Clôture 2018	32 €	92
▬ Chinon Gabare 2020	18 €	89
▬ Chinon Montet 2019	32 €	92

Rouge : 25 hectares. Cabernet franc 100 %
Achat de raisins.
Production moyenne : 55 000 bt/an

DOMAINE GROSBOIS ♣

Le Pressoir, 37220 Panzoult
02 47 58 66 87 ● www.domainegrosbois.fr ●
Visites : sans RDV.
Propriétaire : Nicolas Grosbois

★ DOMAINE LE ROCHER DES VIOLETTES

Xavier Weisskopf a découvert à Chablis le métier de vigneron. Formé à Beaune, vinificateur à Gigondas, il s'installe à Montlouis-sur-Loire en 2005. Il dispose d'une très bonne cave troglodyte au cœur de la ville d'Amboise. En culture totale, sans apport d'engrais ni produits chimiques, son vignoble âgé et très morcelé, sur la commune de Saint-Martin-le-Beau, s'étend sur 13 hectares, dont 9 en appellation Montlouis et 4 en Touraine. Les vendanges sont manuelles, le raisin est transporté en petites caisses pour préserver l'intégrité des baies et limiter l'oxydation. La pureté, l'intégrité et la précision des blancs ont peu d'égal dans la région, même si la météo en 2020 très chaude a causé des soucis aux vignerons.

Les vins : le Pétillant 2019 nous enchante toujours autant par sa franchise de goûts et de saveurs : une approche juteuse et fine d'un chenin en méthode ancestrale. Comme pour de nombreux chenins de Loire, une sensation végétale et d'amertume marque malheureusement les blancs 2020. Touche Mitaine est toutefois mené avec un certain tact et de la finesse. Tout comme Le Grand Clos, qui s'avère nettement plus intense, porté par son élevage délicat. Mais la finale durcit l'ensemble… Sensation que nous éprouvons avec Les Borderies en demi-sec, que nous avons connus plus gracieux. En rouge, une animalité prégnante et la rigidité perturbent malheureusement le pinot noir 2020, tout comme le côt 2020, naturellement plus concentré. Les vins ne possèdent pas la précision des 2019.

Montlouis-sur-Loire Le Grand Clos 2020	21 €	91
Montlouis-sur-Loire Les Borderies 2020	17 €	91
Montlouis-sur-Loire Pétillant 2019	18 €	91
Montlouis-sur-Loire Touche Mitaine 2020	17 €	89
IGP Val de Loire Pinot Noir 2020	20 €	88
Touraine Côt Vieilles Vignes 2020	16 €	90

Rouge : 3 hectares.
Blanc : 14 hectares.
Production moyenne : 90 000 bt/an

DOMAINE LE ROCHER DES VIOLETTES ♣

34, rue de la Roche, 37150 Dierre
06 25 07 22 70 ●
www.lerocherdesviolettes.com ● Vente et visites : sur RDV.
Propriétaire : Xavier Weisskopf

DOMAINE DES CORBILLIÈRES

Installé dans le village d'Oisly, réputé pour ses sauvignons, Dominique Barbou maîtrise son vignoble, en culture totale, aux rendements limités. Les vinifications sont peu interventionnistes. Le domaine produit un solide Angeline qui sort le touraine rouge de son image "fruitée et gouleyante", auquel il adjoint une version plus délicate en tanins, la cuvée Les Dames. Les sauvignons recèlent un beau gras, surtout les sélections Fabel et Justine, qui se révèlent à leur meilleur avant deux années en bouteille. Une adresse et des valeurs sûres.

Les vins : encore dans un registre variétal, Fabel Barbou 2021, issu de vignes de 40 à 55 ans, mérite un an de garde pour révéler un gras séduisant et une finale très expressive : un beau sauvignon de table. L'équilibre savoureux de Justine Barbou cisèle une bouche avec de beaux amers, rafraîchissant la générosité du millésime. Il va évoluer tranquillement dans les sept à huit ans. Élevé plus longtemps (18 mois), les XVI Rangs se dévoile avec plus de finesse et une allonge savoureuse. N'hésitez pas à mettre des magnums en cave, vous pourrez les ouvrir dans les dix ans. Aussi bien en 2020 qu'en 2018, les rouges accusent une maturité élevée et des tanins serrés. Nous les aimerions avec davantage de gourmandise.

Touraine Fabel Barbou 2021	15 €	89
Touraine Justine Barbou 2020	16 €	90
Touraine Oisly Les XVI Rangs 2019	17 €	91
Touraine Oisly Les XVI Rangs 2020	18 €	90
Touraine Angeline 2019	17 €	89
Touraine Les Dames 2020	20 €	86
Touraine Les Griottines 2020	10 €	87

Rouge : 8 hectares. Pinot noir 30 %, Gamay noir à jus blanc 30 %, Malbec (cot) 30 %, Cabernet franc 10 %
Blanc : 18 hectares. Sauvignon blanc 97 %, Chardonnay 3 %
Production moyenne : 150 000 bt/an

DOMAINE DES CORBILLIÈRES

1, Les Corbillières, 41700 Oisly
02 54 79 52 75 ●
www.domainedescorbillieres.com ● Vente et visites : sur RDV.
Propriétaire : Dominique Barbou

DOMAINE MATHIEU COSME

Depuis qu'il a repris le domaine familial (anciennement domaine de Beaumont) de Noizay en 2005, Mathieu a entamé une réflexion profonde en quête de grands chenins vouvrillons. Il réduit de 14 hectares (dont 70 % alimentaient la cave coopérative) à 9 hectares qu'il cultive seul avec quelques saisonniers. Hormis Fines Bulles, un pétillant extrêmement goûteux, chacune cuvée naît sous un nom de lieu-dit visant à mettre en lumière l'expression de nuances de terroirs et d'âges des vignes. Les vins fermentent et séjournent dans des fûts de 300 à 400 litres. Tous ces efforts donnent des blancs sincères et francs du collier, laissant une sensation nourrissante fraîche. Saluons le négoce de qualité de Mathieu Cosme, Le Facteur su'l'Vélo, qu'il partage avec son associé Fabien Brutout, un autre vigneron plein d'avenir.

Les vins : encore animé par les arômes primaires du chenin, le sec Les Promenards 2021 se délie en finesse avec une insistance saline fraîche et ferme. En version tendre, Les Enfers 2021 s'inscrit dans cette veine épurée, avec l'étoffe apportée par les quelques sucres résiduels. Un millésime bien plus en légèreté que le 2019 dégusté l'année dernière. Il sera préférable de boire les vins dans leur jeunesse.

Vouvray Les Enfers 2021	19,50 €	90
Vouvray Les Promenards 2021	16 €	89

Blanc : 10 hectares. Chenin 100 %
Production moyenne : 23 000 bt/an

DOMAINE MATHIEU COSME ♣

86, rue du Bois-de-l'Olive, 37210 Noizay
06 19 23 17 06 ●
www.domainemathieucosme.com ● Vente et visites : sur RDV.
Propriétaire : Mathieu Cosme

DOMAINE FABRICE GASNIER

Depuis quatre générations, la famille Gasnier exploite ce domaine de Cravant-les-Coteaux. Fabrice travaille 29 hectares entièrement cultivés sur des terres légères. Nous retrouvons dans ses cuvées les notes florales, les textures délicates, jamais très longues, mais si digestes, qui ont fait la légende des chinons rabelaisiens. Queue du Poêlon, qui met en valeur une parcelle de vignes de 60 ans, est élevé en cuve béton.

Les vins : ouvrons la dégustation avec les blancs. Le Clos de la Cure 2021 : un chenin à la fois léger, acidulé et sympathique. Coteau de Sonnay s'avère plus exotique et gras, avec la marque végétale récurrente dans le millésime 2020. Du côté des rouges, Les Graves 2020, déroule un fruit pimpant et une finale avec une certaine rigidité ; la signature de l'année. Vieilles Vignes, quant à lui, affiche une concentration et un éclat supplémentaires. Les Cornuelles 2020, d'un haut de coteau d'argiles à silex, a une bonne concentration fruitée et minérale. Il se posera tranquillement dans les quatre à cinq ans. La densité et la minéralité de La Queue de Poêlon nous enchantent et feront évoluer le vin plus de dix ans. Terminons avec Signature 2019, enveloppé par son élevage en demi-muids qui offre une interprétation plus suave et séduisante du chinon tout en étant promis à une garde sereine.

Chinon Coteau de Sonnay 2020	18 €	88
Chinon Le Clos de la Cure 2021	12 €	87
Chinon La Queue de Poêlon 2019	Épuisé - 16 €	92
Chinon Les Cornuelles 2020	15 €	90
Chinon Signature 2019	16 €	92
Chinon Vieilles Vignes 2020	13 €	89

Rouge : 31,4 hectares. Cabernet franc 100 %
Blanc : 1,6 hectare. Chenin 100 %
Production moyenne : 150 000 bt/an

DOMAINE FABRICE GASNIER ☾

1, Chezelet, 37500 Cravant-les-Coteaux
02 47 93 11 60 ●
www.domainefabricegasnier.com ● Vente et visites : sur RDV.
Propriétaire : Fabrice Gasnier

DOMAINE DES HAUTS BAIGNEUX

Nicolas Grosbois, vigneron entrepreneur de Chinon, et Philippe Mesnier, également importateur de vins en Belgique, ont acheté le domaine des Hauts Baigneux pour mettre sur le devant de la scène un vignoble dans l'ombre : Touraine-Azay-le-Rideau. Leur force vient d'un terroir d'argile à silex, qui parvient à livrer des blancs mûrs, encore un peu enrobés par leur élevage mais qui recèlent une tension appétente.

Les vins : commençons la dégustation par La Surprise 2021, un rosé acidulé, fruité et sympathique. L'élevage boisé donne au chenin 2020 des notes de caramel et une texture un peu enrobée. Il mériterait plus d'épure. Clos des Brancs 2019, d'un beau blanc identitaire, se montre plus étoffé et énergique. D'une belle spontanéité, Grolleau 2020 est un vin pimpant, bien juteux, porté par des tanins acidulés rafraîchissants.

Touraine Azay-le-Rideau Blanc Chenin 2020	18 €	88
Touraine Azay-le-Rideau Clos des Brancs 2019	25 €	91
Touraine Azay-le-Rideau La Surprise 2021	10 €	87
Touraine Grolleau 2020	18 €	92

Rouge : 10 hectares. Cabernet franc 50 %, Grolleau 30 %, Gamay noir à jus blanc 20 %
Blanc : 6 hectares. Chenin 100 %
Production moyenne : 60 000 bt/an

DOMAINE DES HAUTS BAIGNEUX ♣

Le Pressoir, 37220 Panzoult
02 47 58 66 87 ● hautsbaigneux@gmail.com
● Visites : sans RDV.
Propriétaire : Nicolas Grosbois et Philippe Mesnier

NOUVEAU DOMAINE

DOMAINE DES OUCHES

Issus d'un longue lignée de vignerons de Bourgueil, Thomas et Denis Gambier revendiquent des cabernets francs hauts en couleur et en concentration. Sertis de tanins saillants, les vins offrent toutefois une expression franchement fruitée et une sincérité d'approche. De la cuvée Ignoranda (graviers), juteuse et saillante, en passant par les intenses Clos Boireaux (perruches sableuses) et le Coteaux des Ouches (argilo-siliceux), parés pour de belles années de garde), la gamme se montre cohérente. Un bémol, toutefois, sur la dernière cuvée Romana, élevée en amphore de terre cuite, aux contours plus rigides.

Les vins : le chenin ouvre la dégustation avec croquant, simplicité et appétence. Du côté des rouges, des cabernets francs concentrés et bien mûrs se profilent, à l'image d'Igoranda, aux tanins salivants, un brin anguleux. Le grain de tanins s'avère bien plus fin sur le Coteau des Ouches, un vin d'une densité pulpeuse et d'une race pour évoluer tranquillement dans les prochaines années. Les Clos Boireaux offre un supplément de fraîcheur avec une sensation minérale plus forte, une belle allonge pleine de sincérité, ce sont deux belles cuvées identitaires. Élevé en amphores, Romana s'avère un peu rigide et moins profond que le reste de la gamme. Sombre comme de l'encre, Grande Réserve a été élevé finement. Un cabernet puissant, aux tanins solides, taillé pour la garde qu'on aimera voir s'affiner dans les prochaines années.

IGP Val de Loire Chenin 2020	14,50 €	87
Bourgueil Coteau des Ouches 2019	14,50 €	91
Bourgueil Grande Réserve 2018	de 20 à 22 € (c)	90
Bourgueil Igoranda 2020	11 €	88
Bourgueil Les Clos Boireaux 2019	14,50 €	91
Bourgueil Romana 2020	de 27 à 31 € (c)	88

Rouge : 16 hectares. Cabernet franc 97 %, Cabernet-Sauvignon 3 %
Blanc : 0,15 hectare. Chenin 100 %
Production moyenne : 70 000 bt/an

DOMAINE DES OUCHES

3, rue des Ouches, Ingrandes de Touraine 37140 Coteaux-sur-Loire
02 47 96 98 77 ●
www.domainedesouches.com ●
Visites : sans RDV.
Propriétaire : Thomas et Denis Gambier

DOMAINE PERRAULT-JADAUD

Le domaine Perrault-Jadaud naît en 2009 de la rencontre entre Anne-Cécile Jadaud, une œnologue-consultante qui officiait dans le sud de la France, et Tanguy Perrault, étudiant en philosophie, converti à la vigne. La gamme de vins de Vouvrays s'avère particulièrement lisibles, avec des chenins bien mûrs, savoureux et précis, d'une spontanéité captivante !

Les vins : nous percevons une belle maturité de raisins dès le brut Haut les Choeurs 2019, un pétillant charnu et gourmand, structuré par une bulle vive qu'il faudra adoucir dans le verre. Les Grives Soûles 2019 charme immédiatement par son ampleur savoureuse, ses notes de poire mûres et de sorbet. Un blanc riche déjà affriolant qui évoluera paisiblement dans les huit à dix ans. 2018 a donné naissance à de formidables chenins moelleux, à l'image des Ménades, d'une sincérité juteuse et spontanée. En demi-bouteille, Bacchanales nous enchante par sa concentration libre et caillouteuse.

Vouvray Haut les Choeurs 2019	14 €	88
Vouvray Les Grives Soûles 2019	13 €	90
Vouvray Les Ménades 2018	16 €	90

Le coup de ♥

Vouvray Bacchanales 2018	19 €	92

Rouge : 0,75 hectare. Malbec (cot) 70 %, Gamay noir à jus blanc 30 %
Blanc : 6,25 hectares. Chenin 90 %, Chardonnay 10 %
Production moyenne : 25 000 bt/an

DOMAINE PERRAULT-JADAUD ♣

15, rue des Acacias, 37210 Chancay
06 16 87 80 40 ● perrault.jadaud@gmail.com
● Vente et visites : sur RDV.
Propriétaire : Tanguy Perrault & Anne-Cécile Jadaud

DOMAINE FRANÇOIS PINON

Vigneronne depuis le XVIIIe siècle, la famille Pinon est bien connue à Vouvray pour son domaine situé dans la ravissante vallée de Cousse, à Vernou-sur-Brenne. À la suite de la disparition tragique de François Pinon en 2021, Julien, son fils, perpétue un style très classique et dynamique, un brin serré, de blancs vouvrillons élevés sans artifices en fût ancien. La conversion en bio en 2003 a contribué à révéler les nuances des terroirs dans chacune des cuvées, élevées en fût et en cuve tronconique. Issu de vignes septuagénaires plantées sur calcaire, Les Déronnières se hisse parmi les secs les plus racés de l'appellation.

Les vins : trois bulles sont à découvrir, à commencer par Brut Spontané 2021, primaire dans les arômes avec une bulle envahissante, il faut l'apaiser dans le verre. Brut 2019 en méthode traditionnelle se montre plus abouti, avec une expression gourmande, tout en rondeur, et avec une sensation de sucrosité du chenin pour l'apéritif. Léger, Brut Non Dosé 2018 se montre plus gourmand et sec. En sec, le 2021 s'annonce sincère et léger, de profil simple et rafraîchissant. Le 2020, affiche plus de concentration avec une marque végétale. La passionnante Solera, construite sur les millésimes de 2018 à 2021, permet de marier différents profils d'années : un demi-sec tout en fraîcheur avec une réelle sincérité du fruit (peau de poire...) et une finale dynamique. Une méthode à méditer. Terminons avec Frizzante 2018 : un moelleux dont le gaz carbonique dynamise la sucrosité exotique de ce millésime, soulignant de beaux amers et les arômes de zestes de pomelo.

Vouvray Brut 2019	13 €	88

▭ Vouvray Brut Non Dosé 2018	16 €	89
▭ Vouvray Brut Spontané 2021	17 €	85
▭ Vouvray Frizzante 2018	20 €	90
▭ Vouvray Sec 2020	13 €	88
▭ Vouvray Sec 2021	17 €	87
▭ Vouvray Solera	17 €	91

Rouge : 0,38 hectare. Grolleau 50 %, Malbec (cot) 50 %
Blanc : 13,6 hectares. Chenin 100 %
Production moyenne : 50 000 bt/an

DOMAINE FRANÇOIS PINON ♣

55, rue Jean-Jaurès, Vallée de Cousse, 37210 Vernou-sur-Brenne
02 47 52 16 59 ●
www.francois-pinon-vouvray.com ● Vente et visites : sur RDV.
Propriétaire : Julien Pinon

DOMAINE AURÉLIEN REVILLOT

Originaire du Mâconnais, ingénieur agronome et œnologue, Aurélien a travaillé dans l'Oregon au domaine Drouhin et comme chef de culture à partir de 2013 à l'excellent domaine de la Chevalerie à Bourgueil. Il a pu reprendre (essentiellement en location) sept petites parcelles à Bourgueil et Saint-Nicolas-de-Bourgueil. Le 2019 cette année se montre d'un bon niveau. Toutefois, le 2018 et le 2017 ne s'avèrent pas aussi éclatants. Nous espérons un retour en force de ce domaine pour lui réattribuer l'étoile.

Les vins : deux Sur les Hauts sont à découvrir : un 2019 haut en couleur, concentré, avec une fraîcheur structurée qui le portera avec élan dans les sept à huit prochaines années. Le 2018 se montre tout aussi dense mais bien moins précis et éclatant. Presque animal, Le Grand Mont 2017 procure peu de plaisir. Nous l'écartons de la dégustation.

◗ Bourgueil Sur les Hauts 2018	Épuisé - 15 €	88
◗ Bourgueil Sur les Hauts 2019	15 €	89

Rouge : 3,43 hectares. Cabernet franc 100 %
Blanc : 0,12 hectare. Chenin 100 %
Production moyenne : 12 000 bt/an

DOMAINE AURÉLIEN REVILLOT ♣

7, route de Haut-Champ, 37140 Restigné
06 71 59 43 56 ● www.aurelien-revillot.fr ●
Vente et visites : sur RDV.
Propriétaire : Aurélien Revillot

DOMAINE VINCENT RICARD

Après avoir travaillé chez son vigneron modèle Philippe Alliet à Chinon, le discret Vincent Ricard s'est installé au domaine familial de Thésée en 1998. Ce bon vivant, féru d'engins agricoles, dispose d'une myriade de parcelles sur 42 hectares, essentiellement plantés de sauvignon (90 %). Une aubaine pour produire un blanc sympathique de soif, Le Petiot, et composer avec les plus belles parcelles argilo-calcaires, des sauvignons élevés en fût (400 litres) avec le plus grand soin. Les Trois Chênes et la cuvée ? sont deux blancs identitaires de cette vallée du Cher par leur gras subtil, leur saveur d'eau de rose et leur fine amertume s'intensifiant après quelques années. En témoigne une verticale où la plénitude arrive au bout de huit et douze ans.

Les vins : vif, simple et croquant Pierre à Feu 2021 ouvre l'appétit avec un sauvignon. En 2020, Les Trois Chênes 2020 livre une expression plus fine, un gras savoureux et une belle finale rocailleuse. Tasciaca 2020 dévoile, pour l'instant, un équilibre étonnant, entre rondeur exotique et une finale ferme ; il faudra le revoir l'année prochaine. Tout comme la cuvée ? 2020, marquée par une note végétale du millésime. Son gras lui confère un certain confort en cœur de bouche et une finale rigide. La rigidité de la cuvée Armand, malgré les sucres résiduels, nous laisse sur notre faim. Terminons avec Le Vilain P'tit Rouge 2021, un gamay digeste et pimpant, à boire dans la prime jeunesse.

▭ Touraine ? 2020	27 €	89
▭ Touraine Chenonceaux Tasciaca 2020	13 €	89
▭ Touraine Les Trois Chênes 2020	13 €	89
▭ Touraine Pierre à Feu 2021	10 €	86
◗ Touraine Le Vilain P'tit Rouge 2021	13 €	88

Rouge : 3 hectares. Malbec (cot) 100 %
Blanc : 33 hectares. Sauvignon blanc 100 %
Production moyenne : 180 000 bt/an

DOMAINE VINCENT RICARD ♣

19, rue de la Bougonnetière, 41140 Thésée
02 54 71 00 17 ● www.domainericard.fr ●
Vente et visites : sur RDV.
Propriétaire : Vincent Ricard

DOMAINE DE LA ROCHE BLEUE

Dans les discrètes appellations de la Sarthe Jasnières et Coteaux du Loir, Sébastien Cornille fait parler de lui depuis plusieurs millésimes. Après une aventure viticole sur l'île de la Réunion, le trentenaire atterrit dans ce vignoble, le plus septentrional de la vallée de la Loire en 2007. Il passe progressivement ses 6,50 hectares en bio pour faire des vins le plus naturellement possible. Ceux-ci sont issus de chenins plantés sur des argiles à silex, qui traversent des pressurages longs en grappes entières, des fermentations et des élevages en fût ancien. Les blancs de Jasnières s'affirment avec beaucoup de vigueur et une amertume noble et austère en bouche, venue de leur terroir. Les rouges offrent une approche fine et savoureuse du pineau d'aunis, tout en exprimant un beau bouquet poivré.

Les vins : dans un registre frais et élancé, deux blancs 2021 sont à découvrir : Orée de la Berterie, un chenin sec à l'équilibre digeste et fin, mais aussi le jasnières sec, d'une sincérité de jus revigorante. En 2020, Le Clos des Molières dévoile une sucrosité charmeuse, et possède une finale rocailleuse stimulante. Dégustés en cours d'élevage, les vins doivent s'affiner sur la fin de leur élevage. Le pineau d'Aunis Belle en Bulle est marqué par une certaine animalité. Nous l'écartons de la dégustation.

- ⌐ Coteaux du Loir Orée de la Berterie
  2021   20 €   **89**

- ⌐ Jasnières Le Clos des Molières
  2020   33 €   **91**

- ⌐ Jasnières Sec 2021   24 €   **90**

Rouge : 3 hectares. Gamay noir à jus blanc 15 %, Cabernet franc 5 %

Blanc : 3,5 hectares. Chenin 100 %

Production moyenne : 20 000 bt/an

DOMAINE DE LA ROCHE BLEUE ♣

La Roche, 72340 Marcon

02 43 46 26 02 ●
domainedelarochebleue@ymail.com ● Vente et visites : sur RDV.

Propriétaire : Sébastien Cornille

VIGNOBLES DU CENTRE

★★★ DOMAINE DIDIER DAGUENEAU

Louis-Benjamin Dagueneau mène d'une main de maître ce domaine d'exception dédié au sauvignon blanc depuis la disparition de son père, en septembre 2008. L'usage de levures sélectionnées dans leur vignoble, les débourbages serrés et les élevages longs sur lies sans soutirage demeurent la base d'une quête absolue de l'expression cristalline du sauvignon, rehaussée d'un élevage millimétré sous bois, dans des fûts de volume supérieur aux barriques, des cigares (320 l) ou des tonnes (600 l). Sept cuvées composent la gamme : Blanc Etc..., assemblage de quatre parcelles ; Pur Sang, assemblage du secteur de la Folie ; Buisson Renard, une parcelle de Saint-Andelain, plus compact ; Silex, qui expose la pureté cristalline des argiles à silex ; sans oublier le rarissime Clos du Calvaire (20 ares plantés à 14 000 pieds à l'hectare, arrachés en 2009 et replantés dans un autre sens à 10 000 pieds par hectares), et Astéroïde, issu d'un vignoble franc de pied vendangé toujours très mûr. Le sancerre de Chavignol est issu du cœur du grand cru de la côte des Monts Damnés. Écœuré que l'un de ses 2017, pourtant superbe, ait été retoqué aux dégustations d'agrément de l'appellation Pouilly-Fumé, Louis-Benjamin Dagueneau a décidé de reclasser sa production sous la dénomination Vin de France. Rappelons que les passionnés de l'épure des sauvignons maison doivent découvrir les précieux jurançons que la famille produit aux Jardins de Babylone (voir la partie Sud-Ouest).

Les vins : comme à leur habitude, les vins fermés à double tour dans leur jeunesse demanderont une dizaine d'années pour s'ouvrir et surtout pour se détendre ; les 2020 n'échappent pas à cette règle. Cela reste néanmoins un millésime solaire admirablement géré. Deux récoltes auront été nécessaires pour le vigneron : une précoce pour préserver l'acidité et une second, quelques jours plus tard, pour favoriser la maturité. D'une douceur solaire, Blanc Etc... est fuselé par de beaux amers. Pur Sang mettra un peu de temps pour s'équilibrer entre puissance et un cœur de bouche un peu souple à ce stade ; l'élevage boisé le stylise avec brio. Véritable coup de cœur pour Buisson Renard, un blanc superbement concentré, qui met en lumière une sensation calcaire, un éclat salivant et des saveurs prolongées par les amers ; il est promis à une garde de quelques décennies. Silex reste réservé mais sa puissance saillante en bouche est impressionnante, ses fines notes de fruits exotiques et de coriandre s'affineront

571

avec subtilité dans le temps. 2020 est le premier millésime de Clos du Calvaire depuis sa plantation en 2011. Élevé en cuve ovoïde en verre (Wine Globe), il nous enchante de ses notes de menthe fraîche, dans un style plus libéré que le reste de la gamme mais tout aussi précis. Ce n'est pas pour nous déplaire !

VDF Blanc Etc... 2020	54 €	**91**
VDF Clos du Calvaire 2020	N.C.	**95**
VDF Pur Sang 2020	73 €	**93**
VDF Silex 2020	100 €	**95**

Le coup de ♥
VDF Buisson Renard 2020	80 €	**95**

Blanc : 11 hectares. Sauvignon blanc 100 %
Production moyenne : 50 000 bt/an

DOMAINE DIDIER DAGUENEAU

Le Bourg, 58150 Saint-Andelain
03 86 39 15 62 ●
louis.benjamin.dagueneau@gmail.com ●
Vente et visites : sur RDV.
Propriétaire : Louis-Benjamin Dagueneau

★★ DOMAINE GÉRARD BOULAY

Les Boulay disposent à Chavignol d'un des plus beaux terroirs du village, le Clos de Beaujeu. Cette parcelle, à la pente de 70 %, se situe dans le secteur des Culs de Beaujeu, en orientation est/sud-est, tandis que la parcelle des Monts Damnés, qui partage la même nature crayeuse des sols, est exposée plein sud. Cette exposition au levant apporte une élégance et un raffinement rares aux sauvignons, qui ne s'expriment qu'au bout de cinq ans. Sur vingt ans, ils évoluent vers les senteurs de truffe blanche. Ils sont toujours dominés par l'expression pierreuse de leur terroir et non par le caractère variétal du cépage. Les vins sont entiers, généreux, d'une concentration exemplaire pour la garde, en particulier le très pur Comtesse et l'admirable rouge Oriane, capables à plus de vingt ans d'âge de se montrer éblouissants.

Les vins : commençons avec un sancerre blanc 2021, très digeste dans une expression variétale. Les cuvées du lieu-dit s'affirment dans le millésime solaire 2020 avec une grande fraîcheur. Encore contenu, le superbe Clos de Beaujeu 2020 s'affirme avec une salinité insistante et une puissance magnifiquement contenue. Il va se détendre dans les dix ans et va évoluer avec panache dans les deux décennies à venir. Monts Damnés est large d'épaules, cela lui confère plus d'ampleur en dépit d'une finale plus austère. Un blanc d'avenir qui pourra être ouvert à partir de 2025. La Côte s'élance avec puissance et a une sensation plus chaude en alcool. Un vin qui, à n'en pas douter, évoluera avec richesse.

Sancerre 2021	17 €	**89**
Sancerre La Côte 2020	30 €	**93**
Sancerre Monts Damnés 2020	Épuisé - 29 €	**95**

Le coup de ♥
Sancerre Clos de Beaujeu 2020	29 €	**95**

Rouge : 2 hectares. Pinot noir 100 %
Blanc : 11 hectares. Sauvignon blanc 100 %
Production moyenne : 65 000 bt/an

DOMAINE GÉRARD BOULAY

Chavignol, 18300 Sancerre
02 48 54 36 37 ●
boulayg-vigneron@wanadoo.fr ● Vente et visites : sur RDV.
Propriétaire : Gérard Boulay
Directeur : Thibaut Boulay

★★ DOMAINE VINCENT PINARD

Dans le village vigneron de Bué, la famille Pinard a fait de son domaine l'un des plus emblématiques de Sancerre. Au fil des millésimes, les frères Florent et Clément repoussent sans cesse leurs limites pour dessiner un relief de saveurs toujours plus proche de leur terroirs, tant en viticulture (conversion en bio, maîtrise des rendements, maturité optimale des raisins...) qu'en cave (travail sur les souches de levures de leur vignoble pour les fermentations, allongement des élevages en demi-muid, réduction des doses de sulfites...). Florès s'avère une excellente entrée en matière pour comprendre l'approche stylisée et parfaitement calibrée des blancs. L'intensité monte ensuite avec des cuvées identitaires de lieux-dits, du salin et ciselé Petit Chemarin à la puissance austère et élégante du Chêne Marchand, en passant par Le Château, d'une densité réconfortante. Les rouges ne sont pas en reste avec des matières de haute concentration de plus en plus définies.

Les vins : Florès ouvre admirablement le bal des 2020, millésime solaire admirablement dompté. Une gamme d'une grande cohérence. Les vins offrent un confort de bouche séduisant, tout en étant ciselés dans les finales calcaires revigorantes. Une touche d'exotisme anime Harmonie, un sancerre sensuel, au soyeux étiré par la finale. Petit Chemarin s'élance avec une énergie phénoménale, une sensation caillouteuse dynamisante. Dans un registre plus exotique, Grand Chemarin s'avère plus charmeur. Le Château nous enchante par sa carrure presque tannique, à qui il faudra quelques années pour se poser. Toujours plus austère d'approche, Chêne Marchand déroule une ampleur saillante, aux amers énergiques. Il est taillé pour une longue garde. En rouge, le pinot noir 2020, bien mûr, n'en n'est pas moins salivant, joliment concentré et tenu par des tanins croquants. Les 2019 affichent une superbe concentration et une fraîcheur supplémentaire à l'image de Narpi 2019, un pinot noir sans soufre ajouté, d'un juteux irrésistible. Encore contenu de jeunesse, Charlouise offre une formidable densité en extraits secs et une ampleur fraîche qui le portera plus de dix ans. Tout comme Vendanges Entières, un vin d'envergure, porté par une trame bien mûre et florale. Un sancerre d'avenir.

▱ Sancerre Chêne Marchand 2020	34 €	**94**
▱ Sancerre Florès 2020	16,50 €	**91**
▱ Sancerre Grand Chemarin 2020	34 €	**94**
▱ Sancerre Harmonie 2020	29 €	**93**
▱ Sancerre Le Château 2020	34 €	**92**
▰ Sancerre Charlouise 2019	34 €	**93**
▰ Sancerre Narpi 2019	38 €	**92**
▰ Sancerre Pinot Noir 2020	22 €	**91**
▰ Sancerre Vendanges Entières 2019	38 €	**94**

Le coup de ♥

▱ Sancerre Petit Chemarin 2020	34 €	**95**

Rouge : 4,5 hectares. Pinot noir 100 %
Blanc : 12,5 hectares. Sauvignon blanc 100 %
Production moyenne : 100 000 bt/an

DOMAINE VINCENT PINARD

42, rue Saint-Vincent, 18300 Bué
02 48 54 33 89 ● www.domaine-pinard.com
● Vente et visites : sur RDV.
Propriétaire : Famille Pinard

★★ DOMAINE SÉROL

Carine et Stéphane Sérol n'ont jamais autant fait briller le gamay saint-romain et la Côte Roannaise. Sur les terroirs de sables et de granite en altitude (de 380 à 520 mètres), les rouges puisent une expression délicatement fumée, florale et aérienne du cépage. Issus de vignes plantées à haute densité (de 8 000 à 10 000 pieds/ha), les raisins sont partiellement voire totalement égrappés avant d'être vinifiés en douceur. La progression de ces dix dernières années s'avère fulgurante, et les vins n'ont jamais aussi bien retranscrit l'identité de leurs terroirs.

Les vins : d'un bel éclat, Champtoisé 2020 est un chenin sur granite, mené avec minutie, mais enrobé par un élevage encore un peu trop démonstratif. Nos Premiers Chenins de Macération 2020 (7 mois en amphore) est un beau

blanc aux douces senteurs de tisane, d'agrumes frais, dans une bouche magnifiquement élancée et épurée, dotée d'une fine touche tannique en finale. À essayer avec des anchois de Banyuls. Melting Potes 2021, assemblage de raisins d'amis (gamay, syrah et grenache) a sauvé l'entreprise du gel : un rouge tendre, friand, joyeux dans la prime jeunesse. En 2021, Éclat de Granite se montre toujours aussi pimpant et croquant, à boire dans les deux ou trois ans. L'année 2020 se montre plus solaire avec Les Blondins (exposé plein Sud, en collaboration avec la famille Troisgros) aux notes florales et de fruits noirs mûrs, extrait tout en douceur ; avec sa finale plus sèche, Oudan subit le caractère très mûr de l'année ; d'un éclat salivant, Les Millerands se distingue par sa floralité et sa profondeur aérienne ; Perdrizière, toujours plus austère et droit, offre une mâche magnifique et dynamique qui s'affinera dans les prochaines années ; terminons avec Chez Coste (macéré sept mois en amphores), d'une densité qu'il faudra assagir en cave dans les deux ans, puis à marier à table sur une pièce de bœuf grillée.

▱ IGP d'Urfé Champtoisé 2020	16,50 €	**90**
▱ IGP d'Urfé Nos Premiers Chenins de Macération 2020	30 €	**91**
▰ Côte Roannaise Chez Coste 2020	30 €	**92**
▰ Côte Roannaise Eclat de Granite 2021	13 €	**89**
▰ Côte Roannaise Les Blondins 2020	Épuisé - 14,50 €	**90**
▰ Côte Roannaise Les Millerands 2020	Épuisé - 17,50 €	**92**
▰ Côte Roannaise Oudan 2020	Épuisé - 16,50 €	**89**
▰ VDF Melting Potes 2021	11 €	**87**

Le coup de ♥

▰ Côte Roannaise Perdrizière 2020	Épuisé - 20 €	**93**

Rouge : 31 hectares. Gamay Saint-Romain 100 %
Achat de raisins.
Blanc : 4 hectares. Chenin 50 %, Viognier 50 %
Achat de raisins.
Production moyenne : 240 000 bt/an

DOMAINE SÉROL ☾

1, montée des Estinaudes, 42370 Renaison
04 77 64 44 04 ● www.domaine-serol.com ●
Vente et visites : sur RDV.
Propriétaire : Stéphane et Carine Sérol

★★ DOMAINE VACHERON

Jean-Dominique Vacheron et son cousin Jean-Laurent ont opéré une véritable révolution culturelle au sein de ce domaine familial. Certifié en biodynamie depuis 2006, il produit aujourd'hui pas moins de six cuvées parcellaires de blancs. Ces déclinaisons, aussi légitimes que celles effectuées par climats dans les crus bourguignons, rappellent que Sancerre possède une grande variété de sols argileux d'un niveau remarquable, empreints de silex pour moitié et de calcaires. Citons l'emblématique Les Romains, premier lieu-dit à dominante de silex, isolé en 1997 dans un blanc vigoureux et finement austère ; en 2010, c'est un sol crayeux pauvre, orienté au nord, qui est magnifié dans un sauvignon ciselé et salin, Guigne-Chèvres. Des blancs exprimant avec éclat leur origine et qui promettent de faire résonner d'irrésistibles saveurs d'agrumes sous le palais. Les rouges n'ont jamais atteint un tel niveau de finesse, de douceur de tanins et d'éclat.

Les vins : le sancerre blanc renoue en 2021 avec l'expression variétale croquante (agrumes, anis, aneth...) du sauvignon, sans manquer de chair. Les lieux-dits, dans le millésime 2020 généreusement ensoleillé, affichent une puissance alcoolique plutôt bien contenue par un bel éclat de fruit, à l'image de Chambrates, aux courbes savoureuses, au confort séduisant, ciselé par une finale salivante. Notre préféré cette année. Le Paradis s'affirme avec plus de fermeté et des amers stimulants. Tout comme Guigne-Chèvre, à la puissance dense, fraîche et à la salinité insistante. On y sent davantage l'expression du sauvignon. C'est aussi le cas dans Les Romains, plus carré et austère d'approche ; il sera bon de le laisser se détendre encore un an en cave. Pavé nous enchante par son intensité de matière, étirée par un élan extrêmement salivant. Un beau blanc profond pour une cuisine iodée. En rouge, le sancerre 2020 se montre déjà très avenant et pulpeux. Un régal qu'il ne faudra pas hésiter à servir à 12 ou 13 degrés. Belle Dame ne s'est jamais montré aussi solaire, tout en offrant un cœur de bouche fin jusqu'à une finale ferme, typique de cette parcelle de silex. Élancé par une tonalité florale, Les Marnes accepte bien plus volontiers ce millésime haut en couleur, un peu serré en finale. N'hésitez pas à garder ces rouges encore trois ou quatre ans pour calmer leurs ardeurs.

🍾 Sancerre 2021	28 €	89
🍾 Sancerre Chambrates 2020	58 €	93
🍾 Sancerre Guigne-Chèvre 2020	48 €	94
🍾 Sancerre Le Paradis 2020	48 €	93
🍾 Sancerre Les Romains 2020	48 €	93
🍾 Sancerre Pavé 2020	74 €	95
🍷 Sancerre 2020	33 €	90
🍷 Sancerre Belle Dame 2020	58 €	92
🍷 Sancerres Les Marnes 2020	87 €	93

Rouge : 12,34 hectares. Pinot noir 100 %
Blanc : 37,74 hectares. Sauvignon blanc 100 %
Production moyenne : 350 000 bt/an

DOMAINE VACHERON ☾

1, rue du Puits-Poulton, 18300 Sancerre
02 48 54 09 93 ● vacheron.sa@wanadoo.fr ●
Vente et visites : sur RDV.
Propriétaire : Jean-Louis, Denis, Jean-Dominique et Jean-Laurent Vacheron

★ DOMAINE DES BÉRIOLES

Jean Teissèdre s'est imposé en peu de temps comme l'incarnation du renouveau de Saint-Pourçain. En 2011, il reprend les vignes familiales qui approvisionnaient la cave coopérative. Son style précis et nerveux se retrouve dans ses rouges (pinot noir et gamay) et ses blancs (chardonnay et tressallier, vieux cépage local auquel il redonne ses lettres de noblesse). La salinité des blancs et la finesse des rouges s'affinent à chaque millésime grâce à une précision accrue de la viticulture et des vinifications.

Les vins : le vin mousseux brut nature Tressalier ouvre la dégustation, avec une bulle envahissante et une trame rafraîchissante qu'il faudra affiner. Autochtone 2020 est floral, sans extravagance aromatique. Un blanc intense, ciselé par une belle énergie salivante dans ce millésime solaire, une superbe expression du Tressallier. Du côté des rouges, Les Grandes Brières nous présente un gamay réduit à l'ouverture qui s'ouvre après aération : une fine touche végétale noble et une finale qui lui confère du tonus. En pinot noir, La Chabanne 2020 est mené avec soin. Le vin possède une certaine droiture qui ne demande qu'à se détendre. Nous sentons une réelle ambition. Un beau bouquet épicé du pinot noir anime La Prugne 2019 ; un rouge déjà bien ouvert, qui paraît plus vieux qu'il ne l'est vraiment ; sa trame juteuse reste tout de même ponctuée par une finale un peu ferme.

🍾 Vin Mousseux Brut Nature Tressallier 2020	16 €	88
🍷 IGP Val de Loire La Chabanne 2020	22 €	90
🍷 IGP Val de Loire La Prugne 2019	Épuisé - 34 €	90
🍷 Saint-Pourçain Les Grandes Brières 2020	16 €	90

Le coup de 💜

🍾 IGP Val de Loire Autochtone 2020	34 €	92

Rouge : 8 hectares. Gamay noir à jus

blanc 50 %, Pinot noir 50 %
Blanc : 8,5 hectares. Tressalier 60 %, Chardonnay 40 %
Production moyenne : 65 000 bt/an

DOMAINE DES BÉRIOLES ♣

Place de l'Église, 3500 Cesset
04 70 47 09 15 ● www.lesberioles.com ●
Vente et visites : sur RDV.
Propriétaire : Famille Teissèdre-Roux
Directeur : Jean Teissèdre
Maître de chai : Jérôme Roux

★ DOMAINE DANIEL CROCHET

Sur les sols de terres blanches et de caillottes de la commune de Bué, le discret Daniel Crochet, cousin de François, conduit ce domaine familial de qualité depuis 1996. Le travail est ici d'un grand sérieux, avec des vignes enherbées, des élevages sur lies et des vinifications soignées. Le domaine a la chance de profiter des plus belles parcelles du secteur, en particulier Plante des Prés et Chêne Marchand. Nous sommes impressionnés par la précision et la profondeur des rouges depuis quelques millésimes et saluons le travail méticuleux de Daniel Crochet. Les blancs élevés en cuve émaillée (et partiellement en demi-muids pour le Chêne Marchand) sont de belle facture, contenus, très soignés et calibrés.

Les vins : il faudra boire le sancerre blanc 2021 dans sa prime jeunesse. Un sauvignon croquant, en toute simplicité. Issu de trois parcelles de Bué (Chêne Marchand, Champ Chêne et Grand Chemarin). Prestige 2020 s'est davantage nourri lors de son élevage avec un gras exotique charmeur et une finale fraîche. Plante des Prés 2020 (sol de griotte) développe une profondeur plus racée avec une énergie supplémentaire, il évoluera tranquillement dans la décennie. Chêne Marchand 2020 séduira les amateurs de blancs droits avec sa salinité et sa carrure austère. Le millésime solaire 2020 est mené avec équilibre, sans aucun excès. Le rouge, quant à lui, subit le caractère généreusement ensoleillé de l'année, à l'image du sancerre domaine, aux arômes très mûrs tirant vers le confit. La matière est extraite en finesse, mais d'une richesse plantureuse. Prestige 2019 évolue sur des notes boisées et d'épices, tout en finesse de texture. Une belle réussite à ouvrir dès maintenant.

▭ Sancerre 2021	14 €	88
▭ Sancerre Chêne Marchand 2020	22 €	93
▭ Sancerre Plante des Prés 2020	22 €	92
▭ Sancerre Prestige 2020	18,50 €	90

▰ Sancerre 2020	15,50 €	89
▰ Sancerre Prestige 2019	25 €	91

Rouge : 3,4 hectares. Pinot noir 100 %
Blanc : 6,4 hectares. Sauvignon blanc 100 %
Production moyenne : 70 000 bt/an

DOMAINE DANIEL CROCHET

61, rue de Venoize, 18300 Bué
02 48 54 07 83 ● daniel-crochet@orange.fr ●
Vente et visites : sur RDV.
Propriétaire : Daniel Crochet

★ DOMAINE FRANÇOIS CROCHET

En vingt ans, François Crochet s'est imposé comme l'un des plus talentueux vignerons du Sancerrois. Sous sa silhouette de gaillard et ses paluches imposantes d'ancien rugbyman se cache une grande sensibilité, ce qui donne des vins tout en finesse, insistant sur la définition saline du sauvignon sancerrois. Dans son vignoble bio principalement situé dans le secteur argilo-calcaire de la commune de Bué, le blanc "classique" donne le tempo d'une gamme équilibrée et épurée par un élevage en cuve tronconique en bois, révélant les nuances de chaque terroir : Amoureuses, Grand Chemarin, Petit Chemarin, Chêne Marchand, Vallon et Exils, issu des silex de Thauvenay. Les rouges, partiellement égrappés et affinés en demi-muid, méritent toujours un bon passage en carafe pour estomper la réduction et révéler avec finesse le caractère septentrional des pinots noirs du Berry.

Les vins : commençons par un beau sancerre blanc 2021, fin et digeste, sans le caractère variétal que peut avoir le sauvignon cette année-là. Un millésime 2020 à découvrir avec des blancs bien mûrs, conduits en finesse, sans excès de richesse, à l'image d'Exils, franc du collier, rafraîchissant, avec une belle allonge fumée pleine d'éclat. Les Amoureuses s'affirme avec un joli gras en attaque, sculpté en finale par des amers évoquant les zestes d'agrumes. Une magnifique intensité savoureuse, parfois exotique, se dégage du Vallon, extrêmement salivant. Ce millésime solaire va bien au Petit Chemarin, qui s'étire avec éclat et dans une longue sensation minérale. Tout comme Le Chêne Marchand, d'une grande puissance. Plus austère d'approche, il demandera deux à trois ans pour se poser, mais quelle race ! Du côté des rouges, le sancerre 2020 se montre haut en couleur, de bonne concentration, tenu avec fermeté. Laissez-le encore un an en cave. Deux millésimes des Marnes sont à découvrir : le 2020, très mûr, orienté sur les tonalités fumées et de fruits noirs, mené avec finesse en cœur de bouche. Attendez 2024 avant de l'ouvrir. Il est plus digeste que le 2019, d'une générosité solaire, d'une belle concentration qui lui permettra d'évoluer sereinement. Superbe Réserve de Marcigoué en 2020, un pinot noir profond et puissant. Encore contenu, il se détendra dans les prochaines années.

Sancerre 2021	25 €	90
Sancerre Exils 2020	30 €	92
Sancerre Le Chêne Marchand 2020	32 €	94
Sancerre Le Petit Chemarin 2020	31 €	93
Sancerre Le Vallon 2020	32 €	93
Sancerre Les Amoureuses 2020	29 €	92
Sancerre 2020	28 €	91
Sancerre Les Marnes 2019	34 €	92
Sancerre Les Marnes 2020	35 €	92
Sancerre Réserve de Marcigoué 2020	36 €	93

Rouge : 3,5 hectares. Pinot noir 100 %
Blanc : 8 hectares. Sauvignon blanc 100 %
Production moyenne : 80 000 bt/an

DOMAINE FRANÇOIS CROCHET ♣

Marcigoué, 18300 Bué
02 48 54 21 77 ●
francoiscrochet@wanadoo.fr ● Vente et visites : sur RDV.
Propriétaire : François Crochet

★ DOMAINE VINCENT GAUDRY

D'une écoute intime des anciens, le discret Vincent Gaudry a tiré une volonté de renouer avec un goût qu'il estime perdu du blanc de Sancerre. Les sauvignons cultivés en biodynamie poussent sur onze hectares répartis sur trois types de sol, les caillottes à Sancerre, les silex à Saint-Satur et les argilo-calcaires ; ils rejoignent ensuite cuves tronconiques en bois et inox dans la cave du ravissant village vigneron de Sury-en-Vaux, "sourire dans la vallée" en berrichon. Un réel naturel d'expression se dégage de ses vins, loin des canons stylistiques de l'appellation où la technique a souvent pris le dessus. Une sincérité précise et une vision identitaire des vins de Sancerre.

Les vins : le domaine ne nous ayant pas fait parvenir ses vins cette année, nous sommes amenés à reconduire les notes de notre édition précédente.

Sancerre Constellation du Scorpion 2019	28 €	94
Sancerre Mélodies de Vieilles Vignes 2019	21 €	93
Sancerre Pour Vous 2017	84 €	95

Sancerre Tournebride 2019	18 €	92
Sancerre À Mi-Chemin 2019	110 €	95
Sancerre Les Garennes 2019	48 €	92
Sancerre Vincentgétorix 2019	21 € (c)	90

Rouge : 2,5 hectares.
Blanc : 12,5 hectares.
Production moyenne : 75 000 bt/an

DOMAINE VINCENT GAUDRY ♣

14, rue des Champs-des-Près,
18300 Sury-en-Vaux
02 48 79 49 25 ● www.vincent-gaudry.com ●
Vente et visites : sur RDV.
Propriétaire : Vincent Gaudry

★ DOMAINE JONATHAN DIDIER PABIOT

Porteur d'un patronyme courant à Pouilly-sur-Loire, Jonathan Pabiot est le fils de Didier, vigneron aux Loges. Il a repris les vignes de son grand-père en 2005. Cet ex-champion local de motocross a su remettre en cause la routine dans laquelle se complaisaient trop de vignerons locaux. Décidé à remettre le vignoble à l'honneur, avec des pratiques exigeantes et hautement qualitatives (faibles rendements, agriculture bio depuis 2006), il a affiné son style et progresse rapidement, méritant nos éloges. Aubaine (caillottes) et Prédilection (terres blanches) sont, selon nous, les blancs les plus identitaires et les plus transparents avec leur terroir de toute la gamme. Saluons également le chasselas de Pouilly-sur-Loire, à l'identité florale affirmée. Le domaine est certifié en biodynamie (Demeter) depuis 2016.

Les vins : une sensation fraîche, florale, se dégage du pouilly-sur-loire 2021, un blanc juteux et très digeste (11,5º) que l'on aimera dans sa prime jeunesse. Légèrement exotique, Florilège se profile tout en rondeur et tendresse, avec une pointe de litchi en finale. En 2020, la cuvée Florilège devient Léon : un beau sauvignon, mûr, finement mentholé et élancé par une trame calcaire en finale. Charmeur, offrant déjà un visage friand, Aubaine s'élance avec une finesse et un bouquet bien ouvert, sans exubérance. Prédilection offre une dimension et un élan plus profonds, porté par une finale crayeuse et parfumée. Dans Eurythmie 2019, l'élevage s'intègre bien et soutient une matière déliée et pleine d'élan, assez extravertie. Réalisé sans soufre ajouté, Utopia 2019 joue sur une crête oxydative aromatique (pomme au four, curry...) perturbante, mais il offre une énergie folle et un relief singulier, passionnant à explorer.

Pouilly-Fumé Aubaine 2019	30 €	91

⊂ Pouilly-Fumé Eurythmie 2019	40 €	92
⊂ Pouilly-Fumé Florilège 2019	23 €	89
⊂ Pouilly-Fumé Léon 2020	23 €	90
⊂ Pouilly-Fumé Utopia 2019	48 €	93
⊂ Pouilly-sur-Loire 2021	23 €	89

Le coup de ♥

⊂ Pouilly-Fumé Prédilection 2019	34 €	92

Blanc : 20 hectares. Sauvignon blanc 85 %, Chasselas 15 %
Production moyenne : 90 000 bt/an

DOMAINE JONATHAN DIDIER PABIOT ☾

1, rue Saint-Vincent, Les Loges
58150 Pouilly-sur-Loire
03 86 39 01 32 ● jonathanpabiot.fr ● Vente et visites : sur RDV.
Propriétaire : Jonathan Didier Pabiot

★ DOMAINE PELLÉ

Paul-Henry Pellé, fils d'Anne, est en charge du vignoble et des vinifications : ce vigneron exigeant, qui n'a de cesse d'affiner le travail des sols et les élevages, est pleinement engagé dans une recherche de maturité optimale et d'expression variée des terroirs. Les vinifications méticuleuses donnent des blancs nets et rafraîchissants (Morogues), mais aussi des vins plus profonds traduisant la singularité de chaque terroir : Le Carroir (vieilles vignes sur silex), Vignes de Ratier (terroir solaire de marnes kimméridgiennes), Les Blanchais (marnes kimméridgiennes exposées au nord-est). De bonne constitution, les rouges peuvent accuser quelques écarts.

Les vins : un beau pinot noir, Morogues 2020, se dessine tout en concentration et précision. Sur les silex, Le Carroir 2019 est doté d'une belle harmonie pulpeuse, joliment structurée par une sensation salivante de ce sol si particulier. Pour les blancs, Morogues 2020 se dévoile tout en gourmandise, animé par des notes d'agrumes et de fruits exotiques. Un vin à boire dans l'année. Vignes de Ratier 2020 se montre mûr mais bien étiré par sa finale calcaire. Salivant ! D'approche plus austère, Le Carroir 2020 est mené par un élevage soigné. Un beau sauvignon vineux, de belle carrure pour la table. Dans une trame plus froide, Les Blanchais 2020 transcende le sauvignon, mis en lumière par de fines notes d'aneth et d'agrumes. Un blanc profond et énergique pour évoluer avec panache dans la décennie.

⊂ Menetou-Salon Le Carroir 2020	17,60 €	92
⊂ Menetou-Salon Les Blanchais 2020	21 €	92
⊂ Menetou-Salon Morogues 2020	14 €	88

⊂ Menetou-Salon Vignes de Ratier 2020	17,60 €	91
▬ Menetou-Salon Le Carroir 2019	21 €	91
▬ Menetou-Salon Morogues 2020	15,60 €	90

Rouge : 12 hectares. Pinot noir 100 %
Blanc : 30 hectares. Sauvignon blanc 100 %
Production moyenne : 250 000 bt/an

DOMAINE PELLÉ ♣

Route d'Aubinges, 18220 Morogues
02 48 64 42 48 ● www.domainepelle.com ●
Vente et visites : sur RDV.
Propriétaire : Famille Pellé
Directeur : Paul-Henry Pellé

★ DOMAINE DES POTHIERS

Proche de la source de la Loire, l'appellation Côte roannaise s'étend sur les premiers contreforts du Massif central, entre 400 et 500 mètres d'altitude. Ce vignoble confidentiel est installé sur des sols sableux d'origine granitique. Le cépage rouge local est le gamay saint-romain, une variante du gamay que l'on retrouve seulement ici. Le blanc, en IGP d'Urfé, provient du chardonnay et parfois du pinot gris. Passionné par la vigne, Georges Paire, issu d'une famille d'éleveurs, commence à planter son vignoble dans les années 1970. En 2005, son fils Romain le rejoint. Les plantations continuent, le cuvage est modernisé et l'exploitation se tourne vers la culture biologique. Aujourd'hui, le domaine a principalement une vocation viticole, même s'il conserve un petit élevage de vaches limousines. Nous apprécions ses vins soignés et sincères, de belle facture. Une incarnation moderne et dynamique de la Côte roannaise.

Les vins : la méthode ancestrale rosée Éclipse, au sucre gourmand, nous ouvre l'appétit en rondeur avec, toutefois, une bulle envahissante qu'il faudra apaiser dans le verre. Une belle expression florale et finement beurrée du chardonnay nous enchantera à table. Le pinot gris Hors Pistes 2020, quant à lui, s'étend tout en finesse. Un blanc texturé, sans exubérance pour un poisson grillé. Quel plaisir de goûter les côte-roannaises 2021 en rouge, des cuvées tout en fraîcheur et une expression très franche et juteuse du fruit. Le caractère solaire du millésime a été admirablement géré. La Chapelle (granit vert à 500 mètres d'altitude) témoigne d'une intensité de saveurs évoquant la mûre. Quel régal ! Plus profond et campé sur des tanins saillants, Clos du Puy est plus austère mais recèle une vraie sève prometteuse pour une garde de dix ans pleine de panache. Vinifié en fût, L'Intégrale se montre plus enveloppé et a une réelle mâche pour un service à table. C'est l'un des rouges les plus profonds de l'appellation. Diogène 2020 (macéré huit mois en amphore) offre la sensation affriolante de croquer dans une grappe de raisins. Une friandise ! Par son expression poivrée, florale et ses tanins sanguins, Les Grenettes 2020 est bien identitaire dans son cépage.

⇨ IGP d'Urfé Fou de Chêne 2020	18 €	91
⇨ IGP d'Urfé Hors Pistes 2020	18 €	90
◣ VDF Eclipse 2021	15 €	87
◣ Côte Roannaise 2021	12 €	88
◣ Côte Roannaise Clos du Puy 2020	18 €	92
◣ Côte Roannaise Diogène 2020	33 €	92
◣ Côte Roannaise L'Intégrale 2020	23 €	92
◣ Côte Roannaise La Chapelle 2020	16,50 €	91
◣ Côte Roannaise N° 6 2021	14 €	89
◣ IGP d'Urfé Les Grenettes 2020	18 €	90

Rouge : 19,5 hectares. Gamay Saint-Romain 98 %, Négrette 2 %
Blanc : 3,5 hectares. Chardonnay 55 %, Pinot gris 30 %, Riesling 15 %
Production moyenne : 120 000 bt/an

DOMAINE DES POTHIERS ☾
332, chemin des Pothiers, 42155 Villemontais
04 77 63 15 84 ●
www.domainedespothiers.com ● Vente et visites : sur RDV.
Propriétaire : Romain Paire

★ LES POËTE

La volonté de Guillaume Sorbe de faire naître de grands vins à Quincy et Reuilly est incontestable. Le projet mûri par ce vigneron dans ces deux appellations discrètes du Centre est remarquable. Après une sélection précise des terroirs, il a planté en 2001 des sauvignons blancs, pinots noirs et pinots gris qu'il a patiemment laissés s'acclimater à leur environnement avant de produire les premières bouteilles sous l'étiquette des Poëte en 2011. Aucun vin du secteur n'atteint ce niveau de précision et d'étoffe, si bien que ce vigneron écarté de l'appellation a reclassé sa production en Vin de France. Élevés 18 mois en cuve et en fût (400 et 600 litres), ils s'inscrivent parmi les blancs les plus ambitieux de la vallée de Loire.

Les vins : le touraine Le S 2020 ouvre la dégustation avec une certaine ampleur et l'expression variétale exubérante du sauvignon. Premier millésime du pouilly-fumé en 2020, qui se livre avec un bel éclat caillouteux. Une réelle finesse se dégage d'Orphée, un vin savoureux établi tout en finesse et sans aucune exubérance. Une évidence déliée, délicate, et une superbe définition de sauvignon de Reuilly. Argos, à Quincy, se révèle avec une sensation crayeuse revigorante et profonde. Quel beau blanc ! N'hésitez pas à les laisser vieillir quelques années. Terminons avec le pinot gris Toison d'Or, une version énergique et croquante de ce cépage.

⇨ Pouilly-Fumé 2020	22 €	91
⇨ Touraine Sauvignon Le S des Poëte 2020	14 €	88
⇨ VDF Argos 2018	28 €	92
⇨ VDF Toison d'Or 2018	28 €	91
Le coup de ♥		
⇨ VDF Orphée 2018	28 €	94

Rouge : 1,35 hectare. Pinot noir 100 %
Blanc : 5,1 hectares. Sauvignon blanc 90 %, Pinot gris 10 %
Production moyenne : 30 000 bt/an

LES POËTE
9, route de Boisgisson, 18120 Preuilly
06 61 62 88 52 ● www.lespoete.com ● Pas de visites.
Propriétaire : Guillaume Sorbe

★ DOMAINE PAUL PRIEUR ET FILS

Philippe Prieur et son neveu, Luc, poursuivent le travail de dix générations dans ce domaine de Verdigny. Les vignes sont réparties sur les caillottes et les terres blanches de Verdigny et de Chavignol (notamment sur le coteau légendaire des Monts Damnés) et sur les silex de Thauvenay, près de la Loire. Ces vignerons méticuleux mettent tout en œuvre pour affiner la définition de leurs sauvignons et pinots noirs (conversion en bio depuis 2019, diminution des sulfites dans les vins, levures indigènes pour les rouges...). Un discours en accord avec des vins soignés et précis, sans le caractère exotique, moderne et ennuyeux, que nous retrouvons dans de nombreux blancs de la nouvelle génération sancerroise. Le "simple" sancerre est un exemple.

Les vins : la bulle rosée 2021, méthode ancestrale de pinot noir, s'annonce vive, primaire et juteuse pour l'apéritif. Le sancerre 2020 est en place aujourd'hui, entre chair fruitée et fraîcheur ciselée. Un millésime bien dessiné, particulièrement pour Pieuchaud (sol de silex), d'une belle énergie, au caractère caillouteux et salivant. Plus austère et contenu d'approche, Les Monts Damnés prévoit un avenir racé et puissant ; un superbe blanc de garde. La Pitaude 2020 s'affirme, une fois de plus, dans un registre plus exotique, il devrait s'élancer avec profondeur dans le temps. Quel dommage de mettre de si beaux vins dans des bouteilles si lourdes ! Belle démonstration de rouge en 2020 avec la cuvée Vinification en Grappes Entières, un pinot de belle concentration, étirée par une fine fermeté végétale appétante. Une bouteille à ouvrir, sans précipitation, d'ici une à deux années. Grains de Pinot noir 2019 se montre tout en concentration, avec une carrure tannique plus vigoureuse et une finale d'un bel éclat. Les Pichons 2019 offre une densité à la fois salivante et profonde pour évoluer tranquillement et digérer son élevage dans les dix ans. Les rouges offrent une concentration ambitieuse sans excès.

Sancerre 2020	23 €	**90**
Sancerre La Pitaude 2020	66 €	**93**
Sancerre Les Monts Damnés 2020	32 €	**93**
Sancerre Pieuchaud Silex 2020	28 €	**91**
VDF Bulles de Pinot 2021	21 €	**87**
Sancerre Grains de Pinot 2019	23 €	**92**
Sancerre Les Pichons 2019	32 €	**93**
Sancerre Vinification en Grappes Entières 2020	28 €	**91**

Rouge : 5 hectares. Pinot noir 100 %
Blanc : 14 hectares. Sauvignon blanc 100 %
Production moyenne : 150 000 bt/an

DOMAINE PAUL PRIEUR ET FILS
Route des Monts-Damnés, 18300 Verdigny
02 48 79 35 86 ● www.paulprieur.com ●
Vente et visites : sur RDV.
Propriétaire : Luc Prieur

★ DOMAINE MICHEL REDDE ET FILS

Ce grand domaine historique est dirigé avec sérieux et passion par Thierry Redde et ses deux fils, Sébastien et Romain. Ce producteur est l'un des rares à posséder, et à planter encore, des vignes de chasselas (cuvée Gustave Daudin). À côté de vins assez classiques mais jamais enzymés ni levurés (La Moynerie ou encore le très mûr Majorum), la gamme se décline, à l'initiative de la nouvelle génération, par terroir : Les Bois de Saint-Andelain (argiles à silex rouges), Les Cornets (marnes du kimméridgien), Champs des Billons (calcaire Portlandien), Barre à Mine (vignes en haute densité plantées à la barre à mine dans une ancienne carrière de silex) et, dernièrement, les Toupées (calcaires oxfordiens). Les derniers millésimes s'avèrent élaborés avec minutie et précision, mais demeurent toutefois contenus par une emprise technique forte.

Les vins : Petit F... 2021 ouvre la gamme avec l'intense expression variétale et fraîche du sauvignon. La Moynerie s'offre avec plus de gras et une trame exotique. Les lieux-dits sont à découvrir en 2020, dont la richesse hors normes déroule des vins corpulents en alcool ; c'en est presque déroutant pour des blancs de Loire ! Les Bois de Saint-Andelain, sur les silex, y exprime davantage de fraîcheur. À l'inverse, Barre à Mine 2020 se montre plus élancé, droit, insistant sur des amers en finale. Nous l'avons connu plus charnu et concentré. Coup de coeur pour la profondeur caillouteuse de Majorum, un blanc intense et équilibré pour des poissons et agrumes. Le chaire croquante du chasselas Gustave Daudin, au parfum de raisin frais, nous enchante. On l'appréciera dans sa jeunesse.

Pouilly-Fumé Barre à Mine 2020	59,50 €	**91**
Pouilly-Fumé La Moynerie 2020	23 €	**88**
Pouilly-Fumé Les Bois de Saint-Andelain 2020	44,50 €	**90**
Pouilly-Fumé Les Champs des Billons 2020	44,50 €	**89**
Pouilly-Fumé Petit F... 2021	20 €	**86**
Pouilly-sur-Loire Gustave Daudin 2020	28 €	**90**

Le coup de ♥

Pouilly-Fumé Majorum 2020	70 €	**93**

Blanc : 40 hectares. Sauvignon blanc 97 %, Chasselas 3 %
Production moyenne : 240 000 bt/an

DOMAINE MICHEL REDDE ET FILS
RN 7, La Route Bleue, La Moynerie, 58150 Saint-Andelain
03 86 39 14 72 ● www.michel-redde.com ●
Visites : sans RDV.
Propriétaire : Sébastien et Romain Redde

★ DOMAINE CLAUDE RIFFAULT

Stéphane Riffault affine considérablement les vins venus des terroirs du ravissant village de Sury-en-Vaux – "sourire dans la vallée" en berrichon – au nord de l'appellation Sancerre. Grâce à un beau patrimoine de vignes héritées de sa famille, le méticuleux quadragénaire s'attache à mettre en valeur les différentes expositions et parcelles de marnes kimméridgiennes (Boucauds, Denisottes, La Noue), calcaires lités (Chasseignes) et silex (Chailloux). Après le passage en bio (certification en 2016) des 15,30 hectares, la conversion à la biodynamie a naturellement constitué l'étape suivante. Ces vins parfaitement calibrés en cuve béton et tronconique en bois, techniquement admirables, grandissent en s'apaisant deux à trois ans en cave.

Les vins : ici, le millésime solaire 2020 est finement dompté, à commencer par le sancerre classique, établi en finesse, délivrant un beau croquant de fruit. Les Boucauds s'étire sur de belles notes d'agrumes mûrs et de fins amers en finale. Les Chasseignes s'offre avec plus de d'ampleur et un bel élan salivant. Une superbe densité caillouteuse et de fines notes florales dessinent Les Chailloux. Une belle amertume tonique stimule l'ensemble. Les Denisottes se distingue par sa profondeur aromatique et de bouche, un blanc plein, mené avec une grande finesse. Échalas s'ouvre sur une étonnante sensation mûre et exotique du raisin ; il lui faut un peu plus de temps pour se caler, mais il présente déjà une magnifique concentration en extraits secs. À ce stade, le boisé d'élevage des cuvées de parcelles, à l'image de Monoparcelle 538, est encore un peu démonstratif. Mais le vin révèle une finesse de toucher de bouche et une allonge minutieuse. Un beau blanc énergique en devenir. Le 469 s'avère plus exotique, un peu plus large et tout aussi précis. Le rouge de La Noue 2019 se montre tout aussi soigné, avec la marque de la richesse solaire du millésime. La version M.T. est excessive et nous l'écartons de la dégustation.

▭ Sancerre 2020	Épuisé - 19 €	**90**
▭ Sancerre Les Boucauds 2020	Épuisé - 21 €	**91**
▭ Sancerre Les Chailloux 2020	28 €	**93**
▭ Sancerre Les Chasseignes 2020	26 €	**91**
▭ Sancerre Les Denisottes 2020	28 €	**93**
▭ Sancerre Monoparcelle 469 2020	32 €	**93**
▭ Sancerre Monoparcelle 538 2020	32 €	**94**
▭ VDF Echalas 2020	32 €	**92**
▰ Sancerre La Noue 2019	23 €	**90**

Rouge : 2,3 hectares. Pinot noir 100 %
Blanc : 13 hectares. Sauvignon blanc 100 %
Production moyenne : 90 000 bt/an

DOMAINE CLAUDE RIFFAULT ♣
Maison Sallé, 18300 Sury-en-Vaux
02 48 79 38 22 ● www.clauderiffault.com ●
Visites : sur RDV aux professionnels.
Propriétaire : Famille Riffault
Directeur : Stéphane Riffault

★ LES VINS DE LA MADONE

Les Vins de la Madone constituent l'une des plus passionnantes expériences des Côtes du Forez, une appellation discrète située entre Saint-Étienne et Clermont-Ferrand, aux portes du parc naturel du Livradois-Forez. Gilles Bonnefoy s'attache à capter la pureté scintillante du fruit, aussi bien dans ses rouges de gamay que dans ses blancs (IGP d'Urfé), une roussanne et un assemblage de sauvignons blanc et gris. Cet éclat puisé dans des sols de granite et volcaniques passe par une conduite de la vigne en biodynamie (certification en 2008) et des vinifications partiellement en grappes entières et élevages uniquement en cuve. L'étoile de ce domaine est solidement accrochée.

Les vins : le blanc issu des deux sauvignons, blanc et gris, est un délicieux vin d'apéritif, éclatant de fruit et dégageant une finesse acidulée. La roussanne 2021 s'affiche en demi-corps cette année, élancée et fraîche. Nous aimerions davantage de concentration. Une série de rouges 2021 très digestes et peu concentrés, à l'image de Gamay sur Volcan, délicieusement fruité et marqué d'une fine touche fumée ; Dacite, plus juteux, présente une structure un peu plus froide qui séduira les palais en quête de droiture ; Migmatite, un peu plus austère et bien moins dense en bouche ; Mémoire de Madone pousse plus loin le curseur de l'intensité, avec un grain de texture très fin et salivant. Quel vin vivifiant ! Haut en couleur, puissant, Les Rougeots du Clos, assemblage des gamays de Bouze et Chaudenay et du gamaret, s'avère aujourd'hui un peu brutal ; enfin, Gamay's Mi-Noir Mi-Bouze affirme une belle structure saillante mettant en valeur son caractère juteux. N'hésitez pas à le passer en carafe.

▭ IGP d'Urfé Roussanne de Madone 2021	20,50 €	**89**
▭ IGP d'Urfé Sauvignon's de Madone 2021	15 €	**89**
▰ Côtes du Forez Dacite 2021	13 €	**90**
▰ Côtes du Forez Gamay sur Volcan 2021	13 €	**90**
▰ Côtes du Forez Migmatite 2021	16,50 €	**88**
▰ Côtes du Forez Mémoire de Madone 2021	18,50 €	**92**
▰ IGP d'Urfé Gamay's Mi-Noir Mi-Bouze 2021	15 €	**90**
▰ IGP d'Urfé Les Rougeots du Clos 2021	15 €	**88**

Rouge : 11 hectares. Gamay noir à jus blanc 85 %, Gamay de Bouze 9 %, Gamay de Chaudenay 3 %, Gamaret 3 %
Blanc : 1,4 hectare. Roussanne 50 %, Sauvignon gris 30 %, Sauvignon blanc 20 %
Production moyenne : 60 000 bt/an

LES VINS DE LA MADONE ♣

1581, chemin de Jobert, 42600 Champdieu
04 77 97 07 33 ● www.lesvinsdelamadone.fr
● Vente et visites : sur RDV.
Propriétaire : Gilles Bonnefoy

DOMAINE DU BOUCHOT

L'appellation Pouilly-Fumé s'était faite discrète dans notre guide ces dernières années. Nous sommes donc ravis d'accueillir le domaine du Bouchot. Après avoir roulé sa bosse dans plusieurs villes du monde dans le commerce du vin, Antoine Gouffier voulait revenir à ses racines de la Nièvre pour devenir vigneron. Le trentenaire prend alors la relève de Rachel et Pascal Kerbiquet en 2018, au domaine de 10,2 hectares situés dans sur le versant sud-ouest de la commune de Saint-Andelain. On est loin des caricatures de sauvignons légers et insipides. Bien au contraire, les belles maturités de raisins, les vinifications sans soufre avec ses levures indigènes et des filtrations légères contribuent à l'expression franche et détendue. On retrouve une certaine liberté de ton du fruit dans chacune des cuvées précises et pleines de vitalité. À partir de 2020, les vins sont certifiés en biodynamie (Demeter). La première étoile est proche.

Les vins : la série de 2020 commence avec Caillottes, un vin éclatant et plein de vitalité. Terres Blanches (marnes kimméridgiennes) s'ouvre avec une superbe énergie, portée par de beaux amers stimulants. Il laisse une ravissante sensation crayeuse en fin de bouche. MCMLV 2020 (marnes kimméridgiennes) développe un éclat supplémentaire avec une profondeur évidente. Un sauvignon mûr, mené avec précision pour en préserver la sincérité, et doté d'un délié de bouche rayonnant. Orange 2020 (six mois ce macération en fût) a été dirigé avec tact, exhalant de notes florales, de tisane et d'agrumes : une structure salivante qui lui apporte de la persistance pour de beaux anchois.

🗁 Pouilly-Fumé Caillottes 2020	Épuisé - 25 €	**90**
🗁 VDF Orange 2020	Épuisé - 32 €	**92**

Le coup de 🖤

🗁 Pouilly-Fumé MCMLV 2020	Épuisé - 30 €	**93**

Blanc : 10 hectares. Chasselas 100 %, Sauvignon blanc 100 %
Production moyenne : 50 000 bt/an

DOMAINE DU BOUCHOT 🌙

25, route de l'Abbaye, 58150 Saint-Andelain
03 86 39 13 95 ●
www.domaine-du-bouchot.com ●
Visites : sur RDV aux professionnels.
Propriétaire : Antoine Gouffier

CLOS SAINT-FIACRE

Bénédicte Montigny-Piel et Hubert Piel, entreprenants vignerons, sont installés à onze kilomètres d'Orléans. Ils ont repris, avec leur oncle Jacky Montigny, le domaine familial en 2001. Ce dernier est situé sur deux petites appellations méconnues, Orléans (80 hectares, blanc, rouge, rosé) et Orléans-Cléry (28 hectares de rouge), ainsi qu'en IGP Val de Loire. Le vignoble est enherbé et le travail de la vigne réalisé de manière à obtenir le meilleur équilibre entre une maturité optimale des raisins et l'expression du terroir : ébourgeonnage, dédoublage (systématique sur les cépages rouges), effeuillage (selon les années), suppression des grappes de seconde génération, vendange en vert (selon les années). Les blancs sont issus de chardonnay et d'un peu de sauvignon ; les rouges et rosés de pinot meunier et d'un soupçon de pinot noir.

Les vins : commençons avec le joyeux et précis orléans blanc 2020, un chardonnay très rafraîchissant, aux notes florales et d'agrumes. Un bon blanc d'un excellent rapport prix-plaisir. Excellence 2019 s'annonce bien plus concentré, il est finement grillé par un élevage judicieux ; un beau chardonnay qui n'a rien à envier à la Bourgogne. Le orléans Excellence blanc 2020 se montre élégant et plus svelte. En rouge, une certaine animalité prégnante marque l'orléans-cléry 2020 que nous décidons d'écarter de la dégustation. L'orléans 2020 se montre joliment fruité et hyper digeste. Excellence 2019 est mené avec soin, il met en lumière un pinot noir tout en finesse et fraîcheur de fruit. Il évoluera sereinement dans les dix ans avec beaucoup de gourmandise.

🗁 Orléans 2020	10 €	**89**
🗁 Orléans Excellence 2020	19,50 €	**91**
🍷 Orléans 2020	10 €	**89**
🍷 Orléans Excellence 2019	19,50 €	**91**

Le coup de 🖤

🗁 Orléans Excellence 2019	19,50 €	**92**

Rouge : 6,34 hectares. Pinot noir 38 %, Pinot meunier 38 %, Cabernet franc 24 %
Blanc : 9,2 hectares. Chardonnay 80 %, Pinot gris 20 %
Production moyenne : 80 000 bt/an

CLOS SAINT-FIACRE

560, rue de Saint-Fiacre,
45370 Mareau-aux-Prés
02 38 45 61 55 ● www.clossaintfiacre.fr ●
Vente et visites : sur RDV.
Propriétaire : Bénédicte Montigny-Piel et Hubert Piel

DOMAINE VINCENT DELAPORTE ET FILS

Qu'il est passionnant pour un dégustateur d'assister à la mutation d'une propriété. En 2010, l'arrivée de Matthieu Delaporte a fait bouger les lignes de ce domaine historique de la charmante commune de Chavignol. Du haut de ses 23 printemps, il convainc son père Jean-Yves d'entreprendre le travail des sols, l'arrêt des herbicides, la baisse des rendements sur les 33 hectares et d'investir dans la vinification en fûts. Les vignes et les vins se métamorphosent vers un style précis, de plus en plus soigné. La gamme lisible, déclinée en blanc et en rouge, invite à découvrir les terroirs de caillottes et terres blanches dans les cuvées Chavignol et les silex de Sancerre à travers les cuvées Silex. Deux lieux-dits de Chavignol sont à l'honneur, le mythique coteau exposé plein-sud des Monts Damnés, ainsi que les Culs de Beaujeu, célèbre ailleurs pour ses blancs, ici planté de pinot noir. En conversion bio depuis 2020.

Les vins : le sancerre Chavignol rosé entame avec vivacité, franchise et finesse la dégustation. En blanc, une touche d'exotisme apporte charme et rondeur au Chavignol 2021, c'est un blanc déjà plaisant. Trois 2020 équilibrés et parés pour quelques années de garde sont à découvrir : Silex s'annonce profond, mené avec un grand soin pour évoluer paisiblement dans les années à venir ; sa fine amertume nous fait irrésistiblement saliver. Sur le légendaire coteau Les Monts Damnés, le sauvignon se révèle avec une belle étoffe savoureuse, à la puissance contenue et aux douces notes de menthe fraîche : une belle identité de ce terroir ; une grande profondeur minérale se dégage de l'intense La Côte d'Amigny, un sancerre de grande dimension et de raffinement : le coup de cœur de cette année. En rouge, Chavignol 2020 donne le ton de pinot noir, juteux et mené avec tact dans ce millésime solaire sans aucun excès : un grand bravo. Silex 2020 va plus loin dans l'intensité, retenu, élevé avec minutie, sans trace de réduction, il séduira le plus grand nombre. De belles fines notes de pivoine et de poivre animent Le Cul de Beaujeu, un remarquable rouge établi tout en raffinement et en profondeur : c'est la révélation de cette année.

🍷	Sancerre Chavignol 2021	22 €	89
🍷	Sancerre Les Monts Damnés 2020	30 €	92
🍷	Sancerre Silex 2020	26 €	90
🍷	Sancerre Chavignol 2021	22 €	88
🍷	Sancerre Chavignol 2020	22 €	90
🍷	Sancerre Le Cul de Beaujeu 2020	30 €	93
🍷	Sancerre Silex 2020	26 €	90

Le coup de ❤

🍷	Sancerre La Côte d'Amigny 2020	56 €	93

Rouge : 8 hectares.
Blanc : 25 hectares.
Production moyenne : 290 000 bt/an

DOMAINE VINCENT DELAPORTE ET FILS
Chavignol, 18300 Sancerre
02 48 78 03 32 ●
www.domaine-delaporte.com ● Vente et visites : sur RDV.
Propriétaire : Matthieu Delaporte

NOUVEAU DOMAINE

DOMAINE DENIZOT

Revenu au domaine familial en 2005, Thibauld Denizot a pris ses marques pendant plusieurs années au côté de son père avant de reprendre les rênes en 2016. Dix-huit hectares en Sancerre, essentiellement sur les terres calcaires d'Amigny, Chavignol et Verdigny et, depuis 2020, deux hectares et demi en Pouilly-Fumé. Tout le doigté du vigneron consiste à dompter le caractère solaire de ces recoins précoces. Le millésime 2020 illustre à merveille le soin que Thibauld et son épouse Jennifer apportent à chacun de leur sauvignon et pinot noir : des vins précis, établis en finesse en cuves inox et béton et demi-muids, s'émancipant peu à peu d'un cadre technique trop irréprochable. Notre coup de cœur ? Damoclès, venu d'un coteau calcaire d'Amigny, un blanc intense sculpté par de magnifiques amers. Une cuvée inspirante pour le reste de la gamme.

Les vins : une gamme méticuleuse s'ouvre en 2020, avec un sancerre classique de bonne facture, joliment exotique, à la finale rafraîchissante. D'une belle matière détendue, Les Bouffants s'exprime avec plus d'ampleur et d'exotisme, mais la finale peut encore gagner en profondeur éclatante. Damoclès prend une autre dimension, plus vineux, intense, d'une magnifique concentration en extraits secs. Un superbe blanc sec ciselé par des amers vivifiants. Du côté de Pouilly-Fumé, le 2020 s'exprime avec tendresse et une chair suave qui le destine à l'apéritif. Séléné, venu des silex, se dévoile avec une certaine largeur. Un vin précis dont aimerait toutefois davantage d'allonge. Le sancerre rouge 2020 assume une haute maturité du pinot noir, mené avec finesse et précision ; un classique tendre, à boire dans les deux à trois ans. La Biorga 2019 s'avère bien plus étoffé, et présente un équilibre concentré et raffiné, mené avec beaucoup de tact. Un très beau millésime en devenir.

▭ Pouilly-Fumé 2020	19 €	**88**
▭ Pouilly-Fumé Séléné 2020	30 €	**89**
▭ Sancerre 2020	18 €	**89**
▭ Sancerre Les Bouffants 2020	25 €	**91**
▬ Sancerre 2020	19 €	**89**
▬ Sancerre Biorga 2019	25 €	**91**

Le coup de ♥

▭ Sancerre Damoclès 2019	25 €	**93**

Rouge : 4,5 hectares. Pinot noir 100 %
Blanc : 16 hectares. Sauvignon blanc 100 %
Production moyenne : 80 000 bt/an

DOMAINE DENIZOT
20, route de Sancerre, 18300 Verdigny
02 48 79 37 78 ● www.domaine-denizot.com
● Vente et visites : sur RDV.
Propriétaire : Jennifer et Thibauld Denizot

DOMAINE PHILIPPE GILBERT

Philippe Gilbert contribue depuis des années à cultiver l'identité des terroirs de Menetou-Salon pour y puiser des identités singulières du sauvignon et pinot noir par une viticulture biodynamique et une myriade d'expérimentations en vinification. Des prises de risques qui peuvent aussi bien nuire à la précision du fruit qu'en révéler sa vitalité. Les deux blancs de marnes kimméridgiennes, le clos des Treilles (2,2 ha à Parassy) et les Chandelières (4 ha à Menetou-Salon dont la moitié en sauvignon) révèlent les interprétations profondes du sauvignon ligérien. Nous attendons plus de profondeur et de cohérence de gamme pour remettre l'étoile au domaine.

Les vins : L'Émoustillant 2020 est un pétillant naturel rosé, agréable mais sans grande finesse. En blanc, le menetou-salon 2020 s'offre en sincérité et en rondeur, un peu excessive dans ce millésime solaire. Déjà dégustés l'an dernier, les 2018, aussi bien Les Chandelières que Clos des Treilles évoluent avec richesse mais manquent de profondeur. Vous pouvez les boire dès maintenant. Hors-Sujet 2020 est un vin de macération, que l'on aimerait plus défini. Côté rouge, Hors-Série 2020, revendiqué sans soufre ajouté, s'avère juteux et plaisant à boire dans la prime jeunesse. Le menetou-salon 2020 livre sans artifice un jus pulpeux et rafraîchissant. 35 Rangs 2017 offre une délicatesse nuancée avec la fine fermeté du millésime. Il est à ouvrir dès à présent.

▭ Menetou-Salon 2020	19 €	**88**

▭ Menetou-Salon Clos des Treilles 2018	28 €	**90**
▭ Menetou-Salon Les Chandelières 2018	28 €	**90**
▭ VDF Hors-Sujet 2020	de 35 à 36 € (c)	**88**
▬ VDF L'Émoustillant 2020	22 €	**86**
▬ Menetou-Salon 2020	de 20 à 22 € (c)	**88**
▬ Menetou-Salon 35 Rangs 2017	35 €	**90**
▬ Menetou-Salon Hors-Série 2020	24 €	**89**

Rouge : 15 hectares. Pinot noir 100 %
Blanc : 15 hectares. Sauvignon blanc 100 %
Production moyenne : 120 000 bt/an

DOMAINE PHILIPPE GILBERT ☾
9, Les Faucards, 18510 Menetou-Salon
02 48 66 65 90 ●
www.domainephilippegilbert.fr ● Vente et visites : sur RDV.
Propriétaire : Philippe Gilbert
Maître de chai : François Leupe

DOMAINES MINCHIN

Vigneron énergique et entreprenant, Bertrand Minchin est implanté à Morogues, cru de Menetou-Salon, avec le domaine La Tour Saint-Martin, et également à Valençay (Claux Delorme) – deux exploitations regroupées au sein des domaines Minchin. Les valençays (sauvignon et chardonnay) s'avèrent joyeux et droits ; les cuvées de Menetou-Salon sont vinifiées avec précision. De l'intense Honorine, élevée en fût, au finement austère Fumet, exposé au nord-ouest, les sauvignons reflètent l'expression de leur lieu grâce à la patte soignée de leur vinificateur. On retrouve cette signature dans des rouges habilement façonnés. La régularité est au rendez-vous de ce domaine berrichon.

Les vins : ouvrons le bal avec un valençay. Le sauvignon 2021 est facile, souple et croquant. Le rouge 2020 s'annonce haut en couleurs, à la richesse presque sudiste. En Touraine, Red de Rouge se montre agréable et fruité. Franc du Côt-Lié 2018 évolue sur les épices et la violette avec une belle onctuosité, ponctué par des tanins toniques en bouche qui l'équilibrent : à déguster avec un bœuf bourguignon. En menetou-salon, Morogues 2020 est un sauvignon expressif, porté sur les agrumes avec une trame gourmande. Élevé sous bois, Honorine 2020 offre naturellement plus de fond. Il s'avèrera serein à table dans les dix ans. Nous aimons la retenue finement exotique de Fumet 2020, porté par de beaux amers et une intensité de saveurs salivantes. En rouge, Pommerais

2020 se montre digeste, équilibré entre fraîcheur et caractère solaire du millésime. Porté par un élevage plus démonstratif, Célestin 2020 s'exprime avec une certaine fermeté. Pour apaiser sa force, il faudra l'ouvrir à partir de 2023.

▭ Menetou-Salon La Tour Saint Martin
Fumet 2020   19,95 €   **91**

▭ Menetou-Salon La Tour Saint Martin
Honorine 2020   23 €   **90**

▭ Menetou-Salon La Tour Saint Martin
Morogues 2020   13,90 €   **88**

▭ Valençay Le Claux Delorme
2021   9,40 €   **86**

◣ Menetou-Salon La Tour Saint Martin
Célestin 2020   25 €   **90**

◣ Menetou-Salon La Tour Saint Martin
Pommerais 2020   14,50 €   **89**

◣ Touraine Le Claux Delorme Franc du
Côt-Lié 2018   15,90 €   **90**

◣ Touraine Le Claux Delorme Red de Rouge
2020   8,40 €   **86**

◣ Valençay Le Claux Delorme
2020   9,40 €   **88**

Rouge : 15 hectares. Pinot noir 55 %, Gamay noir à jus blanc 25 %, Malbec (cot) 13 %, Cabernet franc 7 %
Blanc : 15 hectares. Sauvignon blanc 100 %
Production moyenne : 210 000 bt/an

DOMAINES MINCHIN
Saint-Martin, 18340 Crosses
02 48 25 02 95 ●
www.domaines-minchin.com ● Vente et
visites : sur RDV.
Propriétaire : Bertrand Minchin

———————————————

DOMAINE BENOÎT MONTEL

Parmi les vignerons les plus talentueux du secteur, Benoît Montel a constitué en vingt ans un vignoble de 10 hectares répartis entre Riom et Clermont-Ferrand. La variété de sols, argilo-calcaires (Bourrassol et Chanturgue), basaltiques (Châteaugay), sablos-marneux (Madargue), est un terrain de jeu formidable pour ciseler des rouges de gamay dotés d'une forte personnalité. Ils sont bien colorés, avec une trame tannique ferme et une touche fumée légèrement austère qui leur donne un réel tempérament auvergnat. Les blancs de chardonnay sont aussi fringants, mais plus académiques. Cette Loire volcanique n'a jamais été aussi dynamique ! Un nouveau merlot fringant a vu le jour, en partenariat avec le joueur international de rugby Rémi Lamerat, qui prépare sa future carrière de vigneron.

Les vins : en 2021, les blancs s'annoncent dans un registre aromatique primaire à l'image d'À L'Endroit À L'Envers (chardonnay, sauvignon, viognier), acidulé et friand ; Bourrassol, quant à lui, possède un fruit croquant. Ce sont des vins simples à boire dans leur jeunesse. En 2020, Expression, tout en rondeur est marqué par un élevage démonstratif. Comme l'essentiel des rouges de Loire, les 2021 s'expriment en demi-corps avec peu d'alcool (12,5°) et des arômes joliment fruités. Du très léger Châteaugay, au bien juteux et affriolant Chanturgue, en passant par Bourrassol, fumé et doté de fines notes végétales. Un boisé démonstratif brouille l'identité du Vieilles Vignes, structuré et solaire, qui animera une table d'hiver. Tout comme Le Sang des Volcans 2020, une syrah un peu extraite et enrobée que nous aurions préférée plus élancée.

▭ Côtes d'Auvergne Bourrasol 2021   11 €   **87**

▭ Côtes d'Auvergne Expression
2020   16 €   **87**

▭ IGP Puy-de-Dôme À L'Endroit À L'Envers
2021   10 €   **86**

◣ Côtes d'Auvergne Chateaugay Vieilles
Vignes 2020   16 €   **88**

◣ Côtes d'Auvergne Châteaugay
2021   8 €   **86**

◣ Côtes d'Auvergne Châteaugay Bourrassol
2021   11 €   **89**

◣ Côtes d'Auvergne Madargue 2021   10 €   **87**

◣ IGP Puy-de-Dôme Le Sang des Volcans
2020   19 €   **88**

Le coup de ♥

◣ Côtes d'Auvergne Chanturgue
2021   10 €   **89**

Rouge : 8 hectares. Gamay noir à jus blanc 73 %, Syrah 11 %, Pinot noir 10 %, Gamaret 3 %, Merlot 3 %
Blanc : 2 hectares. Chardonnay 80 %, Viognier 10 %, Sauvignon blanc 10 %
Production moyenne : 40 000 bt/an

DOMAINE BENOÎT MONTEL
6, rue Henri-et-Gilberte-Goudier,
63200 Riom
06-32-00-81-05 ● www.benoit-montel.fr ●
Vente et visites : sur RDV.
Propriétaire : Benoît Montel

NOUVEAU DOMAINE

DOMAINE DU NOZAY

Cyril de Benoist s'est complètement émancipé du modèle de viticulture productiviste que menait son père dans les années 1970 au domaine familial de Sainte-Gemme-en-Sancerrois. Il passe les vignes en bio en 2011, puis en biodynamie, baisse voire abroge les sulfites de l'élaboration… Si bien que le style singulier des vins, débarrassés d'esbroufe œnologique, marqués aujourd'hui par la liberté de ton aromatique et la grande délicatesse de textures font bouger les lignes à Sancerre. Quel plaisir de goûter des sauvignons mûrs, détendus et très digestes, déroutants pour les amateurs de sancerres classiques. Si bien que certaines cuvées sont estampillés en Vin de France.

Les vins : pourtant si jeunes, les 2021 nous enchantent par leur spontanéité énergique, à l'image du Paradis, aux fines notes exotiques et d'une rondeur suave rare pour ce millésime. Plus austère d'approche, comme son nom l'indique, La Plante Froid s'affirme avec une belle rectitude salivante et de beaux amers. La Marâtre s'élance avec un très bel éclat calcaire, extrêmement revigorant. Du côté des VDF 2020, on sent une prise de risque dans La Roseraie, à la rondeur exotique jouant sur l'oxydation en finale. Tout comme Le Baron, d'une vinosité apaisante, insistant sur la suavité en cœur de bouche et une fine amertume en finale. Dolium s'élance avec puissance. Fine patine et gras savoureux, ainsi qu'une belle persistance des saveurs. Déjà affriolants, ces deux millésimes s'exprimeront avec panache pendant quelques années. Quid de leur potentiel de garde ? Le temps nous le dira.

⊃ Sancerre La Marâtre 2021	19,50 €	90
⊃ Sancerre La Plante Froide 2021	19,50 €	91
⊃ Sancerre Le Paradis 2021	19,50 €	90
⊃ VDF La Roseraie 2020	18 €	89
⊃ VDF Le Baron	25 €	92
Le coup de ♥		
⊃ VDF Dolium 2020	25 €	93

Rouge : 0,25 hectare. Pinot noir 100 %
Blanc : 14,78 hectares. Sauvignon blanc 100 %
Production moyenne : 110 000 bt/an

DOMAINE DU NOZAY ☾

Château du Nozay,
18240 Sainte-Gemme-en-Sancerrois
02 48 79 30 23 ●
www.domaine-du-nozay.com/fr/ ● Vente et visites : sur RDV.
Propriétaire : Cyril de Benoist

———————————

DOMAINE DU PRÉ SEMELÉ

La famille Raimbault, emmenée par les frères Julien et son cadet Clément, incarne la nouvelle génération ambitieuse du vignoble sancerrois. Rien n'est laissé au hasard pour tisser des vins limpides, modernes et sans aspérité, un rien policés, élevés en cuve pour le sancerre classique, en foudre et demi-muid pour les cuvées parcellaires. Le style des rouges est affiné à chaque millésime. Ils atteignent de belles concentrations et présentent une réserve tannique qui leur promet un avenir serein. Des paramètres sont à ajuster pour que les vignerons s'émancipent de ce cadre techniquement irréprochable et offrent une définition plus vibrante de Sancerre.

Les vins : le rosé 2021 s'avère expressif, rafraîchissant et bien élaboré. En blanc, le 2021 se montre équilibré, friand, et procure un plaisir croquant. En 2020, Les Chasseignes sont finement élevé pour révéler la trame cristalline du sauvignon. Nous avons envie de le laisser un an de plus en cave. Dégusté avant mise en bouteille, La Montée de Saint Romble 2020 développe un supplément d'énergie : un beau blanc qui se posera dans les prochaines années. En rouge, 2020 a donné naissance à des pinots noirs hauts en couleur : le sancerre est juteux et affriolant, à ouvrir dès 2023. Camille vient de vignes de plus de 50 ans et propose une matière intense, menée avec un grand soin et une allonge dynamique. Un bel ambassadeur des rouges de Sancerre.

⊃ Sancerre 2021	16 €	88
⊃ Sancerre Les Chasseignes 2020	25 €	90
► Sancerre 2021	de 15 à 17 € (c)	86
► Sancerre 2020	20 €	90
► Sancerre Camille 2020	de 26 à 30 € (c)	92
Le coup de ♥		
⊃ Sancerre La Montée de Saint Romble 2020	25 €	92

Rouge : 4,5 hectares. Pinot noir 100 %
Blanc : 17,5 hectares. Sauvignon blanc 100 %
Production moyenne : 150 000 bt/an

DOMAINE DU PRÉ SEMELÉ

Maimbray, 18300 Sury-en-Vaux

02 48 79 33 50 ● www.rjc-raimbault.com ●
Vente et visites : sur RDV.

Propriétaire : Julien et Clément Raimbault

———————————

DOMAINE PASCAL ET NICOLAS REVERDY

Pascal Reverdy et sa belle-sœur Sophie Reverdy signent dans ce très bon domaine un peu excentré une gamme parcellaire de blancs fiables, de caractère, à l'expression fruitée et finement minérale, dotés de finales fumées. Ces derniers millésimes, les rouges ont progressé, notamment sur l'élevage en bois, désormais plus civilisé, mais ils peuvent encore gagner en éclat. Une nouvelle cuvée, La Grande Rue, issue des caillottes de Sury-en-Vaux, a vu le jour en 2019. Une approche sincère et enthousiasmante du sauvignon. Nous décernons l'étoile au domaine pour ses blancs. Nous attendons une approche plus fine des rouges dans les prochains millésimes.

Les vins : croquant, sans fard et droit, le rosé 2021 ouvre avec gaieté la dégustation. Côté blanc, une belle réussite avec Terre de Maimbray, joliment équilibré, svelte et rafraîchissant. Un très bon classique de sancerre. Les Anges Lots 2020 offre nettement plus d'étoffe, de complexité et une superbe droiture en finale. La Grande Rue, avec son gras exotique et sa puissance, demande un à deux ans pour s'inviter à table. Quelle force ! Dans les rouges, on sent la richesse excessive du millésime 2020, particulièrement pour A Nicolas, d'une haute densité et d'un boisé démonstratif qui, nous l'espérons, s'affinera dans les années à venir. Terre de Maimbray s'annonce finement lardé, droit et bien concentré en notes de fruits noirs. Il vous faudra attendre 2023 et une table hivernale pour le déguster à sa juste valeur.

🍾 Sancerre La Grand Rue 2020	19 €	**92**
🍾 Sancerre Terre de Maimbray 2021	12,50 €	**90**
🍷 Sancerre A Nicolas 2020	20,50 €	**89**
🍷 Sancerre Terre de Maimbray 2020	14 €	**89**

Le coup de 💙

🍾 Sancerre Les Anges Lots 2020	19 €	**92**

Rouge : 5 hectares. Pinot noir 100 %
Blanc : 11,7 hectares. Sauvignon blanc 100 %
Production moyenne : 120 000 bt/an

DOMAINE PASCAL ET NICOLAS REVERDY

Maimbray, 1 route de Chaudenay
18300 Sury-en-Vaux
02 48 79 37 31 ● pascal-nicolas-reverdy.com
● Visites : sans RDV.
Propriétaire : Pascal et Sophie Reverdy

DOMAINE FLORIAN ROBLIN

Dans l'ombre des appellations voisines Pouilly-Fumé et Sancerre, Florian Roblin fait rayonner les Coteaux du Giennois. Deux terroirs se dessinent dans ce petit domaine : Champ Gibault (argiles à silex) et Coulée des Moulins (terres blanches). Ils donnent naissance à des sauvignons blancs sans esbroufe, et des rouges, issus de pinot noir et de gamay, bien juteux.

Les vins : en blanc, le millésime 2020 a été bien mené, avec un caractère friand, tout en rondeur, sans excès de richesse, il est à boire dès maintenant. Coulée des Moulins affirme sa complexité mentholée et ses agrumes mûrs. Sa finale calcaire lui confère un relief stimulant. Le rouge Champ Gibault 2020 affiche la concentration solaire du millésime, juteux, avec une certaine rigidité. Il faut le servir à table pour le détendre.

🍷 Coteaux du Giennois Champ Gibault 2020	12 €	**88**

Le coup de 💙

🍾 Coteaux du Giennois Coulée des Moulins 2020	12 €	**90**

Rouge : 1 hectare. Pinot noir 80 %, Gamay noir à jus blanc 20 %
Blanc : 3 hectares. Sauvignon blanc 100 %
Production moyenne : 20 000 bt/an

DOMAINE FLORIAN ROBLIN

11, rue des Saints-Martin, Maimbray
45630 Beaulieu-sur-Loire
06 61 35 96 69 ●
domaine.roblin.florian@orange.fr ● Vente et visites : sur RDV.
Propriétaire : Florian Roblin

LES TERRES D'OCRE

Reprenant une partie des vignes de son oncle coopérateur, le jeune Florent Barichard a vinifié en 2013 son premier millésime. Avec son associé Éric Nesson, ils effectuent un travail parcellaire sérieux. Levures indigènes et élevages en cuve béton font naître des blancs mûrs et frais, dynamiques, qui contribuent à renouveler le paysage local. Interdits en appellation Saint-Pourçain, les cépages vinifiés seuls sont classés en Vin de France. Ainsi, le tressallier et le pinot noir nous enchantent ! Les 2021 sont menés avec tact et éclat. Bravo !

Les vins : quel plaisir de croquer dans Instan T 2021, un rosé haut en couleur, à la sensation acidulée, sur la grenade. Sa version en blanc, assemblage de charbonnier et de tressallier, présente un vin svelte et rafraîchissant, d'un bouquet aromatique précis. Superbe réussite du pur tressallier, à la trame ciselée, une belle représentation florale de ce beau cépage. Un blanc tranchant pour des poissons grillés. Un nouveau blanc vient de voir le jour : Champs Carré 2019, un assemblage de chardonnay (70 %) et de tressallier qui propose un certain gras, sculpté avec force et fraîcheur. Il faudra le servir à table pour apaiser sa fougue. Non retenu cette année, Les Gravoches 2016 est typique d'un blanc ancienne époque, très gras et riche. En rouge, Instan T 2021, union du gamay et du pinot noir, est un formidable ami gouleyant et très digeste dans la prime jeunesse. Délicieuse expression du pinot noir dans Les Cailloux 2021, floral, infusé, ponctué d'un délié en fin en bouche. Un régal dans les trois à quatre ans. Les Ardelles 2019, issu du pinot noir et du gamay, montre plus de complexité, mais aussi des tanins musculeux, presque trop, qu'il faudra adoucir avec une pièce de bœuf.

▱	Saint-Pourçain Instan T 2021	13 €	**89**
▱	VDF Champs Carré 2019	35 €	**91**
▬	Saint-Pourçain Instan T 2021	8 €	**88**
▬	Saint-Pourçain Instan T 2021	13 €	**89**
▬	Saint-Pourçain Les Ardelles 2019	21 €	**89**
▬	VDF Les Cailloux 2021	15 €	**89**

Le coup de ♥

▱	VDF Tressallier 2021	15 €	**90**

Rouge : 11 hectares. Gamay noir à jus blanc 63 %, Pinot noir 37 %

Blanc : 7 hectares. Chardonnay 64 %, Tressalier 36 %

Production moyenne : 85 000 bt/an

LES TERRES D'OCRE ♣

Lieu-dit Les Vignes, 3500 Châtel-de-Neuvre

04 70 43 12 71 ● lesterresdocre@orange.fr ● Vente et visites : sur RDV.

Propriétaire : Éric & Valérie Nesson, Florent Barichard

Directeur : Éric Nesson

Maître de chai : Florent Barichard

LES MEILLEURS VINS

de *Provence*

PAR ALEXIS GOUJARD,

*en charge des vins de Provence au sein du comité
de dégustation de La Revue du vin de France*

LES APPELLATIONS

La Provence s'étend sur trois départements, le Var, les Bouches-du-Rhône et les Alpes-Maritimes. Le vignoble se divise en quatre catégories : IGP (anciennement Vin de pays), appellations régionales, appellations sous-régionales et appellations communales.

LES VINS D'IGP

Les vins d'Indication géographique protégée (IPG) représentent un tiers de la production, répartie sur deux départements, les Bouches-du-Rhône (IGP Alpilles) et le Var (IGP du Mont-Caume, des Maures, d'Argens, des Coteaux du Verdon et de la Sainte-Baume). Enfin l'IGP Méditerranée couvre l'ensemble du vignoble provençal.

LES APPELLATIONS RÉGIONALES

Elles regroupent les trois plus vastes appellations de la région : Côtes de Provence (20 100 hectares) dans le Var, les Bouches-du-Rhône et les Alpes-Maritimes (87 % de rosé) ; coteaux d'Aix-en-Provence (4 127 hectares) ; et les Coteaux varois en Provence (2 633 hectares).

LES APPELLATIONS SOUS-RÉGIONALES

Reconnues en 2005, elles englobent les appellations Côtes de Provence Sainte-Victoire, entre les villes d'Aix-en-Provence, Rians et Trets, et Côtes de Provence Fréjus, autour des communes de Fréjus, Saint-Raphaël, La Londe, Pierrefeu et, dans l'arrière-pays, Callas. La production de rosé domine très largement.

LES APPELLATIONS COMMUNALES

Palette : appellation de 50 hectares située au sud d'Aix-en-Provence et ne comptant que trois producteurs. Les blancs et les rosés sont d'une grande race, en particulier ceux du Château Simone.

Cassis : vignoble du littoral couvrant 200 hectares et pouvant produire des blancs finement aromatiques, équilibrés et de belle fraîcheur.

Bandol : le plus reconnu des vignobles de Provence (1 700 hectares), en particulier pour son rouge, issu en majorité du cépage mourvèdre, à la fois puissant, structuré, élégant, finement épicé et poivré.

Les domaines élaborent aussi des rosés typés et des blancs plus simples, sauf exception.

Bellet : petite appellation (50 hectares) située sur les hauteurs de Nice et qui tire son nom de la commune de Saint-Roman-de-Bellet. Elle produit des vins rouges (42 %), des rosés (23 %) et des vins blancs (35 %).

Baux-de-Provence : cette appellation au cœur du massif des Alpilles (300 hectares) produit des vins charmeurs d'influence plus rhodanienne que provençale.

LES CÉPAGES

Grenache : cépage principal pour l'élaboration des vins rosés, le grenache représente près de 40 % de l'encépagement régional.

Syrah : répandue au nord du vignoble (14 %), ses baies noires donnent des vins solides, riches en tanins, particulièrement aptes à vieillir.

Carignan : représentant 13 % de l'encépagement, le carignan est bien adapté aux sols pauvres.

Mourvèdre : il fait la réputation des vins rouges de Bandol, et offre des vins musclés, bâtis pour la garde.

Tibouren : authentique cépage provençal, certainement importé par les Romains. Il est délicat, sert surtout à l'élaboration de rosés clairs et intervient également dans les assemblages.

Ugni blanc : utilisé dans le Gers et en Charente pour l'élaboration des eaux-de-vie, l'ugni blanc est particulièrement intéressant pour sa fraîcheur.

La clairette est aussi présente, comme **le sémillon**, qui sert à Bordeaux à l'élaboration de grands vins blancs floraux et minéraux. En Provence, le sémillon entre en faible proportion dans les vins blancs, mais apporte une certaine rondeur.

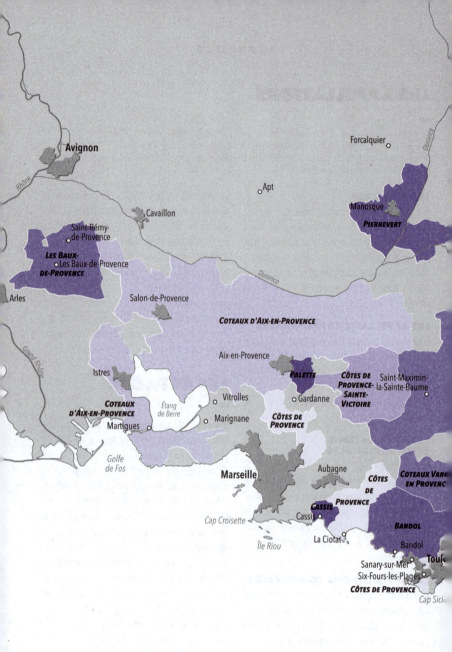

Avignon

Forcalquier

Apt

Cavaillon

Manosque

Pierrevert

Saint-Rémy-
de-Provence

*Les Baux-
de-Provence*

Les Baux-de-Provence

Arles

Salon-de-Provence

Coteaux d'Aix-en-Provence

Durance

Rhône

Grand Rhône

Istres

*Coteaux
d'Aix-en-Provence*

Étang
de Berre

Aix-en-Provence

Palette

Gardanne

*Côtes de
Provence-
Sainte-
Victoire*

Saint-Maximin-
la-Sainte-Baume

Vitrolles

Marignane

Martigues

*Côtes de
Provence*

Golfe
de Fos

Marseille

Aubagne

*Côtes
de
Provence*

*Coteaux Var
en Provenc*

Cap Croisette

Cassis

Cassis

Bandol

La Ciotat

Bandol

Toul

Sanary-sur-Mer

Île Riou

Six-Fours-les-Plages

Côtes de Provence

Cap Sici

Durance

MER MÉDITERRANÉE

20 km

Légendes Cartographie

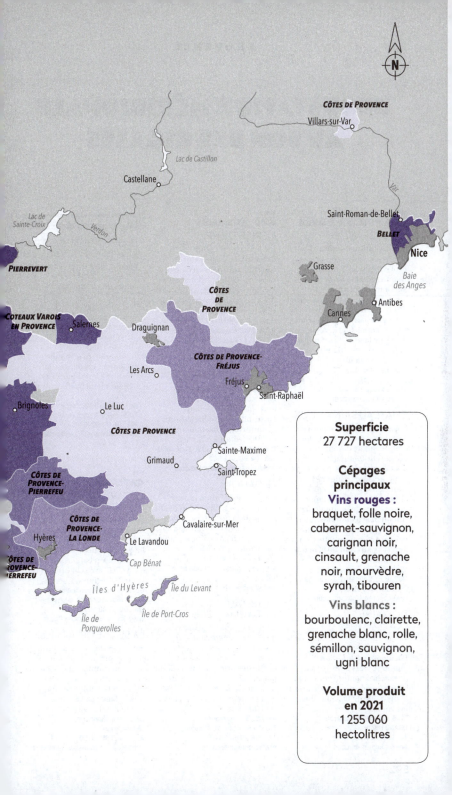

Superficie
27 727 hectares

**Cépages
principaux
Vins rouges :**
braquet, folle noire,
cabernet-sauvignon,
carignan noir,
cinsault, grenache
noir, mourvèdre,
syrah, tibouren

Vins blancs :
bourboulenc, clairette,
grenache blanc, rolle,
sémillon, sauvignon,
ugni blanc

**Volume produit
en 2021**
1 255 060
hectolitres

CÔTES DE PROVENCE

Villars-sur-Var

Lac de Castillon

Castellane

Lac de
Sainte-Croix

Verdon

Saint-Roman-de-Bellet

Var

PIERREVERT

BELLET

Nice

Grasse

Baie
des Anges

COTEAUX VAROIS
EN PROVENCE

Salernes

CÔTES
DE
PROVENCE

Antibes

Cannes

Draguignan

CÔTES DE PROVENCE-
FRÉJUS

Les Arcs

Fréjus

Saint-Raphaël

Brignoles

Le Luc

CÔTES DE PROVENCE

Sainte-Maxime

Grimaud

Saint-Tropez

CÔTES DE
PROVENCE-
PIERREFEU

CÔTES DE
PROVENCE-
LA LONDE

Cavalaire-sur-Mer

Hyères

Le Lavandou

CÔTES DE
PROVENCE-
PIERREFEU

Cap Bénat

Îles d'Hyères

Île du Levant

Île de
Porquerolles

Île de Port-Cros

DÉGUSTATION MÉRIDIONALE AU SON DES CIGALES

CHAMBRES D'HÔTES

VILLA BEAULIEU

Cette somptueuse propriété, érigée par les comtes de Provence au XVIᵉ siècle à Rognes, toise la Provence à 400 mètres d'altitude. Un havre luxueux témoin d'un art de vivre raffiné au milieu de collections de meubles Louis XIV et Napoléon III. À partir de 340 € la nuit. Les vins du domaine jouent dans la même cour d'excellence.
Route de Beaulieu,
13840 Rognes
Tél : 04 42 60 39 40
www.villabaulieu.com

CHÂTEAU SAINT-ROUX

Ce magnifique domaine a été restauré avec les pierres locales dans le but de devenir un petit village entièrement bio. Trente hectares de vignes, potager de 3000 m², élevage de chèvre et fromagerie pour la ferme-auberge, boutique remplie de produits de producteurs finement sélectionnés, gîtes pour séjourner... Tout pour des vacances douillettes, en autarcie, au cœur de la plaine des Maures.
RD17, route de la Garde-Freinet,
83340 Le-Cannet-des-Maures
Tél : 04 98 10 02 61
www.chateausaintroux.com

DOMAINE LES FOUQUES

Yves Gros est un pionnier de la biodynamie en Provence. Il a aménagé dans son domaine trois gîtes ruraux (800 € la semaine) pour cinq à huit personnes, avec vue sur la mer, l'île de Porquerolles et les vignes.
1405, chemin des Borrels,
83400 Hyères
Tél : 04 94 65 68 19
www.fouques-bio.com

RESTAURANTS

LE PIED DE NEZ

Ici, les assiettes sont dynamiques et précises (moules gratinées au beurre provençal, filet de dorade rose locale), soutenues par une carte des vins d'une quarantaine de références d'artisans locaux et d'ailleurs. 30 à 40 € à la carte.
8, rue Montée-Saint-Eloi,
83330 Le Castellet
Tél : 04 94 29 72 26
www.lepieddenez.com

CHATEAU D'ESTOUBLON

Ce superbe établissement Relais & Châteaux, fondé en 1489, offre une halte gastronomique délicieuse au cœur du superbe domaine de 300 hectares.
Rte de Maussane, 13990 Fontvieille
Tél : 04 90 54 87 32
www.chateau-estoublon.com

LE CANON

Des coups de canon naturels fusent dans ce bistrot en pleine forme de la French Riviera. Un coup de jeune dans le vieux Nice avec déco *seventies*, tables en formica, pêche locale et gigots de chevreau d'à côté.
23, rue Meyerbeer, 06000 Nice
Tél : 04 93 79 09 24
www.lecanon.fr

L'OUSTAU DE BAUMANIÈRE

L'une des plus belles caves de France (des dizaines de milliers de trésors), une cuisine de haute volée, une partie des produits cultivés sur place, à côté de la bastide du XVIᵉ siècle, face aux Alpilles : le chef breton Glenn Viel régale. De 100 à 220 €.
Mas de Baumanière,
13520 Les Baux-de-Provence
Tél : 04 90 54 33 07
www.baumaniere.com

NOTRE COUP DE ♥

L'AUBERGE DE SAINT-RÉMY-DE-PROVENCE

Fanny Rey, ex-candidate de l'émission Top Chef, et son compagnon Jonathan Wahid, qui a été champion de France de dessert, proposent une cuisine du marché des plus savoureuses, récompensée par une étoile au Guide Michelin depuis 2017. Cet établissement accueille également les invités dans une dizaine de chambres, disponibles à partie de 200 € la nuit.
12, boulevard Mirabeau,
13210 Saint-Rémy-de-Provence
Tél : 04 90 92 15 33
www.aubergesaintremy.com

CAVISTES

LE CAVISTE DE MAUSSANE

Le patron, Frédérick Boulanger, est amoureux de vin et de vintage. On trouve de belles références de toute la France et, en bonus, la location d'une 2CV avec chauffeur pour visiter la région.
60, avenue de la vallée des Baux,
13520 Maussane-les-Alpilles
Tél : 06 25 40 50 04
www.lecavistedemaussane.fr

LA SÉRINE DES ALPILLES

Sandrine Dumont, la pétillante propriétaire du lieu, sait se muer en sommelière ou en organisatrice de soirées sur mesure. Possibilité de louer une Delage 1931 pour se promener dans les vignes.
379, route d'Avignon,
13660 Orgon
Tél : 06 31 89 92 60
contact@la-serine-des-alpilles.fr

★★★ DOMAINE HAUVETTE

Dans son domaine situé sur le versant nord des Alpilles, la discrète Dominique Hauvette est une vigneronne de premier ordre. Depuis son installation en 1988 sur les sols argilo-calcaires de Saint-Rémy-de-Provence, elle n'a eu de cesse d'élaborer de grands vins rouges et blancs. Exigeante dans ses choix de viticulture (biodynamie depuis 2003), de vinification (éraflage et infusion des baies) et d'élevage (cuve, foudre, fût, œuf en béton), elle respecte comme personne les origines des sols et l'authenticité de ses terroirs pour produire de magnifiques rouges. La sensibilité de la vigneronne s'exprime au travers de cuvées pleines de vie, racées, tout en relief à l'image de l'intense Cornaline (grenache, syrah et cabernet-sauvignon) et d'Améthyste (à dominante de cinsault, complété de carignan et de grenache), parfumée et d'une finesse remarquable. Pressés délicatement en grappes entières, les superbes blancs gras aux amers nobles détonnent dans un paysage provençal où la sous-maturité et les vins acidulés font la loi du marché. Une remontée dans l'histoire des vins du domaine nous confirme leur fine évolution dans le temps. C'est à l'âge de quinze ans que ces vins ont le plus de choses à nous raconter. En 2020, nous avons décerné à Dominique Hauvette le prix de Vigneron de l'année.

Les vins : le blanc Fugue 2021 est une définition libre, savoureuse et très digeste du vermentino provençal. À l'ouverture, la roussanne de Jaspe 2021 reste encore bien trop jeune et primaire, mais sa texture au crescendo délié nous invite à une dégustation fine et salivante. Pour profiter de ce millésime, il vous faudra attendre 2023. Après quelques années de cave, Dolia 2016 nous livre un équilibre majestueux, entre nuances florales, intensité de saveurs en bouche et finale caillouteuse salivante ; un blanc provençal de grande identité. Pétra 2021, à la couleur de grenade, d'une délicatesse aromatique (fleurs, baies rouges...), d'un sublime délié, et d'un raffinement de matière lumineuse est superbe : un grand rosé. Dans les rouges, nous retrouvons la floralité radieuse et aérienne. Améthyste, dans le 2020, est à fois détendu et énergique ; un vin touchant qui illustre à merveille la subtilité et le délié que peuvent nous offrir les rouges sudistes. Cornaline est marqué d'une animalité prégnante qui gâche l'expression du fruit et durcit la trame tannique.

🍷 IGP Alpilles Fugue 2021	N.C.	91
🍷 IGP Alpilles Jaspe 2021	N.C.	93
🍾 IGP Alpilles Petra 2021	25 €	94
🍾 IGP Alpilles Améthyste 2020	70 €	94

Le coup de ❤

🍷 IGP Alpilles Dolia 2016	40 €	95

Rouge : 7,2 hectares. Syrah 30 %, Grenache noir 25 %, Cinsault 25 %, Cabernet-Sauvignon 20 %
Achat de raisins.
Blanc : 4 hectares. Roussanne 50 %, Clairette 30 %, Marsanne 20 %
Achat de raisins.
Production moyenne : 40 000 bt/an

DOMAINE HAUVETTE ♣
2946, voie Aurélia,
13210 Saint-Rémy-de-Provence
04 90 92 08 91 ●
domainehauvette@orange.fr ● Visites : sur RDV aux professionnels.
Propriétaire : Dominique Hauvette

★★★ ↗ CHÂTEAU PRADEAUX

Château Pradeaux, à Saint-Cyr-sur-Mer, est un monument de l'appellation. La famille Portalis est propriétaire des lieux depuis 1752. Digne héritier du domaine, Étienne Portalis oriente les vins vers plus de finesse et de tension depuis son arrivée en 2010, en défendant e vision très traditionnelle et intemporelle des rouges de Bandol. Les amateurs avertis ont sans doute des souvenirs extraordinaires quant à la race et à l'aptitude au vieillissement de ces vins. Même s'ils se définissent difficilement dans leur jeunesse, leur potentiel est latent. Si l'on prend le risque de les comparer aux bandols de la nouvelle génération, comme les actuels vins produits par les domaines Tempier ou La Bégude, les vins de Pradeaux peuvent être distancés par des cuvées au style plus moderne, coloré, boisé et avantageux, se dégustant avec davantage de facilité dans leur jeunesse. Or, loin de toute dérive flatteuse, Pradeaux reste tel qu'il a toujours été : un rouge très classique, recherchant son épanouissement dans le temps, en renforçant sa puissance et sa singularité grâce à une vinification en grappe entière (rarissime à Bandol) et à des élevages très longs (jusqu'à 48 mois) en vieux foudres âgés de 40 à 80 ans ! C'est aussi ce qui explique leur profil à part. Continuez à les mettre au moins dix ans en cave, ils vous surprendront toujours. La densité, la race, la profondeur des derniers millésimes de rouges nous procurent une émotion incomparable. La troisième étoile est désormais une évidence.

PROVENCE

Les vins : dans le millésime 2018 pluvieux, Le Lys n'affiche pas sa concentration habituelle mais élance avec un caractère épicé un muscle saillant qu'il faudra assouplir avec une belle pièce de bœuf grillée. Fabuleuse expression du 2017, d'une haute concentration d'arômes, de saveurs ; la densité de tanins mène une matière d'une immense profondeur. Un vin doté d'une race immense, vibrante. Un grand millésime ambassadeur du style de ce domaine historique. Le vigneron n'a malheureusement pas présenté son rosé, que nous trouvons par ailleurs délicieux.

Bandol 2021	17 €	**92**
Bandol 2017	29,50 €	**96**
Bandol Le Lys de Château Pradeaux 2018	16,50 €	**90**

Rouge : 22 hectares. Mourvèdre 75 %, Cinsault 15 %, Grenache noir 5 %, Counoise 2 %, Carignan 2 %, Barbaroux 1 %
Production moyenne : 50 000 bt/an

CHÂTEAU PRADEAUX
676, chemin des Pradeaux,
83270 Saint-Cyr-sur-Mer
04 94 32 10 21 ● www.chateau-pradeaux.com
● Vente et visites : sur RDV.
Propriétaire : Famille Portalis
Directeur : Étienne Portalis

★★★ DOMAINE TEMPIER

Tempier est aujourd'hui le cru de référence du vignoble de Bandol. Tout a été mis en œuvre par la famille Peyraud pour se hisser au sommet d'une hiérarchie régionale et surtout locale. Daniel Ravier, l'actuel directeur du domaine, a amorcé cette reconquête. Il a pu lancer un important programme d'investissement dans la cave, avec un outil de vinification moderne, suivi d'une rénovation complète du parc des foudres. Puis, bien entendu, il a porté une attention toute particulière à un patrimoine viticole exceptionnel composé de très vieilles vignes de mourvèdre, carignan, cinsault et grenache, qui produisent, entre autres, trois célèbres cuvées. La Migoua (10 hectares au Beausset-Vieux, la moitié de mourvèdre complétée par du grenache, du cinsault et de la syrah), La Tourtine (5,5 hectares en restanques du Castellet exposées plein sud avec une large dominante de mourvèdre, du grenache et du cinsault) et Cabassaou (1,5 hectare exposé plein sud, 95 % de mourvèdre avec une pointe de syrah et de cinsault). Les rouges affichent un haut niveau de concentration et d'harmonie. Nous demeurons en revanche plus septiques à propos du blanc et du rosé, techniquement irréprochables mais qui ne provoquent pas la même émotion.

Les vins : le blanc 2021 est joliment enveloppé par un élevage en foudre séduisant, sans grande envergure. Dans un style moderne, le rosé 2021 nous montre une structure affirmée, sa trame épicée, étirée par de beaux amers. Le vin s'avère techniquement irréprochable, mais peut encore gagner en naturel d'expression. Les rouges sont à découvrir en 2020, un millésime solaire admirablement dompté avec fraîcheur. Le Tradition s'élance avec tendresse et une certaine onctuosité d'expression ; un vin déjà séduisant qu'il sera bon de boire dans les dix ans. Bien plus racé, La Migoua délivre une sensation pulpeuse, une rondeur séductrice extrêmement gourmande. La fraîcheur préservée y est admirable. Il évoluera avec grâce plus de vingt ans. À son habitude, La Tourtine va encore plus loin dans la densité et les saveurs. Une race exceptionnelle qui saura apaiser ses ardeurs dans le temps.

Bandol 2021	28 €	**89**
Bandol 2021	25 €	**90**
Bandol 2020	34 €	**92**
Bandol La Migoua 2020	Épuisé - 57 €	**94**
Le coup de ♥		
Bandol La Tourtine 2020	57 €	**95**

Rouge : 55 hectares. Mourvèdre 74 %, Grenache noir 13 %, Cinsault 9 %, Carignan 3 %, Syrah 1 %
Blanc : 5 hectares. Clairette 64 %, Ugni blanc (trebbiano) 25 %, Bourboulenc 5 %, Rolle 3 %, Marsanne 3 %
Production moyenne : 240 000 bt/an

DOMAINE TEMPIER
1082, chemin des Fanges, 83330 Le Castellet
04 94 98 70 21 ● www.domainetempier.com/
● Visites : sans RDV.
Propriétaire : Famille Peyraud
Directeur : Daniel Ravier

★★★ DOMAINE DE TERREBRUNE

Dans la commune d'Ollioules, le vignoble bio de 30 hectares bénéficie d'un sol de marnes argilo-calcaires du trias unique à Bandol qui lui confère un style à part. Ici, le rouge prend naturellement son expression la plus fine et la plus fraîche, sans jamais être exubérant. Si bien que l'on peut parfois être surpris par sa retenue profonde si on le compare à certains de ses voisins, monstres de puissance. Co-propriétaires, Reynald Delille et Jean d'Arthuys sont les garants de ce style dont la tenue dans le temps est incontestable. En témoigne un 1989 au relief de saveurs maritimes et à l'étoffe d'une salinité argileuse. Un monument de la Provence viticole. Il y a aussi le rosé, où le mourvèdre domine légèrement les assemblages, et le blanc (clairette, ugni et bourboulenc), dans des volumes moindres. Tous deux sont en retrait dans leur jeunesse. À cinq ans de bouteille, ils respirent. Après dix ans, leurs épaules s'élargissent, le fruité juvénile contenu laisse place aux parfums méditerranéens de leur terroir et révèlent une ampleur que peu de vins de la région peuvent égaler. À l'image de ses vins, la réputation du domaine de Terrebrune s'est construite avec discrétion et tranquillité.

Les vins : le blanc 2021 s'annonce en demipuissance. Il faudra encore un à deux ans de bouteille pour qu'il reprenne des épaules et affine ses nuances florales et de fenouil. Tout comme le rosé, délicatement épicé, qui se révèle d'une grande finesse. Son énergie le porte avec un grand dynamisme et le temps le sublimera. À l'image du 2015, dans un registe vineux, il exhale un parfum hors du commun : notes grillées à la manière d'un champagne évolué, curry et safran animant une matière vineuse. Un ovni dans l'univers des rosés. Le rouge 2019 est subjuguant de fraîcheur. Dans la jeunesse, il peut encore paraître sévère, mais sa concentration et sa longueur majestueuses en feront un vin racé et de grande finesse dans les prochaines décennies. Sur un équilibre plus robuste, le 2015 est aujourd'hui un formidable compagnon pour le pigeon rôti. Il est loin d'avoir dit son dernier mot.

⟃ Bandol 2021	22 €	91
▬ Bandol 2015	28 €	94
▬ Bandol 2021	20 €	92
▬ Bandol 2015	42 €	95
Le coup de ♥		
▬ Bandol 2019	34 €	96

Rouge : 31 hectares.

Blanc : 4 hectares.

Production moyenne : 120 000 bt/an

DOMAINE DE TERREBRUNE ♣

724, chemin de la Tourelle, 83190 Ollioules

04 94 74 01 30 ● www.terrebrune.fr ● Vente et visites : sur RDV.

Propriétaire : Reynald Delille & Jean d'Arthuys

Directeur : Reynald Delille

★★ CHÂTEAU DE PIBARNON

Henri de Saint-Victor crée le château de Pibarnon en 1978, et l'inscrit en quelques décennies parmi les propriétés emblématiques de Bandol. Son fils Éric est, depuis 2000, aux commandes du domaine, et n'a de cesse que d'affiner l'expression de ses vins venus des terroirs calcaires datant du trias de La Cadière-d'Azur, jusqu'à trois cents mètres d'altitude. Le rosé s'avère un excellent ambassadeur du bandol classique. Deux rouges sont produits : une cuvée château (92 % de mourvèdre et 8 % de grenache) armée pour la garde, et Les Restanques, accessible plus jeune, issu de jeunes vignes (70 % mourvèdre, 30 % grenache). Conçus avec un réel sens esthétique, ces rouges au caractère soyeux et concentré, trouvent leur équilibre entre une quête d'ampleur veloutée et une expression hautement civilisée du fruit. La verticale de millésimes remontant à 2004, réalisée au printemps dernier, manifeste les efforts fournis. En matière de viticulture, sur les 52 hectares, mais aussi en cave, porteuse de vins s'affinant vers plus d'éclat et de profondeur minérale.

Les vins : dans un millésime 2018 sauvé des eaux, les vins s'en sortent superbement. À commencer par Les Restanques, au fruité tendre, avec son identité avenante du Bandol mené avec finesse. Le château est la plus belle réussite du millésime, il conjugue une matière concentrée serti de tanins fins. Coup de cœur pour le 2019, admirablement concentré, le moelleux de ses tanins lui apportent une énergie vivifiante. Un vin qui vieillira avec grâce, véritablement taillé pour la garde. Mené avec précision, le blanc s'est détendu en 2021, doté d'un joli gras, il est fuselé par de beaux amers, de fines saveurs d'anis et d'herbes aromatiques. Dès cet automne, ouvrez le rosé 2021 à table, il dévoilera son intensité et sa texture gracieuse longue : un beau rosé de gastronomie. Élevé en amphore de grès, Nuances 2019 se montre puissant, automnal et structuré par une finale finement tannique et salivante.

⟃ Bandol 2021	29 €	90
▬ Bandol 2021	23 €	91
▬ Bandol Nuances 2019	30 €	92
▬ Bandol 2018	37 €	93
▬ Bandol 2019	35 €	95
▬ Bandol Les Restanques de Pibarnon 2018	28 €	90

Rouge : 47 hectares. Mourvèdre 70 %, Cinsault 20 %, Grenache noir 10 %
Blanc : 5 hectares. Clairette 55 %, Bourboulenc 30 %, Ugni blanc (trebbiano) 10 %, Marsanne 5 %
Production moyenne : 170 000 bt/an

CHÂTEAU DE PIBARNON ♣

410, chemin de la Croix-des-Signaux, 83740 La Cadière-d'Azur

04 94 90 12 73 ● www.pibarnon.com ● Vente et visites : sur RDV.

Propriétaire : Éric de Saint-Victor

Maître de chai : Marie Laroze

★★ CHÂTEAU REVELETTE

Situé dans un terroir frais des hauteurs de l'appellation, sur la commune de Jouques, et voisin du château de Vignelaure, ce somptueux domaine est entre les mains du talentueux Peter Fischer depuis le millésime 1985. Les vignes sont certifiées bio depuis 1998. Allemand de Naissance, Provençal d'adoption, Peter Fischer a fait bouger les lignes dès les années 1980 en plantant du chardonnay en Provence avec une vision d'élaborer de grands blancs. À environ 400 mètres d'altitude, ce terroir est propice à préserver un équilibre éclatant pour les blancs qui nous enthousiasment aujourd'hui. Nous sommes perplexes sur les rouges qui manquent de précision. Une ambiance de cave dépendant de la rigueur du vigneron, probablement. Les enfants de Peter Fischer, Clara et Hugo, l'épaulent désormais au domaine.

Les vins : le cépage ugni blanc de Pur 2021 ouvre avec franchise, fraîcheur et croquant la dégustation. Le coteaux-d'aix s'annonce dans un registre plus consensuel, tout en gardant une belle vivacité appétante. Une réelle franchise épicée et fruitée se dégage du rosé à la fois charnu et désaltérant. Qu'il est bon de boire ce type de rosé élaboré sans artifice ! Le Grand Blanc 2020 nous subjugue de part son élégance aromatique et de sa délicatesse en bouche, de beaux amers portent la finale, c'est une définition profonde et singulière du blanc provençal. Bu sur une semaine, le vin n'a pas pris une ride. Côtés rouges, le carignan Pur 2021 est marqué par une certaine animalité prégnante qui gâche l'expression du fruit, nous l'écartons de la dégustation. Le coteaux-d'aix 2020 manque également de précision aromatique. C'est dommage, la matière est plutôt charnue. Le Grand Rouge 2019, s'annonce pulpeux mais le fruit n'est pas défini avec précision et a une finalité un peu sèche.

🥂 Coteaux d'Aix-en-Provence 2021	15 €	89
🥂 VDF Pur 2021	19,50 €	88
🍷 Coteaux d'Aix-en-Provence 2020	15 €	88

🍷 IGP Méditerranée Le Grand Rouge 2019	31 €	90

Le coup de ♥

🥂 IGP Méditerranée Le Grand Blanc 2020	31 €	94

Rouge : 22,5 hectares. Grenache noir 37 %, Syrah 37 %, Cabernet-Sauvignon 21 %, Cinsault 5 %
Blanc : 7,5 hectares. Chardonnay 34 %, Ugni blanc (trebbiano) 34 %, Rolle 15 %, Sauvignon blanc 12 %, Roussanne 5 %
Production moyenne : 100 000 bt/an

CHÂTEAU REVELETTE ♣

Chemin de Revelette, 13490 Jouques
04 42 63 75 43 ● www.revelette.fr ● Vente et visites : sur RDV.
Propriétaire : Peter Fischer

★★ 🗡 DOMAINE RICHEAUME

Ce domaine magnifiquement situé sur la commune de Puyloubier, au pied de la montagne Sainte-Victoire, a pour décor naturel des terres rouges. Son histoire remonte à maintenant plus de quarante ans. Henning Hoesch, d'origine allemande et professeur à Yale, aux États-Unis, quitte le campus américain en 1972 et achète ce domaine de 65 hectares alors vierge de toute culture. Il y plante 3 hectares de vignes qu'il cultive en expérimentant le bio. Très rapidement, les vins se distinguent par leur intensité de corps et leur chair. Comme chez les plus grands vignerons, le respect des sols et la non-intervention dans la vigne s'associent à des outils de vinification modernes. Les 2018 renouent avec le fruit d'une intensité éclatante, d'un magnifique velouté, étiré par la sensation caillouteuse de ce terroir prodigieux. Le domaine retrouve sa deuxième étoile.

Les vins : trois rouges 2020 à découvrir. Voici un millésime solaire mené avec une belle fraîcheur qui débute par Tradition : une concentration bien mûre du fruit, construit sur une trame tannique fine, un peu ferme en finale. Le grenache s'annonce avec une trame tout aussi racée et une sensation pulpeuse affriolante, un peu ferme en finale ; l'éclat floral particulier s'en dégage. Carignan s'en sort admirablement, en exprimant son caractère légèrement sauvage, conduit avec délicatesse. En 2018, millésime pluvieux, Columelle s'affirme avec moins d'étoffe mais avec une réelle finesse de texture.

🍷 IGP Méditerranée Columelle	40 €	92
🍷 IGP Méditerranée Grenache 2020	25 €	93

▬ IGP Méditerranée Tradition 2020 20 € **92**

Le coup de ❤

▬ IGP Méditerranée Carignan 2020 25 € **93**

Rouge : 22 hectares.
Blanc : 4 hectares.
Production moyenne : 60 000 bt/an

DOMAINE RICHEAUME ♣

RD57B, 13114 Puyloubier
04 42 66 31 27 ●
www.domaine-richeaume.com ● Vente et
visites : sur RDV.
Propriétaire : Sylvain Hoesch
Œnologue : Pascal Lenzi

★★ CHÂTEAU SIMONE

Du haut des coteaux du château Simone, une
toile de Cézanne se dessine : on admire les
vignes centenaires accrochées sur les calcaires
de Langesse s'ouvrir au nord vers la montagne
Sainte-Victoire. La Simone, comme la famille
Rougier aime l'appeler, est certainement le cru le
plus célèbre aux yeux des amateurs de grands
vins blancs méditerranéens. Il est vrai que René
et Jean-François Rougier cultivent ce blanc loin
de toute technicité, affichant une race, un équilibre et une plénitude incroyables. L'un des
secrets réside dans le pressurage lent et l'élevage de vingt mois en foudre, puis en barrique.
C'est aussi le fruit d'une parcelle de 8 hectares,
complantée de plusieurs cépages, principalement de clairette (avec 2 % de muscat qui font
la différence !), vendangés et vinifiés assemblés.
Le rosé, l'autre atout de Simone, apparaît toujours coloré, avec un fruité intense. Sa bouche,
d'une grande concentration, présente un
potentiel de garde. Le rouge atteint désormais
la dimension de certains grands vins du sud de
la vallée du Rhône. Le grenache et le mourvèdre
lui concèdent un esprit incarné par un niveau
de maturité et un cœur de bouche plus aboutis
que dans les anciens millésimes.

Les vins : seulement le rouge et le blanc ont
été présentés cette année. Commençons par
le blanc 2020, d'une ampleur majestueuse,
assumant la richesse solaire du millésime (le
2019 se montre actuellement plus ciselé) il nous
enchante par sa profondeur salivante qui se
déliera avec le temps. Très intense ! Encore
retenu et structuré par une trame saillante, le
rouge 2019 détendra sa carrure robuste et
concentrée dans les vingt ans. Un rouge à l'identité provençale qui peut encore gagner en grâce
et en éclat aromatique.

◻ Palette 2020 38 € **95**
▬ Palette 2019 38 € **91**

Rouge : 12 hectares. Grenache noir 40 %,
Mourvèdre 20 %, Cinsault 10 %, Syrah 10 %,
Cabernet-Sauvignon 10 %, Divers noir 10 %
Blanc : 11,7 hectares. Clairette 80 %, Grenache
blanc 10 %, Bourboulenc 5 %, Divers blanc 5 %
Production moyenne : 100 000 bt/an

CHÂTEAU SIMONE

Chemin de la Simone, 13590 Meyreuil
04 42 66 92 58 ● chateau-simone.fr/ ● Pas
de visites.
Propriétaire : Jean François Rougier

★★ DOMAINE DE LA TOUR DU BON

La famille Hocquard est à la tête de ce domaine
depuis 1968. Au Castellet, La Tour du Bon bénéficie d'un terroir particulier de souches calcaires
et sableuses jouissant d'expositions variées, qui
font de lui l'un des plus précoces de Bandol. Dès
le milieu des années 1980, le domaine se fait
remarquer avec notamment la création, en 1987,
de la cuvée Saint-Ferréol, un rouge solaire et
fin issu de trois parcelles plantées autour d'une
colline âgée de vingt millions d'années. Puis
c'est à partir de 1990 et avec l'arrivée, à la tête
de la propriété, d'Agnès Hocquard-Henry, que
le vin prend une dimension supérieure ! Entourée de vinificateurs ligériens (Thierry Puzelat et
Antoine Pouponeau), elle a su tenir le cap de
l'excellence avec des vins conservant une
grande personnalité et vieillissant harmonieusement dans un profil délicat sans jamais d'excès de maturité, d'extraction ou d'élevage.
Depuis 2013, la vigneronne curieuse isole des
mourvèdres pour la cuvée En Sol, macérés six
mois en amphore. Une pratique ancestrale mais
périlleuse (les vins peuvent tomber dans la lourdeur et manquer de précision) magnifiquement
maîtrisée dans un rouge fin pourvu d'une rare
sensation iodée.

Les vins : cette année, le blanc 2021 s'offre
encore en légèreté, avec un certain gras plaisant : un an en bouteille lui fera le plus grand
bien. Subtilement épicé et floral, le rosé
2021 nous enchante par sa finesse vineuse. En
rouge, En Sol 2021 se montre toujours éclatant
de floralité, un mourvèdre établi tout en grâce où
les tanins fins confèrent une finale aérienne
salivante. Le bandol classique 2020 est une
merveille de concentration et de fraîcheur dans
ce millésime, sans oublier la douceur intuitive
dont la vigneronne a le secret. Saint-Ferréol
2020 nous subjugue par sa fraîcheur. Un rouge

racé, d'une grande élégance. Il évoluera avec une énergie flamboyante dans les prochaines années.

🍶 Bandol 2021		20 €	89
🍷 Bandol 2021		18 €	90
🍷 Bandol 2020		24 €	93
🍷 IGP Méditerranée En Sol 2021		45 €	93

Le coup de ♥
🍷 Bandol Saint-Ferréol 2020		39 €	95

Rouge : 14 hectares. Mourvèdre 59 %, Grenache noir 23 %, Cinsault 13 %, Carignan 5 %
Blanc : 1 hectare. Clairette 70 %, Ugni blanc (trebbiano) 20 %, Rolle 10 %
Production moyenne : 50 000 bt/an

DOMAINE DE LA TOUR DU BON ♣

714, chemin de l'Olivette, 83330 Le Brûlat-du-Castellet
04 98 03 66 22 ● www.tourdubon.com ●
Vente et visites : sur RDV.
Propriétaire : Famille Hocquard
Directeur : Agnès Hocquard-Henry

★★ DOMAINE DE TRÉVALLON

Une page se tourne au célèbre domaine de Trévallon. Son fondateur, Éloi Dürrbach, s'en est allé. Sur son terroir argilo-calcaire, exposé sur le versant nord des Alpilles, ce vigneron visionnaire a cru au cabernet-sauvignon et à la syrah pour produire de grands rouges provençaux, sans se soucier des règles de l'appellation locale des Baux-de-Provence. Des raisins récoltés à parfaite maturité, conjugués à la justesse de la vinification en grappe entière et de l'élevage (jusqu'à deux ans en foudre) permettent d'élaborer des vins à la fois denses, tendus et raffinés. À travers leur complexité aromatique (notes d'épices, de garrigue et de truffe noire), les rouges de Trévallon expriment une grande typicité méditerranéenne, tout en conservant une fraîcheur septentrionale. Sur 2 hectares de cépages blancs (marsanne, roussanne, chardonnay et grenache) naissent des blancs en retenue, vineux et sertis de fins amers et de doux parfums floraux. Ostiane et Antoine, les enfants d'Éloi Dürrbach, incarnent depuis quelques années la relève de ce domaine exemplaire.

Les vins : emmené par un élevage soigné, le blanc 2020 s'ouvre sur de fascinantes notes florales, fumées, d'une expressivité généreuse. Sa richesse méridionale est superbement menée par ses amers en finale. Un vin moins démonstratif et plus détendu qu'auparavant. Le rouge 2019 d'une haute densité, marquée par

l'expression du cabernet-sauvignon. Sa finale saillante se déliera magnifiquement dans le temps. Un grand millésime de Trévallon à ouvrir à partir de 2027 environ.

🍷 IGP Alpilles 2020		93 €	94

Le coup de ♥
🍷 IGP Alpilles 2019		72 €	95

Rouge : 15 hectares. Cabernet-Sauvignon 50 %, Syrah 50 %
Blanc : 2 hectares. Marsanne 39 %, Roussanne 33 %, Grenache blanc 11 %, Clairette 9 %, Chardonnay 8 %
Production moyenne : 58 000 bt/an

DOMAINE DE TRÉVALLON ♣

Avenue Notre-Dame-du-Château, 13103 Saint-Étienne-du-Grès
04 90 49 06 00 ●
www.domainedetrevallon.com ● Vente et visites : sur RDV.
Propriétaire : Éloi Dürrbach

★ BARAVÉOU

Né en Bourgogne et arrivé sans un lopin de terre à Bandol, le discret Jean-Philippe Fourney a initié une nouvelle approche de rouges à dominante de mourvèdre. Tout en s'occupant des vignobles du château Vannières, du domaine La Suffrene et, aujourd'hui, de Tempier, il a mûri un projet idéaliste. Dès 2011, le trentenaire entreprend un travail titanesque : déboiser, défricher, et restructurer de vieilles restanques à La Cadière-d'Azur pour y planter de la vigne en sélections massales puis les cultiver quatre hectares en biodynamie. L'approche infusée du mourvèdre (venu du Castellet, le village voisin) nous enchante et permet la production de rouges profonds et pulpeux. La recherche de tanins veloutés confère une approche aimable aux vins dans leur jeunesse, tout en les sculptant pour la garde. La rigueur et la sensibilité que le vigneron transmet à son rouge nous conduisent à lui décerner la première étoile l'année dernière. Un bémol, toutefois, pour le rosé doté d'une belle matière mais encore trop marqué par une exubérance aromatique moderne. La différence de sensibilité est telle que nous avons l'impression que ces deux vins ne sont pas faits par la même personne.

Les vins : le rosé 2021 se détend, prend de belles épaules, mais conserve un bouquet exubérant du pomelos. Soyez patient et attendez 2023 avant de pouvoir l'ouvrir et le déguster à sa juste valeur. Le rouge 2020 nous enchante, un vin d'une ampleur radieuse, une note de griotte inimitable, une allonge voluptueuse mais reste un peu enveloppé par son élevage à ce stade. Encore sous les ardeurs solaires de son millésime, il évoluera avec un grand raffinement.

🍷 Bandol 2021	25 €	**89**
Le coup de ❤		
🍷 Bandol 2020	45 €	**94**

Rouge : Mourvèdre 90 %, Grenache noir 10 %
Production moyenne : 7 000 bt/an

BARAVÉOU

Chemin de Baravéou, 83740 La
Cadière-d'Azur
06 22 93 42 71 ● contact@baraveou.com ●
Vente et visites : sur RDV.
Propriétaire : Jean-Philippe Fourney

★ LA BASTIDE BLANCHE

Ce domaine acheté en 1973 par Louis et Michel Bronzo produit des vins sérieux dans les trois couleurs, alliant puissance et finesse. Morcelé, le vignoble de 47 hectares, essentiellement aménagé en restanques, permet de couvrir les diversités géologiques du terroir de Bandol. Stéphane Bourret, en charge des vinifications, produit des rouges musclés, plus terriens que maritimes, à l'image des deux grandes cuvées : Fontanéou (4 000 bouteilles par an), né de terroirs d'argile rouge, exposé plein est à La Cadière-d'Azur, sur un assemblage de mourvèdre et de grenache, est racé ; Estagnol (5 000 bouteilles par an), provient de sols argilo-calcaires mêlés de zones graveleuses, et offre une matière très mûre et opulente. Issu principalement de clairette et d'ugni blanc, le blanc est sans aucun doute le plus régulier et le plus harmonieux de l'appellation. Les vieux millésimes disponibles à la vente permettent de profiter du potentiel indéniable des vins du domaine.

Les vins : le blanc est l'un des points forts du domaine, le 2020 le confirme ; il nous enchante par ses notes d'anis, de chèvrefeuille, son gras et ses amers magnifiques : Quelles belles épaules ! Le blanc de Bandol reste le plus abouti de l'appellation. En rouge, la cuvée domaine est toujours dotée d'une belle concentration et en particulier le 2019 : saillant et dense, il est plus net que le 2020, qui lui, reste un peu moins défini. Fontanéou 2017 est aux balbutiements de ses quelques décennies de garde. Son étoffe et sa profondeur l'ancrent parfaitement dans son expression méditerranéenne ; un vin terrien et dense pour l'accompagner d'une viande rouge

mijotée en hiver. Le 2015 n'a pas la même précision mais s'affirme avec une certaine ampleur et du gras autour des tanins. En plein épanouissement, Fontanéou 2008 évolue dans un registre tertiaire richement épicé. Il ne possède pas une structure tannique encore solide pour une table. Un vin qui reste de haute concentration dans ce millésime plus léger ailleurs. Naturellement plus dense, Estagnol 2016 nous séduit par sa fraîcheur mentholée et le moelleux de sa matière. Quel plaisir de déguster un vin de plus de dix ans. Le 2011 nous impressionne, c'est un millésime solaire, d'une superbe densité de matière. Il lui faudra un plat d'envergure pour le déguster à table.

🍾 Bandol 2020	18,50 €	**93**
🍷 Bandol 2020	21 €	**89**
🍷 Bandol Cuvée Estagnol 2011	80 €	**93**
🍷 Bandol Cuvée Estagnol 2016	28,50 €	**92**
🍷 Bandol Cuvée Fontanéou 2008	80 €	**92**
🍷 Bandol Cuvée Fontanéou 2015	28,50 €	**91**
🍷 Bandol Cuvée Fontanéou 2017	28,50 €	**93**

Rouge : 41,8 hectares. Mourvèdre 62 %, Cinsault 21 %, Grenache noir 15 %, Divers noir 2 %
Blanc : 5,2 hectares. Ugni blanc (trebbiano) 52 %, Clairette 24 %, Divers blanc 24 %
Production moyenne : 205 000 bt/an

LA BASTIDE BLANCHE ♣

367, route des Oratoires,
83330 Sainte-Anne-du-Castellet
04 94 32 63 20 ● www.bastide-blanche.fr ●
Visites : sans RDV.
Propriétaire : Michel, Julien et Nicolas Bronzo
Directeur : Stéphane Bourret

★ DOMAINE DE LA BÉGUDE

Les Bordelais Guillaume et Soledad Tari sont à la tête de cette propriété de 500 hectares, au milieu de laquelle se nichent 20 hectares de vignes cultivées en bio. L'une des principales caractéristiques de ce domaine viticole réside dans sa situation en altitude. À 410 mètres, La Bégude bénéficie d'un climat très différent de celui proche du littoral. Avec des amplitudes de température importantes entre le jour et la nuit, et un secteur venteux, les mourvèdres mûrissent doucement mais sûrement. Et le grenache prend sur ce terroir de "caillasses" une dimension que l'on trouve rarement à Bandol. Avec des arômes puissants de fruits noirs, d'olive noire, les rouges (50 % du volume) offrent toujours un esprit chaleureux, en limite supérieure de maturité ! Le rosé est toujours remarquable par sa singulière vinosité. Le rouge 2019 se montre admirablement concentré avec une expressivité fine du fruit. Pourvu que les prochains millésimes aillent dans ce sens !

Les vins : sans fard, ni exubérance, les blancs manquent toutefois cruellement de concentration et de profondeur. En rosé, si le bandol classique évolue rapidement et se montre comprimé, en demi-corps, l'Irréductible 2020 qui nous avait laissé sur notre faim l'année dernière, nous enchante aujourd'hui par son énergie, sa trame épicée et d'orange amère ; un beau rosé libéré et profond. Quel plaisir de déguster ! Le rouge 2019 est de bonne consistance fruitée, délicatement épicé et serties de tanins saillants : une très belle identité bandolaise. En 2018, La Brûlade se livre en demi-puissance, avec un peu d'acescence, pas d'une grande netteté, stigmate de ce millésime pluvieux.

▭ Bandol 2021	19 €	85
▭ Bandol Amphore 2020	28 €	88
▬ Bandol L'Irréductible 2020	25 €	92
▬ Bandol 2019	29 €	92
▬ Bandol La Brûlade 2018	70 €	89

Rouge : 28,5 hectares. Mourvèdre 88 %, Grenache noir 8 %, Cinsault 4 %
Blanc : 2,5 hectares. Clairette 80 %, Rolle 15 %, Ugni blanc (trebbiano) 5 %
Production moyenne : 55 000 bt/an

DOMAINE DE LA BÉGUDE ♣

Route des Garrigues, 83330 Le Camp-du-Castellet
04 42 08 92 34 ●
www.domainedelabegude.fr ● Visites : sans RDV.
Propriétaire : Guillaume Tari
Maître de chai : Julian Cornu

★ CLOS CIBONNE

Après le phylloxéra, le tibouren avait quasiment disparu de Provence. Dans les années 1930, André Roux retrouva quelques pieds qu'il développa en sélections massales au fil des années. Une démarche qui signera la singularité de ce domaine du Pradet, aujourd'hui entre les mains de sa petite-fille, Brigitte, de son mari Claude Deforges, et de leur fils Olivier. Le tibouren domine les assemblages et les marque

d'une empreinte forte. Nous avons été éblouis par le caractère profond, à la fois maritime et provençal, des rosés, le point fort du domaine. Pour notre plus grand plaisir, ils s'affirment hors des normes et des codes de la région. Pour la plupart issus de vieilles vignes (cuvée des Vignettes), élevés un an en foudre ou en barrique (Caroline), ils traversent les années en remplaçant, sans rougir, un beau blanc méditerranéen à table. Plus classiques et rigides, les rouges n'atteignent pas encore le niveau de finesse des rosés.

Les vins : seulement trois cuvées nous ont été présentées cette année. Commençons par la cuvée des Vignettes 2020, joliment orangé, d'un bouquet aromatique envoûtant (safran, herbes sèches, anis...), d'une intensité revigorante en bouche. Quelle persistance ! Il évoluera avec panache pendant plus de dix ans. La cuvée Caroline 2020, s'annonce plus dense et structurée. Laissez-le encore un an avant de le servir avec un homard au safran. Dans un millésime pluvieux comme 2018, Château Cibon se voit envahi par le caractère boisé de son élevage qui durcit la fin de bouche de ce rosé établi en finesse.

▬ Côtes de Provence Château Cibon Marius 2018	35 €	91
▬ Côtes de Provence Tibouren Prestige Caroline 2020	25 €	92

Le coup de ♥
▬ Côtes de Provence Spéciale des Vignettes 2020	23 €	94

Rouge : 3,5 hectares. Tibouren 90 %, Grenache noir 5 %, Syrah 3 %, Cinsault 2 %
Blanc : 20,5 hectares.
Production moyenne : 100 000 bt/an

CLOS CIBONNE ♣

Chemin de la Cibonne, 83220 Le Pradet
04 94 21 70 55 ● www.clos-cibonne.com ●
Vente et visites : sur RDV.
Propriétaire : Famille Deforges
Directeur : Claude Deforges
Maître de chai : Olivier Deforges

★ DOMAINES OTT - CLOS MIREILLE

Avec 140 hectares de terres, dont 50 plantés en vignes (à parts égales entre blanc et rouge), cette propriété, située sur le terroir de La Londe, est considérée comme un cru historique de la région. Durant plus de cent ans, la famille Ott en a été l'heureuse propriétaire, jusqu'à son rachat par Louis Roederer, en 2004. Ce changement a permis d'insuffler une nouvelle dynamique, en particulier des investissements dans un nouvel outil de vinification, et la replantation d'un vignoble qui commençait sérieusement à vieillir. Au bout des rangs de vignes, il y a la mer : une situation qui a toujours favorisé la maturation des blancs, en particulier sur un choix d'encépagement original à dominante de sémillon, avec du rolle planté sur un sol argilo-siliceux et de schistes. Les blancs sont commercialisés après un an. Une excellente initiative pour rendre les vins plus sereins.

Les vins : encore tenu par la bride de sa jeunesse, le blanc 2020 a besoin de se détendre pour révéler des notes florales et anisées. Un vin étiré avec finesse. Laissez-le encore un an en cave. Tout comme le rosé 2021, un vin élancé, d'une réelle élégance ce style, à la manière d'un blanc de noirs de Champagne, d'une belle persistance saline.

⊂▭ Côtes de Provence 2020	28 €	91
▬ Côtes de Provence 2021	28 €	92

Rouge : 29 hectares. Grenache noir 69 %, Cinsault 22 %, Syrah 9 %
Blanc : 24 hectares. Sémillon 71 %, Rolle 29 %
Production moyenne : 215 800 bt/an

DOMAINES OTT - CLOS MIREILLE

Route du Fort-de-Brégançon 83250 La Londe-les-Maures
04 94 01 53 50 ● www.domaines-ott.com ●
Vente et visites : sur RDV.
Propriétaire : Famille Rouzaud
Directeur : Jean-François Ott
Maître de chai : Nicolas Maurs

★ DOMAINE RAY-JANE

Alain Constant aime prendre son temps pour vendanger, il est d'ailleurs souvent le dernier de l'appellation. Dans son bandol rouge, il fait entrer des raisins uniquement issus de vieilles vignes centenaires du Castellet : les plus âgées ont 130 ans ! Les autres vignes, plus jeunes (moins de 100 ans...), servent à produire son vin de pays, avec une large dominante de mourvèdre, voire en pur mourvèdre dans certains millésimes, comme le 2010. Les vins, d'un classicisme intemporel et d'un style à part, sont vinifiés en grappe entière. En cave, l'utilisation de soufre s'avère modérée et les élevages longs, jusqu'à deux ans en foudre.

Les vins : les blancs 2021 s'affirment en demi-corps à commencer par l'IGP du Var, un vin simple citronné et croquant. Le bandol s'affirme avec un beau gras, porté par des notes d'agrumes et de fenouil, il se déliera tranquillement dans les dix ans. Plus rigide et austère, le Sanary n'est pas à son avantage ; nous choisissons de l'écarter de la dégustation. Côté rosés, l'IGP du Var est, lui aussi, simple et rafraîchissant. Le bandol s'avère plus étoffée avec un grain de texture élégant. Il évoluera gracieusement quatre à cinq ans. Hormis l'IGP du Var, juteux et vigoureusement épicé, les rouges se montrent plus solides. Pourtant issu d'un millésime solaire, le 2019 offre une fraîcheur judicieuse et une matière pleine de relief de saveurs épicées. Contrairement au 2016, plus rustique et carré d'approche. Il lui faudra plus de temps pour être dégusté à sa juste valeur. Coup de cœur pour cuvée du Falun, issu de vignes de plus de cent ans, d'une finesse et d'une profondeur supérieure.

⊂▭ Bandol 2021	17 €	90
⊂▭ IGP Var 2021	10 €	88
▬ Bandol 2021	14 €	91
▬ Bando Cuvée du Falun 2017	31 €	94
▬ Bandol 2016	19 €	91
▬ Bandol 2019	17 €	93
▬ IGP Var 2019	8 €	89

Rouge : 7,87 hectares. Mourvèdre 90 %, Grenache noir 5 %, Cinsault 5 %
Blanc : 2,65 hectares. Clairette 90 %, Ugni blanc (trebbiano) 10 %
Production moyenne : 120 000 bt/an

DOMAINE RAY-JANE ♣

353, avenue du Bosquet, 83330 Le Plan du Castellet
04 94 98 64 08 ● www.ray-jane.fr ● Vente et visites : sur RDV.
Propriétaire : Alain Constant
Maître de chai : Vincent Constant

★ CHÂTEAU DE ROQUEFORT

Raimond de Villeneuve a totalement relancé ce domaine familial. Situé au pied du massif de la Sainte-Baume, à Roquefort-la-Bédoule, le vignoble au terroir argilo-calcaire, niché à 380 mètres d'altitude, jouit d'une bonne amplitude thermique entre le jour et la nuit, facteur favorable à la maturité lente des baies. Les influences maritimes régulatrices (Cassis est à 5 kilomètres) jouent également leur rôle. Bourré d'énergie et toujours prêt à remettre en question les contraintes imposées par les décrets d'appellation, à la vigne comme en cave, Raimond de Villeneuve a depuis longtemps opté pour une culture bio fondée sur le travail des sols (certifié Ecocert en 2014). Les blancs nuancés et fringants, ainsi que les rouges au frais et beau caractère méditerranéen, sont d'un excellent niveau. Une approche franche, sans fard, gourmande et profonde qu'on aimerait voir plus souvent dans la région.

Les vins : quel éclat se dégage des blancs finement expressifs, sans aucune exubérance à commencer par Petit Salé 2021, avec un duo de cépages clairette - vermentino, franc du collier et hyper digeste. Plus floral et ample, Les Genêts (vermentino) va plus loin, dans un équilibre vivifiant. Corail 2021, est en pleine forme avec ses notes d'agrumes précises et une chair avenante. C'est toujours un plaisir de boire légèrement frais, le friand Gueule de Loup, un rouge 2021, pulpeux. Dans un millésime solaire comme 2020, Les Mûres conserve une tendresse de fruit très séduisante et une fraîcheur irrésistible. Il évoluera avec panache dans les quinze ans. Une référence des rouges de la Côte de Provence.

▭ Côtes de Provence Les Genêts
2021   Épuisé - 17 € **92**

▬ Côtes de Provence Corail 2021   14 € **89**

▬ Côtes de Provence Les Mûres
2020   17 € **93**

▬ IGP Bouches-du-Rhône Gueule de Loup
2021   11 € **89**

Le coup de ♥

▭ IGP Bouches-du-Rhône Petit Salé
2021   14 € **90**

Rouge : 21,6 hectares. Grenache noir 30 %, Syrah 27 %, Carignan 23 %, Cinsault 15 %, Mourvèdre 5 %

Blanc : 8,7 hectares. Rolle 52 %, Clairette 48 %

Production moyenne : 200 000 bt/an

CHÂTEAU DE ROQUEFORT ♣
Quartier des Bastides,
13830 Roquefort-la-Bédoule
04 42 73 20 84 ●
www.chateauderoquefort.com ● Pas de visites.
Propriétaire : Raimond de Villeneuve
Directeur : Gentile Margaux

★ DOMAINE DE LA RÉALTIÈRE

Pierre Michelland poursuit l'aventure du domaine familial, perché à 450 m d'altitude, à Rians, au nord des coteaux d'Aix-en-Provence. Ce vigneron quadragénaire cultive les vignes en bio depuis 1994, et en biodynamie depuis 2012. Il produit des vins de grande fraîcheur et de forte personnalité : des entrées de gamme digestes au fruit dénué de tout artifice, et deux grandes cuvées sous le nom Cante Gau. Avec les habituels syrah, grenache et cabernet-sauvignon, le rouge intègre une part importante de carignan noir dans l'assemblage. En blanc, un cépage oublié est remis au goût du jour : le carignan blanc, issu de vieux ceps (une parcelle de 75 ares de 92 ans). Il est désormais assemblé avec des sémillon et ugni blanc, en demi-muid, jarre en grès et dolium. Un magnifique blanc à l'identité sudiste et à la fraîcheur septentrionale.

Les vins : tant en blanc, rosé qu'en rouge, les cuvées d'entrées de gamme s'avèrent pimpantes, croquantes et digestes. Blanc Public 2021 ouvre la dégustation avec croquant et fraîcheur, un blanc fringant à boire dans la prime jeunesse. La gamme Cante Gau s'avère plus complexe et profonde, à l'image du rosé 2020, aux belles notes safranées et d'une vinosité fine. Le blanc 2020, à dominante de carignan blanc, dévoile des notes lactées et exotiques, une superbe intensité saline, ponctués par de fins amers ; la légère oxydation en finale ne le rend pas aussi éclatant que d'habitude. En revanche, le rouge 2019 n'est pas d'une grande netteté et sa finale s'avère assèchante, nous l'écartons de la dégustation. Le cinsault Caillette 2020 montre son caractère pulpeux, floral et menés par une fine fermeté tannique : un cépage d'avenir pour les rouges provençaux. Le grenache Terroyas 2020 ne s'exprime pas avec la même grâce, il garde une certaine rigidité en finale. Le carignan Sauvèdes 2020 affirme l'équilibre anguleux du cépage avec une franchise de saveurs, il faudra le servir à table pour le déguster à sa juste valeur.

IGP Var Blanc Public 2021	15 €	88
Coteaux Varois en Provence Cuvée Pastel 2021	13,50 €	88
VDF Cante Gau 2020	18 €	90
Coteaux d'Aix-en-Provence Cul-Sec ! 2021	13,50 €	88
VDF Caillette 2020	22 €	90
VDF Sauvedes 2020	22 €	88
VDF Terroyas 2020	22 €	89

Rouge : 10,5 hectares.
Blanc : 2,5 hectares.
Production moyenne : 7 498 bt/an

DOMAINE DE LA RÉALTIÈRE ☾

Route de Jouques, 83560 Rians
04 94 80 32 56 ●
michelland.pierre0303@gmail.com ● Vente et visites : sur RDV.
Propriétaire : Pierre Michelland

★ CHÂTEAU SAINTE-ANNE

Une petite quinzaine d'hectares, sur la commune de Sainte-Anne-d'Évenos, constitue le vignoble de ce cru connu des amateurs de bandols bio. Dès les années 1970, François Dutheil de la Rochère, puis son épouse Françoise, ont été des pionniers de la viticulture biologique puis de vinifications naturelles en Provence. Aujourd'hui, leur fils Jean-Baptiste perpétue le style "Sainte-Anne" influencé par le climat particulièrement frais de ce secteur oriental de l'appellation. Nous sommes toujours impressionnés par la finesse du toucher des rouges et la douceur de leurs tanins, qui leur offrent un équilibre savoureux après trois à quatre ans, tout en leur promettant un potentiel de garde de plus de vingt ans. Bien coloré, le rosé est loin des standards œnologiques de la région et révèle un fort caractère. Certainement le plus abouti de l'appellation, le blanc assemblé de clairette et d'ugni peut se révéler d'une incroyable race après cinq à six ans de garde, et vieillir magnifiquement une vingtaine d'années.

Les vins : toujours aussi floral et nuancé, le bandol blanc s'affirme d'un demi-corps svelte en 2021. Quel éclat ! Le côtes-de-provence, quant à lui, nous enchante par sa salinité ; des sensations mûres et rafraîchissantes que nous croisons rarement dans le Sud. N'hésitez pas à les garder encore un an, ils gagneront en envergure de bouteille. Les rosés 2021 nous enchantent par leur franchise et la fraîcheur des saveurs. Le bandol rosé se montre naturellement plus profond et délié, ce sont deux rosés pleins d'élan.

Du côté des rouges, le 2018, sauvé des eaux, souffre de rigidité et manque de chair. Nous aimerions un peu plus de finesse et de précision dans la Collection 2016, un rouge extrait, saillant qui pourrait se montrer gracieux. Le 2012, s'avère giboyeux, nous décidons de l'écarter de la dégustation.

Bandol 2021	18 €	91
Côtes de Provence 2021	14 €	89
Bandol 2018	27 €	86
Bandol Collection 2016	37 €	89

Le coup de ♥
Bandol 2021	30 €	92

Rouge : 11 hectares. Mourvèdre 60 %, Grenache noir 20 %, Cinsault 20 %
Blanc : 3 hectares. Clairette 45 %, Ugni blanc (trebbiano) 45 %, Vermentino 10 %
Production moyenne : 40 000 bt/an

CHÂTEAU SAINTE-ANNE ♣

RN 8, 83330 Sainte-Anne-d'Évenos
04 94 90 35 40 ● chateausteanne@free.fr ●
Vente et visites : sur RDV.
Propriétaire : Jean-Baptiste Dutheil de la Rochère

★ VILLA BAULIEU

Pierre Guénant, qui a fait fortune dans la distribution automobile, a acquis en 2001 cette sublime propriété du XVIIᵉ siècle, située à Rognes. Un peu moins de 12 hectares ont été isolés sur un terroir bien particulier, argilo-calcaire et marneux, exposé nord et nord-est, à 400 mètres d'altitude dans le seul volcan de Provence, pour produire deux rouges et deux blancs en Coteaux d'Aix-en-Provence. Les cuvées Bérengère (baptisées du nom de la fille de Pierre Guénant) affichent leur douceur. Les grands vins de Villa Baulieu sont particulièrement soignés et raffinés. Dans le blanc, le rolle joue avec le sauvignon et leur union nous emmène loin des standards de la région. Le rouge tire son épingle du jeu. Issus de faibles rendements, les syrahs, grenaches et cabernet-sauvignon égrappés subissent un double tri en cave avant de fermenter en cuve béton puis d'être mis en barrique (35 % neuves) pour dix mois : ils donnent un vin qui s'inscrit, depuis le 2013, parmi les meilleurs de Provence.

Les vins : la gamme Baulieu décline les jeunes vignes du domaine à travers un blanc 2018, un millésime sauvé des eaux, qui s'exprime avec précision et finesse mais sans une grande intensité. Le rouge se déroule en demi-corps, digeste mais sans trop de puissance, il sera bon de le boire dans les deux ans. Magnifique interprétation du millésime 2019 dans la Villa Baulieu, encore retenu, il se révèle d'une profondeur incroyable, souligné par de fines saveurs anisées, florales et une longueur fumée magistrale, porté par des amers nobles. Les rouge conjugue une belle concentration de matière portée par une finale saillante revigorante : un beau vin en devenir.

🔖 Coteaux d'Aix-en-Provence
2019   de 29 à 29,90 € (c)   **94**

🔖 Coteaux d'Aix-en-Provence Baulieu
2018   de 15,50 à 16,40 € (c)   **89**

🍾 Coteaux d'Aix-en-Provence
2019   de 29 à 29,90 € (c)   **93**

Rouge : 8 hectares. Syrah 70 %, Cabernet-Sauvignon 20 %, Grenache noir 10 %
Blanc : 4 hectares. Rolle 60 %, Sauvignon blanc 20 %, Sémillon 20 %
Production moyenne : 30 000 bt/an

VILLA BAULIEU

Domaine de Beaulieu, 13840 Rognes
04 42 50 20 19 ●
www.villabaulieuvignoble.com ●
Visites : sans RDV.
Propriétaire : Pierre Guénant
Directeur : Bérengère Guénant
Maître de chai : Michel Fabre

★ VILLA MINNA VINEYARD

Ce domaine familial a été repris en 1987 par Minna et Jean-Paul Luc. Par étape, différentes cuvées sont nées de ce vignoble situé à Saint-Cannat : en 1999 Minna Vineyard rouge, en 2004 Villa Minna rouge puis en 2005 Minna Vineyard blanc. Labellisé bio depuis 2012, le vignoble est tenu avec soin, les tailles courtes générant de faibles rendements sur un terroir pauvre de roche calcaire. Les vinifications en petits contenants et les élevages en fût bordelais donnent des vins d'une grande constitution, offrant beaucoup de style et de personnalité, loin de tout caractère technologique. Les élevages ont aussi la particularité d'être longs ! En effet, les bouteilles ne sont commercialisées qu'au bout de cinq ans pour les rouges et de trois ans pour les blancs. Tous les vins du domaine ont besoin de longues aérations.

Les vins : en 2021, Villa Minna blanc, nous enchante avec la spontanéité de ses arômes d'herbes sèches ; un vin coulant avec une énergie et de beaux amers en finales, classiques de ce millésime. Minna 2020 se montre tout aussi éclatant, mais plus profond, bien nourri sur ses lies, avec une sensation saline insistante, bien porté par de amers stimulants. En rouge, l'expression fruitée du Minna 2017 est malheureusement marquée par une note exacerbée de brûlé, asséchant une matière de haute concentration.

🔖 IGP Bouches-du-Rhône Villa Minna
2021   16 €   **89**

🍾 IGP Bouches-du-Rhône Minna
2017   25 €   **88**

Le coup de ♥
🔖 IGP Bouches-du-Rhône Minna
2020   25 €   **92**

Rouge : 10,98 hectares.
Blanc : 2,5 hectares.
Production moyenne : 40 000 bt/an

VILLA MINNA VINEYARD ♣

Roque-Pessade, D17, Route de Pélissanne
13760 Saint-Cannat
04 42 57 23 19 ● www.villaminna.fr ●
Visites : sans RDV.
Propriétaire : Famille Jean-Paul Luc
Directeur : Meryl Straupe-Luc
Maître de chai : Arno Straupe-Luc

DOMAINE DU BAGNOL

La petite (215 hectares) appellation de Cassis a construit sa réputation sur ses blancs de marsanne, clairette, pascal blanc et ugni. Peu de cuvées reflètent le caractère méditerranéen profond que l'on attend d'elles. Au domaine du Bagnol, la famille Genovesi s'attèle justement à renouer avec des vins plus ambitieux et à redorer l'image de ce vignoble resplendissant. Sous l'impulsion de Sébastien, les vignes ont été converties en bio en 2014 et des vinifications modernes et précises permettent de ciseler des vins droits, techniquement irréprochables. Nous sommes convaincus qu'un soupçon de maturité supplémentaire des raisins feraient résonner davantage les saveurs salines et la chair profonde de ces vins.

Les vins : les blancs 2021 s'annoncent dans un registre aromatique, très expressif, un brin exubérant essentiellement au niveau des agrumes. Il vous faut attendre un an pour l'ouvrir, il n'en sera que plus intéressant. La cuvée Caganis est plus mûre et étoffé, son allonge porte le vin plus loin. Marqué par une généreuse note exotique de litchi, Marquis de Fesques s'affirme avec une certaine finesse et de la persistance pour la table ; ce vin a accompli beaucoup de progrès. Finesse et légèreté marquent le rosé 2021, franc et net. Le beau rouge 2019, à dominante de mourvèdre, reste notre coup de cœur : un rouge saillant, pleinement concentré et une fraîcheur finale qui le rend accessible dès maintenant. Un vin à passer en carafe.

Cassis 2021	17 €	87
Cassis Caganis 2021	21 €	88
Cassis 2021	17 €	88

Le coup de ♥

Cassis Marquis de Fesques 2019	26 €	92

Rouge : 8 hectares. Grenache noir 40 %, Mourvèdre 35 %, Cinsault 20 %, Carignan 5 %
Blanc : 15 hectares. Marsanne 40 %, Clairette 35 %, Ugni blanc (trebbiano) 15 %, Grenache blanc 5 %, Bourboulenc 5 %
Production moyenne : 90 000 bt/an

DOMAINE DU BAGNOL ♣

12, avenue de Provence, 13260 Cassis
04 42 01 78 05 ● www.domainedubagnol.fr ● Vente et visites : sur RDV.
Propriétaire : Lisa & Sébastien Genovesi
Maître de chai : Sébastien Genovesi

CHÂTEAU BARBEYROLLES

C'est au château de Barbeyrolles, à Gassin, que la Provençale Régine Sumeire a initié un rosé très pâle avec sa fameuse cuvée Pétale de Rose dans les années 1980. Depuis, beaucoup ont suivi ce style mais elle reste la référence en la matière. L'un de ses secrets ? Le pressurage doux des raisins en grappe entière, dont découle un jus parfumé à la texture délicate. Sur les schistes près de la Méditerranée, un blanc (sémillon, rolle et ugni) gras et savoureux et un rouge (syrah principalement) à la structure légère naissent des vignes conduites en bio, et désormais en biodynamie. Ce domaine est sans aucun doute le plus intéressant du golfe de Saint-Tropez.

Les vins : le blanc 2021 nous enchante toujours par la délicatesse florale et le gras séduisant de sa texture. Le rosé Pétale de Rose 2021 est tout autant ravissant en nuances aromatiques, il est envoûtant de suavité. C'est un Provençal radieux. Nous voici avec deux vins d'avenir pour ce domaine, le rouge, richement ensoleillé, souffre désormais de tanins rigides.

Côtes de Provence Blanc de Blancs 2021	24 €	91
Côtes de Provence Noir et Or 2020	24 €	85

Le coup de ♥

Côtes de Provence Pétale de Rose 2021	24 €	92

Rouge : 10,63 hectares. Grenache noir 39 %, Mourvèdre 31 %, Cinsault 16 %, Syrah 9 %, Cabernet-Sauvignon 5 %
Blanc : 1,37 hectare. Ugni blanc (trebbiano) 37 %, Sémillon 34 %, Rolle 29 %
Production moyenne : 35 000 bt/an

CHÂTEAU BARBEYROLLES ♣

2065, route de la Berle, 83580 Gassin
04 94 56 33 58 ● www.barbeyrolles.com ● Vente et visites : sur RDV.
Propriétaire : Régine Sumeire

DOMAINE LES BASTIDES

Cette discrète propriété a été achetée en 1967 par Anne-Marie et Jean Salen, décédé en décembre 2015. Après avoir livré leurs raisins à la cave coopérative durant dix ans, ils décident en 1975 de vinifier eux-mêmes leur production. Sur le terroir du Puy-Sainte-Réparade, le vignoble, cultivé en bio depuis plus de quarante ans, donne des vins d'un classicisme rare. Aujourd'hui, la propriété est dirigée par Carole Salen, et le style des vins se maintient dans la plus pure tradition du domaine. Jamais trop extraits ni en surmaturité (sans syrah dans son encépagement), le grenache et le cabernet-sauvignon prennent des arômes délicats de garrigue et de fruits macérés, non sans rappeler l'esprit de certains châteauneuf-du-pape. Les élevages se font en foudre, sur la durée, de façon à dompter et assouplir les tanins avec douceur, en créant une micro-oxydation qui se fait à peine sentir.

Les vins : le domaine ne nous ayant pas présenté ses vins, nous sommes amenés à reconduire les notes de notre édition précédente.

Coteaux d'Aix-en-Provence 2020	de 9 à 10 € (c)	90
Coteaux d'Aix-en-Provence 2017	de 11 à 13 € (c)	88
Vin Cuit Vieille Tradition Provençale	de 28 à 32 € (c)	93

Rouge : 20 hectares.
Blanc : 3 hectares.
Production moyenne : 80 000 bt/an

DOMAINE LES BASTIDES ♣

98, chemin des Bastides, route de Saint-Canadet 13610 Le Puy-Sainte-Réparade
04 42 61 97 66 ● www.domainelesbastides.fr ● Vente et visites : sur RDV.
Propriétaire : Carole Salen

CLOS SAINT-JOSEPH

Niché sur les hauteurs de la vallée du Var, le Clos Saint-Joseph est le seul domaine du département des Alpes-Maritimes à bénéficier de l'appellation Côtes de Provence. Sur les contreforts des Alpes, Constance Malangé et Roch Sassi cultivent ce petit vignoble familial, planté essentiellement de vieilles vignes, dont quelques cépages autochtones, comme le barbaroux. Dix variétés composent ainsi les assemblages du blanc, du rouge et du rosé : ce sont des vins de fort caractère avec une recherche d'expression naturelle des raisins. La nouvelle cuvée issue du vieux cépage provençal rouge, le grassenc, nous enchante en 2019.

Les vins : une sincérité de saveurs (garrigue, herbes sèches…) se dégagent du blanc 2020, une définition en finesse d'un blanc provençal. Sans excès de puissance, il conviendra de servir plutôt des poissons grillés qu'en sauce. Une animalité marque malheureusement Grassenc 2020 et gâche l'expression de son fruit. Nous décidons de l'écarter de la dégustation. Le Clos 2020 se montre plus net en dévoilant de belles notions de garrigue et de poivre, un beau rouge sanguin et concentré à l'identité méditerranéenne salivante.

⊏▷ Côtes de Provence Blanc de Blancs 2020	25 €	**90**
▬▶ Côtes de Provence 2020	25 €	**91**

Rouge : 3 hectares. Syrah 50 %, Mourvèdre 20 %, Grenache noir 10 %, Divers noir 10 %, Cabernet-Sauvignon 10 %
Blanc : 2 hectares. Rolle 50 %, Ugni blanc (trebbiano) 30 %, Sémillon 15 %, Clairette 5 %
Production moyenne : 20 000 bt/an

CLOS SAINT-JOSEPH

168, route du Savel, 6710 Villars-sur-Var
04 93 05 73 29 ● clossaintjoseph@orange.fr
● Vente et visites : sur RDV.
Propriétaire : Roch Sassi et Constance Malengé

CLOS SAINT-VINCENT

Gio Sergi et son fils, Julien, cultivent avec passion et rigueur ce micro-vignoble de 10 hectares. Les vignes, plantées en terrasses sur la colline de Saquier, sont travaillées avec soin en biodynamie. Les vinifications se font en grande partie sous bois (muid et demi-muid), et sont suivies d'élevages ambitieux. Le rosé de braquet, unique en Provence, reste le plus abouti de l'appellation avec ses notes poivrées et de rose. Revigorant ! Les blancs de vermentino s'avèrent soignés et

les rouges veulent nous présenter une réelle identité niçoise avec le braquet, le grenache et la folle noire. Toutefois, nous les aimerions plus concentrés et harmonieux.

Les vins : bien moins réduits et démonstratifs que les millésimes précédents, les blancs 2020, anisés et floraux, manquent toutefois de concentration en cœur de bouche. C'est dommage, ils pourraient nous offrir plus de profondeur tant leur élevage est soigné. C'est le même ressenti pour le rosé 2021, un identitaire du braquet sur ses notes de rose et de poivre mais avec une finalité un peu courte. De leur côté, les rouges se montrent assez fermes et envahis de notes fumées. Un soupçon de maturité supplémentaire leur permettraient d'être plus gracieux.

⊏▷ Bellet 2020	32 €	**89**
⊏▷ Bellet Vino di Gio 2020	67 €	**90**
▬▶ Bellet 2021	22 €	**89**
▬▶ Bellet Belletan 2020	32 €	**89**
▬▶ Bellet Vino di Gio 2020	67 €	**90**

Rouge : 6 hectares. Folle noire 63 %, Braquet (brachet) 33 %, Grenache noir 4 %
Blanc : 4 hectares. Rolle 100 %
Production moyenne : 30 000 bt/an

CLOS SAINT-VINCENT ☾

516, chemin de Cremat, 6200 Nice
04 92 15 12 69 ● www.clos-st-vincent.fr ●
Vente et visites : sur RDV.
Propriétaire : Joseph Sergi
Maître de chai : Julien Sergi

CLOS DE L'OURS

Fabienne et Michel Brotons ont quitté leur vie marseillaise et misé toutes leurs économies pour devenir vignerons dans ce ravissant domaine de Cotignac dans le Haut-Var. Un projet passionnant si bien que leurs enfants qui se destinaient à faire carrière dans le commerce les ont rejoints dans cette aventure. Fabien s'attèle alors à la vigne et au vin tandis qu'Émilie s'occupe de la vente. Leur arrivée a fait du bien aux Côtes de Provence car la famille s'attache à exprimer la franchise des grenache, mourvèdre, syrah, cinsault, rolle, clairette et ugni, loin des diktats œnologiques modernes qui font la réputation de la région. La compréhension de leur vignoble, passant notamment par le passage en bio puis à la biodynamie, mène les Brotons à produire des vins de plus en plus sincères qu'ils ne cesseront d'affiner dans les prochaines années.

Les vins : fraîche expression méditerranéenne, Milia blanc 2021 (rolle, ugni et clairette) nous enchante par sa spontanéité, ses notes florales et sa finale caillouteuse et saline. Le 2020 se montre plus solaire, éclatant, équilibré mais un brin moins énergique. Le rosé L'Accent 2021 se présente, à son habitude, sincère dans les saveurs de fraise et de poivre, un peu carré et robuste. Nous l'aimerions un peu plus fin et délié. On ressent la douce extraction de L'Agachon 2020 (cinsault et carignan), un jus franc, sans grande allonge, qui gagnerait à avoir plus d'enrobage des tanins. Même constat pour les deux autres rouges : Le Chemin, qui recherche une réelle sincérité de fruit mais s'avère un peu sec dans ce millésime, nécessitera une belle pièce de bœuf grillée pour l'assouplir ; et la syrah d'Ursus pose des tanins serrés, un méditerranéen solaire et de bonne concentration.

Côtes de Provence Milia 2021	22 €	89
Côtes de Provence L'Accent 2021	17 €	88
Côtes de Provence L'Agachon 2020	24 €	87
Côtes de Provence Le Chemin 2020	24 €	88
Côtes de Provence Ursus 2020	39 €	88

Rouge : 11,2 hectares. Syrah 33 %, Grenache noir 23 %, Cinsault 19 %, Mourvèdre 14 %, Carignan 11 %
Blanc : 4,3 hectares. Rolle 49 %, Ugni blanc (trebbiano) 36 %, Clairette 15 %
Production moyenne : 65 000 bt/an

CLOS DE L'OURS ♣

4776, chemin du Clos de Ruou, 83570 Cotignac
04 94 04 77 69 ● www.closdelours.com ●
Visites : sur RDV aux professionnels.
Propriétaire : Famille Brotons

CHÂTEAU CRÉMADE

Sophie et Philippe Moquet font à nouveau rayonner ce domaine historique, doté d'un patrimoine passionnant de vieilles vignes de 25 cépages complantés (grenache, mourvèdre, cinsault, manosquin, durif, brun-fourcat, terret gris, tibouren, clairette, ugni, muscat d'alexandrie, panse muscade...) et taillées en gobelet. Tout est ensuite mis en œuvre pour refléter leur terroir au fameux calcaire de Langesse, loin des techniques œnologiques modernes actuelles, via des vinifications en cuve tronconique et un élevage en barrique usagée. Les trois couleurs assument un caractère terrien, une certaine force tranquille. Nous sommes convaincus qu'avec la puissance de ce terroir merveilleux, les vins ont une importante marge de progression, tant en termes de pureté que de vibration.

Les vins : l'intensité aromatique florale du blanc nous enchante. Il offre une réelle complexité et se déroule dans une bouche finement élevée, longue, évoquant l'anis, le fenouil et l'aneth : un vin paré pour la table. On retrouve cet équilibre dans le rosé 2020 qui s'étend avec profondeur et structure. Encore contenu, on l'aimerait plus délié. Superbe évolution du rosé 2012 ; il évoque le safran, la marmelade d'orange, les herbes aromatiques... Un vin d'une magnifique intensité, en plein épanouissement aujourd'hui. Une rareté en Provence ! En rouge, le 2017 conserve une autre belle fraîcheur dans ce millésime, avec toutefois l'enrobage démonstratif de son élevage. Il commence à se dévoiler et devrait évoluer avec concentration dans les dix ans. Le 2009 affirme son tempérament méditerranéen (garrigue, laurier, thym...), avec une bonne concentration de matière, mais séché par les tanins en finale.

Palette 2020	25 €	91
Palette 2012	25 €	93
Palette 2020	17 €	90
Palette 2009	24 €	89
Palette 2017	24 €	90

Rouge : 7 hectares.
Blanc : 2 hectares.
Production moyenne : 42 000 bt/an

CHÂTEAU CRÉMADE

649, route de Langesse, 13100 Le Tholonet
06 62 07 00 70 ● www.chateaucremade.fr ●
Vente et visites : sur RDV.
Propriétaire : Famille Moquet
Œnologue : Sophie Moquet

DOMAINE DU DEFFENDS

Ce domaine a fait figure de pionnier dans les années 1960. À l'époque où la culture des grands vins était totalement inexistante en Coteaux Varois, Jacques de Lanversin, professeur de droit à la faculté d'Aix-Marseille, a entièrement planté le vignoble du Deffends. La volonté de produire un vin de référence l'a immédiatement animé. Son épouse Suzel, puis leurs enfants Emmanuel et Anne ont désormais les rênes de la propriété située sur les contreforts du mont Aurélien. Les rouges sont de bonne constitution, quoiqu'un peu serrés cette année. Ils s'ancrent avec tempérament sur leur terroir argilo-calcaire.

Les vins : le Rosé du Deffends 2021, joliment fruité, se montre plaisant et bien ficelé. Viognier de Jacques 2021, expressif, marqué par un boisé démonstratif déroule une texture joufflue. Dans un registre moins aromatique, Champ du Sesterce 2021 montre des courbes un peu trop généreuses. En 2020, Champs du Bécassier, nous offre un fruité plaisant, les tanins s'avèrent un peu ferme toutefois. Marie-Liesse 2020 (95 %) s'affirme avec une finesse pulpeuse délicieuse. Une belle expression provençale du grenache. Les Pointes du Deffends 2020, montre les limites de la syrah en Méditerranée, et la structure rigide des tanins. Champs de la Truffière 2017, nous révèlent la fraîcheur pimpante du cabernet-sauvignon autour d'une chair bien concentrée. Un rouge sans esbroufe d'une belle identité méditerranéenne.

🢒 IGP Sainte-Baume Viognier de Jacques 2021	17 €	87
🢒 Coteaux Varois en Provence Rosé du Deffends 2021	13 €	86
🢒 Coteaux Varois en Provence Champs du Bécassier 2021	13 €	88
🢒 Coteaux Varois en Provence Marie-Liesse 2020	18,50 €	90

Le coup de ♥

🢒 Coteaux Varois en Provence Champs de la Truffière 2017	16 €	91

Rouge : 12 hectares. Grenache noir 38 %, Syrah 30 %, Cabernet-Sauvignon 20 %, Cinsault 12 %
Blanc : 3 hectares. Vermentino 53 %, Viognier 35 %, Clairette 12 %
Production moyenne : 60 000 bt/an

DOMAINE DU DEFFENDS ♣

Chemin du Deffends,
83470 Saint-Maximin-la-Sainte-Baume
04 94 78 03 91 ● www.deffends.com ●
Visites : sans RDV.
Propriétaire : Famille de Lanversin
Maître de chai : Franck Alazard

DOMAINE GAVOTY

La famille Gavoty est établie à Cabasse, un coin précieux du Centre-Var, principalement composé d'argiles et de calcaire, où le vermentino (rolle) trouve l'une de ses définitions les plus profondes et précises. La cuvée Clarendon est le symbole de ce que peut être un beau blanc provençal. Ne vous fiez pas à ses allures modernes dans la jeunesse et attendez six à sept ans pour voir les nuances minérales et la structure élégamment amère prendre forme. Les rosés, majeure partie de la production, sont modernes et bien constitués. Les rouges à dominante de syrah sont plus classiques, avec des structures carrées. Ils se détendent après quelques années. Le domaine est certifié en bio depuis l'an dernier.

Les vins : commençons la dégustation par des rosés 2021, francs du collier, légers et rafraîchissants. Clarendon offre de fines notes florales, c'est un beau rosé de table. Nous avons fait le même constat pour le blanc Grand Classique. Clarendon nous offre, sans surprise, bien plus de tenue et de complexité, un vin formidable qui prend de belles nuances pétrolées dans le temps. Le 2021, se montre élancé, en finesse mais un peu mince. Le 2020 se révèle plus riche, tout en conservant une droiture, paré pour une dizaine d'années. D'une salinité intéressante, le 2019 évolue tranquillement : sa concentration et ses beaux amers prédisent une évolution sereine dans les vingt ans. Le 2015 bascule dans une aromatique de pétrole et d'herbes aromatiques, une belle évolution pour le servir sur un Saint-Pierre à la sauge. En rouge, une harmonie se dégage de Storia 2020, un assemblage de deux cépages opposés, le cinsault pulpeux et le carignan saillant. Un beau jus salivant et dynamique. Clarendon, à dominante de syrah, dévoile une finale serrée par des tanins accrocheurs.

🢒 Côtes de Provence Cuvée Clarendon 2020	21 €	90
🢒 Côtes de Provence Cuvée Clarendon 2021	20 €	89
🢒 Côtes de Provence Cuvée Grand Classique 2021	11 €	86
🢒 Côtes de Provence Cuvée Clarendon 2021	16,50 €	89
🢒 Côtes de Provence Grand Classique 2021	10,40 €	86
🢒 Côtes de Provence Cuvée Clarendon 2019	19 €	89
🢒 Côtes de Provence Storia 2020	15 €	90

Le coup de ♥

🢒 Côtes de Provence Cuvée Clarendon 2019	24 €	92

Rouge : 38 hectares. Cinsault 40 %, Grenache noir 35 %, Syrah 15 %, Carignan 5 %, Cabernet-Sauvignon 5 %
Blanc : 12 hectares. Rolle 90 %, Clairette 6 %, Ugni blanc (trebbiano) 4 %
Production moyenne : 250 000 bt/an

DOMAINE GAVOTY ♣

Le Grand Campdumy, 83340 Cabasse
04 94 69 72 39 ● www.gavoty.com ● Vente et visites : sur RDV.
Propriétaire : Roselyne Gavoty
Maître de chai : Alain Laurette
Œnologue : Bernadette Tourrel

DOMAINE DU GROS'NORÉ

Le domaine du Gros Noré fait son retour dans le guide. Créé en 1997 par Alain Pascal, ce domaine, dont le nom rend hommage aux courbes généreuses de son père, s'est fait connaître pour ses rouges denses venus de la fameuse bande d'argiles de la Cadière d'Azur. Depuis 2017, le vigneron, solide comme un roc, a considérablement affiné ses vins, passant par des maturités plus précoces et des élevages en foudres plus précis. Les rouges nous offrent une expression à la fois séduisante et de grande garde. À 95 % de mourvèdre, la cuvée Antoinette, issue de la parcelle la plus haute du domaine, s'inscrit parmi les plus belles cuvées de Bandol. Les superbes bâtisses en pierre, la cave voutée qu'il a construit et les vins, de tout évidence, méritent le détour.

Les vins : une puissance aromatique se dégage du rouge 2019, un vin haut en couleur, plein de densité, enveloppé par des tanins doux. Il offre une amabilité, et des saveurs mûres (poivre, garrigue, herbes aromatiques...). Il a un grand potentiel de séduction tout en conservant l'âme méditerranéenne. Fumé et moins complexe, le 2018 se montre naturellement moins profond ; en demi-corps, il faudra le boire dans les dix ans. Une magnifique interprétation dans la cuvée Antoinette 2017, un bandol racé, épicé, structuré par une fraîcheur qui prolonge les saveurs : il est paré pour une longue garde.

Bandol 2018		27 €	89
Bandol 2019		27 €	93
Le coup de ♥			
Bandol Cuvée Antoinette 2017		42 €	94

Rouge : 8,5 hectares. Mourvèdre 85 %, Grenache noir 8 %, Cinsault 5 %, Carignan 2 %

Blanc : 0,39 hectare. Clairette 70 %, Ugni blanc (trebbiano) 30 %
Production moyenne : 80 000 bt/an

DOMAINE DU GROS'NORÉ

675, chemin de l'Argile 83740 La Cadière-d'Azur
04 94 90 08 50 ● www.gros-nore.com ●
Vente et visites : sur RDV.
Propriétaire : Alain Pascal
Maître de chai : Alain Pascal
Œnologue : Daniel Abrial

DOMAINE LA SUFFRÈNE

Pendant longtemps, la famille Gravier-Piche apportait le fruit de son travail à la cave coopérative. Lorsque Cédric Gravier revient sur les terres familiales en 1996, il décide de faire ses propres vins et mettre en bouteille l'expression de vieux mourvèdres venus essentiellement de la Cadière d'Azur. Au fil des années, son esprit d'entrepreneur l'amène à vinifier les 58 hectares. Davantage marqué par des saveurs de fraise que d'agrumes, les rosés ne lésinent ni sur la couleur, ni la concentration. On retrouve ce gras et cette richesse de texture de ces terroirs précoces dans des rouges denses, aux tanins séduisants, illustration de la douceur argileuse de son terroir. Un classique consensuel qui pour autant n'a pas vendu son âme méditerranéenne.

Les vins : en 2021, le blanc demeure une cuvée sympathique, tout en légèreté, portée par des saveurs acidulées et l'expression souple de son fruit. Il est à boire dans sa prime jeunesse. Quant à lui, le rosé 2021 nous offre bien plus d'intensité épicée, une gourmandise fraîche et avenante. Dans un millésime 2018 sauvé des eaux, le rouge s'en sort avec finesse et les franches tonalités méditerranéennes de son fruit (garrigue, fruits noirs, herbes sèches...), tout en conservant un élan saillant. Un bandol déjà accessible et plaisant qu'il sera bon de boire dans les sept ans.

Bandol 2021		18 €	88
Bandol 2021		17 €	89
Bandol 2018		19 €	90

Rouge : 55 hectares. Mourvèdre 60 %, Grenache noir 20 %, Cinsault 13 %, Carignan 6 %

Blanc : 5 hectares. Ugni blanc (trebbiano) 49 %, Clairette 48 %, Rolle 3 %
Production moyenne : 200 000 bt/an

DOMAINE LA SUFFRÈNE ♣

1066, Chemin de Cuges, 83740 La Cadière D'Azur

04 94 90 09 23 ●
www.domaine-la-suffrene.com ● Vente et visites : sur RDV.
Propriétaire : Cédric Gravier
Maître de chai : Valentin Rubio
Œnologue : Danile Abrial

PROVENCE

609

DOMAINE LAFRAN-VEYROLLES

Dans la même famille depuis 1405, en des temps où Louis II d'Anjou, époux de Yolande d'Aragon, régnait sur le comté de Provence, Lafran-Veyrolles se revendique à juste titre propriété historique de Bandol. Le vigneron, Jean-Marie Castell, perpétue un style traditionnel de rouges à dominante de mourvèdre (jusqu'à 95 % dans les Hauts de Lafran, anciennement la Cuvée Spéciale), élevé plus de dix-huit mois en foudre, pour dompter la concentration puisée dans les sols d'argiles de La Cadière-d'Azur.

Les vins : quelle belle finesse ! Il y a autant d'arômes que de texture qui se dégage du rosé 2021, un vin gracieux, profond et délicat à la manière d'un beau blanc méditerranéen. L'un des plus beaux dégustés dans l'appellation. En rouge, le 2020 exprime un fruit concentré et frais, un belle densité rocailleuse qui lui promet un avenir serein. Derrière sa haute concentration, le 2019, quant à lui, est marqué par une animalité prégnante qui perturbe l'éclat du fruit.

Bandol 2021	18 €	92
Bandol 2019	22 €	89
Bandol 2020	21 €	92

Rouge : 6 hectares. Mourvèdre 80 %, Cinsault 9 %, Grenache noir 8 %, Carignan 3 %
Blanc : 1 hectare. Clairette 60 %, Ugni blanc (trebbiano) 40 %
Production moyenne : 55 000 bt/an

DOMAINE LAFRAN-VEYROLLES ♣

2115, chemin de l'Argile, 83740 La Cadière-d'Azur
04 94 98 72 59 ● www.lafran-veyrolles.com
● Vente et visites : sur RDV.
Propriétaire : Claude-Marie Jouve-Férec
Directeur : Jean-Marie Castell

NOUVEAU DOMAINE

CHÂTEAU MALHERBE

La famille Ferrari prend à un virage à cent quatre-vingts degrés dans son château Malherbe à Bormes-les-Mimosas. Sous la houlette de son régisseur Jannick Utard et des excellents conseils du Bourguignon Philippe Pacalet, cette splendide propriété nous révèle, à partir de 2020, des vins nettement plus gracieux. Les cuvées portent les noms des deux terroirs situés en face du fort de Brégançon : Pointe du Diable, alluvions et éclats de quartz en bord de mer, donnent des vins d'une suavité séduisante, et plus haut, sur les contreforts du Cap Bénat, le sol argilo-schisteux cisèle des vins plus profonds. Les blancs floraux, gras et savoureux de sémillon, rolle et ugni blanc reste le point fort du domaine. La chair pulpeuse des rosés nous enchante, et particulièrement Grand Vin. Haut en couleurs et en saveurs, il incarne une magnifique expression vineuse, hors des standards pâlots à la mode. C'est le renouveau de rouges plus fins dont la marge de progression est encore grande.

Les vins : trois blancs identitaires sont à découvrir, à commencer par Pointe du Diable 2021 (ugni blanc et sémillon), un vin sans exubérance, avec un gras de texture gourmand et digeste, il reste loin des blancs sous mûrs que l'on croise fréquemment dans la région. En 2020, le côtes-de-provence s'affirme dans un registre plus solaire, tout en conservant une certaine floralité : un grand blanc méditerranéen d'une intensité remarquable. Des blancs bien plus détendus qu'auparavant. En rosé, Pointe du Diable 2021 se dévoile tout en finesse, aux notes de rose, avec un grain délicat. Le côtes-de-provence va plus loin en termes d'intensité et de profondeur. Grand Vin nous enchante par sa couleur soutenue, la finesse éclatante de ses arômes de framboises et de thé noir avec un équilibre tannique revigorant. Un grand rosé que l'on aimerait croiser plus souvent en Provence. En rouge, Pointe du Diable 2020, issu de cépages syrah et grenache, s'annonce friand et serti de tanins un brin fermes. Le côtes-de-provence est dominé par le mourvèdre et se présente plus en profondeur, charnel, complexe et sanguin tout en gardant une trame tannique serrée. Il demandera trois à quatre ans pour se détendre comme il faut.

Côtes de Provence Grand Vin 2020	49 €	93
Côtes de Provence Pointe du Diable 2021	25 €	89
Côtes de Provence 2021	25 €	91
Côtes de Provence Grand Vin 2020	49 €	93
Côtes de Provence Pointe du Diable 2021	18,80 €	89
Côtes de Provence 2020	33 €	91
Côtes de Provence Pointe du Diable 2020	25 €	89

Rouge : 7,3 hectares.
Blanc : 7,5 hectares.
Production moyenne : 90 000 bt/an

CHÂTEAU MALHERBE ♣

1, route du Bout-du-Monde, 83230 Bormes-les-Mimosas
04 94 64 80 11 ●
www.chateau-malherbe.com ● Vente et visites : sur RDV.
Propriétaire : Sébastien Ferrari
Directeur : Jean Laburthe

DOMAINE MILAN

Dans le quartier de la Galine à Saint-Rémy-de-Provence, petite ville des Alpilles très prisée d'une clientèle bourgeoise, l'iconoclaste Henri Milan, épaulé par son fils, Théo, demeure fidèle aux vins audacieusement libres qu'il a initiés dans les années 1990. Les vinifications éloignées des standards académiques, menées à bien avec peu de soufre, mettent en lumière des expressions virevoltantes de fruits venus principalement d'éboulis calcaires et de marnes bleues. Issus de macération courte de grenache, syrah, merlot, cinsault et cabernet-sauvignon, les rouges s'avèrent goûteux, des cuvées de fruits jusqu'aux ambitieux S&X, Eliott et le Clos. L'identité des blancs La Carrée (pure roussanne) et Le Grand Blanc (grenache blanc, rolle, roussanne, chardonnay, muscat petit grains) s'affirme avec un haut relief de saveurs franches.

Les vins : infusé et peu coloré, Haru incarne un sympathique rouge juteux, libre, à l'aromatique "borderline", à boire dans la prime jeunesse. Le Premier 2020, pur pinot noir, offre de charmantes notes végétales et florales. Nous sentons une recherche de matière, serrée par des tanins fermes en finale : à servir avec une pièce de bœuf grillée. Clos Milan 2019 est un assemblage grenache et syrah, d'une parcelle historique, un bouquet provençal expressif de garrigue et de laurier. La bouche se montre sans grande densité mais tenue par des tanins saillants. Nous écartons Le Jardin 2017 de la dégustation, trop marqué par une acidité volatile excessive et une oxydation. Même constat pour la roussanne de La Carré 2019. C'est la limite des vinifications peu contrôlés. Le blanc de macération Luna & Gaia 2020 manque nettement de précision et porté par une trame asséchante en finale. Nous sommes contraints d'enlever l'étoile au domaine.

VDF Clos Milan 2019	35 €	89
VDF Haru 2021	18 €	88
VDF Le Premier 2020	50 €	88

Rouge : 8 hectares. Grenache noir 40 %, Mourvèdre 30 %, Syrah 30 %
Blanc : 7 hectares. Chardonnay 33 %, Grenache blanc 25 %, Roussanne 17 %, Rolle 17 %, Muscat à petits grains blancs 8 %
Production moyenne : 60 000 bt/an

DOMAINE MILAN ♣
941 ancienne voie Aurélia
13210 Saint-Rémy-de-Provence
04 90 92 12 52 ● www.domaine-milan.com ● Vente et visites : sur RDV.
Propriétaire : Famille Milan
Directeur : Henri et Théophile Milan
Maître de chai : Sebastien Xavier

DOMAINE DE SULAUZE

Lorsqu'ils se sont rencontrés, Guillaume Lefèvre travaillait au domaine des Masques, du côté d'Aix-en-Provence, et Karina arrivait du Brésil. Peu de temps après, en 2004, ils ont repris les vignes familiales du domaine de Sulauze, à Miramas, près de l'étang de Berre. Le couple pratique la polyculture, avec un vignoble de 30 hectares conduit en biodynamie, du blé pour la farine et de l'orge pour leur délicieuse bière. Ils bénéficient d'une douzaine de cépages pour composer des vins proches de l'expression naturelle de leur fruit, aussi bien l'étonnant Cochon que la douce La Chapelle Laïque. Les Amis sera le meilleur allié des amateurs de vins plus classiques. Une approche saine et pleine de vitalité des vins de Provence. Une petite déception est à noter quant à la précision des vins.

Les vins : derrière une touche lactée, le blanc de Galinette 2020 (vermentino, grenache, clairette et ugni) se montre digeste, gourmand et franc du collier. Nous lui préférons toutefois assez nettement la complexité provençale (herbes aromatiques, fruits jaunes...) de La Chapelle Laïque 2020, un vermentino de belle ampleur, ciselée par sa finale caillouteuse. Une approche infusée et aérienne se dégage de Charbonnières 2020 en rouge (grenache et syrah), malheureusement marqué par une animalité qui gâche l'expression du fruit. La Chapelle Laïque 2020 rouge, issu de parcelles de cinsault complantées de grenache, aux senteurs de rose, de baies rouges propose une texture irrésistiblement pulpeuse. Un rouge sudiste affriolant ! Cépage majeur pour les rouges, le cinsault devrait être bien plus exploré dans la région.

⊏ Coteaux d'Aix-en-Provence Galinette 2020	13 €	89
⊏ Coteaux d'Aix-en-Provence La Chapelle Laïque 2020	25 €	92
VDF Charbonnières 2020	17 €	88

Le coup de ♥

Coteaux d'Aix-en-Provence La Chapelle Laïque 2020	25 €	92

Rouge : 22 hectares. Grenache noir 39 %, Cabernet-Sauvignon 19 %, Syrah 18 %, Cinsault 11 %, Caladoc 6 %, Mourvèdre 5 %, Carignan 1 %, Marselan 1 %
Blanc : 6,5 hectares. Vermentino 37 %, Grenache blanc 28 %, Clairette 19 %, Ugni blanc (trebbiano) 16 %
Production moyenne : 140 000 bt/an

DOMAINE DE SULAUZE ☾
Chemin du Vieux-Sulauze, D569,
13140 Miramas
04 90 58 02 02 ●
www.domainedesulauze.com ● Vente et visites : sur RDV.
Propriétaire : Guillaume et Karina Lefèvre

DOMAINE LES TERRES PROMISES

Jean-Christophe Comor est installé depuis 2004 en Provence. Cet Aixois de naissance, ancien conseiller politique, est aujourd'hui à la tête d'un vignoble de près de 10 hectares répartis dans deux appellations : Coteaux Varois en Provence et Bandol. Dès son premier millésime, il opte pour une viticulture bio dans la mouvance des vins naturels, aux expressions percutantes de fruits d'une grande sincérité de goût, avec "la vérité du caillou dans le verre" comme il aime le dire. Il défend une façon originale d'exprimer l'origine d'un terroir, d'un climat. Doté d'un sens créatif, il n'hésite jamais à créer à chaque millésime, selon son inspiration, des cuvées surprenantes, comme le carignan blanc de macération Analepse. Les blancs nous enchantent par leur spontanéité et ce caractère provençal bien typé. Les rouges en revanche, nous déçoivent cette année. Une certaine rusticité et animalité récurrentes nous contraignent à enlever l'étoile au domaine. Nous sommes persuadés que le tir sera rectifié dans les prochains millésimes.

Les vins : l'étonnante bulle rosé L'Apesanteur 2020 ouvre la dégustation joyeusement et simplement. Le rosé tranquille L'Anachronie 2021, s'annonce haut en couleur mais avec une acescence qui gâche l'expression du fruit. Le blanc À Bouche que Veux Tu 2021, un duo de cépages clairette - vermentino est toujours charmant par sa fraîcheur et son éclat, il possède une trame savoureuse et tonique que l'on aimerait rencontrer plus souvent en Provence. En magnum, Arrière-Pays 2021 incarne un sémillon floral, très digeste, un peu brut de décoffrage mais sans excès de maturité. Les rouges devraient nous révéler plus d'éclat et de panache à l'avenir. L'Antidode 2021 est un carignan qui manque de précision. Nous semblons atteindre les limites de cette vinification peu protégée. C'est le même constat pour le rouge À Ma Guise 2021, pour lequel nous sentons la recherche de franchise (non retenue). Un peu plus classique dans sa construction, Âme Qui Vive 2020 a une finale un peu sèche qu'il faudra assagir avec une pièce de bœuf grillée. L'Amourvèdre 2019 nous offre une définition pulpeuse du mourvèdre avec une texture granuleuse et une finale doucement tannique. Il déjà très plaisant et le sera certainement encore plus les cinq ou six années à venir.

◻️	Coteaux Varois À Bouche que Veux Tu 2021	15 €	**90**
◻️	Vin de pays de la Sainte-Baume Arrière-Pays 2021	35 €	**91**
▰	VDF L'Anachronie 2021	18 €	**85**
▰	VDF L'Apesanteur 2020	18 €	**88**
▰	Bandol L'Amourvèdre 2019	27 €	**90**
▰	Coteaux Varois en Provence Ame Qui Vive 2020	24 €	**88**

Rouge : 11,5 hectares. Carignan 30 %, Grenache noir 25 %, Cinsault 20 %, Mourvèdre 15 %, Syrah 10 %
Blanc : 3 hectares. Vermentino 40 %, Clairette 30 %, Carignan 20 %, Ugni blanc (trebbiano) 10 %
Production moyenne : 68 000 bt/an

DOMAINE LES TERRES PROMISES ♠
Chemin de la Persévérance, 83136 La Roquebrussane
06 81 93 64 11 ●
jean-christophe.comor@wanadoo.fr ● Vente et visites : sur RDV.
Propriétaire : Jean-Christophe Comor

CHÂTEAU VIGNELAURE

Ce domaine au passé prestigieux, précurseur dans la plantation sur une majorité de son vignoble de cabernet-sauvignon au début des années 1970, appartient depuis 2007 au Suédois Bengt Sundstrom. Avec Philippe Bru, le directeur technique, ils souhaitent exprimer au mieux tout le caractère de ce terroir argilo-calcaire d'altitude (de 350 à 480 mètres), en optimisant un vignoble désormais âgé et ayant connu, depuis son rachat, une phase importante de renouvellement ! Ce qui explique, entre autres, la création de cuvées d'entrée de gamme, vinifiées pour une consommation rapide (Le Page et La Source en rosé et en rouge). Les airs bordelais du rouge sont indéniables, tant dans la texture suave que par la fraîcheur du cabernet-sauvignon et du terroir. La verticale réalisée jusqu'au magnifique 1985 témoigne de la longévité de ces vins dans le temps. Les rouges méritent l'étoile ; les blancs, et surtout les rosés, peuvent gagner en naturel.

Les vins : les rouges demeurent le point fort du domaine, surtout après quelques années de vieillissement dans sa cave. À commencer par le 2017, d'un belle concentration solaire, un moelleux de bouche en attaque, canalisé par des tanins fermes qui l'emmèneront sur plus de quinze ans. De son côté, le 2016 s'affirme avec bien plus de fraîcheur. Le 2015, quant à lui, est construit avec davantage de robustesse tannique ; il vieillira tranquillement lui aussi. Dans un millésime frais comme 2014, ce vin s'élance avec droiture, à servir à table. Petit bémol pour La Source 2018, en demi-corps et ferme dans ce millésime pluvieux. Le rosé 2021 est œnologiquement bien ficelé avec une fraîcheur préservée, sans excès de démonstration. En blanc, Le Page et La Source 2020 sont des cuvées sympathiques, techniquement bien menées pour être bues dans les deux ans. Le château (sauvignon, roussanne et viognier) se montre plus ambitieux, intense et emmené en longueur par un élevage soigné : un blanc qui évoluera sereinement dans les dix ans. Sauvignon botrytisé vendangé en novembre, L'Or déploie une liqueur parfumée et concentrée, riche, un peu serrée par des amers insistants en finale. Un vin à boire dès maintenant accompagné d'un roquefort de qualité.

▭ Coteaux d'Aix-en-Provence La Source
2021   13,50 €   **87**

▭ IGP Méditerranée Le Page de Vignelaure
2020   11 €   **86**

▭ IGP Méditerranée Vignelaure
2020   24 €   **91**

▭ VDF L'Or de Vignelaure 2020   27 €   **90**

▬ Coteaux d'Aix-en-Provence 2014 27 €   **91**

▬ Coteaux d'Aix-en-Provence 2015 26 €   **92**

▬ Coteaux d'Aix-en-Provence 2016 25 €   **93**

▬ Coteaux d'Aix-en-Provence 2017 24 €   **93**

▬ Coteaux d'Aix-en-Provence La Source de
Vignelaure 2018   13,40 €   **87**

Rouge : 46 hectares.
Cabernet-Sauvignon 32 %, Syrah 30 %,
Grenache noir 26 %, Merlot 6 %, Cinsault 4 %,
Carignan 2 %
Blanc : 9 hectares. Rolle 33 %, Sauvignon
blanc 26 %, Sémillon 16 %, Roussanne 15 %,
Viognier 10 %
Production moyenne : 240 000 bt/an

CHÂTEAU VIGNELAURE ♣

Route de Jouques, 83560 Rians
04 94 37 21 10 ● www.vignelaure.com ●
Visites : sans RDV.
Propriétaire : Bengt Sundström
Directeur : Philippe Bru

LES MEILLEURS VINS

du
Rhône Nord

PAR OLIVIER POELS,
en charge des vins du nord de la vallée du Rhône au sein
du comité de dégustation de *La Revue du vin de France*

CÔTES DU RHÔNE

N

CÔTE RÔTIE

Vienne

Ampuis

CONDRIEU

Condrieu

CHÂTEAU-GRILLET

Chavanay

CONDRIEU ET
SAINT-JOSEPH

Roussillon

Limony

Charnas

Serrières

Peyraud

Champagne

Saint-Désirat

Andance

Annonay

Talancieux

Sarras

SAINT-JOSEPH

Arras-sur-Rhône

CROZES-HERMITAGE

Sécheras

HERMITAGE ET CROZES-HERMITAGE

Vion

Crozes-Hermitage

Tain-l'Hermitage

Tournon-sur-Rhône

Mauves

CROZES-
HERMITAGE

Romans-sur-Isère

Châteaubourg

CORNAS

Cornas

Saint-Péray

Valence

SAINT-PÉRAY

Toulaud

SAINT-JOSEPH

Rhône

CÔTES DU RHÔNE

Saint-Julien-
en-Saint-Alban

CÔTES
DU RHÔNE

Livron-sur-Drôme

Die

Loriol-
sur-Drôme

Drôme

Crest

COTEAUX DE DIE,
CLAIRETTE DE DIE
ET CRÉMANT DE DIE

Châtillon-
en-Diois

Privas

CHÂTILLON-
EN-DIOIS

Rhône

Montélimar

Superficie
5 660 hectares

**Cépages
principaux**
Vins rouges :
syrah

Vins blancs :
viognier,
marsanne,
roussanne

**Volume produit
en 2021**
231 742
hectolitres

20 km

Légendes Cartographie

LES APPELLATIONS

—

Le vignoble septentrional de la vallée du Rhône compte seulement huit appellations communales et une appellation régionale, qui demeure très marginale.

L'AOC RÉGIONALE

Côtes-du-Rhône : si dans le sud de la vallée du Rhône, cette appellation couvre 32 000 hectares, elle n'en représente que 50 dans sa partie septentrionale. Elle est néanmoins utilisée par quelques vignerons.

LES AOC SEPTENTRIONALES DE LA VALLÉE DU RHÔNE

Côte-Rôtie : ces vins rouges issus de la syrah, parfois assemblée au viognier, sont produits sur les terrasses escarpées dominant Ampuis, sur la rive droite du Rhône. L'AOC ne couvre que 308 hectares. On reconnaît souvent son style fin, mais intense et suave, à ses parfums de violette. C'est aujourd'hui l'une des appellations les plus chères du Rhône.

Condrieu : voisin de la Côte-Rôtie, Condrieu (192 hectares) produit des vins blancs issus du viognier, très aromatiques, gras mais frais, appréciés pour leur fruit gourmand. Ils peuvent être bus jeunes, mais les cuvées les plus passionnantes affichent une minéralité qui confère aux vins beaucoup de complexité et un potentiel de garde intéressant.

Château-Grillet : la plus petite AOC du Rhône s'étend sur seulement 3,5 hectares. Propriété de François Pinault depuis 2011, son vignoble planté en amphithéâtre domine le Rhône entre 165 et 250 mètres d'altitude. Il donne un vin blanc qui vieillit admirablement.

Saint-Joseph : cette longue appellation qui s'étend sur près de 80 kilomètres, mais ne représente au total que 1 231 hectares de vignes, est située presque uniquement sur les coteaux abrupts bordant la rive droite du Rhône. Saint-Joseph produit des rouges assez fermes issus de syrah, et des blancs élaborés à partir de marsanne, avec quelquefois un peu de roussanne, qui peuvent être de grande qualité. Le niveau est variable selon les terroirs.

Crozes-Hermitage : la plus vaste des appellations du nord (1 683 hectares) et la seule, avec Hermitage, située sur la rive gauche. Plusieurs producteurs de talent ont fait progresser l'appellation ces dernières années. Les rouges sont des vins de moyenne garde ; les blancs demeurent, à ce jour, moins intéressants.

Hermitage : sans conteste, ces 137 hectares forment l'un des plus exceptionnels crus de France, grâce à un terroir et à une exposition remarquables. Les vins rouges, issus de syrah, sont propices à une longue garde. Les blancs, plus confidentiels, issus de marsanne et de roussanne, doivent absolument vieillir en cave pour dévoiler leur plénitude aromatique. D'une qualité exceptionnelle, les hermitages sont aujourd'hui parmi les vins les plus onéreux de France.

Cornas : située sur la rive droite du Rhône, dans le prolongement de Saint-Joseph, Cornas (145 hectares) ne produit que des vins rouges, puissants et épicés, issus de syrah. C'est actuellement l'une des appellations qui montent grâce à une génération de vignerons talentueux.

Saint-Péray : cette petite appellation de 85 hectares est la plus méridionale des AOC du nord de la vallée du Rhône. Elle produit uniquement des vins blancs, tranquilles et effervescents.

LES CÉPAGES
—

Dans la partie septentrionale de la vallée du Rhône, quatre cépages sont principalement utilisés, seuls ou en assemblage.

LA SYRAH

Cépage rouge emblématique des appellations septentrionales de la vallée du Rhône, la syrah dessine la forte personnalité de ces vins. Colorée, résistante à l'oxydation, tannique, aromatique (framboise, cassis, violette, poivron...), la syrah peut être employée seule, comme dans l'appellation Cornas ou assemblée avec une petite quantité de cépages blancs. Ainsi, en Côte-Rôtie, on emploie 80 % minimum de syrah et 20 % de viognier ; en Crozes-Hermitage et en Hermitage, au moins 85 % de syrah et jusqu'à 15 % de marsanne ou de roussanne. Enfin, en Saint-Joseph, on peut réaliser un vin avec au moins 90 % de syrah et jusqu'à 10 % de marsanne et de roussanne.

LA MARSANNE

La marsanne est un cépage rustique très vigoureux et généreux, implanté sur des terrains peu fertiles de coteaux. Il se plaît sur les sols chauds et caillouteux des appellations septentrionales de la vallée du Rhône. Ce cépage donne des vins puissants, d'acidité moyenne, qui s'expriment par des arômes de fleurs et de noisette, lesquels se développent particulièrement au vieillissement. La marsanne est le plus souvent employée en assemblage avec la roussanne, autre cépage blanc, que l'on rencontre dans les mêmes appellations. Elle est ainsi utilisée dans l'élaboration des vins blancs de Crozes-Hermitage, d'Hermitage, de Saint-Joseph et de Saint-Péray. Elle peut éventuellement entrer dans l'assemblage des vins rouges des AOC Crozes-Hermitage, Hermitage et Saint-Joseph.

LA ROUSSANNE

C'est en quelque sorte le pendant de la marsanne mais leurs caractéristiques ne sont pas tout à fait les mêmes. La roussanne s'avère moins vigoureuse : délicate et d'une grande finesse, elle donne des vins d'une grande élégance, fins et complexes. Elle développe des notes plutôt florales (chèvrefeuille, iris...), très complémentaires des expressions aromatiques de la marsanne. Tout comme cette dernière, la roussanne entre dans la composition des vins blancs de Crozes-Hermitage, d'Hermitage, de Saint-Joseph et de Saint-Péray. Et tout comme la marsanne, elle peut éventuellement intégrer l'assemblage des vins rouges des appellations Crozes-Hermitage, Hermitage et Saint-Joseph.

LE VIOGNIER

Unique cépage blanc de la région à entrer seul dans la composition de certaines appellations (Condrieu et Château-Grillet), le viognier aime les sols secs et caillouteux. S'il est riche en alcool, il peut donner aux vins à la fois de la rondeur et des parfums floraux (violette, aubépine, acacia), et leur conférer une certaine opulence en bouche. Il peut aussi développer des arômes minéraux, comme à Château-Grillet. Avec l'âge, les parfums du viognier évoluent vers des notes de miel, de musc, de pêche et d'abricot sec. Ce cépage peut éventuellement entrer dans l'assemblage des vins de Côte-Rôtie, jusqu'à hauteur de 20 %, en complément de la syrah.

DU PAIN ET DU VIN ENTRE LYON ET L'ARDÈCHE

CHAMBRES D'HÔTES

LE CARRÉ D'ALETHIUS

Ancien second d'Anne-Sophie Pic, Olivier Samin a franchi le Rhône pour créer cette adresse avec son épouse Stéphanie à une dizaine de minutes au sud de Saint-Péray. Chambres simples et agréables, harmonie des mets et vins, comme ces asperges de Provence qu'on associera à un saint-péray. Menus de 24 à 150 €. Chambres entre 85 et 125 € la nuit.
**4, rue Paul-Bertois,
07800 Charmes-sur-Rhône
Tél : 04 75 78 30 52
www.lecarredalethius.com**

LES GÎTES DE MICHEL CHAPOUTIER

Six très beaux gîtes dans d'anciennes maisons en pierre sur les hauteurs de Saint-Joseph, à Crozes-Hermitage et sur la colline d'Hermitage. À partir de 220 € le week-end. Au-delà de la vue, des balades à vélo électrique permettent de découvrir le vignoble.
**18, avenue du Docteur-Paul-Durand,
26600 Tain-l'Hermitage
Tél : 04 75 08 92 61
www.chapoutier-gites.com**

BARS À VINS

LA GARE

Dans l'ancienne gare du village, le sommelier Charly Baroe propose près de 500 références de vin. À la carte, un répertoire de domaines étoilés de toute la France à prix très sages. Menu du marché le midi, terrasse et terrain de pétanque. Une étape reposante à deux pas de Lyon, parmi les coteaux.
**17 rue de Verdun,
69510 Soucieu-en-Jarrest
Tél : 06 88 55 45 34**

LE BATEAU IVRE

700 références sont proposées, mettant en vedette le Rhône évidemment mais aussi l'Alsace, la Loire... et les vins étrangers. Planches de charcuterie, tapenade et houmous faits maison pour agrémenter la dégustation.
**14-16, rue Joseph-Peala
26600 Tain-l'Hermitage
Tél : 09 82 29 20 06**

CAVES À MANGER

MICRO SILLON

À Lyon, Mathieu Rostaing-Tayard, accompagné de la sommelière Joanna Figuet, a ouvert l'an dernier cet établissement mi-caviste, mi bar à vins, avec son lot d'assiettes gourmandes. Plaisir garanti à partir de 15 € par personne.
**6, place Fernand-Rey,
69001 Lyon
Tél : 09 84 23 52 47**

BISTROT À VIN DE SERINE

Quatre vignerons, et pas des moindres – Jean-Michel Gerin, Yves Cuilleron, François Villard et Pierre-Jean Villa – se sont mis en tête de créer sur la route des vins un lieu qui met la convivialité au pinacle. Le Bistrot à vin de Serine, du nom local de la syrah, est né de ce désir de partage et fait face aux mythiques coteaux de la Côte-Rôtie. L'assiette gourmande et locale, qui nous mène du pressé de filets de rougets au gateau aux cèpes, met en valeur les vins des quatre compères et attire depuis loin dans les montagnes ardéchoises.
**16, boulevard des Allées,
69420 Ampuis
Tél : 04 74 48 65 10
www.bistrotdeserine.com**

ŒNOTOURISME

CAVE DE TAIN TERRES DE SYRAH

Marie-Josée Faure, Master of Wine, et la Cave de Tain, se sont associées pour organiser des visites et dégustations dans le vignoble. Au programme, balade en gyropode, atelier vin et chocolat, des cours... De 10 à 40 € par personne.
**22, route de Larnage,
26600 Tain-l'Hermitage
Tél : 04 75 08 91 86
www.terresdesyrah.com**

ET AUSSI...

LE GRAND MARCHÉ DU SAMEDI À VIENNE

Tous les samedis, les fruits et légumes issus des plaines des rives du Rhône se retrouvent sur l'immense marché du centre-ville, le deuxième plus grand de France.

★★★★ ↗ DOMAINE JEAN-LOUIS CHAVE

Jean-Louis Chave représente la seizième génération de vignerons de ce domaine créé en 1841. Les rencontrer, lui et son père Gérard, reste un moment qui marque à jamais tant leur discours est passionnant. Les blancs proviennent de différentes parcelles ; puissants et fermes à la fois, ils sont vinifiés sous bois avec précision (jamais plus de 20 % de fût neuf). En rouge, l'assemblage est fait d'abord autour des Bessards, puis avec les terroirs de Beaume, Ermite, Meal, Diognères, Péléat ; ils brillent par leur finesse et leur sapidité. Des vins de grande gastronomie qui méritent d'être attendus en cave avant d'être ouverts. Jean-Louis Chave a entrepris des travaux importants depuis une vingtaine d'années, avec la replantation de deux coteaux sur Saint-Joseph, pentus (125 et 280 mètres d'altitude) au lieu-dit Bachasson, sur le village de Lent, non loin du berceau de la famille. La quatrième étoile vient récompenser un niveau d'excellence qui ne se dément pas depuis de longues années.

Les vins : le millésime 2018 a engendré un hermitage blanc de grande maturité, qui distille beaucoup de volume en bouche sur un côté pulpeux. Les 15° d'alcool sont équilibrés par la structure du vin, mais l'ensemble aura besoin de temps pour se polir et atteindre la complexité nécessaire pour le boire à table. Le rouge est d'un raffinement suprême, avec une incroyable salinité en finale qui titille les papilles. Propulsée par un fruit sans le moindre artifice, la matière est admirable et sert une longueur interminable.

▭ Hermitage 2019	Épuisé - 180 €	**97**
◣ Hermitage 2019	Épuisé - 180 €	**99**

Rouge : 21 hectares. Syrah 100 %
Blanc : 5 hectares. Marsanne 80 %, Roussanne 20 %
Production moyenne : 56 000 bt/an

DOMAINE JEAN-LOUIS CHAVE ♣

37, avenue du Saint-Joseph, 7300 Mauves
04 75 08 24 63 ●
domaine@domainejlchave.fr ● Pas de visites.
Propriétaire : Gérard et Jean-Louis Chave
Directeur : Jean-Louis Chave

★★★★ ↗ DOMAINE JAMET

Le domaine Jamet est une icône de la vallée du Rhône. Jean-Paul Jamet a toujours défendu un modèle de vin où le style, l'équilibre et la pureté du fruit sont primordiaux. L'art de l'assemblage des terroirs est ici sublimé. Loïc, le fils aîné, a rejoint en août 2015 Corinne et Jean-Paul au domaine. En Côte-Rôtie, la cuvée Côte Brune

proviennent uniquement du lieu-dit éponyme. La proportion de vendange entière varie en fonction des millésimes (en dehors de la Côte Brune, soit 6 % de la production du domaine, qui n'est jamais éraflée) et la présence de bois neuf est homéopathique. Cela n'empêche pas le domaine de signer des cuvées exceptionnelles qui offrent des touchers de bouche gracieux et de grandes capacités de vieillissement, justement récompensées d'une quatrième étoile.

Les vins : la série des vins présentés est dans la lignée de ce que nous connaissons du domaine, avec une gestion de la fraîcheur qui force l'admiration, y compris dans les millésimes très riches. En blanc, le côtes-du-rhône et ses arômes de fruits blancs sont d'un équilibre épatant. Le condrieu affiche une petite réduction qui s'estompe à l'air. Il déploie alors une bouche admirable d'éclat. Les rouges, vinifiés en vendange entière et élevés avec justesse, se montrent impressionnants, à commencer par Équivoque, tramé, cendré et juteux. Les vins de la Côte-Rôtie brillent par leur intensité et feront de grandes bouteilles d'ici 10 ans, au minimum. La Côte Brune s'avère tout simplement époustouflant !

▭ Condrieu Vernillon 2020		75 €	**95**
▭ Côtes du Rhône 2020		25 €	**92**
◣ Côte-Rôtie Côte Brune 2019	Épuisé - 230 €		**99**
◣ Côte-Rôtie La Landonne 2019	Épuisé - 190 €		**98**
◣ Côtes du Rhône Équivoque 2019		50 €	**93**

Le coup de ♥

◣ Côte-Rôtie 2019		115 €	**96**
◣ Côtes du Rhône 2020		25 €	**93**

Rouge : 14 hectares. Syrah 100 %
Blanc : 3 hectares.
Production moyenne : 70 000 bt/an

DOMAINE JAMET

4600, route Recru, Le Vallin, 69420 Ampuis
04 74 56 12 57 ● www.domainejamet.fr ●
Vente et visites : sur RDV.
Propriétaire : Corinne, Jean-Paul, Fanny et Loïc Jamet

★★★ DOMAINE GONON

Cette propriété de Mauves atteint un niveau d'excellence auquel peu de domaines peuvent prétendre en appellation Saint-Joseph, en blanc comme en rouge. Il faut dire que les deux frères, Pierre et Jean Gonon, sont de fins viticulteurs et vinificateurs. Une viticulture exemplaire en coteaux (en bio) engendre des vins puissants, aux saveurs extrêmes et sans maquillage, dans la plus grande pureté des syrahs septentrionales et des roussannes et marsannes issues de sélections massales de vieilles vignes, donnant des blancs (Les Oliviers) incroyablement parfumés. Ces derniers possèdent de surcroît un étonnant potentiel de garde. Dix ans de vieillissement en bouteille ne leur font pas peur. Les rouges, jamais dans l'esbroufe, expriment un caractère charnel et long avec toutes les nuances que peut restituer la syrah sur les plus belles pentes de Saint-Joseph.

Les vins : une fois encore, quelle classe ! En blanc, Les Oliviers 2020 est brillant, lumineux et précis, avec une bouche ciselée et juste ce qu'il faut de gras pour l'enrober avec délicatesse. 2019 est un peu plus solaire et enrobé, mais d'une superbe élégance. Les rouges, vinifiés en grappe entière, font montre de beaucoup de fraîcheur et d'énergie. Logiquement, le 2020 est plus nerveux et juteux, 2019 est un peu plus riche, mais sans manquer d'équilibre.

⊂ Saint-Joseph Les Oliviers 2019	Épuisé - 48 €	93
⊂ Saint-Joseph Les Oliviers 2020	Épuisé - 50 €	95
◖ Saint-Joseph 2019	Épuisé - 44 €	95
◖ Saint-Joseph 2020	Épuisé - 46 €	96

Rouge : 8 hectares. Syrah 100 %
Blanc : 2 hectares. Marsanne 80 %, Roussanne 20 %
Production moyenne : 38 000 bt/an

DOMAINE GONON ♣
34, avenue Ozier, 7300 Mauves
04 75 08 45 27 ● gonon.pierre@wanadoo.fr ●
Vente et visites : sur RDV.
Propriétaire : Famille Gonon
Directeur : Pierre et Jean Gonon

★★★ CHÂTEAU-GRILLET

Quel travail effectué depuis l'achat en 2011 de ce domaine emblématique par François Pinault (Artémis) ! Tous les moyens ont été mis en œuvre pour redonner à ce vignoble la place qu'il doit occuper. Sous la houlette de Frédéric Engerer, c'est Jaeok Chu Cramette qui gère les vinifications de haute précision du domaine. Château-Grillet propose un second vin, le côtes-du-rhône Pontcin, depuis 2011 ; il a produit en 2017 son premier condrieu, issu d'une parcelle de 0,25 are au lieu-dit Carterie. L'ensemble du domaine est certifié en biodynamie depuis décembre 2016. Dans l'amphithéâtre exposé au sud de cette appellation-monopole, les raisins bénéficient d'un microclimat exceptionnel, chaud et ensoleillé, protégés des vents du nord. Les vignes, d'un âge moyen de 45 ans, sont plantées sur des pentes parfois vertigineuses,

situées entre 150 et 250 mètres d'altitude, sur 76 terrasses appelées "chaillées" ; elles sont travaillées au treuil et à la pioche.

Les vins : le "simple" côtes-du-rhône donne le ton, avec une bouche d'un éclat et d'une précision remarquables, effaçant totalement les notes variétales du viognier pour offrir une palette bien plus large. Plus énergique et tendu que le 2019, le condrieu 2020 marche sur un fil ; délicat, salin et tonique en finale, il est déjà irrésistible. Château-Grillet 2019 est sans doute l'un des plus grands vins blancs de la vallée du Rhône dans ce millésime. Il associe à la perfection la fraîcheur de bouche et la maturité du viognier qui ne bascule jamais. La bouche déroule des flots de saveurs entre fruits et épices. Superbe.

⊂ Château Grillet 2019	350 €	99
⊂ Condrieu 2020	140 €	95
⊂ Côtes du Rhône 2020	70 €	93

Blanc : 3,75 hectares. Viognier 100 %

CHÂTEAU-GRILLET ♣
Château Grillet, 42410 Verin
04 74 59 51 56 ● www.chateau-grillet.com ●
Visites : sur RDV aux professionnels.
Propriétaire : Artémis Domaines
Directeur : Frédéric Engerer
Maître de chai : Jaeok Chu Cramette

★★★ DOMAINE GEORGES VERNAY

En prenant les rênes de ce domaine historique, en 1996, Christine Vernay n'a pas fait que succéder à son père, l'extraordinaire et charismatique Georges Vernay. Elle a insufflé énormément au domaine, tant au niveau de la viticulture que des vinifications, en partant de son héritage comme de ses propres réflexions. Les vins de Condrieu atteignent aujourd'hui, avec une richesse et une puissance intactes, une énergie et une sapidité qu'ils ne possédaient pas encore il y a une dizaine de millésimes. Les rouges arborent des élevages beaucoup plus fins et poudrés ; leurs textures sont délicates et infusées. Toujours très digestes, ils ont encore gagné en profondeur.

Les vins : Le Pied de Samson est une parfaite introduction au style des blancs du domaine, qui combine pureté et précision. La bouche finement enrobée s'ouvre sur une finale qui dynamise le vin sur des notes d'agrumes. Les Terrasses de l'Empire présente un nez avec une large palette d'arômes allant des fleurs aux fruits à chair blanche, dynamisée par une pointe d'agrume. La bouche est sapide et longiligne, d'une grande précision. En rouge, la "simple" syrah Sainte-Agathe, juteuse, fumée, croque en bouche et nous incite à la boire sur son fruit. Le saint-joseph brille par son équilibre et une expression bien définie du fruit, tout en élégance. La cuvée La Blonde du Seigneur est marquée "Côte Blonde", avec un fruit délicat bien préservé. La bouche joue la suavité, posée sur des notes de fruits rouges et noirs, une pointe d'épice et conclue sur une finale salivante.

⌐ Condrieu Coteau de Vernon 2020	Épuisé - 110 €	97
⌐ Condrieu Les Chaillées de l'Enfer 2020	75 €	94
⌐ Condrieu Les Terrasses de l'Empire 2020	Épuisé - 54 €	93
⌐ IGP Collines Rhodaniennes Viognier Le Pied de Samson 2020	Épuisé - 28 €	91
⌐ Côte-Rôtie La Blonde du Seigneur 2019	Épuisé - 55 €	95
⌐ Côte-Rôtie Maison Rouge 2019	Épuisé - 115 €	95
⌐ IGP Collines Rhodaniennes Syrah Fleurs de Mai 2020	Épuisé - 22 €	88
⌐ IGP Collines Rhodaniennes Syrah Sainte-Agathe 2020	Épuisé - 25 €	91
⌐ Saint-Joseph Les Terres d'Encre 2020	Épuisé - 35 €	93

Rouge : 12 hectares. Syrah 100 %
Blanc : 12 hectares. Viognier 100 %
Production moyenne : 90 000 bt/an

DOMAINE GEORGES VERNAY ♣

1, Rue Nationale 69420 Condrieu
04 74 56 81 81 ● www.domainevernay.com ●
Vente et visites : sur RDV.
Propriétaire : Christine Vernay

★★ DOMAINE FRANCK BALTHAZAR

Casimir Balthazar fonde le domaine au début des années 1920, et achète la parcelle des Chaillots en 1931. Le domaine, dirigé depuis 2002 par Franck Balthazar, est en culture biologique depuis 2010. Tous les sols sont travaillés à la pioche et au treuil. En 2013, il acquiert une petite parcelle de Saint-Péray, située sur des argiles sur socle granitique. Les vinifications sont classiques : uniquement de la vendange entière, une fermentation courte en cuve béton. Les élevages ne connaissent pas le bois neuf. Nous aimons le style des vins du domaine, qui exprime avant tout le terroir, sans aucun artifice.

Les vins : Casimir est un vin absolument admirable de gourmandise et d'équilibre, avec une bouche très en place, concentrée mais surtout digeste, portée par un fruit juteux et une belle touche épicée en finale. Vinifié en vendange entière, élevé en foudre, Chaillot ajoute encore un peu de densité. Sa grande énergie fait référence dans l'appellation.

⌐ Cornas Casimir Balthazar 2020	Épuisé - 45 €	94
⌐ Cornas Chaillot 2020	Épuisé - 55 €	96

Rouge : 4 hectares. Syrah 100 %
Blanc : 0,5 hectare. Roussanne 100 %
Production moyenne : 15 000 bt/an

DOMAINE FRANCK BALTHAZAR ♣

8, rue des Violettes, 7130 Cornas
06 20 05 41 79 ●
balthazar.franck@akeonet.com ● Vente et visites : sur RDV.
Propriétaire : Franck Balthazar

★★ CHAPOUTIER - SÉLECTIONS PARCELLAIRES

Retirer une étoile à un domaine n'est pas chose aisée, surtout lorsque celui-ci est une des icônes de la vallée du Rhône. Néanmoins, une dégustation de nombreux vins en bouteille nous conduit à cette décision. S'il y a peu de choses à redire sur les blancs qui affichent une profondeur et une définition hors norme, de nombreux rouges affichent un style un peu daté, marqués par des maturités très poussées, des extractions fortes et des boisés prenants. La densité est là, la profondeur aussi, mais nous ne trouvons pas l'éclat magique que nous attendons sur de tels terroirs. Les choses seraient-elles toutefois en train de bouger ? C'est possible... La nouvelle génération, incarnée par les enfants de Michel, semble infléchir ce style dans les tout derniers millésimes. Moins de bois, davantage de vendange entière, des extractions plus douces, il nous apparaît que la maison est sur la bonne voie. La confirmation en bouteille de ces changements nous permettra, nous l'espérons vivement, de lui rendre prochainement cette troisième étoile.

Les vins : il ne faut certainement pas négliger les blancs du domaine qui s'inscrivent parmi les plus remarquables qui soient. La pureté de bouche du saint-joseph est impressionnante, avec une longueur sapide et beaucoup de distinction. L'Ermite atteint une fois encore des sommets en matière d'intensité, de puissance et de distinction. Tout en équilibre. En rouge, le cornas est intense, dense, mais marqué par une pointe sèche en finale. La côte-rôtie affiche plus d'élégance, appuyée par des notes délicates et florales. Les deux Ermitage demeurent sur la retenue et peu expressifs à ce stade, mais dotés de matières sérieuses. Nous regrettons toutefois que les vins, dont Le Pavillon, se montrent si serrés en finale.

Ermitage De l'Orée 2020	279 €	96
Ermitage L'Ermite 2020	867 €	98
Saint-Joseph Les Granits 2020	78 €	94
Châteauneuf-du-Pape Croix de Bois 2020	94 €	92
Cornas Lieu-dit Saint-Pierre 2020	110 €	92
Côte-Rôtie Neve 2020	168 €	94
Ermitage Le Pavillon 2020	533 €	94
Ermitage Les Greffieux 2020	201 €	93

Rouge : 36 hectares.
Blanc : 12 hectares.
Production moyenne : 100 000 bt/an

CHAPOUTIER - SÉLECTIONS PARCELLAIRES ♣

18, avenue du Docteur-Paul-Durand, 26600 Tain-l'Hermitage
04 75 08 28 65 ● www.chapoutier.com ●
Vente et visites : sur RDV.
Propriétaire : Michel Chapoutier

★★ DOMAINE AUGUSTE CLAPE

Les vins de ce domaine représentent, avec force et conviction, une vision traditionnelle, au bon sens du terme, de l'appellation Cornas. Grâce à un fabuleux patrimoine de vignes et à une approche simple et intelligente de la vinification, Pierre, accompagné de son fils Olivier, poursuit, dans la lignée de son père Auguste Clape, l'élaboration de vins droits et racés qui s'imposent comme des références, dans l'appellation et dans tout le nord de la vallée du Rhône. Ici, on privilégie les vinifications en grappes entières et l'élevage en foudre ancien. De quoi donner des vins sobres, qui défient les années et expriment le terroir de Cornas avec force et brio. Un modèle pour l'appellation.

Les vins : le cornas 2019 montre un caractère sauvage à l'ouverture, porté par une note animale qui s'estompe doucement à l'air. Le vin est concentré, mûr et juteux, s'appuyant sur une grande énergie et beaucoup de profondeur. Il n'est cependant pas encore tout à fait prêt à la dégustation. Patience.

Cornas 2019	65 €	94

Rouge : 7,8 hectares. Syrah 100 %
Blanc : 1 hectare. Marsanne 60 %, Roussanne 40 %
Production moyenne : 35 000 bt/an

DOMAINE AUGUSTE CLAPE

146, avenue du Colonel-Rousset, 7130 Cornas
04 75 40 33 64 ● pierre.clape@wanadoo.fr ●
Pas de visites.

Propriétaire : Olivier Clape

★★ DOMAINE COMBIER

Homme attachant, Laurent Combier a su révéler la grandeur des beaux terroirs de Crozes-Hermitages, sur le plateau argilo-calcaire avec galets roulés de Pont-d'Isère. Millésime après millésime, il n'a eu de cesse de faire progresser ses vins en terme de finesse et de définition, au point qu'il peuvent se comparer, sans rougir, à des cuvées issues de terroirs bien plus prestigieux. Son Clos des Grives figure parmi les plus séduisantes et profondes syrahs du Rhône. Son aptitude au vieillissement s'avère remarquable dans les grands millésimes. Laurent travaille désormais entouré de ses fils Julien et David.

Les vins : nous ressentons toujours le même plaisir à déguster la gamme, tant les vins sont agréables et séduisants, sans manquer de profondeur. Le "simple" crozes Laurent Combier est un bonheur de fraîcheur ; avec sa bouche bien juteuse, le crozes classique du domaine apporte plus de volume et de profondeur, avec de jolies notes florales. Comme toujours, Cap Nord brille par la fraîcheur de ses saveurs, tandis que Clos des Grives, encore légèrement boisé, est taillé pour la garde. Les saint-joseph du domaine sont également très recommandables.

Crozes-Hermitage 2020	23 €	90
Crozes-Hermitage Clos des Grives 2020	42 €	93
Crozes-Hermitage Cap Nord 2020	30 €	93
Crozes-Hermitage Clos des Grives 2020	42 €	94
Saint-Joseph 2020	23 €	92
Saint-Joseph Cap Nord 2020	30 €	93

Le coup de ♥

Crozes-Hermitage 2020	23 €	92
Crozes-Hermitage Laurent Combier 2020	16 €	89

Rouge : 55 hectares. Syrah 100 %
Achat de raisins.
Blanc : 5 hectares. Marsanne 80 %, Roussanne 20 %
Achat de raisins.
Production moyenne : 400 000 bt/an

DOMAINE COMBIER ♣

1440, route de Lyon, 26600 Pont-de-l'Isère
04 75 84 61 56 ●
www.domaine-combier.com/fr/ ● Vente et visites : sur RDV.
Propriétaire : Famille Combier
Directeur : Laurent, Julien et David Combier

★★ DOMAINE DU COULET

Voilà un domaine fiable, dont le style des vins nous enchante depuis de nombreux millésimes. Matthieu Barret bénéficie de jolis terroirs, cultivés en biodynamie et répartis sur différents terroirs de coteaux, assez frais et venteux, de Cornas. Peu interventionniste, il produit des vins bien maîtrisés, peu extraits, aux fruits très séduisants. Des cuvées toujours digestes, dans lesquelles puissance ne rime pas avec dureté. Les vins évoluent avec bonheur.

Les vins : la gamme se montre sous un très bon jour et Matthieu Barret maîtrise son sujet. L'atypique Quinquin (chardonnay-sauvignon) introduit une série de blancs enrobés mais toujours digestes. Les cornas font honneur à l'appellation et présentent de la profondeur et un fruit toujours bien préservé. Cuvée phare du domaine, Brise Cailloux est d'une régularité à toute épreuve ces dernières années. Nous aimons son côté juteux et croquant, la pointe acidulée en finale et le joli de rebond en bouche ; Billes Noires, cuvée vinifiée sans soufre, est parfaitement maîtrisée, avec du jus et surtout une admirable salinité en finale.

▭ Côtes du Rhône No Wine's Land 2020	20 €	88
▭ IGP Ardèche Quinquin 2020	14,50 €	88
▬ Cornas Billes Noires 2018	70 €	95
▬ Cornas Brise Cailloux 2019	de 36 à 40 € (c)	93
▬ Cornas Gore 2018	120 €	96
▬ VDF Vilain 2020	13,50 €	90

Rouge : 17,3 hectares. Syrah 100 %
Achat de raisins.
Blanc : 3,7 hectares. Marsanne 80 %,
Viognier 65 %, Roussanne 20 %
Achat de raisins.
Production moyenne : 300 000 bt/an

DOMAINE DU COULET ♣
3, impasse de la Mûre, 7130 Cornas
04 75 77 20 48 ● domaineducoulet.com ●
Vente et visites : sur RDV.
Propriétaire : Matthieu Barret
Œnologue : Gérald Laffont

★★ DOMAINE DUCLAUX

Le domaine Duclaux, créé en 1928, est aujourd'hui une des valeurs sûres de Côte-Rotie, avec des vins précis et ciselés, sans aucun artifice d'élevage. David et Benjamin tracent donc leur route avec régularité et brio. Ils ont produit leur premier condrieu en 2014, nommé Les Caillets, en hommage à leur arrière-grand-père, Frédéric Caillet, fondateur du domaine. Toute la gamme est hautement recommandable depuis déjà quelques millésimes et les vins vieillissent à merveille.

Les vins : le condrieu réussit le pari de s'affranchir totalement du caractère variétal du viognier et se présente comme l'un des meilleurs de l'appellation, avec une finale de très bel éclat. La Chana est la plus accessible et ouverte des côte-rôtie, avec son profil fin et savoureux en bouche, mais aussi une fort belle allonge ; La Germine présente un caractère presque bourguignon, porté par sa suavité et des tanins soyeux ; avec ses notes florales et sa grande profondeur, Coteaux du Tupin est la parfaite expression d'une vinification en vendange entière, le vin est magistral d'élégance et de persistance.

▭ Condrieu Les Caillets 2020	43 €	94
▬ Côte-Rotie Coteaux du Tupin 2020	120 €	97
▬ Côte-Rôtie La Chana 2020	41 €	93
▬ Côte-Rôtie La Germine 2020	48 €	94
▬ Côte-Rôtie Maison Rouge 2020	68 €	95

Rouge : 5,8 hectares. Syrah 100 %
Achat de raisins.
Blanc : Viognier 100 %
Achat de raisins.
Production moyenne : 35 000 bt/an

DOMAINE DUCLAUX
34, route de Lyon, 69420 Tupin-et-Semons
04 74 59 56 30 ●
www.coterotie-duclaux.com ● Vente et visites : sur RDV.
Propriétaire : Benjamin et David Duclaux

★★ DOMAINE ALAIN GRAILLOT

Le grand Alain Graillot nous a malheureusement quittés brutalement cette année. Ce vigneron talentueux et visionnaire laisse à ses deux fils, Antoine et Maxime, une propriété qui trône au sommet de l'appellation Crozes-Hermitage, démontrant, depuis des années déjà, le potentiel des plus beaux terroirs de l'appellation. Installé au cœur de la plaine alluviale de purs galets et de graves de La Roche-de-Glun, le domaine produit des syrahs plus fines et plus structurées que la plupart de celles du secteur. La force des vins réside dans le plaisir immédiat qu'ils procurent, même s'ils sont capables de vieillir avec complexité sur dix ans... Voire bien davantage.

Les vins : le crozes 2020 brille par son équilibre et le bel éclat de fruit, tout en suavité et en gourmandise, mais avec beaucoup de fond. S'il est difficile de lui résister, il est parfaitement capable de patienter quelques années en cave. Le saint-joseph ajoute un peu de volume et de charnu en cœur de bouche. Superbe La Guiraude 2019, au profil finement lardé et poivré et à la bouche intense et équilibrée.

🍷	Crozes-Hermitage 2020	Épuisé - 26 €	**93**
🍷	Crozes-Hermitage La Guiraude 2019	40 €	**95**
🍷	Saint-Joseph 2020	Épuisé - 28 €	**94**

Rouge : 19 hectares. Syrah 100 %
Achat de raisins.
Blanc : 3 hectares. Marsanne 80 %,
Roussanne 20 %
Achat de raisins.
Production moyenne : 100 000 bt/an

DOMAINE ALAIN GRAILLOT

105, chemin des Chênes-Verts,
26600 Pont-de-l'Isère
04 75 84 67 52 ● www.domainegraillot.com
● Vente et visites : sur RDV.
Propriétaire : Antoine et Maxime Graillot

★★ DOMAINE BERNARD GRIPA

Fabrice Gripa poursuit l'œuvre de son père dans le seul domaine de Mauves qui produit autant de blancs que de rouges. Les blancs s'illustrent dans quatre cuvées : deux saint-péray et deux saint-joseph. En Saint-Péray, Les Figuiers est une marque principalement issue des vignes du secteur des Putiers. Son acidité originale provient de son sol calcaire, et de l'assemblage à 70 % de roussanne, vinifié et élevé en fût (15 % de neuf). Les Pins (80 % marsanne), vinifié en cuve, est plus fruité, direct, à boire jeune. En Saint-Joseph, à côté de la cuvée classique, Le Berceau est une marsanne pure, plantée en 1920 sur la colline de Tournon, qui a conservé 50 % de pieds d'origine. Les saint-joseph rouges sont compacts, serrés et expressifs, associant sans mollesse ni lourdeur un corps plein à une palette aromatique savoureuse.

Les vins : le style des blancs, sans excès de maturité ni d'élevage, est celui que nous préférons. Les Pins donne le ton, avec un vin à la bouche souple, portée par une noble tension. Les Figuiers est une cuvée très maîtrisée, avec un élevage bien dosé et une belle énergie en bouche. L'ensemble, digeste et frais, révèle des notes de fleurs et de fruits blancs en finale. Plus en chair, plus mûr, Le Berceau est également plus dense et demandera un an ou deux pour finir de se mettre en place. Les rouges sont admirables de définition : Parady se montre d'une élégance remarquable avec une bouche tout en équilibre ; Le Berceau, issu des vieilles vignes du domaine, est d'une admirable densité. Son grand potentiel commencera à s'exprimer dans cinq ans.

🍷	Saint-Joseph 2020	22 €	**93**
🍷	Saint-Joseph Le Berceau 2020	35 €	**94**
🍷	Saint-Péray Les Figuiers 2020	25 €	**94**
🍷	Saint-Péray Les Pins 2020	21 €	**93**
🍷	Saint-Joseph 2020	22 €	**93**
🍷	Saint-Joseph Cuvée Parady 2019	32 €	**94**

Rouge : 9 hectares. Syrah 100 %
Blanc : 8 hectares. Marsanne 70 %,
Roussanne 30 %
Production moyenne : 80 000 bt/an

DOMAINE BERNARD GRIPA

5, avenue Ozier, 7300 Mauves
04 75 08 14 96 ● gripa@wanadoo.fr ●
Visites : sans RDV.
Propriétaire : Fabrice Gripa

★★ DOMAINE GUIGAL

On ne présente plus la plus emblématique maison du nord de la vallée du Rhône. Sous cette entité, nous réunissons les cuvées issues des vignobles en propre, que nous séparons donc de l'activité de négoce. Nous retrouvons donc le célèbre trio de la Côte-Rôtie : La Mouline, La Turque et La Landonne ; les deux premières étant des marques, la dernière un terroir cadastré. S'y ajoutent la cuvée Château d'Ampuis, ainsi que le condrieu La Doriane. Outre ces crus stars, on trouve la cuvée Vignes de l'Hospice, saint-joseph situé sur un magnifique terroir, ainsi que quelques grandes parcelles en Hermitage dont est issue la cuvée Ex-Voto. Marcel Guigal est solidement épaulé par son fils Philippe qui semble doucement infléchir le style des vins, avec des élevages qui nous paraissent un peu moins dominants. Inutile de préciser que tous ces vins sont taillés pour la longue garde.

Les vins : le domaine Guigal, c'est avant tout un style affirmé et revendiqué ; des matières solides et des élevages longs, mais aussi un très grand sens de l'équilibre. Si l'empreinte des bois demeure présente dans ces cuvées très jeunes, les matières ne sèchent pas et l'énergie est là. Les plus abordables sont indiscutablement les saint-joseph, au fruit jouissif, mais à la trame profonde. Les élevages de 42 mois (unique en leur genre) du célèbre trio de la Côte-Rôtie patinent les matières sans les assécher. Certes, l'ensemble doit encore se fondre et une bonne décennie semble nécessaire pour caler tout cela. La grâce de La Mouline est une fois encore impressionnante. La Doriane offre, quant à elle, un éclat superbe et une fraîcheur de fruit jubilatoire.

▷ Condrieu La Doriane 2020	64 €	94
▷ Hermitage Ex-Voto 2018	139 €	96
▷ Saint-Joseph Lieu-dit Saint-Joseph 2020	Épuisé - 33 €	92
▶ Côte-Rôtie Château d'Ampuis 2018	85 €	94
▶ Côte-Rôtie La Landonne 2018	Épuisé - 276 €	96
▶ Côte-Rôtie La Mouline 2018	Épuisé - 276 €	97
▶ Côte-Rôtie La Turque 2018	Épuisé - 276 €	97
▶ Hermitage Ex-Voto 2018	222 €	95
▶ Saint-Joseph Lieu-dit Saint-Joseph 2019	Épuisé - 33 €	92
▶ Saint-Joseph Vignes de l'Hospice 2019	59 €	92

Rouge : 50 hectares. Syrah 100 %
Achat de raisins.
Blanc : 25 hectares. Marsanne 60 %,
Viognier 33 %, Roussanne 7 %
Achat de raisins.
Production moyenne : 8 000 000 bt/an

DOMAINE GUIGAL
Château d'Ampuis, 69420 Ampuis
04 74 56 10 22 ● www.guigal.com ●
Visites : sur RDV aux professionnels.
Propriétaire : Famille Guigal
Œnologue : Philippe Guigal

★★ STÉPHANE OGIER

Depuis 2014, Stéphane Ogier vinifie dans un chai ultracontemporain à Ampuis et donne libre cours à son talent créatif. Sur les 18 hectares qu'exploite ce domaine, 3,5 hectares sont situés sur de très belles parcelles de Côte-Rôtie. Stéphane a rejoint son père Michel, en 1997, après ses études d'œnologie à Beaune, dont il a conservé un goût pour l'élégance et la finesse. Les vins sont issus de raisins partiellement éraflés (50 % de vendange entière dans la cuvée Lancement). La précision des derniers millésimes, l'exigence dans la sélection des cuvées parcellaires et le style qu'affichent désormais les vins placent le domaine parmi l'élite.

Les vins : le propriétaire Stéphane Ogier a bien affiné son style et 2020 semble marquer un tournant. Mon Village en est une parfaite illustration, nous adorons sa définition fruitée nette et précise et son admirable définition. Les 2018, de belle constitution, sont davantage portés par les bois... La Belle Hélène souffre d'une maturité un peu élevée du fruit qui compote, il faudra l'attendre ; il ne possède pas la distinction de Lancement qui brille par son énergie et sa profondeur. Les Vielles Vignes de Jacques Vernay est un condrieu de belle définition dans lequel

le viognier, bien que mûr, perd ses notes variétales et exprime le terroir au travers d'un large spectre de saveurs fruitées, épicées et florales, avec une très belle longueur.

▷ Condrieu La Combe de Malleval 2020	40 €	93
▷ Condrieu Les Vieilles Vignes de Jacques Vernay 2018	70 €	95
▶ Côte-Rôtie La Belle Hélène 2018	340 €	92
▶ Côte-Rôtie La Viallière 2018	125 €	93
▶ Côte-Rôtie Lancement 2018	N.C.	96
▶ Côte-Rôtie Mon Village 2020	60 €	95

Rouge : 36 hectares. Syrah 100 %
Blanc : 9 hectares. Viognier 80 %,
Marsanne 10 %, Roussanne 10 %
Production moyenne : 200 000 bt/an

STÉPHANE OGIER
97, route de la Taquière, 69420 Ampuis
04 74 56 10 75 ● www.stephaneogier.fr ●
Vente et visites : sur RDV.
Propriétaire : Stéphane Ogier

★★ DOMAINE ANDRÉ PERRET

André Perret, rejoint depuis 2019 par sa fille Marie, exploite un beau domaine situé à la fois en Condrieu et dans le nord de Saint-Joseph, sur les rudes coteaux de Chavanay. Cette propriété, spécialiste des vins blancs, a nettement progressé ces dernières années, grâce à un effort important dans le travail des sols. Ne manquez pas ses deux cuvées vedettes en Condrieu, qui proviennent de deux des plus beaux lieux-dits du cru, le Coteau de Chéry et le Clos Chanson. Les rouges sont recommandables, particulièrement Les Grisières.

Les vins : les vins de Condrieu sont parmi les meilleurs de l'appellation, avec une définition remarquable et un fruit très préservé : Clos Chanson est superbe d'équilibre, sur des notes fraîches de fruits jaunes et une petite touche florale qui lui va à merveille ; une très belle gestion de l'élevage que l'on retrouve dans Chéry, plus solaire, mais toujours très raffiné. Notons aussi le remarquable saint-joseph Les Grisières, à la longue garde assurée.

▷ Condrieu 2020	30 €	92
▷ Condrieu Chéry 2020	49 €	93
▷ Condrieu Clos Chanson 2020	49 €	94

Le coup de ♥
▶ Saint-Joseph Les Grisières 2019	28 €	93

Rouge : 5,8 hectares. Syrah 90 %, Merlot 10 %
Blanc : 6,8 hectares. Viognier 86 %,

VALLÉE DU RHÔNE NORD

625

Marsanne 7 %, Roussanne 7 %
Production moyenne : 60 000 bt/an

DOMAINE ANDRÉ PERRET
17, RN 86, Verlieu, 42410 Chavanay
04 74 87 24 74 ● www.andreperret.com ●
Vente et visites : sur RDV.
Propriétaire : André Perret

★★ DOMAINE MARC SORREL

C'est désormais Guillaume Sorrel, le fils de Marc, qui est aux commandes. Il poursuit le travail de son père, vigneron discret et appliqué qui a su produire des vins de très grande race qui savent s'exprimer avec le temps. Quatre cuvées d'hermitage sont produites, deux classiques en blanc et rouge, et deux cuvées de prestige issues des plus vieilles vignes. Moins typés par le granite que chez Chave, moins stricts, les généreux vins de Sorrel demandent aussi souvent dix ans pour s'épanouir. Les hermitages rouges (parfois agrémentés de 10 % de marsanne) sont vinifiés en vendange entière depuis 2012. Comme les syrahs sont ici d'une extrême maturité (le Méal surtout), avec une pointe de sucrosité confite, la vendange entière apporte de l'éclat et une précision dans les arômes qui font défaut au domaine dans les millésimes très chauds.

Les vins : le domaine confirme qu'il est vraiment très au point et s'approche fortement de sa troisième étoile. Nous sommes, une fois encore, très séduits par les blancs, d'une définition et d'une gestion de la maturité vraiment remarquable, à commencer par le crozes, certes bien enveloppé, mais admirablement équilibré en finale, avec une pointe d'amers très rafraîchissante. L'hermitage Les Rocoules, tout en volume et en ampleur, est armé pour une longue garde, avec une finale éclatante. Les rouges ne sont pas en reste, dans un style digeste et équilibré, sans lourdeur. L'hermitage, encore une fois, fait office de référence de l'appellation, superbe de profondeur, de sapidité et d'équilibre dans le fruit. Le Gréal est d'ores et déjà un vin légendaire. Un grand bravo !

▭ Crozes-Hermitage 2020	Épuisé - de 25 à 36 € (c)	93
▭ Hermitage 2020	Épuisé - de 75 à 115 € (c)	96
▭ Hermitage Les Rocoules 2020	Épuisé - de 150 à 225 € (c)	98
▬ Crozes-Hermitage 2020	Épuisé - de 25 à 36 € (c)	94
▬ Hermitage 2020	Épuisé - de 75 à 115 € (c)	96
▬ Hermitage Le Gréal 2020	Épuisé - de 150 à 235 € (c)	99

Rouge : 3 hectares. Syrah 100 %
Blanc : 1 hectare. Marsanne 90 %, Viognier 80 %, Roussanne 10 %
Production moyenne : 11 500 bt/an

DOMAINE MARC SORREL
128 bis, avenue Jean-Jaurès,
26600 Tain-l'Hermitage
04 75 07 10 07 ● www.domainemarcsorrel.fr
● Vente et visites : sur RDV.
Propriétaire : Guillaume Sorrel

★★ DOMAINE DU TUNNEL

Stéphane Robert conduit son domaine avec brio et élabore des vins modernes, précis, qui s'imposent comme des références au sein des appellations Saint-Péray et Cornas. Ces cuvées renouvellent le style, parfois rustique et solaire, de ces deux petites appellations. Stéphane apporte à ses syrahs opaques des touches de raffinement gagnées dans la précision de maturité du raisin, dans l'extraction et dans l'élevage. Les vins vieillissent par ailleurs très bien.

Les vins : rien à dire sur cette gamme soignée et très bien maîtrisée. Les blancs sont limpides, précis et étincelants. Le saint-péray est vraiment délicieux, charmeur, tout en fruit et bien tendu en finale ; la cuvée Prestige est très ciselée et définie, dopée par le bel éclat de son fruit. La série des rouges est promise à un bel avenir à commencer par le saint-joseph, aux notes lardées et fumées et à la finale juteuse. Réalisée avec le concours de Jean-Louis Grippat, grand vigneron désormais retraité, Peygros est superbe de distinction et d'équilibre. Les cornas sont en place, à oublier quelques années en cave, surtout Vin Noir et Pur Noir, intenses et profonds, mais encore serrés.

▭ Condrieu Appellation 2020	Épuisé - 33 €	93
▭ Saint-Péray Roussanne 2020	22 €	93
▬ Cornas 2020	33 €	92
▬ Cornas Pur Noir 2020	90 €	95
▬ Cornas Vin Noir 2020	43 €	94
▬ Saint-Joseph 2020	26 €	92
▬ Saint-Joseph Peygros 2018	Épuisé - 59 €	94

Le coup de ♥

▭ Saint-Péray Prestige 2020	Épuisé - 25 €	94

Rouge : 8 hectares. Syrah 100 %
Blanc : 4 hectares. Marsanne 60 %, Roussanne 40 %
Production moyenne : 55 000 bt/an

DOMAINE DU TUNNEL

20, rue de la République, 7130 Saint-Péray
04 75 80 04 66 ●
www.domaine-du-tunnel.fr/ ● Visites : sans
RDV.
Propriétaire : Stéphane Robert

★★ DOMAINE PIERRE-JEAN VILLA

Créé en 2008, ce domaine s'affirme d'année en année. Il s'est progressivement agrandi sans perdre sa philosophie : produire des vins identitaires. En rouge, la proportion de vendange entière varie en fonction des cuvées. Les élevages de grande qualité soulignent et patinent les vins sans les pommader. Les blancs gardent de la finesse. La qualité et l'homogénéité de l'ensemble de la production sont remarquables.

Les vins : les blancs affichent beaucoup de distinction et surtout une jolie fraîcheur, à l'image d'Esprit d'Antan. Le saint-joseph est bien travaillé lui aussi, délicatement enrobé et paré d'un fuit net. On retrouve cet esprit soigné et précis dans les rouges, avec des expressions de fruit juteux et une belle fraîcheur préservée dans les milieux de bouche. Préface est déjà irrésistible, porté par ses notes de fruits rouges et de poivre. Marqué par des notes d'eucalyptus, Tildé affirme son exotisme.

Condrieu Jardin Suspendu 2020	Épuisé - 49 €	92
IGP Collines Rhodaniennes Esprit d'Antan 2020	Épuisé - 40 €	91
Saint-Joseph Saut de l'Ange 2020	Épuisé - 40 €	92
Côte-Rôtie Carmina 2018	50 €	93
Côte-Rôtie Fongeant 2017	Épuisé - 110 €	94
IGP Collines Rhodaniennes Esprit d'Antan 2018	Épuisé - 40 €	93
Saint-Joseph Préface 2020	Épuisé - 30 €	92
Saint-Joseph Tildé 2018	37 €	93

Rouge : 13 hectares. Syrah 100 %
Blanc : 5 hectares. Viognier 70 %,
Roussanne 30 %
Production moyenne : 60 000 bt/an

DOMAINE PIERRE-JEAN VILLA

5, route de Pélussin, 42410 Chavanay
04 74 54 41 10 ● www.pierre-jean-villa.com ●
Vente et visites : sur RDV.
Propriétaire : Pierre-Jean Villa

★★ DOMAINE FRANÇOIS VILLARD

Ce n'est pas parce que le trublion François Villard ne se prend pas au sérieux qu'il ne faut pas considérer son travail avec l'attention que méritent les plus grands. Cet autodidacte aime les vendanges concentrées et tardives, pour aller chercher, non pas la surmaturité, mais la parfaite maturité. En rouge, La Brocarde en Côte-Rôtie et Reflet en Saint-Joseph s'affirment souvent parmi les plus grandes réussites du secteur. Ces derniers millésimes, les blancs ont gagné en précision et en fraîcheur. Nous nous en réjouissons.

Les vins : les élevages de François Villard s'avèrent toujours particulièrement habiles, laissant au fruit toute latitude pour s'exprimer. Un fruit juteux et facile pour l'Appel des Sereines ; un fruit plus noble et noir pour Seul en Scène, vinifié en grappes entières et d'une admirable définition ; un fruit plus poivré et tonique dans le saint-joseph Reflet à la trame intense et précise. Enfin, la côte-rôtie La Brocarde demeure un peu marquée par le bois, avec des notes de bourbon, mais la matière est belle et il faut lui laisser le temps de se fondre. La maîtrise des blancs est indiscutable, avec des bouches bien tramées, comme dans le saint-joseph Mairlant ou les admirables saint-péray.

Saint-Joseph Mairlant 2020	N.C.	95
Saint-Péray Version 2020	N.C.	92
Saint-Péray Version Longue 2020	N.C.	95
Crozes-Hermitage Certitude 2019	17,75 €	91
Côte-Rôtie La Brocarde 2019	89,25 €	95
Côte-Rôtie Le Gallet Blanc 2019	Épuisé - 45,25 €	95
IGP Collines Rhodaniennes L'Appel des Sereines 2020	9,95 €	89
IGP Collines Rhodaniennes Seul en Scène 2019	34,75 €	92
Saint-Joseph Reflet 2019	34,75 €	95

Rouge : 24 hectares. Syrah 100 %
Achat de raisins.
Blanc : 17 hectares.
Production moyenne : 400 000 bt/an

DOMAINE FRANÇOIS VILLARD

330, route du Réseau-Ange,
42410 Saint-Michel-sur-Rhône
04 74 56 83 60 ● www.domainevillard.com/
● Vente et visites : sur RDV.
Propriétaire : François Villard

★ DOMAINE BONNEFOND

Les deux frères Bonnefond ont repris au début des années 1990 le domaine familial, qui dispose d'un vignoble de qualité, avec des terroirs majeurs en Côte-Rôtie et Condrieu. Les côtes-rôties parcellaires qui bénéficient d'élevages longs, sont très typées Côte Brune, avec de la matière et un potentiel de vieillissement important. Le condrieu s'affine d'année en année, laissant plus de place au fruit et à l'équilibre de bouche. Les rouges ont, eux-aussi, gagné en précision.

Les vins : le condrieu se présente très sincère, avec une jolie énergie en bouche et de la fraîcheur qui préserve bien la finale. En rouge, nous avons pu déguster à nouveau les 2019 qui ont bien évolué en estompant la petite pointe d'élevage que nous notions l'an dernier. Colline de Couzou n'a rien perdu de son charme et de son côté juteux et frais ; Côte-Rozier offre une structure un peu plus ferme et une note fumée en finale. Les Rochins brille par sa précision et l'aspect ciselé et précis de son fruit.

☞	Condrieu Côte-Chatillon 2020	32 €	**93**
●	Côte-Rôtie Colline de Couzou 2019	34 €	**92**
➤	Côte-Rôtie Côte-Rozier 2019	45 €	**92**
➤	Côte-Rôtie Dans les Vignes de mon Père... 2019	75 €	**92**
➤	Côte-Rôtie Les Rochins 2019	50 €	**94**

Rouge : 8,5 hectares. Syrah 100 %
Blanc : 1,5 hectare. Viognier 100 %
Production moyenne : 45 000 bt/an

DOMAINE BONNEFOND
250, chemin de Mornas, 69420 Ampuis
04 74 56 12 30 ●
www.domaine-pcbonnefond.fr ● Vente et visites : sur RDV.
Propriétaire : Patrick, Christophe et Lea Bonnefond

★ DOMAINE LES BRUYÈRES – DAVID REYNAUD

L'aventure a commencé lorsque David Reynaud a sorti son vignoble de la cave coopérative de Tain. En signant son premier millésime, il découvre la biodynamie et entame la certification du domaine dès 2005. Sa cave est conçue autour du déplacement du raisin et du vin par gravité. Sa production de rouges vivants, issus de terres assez profondes, se fait remarquer avec brio dans les dégustations. La gamme s'étoffe de quelques achats de raisins de bonne source en Cornas et en Saint-Joseph. Les vins affichent un style mûr et charnu qui, après quelques excès de jeunesse et de surextraction, gagne en finesse.

Les vins : le blanc affiche un profil assez large et exotique, mais ciselé par une finale de bonne tension. Les rouges sont gourmands et digestes : Beaumont croque sous la dent, avec son fruité ouvert et acidulé ; plus intense, Georges possède une très belle matière, avec toujours beaucoup d'éclat dans le fruit ; à ce stade, Les Croix se montre plus serré, avec un fruit qui confit légèrement, il faut absolument l'attendre.

☞	Crozes-Hermitage Aux Bêtises 2020	Épuisé - de 20 à 22 € (c)	**90**
■	Crozes-Hermitage Beaumont 2021	de 14 à 15,50 € (c)	**91**
➤	Crozes-Hermitage Georges 2020	de 18 à 20 € (c)	**92**
➤	Crozes-Hermitage Les Croix 2019	de 25 à 27 € (c)	**92**

Rouge : 19,5 hectares. Syrah 100 %
Achat de raisins.
Blanc : 10,5 hectares. Marsanne 60 %,
Roussanne 40 %
Achat de raisins.
Production moyenne : 200 000 bt/an

DOMAINE LES BRUYÈRES – DAVID REYNAUD ♣
12, chemin du Stade,
26600 Beaumont-Monteux
04 75 84 74 14 ● www.domainelesbruyeres.fr
● Vente et visites : sur RDV.
Propriétaire : David Reynaud

★ DOMAINE CHAMBEYRON

Mathieu Chambeyron a pris les rênes en 2010 de ce domaine familial fondé en 1895. Ce jeune vigneron appliqué produit des vins sans esbroufe. Les matières sont digestes et les boisés ne fardent pas. Ce petit domaine comprend de beaux terroirs : Chavaroche, Les Moutonnes, Lancement, ainsi que le terroir de Vernon, en Condrieu. Nous sommes séduits par ces vins qui associent puissance et finesse.

Les vins : le condrieu Vernon séduit dès à présent, mais il ne craindra pas de patienter quelques années en cave. Chavaroche est la plus dense et puissante du trio de Côte-Rôtie, avec des notes de fruits noirs et une pointe de lard fumé... Elle mérite de rester quelque temps en cave, car son potentiel est indéniable. D'ici là, on pourra aborder La Chavarine, à la texture plus soyeuse et fondue, très gourmande.

☞	Condrieu Vernon 2020	35 €	**92**
➤	Côte-Rôtie Chavaroche 2019	50 €	**95**

⬛ Côte-Rôtie L'Angeline 2019	45 €	**94**
⬛ Côte-Rôtie La Chavarine 2019	35 €	**94**

Rouge : 4 hectares. Syrah 100 %
Blanc : 1 hectare. Viognier 100 %
Production moyenne : 20 000 bt/an

DOMAINE CHAMBEYRON

197, impasse de la Mine, 69420 Ampuis
04 74 56 15 05 ●
www.cote-rotie-chambeyron.com ● Vente et
visites : sur RDV.
Propriétaire : Mathieu Chambeyron

★ CAVE YVES CUILLERON

Yves Cuilleron est une figure de la région, un vigneron talentueux et entrepreneur qui n'a eu de cesse de compléter et d'étendre son domaine. Celui-ci s'étend aujourd'hui sur 90 hectares en Saint-Péray, Condrieu, Saint-Joseph, Côte-Rôtie et Cornas. Cette expansion se complète d'une activité de négoce. Les meilleurs vins de la gamme, notamment les blancs, expriment une réelle finesse.

Les vins : en 2020, les vins affichent une belle fraîcheur. Le saint-péray est équilibré, il conjugue tension et gras en bouche, avec une finale persistante. La série des vins de Condrieu est cohérente, avec La Petite Côte, élégante et raffinée ou Les Chaillets, à la bouche épurée, minérale et sapide en finale. Du côté des rouges, l'éclat du fruit, qui manquait un peu en 2019, est de retour ! Le crozes est un vin solide et ambitieux pour l'appellation, avec un élevage très bien mené. Ripa Sinistra déroule un fruité juteux et suave. Le cornas est magistral et parti pour une longue garde.

⬜ Condrieu La Petite Côte 2020	30 €	**90**
⬜ Condrieu Les Chaillets 2020	35 €	**93**
⬜ Condrieu Vernon 2020	57 €	**94**
⬜ Saint-Joseph Le Lombard 2020	21 €	**92**
⬜ Saint-Péray Biousse 2020	20 €	**91**
⬛ Cornas Les Côtes 2020	48 €	**94**
⬛ Crozes-Hermitage Chassis 2020	27 €	**92**
⬛ Côte-Rôtie Bonnivières 2020	57 €	**93**
⬛ IGP Collines Rhodaniennes Ripa Sinistra 2020	34 €	**90**
⬛ Saint-Joseph Les Serines 2020	32 €	**93**

Rouge : 50 hectares.
Blanc : 40 hectares.
Production moyenne : 540 000 bt/an

CAVE YVES CUILLERON

58 RD, 1086 Verlieu, 42410 Chavanay
04 74 87 02 37 ● www.cuilleron.com/ ●
Vente et visites : sur RDV.

Propriétaire : Yves Cuilleron

★ CHRISTOPHE CURTAT

Christophe Curtat s'est installé en 2004 à Tournon. Son vignoble morcelé de 7 hectares est situé dans le centre et le sud de l'appellation Saint-Joseph et met à l'honneur les sols granitiques qu'il vinifie avec une belle habilité, en respectant les matières. Nous sommes séduits par le fond et la finesse des vins.

Les vins : le saint-joseph blanc ne manque ni de fraîcheur ni d'éclat. Certes, la bouche est enrobée, mais reste droite, et se conclut par des notes d'agrumes. Il est déjà délicieux à boire. Dans un style délié qui privilégie l'élégance et la finesse en bouche, le rouge est d'une admirable "buvabilité", néologisme qu'il faut comprendre comme une qualité. Le fruit est délicieusement juteux.

⬜ Saint-Joseph Sous l'Amandier 2020	25 €	**93**
⬛ Saint-Joseph Nomade 2020	25 €	**93**

Rouge : 6,6 hectares. Syrah 100 %
Blanc : 1,9 hectare. Roussanne 60 %,
Viognier 35 %, Marsanne 5 %
Production moyenne : 50 000 bt/an

CHRISTOPHE CURTAT

228, route de Lamastre,
7300 Tournon-sur-Rhône
04 75 07 85 67 ● christophecurtat@orange.fr
● Vente et visites : sur RDV.
Propriétaire : Christophe Curtat
Maître de chai : Alexandre Riou

★ FERRATON PÈRE ET FILS

Refait "du sol au plafond" : l'expression tombe à pic pour introduire la renaissance de Ferraton et de sa nouvelle cave, sise à l'adresse historique du négociant, acquis par la Maison M. Chapoutier en 2004, dans une petite rue du centre de Tain-l'Hermitage. En Hermitage, la maison possède des vignes dans la partie basse des Dionnières, juste en-dessous des Murets. Une partie des vieilles vignes est destinée à la cuvée Les Dionnières, le reste part dans la cuvée Les Miaux, assemblé avec du Méal. La maison possède deux parcelles sur Le Méal, dont les jus sont aussi isolés ou assemblés. Côté Hermitage blanc, cap à l'est, vers Les Beaumes, avec des blancs issus de marsanne et de roussanne, souvent plantés en foules, qui entrent dans la cuvée Le Reverdy. Vendangées toujours en maturité poussée, les syrahs sont égrappées, élevées en barrique et en demi-muid : Les Dionnières avec 20 % de bois neuf, et 40 % pour Le Méal. Les élevages durent de 16 à 18 mois. Le style des vins, amples et expressifs, avantage jusqu'à présent les rouges.

Les vins : Les Calendes est un crozes de fruit, à boire pour son peps et sa fraîcheur, un vin canaille et gourmand. Les autres vins rouges restent souvent marqués par des élevages qui serrent les vins et durcissent les finales. C'est dommage, car on perçoit des matières qui ne nécessitent pas un tel habillage. Le saint-joseph Paradis offre des notes d'épices et de fruits noirs, soutenu par un fruit qui trouve son équilibre ; Lieu-dit Saint Joseph ne manque pas d'allonge ni d'énergie, mais son bois le "sucre". La série des ermitages est à l'évidence construite pour la garde : Le Méal possède une matière très mûre et un volume impressionnant. À oublier en cave pour l'instant.

Ermitage Le Reverdy 2019	85 €	94
Saint-Joseph Les Oliviers 2019	52 €	92
Cornas Les Eygats 2020	46 €	91
Crozes-Ermitage Le Grand Courtil 2019	36,50 €	89
Crozes-Hermitage Les Calendes 2020	17 €	88
Ermitage Le Méal 2019	114 €	93
Ermitage Les Dionnières 2019	84 €	91
Saint-Joseph Lieu-dit Bonneveau 2020	35 €	89
Saint-Joseph Lieu-dit Paradis 2020	35 €	90
Saint-Joseph Lieu-dit Saint-Joseph 2019	51 €	90

Rouge : 14 hectares. Syrah 100 %
Achat de raisins.
Blanc : 2,5 hectares. Viognier 100 %, Marsanne 50 %, Roussanne 50 %
Achat de raisins.
Production moyenne : 550 000 bt/an

FERRATON PÈRE ET FILS ☾
13, rue de la Sizeranne,
26600 Tain-l'Hermitage
04 75 08 59 51 ● www.ferraton.fr ●
Visites : sans RDV.
Propriétaire : Michel Chapoutier
Directeur : Damien Brisset

★ ⚹ DOMAINE FRANÇOIS ET FILS

Ce petit domaine d'un peu plus de 4 hectares est implanté sur les communes de Saint-Cyr-sur-Rhône et d'Ampuis. Plantées par le père de Yoann François, au début des années 1980, les vignes étaient destinées jusqu'au millésime 1990 au négoce. Avec Yoann, tout a changé et le domaine n'a cessé de progresser, affinant les

vins et les élevages. Il est désormais une valeur sûre de l'appellation qui mérite sa première étoile.

Les vins : les cuvées sont extrêmement savoureuses et justes dans leur dimension fruitée. Les élevages bien gérés permettent aux vins de conserver beaucoup d'élégance et de fraîcheur. L'IGP, une pure syrah, est un vin idéal pour "canonner" entre amis. Les côte-rôtie en ont sous le pied : Les Rochins est tendu et très élégant ; Rozier, issu de la Côte Brune, s'avère un brin plus dense, avec une très belle allonge.

Côte-Rôtie 2019	37 €	92
Côte-Rôtie Les Rochins 2019	65 €	94
Côte-Rôtie Rozier 2019	45 €	94
IGP Collines Rhodaniennes Syrah 2020	12 €	89

Rouge : 4,25 hectares. Syrah 100 %
Blanc : 0,25 hectare. Viognier 100 %
Production moyenne : 20 000 bt/an

DOMAINE FRANÇOIS ET FILS
451, Chemin de Mornas 69420 Ampuis
04 74 56 15 51 ●
www.coterotie-francoisetfils.com ● Vente et visites : sur RDV.
Propriétaire : Yoann et Erwan François
Directeur : Yoann François

★ DOMAINE GARON

Les fils Garon mettent bien en valeur la diversité des terroirs de l'appellation Côte-Rôtie. Nous sommes séduits par le style des vins du domaine, qui se distinguent par leur finesse de texture. Les fruits sont précis, les élevages montent en puissance en fonction des terroirs et de leur capacité à gérer le bois. Parmi les différentes cuvées, La Sybarine évoque l'expression des sols granitiques. Les Triotes, situé sur la Côte Blonde, à côté de Lancement, est issu des schistes. Les Rochins naît sur le schiste brun de la Côte Brune.

Les vins : le domaine nous a proposé un beau panel issu des différents terroirs de la Côte-Rôtie, des vins taillés pour la garde. La Sybarine, né d'un terroir granitique, est remarquable de pureté, avec du jus en milieu de bouche et une fraîcheur très préservée, grâce à un élevage discret. Lancement se montre logiquement plus serré et fermé à ce stade, mais l'énergie du vin est là ; issu de la Côte Blonde, Les Triotes possède une jolie finesse de texture et une allonge encore un peu serrée. Légèrement réduit à l'ouverture, le condrieu demeure agréable, avec un bel éclat en bouche.

Condrieu La Vieille Maison 2020	33 €	92

Saint-Joseph 2020	22,50 €	92
Côte-Rôtie La Sybarine 2020	37 €	93
Côte-Rôtie Lancement 2019	125 €	94
Côte-Rôtie Le Combard 2019	75 €	94
Côte-Rôtie Les Rochins 2019	85 €	94
Côte-Rôtie Les Triotes 2019	45 €	93
Saint-Joseph 2020	22,50 €	92

Rouge : 10,5 hectares. Syrah 100 %
Achat de raisins.
Blanc : 2 hectares. Viognier 80 %,
Roussanne 20 %, Marsanne 10 %
Achat de raisins.
Production moyenne : 80 000 bt/an

DOMAINE GARON

58, route de la Taquière, RD
386 69420 Ampuis
04 74 56 14 11 ● www.domainegaron.fr ●
Vente et visites : sur RDV.
Propriétaire : Jean-François, Kévin, Carmen
et Fabien Garon

★ MAISON E. GUIGAL

Nous regroupons sous cette adresse les vins de négoce de la célèbre maison d'Ampuis. La rigueur des sélections de Marcel Guigal et de son fils Philippe n'a d'égal que leur souci d'amener chaque vin au bout d'un cycle complet d'élevage. La gamme balaye l'ensemble des appellations de la vallée du Rhône, servie par des approvisionnements très soignés. La côte-rôtie est ainsi un baromètre de l'appellation, cuvée très largement diffusée, mais d'une admirable régularité à bon niveau, tout comme le "simple" côtes-du-rhône, toujours d'un bon rapport qualité-prix. Le public réitère sa confiance dans les cuvées du domaine, rarement déçu par les vins signés Guigal.

Les vins : les cuvées sont fidèles à l'expression de leur terroir, dans le style consensuel qui fait la force de la marque. Les blancs possèdent de la franchise, avec un côté immédiat et digeste, ce qui est loin d'être un défaut. Le crozes est gourmand et délié, le saint-joseph, logiquement un peu plus dense, possède un joli gras. L'hermitage demeure encore un peu couvert par son boisé vanillé. Les rouges sont aussi de belle facture, avec un crozes tout en fruit et bien juteux, un saint-joseph un peu plus comprimé en bouche, mais de bonne intensité. Poivrée et épicée, avec une pointe de boisé, la côte-rôtie doit encore être attendue. Il ne faudrait pas négliger les vins du sud de la vallée du Rhône, à l'image du gigondas mentholé et frais, très digeste.

Condrieu 2020	34 €	90

Crozes-Hermitage 2019	de 14 à 16 € (c)	87
Hermitage 2018	de 36 à 40 € (c)	92
Saint-Joseph 2019	de 17 à 19 € (c)	89
Châteauneuf-du-Pape 2017	de 28 à 31 € (c)	92
Crozes-Hermitage 2019	de 16 à 18 € (c)	89
Côte-Rôtie Brune et Blonde 2018	de 49 à 52 € (c)	92
Gigondas 2019	de 19 à 21 € (c)	92
Hermitage 2019	de 49 à 52 € (c)	91
Saint-Joseph 2019	de 20 à 22 € (c)	90

Rouge : 50 hectares. Syrah 100 %
Achat de raisins.
Blanc : 25 hectares. Viognier 60 %,
Marsanne 33 %, Roussanne 7 %
Achat de raisins.
Production moyenne : 8 000 000 bt/an

MAISON E. GUIGAL

Château d'Ampuis, 69420 Ampuis
04 74 56 10 22 ● www.guigal.com ●
Visites : sur RDV aux professionnels.
Propriétaire : Famille Guigal
Œnologue : Philippe Guigal

★ VIGNOBLES LEVET

Ce domaine créé en 1929 à Ampuis dispose d'un vignoble en Côte-Rôtie, composé de différentes parcelles situées sur des lieux-dits à fort potentiel. Agnès Levet perpétue le travail réalisé par son père Bernard. Les vins sont destinés à la garde, grâce à une partie des vinifications en vendange entière, suivie de macération longue, avec des élevages d'une durée de deux ans. Le faible pourcentage de bois neuf permet à ces vins d'exprimer le fruit et la touche de graphite des sols. La qualité est très régulière et le style intemporel et classique nous ravit. Depuis 2019, le domaine produit une petite cuvée en Condrieu très intéressante.

Les vins : le condrieu se montre sérieux et tendu à souhait, propulsé par une finale qui "trace" et lui apporte une belle fraîcheur et un côté digeste et floral. Le trio des côte-rôtie en 2020 est remarquable, dans un esprit très classique, au bon sens du terme. Bravo pour l'éclat de fruit préservé par des élevages judicieux et une maîtrise de l'extraction qui sait serrer les vins sans les durcir et leur offrir un beau potentiel. Maestria est un modèle, porté par une trame de grande élégance. Il ne faut pas l'ouvrir avant cinq ans.

Condrieu 2020	39 €	93
Côte-Rôtie Améthyste 2020	44 €	93

► Côte-Rôtie La Péroline 2020	53 €	**95**
► Côte-Rôtie Maestria 2020	51 €	**95**

Rouge : 4,3 hectares. Syrah 100 %
Blanc : 0,3 hectare. Viognier 100 %
Production moyenne : 12 000 bt/an

VIGNOBLES LEVET

26, boulevard des Allées, 69420 Ampuis
04 74 56 15 39 ● www.coterotielevet.fr ●
Vente et visites : sur RDV.
Propriétaire : Agnès Levet

★ DOMAINE LIONNET

Le domaine Lionnet est petit en taille, mais la qualité des vins et la diversité des terroirs qu'il exploite nous séduisent beaucoup. Corinne Lionnet et son compagnon Ludovic Izerable pratiquent une viticulture de qualité. Les vins rouges, issus de vendange entière, relèvent d'un style très classique. Les élevages se font en demi-muid de 600 l avec très peu de bois neuf. Les derniers millésimes sont des réussites absolues et le domaine s'approche de la seconde étoile !

Les vins : les amateurs de rouges classiques, taillés pour la garde et sans artifices, se régaleront des 2020 du domaine. Le saint-joseph possède une densité peu commune dans l'appellation, avec une bouche intense, profonde et très définie. Que dire des cornas, sinon que nous saluons leur définition et leur énergie. Il s'agit de vins taillés pour la garde et d'une très grande définition, qui évoquent les plus grands modèles de l'appellation. La cuvée Pur Granit est au sommet.

▷ Saint-Joseph Pierre Blanche 2020	Épuisé - 29 €	**91**
► Cornas Chaillot 2020	45 €	**93**
► Cornas Terre Brûlée 2020	38 €	**94**
► Saint-Joseph Terre Neuve 2020	Épuisé - 29 €	**93**

Le coup de ♥
► Cornas Pur Granit 2020	43 €	**95**

Rouge : 3,4 hectares. Syrah 100 %
Blanc : 0,8 hectare. Chenin 75 %,
Roussanne 25 %
Production moyenne : 15 000 bt/an

DOMAINE LIONNET ♣

160-162, avenue Colonel-Rousset,
7130 Cornas
06 24 39 02 84 ● www.domainelionnet.fr ●
Vente et visites : sur RDV.
Propriétaire : Corinne Lionnet et Ludovic Izerable
Maître de chai : Ludovic Izerable

★ DOMAINE DU MONTEILLET - STÉPHANE MONTEZ

Stéphane Montez cultive depuis 1997 un vignoble planté sur de très beaux coteaux situés à moins de 2 kilomètres de sa cave. Une rare unité qui produit 40 % de blancs. En rouge, le domaine possède une superbe parcelle de vieilles syrahs en Saint-Joseph, qui produit une généreuse et gourmande Cuvée du Papy. Les côte-rôtie sont de mieux en mieux maîtrisées, reposant sur des élevages qui se sont affinés.

Les vins : emblème du domaine, Cuvée du Papy affiche un fruit bien mûr, de la rondeur et du volume, avec des tonalités de fumé, de réglisse et de fruits noirs. Les côte-rôtie sont assez solides, avec du volume que quelques années de cave canaliseront. Seul monopole en côte-rôtie, Bons Arrêts est une cuvée parcellaire de 1 hectare : un vin qui ne manque pas d'élégance, avec l'apport d'une touche de viognier et une belle gestion de l'élevage en demi-muids ; élevé 39 mois, Les Grandes Chaillées est taillé pour une longue garde, à oublier dix ans en cave. Du côté des blancs, les vins affichent une bonne générosité : le saint-joseph est charnu et pulpeux ; les vins de Condrieu sont bien définis et inscrits dans leur terroir respectif.

▷ Condrieu Chanson 2019	40 €	**94**
▷ Condrieu La Grillette 2018	de 62 à 70 € (c)	**93**
▷ Condrieu Les Grandes Chaillées 2020	30 €	**92**
▷ IGP Collines Rhodaniennes Le Petit Viognier 2020	19 €	**88**
▷ Saint-Joseph 2020	22 €	**90**
► Côte-Rôtie Bons Arrêts 2019	80 €	**94**
► Côte-Rôtie Fortis 2019	de 50 à 59 € (c)	**93**
► Saint-Joseph Cuvée du Papy 2019	de 25 à 27 € (c)	**92**

Rouge : 23 hectares. Syrah 100 %
Blanc : 18 hectares. Viognier 70 %,
Roussanne 18 %, Marsanne 12 %
Production moyenne : 220 000 bt/an

DOMAINE DU MONTEILLET - STÉPHANE MONTEZ

7, Le Montelier, 42410 Chavanay
04 74 87 24 57 ● www.montez.fr ● Vente et visites : sur RDV.
Propriétaire : Stéphane Montez

★ JULIEN PILON

Cette petite structure est spécialisée dans les blancs secs du nord de la vallée du Rhône, élaborés à partir d'achat de vins et surtout de raisins, vinifiés et élevés sous bois avec maestria. Une production destinée aujourd'hui aux cavistes et à la restauration. Julien Pilon possède également une parcelle en Côte-Rôtie et en Condrieu.

Les vins : la gamme des blancs est bien calée en 2020, avec des vins au profil frais et gourmand. Le crozes se montre immédiat, plaisant, sur des notes de fruits blancs ; le saint-péray est charmeur, toujours avec des notes de fruits et une pointe épicée en finale. Plus nerveux, le saint-joseph séduit et se ponctue d'une finale bien étirée. Encore retenu, l'hermitage offre un admirable potentiel, avec d'ores et déjà de l'énergie en bouche. Les rouges sont eux aussi bien travaillés, à l'image du gourmand saint-joseph mais surtout du cornas, solide, tendu et très énergique dans son fruit. Le boisé de la côte-rôtie demeure, lui, un peu marqué.

▭ Condrieu Lône 2020   de 39 à 40 € (c)   92

▭ Crozes-Hermitage On The Rhône Again
2020   de 22 à 23 € (c)   89

▭ Hermitage Prisme
2020   de 59 à 61 € (c)   93

▭ IGP Collines Rhodaniennes Mon
Grand-Père Etait Limonadier
2020   de 16 à 17 € (c)   88

▭ Saint-Péray Les Maisons de Victor
2020   de 22 à 23 € (c)   90

▬ Cornas L'Elégance du Caillou
2020   de 39 à 41 € (c)   93

▬ Côte-Rôtie La Porchette
2020   de 45 à 47 € (c)   92

▬ Saint-Joseph Rue des Poissonniers Paris
XVIII 2020   de 24 à 25 € (c)   90

Le coup de ♥

▭ Saint-Joseph Dimanche à Lima
2020   de 24 à 25 € (c)   91

Rouge : 2,5 hectares. Syrah 100 %
Achat de raisins.
Blanc : 10 hectares. Viognier 50 %,
Marsanne 35 %, Roussanne 15 %
Achat de raisins.
Production moyenne : 60 000 bt/an

JULIEN PILON
2, Zone Viticole Jassoux Grand-Val
42410 Chavanay
04 74 48 65 38 ● www.julienpilon.fr ● Vente et visites : sur RDV.
Propriétaire : Julien Pilon
Œnologue : Egor Paladin

★ ✈ ÉRIC TEXIER

Nous sommes ravis d'attribuer une étoile cette année à ce domaine qui signe, en les maîtrisant à la perfection, des vins d'une personnalité unique, et qui ont le mérite de sortir des standards. Installé à Charnay, dans le sud du Beaujolais, Éric Texier a jeté son dévolu et sa passion sur le vignoble de Brézème. Ce terroir de belle qualité possède la particularité de pouvoir revendiquer son nom derrière l'appellation Côtes-du-Rhône. Les sols argilo-calcaires nous révèlent des expressions bien différentes de celles issues des granites qui dominent les sols du Rhône septentrional. Éric Texier possède un style bien à lui. Les vins sont proches du fruit tout en restant libres. Si tous les vins sans soufre pouvaient avoir le même rendu que ceux du domaine…

Les vins : le blanc, élevé partiellement en amphores, déploie des notes d'oxydation ménagées très agréables, vers les céréales, les fruits secs, mais déploie surtout une belle vivacité. Le rouge est aussi digne d'intérêt, présentant une bouche déliée, tout en souplesse, mais avec du fond.

▭ Côtes du Rhône Roussette Vieilles Vignes
Domaine de Pergaud
2018   de 27 à 35 € (c)   93

▬ Côtes du Rhône Brézème
2019   16,50 €   92

Rouge : 8,5 hectares. Syrah 100 %
Achat de raisins.
Blanc : 1,5 hectare. Roussanne 100 %
Achat de raisins.
Production moyenne : 70 000 bt/an

ÉRIC TEXIER ♣
205, impasse Bel-Air 69380 Charnay
04 72 54 45 93 ● www.eric-texier.com ● Vente et visites : sur RDV.
Propriétaire : Éric Texier

★ DOMAINE ALAIN VOGE

Le grand Alain Voge s'en est allé en 2020. Cet artisan du renouveau des appellations Cornas et Saint-Péray a su transmettre sa passion et sa vision à toute une génération de vignerons et a préparé sa succession à la tête du domaine. Charge désormais à Lionel Fraisse de poursuivre le travail d'excellence sur les 12 hectares du domaine. Les vins sont de très dignes représentants de ce que ces deux appellations peuvent produire à leur meilleur niveau, dans une forme classique et surtout taillés pour un long vieillissement qui les porte au sommet.

Les vins : le saint-péray Les Bulles d'Alain demeure une cuvée en méthode traditionnelle de référence et distille un côté apéritif agréable.

Les blancs sont fort beaux et purs en 2020, avec un supplément de volume et de profondeur dans la belle cuvée Ongrie, à l'élevage soigné. Fleur de Crussol impressionne par son volume et mérite de patienter un peu en cave. 2019 a engendré des rouges très solides et de grande garde qui se dégustent encore un peu "serrés" pour l'heure. Nous avons toute confiance en leur potentiel car les matières sont nobles. Les Vieilles Fontaines impressionne par sa profondeur et l'énergie de son fruit.

Saint-Péray Fleur de Crussol 2019	34 €	91
Saint-Péray Harmonie 2020	de 21 à 22 € (c)	91
Saint-Péray Les Bulles d'Alain 2016	22 €	89
Saint-Péray Ongrie 2020	28 €	92
Cornas Chapelle Saint-Pierre 2019	58 €	92
Cornas Les Chailles 2019	34 €	91
Cornas Les Vieilles Fontaines 2019	85 €	94
Cornas Les Vieilles Vignes 2019	49 €	92

Rouge : 8 hectares. Syrah 100 %
Blanc : 5 hectares. Marsanne 100 %
Production moyenne : 80 000 bt/an

DOMAINE ALAIN VOGE ♣

4, impasse de l'Équerre 7130 Cornas
04 75 40 32 04 ● www.alain-voge.com ●
Visites : sans RDV.
Propriétaire : Famille Voge
Directeur : Lionel Fraisse
Maître de chai : Laurent Martin

DOMAINE DE BONSERINE

Ce domaine possède de très beaux terroirs en Côte-Rôtie et deux parcelles en Condrieu : Les Eyguet, à Chavanay et La Garde, sur la commune de Saint-Michel-sur-Rhône. L'ensemble des vignobles est travaillé et labouré, les levures indigènes sont de rigueur. Ludovic Richard gère ce domaine acheté en 2006 par la maison Guigal, mais le domaine de Bonserine possède sa propre personnalité : ses vins sont bien différents tant dans les styles que dans les textures.

Les vins : ici, il est toujours intéressant de comparer les différentes expressions des vins de la Côte-Rôtie. Assemblage de sept terroirs, La Sarrasine joue la carte d'une belle élégance et d'une bouche sur l'équilibre, nous louons sa fraîcheur et sa dynamique en finale ; La Viallière, sélection parcellaire élevée en demi-muid, est très en place. Issu de raisins triés sur la Côte Blonde et Brune, La Garde 2018 bénéficie d'un élevage de 36 mois en fûts neufs qui masque

fortement le vin à ce stade. Il faudra être très patient pour en profiter pleinement. Le condrieu est vif dans sa définition, et resserre la finale sur de beaux amers.

Condrieu 2020	39 €	93
Côte-Rôtie La Garde 2018	79 €	90
Côte-Rôtie La Sarrasine 2019	39 €	92
Le coup de ♥		
Côte-Rôtie La Viallière 2019	59 €	94

Rouge : 11 hectares. Syrah 100 %
Blanc : 1 hectare. Viognier 100 %
Production moyenne : 50 000 bt/an

DOMAINE DE BONSERINE

2, chemin de la Viallière, Verenay
69420 Ampuis
04 74 56 14 27 ●
www.domainedebonserine.fr ● Visites : sans RDV.
Propriétaire : Famille Guigal
Directeur : Ludovic Richard
Maître de chai : Étienne Beguin

DOMAINE GRAEME ET JULIE BOTT

L'histoire vigneronne de ce couple formé par Julie et Graeme Bott commence en 2015 avec l'achat d'une parcelle en Condrieu située sur le village de Verin. Petit à petit, le domaine s'est agrandi pour atteindre aujourd'hui 6,5 hectares. Au-delà du labeur abattu et de la ténacité manifestée par ces jeunes producteurs, nous sommes attentifs aux sensations très intéressantes que procurent ces vins qui progressent millésime après millésime. Il faut les suivre de près.

Les vins : les blancs affichent une jolie droiture et de la netteté en bouche. Le saint-joseph joue la carte de la fraîcheur avec brio, il déploie des notes de fruits blancs et d'anis. Le condrieu est bien enrobé, il trouve son équilibre dans de nobles amers de fin de bouche. Les rouges sont justes sans l'extraction et l'équilibre : le crozes est juteux et déjà délicieux ; Kamaka, issu du vignoble de Seyssuel, est admirable de minéralité et de définition ; enfin, une très belle côte-rôtie, portée par des notes de fruits bleus et d'épices, avec une bouche droite et sapide.

Condrieu 2020	47 €	93
Saint-Joseph 2020	29 €	92
Crozes-Hermitage 2020	22 €	92
Côte-Rôtie 2020	65 €	94
IGP Collines Rhodaniennes Kamaka 2020	41 €	93

Saint-Joseph 2020   29 €   **93**

Rouge : 4 hectares. Syrah 100 %
Achat de raisins.
Blanc : 3 hectares. Viognier 70 %,
Marsanne 15 %, Roussanne 15 %
Achat de raisins.
Production moyenne : 35 000 bt/an

DOMAINE GRAEME ET JULIE BOTT

19, rue du Pont-Royal, 69420 Ampuis
09 53 14 73 86 ● www.domaine-gjbott.fr ●
Vente et visites : sur RDV.
Propriétaire : Graeme & Julie Bott

MAISON M. CHAPOUTIER

Sous l'adresse Maison M. Chapoutier, nous regroupons les vins provenant de l'activité de négoce de cette institution bicentenaire de Tain-l'Hermitage. Michel Chapoutier, accompagné désormais de sa fille Mathilde, décline ici une très large palette des appellations rhodaniennes, avec un volume de production qui tutoie le million de bouteilles. Mais le nom Chapoutier est aussi présent dans d'autres régions (Champagne, Alsace, Languedoc ou encore Australie), témoin du dynamisme de cette famille. Si certaines cuvées se montrent convaincantes, d'autres en revanche sont bien plus quelconques. Une hétérogénéité qui nous conduit à retirer l'étoile à la maison cette année.

Les vins : disons-le franchement, les rouges nous laissent sur notre faim : Belleruche est certes souple et accessible, mais il s'avère simple et un peu court. Le cornas pèche par un boisé marqué qui durcit la finale. Dommage, car il affiche une fruité intéressant. Quant à l'hermitage, il possède une finale stricte, aux tanins serrés qui ne permettent pas au vin de s'étirer. Les blancs sont plus convaincants, plus francs dans leur expression fruitée, à commencer par la bulle de saint-péray La Muse de RW, au profil digeste et apéritif. Le saint-joseph Les Granilites possède un joli gras, des notes de fruits jaunes, mais sa finale demeure tendue.

Condrieu Invitare 2020	40,05 €	90
Hermitage Chante-Alouette 2019	57,55 €	92
IGP Collines Rhodaniennes La Combe Pilate 2020	12,25 €	87
Saint-Joseph Les Granilites 2020	33,15 €	91
Saint-Péray Haut Chamblard 2020	32,35 €	89
Saint-Péray La Muse de RW 2016	19,75 €	88
Cornas Temenos 2019	39,45 €	89
Côtes du Rhône Belleruche 2021	9 €	85

Hermitage Monier de La Sizeranne 2019   63,85 €   **91**

Rouge : 192 hectares. Syrah 66 %, Grenache noir 34 %
Achat de raisins.
Blanc : 68 hectares. Viognier 32 %,
Marsanne 32 %, Clairette 31 %, Grenache blanc 5 %
Achat de raisins.
Production moyenne : 10 000 000 bt/an

MAISON M. CHAPOUTIER ♣

18, avenue du Docteur-Paul-Durand,
26600 Tain-l'Hermitage
04 75 08 28 65 ● www.chapoutier.com ●
Vente et visites : sur RDV.
Propriétaire : Michel Chapoutier

DOMAINE YANN CHAVE

Pour faire plaisir à ses parents qui ne voulaient surtout pas qu'il devienne paysan, Yann Chave a fait de longues études d'économie et de gestion. Passé par Paris et les cabinets d'audit, l'inspection bancaire lui a ouvert les yeux : "J'ai compris loin de chez moi que mes deux passions ont toujours été le rugby et les vins, et c'est ici que ça se passait." Les vins ont gagné en personnalité, en intensité, privilégiant l'expression naturelle du fruit et du terroir, tant en rouge qu'en blanc. Les progrès sont nets ces dernières années. La très belle série des 2020 rapproche le domaine de la première étoile !

Les vins : le millésime 2020 a été bien géré, et porte les vins. Le crozes blanc joue la carte de la fraîcheur et offre une bouche de belle ampleur et un côté floral très séduisant. Le rouge est juteux à souhait, avec un fruit sans aucune lourdeur qui nous régale. Le Rouvre, qui passe par un élevage de 12 mois en demi-muid, ajoute une pointe de sophistication, mais affiche aussi beaucoup de fraîcheur et un bel éclat. Il faut le boire sans se presser. L'hermitage rouge 2020 est bien plus digeste que son aîné d'un an, avec deux degrés d'alcool en moins. L'empreinte du bois est aussi plus discrète. Il en ressort un vin équilibré, profond et doté d'un joli raffinement. Une des belles réussites du domaine.

Crozes-Hermitage 2020	Épuisé - 22 €	90
Crozes-Hermitage Le Rouvre 2020	28 €	92
Hermitage 2020	Épuisé - 120 €	95

Le coup de ♥

Crozes-Hermitage 2020	19 €	91

Rouge : 17,5 hectares.
Blanc : 1,5 hectare.
Production moyenne : 120 000 bt/an

DOMAINE YANN CHAVE ♣

1170, chemin de la Burge,
26600 Mercurol-Veaunes

04 75 07 42 11 ● www.yannchave.com ● Pas
de visites.
Propriétaire : Yann Chave

VIGNOBLES CHIRAT

Quatre générations de vignerons se sont succédé à la tête de ce vignoble fondé en 1925,
qui s'est élargi au fil des ans. Aurélien et son
père Gilbert exploitent aujourd'hui un peu plus
de huit hectares essentiellement sur Condrieu
et Saint-Joseph (plus une petite parcelle de
Côte-Rotie) dont ils déclinent plusieurs cuvées
parcellaires. Le style de vin est classique, avec
une belle recherche d'élégance et de fraîcheur.
Dotée d'une proportion importante de vendange
entière, la côte-rôtie est très digeste et équilibrée, dans un style à la fois fin et intense. Une
très belle réussite.

Les vins : les blancs possèdent un style large, à
l'image du saint-joseph au fruit mûr et à la bouche très ronde. Les Chays est un joli condrieu
qui déroule une bouche ample, avec du gras et
de la puissance, qui s'équilibre toutefois assez
bien. La finale expose des notes de fruits exotiques mûrs. Clos Poncins ajoute un supplément
de tension bienvenue. Les rouges ont pour eux
un côté juteux très plaisant, à commencer par
le saint-joseph Soliste.

▷ Condrieu Clos Poncins 2020	35 €	**94**
▷ Condrieu Les Chays 2020	28 €	**92**
▷ Saint-Joseph Chays d'Œuvre 2020	Épuisé - 18 €	**89**
▶ Saint-Joseph La Côte 2020	Épuisé - 16,50 €	**90**
▶ Saint-Joseph Soliste 2020	21 €	**92**
Le coup de ♥		
▶ Côte-Rôtie La Rose Brune 2020	38 €	**94**

Rouge : 4,1 hectares. Syrah 100 %
Blanc : 4,8 hectares. Viognier 80 %,
Roussanne 15 %, Marsanne 5 %
Production moyenne : 35 000 bt/an

VIGNOBLES CHIRAT

125, rue du Piaton,
42410 Saint-Michel-sur-Rhône

04 74 56 68 92 ● www.vignobles-chirat.com
● Vente et visites : sur RDV.
Propriétaire : gilbert et Aurélien Chirat

DOMAINE EMMANUEL DARNAUD

L'énergique Emmanuel Darnaud s'est taillé une
solide réputation avec une production de vins
de Crozes-Hermitage mûrs, à boire sur le fruit.
Ses syrahs se répartissent sur des alluvions à
galets sur Mercurol, Pont-de-l'Isère et La Roche-
de-Glun. Depuis 2011, il poursuit l'œuvre de son
beau-père et mentor Bernard Faurie, auquel il a
racheté les vieilles vignes de Saint-Joseph, sur
le lieu-dit escarpé La Dardouille ("où le soleil
tape"), des coteaux abrupts qui prolongent Les
Oliviers.

Les vins : nous aimons la franchise de fruit et
le naturel de la cuvée Mise en Bouche, au fruité
juteux et frais. Les Trois Chênes est, à ce stade,
un peu marqué par son bois, mais le potentiel
est là et l'avenir semble assuré. Du bois, on en
trouve aussi dans la cuvée Au Fil du Temps ;
c'est dommage, car le vin reste un peu étouffé
par l'élevage (et il ne semble pas en avoir
besoin). Nous préférons l'équilibre plus judicieux
du saint-joseph, au fruit très lisible.

▶ Crozes-Hermitage Au Fil du Temps 2020	32 €	**88**
▶ Crozes-Hermitage Les Trois Chênes 2020	21 €	**89**
▶ Crozes-Hermitage Mise en Bouche 2020	17 €	**89**
▶ Saint-Joseph La Dardouille 2020	32 €	**90**

Rouge : 16,25 hectares. Syrah 100 %
Blanc : 0,45 hectare. Marsanne 100 %
Production moyenne : 75 000 bt/an

DOMAINE EMMANUEL DARNAUD

21, rue du Stade, 26600 La Roche-de-Glun

04 75 84 81 64 ● www.domainedarnaud.com
● Vente et visites : sur RDV.
Propriétaire : Emmanuel Darnaud

MAISON DELAS FRÈRES

Dans le giron du champagne Deutz depuis 1977,
lui-même dans le groupe Louis Roederer, Delas
est une maison sérieuse. La priorité a été donnée aux vignobles avec beaucoup de plantation
en sélection massale. Elle exploite en propre
30 hectares, dont 10 très bien placés en Hermitage : 8 sur Les Bessards et 2 sur L'Ermite. La
maison complète sa gamme avec des achats
de moûts ou de raisins. Nous avouons être parfois un peu circonspects face aux élevages trop
marqués des cuvées les plus prestigieuses, qui
mériteraient, à notre sens, d'être travaillées plus
proche du fruit et de la fraîcheur. À noter que,
depuis 2019, la maison dispose d'un nouvel outil
de vinification et de réception flambant neuf à
Tain.

Les vins : nous sommes au regret de retirer cette année l'étoile au domaine dont la série des vins n'est pas à la hauteur de nos attentes. Les expressions du fruit sont très comprimées : le côtes-du-rhône est très simple, rond et facile, sans personnalité ; le cornas s'avère dense et serré, avec des tanins un peu secs en finale ; le saint-joseph offre un côté digeste plus équilibré. Quant à la série des hermitages, elle peine à se défaire de la domination de boisés beaucoup trop présents.

Condrieu Clos Boucher 2019	60 €	92
Cornas Chante-Perdrix 2019	40 €	91
Crozes-Hermitage Domaine des Grands Chemins 2019	25 €	88
Côte-Rôtie Seigneur de Maugiron 2019	60 €	91
Côtes du Rhône Saint-Esprit 2020	10 €	86
Hermitage Domaine des Tourettes 2019	54 €	89
Hermitage Les Bessards 2019	150 €	91
Hermitage Ligne de Crête 2019	151 €	91
Saint-Joseph François de Tournon 2019	28 €	90

Rouge : 30 hectares. Syrah 100 %
Achat de raisins.
Blanc : 2 hectares. Viognier 80 %, Marsanne 18 %, Roussanne 2 %
Achat de raisins.
Production moyenne : 2 000 000 bt/an

MAISON DELAS FRÈRES

40, rue Jules-Nadi, 26600 Tain-l'Hermitage
04 75 08 92 97 ● www.delas.com ● Vente et visites : sur RDV.
Propriétaire : Famille Rouzaud
Directeur : Fabrice Rosset
Maître de chai : Jacques Grange

DOMAINE ÉRIC ET JOËL DURAND

Ce domaine, situé au sud de l'appellation Saint-Joseph, est tenu par les frères Durand. Éric et Joël produisent des vins en Cornas et Saint-Joseph. Ils sont connus pour leurs rouges ciselés et tracés par le granite. Depuis peu, ils vinifient des blancs en Saint-Joseph et Saint-Péray, au style précis. Les derniers millésimes sont ici très réussis et la première étoile approche.

Les vins : le blanc est un vin agréable, doté d'un bel éclat en bouche et de fraîcheur en finale. En rouge, les saint-joseph sont de bonnes affaires, des vins francs et équilibrés, comme la cuvée Les Coteaux, aux notes de fruits noirs, de poivre et de viande grillée. Vient ensuite un beau trio de cornas : avec Prémices, dont le fruit et la suavité invitent déjà à la dégustation... sans aucune urgence ; Confidence qui devra patienter quelques années en cave, le temps de dompter sa matière ; et surtout Empreintes, un vin solide au fruité intense et aux tanins encore serrés.

Saint-Joseph 2020	22 €	91
Cornas Confidence 2019	55 €	94
Cornas Prémices 2020	28 €	92
Saint-Joseph Lautaret 2020	27 €	92
Saint-Joseph Les Coteaux 2020	22 €	91

Le coup de ♥

Cornas Empreintes 2019	38 €	93

Rouge : 17 hectares. Syrah 100 %
Blanc : 2,5 hectares. Marsanne 50 %, Roussanne 50 %
Production moyenne : 90 000 bt/an

DOMAINE ÉRIC ET JOËL DURAND

2, impasse de la Fontaine,
7130 Châteaubourg
04 75 40 46 78 ● ej.durand@wanadoo.fr ● Vente et visites : sur RDV.
Propriétaire : Éric et Joël Durand

NOUVEAU DOMAINE

G.R VINS

Emmanuel Gagnepain et David Risoul, deux copains œnologues, conseillent de nombreux vignerons de la vallée du Rhône. Ils ont finalement décidé de lancer leur structure de négoce et achètent de petits volumes de raisins qu'ils vinifient sous la marque G.R. Des cuvées produites en quantités très limitées afin de maîtriser la qualité des approvisionnements. Les vins sont élevés chez les vignerons partenaires puis embouteillés sur place. La gamme s'étant sur toute la vallée du Rhône et au-delà, jusqu'en Corse. Nous sélectionnons ici les cuvées rhodaniennes.

Les vins : ils sont expressifs et bien définis, dans leur terroir respectif. Les blancs ont de l'allant, tel le côtes-du-rhône Hypnotic à la bouche droite et rafraîchissante ; le crozes, bien enrobé, légèrement crémeux en bouche, mais guidé par une acidité fine en finale. Le crozes-hermitage rouge est bien calé, il affiche le style gourmand d'une syrah juteuse, aux notes lardées et poivrées en bouche, mais sans excès ; un peu plus ferme, mais porté par une admirable minéralité, le saint-joseph exprime une finale saline et crayeuse en bouche.

Crozes-Hermitage Les Belles Âmes 2020	30 €	91
Côtes du Rhône Hypnotic 2019	20 €	90

▱ Saint-Péray Elément 2020   34 €   **91**

▱ VDF Electron Libre 2021   20 €   **89**

▰ Crozes-Hermitage Les Belles Âmes
2020   30 €   **92**

▰ Saint-Joseph Graphite 2020   34 €   **92**

Rouge : 1 hectare.
Blanc : 1 hectare.
Production moyenne : 15 000 bt/an

G.R VINS ♣

12, chemin du Belvédère,
84450 Saint-Saturnin-lès-Avignon
06 85 73 31 35 ●
consultant@emmanuelgagnepain.com ● Pas
de visites.
Propriétaire : Emmanuel Gagnepain et David
Risoul
Œnologue : Emmanuel Gagnepain

NOUVEAU DOMAINE

DOMAINE JEAN-FRANÇOIS JACOUTON

Le domaine est situé à Vion, dans le cœur historique de l'appellation Saint-Joseph. Sorti de la coopérative en 2010, Jean-François Jacouton, qui a fait ses classes au sein de différents domaines rhodaniens et savoyards de renom, a ouvert sa cave dans la foulée. Il bénéficie de jolis terroirs qui donnent à ses vins une expression fraîche et toujours digeste. Il faut le suivre.

Les vins : le saint-joseph blanc est franc, aromatique et floral, avec une bouche de belle intensité. En rouge, Pierres d'Iserand est juteux et déjà très charmeur, avec une pointe fumée et lardée en bouche, des notes de violettes et surtout une jolie finale droite qui étire le vin. Chemin de Sainte-Epine est un peu plus serré, mais doté d'une structure minérale très intéressante.

▱ Saint-Joseph 2020   22,50 €   **91**

▰ Saint-Joseph Chemin de Sainte-Épine
2019   32 €   **93**

▰ Saint-Joseph Pierres d'Iserand
2019   24 €   **92**

Rouge : 3,5 hectares. Syrah 100 %.
Blanc : 3,5 hectares. Marsanne 50 %,
Roussanne 50 %
Production moyenne : 50 000 bt/an

DOMAINE JEAN-FRANÇOIS JACOUTON

16 impasse Banc 7610 Vion
06 88 75 81 45 ● domainejacouton.fr ● Vente
et visites : sur RDV.
Propriétaire : Jean-François Jacouton

DOMAINE JOLIVET

Ce petit domaine de Saint-Jean-de-Muzols produit du vin depuis bien longtemps, mais a pris une nouvelle route lorsque Bastien Jolivet a succédé à son père en 2014, et décidé d'arrêter de fournir ses raisins à la coopérative. Son vignoble est établi sur de beaux coteaux ; les vins qui en sont issus sont vinifiés en levure indigène, fermentés en barrique usagée. Les rouges comportent une part de vendange entière et sont élevés en demi-muid.

Les vins : la bouche du saint-joseph blanc diffuse une jolie expression fruitée, avec des notes de fruits jaunes mûrs et une pointe de mangue. Le tout demeure frais et vif en finale, avec un joli gras qui l'enrobe. Les rouges ont un profil digeste agréable, les élevages discrets conservent admirablement les saveurs de fruits dans un style bien maîtrisé. 1907 offre un beau potentiel.

▱ Saint-Joseph Clef de Sol
2020   Épuisé - 24 €   **92**

▰ Saint-Joseph 1907 2020   35 €   **92**

▰ Saint-Joseph L'Instinct 2020   23 €   **92**

Rouge : 8 hectares. Syrah 100 %
Blanc : 3 hectares. Marsanne 70 %,
Roussanne 30 %
Production moyenne : 40 000 bt/an

DOMAINE JOLIVET

8, route de Lyon,
07300 Saint-Jean-de-Muzols
06 78 39 30 33 ● bastien@domainejolivet.fr
● Vente et visites : sur RDV.
Propriétaire : Bastien Jolivet

LAFOY

Ce domaine d'Ampuis a été fondé en 1993 par Jocelyne et Yves Lafoy. Depuis 2011, leur fils Gaëtan a rejoint l'exploitation et poursuit le travail de ses aînés en élaborant des vins au style très classique et droits dans leurs bottes. En côte-rôtie et en condrieu, nous aimons la définition et la quête de fraîcheur qui signent les différentes cuvées. L'élevage reste parfois un peu marqué sur les cuvées haut de gamme.

Les vins : travaillé sur le croquant du fruit, Alliance est une syrah de belle facture. Un bon "canon" à boire à la régalade. Les côte-rôtie sont de belles factures : Prélude est d'un bel éclat, à la bouche harmonieuse, porté par la floralité d'une pointe de viognier ; Côte Rozier gère bien la richesse du millésime, mais son bois emporte encore l'aromatique ; il se fond doucement dans Côte Blonde qui mérite quelques années de cave.

▰ Côte-Rôtie Côte Blonde 2018   120 €   **93**

▶ Côte-Rôtie Côte Rozier 2019	de 65 à 68 € (c)	**92**
▶ Côte-Rôtie Prélude 2020	38 €	**91**
▶ IGP Collines Rhodaniennes Alliance 2021	12 €	**88**

Rouge : 6 hectares. Syrah 100 %
Blanc : 4 hectares. Viognier 97 %, Marsanne 3 %
Production moyenne : 50 000 bt/an

LAFOY

8, rue du Vagnot, 69420 Ampuis
06 31 70 19 90 ● yves@lafoy.fr ● Visites : sans RDV.
Propriétaire : Domaine Jocelyne et Yves Lafoy
Directeur : Gaëtan et Yves Lafoy
Maître de chai : Gaëtan Lafoy

LES TERRIENS

Ce petit domaine installé à Chavanay propose une gamme assez complète en blanc et en rouge. Conseillé par Pierre-Jean Villa, il élabore des vins de belle profondeur, avec une expression de fruit préservée, dans un style plutôt moderne et accessible, mais avec un bon potentiel de vieillissement. Le côtes-du-rhône Brézème est indiscutablement un des vins phares de la gamme, expression aboutie et méconnue de ce terroir. Il ne faudrait toutefois pas négliger les autres cuvées, fort bien faites.

Les vins : les blancs ont une franchise de fruit qui nous plaît, avec un élevage discret et bien calé. Parmi les rouges, le côté juteux prédomine dans l'esprit des cuvées. Brézème est d'une superbe ampleur, admirable de définition ; le saint-joseph offre un côté graphite et fumé très agréable. Les deux côte-rôtie, bien que encore sur la retenue, ne manquent pas d'énergie ni de profondeur. Il faut les oublier quelques années en cave.

▷ Condrieu 2020	44 €	**93**
▷ Saint-Joseph 2020	Épuisé - 29 €	**92**
▶ Cornas 2019	Épuisé - 40 €	**94**
▶ Côte-Rôtie 2019	51 €	**93**
▶ Côte-Rôtie Janet 2019	Épuisé - 80 €	**95**
▶ Côtes du Rhône Ainsi Soit-Il 2020	16,50 €	**90**
▶ Côtes du Rhône Brézème 2020	25 €	**91**

Le coup de ♥
▶ Saint-Joseph 2019	Épuisé - 30 €	**93**

Rouge : 5,5 hectares. Syrah 100 %
Achat de raisins.
Blanc : 3 hectares. Viognier 80 %, Marsanne 10 %, Roussanne 10 %
Achat de raisins.
Production moyenne : 35 000 bt/an

LES TERRIENS

103 RD 1086 Luzin, 42410 Chavanay
06 58 42 90 47 ● www.les-terriens.fr/ ●
Vente et visites : sur RDV.
Propriétaire : Pierre Jandros
Directeur : Loïc Moula

DOMAINE NIERO

Le domaine Niero est dirigé par Rémi, revenu en 2004 et ingénieur de formation, qui fabrique parallèlement des cuves destinées à la fermentation des vins. Le cœur de la production se situe en Condrieu avec 4 hectares divisés en six parcelles. Le domaine produit plusieurs cuvées de côte-rôtie provenant du terroir des Viallières et du terroir de Bassenon, ainsi qu'une cuvée de saint-joseph, Bois Prieur. Nous regrettons parfois des élevages un peu trop marqués.

Les vins : la palette de Condrieu est large : les multiples expressions du terroir sont toujours très intéressantes à déguster. 2020 a été bien abordé et le millésime engendre des vins assez digestes : encore un peu patiné par le bois, Héritage est une sélection des meilleures cuvées du domaine, à la finesse et à la définition évidente ; en l'attendant, on pourra déguster Les Ravines et ses notes d'agrumes, élevée dans un style plus immédiat ; Chéry déploie des notes mûres et amples de fruits, toujours avec un côté solaire idéalement géré. En Côte-Rôtie, Éminence est d'une très belle définition, avec beaucoup d'élégance ; Les 400 de la Viallière, cuvée limitée à 400 magnums, possède une belle énergie, mais doit encore fondre son élevage.

▷ Condrieu Chéry 2020	43 €	**93**
▷ Condrieu Cœur de Roncharde 2020	38 €	**93**
▷ Condrieu Héritage 2020	49 €	**94**
▷ Condrieu Les Ravines 2020	33 €	**91**
▶ Côte-Rôtie Les 400 de la Viallière 2019	180 €	**93**
▶ Côte-Rôtie Vires de Serine 2019	69 €	**91**
▶ Côte-Rôtie Éminence 2019	37 €	**92**
▶ Saint-Joseph Bois Prieur 2020	26 €	**90**

Rouge : 5 hectares. Syrah 100 %
Blanc : 4 hectares. Viognier 100 %
Production moyenne : 40 000 bt/an

DOMAINE NIERO

3, impasse du Pressoir, rue de la Mairie, 69420 Condrieu
04 74 56 86 99 ● www.vins-niero.com/fr/ ●
Vente et visites : sur RDV.

Propriétaire : Rémi Niero
Directeur : Adrien Encontre
Maître de chai : Jérôme Andriot
Œnologue : Olivier Roustang

DOMAINE DE LA PETITE GALLÉE

Ce domaine des trop méconnus Coteaux du Lyonnais mérite tout l'intérêt des amateurs. Ce terroir, situé aux portes de Lyon, fait la part belle au gamay qui trouve ici, lorsqu'il est bien travaillé, une expression typique de fraîcheur et de profondeur. Installé à Millery, nul doute que le domaine de La Petite Gallée fait partie de l'élite. Patrice Thollet exploite en biodynamie une dizaine d'hectares de galets roulés et propose des vins abordables et délicieux qu'il serait dommage de ne pas découvrir.

Les vins : toute la série est remarquable. Elle comprend des pépites, comme le surprenant aligoté, très équilibré et gourmand, ou le chardonnay, crémeux, enrobé et savoureux, qui en bluffera plus d'un. Du côté des rouges, la cuvée 1896, qui fait référence à la date de plantation de cette vigne, offre volume et corps. Un vin qui évoluera sur quelques années… On retrouve dans Les Célestins 2018 un profil patiné et élégant, déjà prêt à boire. Quant à la syrah, elle croque sous la dent.

▱	Coteaux du Lyonnais Aligoté 2020	13 €	88
▱	Coteaux du Lyonnais Les Moraines 2020	14 €	89
▬	Coteaux du Lyonnais Cuvée 1896 2020	18 €	91
▬	Coteaux du Lyonnais Les Célestins 2018	Épuisé - 20 €	91
▬	Coteaux du Lyonnais Vieilles Vignes 2020	14 €	89
▬	VDF Syrah 2020	14 €	89

Rouge : 6 hectares. Gamay noir à jus blanc 65 %, Syrah 25 %, Gamay de Chaudenay 5 %, Gamay de Bouze 5 %.
Blanc : 4,5 hectares. Chardonnay 60 %, Viognier 15 %, Aligoté 10 %, Altesse 5 %, Arvine 5 %, Pinot gris 5 %
Production moyenne : 50 000 bt/an

DOMAINE DE LA PETITE GALLÉE ☾
9, Rue de la Petite Gallée, 69390 Millery
06 61 86 38 51 ● www.domainethollet.com ●
Vente et visites : sur RDV.
Propriétaire : Patrice Thollet

DOMAINE CHRISTOPHE PICHON

Le domaine de Christophe Pichon dispose de certains terroirs prestigieux comme Roche Coulante en blanc, ou Côte Blonde en rouge. Les vins, que nous trouvions marqués par des excès de surmaturité et de boisé, ont gagné en équilibre et en harmonie, même si nous regrettons toujours des élevages un peu trop appuyés.

Les vins : l'esprit des blancs privilégie la recherche de la belle maturité, présentant des vins amples et assez charnus, mais sans lourdeur dans ce millésime 2020. Roche Coulante exprime une très jolie droiture, à la bouche définie. Mosaïque est une cuvée très bien constituée, dont le jus reste gourmand. Allégorie est un cornas sérieux, encore sur la retenue, mais avec une belle densité. Il faut lui laisser le temps de digérer ses tanins. Les côte-rôtie sont sérieuses, malgré des boisés un peu appuyés, comme dans Tess, à la finale qui se durcit. Promesse se montre élégant et raffiné.

▱	Condrieu 2020	34 €	91
▱	Condrieu Caresse 2020	55 €	93
▱	Condrieu Roche Coulante 2020	39 €	93
▱	Saint-Joseph 2020	25 €	89
▬	Cornas Allégorie 2020	37 €	93
▬	Côte-Rôtie Promesse 2020	45 €	92
▬	Côte-Rôtie Rozier 2020	56 €	93
▬	Côte-Rôtie Tess 2020	56 €	93
▬	IGP Collines Rhodaniennes Syrah Mosaïque 2020	28 €	91
▬	Saint-Joseph 2020	21 €	90

Rouge : 10 hectares. Syrah 100 %
Achat de raisins.
Blanc : 10 hectares. Viognier 100 %
Achat de raisins.
Production moyenne : 120 000 bt/an

DOMAINE CHRISTOPHE PICHON
36, Le Grand Val, 42410 Chavanay
04 74 87 06 78 ● www.domaine-pichon.fr ●
Vente et visites : sur RDV.
Propriétaire : Famille Pichon

DOMAINE DES PIERRES SÈCHES

Ce fils de vigneron mosellan perpétue le métier familial dans la vallée du Rhône septentrionale, où il s'est installé après ses études, travaillant chez Chapoutier, puis chez Stéphane Robert. En 2009, Sylvain Gauthier s'installe à Cheminas, sur un petit vignoble, qu'il fait grandir au fil du temps. Il a eu la chance de commencer avec une parcelle de vieilles vignes de syrah et de marsanne sur le terroir de la Sainte-Épine, à Saint-Jean de Muzol. Ses autres vignes sont plantées à Arras-sur-Rhône, Vion, Ozon et jusqu'à Sarrat.

Les vins : voilà une gamme franche et cohérente, des vins de cépages accessibles, comme le viognier aux allures florales et fruitées, ou une syrah gourmande et fraîche. La série des saint-joseph est sérieuse, avec des équilibres bien préservés et des bouches juteuses. Bien construite, la cuvée Revirand offre une bouche spectaculaire et tendue, avec des notes de syrah poivrée, fruitée et fumée. L'ensemble est équilibré, bien élevé et ne manque pas d'allonge ni d'équilibre.

▭ IGP Ardèche Viognier 2020		15 €	89
▭ Saint-Joseph 2020		22 €	91
▭ Saint-Joseph Cuvée 1930 2020		55 €	92
▬ IGP Ardèche Syrah 2020		13 €	89
▬ Saint-Joseph 2020		22 €	91
▬ Saint-Joseph Revirand 2020		35 €	92

Rouge : 4 hectares. Syrah 100 %
Blanc : 2 hectares.
Production moyenne : 20 000 bt/an

DOMAINE DES PIERRES SÈCHES
425, Impasse de Laussas, 7370 Ozon
06 89 42 37 09 ●
domainedespierresseches@orange.fr ●
Vente et visites : sur RDV.
Propriétaire : Sylvain Gauthier

NOUVEAU DOMAINE

DOMAINE VINCENT PARIS

Parti d'un petit hectare en 1997, Vincent Paris a constitué un vignoble d'une dizaine d'hectares, essentiellement sur l'appellation Cornas. Les élevages sans bois neuf sont relativement courts (12 mois), selon les cuvées et les millésimes, la vendange est partiellement égrappée, ce qui permet d'élaborer des vins à la très belle franchise de fruit, sans artifice. Les prix demeurent très raisonnables dans le secteur.

Les vins : le style "traditionnel", au bon sens du terme, est à saluer. Les vins sont toujours nets, précis et sans fard, avec une belle capacité de garde. Les trois cornas sont de très bon niveau, 30 et 60 faisant référence à la pente des coteaux. Granit 30 offre une bouche sanguine et juteuse, avec une touche d'épices en finale. La Geynale, cuvée issue de vignes centenaires du quartier de Reynard est d'une très grande profondeur, avec une bouche serrée mais équilibrée. Son potentiel est admirable.

▬ Cornas Granit 30 2020	26 €	92

▬ Cornas Granit 60 2020	35 €	93
▬ Cornas La Geynale 2020	41 €	95

Rouge : 8,3 hectares. Syrah 100 %
Blanc : 0,7 hectare. Viognier 70 %, Roussanne 30 %
Production moyenne : 40 000 bt/an

DOMAINE VINCENT PARIS
801, Chemin des Peyrouses 7130 Cornas
04 75 40 13 04 ● vin-paris.fr ● Vente et visites : sur RDV.
Propriétaire : Vincent Paris

LES MEILLEURS VINS

du

Rhône Sud

PAR OLIVIER POUSSIER,

en charge des vins du sud de la vallée du Rhône au sein
du comité de dégustation de La Revue du vin de France

LES APPELLATIONS

—

La partie méridionale de la vallée du Rhône compte deux appellations régionales, sept appellations sous-régionales et huit appellations communales.

LES AOC RÉGIONALES

Côtes-du-Rhône : cette appellation régionale est la plus importante en superficie puisqu'elle couvre 32 036 hectares, soit près de la moitié du vignoble rhodanien méridional. Si elle peut donner un peu de blanc, le rouge et le rosé représentent 95 % de la production, principalement issue de grenache noir.

Côtes-du-Rhône-Villages : cette dénomination de 8 600 hectares correspond aux terroirs de 95 communes du Gard, du Vaucluse, de l'Ardèche et de la Drôme, avec des règles de production plus strictes qu'en Côtes-du-Rhône. La qualité peut être remarquable à des prix souvent intéressants. Dix-huit villages peuvent accoler leur nom à celui de l'appellation.

LES AOC SOUS-RÉGIONALES

Sous cette dénomination sont regroupées les **AOC Costières de Nîmes** (4 091 ha), **Grignan-Les-Adhémar** (1 730 ha), **Luberon** (3 362 ha), **Ventoux** (5 774 ha), **Duché d'Uzès** (271 ha), **Côtes du Vivarais** (220 ha) et **Clairette de Bellegarde** (8 ha). Elles ne présentent guère d'homogénéité dans leurs terroirs, ni dans la qualité des vins produits.

LES AOC COMMUNALES

Vinsobres : promue en 2005, cette appellation de 583 hectares, située au nord-ouest de la Drôme provençale, produit des vins riches et amples, mais manque encore de locomotives fortes.

Rasteau : en AOC depuis 2010, cette appellation (949 hectares) produit des vins rouges de constitution solide, mais au beau potentiel de vieillissement. On y trouve aussi de jolis vins doux naturels.

Gigondas : sur les coteaux et les pentes douces, cette appellation de 1 208 hectares est faite pour le grenache. Elle est reconnue pour ses rouges élégants et très nuancés. Les plus belles cuvées sont aptes à la longue garde. Ce cru recèle de très belles affaires.

Vacqueyras : assez comparable à Gigondas par son exposition et son encépagement, Vacqueyras (1 412 hectares) livre des vins plus musclés, mais moins élégants que ceux de l'appellation voisine.

Beaumes de Venise : l'appellation, réputée pour ses vins doux naturels issus de muscat, s'étend sur 635 hectares, sur trois types de terroirs différents. On y produit des rouges corpulents

Châteauneuf-du-Pape : très étendue (3 133 hectares), l'appellation couvre cinq communes et des types de sols très différents (galets roulés, sables et calcaire). La qualité est loin d'être la même d'un cru à l'autre, d'autant que plusieurs styles de vinification et d'élevage cohabitent. Les meilleurs domaines produisent des vins rouges extraordinaires par leur richesse et leur tenue. Il faut savoir les attendre en cave. Les blancs, en net progrès depuis quelques années, n'ont pas toujours le génie des rouges.

Tavel : ce vignoble de la rive droite (911 hectares) est uniquement consacré au rosé. Le style est vineux, charnu, aromatique, agréable, et la qualité variable.

Lirac : voisin gardois de Tavel, il représente 771 hectares. Les rouges sont assez fins, les rosés presque comparables aux tavels, les blancs parfois remarquables et les prix souvent compétitifs.

Cairanne : l'appellation de 760 hectares propose des vins dans les trois couleurs. Les rouges, de grande garde, se dégustent avec du gibier.

LES CÉPAGES

—

Contrairement au vignoble septentrional de la vallée du Rhône, où seulement quatre cépages sont autorisés, ils sont bien plus nombreux dans les vignobles méridionaux, à l'image du plus célèbre d'entre eux, Châteauneuf-du-Pape, où treize varités sont autorisées dans l'appellation.

LES CÉPAGES ROUGES

Le plus courant de tous est incontestablement **le grenache noir**. Il représente à lui seul 65 % de l'encépagement rouge du vignoble rhodanien. Cépage très vigoureux et fertile, il est présent dans la majeure partie des appellations de la région, comme à Gigondas (cépage principal, 50 % minimum de l'encépagement), en Côtes-du-Rhône (40 % minimum), en Côtes-du-Rhône-Villages (50 % minimum), et entre même dans la composition du célèbre vin de Châteauneuf-du-Pape.

On retrouve aussi **la syrah**, cépage emblématique de la vallée du Rhône qui, majoritaire dans le nord, représente dans le sud moins de 20 % de l'encépagement. De plus en plus utilisée dans les appellations méridionales (Gigondas, Grignan-les-Adhémar, Côtes du Luberon, Côtes du Ventoux), elle ne concurrence pas encore le grenache.

Le carignan, plus minoritaire encore, représente seulement 8 % de l'encépagement rouge. En revanche, il entre dans l'assemblage de nombreux crus, comme les côtes-du-rhône rouges et rosés (30 % maximum de l'encépagement), les côtes-du-rhône-villages rouges et rosés (20 % maximum de l'encépagement), mais aussi les costières-de-nîmes, les vins de Grignan-les-Adhémar, du Luberon et du Ventoux.

Enfin, le vignoble sud-rhodanien compte également 5 % de **cinsault** et 3 % de **mourvèdre**, lequel entre de manière significative dans l'assemblage du gigondas et des côtes-du-rhône-villages. On trouve aussi un peu de **counoise noire**, de **muscardin noir**, les **camarèse** et **vaccarèse noirs** ou **le picpoul noir**.

LES CÉPAGES BLANCS

La conception de vins blancs est extrêmement marginale dans le vignoble rhodanien, et ne représente que 6 % du total produit. Pour autant, certains cépages employés ne sont pas destinés à une production secondaire. Les blancs de Châteauneuf-du-Pape sont ainsi remarquables.

Le cépage blanc le plus répandu est **le grenache blanc** (26 % de l'encépagement). Il est à l'origine de vins assez corsés et ronds. Il partage toutefois sa suprématie avec **la clairette** (27 % de l'encépagement). On retrouve ces deux cépages dans les principales appellations produisant du blanc comme Châteauneuf-du-Pape, Lirac, Tavel, Vacqueyras, Côtes-du-Rhône-Villages blancs (associés au grenache, au bourboulenc, à la marsanne et à la roussanne pour 80 % minimum de l'encépagement), Côtes-du-Rhône blancs (dans l'assemblage), Costières de Nîmes, Grignan-les-Adhémar, Luberon et Ventoux.

De manière plus marginale, on compte ensuite **le viognier** (12 %). Riche en alcool, il peut donner aux vins à la fois de la rondeur et des parfums floraux (violette, aubépine, acacia), et leur conférer une certaine opulence en bouche.

On retrouve ensuite **le bourboulenc** (9 % de l'encépagement) qui, à l'inverse du viognier, donne des vins frais et peu alcoolisés. Enfin, il existe des cépages secondaires comme **l'ugni blanc** ou **la marsanne** et **la roussanne**, tous les deux emblématiques de la vallée du Rhône, mais moins utilisées dans le sud et enfin, **le muscat**, employé dans l'élaboration des vins doux naturels de Beaumes de Venise.

MÉDITATION DÉGUSTATIVE AU FIL DU FLEUVE

CHAMBRES D'HÔTES

MAS DE LA LUCIOLE

Des vieilles pierres, un hameau perdu dans la forêt et une ferme superbe aux quatre chambres d'hôtes charmantes. Le lieu au calme vaut le détour et incite à la méditation. Comptez 95 à 135 € la nuit.
Hameau de Bruguier,
765, route du Saut-de-l'âne,
07150 Orgnac-l'Aven.
Tél. : 06 18 68 04 00
www.masdelaluciole.fr

CHÂTEAU BEAUPRÉ DELEUZE

Dans le vignoble de Lirac, cette maison au charme fou propose des chambres d'hôtes. Les vieilles pierres qui patinent ici signent l'ambiance chaleureuse et paisible. Chambre à partir de 150 €.
715, chemin de la Bégude,
30126 Saint-Laurent-des-Arbres
Tél. : 06 24 10 43 19
www.chateau-beaupre.com

RESTAURANTS

LE MOLOKO

Pour le petit ou le grand déjeuner, l'adresse du chef Mathieu Desmarets, étoilé à Pollen, propose des assiettes simples et savoureuses, avec un plat du jour à 15 € : jambon à l'os, avocado toast... Un café-cantine amical à la fois simple et efficace.
747, rue Joseph-Vernet,
84000 Avignon
Tél. : 04 65 87 63 41

CHEZ MON JULES

Au milieu des vignes, de la lavande et des oliviers, Alexandra et Jules proposent une halte bienvenue. La cuisine à partir des produits bio des producteurs locaux ainsi que quatre chambres d'hôtes (avec petits-déjeuners) assurent sans aucun doute une étape réussie dans la Drôme. Menus à 33 €, 45 € et 57 €. Chambres de 80 à 100 €.
5, rue Étienne-de-Vesc,
26220 Vesc
Tél. : 04 75 04 20 74
www.chezmonjules.com

VILLA WALBAUM

Au cœur d'un magnifique domaine viticole de 70 hectares, au bord de l'Ardèche, la maison de maître séduit avec son architecture palladienne et sa décoration. Avec ça ? Belle table, piscine et dégustations des vins du domaine. À partir de 150 €.
615, Les Estrades,
07150, Vallon-Pont-d'Arc
Tél. : 04 75 88 04 04
www.domainewalbaum.com

LA MÈRE GERMAINE

Vénérable institution de Châteauneuf-du-Pape, La Mère Germaine est installée en plein cœur du village depuis 1922. On y élabore une jolie cuisine efficace, à savourer en profitant de la vue imprenable sur Avignon et le Palais des papes.
Menus de 15 € à 45 €.
3, rue Commandant-Lemaître,
84230 Châteauneuf-du-Pape
Tél. : 04 90 22 78 34
www.lameregermaine.fr

OISEAU

Julie et Adrien se sont rencontrés en Chine. Revenus en France, ils décident de marier les saveurs d'Orient et d'Occident en une cuisine éblouissante qui mérite le détour. Menu à partir de 22 €.
5, rue Cabassole,
84000 Avignon
Tél. : 09 52 26 40 81
www.oiseau-avignon.com

NOTRE COUP DE ♥

L'AVEN D'ORGNAC

Un sentiment de plénitude teinté d'une pointe d'angoisse nous prend aux tripes lors de la desecente vers la cave située au centre de la terre (120 mètres de profondeur). Spectacle son et lumière sublimant des personnages fantomatiques : stalactites et stalagmites de calcaire. Les vignerons ardéchois y élèvent 10 000 bouteilles.
2240, route de l'Aven,
07150, Orgnac-l'Aven.
Tél. : 04 75 38 65 10.
www.orgnac.com

CAVISTES

LES PLAISIRS DE LA TABLE

Depuis 25 ans, Alain Bosc, passionné de vin nature, notamment ceux issus de la vallée du Rhône, tient cette institution aux 1 200 références.
1, rue Racine,
30000 Nîmes
Tél. : 04 66 36 26 06

COURS DE DÉGUSTATION

UNIVERSITÉ DU VIN DE SUZE-LA-ROUSSE

Créée en 1978, cette école de dégustation est une référence. Elle propose une kyrielle de formations pour s'initier au vin, perfectionner ses connaissances, de la découverte des cépages aux mystères des accords mets et vins.
Château de Suze,
26790 Suze-la-Rousse
Tél. : 04 75 97 21 30
www.universite-du-vin.com

★★★ ⚘ DOMAINE CHARVIN

Situé dans les quartiers frais de Châteauneuf-du-Pape, le domaine produit des vins de facture très classique, sans éraflage, élevés en cuve béton. Sans perdre une certaine puissance, les vins ont depuis quelques millésimes gagné en finesse. La production s'appuie sur de vieux grenaches. Le simple côtes-du-rhône, une vraie gourmandise, nécessite quelques années de cave pour être à son meilleur, tout comme le châteauneuf-du-pape, dont le potentiel ne s'exprime qu'après une garde d'au moins cinq ans. Depuis quelques millésimes, le blanc se montre plus juste en maturité et en énergie. La gamme est justement récompensée d'une troisième étoile cette année.

Les vins : le domaine signe un millésime 2020 de belle facture avec des rouges particulièrement réussis. Le côtes-du-rhône est certainement un des leaders de sa catégorie, alliant finesse et volupté. Un registre qui séduit par sa trame veloutée. Le châteauneuf-du-pape 2020 est un jus magnifique, mûr. Le fruit est préservé et la bouche possède cette concentration dans une lecture pulpeuse et caressante. Du côté des blancs, le côtes-du-rhône 2021 est sapide, avec une belle énergie. Le châteauneuf nous surprend par son ouverture et sa bonhomie qui n'est pas toujours présente dès sa prime jeunesse. Le rosé 2021 est une vraie bouteille de plaisir immédiat sans artifice.

▭ Châteauneuf-du-Pape 2021	34 €	92
▭ Côtes du Rhône 2021	14 €	89
▬ Côtes du Rhône 2021	11 €	90
▬ Châteauneuf-du-Pape 2017	38 €	95
▬ Châteauneuf-du-Pape 2020	34 €	97
▬ Côtes du Rhône 2020	13 €	92
▬ IGP Principauté d'Orange À Côté 2020	Épuisé - 9 €	88

Rouge : 31,4 hectares. Grenache noir 85 %, Mourvèdre 5 %, Syrah 5 %, Vaccarèse 5 %
Blanc : 0,6 hectare. Bourboulenc 45 %, Clairette 20 %, Roussanne 20 %, Grenache blanc 15 %
Production moyenne : 100 000 bt/an

DOMAINE CHARVIN ♣

Chemin de Maucoil, 84100 Orange
04 90 34 41 10 ● domaine.charvin@free.fr ●
Vente et visites : sur RDV.
Propriétaire : Laurent Charvin

★★★ CLOS DES PAPES

Ce très beau domaine de Châteauneuf-du-Pape n'a pas quitté la famille Avril depuis le XVIᵉ siècle. Fort d'un vignoble parsemé sur divers sols de l'appellation, le domaine compte 24 parcelles (citons La Crau, Bois Dauphins, Les Gallimandes,

etc.) sur 35 hectares de vignes. Quel chemin parcouru par Paul-Vincent Avril qui, après un exil en Bourgogne, chez Mouton Rothschild et dans la Yarra Valley, en Australie, est revenu au domaine en 1987. Le style et la cohérence des cuvées n'ont pas changé. Et l'élevage s'est encore peaufiné. Le blanc traverse les années en gardant une très belle fraîcheur. Le rouge, issu de vendange éraflée, sa texture concentrée en finesse, l'équilibre primant sur l'extraction. Les vins ne surjouent jamais.

Les vins : le domaine nous régale : le blanc 2021, avec ses notes de fleurs blanches et sa belle sapidité, reste un modèle de fraîcheur sur ce millésime. Les amoureux des blancs du sud seront ravis de retrouver l'élégance et la finesse typiques dans ce vin. Pour le rouge, même son de cloche, il est immense, très frais et juste. Un châteauneuf-du-pape qui possède cette belle concentration et ce velouté de texture qui font oublier sa richesse. La quatrième étoile du domaine n'est plus très loin.

▬ Châteauneuf-du-Pape 2020	67 €	98

Le coup de ♥

▭ Châteauneuf-du-Pape 2021	Épuisé - 57 €	95

Rouge : 29 hectares. Grenache noir 50 %, Mourvèdre 35 %, Syrah 10 %, Divers noir 5 %
Blanc : 3 hectares. Roussanne 20 %, Clairette 16 %, Bourboulenc 16 %, Grenache blanc 16 %, Picardan 16 %, Picpoul blanc 16 %
Production moyenne : 80 000 bt/an

CLOS DES PAPES ♣

13, avenue Pierre-de-Luxembourg, BP 8, 84231 Châteauneuf-du-Pape
04 90 83 70 13 ● www.clos-des-papes.fr/ ●
Pas de visites.
Propriétaire : Paul-Vincent Avril

★★★ CLOS DU MONT-OLIVET

Malgré son nom, ce domaine est très morcelé et rassemble à peu près tous les types de sols de l'appellation. Élaborés traditionnellement, les châteauneuf-du-pape rouges se montrent souvent réservés dans leur jeunesse. Ils sont construits pour se révéler dans le temps. Thierry Sabon a, depuis plusieurs millésimes, apporté finesse et raffinement à l'ensemble de la gamme, du simple côtes-du-rhône jusqu'à la grande cuvée de châteauneuf-du-pape. Nous suivons les progrès de ce domaine depuis de longues années. Les vins, à dix ans, s'expriment avec grâce. À vingt ans, ils franchissent un nouveau cap, et livrent leur véritable potentiel : on apprécie alors pleinement leurs arômes de truffe, de sous-bois, mais aussi de fruit comme infusé par le temps. Le châteauneuf-du-pape blanc est fougueux et distingué. Dans les bons millésimes, la propriété propose la Cuvée du Papet, dense et profonde, taillée pour la garde et qui atteint souvent un niveau exceptionnel. Tous les vins affichent un grand potentiel de garde.

Les vins : l'effet millésime 2020 apporte la fraîcheur que nous attendions. Nous avons beaucoup de respect pour ce domaine. La définition des vins de 2020, toutes couleurs confondues, nous convient davantage, tant dans la définition des fruits que dans les harmonies de bouche. Sur les blancs 2020, le lirac respire le sud sans lourdeur de style. Le blanc de châteauneuf reste à nos yeux une valeur sûre de cette appellation. C'est une bouteille à oublier en cave, car le millésime a généré des blancs frais et équilibrés, capables de bien vieillir. Sur les rouges, le côtes-du-rhône Vieilles Vignes en impose avec une matière digne d'un cru. Le lirac est plus poussif et plus rustique sur sa finale. Les châteauneufs sont aboutis, avec de la mâche, du volume et une bonne gestion de la concentration. La Cuvée du Papet amène un surplus de profondeur dans les arômes. Ses saveurs marquent logiquement la différence.

▭ Châteauneuf-du-Pape 2021		31 €	94
▭ Lirac 2021		16 €	90
◼ Châteauneuf-du-Pape 2020		31 €	94
◼ Côtes du Rhône Vieilles Vignes 2020		12,50 €	92
◼ IGP Gard La Quête 2020		14 €	91
◼ Lirac 2020		15 €	91

Le coup de ♥
◼ Châteauneuf-du-Pape La Cuvée du Papet 2020		55 €	96

Rouge : 46,4 hectares. Grenache noir 63 %, Syrah 13 %, Mourvèdre 12 %, Divers noir 6 %, Cinsault 5 %, Merlot 1 %
Blanc : 3,6 hectares. Grenache blanc 39 %, Clairette 33 %, Roussanne 15 %, Bourboulenc 6 %, Grenache gris 3 %, Picardan 2 %, Clairette rose 1 %, Divers blanc 1 %
Production moyenne : 180 000 bt/an

CLOS DU MONT-OLIVET

3, chemin du Bois-de-la-Ville,
84230 Châteauneuf-du-Pape
04 90 83 72 46 ● www.clos-montolivet.com
● Visites : sans RDV.
Propriétaire : Thierry, David et Céline Sabon
Maître de chai : Thierry Sabon

★★★ CHÂTEAU RAYAS

Plus qu'un mythe, Château Rayas est une réalité, celle d'un terroir unique sur l'appellation Châteauneuf-du-Pape, où le sable joue un rôle déterminant dans le profil du vin. Emmanuel Reynaud a repris en main le domaine au décès de son oncle, Jacques. Il a remis sur pied un vignoble qui en avait besoin, sans pour autant dévier de l'esprit qui y régnait : des grenaches très mûrs, vinifiés simplement en grappes entières puis élevés dans de vieux foudres. Difficile à comprendre jeune, Rayas prend toute son ampleur avec l'âge. Loin de produire des vins surconcentrés aux boisés démonstratifs, Emmanuel Reynaud perpétue la singularité du domaine en étant encore plus précis dans la définition du cru. Dans la continuité de cet effort, Château de Fonsalette est davantage qu'un simple côtes-du-rhône ; il prolonge cet état d'esprit, à l'image d'un "petit Rayas", mais que l'on boira plus rapidement. Quant à Pignan, châteauneuf-du-pape plus classique dans sa forme, il correspond davantage à l'idée que l'on se fait des vins de cette appellation. Ici, on produit des crus comme il en existe peu en France. Et si certains amateurs sont tentés de cultiver la nostalgie des vins de Jacques Reynaud, Emmanuel produit sans l'ombre d'un doute des cuvées de toute beauté.

Les vins : Le domaine ne nous ayant pas fait parvenir ses vins, nous sommes amenés à reconduire les notes de l'an dernier.

▭ Côtes du Rhône Château Fonsalette 2020		N.C.	93
◼ Châteauneuf-du-Pape Pignan 2020	de 300 à 350 € (c)		96

Le coup de ♥
▭ Châteauneuf-du-Pape 2020		N.C.	95

Rouge : 11 hectares. Grenache noir 100 %
Blanc : 1 hectare. Clairette 50 %, Grenache blanc 50 %
Production moyenne : 100 000 bt/an

CHÂTEAU RAYAS

ays 84230 Châteauneuf-du-Pape
04 90 83 73 09 ● chateaurayas.fr/ ● Vente et visites : sur RDV.
Propriétaire : Emmanuel Reynaud

★★★ DOMAINE DU VIEUX DONJON

Les vins du domaine du Vieux Donjon comptent parmi les plus fins, les plus élégants et les plus réguliers de l'appellation Châteauneuf-du-Pape. Cette production devrait servir de modèle aux jeunes vignerons qui souhaitent produire des châteauneuf-du-pape raffinés et pas uniquement imposants. Vigneron méticuleux et talentueux, Lucien Michel a cédé peu à peu la place à ses deux enfants, Claire, arrivée en 2007, et François, ingénieur agronome de formation, en 2012. Cette nouvelle génération poursuit avec harmonie le style qui a fait la réputation du domaine, avec deux cuvées de très haute volée. Les vins sont vinifiés en cuve béton, les élevages effectués en gros foudres. Le blanc est composé à parts égales entre clairette et roussanne. Les rouges ne sont que partiellement éraflés, ce qui ne les empêche pas d'être délicats. Le domaine possède des vignes dans de très beaux terroirs de l'appellation (8 hectares à Pied Long, de belles parcelles à Cabrières, Rayas, Cristia, achetées en 2013, Pied de Baud, Bois de Boursan, Le Mourre de Gaud...). Il faut noter que le domaine s'agrandit de 0,5 hectare sur le bas de Cabrières, sur des vignes blanches de clairettes blanche et rose.

Les vins : tous les vins de 2020 nous enthousiasment. Le blanc affirme sa fraîcheur et son dynamisme. Sur fenouil, l'aneth et le menthol, la palette est fraîche, et le jus se montre bien défini, avec une adéquation entre richesse du milieu de bouche et la fraîcheur globale. Le rouge est velouté, pulpeux, avec une certaine élégance de style qui nous transporte dans un univers satiné.

Châteauneuf-du-Pape 2021	Épuisé - 40 €	95
Châteauneuf-du-Pape 2020	40 €	98

Rouge : 16 hectares. Grenache noir 70 %, Mourvèdre 15 %, Syrah 15 %
Blanc : 1,5 hectare. Clairette 50 %, Roussanne 50 %
Production moyenne : 50 000 bt/an

DOMAINE DU VIEUX DONJON

Route de Courthézon, BP 66, 84232 Châteauneuf-du-Pape
04 90 83 70 03 ● www.levieuxdonjon.fr ●
Pas de visites.
Propriétaire : Claire et François Michel

★★ CHÂTEAU DE BEAUCASTEL

Avec son terroir si particulier de galets roulés, le château de Beaucastel est l'un des emblèmes de Châteauneuf-du-Pape. Ce domaine peut s'enorgueillir d'être l'un des seuls à faire appel aux treize cépages autorisés pour élaborer son rouge. Le château de Beaucastel demeure, sous la conduite efficace de la famille Perrin, propriétaire depuis 1909, une référence pour les vins du sud de la France. Chacun des sept enfants de Jean-Pierre et François œuvrent aujourd'hui au domaine. La rarissime et remarquable cuvée Hommage à Jacques Perrin, issue à grande

majorité de mourvèdre et produite uniquement dans les grandes années, demeure une référence, tout comme le somptueux blanc de roussanne Vieilles Vignes, qui se révèle avec le temps. La dégustation récente des vins issus de vendanges entières et vinifiés en amphore sur la vendange 2020 montre la volonté de rester parmi les parangons de l'appellation.

Les vins : le domaine ne nous ayant pas présenté ses vins, nous sommes amenés à reconduire les notes de notre édition précédente.

Châteauneuf-du-Pape Roussanne Vieilles Vignes 2019	155 €	93
Châteauneuf-du-Pape Château de Beaucastel 2019	85 €	94
Châteauneuf-du-Pape Hommage à Jacques Perrin 2019	410 €	96

Le coup de ♥

Châteauneuf-du-Pape 2019	84 €	94

Production moyenne : 300 000 bt/an

CHÂTEAU DE BEAUCASTEL ♣

Chemin de Beaucastel, 84350 Courthézon
04 90 70 41 15 ● www.beaucastel.com ●
Vente et visites : sur RDV.
Propriétaire : Famille Perrin
Directeur : François Perrin et César Perrin
Maître de chai : Claude Gouan

★★ DOMAINE DES BERNARDINS

Cette propriété assume une vision traditionnelle du vin, sans technologie ni modernisme excessifs. Pas étonnant que les muscats à petits grains donnent un nectar à la texture inégalée et à la richesse en liqueur équivalente à celle des plus grands sauternes. Le domaine des Bernardins, reconnu pour la qualité de ses magnifiques muscats de beaumes-de-venise, produit aussi un très joli rouge, à forte personnalité, qui nous enchante. Romain Hall vinifie avec son père depuis 2007. Si le rouge représente 30 % de la production, il a toujours été présent, le plus vieux millésime répertorié datant de 1847. Le domaine vinifie à partir de raisins noirs, en grappes entières, auxquels sont ajoutés 10 % de blanc lors de l'assemblage. Ce dernier joue un rôle important en apportant du gras, selon Romain. Les vins sont très aromatiques, et s'ils ont longtemps été un rien fougueux dans leur jeune âge, les derniers millésimes sont bien plus sages, précis, et d'une grâce magistrale, toujours aptes à une belle évolution dans le temps. Surtout, ce domaine produit des muscats renversants, dont on se régalera dès la jeunesse. Mais avec l'âge, dix ans, vingt ans et plus, ils acquièrent une complexité incroyable.

Les vins : le domaine nous régale sur les rouges en 2020, avec notamment un côtes-du-rhône gourmand et charmeur, à la matière infusée. Le beaumes-de-venise est aussi peu extrait avec une matière plus serrée en toute logique, mais tout en restant caressant en bouche. Le muscat sec se montre croquant et épicé, avec une belle fraîcheur de style, terpène et note mentholée. La bouche est fraîche et digeste. Le muscat de Beaumes de Venise se livre avec une aromatique assez orientale, assemblage des notes de loukoum et d'eau-de-rose. La bouche suave témoigne d'un mutage parfaitement géré. La cuvée Hommage nous transporte toujours dans son univers complexe qui nous invite à la méditation.

▭ IGP Vaucluse Doré des Bernardins
2021   8,80 € 89

▭ Muscat de Beaumes de Venise
2021   15,40 € 93

▭ Muscat de Beaumes de Venise
Hommage   18,50 € 96

▬ Beaumes de Venise 2020   13,20 € 92

▬ Côtes du Rhône Les Balmes
2020   10,20 € 90

Rouge : 8,2 hectares. Grenache noir 68 %, Syrah 25 %, Mourvèdre 5 %, Cinsault 2 %
Blanc : 17 hectares. Muscat à petits grains blancs 70 %, Muscat à petits grains noirs 20 %, Marsanne 5 %, Grenache blanc 5 %
Production moyenne : 100 000 bt/an

DOMAINE DES BERNARDINS

138, avenue Gambetta,
84190 Beaumes-de-Venise
04 90 62 94 13 ●
www.domaine-des-bernardins.com ●
Visites : sans RDV.
Propriétaire : Andrew et Elisabeth Hall, Renée Castaud-Maurin
Directeur : Romain Hall

★★ DOMAINE BOSQUET DES PAPES

Le vignoble du domaine est très morcelé. Composé d'une quarantaine de parcelles réparties dans différents secteurs de l'appellation, il s'appuie essentiellement sur le grenache et donne naissance à des vins au style classique, qui vieillissent fort bien. Avec la complicité de l'œnologue Philippe Cambie, ce domaine a amorcé un changement de style en produisant des vins plus élégants, sans perdre de leur personnalité. Ce travail a porté ses fruits : les vins s'imposent comme des références, grâce à leur magnifique pureté de fruit et la finesse de leur grain.

Les vins : les rouges 2020 sont pleins de promesses, la cuvée domaine est un vrai classique de cette appellation qui allie maturité et faible extraction. La cuvée Chante Le Merle possède une définition plus sucrée sur l'expression du raisin. Un vin doté d'une certaine richesse et amplitude, la pointe de mourvèdre contrebalance la richesse et le tend davantage sur la finale de bouche. La cuvée Les 7 de Pignan affiche une classe et une finesse supplémentaire, un jus qui reste enrobé par la richesse, mais avec plus de délicatesse tactile. Au départ, le blanc se révèle avec une légère réduction, la fine pointe d'élevage reste subtile, l'ensemble est bien géré. Il faut encore l'attendre un peu, le vin reste cadenassé pour le moment.

▭ Châteauneuf-du-Pape Tradition
2021   33 € 93

▬ Châteauneuf-du-Pape Chante Le Merle
Vieilles Vignes 2020   50 € 95

▭ Châteauneuf-du-Pape Tradition
2020   31 € 93

▬ Côtes du Rhône Domaine Nicolas Boiron
2020   12 € 88

Le coup de ♥
▬ Châteauneuf-du-Pape Les 7 de Pignan
2020   64 € 96

Rouge : 30,5 hectares. Grenache noir 75 %, Mourvèdre 11 %, Syrah 11 %, Cinsault 1 %, Counoise 1 %, Vaccarèse 1 %
Blanc : 1,5 hectare. Clairette 25 %, Grenache blanc 25 %, Bourboulenc 20 %, Clairette rose 20 %, Grenache gris 10 %
Production moyenne : 80 000 bt/an

DOMAINE BOSQUET DES PAPES

18 Route d'Orange BP
50 84232 Châteauneuf-du-Pape
04 90 83 72 33 ●
www.bosquetdespapes.com ● Visites : sur RDV aux professionnels.
Propriétaire : Nicolas Boiron
Œnologue : Philippe Cambie

★★ VIGNOBLES ANDRÉ BRUNEL

Figure trop peu connue, mais toujours parmi l'élite de l'appellation Châteauneuf-du-Pape, André Brunel est décédé en février dernier, laissant son fils Fabrice aux commandes du domaine. Il produit des vins racés, qui ont pour atouts majeurs la minéralité et le raffinement. Toute la gamme est d'une grande régularité. Le châteauneuf-du-pape classique est une force tranquille, tout en finesse et en nuance. Les grandes années, le domaine produit en petite quantité une magnifique cuvée issue de vignes plantées en 1889 sur le plateau de Farguerol, baptisée Cuvée Centenaire, qui a vu le jour en 1989. Elle a connu un succès mondial rapide, amplement mérité. Au domaine, sont conservés encore quelques rares et magnifiques flacons anciens, des 1947 et 1967 ou, plus récents, des 1978, qui montrent un indéniable savoir-faire, que l'on retrouve dans la qualité des vins actuels.

Les vins : le style des vins du domaine n'ont jamais subi les modes, les jus sont sans artifices mais nous séduisent par leur profil. Les châteauneufs rouges sont incontestablement parmi les belles réussites de l'appellation. Le rouge 2020 est défini par ses notes de fruits bien mûrs et les épices, l'ensemble est d'une classe et d'une sensualité incroyable. La bouche se montre suave et fine avec une matière puissante et harmonieuse. La cuvée Centenaire 2016 est portée par ses notes de maquis, de cacao amer et de zeste d'orange confite. La bouche est harmonieuse avec une belle sève de tanin qui lui donne un bon potentiel. Le blanc 2021 nous montre la grande maîtrise de la roussanne, qui domine largement dans cet assemblage ; certes la malo n'est pas faite, mais le vin affiche une profondeur intéressante. Le côtes-du-rhône demeure jovial et digeste. Le blanc possède la fraîcheur et l'énergie des 2021.

▭ Châteauneuf-du-Pape Domaine Les Cailloux 2021	35 €	94
▭ Côtes du Rhône Domaine de la Bécassonne 2021	10 €	88
◼ Châteauneuf-du-Pape Centenaire 2016	110 €	97
◼ Châteauneuf-du-Pape Domaine Les Cailloux 2020	35 €	95
◼ Côtes du Rhône Sommelongue 2021	12 €	88

Rouge : 85,3 hectares. Grenache noir 65 %, Mourvèdre 20 %, Syrah 10 %, Divers noir 5 %
Blanc : 4,7 hectares. Roussanne 50 %, Grenache blanc 30 %, Clairette 20 %
Production moyenne : 200 000 bt/an

VIGNOBLES ANDRÉ BRUNEL
2648, chemin de l'Oiselay, 84700 Sorgues
04 90 83 72 62 ●
www.domaine-les-cailloux.fr ● Vente et visites : sur RDV.
Propriétaire : Fabrice Brunel
Maître de chai : Romain Pitaud

★★ ⚘ DOMAINE DE LA FERME SAINT-MARTIN

Situé dans le secteur de Suzette, juste au pied des Dentelles de Montmirail, le domaine pratique une agriculture biologique. Les vins sont vinifiés par terroir et par origine des sols. Le soufre n'est utilisé qu'à la mise en bouteille.

Brillant et discret vigneron de l'appellation Beaumes-de-Venise, Guy Jullien cède peu à peu les rênes du domaine à son fils, qui travaille depuis 2010 dans le même esprit, avec un rien de délicatesse en plus. Les vins produits sont fins, précis, intenses avec, pour fil conducteur, une minéralité qui n'est pas sans évoquer les Dentelles au pied desquelles ils prennent naissance. Toutes les cuvées s'imposent comme des valeurs sûres, du ventoux aux beaumes-de-venise.

Les vins : la série des ventoux 2020 est aboutie, présentant des vins juteux et gourmands. La qualité des fruits est juste et les matière infusées et délicates. La Gérine exprime un fruit juteux d'une belle buvabilité. La cuvée Sur le Fil est plus mâchée au départ par une pointe carbonique, mais la bouche se livre avec souplesse et délicatesse. Sur le Caillou est un vin plus profond qui possède une bonne envergure, avec une bouche civilisée. Les Estaillades est davantage sudiste, avec cette pointe de counoise qui amène ce côté maquis et thym. Cela reste, tout de même, à la perception tannique la cuvée la moins gracieuse de la gamme. Sur le terroir de Beaumes-de-Venise, les vins du millésime 2020, aux jus précis et de belles envergures, sont absolument à mettre en cave. Costancia en est le parfait exemple, associant maturité, fraîcheur et un volume concentré mais caressant. Les deux blancs nous sortent du quotidien, assumant un style libre. À l'instar du complexe Austral, issu de macération.

▭ Côtes du Rhône Austral 2020	19,20 €	92
▭ Côtes du Rhône Carlina 2020	13,70 €	91
◼ Beaumes de Venise Costancia 2020	18,20 €	93
◼ Beaumes de Venise Les Terres Jaunes 2020	13,20 €	92
◼ Beaumes de Venise Saint-Martin 2018	16,30 €	92
◼ Côtes du Rhône Les Romanins 2020	9,30 €	88
◼ Côtes du Ventoux La Gérine 2020	9,70 €	90
◼ Côtes du Ventoux Les Estaillades 2020	9,70 €	90
◼ Ventoux Les Vins de Thomas Sur le Caillou 2020	11,70 €	92
◼ Ventoux Les Vins de Thomas Sur le Fil 2020	8,70 €	89

Rouge : 17 hectares. Grenache noir 50 %, Syrah 25 %, Cinsault 8 %, Mourvèdre 7 %, Counoise 5 %, Terret noir 3 %, Carignan 2 %
Blanc : 2 hectares. Clairette 45 %, Roussanne 45 %, Grenache blanc 10 %
Production moyenne : 90 000 bt/an

DOMAINE DE LA FERME SAINT-MARTIN ♣

Quartier Saint-Martin, 84190 Suzette
04 90 62 96 40 ●
www.fermesaintmartin.com ● Visites : sans RDV.
Propriétaire : Thomas Jullien

★★ DOMAINE JÉRÔME GRADASSI

Ancien chef étoilé, Jérôme Gradassi s'est reconverti dans le vin en 2004. Un retour aux sources pour ce descendant d'une famille installée dans le vignoble châteauneuvois depuis des décennies, Jérôme étant petit-fils de négociant par son père et de vigneron par sa mère. Il exploite un tout petit domaine qu'il cultive seul avec le plus grand soin. Sa philosophie : faire du mieux qu'il peut avec les moyens dont il dispose. Il choisit une approche traditionnelle, des raisins peu ou pas éraflés et des fûts usagés – pas de bois neuf ! Jérôme Gradassi aime les raisins sains, riches et bien mûrs qu'il vinifie sans artifices. Ses blancs comme ses rouges se révèlent des valeurs sûres.

Les vins : nous sommes convaincus par le 2019 avec cette belle identité solaire, sans excès. Le nez respire le maquis, les fruits noirs et les épices. La bouche présente un jus concentré, mais bien géré par les tanins du mourvèdre. Dans le millésime 2020, le vin est moins précis, les brettanomyces se sont installées.

🍷 Châteauneuf-du-Pape 2019	26 €	**94**
🍷 Châteauneuf-du-Pape 2020	25 €	**87**

Rouge : 4,8 hectares. Grenache noir 70 %, Mourvèdre 30 %
Blanc : 0,2 hectare. Clairette 95 %, Grenache blanc 5 %
Production moyenne : 15 000 bt/an

DOMAINE JÉRÔME GRADASSI

23 Alphonse daudet
84230 Châteauneuf-du-Pape
06 74 91 79 46 ●
dom.jerome.gradassi@wanadoo.fr ● Vente et visites : sur RDV.
Propriétaire : Jérôme Gradassi

★★ DOMAINE DE LA JANASSE

Cette grande propriété, qui appartient depuis des générations à la famille Sabon, fait partie de l'élite châteauneuvoise. Les vignes de Châteauneuf-du-Pape sont majoritairement réparties sur la commune de Courthézon, avec un morcellement de parcelles et de sols que l'on retrouve à travers les diverses cuvées. Le domaine produit également de splendides cuvées de côtes-du-rhône (et importantes en volume), provenant de vignes jouxtant l'appellation Châteauneuf-du-Pape. Avec des maturités souvent très élevées, les vins sont d'un style opulent, parfois un peu trop chaleureux lors des millésimes solaires. En contrepartie, les tanins et les textures sont toujours d'une grande finesse. Depuis quelques millésimes, les vins sont moins portés sur la richesse et se montrent légèrement plus digestes.

Les vins : la gestion du millésime 2020 en rouge force le respect. Dès Terre d'Argile, nous savons où nous sommes situés. Cette cuvée d'assemblage est une réussite ; la maturité du mourvèdre explose avec des tanins fins. La cuvée Tradition 2020 est un jus propre avec une belle adéquation entre maturité et fraîcheur. Chaupin est un jus velouté, ample et pulpeux. Vieilles Vignes est comme d'habitude plus serré et plus longiligne. Chacun aura ses préférences, mais nous aimons les deux cuvées, avec leurs particularités respectives. Les blancs sont bien gérés. Le côtes-du-rhône 2021 possède une belle fraîcheur. Il est moins marqué par l'aromatique du viognier. Le châteauneuf blanc est souligné dans les arômes par une roussanne bien mûre. La bouche est plus étirée avec une grenache qui impose sa minéralité et sa tension finale.

🍷 Châteauneuf-du-Pape 2020	34 €	**94**
🍷 Côtes du Rhône 2021	10 €	**88**
🍷 Côtes du Rhône 2021	7 €	**88**
🍷 IGP Méditerranée 2021	6 €	**85**
🍷 Châteauneuf-du-Pape Chaupin 2020	58 €	**96**
🍷 Châteauneuf-du-Pape Tradition 2020	34 €	**93**
🍷 Côtes du Rhône 2020	10 €	**87**
🍷 Côtes du Rhône-Villages Terre d'Argile 2020	16 €	**91**
🍷 IGP Principauté d'Orange Terre de Bussière 2019	10 €	**89**

Le coup de ♥

🍷 Châteauneuf-du-Pape Vieilles Vignes 2020	76 €	**97**

Rouge : 78 hectares. Grenache noir 70 %, Carignan 10 %, Mourvèdre 10 %, Syrah 5 %, Divers noir 5 %
Blanc : 12 hectares. Grenache blanc 60 %, Clairette 20 %, Roussanne 20 %
Production moyenne : 300 000 bt/an

DOMAINE DE LA JANASSE

27, rue du Moulin, 84350 Courthézon
04 90 70 86 29 ● www.lajanasse.com ●

Vente et visites : sur RDV.
Propriétaire : Aimé, Christophe et Isabelle Sabon

★★ DOMAINE DE MARCOUX

Dirigé par Catherine et Sophie Armenier, le domaine de Marcoux s'impose au sommet des vins de l'appellation Châteauneuf-du-Pape. Il s'est orienté très tôt vers la culture biodynamique (non certifiée). Les vins possèdent un naturel et une profondeur rares, une énergie et une puissance de bouche qui ne s'appuient sur aucun artifice d'élevage. Ces grands vins classiques, marqués par l'empreinte des grenaches mûrs, vieillissent à merveille. Malgré de fortes maturités, toutes les cuvées ont trouvé leur équilibre et paraissent moins chaudes que par le passé. Les blancs s'imposent régulièrement parmi les plus beaux de l'appellation ; le travail des sols y est pour beaucoup. Les vins ont gagné en minéralité et en salinité. Année après année, le lirac devient une valeur incontournable.

Les vins : nous sommes convaincus par l'évolution prises par les vins du domaine. Les cuvées, aussi bien en blanc qu'en rouge, subissent moins l'effet solaire. Le blanc 2020 en est un parfait exemple. Même si l'année est plus propice à générer des blancs équilibrés, le jus et le contenu du vin blanc du domaine ont changé. Moins assis sur cette roussanne ventripotente, la version 2021 s'offre avec plus de fraîcheur. Le lirac est assez bien maîtrisé avec un fruit scintillant et une trame canalisée. Le châteauneuf Tradition 2019 confirme le potentiel de ce beau millésime. Vieilles Vignes arbore cette dimension de grenache bien pulpeux, capable de bien vieillir.

Châteauneuf-du-Pape 2020	47,50 €	96
Châteauneuf-du-Pape Tradition 2019	46,50 €	96
Châteauneuf-du-Pape Vieilles Vignes 2019	106,50 €	97
Lirac 2020	18 €	92

Rouge : 17 hectares. Grenache noir 85 %, Mourvèdre 10 %, Syrah 5 %
Blanc : 1 hectare. Roussanne 65 %, Divers blanc 25 %, Bourboulenc 10 %
Production moyenne : 20 000 bt/an

DOMAINE DE MARCOUX ♣

198, chemin de la Gironde, 84100 Orange
04 90 34 67 43 ●
www.domainedemarcoux.com ● Vente et visites : sur RDV.
Propriétaire : Sophie Armenier et Vincent Estevenin

★★ DOMAINE MARCEL RICHAUD

Ce domaine emblématique du Rhône sud est tenu de main maître. Marie et Marcel Richaud peuvent être fier des enfants et du travail effectué. Depuis 2014, Claire et Thomas ont pris la suite et amènent leur pâtes tout en gardant l'esprit des vins du domaine associant des belles maturités et de la fraîcheur. Nous sommes séduits par la gestion des vins de haut degré cela peu effrayer de voir ces degrés monter avec le réchauffement climatique. La qualité des fruits est fondamentale pour préserver de la buvalité. Chaque cuvée respire un lieu et possède une aromatique bien différente les unes des autres. La qualité et la gestion des tanins est superbe.

Les vins : les vins du millésime 2020 sont aboutis et expriment une belle fraîcheur et de la gourmandise. Cette lecture du fruit participe à l'harmonie gustative de l'ensemble. La cuvée Terre d'Aigles symbolise cette dominante de grenache pulpeux et velouté. Nous avons encore plus d'énergie dans Terre de Galets avec une trame de tanin qui tend bien là bouche. Le cairanne est un grand classique, la beauté du fruit et l'élégance de tanins nous séduisent. La cuvée L'Ebrescade 2019 est un vin incroyable qui respire le sud et les herbes du maquis. Le mourvèdre apporte du relief et de la puissance à cette cuvée bâtie pour la grande garde.

Cairanne 2020	16,50 €	94
Cairanne L'Ebrescade 2019	23 €	95
Côtes du Rhône Terre d'Aigles 2020	8,50 €	90
Côtes du Rhône Terre de Galets 2020	11 €	92

Rouge : 63,1 hectares. Grenache noir 50 %, Mourvèdre 25 %, Syrah 10 %, Carignan 5 %, Cinsault 5 %, Counoise 5 %
Achat de raisins.
Blanc : 4,3 hectares. Bourboulenc 30 %, Clairette 30 %, Grenache blanc 10 %, Marsanne 10 %, Roussanne 10 %, Viognier 10 %
Achat de raisins.
Production moyenne : 200 000 bt/an

DOMAINE MARCEL RICHAUD ♣

470, route de Vaison-la-Romaine, 84290 Cairanne
04 90 30 85 25 ● info@domaine-richaud.fr ●
Visites : sans RDV.
Propriétaire : Marcel Richaud
Maître de chai : Claire Richaud

★★ DOMAINE SAINT-PRÉFERT

Isabel Ferrando déploie une énergie incroyable sur son domaine depuis 2002. Situé dans la partie sud du village de Châteauneuf-du-Pape, Saint-Préfert possède à peu près toutes les géologies que l'appellation affiche. Ce puzzle de terroirs lui permet d'élaborer des cuvées fort différentes en termes de style. On ne peut pas évoquer le domaine sans parler des vins blancs, dont l'infime cuvée clairette spéciale, épurée à souhait et capable de traverser les années avec brio. Les vins se sont affinés ces dernières années et les élevages sont de mieux en mieux intégrés. Tous ces efforts, notamment dans les extractions ainsi que sur les élevages des rouges, nous amènent à décerner une deuxième étoile cette année. Les blancs restent d'un très bon niveau et ce, dès la cuvée domaine.

Les vins : en 2021, le blanc nous surprend et nous rassure par sa nouvelle orientation. Le profil du vin a changé et on distingue davantage la clairette dans les arômes jusqu'à une finale précise. Du côté des rouges, la cuvée domaine se montre pleine, à la matière riche, solaire, sans être déséquilibrée. Colombis ne renie pas son degré et sa puissance. Le jus se montre enveloppé mais le style est savoureux et juste, en termes d'extraction. La cuvée F 601, pur cinsault, si rarement présentée, est une jolie bouteille qui mérite toute notre attention, portée par cette sapidité si fidèle à ce cépage.

Châteauneuf-du-Pape 2020	90 €	93
Châteauneuf-du-Pape Domaine Isabel Ferrando Colombis 2020	150 €	96
Châteauneuf-du-Pape F 601 2019	600 €	95

Le coup de ♥

Châteauneuf-du-Pape 2021	90 €	94

Rouge : 30 hectares. Grenache noir 70 %, Cinsault 12 %, Mourvèdre 10 %, Syrah 5 %, Counoise 3 %

Blanc : 2 hectares. Clairette 70 %, Roussanne 30 %

Production moyenne : 60 000 bt/an

DOMAINE SAINT-PRÉFERT ♣

425, chemin Saint-Préfert, 84230 Châteauneuf-du-Pape

04 90 83 75 03 ● www.st-prefert.com ● Vente et visites : sur RDV.

Propriétaire : Isabel Ferrando

★★ MAISON TARDIEU-LAURENT

Cette petite maison de négoce haut de gamme a été créée au début des années 1990 par Michel Tardieu et Dominique Laurent, dans la vallée du Rhône. Grâce à de très beaux approvisionnements et un sens aigu de la vinification et de l'élevage, Michel Tardieu produit une gamme de vins réguliers, dans un esprit moderne. Un négoce de pointe, aux approvisionnements léchés dans le Sud comme dans le Nord de la vallée du Rhône.

Les vins : les blancs 2021 bénéficient de la fraîcheur du millésime. Les deux côtes-du-rhône présentés sont bien gérés. Becs Fins est plus dans la fleur blanche et les épices, avec un viognier subtil qui domine. Nobles Origines est plus racé, avec une aromatique plus posée et une dimension de bouche qu'il faut saluer pour ce niveau d'appellation. L'hermitage est juste avec une matière fine pour ce terroir, mais il manque un peu de race et de profondeur pour atteindre le niveau des meilleurs. Le blanc châteauneuf-du-pape Vieilles Vignes nous semble plus abouti. Sur les rouges, la cuvée Becs Fins est certes bien mûre, mais reste plus pesante dans les arômes et les saveurs. Nobles Origines nous emmène plus sur la fraîcheur et l'équilibre. Le saint-joseph Vieilles Vignes possède la race et le beau fumé-lardé de la syrah sur granite. Le cornas est un bébé avec une mâche de qualité qu'il faut laisser tranquille pour le moment. La partie sud est un des points forts du domaine. Encore à l'aube de ses expressions, le vacqueyras est délicieux. Le châteauneuf est une belle cuvée, avec le coté pulpeux de ce grenache dominant ; un jus plein avec une belle persistance.

Châteauneuf-du-Pape Vieilles Vignes 2021	39 €	91
Côtes du Rhône Becs Fins 2021	10 €	89
Côtes du Rhône Nobles Origines 2021	16 €	90
Hermitage 2020	55 €	92
Châteauneuf-du-Pape 2020	32 €	94
Cornas 2020	38 €	94
Côtes du Rhône Becs Fins 2021	10 €	88
Côtes du Rhône Nobles Origines 2020	16 €	90
Saint-Joseph Vieilles Vignes 2020	30 €	93
Vacqueyras Vieilles Vignes 2020	25 €	93

Production moyenne : 250 000 bt/an

MAISON TARDIEU-LAURENT

Les Grandes Bastides, Route de Cucuron, 84160 Lourmarin
04 90 68 80 25 ● www.tardieu-laurent.com

● Vente et visites : sur RDV.
Propriétaire : Famille Tardieu
Directeur : Michel Tardieu
Œnologue : Bastien Tardieu

★★ CHÂTEAU DES TOURS

Cette propriété située en bas de l'appellation Vacqueyras, dans le secteur de Sarrians, appartient à Emmanuel Reynaud, qui dirige aussi, depuis 1997, Rayas et Fonsalette. Elle est principalement dédiée à l'exaltation du cépage grenache en rouge comme en blanc. Le soin apporté à la viticulture et les risques pris lors des vendanges – les raisins sont les plus mûrs possibles – offrent une qualité de production très régulière. Les vins proposent une expression singulière du grenache, reconnaissable à l'aveugle au milieu de tous, jamais très fort en couleur mais toujours profond, élancé et épicé, avec un fruit exceptionnel. Ils nous servent de référent en matière d'équilibre et surtout de complexité, et montrent le potentiel de garde des vins du secteur. D'ailleurs, du simple vin de pays jusqu'au vacqueyras, ils sont toujours vendus après quelques années de vieillissement au domaine : c'est ainsi qu'ils s'affirment le mieux.

Les vins : Le domaine ne nous ayant pas fait parvenir ses vins, nous sommes amenés à reconduire les notes de l'an dernier.

▭	Côtes du Rhône 2017	16 €	92
▭	IGP Vaucluse Domaine des Tours 2017	10,50 €	91
▬	Côtes du Rhône 2017	16 €	92
▬	IGP Vaucluse Domaine des Tours 2017	10,50 €	89
▬	Vacqueyras 2012	32 €	93

Rouge : 36 hectares. Grenache noir 45 %, Cinsault 35 %, Counoise 10 %, Merlot 5 %, Syrah 5 %
Blanc : 3 hectares.
Production moyenne : 120 000 bt/an

CHÂTEAU DES TOURS

Quartier des Sablons, 84260 Sarrians
04 90 65 41 75 ●
chateaurayas.fr/vinsdestours.php ●
Visites : sans RDV.
Propriétaire : Emmanuel Reynaud

★★ VIEUX TÉLÉGRAPHE

Sous le nom de Vieux Télégraphe, nous avons regroupé les domaines du Vieux Télégraphe, Piedlong ainsi que Les Pallières, en Gigondas, le tout appartenant aux frères Brunier. Les splendides galets de la Crau, terroir chaud, sont à l'origine de la typicité des vins. Des raisins peu ou pas éraflés, élevés dans de vieux foudres, donnent un vin riche, ayant besoin d'une longue garde pour dissiper son énergie. Dès lors, ils retrouvent toute la minéralité de ce superbe terroir. Situé au centre du village de Châteauneuf-du-Pape, le vignoble est majoritairement planté sur le plateau de Pied Long et dans le quartier, plus sableux, de Pignan. Les vins sont toujours droits et purs, plus élégants qu'imposants. Le reste de la production est déclassé dans la cuvée Télégramme. Enfin, le domaine Les Pallières, magnifique vignoble de Gigondas, est situé en terrasses sous les Dentelles de Montmirail. Le vin s'exprime dans un style profond, structuré et sans lourdeur.

Les vins : nous sommes séduits par les vins rouges de Châteauneuf. Dès la cuvée Télégramme, nous avons la finesse de texture qui se livre en bouche et l'ensemble se montre gracieux. La cuvée Piedlong brille par sa classe et le grenache se montre racé avec une bien meilleure envergure de bouche. La cuvée domaine, en 2019, est plus opulente, sans déroger à la dimension du terroir. Du côté des gigondas, nous préférons cette année la cuvée Les Racines qui bénéficie, sur le millésime 2020, de plus de fraîcheur que l'année passée. Sur les blancs, les vins sont quelque peu comprimés, Clos La Roquète en souffre particulièrement, il est figé par le dioxyde de soufre. Le châteauneuf domaine est plus lisible et libère davantage de largeur.

▭	Châteauneuf-du-Pape Clos La Roquète 2020	38 €	92
▭	Châteauneuf-du-Pape Domaine du Vieux Télégraphe 2020	64 €	91
▬	Châteauneuf-du-Pape Domaine du Vieux Télégraphe 2019	72 €	94
▬	Châteauneuf-du-Pape Domaine du Vieux Télégraphe Télégramme 2020	32 €	93
▬	Châteauneuf-du-Pape Piedlong 2020	53 €	96
▬	Gigondas Les Pallières Les Racines 2019	34 €	90
▬	Gigondas Les Pallières Terrasse du Diable 2019	27 €	88
▬	IGP Vaucluse Le Pigeoulet des Brunier 2020	11 €	89

Rouge : 137 hectares. Grenache noir 65 %, Mourvèdre 15 %, Syrah 15 %, Divers noir 5 %
Blanc : 10 hectares. Clairette 40 %, Grenache blanc 25 %, Roussanne 20 %, Bourboulenc 15 %
Production moyenne : 540 000 bt/an

VIEUX TÉLÉGRAPHE

3, route de Châteauneuf-du-Pape
84370 Bédarrides
04 90 33 00 31 ● www.vieux-telegraphe.fr ●
Vente et visites : sur RDV.
Propriétaire : Famille Brunier
Maître de chai : Famille Brunier

★ LA BARROCHE

Julien et Laetitia Barrot possèdent un joli vignoble comportant une part importante de vieilles vignes installées principalement dans la partie nord de l'appellation, sur les terroirs de Bois des Dauphins, Pied Long et Cabrières. La cuvée Pure est issue de grenaches, dont certains plus que centenaires, plantés dans les secteurs de Grand Pierre, Le Pointu et Rayas. La quête de la fraîcheur est affirmée : cuvier en ciment, élevages dans une majorité de gros contenant en bois, le domaine va dans le bons sens.

Les vins : nous n'avons reçu que deux cuvées cette année et aucun blanc, alors que le domaine brille dans les deux couleurs. Le millésime 2019 est en toute logique au-dessus en termes de dimension et de potentiel de garde par rapport à 2018. Mais nous réaffirmons que le millésime 2018 a été très bien géré au domaine. Liberty dévoile un vin bien mûr avec avec une certaine souplesse et élégance de style. C'est un 2019 qui ne subit pas le côté solaire du millésime. Julien Barrot est plus cossu avec une mâche intégrée et une ossature de bouche qui en dit long sur son potentiel de vieillissement.

▬ VDF Liberty 2019   20 € 93

Le coup de ♥

▬ Châteauneuf-du-Pape Julien Barrot
   2019   38 € 93

Rouge : 15 hectares. Grenache noir 62 %, Mourvèdre 17 %, Syrah 13 %, Cinsault 5 %, Divers noir 3 %
Blanc : 0,3 hectare. Clairette 100 %
Production moyenne : 40 000 bt/an

LA BARROCHE
16, chemin du Clos,
84230 Châteauneuf-du-Pape
09 82 31 11 00 ●
www.domainelabarroche.com ● Vente et visites : sur RDV.
Propriétaire : Julien et Laetitia Barrot

★ ⚐ BASTIDE DU CLAUX

Sylvain Morey est natif de Chassagne-Montrachet. Pour ce fils de Bourguignon, les vins blancs ont peu de secrets. Après des études d'œnologie, il part dans le Luberon en 1995 et y loue de vieilles vignes. Il a dû s'adapter à une culture multicépage et à des terroirs diversifiés qu'il assemble en cave ; unique condition pour produire les vins de bonne facture du domaine, des cuvées à la fois digestes et complexes, bien équilibrées. Les blancs sont remarquables ; les rouges parlent haut et fort de leur terre d'origine.

Les vins : avec une année de recul, les rouges 2018 confirment les belles qualités que nous avions détectées lors de notre édition précé-

dente. Le Claux a gagné en distinction et en harmonie, la syrah reste juteuse et précise. Capriers séduit par sa bouche infusée et son profil bourguignon. Le vin arbore une texture déliée, avec un jus très fin. Saint Jean est porté par le grenache qui tapisse la bouche avec volupté et distinction, une bouteille pleine de charme. Le rosé est friand, sans technologie. Sur les blancs 2020, le chardonnay d'Echo est maîtrisé d'une main de maître, bien loin de la simple définition variétale de ce noble cépage. Le vin, finement beurré, possède une plaisante allonge de qualité. L'Odalisque est une très belle cuvée, qui possède l'identité sudiste sans faillir, avec une belle allonge. Nous saluons le travail effectué, le difficile millésime 2018 a su être dompté et la belle gamme de blancs 2020 nous amène à attribuer sa première étoile au domaine.

▭ IGP Vaucluse Echo 2020   16 € 90
▭ Luberon Barraban 2020   15 € 90
▬ Luberon Poudrière 2021   12 € 88
▬ Luberon Capriers 2018   22 € 93
▬ Luberon Le Claux 2018   23 € 91
▬ Luberon Malacare 2020   15 € 89
▬ Luberon Saint Jean 2018   25 € 92

Le coup de ♥

▭ Luberon L'Odalisque 2020   21 € 92

Rouge : 10 hectares.
Blanc : 6 hectares.
Production moyenne : 70 000 bt/an

BASTIDE DU CLAUX ♣
401, Chemin du Claux, 84240 La
Motte-d'Aigues
04 90 77 70 26 ● www.bastideduclaux.fr ●
Pas de visites.
Propriétaire : Sylvain Morey

★ DOMAINE DE BEAURENARD

Il faut avoir goûté les vieux châteauneuf-du-pape des années 1950 et 1960 du domaine Beaurenard pour comprendre à la fois le potentiel et l'évolution de la production de ce domaine emblématique. Sans renier leur héritage, les frères Coulon ont évolué vers plus de modernité. Les rouges sont devenus sombres, denses, avec une certaine recherche de puissance, voire une pointe d'austérité. Dans les deux couleurs, les élevages sont marqués par un boisé prégnant, notamment Boisrenard. Depuis quelques millésimes, leurs vins semblent trouver de meilleurs équilibres : ils sont plus dynamiques et vivants. Absorbant mieux leur élevage, ils restituent avec plus de justesse un fruit prometteur dès le jeune âge et une belle énergie puisée dans le sol, qui les accompagnera dans le temps.

Les vins : en 2020, les rouges du domaine sont de bon niveau. Le rasteau est charnu et concentré, tout en conservant du fruit et une belle homogénéité gustative. La cuvée Argiles Bleues 2019 est superbe, avec une grâce de tanins qui rend le vin velouté. Sur Châteauneuf, la cuvée domaine 2020 séduit par son élégance de style et un élevage posé qui souligne et arrondit la matière tannique. La cuvée Boisrenard est encore primaire à ce stade, la bouche affiche cette belle identité de l'appellation, avec un fruit scintillant sur les fruits noirs. La trame de bouche est concentrée, en finesse, pour ce vin de garde. Fringant, le blanc 2021 est une belle réussite qui se livre avec subtilité. La fraîcheur du millésime 2020 est propice à générer de grands vins blancs.

Châteauneuf-du-Pape 2021		38 €	92
Châteauneuf-du-Pape 2020		38 €	93
Rasteau 2020		18 €	91
Rasteau Les Argiles Bleues 2019	30 €		92

Le coup de ♥

Châteauneuf-du-Pape Boisrenard 2020		60 €	94

Rouge : 63 hectares. Grenache noir 70 %, Mourvèdre 10 %, Syrah 10 %, Cinsault 6 %, Counoise 1 %, Terret noir 1 %, Vaccarèse 1 %, Muscardin 1 %
Blanc : 3 hectares. Clairette 30 %, Bourboulenc 25 %, Roussanne 22 %, Grenache blanc 20 %, Picpoul blanc 3 %
Production moyenne : 250 000 bt/an

DOMAINE DE BEAURENARD ☾

10 Av. Saint-Pierre de Luxembourg
84230 Châteauneuf-du-Pape
04 90 83 71 79 ● www.beaurenard.fr ● Vente et visites : sur RDV.
Propriétaire : Famille Coulon

★ DOMAINE BOIS DE BOURSAN

Le domaine Bois de Boursan a été créé au milieu des années 1950 par le père de Jean-Paul Versino. Ce dernier l'a rejoint en 1983, après avoir quitté l'université. Sa seule formation, il l'a puisée dans les livres et en suivant l'expérience de son père qui travaille depuis toujours en viticulture biologique. Ici, on produit de très beaux châteauneuf-du-pape dans un style classique, à dominante de grenache non érafté, élevé en foudre. En 1995, le domaine s'agrandit de quelques parcelles de très vieilles vignes et, parallèlement, le marché est en demande de vins plus puissants. Ainsi naît la cuvée Félix, élevée dans des barriques usagées avec 25 % de mourvèdre, vers laquelle se dirigeront les amateurs de vins plus structurés.

Les vins : avec une année supplémentaire en cave, la cuvée Félix 2019 s'est un peu détendue. Nous sommes, de manière générale, moins fan de ce style de cuvées, mais le jus mérite vraiment qu'on y prête de l'attention. Le mourvèdre impose une aromatique et une trame de bouche bien spécifiques qui sortent un peu de l'élégance de la cuvée domaine. Néanmoins, nous sommes conscients que le millésime est abouti et bâti pour la garde. La cuvée domaine nous ravit par sa finesse et son équilibre de style. C'est un jus fin et harmonieux.

Châteauneuf-du-Pape 2020		de 26 à 29 € (c)	95
Châteauneuf-du-Pape Félix 2019		de 46 à 52 € (c)	94

Rouge : 15 hectares. Grenache noir 65 %, Mourvèdre 17 %, Divers noir 10 %, Syrah 8 %
Blanc : 1 hectare.
Production moyenne : 40 000 bt/an

DOMAINE BOIS DE BOURSAN ♣

44, chemin du Clos, Quartier Saint-Pierre, 84230 Châteauneuf-du-Pape
04 90 83 73 60 ● boisdeboursan.fr ● Vente et visites : sur RDV.
Propriétaire : Famille Versino
Directeur : Jean et Jean-Paul Versino

★ DOMAINE LA BOUÏSSIÈRE

Le domaine La Bouïssière fait partie des références de l'appellation Gigondas. Son vignoble, bien situé sur les hauteurs des Dentelles de Montmirail, à 400 mètres d'altitude, donne des vins minéraux et intenses. Vendange égrappée dans sa quasi-totalité, élevage de douze mois en fût neuf pour partie et cuvaison longue donnent naissance à des vins fins et précis. Ces vins profonds et racés développent avec les années une belle complexité.

Les vins : le millésime 2020 est bien géré à la cave, avec des vins qui affichent un joli niveau de maturité tout en gardant du fruit et de la fraîcheur. La cuvée Les Amis de la Bouïssière subit un élevage un peu surjoué. Le bois impacte trop le fruit et sèche la finale de bouche. C'est dommage, nous aimons quand le bois souligne l'élevage avec distinction, mais ici, ce n'est malheureusement pas le cas. Le vacqueyras est scintillant, au jus plein, savoureux et sapide. Le beaumes-de-venise est plus solaire, mais le vin garde une trame ferme qui le recentre bien. Tradition est une très belle cuvée, avec cette pointe de vendange entière qui l'étire et lui donne de la finesse.

Beaumes de Venise 2020		15 €	89
Gigondas Tradition 2020		18 €	93

- VDF Les Amis de la Bouïssière 2021   8 €   **87**
- Vacqueyras Tradition 2020   17 €   **92**

Rouge : 20 hectares. Grenache noir 61 %, Syrah 23 %, Merlot 9 %, Mourvèdre 7 %

Production moyenne : 60 000 bt/an

DOMAINE LA BOUÏSSIÈRE

15, rue du Portail, 84190 Gigondas

04 90 65 87 91 ● www.labouissiere.com ●
Pas de visites.

Propriétaire : Gilles et Thierry Faravel

Œnologue : Laboratoire Philis

★ DOMAINE DE LA CHARBONNIÈRE

Acheté en 1912 par Eugène Maret, ce domaine est aujourd'hui aux mains de ses descendants, Michel Maret et ses deux filles, Caroline et Véronique. L'approche du travail des sols est clairement bio. Le domaine possède de nombreuses parcelles. Les différents châteauneuf mettent en évidence des assemblages ou des dominantes de cépages différentes. Les 6 hectares de Vacqueyras produisent des vins de bon niveau. Le style est assez classique : ces vins bien constitués ne basculent jamais dans le déséquilibre.

Les vins : à Châteauneuf-du-Pape, en 2019, le millésime ne fait pas dans la dentelle, les vins affichent une matière et une consistance de qualité avec un volume impressionnant, mais les équilibres diffèrent. Les vins sont nourrissants et peuvent, sur certaines cuvées, manquer de sapidité. Du côté des rouges, la cuvée domaine est bien canalisée et le vin reste harmonieux. Mourre des Perdrix est charnu, mais le vin pèche un peu à tous les niveaux, tant dans les arômes et les saveurs que sur la maturité du fruit et le degré d'alcool. La cuvée Vieilles Vignes est plus tannique, cela lui permet d'avoir une autre lecture de bouche. Hautes Brusquières est la cuvée qui a le mieux géré cette richesse : les tanins s'y opposent avec finesse. Le châteauneuf blanc 2020 est plus en fraîcheur qu'en 2019.

- Châteauneuf-du-Pape 2020   28,50 €   **91**
- Châteauneuf-du-Pape 2019   28,50 €   **92**
- Châteauneuf-du-Pape Mourre des Perdrix 2019   40 €   **92**
- Vacqueyras 2019   18,80 €   **90**

Le coup de ♥
- Châteauneuf-du-Pape Hautes Brusquières 2019   49 €   **95**

Rouge : 26,21 hectares. Grenache noir 66 %, Syrah 21 %, Mourvèdre 9 %, Cinsault 3 %, Counoise 1 %

Blanc : 1,44 hectare. Grenache blanc 40 %, Roussanne 40 %, Clairette 20 %

Production moyenne : 90 000 bt/an

DOMAINE DE LA CHARBONNIÈRE

26, route de Courthézon,
84230 Châteauneuf-du-Pape
04 90 83 74 59 ●
www.domainedelacharbonniere.com ●
Vente et visites : sur RDV.

Propriétaire : Michel Maret et Filles

Directeur : Famille MARET

Œnologue : Philippe Cambie

★ DOMAINE CHAUME-ARNAUD

Ce vaste domaine se situe à cheval sur les vignobles de Saint-Maurice et de Vinsobres. Dès 1997, date des dernières cultures maraîchères, le domaine a abandonné la polyculture pour se consacrer uniquement au vin. Les vins produits sont intenses et pleins de vie, sans effet de style, et expriment à merveille les terroirs de Saint-Maurice et de Vinsobres. Ces beaux vins du Rhône méridional lorgnent vers le nord.

Les vins : nous aimons la franchise des vins de ce domaine, les blancs sont sans esbroufe avec des fruits justes et subtiles. Le côtes-du-rhône est immédiat, avec ces notes florales de glycine et les bons amers de la marsanne en bouche. La Cadène est plus large, mais le viognier est très bien contenu par la marsanne. Les rouges 2020 sont juteux. Le côtes-du-rhône séduit dès aujourd'hui. Saint-Maurice est plus charnu, posée sur sa trame pulpeuse et veloutée. Le vinsobres 2018 est une belle réussite pour un millésime frais, c'est un vin qui ne possède pas la consistance du 2017, mais c'est un vrai plaisir en dégustation de part sa texture sapide et équilibrée.

- Côtes du Rhône 2021   11 €   **89**
- Côtes du Rhône-Villages La Cadène 2021   de 16 à 1 816 € (c)   **90**
- Côtes du Rhône 2020   12 €   **90**
- Côtes du Rhône-Villages Saint-Maurice 2020   de 12 à 15 € (c)   **92**
- Vinsobres 2018   de 13 à 16 € (c)   **92**

Rouge : 33,5 hectares. Grenache noir 50 %,

Syrah 30 %, Mourvèdre 10 %, Cinsault 10 %
Blanc : 4,5 hectares. Viognier 45 %,
Marsanne 45 %, Roussanne 10 %
Production moyenne : 150 000 bt/an

DOMAINE CHAUME-ARNAUD ☽

Les Paluds, 26110 Vinsobres
04 75 27 66 85 ● contact@chaume-arnaud.fr
● Visites : sans RDV.
Propriétaire : Philippe Chaume et Valérie
Chaume-Arnaud

★ ⚲ CLOS DU CAILLOU

Le Clos du Caillou revient dans le Guide cette
année. Ce domaine de 53 hectares, situé sur la
commune de Courthézon, est certifié en bio
depuis 2010. Sylvie Vacheron et ses enfants,
Marilou et Axel, revenus sur la propriété récemment, ont fait évoluer les vins vers davantage de
finesse et de profondeur. Clos du Caillou a fait
l'acquisition en 2020 du domaine voisin le Château de Panisse, qui vient rajouter 6,5 hectares
de plus en Châteauneuf-du-Pape et 7,5 hectares de Côtes du Rhône. Des vieilles vignes de
cinsault plantées dans les années 1950 et des
grenaches des années 1920 sont également du
lot. Convaincus par la qualité des vins présentés,
nous attribuons une première étoile bien méritée au domaine cette année.

Les vins : l'excellent niveau de la cave nous
séduit : les rouges se montrent très cohérents,
sur plusieurs profils de vin et de texture. Esprit
nature, cuvée sans soufre, s'exprime sans retenue avec une matière vraiment digeste. Le
côtes-du-rhône Réserve repose sur davantage
de mâche et de consistance. La série des châteauneufs est vraiment superbe : Les Safres
exprime toute la délicatesse et le raffinement
du grenache sur ce type de géologie ; Les Quartz
s'avère plus ferme, plus carré dans ces tanins,
mais il va se détendre avec le temps ; la cuvée
Réserve est un grand vin alliant puissance, pulpeux de la chair et la belle persistance d'un
vin pour la garde. Le côtes-du-rhône blanc La
Réserve est une pure clairette cristalline qui
nous donne des frissons. Le châteauneuf blanc
est un vin très typé : avec ses nuances d'anis
et fenouil, la bouche affiche une belle puissance, sans aucune mollesse.

◻ Châteauneuf-du-Pape Les Safres 2021	41 €	93
◻ Côtes du Rhône Bouquet des Garrigues 2021	13,50 €	88
◻ Côtes du Rhône La Réserve 2019	26 €	92
◼ Châteauneuf-du-Pape Les Quartz 2020	55 €	92
◼ Châteauneuf-du-Pape Réserve 2020	100 €	95

◼ Côtes du Rhône Bouquet des Garrigues 2019	13,50 €	88
◼ Côtes du Rhône Esprit Nature 2021	15 €	89
◼ Côtes du Rhône Les Quartz 2019	18 €	89
◼ Côtes du Rhône Réserve 2019	26 €	90

Le coup de ♥

◼ Châteauneuf-du-Pape Les Safres 2020	36 €	94

Rouge : 48 hectares. Grenache noir 70 %,
Mourvèdre 10 %, Syrah 10 %, Counoise 4 %,
Carignan 3 %, Cinsault 3 %
Blanc : 5 hectares. Grenache blanc 60 %,
Bourboulenc 10 %, Clairette rose 9 %,
Clairette 7 %, Roussanne 7 %, Viognier 7 %
Production moyenne : 200 000 bt/an

CLOS DU CAILLOU ♣

1600, Chemin Saint-Dominique,
84350 Courthézon
04 90 70 73 05 ● www.closducaillou.com ●
Vente et visites : sur RDV.
Propriétaire : Sylvie Vacheron
Directeur : Marilou Vacheron
Maître de chai : Bruno Gaspard

★ CHÂTEAU DE LA FONT DU LOUP

Le domaine, situé sur un terroir froid exposé
plein nord, est aussi appelé dans la région "la
glacière". Naissant sur un point culminant de
l'appellation, les vins ne souffrent jamais de surmaturité mais les vignes peuvent subir le gel. Le
blanc, assemblage de quatre cépages, est élevé
entre béton, inox et bois (30 %). Les textures
de bouche des différents rouges sont bien
représentatives de ce terroir frais. Nous avouons
un faible pour Puy Rolland, qui séduit par son
velouté et sa finesse de style.

Les vins : la série des châteauneuf-du-pape est
de bonne facture, avec des rendus différents,
mais les vins gardent une certaine grâce et
finesse de style. Seule la cuvée Grandeur Nature
est rattrapée par la patrouille avec une faible
protection et un fruit déficient. Legend exprime
aussi sa particularité tant dans les arômes que
sur les saveurs, le mourvèdre dominant ramène
plus de sève et d'austérité. La cuvée domaine
est une excellente version de Châteauneuf,
juteux, défini par une trame aimable et facile
d'accès. Le Puy Rolland est la cuvée phare, avec
la belle identité du grenache sur un terroir frais.
Les Demoiselles marque les esprits par sa rondeur et sa douceur de texture, mais le fruit bascule un peu plus et nous semble plus compoté.
Les entrées de gamme de la série Signature

sont des plus modernes dans les arômes et les saveurs, cela reste tout de même un ton en dessous.

- Châteauneuf-du-Pape 2021   de 32 à 38 € (c)   90
- Côtes du Rhône Signature by la Font du Loup 2021   de 13 à 19 € (c)   87
- Côtes du Rhône Signature by la Font du Loup 2021   de 12 à 18 € (c)   86
- Châteauneuf-du-Pape 2020   de 32 à 38 € (c)   92
- Châteauneuf-du-Pape Grandeur Nature 2021   de 28 à 35 € (c)   89
- Châteauneuf-du-Pape Le Puy Rolland 2020   de 42 à 50 € (c)   94
- Châteauneuf-du-Pape Legend 2019   de 55 à 70 € (c)   93
- Châteauneuf-du-Pape Les Demoiselles 2020   de 28 à 32 € (c)   92
- Côtes du Rhône Signature by la Font du Loup 2020   de 13 à 22 € (c)   88

Rouge : 18,5 hectares. Grenache noir 60 %, Mourvèdre 20 %, Syrah 15 %, Cinsault 5 %
Blanc : 1,5 hectare. Grenache blanc 35 %, Roussanne 35 %, Bourboulenc 15 %, Clairette 15 %
Production moyenne : 50 000 bt/an

CHÂTEAU DE LA FONT DU LOUP

Route de Châteauneuf-du-Pape,
84350 Courthézon
04 90 33 06 34 ● www.lafontduloup.com ●
Vente et visites : sur RDV.
Propriétaire : Anne-Charlotte Mélia-Bachas
Directeur : Laurent Bachas
Maître de chai : Stéphane Dupuy d'Angeac

★ DOMAINE FÉRAUD ET FILS

Ce domaine possède un petit et très beau vignoble implanté sur des safres et des grès sablonneux. Il n'est séparé des fameux sables de Rayas que par quelques rangées d'arbres. Le jeune et très prometteur Yannick Féraud a rejoint en 2012 son père Eddie dans ce domaine familial, où l'on travaille avec des raisins non égrappés et sans levures exogènes. Les vins sont élevés dans de vieux foudres. Si l'approche reste traditionnelle, Yannick a fait évoluer les vins vers davantage de finesse.

Les vins : le domaine nous gratifie d'un joli châteauneuf-du-pape rouge 2019, armé pour bien vieillir. Il est cependant détendu dans sa lecture de bouche et nous offre une matière longue et une puissance contenue par des beaux tanins. La parcelle des Raisins Bleus est incorporée ce millésime dans la cuvée domaine. Les Claux Guillard est un joli grenache

juteux et fruité. La trame de tanins encore un peu rigide nous rappelle que ce vin en a sous le pied. Les blancs sont de belle facture : Les Claux Guillard blanc est une belle définition de clairette épurée et cristalline ; le châteauneuf est fidèle à ce que nous sommes en droit d'attendre, avec une bouche harmonieuse et sapide.

- Châteauneuf-du-Pape 2021   de 35 à 45 € (c)   92
- VDF Le P'tit Plaisir 2021   de 10 à 15 € (c)   89
- VDF Les Claux Guillard 2021   de 15 à 20 € (c)   91
- Châteauneuf-du-Pape 2019   de 35 à 45 € (c)   94
- VDF Les Claux Guillard 2021   de 15 à 20 € (c)   90

Rouge : 5,1 hectares. Grenache noir 86 %, Mourvèdre 10 %, Cinsault 2 %, Clairette rose 2 %
Blanc : 0,25 hectare. Clairette 50 %, Grenache blanc 40 %, Muscat à petits grains blancs 10 %
Production moyenne : 13 000 bt/an

DOMAINE FÉRAUD ET FILS

9, avenue du Général-de-Gaulle,
84230 Châteauneuf-du-Pape
06 03 61 26 84 ●
www.domaineferaudetfils.fr ● Visites : sans RDV.
Propriétaire : Eddie et Yannick Féraud
Directeur : Yannick Feraud

★ DOMAINE DU GOUR DE CHAULÉ

Loin des vins riches et très ouverts qu'on rencontre avec plaisir dans le Rhône méridional, les cuvées de ce domaine sont au contraire légèrement introverties. Mais, dès qu'elles prennent de l'âge, ou que vous les aérez, elles font ressortir tout leur raffinement. Stéphanie Fumoso produit des vins depuis 2007 dans le cœur historique de Gigondas. Les dosages en soufre sont modérés, l'agriculture respectueuse de l'environnement. En cave, les foudres affinent les vins vinifiés en grappe entière.

Les vins : le millésime 2020 affiche une belle adéquation entre maturité et fraîcheur : le volume est juste et la matière étirée. Cuvée Tradition se fond maintenant dans le style de fruit et d'extraction que Paul Fumoso a initié depuis 2018. Le 1 % de mourvèdre qui signe les deux cuvées est plus lisible sur Le Gour et lui apporte un côté maquis et herbes sauvages. Davantage dominée par le grenache, la cuvée La Numéro Huit délivre une matière plus sapide.

Gigondas Cuvée Tradition
2020   de 21 à 24 € (c)   **91**

Gigondas Le Gour
2020   de 39 à 41 € (c)   **92**

Le coup de ♥

Gigondas La Numéro Huit
2020   de 39 à 41 € (c)   **94**

Rouge : 10,5 hectares. Grenache noir 76 %, Mourvèdre 10 %, Syrah 10 %, Cinsault 4 %
Production moyenne : 35 000 bt/an

DOMAINE DU GOUR DE CHAULÉ ♣

6, route Neuve, 84190 Gigondas
06 60 43 77 61 ● www.gourdechaule.com ● Vente et visites : sur RDV.
Propriétaire : Stéphanie Fumoso
Directeur : Paul Fumoso
Œnologue : Laurent Philis

★ VIGNOBLES MAYARD

Les vignobles Mayard possèdent un grand domaine en appellation Châteauneuf-du-Pape. Les principales cuvées sont Clos du Calvaire, beau vin classique, plein et riche, d'une belle complexité ; la cuvée Domaine du Père Pape, plus solide et plus ambitieuse, destinée à la garde. Enfin, issue du terroir de la Crau, une très belle cuvée qui mérite le détour : La Crau de ma Mère. Un vin solaire, comme son terroir, à la fois puissant et racé.

Les vins : le blanc La Crau de ma Mère 2021 est distingué, avec ses notes fraîches de fenouil et d'aubépine. Il sera à garder en cave quelque temps. C'est sur ce genre de millésimes assez frais que les vins associent puissance modérée et sapidité. Sur les rouges, La Crau 2018 commence à évoluer : si sa phase aromatique reste cohérente, la bouche a perdu un peu d'éclat. D'un excellent rapport qualité-prix quel que soit le millésime, Clos du Calvaire est construit avec justesse, mais extraction ne surjoue pas. Domaine du Père Pape 2019 est dense et cossu, une bouteille à oublier pour le moment.

Châteauneuf-du-Pape La Crau de ma
Mère 2021   39 €   **91**

Châteauneuf-du-Pape Clos du Calvaire
2020   31 €   **92**

Châteauneuf-du-Pape Domaine du Père
Pape 2019   39 €   **93**

Châteauneuf-du-Pape La Crau de ma
Mère 2018   49 €   **91**

Rouge : 31 hectares. Grenache noir 70 %, Syrah 13 %, Mourvèdre 10 %, Cinsault 5 %, Counoise 2 %
Blanc : 2 hectares. Clairette 40 %, Grenache blanc 30 %, Bourboulenc 20 %, Roussanne 10 %
Production moyenne : 100 000 bt/an

VIGNOBLES MAYARD ♣

1973, Route de Châteauneuf du Pape, Clos du Calvaire 84700 Sorgues
04 90 83 70 16 ●
www.vignobles-mayard.com ● Vente et visites : sur RDV.
Propriétaire : Famille Mayard
Directeur : Françoise Roumieux
Maître de chai : Arthur Mayard

★ ✒ DOMAINE DE MONTVAC

Transmis de mère en fille depuis sa création, le domaine est une histoire de femmes. Nous avons été convaincus par le style des vins rouges et blancs de Cécile Dusserre, qui nous montre que les beaux crus de la vallée du Rhône méridionale, comme Gigondas et Vacqueyras, peuvent exprimer puissance et densité tout en restant sapides et fins. En rouge, les raisins sont éraflés et élevés en cuve béton, sauf Vincila et Adage qui subissent un élevage en demi-muid. Nous vous recommandons les blancs, notamment Complicité, qui nous conforte dans notre attachement à la fabuleuse clairette. Mélodine est plus méridional, mais une dégustation récente d'un 2014 nous indique qu'elle peut évoluer avec pureté et finesse.

Les vins : la dégustation des blancs 2020 nous a convaincu, les vins ont gagné en harmonie. Mélodine affiche toute la panoplie d'un blanc méditerranéen : les ajoncs, le mellifère et l'amande amère. La bouche est assez large, mais bien contrebalancée par des jolis amers. Le vacqueyras blanc Complicité 2020 est certainement une des clairettes les plus abouties produites par le domaine. Le 2019, avec une année supplémentaire en bouteille, a dompté sa générosité, du moins dans la phase aromatique. La bouche reste puissante et enrobée. Du côté des rouges, le gigondas 2020 est juteux à souhait, avec une belle envergure de bouche. La Cuvée Vincila 2019 est plus enrobée qu'en 2017 : la chair et la matière intègrent mieux les tanins. Les progrès de la cave et la gestion des derniers millésimes nous permettent d'attribuer la première étoile au domaine cette année.

Vacqueyras Complicité 2019   30 €   **93**

Vacqueyras Mélodine 2020   15,50 €   **90**

Gigondas Adage 2020   18 €   **92**

Vacqueyras Arabesque 2019   14 €   **91**

Vacqueyras Vincila 2019   17 €   **91**

Le coup de ♥

Vacqueyras Complicité 2020   30 €   **93**

Rouge : 21 hectares. Grenache noir 70 %,

Syrah 25 %, Mourvèdre 5 %
Blanc : 2 hectares. Clairette 45 %,
Roussanne 40 %, Bourboulenc 10 %,
Viognier 5 %
Production moyenne : 70 000 bt/an

DOMAINE DE MONTVAC ♣

900, route de Vaison, 84190 Vacqueyras
04 90 65 85 51 ● www.domainedemontvac.fr
● Visites : sans RDV.
Propriétaire : Cécile Dusserre

★ MOULIN DE LA GARDETTE

Ce domaine de Gigondas est depuis longtemps une valeur sûre de l'appellation. Il est
exploité par Jean-Baptiste Meunier depuis 1990,
et compte 10 hectares répartis en 25 parcelles,
situées entre 100 et 330 mètres d'altitude, où
les vignes atteignent en moyenne l'âge respectable de 50 ans.

Les vins : ce domaine nous gratifie de deux jolis
vins de garde en 2019, dont nous saluons la
fraîcheur dans ce millésime solaire. Là encore,
Jean-Baptiste Meunier parvient à présenter des
vins aux tanins nobles, qui apportent le juste
relief pour créer l'harmonie. La cuvée Ventabren est le parangon du vin à laisser en cave,
laissons-lui le temps de calmer sa fougue.

Gigondas Tradition 2019	25 €	91

Le coup de ♥

Gigondas Ventabren 2019	36 €	93

Rouge : 10 hectares. Grenache noir 70 %,
Syrah 17 %, Cinsault 7 %, Mourvèdre 6 %
Production moyenne : 25 000 bt/an

MOULIN DE LA GARDETTE ♣

11, place Gabrielle-Andéol, 84190 Gigondas
04 90 65 81 51 ●
www.moulindelagardette.com ●
Visites : sans RDV.
Propriétaire : Jean-Baptiste Meunier

★ DOMAINE L'OR DE LINE

Ingénieur agronome de formation, Gérard Jacumin a travaillé dans la finance à Paris avant de
revenir au domaine familial en 1989. Sa formation d'ingénieur l'a poussé vers le bio. Mais cet
homme dynamique aime les défis et explore la
biodynamie. Ses vins sont charnus, gracieux et
soyeux. Ici, on érafle peu ou pas les raisins.
Laureline, la fille de Gérard, à qui on doit le nom
du domaine, a repris les rênes de l'exploitation
en 2019.

Les vins : une gamme de 2020 très séduisante.
La série des châteauneufs est convaincante,
avec des jus profonds et des matières denses

mais civilisées. Adoption est un vin plus rigide,
mais nous n'avons aucune inquiétude à son
sujet, il faudra juste se montrer patient. La cuvée
domaine est un grand classique, mûr et sobre.
Le vin est élancé, sans aucune lourdeur de style.
Les cuvées Paule Coutil jouent dans la cours
des grands : le 2020 est un vin complet avec du
charme et de la volupté ; le 2019 est plus solaire,
et libère une matière puissante et harmonieuse.
Le châteauneuf-du-pape blanc 2020 a gagné en
complexité après une année supplémentaire,
mais nous le trouvons un peu avachi en bouche.

Châteauneuf-du-Pape 2020	28 €	90
Châteauneuf-du-Pape 2020	28 €	92
Châteauneuf-du-Pape Adoption 2020	52 €	93
Châteauneuf-du-Pape Paule Courtil 2019	39 €	95
Châteauneuf-du-Pape Paule Courtil 2020	42 €	94

Rouge : 6 hectares. Grenache noir 55 %,
Syrah 15 %, Mourvèdre 15 %, Divers noir 10 %,
Clairette rose 5 %
Blanc : 3 hectares. Grenache blanc 27 %,
Picardan 24 %, Roussanne 20 %, Picpoul
blanc 14 %, Clairette 10 %, Bourboulenc 5 %
Production moyenne : 20 000 bt/an

DOMAINE L'OR DE LINE ♣

28 rue Porte Rouge,
84230 Châteauneuf-du-Pape
04 90 83 74 03 ● www.lordeline.com ●
Vente et visites : sur RDV.
Propriétaire : Laureline Jacumin

★ DOMAINE DE L'ORATOIRE SAINT-MARTIN

Frédéric et François Alary, arrivés en 1984, ont
cédé leur place à la tête de cette propriété qui
appartenait à la famille Alary depuis le XVIIe siècle. Sous l'action des deux frères et de leur
travail colossal, le domaine a atteint le sommet,
grâce à une agriculture respectueuse et des
vins précis aussi bien en blanc qu'en rouge sur
ce beau terroir de Cairanne. Sans personne
pour reprendre le flambeau, le domaine a été
vendu en 2020 à la famille Abeille-Fabre, les
propriétaires du Château Mont-Redon à
Châteauneuf-du-Pape.

Les vins : nous sommes un peu déçus par les
blancs en 2021 ; aujourd'hui, c'est un autre style
de vins qui s'impose, avec moins de maturité.
Haut-Coustias 2020 est profond, sans atteindre
la dimension et la complexité de ce que nous
avons connu. Du côté des rouges, Les P'tits Gars
est jovial, assis sur une maturité phénolique
moyenne. Réserve des Seigneurs 2020 est bien
juteux mais ne possède plus la dimension que

nous avons pu connaître par le passé ; le vin est plus contenu et strict. Seul Haut-Coustias 2019 tire profit de cette maturité et délivre une matière concentrée, sans lourdeur de style, accompagnée d'une trame charnue et dense. Cette sève de tanin est capable d'apporter de la fraîcheur. Nous décidons, par conséquent, de retirer la deuxième étoile qui nous semble ne plus refléter les vins du domaine.

⊂ Cairanne Haut-Coustias 2020	26,80 €	**90**
⊂ Cairanne Réserve des Seigneurs 2021	16,60 €	**89**
⊂ Côtes du Rhône Les P'tits Gars 2021	13,60 €	**87**
◣ Cairanne Haut-Coustias 2019	27,40 €	**94**
◣ Cairanne Réserve des Seigneurs 2020	17,60 €	**91**
◣ Côtes du Rhône Les P'tits Gars 2021	13,10 €	**88**

Rouge : 20 hectares. Grenache noir 55 %, Mourvèdre 25 %, Syrah 10 %, Carignan 7 %, Cinsault 2 %, Counoise 1 %
Blanc : 5 hectares. Clairette 30 %, Roussanne 24 %, Grenache blanc 23 %, Marsanne 23 %
Production moyenne : 80 000 bt/an

DOMAINE DE L'ORATOIRE SAINT-MARTIN ♣

570, route de Saint-Roman, 84290 Cairanne
04 90 30 82 07 ●
www.oratoiresaintmartin.fr ● Visites : sur RDV aux professionnels.
Propriétaire : Famille Abeille-Fabre
Directeur : Pierre Fabre
Maître de chai : Geoffrey Guigue

NOUVEAU DOMAINE

★ DOMAINE D'OURÉA

Après avoir fourbi ses armes dans les vignobles bourguignon et californien, Adrien Roustan crée le domaine d'Ouréa en 2009, incorporant une partie des plants de son grand-père : 20 hectares de vignes répartis sur des géologies diverses. Le vignoble est certifié bio depuis 2012 et la conversion en biodynamie est engagée depuis 2020. À la fois gracieux et concentrés, les vins du domaine séduisent par leur finesse, les rouges sont infusés et la puissance de Vacqueyras et Gigondas est bien équilibrée. La parcelle La Belle Cime est évocatrice d'un des vignobles les plus hauts de l'appellation Gigondas, à 520 mètres sur des calcaires. Les amoureux de rosé qui respirent le raisin seront comblés. Il ne faudra pas oublier le blanc, délicieux, composé majoritairement de clairette, avec une pointe de bourboulenc. La malo est faite, mais le vin garde

fraîcheur et allonge. Pour récompenser l'homogénéité de la cave, nous lui attribuons une étoile d'entrée.

Les vins : dès l'entrée dans notre guide, le domaine marque les esprits. L'ensemble des cuvées se révèle d'une grande finesse. Sans prétention, l'IGP rouge joue son rôle en présentant une matière infusée et une palette sur le fruit. Le côtes-du-rhône nous régale par sa gourmandise. Le vacqueyras, avec 50 % de vendange entière maîtrisée, nous gratifie d'un bouquet floral et subtil. La bouche associe la richesse et le côté taffetas du jus, avec des tanins posés. Le gigondas impose plus de force, mais le fruit reste précis, alliant la matière à la finesse. La cuvée La Belle Cime 2020 est certainement le vin culminant de cette appellation. Le millésime lui donne la maturité, de l'étoffe et de la dimension en bouche. La fraîcheur du terroir d'altitude apporte le juteux et la tonicité. Un vin éclatant !

⊂ Vacqueyras 2020	20 €	**88**
◣ Côtes du Rhône 2020	12 €	**89**
◣ Gigondas 2020	23,50 €	**92**
◣ Gigondas La Belle Cime 2020	35 €	**94**
◣ IGP Vaucluse Tire-Bouchon 2020	9,50 €	**90**
▽ VDP du Vaucluse Tire Bouchon 2020	9,50 €	**88**
◣ Vacqueyras 2020	17,50 €	**92**

Rouge : 18,5 hectares. Grenache noir 60 %, Syrah 10 %, Aramon 5 %, Carignan 5 %, Cinsault 5 %, Counoise 5 %, Mourvèdre 5 %, Œillade noire 5 %
Blanc : 1,5 hectare. Clairette 80 %, Bourboulenc 20 %
Production moyenne : 100 000 bt/an

DOMAINE D'OURÉA ♣

470, Chemin de Fontbonne, 84190 Vacqueyras
06 60 94 23 57 ● www.domainedourea.fr/ ● Visites : sur RDV aux professionnels.
Propriétaire : Adrien Roustan

★ DOMAINE PIQUE-BASSE

Originaire de Franche-Comté, Olivier Tropet est œnologue de formation. En 1998, il récupère l'exploitation et les vignes de son grand-père dans la vallée du Rhône, à Roaix, au pied du massif de Ventabren et à l'est du terroir de Rasteau, vignoble orienté est/sud-est, face au mont Ventoux. À ses débuts, il livre ses raisins à la cave coopérative. En 2007, il décide de produire son premier millésime au domaine. Le vin est issu de parcelles vendangées manuellement, cultivées de façon naturelle, sans désherbant ni engrais chimique. Nous suivons Olivier Tropet depuis plusieurs millésimes et ses vins ne manquent jamais de nous séduire par leur justesse de ton, que ce soit sur le trop méconnu terroir de Roaix qu'il valorise à merveille, ou avec son somptueux rasteau.

Les vins : nous sommes convaincus par la gestion du millésime 2020 en rouge, les cuvées présentées sont juteuses et abouties. La Brusquembille livre une syrah presque septentrionale avec le poivre du Sichuan et la violette. L'As de Pique est un vin plein et étoffé, à la matière plus large que longue, mais sans déséquilibre. Ventabren 2019 dévoile une syrah solaire mais parfaitement gérée dans son équilibre de bouche. Nous aimons le rasteau 2019, qui nous ravit par la qualité de son fruit et son amplitude de bouche, alliant puissance, charme et soyeux. Porté par son aspect cristallin, le blanc 2020 est encore une belle réussite.

- Côtes du Rhône-Villages Roaix L'Atout du Pique 2020　　　　　17 €　93
- Côtes du Rhône La Brusquembille 2020　　　　　8 €　89
- Côtes du Rhône-Villages Le Chasse-Coeur 2020　　　　　9 €　89
- Côtes du Rhône-Villages Roaix Au Coeur du Ventabren 2019　　　　　18 €　90
- Côtes du Rhône-Villages Roaix L'As du Pique 2020　　　　　13 €　90

Le coup de ♥
- Rasteau 2019　　　　　14 €　93

Rouge : 33 hectares. Grenache noir 70 %, Syrah 20 %, Carignan 5 %, Mourvèdre 5 %
Blanc : 3,7 hectares.
Production moyenne : 50 000 bt/an

DOMAINE PIQUE-BASSE ♣
445, route de Buisson, 84110 Roaix
04 90 46 19 82 ● www.pique-basse.com ●
Pas de visites.
Propriétaire : Olivier Tropet

★ DOMAINE DU PÈRE BENOÎT

C'est en juin 2005 qu'Anne-Sophie Palayer-Bodson et Benoît Bodson ont acquis un petit mazet à l'abandon, entouré d'une dizaine d'hectares de vignes et terres, à Saint-Hilaire d'Ozilhan, près du pont du Gard. Ils plantent en complément des cépages blancs en 2006 et des arbres au milieu des parcelles. Ces parcelles sont cultivées en bio depuis 2009. Bien que le terroir argilo-calcaire ne soit pas en altitude, la fraîcheur est au rendez-vous. Les fermentations malolactiques ne sont pas pratiquées en blanc, sauf exceptions ; en rouge, le carignan est vinifié la plupart du temps en vendange entière. On

peut se restaurer sur place (sur réservation) et déguster, avec les vins, des coquillages et des crustacés.

Les vins : le domaine ne nous ayant pas présenté ses vins, nous sommes amenés à reconduire les notes de notre édition précédente.

- VDF Gavroche 2019　　de 27 à 37 € (c)　92
- VDF Psaume 2019　　de 25 à 35 € (c)　91
- VDF Benefactum 2019　　　　28 €　89
- VDF Gnome 2019　　de 31 à 41 € (c)　91
- VDF Ondine 2019　　de 31 à 41 € (c)　87
- VDF Salamandre 2019　de 31 à 41 € (c)　86
- VDF Sylphe 2019　　de 31 à 41 € (c)　92

Rouge : 6 hectares. Carignan 41 %, Grenache noir 25 %, Syrah 20 %, Merlot 14 %
Blanc : 3 hectares. Chardonnay 33 %, Viognier 33 %, Vermentino 17 %, Muscat à petits grains blancs 9 %, Chenin 8 %
Production moyenne : 18 000 bt/an

DOMAINE DU PÈRE BENOÎT ♣
1, route de Saint-Hilaire, RD 792 Lieu-dit :
Peyre Plantade 30210 Saint-Hilaire-d'Ozilhan
06 08 05 63 57 ●
www.domaineduperebenoit.com ● Vente et visites : sur RDV.
Propriétaire : Anne-Sophie Palayer-Bodson et Benoît Bodson
Directeur : Anne-Sophie Palayer-Bodson

★ DOMAINE ROGER SABON

Les Sabon font partie des plus anciennes familles de Châteauneuf-du-Pape. Les générations se suivent et ne se ressemblent pas : autrefois, les vins de ce domaine étaient issus de vendanges non égrappées ; aujourd'hui elles le sont partiellement. Entre classicisme et modernité, les vins font la part belle au grenache. Toute la gamme montre une cohérence surprenante, axée sur la recherche de grandes maturités. Ici, plus le vin est grand, plus il se doit d'être fin, et ce, avec beaucoup de naturel.

Les vins : le millésime 2020 est convaincant. Le blanc sonne juste, avec une matière à la fois mûre et fraîche, que la patine du bois enrobe sans graisser. Le style impressionne dans la cuvée Les Olivets ; fin, équilibré et accessible dès aujourd'hui, ce châteauneuf est certainement un des plus beaux rapports qualité-prix de l'appellation. La cuvée Réserve impose plus de force, le fruit y bascule davantage. La bouche est plus riche, mais moins harmonieuse. Nous lui préférons Prestige, pour le relief tannique amené par le mourvèdre, qui équilibre le degré alcoolique en lui conférant un surplus d'allonge. Le Secret Des Sabon est d'un excellent niveau. Si la volupté et la rondeur de bouche nous fascinent, nous sommes face à une grenache pure qui impose une puissance et un degré qu'il va falloir digérer.

⊃ Châteauneuf-du-Pape Renaissance
2020   29 € 92

▬ Châteauneuf-du-Pape Réserve
2020   27 € 93

▬ Châteauneuf-du-pape Le Secret Des
Sabon 2020   105 € 95

▬ Châteauneuf-du-pape Prestige
2020   37,50 € 95

Le coup de 💜

▬ Châteauneuf-du-Pape Les Olivets
2020   21 € 94

Rouge : 45 hectares. Grenache noir 70 %, Mourvèdre 10 %, Syrah 10 %, Cinsault 5 %, Muscardin 2 %, Terret rouge 2 %, Counoise 1 %
Blanc : 3 hectares. Roussanne 30 %, Clairette 25 %, Grenache blanc 25 %, Bourboulenc 20 %
Production moyenne : 150 000 bt/an

DOMAINE ROGER SABON

4 bis, Avenue Impériale,
84230 Châteauneuf-du-Pape
04 90 83 71 72 ● www.roger-sabon.com ●
Vente et visites : sur RDV.
Propriétaire : Famille Sabon
Directeur : Didier Negron

★ DOMAINE LE SANG DES CAILLOUX

Ce beau domaine de Vacqueyras dispose d'un magnifique terroir sur un plateau de galets roulés. Certifiée biologique dès 2010, en biodynamie depuis 2012, avec des rendements strictement contrôlés, la propriété produit des vacqueyras imposants qui demandent du temps pour se révéler pleinement : ce sont des vins souvent très structurés et d'une grande richesse, aux maturités élevées, même si, sur les derniers millésimes, ils ont tendance à s'affiner. La cuvée Lopy est le vin le plus riche et dense du domaine mais, sur certains millésimes, nous préférons l'équilibre des entrées de gamme. Le blanc s'impose comme un joli référent dans le secteur.

Les vins : nous n'avons reçu que deux cuvées cette année sur le millésime 2020. Un Sang Blanc reste une valeur sûre du Rhône sud, un blanc mûr et pas cadenassé dans son profil longiligne ; ample, mais sans déséquilibre. Le rouge Doucinello revendique un fruit juteux et sincère, auquel s'associent des notes de maquis. La bouche est de bonne facture, avec une mâche et une consistance de qualité. Les tanins demandent à se fondre un peu, mais nous n'avons aucune inquiétude à ce sujet.

⊃ Vacqueyras Un Sang Blanc
2020   26 € 92

▬ Vacqueyras Doucinello 2020 18 € 90

Rouge : 16,2 hectares. Grenache noir 70 %, Syrah 20 %, Mourvèdre 7 %, Cinsault 3 %
Blanc : 1,2 hectare. Clairette 25 %, Grenache blanc 25 %, Bourboulenc 15 %, Marsanne 15 %, Roussanne 15 %, Viognier 5 %
Production moyenne : 50 000 bt/an

DOMAINE LE SANG DES CAILLOUX ♣

4853, route de Vacqueyras, 84260 Sarrians
04 90 65 88 64 ● www.sangdescailloux.com
● Vente et visites : sur RDV.
Propriétaire : Frédéri Férigoule

★ CHÂTEAU DES TOURETTES

Le château des Tourettes possède un joli vignoble sur le plateau d'Apt. Maine et Jean-Marie Guffens ont restructuré en quasi-totalité le vignoble en affirmant leur volonté de créer un joli terroir, grâce à des replantations de sélections massales. Les vins sont fidèles au style de Jean-Marie Guffens, offrant toujours l'adéquation entre une maturité aboutie du raisin et une tension minérale en finale. Jean-Marie et Maine recentrent la production sur les blancs, et mettent un terme au négoce Guffens du Sud.

Les vins : nous sommes enchantés par les blancs en 2021, dont la qualité repose sur une belle association entre maturité et fraîcheur. Tinus Marsanne/Roussanne, dès sa prime jeunesse, exprime la marsanne dans ses arômes et ses saveurs. Les amers fins concluent la finale de bouche. L'assemblage roussanne et viognier de Grand Blanc nous semble plus éclatant, porté par une fraîcheur supplémentaire. Chardonnay Plateau de l'Aigle affiche toute sa classe, avec un volume de bouche superbe et une belle acidité. Passons au gourmand Rouge d'une Nuit, un vin immédiat qui séduit par sa fraîcheur de fruit et sa trame infusée. Syrah est plus concentré, avec une légère réduction, mais la mise en bouteille n'étant pas très éloignée, nous restons indulgents. La bouche se montre étoffée, avec un jus plein et pulpeux. Obstinément 2020 est le plus sudiste des grands vins de Tinus. Avec son élevage juste, il respire les fruits noirs et les herbes du maquis. La bouche se livre avec une bonne envergure et de la puissance. Le vin est bâti pour la garde, il ne faudra pas se précipiter.

⊃ VDF Tinus Chardonnay Plateau de l'Aigle
2021   N.C. 94

⊃ VDF Tinus Marsanne/Roussanne
2021   N.C. 90

⊏▷ VDF Tinus Raisins Rôtis Grand Blanc	N.C.	**91**
◣ VDF Rouge d'une Nuit 2021	N.C.	**90**
◣ VDF Tinus Obstinément 2020	N.C.	**93**
◣ VDF Tinus Syrah 2020	N.C.	**91**

Rouge : Grenache noir 41 %, Syrah 30 %, Cabernet franc 29 %
Blanc : Chardonnay 37 %, Marsanne 30 %, Viognier 19 %, Roussanne 14 %
Production moyenne : 80 000 bt/an

CHÂTEAU DES TOURETTES

Les Tourettes, 84400 Apt
03 85 51 66 00 ● www.verget-sa.fr ● Pas de visites.
Propriétaire : Jean-Marie Guffens

NOUVEAU DOMAINE

DOMAINE ALARY

Nous sommes ravis du retour du domaine dans le guide cette année. Le vignoble de 35 hectares, situé sur l'appellation Cairanne, s'appuie sur une grande diversité de parcelles plantées sur des géologies multiples. Les raisins blancs représentent la part non négligeable de 5,5 hectares sur l'ensemble du vignoble. Les vinifications sont classiques, avec une utilisation de la vendange entière maîtrisée en fonction des millésimes ; les vins sont élevés en cuve ciment et demi-muids. Denis Alary est aujourd'hui secondé par son fils Jean-Étienne, revenu en 2016 après un périple dans les vignobles du Nouveau Monde. Nous apprécions la franchise des vins, la qualité des fruits et la gestion des extractions de ce domaine.

Les vins : les rouges du domaines sont une réussite. La cuvée Tradition subit un peu la maturité du raisin, l'impact solaire souligne les arômes ; la bouche confirme cette matière, présentant un fruit plus confit et un degré alcoolique imposant. Nous préférons le style plus distingué de La Brunote, qui s'affirme avec plus de fraîcheur et d'équilibre. L'Estévenas affiche dans les arômes une magnifique expression de la syrah septentrionale : précise, avec le poivre et la violette. La bouche est robuste, mais s'inscrit dans l'harmonie globale du cru. Le blanc L'Estévenas 2021 est bien maîtrisé, la roussanne bien mûre est canalisée par la tension de la clairette.

⊏▷ Cairanne L'Estévenas 2021	de 13 à 15 € (c)	**90**
◣ Cairanne L'Estévenas 2020	de 17 à 19 € (c)	**94**
◣ Cairanne La Brunote 2020	de 13 à 15 € (c)	**91**
◣ Cairanne Tradition 2020	de 11 à 12 € (c)	**89**

Rouge : 26 hectares. Grenache noir 45 %, Syrah 25 %, Mourvèdre 10 %, Carignan 10 %, Cinsault 5 %, Counoise 5 %
Blanc : 4 hectares. Clairette 30 %, Viognier 25 %, Roussanne 25 %, Bourboulenc 20 %
Production moyenne : 120 000 bt/an

DOMAINE ALARY ♣

1345, route de Vaison 84290 Cairanne
04 90 30 82 32 ● www.domaine-alary.fr ●
Pas de visites.
Propriétaire : Denis Alary

DOMAINE DU BANNERET

Ce petit domaine de 5 hectares ne produit que deux vins. Le blanc provient du terroir des Terres Blanches, situé à la sortie nord du village, les calcaires y traçant l'identité du vin. Le rouge est issu principalement des terroirs de Grand Pierre, Bois de Boursan, Les Marines. Levures indigènes, vinification en grappes entières et cofermentation sont les principes de vinification utilisés ici. Le rouge est élevé 24 mois en fût ancien et en foudre.

Les vins : le châteauneuf-du-pape blanc Secret 2021 se livre sur la fraîcheur et la tension, sans opulence. Le jus est étiré, avec une belle expression sur les notes de glycine et d'aubépine. Sa pointe anisée lui confère toute sa légitimité méridionale. La bouche est dans la même veine, plus longiligne qu'épaisse. Le châteauneuf-du-pape rouge 2019 est un ton au-dessus du millésime 2018, présentant un cœur de bouche plus charnu, tout en gardant le charme et la belle sapidité d'ensemble.

⊏▷ Châteauneuf-du-Pape Secret 2021	42 €	**92**
◣ Châteauneuf-du-Pape 2019	42 €	**94**

Rouge : 4,42 hectares.
Blanc : 0,41 hectare.
Production moyenne : 12 000 bt/an

DOMAINE DU BANNERET

35, rue Porte-Rouge,
84230 Châteauneuf-du-Pape
04 90 83 72 04 ● www.domaine-banneret.fr
● Vente et visites : sur RDV.
Propriétaire : Audrey et Jean-Claude Vidal
Œnologue : Serge Mouriesse

DOMAINE DU BIENHEUREUX

Le petit domaine de la jeune Eugénie Avias, installé à la pointe sud de l'appellation Châteauneuf-du-Pape, produit des vins très fins à partir de raisins récoltés en vendange entière, dans un style parfaitement maîtrisé. Les terroirs oscillent entre sable et galets roulés. Les jus sont pulpeux et présentent des textures délicates.

Les vins : nous sommes heureux de déguster le vin blanc du domaine pour la première fois, un côtes-du-rhône bien signé, dans le profil des vins du domaine. Sa fraîcheur et sa tension de bouche en font un vin assez épuré, dominé par la clairette. Dans les rouges, la cuvée Le Bienheureux N°21 garde son jus fruité mais, en bouche, le degré impose un léger déséquilibre. La cuvée L'Inconditionnelle nous semble plus aboutie, le millésime 2020 nous procure plus de joie et d'harmonie gustative. Avec le châteauneuf-du-pape 2020, nous sentons vraiment la délicatesse de la cuvée, avec son nez juteux et sa trame tannique caressante empreinte de charme et de volupté. Le fruit reste précis, les tanins fins sont bien enrobés, au toucher de taffetas.

🥂	Côtes du Rhône Le Blanc 2021	30 €	89
🍷	VDF L'Inconditionnel 2020	15 €	89
🍷	VDF Le Bienheureux N°21 2021	8 €	87

Le coup de 💜

🍷	Châteauneuf-du-Pape 2020	27 €	94

Rouge : 7 hectares. Grenache noir 70 %, Carignan 20 %, Cinsault 8 %, Syrah 2 %
Blanc : 0,5 hectare. Clairette 50 %, Roussanne 30 %, Marsanne 20 %
Production moyenne : 15 000 bt/an

DOMAINE DU BIENHEUREUX

1904, route de Sorgues, Quartier Condorcet, 84230 Châteauneuf-du-Pape
06 23 63 55 60 ●
domainedubienheureux@gmail.com ● Vente et visites : sur RDV.
Propriétaire : Eugénie Avias

DOMAINE CALENDAL

Cette petite exploitation comporte une proportion importante de vieux mourvèdres et grenaches. Elle a longtemps été dirigée par deux amis, Gilles Ferran, propriétaire du domaine des Escaravailles, et Philippe Cambie, œnologue et conseiller des plus beaux domaines de la vallée du Rhône méridionale, jusqu'au décès de ce dernier en décembre dernier.

Les vins : la dégustation nous dévoile un millésime 2020 réussi, certainement grâce à la qualité de son jus et le pulpeux de sa texture. Le vin se montre assez large avec une trame sphérique et une belle qualité de tanins. Un vin puissant mais sans excès. Un millésime bien géré pour ce terroir chaud.

🍷	Côtes du Rhône-Villages Plan de Dieu 2020	19 €	92

Rouge : 4 hectares. Grenache noir 70 %, Mourvèdre 30 %
Production moyenne : 11 500 bt/an

DOMAINE CALENDAL

III, combe de l'Eoune Les Escaravailles 84110 Rasteau
04 90 46 14 20 ●
domaine.escaravailles@rasteau.fr ● Vente et visites : sur RDV.
Propriétaire : Philippe Cambie et Gilles Ferran

CAVE DES VIGNERONS D'ESTÉZARGUES

Cette cave coopérative gardoise dispose de très bons terroirs dans la zone de Tavel et démontre une réelle volonté de les laisser s'exprimer en toute honnêteté. On trouvera ici, à des prix défiant toute concurrence, une belle collection de cuvées intéressantes, aux caractères et aux expressions variés, qui devraient faire le bonheur du plus grand nombre.

Les vins : Domaine de la Coudette est une cuvée juteuse, avec un fruit et une bouche immédiats, un pur vin de plaisir. Domaine des Fées demeure engoncé, peu séduisant, sur une matière un peu rustique. La Granacha est solaire, avec un jus plein et étoffé, démontrant un bon vin vineux, mais la trame tannique du mourvèdre lui permet de s'opposer à la puissance alcoolique du grenache. Sy... propose un jus plein, à la mâche et à la consistance qui pourront en faire un bon vin de vieillissement. La cuvée la plus aboutie, alliant maturité et fraîcheur dans les arômes et les saveurs, est celle du Domaine d'Andézon. Carambouille est, quant à lui, sans prétention et à boire dès maintenant.

🍷	Côtes du Rhône Domaine des Fées 2020	de 8 à 10 € (c)	87
🍷	Côtes du Rhône-Villages Signargues Domaine d'Andézon 2020	de 8,95 à 11,90 € (c)	90
🍷	Côtes du Rhône-Villages Signargues Domaine de la Coudette 2021	de 7,40 à 9 € (c)	88
🍷	Côtes du Rhône-Villages Signargues La Granacha 2020	de 9 à 12 € (c)	89
🍷	Côtes du Rhône-Villages Signargues Sy... 2019	de 14 à 15 € (c)	89
🍷	VDF Carambouille 2021	de 5,50 à 7 € (c)	87

Rouge : 535 hectares.
Blanc : 20 hectares.
Production moyenne : 1 800 000 bt/an

CAVE DES VIGNERONS D'ESTÉZARGUES ♣

478, route des Grès, 30390 Estézargues
04 66 57 03 64 ●
www.facebook.com/vigneronsdestezargues
● Vente et visites : sur RDV.
Propriétaire : Les Vignerons d'Estézargues
Directeur : Denis Deschamps

DOMAINE DU CAYRON

Avec des vignes âgées de quarante ans en moyenne et un vignoble bien exposé sur les coteaux de Gigondas, le domaine du Cayron bénéficie de tous les atouts pour produire un très bon vin. On retrouve ici l'archétype du gigondas vigoureux mais élégant, élevé en foudre et en cuve, issu de raisins non éraflés.

Les vins : ce domaine possède toujours dès sa prime jeunesse une palette bien spécifique, où les nuances mentholées et d'eucalyptus sont dominantes. La définition reste empruntée par la vendange entière. La bouche se montre charnue avec cette sève de tanin qui le comprime. C'est un vin qu'il faut oublier en cave, car il va trouver ses marques dans quelques années.

Gigondas 2020	19,50 €	**90**

Rouge : 17 hectares. Grenache noir 78 %, Syrah 14 %, Cinsault 6 %, Mourvèdre 2 %
Production moyenne : 25 000 bt/an

DOMAINE DU CAYRON

59, rue de la Libération Scea Michel Faraud
84190 Gigondas
04 90 65 87 46 ●
www.domaineducayron.com ● Visites : sur RDV aux professionnels.
Propriétaire : Michel Faraud
Directeur : Roseline Faraud
Maître de chai : Roseline Faraud
Œnologue : Laurent Philis

CLOS DES CENTENAIRES

Le Clos des Centenaires est le projet commun de deux vignerons voisins : Luc Baudet et Bruno François. Dans leur volonté de réaliser des vins les plus identitaire possible, ils ont installé leur domaine sur 7 hectares sur les galets roulés du villafranchien situés à deux kilomètres des réserves naturelles de la Petite Camargue. Nous ressentons une vraie quête de fraîcheur sur les deux couleurs. Les élevages sur les rouges sont encore à peaufiner, mais l'ensemble demeure de bon niveau.

Les vins : le domaine nous gratifie d'une belle série de rouges sur le millésime 2020. Nous avons adoré le cinsault, juteux à souhait, porté par une bouche gracieuse et peu extraite. Pro-

fitez de la cuvée issue de grenache dans sa prime jeunesse : la richesse en alcool impose plus de chaleur sur le cœur de bouche. Une pointe de phénol bouscule le mourvèdre et lui enlève de l'éclat. Le rosé est sincère, défini par un fruit sans être trop moderne. Sur les blancs, le domaine confirme la belle interprétation de la roussane, qui n'est pas seule d'ailleurs car 10 % de marsanne lui donne une délicate minéralité finale. L'élevage est bien intégré sur la cuvée Art, même si aujourd'hui, la réduction grillée domine dans sa prime jeunesse. La bouche se montre équilibrée, ponctuée d'une bonne tension en finale.

IGP Pays d'Oc Art' 2020	35,60 €	**91**
Costières de Nîmes La Bergerie des Centenaires 2021	10,20 €	**88**
Costières de Nîmes Grenache Vieilles Vignes 2020	23 €	**90**
Costières de Nîmes Mourvèdre 2020	39,20 €	**87**
IGP Gard Cinsault 2020	16,20 €	**91**

Le coup de ♥

Costières de Nîmes Roussanne 2020	20,60 €	**92**

Rouge : 22 hectares. Syrah 30 %, Grenache noir 30 %, Mourvèdre 10 %, Cabernet-Sauvignon 10 %, Carignan 10 %, Cinsault 10 %
Blanc : 5 hectares. Roussanne 70 %, Grenache blanc 10 %, Viognier 10 %, Grenache gris 10 %
Production moyenne : 100 000 bt/an

CLOS DES CENTENAIRES

Chemin Mas Neuf Gallician 30600 Vauvert
04 66 88 02 45 ● clos-des-centenaires.com ●
Vente et visites : sur RDV.
Propriétaire : Luc Baudet
Directeur : Pierre-Henri Martung
Maître de chai : Camille Morin

NOUVEAU DOMAINE

DOMAINE DES ESCARAVAILLES

Niché sur les hauteurs de l'appellation Rasteau, à 340 mètres d'altitude, le domaine exploite 40 hectares de vignes sur de nombreuses appellations : Rasteau principalement, mais aussi Cairanne, Roaix et Villedieu. Gilles Ferran et son épouse sont assistés aujourd'hui de leur fille Madeline. Ce domaine fondé en 1953 brille par la qualité de ses vins et grâce à des vins doux naturels de Rasteau ambrés de grande classe. Le fruit juteux et la qualité de texture sont les deux plus grandes qualités des cuvées du domaine. Il ne faudrait pas pour autant oublier les vins blancs, qui respirent l'identité sudiste, mais sans excès de richesse.

Les vins : le domaine produit des cairannes très typés, charnus mais caressants. Le Ventabren séduit par son nez charmeur et son fruit qui s'exprime comme un coulis de fruits rouges. Scarabée Libéré est une bouteille nette et précise pour un vin sans soufre ajouté ; le jus est gourmand, sans être dénué de puissance. La Cuvée La Boutine nous offre un grenache élégant et pulpeux. La gamme des vins de Rasteau est cohérente : La Ponce déploie une superbe matière, à la maturité juste et la puissance diffuse ; Argila Ad Argilam est une cuvée plus infusée, au grenache plus large mais sans être extrait ; Héritage 1924 en 2020 subit un peu plus la maturité de fruit, mais le jus en bouche assume sa richesse et son envergure. En blanc, La Galopine affiche un jus séduisant, avec une aromatique sur les fleurs et les fruits jaunes. La bouche est assez ronde et facile d'accès. La cuvée La Ponce propose une aromatique moins débordante et une bouche plus minérale.

⊂ Côtes du Rhône La Galopine 2021	16 €	**88**
⊂ Côtes du Rhône La Ponce 2021	11 €	**92**
◣ Cairanne La Boutine 2020	18 €	**92**
◣ Cairanne Le Ventabren 2019	11 €	**91**
◣ Cairanne Scarabée Libéré 2021	14 €	**89**
◣ Côtes du Rhône-Villages Roaix Les Hautes Granges 2020	16 €	**89**
◣ Rasteau Argilla Ad Argilam 2020	17 €	**91**
◣ Rasteau Héritage 1924 2020	19 €	**93**

Le coup de ♥

◣ Rasteau La Ponce 2019	13 €	**92**

Rouge : 50 hectares. Grenache noir 50 %, Syrah 20 %, Mourvèdre 10 %, Carignan 10 %, Cinsault 10 %

Blanc : 10 hectares. Marsanne 30 %, Roussanne 30 %, Grenache blanc 20 %, Clairette 20 %

Production moyenne : 250 000 bt/an

DOMAINE DES ESCARAVAILLES

III combe de l'Eoune, 84110 Rasteau
04 90 46 14 20 ●
www.domaine-escaravailles.com ●
Visites : sans RDV.
Propriétaire : Gilles Ferran
Maître de chai : Madeline Ferran

DOMAINE FONT DE COURTEDUNE

Situé dans le nord de l'appellation Châteauneuf, sur le village de Courthezon, ce domaine riche en vieilles vignes appartient à la famille Charrier depuis trois générations. Les lieux-dits Cristia, Pointu, La Guigasse donnent le châteauneuf-du-pape rouge, composé à 99 % de grenache vendangé entier et élevé en cuve béton. Caroline est en charge des vinifications, son frère Frédéric des vignes. Depuis l'IGP Vaucluse jusqu'au châteauneuf, le style des vins nous convainc.

Les vins : l'ensemble est homogène sur le millésime 2019, qui présente un ADN concentré que l'on retrouve dans toutes les cuvées. L'IGP est marqué par ce fruit méridional et subit un peu plus la maturité du raisin. Le côtes-du-rhône est plein et doté d'une trame de tanin qui apporte du relief. Tout comme le côtes-du-rhône-villages, qui affirme le surplus de fraîcheur apportée par la vendange entière. Le châteauneuf est signé par son terroir de sable, avec une matière qui se montre ample et souple. La fraîcheur est au rendez-vous et la matière s'avère tout en finesse.

◣ Côtes du Rhône Vieilles Vignes 2019	9,50 €	**89**
◣ Côtes du Rhône-Villages Vieilles Vignes 2019	11,50 €	**90**
◣ IGP Vaucluse 2019	7,50 €	**88**

Le coup de ♥

◣ Châteauneuf-du-Pape 2019	28 €	**94**

Rouge : 38 hectares.
Blanc : 1 hectare.
Production moyenne : 70 000 bt/an

DOMAINE FONT DE COURTEDUNE

1198, chemin des Sourcières,
84350 Courthézon
04 90 70 20 69 ●
domaine.font.de.courtedune@orange.fr ●
Vente et visites : sur RDV.
Propriétaire : Famille Charrier
Directeur : Caroline et Frédéric Charrier
Maître de chai : Caroline Charrier

DOMAINE GEORGES-LOMBRIÈRE

Voici une adresse confidentielle (10 000 bouteilles produites chaque année), dont le premier millésime a été le 2014, en rouge, et le 2016, en blanc. Le style des rouges met en évidence le grenache ; 15 à 20 % de mourvèdre dans l'assemblage amènent de la sève au vin. Les élevages, qui se font en foudre de chêne et cuve béton (et demi-muid pour le blanc) sont très bien digérés. Les vinifications sont suivies par Pierre-Jean Villa.

Les vins : seuls les rouges ont été dégustés cette année. Cuvée Marie 2018 n'a encore pas totalement digéré la pointe fumée apportée par son élevage. Le fruit est libéré et la matière se montre juste et peu extraite : voilà le millésime à boire le plus rapidement de la gamme. Le 2017 affiche un style plus solaire, une bonne mâche et une grande consistance. Mais nous avons notre préférence pour le 2019, qui réunit plusieurs éléments : parfaite maturité, qualité de l'extraction et finesse des tanins. Certainement le vin le plus abouti de ce jeune domaine.

Châteauneuf-du-Pape Cuvée Marie 2017	38 €	92
Châteauneuf-du-Pape Cuvée Marie 2018	38 €	91
Le coup de ♥		
Châteauneuf-du-Pape Cuvée Marie 2019	39 €	93

Rouge : 5 hectares. Grenache noir 70 %, Mourvèdre 15 %, Syrah 15 %
Blanc : 0,3 hectare. Roussanne 60 %, Grenache blanc 40 %
Production moyenne : 10 000 bt/an

DOMAINE GEORGES-LOMBRIÈRE ♣

620, route de Bedarrides,
84230 Châteauneuf-du-Pape
06 84 55 48 41 ●
www.georges-lombriere.com ● Pas de visites.
Propriétaire : Marie et Benoit Lombrière, Alaric de Portal
Directeur : Benoit Lombrière
Maître de chai : Franck Ferraton
Œnologue : Guenhaël Kessler

MARTINELLE

Originaire d'Allemagne, Corinna Faravel découvre le vin en famille, puis à l'école hôtelière. Si elle débute avec le riesling allemand, elle est vite attirée par le vignoble français. Un stage en 1997 à Suze-la-Rousse, suivi d'un séjour chez le célèbre Marcel Richaud, précéderont son implantation dans le Ventoux en 2001. Elle partage la même passion pour le raisin que son époux, Thierry Faravel, vigneron à Gigondas, et élabore des vins distincts mais avec le même panache. Ses ventoux et le beaumes-de-venise sont devenus des valeurs sûres.

Les vins : n'ayant pas reçu les 2020, nous passons directement aux 2021, des vins bien réalisés, joliment définis. Magnifié par la clairette, le blanc, par exemple, est bien plus précis que le 2019. Le ventoux confirme cette capacité à pro-

duit des jolis blancs floraux et équilibrés dans ce millésime. Le ventoux rouge séduit par son fruit immédiat et la texture plaisante et digeste que nous sommes en droit d'attendre de ce terroir d'altitude. Le beaumes-de-venise se livre avec plus de chair et de volume : la vendange entière canalise bien cette puissance pour lui donner de la grâce.

IGP Vaucluse 2021	14 €	90
Ventoux 2021	14 €	90
Le coup de ♥		
Beaumes de Venise 2021	18 €	91

Rouge : 11 hectares. Grenache noir 60 %, Syrah 30 %, Mourvèdre 10 %
Blanc : 1 hectare. Clairette 80 %, Grenache blanc 20 %
Production moyenne : 30 000 bt/an

MARTINELLE ♣

120, chemin Font Valet, 84190 Lafare
04 90 65 05 56 ● www.martinelle.com ●
Vente et visites : sur RDV.
Propriétaire : Corinna Faravel

DOMAINE DE LA MONARDIÈRE

Christian Vache a passé le relais à son fils Damien pour diriger cette maison importante de Vacqueyras. La maîtrise des rendements et un travail plus attentif à la vigne caractérisent la production du domaine. La gamme se décline du simple vin de pays jusqu'aux vacqueyras colorés et structurés.

Les vins : les rouges du domaine sont plus hétérogènes que les blancs. La matière et la consistance de la cuvée Vieilles Vignes 2019 en imposent, mais le jus manque de charme et les tanins sont anguleux. Nous lui préférons la cuvée Les 2 Monardes pour sa floralité et son élégance, au grenache dominant, avec une trame plus infusée. Les tanins sont mieux gérés et le jus est fin. La cuvée Les Calades est un côtes-du-rhône de soif, avec une matière assez juste. Les vacqueyras blancs sont des valeurs sûres de l'appellation : Galéjade est déjà accessible sur ses notes de fruits jaunes et d'amande ; Le Jeu de Gàrri est une bouteille bâtie pour la garde, la malo partielle lui donne du peps et une belle allonge, les saveurs d'anis et de fenouil lui confèrent cet accent sudiste.

Vacqueyras Galéjade 2020	19 €	91
Côtes du Rhône Les Calades 2020	10 €	89
Vacqueyras 2019	19 €	90

| | Vacqueyras Les 2 Monardes 2020 | 14 € | 92 |

Le coup de ♥

| | Vacqueyras Le Jeu de Gàrri 2021 | 14 € | 93 |

Rouge : 19 hectares. Grenache noir 60 %, Syrah 20 %, Mourvèdre 10 %, Cinsault 4 %, Carignan 3 %, Counoise 3 %
Blanc : 2 hectares. Roussanne 40 %, Clairette 30 %, Grenache blanc 30 %
Production moyenne : 80 000 bt/an

DOMAINE DE LA MONARDIÈRE ♣

930, chemin des Abreuvoirs,
84190 Vacqueyras
04 90 65 87 20 ● www.monardiere.fr ●
Visites : sans RDV.
Propriétaire : Damien Vache

DOMAINE MOULIN-TACUSSEL

Le domaine Moulin-Tacussel est dirigé par Didier Latour. Sans se revendiquer en agriculture biologique, ses sols sont travaillés sans produits chimiques depuis plus de dix ans. Bénéficiant d'un terroir unique – un sol argilo-calcaire, protégé par des galets roulés et favorisé par un climat ensoleillé – les 7 hectares du domaine sont répartis sur dix parcelles, situées dans les lieux-dits Palestor, Colombis, Le Lac, Coste Froide, Mont-Pertuis, Grand Pierre et Le Mourre du Gaud.

Les vins : nous sommes déçus de ne pas avoir reçu les blancs du domaine. Si la grande cuvée Hommage à Henry Tacussel semble avoir perdu un poil de sa fraîcheur, le jus est conforme au millésime, avec cette puissance et cette concentration typiques. Cependant, à ce stade, la perte du fruit primaire lui donne moins d'élégance. La cuvée domaine châteauneuf-du-pape 2018 n'est pas des plus précises. Elle reste sapide dans ce millésime, mais le vin manque de pureté. Le 2020 est riche et vineux. L'ensemble manque un peu de finesse pour atteindre le niveau des meilleurs.

	Châteauneuf-du-Pape 2018	29 €	87
	Châteauneuf-du-Pape 2020	25 €	90
	Châteauneuf-du-Pape Hommage à Henry Tacussel 2019	42 €	92

Rouge : 6,71 hectares. Grenache noir 60 %, Mourvèdre 10 %, Syrah 10 %, Muscardin 5 %, Vaccarèse 5 %, Counoise 5 %, Cinsault 5 %
Blanc : 0,56 hectare. Grenache blanc 40 %, Roussanne 30 %, Clairette 10 %, Bourboulenc 10 %, Picardan 5 %, Picpoul blanc 5 %
Production moyenne : 13 000 bt/an

DOMAINE MOULIN-TACUSSEL

10, avenue des Bosquets,
84230 Châteauneuf-du-Pape
04 90 83 70 09 ●
www.domainemoulintacussel.fr ● Vente et visites : sur RDV.
Propriétaire : Famille Moulin
Directeur : Didier Latour
Œnologue : Serge Mouriesse

CHÂTEAU PESQUIÉ

L'histoire de ce domaine commence dans les années 1970, quand les grands-parents Chaudière restaurent le château et une partie du vignoble. Paul et Edith donnent ensuite l'élan en quittant la coopération et en favorisant la sélection des terroirs. Depuis 2000, ce sont leurs enfants, Frédéric et Alexandre, qui veillent à la destinée de ce vaste vignoble. Nous sommes séduits par le virage stylistique des vins : ils ont vraiment gagné en finesse et en sapidité, et représentent dignement la fraîcheur du terroir.

Les vins : les blancs du domaine sont une réussite, dans laquelle le viognier monopolise moins qu'auparavant la phase aromatique. Dans la cuvée Juliette, le vin s'offre sans retenue avec une belle sapidité : la fraîcheur est apportée par le climat du Ventoux, et l'association clairette-grenache blanc étire le vin sur sa puissance saline. Le rosé Quintessence se montre profond et intense, le mourvèdre lui donne de la puissance et cette capacité à bien évoluer dans le temps. Sur les rouges, en 2020, Les Terrasses séduit par son fruit immédiat ; la cuvée Silica est réservée aux amateurs de grenache planté sur les sables, offrant une fraîcheur et un tactile infusé agréables ; Quintessence est un vin sérieux, reposant sur une matière de qualité qu'il nous faut encore attendre ; solaire, robuste, Ascensio 2018 bénéficie d'un élevage luxueux qui s'affinera avec le temps. Nous avons une préférence pour la cuvée Artemia, qui révèle une syrah fraîche et juteuse, à la bouche remarquablement équilibrée.

	Ventoux Les Terrasses 2021	11 €	89
	Ventoux Quintessence 2020	19 €	90
	Ventoux Quintessence 2020	19 €	91
	Ventoux Artemia 2020	31 €	93
	Ventoux Ascencio 2018	60 €	92
	Ventoux Les Terrasses 2020	11 €	89
	Ventoux Quintessence 2020	19,50 €	91

▬ Ventoux Silica 2020   31 €   92

Le coup de ♥
▭ Ventoux Juliette 2020   31 €   93

Rouge : 90 hectares. Grenache noir 47 %, Syrah 40 %, Cinsault 5 %, Carignan 4 %, Marselan 3 %, Mourvèdre 1 %
Blanc : 10 hectares. Viognier 40 %, Roussanne 25 %, Clairette 25 %, Chardonnay 10 %
Production moyenne : 600 000 bt/an

CHÂTEAU PESQUIÉ ♣

1365 bis, route de Flassan 84570 Mormoiron
04 90 61 94 08 ● www.chateaupesquie.com
● Vente et visites : sur RDV.
Propriétaire : Alexandre et Frédéric Chaudière
Directeur : Frédéric Chaudière
Maître de chai : Alexandre Chaudière
Œnologue : Emmanuel Gagnepain

DOMAINE RABASSE-CHARAVIN

Propriété historique du Rhône sud, à cheval entre Cairanne et Rasteau, Rabasse-Charavin est dirigé par Laure Couturier depuis 2014. Le domaine laboure ses sols et n'utilise ni pesticide ni désherbant. Ici, les raisins sont ramassés à haute maturité et toujours vinifiés de façon à en retirer le plus de finesse possible. Les vins sont parfumés, élégants et généreux, avec des tanins d'une grande souplesse. Chaque année, le domaine propose en décembre des vins plus âgés en magnum. Une belle occasion de boire des vins à maturité.

Les vins : les rouges du domaine se montrent très typés et sans fioriture. Ribouldingue assume son côté gourmand et délivre une jovialité immédiate. Pour les amateurs de vins peu extraits et tout en délicatesse, la cuvée Laure vous ravira par sa finesse de texture. Nous sommes emballés par le rasteau, plus en puissance, et le cairanne, plus velouté. La Cuvée d'Estevenas en 2018 nous semble touchée par les phénols, alors que la Cuvée Abel Charavin se montre plus éloquente dans le fruit et dans la dimension de bouche. Sur les blancs, le cairanne respire le sud : il est ample et riche, mais sans déséquilibre. Les beaux amers de fin de bouche lui donnent du relief. La Cuvée d'Estevenas blanc est plus lisible, avec un élevage qui lui apporte une noblesse supplémentaire sans lui ôter sa fraîcheur.

▭ Cairanne 2021   16 €   89
▭ Cairanne Cuvée d'Estevenas 2021   21 €   91
▬ Cairanne 2020   15,50 €   91
▬ Cairanne Cuvée d'Estevenas 2018   21 €   89
▬ Côtes du Rhône Laure 2020   9,50 €   89
▬ Côtes du Rhône-Villages Plan de Dieu Les Cailloux 2017   14 €   89
▬ Rasteau 2020   15,50 €   91
▬ Rasteau Cuvée Abel Charavin 2019   21 €   92
▬ VDF Ribouldingue   6,50 €   88

Rouge : 35 hectares. Grenache noir 60 %, Mourvèdre 15 %, Syrah 15 %, Carignan 5 %, Cinsault 5 %
Blanc : 5 hectares. Clairette 50 %, Roussanne 45 %, Bourboulenc 5 %
Production moyenne : 100 000 bt/an

DOMAINE RABASSE-CHARAVIN

1030, chemin des Girard, 84290 Cairanne
04 90 30 70 05 ● www.rabasse-charavin.com
● Vente et visites : sur RDV.
Propriétaire : Famille Couturier
Directeur : Laure Couturier
Œnologue : Olivier Roustang

DOMAINE RASPAIL-AY

Le vin de la propriété représente l'archétype du bon gigondas, plein, vigoureux, sans esbroufe. De constitution ferme et serrée, les meilleurs millésimes demandent quatre à cinq ans de garde pour s'ouvrir pleinement. Dès lors, ils acquièrent une belle complexité dans le temps et se bonifient sur dix à vingt ans.

Les vins : le seul millésime 2020 proposé est un vin assez classique pour la propriété. Le nez se montre bien mûr, sur les fruits noirs et des notes chaudes de garrigues. La bouche impose sa force et sa puissance. Un gigondas assez dense et massif pour le moment, mais nous ne sommes pas inquiets à propos de sa capacité à se fondre et livrer un vin plus harmonieux.

▬ Gigondas 2020   de 20 à 25 € (c)   91

Rouge : 19 hectares. Grenache noir 70 %, Syrah 20 %, Mourvèdre 10 %
Production moyenne : 60 000 bt/an

DOMAINE RASPAIL-AY

737, route des Princes-d'Orange, 84190 Gigondas
04 90 65 83 01 ● www.gigondas-vin.com ● Vente et visites : sur RDV.
Propriétaire : Dominique Ay
Directeur : Anne-Sophie Ay
Maître de chai : Christophe Ay

DOMAINE LA ROUBINE

Ce domaine produit des vins charmeurs et charnus. Éric Ughetto a signé son premier millésime en 2000. Il cultive ses vignes en bio ; une pratique en adéquation avec ses vins profonds et généreux, issus de raisins vendangés bien mûrs. Ce domaine a deux axes majeurs : le bon sens, comme les grands-parents lorsqu'ils travaillaient la vigne, et la rigueur en cave. Voici une valeur sûre pour les amateurs de vins hédonistes.

Les vins : le domaine ne nous ayant pas présenté ses vins, nous sommes amenés à reconduire les notes de notre édition précédente.

Côtes du Rhône-Villages Sablet La Grange des Briguières 2019	10,50 € (c)	**89**
Gigondas 2019	16 €	**91**
Vacqueyras 2019	16,50 € (c)	**92**

Rouge : 15,7 hectares. Grenache noir 80 %, Syrah 10 %, Cinsault 5 %, Mourvèdre 5 %
Blanc : 0,8 hectare.
Production moyenne : 40 000 bt/an

DOMAINE LA ROUBINE ♣

613, chemin du Goujar, 84190 Gigondas
04 90 28 15 67 ●
www.domainelaroubine.com ● Vente et visites : sur RDV.
Propriétaire : Éric et Sophie Ughetto
Maître de chai : Éric Ughetto
Œnologue : Philis Laurent

DOMAINE SALADIN

À mi-chemin entre Montélimar et Avignon, sur la rive droite du Rhône, Élisabeth et Marie-Laurence Saladin sont à la tête de la propriété familiale transmise depuis 1422. Elles y cultivent onze cépages en bio et proposent une gamme d'une finesse rare pour des côtes-du-rhône, qui peuvent se mesurer à bien des crus.

Les vins : dans l'ensemble, les 2020 rouges sont bien juteux, même si les vins s'avèrent un peu trop contenus pour le moment. Loï est à la fois un pur jus de fruit et une gourmandise, à la matière bien gérée. Paul est plus libre, un exercice de style qui peut-être intéressant pour ce grenache dominant, mais le vin perd un peu de précision avec ce manque de protection. Fan dé Lune continue son chemin et son évolution lente, c'est un vin à garder en cave. Nous aimons la trame fine et digeste du grenache pur de Haut Brissan, au registre juste et la puissance diffuse. La cuvée Chaveyron 1422 est réduite, il faut la laisser tranquille. Le côtes-du-rhône blanc Per Èl séduit par son côté cristallin. Un vin longiligne sans exubérance qui mérite le détour.

Côtes-du-Rhône Per Èl 2021	23 €	**89**
Côtes du Rhône Tralala ! 2020	18 €	**87**
Côtes du Rhône Loï 2020	20 €	**89**
Côtes du Rhône Paul 2020	21 €	**88**
Côtes du Rhône-Villages Fan dé Lune 2019	23 €	**92**
VDF Chaveyron 1422 2019	30 €	**90**
VDF Haut Brissan 2020	30 €	**92**

Rouge : 14 hectares. Grenache noir 58 %, Syrah 18 %, Carignan 12 %, Cinsault 6 %, Mourvèdre 6 %
Blanc : 3 hectares. Viognier 20 %, Clairette 20 %, Grenache blanc 20 %, Roussanne 14 %, Bourboulenc 13 %, Marsanne 13 %
Production moyenne : 50 000 bt/an

DOMAINE SALADIN ♣

235, chemin de Coulet,
7700 Saint-Marcel-d'Ardèche
04 75 04 63 20 ● www.domaine-saladin.com
● Vente et visites : sur RDV.
Propriétaire : Elisabeth et Marie-Laurence Saladin
Œnologue : Véronique David

LES MEILLEURS VINS

du

Roussillon

**PAR JÉRÉMY CUKIERMAN
ET CAROLINE FURSTOSS,**

*en charge des vins du Roussillon au sein du comité
de dégustation de La Revue du vin de France*

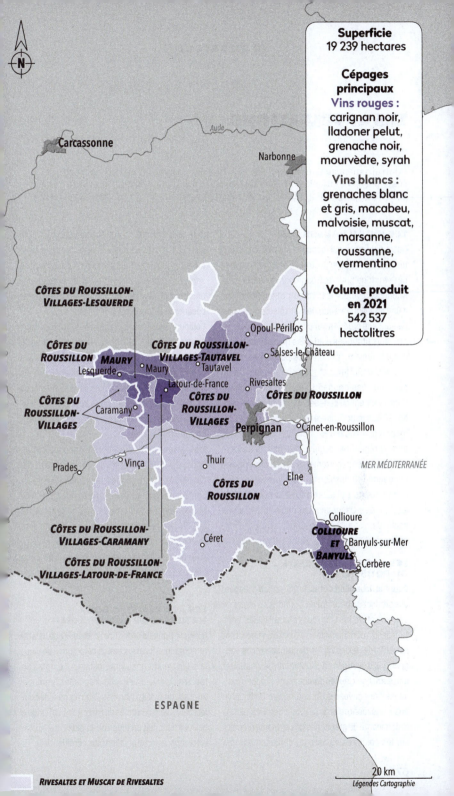

Superficie
19 239 hectares

Cépages principaux
Vins rouges :
carignan noir,
lladoner pelut,
grenache noir,
mourvèdre, syrah

Vins blancs :
grenaches blanc
et gris, macabeu,
malvoisie, muscat,
marsanne,
roussanne,
vermentino

Volume produit en 2021
542 537
hectolitres

Carcassonne

Aude

Narbonne

CÔTES DU ROUSSILLON-VILLAGES-LESQUERDE

Opoul-Périllos

CÔTES DU ROUSSILLON

CÔTES DU ROUSSILLON-VILLAGES-TAUTAVEL

Salses-le-Château

MAURY

Lesquerde

Maury

Tautavel

Rivesaltes

Latour-de-France

CÔTES DU ROUSSILLON

CÔTES DU ROUSSILLON-VILLAGES

CÔTES DU ROUSSILLON-VILLAGES

Caramany

Perpignan

Canet-en-Roussillon

Prades

Vinça

Thuir

MER MÉDITERRANÉE

Tét

Elne

CÔTES DU ROUSSILLON

CÔTES DU ROUSSILLON-VILLAGES-CARAMANY

Céret

Collioure

COLLIOURE ET BANYULS

Banyuls-sur-Mer

CÔTES DU ROUSSILLON-VILLAGES-LATOUR-DE-FRANCE

Cerbère

ESPAGNE

20 km
Légendes Cartographie

RIVESALTES ET MUSCAT DE RIVESALTES

LES APPELLATIONS
—

Contrairement au Languedoc, le Roussillon ne conserve qu'une infime partie de ses superficies viticoles (1,6 %) consacrées à la production de vins sans indication géographique (anciennement vin de table). Par ailleurs, 85 % des vignes sont en AOC.

LES IGP DU ROUSSILLON

Cette catégorie, qui rassemble le pire, comme le meilleur puisque l'on y retrouve certaines cuvées de Gérard Gauby et d'autres grands vignerons roussillonnais, regroupe les vins qui ne bénéficient pas d'une appellation d'origine contrôlée, parce qu'ils ne sont pas produits sur une aire d'AOC, ou parce que leurs pratiques culturales ne correspondent pas à la réglementation fixée pour l'appellation. Cette production est majoritairement tenue par les caves coopératives roussillonnaises. Contrairement au Languedoc, le vignoble classé en IGP est minoritaire en Roussillon (34 %) par rapport aux AOC (66 %). Trois IGP sont produites dans la région. On retrouve l'IGP d'Oc qui couvre l'ensemble des départements de l'ancienne région Languedoc-Roussillon (qui comprenaient cinq départements : l'Aude, le Gard, l'Hérault, la Lozère et les Pyrénées-Orientales). La principale IGP dans le seul Roussillon est celle des Côtes catalanes. Enfin, on trouve l'IGP (marginale) de la Côte vermeille.

LES AOC DES VINS SECS DU ROUSSILLON

Côtes du Roussillon, Côtes du Roussillon-Villages : une production hétérogène. Quand ils s'avèrent de bonne facture, les vins rouges sont solides, sans trop de lourdeur alcoolisée. Il existe un important potentiel de vieilles vignes de grenache et de carignan (jadis destinées à l'élaboration de vins doux), qui permet aux jeunes domaines de produire rapidement des cuvées de fort caractère. On observe aussi une montée en puissance des vins blancs (à dominante de grenaches gris et blanc) produits sur les calcaires du nord du département des Pyrénées-Orientales (Fenouillèdes). Quatre crus se distinguent en Côtes du Roussillon-Villages avec la mention du village. Tous sont situés dans la partie septentrionale du département des Pyrénées-Orientales. Il s'agit de Caramany, Latour de France, Lesquerde et Tautavel.

Collioure : cette appellation regroupe la production de vins secs rouges, blancs et rosés produits sur la même aire d'appellation que celle de Banyuls (vin doux naturel). D'un style équilibré et assez fin, les rouges sont en progrès, même s'ils ne justifient pas toujours leurs prix. Les blancs sont très prometteurs, les grenaches blanc et gris leur apportant un caractère affirmé.

Maury sec : dernière-née des appellations du Roussillon, l'AOC Maury sec a vu le jour en 2011. Elle concerne des vins rouges secs produits à dominante de grenache sur les terroirs de schistes de Maury. Pour l'instant, cette AOC ne représente que 185 hectares de vignes. Mais les débuts sont prometteurs et les vignerons locaux jouent le jeu pour que leurs meilleures cuvées sortent dans cette appellation.

LES AOC DES VINS DOUX NATURELS DU ROUSSILLON

Banyuls, Banyuls Grand Cru : vins doux naturels de remarquable qualité. Il existe deux types de vins : le style traditionnel, vieilli plusieurs années en foudres, qui affiche une couleur ambrée et un rancio fin et superbe, et les vintages (ou rimatges), de couleur plus vive, aux arômes de fruits noirs. Le banyuls peut être produit en rouge et en blanc, cette dernière production étant bien plus confidentielle.

Rivesaltes : production de vins doux naturels plus importante et plus hétérogène en qualité qu'à Banyuls. Les meilleurs producteurs proposent cependant d'excellents rivesaltes traditionnels, très loin de certaines caricatures.

Muscat de Rivesaltes : quand il réussit à garder une certaine fraîcheur en bouche, le muscat de Rivesaltes est un vin aromatique et plein, idéal pour les desserts aux fruits. Il est produit à partir de deux cépages, le muscat à petits grains et le muscat d'Alexandrie. Cette très vaste AOC (4 400 ha) couvre les aires d'appellation de Rivesaltes, Banyuls et Maury. Elle représente à elle seule 59 % de la production de vins doux naturels du Roussillon.

Maury : vin doux naturel des contreforts pyrénéens, au style plus fougueux que les rivesaltes. Longtemps en retrait qualitativement par rapport à Banyuls, les meilleurs producteurs proposent des vins de très bon niveau dans cette appellation où le grenache est façonné par les sols de schistes.

LES CÉPAGES
—
LES CÉPAGES ROUGES

Comme en Languedoc, les cépages rouges sont dominants en Roussillon. Toutefois, contrairement à son voisin, la syrah ne s'y impose pas face au grenache noir et au carignan noir. De même, le merlot et le cabernet-sauvignon sont marginaux et ne représentent que quelques centaines d'hectares. Voici les principaux :

Grenache noir (5 971 ha)

Syrah (4 429 ha)

Carignan noir (3 324 ha)

Mourvèdre (926 ha)

Merlot (533 ha)

Cabernet-sauvignon (444 ha)

Lledoner Pelut (171 ha)

Marselan (138 ha)

Cabernet franc (78 ha)

Cinsault (73 ha)

Chenanson (27 ha)

LES CÉPAGES BLANCS

À la différence du Languedoc, la proportion de cépages blancs est plus importante dans le vignoble (environ 40 % de l'encépagement total). Cela s'explique par le fait qu'une grande partie des surfaces viticoles consacrées aux muscats, au macabeu et aux grenaches sert à l'élaboration des vins doux naturels. Voici les principaux cépages blancs :

Muscat à petits grains (2 680 ha)

Muscat d'Alexandrie (2 200 ha)

Macabeu blanc (1 627 ha)

Grenache blanc (1 277 ha)

Grenache gris (932 ha)

Chardonnay (477 ha)

Viognier (120 ha)

Vermentino (120 ha)

Roussanne (77 ha)

Sauvignon (72 ha)

Marsanne (32 ha)

Tourbat (31 ha)

PIERRES SÈCHES ET BON VIN EN TERRES CATHARES

CHAMBRES D'HÔTES

CÔTÉ SAISONS

L'âme de cette ancienne maison de maître vigneronne revit grâce à Ingrid et son mari Nicolas, tous deux formés dans des palaces parisiens. Un nid douillet, restauré avec goût, au pied des Albères, et également restaurant ! La sélection de vins vous fera découvrir les pépites de la région. Comptez entre 90 et 135 € la nuit.
10, avenue de la Côte-Vermeille, 66740 Laroque-des-Albères
Tél : 04 34 12 36 51

CHÂTEAU VALMY

Au pied du massif des Albères et surplombant la mer, le domaine de Valmy de 24 hectares reçoit à sa table et dans ses chambres d'hôtes. Parc, piscine de 25 mètres et jacuzzi. Comptez de 220 à 390 € la nuit.
Chemin de Valmy, 66700 Argelès-sur-Mer
Tél : 04 68 81 25 70
www.chateau-valmy.com

RESTAURANTS

YUM YUM

Cette adresse cachée au cœur d'une zone commerciale semble une étape facile pour les voyageurs de passage, mais elle est bien davantage que ça. Voici en fait une table bien connue des vignerons et des locaux. L'accueil y est chaleureux, l'assiette franche : poissons selon les arrivages, viandes de producteurs locaux. Les vins de la région sont bien sûr mis en avant, mais la sélection est ouverte au reste de la France. Comptez entre 15 et 21 €.
Centre commercial Canigou, 66240 Saint-Estève
Tél : 04 68 29 01 36

LE ZAZA CLUB

La meilleure paillote de toute la côte catalane ! On y mange face à la mer du poisson frais (selon les arrivages). À ne pas rater : les spaghettis et riz de la mer cuits minute, un plat pour deux personnes tout simplement divin, et, pour les chanceux, la paëlla de Claude, le patron ! La carte des vins est attrayante. Comptez de 36 à 50 €.
Village des Sables, 66440 Torreilles.
Tél : 04 68 59 21 45
www.restaurant-lezazaclub.com

LE GALINETTE

Voici une très belle étape gastronomique, récompensée d'une étoile au Guide Michelin, où le chef-propriétaire Christophe Comes est en autonomie sur les légumes, grâce à son potager. Les poissons y sont également à l'honneur, notamment un sashimi d'espadon à tomber. La carte des vins est bien fournie. Bon rapport prix-plaisir sur les menus, variant entre 59 € et 65 €.
23, rue Jean Payra, 66000 Perpignan
Tél : 04 68 35 00 90

BAR À VINS

EL XADIC DEL MAR

Des étagères à bouteilles, une quinzaine de couverts... À deux pas de la plage et des superbes vignobles de Collioure et Banyuls, Manu Desclaux patronne avec une bonne humeur communicative cette jolie adresse de poche. La sélection de vins naturels est très pertinente.
11, avenue du Puig-del-Mas, 66650 Banyuls
Tél : 04 68 88 89 20

NOTRE COUP DE ♥

HOTEL RIBERACH

Au pied du Château de Belesta, cette ancienne coopérative transformée en ecolodge de charme par Luc Richard et Karin Pürhinger, architectes passionnés et propriétaire des lieux, met le vin et le respect environnemental à l'honneur. On séjourne dans et au-dessus des cuves de vinification, se baigne dans une piscine naturelle, tout en étant, selon la saison, réchauffé ou refroidi par géothermie. Le restaurant fait honneur aux producteurs et produits locaux, sous la houlette du chef Julien Montassié, formé chez Michel Troisgros et Gilles Goujon. La carte des vins n'est pas en reste avec une très belle sélection de crus de l'occitanie et d'ailleurs. Menus de 45 à 109 €. Chambres de 160 à 265 €.
2, route de Caladroy, 66720 Bélesta
Tél : 04 68 50 30 10
www.relaisdestroismas.com

CAVISTE

VINS D'AUTEURS

Plus de 200 références de vins à découvrir, dont une belle collection de vinx doux naturels, avec un petit rayon épicerie fine qui peut sauver pour l'organisation d'un apéritif improvisé. Une adresse sûre, dotée de conseils avisés.
6, place Général-Leclerc, 66190 Collioure
Tél : 04 68 55 45 22
www.vinsd'auteurs-collioure.fr

★★★ ↗ CLOS DU ROUGE GORGE

Cette belle aventure viticole a été initiée par Cyril Fhal en 2002. Le domaine est composé de 8 hectares, avec une grosse proportion de vieilles vignes, les trois quarts en rouges, sur les beaux terroirs de schistes, les arènes granitiques et les gneiss de Latour de France. Le vignoble est travaillé en biodynamie, méticuleusement et avec passion. L'accent est mis sur le respect du végétal, des sols et de l'écosystème. Le chai est à l'unisson, avec des cuvaisons justes et des élevages fins en demi-muids et en foudres. Le domaine est incontestablement un modèle dans son travail viticole et l'énergie qui émane des vins. Les cuvées envoyées cette année sont de très haut niveau. Il y a du fond et beaucoup d'émotion. Col du Loup trône au sommet, avec son élégance florale et démontre une nouvelle fois sa race et son statut de très grand vin de la région. La troisième étoile récompense cette année une gamme qui se place au pinacle du Roussillon.

Les vins : le domaine signe à nouveau un très beau blanc sur ce millésime 2021, dominé par les vieux macabeus. Un vin salivant et profond, porté sur l'acacia, une pointe mellifère, une finale tendue sur les herbes sèches et les agrumes. Du côté des rouges, Jeunes Vignes 2020 nous donne un vin joyeux, sur la pivoine, avec une très belle acidité sous-jacente et un tanin crayeux et salin. Vieilles Vignes 2019 est à la fois profond, acidulé, sanguin et avec une belle allonge. Col du Loup 2020 est à nouveau un très grand vin, sur le pot-pourri, le pétale de rose, les épices et possède une persistance impressionnante : un des vins du millésime. Chapeau !

◢ IGP Côtes Catalanes Jeunes Vignes 2020	20 €	**92**
◢ IGP Côtes Catalanes Vieilles Vignes 2019	30 €	**94**

Le coup de ♥

▭ IGP Côtes Catalanes 2021	30 €	**94**
◢ IGP Côtes Catalanes Col du Loup 2020	50 €	**97**

Rouge : 6 hectares. Grenache noir 42 %, Carignan 42 %, Cinsault 16 %
Blanc : 2 hectares. Grenache gris 50 %, Macabeu 36 %, Carignan 14 %
Production moyenne : 15 000 bt/an

CLOS DU ROUGE GORGE

6, place Marcel-Vié, 66720 Latour-de-France
06 31 65 25 89 ● cyrilfhal@gmail.com ●
Vente et visites : sur RDV.
Propriétaire : Cyril Fhal

★★★ DOMAINE GAUBY

Gérard Gauby fait figure, depuis ses débuts, au milieu des années 1980, de vigneron inspirant, exigeant et passionné. Ses vignes sont des jardins, cultivées avec amour et respect pour le végétal et l'écosystème dans lequel il évolue. Il est celui qui a révélé au monde la complexité et le potentiel du terroir de Calce et de ses calcaires et schistes ferrugineux. Le vigneron a su aussi faire évoluer son style tout d'abord vers des vins plus purs, plus aériens, moins élevés. Une quête qu'il poursuit aujourd'hui avec son fils pour des vins qui ont aussi gagné en expression, en gourmandise sans perdre en tension. Les blancs sont d'une grande droiture et d'une superbe longévité avec des élevages parfaitement maîtrisés. Les rouges ne sont pas en reste, avec des expressions très pures et profondes.

Les vins : en blanc, Vieilles Vignes est pur, tranchant sur les agrumes et la nectarine. Un vin étiré, avec un fumé subtil, une grande assise acide, sans austérité. Coume Gineste est encore plus vertical, c'est un vin salivant, ciselé, précis, sur le cédrat, la pierre à fusil, d'une grande persistance : une très grande bouteille ! En rouge, Vieilles Vignes est un véritable panier de fruits et de fleurs ; un vin d'une grande pureté aromatique, très engageant. La bouche est à l'unisson, onctueuse, pulpeuse, avec du relief et de l'étoffe. Muntada semble, cette année, un peu plus solaire même si l'élégance du grain ne fait pas de doute. Un vin à revoir dans le futur. L'ensemble de la gamme présentée impressionne tant par la justesse et le charme que par la persistance aromatique. Grand, à nouveau !

▭ IGP Côtes Catalanes Vieilles Vignes 2020	35 €	**93**
◢ IGP Côtes Catalanes Muntada 2020	Épuisé - 81 €	**93**
◢ IGP Côtes Catalanes Vieilles Vignes 2020	35 €	**95**

Le coup de ♥

▭ IGP Côtes Catalanes Coume Gineste 2020	81 €	**96**

Rouge : 29 hectares. Grenache noir 46 %, Syrah 28 %, Mourvèdre 11 %, Carignan 10 %, Cinsault 3 %, Cabernet franc 2 %, Aramon 1 %
Blanc : 15 hectares. Grenache blanc 29 %, Macabeu 28 %, Muscat à petits grains blancs 18 %, Chardonnay 9 %, Grenache gris 9 %, Vermentino 3 %, Tourbat 2 %
Production moyenne : 80 000 bt/an

DOMAINE GAUBY ♣

La Muntada, 66600 Calce
04 68 64 35 19 ● www.domainegauby.fr ●
Vente et visites : sur RDV.
Le matin.
Propriétaire : Gérard et Lionel Gauby

★★ DOMAINE DANJOU-BANESSY

Benoît et Sébastien Danjou ont repris ce domaine en 2001, après leur grand-père, et maintenu une philosophie très respectueuse du végétal et des expressions de terroir. L'exploitation, située à Espira de l'Agly, totalise 18 hectares dont une grosse proportion de vignes d'âge avancé, principalement sur les schistes, calcoschistes, argilo-calcaires, et veines de quartz du secteur. Si la tradition des rancios et des vieux Rivesaltes perdure, avec grand talent au domaine, les deux frères se sont également vite distingués avec une gamme de vins secs de haut vol. Le style est clairement axé sur le raffinement, la délicatesse des texture, l'énergie et la tendresse. Malgré de petits rendements, les vins restent toujours friands et ouverts, sans aucune austérité. Les élevages sont longs mais peu marqués, apportant de la patine, sans fard. Les maturités sont toujours très maîtrisées, pour des vins qui conservent de la tension et de la vivacité. Un domaine qui contribue à apporter un vent de fraîcheur, de brillance et de renouveau dans la Roussillon. La gamme présentée cette année est de très haut niveau, avec des vins profonds qui procurent pour la plupart une véritable émotion.

Les vins : Coste blanc combine avec brio texture, fraîcheur, notes fumées et citronnées, un vin à la fois ample, résineux et étiré. Le Clos des Escounils est délicat, droit, ciselé ; sur le cédrat, le vin est doté de beaux amers et d'une grande longueur. En rouge, Estaca est fin, tendre, infusé, sur les fruits rouges frais et le poivre. Avec une aromatique un peu plus discrète, Roboul conserve un beau charme, avec ses notes subtiles de fraise mara des bois et de basilic. La Truffière est un grand séducteur, avec son empreinte framboise et ses notes de pétales de roses. La matière est très fine, pour autant le vin conserve de la chair et une très jolie persistance. Un coup de cœur ! Espurna est un peu plus fumé, avec ses délicates senteurs de camphre et à nouveau un fruit acidulé, une matière juteuse et beaucoup de tendresse tactile. Issu d'une macération de muscat d'Alexandrie, Supernova s'exprime sur la fleur d'oranger, la feuille de thé noir, avec une belle gestion des tanins et surtout un très beau support acide : une vraie réussite. Les deux rancios sont impressionnants, Vi Groc 2007 imprime, avec ses arômes de pleurotes, d'umami, sa grande tension et sa finale iodée. Vi Ranci, rancio issu de grenache noir et carignan, est plus concentré, avec son aromatique truffée, dotée d'humus et de noix de pécan. Un vin d'une très grande complexité. Bravo !

⌐ IGP Côtes Catalanes Coste 2020	21 €	92

⌐ VDF Supernova 2021		19 €	91
⌐ VDF Vi Groc 2007		120 €	96
▬ IGP Côtes Catalanes Estaca 2020		61 €	92
▬ IGP Côtes Catalanes La Truffière 2020		29 €	94
▬ IGP Côtes Catalanes Roboul 2020		20 €	91

Le coup de ♥

⌐ IGP Côtes Catalanes Le Clos des Escounils 2020		35 €	94
⌐ IGP Côtes Catalanes Rancio Sec Vi Ranci 2002		140 €	98

Rouge : 10 hectares. Grenache noir 40 %, Mourvèdre 30 %, Carignan 20 %, Cinsault 5 %, Syrah 5 %
Blanc : 8 hectares. Macabeu 25 %, Muscat à petits grains blancs 25 %, Grenache blanc 20 %, Grenache gris 15 %, Carignan gris 10 %, Carignan 5 %
Production moyenne : 45 000 bt/an

DOMAINE DANJOU-BANESSY ♣
1 bis, rue Thiers, 66600 Espira-de-l'Agly ● 04 68 64 18 04 ● bendanjou@hotmail.fr ●
Vente et visites : sur RDV.
Propriétaire : Sébastien et Benoît Danjou

★★ DOMAINE GARDIÉS

Jean Gardiés est solidement installé sur ses très beaux terroirs d'Espira de l'Agly et de Vingrau depuis 1990. Sur 35 hectares, il profite de la diversité géologique locale entre sols argilo-calcaires et de schistes pour produire une gamme de vins précis. Il travaille désormais à quatre mains avec son fils Victor. La proportion de Vin Doux Naturels a diminué au profit des secs. Les progrès en blanc se confirment, avec de plus en plus de pureté, de longueur et de justesse dans les élevages. Les rouges restent très bien construits, de jolis classiques, avec de la charpente mais des tanins mûrs et un beau potentiel de garde.

Les vins : le blanc 2021 Clos des Vignes est un vin qui allie un nez mellifère, fleurs blanches et acacia, et une bouche précise, avec une belle énergie. Les Glacières porte bien son nom, un vin fumé et ciselé sur les agrumes, étiré et vertical. Le côtes-du-roussillon Torreta s'exprime aussi sur les agrumes, le cédrat, le citron vert et la pierre à fusil. Des vins de temps, qui vont se patiner et devraient évoluer avec grâce. Attendre et Voir est un vin de macération élevé en amphore, réussi, avec de subtils amers et de belles notes d'amandes fraîches. Pour les rouges, Clos des Vignes est fumé, lardé et poivré, bien construit, avec des tanins justes. Il est charpenté mais avec une maturité juste et du fond. Croquant et pulpeux, Les Millères se présente tout en tendresse, avec le bel apport de son fruit frais. La Torre est très bien géré en 2019 et ne tombe pas dans le piège de l'extraction ; son toucher de bouche est suave, ses tanins, épais et ses notes d'épices, douces. Les Falaises est plus sombre, sur le graphite et les fruits noirs. Encore très dense, il a besoin de temps pour se poser.

⊂	Côtes du Roussillon Clos des Vignes 2021	28 €	92
⊂	Côtes du Roussillon Torreta 2020	40 €	93
⊂	VDF Attendre et Voir 2020	30 €	93
◖	Côtes du Roussillon-Villages La Torre 2019	40 €	93
◖	Côtes du Roussillon-Villages Les Millères 2020	16 €	90
◖	Côtes du Roussillon-Villages Tautavel Clos des Vignes 2019	26 €	91
◖	Côtes du Roussillon-Villages Tautavel Les Falaises 2019	50 €	92

Le coup de ♥

⊂	Côtes du Roussillon Les Glacières 2021	18 €	92

Rouge : 20 hectares. Grenache noir 40 %, Mourvèdre 20 %, Syrah 20 %, Carignan 15 %, Cinsault 5 %
Blanc : 15 hectares. Muscat à petits grains blancs 30 %, Grenache blanc 30 %, Macabeu 10 %, Malvoisie 10 %, Roussanne 10 %, Grenache gris 10 %
Production moyenne : 120 000 bt/an

DOMAINE GARDIÉS ♣

Chemin de Montpins, 66600 Espira-de-l'Agly
04 68 64 61 16 ● www.domaine-gardies.fr ●
Vente et visites : sur RDV.
De 9h à 17h.
Propriétaire : Jean et Victor Gardiés

★★ MAS AMIEL

Au coeur du terroir de Maury, en bas de coteau, une grande bâtisse et des rangées de demi jeannes dans lesquelles les nectars vieillissent un an au soleil, avant de rejoindre la salle des foudres pour des décennies. Le Mas Amiel, premier né de la galaxie Olivier Decelle est une page d'histoire du Roussillon. Un domaine qui célèbre la tradition des grands vins doux naturels, tout en se renouvelant sur les vins secs, avec un style épuré, sanguin et très juste, porté par un patrimoine de vieilles vignes. Nicolas Raffy, vigneron catalan talentueux, porte haut les couleurs des vins de calcoschistes, de marnes noires et de granite. Il a identifié des parcelles escarpées, adapté ses assemblages, ses élevages et ses dates de vendange pour que les

Maury secs rejoignent les VDN, au sommet. Le domaine fait incontestablement partie aujourd'hui des grandes références. Depuis quelques années, les progrès sur les secs sont spectaculaires. La troisième étoile approche.

Les vins : assemblage de cépages vinifiés sans sulfites, vif, Natural blanc a des notes fumées et de pomme golden. Altaïr 2021, vieilles vignes de cépages mêlés sur calcoschistes, confirme son statut de grand blanc du Roussillon, avec ses arômes profonds de poire conférence et sa grande longueur salivante. Du côté des rouges, Oiseau Rare est une originalité combinant grenache, carménère et une pointe de syrah. Un vin assez gras au niveau tactile, aux notes poivrées. Légende fait la part belle aux vieux grenaches et carignans, plantés en 1914 sur la parcelle du Caribou, un cirque de 2 hectares sur calcoschistes, pour ce vin de belle chair, qui allie le floral, le fusain et une jolie persistance salivante. Alt. 433 m, issu de lladoner pelut et de grenache sur granite, se distingue par ses très belles notes de pomelo, d'orange sanguine et ses tanins poudrés. Un très beau vin, qui a de la brillance et de l'énergie. La gamme de vins doux naturels est à nouveau de haut vol. Le maury Vintage blanc, fait honneur au grenache gris, avec de jolies saveurs d'amande et de menthol et une amertume maîtrisée qui l'étire. Également issu des vieilles vignes du Caribou, le maury Vintage rouge Charles Dupuy est un modèle du genre, avec ses arômes complexe de camphre, de tapenade d'olives noires, d'eucalyptus et beaucoup d'allonge fumée. Le maury 30 ans d'Âge est également superbe sur l'orange confite, la datte Medjool et le café ; l'alcool est parfaitement intégré et la douceur maîtrisée. Le maury 1999 est plus dense, sur le pruneau sec, le raisin de Corinthe et la figue. Il est long, profond et d'une grande complexité. Deux vins uniques.

⊂	Côtes du Roussillon Natural 2021	14,50 €	90
⊂	Maury Vintage 2021	18 €	92
◖	Maury 1999	50 €	96
◖	Maury 30 Ans d'Age	55 €	94
◖	Maury Vintage Charles Dupuy 2020	39 €	94
◖	Maury sec Légende 2021	22 €	92
◖	Maury sec Oiseau Rare 2020	19 €	90

Le coup de ♥

⊂	Côtes du Roussillon Altaïr 2021	22 €	93
◖	Maury Sec Alt. 433 M 2021	28 €	94

Rouge : 143 hectares. Grenache noir 75 %, Carignan 13 %, Syrah 10 %, Mourvèdre 2 %
Blanc : 12 hectares. Grenache gris 47 %, Macabeu 33 %, Muscat à petits grains blancs 10 %
Production moyenne : 400 000 bt/an

MAS AMIEL ♣
Domaine Mas Amiel, 66460 Maury
04 68 29 01 02 ● masamiel.fr/fr/ ● Vente et
visites : sur RDV.
De 8h30 à 12h30 et de 13h30 à 18h.
Propriétaire : Olivier Decelle
Directeur : Nicolas Raffy

★★ DOMAINE OLIVIER PITHON

C'est l'histoire d'un vigneron d'Anjou, passé par
Bordeaux, qui tombe amoureux du village de
Calce en 2000. En 2001, Olivier Pithon déniche
quelques 7 hectares dans le secteur et achète
aussitôt son premier dynamiseur pour appli-
quer les pratiques biodynamiques. Le domaine
sera certifié en 2010. Il totalise aujourd'hui
22 hectares sur trois zones aux géologies distinctes (schistes, marnes et argilo-calcaire),
avec une moitié de vins blancs. Le chai,
construit à l'extérieur du village, permet également au vigneron de vinifier son petit négoce,
avec les raisins de vignerons de qualité partageant sa philosophie. Tous les vins, du négoce
aux cuvées issues des vignobles domaine, sont
empreints de charme, avec des touchers de
bouche très délicats et de l'énergie. Une gamme
joyeuse, ouverte, avec du pulpeux et sur les vins
de garde, beaucoup de complexité. Un domaine
référence. Bravo !

Les vins : avec ses notes mentholées et de
pêche blanche et sa vivacité, Mon P'tit Pithon
2021 est une jolie introduction. En blanc, Laïs
2021 est un vin vertical, sur les agrumes, la pierre
à fusil et tenu par une très belle tension ; un
vin énergique et ciselé, très réussi. La
D18 2020 est plus en retenue avec ses arômes
délicats d'agrumes et fumés, mais la bouche
est profonde. Un vin droit et complexe qui ira
loin. Mon P'tit Pithon rosé est très charmant et
repose sur des notes de fraises écrasées et de
poivre, avec beaucoup de fraîcheur, rehaussée
par un joli crémeux. En rouge, il est tout aussi
friand, franc, avec son palais pulpeux et ses
arômes acidulés de cerise noire. Laïs rouge est
un vin délié, délicat de texture, subtilement fumé
et à nouveau très énergique. Il est soutenu par
une belle trame acide sans pour autant perdre
en chair. Le Pilou s'inscrit dans la même lignée,
avec un toucher de bouche tout aussi gracieux
et élégant, mais il gagne encore en étoffe et en
complexité. Ces carignans centenaires conservent une très belle empreinte acidulée et florale, un grain de tanin très fin et beaucoup de
brillance.

🍾 Côtes du Roussillon La D18 2020		45 €	94
🍾 Côtes du Roussillon Laïs 2021		21 €	93
🍾 IGP Côtes Catalanes Mon P'tit Pithon 2021		12 €	89
🍾 Igp Côtes Catalanes Mon P'tit Pithon 2021		12 €	89
🍷 Côtes du Roussillon Laïs 2020		21 €	92
🍷 IGP Côtes Catalanes Mon P'tit Pithon 2021		12 €	89

Le coup de ♥

🍷 Côtes du Roussillon Le Pilou 2020		45 €	95

Rouge : 11 hectares. Grenache noir 50 %,
Carignan 40 %, Mourvèdre 10 %
Achat de raisins.
Blanc : 11 hectares. Grenache gris 40 %,
Macabeu 40 %, Grenache blanc 20 %
Achat de raisins.
Production moyenne : 150 000 bt/an

DOMAINE OLIVIER PITHON ☾
Chemin de Montner, 66600 Calce
04 30 44 85 71 ● www.olivierpithon.com ●
Vente et visites : sur RDV.
De 9h à 12h et de 14h à 18h.
Propriétaire : Olivier Pithon

★★ ↗ DOMAINE DE LA RECTORIE

De retour sur les terres familiales depuis 1984,
les frères Parcé se sont d'abord illustrés dans
l'élaboration de banyuls mutés sur grains de
type vintage (millésimés, prêts à boire jeunes),
auxquels ils ont apporté une précision de saveur
et une intensité aromatique jusqu'alors incon-
nues. Jean-Emmanuel incarne le renouveau de
la famille, arrivé en 2010. Il a réduit la taille du
vignoble à 34 hectares de ce parcellaire très
morcelé (50 parcelles). Les expositions solaires
et les altitudes sont variées. Il s'est lancé le défi
de l'agriculture biologique dans ce paysage aride
qui vit au rythme des entrées maritimes. Les
blancs et rouges secs font désormais partie
des références, avec des expressions franches
et intenses. Nous saluons la cohérence exceptionnelle de la gamme, dans les trois couleurs,
comme en VDN, il retrouve donc logiquement sa
deuxième étoile.

Les vins : dans les blancs, L'Argile reste un grand
classique du domaine. Cette cuvée s'impose en
délicatesse avec des notes d'acacia et de fruits
blancs. La bouche est à la fois ample et fraîche,
dotée de fins amers en finale. Tout aussi juste,
Barlande a un profil plus pointu et une finale de
poivre blanc. Une proposition de rosé très réussie avec La Goudie, à la couleur soutenue. Une
approche de groseille et de fruits rouges avec
un franc support tannique finement épicé. En
rouge, Côté Mer donne une expression intense
de fruits noirs, avec des tanins encore accro-

cheurs qui devraient se fondre dans cette texture noble et veloutée. Plus en onctuosité Montagne a un fruit associé aux épices avec des arômes de violette. L'Oriental affiche des notes de ras el hannout et la bouche est élancée avec des tanins soyeux et une finale encore un peu ferme, épicée. La fraîcheur et la finesse arrivent avec Col de Perdigué, un vin intensément floral et poudré. Barlande est celui qui offre le plus haut niveau de finesse et de complexité. Un vin floral, soutenu par de fines notes d'épices et de fruits rouges. Dans les vins doux, Elisabeth est un banyuls blanc aux notes de mirabelle et de fruits blancs avec une sucrosité et un alcool bien intégrés. Enfin, la cuvée Léon Parcé allie à merveille l'univers des vins rouges tout en chair et en pulpe, sans trop d'extraction, à un mutage très réussi qui garde l'authenticité du fruit avec des fines épices.

▭ Banyuls Elisabeth 2020		15 €	91
▭ Collioure Barlande 2021		32 €	93
▭ Collioure L'Argile 2021		25,50 €	92
▬ Collioure La Goudie 2021		25,50 €	90
▬ Collioure Barlande 2020		32 €	93
▬ Collioure Col de Perdigué 2020		32 €	92
▬ Collioure Côté Mer 2020	Épuisé - 15 €		91
▬ Collioure L'Oriental 2020		20 €	90
▬ Collioure Montagne 2020		25 €	90

Le coup de ♥

▬ Banyuls Léon Parcé 2020		25 €	93

Rouge : 29 hectares. Grenache noir 56 %, Syrah 24 %, Carignan 10 %, Mourvèdre 8 %, Counoise 2 %
Blanc : 5 hectares. Grenache gris 88 %, Grenache blanc 8 %, Carignan gris 2 %
Production moyenne : 120 000 bt/an

DOMAINE DE LA RECTORIE
65, avenue du Puig-del-Mas
66650 Banyuls-sur-Mer
04 68 88 13 45 ● www.rectorie.com ●
Visites : sans RDV.
Du lundi au samedi de 10h à 13h et de 14h à 19h.
Propriétaire : Thierry et Jean-Emmanuel Parcé

★ DOMAINE DES CHÊNES

Situé au pied des magnifiques falaises de Vingrau, ce domaine est la propriété familiale d'Alain Razungles, ingénieur agro et œnologue, qui a pris sa retraite de professeur à l'université de Montpellier en 2019. Très sensible aux terroirs qui l'entourent et fort de sa formation solide en vinification, il a commencé à mettre en bouteille avec le millésime 1988. Il s'est intéressé très tôt aux vins blancs secs et aux rancios, qu'il maî-trise parfaitement. Ses vins rouges nous transmettent avec justesse les nuances des sols argilo-calcaires. Les VDN, irréprochables, sont des exemples parfaits (et abordables) de la spécificité des vins du Roussillon.

Les vins : en blanc, Les Olivettes est tout en rondeur, sur des notes de fleurs et de bergamote. Les Sorbiers est un blanc de garde, patiné, aux tonalités d'amande fraîche et de fruits à noyau. En rouge, La Carissa est un assemblage de quatre cépages issus des meilleurs terroirs du domaine. On y trouve de la réglisse, des fruits noirs et une bouche aux tanins encore robustes, balancés par une certaine fraîcheur. L'Oublié est un rancio sec aux notes de tabac blond, de camphre et de genièvre, avec une sensation de noisette en bouche et une finale sur l'extrait sec. Un véritable vin d'esthète ! Sur la verveine, la menthe fraîche et le citron, muscat de délivre une bouche ample et généreuse, au sucre bien intégré dans une matière enveloppante. La finale conserve une sensation d'abricot sec. Enfin, le rivesaltes Ambré a des allures de moka, de vanille et de fruits secs. La bouche est en parfait équilibre entre confort et ampleur.

▭ Côtes du Roussillon Les Sorbiers Vieilles Vignes 2020		11 €	91
▭ IGP Côtes Catalanes Les Olivettes 2021		8 €	89
▭ IGP Côtes Catalanes Rancio Sec L'Oublié 1999		20 €	92
▭ Muscat de Rivesaltes 2019		12 €	91
▬ Côtes du Roussillon-Villages Tautavel La Carissa 2016		20 €	90

Le coup de ♥

▭ Rivesaltes Ambré 2011		19 €	92

Rouge : 20 hectares. Syrah 35 %, Grenache noir 30 %, Carignan 30 %, Mourvèdre 5 %
Blanc : 15 hectares. Grenache blanc 25 %, Macabeu 24 %, Muscat à petits grains blancs 20 %, Roussanne 12 %, Grenache gris 7 %

Production moyenne : 40 000 bt/an

DOMAINE DES CHÊNES ♣
7, rue du Maréchal-Joffre, 66600 Vingrau
04 68 29 40 21 ● www.domainedeschenes.fr
● Vente et visites : sur RDV.
Du lundi au vendredi de 9h à 12h et de 14h à 18h. Sur rendez-vous le samedi et le dimanche.
Propriétaire : Alain Razungles
Œnologue : Isabelle Cutzach Billard

★ COUME DEL MAS

Amoureux de ses terroirs, Philippe Gard s'est installé dans le hameau de Cosprons, entre Banyuls-sur-Mer et Port-Vendres. Il exploite avec détermination un patrimoine de 13 hectares de vieilles vignes, remarquablement situées. Tous les vins sont fermentés en barrique et la connaissance de ses parcelles lui permet de s'adapter aux aléas de climats et micro-climats selon les années. Son savoir-faire en matière de vinification et d'élevage a rapidement placé sa production parmi les plus ambitieuses du secteur. Elle mérite d'ailleurs l'attention des aficionados des vins de la côte Vermeille : tous ses vins sont passionnants et dotés d'un beau potentiel de garde !

Les vins : en 2021, Folio se montre frais et aromatique, dans un registre de fenouil, d'herbe fraîche et de poivre de Timut. La bouche est tout aussi aromatique, un vin à la fois ample et sapide. Une cuvée qui a tout pour plaire ! En rouge, Quadratur est à la fois dense et friand, appuyé par des notes de tapenade et de fruits noirs et des tanins onctueux et gourmands. Abysses se montre plus dense et musclé, avec des tanins plus affirmés, il pourra patienter en cave. Quintessence est un banyuls Rimage en mise tardive, qui propose des notes de figue de barbarie et une touche de moka, le sucre s'intègre parfaitement dans cette densité. Le banyuls grand cru offre une concentration rare de poivre sauvage, d'abricot sec dans une belle expression florale. La bouche est dense, le sucre est intégré avec harmonie dans la structure épicée et terreuse.

▭ Collioure Folio 2021	24 €	92
▬ Banyuls Grand Cru 2008	70 €	93
▬ Collioure Abysses 2020	39 €	91
▬ Collioure Quadratur 2020	de 29 à 30 € (c)	91

Le coup de ♥

▬ Banyuls Quintessence 2019	de 26 à 29 € (c)	93

Rouge : 8 hectares. Grenache noir 60 %, Carignan 15 %, Mourvèdre 15 %, Syrah 10 %
Blanc : 5 hectares. Grenache gris 85 %, Grenache blanc 5 %, Vermentino 5 %, Roussanne 5 %
Production moyenne : 35 000 bt/an

COUME DEL MAS

3, rue Alphonse-Daudet,
66650 Banyuls-sur-Mer
06 86 81 71 32 ● www.coumedelmas.com ●
Vente et visites : sur RDV.
Propriétaire : Philippe Gard

★ DOMAINE BRUNO DUCHÊNE

Originaire du Loir-et-Cher, Bruno Duchêne a fait l'acquisition en 2002 de petites parcelles de vignes sur les coteaux escarpés surplombant Banyuls, à 300 mètres d'altitude. Dans cet environnement rude, où la pénibilité du travail est tout sauf une notion abstraite, l'homme accomplit un labeur acharné pour entretenir en agriculture biologique la plus grande partie de son vignoble, dont certaines parcelles sont bichonnées comme de petits jardins. À la cave, des vinifications douces (avec des doses minimes de soufre), donnent naissance à des vins qui dépassent le qualificatif trop réducteur de "naturel" : issus de vieux grenaches et carignans, ce sont avant tout des vins digestes, aux matières suaves mais innervées d'une fraîcheur gagnée à la vigne. Des vins ensoleillés, gourmands, qui semblent irradier la bonne humeur et la spontanéité de leur géniteur.

Les vins : le domaine ne nous ayant pas fait parvenir ses vins, nous sommes amenés à reconduire les notes de notre édition précédente.

▭ Collioure Vall Pompo 2020	34 €	92
▭ IGP Côte Vermeille La Luna 2020	19 €	91
▬ Collioure La Pascole 2020	34 €	94
▬ IGP Côte Vermeille La Luna 2020	19 €	92

Le coup de ♥

▬ IGP Côte Vermeille La Luna 2020	16 €	91

Rouge : 3,5 hectares. Grenache noir 90 %, Carignan 10 %
Achat de raisins.
Blanc : 0,5 hectare. Grenache blanc 100 %
Achat de raisins.
Production moyenne : 12 000 bt/an

DOMAINE BRUNO DUCHÊNE ♣

56, avenue Général-de-Gaulle,
66650 Banyuls-sur-Mer
06 09 74 28 39 ● lapascole@orange.fr ● Pas de visites.
Propriétaire : Bruno Duchêne

★ DOMAINE LES ENFANTS SAUVAGES

Carolin Bantlin, architecte de formation, et son mari Nikolaus venaient en vacances en famille dans la région depuis plusieurs années. Ils décidèrent en 1999 d'acquérir une bergerie en ruine entourée de vignes dans un secteur très isolé, aux confins de Fitou et d'Opoul. Définitivement installés à Fitou, en 2001, ils se forment chez Olivier Pithon, puis reprennent 12 hectares perdus au cœur de la garrigue. Ils font alors le choix de la biodynamie. Construits sur des matières franches et désaltérantes, leurs vins, Cool Moon en blanc (grenache gris, blanc, macabeu et vermentino), Enfant Sauvage, Noces de Lumière (mourvèdre) et Roi des Lézards en rouge (vieux carignan élevé en foudre) retranscrivent les saveurs de cet environnement exceptionnel. Une petite plantation de chenin en terrasses viendra bientôt élargir la palette.

Les vins : le domaine ne nous ayant pas fait parvenir ses vins, nous sommes amenés à reconduire les notes de notre édition précédente.

▭ IGP Côtes Catalanes Bouche du Soleil
2020   22 €   91

▭ IGP Côtes Catalanes Cool Moon
2018   22 €   91

◼ IGP Côtes Catalanes Ché Chauvio
2020   12 €   88

◼ IGP Côtes Catalanes Enfant Sauvage
2019   15 €   90

◼ IGP Côtes Catalanes Roi des Lézards
2017   20 €   91

Rouge : 5,4 hectares. Carignan 35 %, Grenache noir 25 %, Cinsault 15 %, Mourvèdre 15 %, Syrah 10 %
Blanc : 2,6 hectares. Muscat à petits grains blancs 30 %, Grenache gris 20 %, Grenache blanc 20 %, Vermentino 15 %, Macabeu 10 %, Roussanne 5 %
Production moyenne : 25 000 bt/an

DOMAINE LES ENFANTS SAUVAGES ♣

10, rue Gilbert-Salamo, 11510 Fitou
04 68 45 69 75 ●
www.les-enfants-sauvages.com ● Vente et visites : sur RDV.
Propriétaire : Nikolaus et Carolin Bantlin

★ ⚘ DOMAINE PAUL MEUNIER CENTERNACH

Tous deux d'origine Bourguignonne, Paul Meunier et son épouse Lucile Morin se sont installés dans le Roussillon en 2013, reprenant un patrimoine de 9,5 hectares de vieilles vignes sur Maury, Saint-Paul de Fenouillet, Lesquerde et Centernach. Paul, passionné de vins fortifiés, a fait ses classes chez des références du secteur, mais aussi dans le Douro portugais. Les vins sont vinifiés et élevé à Centernach, dans l'ancienne coopérative de la commune éponyme. Le domaine est cultivé dès le début en agriculture biologique et les vignes travaillées au cheval, par la sœur de Paul. La gamme, courte, cohérente, met à la fois en lumière des terroirs spécifiques et le savoir faire du couple en matière d'assemblage. Les vins mutés sont au niveau de la passion de Paul Meunier. L'étoile vient couronner la progression du domaine et la justesse de la gamme.

Les vins : issu de macabeus et grenaches blancs, Chorèmes 2019, en blanc, est un vin subtil et frais pour le millésime, avec une aromatique dominée par le fenouil et l'amande. Il demeure marin et iodé. En rouge, le côtes-du-roussillon-village 2014, premier millésime du domaine, affiche une belle évolution. Il est aujourd'hui une gourmandise portée par ses notes sanguines, lardées et poivrées, mais aussi son beau support acide et sa finale très fraîche. Quartier Libre 2019, vin rouge d'assemblage, est aussi très enthousiasmant, friand, tout en restant profond, avec sa belle empreinte épicée. Les Chorèmes rouge 2019, issu des vieilles vignes est plus dense et un peu plus charnu, avec son profil sur la prune noire et la mine de crayon. C'est le plus sudiste dans son expression, mais sa structure lui apporte une belle énergie. Les Couillades d'en Paillol, parcellaire de vieux carignans sur schistes noirs, est un joli vin de garde, sur le graphite, la violette et la cerise noire. Le vin évoluera à merveille pendant une décennie. La gamme démontre que le millésime 2019 a été très bien géré. Le maury Falguayra nord est un vin doux naturel délicat et complexe, avec ses notes de framboise confite, sa pointe chocolatée, son velouté et son onctuosité.

▭ Côtes du Roussillon Chorèmes
2019   19 €   91

◼ Côtes du Roussillon Quartier Libre
2019   15 €   90

◼ Côtes du Roussillon-Villages
2014   20 €   90

◼ Côtes du Roussillon-Villages Ch. Les
Couillades d'en Paillol 2019   47 €   93

◼ Côtes du Roussillon-Villages Les
Chorèmes 2019   19 €   90

◼ Maury Falguayra Nord 2019   30 €   93

Rouge : 7 hectares. Grenache noir 49 %, Carignan 29 %, Syrah 15 %, Lladoner pelut 7 %
Blanc : 3 hectares. Macabeu 66 %, Muscat à petits grains blancs 20 %, Grenache gris 14 %
Production moyenne : 15 000 bt/an

DOMAINE PAUL MEUNIER CENTERNACH ♣

1, route de Lansac, 66220 Saint-Arnac
04 68 08 40 98 ●
www.paulmeunier-centernach.com ● Vente et visites : sur RDV.
Propriétaire : Paul Meunier et Lucile Morin

★ DOMAINE JEAN-PHILIPPE PADIÉ

Jean-Philippe Padié s'est installé en 2003 à Calce, après s'être formé chez Gérard Gauby et au Mas Amiel. Il cultive trente parcelles sur 10 hectares, maîtrise ses rendements, pour un style frais et juteux sur les rouges et beaucoup de vivacité sur les blancs. Si les extractions sont très justes et les touchers de bouches séduisants, les réductions très marquées sur certaines cuvées rendent les palettes aromatiques moins séduisantes.

Les vins : en blanc, Fleur de Cailloux et Milouise sont encore très marqués par leur réduction et ont du mal à se livrer. La vivacité est présente mais l'aromatique demeure très serrée. Le Tourbillon de la Vie est plus délié, avec ses notes de poire conférence et sa finale de bouche sur les agrumes. Son alter ego rouge est assez juteux, infusé et croquant. Petit Taureau est aussi très retenu au niveau du nez, avec une réduction marquée ; à ce stade, il a du mal à s'ouvrir. Nous lui préférons Le Pacha, croquant et poivré, et Gribraltar, avec ses notes d'épices douces et de fruits rouges acidulés. Si nous reconnaissons la qualité des extractions et la justesse des maturités, certaines cuvées manquent encore de plaisir et mériteraient d'être présentées avec un peu de bouteille.

▭ VDF Fleur de Cailloux 2021	18 €	89
▭ VDF Milouise 2021	32 €	89
▭ VDF Tourbillon de la Vie 2021	12 €	90
▬ VDF Gibraltar 2021	25 €	92
▬ VDF Le Pacha 2021	25 €	92
▬ VDF Le Tourbillon de la Vie 2021	12 €	89
▬ VDF Petit Taureau 2021	18 €	88

Rouge : 9 hectares. Carignan 35 %, Grenache noir 32 %, Syrah 21 %, Mourvèdre 12 %
Blanc : 9 hectares. Grenache blanc 35 %, Grenache gris 34 %, Macabeu 31 %
Production moyenne : 40 000 bt/an

DOMAINE JEAN-PHILIPPE PADIÉ ♣

27, route d'Estagel, 66600 Calce
06 99 53 07 66 ● www.domainepadie.com ●
Vente et visites : sur RDV.
Propriétaire : Jean-Philippe Padié

★ DOMAINE DE RANCY

Ce domaine, qui a vu le jour dans les années 1920, est aujourd'hui entre les mains de Jean-Hubert et Brigitte Verdaguer, épaulés par leur fille aînée Delphine depuis 2006. La famille a une passion pour les rancios, déclinés en secs et en Vins doux naturels et préservent une collection de très vieux millésimes, témoins de l'immortalité de ces cuvées. Depuis 2001 le domaine propose aussi une gamme de rouges secs. Le domaine reste, pour autant, avant tout une référence sur les Vins Doux Naturels.

Les vins : en rouge, Le Mourvèdre de Rancy est un vin riche, charnu, sur les fruits confits et une pointe épicée, qui a du mal à se défaire de son empreinte sudiste et solaire. Le carignan 2019,

issu de ceps de 80 ans sur les schistes de Latour-de-France, est un vin sombre, un peu janséniste à ce stade, axé sur les fruits noirs, mais il a plus de justesse, d'allonge et de jolis tanins crayeux et fins. La pièce maîtresse reste le rivesaltes ambré 1980, d'une grande pureté, qui s'exprime sur l'orange confite et l'abricot sec. Un très beau vin.

▬ IGP Côtes Catalanes Le Carignan de Rancy 2019	11 €	91
▬ IGP Côtes Catalanes Le Mourvèdre de Rancy 2019	11 €	86

Le coup de ♥

▭ Rivesaltes Ambré 1980	70 €	95

Rouge : 5 hectares. Grenache noir 47 %, Mourvèdre 32 %, Carignan 21 %
Blanc : 12 hectares. Macabeu 100 %
Production moyenne : 25 000 bt/an

DOMAINE DE RANCY ♣

8, place du 8-Mai-1945,
66720 Latour-de-France
04 68 29 03 47 ● www.domaine-rancy.com ●
Vente et visites : sur RDV.
De 10h à 13h et de 15h à 19h et le dimanche matin.
Propriétaire : Brigitte et Jean-Hubert Verdaguer

★ RIBERACH

Voici l'un des projets les plus ambitieux que la région ait connu ces dernières années : enfant du pays, l'architecte Luc Richard, aidé de ses associés (un viticulteur, un maître de chai et un sommelier), a d'abord constitué, en 2006, un domaine sur le secteur d'altitude de Bélesta. Ils ont racheté les bâtiments de la coopérative locale, transformés en cave, mais aussi en un spectaculaire hôtel-restaurant. Déclinés pour mettre en avant les différents cépages de la région, les vins sont aboutis et soignés, avec quelques morceaux de bravoure, comme Hypothèse blanc, rare cuvée de pur carignan gris, ou son pendant Hypothèse rouge, basé sur un carignan noir de grand caractère. Le domaine a trouvé sa vitesse de croisière avec des vins intenses mais toujours sveltes, très nets et très frais, de faibles degrés, construits sur la tension mais sans verdeur.

Les vins : le blanc Synthèse est construit autour de quatre cépages catalans. Il offre un nez complexe et délicat de chèvrefeuille, d'agrumes et de fruits à noyau ; la bouche est longiligne, soulignée par une fine tension. Dans un registre de flore mellifère avec une bonne tenue en bouche, Hypothèse montre une évolution noble. Parenthèse est une macération fine à l'aromatique de fleur d'oranger et de citron confit ; une bouche fraîche et élancée avec un support léger de tanins. Du côté des rouges, N°20 est un vin pulpeux avec un bel élan de fruits et d'épices et une finale un peu plus serrée. Tout en finesse, Synthèse s'exprime dans un registre de mûre, de myrtille avec des notes de violette et de clou de girofle. La bouche offre une approche suave sans manquer de race. Avec ses tanins soyeux et sa finale marquée par l'orange sanguine, Antithèse dévoile une belle profondeur de fruits et d'épices. Hypothèse est l'expression réussie d'un vieux carignan centenaire sur granite, on lui trouve un attrait floral et poudré avec des tanins bien intégrés aux notes finement fumées en finale. Avec ses notes de fraise, violette et cardamome, Thèse est un vin pulpeux, doté de tanins fins et d'une belle énergie.

IGP Côtes Catalanes Parenthèse Macération 2021	20 €	91
IGP Côtes Catalanes Synthèse 2020	16 €	90
IGP Côtes Catalanes Antithèse 2017	20 €	91
IGP Côtes Catalanes Hypothèse 2015	30 €	92
IGP Côtes Catalanes Rouge N° 20 2020	12 €	89
IGP Côtes Catalanes Synthèse 2016	16 €	91
IGP Côtes Catalanes Thèse 2016	20 €	90

Le coup de ♥

IGP Côtes Catalanes Hypothèse 2017	30 €	92

Rouge : 7 hectares. Carignan 35 %, Grenache noir 30 %, Syrah 30 %, Cinsault 5 %
Blanc : 4 hectares. Carignan gris 29 %, Grenache gris 29 %, Macabeu 29 %, Grenache blanc 13 %
Production moyenne : 40 000 bt/an

RIBERACH ♣

2, route de Caladroy, 66720 Bélesta
06 21 42 08 13 ● www.riberach.com ● Vente et visites : sur RDV.
Propriétaire : SARL Riberach

★ ⚡ DOMAINE DES SCHISTES

L'histoire débute en 1990, lorsque Jacques Sire décide de sortir progressivement de la coopérative et de mettre en bouteille les vins de son domaine situé à Estagel. Il est rejoint par son fils Mickael en 2004. C'est celui-ci qui est aujourd'hui en charge de cette belle exploitation de 40 hectares. Le patrimoine est constitué de vieilles vignes sur les très beaux terroirs sur Estagel, Maury et Tautavel, principalement sur schistes et micaschistes. L'ensemble de la gamme est très juste, avec de beaux vins de fruits friands et des sélections parcellaires, complexes et profondes. Les blancs sont frais, floraux et salins. Les blancs de macération, un sec et un Muscat de Rivesaltes sont produits depuis quelques millésimes avec une très belle maîtrise. Le domaine est un grand spécialiste dans la production de rancios secs et de rivesaltes ambrés complexes et profonds, issus de deux soleras initiées respectivement en 2004 et 1990. Ajoutons à cela beaucoup de passion et des prix très raisonnables au vu du travail effectué. Le niveau constaté depuis des années, les prises de risques judicieuses, nous amène à attribuer une étoile à ce domaine, qui est incontestablement une valeur sûre de la région.

Les vins : en blanc, Illico, un macabeu frais avec des jolis amers, est une belle introduction aux vins du domaine. Essencial 2021 se démarque par son allonge saline et imprime ses belles notes d'amandes fraîches. Plus riche et gras, Gora conserve de l'énergie et une belle finale saline. V.O. est une version orange du muscat à petits grains, très réussie, sur la fleur d'oranger, le loukoum à la rose, avec un alcool bas et beaucoup de vivacité pour le cépage. Du côté des rouges, Caune d'en Joffre est un parcellaire issu du lieu-dit éponyme, situé sur un piémont calcaire et planté de vieux carignans. Un vin sombre mais juste, sur le pruneau et la mûre, avec des tanins veloutés, un élevage maîtrisé et une belle longueur. Comme à leur habitude, les rancios sont superbes. Algo impressionne déjà avec sa belle salinité et son aromatique sur les pleurotes. Le rancio sec est plus concentré sur l'umami, la pistache et une finale iodée très longue. Les vins doux naturels sont également au sommet : le muscat de Rivesaltes joue la carte de la macération, ce qui lui apporte une énergie tannique bienvenue et allège l'ensemble. Le maury grenat est très juste, sur le pruneau, la cerise noire, avec une bouche suave et digeste. Le rivesaltes, issu de la plus vieille solera du domaine, nous fait pénétrer dans l'univers des figues sèches et de l'orange confite. Un mutage parfaitement intégré et un sucre très digeste. Un grand bravo !

Côtes du Roussillon Essencial 2021	11 €	91
Côtes du Roussillon Gora 2020	17 €	91
IGP Côtes Catalanes Algo	22 €	93
IGP Côtes Catalanes Illico 2021	8 €	90
IGP Côtes Catalanes Rancio Sec	22 €	95
Muscat de Rivesaltes Joia 2021	15 €	93
Rivesaltes VDN Solera	22 €	94
Côtes du Roussillon-Villages Tautavel Caune d'en Joffre 2020	17 €	92

🍷 Maury 2021　　　　　　　　15 € 93

Le coup de ♥

🍾 IGP Côtes Catalanes V.O. 2021　　13 € 92

Rouge : 25 hectares.
Blanc : 20 hectares.
Production moyenne : 115 000 bt/an

DOMAINE DES SCHISTES ♣
1, avenue Jean-Lurçat, 66310 Estagel
04 68 89 36 16 ●
www.domainedesschistes.com ● Vente et
visites : sur RDV.
De 9h à 12h et de 14h à 18h.
Propriétaire : Jacques et Mickaël Sire

★ LE SOULA

Richards et Mark Walford étaient les importateurs pour le marché anglais des vins de Gérard Gauby. Celui-ci, convaincu du potentiel du secteur des Fenouillèdes, proposa à ses deux amis de s'associer pour exploiter des vieilles vignes sur ces terroirs d'altitude. Les trois compères vont identifier et acquérir de belles parcelles de vieux pampres. Jusqu'en 2008 les vins sont vinifiés à Saint-Martin de Fenouillet. Le chai a déménagé en 2008 dans l'ancienne cave coopérative de Prugnanes. En 2016, Wendy Wilson, ayant fait ses classes en Loire et outre-Atlantique, a remplacé Gerald Stanley qui dirigeait l'exploitation depuis 2008. La fraîcheur et l'énergie ont toujours été des marques de fabrique au domaine. Les rouges ont progressivement gagné en chair tout en conservant un charme aérien. Quant aux blancs, ils se sont immédiatement distingués, tant par leur palette aromatique que par la justesse des textures et des maturités.

Les vins : le blanc Trigone Nº21 est un assemblage de sept cépages qui constituent un vin délicat et singulier, avec sa belle aromatique sur le fenouil, le poivre et le menthol. En bouche, il combine texture et salinité. Le blanc IGP côtes-catalanes 2015 est naturellement plus évolué, mellifère, sur la résine et la cire d'abeille ; un vin tactile, ample, à la belle longueur. La Macération du Soula confirme la réussite du domaine en blanc, avec ses jolis amers, son toucher de bouche ample et un retour phénolique fin et peu marqué. L'exercice est maîtrisé et le vin séduisant. Le Rosé du Soula est un mono-cépage de syrah, coloré, avec de la chair et une belle assise poivrée ; c'est un joli vin de gastronomie. Quant aux rouges, Trigone est à son habitude très tendre, aérien, subtil et joliment acidulé. Un charmeur ! Le côtes-catalanes 2018 conserve également beaucoup de fraîcheur et un toucher de bouche charmeur. S'il a

moins de puissance et de structure que son aîné de 2015, il se démarque par son côté sanguin et sa belle empreinte épicée.

🍾 IGP Côtes Catalanes 2015　　　30 € 93

🍾 VDF La Macération du Soula
　　Nº21　　　　　　　　　　　30 € 92

🍾 VDF Trigone Nº21　　　　　　17 € 90

🍷 IGP Côtes Catalanes Le Rosé du Soula
　　2021　　　　　　　　　　　13 € 90

🍷 IGP Côtes Catalanes 2015　　　30 € 92

🍷 IGP Côtes Catalanes 2018　　　30 € 93

🍷 VDF Trigone Nº21　　　　　　15 € 91

Rouge : 10 hectares. Syrah 50 %,
Carignan 40 %, Grenache noir 10 %
Blanc : 10 hectares. Macabeu 36 %,
Vermentino 25 %, Sauvignon blanc 23 %,
Malvoisie 4 %, Grenache blanc 4 %,
Marsanne 3 %, Roussanne 3 %,
Chardonnay 2 %
Production moyenne : 30 000 bt/an

LE SOULA ☾
Pla d'en Dallen
66220 Saint-Martin-de-Fenouillet
04 68 35 69 31 ● www.le-soula.com ● Vente
et visites : sur RDV.
De 9h à 16h.
Propriétaire : Mark Walford
Directeur : Wendy Wilson
Maître de chai : Wendy Wilson

★ DOMAINE DES SOULANES

Le domaine des Soulanes a été créé en 2002 par Cathy et Daniel Laffite, sur le secteur de Maury. Le couple a auparavant travaillé ces mêmes terroirs pendant plus de dix ans, aux côtés de l'ancien propriétaire, avant d'acquérir une partie de la propriété. Les vignes se situent au pied des pics rocheux dominés par le Château de Queribus. Les vins du domaine s'expriment dans un style charnu mais juste, énergique et intense.

Les vins : le blanc Kaya 2021 est tonique, il fait la part belle aux grenaches blanc et gris, avec de belles notes d'amandes et de noisettes ; la maturité est bien gérée et il a de l'allonge. En rouge Sarrat del Mas est ouvert et intense sur le poivre blanc et l'eau-de-vie de framboise, il est épais mais tendre et suave. Jean Pull est riche, charnu mais très velouté, il possède moins de charme à ce stade que Kaya rouge. Un 100 % carignan réussi, sur la lavande, la rose et les fruits rouges. Les tanins sont bien gérés, le vin friand et joyeux. Une très jolie gamme de vins doux naturels, avec un maury blanc 2021 délicat, sur le pain d'épices et la pêche blanche. Un grenat 2021 subtil, sur les épices et les fruits rouges écrasés et un ambré 2006 complexe, sur la pâte d'amande, la noix de pécan et l'écorce d'orange. Les alcools de ces trois vins mutés sont bien intégrés et les sucres digestes. Un belle gamme, avec de la justesse, de l'allonge et une belle vivacité qui équilibre les richesses de bouche.

⌐ IGP Côtes Catalanes Kaya 2021	15 €	92
⌐ Maury Ambré 2006	32 €	93
◣ Côtes du Roussillon-Villages Jean Pull 2021	10 €	90
◣ Côtes du Roussillon-Villages Sarrat del Mas 2020	14,50 €	90
◣ IGP Côtes Catalanes Kaya 2020	Épuisé - 13 €	92
◣ Maury Grenat 2021	14,50 €	92

Le coup de 💜
⌐ Maury 2021	15 €	93

Rouge : 16 hectares. Grenache noir 50 %, Carignan 30 %, Syrah 15 %, Mourvèdre 5 %
Blanc : 1,8 hectare. Grenache gris 30 %, Carignan 25 %, Carignan gris 25 %, Grenache blanc 20 %
Production moyenne : 30 000 bt/an

DOMAINE DES SOULANES ♣

Mas de las Frédas, 66720 Tautavel
0612336314 ● www.domaine-soulanes.com ●
Vente et visites : sur RDV.
Propriétaire : Cathy et Daniel Laffite
Directeur : Daniel Laffite

★ DOMAINE VIAL MAGNÈRES

La prédominance des grenaches blancs et gris, sur un domaine soumis à une forte influence maritime, explique l'importance de la production de banyuls blancs, mais aussi son antériorité (dès 1986), ainsi que celle des blancs secs, en VDP puis en AOC Collioure. Si les rimages s'avèrent tendres et savoureux, les matières se complexifient avec l'âge, allant vers des rancios remarquables de profondeur. La maison possède ses spécialités, dont le Ranfio Cino, cousin des blancs secs élevés sous voile de Jerez, ou le banyuls Al Tragou, rancio doux très subtil, toujours commercialisé en millésime ancien. La qualité des vins secs progresse, ce dont nous nous réjouissons.

Les vins : Le Petit Couscouril se décline dans les trois couleurs : le rosé est frais et fruité, avec ses notes de fruits rouges croquants et sa finale gourmande ; le blanc est floral, équilibré et salivant ; et le rouge est fin, floral et délicat, avec ses tanins suaves, parfaite initiation au style du domaine. Armenn est un blanc un peu plus complexe avec un joli volume, soutenu par une belle minéralité, des notes légèrement toastées

de mirabelles et de bruyère blanche. En rouge, Les Espérades est plus construit, il dévoile une belle patine en bouche, des notes épicées, sans trop de force. Dans les VDN, on est sur un registre infiniment café, avec de la cannelle et une sucrosité bien enrobée dans un filet d'épices indiennes pour le grand cru 2012. Al Tragou 1995 est fidèle à cette lignée de très vieux rancios de Banyuls. Son charme opère sur une belle palette de quinquina, tabac blond, fruits secs, et en bouche une sensation d'umami bien nette, qui vient supporter le sucre caramélisant.

⌐ Banyuls Cuvée Bernard Saperas Ambré Solera	35 €	92
⌐ Banyuls Rivage 2021	21 €	89
⌐ Collioure Armenn 2019	21 €	91
⌐ Collioure Le Petit Couscouril 2021	13 €	89
◣ Collioure Le Petit Couscouril 2021	13 €	89
◣ Banyuls Gaby Vial	19 €	91
◣ Banyuls Grand Cru André Magnères 2012	45 €	94
◣ Collioure Le Petit Couscouril 2021	13 €	90
◣ Collioure Les Espérades 2020	21 €	88

Rouge : 8 hectares.
Blanc : 3 hectares.
Production moyenne : 25 000 bt/an

DOMAINE VIAL MAGNÈRES

Clos Saint-André, 14, rue Édouard-Herriot, 66650 Banyuls-sur-Mer
04 68 88 31 04 ● www.vialmagneres.com ●
Vente et visites : sur RDV.
De 9h à 12h et de 14h à 18h.
Propriétaire : Chrystel et Olivier Sapéras
Directeur : Laurent Dal Zovo
Œnologue : Laurent Dal Zovo

CLOS DES VINS D'AMOUR

La nouvelle et ambitieuse génération donne une belle dynamique à ce domaine de Maury, qui compte désormais 26 hectares cultivés, en agriculture biologique depuis 2008. Tout commence avec les 9,5 hectares de vignes du grand-père, repris en 2002 par les parents de Charles, en plus de leurs activités d'œnologue conseil et l'agence d'ingénierie de caves. Des trois frères jumeaux, c'est pour l'instant Charles qui s'investit complètement pour un travail des sols vivants, un vignoble taillé en gobelet avec des cépages locaux. Les jeunes et vieilles vignes produisent en moyenne 22 à 25 hectolitres par hectare.

Les vins : à Maury, Une Lubie est une cuvée sans sulfites ajoutés. On lui trouve beaucoup de plaisir, avec une belle présence de fruits rouges, du dynamisme et des notes d'orange sanguine et de griotte. Idylle est un blanc expressif et précis, autour du tilleul, des feuilles de citronnier, voici une expression racée de schiste. Les parcelles sélectionnées à 300 mètres d'altitude traduisent une certaine salinité en bouche avec de l'allonge.

Côtes Du Roussillon Idylle 2020	13 €	89
Maury Une Lubie 2019	13 €	91

CLOS DES VINS D'AMOUR

38, avenue de Grande Bretagne,
66000 Perpignan
04 68 34 97 06 ● www.closdesvinsdamour.fr
● Visites : Pas de visites.
Propriétaire : Famille Dornier
Directeur : Charles Dornier

DOMAINE DU CLOT DE L'OUM

Installés sur les hauteurs de Bélesta, Éric et Lèia Monné sont à la tête d'un patrimoine important de vieilles vignes, réparti entre terroirs de granite, de schistes et de gneiss. Le domaine est certifié en agriculture biologique depuis 2003. À l'évidence, l'altitude contribue au caractère original et empreint de fraîcheur de ces vins, dont nous avons souvent apprécié le charme et l'élégance, soulignés par des tanins vifs. Il y a quelques écueils : les réductions en bouteille sont parfois insistantes et les textures austères, mais le fond est là.

Les vins : le rouge La Compagnie des Papillons est figé dans un registre de fruits noirs et d'épices, avec de la densité et une finale aux tanins secs qui nous retire du plaisir. La suite de la dégustation nous démontre le potentiel de vieillissement des rouges. Une évolution très positive pour Numero Uno 2010, construit sur la syrah. Le vin reste bien vivant avec une aromatique de tapenade et de rose séchée. Une trame qui s'est affinée avec ses quelques années en bouteille. Saint-Bart jouit également d'un vieillissement positif, avec un relief de bouche plus discret. Avec sa syrah expansive Le Clot est doté de notes de fruits noirs, de fleurs et de poivre. Il a du relief, un côté frais, mais de la patine. On lui trouve des notes de tapenade et de cannelle en finale. Un vin taillé pour la garde.

Côtes du Roussillon-Villages Caramany Saint-Bart Vieilles Vignes 2014	20 €	91
Côtes du Roussillon-Villages La Compagnie des Papillons 2018	15 €	88
Côtes du Roussillon-Villages Le Clot 2017	19 €	91

Côtes du Roussillon-Villages Numero Uno 2010	29 €	92

Rouge : 10 hectares. Syrah 40 %, Carignan 35 %, Grenache noir 15 %, Mourvèdre 10 %

Blanc : 2 hectares. Grenache gris 30 %, Carignan gris 30 %, Grenache blanc 30 %, Macabeu 10 %

Production moyenne : 20 000 bt/an

DOMAINE DU CLOT DE L'OUM ♣

Clot de l'Oum, route de Caladroy
66720 Belesta
07 60 24 75 74 ● www.clotdeloum.com ●
Vente et visites : sur RDV.
Propriétaire : Arthur & Eddy Bertrand

DOMAINE DEPEYRE

Cette propriété, qui fait désormais partie des valeurs reconnues du Roussillon, oriente sa production vers des rouges d'une définition généreuse. Les vins de Serge Depeyre, également régisseur du Clos des Fées d'Hervé Bizeul, continuent de progresser et se rapprochent du niveau de leurs meilleurs voisins. On trouvera ici des vins enrobés, généreux, flatteurs et gourmands.

Les vins : ample et gras, Symphonie est un blanc taillé pour la table avec ses notes d'amande et de fruits à noyau. Tradition est un vin rouge dense et profond, marqué par les fruits noirs, la mûre, le cassis et une touche poivrée qui enrobe les tanins stricts du vin. Très concentré, Sainte-Colombe possède des notes de réglisse et des tanins encore assèchants, il faudra savoir l'attendre. C'est finalement B52 qui se démarque dans les rouges, par son caractère plus frais et équilibré, les tanins sont bien fondus dans un registre de fruits noirs et de poivre.

Côtes du Roussillon Symphonie 2021	18 €	89
Côtes du Roussillon-Villages B52 2020	20 €	90
Côtes du Roussillon-Villages Sainte-Colombe 2020	18 €	89
Côtes du Roussillon-Villages Tradition 2020	12 €	89

Rouge : 11 hectares. Syrah 54 %, Grenache noir 25 %, Carignan 18 %, Mourvèdre 3 %

Blanc : 3 hectares. Grenache blanc 50 %, Grenache gris 50 %

Production moyenne : 17 000 bt/an

DOMAINE DEPEYRE

2, rue des Oliviers, 66600 Cases-de-Pène
04 08 28 32 19 ●
www.domaine-depeyre-66.com ● Vente et
visites : sur RDV.
Propriétaire : Brigitte Bile et Serge Depeyre

DOMAINE JOREL ♣

28, rue Arago
66220 Saint-Paul-de-Fenouillet
04 68 59 19 31 ● www.domainejorel.fr ●
Vente et visites : sur RDV.
Propriétaire : Manu Jorel

DOMAINE JOREL

C'est Manuel Jorel, vigneron discret et investi, qui a monté de toute pièce ce petit domaine entre 2000 et 2004. Malgré des superficies limitées, les cépages sont nombreux et le parcellaire fragmenté. La diversité géologique est importante, avec des calcoschistes à Maury et Saint-Paul de Fenouillet, ainsi que des granites et gypses à Lesquerde. Le vignoble est entièrement travaillé à la main, sans aucune mécanisation. La philosophie est très respectueuse et attentive. Les vins ont de la personnalité et de l'énergie. L'élevage s'effectue dans l'un des souterrains qui parcourent le centre-ville de Saint-Paul-de-Fenouillet, dans des conditions de fraîcheur et d'hygrométrie qui rappellent les plus belles caves troglodytes ligériennes.

Les vins : le blanc, Bande de Gypse, est assez séduisant, avec son profil grillé, ses notes d'acacia, ses arômes pâtissiers et une belle tension sous-jacente. Male Care 2017 est un carignan noir réussi, floral, dense mais élégant, au grain de tanin fin. Champ 2015 est extrêmement frais sur ce millésime pourtant solaire, avec ses notes fumées et acidulées. La bouche est très vive et digeste, avec de la persistance. Le rivesaltes tuilé 2006, élevé 14 ans, est concentré et racé, sur la datte medjool, la figue rôtie et les fruits secs. Un belle gamme, avec des vins expressifs mais sans exubérance et qui conservent beaucoup de tonicité.

▭ VDF Bande de Gypse 2020	11 €	90
■ Rivesaltes 2006	35 €	93
■ VDF Male Care 2017	18 €	91

Le coup de ♥

■ Côtes du Roussillon-Villages Champ 2015	14 €	91

Rouge : 4,7 hectares. Grenache noir 21 %, Morrastel 17 %, Mourvèdre 11 %, Sangiovese 11 %, Cinsault 10 %, Picpoul noir 7 %, Syrah 7 %, Carignan 7 %, Counoise 5 %
Blanc : 0,6 hectare. Malvoisie 35 %, Grenache blanc 25 %, Gros Manseng 10 %, Picpoul blanc 10 %, Grenache gris 10 %, Bourboulenc 10 %
Production moyenne : 8 000 bt/an

DOMAINE LAGUERRE

Eric Laguerre est revenu en 1999 dans ce domaine familial, qui totalise aujourd'hui 25 hectares, après avoir fait ses classes auprès de Gérard Gauby. Les vignes sont principalement situées sur les hauteurs des Fenouillèdes, sur des arènes granitiques et exploitées avec attention et respect. Le domaine recherche la justesse d'expression, pour des vins énergiques et droits, assez charpentés. Les blancs sont fins et vifs.

Les vins : sur le cédrat et la clémentine, EOS blanc est vif, rehaussé par une note iodée. Le Ciste est plus floral et résineux, mais reste salivant et propose un joli retour phénolique en fin de bouche. EOS rouge 2021 reste plus généreux, avec son caractère de fruits rouges mûrs. Il est très jeune, il faut lui laisser un peu de temps. Le Ciste 2018 est dense, charpenté et encore un peu strict. Le Passage 2021 est également en retenu au niveau aromatique et un peu sauvage. Si les blancs se présentent bien, les rouges sont assez denses, un peu serrés et contenus cette année. Ils pourraient gagner en gourmandise et en ouverture aromatique.

▭	Côtes du Roussillon EOS 2021	12 €	90
▭	Côtes du Roussillon Le Ciste 2019	18 €	90
■	Côtes du Roussillon EOS 2021	12 €	88
■	Côtes du Roussillon Le Ciste 2018	17,50 €	87
■	Côtes du Roussillon Le Passage 2021	12 €	86

Rouge : 10 hectares. Grenache noir 55 %, Syrah 20 %, Carignan 10 %, Mourvèdre 10 %, Cabernet-Sauvignon 5 %
Blanc : 15 hectares. Grenache blanc 30 %, Rolle 25 %, Macabeu 20 %, Grenache gris 15 %, Roussanne 5 %, Marsanne 5 %
Production moyenne : 65 000 bt/an

DOMAINE LAGUERRE ♣

12, rue de la Mairie,
66220 Saint-Martin-de-Fenouillet
04 68 59 26 92 ●
www.domainelaguerre.com ● Vente et
visites : sur RDV.
Propriétaire : Éric Laguerre

DOMAINE LES TINES

La famille Cardoner travaille une dizaine d'hectares de vignes depuis cinq générations dans le hameau de Cosprons, où elle a accueilli comme voisin Coume del Mas il y a vingt ans. Thomas travaille (avec son père) des vignes en culture raisonnée, dont beaucoup ont été plantées par son grand-père, qui participe toujours à la vie du domaine du haut de ses quatre-vingts printemps ! Une gamme complète, composée de collioure dans les trois couleurs, banyuls blanc et rimage.

Les vins : le nez du blanc est ouvert dans un registre de chèvrefeuille et de fruits jaunes. En bouche, le vin affiche du volume tout en étant sapide avec un support de céréales. Le rosé est équilibré et rafraîchissant, avec un support élégant d'agrumes et une finale avec une légère sensation tannique. En 2019, le collioure rouge est très intense, il s'ouvre dans un registre de fruits noirs, d'épices avec des notes de cassis prédominantes. La bouche est dense et onctueuse, avec une sensation enveloppante, presque sucrante, et une finale mentholée.

Collioure 2021	20 €	91
Collioure 2021	16 €	90
Collioure 2019	20 €	90

Rouge : 4 hectares. Syrah 50 %, Mourvèdre 30 %, Grenache noir 20 %
Blanc : 6 hectares. Grenache gris 30 %, Grenache blanc 30 %, Vermentino 30 %, Roussanne 10 %
Production moyenne : 20 000 bt/an

DOMAINE LES TINES
1, rue Madeloc, Hameau de Cosprons, 66600 Port-Vendres
06 27 61 25 59 ● jncardoner@gmail.com ●
Vente et visites : sur RDV.
Propriétaire : Yves, Jean et Thomas Cardoner
Directeur : Thomas Cardoner

MAS MUDIGLIZA

Dimitri Glipa, girondin de naissance, a d'abord exercé en maître de chai d'un grand cru bordelais avant de s'installer très jeune au cœur du vignoble du Roussillon, sur le secteur très qualitatif des Fenouillèdes. Il y produit des vins issus de vignes d'âges avancés, sur des terroirs d'altitude, avec de jolis blancs friands et énergiques. Belle gestion des matières sur les rouges et un maury grenat enthousiasmant.

Les vins : très aromatique, Coume des Loups en blanc est axé sur la pêche, l'abricot et les fleurs blanches. Caudalouis est porté par un élevage plus ambitieux, avec ses notes grillées et toastées mais reste aussi frais, texturé et gagne en

allonge. Pour les rouges, on démarre avec Coume des Loups 2021 : un vin friand, croquant, tendre et poivré. En revanche, Symbiosis est un peu dominé par son élevage, avec un nez lacté et fumé. Nous lui préférons Carminé 2019, un vin riche, dans ce millésime chaud, mais qui garde son caractère floral, un joli fruit rouge avec des tanins présents et enveloppants.

IGP Côtes Catalanes Caudalouis 2020	16 €	91
IGP Côtes Catalanes Coume des Loups 2021	9 €	89
Côtes du Roussillon-Villages Carminé 2019	15 €	91
Côtes du Roussillon-Villages Coume des Loups 2021	9 €	89
Côtes du Roussillon-Villages Symbiosis 2019	22 €	86

Le coup de ♥

Maury Grenat 2019	16 €	92

Rouge : 9 hectares. Grenache noir 55 %, Carignan 20 %, Syrah 20 %, Mourvèdre 5 %
Blanc : 3 hectares. Grenache gris 50 %, Macabeu 40 %, Grenache blanc 10 %
Production moyenne : 40 000 bt/an

MAS MUDIGLIZA
46, route de Cucugnan, 66460 Maury
06 79 82 03 46 ● www.masmudigliza.fr ●
Vente et visites : sur RDV.
Propriétaire : Muriel et Dimitri Glipa

DOMAINE DE LA MEUNERIE

Catalan pur souche, Stéphane Battle trouve rapidement son bonheur dans le monde du vin. Alors étudiant au lycée agricole, le déclic a lieu en Bourgogne, où il fait un stage. Il se met en tête de produire du vin dans sa région natale, sans avoir de vignoble familial. En 1998, à force de travail et de persévérance, il achète quelques parcelles et commence à planter. Il vend ses raisins à la cave coopérative dans un premier temps. Après six ans de restauration d'un vieux moulin à farine, il se lance et crée le domaine de La Meunerie en 2014. Il a trouvé son style et le chemin de l'équilibre dans ses vins. Bienvenue à ce vigneron attachant et sincère dans notre guide !

Les vins : assemblage de chardonnay et grenache gris pour le blanc Impromptu, à la tonalité florale au nez, avec un beau support de fruits jaunes. La bouche est voluptueuse avec une accroche de mirabelle et de poire. La finale gourmande appelle la table. Le nez d'Opus est charmeur et ouvert, avec des notes de kirsch, d'épices, comme le clou de girofle et la cannelle.

On ressent une concentration bien maîtrisée en bouche pour ces trois cépages, syrah, grenache et mourvèdre. Réminiscence est encore sur la retenue, avec de beaux arômes de fumé et de pierre. Les tanins sont nobles et la finale relevée par des notes de marmelade donne du relief.

▱ IGP Côtes Catalanes Impromptu
2021   12 €   **90**

▬ Côtes du Roussillon Réminiscence
2020   19 €   **92**

▬ IGP Côtes Catalanes Opus
2020   10,60 €   **92**

Rouge : 12,3 hectares.
Blanc : 5,8 hectares.
Production moyenne : 55 000 bt/an

DOMAINE DE LA MEUNERIE ♣

32, avenue du Canigou 66300 Trouillas
06 15 31 70 19 ● www.domaine-meunerie.fr ●
Vente et visites : sur RDV.
Propriétaire : Stéphane Batlle
Œnologue : Brigitte Soriano

DOMAINE SEMPER

Discrète propriété familiale située à Maury, le domaine est entre les mains des deux frères Florent et Mathieu Semper depuis 2015. Le parcellaire de 27 hectares au total se répartit principalement sur les calco-schistes de Maury et les arènes granitiques de Lesquerde. Les deux vignerons ont constitué ce joli patrimoine en rachetant certains domaines voués à l'abandon, avec de beaux vignobles d'altitude un peu délaissés. Les vins, tant les secs que les vins doux naturels, séduisent, avec des touchers de bouche tendres et veloutés.

Les vins : le rosé Famae, issu d'un vignoble haut perché, est énergique avec de jolies notes salées, de sauce soja et de poivre. Son alter ego blanc est frais, iodé et marin. Regain est un peu plus riche et déjà légèrement évolué, avec sa pointe de fruits à coques et mellifère, mais offre une belle complexité et de la persistance. Famae rouge a du mal à se défaire de son caractère solaire, avec un fruit légèrement compoté ; nous lui préférons Squerda, avec ses beaux tanins suaves et ses notes d'olives noires et de mûre sauvage. Voluptas porte bien son nom, avec son attaque enveloppante, ses arômes de réglisse et d'épices. Le maury sec Clos Florent est très riche et fumé et sa bouche, voluptueuse et charnue. Le maury grenat Viatge est généreux, mais l'aromatique sur le pruneau et le cassis écrasé reste séduisante. Les tanins sont, quant à eux, très onctueux. La gestion des tac-tiles est séduisante, même si les maturités demeurent un peu poussées sur certaines cuvées.

▱ IGP Côtes Catalanes Famae 2021   8 €   **89**

▱ IGP Côtes Catalanes Regain
2020   12 €   **91**

▬ IGP Côtes Catalanes Famae 2021   8 €   **89**

▬ Côtes du Roussillon-Villages Lesquerde
Famae 2020   8,50 €   **89**

▬ Côtes du Roussillon-Villages Lesquerde
Squerda 2021   6 €   **91**

▬ Côtes du Roussillon-Villages Lesquerde
Voluptas 2019   11 €   **91**

▬ Maury Viatge 2020   14 €   **92**

▬ Maury sec Clos Florent 2018   12 €   **90**

Rouge : 22 hectares. Grenache noir 40 %, Syrah 40 %, Carignan 20 %
Blanc : 5 hectares. Grenache gris 55 %, Macabeu 20 %, Muscat à petits grains blancs 20 %, Carignan 5 %
Production moyenne : 80 000 bt/an

DOMAINE SEMPER

24, avenue Jean-Jaurès, 6, route de Cucugnan, 66460 Maury
06 21 61 23 09 ●
domaine.semper@wanadoo.fr ● Vente et visites : sur RDV.
Propriétaire : Florent et Mathieu Semper
Œnologue : Agnes Graugnard

DOMAINE LA TOUR VIEILLE

Vincent Cantié s'emploie sans réserve à l'exigeante viticulture de la côte Vermeille. Il cherche à traduire, tant en vins secs qu'en vins mutés, l'expression des raisins (au premier rang desquels figurent les grenaches noirs) implantés sur argiles et sur schistes. Les vins secs sont désormais fiables mais le point fort du domaine reste l'univers des vins doux naturels.

Les vins : le blanc Les Canadells est frais, tonique, avec des notes de fleurs blanches et d'agrumes confits. Avec son nez au senteurs de romarin et d'épices, Puig Ambeille est un rouge où les tanins s'appuient sur des fins amers qu'il faudra savoir placer à table. Avec d'avantage de gourmandise, Puig Oriol s'offre autour du girofle, de la cerise noire et du poivre sauvage. Le nez du Banyuls Reserva est ouvert et complexe dans un registre de fruits secs, de tabac blond et de curcuma. En bouche, sa belle puissance épicée est contrebalancée par une sucrosité bien intégrée, avec une finale qui rappelle le moka. Nous retrouvons plus de densité dans Vin de Méditation, une solera débutée en 1952, avec des notes umami, du pruneau et une finale saline et amère à la fois, très concentrée, où le sucre s'estompe dans la matière généreuse.

▭ Collioure Les Canadells 2021	16 €	89
▬ Banyuls Reserva	18 €	92
▬ Banyuls Vin de Méditation	50 €	95
▬ Collioure Puig Ambeille 2020	16 €	88
▬ Collioure Puig Oriol 2020	15 €	91

Rouge : 10 hectares. Grenache noir 65 %, Mourvèdre 15 %, Syrah 15 %, Carignan 5 %
Blanc : 2,5 hectares. Grenache gris 50 %, Grenache blanc 20 %, Roussanne 15 %, Macabeu 15 %
Production moyenne : 70 000 bt/an

DOMAINE LA TOUR VIEILLE

12, route de Madeloc, 66190 Collioure
04 68 82 44 82 ● www.latourvieille.com ●
Visites : sans RDV.
Du lundi au vendredi de 9 à 12h et de 14h à 18h.
Propriétaire : Vincent Cantié

DOMAINE VAQUER

Domaine historique du Roussillon, fondé en 1912, cette propriété est restée familiale est aujourd'hui entre les mains de Frédérique Vaquer, bourguignonne et œnologue de formation. Sur les sols argilo-siliceux et cailloux typiques des Aspres, elle mène une viticulture en troisième année de conversion biologique. Gérés avec brio, les élevages s'effectuent pour la plupart en cuve émaillée ou en cuve ciment. Ces vins énergiques, originaux, hors des modes, possèdent des équilibres préservant la fraîcheur, même lorsque les degrés alcooliques sont élevés. Parfaitement conservés dans des caves d'altitude, de vieux millésimes (dont de somptueux blancs de macabeu) sont toujours à la vente au domaine, vinifiés par le légendaire Fernand Vaquer, qui fut parmi les premiers producteurs de la région à mettre son vin en bouteille, dès les années 1960.

Les vins : frais et séduisant, Esquisse est issu d'un mariage des cépages catalans, macabeu et grenache, et la roussanne de la vallée du Rhône. L'Ephémère est un rosé vif aux notes de petits fruits rouges acidulés, à la fine structure tannique. Dans les rouges, Cuvée Bernard reste simple, dans un esprit primeur et gouleyant, et marqué par des tanins encore un peu accrocheurs. Prometteur, Carignan est tout en suavité, doté d'un bel élan floral et d'une finale sanguine. Élaboré avec les plus vieilles vignes du domaine, L'Exception est un vin rouge aux notes de tapenade, de fruits noirs et de zan. En bouche, le vin est profond et racé, les tanins sont bien intégrés dans une chair charnue et

épicée. Des millésimes plus mûrs de cette cuvée sont disponibles : ce beau 2012 développe des notes de fleurs séchées dans une enveloppe de figue. Epsilon est un vin basé sur une syrah du village voisin : un vin dense issu d'un élevage qui lui confère une certaine patine, à la bouche pleine et voluptueuse. La cuvée 30 ans est marquée par un grenache bien mûr, des notes de figue fraîche et une touche vanillée ; les tanins vont se fondre tranquillement dans le temps. Le muscat de rivesaltes nous emporte dans un parfum de Bourbon, de peau d'agrumes et de verveine. En bouche, le vin s'équilibre entre la concentration aromatique et une certaine richesse miellée. Nous gardons en bouche une finale au goût finement abricoté. Enfin, le muscat rivesaltes ambré est une solera épicée avec un relief pimenté et une finale à la sensation tannique.

▭ Côtes du Roussillon Esquisse 2021	12 €	89
▭ Muscat de Rivesaltes 2021	13 €	92
▬ Côtes du Roussillon L'Ephémère 2021	8,80 €	88
▬ Côtes du Roussillon Cuvée Bernard 2021	9,50 €	88
▬ Côtes du Roussillon-Villages Les Aspres Cuvée 30 ans 2020	30 €	90
▬ Côtes du Roussillon-Villages Les Aspres Epsilon 2018	25 €	91
▬ Côtes du Roussillon-Villages Les Aspres L'Exception 2019	15 €	92
▬ IGP Côtes Catalanes L'Expression Carignan 2021	13 €	90

Le coup de ♥

▬ Côtes du Roussillon Les Aspres L'Exception 2012	22 €	91

Rouge : 11 hectares. Grenache noir 36 %, Carignan 33 %, Syrah 31 %

Blanc : 5 hectares. Macabeu 25 %, Muscat à petits grains blancs 25 %, Roussanne 22 %, Grenache blanc 10 %, Grenache gris 10 %

Production moyenne : 40 000 bt/an

DOMAINE VAQUER

1, rue des Écoles, 66300 Tresserre
04 68 38 89 53 ● www.domaine-vaquer.com
● Vente et visites : sur RDV.
Tous les jours.
Propriétaire : Famille Vaquer
Directeur : Frédérique Vaquer
Œnologue : Hélène Grau et Frédérique Vaquer

CAVE L'ÉTOILE

Fondée en 1921, la plus ancienne cave coopérative de Banyuls se pose depuis près d'un siècle en incontestable référence de la viticulture catalane. Sa présence dans le Guide Vert est justifiée par l'incontestable qualité des banyuls traditionnels, soumis à des élevages oxydatifs en foudre et en bonbonne de verre, mais aussi par les réels progrès accomplis dans l'élaboration des vins secs, frais et expressifs, ainsi que dans celle des banyuls type rimage, privilégiant le croquant du fruit frais. Au-delà du folklore d'une cave citadine et de l'idiosyncrasie des cuvées emblématiques, la Cave L'Étoile regarde résolument vers l'avenir et aura sans nul doute un rôle à jouer dans la réflexion sur l'évolution de la viticulture de la Côte Vermeille, fragile car pratiquement impossible à mécaniser.

Les vins : la gamme Les Toiles Fauves est gourmande et sans fausse note, idéale pour un plaisir immédiat et sans se ruiner dans l'appellation Collioure. Disposant d'un peu plus de profondeur, la cuvée Montagne est un rouge alliant fruits noirs, épices et onctuosité des tanins. Parmi les vins mutés, le banyuls blanc offre un fruité enrobant avec une impression de mirabelle en finale. Doux Paillé sort d'un voyage de cinq ans en foudres de chêne et dame-jeanne, pour un résultat autour du balsamique blanc et des fruits confits, avec une sensation de tabac blond en bouche. La sucrosité est relevée par les épices et l'agrume confit. Le Rimage est une bombe de fruits rouges, avec ses notes franches de cerises bien mûres et une bouche pleine de gourmandise. Le banyuls grand cru 2012 se livre avec des notes d'umeshu, de cannelle et de figue séchée. La bouche oscille entre sucrosité bien intégrée et fruit franc. Cuvée Réservée 1997 joue sur plusieurs tableaux, entre l'abricot sec, le café blanc, les notes de sous-bois et de musc qui offrent un relief épicé. Enfin, la puissance alcoolique du banyuls 1991, qui superpose un fruit confit à des notes grillées, nous pousse à le mettre de côté quelques années encore.

Banyuls 2021		17,50 €	88
Collioure Les Toiles Fauves 2021		12,20 €	88
Collioure Les Toiles Fauves 2021		10,20 €	87
Banyuls Doux Paillé Hors d'Âge		41,60 €	90
Banyuls Grand Cru 2012		25,05 €	91
Banyuls Grand Cru Cuvée Réservée 1997		43,90 €	91
Banyuls Grand Cru Select Vieux 1991		51,60 €	92
Banyuls Rimage 2021		14,70 €	91
Collioure Les Toiles Fauves 2020		11,35 €	88
Collioure Montagne 2020		15,40 €	90

Rouge : 130 hectares. Grenache noir 81 %, Syrah 8 %, Mourvèdre 6 %, Carignan 5 %
Blanc : 10 hectares. Grenache blanc 90 %, Macabeu 5 %, Vermentino 5 %
Production moyenne : 230 000 bt/an

CAVE L'ÉTOILE ♣

26, avenue du Puig-del-Mas,
66650 Banyuls-sur-Mer
04 68 88 00 10 ● www.banyuls-etoile.com ●
Vente et visites : sur RDV.
Propriétaire : SARL L'Étoile
Directeur : Bruno Cazes
Maître de chai : Pascal Traïter
Œnologue : Agnès Piperno

LES MEILLEURS VINS

de

Savoie

PAR PIERRE CITERNE,

*en charge des vins de Savoie au sein du comité
de dégustation de La Revue du vin de France*

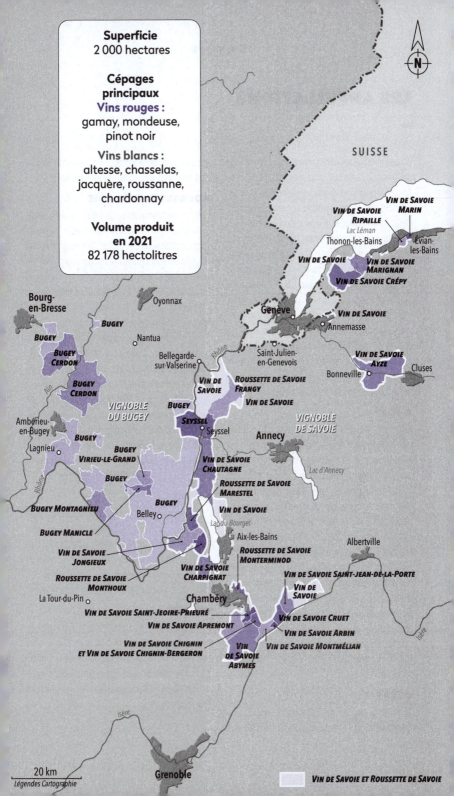

LES APPELLATIONS

—

L'appellation régionale Savoie est très vaste : elle s'étend des rives du Lac Léman jusqu'au sud de Chambéry, le long de la rive droite de l'Isère. Au total, 52 communes intègrent l'aire d'appellation. L'AOC Savoie peut être suivie d'un nom de cru. Il en existe vingt : Ayse, Crépy, Marignan, Ripaille, Marin, Frangy, Seyssel, Chautagne, Marestel, Jongieux, Monthoux, Monterminod, Saint-Jeoire du Prieuré, Apremont, Les Abymes, Chignin-Bergeron, Montmélian, Arbin, Cruet et Saint-Jean-de-la-Porte. Mais seuls quinze sont répertoriés pour les vins tranquilles et un seul, Ayse, peut être employé pour la production de vins mousseux. Certains livrent des vins perlants comme Crépy. Chignin et Arbin sont aujourd'hui les crus et les villages où se situent le plus de vignerons intéressants.

BUGEY

Reconnue comme une AOC depuis 2011, l'appellation Bugey est située dans l'Ain et s'étend sur 68 communes. Elle représente un peu plus de 250 hectares en exploitation, répartis en trois îlots (Cerdon, Montagnieu et Belley). Bugey produit des vins blancs tranquilles et pétillants à partir de chardonnay (50 % minimum). Les cépages complémentaires sont l'aligoté, l'altesse, la jacquère, le pinot gris et la mondeuse blanche ; l'appellation produit également des vins rouges et rosés à partir de gamay, de pinot noir, de mondeuse et de poulsard. L'AOC Bugey peut être accolée à l'un des deux microcrus identifiés (AOC Bugey Manicle, AOC Bugey Montagnieu), tout comme l'AOC Roussette du Bugey (AOC Roussette du Bugey Montagnieu et AOC Roussette du Bugey Virieu-le-Grand).

CRÉPY

Au bord du lac Léman, Cette micro-appellation communale de 90 hectares, proche de la Suisse, est exclusivement plantée de chasselas. Elle produit des vins blancs vifs et peu alcoolisés.

ROUSSETTE DE SAVOIE

Cette appellation régionale s'étend sur les bords du Rhône, entre Frangy et Jongieux, et en Bugey. Le cépage altesse est dominant, le chardonnay est aussi utilisé en appoint. Lorsqu'un cru est revendiqué (Frangy, Jongieux, Marestel, Monthoux, Bugey Montagnieu, Bugey Virieu-le-Grand), l'altesse doit être présente à 100 %. Ces vins offrent plus de finesse et d'allonge que ceux issus du chasselas ou de la jacquère. Pour revendiquer cette appellation au sein de l'AOC Savoie, ces vins blancs tranquilles doivent être élaborés exclusivement à partir du cépage altesse, appelé aussi roussette. Le nom de cru peut également être apposé à cette appellation si les vignes proviennent des crus de Frangy, Marestel et Monterminod. Les vins ont davantage de finesse et d'allonge que ceux de chasselas. L'appellation Roussette de Savoie représente aujourd'hui 9 % de la production savoyarde.

SAVOIE

Célèbre pour sa roussanne, Chignin est considéré comme le plus beau cru de Savoie. Il ouvre aussi le défilé des crus de la combe de Savoie. En suivant les courbes de l'Isère qui coule au cœur de la vallée, on trouve les pentes ensoleillées des crus Montmélian et Arbin, où mûrit la mondeuse.

SEYSSEL

Cette petite enclave située sur la rive droite du Rhône, à proximité du vignoble de Bugey, plus portée vers la roussette, donne un vin tranquille corsé. L'appellation peut également produire un vin pétillant à partir d'un assemblage de roussette et de chasselas.

LES CÉPAGES
—

La Savoie compte 23 cépages différents et produit une infinité de petits crus, essentiellement des blancs faibles en alcool et riches en gaz carbonique naturel, cette dernière caractéristique leur donnant un aspect perlé, et même effervescent. Nerveux, acidulés, ils sont idéalement adaptés à la gastronomie de montagne.

LES CÉPAGES BLANCS

Les blancs les plus fins proviennent du cépage **altesse**, également appelé roussette et qui donne son nom à l'AOC Roussette du Bugey. On compte aussi, parmi les cépages blancs, la **roussanne**, w plantée dans le secteur de Chignin et qui prend ici le nom de **bergeron**.

Le principal cépage savoyard s'appelle la **jacquère** (50 % des surfaces plantées). On le retrouve surtout dans les crus des Abymes, d'Apremont, de Chignin, de Cruet et de Saint-Jeoire-du-Prieuré. Le **chasselas** est présent en Haute-Savoie dans les appellations de Crépy, de Marin ou de Ripaille. Assez commun lorsqu'il est vinifié en vin blanc sec, il donne de la saveur aux vins pétillants de la région.

Plus confidentiel, le célèbre **chardonnay** est aussi présent dans certains crus, ainsi que le **pinot gris**. Parmi les autres cépages originaux cultivés en Savoie, on trouve la **malvoisie**, la **molette** et la **mondeuse blanche**.

LES CÉPAGES ROUGES

Du côté des cépages rouges, le **gamay** est le plus employé. Il produit des vins gourmands et fruités. Il excelle notamment dans les crus de Jongieux et Chautagne. Le **pinot noir** s'est également bien adapté aux vallées alpines.

Mais pour beaucoup, la révélation provient des meilleurs rouges élaborés à partir du cépage **mondeuse**, originaire de la région et qui fait le succès des vins des domaines Trosset, Berlioz ou des Ardoisières. Merveilleusement désaltérants, les mondeuses égalent en couleur et en finesse les bonnes cuvées de **syrah**, au moins une année sur trois ou sur quatre, car les petits millésimes sont fréquents.

En Bugey, la diversité est moins importante : sont utilisés comme cépages rouges, le gamay, le pinot noir et la mondeuse ; en blanc, chardonnay, altesse, jacquère, mondeuse blanche et pinot gris sont privilégiés.

HALTES SAVOUREUSES ENTRE BRESSE ET MONT BLANC

CHAMBRES D'HÔTES

CABANES ET LODGES DU BELVÉDÈRE

Pour nicher à hauteur d'écureuil au-dessus d'un site d'exception. Perchés à 350 m sur le mont Bétet, en surplomb de la vallée de l'Ain, les lodges offrent un paysage remarquable sur l'île qui porte le nom d'un village englouti, l'île Chambod. La flore et la faune sauvage s'épanouissent dans la boucle de la rivière.
Lieu-dit Des Taillets, Le Bétet, 01450 Serrières-sur-Ain
www.cabanesdeserrieres.com

CHÂTEAU DE LA MAR

Au pied d'un impressionnant coteau planté de vignes, ce domaine viticole réputé (ses vins arrosent nombre de tables étoilées) a pour pièce maîtresse un château du XIIIᵉ siècle. Table d'hôtes, espace bien-être, piscine, sauna, hammam... De 220 à 300 € la chambre.
73170 Jongieux
Tél : 06 26 56 99 33
www.chateau-de-la-mar.com

RESTAURANTS

AINTIMISTE

Bourguignon d'origine, Jérôme Busset a tourné le dos aux brigades des grands restaurants pour ouvrir un établissement original. AinTimiste n'est pas qu'un jeu de mots : le chef compose un menu unique, décliné en plusieurs formules (de 45 à 110 euros) pour quatorze convives, pas plus. Ces formules peuvent être accompagnées de vins régionaux servis au verre.
4, rue de la Pompe, 01450 Poncin
Tél : 04 74 38 06 66
www.aintimiste.fr

L'AUBERGE SUR-LES-BOIS

Philosophie de la maison ? Zéro produit industriel, poissons entiers, viandes travaillées en carcasses entières, pain au levain de semences paysannes... Une démarche d'artisan dont naît une cuisine gourmande au plus près du produit. Belle carte de vins de 300 références avec une tendresse particulière pour la Savoie et le Jura. Menu autour de 30 €.
79, route de Thônes, 74940 Annecy
Tél : 04 50 64 00 08
www.floconsdesel.com

FLOCONS DE SEL

Emmanuel Renaut, chef triplement étoilé de ce restaurant d'exception à Megève, présente sa grande cuisine : soupe de cèpes à l'oignon, bolognaise de cerf, biscuit de brochet du Léman, tarte inversée d'asperges vertes, autant de mets qui appellent de succulents accords avec les vins de la région (plus de 150 cuvées savoyardes à la carte).
1175 route de Lutaz, 74120 Megève
Tél : 04 50 21 49 99
www.floconsdesel.com

CAVISTES

LES 400 CRUS

400 références : tous les vignobles de l'Hexagone, un choix large et acéré sur la Savoie, et une tendresse particulière pour les vins en bio, biodynamie ou nature.
11, place de l'Hôtel-de-Ville, 73000 Chambéry
Tél : 04 79 85 61 65
www.400crus.com

LA CAVE

Coté cuisine, une jolie gastronomie de comptoir ; côté cave, quelques 450 références (90 % biodynamique) dont

NOTRE COUP DE ♥

AUBERGE DU PÈRE BISE

Jean et Magali Sulpice ont repris cette exceptionnelle institution, hôtel et table (deux étoiles au Michelin) les pieds dans le lac d'Annecy. Carte des vins XXL : une soixantaine d'étiquettes locales/ Menus de 105 à 225 €.
303, route du Crêt, 74410 Saint-Jorioz
Tél : 04 50 60 72 01
www.perebise.com

une cinquantaine au verre pour une sélection curieuse de toutes les régions, avec la Loire et la Savoie en priorité.
Passage des Echoppes, 8, rue du Pâquier, 74000 Annecy
Tél : 04 50 66 41 90

ŒNOTOURISME

ALPES FLAVEURS

Bernard Vissoud est diplômé d'œnologie et guide de montagne certifié. Randonnées œnologiques, découverte du vignoble, dégustations chez les vignerons, initiation au vin, soirées œnologiques...
67, voie des Abymes, 73800 Les Marches
Tél : 06 72 72 98 42
www.alpes-flaveurs.com

MONASTÈRE ROYAL DE BROU

Un chef d'œuvre de l'art gothique flamboyant flamand. Il abrite trois cloîtres et un musée municipal doté d'une belle collection de peintures des XVᵉ et XVIᵉ siècles, moderne.
63, boulevard de Brou, 01000 Bourg-en-Bresse
Tél : 04 74 22 83 83
www.monastere-de-brou.fr

★★★ ⚘ DOMAINE PARTAGÉ GILLES BERLIOZ

Fils d'ouvrier, Gilles Berlioz est un vigneron auto-didacte et heureux. Paysagiste de formation, il démarre en 1990 avec 0,8 hectare sur le secteur de Chignin, aidé par sa compagne Christine. Il dispose aujourd'hui de 4,5 hectares, labourés à l'aide d'un cheval, et convertis en bio en 2005 puis en biodynamie (non certifiée). Du simple chignin jusqu'à la mondeuse, en passant par les exceptionnels chignin-bergeron vinifiés en sélections parcellaires, tous les vins offrent des expressions exemplaires : saines, sereines, d'une saisissante profondeur de saveur. Les amateurs avisés s'arrachent ces vins d'orfèvre, très limités en volume. L'accueil au domaine est chaleureux et passionné. Une adresse indispensable qui a montré la voie à toute une région, à toute une génération. La troisième étoile que nous lui attribuons aujourd'hui, Gilles Berlioz la partage avec toute la Savoie.

Les vins : de l'ensemble de la gamme se dégage un profond sentiment de sérénité, de plénitude, que les vins soient fraîchement mis en bouteille ou déjà patinés. Le Jaja 2021 est une jacquère très pure, étincelante, emblématique dans son éclat montagnard et du cépage et du millésime, arborant avec panache son caractère aromatique chlorophyllien mentholé. Les trois bergerons 2020 expriment tout le potentiel du cépage, et la diversité de ses incarnations sur les terroirs de Chignin : Les Fripons dans une veine fraîche et alerte, pleine d'allant ; Les Filles plus charnu, plus en rondeur et en velouté, mais avec un fruit extrêmement séduisant, réactif, suggérant mandarine et épices chaudes ; Les Christine impose une richesse, une profondeur et une rémanence de très haut vol, avec une touche plus rassise, plus miellée. Déjà délicieux, ce sont de grands blancs de garde, il ne faut pas l'oublier ! La... Deuse, singulière mondeuse du domaine, exprime en 2016 les aspects les plus graciles, les plus subtils du cépage ; un peu repliée sur ses tanins à l'ouverture, elle a besoin d'air pour déployer toute sa finesse et le contrepoint envoûtant de ses parfums floraux et épicés. D'une toute autre richesse de matière, Princesse 2019, confidentielle cuvée parcellaire que nous goûtons pour la première fois, se place d'emblée parmi les plus profondes expressions de la mondeuse ; charnue, ténébreuse, enveloppée de parfums entêtants d'iris et de pivoine, elle est à l'aube d'une grande carrière.

⌐ Vin de Savoie Chignin Le Jaja
2021   22 € 91

⌐ Vin de Savoie Chignin-Bergeron Les
Christine 2020   72 € **94**

⌐ Vin de Savoie Chignin-Bergeron Les Filles
2020   35 € **94**

⌐ Vin de Savoie Chignin-Bergeron Les
Fripons 2020   35 € **92**

◖ Vin de Savoie Mondeuse La... Deuse
2016   Épuisé - 47 € **93**

◖ Vin de Savoie Princesse
2019   Épuisé - 69 € **96**

Rouge : 1 hectare. Mondeuse noire 95 %, Gamay noir à jus blanc 5 %
Blanc : 3,5 hectares. Roussanne 80 %, Jacquère 11 %, Altesse 9 %
Production moyenne : 20 000 bt/an

DOMAINE PARTAGÉ GILLES BERLIOZ ♣
25, chemin de la Source, Le Viviers
73800 Chignin
04 79 71 58 80 ●
www.domainepartagegillesberlioz.fr/ ●
Vente et visites : sur RDV.
De 8 h à 12 h et de 15 h à 18 h.
Propriétaire : Gilles Berlioz

★★ DOMAINE DES ARDOISIÈRES

Le domaine est né de la replantation, entreprise en 1998 par Michel Grisard, du coteau de Cevins, 6 hectares de micaschistes en terrasses entre Albertville et Moutiers. Arrivé en 2003 pour seconder ce dernier, Brice Omont, ingénieur agricole champenois, s'est investi sans compter dans le projet et se retrouve depuis 2008 à la tête d'un domaine qui compte désormais 16 hectares. La viticulture en biodynamie est ici héroïque (la pente peut atteindre 70 %), les rendements sont très faibles, les vins majoritairement issus de cépages complantés et assemblés. Le résultat s'avère souvent admirable : les vins témoignent d'une grande finesse et d'une grande originalité, creusant encore l'écart au vieillissement. Les élevages sont parfois proéminents dans l'expression des vins jeunes à l'ouverture, il faut le savoir car l'aération libère leur expression. Améthyste complète le persan par de la mondeuse ; les cuvées Argile (issues du coteau de Saint-Pierre-de-Soucy) associent pour le blanc jacquère, chardonnay et mondeuse blanche, pour le rouge gamay, mondeuse et persan ; Schiste se compose de jacquère, mondeuse blanche, roussanne et pinot gris. Seul Quartz est un monocépage, issu de l'altesse. S'il existe un domaine emblématique du renouveau qualitatif savoyard, et de son ambition, c'est bien celui-ci.

Les vins : des deux cuvées Argile issues des raisins de Saint-Pierre-de-Soucy nous préférons en 2020 la version blanche, fine, délicate, à la fois réservée et sensuelle, à la version rouge, certes fraîche et remuante, mais marquée par des saveurs animales un peu trop rustiques à notre goût. Les deux cuvées issues du coteau de Cevins méritent de l'attention et surtout de l'air pour que le fruit reprenne le pas sur l'élevage et détaille toute sa subtilité. La pureté et l'élégance de l'assemblage blanc Schiste étaient beaucoup plus manifestes au bout de trois jours en bouteille au trois quarts pleine qu'à l'ouverture, le vin nettement plus éclatant ! L'assemblage rouge Améthyste 2019, millésime déjà goûté l'an dernier, se comporte de la même façon, très fin mais sous l'emprise du bois à l'ouverture, il gagne en élan et en éclat après une longue aération, tout en restant serré.

- ⊐ IGP Vin des Allobroges Argile 2020   20 €   **90**
- ⊐ IGP Vin des Allobroges Schiste 2020   40 €   **91**
- ◗ IGP Vin des Allobroges Améthyste 2019   60 €   **92**
- ◗ IGP Vin des Allobroges Argile 2020   27 €   **86**

Rouge : 4 hectares. Gamay noir à jus blanc 40 %, Persan 40 %, Mondeuse noire 20 %
Blanc : 12 hectares. Jacquère 32 %, Altesse 20 %, Chardonnay 16 %, Mondeuse blanche 13 %, Roussanne 10 %, Pinot gris 9 %
Production moyenne : 60 000 bt/an

DOMAINE DES ARDOISIÈRES ♣

72, impasse de la Pierre-Marquée, Le Villard, 73250 Fréterive
06 76 94 58 78 ●
www.domaine-des-ardoisieres.fr ● Vente et visites : sur RDV.
Propriétaire : Brice Omont

★★ DOMAINE BELLUARD

L'an dernier, nous avons appris avec stupeur la disparition brutale de Dominique Belluard, qui a porté ce domaine si haut dans le cœur des amoureux des vins de montagne. Situé dans la vallée de l'Arve, en Haute-Savoie, le vignoble historique d'Ayse, si clairsemé aujourd'hui, est planté sur des coteaux pentus nappés d'éboulis calcaires et de sédiments glaciaires. Le domaine Belluard a mis sous les feux de la rampe l'endémique cépage gringet. Le domaine est passé en culture biodynamique (non certifiée) à partir de 2000. Dominique Belluard s'est attaché à proposer des vins effervescents et tranquilles intenses et originaux, à l'identité irrépressible, dotés d'une personnalité aromatique originale mais aussi d'une grande finesse. Le domaine brille parmi la petite (mais croissante) élite des meilleurs domaines de la région, désormais d'une lueur particulière.

Les vins : le domaine ne nous ayant pas fait parvenir ses vins cette année, nous sommes amenés à reconduire les notes de notre éditions précédente.

- ⊐ Vin de Savoie Altesse Grandes Jorasses 2019   20 €   **94**
- ⊐ Vin de Savoie Ayse Brut Les Perles du Mont-Blanc 2017   15 €   **90**
- ⊐ Vin de Savoie Ayse Mont-Blanc Brut Zéro 2016   20 €   **92**
- ⊐ Vin de Savoie Gringet Les Alpes 2019   17 €   **92**
- ◗ Vin de Savoie Mondeuse 2019   25 €   **94**

Le coup de ♥

- ⊐ Vin de Savoie Gringet Le Feu 2019   30 €   **95**

Rouge : 0,8 hectare.
Blanc : 10 hectares.
Production moyenne : 50 000 bt/an

DOMAINE BELLUARD

283, Les Chenevaz, 74130 Ayse
04 50 97 05 63 ● www.domainebelluard.fr ●
Vente et visites : sur RDV.
Propriétaire : Dominique Belluard

★★ DOMAINE DU CELLIER DES CRAY

Adrien Berlioz, jeune cousin (et voisin) de Gilles Berlioz, s'est installé en 2006. Vigneron exigeant et rigoureux, il travaille lui-même en bio toutes ses vignes (certification Demeter en 2020), y compris celles situées sur les coteaux les plus abrupts. Avec 14 cuvées différentes sur un peu plus de 5 hectares, les quantités sont très limitées et ces vins d'artisan difficiles à dénicher. Nous sommes admiratifs de la diversité, de l'énergie et de la franchise de ces cuvées, contemporaines mais totalement enracinées dans l'identité savoyarde, qui de plus vieillissent avec grâce. Le dernier projet d'Adrien : la reconstitution d'un vignoble oublié à Détrier, aux portes de la vallée du Gelon, avec quatre hectares de cépages patrimoniaux cultivés en pergola (bia blanc, barbin, joubertin, verdesse, mondeuse blanche et noire, altesse) ! Le domaine confirme d'année en année sa place centrale dans l'élite de la région, point de référence à la fois pour les œnophiles et pour les jeunes vignerons qui s'installent dans les vignobles alpins avec des ambitions toujours plus hautes.

Les vins : un large et beau panorama de la production du domaine nous permet cette année d'apprécier la continuité et l'assurance stylistique du vigneron. Commençons avec La Cuvée des Gueux 2021, une jacquère issue de très vieilles vignes, au profil tranchant mais profond, qui commence à sortir de ses limbes et fait claquer la langue comme nul autre cépage savoyard. Les bergerons affichent en 2020 le sens de la nuance et l'intensité pour lesquels Adrien Berlioz est reconnu. Nous avouons une fois de plus notre penchant pour la cuvée Grand Zeph, de haut relief, dont la haute maturité s'accompagne d'un surcroît de tension et d'allonge. Des deux rouges, tout en finesse de toucher et d'arômes, le vibrant persan se montre plus sensuel que la mondeuse Rosa, encore ferme et serrée. Celui-là offre un inoubliable profil conjuguant violette, figue bleue et touches balsamiques, une interprétation dont la subtilité transcende le cépage.

- ⬠ Vin de Savoie Chignin Bergeron Grand Zeph 2020   32 €   **93**
- ⬠ Vin de Savoie Chignin La Cuvée des Gueux 2021   19 €   **90**
- ⬠ Vin de Savoie Chignin-Bergeron Lucien 2020   29 €   **91**
- ⬠ Vin de Savoie Chignin-Bergeron Raipoumpou 2020   29 €   **90**
- ⬛ Vin de Savoie Mondeuse Rosa 2020   26 €   **90**

Le coup de 💜

- ⬛ Vin de Savoie Persan Octavie 2020   32 €   **93**

Rouge : 1,65 hectare. Mondeuse noire 61 %, Persan 21 %, Douce Noire 18 %
Blanc : 7 hectares. Bergeron (roussanne) 43 %, Jacquère 29 %, Altesse 21 %, Malvoisie 7 %
Production moyenne : 43 000 bt/an

DOMAINE DU CELLIER DES CRAY 🌙

2, place de l'ancien four 73800 Chignin
04 79 28 00 53 ●
bureau.adrienberlioz@outlook.com ● Vente et visites : sur RDV.
Propriétaire : Adrien Berlioz

★★ 🗡 DOMAINE PASCAL ET ANNICK QUENARD

Ce domaine familial situé dans le village de Chignin s'attache à mettre en valeur un patrimoine de vieilles vignes (parfois plus que centenaires) grâce à des vendanges manuelles et des vinifications peu interventionnistes. Le travail mais aussi le talent ! Il en résulte une gamme enthousiasmante, des vins francs et expressifs, aux saveurs intègres et prenantes, qui allient grand charme et profondeur de caractère tant en blanc qu'en rouge, avec en particulier des mondeuses très abouties, souvent éblouissantes. Depuis 2013, les vins sont certifiés en agriculture biologique et biodynamique (Demeter) depuis 2020. La première étoile est venue récompenser

en 2019 ce travail sérieux et régulier, fécondé par l'inspiration. Portée par la dynamique du plaisir que nous avons à goûter les cuvées du domaine, voici la deuxième !

Les vins : nous disions l'an dernier que le gamme dégustée valait deux étoiles. L'impression est la même cette année, c'est donc logiquement que nous les lui attribuons cette année. Les deux 2021 présentés, une jacquère et un gamay, sont remarquablement savoureux et digestes, des cuvées enjouées, sincères, immédiates. Pascal Quénard a tiré le meilleur parti du très beau millésime 2020, avec en particulier des mondeuses vibrantes, flamboyantes, déployant un charme unique. Même La Sauvage, souvent revêche, affiche éclat et séduction entre les mailles de sa trame ligneuse. Née sur les argiles rouges, L'Étoile de Gaspard reste terrienne, profondément fruitée, épicée, alliant suavité et accroche réjouissante. Perçante et vive, plus aérienne tout en affichant une grande vigueur, Lunatique manifeste une finesse supérieure et sait se faire désirer. Les bergerons sont indéniablement opulents. Le crescendo de richesse qui va de Sous les Amandiers à Sève en passant par Noé impressionne autant par la puissance des vins, leur amplitude glycérinée, que par leur parfaite pureté de goût et de forme. Ces cuvées de grande classe méritent d'être attendues. Soulignons pour terminer la magnifique tenue du chignin 1903, élevé en jarre vinaire en grès : une jacquère majuscule, très mûre, expressive, diserte, tout en conservant son allant leste et tranchant.

- ⬠ Vin de Savoie Chignin L'Epure 2020   10 €   **88**
- ⬠ Vin de Savoie Chignin Vieilles Vignes 1903 2020   15 €   **91**
- ⬠ Vin de Savoie Chignin-Bergeron Noé 2020   25 €   **92**
- ⬠ Vin de Savoie Chignin-Bergeron Sous Les Amandiers 2020   17 €   **89**
- ⬠ Vin de Savoie Chignin-Bergeron Sève 2020   30 €   **91**
- ⬛ Vin de Savoie Gamay Les Beaux Jours 2021   15 €   **89**
- ⬛ Vin de Savoie Mondeuse L'Etoile de Gaspard 2020   Épuisé - 28 €   **94**
- ⬛ Vin de Savoie Mondeuse La Sauvage 2020   17 €   **92**
- ⬛ Vin de Savoie Mondeuse Lunatique 2020   30 €   **94**

Rouge : 1,5 hectare. Mondeuse noire 80 %, Gamay noir à jus blanc 20 %
Blanc : 5 hectares. Roussanne 63 %, Jacquère 37 %
Production moyenne : 30 000 bt/an

DOMAINE PASCAL ET ANNICK QUENARD ♣

1, place du Lavoir, Le Villard, 73800 Chignin
04 79 28 09 01 ●
www.quenard-chignin-bergeron.com ●
Vente et visites : sur RDV.
Propriétaire : Pascal Quenard

★★ LES FILS DE CHARLES TROSSET

Installé sur les beaux coteaux du village d'Arbin, terroir de prédilection de la mondeuse, Louis Trosset veille sur un petit vignoble de 2,3 hectares seulement. Les trois sélections de mondeuse, qui font la réputation du domaine et justifient sa position dans la hiérarchie de notre guide, sont vinifiées en grappes entières puis élevées en cuve inox, pendant huit à douze mois : Prestiges des Arpents (jeunes vignes sur terres brunes très caillouteuses), Harmonie (vignes en gobelet âgées d'une trentaine d'années, sur terres rouges profondes, riches en hématite) et Confidentiel (les plus vieilles vignes, conduites en gobelet et sur échalas). Aristocrates agrestes, ces vins se distinguent par la vibration particulière de leur expression aromatique, ainsi que par leur capacité à retranscrire la spécificité de chaque millésime. Ils possèdent en outre une grande capacité de garde, comme nous avons pu le constater cette année lors d'une mémorable dégustation verticale au domaine. Les très faibles volumes produits, moins de 20 000 bouteilles par an, font de cette référence une adresse trop confidentielle.

Les vins : issu de vignes situées en haut du coteau de Tormery, le bergeron 2020, miellé, doré, intense et pur, poursuit dans la bonne direction du 2019. Il s'agit d'un blanc de garde. Nous avons regoûté cette année dans le cadre du guide les mondeuses Harmonie et Confidentiel du grand millésime 2018. Harmonie s'est un peu refermée sur son caractère animal et fumé, sauvage. La matière est exceptionnellement dotée. Confidentiel, en revanche, brille toujours de mille feux ; la chair dense, complète (et même suave !) très fine, laisse le fruit déployer toute sa séduction, émaillée de mûre chaude et de menthe fraîche. Les mondeuses de Louis Trosset présentent en 2019 un profil plus « classique », un fruit plus clair, plus acidulé et poivré, mais intense et parfaitement abouti dans la maturité du grain tannique. Dans la même veine que 2018, le millésime 2020, encore très juvénile, fougueux, presque violent, possède l'intensité de corps et de parfum pour l'égaler. Les trois cuvées, même Prestige des Arpents, doivent être attendues. On peut étendre à 2020 ce que nous disions l'an dernier de 2018 et 2019 : ces mondeuses sont des monuments à la gloire

du cépage, des vins directs, sans fioritures ni prétentions déplacées, mais définitifs dans leur franchise et leur expressivité !

⊳	Vin de Savoie Chignin-Bergeron Symphonie d'Automne 2020	de 15 à 23 € (c)	90
➤	Vin de Savoie Arbin Mondeuse Confidentiel 2018	de 21 à 30 € (c)	96
➤	Vin de Savoie Arbin Mondeuse Confidentiel 2019	de 19 à 28 € (c)	94
➤	Vin de Savoie Arbin Mondeuse Confidentiel 2020	de 19 à 28 € (c)	94
➤	Vin de Savoie Arbin Mondeuse Harmonie 2018	de 19 à 28 € (c)	93
➤	Vin de Savoie Arbin Mondeuse Harmonie 2019	de 19 à 28 € (c)	92
➤	Vin de Savoie Arbin Mondeuse Prestige des Arpents 2019	de 18 à 26 € (c)	91
➤	Vin de Savoie Arbin Mondeuse Prestige des Arpents 2020	de 18 à 26 € (c)	92

Rouge : 2 hectares. Mondeuse noire 100 %
Blanc : 0,3 hectare. Roussanne 100 %
Production moyenne : 19 000 bt/an

LES FILS DE CHARLES TROSSET

280, chemin des Moulins, 73800 Arbin
06 82 36 82 62 ●
lechaidesmoulins@gmail.com ● Vente et visites : sur RDV.
Du lundi au samedi 12h.
Propriétaire : Louis Trosset

★ DOMAINE DE CHEVILLARD

Encore jeune mais déjà très expérimenté, Matthieu Goury s'est installé en 2013 ; il exploite aujourd'hui des vignes essentiellement situées sur le coteau de Saint-Jean-de-la-Porte, qui bénéficient d'une grande variété pédologique. La viticulture, biologique, attentive et appliquée, se veut respectueuse du végétal et de la vie des sols. La vinification, peu interventionniste, a pour objectif la production de cuvées fortement individualisées par les caractéristiques de leur terroir. Ces louables intentions se retrouvent dans des vins très bien constitués, d'une belle franchise et d'une palpable ambition, tant les mondeuses, qui manifestent une vraie intensité dramatique, que les blancs vigoureux et toniques. Une adresse à suivre, indéniablement.

Les vins : Matthieu Goury confirme l'étoile accordée l'an passé avec des vins de grand caractère, très originaux, qui loin de travestir l'identité des cépages savoyards en proposent des interprétations personnelles. Les blancs se singularisent par l'intensité des matières, modelées par des élevages longs. C'est le cas des deux jacquères 2019, nourries par la réduction sur les lies, tant l'appétissante version « variétale » qui s'est en un an ouverte et étoffée, que le cru Apremont, plus austère, profond et tendu. La roussette 2018 offre une forme aboutie mais des arômes un peu lourds, avec une pointe de caramel. Il n'en va pas de même avec la version du cru Monthoux (issue de vignes partagées avec Nicolas Ferrand du domaine des Côtes Rousses), épicée, vibrante, très fruitée aussi après trois ans d'élevage ! Sa saveur aigre-douce fait merveille. Les deux mondeuses du millésime 2017, celui du gel, offrent un profil dru, coloré, piquant, sanguin, avec une animalité qui trouvera partisans et détracteurs.

Roussette de Savoie 2018	21 €	88
Vin de Savoie Apremont 2019	14 €	90
Vin de Savoie Jacquère 2019	9 €	90
Vin de Savoie Mondeuse 2017	18 €	89
Vin de Savoie Saint-Jean de la Porte 2017	24 €	91

Le coup de ♥

Roussette de Savoie Monthoux 2018	26 €	92

Rouge : 6,5 hectares. Mondeuse noire 74 %, Pinot noir 13 %, Gamay noir à jus blanc 13 %
Blanc : 5 hectares. Jacquère 65 %, Altesse 25 %, Chardonnay 7 %, Mondeuse blanche 3 %
Production moyenne : 30 000 bt/an

DOMAINE DE CHEVILLARD ♣

433, rue des Chevillard,
73250 Saint-Pierre-d'Albigny
06 33 01 12 21 ●
www.domainedechevillard.com ● Vente et visites : sur RDV.
De 8h à 12h et de 14h à 18h.
Propriétaire : Matthieu Goury
Directeur : Guillemette Renard

★ DOMAINE LA COMBE DES GRAND'VIGNES

Fort d'une tradition viticole transmise de père en fils, ce domaine est animé par deux frères amoureux des beaux terroirs de coteaux. Nous apprécions particulièrement les vins blancs ; leur niveau de pureté et de finesse les place parmi les plus aboutis de la région. Plusieurs cuvées (Argile sur Schiste en Chignin, Les Salins et La Coulée de Proserpine en Chignin-Bergeron) valorisent les expressions parcellaires, et tous les vins sont désormais élevés un an au minimum. Les rouges quant à eux progressent ; les mondeuses sont vinifiées sans soufre depuis 2016. Le travail de la vigne, certifié en agriculture biologique, est exigeant, d'une exemplaire probité dans des pentes héroïques. Au vu de toutes ces évolutions positives, de cet immense travail, on peut penser que la progression du domaine n'est pas terminée.

Les vins : dans la continuité des millésimes précédents les blancs s'avèrent particulièrement brillants. Si le chignin Vieilles Vignes 2021 se montre tonique et tranchant, avec cette pointe chlorophyllienne typique du millésime, Argile sur Schiste 2020 fait montre d'une toute autre profondeur, une vraie jacquère de terroir, sapide autant qu'agile. Riche et gourmande, la roussette 2020 conjugue avec brio caractère presque surmûr et acidité vibrante ; laissez-la s'harmoniser quelques mois encore avant d'ouvrir la bouteille. Les bergerons présentés ne manquent ni d'intensité ni d'éclat : suggestion d'ananas et de lait d'amande pour La Coulée de Proserpine 2020, immédiat et enlevé ; richesse miellée et épicée de la cuvée d'assemblage de terroirs Exception 2019, plus roborative mais toujours portée par l'acidité ; Les Salins 2019 enfin, notre préféré, subtilement miellé, riche, pur et dynamique, traçant en bouche, exemplaire. Moins explosifs, les rouges sont soignés, expressifs, soutenus par des structures fines. L'assemblage Sel de Marius, pinot noir et gamay, se montre ainsi particulièrement élégant et parfumé en 2020.

Roussette de Savoie Baron Decouz 2020	17,60 €	90
Vin de Savoie Chignin Vieilles Vignes 2021	13 €	87
Vin de Savoie Chignin-Bergeron Exception 2019	18 €	90
Vin de Savoie Chignin-Bergeron Les Salins 2019	25,60 €	92
Vin de Savoie La Coulée de Proserpine 2020	13,50 €	90
Vin de Savoie Arbyolà 2020	27 €	88
Vin de Savoie Mondeuse Et ma goutte de... 2020	15,50 €	88
Vin de Savoie Mondeuse Les Granges Tissot 2019	23,30 €	89
Vin de Savoie Sel de Marius 2020	14,40 €	89

Le coup de ♥

Vin de Savoie Chignin Argile sur Schiste 2020	16,40 €	91

Rouge : 3,05 hectares. Mondeuse noire 56 %, Pinot noir 20 %, Gamay noir à jus blanc 15 %, Persan 9 %
Blanc : 8,45 hectares. Jacquère 50 %, Bergeron (roussanne) 42 %, Altesse 4 %, Chardonnay 4 %
Production moyenne : 80 000 bt/an

DOMAINE LA COMBE DES GRAND'VIGNES ♣

452, route des Enrayons, Le Viviers,
73800 Chignin

04 79 28 11 75 ● www.chignin.com ● Pas de visites.
Du lundi au samedi, de 9h30 à 12h et de 14h à 19h. Le dimanche de 9h30 à 12h30.
Propriétaire : Denis et Didier Berthollier

★ DOMAINE DES CÔTES ROUSSES

Après un master en aménagement des territoires ruraux, Nicolas Ferrand se rend compte qu'il préfère les faire vivre plutôt que de les observer. Il installe son domaine en 2013 dans les coteaux de la Combe de Savoie, sous le massif des Bauges, avec des parcelles situées jusqu'à 600 mètres d'altitude. Le domaine s'agrandit peu à peu avec quelques plantations ; le vigneron bannit vite les herbicides et vise une certification bio, obtenue en 2016. Les vins sont vinifiés et parfois embouteillés sans soufre, les blancs sur lies totales, les rouges majoritairement vinifiés en grappes entières : la prise de risque est indéniable mais pleinement mesurée. Le domaine de Nicolas et Marielle Ferrand précise son propos millésime après millésime ; l'avenir lui appartient et la première étoile accordée il y a deux ans apparaît très bien accrochée.

Les vins : la gamme, aussi personnelle qu'enracinée, profite du généreux millésime 2020 pour affiner encore les contours des cuvées existantes. La Pente est une jacquère libre et pure, suggérant le tilleul et la mie de pain frais, croquante et en même temps d'une sensualité rare. Encore plus gourmande et espiègle, Armenaz, autre jacquère, issue d'une vigne située à 600 mètres d'altitude, affiche une profondeur supérieure. C'est un des sommets du cépage. La Roussette Ensemble joue la tension alors que Mon Tout offre un profil plus aguicheur, aromatique et suggestif. Souvent enthousiasmant, le bergeron, particulièrement dense cette année, affiche une certaine austérité, presque tannique ; il faut l'attendre. Les mondeuses captent merveilleusement l'esprit du cépage, qui doit selon nous demeurer plus en parfum qu'en structure. Montagnes Rousses offre ainsi des tanins feutrés mais une saveur abondante, pleine et délicate à la fois. Même caractère fin et expressif dans le Coteau de la Mort, plus épicé, piquant et serré, encore un peu boisé mais extrêmement prometteur.

▱ Roussette de Savoie Ensemble 2020		23 €	90
▱ Roussette de Savoie Mon Tout 2020		36 €	91
▱ Vin de Savoie Chignin-Bergeron Verre-Tige 2020		36 €	90
▱ Vin de Savoie La Pente 2020		16 €	90
▰ Vin de Savoie Coteau de la Mort 2020		36 €	92
▰ Vin de Savoie Montagnes Rousses 2020		23 €	91

Le coup de ♥
▱ Vin de Savoie Armenaz 2020		22 €	92

Rouge : 2,03 hectares. Mondeuse noire 87 %, Pinot noir 10 %, Cabernet-Sauvignon 3 %
Blanc : 3,97 hectares. Jacquère 52 %, Altesse 37 %, Chardonnay 8 %, Roussanne 3 %
Production moyenne : 28 000 bt/an

DOMAINE DES CÔTES ROUSSES ♣
546, route de Villard-Marin, 73290 La Motte-Servolex
06 62 52 70 64 ● www.lescotesrousses.com ● Vente et visites : sur RDV.
Propriétaire : Nicolas et Marielle Ferrand

★ DOMAINE GENOUX - CHÂTEAU DE MÉRANDE

Attachés aux petits rendements et aux vendanges manuelles, les frères André et Daniel Genoux ont repris, en 2001, les bâtiments du Château de Mérande. Engagé en biodynamie, ce domaine situé dans le cru Arbin propose une large gamme de vins provenant des sols de coteaux et de moraines glaciaires environnants. La mondeuse domine la production, occupant les deux tiers de la superficie du vignoble. Les vinifications s'effectuent en levures indigènes et sans SO_2, souvent en vendange entière. Particulièrement intenses, les cuvées Latitude N45, La Noire, Le Comte Rouge ou encore La Belle Romaine illustrent avec brio le renouveau actuel du vignoble savoyard et l'immense potentiel de son emblématique cépage rouge. Les blancs affichent également une plénitude de constitution peu commune

Les vins : des trois roussettes, remarquablement constituées, notre préférence va à Arvi Pâ, qui possède un piquant aromatique supérieur. Les deux bergerons sont également très bien dotés. Le Grand Blanc 2020 est offert et savoureux, tout en conservant une fraîcheur admirable ; Garance 2019, plus lactique, nécessite un carafage pour libérer sa grande richesse. En 2020 comme en 2019 les mondeuses sont exigeantes, extraites, mais conséquemment d'une intensité rare, avec un fruit manifestant pureté et éclat. Ce sont d'indéniables vins de garde, qui feront tous lorsqu'ils se seront détendus, assouplis. Sombre, sanguine, profonde, laissant un sillage racinaire et empyreumatique, même La Belle Romaine, la plus « accessible » des cuvées du domaine, mérite d'être attendue. Dans le même millésime 2020 saluons la remarquable nouvelle cuvée L'Oeuf Divin, affichant à la fois une maturité élevée, beaucoup de fraîcheur et d'allonge. En 2019 Latitude N45º manifeste une tension acide et un dynamisme supérieurs, une trame tannique encore très serrée, escortant de captivants arômes de suie et de rognon frais. La Noire, intimidante, impose toujours cette densité unique parmi les mondeuses, des tanins ligneux mais parfaitement mûrs, très serrés, presque féroces, mais aussi une assise, une dynamique et un éclat aromatique superbes.

- Roussette de Savoie Arvi Pâ 2020   28 €   91
- Roussette de Savoie La Comtesse Blanche 2019   30 €   89
- Roussette de Savoie Son Altesse 2020   18 €   89
- Vin de Savoie Chignin-Bergeron Garance 2019   32 €   90
- Vin de Savoie Chignin-Bergeron Le Grand Blanc 2020   20 €   91
- Vin de Savoie Arbin Mondeuse L'Inté Graal 2020   32 €   89
- Vin de Savoie Arbin Mondeuse La Belle Romaine 2020   18 €   90
- Vin de Savoie Arbin Mondeuse Latitude N45º30.506' 2019   30 €   92
- Vin de Savoie L'Oeuf Divin 2020   32 €   92
- Vin de Savoie La Noire 2019   35 €   93

Rouge : 9 hectares. Mondeuse noire 97 %, Gamay noir à jus blanc 2 %, Persan 1 %
Blanc : 3 hectares. Roussanne 63 %, Altesse 31 %, Jacquère 6 %
Production moyenne : 70 000 bt/an

DOMAINE GENOUX - CHÂTEAU DE MÉRANDE ♣

Chemin de Mérande, 73800 Arbin
04 79 65 24 32 ● www.domaine-genoux.fr ●
Vente et visites : sur RDV.
De 9h à 12h et de 14h à 18h.
Propriétaire : André et Daniel Genoux
Directeur : André Genoux
Maître de chai : Daniel Genoux
Œnologue : Pierre Genoux

★ DOMAINE GIACHINO

Installés en 1988, David et Frédéric Giachino dirigent cette exploitation située à Chapareillan, non loin du mont Granier, face au massif des Bauges et surplombant la vallée de l'Isère. Certifié bio depuis 2008, le domaine suit les préceptes biodynamiques, vendange à la main, vinifie avec les levures indigènes et sans autre ajout de SO_2 qu'à la mise en bouteille. Le résultat ? D'excellentes matières premières vinifiées en douceur, qui donnent des vins sobres, sains et digestes, tant en blanc qu'en rouge. Le rare cépage persan offre à cette adresse l'un de ses

plus beaux résultats ; d'autres cépages endémiques (la douce noire, la verdesse, la mondeuse blanche) sont également valorisés. La gamme est remarquablement homogène et monte en puissance avec les nouvelles cuvées issues des vignes de Michel Grisard (Prieuré Saint-Christophe), figure tutélaire de la viticulture savoyarde.

Les vins : issus du difficile millésime 2021, les deux blancs présentés sont très réussis, tant la jacquère Primitif, leste, très vive, alerte, 10º d'alcool seulement mais aucune verdeur ni angulosité, que l'altesse, parfumée, déjà accessible, avec une pointe de gourmandise dans la chair qui dialogue fructueusement avec l'acidité surette. Sanguine, drue, avec une touche sauvage, racinaire, feuillu, la mondeuse 2020 possède beaucoup de caractère et de relief. Comme la très belle version 2018, elle doit se polir en passant quelques saisons en bouteille avant de livrer le meilleur d'elle-même.

- Vin de Savoie Primitif 2021   15 €   89
- Vin de Savoie Mondeuse Black Giac 2018   16 €   90
- Vin de Savoie Mondeuse Black Giac 2020   16 €   91

Le coup de ♥
- Roussette de Savoie Altesse 2021   16,50 €   91

Rouge : 7,8 hectares. Mondeuse noire 54 %, Gamay noir à jus blanc 15 %, Persan 13 %, Douce Noire 8 %, Divers noir 5 %, Joubertin 5 %
Blanc : 7,2 hectares. Jacquère 59 %, Altesse 35 %, Verdesse 4 %, Mondeuse blanche 2 %
Production moyenne : 60 000 bt/an

DOMAINE GIACHINO ☾

Le Palud, 189 chemin des Cotes, 38530 Chapareillan
04 76 92 37 94 ● www.domaine-giachino.fr ●
Vente et visites : sur RDV.
Propriétaire : David Frédéric et Clément Giachino

★ DOMAINE LOUIS MAGNIN

Ce domaine artisanal a joué un rôle capital dans l'histoire contemporaine du vignoble savoyard. La surface exploitée a diminué mais le travail méticuleux, à la vigne comme au chai, permet à Louis Magnin d'atteindre des sommets d'expression en rouge comme en blanc. Perfectionniste, il montre à travers ses différents millésimes une constance que peu de producteurs atteignent dans cette région. Moins opulents que naguère, les blancs privilégient l'intensité minérale. Parmi les mondeuses, flamboyantes mais destinées à la garde, nous continuons à préférer (souvent, mais pas cette année !) les cuvées élevées en cuves à celles qui le sont en barriques.

Les vins : large et serein, encore discret, doté d'une acidité bien présente, Grand Orgue 2017 s'inscrit dans la continuité du brillant 2016. Il s'agit d'un bergeron de patience et de gastronomie. Nous vous conseillons aussi d'attendre l'emblématique mondeuse Fille d'Arbin 2018, vigoureuse, serrée, structurée, elle s'est refermée depuis son éclatante jeunesse. Savourez en revanche dès à présent Tout un Monde, issue d'une vigne centenaire et élevée en demi-muid, une mondeuse épicée, volubile, distinguée par la richesse de ses notes balsamiques et grillées. Les tanins sont admirablement polis, la chair à la fois savoureuse et tonique, fine. Que de goût, de présence et de personnalité dans un rouge n'affichant que 11,5° d'alcool !

▭ Vin de Savoie Chignin-Bergeron Grand Orgue 2017   30 €   **90**

◄ Vin de Savoie Arbin Mondeuse Fille d'Arbin 2018   32 €   **91**

◄ Vin de Savoie Arbin Mondeuse Tout un Monde 2016   50 €   **93**

Rouge : 2 hectares. Mondeuse noire 100 %
Blanc : 1 hectare. Roussanne 80 %, Altesse 20 %
Production moyenne : 14 000 bt/an

DOMAINE LOUIS MAGNIN ♣
90, chemin des Buis, 73800 Arbin
04 79 84 12 12 ●
www.domainelouismagnin.fr ● Vente et visites : sur RDV.
Propriétaire : Louis et Béatrice Magnin
Directeur : Béatrice Magnin

★ DOMAINE JEAN MASSON ET FILS

Jean-Claude Masson est incontestablement le chantre de la jacquère. Fort d'une tradition familiale bien ancrée au Reposoir, merveilleuse banquette faisant face au massif des Bauges, au cœur du vignoble d'Apremont, il récolte mûr et isole les cuvées selon les terroirs et selon son humeur. En résultent des vins d'une ampleur et d'une richesse inhabituelles, vinifiés et élevés en cuve inox, capables d'évoluer en se complexifiant pendant plus d'une décennie, tout en conservant le caractère incisif et fluide de la jacquère. Une vision originale, attachante, indispensable au panorama des meilleures cuvées de Savoie, qui mérite amplement l'étoile accordée l'an passé.

Les vins : bien mûres, gourmandes, les premières cuvées du millésime 2020 donnent le ton

d'un millésime généreux. Pulpeuse mais droite comme un I, La Déchirée affiche une allonge peu commune, davantage de fraîcheur et une touche végétale (ronce) plus marquée que Nicolas ou Cuvée Lisa, dans lesquelles priment la douceur et la tendreté. Les deux cuvées de vieilles vignes, La Centenaire et Le Cœur, offrent en 2019 un surcroît de profondeur et de complexité, avec une touche de cire et de poivre pour la première, déjà très expressive, davantage de réserve et un fond éloquent pour la seconde, qui mérite d'être encore attendue et surprendra plus d'un dégustateur chevronné.

▭ Vin de Savoie Apremont Cuvée Lisa 2020   12 €   **89**

▭ Vin de Savoie Apremont La Déchirée 2020   14 €   **91**

▭ Vin de Savoie Apremont Le Cœur 2019   24 €   **92**

▭ Vin de Savoie Apremont Nicolas 2020   10 €   **88**

Le coup de ♥

▭ Vin de Savoie Apremont La Centenaire 2019   19 €   **92**

Blanc : 10 hectares. Jacquère 100 %
Production moyenne : 60 000 bt/an

DOMAINE JEAN MASSON ET FILS
Le Villard, 73190 Apremont
06 12 58 32 26 ● www.domainemasson.com
● Vente et visites : sur RDV.
Propriétaire : Jean-Claude Masson
Œnologue : Olivier Turlais

★ DOMAINE J.-P. ET J.-F. QUÉNARD

Les Quenard et les Quénard sont nombreux dans le village de Chignin, mais Jean-François se distingue sans peine. Nous saluons la qualité du travail accompli et la cohérence de la vaste gamme, qui s'affine chaque année par petites touches et constitue un point de repère dans un paysage vineux savoyard en mouvement. Les vins rouges ont beaucoup progressé et atteignent aujourd'hui un très bon niveau. Richement dotés, vinifiés avec les seules levures indigènes, les blancs conservent un juste équilibre en bouche. Regardant vers l'avenir, Jean-François Quénard a restructuré son vignoble, en cours de certification en agriculture biologique. La transmission à sa fille Anne-Sophie, qui a étudié à Beaune et à Changins, est en cours. Son prénom figure désormais sur la cave et sur les étiquettes.

Les vins : nous aimons toujours beaucoup le crémant, non dosé, issu du millésime 2019, bien typé par la jacquère (60 % de l'assemblage), à la fois rond et frais, très agréable. Les jacquères justement, millésime 2021 : si Vers les Alpes se livre aisément, avec la fois une bonne présence et le caractère chlorophyllien du millésime. Anne de la Biguerne, plus en matière, demande à être attendue. Après un millésime 2018 plantureux, un peu moins vif, la roussette retrouve en 2019 tout son allant, sans rien perdre de son charme aromatique débridé, épicé, fumé, exotique ! Des deux bergerons du même millésime 2021, très bien définis, déjà expressifs, nous préférons Chez Les Béroux, plus riche, expansif et vibrant. Les mondeuses possèdent toutes une qualité de vigueur fruitée : un jaillissement « primeur » dans Terres Rouges 2021, un jus intense mais encore un peu cintré par l'élevage en demi-muids dans Elisa 2020, beaucoup de spontanéité dans La Déroutante. Le persan 2020 a bien précisé son propos en un an, déployant un champ aromatique balsamique, cacaoté, porté par une matière pleine de santé, à l'acidité pointue comme il se doit !

Chignin-Bergeron Chez Les Béroux 2021	17 €	90
Crémant Brut Entre Amis 2019	15 €	89
Vin de Savoie Chignin Anne de la Biguerne 2021	11 €	88
Vin de Savoie Chignin Vers les Alpes 2021	9 €	87
Vin de Savoie Chignin-Bergeron Au Pied des Tours... 2021	19 €	88
Vin de Savoie Mondeuse Elisa 2020	18 €	89
Vin de Savoie Mondeuse La Déroutante 2019	25 €	90
Vin de Savoie Mondeuse Terres Rouges 2021	14 €	88

Le coup de ♥

Roussette de Savoie Anne-Sophie 2019	17 €	92
Vin de Savoie Persan Les 2 Jean 2020	Épuisé - 24 €	90

Rouge : 4,9 hectares. Mondeuse noire 56 %, Gamay noir à jus blanc 22 %, Persan 11 %, Pinot noir 11 %

Blanc : 12,5 hectares. Jacquère 55 %, Bergeron (roussanne) 34 %, Altesse 6 %, Chardonnay 5 %

Production moyenne : 120 000 bt/an

DOMAINE J.-P. ET J.-F. QUÉNARD

44, chemin de la Tour-de-Montagny, Le Villard, 73800 Chignin

04 79 28 08 29 ● www.jfquenard.com ● Visites : sur RDV aux professionnels.

Propriétaire : Jean-François Quénard

★ LES VIGNES DE PARADIS

L'aventure de Dominique Lucas à Pommard a pris fin pour cause d'aléas climatiques. Il se consacre désormais entièrement à son vignoble du Chablais, mené en biodynamie. Sorti de l'appellation Crépy, trop restrictive pour les vins auxquels il aspire, il a planté des cépages exogènes et envisage son travail de vigneron comme un véritable artisanat d'art. Il ne néglige pas pour autant le chasselas, loin s'en faut ! Ce dernier s'incarne dans Un P'tit Coin de Paradis, issu des bas de parcelle, mais aussi dans le profond Un Matin Face au Lac. Une cuvée C de Marin a vu le jour, en plus des originaux IGP, issus de cépages parfois inattendus. La qualité des cuvées place ce vigneron parmi les talents de la région à suivre absolument : jamais chaptalisées, vinifiées avec des doses minimes de soufre, elles comptent parmi les plus excitantes du paysage savoyard actuel.

Les vins : le domaine ne nous ayant pas fait parvenir ses vins cette année, nous sommes amenés à reconduire les notes de notre éditions précédente.

IGP Vin des Allobroges Pinot Gris 2019	17,50 €	91
IGP Vin des Allobroges Un P'tit Coin De Paradis 2019	14,50 €	90

Le coup de ♥

IGP Vin des Allobroges Un Matin Face au Lac 2019	18 €	92

Rouge : 0,14 hectare.
Blanc : 6,86 hectares.
Production moyenne : 35 000 bt/an

LES VIGNES DE PARADIS ☾

167, route du Crépy Marcorens 74140 Ballaison

04 50 94 31 03 ●

www.les-vignes-de-paradis.fr ● Vente et visites : sur RDV.

Du lundi au samedi de 9h à 19h30.

Propriétaire : Dominique Lucas

L'AITONNEMENT

Maxime Dancoine, œnologue trentenaire, ne cultive qu'un tout petit vignoble, localisé à Aiton, à l'extrémité occidentale du massif de la Maurienne. La production qui en est issue commence néanmoins à attirer l'attention des amateurs. Très soignée, d'inspiration biodynamique et labellisée bio depuis 2017, elle s'inscrit dans la diversité et l'ambition qui caractérisent le renouveau générationnel de la viticulture savoyarde. Cette démarche prend tout son sens à la lumière des nouvelles plantations qui privilégient des cépages endémiques comme le joubertin ou le blanc de Maurienne. Il faut aussi suivre de près – de très près – le jeune négoce que Maxime Dancoine a créé avec Guillaume Lavie, vigneron dans le Bugey (Les Vins de Lavie) : Des Vins d'Envie.

Les vins : déjà très expressifs, les deux blancs 2021 sont remarquables. Big Bang, assemblage d'altesse (55 %) et de jacquère (45 %) dont les jus fermentent ensemble en demi-muids, offre un fruit scintillant, avec ce côté chlorophyllien (menthe pouliot, ronce…) récurrent dans le millésime. C'est un vin alerte, très vif, chargé en gaz, qui capture à merveille l'esprit montagnard. Vesta, chignin-bergeron issu d'une parcelle en fermage, conserve l'attrait pulpeux du cépage, avec de fines suggestions lactiques, tout en affichant un degré d'alcool réduit, une fraîcheur inhabituelle. Du négoce Des Vins d'Envie, nous avons goûté un rouge réunissant mondeuse et différents cépages « sudistes ». Un vin au fruit disponible, solaire, mais plutôt mat et au final brouillon.

- IGP Vin des Allobroges Big Bang 2020   26 €   **91**
- Vin de Savoie Vesta 2020   38 €   **92**
- VDF Cap au Sud Des Vins D'Envie 2019   13 €   **86**

Rouge : 0,5 hectare. Mondeuse noire 60 %, Douce Noire 20 %, Joubertin 20 %
Blanc : 0,5 hectare. Altesse 50 %, Jacquère 50 %
Production moyenne : 7 500 bt/an

L'AITONNEMENT ♣

63, rue Août-44, Le Villard 73220 Aiton
06 60 19 41 49 ● www.aitonnement.com/ ●
Pas de visites.
Propriétaire : Maxime Dancoine

MATHIEU APFFEL

Après quelques millésimes vinifiés en Savoie, c'est en 2017 que le Jurassien Mathieu Apffel reprend un domaine situé à Saint-Baldoph, entre Chambéry et Apremont. Là se trouve l'essentiel de ses vignes de jacquère. Un deuxième îlot, à Saint-Alban de l'autre côté de la préfecture, permet d'élaborer un blanc d'assemblage (jacquère/altesse). Également adossé au massif des Bauges, le demi-hectare de mondeuse livre un vin au charme floral envoûtant. Cinq hectares en tout. Toutes les cuvées, très soigneusement pensées et élevées, manifestent une sensibilité esthétique et un goût du plaisir qui les placent tout en haut des productions vigneronnes artisanales de Savoie.

Les vins : Avant la Tempête 2020, jacquère de Saint-Baldoph, offre un profil à la fois charnu et tranchant ; c'est un blanc terrien, intense, sapide, qui se développe en profondeur lors-

qu'on l'aère, même s'il conserve un contrepoint légèrement animal en finale qui ne plaira pas à tout le monde. Dans le même millésime la cuvée d'assemblage Terroir de Saint Alban impose son caractère lumineux, alliant saveur intense, épicée et acidité percutante. Nous regrettons de ne pas avoir cette année goûté la mondeuse, si parfumée.

- Vin de Savoie Avant la Tempête 2020   19 €   **89**
- Vin de Savoie Terroir de Saint Alban 2020   19 €   **92**

Rouge : Mondeuse noire 100 %
Achat de raisins.
Blanc : 5 hectares. Jacquère 85 %, Altesse 15 %
Achat de raisins.
Production moyenne : 40 000 bt/an

MATHIEU APFFEL

152, chemin de la Mairie,
73190 Saint-Baldoph
06 61 87 01 52 ● mathieuapffel.com ● Pas de visites.
Propriétaire : Mathieu Apffel

CELLIER DE LA BARATERIE

Julien Viana a produit son premier millésime à la Baraterie, hameau de Cruet, en 2014. Pratiquant une viticulture attentive, très manuelle, ce solide gaillard nous offre des cuvées tout en délicatesse, en subtilité de propos, des vins plus parfumés que structurés, pour la plupart élevés en cuve. Heureuse Savoie, qui possède aujourd'hui tant de jeunes talents, vignerons accomplis aux styles si personnels !

Les vins : la roussette 2020 montre moins d'allant et d'expression aromatique que l'an dernier ; l'équilibre est bon mais le vin reste dans une phase discrète. L'assemblage rouge Paroxysme (pinot et gamay, complétés par 10 % de mondeuse) du même millésime conserve quant à lui tout son caractère primesautier, caressant et vif à la fois, avec une saveur framboisée qui pinote allègrement. La mondeuse 2020 du cru Saint-Jean-de-la-Porte est d'une autre stature : parfumée, sanguine, florale, avec un équilibre parfait entre gourmandise du fruit croquant et tannicité dynamique, finement ligneuse, c'est un résumé des qualités du cépage, un vin déjà très séducteur mais qui peut s'affiner encore.

- Roussette de Savoie 2020   15 €   **88**

Vin de Savoie Paroxysme 2020   12 €   **89**

Le coup de ♥

Vin de Savoie Saint-Jean de la Porte
Mondeuse 2020   17 €   **93**

Rouge : 7 hectares.
Blanc : 5 hectares.
Production moyenne : 20 000 bt/an

CELLIER DE LA BARATERIE ♣

Chemin de la Baraterie, 73800 Cruet
06 88 21 08 50 ●
www.cellierdelabaraterie.com ● Vente et
visites : sur RDV.
Propriétaire : Julien Viana

DOMAINE DUPASQUIER

Installés près de Jongieux dans le pittoresque
village d'Aimavigne, au pied du vertigineux
coteau de Marestel, les Dupasquier se succèdent depuis cinq générations et cultivent avec
sagesse leurs vignes (enherbement, absence
de produits de synthèse). Partisans d'élevages
longs en foudre, David et Véronique Dupasquier
commercialisent les vins après quelques mois
ou années de vieillissement en bouteille. Les
vins les plus simples ne manquent ni de personnalité ni de saveur, même s'ils relèvent d'un
style que certains jugeront daté. La roussette
de Marestel est le grand vin du domaine, capable de se bonifier pendant trente ou quarante
ans dans les millésimes favorables, développant
une étonnante diversité de saveurs sans perdre
sa fraîcheur.

Les vins : toujours tuilé de robe, terrien, avec un
moelleux supplémentaire dû au millésime 2018,
un fruit aux accents presque confits, le gamay
ne manque pas de caractère. On peut en dire
autant du chardonnay et de la roussette, des
blancs riches, presque exotiques, subtilement
terpéniques, solaires mais bénéficiant d'un bon
support acide. Malgré cette richesse il y a dans
les deux cas une pointe de rigidité dans la
matière.

Roussette de Savoie 2018   11 €   **89**

Vin de Savoie chardonnay 2018   10 €   **88**

IGP Vin des Allobroges Le Joli Canon du
Père Noël 2018   9,50 €   **88**

Rouge : 6,3 hectares. Mondeuse noire 35 %,
Pinot noir 35 %, Gamay noir à jus blanc 30 %
Blanc : 8,7 hectares. Altesse 59 %,
Jacquère 27 %, Chardonnay 14 %
Production moyenne : 80 000 bt/an

DOMAINE DUPASQUIER

25, impasse du Vieux-Pressoir, Aimavigne,
73170 Jongieux

04 79 44 02 23 ●
www.domainedupasquier.over-blog.com ●
Visites : sans RDV.
Propriétaire : David et Véronique Dupasquier

NOUVEAU DOMAINE

DOMAINE FINOT

Installé depuis 2007, Thomas Finot est aujour-
d'hui la principale force motrice du Grésivaudan
viticole. Jadis réputé, ce vignoble n'occupe plus
que quelques îlots entre le massif de la Char-
treuse et la rive droite de l'Isère ; place forte
de cépages endémiques au fort potentiel,
comme l'étraire, le persan ou encore la verdesse, il tente vaillamment de résister à la pression urbaine grenobloise. Originaire de
Crozes-Hermitage, Thomas Finot propose des
vins flamboyants, riches en goût et en matière,
s'appuyant sur un fruit d'une intensité et d'une
franchise de premier ordre, avec des élevages
sous bois qui participent de cette exubérance.
En vendange tardive ou en macération, ses
interprétations originales de la verdesse ouvrent
de réjouissantes perspectives. Parallèlement au
domaine, une petite activité de négoce, Finot
Frères, explore et développe les mêmes
typologies.

Les vins : la verdesse 2020 est un vin blanc de
grand relief, à la fois crémeux et rassis, plein et
tonique. L'élevage est au service de l'expression intense d'un cépage qu'il faut absolument
découvrir. L'étraire, en rouge, offre beaucoup de
franchise et de vigueur, avec un profil sauvage, terrien, animal, encore austère mais plein
de promesses. Promesses déjà tenues par le
persan 2019, offrant une magnifique évolution
aromatique, évoquant viandes fumées, prunelle, goudron, épices... une chair serrée mais
moelleuse, portée par l'acidité perçante caractéristique du cépage. Des deux crozes, nous
préférons le blanc 2020, pure marsanne au fruit
très savoureux et de belle tenue, aux généreuses notes de tilleul et de fleur d'oranger, au
rouge 2019, bien doté mais marqué par un boisé
encore insistant.

Crozes-Hermitage 2020   19 €   **92**

IGP Coteaux de Grésivaudan Verdesse
2020   20 €   **92**

Crozes-Hermitage Cuvée Claude
2019   20 €   **88**

IGP Coteaux du Grésivaudan Etraire de la
Dhuy 2020   20 €   **89**

IGP Coteaux du Grésivaudan Persan
2019   25 €   **92**

Rouge : 5 hectares.
Blanc : 3 hectares.
Production moyenne : 30 000 bt/an

SAVOIE ET VIGNOBLES ALPINS

711

DOMAINE FINOT ♣

190, impasse du Teura 38190 Bernin
06 84 95 21 44 ● www.domaine-finot.com ●
Vente et visites : sur RDV.
Propriétaire : Thomas Finot

DOMAINE NICOLAS GONIN

Représentant de la vitalité de la viticulture isé-
roise, Nicolas Gonin s'est installé en 2005 à
Saint-Chef, non loin de Bourgoin-Jallieu, reprenant les vignes de son oncle. Courageusement,
il a d'emblée entrepris d'arracher le vignoble
existant pour replanter des cépages patrimoniaux de deuxième époque, éliminant ceux de
première époque comme le pinot ou le gamay.
Le jeune œnologue au parcours éclectique, féru
d'ampélographie, a ainsi anticipé non seulement l'évolution du climat, mais aussi celle des
modes de consommation ! Mondeuse, persan,
mècle, altesse, viognier, verdesse et jacquère
sont d'ores et déjà mis à contribution sur les
coteaux du Bas Dauphiné ; servanin, salagnin et
bia blanc devraient les rejoindre… Nous parions
sur l'avenir de cette production idéaliste (certifiée bio depuis 2012), intelligente, méticuleuse,
qui s'affine avec l'âge des vignes et la confiance
grandissante du vigneron.

Les vins : très beau tour d'horizon des points
forts du domaine cette année, avec en exergue des blancs 2020 particulièrement pleins et
expressifs : une altesse de belle intensité, fringante mais assagie par l'élevage (18 mois de
cuve) ; un viognier original, captivant, très parfumé (entre abricot sec et orangette), porté par
une acidité surprenante pour le cépage ; une
verdesse colorée et vigoureuse, pleine d'élan,
de fougue, au fruit plus frais que lorsque nous
l'avions goûtée en début d'année. Saluons parmi
les rouges le potentiel et le caractère du (ou de
la) mècle, cépage quasiment sauvé par Nicolas
Gonin. Un vin dense, serré et fin, dont on repar-
lera. Inclinons-nous pour finir devant le monumental persan 2018, hors-normes, qui a profité
de toute la générosité solaire du millésime. Un
vin aussi riche en alcool qu'en acidité, qui évoque la barbera piémontaise dans ses versions
les plus théâtrales, déployant la richesse d'un
fruit qui tutoie le passerillage, poussant très loin
le piquant et le confit.

🔖 IGP Isère Balmes Dauphinoises Viognier
2020   15 € **92**

🔖 IGP Isère Balmes Dauphinoises Altesse
2020   16 € **90**

🔖 IGP Isère Balmes Dauphinoises Verdesse
2020   18 € **91**

🔖 IGP Isère Balmes Dauphinoises Mècle
2020   Épuisé - 26 € **90**

🔖 IGP Isère Balmes Dauphinoises Mondeuse
2020   15 € **88**

Le coup de ♥
🔖 IGP Isère Balmes Dauphinoises Persan
2018   20 € **93**

Rouge : 2,2 hectares. Persan 41 %, Mondeuse
noire 39 %, Mècle 20 %
Blanc : 2,8 hectares. Altesse 54 %,
Verdesse 20 %, Viognier 19 %, Jacquère 7 %
Production moyenne : 25 000 bt/an

DOMAINE NICOLAS GONIN ♣

945, route des Vignes, 38890 Saint-Chef
04 74 18 74 81 ● www.vins-nicolas-gonin.com
● Vente et visites : sur RDV.
Propriétaire : Nicolas Gonin

NOUVEAU DOMAINE

JÉRÉMY BRICKA

Il fait partie de l'aventure de la renaissance du
vignoble du Trièves, ce plateau tout au sud de
l'Isère, caché derrière le Vercors, dont le vin gin-
guet fut évoqué par Jean Giono. Jérémy Bricka,
œnologue, ancien de chez Chapoutier et co-
fondateur de la distillerie des Hautes Glaces,
exploite cinq hectares de vignes d'altitude sur
la commune de Roissard. Etraire, mondeuse,
douce noire, altesse, verdesse, mondeuse blanche sont encore très jeunes puisque plantées
en 2015. Au-delà du réconfort moral qu'apporte
toujours la renaissance d'un vignoble, la qualité,
l'élan, la fraîcheur de ces vins ne peuvent qu'attirer l'attention des amateurs curieux et esthètes. Des cuvées à suivre de très près, comme
d'ailleurs celles des autres jeunes domaines du
Trièves.

Les vins : les 2020 nous avaient ébloui par leur
caractère et leur sensualité échevelée, les
2021 apparaissent plus contenus, plus sages,
plus rangés peut-être, mais tous possèdent un
éclat et une vivacité qui signent ces fruits d'altitude vendangés tard. Il faut leur laisser quelques mois pour se détendre. L'altesse est
pointue, savoureuse, alerte, vraiment incisive ;
la verdesse présente un profil comparable,
construit autour de l'éclat de l'acidité, avec un
caractère épicé, lactique, à la fois gourmand
et aigrelet, très stimulant. Parfumée, poivrée et
chlorophyllienne, charmeuse, la douce noire
tempère le caractère pointu du millésime par la
douceur native du cépage. L'étraire offre un profil plus ligneux, mais sans dureté, plein de naturel. Revenant au millésime 2020, la mondeuse
exprime avec beaucoup d'allant le style très
aromatique et vif de ce vignoble montagnard où
la dernière période de maturation bénéficie de
grandes amplitudes thermiques.

⊏ IGP Isère Altesse Pont de Brion 2021	20 €	89
⊏ IGP Isère Verdesse Pont de Brion 2021	20 €	90
◣ IGP Isère Douce Noire Pont de Brion 2021	20 €	91
◣ IGP Isère Mondeuse Noire Pont de Brion 2020	25 €	91
◣ IGP Isère Étraire de l'Aduï Pont de Brion 2021	20 €	89

Rouge : 2 hectares. Douce Noire 60 %, Mondeuse noire 20 %, Étraire de la Dui 20 %
Blanc : 3 hectares. Mondeuse blanche 40 %, Altesse 40 %, Verdesse 20 %
Production moyenne : 10 000 bt/an

JÉRÉMY BRICKA ♣

308, rue Louis-Rippert, 38710 Mens
06 64 33 83 20 ● www.jeremybricka.fr ●
Vente et visites : sur RDV.
Propriétaire : Jérémy Bricka

___

CHÂTEAU DE LUCEY

Créé en 1993, le vignoble du château, qui domine le Rhône, est très majoritairement voué au cépage emblématique de ce secteur de l'Avant-Pays savoyard, l'altesse. Le travail de Christophe Martin, arrivé en 2010 au château de Lucey, s'est rapidement porté sur l'agronomie ; la viticulture est certifiée biologique depuis 2016. On constate en parallèle une progression de la qualité des vins, qui méritent toute l'attention des amateurs d'authenticité et d'élégance.

Les vins : les interprétations sensibles et diverses proposées par Christophe Martin offrent l'occasion d'une joyeuse ballade en compagnie de l'altesse sur son terroir historique. Agreste et tonique, L'Originel 2019 affirme la vivacité du cépage. Plus ronde, la cuvée Pimpenan, élevée sous bois, joue la gourmandise en 2019 et plus encore en 2018, avec un appréciable relief et une acidité toujours brillante. Riche, Chapitre 19 dévoile un caractère un peu plus oxydatif, alors que Chapitre 20, plus tendu, se montre encore discret. Sympathique digression, le vin orange Macèr à Lou, cuvé un mois, penche toutefois un peu trop vers le cidre.

⊏ Roussette de Savoie Chapitre 19 2019	16 €	89
⊏ Roussette de Savoie Chapitre 20 2020	16 €	90
⊏ Roussette de Savoie L'Originel 2019	10 €	89
⊏ Roussette de Savoie Pimpenan 2018	14 €	90
⊏ Roussette de Savoie Pimpenan 2019	14 €	90
⊏ Vin de Savoie Macèr à Lou 2020	16 €	86

Rouge : 1,5 hectare. Mondeuse noire 53 %, Pinot noir 47 %
Blanc : 5,5 hectares. Altesse 100 %
Production moyenne : 23 000 bt/an

CHÂTEAU DE LUCEY ♣

292, route des Moulins, 73170 Lucey
06 69 99 82 87 ● www.chateaudelucey.com
● Vente et visites : sur RDV.
De 9h à 12h et de 14 à 19h.
Propriétaire : Antoine de Galbert
Directeur : Christophe Martin

___

LUDOVIC ARCHER

N'appartenant pas au milieu viticole, Ludovic Archer s'est imposé dans le vignoble savoyard à la force du poignet autant que de la volonté. Après avoir étudié le vin à Beaune, puis travaillé chez Jean-François Quénard, il prend en fermage 2,5 hectares (entre Chignin et Montmélian) et vinifie son premier millésime en 2019. La rigueur et la sensibilité des cuvées forcent d'emblée l'admiration. Les blancs sont intenses, ciselés en fort relief, les rouges d'une gourmandise et d'une sensualité aérienne plus étonnante encore.

Les vins : touche de miel et tension sous-jacente, la jacquère Giant Step fait partie de cette nouvelle génération d'interprétations qui explorent tout le potentiel du cépage. Dorée, épicée, très en relief, Poulettes est une altesse dense et dynamique. On peut en dire autant du bergeron Summertime, plein de ressources et de piquant, à la puissance plus tannique que glycérinée. On ferait facilement des bêtises pour Respire, petite cuvée de douce noire, tout en légèreté frôleuse, à la fois ingénue et sensuelle. Assemblage de mondeuse, de douce noire et de persan, Minor Swing, prolonge ce charme irrésistiblement parfumé, ici soutenu par davantage de corps et d'acidité. Seule note discordante, la mondeuse Totem, dont le fruit est pour l'heure dissimulé par le bois.

⊏ Roussette de Savoie Poulettes 2020	28 €	91
⊏ Vin de Savoie Giant Step 2020	18 €	90
⊏ Vin de Savoie Summertime 2020	32 €	92
◣ IGP Vin des Allobroges Minor Swing 2020	36 €	93

🍾 Vin de Savoie Totem 2020   27 €   **87**

Le coup de ♥

🍾 IGP Vin des Allobroges Respire
2020   18 €   **92**

Rouge : 2 hectares. Gamay noir à jus
blanc 33 %, Pinot noir 33 %, Mondeuse
noire 17 %, Douce Noire 10 %, Persan 7 %
Blanc : 2 hectares. Jacquère 40 %, Bergeron
(roussanne) 37 %, Chardonnay 23 %,
Altesse 10 %
Production moyenne : 12 000 bt/an

LUDOVIC ARCHER ♣

134, rue de Pontvis Box n°10 73800 Arbin
06 09 43 20 84 ● ludovicarcher.com ● Vente
et visites : sur RDV.
Propriétaire : Ludovic Archer

MAISON BONNARD

De régulières dégustations des vins du Bugey
ont mis en lumière la régularité et surtout le
caractère des vins produits par la famille Bonnard sur les coteaux de Montagnieu, au cœur du
Bugey viticole. Tout est bon chez les Bonnard !
L'histoire du domaine débute en 1988, avec un
petit hectare de vignes. Sur une quinzaine d'hectares certifiés en agriculture biologique depuis
2016, le domaine produit aujourd'hui une gamme
complète de vins tranquilles et effervescents.
Les cépages bourguignons, pinot, chardonnay
et gamay atteignent un haut niveau d'expression et figurent parmi les meilleurs de la région.
Mais ce sont les mondeuses et altesses qui
nous enchantent particulièrement, rivalisant
sans aucun complexe avec les plus belles
expressions savoyardes.

Les vins : la roussette de Montagnieu 2019 est
une altesse de concours, possédant tout ce qui
rend ce cépage inimitable. La typicité aromatique presque délurée, épicée, lactique, pointue, évoquant les plus jolies bières blanches et
l'équilibre en bouche à la fois piquant et sensuel,
presque aigre-doux. On en redemande ! Comme
on redemande de cette Racine de Mondeuse,
brillante interprétation du cépage, macérée dix
jours en vendange entière. Une mondeuse assez
claire, tout en parfum, aussi tendre qu'aérienne, moelleuse que parfumée, avec cette
petite pointe animale, d'abats frais, qui magnifie
son charme primesautier. Le pinot participe du
même esprit de primauté du parfum, avec un
caractère organique plus soutenu : du cuir, de la
viande fraîche, un fruit généreux et harmonieux
mais tout de même moins gracieux que celui de
la mondeuse.

🍾 Bugey Roussette de Montagnieu
2019   15 €   **92**

🍾 Bugey Romanache Pinot Noir
2020   20,80 €   **90**

Le coup de ♥

🍾 Bugey Racine de Mondeuse
2020   19,30 €   **93**

Rouge : 6 hectares. Mondeuse noire 48 %,
Gamay noir à jus blanc 30 %, Pinot noir 18 %,
Poulsard (ploussard) 4 %
Blanc : 9,6 hectares. Chardonnay 84 %,
Altesse 13 %, Jacquère 3 %
Production moyenne : 100 000 bt/an

MAISON BONNARD ♣

78, rue de la Chapelle, Hameau de Crept
01470 Seillonnaz
04 74 36 14 50 ● www.maisonbonnard.fr/ ●
Vente et visites : sur RDV.
Propriétaire : Famille Bonnard

DOMAINE SAINT-GERMAIN

Créé en 1999, le domaine est situé dans le parc
naturel régional du massif des Bauges, sur un
terroir en coteaux exposés au sud, appartenant au village de Saint-Pierre-d'Albigny. L'interprétation engagée des grands classiques
savoyards voisine avec une curiosité dynamique
du patrimoine alpin dans le temps (les cépages
anciens réhabilités) et dans l'espace (cuvées
Par-delà les Versants qui intègrent des cépages
valaisans comme la petite arvine ou le gamaret). Voici une adresse indispensable à qui veut
découvrir l'originalité et le dynamisme des vins
de Savoie, une de celles où s'écrit le futur
retrouvé du vignoble savoyard.

Les vins : la gamme du domaine Saint-Germain
est toujours aussi diversifiée, passionnante,
toujours riche en surprises, comme cet inattendu mais fort réussi liquoreux de persan, Entre
Terre et Ciel 2020, dynamisé par l'acidité vigoureuse du cépage. Nous retiendrons aussi en
rouge la très belle mondeuse Le Pied de la
Barme 2020, une cuvée qui rejoint cette année
le gotha des expressions les plus flamboyantes
du cépage. Parmi les blancs, signalons le premier millésime (2020) du Clos du Château, issu
du vignoble du château de Menjoud, replanté
en 2016. Cet assemblage dominé par l'altesse,
compété par le chardonnay et la mondeuse
blanche, a enfanté un vin seigneurial, expressif
et de belle amplitude, distingué, tendu de bout
en bout. Plus modeste mais très réussie dans
le difficile millésime 2021, la cuvée Crac Boum
Bu offre en blanc comme en rouge une bonne
dose de caractère alpin, servi par un glissant
alerte et frais.

IGP Vin des Allobroges Par-delà les Versants 2019	21,50 €	91
Roussette de Savoie Altesse 2021	17,50 €	89
Vin de Savoie Chignin-Bergeron 2020	21,50 €	91
Vin de Savoie Clos Du Château 2020	21,50 €	91
Vin de Savoie Crac Boum Bu 2021	13,50 €	88
VDF Entre Terre et Ciel 2020	17,50 €	89
Vin de Savoie Crac Boum Bu 2021	13,50 €	88

Le coup de ♥

Vin de Savoie mondeuse Le Pied de la Barme 2020	18,50 €	92

Rouge : 7,92 hectares.
Blanc : 5,96 hectares.
Production moyenne : 70 000 bt/an

DOMAINE SAINT-GERMAIN ♣

65, route de Miolans,
73250 Saint-Pierre-d'Albigny
04 79 28 61 68 ●
www.domainesaintgermain.com ● Vente et visites : sur RDV.
Propriétaire : Raphaël Saint-Germain

Roussette de Savoie La Devire 2021	11,50 €	88
Vin de Savoie Chignin-Bergeron Les Cerisiers 2021	13 €	88
Vin de Savoie Le Roc 2021	9 €	87
Vin de Savoie Arbin Mondeuse 1952 2018	17,50 €	92
Vin de Savoie Arbin Mondeuse Avalanche 2020	13 €	87
Vin de Savoie Arbin Mondeuse Hors Piste 2020	14,50 €	90
Vin de Savoie Terre d'Origine 2020	11,50 €	86

Rouge : 13 hectares. Mondeuse noire 100 %
Blanc : 11 hectares. Jacquère 40 %,
Roussanne 30 %, Altesse 20 %,
Chardonnay 5 %, Mondeuse blanche 5 %
Production moyenne : 120 000 bt/an

DOMAINE FABIEN TROSSET

Avenue Gambetta, ZA d'Arbin, 73800 Arbin
04 79 79 98 50 ● www.domainetrosset.com
● Visites : sans RDV.
Du lundi au vendredi de 8h à 12h et de 14h
à 17h. Samedi sur rendez-vous.
Propriétaire : Fabien Trosset
Œnologue : Olivier Turlais

DOMAINE FABIEN TROSSET

Fabien Trosset et sa compagne Chloé ont repris en 2011 le domaine de Jean-Louis Trosset, cousin germain de Louis et Joseph Trosset. En 2013, ils ont agrandi l'exploitation avec une partie des vignes du domaine Joseph Trosset. La plus grande partie du vignoble est plantée sur le terroir d'Arbin, mettant à l'honneur la mondeuse, dont les interprétations vont du coulant vin de fruit à la cuvée de garde ambitieusement élevée. Ce jeune domaine progresse chaque année ; les vins ont indéniablement gagné en franchise et en hauteur d'expression.

Les vins : si parmi les mondeuses d'Arbin Terre d'Origine 2020 et Avalanche 2020 apparaissent un peu quelconques, prévisibles, malgré un fruit d'une évidente bonne volonté, Hors-Piste, toujours dans le millésime 2020 et surtout 1952, dans le millésime 2018, jouent dans la cour des grandes expressions du cépage. La première offre une belle concentration de grain et de saveur, poivrée et épicée, portée par une structure leste. La seconde a, en un an, digéré son élevage, affinant son vibrato, livrant un jus piquant, fumé, serré et dynamique. Les blancs 2021 sont bien typés, précis, près de leurs cépages respectifs. Il convient de les attendre un peu, le temps qu'ils s'affranchissent d'une certaine linéarité d'expression.

LES MEILLEURS VINS

du
Sud-Ouest

PAR KARINE VALENTIN,
en charge des vins du Sud-Ouest au sein du comité
de dégustation de La Revue du vin de France

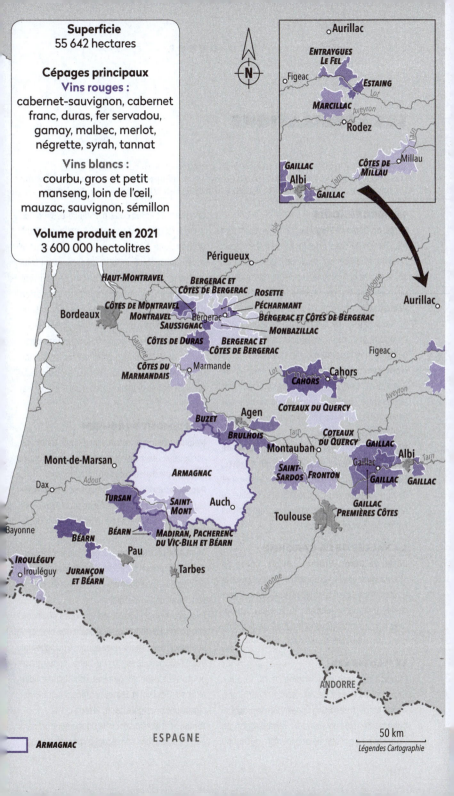

Superficie
55 642 hectares

Cépages principaux
Vins rouges :
cabernet-sauvignon, cabernet franc, duras, fer servadou, gamay, malbec, merlot, négrette, syrah, tannat

Vins blancs :
courbu, gros et petit manseng, loin de l'œil, mauzac, sauvignon, sémillon

Volume produit en 2021
3 600 000 hectolitres

N

Aurillac

ENTRAYGUES LE FEL

Figeac

ESTAING

MARCILLAC

Rodez

GAILLAC
Albi

CÔTES DE MILLAU
Millau

GAILLAC

Périgueux

HAUT-MONTRAVEL

BERGERAC ET CÔTES DE BERGERAC

ROSETTE

CÔTES DE MONTRAVEL
MONTRAVEL

PÉCHARMANT

Bordeaux

Bergerac

BERGERAC ET CÔTES DE BERGERAC

SAUSSIGNAC

MONBAZILLAC

CÔTES DE DURAS

BERGERAC ET CÔTES DE BERGERAC

Aurillac

CÔTES DU MARMANDAIS

Marmande

Figeac

CAHORS

Cahors

COTEAUX DU QUERCY

BUZET

Agen

BRULHOIS

COTEAUX DU QUERCY

Montauban

GAILLAC

Mont-de-Marsan

ARMAGNAC

SAINT-SARDOS

FRONTON

Gaillac

Albi

GAILLAC

GAILLAC

Dax

TURSAN

SAINT-MONT

Auch

Toulouse

GAILLAC PREMIÈRES CÔTES

Bayonne

BÉARN

BÉARN

MADIRAN, PACHERENC DU VIC-BILH ET BÉARN

Pau

IROULÉGUY

Irouléguy

JURANÇON ET BÉARN

Tarbes

ANDORRE

ESPAGNE

50 km

Légendes Cartographie

ARMAGNAC

LES APPELLATIONS

—

Réparties sur le plus vaste territoire de France, allant de Bergerac au nord, à Irouléguy au sud et à Marcillac, à l'est, en Aveyron, les appellations du Sud-Ouest sont les représentantes d'identités très fortes, marquées par des cépages autochtones.

LE BERGERACOIS

Bergerac, Côtes de Bergerac : Bergerac constitue l'appellation de base en rouge, en rosé et en blanc. Ce sont majoritairement des vins simples, équilibrés, souvent très bon marché. Les côtes-de-bergerac proposent davantage d'ambition et d'intensité.

Pécharmant : petite appellation de rouges située au-dessus de la ville de Bergerac, sur la rive droite de la Dordogne. Les vins possèdent une expression originale, mais ce terroir manque de leader.

Montravel : appellation de vins blancs du Bergeracois. Quelques producteurs ambitieux font fermenter le vin en barrique à la manière des nouveaux bordeaux blancs. L'élaboration des rouges est également envisageable.

Côtes de Montravel, Monbazillac, Côtes de Bergerac moelleux, Haut-Montravel, Rosette, Saussignac : appellations de vins moelleux et liquoreux du Bergeracois. Même si la qualité se révèle beaucoup trop hétérogène, on trouve ici des perles à des prix encore sages.

LA VALLÉE DE LA GARONNE

Côtes de Duras, Brulhois, Buzet, Côtes du Marmandais : voisins du Bordelais, l'encépagement y est similaire. Ce sont des vins d'un très bon rapport qualité-prix, mis en valeur par des caves coopératives performantes. Quelques domaines de pointe ont ouvert de nouvelles perspectives.

LE HAUT-PAYS

Fronton : misant sur l'originalité du cépage négrette, les vins rouges s'y montrent parfumés, francs et très fruités. Une appellation en progrès.

Cahors : stimulé par une nouvelle génération, ce vignoble rouge réaffirme son identité autour du cépage malbec. La qualité s'améliore, avec des vins à la fois plus profonds et plus proches du fruit.

Gaillac : une élite vigneronne montre tout le potentiel de cette appellation présentant tous les types de vins autorisés en blanc, et surtout en rouge, ce qui ne facilite pas la perception d'une typicité de cru pour le consommateur.

Marcillac : petite appellation aveyronnaise en pleine renaissance. Les rouges, agrestes et parfumés, sont élaborés à partir du mansois, alias fer servadou ou braucol. On trouve aussi deux appellations en devenir : Estaing (ou Entraygues) et Le Fel.

LE PIÉMONT PYRÉNÉEN

Madiran : vins rouges colorés, charpentés, tanniques et capiteux. Une nouvelle génération de vignerons leur a fait perdre leur rusticité traditionnelle.

Pacherenc du Vic-Bilh : vins blancs secs et moelleux. Sans posséder la profondeur ni la race des meilleurs jurançons, ils bénéficient des qualités des mêmes cépages.

Saint-Mont : vins rouges, rosés et blancs simples, francs et bon marché, surtout représentés par une coopérative remarquable. De plus en plus d'ambition et une production qui s'affine.

Jurançon : blancs secs et moelleux racés, originaux, vifs et frais. Les moelleux vieillissent très bien.

Irouléguy : lieu de naissance supposé du cabernet franc, l'AOC basque est aujourd'hui reconnue grâce au travail de vignerons ambitieux qui élaborent des blancs de haut vol et des rouges massifs. Irouléguy affiche une envergure de grand terroir.

Tursan : cette AOC se révèle doucement grâce à quelques vignerons. Son cépage blanc est le baroque.

LES CÉPAGES
—

LES CÉPAGES ROUGES

La proximité de Bordeaux influence l'emploi des cépages comme le **merlot**, le **cabernet-sauvignon** et le **cabernet franc**, dans les vignobles de Bergerac, Duras, Marmande ou Buzet. Au-delà, les autres appellations favorisent la résurgence de cépages autochtones.

Cahors est le berceau du **malbec**, appelé aussi côt. Il produit un vin dense et anguleux, appelé autrefois le "vin noir". Plus au sud, à Madiran, c'est le **tannat** qui signe le style des vins rouges de l'appellation. Des crus charpentés qui peuvent s'avérer rustiques s'ils ne sont pas vinifiés avec précision.

À Fronton, la **négrette** est le cépage majoritaire, à l'origine d'un vin fruité et aromatique, alors qu'à Marcillac le **fer servadou**, que l'on retrouve aussi en cépage secondaire dans d'autres appellations, entre à 90 % dans l'assemblage des vins de l'appellation. Dans ces AOC du Haut-Pays, le **gamay** et la **syrah** sont également bien implantés. On retrouve aussi de manière plus anecdotique des cépages comme le **pinot noir**, le **jurançon noir**, le **mouyssaguès** (Entraygues et Le Fel), le **braucol**, le **prunelard** et le **duras**.

Enfin, il est un cépage planté dans tout le Sud-Ouest, mais aussi en Bordelais, qui viendrait du Pays basque (de l'appellation Irouléguy) et a trouvé ses lettres de noblesse sur les rives de la Garonne et de la Loire : le **cabernet franc**.

LES CÉPAGES BLANCS

On retrouve la même influence bordelaise dans l'implantation des cépages blancs. Le **sauvignon** et le **sémillon** sont plutôt présents dans le Bergeracois, à Duras et à Marmande, pour l'élaboration de vins blancs secs, mais surtout de beaux liquoreux (Monbazillac). Puis ces deux cépages cèdent le pas en direction de Toulouse et de Pau à des spécimens plus originaux.

Le cépage le plus intéressant de tous, pour l'élaboration de vins liquoreux, n'est autre que le **petit manseng**, accompagné de son frère, le **gros manseng**. Ils sont les artisans de la réussite des liquoreux de Pacherenc et de Jurançon. En compagnie de ces derniers, on retrouve généralement le **courbu**, dans des proportions moindres.

Dans le Gers, au pays des blancs secs, sont aussi plantés le **chardonnay**, le **colombard**, la **muscadelle**, la **folle blanche** et le **mauzac**. Ce dernier est lui aussi employé dans le Gaillacois à hauteur de 50 % minimum. N'oublions pas un cépage ligérien qui s'acclimate parfaitement en cette terre de cocagne : c'est le **chenin**, présent dans de nombreuses appellations.

Enfin, Gaillac emploie un cépage planté uniquement sur ses terroirs et qui porte le doux nom de **loin de l'œil**. Un nom donné par les anciens : le raisin possède un pédoncule très long qui le retient loin de la tige de la grappe et, donc, loin de l'œil.

UNE DÉFERLANTE DE SAVEURS DE BIARRITZ À MONBAZILLAC

CHAMBRES D'HÔTES

DOMAINE LATAPY

Irène Guilhendou, vigneronne à Gan, productrice de vins et de tisanes bio, a ouvert deux charmants gîtes sur son domaine, qui jouissent d'une vue imprenable sur les Pyrénées. Pouvant accueillir deux à six personnes, ils sont disponibles à partir de 310 € par semaine. Un bon point de départ pour sillonner la région.
Chemin Berdoulou, 64290 Gan
Tél : 06 23 22 07 29
www.domaine-latapy.com

MAS AZÉMAR

La demeure ancienne abrite plusieurs chambres décorées avec soin dans le respect de l'histoire des lieux, une piscine chauffée et une table d'hôtes. Chambres à partir de 127 € (petits-déjeuners inclus) et menu dîner à partir de 39 €.
Rue du Mas-de-Vinssou,
46090 Mercues
Tél : 05 65 30 96 85
www.masazemar.com

RESTAURANTS

LA TOUR DES VENTS

Du côté de Monbazillac, voici une institution haut perchée, tant par sa position géographique dominante que par sa cuisine sensible dûment étoilée, récitée par l'excellent Damien Fagette. Pour l'accompagner, une carte des vins profonde, et pas seulement sur les appellations locales. Menus à 41 € (le midi du mercredi au vendredi), 51 et 72 €. La maison propose également des cours d'œnologie de septembre à juin.
Moulin de Malfourat,
24240 Monbazillac
Tél : 05 53 58 30 10
www.tourdesvents.com

AUBERGE DE LAYOTTE

Dans cette ferme-auberge, perdue au milieu de la forêt, Régis Gagnadre donne le ton depuis plus de vingt ans. Le menu gargantuesque (la bouteille de 2 litres de vin sur la table dit tout des portions) met la Dordogne à l'honneur via un apéritif, une soupe, trois hors-d'œuvres, deux viandes, légumes, fromages, desserts. Bon appétit ! Ouvert sur réservation.
24620 Tursac
Tél : 05 53 06 95 91
www.aubergelayotte.com

LA TABLE – SÉBASTIEN GRAVÉ

Le long des rives de la Nive, sur les quais de la ville de Bayonne, les convives se régalent à cette table d'hôtes. Dans les assiettes, du pur Pays basque concocté par un chef du cru, Sébastien Gravé — qui a ouvert juste à côté Séquence(s), avec un menu unique en huit étapes et des fourneaux ouverts derrière le bar. Carte des vins sympathique. Bonne affaire à ne pas louper, le menu midi en semaine, entre 21 et 26 €.
21, quai Amiral-Dubourdieu,
64100 Bayonne
01 45 51 88 38
www.latable-sebastiengrave.fr

BARS À VINS

WINE BAR

350 étiquettes françaises au générique de ce bar à vins de Pau qui prend place dans une boutique très branchée (barbier, coiffeur, tatoueur et coworking). Tous les soirs, 20 vins au verre, des planches de fromage et de charcuterie.
2 bis, rue Jean-Réveil,
64000 Pau
Tél : 07 67 92 52 99

NOTRE COUP DE ♥

FERME LARRALDEA

Les trois sœurs Recca tiennent cette ferme, au cheptel des 200 manèches à tête noire, veaux, vaches et cochons. L'ossau-iraty est affiné à la ferme et on peut profiter des crottins de brebis à se damner. Tout est vendu en circuit court sous le label Idoki qui réunit une trentaine de fermes à taille humaine du pays basque, vendant directement au consommateur.
64120 Saint-Just-Ibarre
Tél : 06 85 49 91 95
www.ferme-larraldea.com

BAR DU MARCHÉ

Son adresse ne s'invente pas. Ce bar est une cave à vins et à manger ouverte du jeudi au samedi. Les vins présents sur la carte sont issus d'une agriculture raisonnée, avec une large place à la biodynamie. Le soir, tapas, soirées spéciales, concerts...
2, boulevard du général-Ballon,
32800 Eauze
Tél : 06 75 24 57 65
www.bar-du-marche.fr

CHÉRI BIBI

Bouteilles saines des vignerons du coin et conserves de produits locaux habillent les étagères du lieu, à la déco rétro. Côté table, le menu est ancré dans son époque, avec des assiettes ensoleillées à base d'excellents produits. Fanny et François Lemarié proposent des planches pour l'apéro et un menu entrée-plat-dessert à 19 € le midi.
50, rue d'Espagne,
64200 Biarritz
Tél : 05 59 41 24 75

★★★ CAMIN LARREDYA

"Sois celui qu'il faut" : c'est ainsi qu'on éduque dans le Béarn, et c'est ce que Jean-Marc Grussaute s'est attaché à faire, lorsqu'à la mort de son père il a repris la ferme et son vignoble embryonnaire, qu'il a depuis mené au sommet. Pendant dix ans, il a construit le socle de son apprentissage, abandonné le rugby, sa passion première, et s'en est forgé une autre pour la vigne, s'essayant à toutes les techniques jusqu'à passer en bio, changeant de camp, de réseau et d'interlocuteurs. Aujourd'hui en biodynamie, il plante des massales, affine ses maturités, ses assemblages et ses élevages. Dans cette même logique il se passionne pour les grands terroirs qu'il repère sur les cartes géographiques : Clos Joliette d'abord, exploité un temps avec la bande de A Bisto de Nas ; puis Côte Blanche, sa révélation. Pour elle, il dompte la pente, sécurise la côte, plante et, en six ans à peine, apporte la preuve de l'exceptionnelle qualité de ce terroir.

Les vins : à comparer 2019 et 2020, on y apprend les contraintes de deux millésimes puissants et modernes. Face à l'éblouissant 2019, le 2020 pas très disert possède la droiture essentielle pour élever le vin. Vivement l'an prochain. 2019 a des amers flamboyants qui illuminent la complexité qui s'échappe du bouquet de La Virada 2019. La puissance valeureuse de la Part Davant 2019 affiche une trame crémeuse en finale, zestée et distinguée. Avec ce millésime, le domaine produit des grands vins d'inspiration qui n'en oublient pas la gourmandise ; le galbe élancée de Costa Blanca 2019 l'évoque parfaitement. En 2020, la Part Davant, encore balbutiante, offre cette part d'acidité qui rayonne et révèle le sol de Jean-Marc Grussaute. La Virada 2020, zeste d'agrume et poivre blanc, est moins extravagant que son aîné. Costa Blanca 2020 vibre aujourd'hui de la sève de son raisin, en attendant de livrer tout son potentiel d'ici un an ou deux. Un petit tour du côté des sucres : Les Grains de Copains qui assure un apéro sur la vivacité et le jus de raisin frais ; Au Capcèu 2019, plutôt ananas confit flambé au rhum et mangue, sur un bouquet ardent et finale glorieuse ; quant à l'Iranja 2020, encore en élevage, il ne sortira pas avant 2023. Le spectre aromatique du vin est fait de sève, d'agrumes et d'effluves orientales.

Jurançon Au Capcèu 2019		29 €	96
Jurançon Au Capcèu 2020		30 €	95
Jurançon Sec Costa Blanca 2019		60 €	98
Jurançon Sec Costa Blanca 2020		63 €	97
Jurançon Sec La Part Davant 2019	Épuisé - 18 €		94
Jurançon Sec La Part Davant 2020	Épuisé - 18 €		95
Jurançon Sec La Virada 2019	Épuisé - 25 €		97
Jurançon Sec La Virada 2020		27 €	96
Jurançon moelleux Les Grains des Copains 2019	Épuisé - 16 €		91

Blanc : 11,5 hectares. Petit Manseng 70 %, Gros Manseng 20 %, Courbu 5 %, Camaralet 3 %, Lauzet 2 %
Achat de raisins.
Production moyenne : 45 000 bt/an

CAMIN LARREDYA ♣

1901, chemin Larredya, La Chapelle-de-Rousse 64110 Jurançon
05 59 21 74 42 ● www.caminlarredya.fr ●
Vente et visites : sur RDV.
Propriétaire : Jean-Marc Grussaute

NOUVEAU DOMAINE

★★ DOMAINE ALBERT DE CONTI

Francis de Conti était coopérateur et livrait ses vins avant de s'associer dans un fermage avec son frère Luc de Conti au château La Tour des Gendres. En 2021, Guillaume, son fils, son frère Paul, accompagnés de Yann Lecoindre, le maître de chai de La Tour des Gendres, ont récupéré ce fermage de 30 hectares pour produire leurs propres cuvées sous l'entité Albert de Conti. Les cuvées Conti-ne Périgourdine, Cuvée des Conti, La Vigne d'Albert, Chez Paul et le pétillant naturel produites sur le parcellaire de ce domaine ont été récupérées par la nouvelle structure qui, donc, entre dans notre guide au même niveau que l'ancien domaine.

Les vins : la bulle du pétillant naturel défrise toujours, portée par une joviale tension. Sans être le plus grand des effervescents, le vin se pique de frivolité et de gourmandise. Elle est si rare, la muscadelle en solo, c'est elle qui donne pourtant son ton percutant à la cuvée Conti-ne Périgourdine : ses parfums de fleurs sont un marqueur du raisin tout autant que le fruit et les épices douces. Cuvée des Conti, bergerac blanc classique, présente la légèreté du millésime. Chez Paul, le cabernet-sauvignon propose un bouquet épanoui et racé ; bien mûr, sans surmaturité, il pose des notes de cassis et de poivre sur un corps svelte et précis offrant une énergie moderne. Enfin, dernière des parcelles récupérées, La Vigne d'Albert, toujours aussi joufflue, offre une chair savoureuse sur un tanin étendu, corrigé de l'acidité du millésime 2021.

Bergerac Conti-ne Périgourdine 2020	16 €	93

721

⊏ Bergerac Cuvée des Conti 2021	10 €	88
⊏ Bergerac La Vigne d'Albert 2021	11 €	90
⊏ Côtes de Bergerac Chez Paul 2019	22 €	93

Rouge : 16 hectares. Malbec (cot) 25 %, Cabernet-Sauvignon 25 %, Merlot 20 %, Cabernet franc 10 %, Abouriou 5 %, Mondeuse noire 5 %, Braucol (fer servadou) 5 %, Merille 5 %
Blanc : 15 hectares. Sauvignon blanc 50 %, Sémillon 34 %, Muscadelle 10 %, Chenin 6 %
Production moyenne : 150 000 bt/an

DOMAINE ALBERT DE CONTI ♣

Route des Estives
24500 Saint-Julien-d'Eymet ●
www.domainealbertdeconti.com ● Vente et visites : sur RDV.
Propriétaire : Guillaume de Conti

★★ DOMAINE DOMINIQUE ANDIRAN

L'originalité et la démarche novatrice de Dominique Andiran sont un bonheur pour l'amateur. Les cuvées de cette propriété se démarquent clairement de tout ce que l'on peut trouver en Côtes de Gascogne, et en France en général tant dans les pratiques culturales, dans la taille réduite du domaine ou dans la maitrise de l'oxydation. Dominique Andiran s'affranchit de tout et ne s'interdit rien. Il utilise ainsi au mieux les cépages autochtones de son vignoble de Montréal-sur-Gers, conduit en agriculture biologique. C'est également dans les approches d'élevage que la créativité de cet autodidacte s'exprime : exposition à la lumière, sous voile… Ses vins proposent une expression originale, parfois déroutante, mais toujours aboutie. On notera une réelle affection pour les vins de type oxydatif, qu'il maîtrise parfaitement. Sa gamme séduit les amateurs comme les novices par sa pureté et sa profondeur.

Les vins : vins d'auteur ou vins artistiques : ceux du domaine Dominique Andiran ont des goûts, des parfums et une énergie qui animent. Il faut aimer l'oxydatif, dont le vigneron s'est fait une spécialité, mais jamais on ne s'ennuie avec ces vins de l'oubli. Andiran lui-même aime les laisser des mois sans intervention pour finir leur sucre ; les accompagnant simplement, dans sa cave, sous les arcades de la bastide de Montréals-sur-Gers. Chut ! 2019, un sauvignon rose à l'exotisme du litchi s'enroule autour de tendres amers. Colombard sur argilo-calcaire, limon et graviers pour Vain de Rû 2020, un savant mélange d'amertume et de salinité. Chardonnay vieilli sous la lumière, Montis Régalis 2019, n'a pas encore dit ses derniers mots. Le

Ruminant des Vignes 2016 est encore jeune mais rempli de complexité : l'encens, le cédrat, la cire, le citron confit, la cardamome et le paprika ; le tout sous une texture presque tannique, guidée par une énergie spontanée. Enfin, on quitte Andiran à regret sur Pissenlits 2007, un vin aux couleurs du couchant, tourbé sur des parfums de cannelle, de cardamome et d'eau-de-vie. C'est un formidable vin à l'agilité poignante et à l'énergie revigorante, le vin de tous les possibles.

⊏ VDF Chut ! 2019	18 €	91
⊏ VDF Le Ruminant des Vignes 2016	30 €	93
⊏ VDF Montis Régalis 2019	16 €	93
⊏ VDF Pissenlit 2007	55 €	96
⊏ VDF Vain de Rû 2020	11 €	89
⊏ VDF Le Petit Magnus 2021	12 €	90

Rouge : 3 hectares. Merlot 100 %
Blanc : 4 hectares. Gros Manseng 40 %, Sauvignon rose 20 %, Chardonnay 20 %, Colombard 20 %
Production moyenne : 30 000 bt/an

DOMAINE DOMINIQUE ANDIRAN ♣

2, place de l'Hôtel-de-Ville,
32250 Montréal-du-Gers
0608303385 ● hautcampagnau@aliceadsl.fr
● Vente et visites : sur RDV.
Propriétaire : Dominique Andiran

★★ DOMAINE ARRETXEA

Les Riouspeyrous du domaine Arretxea sont maintenant quatre. Il y a toujours Thérèse et Michel, mais ils passent le relais à Iban et Téo, leurs fils. La vigne et la cave sont désormais leur domaine et la transmission se passe sous les meilleurs auspices. La nouvelle génération, qui a vinifié chez les meilleurs, a du répondant. L'expressivité des rouges marque une nouvelle étape dans l'évolution du domaine, grâce à des raisins en provenance d'un nouveau socle d'ophite, terre volcanique. En blanc, la cuvée phare du domaine Hegoxuri s'illumine toujours de l'assemblage des grès et schistes du domaine, alors que les parcellaires sont de vraies curiosités montagnardes. La deuxième étoile est sérieusement accrochée, le domaine est à un chouïa de la troisième.

Les vins : chapeautant trois cuvées blanches et quatre rouges du domaine, Hegoxuri 2021 réunit plusieurs parcelles du domaine vinifiées et élevées en foudres et demi-muids : le millésime plus frais s'impose sur le fruit exotique ; ici, la mangue domine, avec cette salinité qui court le long de la gamme. L'irouléguy Grès 2020 goûte la pierre et le caillou, les fleurs et l'iode, un fil tendu sur l'altitude des montagnes basques ;

l'irouléguy Schistes, plus solaire, mûr, savoureux et riche, paraît plus charmeur et possède l'étoffe des plus grands blancs. Si ces trois cuvées siègent au pinacle des meilleurs blancs du Sud, les rouges ne sont pas en reste, faisant la part belle au tannat, élevé en foudre, demi-muids et jarre. Association de cabernet franc et sauvignon, le rouge 2020 pose un vin énergisant sur des fruits rouges mûrs. Burdin Harria 2019 est le premier millésime de la parcelle d'Orphite, sanguin et séveux, puissant, d'une belle énergie qui accroche un large sourire à la face du dégustateur. Enfin Haitza, avec ses 90 % de tannat, puise dans la fraîcheur de la montagne et l'effervescence du climat son amplitude et sa franchise.

▭ Irouléguy Grès 2020	30 €	96
▭ Irouléguy Hegoxuri 2021	23 €	97
▭ Irouléguy Schistes 2020	30 €	95
▬ Irouléguy 2020	14,50 €	90
▬ Irouléguy Burdin Harria 2019	24 €	97
▬ Irouléguy Dolia 2020	20 €	92
▬ Irouléguy Haitza 2019	22 €	93

Rouge : 7,8 hectares. Tannat 65 %, Cabernet franc 30 %, Cabernet-Sauvignon 5 %
Achat de raisins.
Blanc : 3,45 hectares. Gros Manseng 55 %, Petit Manseng 35 %, Petit Courbu 10 %
Achat de raisins.
Production moyenne : 40 000 bt/an

DOMAINE ARRETXEA ♣
72, chemin de Pikatoreko, 64220 Irouléguy
05 59 37 33 67 ● domaine-arretxea.com/ ●
Vente et visites : sur RDV.
Propriétaire : Famille Riouspeyrous

★★ ↗ DOMAINE JULIEN AUROUX

Bergerac, extrême sud-est de l'appellation : depuis ses parcelles sur le plateau calcaire et les coteaux aux argiles profondes, travaillés en bio, Julien Auroux aborde l'avenir avec sérénité. Ses vins ont tourné le dos au passé bergeracois qui voulait singer les rouges du Bordelais en oubliant le sol. Lui, au contraire, s'engage sur les chemins de la salinité, de l'expression aromatique franche et précise, en levure indigène, sans presque aucun ajout de soufre. Il réhabilite des raisins du passé pour un retour vers le futur. La gamme tire de l'acidité des sols une présence digeste et grimpe une marche cette année.

Les vins : les deux blancs imposent sauvignon et sémillon non levurés pour conserver l'âme des raisins sans caractère variétal. Le bergerac 2021 propose une parité parfaite entre les deux cépages blancs dans une cuvée qui sent la poire et les fleurs. Un fruit libre et détendu, sur une fraîcheur légèrement fumée pour la flatteuse cuvée Sans Bois ni Loi, à la terminaison vibrante. Place aux rouges, pas de baratin, nous allons droit au fruit avec la cuvée Blablabla, une infusion fraîche de fruits rouges. Après le fruit gourmand et rayonnant du bergerac rouge, Cimes dans la Brume évoque un bouquet frais, avec sa touche florale et ses tanins fondants : un cabernet-sauvignon superbe de distinction, charpenté à souhait, aux tanins racés et à la finale vivace. Le rouge Sans Bois ni Loi, merlot sanguin et juteux d'une extrême précision, sent le fruit rouge sur un tanin épicé. Nous terminons sur Un peu de toi, un peu de moi, où le couple cabernet franc et merlot propose un rouge capiteux, épuré, d'une grande sapidité. Le jus s'appuie sur la fraîcheur que le vigneron a su préserver lors des vinifications.

▭ Bergerac 2021	9,50 €	90
▭ Bergerac Sans Bois ni Loi 2021	14,50 €	93
▬ Bergerac 2020	9,50 €	91
▬ Bergerac Blablabla 2021	9,50 €	89
▬ Bergerac Cimes dans la Brume 2020	20 €	93
▬ Bergerac Sans Bois ni Loi 2020	20 €	93
▬ Bergerac Un peu de toi, un peu de moi 2020	14,50 €	94

Rouge : 7,8 hectares. Merlot 66 %, Malbec (cot) 13 %, Cabernet-Sauvignon 13 %, Cabernet franc 8 %
Blanc : 3,4 hectares. Sauvignon blanc 65 %, Sémillon 18 %, Sauvignon gris 9 %, Chenin 8 %
Production moyenne : 40 000 bt/an

DOMAINE JULIEN AUROUX ♣
Domaine Julien Auroux 24560 Boisse
06 49 87 45 16 ● julien.auroux@orange.fr ●
Vente et visites : sur RDV.
Propriétaire : Julien Auroux

★★ DOMAINE COSSE MAISONNEUVE

En 1999, Catherine Maisonneuve et Matthieu Cosse reprennent des vignes sur les ébouliscalcaires de Lacapelle-Cabanac, qu'ils développent au fur et à mesure jusqu'à atteindre 28 hectares aujourd'hui. La gamme, toutes cuvées confondues, se définit par un équilibre irréprochable, révélateur de fruits à la plus juste maturité. La nature, préservée par une agriculture en biodynamie depuis 18 ans, favorise une maturation lente et sereine des raisins, renforcée par la vision des vignerons, leur bon sens et la confiance qu'ils ont dans leurs terroirs. Ils ont un don pour dénicher la parcelle d'exception comme celle de la Marguerite et plus récemment de la cuvée Sidérolithe. Depuis 2017, toutes les cuvées sont produites à 100 % à partir des raisins du domaine. Des entrées de gamme jusqu'aux cuvées d'exception qui vieillissent avec brio, tout est parfaitement en place.

Les vins : pour introduire les vinifications Cosse-Maisonneuve, la cuvée Abstème s'Abstenir 2020 croque le fruit épanoui d'un gamay juteux et riche, produit sur les calcaires du Quercy. Les cuvées Solis et Le Sid 2018 affichent une grande justesse : Le Sid dispose d'un atout floral et d'une fraîcheur tirée des argiles rouges ; les tanins pourront encore gagner en souplesse avec les années. 2019 est un millésime qui fait du bien à Cahors en général et au domaine en particulier : les malbecs s'emploient à afficher le fruit le plus percutant possible dès les premières cuvées : La Fage 2019 n'impose rien de moins qu'un fruit spontané dans une bouche juvénile où toutes les cases de la gourmandises sont cochées. Mais ce qui saute au nez, c'est la précision des Laquets qui, en 2019, s'expose sur des notes crayeuses et florales. Sa profondeur et son tanin intense témoignent du style parfait et régulier de la viticulture et des vinifications. Le travail du cabernet franc trouve son punctum dans Sidérolithique 2019 qui, après aération, pose un ensemble athlétique et racé ; dans son tanin minéral, les calcaires se dévoilent. Pour clore la gamme, La Marguerite 2019 déroule un bouquet où s'entremêlent les fleurs et les fruits, une note de feuille de tabac et cette sensation de graphite qui rythme la naissance de chaque millésime de ce terroir inouï d'argiles rouges et de minerais de fer, les sidérolithiques.

Cahors La Fage 2019	18,50 €	93
Cahors La Marguerite 2019	63 €	98
Cahors Le Sid 2018	25 €	92
Cahors Les Laquets 2019	33 €	96
Cahors Solis 2018	13 €	90
VDF Sidérolithe 2019	62 €	94

Rouge : 28 hectares. Malbec (cot) 80 %, Cabernet franc 20 %
Production moyenne : 100 000 bt/an

DOMAINE COSSE MAISONNEUVE ☾
Les Beraudies, 46700 Lacapelle-Cabanac
06 78 79 57 10 ●
cossemaisonneuve@orange.fr ● Vente et visites : sur RDV.
Propriétaire : Matthieu Cosse & Catherine Maisonneuve

★★ CHÂTEAU DU CÈDRE
Depuis plus de quinze ans, les frères Verhaeghe, Pascal à la vinification et Jean-Marc au vignoble, et maintenant Jules, le fils de Pascal, font du Cèdre la référence de l'appellation. Il faut dire qu'ils bénéficient d'un terroir exceptionnel : d'une part, un cône d'éboulis calcaires particulièrement pierreux et constamment en mouvement, le fameux "tran", qui donne des vins fins et élégants ; d'autre part, un sol de galets sur sables ferrugineux, conférant davantage de puissance aux vins. Issues de vendanges idéalement mûres et sélectionnées, les cuvées, toujours très colorées, atteignent un rare niveau de qualité et de régularité grâce à des tanins raffinés et des matières veloutées. Les cuvées Extra-Libre déclinent l'ensemble de la gamme en sans soufre.

Les vins : il semble que depuis l'arrivée de Jules, le fils de Pascal, un nouveau souffle anime le château du Cèdre. La pureté domine l'ensemble des vins jusque dans les cuvées sans soufre. L'IGP Lot en blanc est un bonbon, une douceur délicate et mentholée. Extra-Libre 2021 (sans soufre) est un malbec énergique aux accents réglissés sur un fruit croquant pur avec une touche de cassis. Extra-Libre Le Cèdre 2020 reste frais sur une expression florale du malbec soutenue d'un fruit rouge presque mordant et bien juteux. Nous vous conseillons d'aérer le cahors Le Cèdre 2019 pour profiter de son fruit lumineux, très expressif : un malbec parfait, juteux à souhait et construit sur une déclinaison de fruits, de tapenade, de figue et de cacao. La bouche est droite, régulière, ample, fraîche et séduisante. À l'aération, le cahors 2020 s'affine sur des parfums de fumée et de violette. Pour finir GC 2019 a un fruit radieux teinté de graphite, associé à une matière riche, aux tanins profonds et savoureux.

IGP Côtes du Lot Cèdre Héritage 2021	9 €	89
Cahors 2020	17 €	93
Cahors Extra-Libre 2021	16,50 €	90
Cahors Extra-Libre Le Cèdre 2020	35 €	93
Cahors GC 2019	75 €	95
Cahors Le Cèdre 2019	35 €	94

Rouge : 25 hectares. Malbec (cot) 95 %, Merlot 3 %, Tannat 2 %
Blanc : 2 hectares. Viognier 50 %, Sauvignon blanc 30 %, Sémillon 25 %, Muscadelle 5 %
Production moyenne : 110 000 bt/an

CHÂTEAU DU CÈDRE ♣
Bru, 46700 Vire-sur-Lot
05 65 36 53 87 ● www.chateauducedre.com
● Visites : sans RDV.
Propriétaire : Pascal et Jean-Marc Verhaeghe

★★ LES JARDINS DE BABYLONE

Ce vignoble de 3,2 hectares, déniché par Didier Dagueneau est installé dans un cirque en terrasses sur les coteaux du village d'Aubertin, réputé pour la vivacité particulière des vins qu'on y produit. Avec l'aide précieuse d'une nouvelle équipe en place sur le domaine, Louis-Benjamin Dagueneau s'investit sans relâche pour porter au plus haut niveau la production confidentielle de ce domaine, auquel il prodigue les mêmes soins qu'à ceux de Pouilly et de Sancerre. Après des vendanges manuelles par tries successives, les fermentations s'effectuent sous bois neuf dans différents contenants, demi-muid et cigare entre autres. Peu alcoolisés, d'une grande finesse et d'une précision aromatique exceptionnelle, ces vins possèdent un esprit singulier, peut-être plus germanique que béarnais... Là où d'autres utilisent les petits et gros mansengs, Dagueneau, comme à son habitude, va là où on ne l'attend pas, vers une maîtrise parfaite de raisins anciens. Jamais à cours d'idée pour améliorer son domaine rayé de fines terrasses entichées de ceps et bordées de palmiers et d'essences méditerranéennes, il reprend la taille Guyot et rachète une parcelle voisine plantée à 10 000 pieds l'hectare. Exposé au sud-sud-est dans le secteur le plus chaud de Jurançon mais le plus proche de la montagne, Dagueneau n'a qu'une obsession, l'acidité de ses vins, qui se perçoit aussi bien dans ses secs, demi-secs et moelleux.

Les vins : les secs, jadis moins aboutis que les moelleux, gagnent en tenue, en précision et en complexité grâce à la maîtrise des amers en 2019 et surtout en 2020. En 2019, millésime chaud, les petits et gros mansengs sur poudingue donnent du souffle à un demi-sec associé à de vraies belles notes salines. La même année a produit un moelleux dense et profond, mais toujours épinglé de cette éclatante acidité qui le verticalise. Même franchise dans le sec 2020, encore plus juteux, agile précis et net. Le millésime 2020 réunit tous les critères pour devenir la bombe de fruit et d'acidité, autant en demi-sec (80 g de sucre), aux extraits secs d'agrume et profil joyeux et sapide, qu'en moelleux (125 g), un équilibriste du sucre. Enfin, pour ce qui est d'ouvrir une cuvée sur le champ, nous conseillons le 2015 sec qui se présente sur une finesse stricte, tendue d'une race mentholée, ou le demi-sec 2017, un opus à 80 g de sucre et 11° d'alcool, un fruit en expansion sur une tension vibrante.

▭ VDF Demi-Sec 2017	N.C.	95
▭ VDF Demi-Sec 2019	N.C.	93
▭ VDF Demi-Sec 2020	N.C.	96
▭ VDF Moelleux 2019	N.C.	94
▭ VDF Moelleux 2020	N.C.	96
▭ VDF Sec 2015	67 €	92
▭ VDF Sec 2017	N.C.	92
▭ VDF Sec 2020	N.C.	92

Blanc : 3,2 hectares. Petit Manseng 65 %, Camaralet 16 %, Gros Manseng 10 %, Petit Courbu 5 %, Lauzet 4 %
Production moyenne : 6 600 bt/an

LES JARDINS DE BABYLONE
Chemin de Cassioula, 64290 Aubertin
05 59 04 28 15 ● silex@wanadoo.fr ● Vente et visites : sur RDV.
Propriétaire : Louis-Benjamin Dagueneau et Guy Pautrat

★★ DOMAINE LABRANCHE-LAFFONT

Situé dans le secteur de Maumusson, Christine Dupuy exploite le domaine familial depuis 1993, mené en bio. Riche de vignes âgées, dont une préphylloxérique vinifiée à part, elle présente des vins de tannat toujours identitaires, droits et purs, qui mettent en avant ses beaux terroirs d'argiles et de galets. Les cuvées s'affinent de plus en plus, l'utilisation du bois est mesurée. La recherche constante de justesse et d'équilibre est évidente aussi bien sur les blancs que sur les rouges de Madiran, et les derniers millésimes chauds aux vinifications d'une maîtrise totale placent ce domaine au sommet de l'appellation.

Les vins : toute la sensibilité de Christine Dupuy se perçoit dans la préservation du fruit et dans l'élevage soigné de chacune des cuvées qui savent attendrir le tannat. Le climat, le sol, mais surtout le talent de la vigneronne affûtent les vins et leur donnent un tempérament énergique. Ce qui met en avant la formidable capacité des mansengs à refléter le piémont pyrénéen dans un blanc sec, ciselé et dynamique qui affiche sa minéralité sur une chair savoureuse. La cuvée de tannat tient du génie vigneron. La cuvée domaine est en équilibre parfait sur les fruits et la puissance, sur une chair élégante et généreuse. Mais la cuvée la plus percutante est le madiran Vieilles Vignes éraflé à 100 %. C'est un vin de repas au bouquet ardemment parfumé de fruits noirs et d'épices, sous une touche de graphite et une pointe de menthe. Il a fallu trois ans d'élevage pour venir à bout du cépage qui se révèle fondu mais puissant, frais mais profond ; une richesse exquise sur une chair fondante où la masse tannique domptée rend au vin toute sa noblesse.

▭ Pacherenc du Vic-Bilh Sec 2020	14 €	93
▰ Madiran 2019	10 €	93

Madiran Vieilles Vignes 2019	16 €	94
VDF Tannat 2021	12 €	91

Rouge : 19 hectares. Tannat 80 %, Cabernet franc 10 %, Cabernet-Sauvignon 10 %
Blanc : 4 hectares. Petit Manseng 60 %, Gros Manseng 40 %
Production moyenne : 100 000 bt/an

DOMAINE LABRANCHE-LAFFONT ♣

Domaine Labranche-Laffont,
32400 Maumusson-Laguian
05 62 69 74 90
christine.dupuy@labranchelaffont.fr ●
Visites : sans RDV.
Propriétaire : Christine Dupuy

★★ ⚐ MAS DEL PÉRIÉ

Installé en bio sur les coteaux de Trespoux, secteur le plus élevé de l'appellation, Fabien Jouves propose une gamme de vins épurés, qui respectent l'identité des terroirs jusqu'à revendiquer l'origine géologique sur l'étiquette de ses bouteilles bourguignonnes. Les cuvées possèdent le double atout de la précision et de la fraîcheur. La vendange 2019 a été accueillie dans un nouveau chai de vinification gravitaire ; cet atout indéniable s'associe à un retour à la polyculture avec la plantation de truffiers, lavandes, ruches, vergers anciens, et l'élevage de cochons noirs plein air en AB ; plantation de plusieurs parcelles de vieux cépages "conservatoires" : cahors, negral, baral, valdiguié pissaïre, magdeleine noire, mérille, grand noir de la calmette, gibert, noual, malpé, jurançon… Fabien Jouves possède un matériel végétal, un outil de vinification et un talent qui lui valent cette année une nouvelle étoile, malgré un millésime 2021 difficile, avec lequel le vigneron a su composer pour produire des vins expressifs, sans verdeur, juste légers et, bien que sans soufre, toujours aussi précis.

Les vins : les 2021 de la gamme ont le profil sapide et énergique du millésime. Après 2019 et 2020, la matière manque un peu de rebond, mais le fruit frais reste croquant dans Les Escures. Amphore expose la complexité de son élevage en terre cuite, une pointe d'amertume dans le détail du tanin plus poli et sapide mais sans grande profondeur. La Roque, malbec sur marne brune 'du Miocène, sans soufre, propose un fruit délié sur une touche florale, des notes de violette et cranberry dans un palais svelte et frais. Tout aussi rafraîchissant, Autochtones est un assemblage de vieux raisins du Sud-Ouest (valdinguié, jurançon noir, gibert et noual) : une gourmandise ultra-fit au bouquet de fruit frais, de groseille et à la bouche énergisante et tendue, signature de Fabien Jouves dans ce petit millé-

sime. On l'ouvrira en attendant 2020. Les Acacias est une cuvée issue des sidérolithiques qui possède un fond sérieux, vigoureux et racé, puisé au cœur des calcaires sur un bouquet percutant de fruits rouges mûrs, d'épices douces, de garrigue. Une partie de l'élevage de la cuvée B763 s'est faite en béton. Le nez, à la limite de l'oxydatif, avant que le vin ne se rétablisse sur une bouche plus précise, qui conjugue les fruits et les fleurs. Sur le front des blancs : Les Pièces Longues est un chenin minéral qui s'allonge en bouche ; et Orange Voilée, issu également de chenin, sous voile, offre un triptyque idéal : fruit radieux, fraîcheur intense et oxydatif respectueux.

VDF Les Pièces Longues 2021	20 €	90
VDF Orange Voilée 2021	30 €	90
Cahors Amphore 2021	30 €	90
Cahors B763 2020	60 €	92
Cahors La Roque 2021	19 €	89
Cahors Les Acacias 2020	30 €	93
Cahors Les Escures 2021	14 €	90
VDF Autochtones 2021	20 €	91

Rouge : 24,3 hectares. Malbec (cot) 100 %
Blanc : 2,7 hectares. Chenin 100 %
Production moyenne : 100 000 bt/an

MAS DEL PÉRIÉ ☾

Le Bourg, 46090 Trespoux-Rassiels
05 65 30 18 07 ● www.masdelperie.com ●
Vente et visites : sur RDV.
Propriétaire : Fabien Jouves

★★ DOMAINE PLAGEOLES

La famille Plageoles a marqué de son empreinte l'histoire récente du vin à Gaillac. Robert, puis Bernard et Myriam, qui a pris brillamment sa suite, ont été les pionniers de la défense des cépages locaux et des techniques de vinification ancestrales. La relève est assurée progressivement par les fils de Bernard, Florent et Romain, qui défendent corps et âme les douze variétés de leur vignoble dont le délicieux prunelart, le rarissime verdanel ou le quatuor de mauzac (vert, roux, rose et noir). Hors des modes et des sentiers battus, le domaine continue de produire avec exigence des vins exclusivement en monocépage, dotés de fortes personnalités. Ce travail de la tête, du cœur et des mains est pleinement traduit dans une gamme de cuvées visant la pureté, la droiture et l'originalité.

Les vins : la production de la famille Plageoles est signée d'une grande originalité. Nous adorons toujours autant la bulle délicate de Mauzac Nature, un pétillant naturel qui a tout de la pomme verte, un jus tendre et vivant. Pour rester sur la pomme, Mauzac Vert 2019 s'installe définitivement sur la gourmandise du fruit exposant aussi des notes herbacées de sauge, de menthe et d'oseille. La muscadelle, onctueuse et épicée, manque de précision en 2019. Mauzac Roux 2020, comme à l'ordinaire, possède du coffre et de l'amplitude, on attendra qu'il s'affine. La syrah 2020, aux tanins ciselés, sans forfanterie se pose plutôt sur l'austérité, tout comme le braucol 2020. Pour le raisin, l'austérité est une structure, même si, dans ce millésime, il offre le charme savoureux d'un fruit noir tendu d'acidité. Enfin, le duras 2018 commence à s'ouvrir sur un tanin toujours sauvage à la finale fruitée. Enfin, le vin de voile 2010 est une délicate attention oxydative aux épices douces et à la noix, iodé dans une finale qui s'allonge.

🍷 Gaillac Doux Loin de L'Œil 2017	12 €	89
🍷 Gaillac Doux Mauzac Roux 2020	16,50 €	93
🍷 Gaillac Mauzac Nature 2020	16,50 €	90
🍷 Gaillac Muscadelle 2019	18,50 €	91
🍷 Gaillac Premières Côtes Mauzac Vert 2019	14,20 €	91
🍷 Gaillac Sec Vin de Voile 2010	N.C.	94
🍷 Gaillac Braucol 2020	14 €	89
🍷 Gaillac Duras 2018	16,50 €	90
🍷 IGP Côtes du Tarn Syrah 2020	10,40 €	89

Rouge : 10 hectares. Duras 33 %, Braucol (fer servadou) 28 %, Prunelart 22 %, Syrah 17 %
Achat de raisins.
Blanc : 15 hectares. Mauzac vert 59 %, Muscadelle 12 %, Ondenc 12 %, Divers blanc 5 %
Achat de raisins.
Production moyenne : 100 000 bt/an

DOMAINE PLAGEOLES ♣

Chemin de Durantou, Très Cantous
81140 Cahuzac-sur-Vère
05 63 33 90 40 ● www.vins-plageoles.com ●
Visites : sans RDV.
Propriétaire : Bernard, Myriam, Florent et Romain Plageoles

★★ CHÂTEAU TIRECUL LA GRAVIÈRE

Le botrytis est une religion pour Claudie et Bruno Bilancini, et leur domaine a placé très haut ses étiquettes liquoreuses au panthéon des vins sucrés de France. La concentration extrême d'une vendange pointue permet de servir un grain noblement pourri et concentré sur son acidité, botte secrète des grands monbazillacs. L'offre du domaine, passé en totalité en agriculture biologique, est très complémentaire.

Une bulle a fait son apparition en 2016 et les blancs secs se révèlent. Aucun rouge n'a été goûté cette année.

Les vins : le domaine multiplie les cuvées en blancs et en liquoreux. Sur le front des secs, l'assemblage sémillon et muscadelle d'Andréa se place parmi les blancs chics du coin, malgré un boisé dominant qui laisse filtrer des notes de noisettes gourmandes. Ulma ajoute le chenin au sémillon et à la muscadelle et se conclut sur une note aérienne. Trois liquoreux ont été goûtés : 1, 2, 3 Soleil, assemblage de jus provenant de jeunes vignes, est celui que l'on débouche en apéritif, pour son fruit spontané : suit la cuvée Les Pins, qui impose un relief rebondi tout en conservant une belle dynamique ; la noblesse du botrytis, enfin, donne à la SGN une maturité géniale, une pointe de vivacité en finale.

🍷 IGP Périgord Andréa 2020	18 €	88
🍷 IGP Périgord Ulma 2020	9 €	88
🍷 Monbazillac 1, 2, 3 Soleil 2021	9 €	88
🍷 Monbazillac Les Pins 2020	12 €	91
🍷 Monbazillac SGN 2019	27 €	90
🍷 Vin Mousseux Brut Nature Jo	13 €	88

Rouge : 5,5 hectares. Merlot 69 %, Cabernet franc 20 %, Cabernet-Sauvignon 11 %
Blanc : 8,5 hectares. Sémillon 50 %, Muscadelle 41 %, Chenin 6 %, Sauvignon blanc 3 %
Production moyenne : 45 000 bt/an

CHÂTEAU TIRECUL LA GRAVIÈRE ♣

Lieu-dit Tirecul, 24240 Monbazillac
05 47 77 07 60 ● www.tirecul-la-graviere.fr ●
Visites : sans RDV.
Propriétaire : Claudie et Bruno Bilancini
Directeur : Bruno Bilancini

★★ CHÂTEAU TOUR DES GENDRES

Le domaine de 52 hectares a été fraîchement scindé entre les deux branches de la famille. Luc de Conti, qui depuis vingt-cinq ans nous régale avec ses vins de Bergerac, s'est séparé de son cousin et, avec ses enfants, Margaux et Gilles, construit un nouvel avenir pour le domaine. Le vignoble, entièrement conduit en agriculture biologique, produit des blancs sur la puissance, et des rouges conformes aux canons classiques du Bergeracois. La bière, le whisky et la truffe seront aussi désormais au programme des réjouissances du label de Conti.

Les vins : enfin ! Il sort en bouteille, ce savagnin pensé, imaginé et planté par Luc de Conti. Bien nommé Le Vif, il expose une fraîcheur ponctuée de gourmandes notes de fruits secs, pour un milieu de bouche d'une grande amplitude et parfumée de fleurs. Dans Cantalouette, sauvignon, savagnin et chenin apportent leurs traits pour dessiner ce blanc au nez d'agrumes et de coing. Anthologia 2018 pose un sauvignon mûr qui se gorge de sève en milieu de bouche et finit sur les agrumes et la menthe. La Gloire de Mon Père, toujours aussi classique, doit avoir son cercle d'amateurs. Cabernet franc sur calcaire pour Les anciens Francs, cuvée parfumée en diable de fruits rouges, grenadine et épices aux tanins racés. Dans ce millésime, la fraîcheur du merlot de la cuvée parcellaire Les Gendres présente un surplus d'énergie et de fruit, détendu sous un tanin enjôleur et une finale florale. Avec cette nouvelle gamme réduite, le domaine n'a pas perdu une once de sa superbe, offrant toujours un plaisir classique, sans distinction entre les blancs et les rouges.

Bergerac Sec Anthologia 2018	39 €	92
IGP Périgord Le Vif 2019	22 €	92
Bergerac Cantalouette 2021	9 €	89
Côtes de Bergerac La Gloire de Mon Père 2019	14 €	89
Côtes de Bergerac Les Gendres 2019	20 €	93
Côtes de Bergerac Les anciens Francs 2018	20 €	92

Rouge : 15 hectares. Merlot 43 %, Cabernet franc 36 %, Malbec (cot) 16 %, Divers noir 5 %
Blanc : 15 hectares. Sauvignon blanc 48 %, Sémillon 34 %, Chenin 15 %, Savagnin 3 %
Production moyenne : 150 000 bt/an

CHÂTEAU TOUR DES GENDRES ♣

Les Gendres, 24240 Ribagnac
05 53 57 12 43 ●
www.chateautourdesgendres.com ● Vente et visites : sur RDV.
Propriétaire : Margaux et Gilles de Conti

★ DOMAINE L'ANCIENNE CURE

Un presbytère au faîte de la colline donne son nom au vignoble dont les rangs dévalent les coteaux jusqu'à la route où Christian Roche a installé son caveau de vente. Le vignoble, en bio depuis 2012, compte plusieurs appellations dont 3 hectares à Pécharmant et se divise en trois gammes : Jour de fruit, L'Extase et L'Abbaye, plus un vin sans soufre : Ça sulfit ! Si la gamme se modernise avec cette étiquette, l'ensemble des vins campent sur les fondamentaux classique du Bergeracois. Christian Roche nous a quittés à l'automne 2020, mais l'aventure de L'Ancienne Cure continue grâce à son épouse.

Les vins : l'effervescence du Pet Nat ouvre la gamme sur la fraîcheur de la pêche. La cuvée Ça Sulfit ! lui emboîte le pas, avec tension et gourmandise, amplement fruitée. En matière de sucre, on passe vite sur Jour de Fruit, un apéritif sur la douceur, et on débouche L'Extase, liquoreux racé, éminemment fruité sur la mangue et les dattes, tenu par une acidité qui engage l'avenir. Pour l'instant, nous pouvons encaver la cuvée L'Abbaye, pour mieux la découvrir dans un an ou deux. En rouge, pour un plaisir immédiat, c'est Jour de Fruit, pécharmant bien mûr et en parfaite union avec ce qu'on attend du grand rouge de Bergerac, sur une profondeur sanguine et un jus dominé par les fruits noirs, la mûre et la myrtille. Dans le millésime 2019, L'Extase, encore trop jeune, reste sur un tanin serré. À oublier en cave ; L'Abbaye, plus solidement ancré sur son terroir de Pécharmant, s'offre savoureux sur un tanin capiteux. Une carrure d'athlète aux tanins aimables. Pour tous les jours et pour profiter d'un bergerac classique sur le fruit, Ça Sulfit ! s'annonce comme une cuvée de fruit, soignée, aux tanins fondus.

Bergerac Sec Ça Sulfit ! 2021	11,50 €	88
Monbazillac L'Abbaye 2019	25 €	91
VDF Pet Nat 2021	12 €	89
Bergerac L'Abbaye 2019	15,50 €	89
Bergerac Ça Sulfit ! 2021	11,50 €	88
Côtes de Bergerac L'Extase 2019	25 €	89
Pécharmant Jour de Fruit 2020	11,50 €	92
Pécharmant L'Abbaye 2019	19 €	90

Rouge : 17 hectares. Merlot 46 %, Cabernet franc 26 %, Cabernet-Sauvignon 19 %, Malbec (cot) 9 %
Blanc : 33 hectares. Sémillon 58 %, Sauvignon blanc 19 %, Muscadelle 8 %, Chenin 6 %, Sauvignon gris 5 %, Ondenc 4 %
Production moyenne : 180 000 bt/an

DOMAINE L'ANCIENNE CURE ♣

L'ancienne cure, 24560 Colombier
05 53 58 27 90 ●
www.domaine-anciennecure.fr ●
Visites : sans RDV.
Propriétaire : Nathalie Roche
Maître de chai : Clément Torralba
Œnologue : Stéphane Seurin

★ DOMAINE BELMONT

Si le Lot est en passe d'être reconnu pour la grande qualité de ses blancs, ce domaine y est pour beaucoup. Dès 1993, année de la fondation, Christan Belmon a planté du chardonnay. Depuis son décès, c'est à Françoise Belmon, sa veuve, que revient la mission de pérenniser l'excellence de ces terroirs à blancs, épaulée par le couple Lydia et Claude Bourguignon. Pour les rouges, c'est Stéphane Derenoncourt et son équipe qui mettent la main à la pâte. Leur charme et leur précision s'améliorent à chaque millésime.

Les vins : 2020 marque une nouvelle étape dans la progression du domaine. On savait les blancs valeureux, issus de chardonnays plantés depuis plus de 30 ans. Le millésime enjôleur facilite les extractions en douceur et apporte une distinction particulière à la couleur qui, malgré cette année chaude, conserve des degrés au plus bas : 12,5°. Les vins sont mûrs, à la pointe du bois, souriants : les agrumes rappellent le raisin et les calcaires font le style. Chacune des cuvées a trouvé sa voie : Dolmen, au boisé souple et percutant de chardonnay savoureux, et Montaigne, aux agrumes associés au végétal donnant un relief ligérien. En rouge, le 2018, aux proportions parfaites, floral, fruité vigoureux et frais, raconte un malbec épuré aux tanins verticaux.

⊃ IGP Côtes du Lot Dolmen 2020	29 €	90
⊃ IGP Côtes du Lot Montaigne 2020	29 €	91
▬ IGP Côtes du Lot Belmont 2018	24 €	92

Rouge : 4,6 hectares. Syrah 50 %, Cabernet franc 50 %
Blanc : 1,4 hectare. Chardonnay 100 %
Production moyenne : 25 000 bt/an

DOMAINE BELMONT
Le Gagnoulat, 46250 Goujounac
05 65 36 68 51 ●
www.domaine-belmont.com ● Vente et visites : sur RDV.
Propriétaire : Famille Belmon
Maître de chai : Tiphaine Lefort
Œnologue : Simon Blanchard

★ BORDAXURIA

Sortis de la coopérative en 2014, Elorri Reca et Brice Robelet dirigent avec passion ce petit domaine situé dans une ancienne carrière. Le vignoble, certifié bio en 2018, s'étire sur plus de 350 mètres de dénivelé, dont 80 % en terrasses. Ces jeunes vignerons effectuent de nombreux travaux manuels afin de tirer le meilleur de ces terroirs très drainants de grès rouges. Brice s'occupe également d'une parcelle au nord de la vallée du Rhône dont les raisins traversent la France et sont vinifiés à Irouléguy sous la marque L'Affranchi.

Les vins : le blanc 2020 prend du relief, la matière touche de près un fruit radieux sur une pointe fumée, mais c'est sur les amers tendres du palais que se lit la belle exploitation des raisins mûrs, voire très mûrs, de l'année. Errotik est issu d'une parcelle complantée sur un sol de grès rouge et jaune offrant finesse de trait, énergie et souffle. Il manque cependant en finale la vivacité que le millésime ne lui procure pas. Le millésime 2019 en rouge apporte son lot de fruits mûrs concentrés et son tanin tout aussi profond et sensuel. Le vin se fait au fil de la dégustation de plus en plus savoureux sur une finale généreuse. Kixka n'est que tannat, boisé. Ce beau millésime expose la puissance d'un tanin concentré. La syrah de L'Affranchi 2019 se pose minérale et tendue sur une chair riche et bien encadrée d'un tanin frais. Quant au viognier 2020, charmeur et sensuel, il possède l'ampleur du millésime et mérite qu'on l'attende.

⊃ Irouléguy 2020	18 €	90
⊃ Irouléguy Errotik 2020	22 €	90
⊃ VDF L'Affranchi Viognier 2020	28 €	90
▬ Irouléguy 2019	15 €	91
▬ Irouléguy Kixka 2017	19 €	89
▬ VDF L'Affranchi Syrah 2019	25 €	91

Rouge : 5,5 hectares.
Blanc : 4,5 hectares.
Production moyenne : 30 000 bt/an

BORDAXURIA ♣
Bordaxuria, 64220 Ispoure
06 86 56 66 94 ● www.ferme-larraldea.com
● Vente et visites : sur RDV.
Propriétaire : Elorri Reca et Brice Robelet

★ DOMAINE DE BRIN

Damien Bonnet intervient le moins possible en cave pour laisser les jus s'exprimer pleinement. Mais pour cela, encore faut-il rentrer les meilleurs raisins possible. À ce niveau, on peut faire confiance au vigneron, qui confirme son appartenance à la nouvelle génération qui fait du bien à l'appellation Gaillac. En douze ans de reprise de travail des sols, de culture bio et de vendanges manuelles, ce moteur de ladite appellation a réussi à conjuguer plaisir de dégustation et caractère du terroir. Les rouges apportent la preuve que Gaillac possède un terroir et de grands vignerons. Les blancs s'imposent sous une signature tonique et salivante.

Les vins : débutons par le mauzac vinifié en méthode ancestrale qui propose une bulle fine et joueuse sur une texture délicate. Le rosé sucré Brin de Folie est un cabernet-sauvignon auquel Damien Bonnet laisse du sucre, gourmandise frivole. Parmi les deux blancs, le mauzac et Pierres Blanches ont le dynamisme de l'année, sans grand fond, mais affûtés ; quant au mauzac de macération, son oxydatif léger sur le zeste d'agrumes annonce l'éclat flatteur du vin. Le velouté des textures de l'ensemble de la gamme rouge témoigne des extractions de Damien Bonnet, qui réussit à mettre de l'aristocratie dans les raisins rustiques de Gaillac. Les tanins sont maîtrisés, les vins restent juteux et les longueurs parfaites. L'élevage à bon escient parvient ainsi à ce résultat dans la cuvée Braucol. La douceur de l'attaque expose un tanin raffiné tout au long de la dégustation jusque dans la finale où l'on goûte la peau du raisin rouge. Belle construction et délicatesse pour la cuvée Brin de Temps aux tanins séveux, quand la cuvée Amphore, issue de raisins élevés en terre cuite, se pose sur une épure salivante, sapide, et propose une belle intensité aromatique sur les fruits rouges. Le vin est gorgé d'un fruit radieux. La belle composition d'Anthocyanes, syrah et braucol assemblés, élevés pour moitié en bois et l'autre en béton, délivre des notes de prune, de figue et de violette. Sa structure en réfère aux plus grandes cuvées.

▭ Gaillac Sec Pierres Blanches 2021	12 €	91
▭ VDF Mauzac Macération 2020	15 €	90
▭ VDF Méthode Ancestrale DBulles 2021	14 €	88
▬ VDF Brin de Folie 2021	15 €	89
▬ Gaillac Amphore 2020	16 €	92
▬ Gaillac Anthocyanes 2020	12 €	93
▬ Gaillac Braucol 2020	18 €	92
▬ Gaillac Brin de Temps 2020	15 €	92
▬ Gaillac Vendemia 2020	8,50 €	89

Rouge : 8 hectares. Braucol (fer servadou) 32 %, Duras 29 %, Merlot 12 %, Cabernet-Sauvignon 10 %, Prunelart 9 %, Syrah 8 %
Blanc : 4 hectares. Mauzac Blanc 47 %, Mauzac Rose 19 %, Ondenc 11 %
Production moyenne : 60 000 bt/an

DOMAINE DE BRIN ♣
Lieu-dit Brin, 81150 Castanet
05 63 56 90 60 ● www.domainedebrin.com
● Visites : sans RDV.
Propriétaire : Damien Bonnet

★ DOMAINE LA CALMETTE

Très respectueux du malbec, le couple formé par Maya Sallée et Nicolas Fernandez, tous deux ingénieurs agro, parvient à lui donner des tonalités variant au gré des bouts de terroir qui composent leur domaine au nord de Trespoux (Trespotz, d'où est tiré le nom de la cuvée). Le domaine s'est agrandi de parcelles voisines, et notamment une complantation de blancs. Les jus restent pénétrants et conservent le caractère pulpeux des malbecs modernes. On voyage à travers les différents sols de Cahors tout en conservant la fraîcheur, l'équilibre et le fruit. Le domaine, passé en biodynamie en 2020, offre une belle image de l'appellation, bien qu'une partie des cuvées soit en Vin de France.

Les vins : le couple a trouvé sa vitesse de croisière, et les vins ont désormais une signature bien définie : ils sont énergiques, s'autorisant même des associations de millésimes (pour Serpent à Plumes et Trespotz, un léger pourcentage de 2019 entre dans le 2020 ; Vignes Noires et Espace Bleu entre les Nuages marient le 2017 au 2018). Ces alliances permettent de pallier des déficiences du climat et lutter contre le réchauffement. Qu'importe l'année, sous chaque étiquette, le malbec se révèle d'une personnalité enjouée, ardemment fruité et musclé, comme il se doit : composant un modèle de cahors moderne ou en Vin de France (à cause de l'assemblage de millésimes). Argiles rouges sidérolithiques, calcaires du kimmeridgien et marnes : la trilogie de sol qui dirige la cuvée Trespotz dresse le malbec sur un bouquet de thé noir, feuille de vigne, épices. Serpent à Plumes, piqué d'un petit 20 % de merlot, se gorge de griottes, une friandise. Vignes Noires donne tout de son malbec ultra rafraîchi, pur et précis. Espace Bleu entre les Nuages présente le luxe d'un nez de résineux sur un fruit noir équilibré d'un tanin frais. Le petit nouveau est Résurgences, un blanc issu d'une complantation et élevé en foudre sous un voile léger. Sous la très légère note oxydative du voile, la salinité, les fleurs odorantes, l'acacia, le miel et l'amande se posent sur un relief presque tannique.

▭ VDF Résurgences 2019	27 €	91
▬ VDF L'Espace Bleu entre les Nuages	24 €	92
▬ Cahors Butte Rouge	40 €	94
▬ Cahors Vignes Noires	24 €	92
▬ VDF Serpent à Plumes	14 €	91

Le coup de ♥
▬ Cahors Trespotz	15 €	92

Rouge : 8,2 hectares. Malbec (cot) 85 %, Merlot 15 %
Blanc : 0,8 hectare. Divers blanc 100 %
Production moyenne : 28 000 bt/an

DOMAINE LA CALMETTE ♣
390, chemin du Colombier,
46090 Trespoux-Rassiels
06 02 09 00 17 ● www.domainelacalmette.fr
● Vente et visites : sur RDV.
Propriétaire : Maya Sallée et Nicolas Fernandez

★ DOMAINE CASTÉRA

La ferme familiale de Franck Lihour a le profil classique de Jurançon : 55 hectares de prairies, bois et céréales. À l'exception du cheptel d'ânesses produisant du lait pour la cosmétique, la polyculture a cédé le pas au vignoble de 12 hectares. Dans l'intervalle entre un BTS viti-œno et sa reprise du domaine, Franck Lihour a vinifié en Corse, en Bourgogne, en Champagne, dans la Napa Valley et en Afrique du Sud. La qualité de ses pressurages à la champenoise apprise chez Sélèque ou Larmandier donne un début d'explication à la lumineuse tension de ses jurançons. Levure indigène, peu de soufre, arrivée des petit courbu et camaralet, labellisation bio en 2020 ; des cigares de bois pour l'allonge, des demi-muids plus réducteurs et bientôt des œufs en grès…

Les vins : la qualité du raisin est une évidence pour Franck Lihour, mais c'est en soignant l'affinage en fûts que la personnalité de ses raisins fonde des jus, secs ou moelleux, qui vibrent toujours d'une tendre énergie. En 2020, le jurançon sec, assemblage de petit et gros manseng, camaralet et petit courbu possède le gras du millésime, posé sur la tension du sol. L'élevage se diversifie dans Tauzy, la parcelle la plus fraîche, vinifiée pour une partie en grès, très exotique au nez sur une texture de velours cousue d'une salinité vivace. Le moelleux bascule en bonne logique du côté du petit manseng, avec un jurançon assemblage de deux terroirs chauds… Viennent ensuite les grands terroirs : Caubeigt, une parcelle posée au sommet d'un coteau orienté sud-sud-ouest, à l'énergie fascinante de Jurançon pointée d'une touche de menthe et d'une effusion d'agrumes en bouche ; et Memòria, l'autre micro-parcelle, pour laquelle petit et gros manseng jouent au coude à coude pour révéler une délicatesse pure et sensible sur une finale zestée.

▭ Jurançon 2018	12,50 €	**91**
▭ Jurançon Caubeigt 2020	Épuisé - 20,50 €	**93**
▭ Jurançon Sec 2020	11 €	**89**
▭ Jurançon Sec Tauzy 2020	Épuisé - 17,60 €	**92**
▭ VDF Memòria 2020	Épuisé - 16,50 €	**93**

Blanc : 12 hectares. Petit Manseng 50 %, Gros Manseng 40 %, Petit Courbu 7 %, Camaralet 3 %
Production moyenne : 40 000 bt/an

DOMAINE CASTÉRA ♣
15, chemin de Castéra, Quartier Ucha
64360 Monein
05 59 21 34 98 ● www.domainecastera.fr ●
Vente et visites : sur RDV.
Propriétaire : Franck Lihour

★ CHÂTEAU DE CHAMBERT

Après un passé dans la nouvelle économie et l'électronique, Philippe Lejeune a repris il y a douze ans ce domaine historique de Cahors et l'a converti en biodynamie. Aujourd'hui, c'est le plus grand domaine de l'appellation certifié Biodyvin et Demeter, pour la totalité de ses 65 hectares répartis sur les trois terroirs du plateau : les calcaires sidérolithiques, les argiles brunes et les calcaires blancs du kimméridgien. Le banc, issu d'une parcelle de chardonnay en massales plantée de fraîche date, possède des faux airs bourguignons. En attendant, les amoureux de la région pourront découvrir un vaisseau de verre, à main droite du classique château et en surplomb des vignes : une construction récente, dédiée à l'œnotourisme et à la recherche.

Les vins : l'association des terroirs, épaulée par un élevage de quinze mois en foudres, patine les vins et donne son cachet aux cuvées, comme on le voit avec le 2017. Sur ce millésime, le cahors a su prendre son temps, et commence enfin à exprimer son fruit élégant et racé. Son bouquet fleuri appuie le relief autoritaire des tanins. Le blanc, chardonnay en massales sur kimméridgien du jurassique, élevé 12 mois en foudres ovoïdes, possède une sapidité qui lui donne un côté bourguignon. On perçoit le bel éclat coloré et franc des blancs issus d'une macération. Le Causse passe sa vie en béton : il y est né, il y a vieilli, pour le plus grand plaisir du dégustateur, qui trouve là une cuvée de malbec dynamique et pointue. La belle floralité du raisin trouve son rebond dans un tanin délicat.

▭ IGP Côtes du Lot Blanc 2021	15 €	**89**
▬ Cahors Grand Vin 2017	34 €	**93**
▬ Cahors Le Causse 2019	13 €	**90**

Rouge : 60 hectares.
Blanc : 2 hectares.
Production moyenne : 180 000 bt/an

CHÂTEAU DE CHAMBERT ♣
Les Hauts-Coteaux, 46700 Floressas
05 65 31 95 75 ● www.chambert.com ●
Vente et visites : sur RDV.
Propriétaire : Philippe Lejeune

★ CLOS JOLIETTE

Joliette, plus vieux vignoble de Jurançon, ne couvre qu'un hectare et demi, planté de sélections massales de petits mansengs, dans la pente, en haut, et en terrasses, sur le bas. Une personnalité extrême, un vin flamboyant, émouvant, qui s'explique par la nature du sol : argile sur le dessus, galets par dessous, sur une veine ferrugineuse. Les vieux millésimes ont vieilli en tonneaux dans les caves du domaine et proposent des vins aux évolutions diverses, aux équilibres hors-normes, marqués par des acidités fortes. Les mises en bouteilles se font individuellement et portent le numéro du tonneau ou du casier. Après la famille Migné, puis Michel Renaud, Joliette a été vinifié en 2016 et 2017 dans la cave de Jean-Marc Grussaute par l'équipe de A Bisto de Nas. Puis, Lionel Osmin a repris la parcelle, épaulé par Franck Lihour, du domaine Castéra. Chaque année, les millésimes sortent au compte-gouttes.

Les vins : le 2017, vinifié et élevé dans la cave de Jean-Marc Grussaute, est le seul millésime disponible à la dégustation. Lionel Osmin et Franck Lihour ne souhaitant pas faire goûter les millésimes qu'ils ont produits. On se demande encore pourquoi. Le bouquet du 2017 frise l'extravagance. L'union de parfums totalement inédits touche au miracle : l'orange, l'abricot, le melon, la cannelle, la mangue, le nougat, la noisette, le thé... L'énergie et l'acidité terriennes sont encore en pleine expressivité. La puissance irradiante de la bouche conjugue tous les possibles. Le sucre et l'acidité, issus du petit manseng des vignes en massales de cette pente incroyable, forment un couple irrésistible, particulièrement dans ce millésime.

⊏ VDF 2017	N.C.	98

Blanc : 1,5 hectare. Petit Manseng 100 %
Production moyenne : 2 000 bt/an

CLOS JOLIETTE
Chemin Joliette, 64110 Jurançon
05 59 05 14 66 ● www.osmin.fr ● Pas de visites.
Propriétaire : Famille Renaud
Directeur : Lionel Osmin
Maître de chai : Franck Lihour
Œnologue : Damiens Sartori

★ CLOS LAPEYRE

Jean-Bernard Larrieu produit avec une régularité exemplaire des jurançons, secs et moelleux, de grande tenue. Les secs sont proposés avec une touche d'évolution louable et constituent une expression fidèle des terroirs de cette région. Les moelleux, toujours d'une belle stature, témoignent d'une réelle maîtrise des équilibres. Un domaine de référence qui propose des vins classiques, profonds et puissants qui méritent d'être aérés pour profiter de leur belle envergure.

Les vins : la pureté cristalline du jurançon sec expose une salinité stylée sur une bouche citronnée, rehaussée d'une pointe de menthe. On aurait souhaité un peu plus de liberté dans cette cuvée. Une parcelle en massale inscrit la personnalité de Mantoulan dans un registre à part : jurançon sec vibrant d'une énergie revigorante, le vin est capable de tout faire, sa sapidité est d'une ampleur parfaite et sa tenue au temps exceptionnelle. Ce 2016 encore jeune et fougueux exprime une tension parfaite sous un fruit salin et des notes de poudre à canon. Vitatge Vielh 2018 expose la salinité marquée de son terroir sur des parfums floraux d'une énergie formidable ; on atteint une sorte de perfection dans cette cuvée. La Magendia 2018, tout aussi pure, s'installe sur une salinité et un fruit radieux, élancé et raffiné.

⊏ Jurançon 2020	11 €	91
⊏ Jurançon Moelleux La Magendia de Lapeyre 2018	20,70 €	92
⊏ Jurançon Sec Mantoulan 2016	21,20 €	93
⊏ Jurançon Sec Vitatge Vielh de Lapeyre 2018	16 €	93

Blanc : 18 hectares. Petit Manseng 60 %, Gros Manseng 40 %
Production moyenne : 80 000 bt/an

CLOS LAPEYRE ♣
257, chemin du Couday, La Chapelle-de-Rousse 64110 Jurançon
05 59 21 50 80 ● www.jurancon-lapeyre.fr ●
Vente et visites : sur RDV.
Propriétaire : Jean-Bernard Larrieu

★ 🗡 CLOS LARROUYAT

Qui aime l'acidité et la tension en trouvera dans les vins de Maxime (œnologue diplômé de Bordeaux) et Lucie Salharang (ingénieure en conception mécanique), mais aussi de quoi discourir sur les précisions affûtées des petits et gros mansengs du Béarn en altitude. Au-delà la consistance première, il faut aller chercher loin la profondeur, sans oublier qu'au-delà de la chair, il y a d'abord l'esprit. L'esprit Larrouyat, c'est celui d'un lieu, un vignoble d'à peine 3 hectares, ceux du grand-père, plantés à partir de 2011 de petit manseng, à Gan, sur un sol de marnes sur trias, exposé au levant, privé du soleil couchant qui fait le degré. Le Clos Larrouyat a ainsi le privilège unique d'être seul maître d'un terroir où le raisin peine à frôler les 13º, et de produire les vins les plus digestes de l'appellation. La fulgurance des vins – ceux de 2020, millésime chaud avec lequel Lucie et Maxime Salharang ont su composer avec brio ; et surtout le 2021, totalement libéré – associent le domaine à une première étoile.

Les vins : le vignoble froid compose des jurançons d'une résonance particulière, au souffle pur qui autorise des vinifications sans levure et des élevages pointus en barriques pour étoffer les milieux de bouche. Trois cuvées sont proposées par le domaine : Comète et Météore, les deux secs, et Phœnix le moelleux. En 2020, Comète avance sur la pointe des pieds dans son costume de millésime chaud qui change la donne ; le vin prend du gras en milieu de bouche sur des parfums plus exotiques, avec toujours cette finale sapide et régulière. La tension du petit manseng, complété de camaralet, est parfaite. En 2021, retour à l'identité du domaine : avec ce millésime droit, le vin a du poids et une intensité salivante exceptionnelle. Météore est un assemblage de gros manseng et petit manseng d'une distinction pointue sur des amers zestés, d'une dimension sapide et savoureuse incroyable. L'empreinte terroir vibre encore plus dans ce 2021 : ananas victoria et safran dans une bouche élancée. Enfin, Phœnix s'envole sur un sucre maîtrisé et une tension salivante.

⊏ Jurançon Phœnix 2021		18 €	93
⊏ Jurançon Sec Comète 2021		27 €	92
⊏ Jurançon Sec Météore 2020		18 €	92
⊏ Jurançon Sec Météore 2021		18 €	93

Blanc : 3 hectares. Petit Manseng 70 %, Gros Manseng 20 %, Camaralet 10 %
Production moyenne : 20 000 bt/an

CLOS LARROUYAT ♣

129, chemin de Lannegrand, 64290 Gan
06 89 27 26 51 ●
maxime.salharang@hotmail.fr ● Vente et visites : sur RDV.
Propriétaire : Maxime et Lucie Salharang

★ CLOS DE GAMOT

Situé à Preyssac, le Clos de Gamot, mené depuis des siècles par la famille Jouffreau, cultive les deuxième et troisième terrasses de Cahors avec une grande singularité. Ce sont aujourd'hui les époux Hermann-Jouffreau, Martine et Yves, qui définissent la philosophie du domaine, une valeur sûre de la région. Les élevages se font en cuve béton, voire en foudre, avec une réelle quête de profondeur et, surtout, le respect d'une intense expression fruitée. D'une régularité sans faille, leurs vins se dégustent avec plaisir, sans boisé extravagant. Il faut juste avoir de la patience.

Les vins : des vignes de plus de 120 ans s'associent à d'autres plus jeunes pour composer le grand vin. Les rendements sont faibles sur les sols argilo-siliceux-calcaires où les malbecs puisent une élégance dont la famille Jouffreau a toujours su révéler le potentiel. Quelle que soit l'année, les vins extraits en douceur sont d'une distinction classique, parfaitement équilibrés et pointés d'une fraîcheur sous l'austérité qui les fait grands vins de l'attente. Une récente et éblouissante dégustation de millésimes de la fin du XIXe siècle et du début du XXe, notamment 1893, 1918, 1929, 1937 et 1945, toujours vaillants, rend compte de la capacité du domaine à traverser les siècles. Pour nous faire patienter, Le Gamotin, extrait avec la même douceur et élevé en cuves inox, pose un malbec aérien, aimable et savoureux et, bien que second, tout aussi distingué que son aîné.

▬ Cahors 2019		14 €	91
▬ Cahors Le Gamotin 2020		8 €	89

Rouge : 25 hectares. Malbec (cot) 95 %, Merlot 5 %
Blanc : 0,2 hectare. Sauvignon blanc 50 %, Chardonnay 40 %, Sauvignon gris 10 %
Production moyenne : 80 000 bt/an

CLOS DE GAMOT

Clos de Gamot 46220 Prayssac
05 65 22 40 26 ● www.famille-jouffreau.com
● Vente et visites : sur RDV.
Propriétaire : Martine et Yves Hermann-Jouffreau

★ LA COLOMBIÈRE

Formant un couple de jeunes vignerons déterminés et enthousiastes, Diane et Philippe Cauvin ont fait le choix de conduire leur vignoble en biodynamie (certification en 2012). Toujours en ébullition, ils se sont affirmés avec une offre œnotouristique de premier plan. Décliné en plusieurs cuvées, le style des vins est équilibré, sincère, fin et subtil, sans artifice ni maquillage. Exemplaire, cette vision personnelle constitue un repère précieux dans la progression actuelle de l'appellation Fronton.

Les vins : Le Grand B est un pur bouysselet, raisin blanc découvert et remis sur le devant de la scène par le couple, qui vient d'entrer dans le décret de l'appellation Fronton. À La Colombière, il est issu de vignes pré-phylloxériques surgreffées. Les épices douces et la carrure de ce blanc macéré et savoureux nous convainquent que le raisin a de l'avenir sur les calcaires du Fronton, laissant les sols plus acides à la négrette pour les rouges. Elle est chaleureuse dans le 2020 de Coste Rouge, au jus de cerise très mûre et note de thé noir, velours suave et tanins carrés typiques du millésime 2020. A Fleur de Peau, blanc macéré, est une curiosité à goûter.

▭ VDF A Fleur de Peau 2020	18 €	**89**
▭ VDF Le Grand B 2019	22 €	**94**
▬ Fronton Coste Rouge 2020	15 €	**92**

Rouge : 11 hectares. Négrette 57 %, Syrah 13 %, Malbec (cot) 10 %, Negret Pounjut 10 %, Cabernet franc 4 %, Gamay noir à jus blanc 4 %, Cabernet-Sauvignon 2 %
Blanc : 4 hectares. Bouysselet 75 %, Sauvignon blanc 12 %, Chenin 12 %
Production moyenne : 60 000 bt/an

LA COLOMBIÈRE ♣

190, route de Vacquiers, 31620 Villaudric
05 61 82 44 05 ●
www.chateaulacolombiere.com ● Vente et visites : sur RDV.
Propriétaire : Philippe et Diane Cauvin

★ COMBEL-LA-SERRE

Julien Ilbert et son épouse Sophie portent la nouvelle destinée de ce vignoble dont l'existence est attestée depuis 1900. Rompant avec le modèle de son père, Julien a pris le virage de la mise en bouteille ; il est parti à la recherche d'une nouvelle identité pour ce domaine, posant sur ses différentes cuvées des étiquettes éloquentes et modernes. Ses cuvées, un temps immédiates et fruitées, prennent de plus en plus d'envergure. Il tire le meilleur des 23 hectares plantés en auxerrois, nom local du malbec, et de l'unique hectare de vermentino, raisin méridional qui trouve ici un socle à sa mesure. Il a isolé trois terroirs : le Lac aux Cochons, au sol calcaire riche en fer ; Au Cerisier, sur des argiles rouges ; et, surtout, Les Peyres Levades, terroir calcaire qui se démarque année après année.

Les vins : tout simplement parce qu'ils adorent le vermentino, Sophie et Julien Ilbert ont décidé d'en planter sur les calcaires du Causse, où il offre Dios y Diablo, blanc séduisant qui a du coffre, sur l'orange et la menthe. Le malbec, dans la pureté de son jus franc et délié, sans extraction, s'exprime dans Le Pur Fuit du Causse. Encore plus enjôleux, La Vigne juste derrière chez Carbo affiche un fruit rouge conquérant et un tanin épicé, que l'on goûte à grandes lampées. La cuvée château marque le commencement des malbecs de fond : tout en restant juteuse, elle commence à poser des notes florales et d'épices douces, sous un boisé régulier et sans aspérités. On commence les parcellaires avec Au Cerisier, pur jus de malbec au fruit ravageur, intensité profonde, densité de tanin suave et fraîcheur savoureuse. Voici le malbec pulpeux tel qu'on l'imagine. Le Lac aux Cochons provient d'une macération et élevage en cuves tronconiques d'une parcelle entourant une mare où les cochons viennent boire. Elle expose un jus prometteur : aux épices d'un nez encore fermé répond un palais généreux, riche de fruits, paré d'un tanin profond touché, de minéralité, marqué par la spontanéité des vinifications et la maturité parfaite du fruit. L'austérité des calcaires du Causse marque la parcelle Les Peyres Levades. Elle est la plus paresseuse à s'ouvrir et ne livre au nez qu'une infime part de son pouvoir séducteur, même si l'on sent poindre les fleurs et le cassis. On jugera donc pour l'instant la qualité du vin à l'extrême sensualité de sa matière tannique soulignée de minéralité.

▭ VDF Dios y Diablo 2021	26 €	**90**
▬ Cahors Au Cerisier 2020	18,30 €	**91**
▬ Cahors Cuvée Château 2020	14 €	**90**
▬ Cahors Le Lac aux Cochons 2019	32 €	**94**
▬ Cahors Le Pur Fruit du Causse 2021	9,60 €	**89**
▬ Cahors Les Peyres Levades 2019	32 €	**94**
▬ IGP Côtes du Lot La Vigne juste derrière chez Carbo 2021	11 €	**89**

Rouge : 22 hectares. Malbec (cot) 100 %
Achat de raisins.
Blanc : 1 hectare. Vermentino 100 %
Achat de raisins.
Production moyenne : 110 000 bt/an

COMBEL-LA-SERRE ♣

Lieu-dit Cournou, La Serre,
46140 Saint-Vincent-Rive-d'Olt
05 65 21 04 09 ● www.combel-la-serre.com ●
Vente et visites : sur RDV.
Propriétaire : Julien et Sophie Ilbert

★ DOMAINE ELIAN DA ROS

Adepte de la biodynamie, Elian Da Ros, qui a fait ses classes au domaine Zind-Humbrecht en Alsace, s'est installé dans les Côtes du Marmandais en 1998. La qualité des vins et la forte personnalité de son géniteur ont permis au domaine de se hisser rapidement au plus haut niveau de l'appellation et de manifester une identité moderne loin des standards. Blancs, rouges ou même rosés, du vin de soif gourmand aux bouteilles ambitieuses travaillées et élevées sous bois, chacune des cuvées expose un fruit radieux et raconte un terroir clairement défini.

Les vins : Coucou Blanc est plutôt un Coucou ambré : la couleur de la robe tire vers le doré, une couleur qui pourrait évoquer une oxydation prématurée, et pourtant le vin présente une pureté parfaite. Élevé en bois et en œufs, il vibre d'une pointe tannique, celle du bois, sans lourdeur. La bergamote et les agrumes suivent dans une bouche qui se termine sur une pointe de sel qui affole la papille. Le Vin est une Fête, simplement digeste, se suffit en apéritif sur la gourmandise d'un fruit rouge un peu mat. Le Vignoble d'Elian affiche un cabernet franc triomphant appuyé de merlot et de syrah qui approfondissent le fruit. Le plus structuré Chante Coucou présente un squelette dressé à la verticale sur son assemblage typé Sud-Ouest : merlot, cabernet sauvignon et cabernet franc, nez floral et profondeur de tanins fruités, avant une finale qui se cale sur des parfums de réglisse. Clos Baquey 2016 commence à s'ouvrir sur les tonalités graphite, de piquillos et une personnalité aux tanins verticaux. Une élégante cuvée à l'envergure taillée pour la garde.

- Côtes du Marmandais Coucou Blanc 2019   23 € **90**
- Côtes du Marmandais Chante Coucou 2019   21 € **92**
- Côtes du Marmandais Clos Baquey 2016   33 € **91**
- Côtes du Marmandais Le Vignoble d'Elian 2019   14,50 € **91**
- Côtes du Marmandais Le Vin est une Fête 2020   11 € **88**

Rouge : 17 hectares.
Blanc : 2 hectares.
Production moyenne : 100 000 bt/an

DOMAINE ELIAN DA ROS ♣

La Clotte, 47250 Cocumont
05 53 20 75 22 ● www.eliandaros.fr ● Vente et visites : sur RDV.
Propriétaire : Elian Da Ros

★ CHÂTEAU HAUT-MONPLAISIR

Le château est conduit par Cathy et Daniel Fournié depuis 1998, et les vignes sont cultivées en bio depuis 2009. Les rouges ont le panache des troisièmes terrasses du Lot. Le respect des sols et surtout celui de la maturité des fruits, pointe sous chacune des étiquettes. La gamme gagne en précision et même les cuvées classiques offrent à goûter un malbec délié et plein de panache.

Les vins : la gamme s'ouvre sur Les Cadettes, une syrah juteuse, avec cette fraîcheur océanique que seules les syrahs du Sud-Ouest possèdent. Les autres étiquettes jouent la carte du bon malbec de terrasse, qui s'expose avec un certain panache dans L'Envie, un vin sans soufre, de belle précision, sur une palette de fruits frais cadencée de minéralité. Minéralité d'ailleurs présente dans l'ensemble de la gamme, dont les textures évoquent un raisin saisi au

punctum de sa maturité, égrappé, foulé puis élevé en barriques. Tradition 2020, à la faveur du millésime, offre un degré d'alcool parfait (13,5º), saisit le fruit (coulis de fruits rouges) et les fleurs de la vigne, souligné d'une tanin légèrement sablé. Pur Plaisir est une vendange intégrale en foudre de 500 l : 2018 est plus aimable que 2019, qui possède encore la rudesse d'une naissance sous le soleil d'une année bénie.

- Cahors L'Envie (Sans soufre ajouté) 2020   de 14 à 15 € (c) **90**
- Cahors Prestige 2018   de 13 à 14 € (c) **92**
- Cahors Pur Plaisir 2018   de 29 à 30 € (c) **91**
- Cahors Pur Plaisir 2019   29 € **91**
- Cahors Tradition 2020   9 € **91**
- IGP Côtes du Lot Les Cadettes 2020   8 € **89**

Rouge : 27 hectares. Malbec (cot) 100 %
Blanc : 3 hectares. Chardonnay 60 %, Viognier 40 %
Production moyenne : 150 000 bt/an

CHÂTEAU HAUT-MONPLAISIR ♣

Lieu-dit Monplaisir,
46700 Lacapelle-Cabanac
05 65 24 64 78 ●
chateauhautmonplaisir.com ● Vente et visites : sur RDV.
Propriétaire : Cathy et Daniel Fournié

★ DOMAINE ILARRIA

Situé au cœur du village d'Irouléguy, ce domaine appartient à la famille de Peio Espil depuis plusieurs siècles. Singularité et identité ne sont pas de vains mots au Pays basque. La conduite en agriculture biologique des vignes renforce l'expression des terroirs et des cépages locaux. Cet enracinement se révèle pourtant, tout sauf statique, pour Peio Espil, ce pèlerin de l'idéal vineux, véritable tête chercheuse de l'appellation. Charnus, profonds, libres dans leur expression, les vins ont désormais atteint un niveau de qualité qui en font des modèles propres à interroger les vignerons bien au-delà d'Irouléguy.

Les vins : le millésime 2020 a livré des vins pleins, ronds et charmeurs, mais échauffés par l'année, présentant des profils différents de l'ordinaire des vins de montagne. Le blanc offre un bouquet de fleurs séchées et citronnelle et s'expose sur un palais sapide, digeste, volubile, à la tension presque électrique. Sous sa robe fluo, avec son air de ne pas y toucher, le rosé, assemblage de tannat et cabernet franc, sent bon le fruit rouge sur une bouche carrée rafraîchie d'orange sanguine. Il se pourrait même qu'une garde de cinq ans lui fasse le plus grand bien. Le blanc et le rosé sont d'agréables cuvées mais c'est bien le rouge qui assoit le talent de vigneron de Peio Espil. Juteux, sous un tanin spontané et rafraîchi des argiles profondes et de la fraîcheur pyrénéenne, c'est un parangon de l'appellation.

🍶	Irouléguy 2020	17 €	91
🍷	Irouléguy 2021	13 €	89
🍷	Irouléguy 2020	17 €	93

Rouge : 7 hectares. Cabernet franc 48 %, Tannat 34 %, Cabernet-Sauvignon 18 %
Blanc : 3 hectares. Petit Manseng 68 %, Petit Courbu 32 %
Production moyenne : 30 000 bt/an

DOMAINE ILARRIA ♣
Bourg, 64220 Irouléguy
05 59 37 23 38 ● www.domaine-ilarria.fr ●
Vente et visites : sur RDV.
Propriétaire : Peio Espil

★ LE JONC-BLANC
Situé sur un terroir argilo-calcaire dominant la rive droite de la Dordogne, ce domaine s'impose comme l'une des locomotives du renouveau de Bergerac. Isabelle Carles et Franck Pascal vinifient des vins vivants et purs, aux expressions intenses et d'une grande fraîcheur. Les rouges sont sans soufre et sans intrant, même à la mise en bouteille. En raison des gels successifs, certains vins sont issus d'achat de raisins ; les vinifications restent justes, mais assez libres, au risque parfois d'une petite déviance.

Les vins : même si tous les raisins ne proviennent pas de la propriété, le sémillon influe toujours sur l'assemblage final, avec cette délicatesse florale qui donne à la cuvée Fleur toute sa finesse. Sémillon toujours pour la cuvée Pure S, issue d'une macération élevée en foudre Stockinger à la pointe plus oxydative et aux formes plus arrondies. Le négatif rouge de la cuvée Fleur est la cuvée Fruit, un assemblage de merlot et cabernet-sauvignon, au fruit resserré sur un tanin un peu sec mais possédant un souffle énergique en finale. Un merlot sur marnes à huîtres, c'est l'identité de Pure M : concentration juteuse et épicée sur un fruit confituré et des épices camphrées. Enfin, Racine est élevé en barriques et pose un jus gourmand et savoureux sur des fruits mûrs, cuits et des épices douces ajustées à un tanin croquant et élégant.

🍶	VDF Fleur 2021	12,50 €	89

🍶	VDF Pure S 2020	25 €	90
🍷	VDF Fruit 2020	de 12,50 à 13 € (c)	90
🍷	VDF Pure M 2019	25 €	89
🍷	VDF Racine 2019	17 €	93

Rouge : 12 hectares. Cabernet-Sauvignon 44 %, Merlot 44 %, Malbec (cot) 12 %
Achat de raisins.
Blanc : 5 hectares. Sémillon 43 %, Sauvignon blanc 25 %, Sauvignon gris 19 %, Gros Manseng 13 %
Achat de raisins.
Production moyenne : 80 000 bt/an

LE JONC-BLANC 🌙
Le jonc blanc, 24230 Vélines
05 53 74 18 97 ● www.joncblanc.fr ● Vente et visites : sur RDV.
Propriétaire : Isabelle Carles et Franck Pascal

★ CHÂTEAU LAMARTINE
La destinée de la propriété de la famille Gayraud est désormais entre les mains de Benjamin et Lise, les enfants d'Alain. Ce domaine classique livre des vins justes, équilibrés et fidèles à l'image de Cahors. La nouvelle génération apporte davantage de tonus et de modernité aux cuvées qui prennent le fruit pour ligne de mire.

Les vins : il semble que ce terroir de Lamartine sache tout faire : du cahors moderne et salivant comme présenté dans la cuvée Tandem, au cahors classique floral et fruité, nerveux et tannique. Chacune des cuvées du domaine offre ce caractère, avec des nuances. Le cahors classique présente avec un côté plus traditionnel, Particulière 2019 possède une mâche tonique et salivante sur la mûre dominante et des tanins civilisés. Quant à Expression, on aime imaginer l'attendre longtemps : en 2018, la tension du millésime s'expose plus ramassée mais aussi ciselée, un rien autoritaire. On aime ce malbec qui laisse le palais plus frais à la fin qu'au début de sa dégustation.

🍷	Cahors 2019	12 €	91
🍷	Cahors Expression 2018	26,50 €	90
🍷	Cahors Particulière 2019	15 €	93
🍷	Cahors Tandem 2021	12 €	89

Rouge : 35 hectares. Malbec (cot) 93 %, Tannat 4 %, Merlot 3 %
Blanc : 2,5 hectares. Chardonnay 55 %, Chenin 30 %, Viognier 15 %
Production moyenne : 220 000 bt/an

CHÂTEAU LAMARTINE

Lamartine, 46700 Soturac
05 65 36 54 14 ● www.cahorslamartine.com
● Vente et visites : sur RDV.
Propriétaire : Famille Gayraud
Directeur : Benjamin Gayraud

★ DOMAINE MATHA

Les méthodes de Jean-Luc Matha sont bio car la vigneron aime les vins qui roulent les "r". Proches du fruit et de leur terroir particulier quasi montagnard de Marcillac, les vignes offrent des maturités de fruits idéales. Toutes les cuvées sont éraflées car Matha n'aime pas le goût de "poivron". Avec du recul, force est de constater que le fer servadou dans les mains de Matha a besoin de temps et qu'il faut savoir apprivoiser les différentes cuvées.

Les vins : les vins sont toujours autant typés par le fer servadou. Même si le cépage produit ailleurs des rouges sous le nom de braucol, il présente, accroché aux pentes du vignoble de Marcillac, en Aveyron, un style authentique. À ceci, il faut ajouter la sincérité des vinifications Matha qui ne lâchent rien, au plus près de leur terroir, quitte à donner des vins qui tournent le dos à la facilité dans leur jeunesse, comme la cuvée Laïris Tu Rougis, Moi Aussi 2019, mais quel potentiel... Peïrafi 2015 se purifie à l'air pour prendre le chemin d'un fruit radieux et d'un tanin vigoureux qui réveille et assoit la cuvée sur une base rustique, paysanne et solide. Père à Fils 2009, dégusté en magnum, livre, derrière l'austérité du fer servadou, un vin mûr, aux fleurs séchées, sur les épices. Son tanin aussi sincère que profond s'est assoupli avec l'âge. Les vins du domaine Matha s'apprivoisent avant de se boire.

▬ Marcillac Laïris Parole Libérée 2018	9 €	89
▬ Marcillac Laïris Tu Rougis, Moi Aussi 2019	11 €	90
▬ Marcillac Peïrafi 2015	16 €	93
▬ Marcillac Père à Fils 2009	39 €	95

Rouge : 12,17 hectares. Braucol (fer servadou) 100 %.
Blanc : 0,65 hectare.
Production moyenne : 70 000 bt/an

DOMAINE MATHA ♣

Rue de la Pantarelle, Bruejouls, 12330 Clairvaux-d'Aveyron
05 65 72 63 29 ● www.matha-vigneron.fr ● Vente et visites : sur RDV.
Propriétaire : Jean-Luc et Françoise Matha
Maître de chai : Jean-Luc Matha

★ DOMAINE MOUTHES LE BIHAN

Jean-Mary et Catherine Le Bihan, en reprenant la ferme familiale, ont misé sur les coteaux de Duras. Bien leur en a pris, car ils ont hissé le domaine parmi les meilleurs du Sud-Ouest. Dans cette appellation qui peine à émerger, ce domaine, à partir d'un encépagement commun, élabore des cuvées originales, agréables à boire jeunes ou taillées pour la garde comme le superbe Pérette et les Noisetiers. Attention, toutefois, aux doses de soufre dans les derniers millésimes.

Les vins : on ne se fie pas à la robe de La Pie Colette, jaune orangé, un assemblage de sauvignon, sémillon et chenin au bouquet fleuri, au gras délicieux. La même cuvée en rouge, merlot et malbec, manque un peu de précision et offre un nez plus terreux, moins glouglou. Terre à Pie, jus fluide sur tanins sages. Des quatre cuvées de soif du domaine, c'est L'Aimé Chai que l'on préfère, sur des parfums floraux et une bouche sèveuse aux tanins frais, légèrement poudrés, qui terminent le vin et lui laissent une belle allonge. Pérette et Les Noisetiers, cuvée blanche de garde, propose un 2015 irisé d'ambre, à la pointe de sucrosité, moins vaillante que le 2014. Il faut l'ouvrir : le vin commence à redescendre, ancré sur un gras voluptueux et dense. Vieillefont 2017, réduit à l'ouverture, continue d'évoluer vers le cuir, mais les tanins s'assèchent. En 2018, les cabernets francs et merlots composent la cuvée Les Apprentis, pur jus de fruit au parfum d'encre, de cassis. Les tanins sont rondement assis sur une bouche généreuse et ponctuée dans la finale de poivre frais et d'orange sanguine.

◻ Côtes de Duras La Pie Colette 2018	9 €	89
◻ Côtes de Duras Sec Pérette et Les Noisetiers 2015	32 €	90
▬ Côtes de Duras L'Aimé Chai 2018	7 €	91
◻ Côtes de Duras La Pie Colette 2020	9 €	88
▬ Côtes de Duras Les Apprentis 2018	21 €	93
▬ Côtes de Duras Terre à Pie 2020	12 €	88
▬ Côtes de Duras Vieillefont 2017	15 €	89

Rouge : 12 hectares. Merlot 50 %, Cabernet-Sauvignon 20 %, Cabernet franc 15 %, Malbec (cot) 15 %

Blanc : 10 hectares. Sémillon 50 %, Sauvignon blanc 34 %, Chenin 8 %, Muscadelle 8 %

Production moyenne : 80 000 bt/an

DOMAINE MOUTHES LE BIHAN ☾

Mouthes, 47120 Saint-Jean-de-Duras
05 53 83 06 98 ●
www.mouthes-le-bihan.com ● Vente et
visites : sur RDV.
Propriétaire : Catherine et Jean-Mary Le
Bihan

★ DOMAINE PLAISANCE PENAVAYRE

Moteur du renouveau du Frontonnais depuis plus de vingt ans, Marc Penavayre donne une lecture et une interprétation identitaire du cépage local, la négrette. Certifié en bio depuis 2011 et rejoint par son fils Thibaut. Le profil des vins reste juteux et avenant, les cuvées aux noms parfois imprononçables sans l'aide d'un dico occitan définissent maintenant l'identité de Fronton. En évolution permanente et travaillée sans intrants, la gamme permettra à chacun de trouver le vin qui correspond à son style de dégustation.

Les vins : une fluidité particulière, de la richesse, une acidité parfaite : voilà Bouysselet 2021 dans sa splendide déclinaison de parfums salins. Deuxième blanc, le chenin Cruchinet séduit par sa légèreté et le soyeux de son toucher de bouche. Le Rouge est un vin de soif. Au-delà des entrées de gamme, les séduisantes cuvées du domaine participent de l'authenticité de Fronton malgré l'étiquetage en vin de France. Negret Pounjut, du nom du cépage, est délicieux, à goûter légèrement frais, du fruit rouge en toute simplicité. Rend Son Jus, c'est le jurançon noir, à la vinification légère et au degré d'alcool minimal, entre vin de soif et jus de fruit. Avec ses frontons, le domaine signe le renouveau de la négrette, marquée par l'accent convivial du Sud-Ouest. À l'image d'Alabets, pure négrette en cuve béton, floral à souhait et généreux en diable, est doté d'une légère pointe de réduction caractéristique ; son jus en finale reprend le chemin de la fraîcheur. Tot Co Que Cal possède une charmante sensualité calée sur un fruit mûr et doux ; l'attaque flatteuse se fond dans un tanin construit pour l'avenir.

▭	VDF Bouysselet 2021	19 €	90
▭	VDF Cruchinet 2021	13,50 €	88
▬	Fronton Alabets 2020	12,50 €	91
▬	Fronton Le Rouge 2020	9,40 €	87
▬	Fronton Tot Co Que Cal 2020	19,50 €	92
▬	VDF Negret Pounjut 2021	11,40 €	88
▬	VDF Rend Son Jus 2021	10,40 €	88

Rouge : 22 hectares. Négrette 57 %, Syrah 19 %, Gamay noir à jus blanc 6 %, Negret Pounjut 5 %, Jurançon noir 5 %, Cabernet-Sauvignon 3 %, Divers noir 3 %, Cabernet franc 3 %
Blanc : 4 hectares. Chenin 25 %, Sauvignon blanc 25 %, Muscat à petits grains blancs 25 %, Sémillon 15 %, Bouysselet 10 %
Production moyenne : 100 000 bt/an

DOMAINE PLAISANCE PENAVAYRE ♣

102, place de la Mairie, 31340 Vacquiers
05 61 84 97 41 ● plaisancepenavayre.fr/ ●
Visites : sans RDV.
Propriétaire : Marc et Thibaut Penavayre

★ ↗ CHÂTEAU PONZAC

Matthieu Molinié et sa femme Virginie portent toujours plus haut le message de leurs vignes plantées sur des sols argilo-calcaires. Depuis 2000, ils ne cessent de faire avancer les vins du domaine vers davantage d'identité. Le couple se tourne ainsi vers des cuvées parcellaires : Les Peyrières, issu des terrasses de la vallée, et la Temperadou, originaire des terroirs sidérolithiques du Causse.

Les vins : le malbec de Cahors a toujours su faire des vins à boire sur le fruit. Jadis, on les nommait les cahors de Pâques, qui permettaient d'attendre les grandes cuvées. Maintenant ou Jamais est de cette famille : ouvert sur un jus dynamique au fruit radieux et notes de cerise, il expose un joli potentiel de gourmandise et une belle aptitude au plaisir. Les malbecs du Causse élevés en foudres donnent un cahors à la pointe fumée ; un vin encore serré mais construit sur une matière consistante et profonde. La légèreté du millésime fait rayonner la cuvée et l'acidité révèle une minéralité coincée entre les fruits noirs et les fleurs. Un joli cahors qui fuse tout en finesse. Côt en Dolia est issu des sidérolithiques, élevé en jarre de terre cuite. Un peu fermé dans son costume terreux, le vin présente en bouche une personnalité sanguine et juteuse, bien dans le style de ce domaine qui mérite sa première étoile.

▬	Cahors 2021	12 €	93
▬	Cahors Côt en Dolia 2021	20 €	93
▬	Cahors Maintenant ou Jamais 2021	8 €	89

Rouge : 22 hectares. Malbec (cot) 90 %, Merlot 10 %
Blanc : 0,8 hectare. Chenin 40 %, Chardonnay 30 %, Viognier 30 %
Production moyenne : 60 000 bt/an

CHÂTEAU PONZAC ♣

Le Causse, 46140 Carnac-Rouffiac
05 65 31 99 48 ● www.chateau-ponzac.fr ●
Vente et visites : sur RDV.
Propriétaire : Virginie et Matthieu Molinié

DOMAINE LE ROC

1605 C, route de Toulouse, 31620 Fronton
05 61 82 93 90 ● www.leroc-fronton.com ●
Vente et visites : sur RDV.
Propriétaire : Famille Ribes

★ DOMAINE LE ROC

À la faveur de l'installation des jeunes, Grégoire et Anne, la famille Ribes a intégré au Roc les vignes du château Flotis, propriété voisine, dont elle était déjà exploitante. La syrah et la négrette sur un coteau de cailloux viennent ainsi grossir les rangs du domaine. Le bouysselet surgreffé et vinifié en barriques donne un blanc ambitieux ; à côté, les négrettes restent sur leur trente-et-un grâce à des vinifications soignées et de plus en plus modernes.

Les vins : La Folle noire d'Ambat, une negrette élevée pour partie en foudre, possède la pointe de réduction inhérente au raisin sur les boulbènes de Fronton, avant que le fruit ne revienne, juteux et sanguin. Un must. Assemblage de négrette et syrah, la cuvée Les Petits Cailloux du Roc est celle de la nouvelle génération : avec son bouquet de zan, elle apparaît régressive, on y sent aussi le fruit rigoureux et ça lui va bien. Un jus profond sur un tanin d'une douceur enfantine. La Vieille Syrah de Derrière chez Mammouth fait depuis quelques millésimes une cuvée réglissée et profonde, à la tessiture de ténor, mûre à souhait et poivrée en diable. Le bouysselet blanc, un cépage redécouvert depuis quelques années, a colonisé les calcaires de Fronton pour produire des cuvées à la minéralité franche, quoique un peu trop suave ici. Enfin la gamme possède aussi sa bulle. Le pionnier Frédéric Ribes vinifie le pet' nat' Roc'Ambulle depuis des années, d'une généreuse douceur acidulée.

🥂 VDF Bouysselet 2021	18 €	**89**
🍷 VDF Roc'Ambulle 2021	9,50 €	**87**
🍷 Fronton La Folle noire d'Ambat 2021	9 €	**92**
🍷 Fronton Les Petits Cailloux du Roc 2019	8,50 €	**90**
🍷 VDF La Vieille Syrah de Derrière chez Mammouth 2020	16 €	**91**

Rouge : 32,5 hectares. Négrette 60 %, Syrah 30 %, Cabernet-Sauvignon 10 %
Blanc : 4,5 hectares. Bouysselet 30 %, Chardonnay 30 %, Sémillon 30 %, Muscadelle 5 %, Viognier 5 %
Production moyenne : 160 000 bt/an

DOMAINE DES BOISSIÈRES

Le grand-père de Marc Fraysse était éleveur au village et possédait un lopin de vignes planté en foule de mansois, jurançon noir, valdinguié et d'autres raisins bien de chez eux. En 2017, le jeune vigneron décide d'y planter son désir de vin et commence avec cette parcelle. Son premier millésime sera 2018 mais depuis, gel et petites récoltes ont eu raison des raisins du commencement. Le reste des 7 hectares constituant les Boissières est acheté, pris en fermage ou planté jusqu'à composer une domaine de 7 îlots séparés, avec en sus une parcelle de blanc plantée en 2019. Le garage où Marc vinifiait au début s'est transformé en une cave isolée où le jeune vigneron maîtrise parfaitement une vinification au plus proche du fruit.

Les vins : le vigneron Marc Fraysse offre au mansois un souffle profond basé sur la déclinaison de fruits rouges. La cuvée Lias est dotée d'une bouche aux tanins fondants. Le crayeux de la finale et les pointes de réglisse assurent l'élégance de la cuvée. La Quille de Rouge est un assemblage de plusieurs parcelles sur calcaire et grés rouges. La finesse est savoureuse, d'une nature généreuse et enrobée d'un tanin délicat qui font la qualité de la cuvée et la justesse des vinifications.

🍷 Marcillac La Quille de Rouge 2020	12,60 €	**91**
🍷 Marcillac Lias 2020	19,50 €	**92**

Rouge : 6 hectares. Mansois 100 %
Blanc : 1 hectare. Chenin 50 %
Production moyenne : 7 000 bt/an

DOMAINE DES BOISSIÈRES ♣

334, chemin des Buis, 12510 Balsac
06 81 55 80 87 ●
www.domainedesboissieres.com ● Vente et visites : sur RDV.

Propriétaire : Marc Fraysse

DOMAINE BRU-BACHÉ

Le domaine se situe dans la bonne moyenne des jurançons de Monein, terroir au climat plus solaire. Claude Loustalot étire ses vins en y mettant l'exigence du terroir. Affinés en bois pour la plupart, ils respectent les tonalités classiques de blancs au profil élancé, directs et pointés d'agrumes.

Les vins : le domaine ne nous ayant pas transmis ses vins, nous sommes amenés à reconduire les notes de notre édition précédente.

Jurançon 2019	10 €	89
Jurançon Les Castérasses 2018	14 €	89
Jurançon Moelleux La Quintessence 2018	21 €	89
Jurançon Moelleux l'Eminence 2018	50 €	90
Jurançon Sec 2019	8 €	88
Jurançon Sec Les Castérasses 2018	12 €	88

Blanc : 11 hectares. Petit Manseng 75 %, Gros Manseng 25 %
Production moyenne : 40 000 bt/an

DOMAINE BRU-BACHÉ ♣

39, rue Barada, 64360 Monein
05 59 21 36 34 ● www.jurancon-bio.com ●
Vente et visites : sur RDV.
Propriétaire : Claude Loustalot

CHÂTEAU MONTUS

Alain Brumont développe sa personnalité à travers un style qui fait courir les vins depuis Madiran à travers le monde sous l'étiquette du château Montus qu'il rachète en 1980. Souvent à contre-courant des idées reçues, les cuvées Brumont signent sa grande liberté dans l'interprétation des terroirs aux sous-sols d'argiles jaune et rouge, accusant une déclinaison de 20 à 40 %. Le tannat s'exprime dans les trois cuvées du château, Prestige, XL, Montus et La Tyre, et livre certainement le profil le plus spectaculaire de ce raisin pyrénéen pas facile a manier.

Les vins : le style Montus est unique : un élevage de 12 à 14 mois a réussi à fondre la masse volumineuse du vin pour composer une cuvée au fruit présent, note de tapenade et graphite, un nez chaleureux qui s'ouvre sur un palais beaucoup plus frais aux tanins aux grains moyens et carrés. En 2015, XL se profile classique, à la pointe de cette rusticité qui anime le tannat, dans un bouquet puissant et tanins magistraux. Chapeautant la gamme, la cuvée La Tyre est posée au faîte de l'appellation à 260 mètres d'altitude sur une pente raide. La profondeur du vin et sa tension dans ce millésime carré n'ont rien à dire pour l'heure, la patience est son meilleur allié, le vin ne déposera son potentiel aux lèvres du dégustateur qu'après a minima dix ans.

Pacherenc du Vic-Bilh Montus Sec 2015	36 €	90
Madiran Château Montus 2018	28 €	93
Madiran Château Montus La Tyre 2016	170 €	92
Madiran Château Montus XL 2015	80 €	90
Madiran Château Montus XL 2015	80 €	90

Rouge : 225 hectares. Tannat 70 %, Cabernet-Sauvignon 15 %, Cabernet franc 10 %, Pinot noir 5 %
Blanc : 45 hectares. Courbu 80 %, Petit Manseng 20 %
Production moyenne : 1 100 000 bt/an

CHÂTEAU MONTUS

Château Bouscassé,
32400 Maumusson-Laguian
05 62 69 74 67 ● www.brumont.fr ● Vente et visites : sur RDV.
Propriétaire : Alain Brumont
Œnologue : Antoine Veiry

CAUSSE MARINES

Patrice Lescarret a une vision très personnelle des cépages et des terroirs de Gaillac que l'on perçoit dans une gamme de vins au style particulier. Il met en valeur, sur l'étiquette et en bouteille, les différents raisins cultivés sur ses 12 hectares de vignes greffées sur place ou en massales. Émancipé des règles de l'appellation, la majorité des vins n'ont pas le label Gaillac mais sont vendus en vin de France. La plupart des vins sont à dose réduite de soufre, voir en sont exemptes.

Les vins : le domaine ne nous ayant pas transmis ses vins, nous sommes amenés à reconduire les notes de notre édition précédente.

Gaillac Les Greilles 2019	14,50 € (c)	89
VDF Et Caetera 2016	35 € (c)	89
VDF Zacm'orange 2020	19,50 € (c)	89
VDF Zacmau 2017	18 € (c)	90
VDL Peyrouzelles 2019	13,50 € (c)	90

Rouge : 5 hectares.
Blanc : 5 hectares.
Production moyenne : 60 000 bt/an

CAUSSE MARINES ◖

Le Causse, 81140 Vieux
05 63 33 98 30 ● www.causse-marines.com
● Vente et visites : sur RDV.
Propriétaire : Patrice Lescarret

CLOS THOU

Ce domaine est situé sur l'un des terroirs les plus expressifs de l'appellation, du côté de la Chapelle-de-Rousse. Certifié en agriculture biologique depuis 2010, il s'évertue, en plus des traditionnels petit et gros mansengs, de faire vivre de vieux cépages : le lauzet, le camaralet et le petit courbu. Ce secteur produit des jurançons toujours plus vifs et plus tendus que ceux du reste de l'appellation, qui vieillissent avec une grâce et une intensité rares. Il est souvent dommage de les boire jeunes car l'on manque toute la complexité aromatique qu'ils gagnent au vieillissement.

Les vins : le jus débridé de Guilhouret est issu d'un assemblage de petits et gros mansengs, de camaralet de petits courbu vendangés et vinifiés séparément. L'ensemble compose un bouquet infusé de fleurs et de fruits, liés par la subtilité des vinifications d'Henri Lapouble-Laplace sous une bouche tendre ponctuée de gentiane et d'une vibration savoureuse. La richesse du 2020 donne une sucrosité particulière même dans les secs. Terroir de la Cerisaie sec propose un délié d'une grande finesse, sur ses arômes de cire d'abeille. Une composition artistique à la finale boisée un peu extrême qui donne des notes de café. Suprême de Thou, comme une signature des vinifications impeccables, livre son lot de parfums exotiques, d'ananas, de mangue, de fleurs sur une liqueur au goût de gentiane qui marque l'ensemble de la gamme. Le petit manseng grimpe d'un étage dans la rigueur et dans l'exotisme avec la VT, toujours aussi libérée sur le fruit exotique et les amers salivants de sa finale.

▱ Jurançon Moelleux Suprême de Thou 2019   19 €   **92**

▱ Jurançon Sec Guilhouret 2020   14 €   **92**

▱ Jurançon Sec Terroir de la Cerisaie 2020   23 €   **89**

▱ Jurançon VT Terroir de La Cerisaie 2020   25 €   **93**

Rouge : 0,11 hectare.
Blanc : 9 hectares. Petit Manseng 60 %, Gros Manseng 25 %, Petit Courbu 8 %, Camaralet 5 %, Lauzet 2 %
Production moyenne : 32 000 bt/an

CLOS THOU ♣

245, chemin Larredya, Earl Thou
64110 Jurançon

05 59 06 08 60 ● www.clos-thou.fr ● Vente et visites : sur RDV.
Propriétaire : Henri Lapouble-Laplace

VALÉRIE COURRÈGES

Le berceau du malbec attire de nouveaux talents curieux de se mesurer aux coteaux du Lot. Parmi les nouveaux venus sur le causse, l'œnologue Valérie Courrèges investit deux îlots dans le Lot en 2019 pour un total de 23 hectares en AOP Cahors et Coteaux du Quercy, qu'elle convertit d'entrée de jeu en bio et biodynamie (2022 sera le premier millésime labellisé). Le clos, devant la cave aux cuves en béton, accueille un parcellaire de vieilles vignes dont la plus jeune a 30 ans. Avec soin, Valérie Courrèges érafle, mais jamais ne foule, un malbec à l'intégrité préservé jusqu'au soir de son élevage dans les barriques du chai.

Les vins : les cahors de Valérie Courrèges naissent de plusieurs îlots de malbec enracinés sur une roche calcaire du jurassique, et tirent leur individualité de la couche d'argile riche en fer, drainante et réserve de fraîcheur. Une poche supporte la nouvelle cuvée Clos Terre Kermés, encore balbutiante avec son costume de malbec profond, sensuel, floral. Construit sur un malbec élégant, L'Art Et La Matière présente ses côtés réglisse, sanguin, sur un tanin ciselé. Précis, juteux, Bois Carmin s'épanouit sur un tanin poudré. Quant à Ocrement Dit, sa franchise établie signe un pur jus de malbec sur une finesse déliée. Pour les petites soifs, Zinzolin, issu des coteaux du Quercy, est bâti sur un carré composé de malbec, syrah, merlot et gamay.

▬ Cahors Bois Carmin 2020   19 €   **92**

▬ Cahors Clos Terre Kermès 2020   50 €   **93**

▬ Cahors L'Art Et La Matière 2020   25 €   **93**

▬ Cahors Ocrement Dit 2020   15 €   **91**

▬ VDF Zinzolin 2020   12 €   **90**

Rouge : 21,5 hectares. Malbec (cot) 50 %, Cabernet franc 18 %, Merlot 17 %, Gamay noir à jus blanc 9 %, Syrah 4 %, Tannat 2 %
Blanc : 0,5 hectare. Sauvignon blanc 100 %
Production moyenne : 65 000 bt/an

VALÉRIE COURRÈGES ◖

4018, Chemin De La Colle, 83570 Cotignac
06 21 51 71 32 ● valerie.courreges@hotmail.fr
● Vente et visites : sur RDV.
Propriétaire : Valérie Courrèges

CHÂTEAU LES CROISILLE

L'appellation a vu déferler sur ses malbecs une nouvelle génération passionnée du cépage. Sans renier les grands cahors d'antan qui vieillissent sans ambages, les néo-vignerons cadurciens manient le raisin de sorte qu'il offre une sensation de floralité exacerbée. Germain Croisille, qui a converti la propriété créée par ses parents, maîtrise la technique au point de produire des cuvées d'une rare subtilité, tout en restant sur les canons du malbec de Causse. L'extraction subtile et la profondeur des maturités signent des vins à boire dès maintenant, et capables de vieillir.

Les vins : en ouverture de gamme, le chardonnay apporte son lot de friandise sur un fond moelleux de fruits blancs frais. Le sauvignon est plus minéral, dénué de notes variétales, il se concentre sur le terroir. Dans la cuvée Calcaire, la roche apporte son lot de minéralité sur un jus d'une densité moderne et sèveuse au fruit noir profond. Une floralité charmeuse dans ce vin, sans la sécheresse qui marque parfois les 2020 ayant subit un stress hydrique. La Pierre est vibrant de l'énergie de l'année 2021 sur la tension du terroir du Causse adossé à la minéralité d'un jus qui vieillit dans des cuves creusées dans la roche. Divin réunit les meilleures parcelles élevées 18 mois en foudres de chêne et présente une personnalité très mûre sur les notes de fleurs fraîches et des tanins sanguins en finale. Le Grain est une sélection microparcellaire élevée en demi muids, grand cahors d'avenir à l'équilibre respectueux du raisin et du terroir, capable de tenir dans les dix prochaines années.

▭	VDF Chardonnay 2021	18 €	88
▭	VDF Sauvignon 2021	18 €	90
▬	Cahors Calcaire 2020	16 €	93
▬	Cahors La Pierre 2021	21 €	92

Rouge : 31 hectares. Malbec (cot) 80 %, Merlot 10 %
Blanc : 3 hectares. Sauvignon blanc 5 %, Chardonnay 5 %
Production moyenne : 180 000 bt/an

CHÂTEAU LES CROISILLE ☾

290, route de l'Ancienne École, Fages 46140 Luzech
05 65 30 53 88 ● www.lescroisille.com ●
Visites : sans RDV.
Propriétaire : Famille Croisille

DOMAINE DU CROS

Philippe Teulier est un peu le "patron" de Marcillac. Moteur de l'appellation, il traîne dans son sillage les producteurs aveyronnais fiers de ce raisin particulier, le mansois (ou fer servadou). Julien, son fils, tient avec lui la barre du domaine. La fluidité de leurs assemblages naît d'une parfaite maîtrise des qualités particulières de leur vignoble, installé en terrasse dans le vallon de Marcillac, terroir assimilé à la montagne à cause des journées chaudes et des nuits fraîches de l'automne. Leurs trois cuvées principales font honneur à l'ensemble des vins du Sud-Ouest.

Les vins : la mansois aveyronnais sait raison garder et fraîcheur distiller, tel pourrait être le mantra de Marcillac, l'un des plus beaux vignobles de France, étagé en terrasses entre le Lot finissant et le Larzac balbutiant. Dans ce superbe contexte, la cuvée Lo Sang del Païs apparaît plus juteuse que d'ordinaire, sous une robe délicate, et s'étoffe d'un fruit enjôleur sur une matière aux tanins caressants. Un ensemble rafraîchissant, à la finale mentholée qui dégage une sapidité salivante. Vieilles Vignes présente une extraction plus poussée, révélant le terroir de grès rouge, sur une structure tannique intense au grain affiné d'une tonicité vivifiante. Dans les rouges, des notes de thé noir sur une ambiance d'épices douces apportent une aromatique spontanée et généreuse.

▬	Marcillac Lo Sang del Païs 2020	9 €	91
▬	Marcillac Vieilles Vignes 2019	13 €	91

Rouge : 31 hectares. Braucol (fer servadou) 100 %
Blanc : 2 hectares.
Production moyenne : 165 000 bt/an

DOMAINE DU CROS

Le Cros, 12390 Goutrens
05 65 72 71 77 ● www.domaine-du-cros.com ●
Visites : sans RDV.
Propriétaire : Philippe et Julien Teulier

DOMAINE L'ENCLOS DES BRAVES

"La folie qui m'accompagne / Et jamais ne m'a trahi / Champagne" : la chanson de Jacques Higelin, c'est la madeleine de Nicolas Lebrun ; il avait onze ans quand le titre est sorti. Cela donne aujourd'hui Tombé du Ciel, une cuvée aussi émouvante que le titre du chanteur. Cette étiquette, comme l'ensemble de la gamme, signe la relation entre l'homme, la terre et le cosmos, soit les principes de la biodynamie appliqués par le vigneron natif d'Eauze, où ses grands-parents produisaient de l'armagnac. Installé à Gaillac avec son épouse, ils rachètent ensemble le domaine en 2005, passent en bio en 2008 puis en biodynamie en 2011. Une paire de raisins en massales, duras et fer servadou, donne les grandes cuvées du domaine, pourvues de puissance et de profondeur, soulignées d'une folle originalité.

Les vins : on prend l'apéritif avec Sors de ta bulle !, qui tire sa simplicité réjouissante d'une méthode ancestrale : duras pétillant aux notes de bonbon et de belle fraîcheur. Un sauvignon macéré six jours donne son tempérament à la cuvée Tombé du Ciel blanc, associé au mauzac et len de l'ehl, notes safranées et noyau de pêche, éclat du palais et tension gourmande en finale. Braucol et duras en béton pour la même cuvée en rouge, associé à du fruit noir, cerise et une pointe plus florale, rythmée en bouche d'un tanin croquant. Le Duras' en passer 2020 révèle une sucrosité peu habituelle pour ce cépage sur un tanin révélateur de minéralité et à la finale juteuse : vin puissant à revoir dans quelques mois. Sur Faut pas s'en FER, le fer servadou, au relief plus rustique, pose des tanins concertés et structurés, mais frais et élégants sur une bouche très originale. Enfin, on termine sur Tête en l'Air avec un fromage, un mélange de len de l'ehl et de sauvignon, fermentés en barrique et élevés sous voile… Puissant mélange de noix et de réglisse, complexe, au boisé fin et dressé à la verticale.

⌐ VDF Tombé du ciel
2021   de 10,70 à 11,50 € (c)   90

⌐ VDF Tête en l'Air
2013   de 25 à 27 € (c)   92

▬ Vin Mousseux Sors de ta bulle !
2021   de 12,70 à 13,50 € (c)   87

▬ Gaillac Duras' en passer
2020   de 16,50 à 17 € (c)   92

▬ Gaillac Faut pas s'en FER
2020   de 16,50 à 17 € (c)   92

▬ Gaillac Tombé du Ciel
2020   de 10 à 10,50 € (c)   91

Rouge : 5 hectares. Braucol (fer servadou) 50 %, Duras 37 %, Prunelart 13 %
Blanc : 2,6 hectares. Mauzac Rose 35 %, Sauvignon blanc 32 %
Production moyenne : 35 000 bt/an

DOMAINE L'ENCLOS DES BRAVES ☾

4371, route de Saurs, Vertus
81800 Rabastens
06 08 30 27 81 ● www.lenclosdesbraves.com
● Visites : sans RDV.
Propriétaire : Nicolas Lebrun

SANDRINE FARRUGIA

Sandrine Farrugia, ayant acquis quelques parcelles qui, mises bout à bout, couvrent 4 hectares, a lancé sa propre production sous un nom qui signe la fraîcheur de ses vins : La Vague. Tout en travaillant au côté d'Elian Da Ros, son compagnon, la jeune femme se pique de vinif' et lorsqu'en 2012 un vigneron lui propose un fermage, elle surfe sur le projet. L'énergie qu'elle déploie tant sur le domaine Elian Da Ros que pour sa propre production signe la détermination de cette autodidacte formée par un maître d'exception. Les cuvées déclinent une précision enthousiasmante.

Les vins : il faut vraiment s'arrêter sur la cuvée 52 Ares, sauvignon blanc et sémillon fermentés et élevés en fûts et demi-muids, dans ce millésime chaud. Sa suavité citronnée, son amplitude, sa longueur et sa race fusent sur la tension indispensable aux vins du Sud. La Vague s'offre sur des notes lardées, pointées de piments et de poivre fin. La bouche a du souffle, une amplitude parfaite et se répand sur des tonalités florales, de violette, dans un équilibre parfait. Retour plus classique avec Epiphyte, fruit libéré et douceur des tanins qui dissimulent un jus superbe. Toute la gamme se goûte sous une pureté intense.

⌐ VDF 52 Ares 2019   15 €   92

▬ Côtes du Marmandais Epiphyte
2020   20 €   93

▬ Côtes du Marmandais La Vague
2020   14 €   93

Rouge : 3,48 hectares. Cabernet franc 33 %, Abouriou 33 %, Merlot 20 %, Cabernet-Sauvignon 14 %
Blanc : 0,52 hectare. Sémillon 70 %, Sauvignon blanc 30 %
Production moyenne : 7 000 bt/an

SANDRINE FARRUGIA ♣

Lieu-dit Baquey, 47250 Cocumont
05 53 20 75 22 ●
sandrine.farrugia@gmail.com ● Vente et visites : sur RDV.
Propriétaire : Sandrine Farrugia

CHÂTEAU LES HAUTS DE CAILLEVEL

Il y a de belles énergies à Bergerac, tant dans les sols que dans le tempérament des néo-vignerons, souvent jeunes, qui découvrent et interprètent le terroir sans regarder dans le rétroviseur. Pierre-Étienne et Charlotte Serey, qui viennent de reprendre Les Hauts de Caillevel, appartiennent à cette nouvelle génération. Arrivé avant les vendanges 2018, le couple maintient le niveau de qualité atteint par les anciens propriétaires, Sylvie Chevallier et Marc Ducrocq, le dépassant parfois. Les parcelles agencées en un panorama superbe entourent le domaine à 180 degrés sur un sol d'argile noir et de calcaire parfois affleurants. Le rapport qualité-prix est toujours aussi excellent.

Les vins : le site en impose et le terroir, si les conditions climatiques sont décentes, offre à Pierre-Étienne Serey tout le loisir pour exprimer son talent. À commencer par Fleur de Roche blanc, assemblage des deux sauvignons : une rondeur délicate sur des parfums de poire et de pêche, l'ambiance est au fruit frais et l'énergie pointée de végétal dans la finale prouve que l'eau a fait défaut. La cuvée Atypique tire son nom de son assemblage avec du chenin blanc, issu des raisins du plateau ; dans ce millésime chaud, le vin a du coffre, mais l'énergie des calcaires pointent derrière le gras de l'année sur la tension. Enfin, en rouge, la belle maturité des raisins de 2019 expose un fruit concentré sur un tanin vaillant, assuré d'une jolie minéralité et de fraîcheur puisée dans les argiles.

Bergerac Fleur de Roche 2020	9 €	89
Bergerac Sec Atypique 2020	13 €	90
Côtes de Bergerac Les Terres Chaudes 2019	13 €	91

Rouge : 9 hectares. Merlot 45 %, Cabernet franc 30 %, Malbec (cot) 15 %, Cabernet-Sauvignon 10 %

Blanc : 7 hectares. Sauvignon blanc 34 %, Sémillon 20 %, Sauvignon gris 20 %, Chenin 15 %, Muscadelle 10 %, Ugni blanc (trebbiano) 1 %

Production moyenne : 50 000 bt/an

CHÂTEAU LES HAUTS DE CAILLEVEL ♣

Caillevel Est, 24240 Pomport
06 67 47 75 56 ●
www.chateaulehautsdecaillevel.com ●
Visites : sans RDV.
Propriétaire : Pierre-Étienne Serey
Œnologue : Thierry Heydon

LAROQUE D'ANTAN

Peu à peu, les massales se mettent en place sur ce tout jeune domaine. Lydia et Claude Bourguignon ont posé la première pierre de leur tout petit édifice il y a des années. Il leur a fallu du temps pour bichonner un coin de paradis pour leur vignes issues de massales des copains vignerons des alentours et d'ailleurs. Au fil des millésimes, les vignes prennent du galon sur ces calcaires du kimméridgien exposés à l'est et Emmanuel, leur fils, veille au bon grain de raisin. Les sauvignons blanc et gris, mauzac et verdanel construisent le blanc nommé Néphèle. Quant au rouge, il est constitué de malbec, cabernet franc, prunelard, cot à pied rouge et négrette. Chaque année, la qualité des raisins fonde la race de ce terroir exceptionnel mais trop longtemps oublié.

Les vins : une série de raisins venus d'ailleurs composent une unité quasi parfaite sur ce sol de calcaire, où la lumière transcende la cuvée Néphèle, scintillante et savoureuse, sur un jus clair de zeste de citron : un assemblage original qui se ressent dans la chair savoureuse ponctuée de fruits frais et de notes de verveine et menthe. C'est la sève particulière de l'assemblage de raisins rouges qui donne son profil savoureux à Nigrine, un pur jus de fruits d'un tanin savoureux, croquant, presque poudré, d'une finesse et d'une élégance qui ne masquent pas son potentiel d'évolution.

IGP Côtes du Lot Néphèle 2020	40 €	91
IGP Côtes du Lot Nigrine 2020	40 €	91

Rouge : 3 hectares. Malbec (cot) 48 %, Cabernet franc 31 %, Prunelart 14 %, Négrette 7 %

Blanc : 1 hectare. Sauvignon blanc 54 %, Sauvignon gris 21 %, Verdanel 14 %, Mauzac vert 11 %

Production moyenne : 7 000 bt/an

LAROQUE D'ANTAN

215, rue du Porche, 46090 Laroque des Arcs
06 80 62 17 06 ● www.laroquedantan.com ●
Pas de visites.
Propriétaire : Claude et Lydia Bourguignon
Maître de chai : Emmanuel Bourguignon

LES VINS STRATÉUS

Le Sud-Ouest viticole se partage entre des vignerons d'expérience et des jeunes qui récupèrent des terres familiales. Simon Ribert profite de 80 ares récupérés de son grand-père auxquels il a adjoint quelques arpents pour grossir son vignoble à 12 hectares de galets, calcaire, grepp (argiles décomposées), argileux. Avec son frère Charles, entré récemment dans la structure, il se lance en parallèle dans une activité d'élevage de bœufs Angus et brebis solognote qui paissent la plupart du temps en extérieur, dans les vignes. La structure n'a pas encore de cave et les vinifications en blanc se déroulent à la cave coopérative de Castelnau-la-Rivière et les rouges au château Arricau-Bordes. Les vins de pacherencs doux et secs, griffés d'une étiquette aux strates de son sous-sol de greppes, retranscrivent l'identité vibrante des sols sans artifice ; quant au rouge, celle de l'amphithéâtre des tannats.

Les vins : Néolithik est une parcelle de tannat et cabernet franc disposés en amphithéâtre, bordée de forêts et travaillée par traction animale. La pureté et la densité du fruit posent ce madiran sur une concentration tannique extrêmement bien gérée qui donne de la tonicité à l'ensemble. L'équilibre est superbe et pourrait aussi bien être débouché sur le champ qu'attendre encore dix ans. D'après ces premiers millésimes, l'avenir est souriant pour Simon Ribert, qui propose aussi un pacherenc sec lumineux qui retranscrit l'identité vibrante de ses sols et un liquoreux profond et sensuel, tout en gourmandise.

◢ Madiran Néolithik 2020		de 23 à 25 € (c)	93

Rouge : 10 hectares. Tannat 63 %, Cabernet franc 25 %, Cabernet-Sauvignon 12 %
Blanc : 2 hectares. Gros Manseng 55 %, Petit Manseng 45 %
Production moyenne : 700 bt/an

LES VINS STRATÉUS

7, impasse Congalinon, 65700 Madiran
06 76 54 13 21 ● www.strateus-madiran.com ● Pas de visites.
Propriétaire : Simon Ribert

LESTIGNAC

En 2008, Mathias et Camille reprennent les 17 hectares de la ferme familiale de Sigoulès. Ils ont, durant dix ans, dirigé ce domaine vers la biodynamie, analysant les terroirs, prêchant le non-interventionnisme en cave, tentant différents contenants pour l'élevage. Ils ont ainsi largement participé au regain d'intérêt pour Bergerac. Depuis 2018, le couple a réduit la voilure et ne s'occupe désormais plus que de 9 hectares. Un domaine rétréci, travaillé comme un jardin, avec traction animale, emploi accru de tisanes ou replantation d'une partie des surfaces en échalas. Une activité d'agroforesterie renforce la biodiversité du vignoble.

Les vins : à force d'incidents climatiques, Mathias et Camille Marquet ont trouvé la parade dans l'achat en négoce de raisins, créant la gamme Hors les Murs : un rosé à la sapidité digeste, parfumé de fraises des bois sur une délicatesse tannique ; et un rouge de cabernet franc en terre cuite et en bois. Tous les raisins blancs du domaine composent En Blanc : raisin et fruits secs pour un blanc légèrement tannique. Tous les vins ne sont pas très droits : Tempête est plus précis que Racigas, qui présente une sapidité rebondie sur un fruit rouge. En revanche, les deux grandes cuvées affichent la douceur d'un fruit pulpeux : l'Ancestrale, un cabernet franc à la sucrosité délicieuse, s'expose avec finesse et délicatesse sur un tanin extrêmement fondu par une vinification en douceur ; une foultitude de cépages, dont le milgranet et le carménère, construit la cuvée Golgoth, au nez déroutant, tonalités d'épices et de sous-bois, et palais de velours.

▭ VDF En Blanc 2019		24 €	89
◢ VDF Hors Les Murs 2021		20 €	87
◢ VDF Chaosmose 2021		20 €	87
◢ VDF Golgoth 2019		55 €	90
◢ VDF Hors Les Murs 2020		20 €	88
◢ VDF L'Ancestrale 2019		30 €	91
◢ VDF Racigas 2020		30 €	89
◢ VDF Tempête 2020		26 €	91

Rouge : 3,5 hectares.
Blanc : 4 hectares.
Production moyenne : 20 000 bt/an

LESTIGNAC ♣

4, route de Sigoulès, 24240 Sigoulès
05 24 10 20 29 ● www.lestignac.com ● Vente et visites : sur RDV.
Propriétaire : Camille et Mathias Marquet

CHÂTEAU MONESTIER LA TOUR

En janvier 2012, le Suisse Karl-Friedrich Scheufele, propriétaire des montres Chopard, reprend la propriété sur un coup de cœur et lance la conversion en biodynamie. La production a connu des hauts et des bas, mais les deux derniers millésimes nous ont séduits. Comptant 30 hectares, ce prestigieux domaine conseillé par l'équipe de Stéphane Derenoncourt revient dans le peloton de tête des propriétés bergeracoises.

Les vins : Cadran rouge, cuvée simple et goûteuse, a du tempérament dans le millésime 2019, construit sur une belle sucrosité et des tanins de velours. Le blanc en 2021, même cuvée, vibre d'énergie sur les agrumes et les fleurs blanches. Le château blanc 2019 a la couleur et le nez d'un vin sous oxydation, on passera rapidement pour goûter le rouge aux fruits murs, touche de tapenade, de cerise, de pruneau, de sous-bois. Une cuvée très bordelaise dans l'âme, aux tanins verticaux, assez aristocratiques. La douceur du sucre de Saussignac présente une liqueur haut perchée sur les abricots confits, la pêche rôtie et le miel.

Bergerac Barrique 2019	16,90 €	86
Bergerac Cadran 2021	10,50 €	88
Saussignac 2019	18,20 €	92
Bergerac Cadran 2021	9,50 €	86
Bergerac Cadran 2019	12 €	91
Côtes de Bergerac 2019	19,50 €	92

Rouge : 17,4 hectares. Merlot 63 %, Cabernet franc 30 %, Cabernet-Sauvignon 5 %, Malbec (cot) 2 %
Blanc : 12,6 hectares. Sémillon 61 %, Sauvignon blanc 30 %, Muscadelle 9 %
Production moyenne : 90 000 bt/an

CHÂTEAU MONESTIER LA TOUR ♣

Lieu-dit La Tour, 24240 Monestier
05 53 24 18 43 ●
www.chateaumonestierlatour.com ● Pas de visites.
Propriétaire : Famille Scheufele
Directeur : Karl-Friedrich Scheufele
Maître de chai : Mathieu Eymard
Œnologue : Derenoncourt Consultants

CHÂTEAU LA REYNE

Johan Vidal a relancé et restructuré le domaine familial, en s'efforçant d'augmenter les densités de plantation, de diminuer les rendements et de construire une gamme homogène, marquée par des vinifications plus adaptées. Les vins associent couleur et intensité de fruit, tout en s'affinant dans l'extraction des tanins. Les derniers millésimes sont d'un bon niveau. Les efforts au vignoble commencent à payer. Si les extractions sont encore un peu trop poussées, le fond des différentes cuvées reste d'une grande densité et les tanins très élégants.

Les vins : sous l'étiquette IGP Côtes du Lot, le chardonnay profite d'une vinification en barriques qui affute la finale. Le Prestige du même millésime 2020 fait la part belle aux deuxièmes et troisièmes terrasses du Lot, et s'exprime sur un malbec concentré et tannique, un peu sec. La cuvée L'Excellence grimpe d'un cran dans la dégustation pour offrir une densité plus minérale. Enfin, le malbec de Vent d'Ange, issu du même sol, vient y puiser encore plus de minéralité et de gourmandise, toujours encerclé d'un tanin ciselé et capiteux.

IGP Côtes du Lot Elio 2020	12 €	88
Cahors L'Excellence 2020	20 €	89
Cahors Le Prestige 2020	12 €	88
Cahors Vent d'Ange 2020	40 €	90

Rouge : 47 hectares. Malbec (cot) 100 %
Blanc : 1 hectare. Chardonnay 95 %, Viognier 5 %
Production moyenne : 290 000 bt/an

CHÂTEAU LA REYNE ♣

Leygues, 46700 Puy-l'Évêque

05 65 30 82 53 ● chateaulareyne.unblog.fr ● Pas de visites.

Propriétaire : Johan Vidal

CHÂTEAU VIELLA

Château Viella fait partie des domaines de pointe de l'appellation, pour le vin comme pour l'œnotourisme. Ses 25 hectares d'un seul tenant, situés sur des pentes et des coteaux exposés au sud, donnent des vins concentrés et d'un velouté rare. D'un excellent rapport qualité-prix, les vins de Viella affichent une bonne régularité. Charmeurs sans être racoleurs, ils sont approchables dès leur prime jeunesse grâce à la richesse d'un fruit très mûr, bien équilibré.

Les vins : les mansengs du millésime 2021 présentent une aptitude à la fraîcheur et se situent parmi les bancs les plus réussis de l'année. Bien concentrés dans Séraphin et associés à l'arrufiac, ils dessinent un blanc aux courbes arrondies par un élevage en cuve béton. Poivré et concentré, la cuvée Tradition présente un jus ferme et sanguin pointé d'une touche de boisé bien digérée. Un madiran simple qui respecte à la fois le tannat et le terroir. Un cran au-dessus dans la concentration, Prestige, issu de vieilles vignes, affiche un nez très mûr sur une bouche assez équilibrée mais encore bien trop jeune au regard de sa masse tannique. Symbiose propose sa grande envergure de fruit sur une structure épicée et profonde. Une gourmandise exotique et fondue, bien construite.

Pacherenc du Vic-Bilh Louise d'Aure 2021	9,50 €	91
Pacherenc du Vic-Bilh Séraphin 2021	9,50 €	89
Madiran Prestige 2019	15 €	92
Madiran Symbiose 2019	12 €	90
Madiran Tradition 2020	8 €	90

Rouge : 20 hectares. Tannat 65 %, Cabernet franc 25 %, Cabernet-Sauvignon 10 %
Blanc : 5 hectares. Petit Manseng 50 %, Gros Manseng 35 %, Arrufiac 15 %
Production moyenne : 150 000 bt/an

CHÂTEAU VIELLA

54, chemin Delalariou, 32400 Viella
05 62 69 75 81 ● www.chateauviella.com ●
Pas de visites.
Propriétaire : Famille Bortolussi

INDEX
DES APPELLATIONS

Retrouvez les vins sélectionnés grâce à leurs appellations.

INDEX DES APPELLATIONS

INDEX DES APPELLATIONS

INDEX

INDEX DES APPELLATIONS

INDEX

INDEX

INDEX DES APPELLATIONS

763

INDEX

INDEX

INDEX

INDEX

INDEX DES APPELLATIONS

INDEX DES DOMAINES, MAISONS ET CAVES

Ce premier index répertorie tous les producteurs cités par ordre alphabétique du nom du château, de la cave ou de la maison de négoce. Comme pour le guide, c'est le nom de la marque ou de la propriété qui détermine l'ordre alphabétique, et non les mots "Château" ou "Domaine".

C

INDEX DES DOMAINES, MAISONS ET CAVES

INDEX DES PROPRIÉTAIRES

Certains domaines sont plus connus sous
le patronyme de celui qui les anime que sous leur nom officiel.
L'objet de cet index est de vous permettre de retrouver
le vin de vos rêves grâce au nom de celui qui l'a créé.

INDEX DES PROPRIÉTAIRES

INDEX DES PROPRIÉTAIRES

INDEX DES DOMAINES BIO OU BIODYNAMIQUES

INDEX DES DOMAINES BIO OU BIODYNAMIQUES

INDEX

INDEX DES DOMAINES BIO OU BIODYNAMIQUES

Imprimé en Italie
Par ELCOGRAF
Dépôt légal : août 2022
ISBN 979-10-323-0807-3